Pro/ENGINEER 5.0을 이용한

3D CAD/CAM 따라하기

예규현저

AUTOTECH
오토테크

머 리 말

최근 산업기술의 발전에 따라 산업현장에서는 다양한 분야의 전문화된 기술 인력을 필요로 하고 있다. 특히 제조업 분야에서는 각종 3D CAD/CAM/CAE 소프트웨어가 많이 배포되어 활용되고 있고, 특히 자동차 및 가전제품 등에 많이 사용되고 있는 Pro/ENGINEER에 대한 전문 기술 인력의 필요성과 이를 활용한 각종 제품 개발에 대한 관심이 높아지면서 기술 개발에 가속화되고 있는 실정이다.

산업기술의 발전과 이에 따른 전문화된 기술 인력을 양성 배출하고자 교육기관에서도 산업현장 기술과 연계된 교육과정이 개발 운영되고 있다. 능력중심의 사회로 급변하는 사회분위기에 따라 Pro/ENGINEER의 활용 능력을 고취시키고 컴퓨터응용가공 산업기사 자격 취득에 필요한 3D 모델링 및 NC Code 생성을 보다 쉽고 편리하게 연습할 수 있도록 하기 위하여 본 교재를 개발하게 되었다.

본 교재의 특징은 Pro/ENGINEER에 대한 기본 지식을 경험한 자를 대상으로 한국 산업인력공단에서 시행하고 있는 컴퓨터응용가공 산업기사 자격시험을 대비하여 3D 모델링 및 NC Code 생성을 기출문제 형식 중심으로 기술하였다. 또한 Pro/E를 처음 접하는 초보자도 쉽게 따라할 수 있도록 하여 3D 모델링 및 NC Code 생성에 쉽게 빨리 적응할 수 있을 것이다.

제 1편에서는 솔리드 모델링에서 해결할 수 없는 곡면 형상 등을 모델링하기 위하여 각종 서피스 형상 모델링 기능 및 편집 기능 등에 대하여 기술하여 복잡 다양한 도면에 대처할 수 있도록 하였다.

제 2편에서는 지금까지 출제되었던 기출문제 도면과 유사 형상의 모델링 도면을 가지고 솔리드 형상 모델링에 필요한 각종 기능에 대한 이해와 활용 능력을 높일 수 있도록 구성하였다. 또한 솔리드 기능으로 해결되지 않는 형상에 대하여 서피스 모델링에 대한 다양한 기능들을 활용하여 해결할 수 있도록 Pro/ENGINEER의 활용 범위를 극대화 하였다.

제 3편에서는 모델링한 형상을 이용한 CNC 머시닝센터 가공을 위한 NC Code 생성 방법에 대하여 체계적으로 구성하여 쉽게 이해할 수 있도록 하였다. 특히 NC Code 생성에 따라 프로그램 원점 정의에 대하여 각 경우의 수에 따라 구분 편집하여 기술함으로 이해도를 높이고자 하였다.

제 4편에서는 독자 스스로 도면 형상을 모델링하고 NC data를 생성하도록 프로젝트 과제 도면을 첨부하여 모델링 및 NC data 생성 능력을 향상 시킬 수 있도록 하였다.

끝으로 이 책이 출판될 수 있도록 도와주신 오토테크 출판사 관계자에게 감사의 말씀을 전한다.

2016년 2월

저자 씀

목 차

제1편

Surface 주요 기능

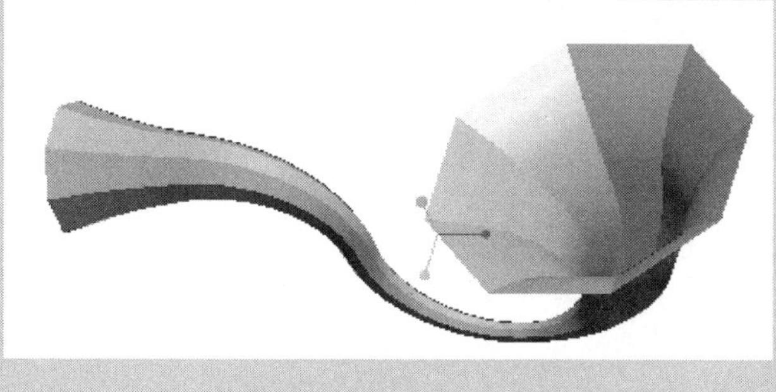

학습 목표

Pro/ENGINEER에서는 일반적으로 솔리드 모델링으로 형상을 완성할 수 있으나 다소 복잡하거나 곡면 또는 솔리드 형상으로 모델링으로는 해결할 수 없는 형상도 많이 있다. 이 경우 서피스 모델링 및 서피스 편집 기능을 활용하여 형상 완성할 수 있게 된다.

본 장에서는 스윕 블랜드, 경계블랜드 및 가변단면 스윕 서피스 생성과 서피스 편집 기능 중 결합, 솔리드화 및 오프셋에 대하여 활용 능력을 익히고자 한다.

1. 스윕 블랜드 서피스

그림과 같은 형상을 모델링 하면서 스윕 블랜드 기능을 익히도록 한다.

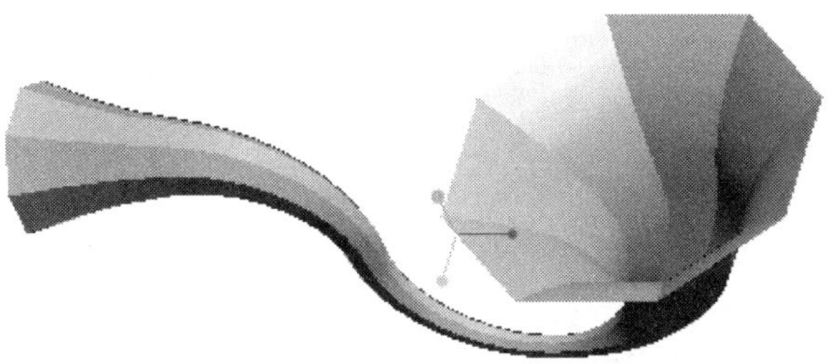

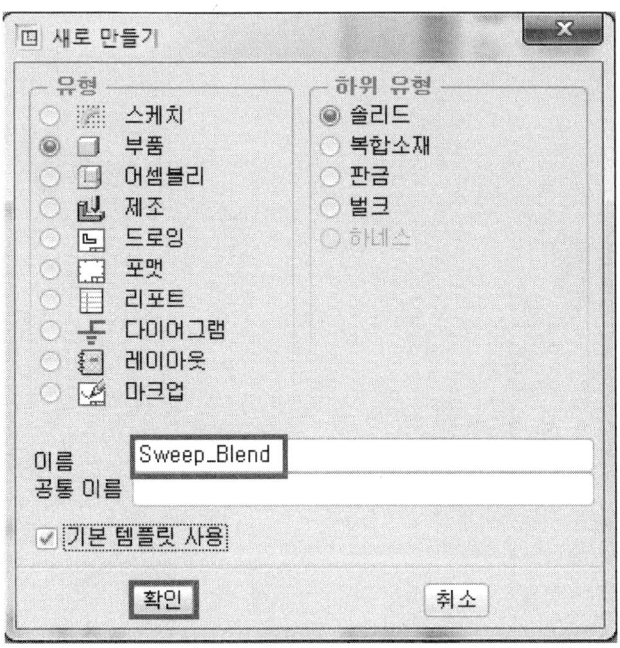

① 파일 이름 'Sweep_Blend' 로 새로 만들기 시작

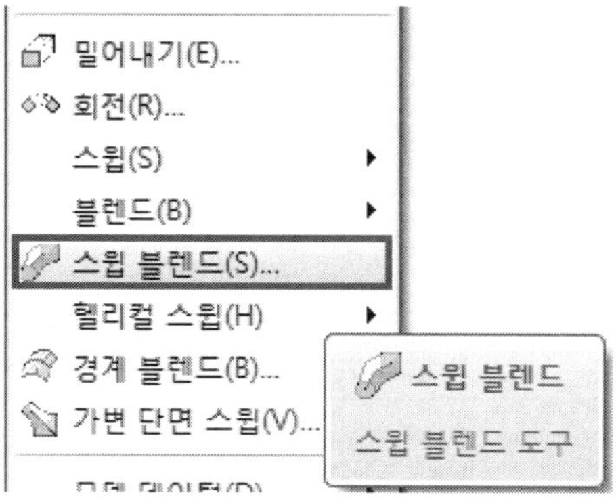

② 풀다운 메뉴 '삽입' – '스윕 블랜드' 선택

③ 대시보드 패널에는 기본적으로 '서피스' 아이콘이 선택되어져 있다.

④ 스케치( ) 도구 아이콘 선택

⑤ 스케치 평면으로 'FRONT' 데이텀 평면 선택

⑥ '스케치' 탭 클릭

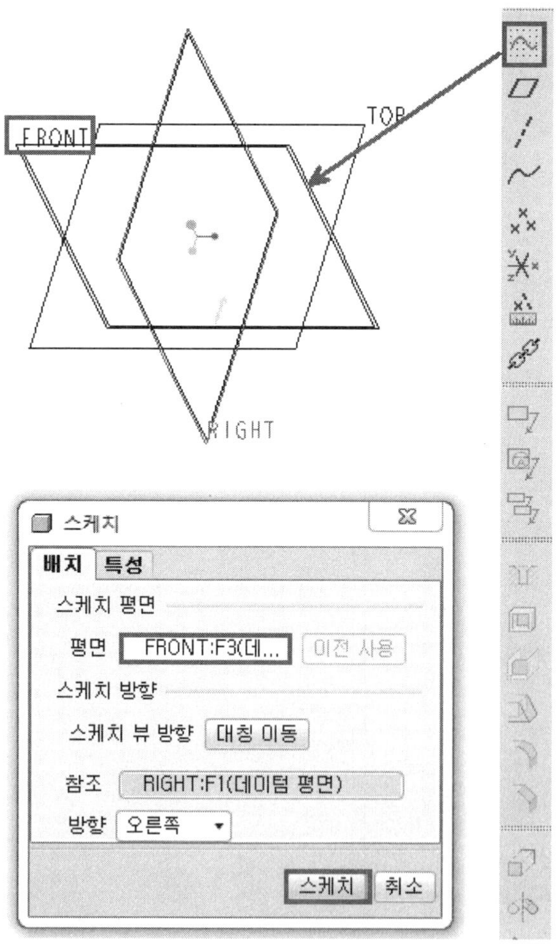

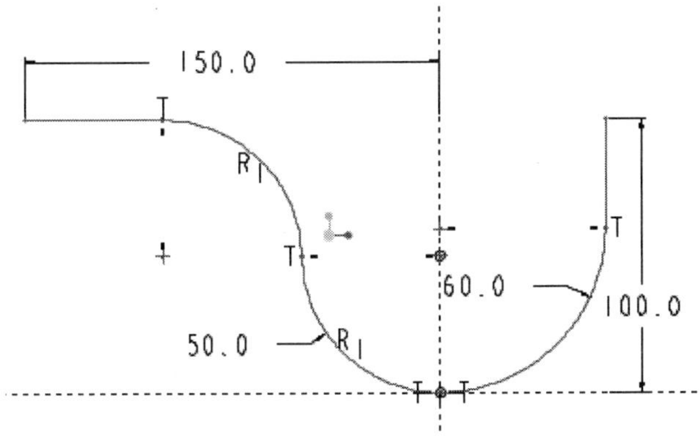

⑦ 그림과 같은 단면 스케치

⑧ 치수 생성/수정 후 스케치 완료(✔)

⑨ 대시보드의 복원 탭을 클릭하여 일시 정지된 도구를 복원

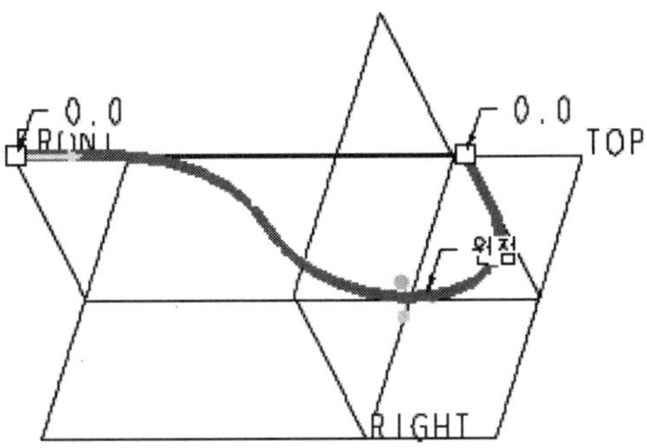

⑩ 그림과 같이 선택된 궤적이 붉은색의 굵은 선으로 강조

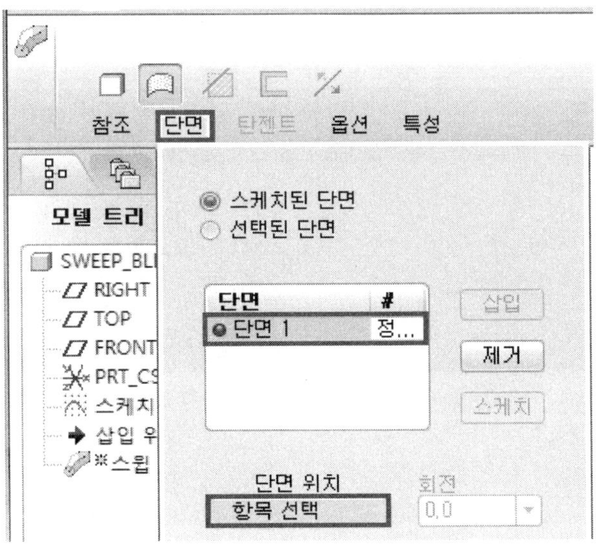

⑪ 대시보드의 '단면'을 선택

⑫ 첫 번째 단면을 스케치할 위치를 지정해야 한다.

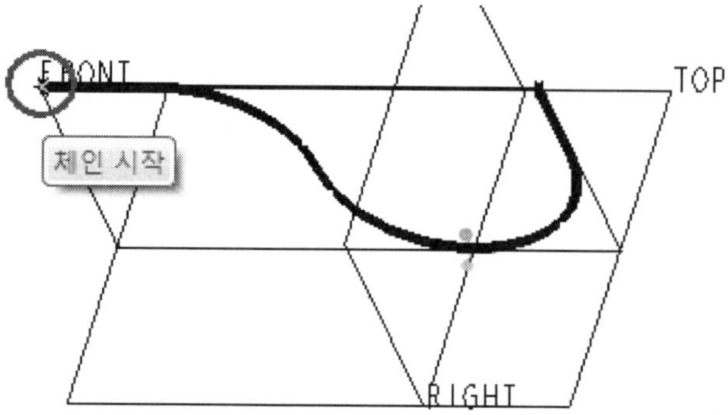

⑬ 궤적의 왼쪽 끝점을 선택

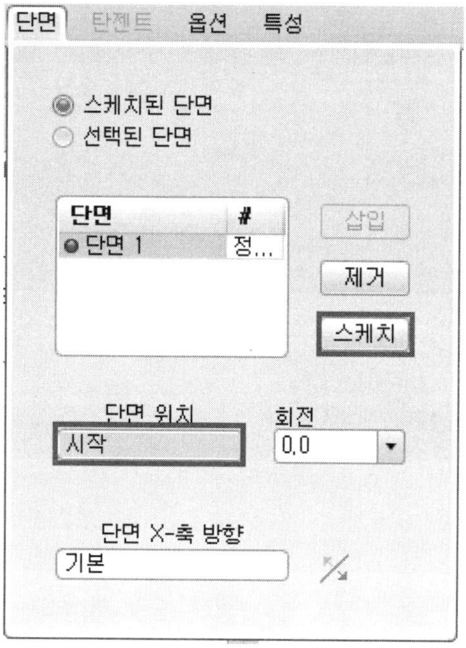

⑭ 단면' 창에 '단면위치'가 '시작'으로 변경되면서 '스케치' 탭이 활성화

⑮ '스케치' 탭 클릭

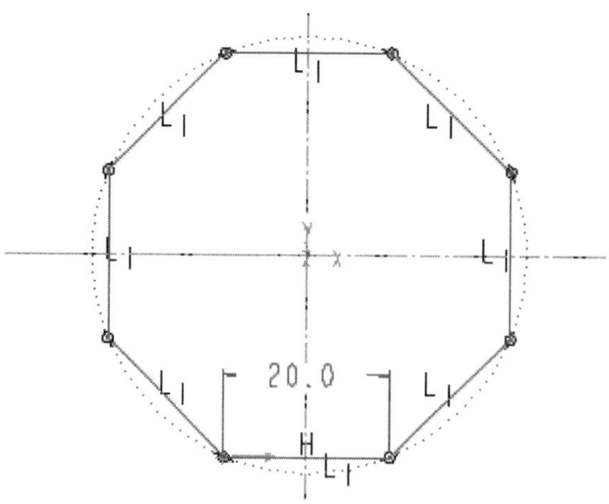

⑯ 오른쪽 도구모음에서 팔레트 아이콘( )을 선택

⑰ 그림과 같이 배율 조정 및 기준선의 교차점에 단변 중심을 배치

⑱ 스케치 완료( )

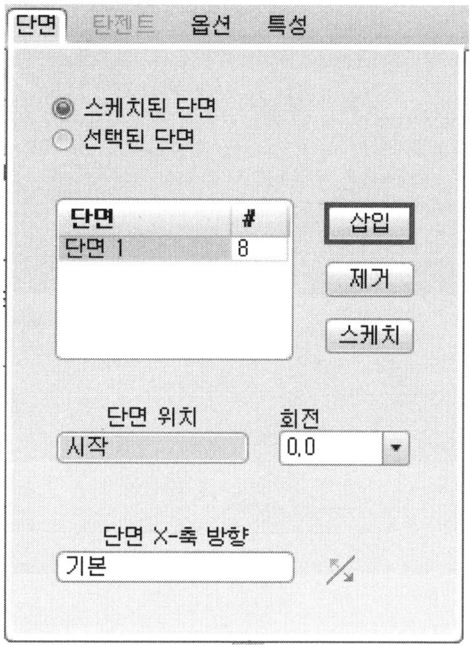

⑲ 단면 작업 창에 '삽입' 버튼이 활성화

⑳ 두 번째 단면을 추가하기 위하여 '삽입' 버튼을 클릭

㉑ 두 번째 블랜드 단면의 위치로 그림과 같이 궤적의 세그먼트 교점 선택

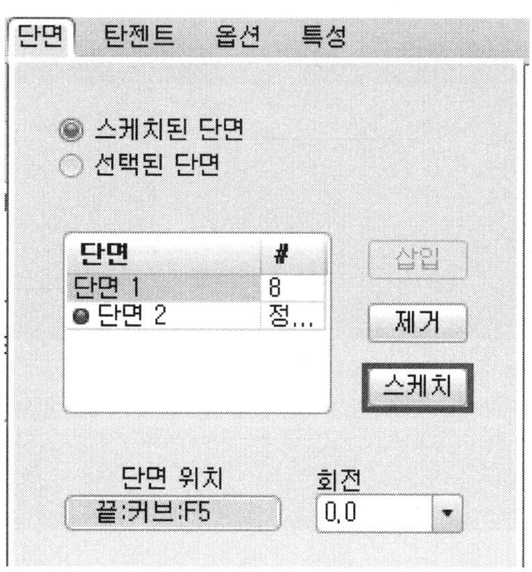

㉒ 두 번째 블랜드 단면을 정의하기 위하여 '스케치' 탭을 클릭

㉓ 그림과 같이 한 변의 길이 '10' 인 8각형 단면 스케치 후 스케치 완료(✔)

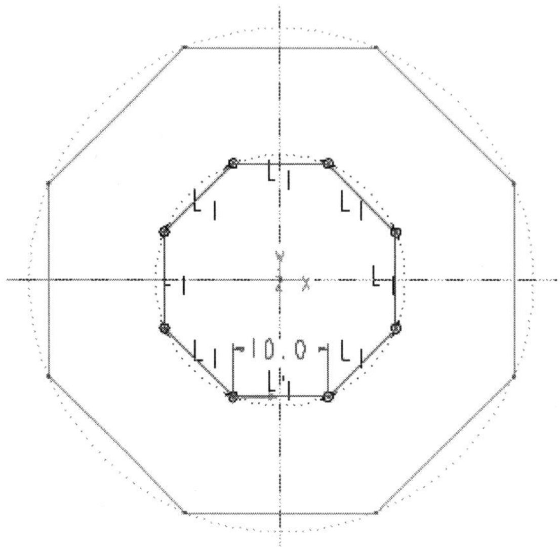

㉔ '삽입' 탭 클릭(세 번째 단면 추가)

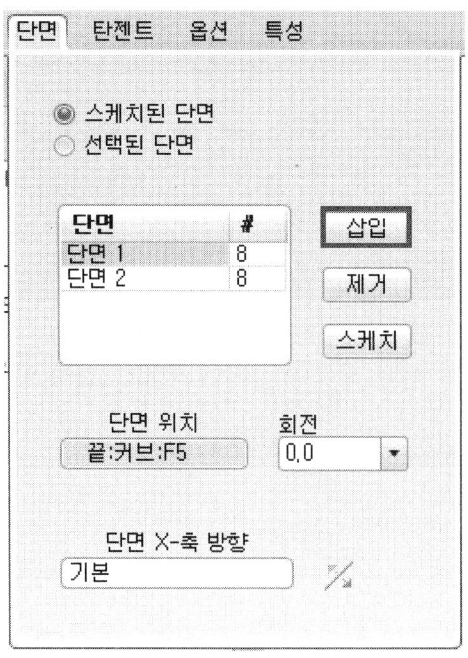

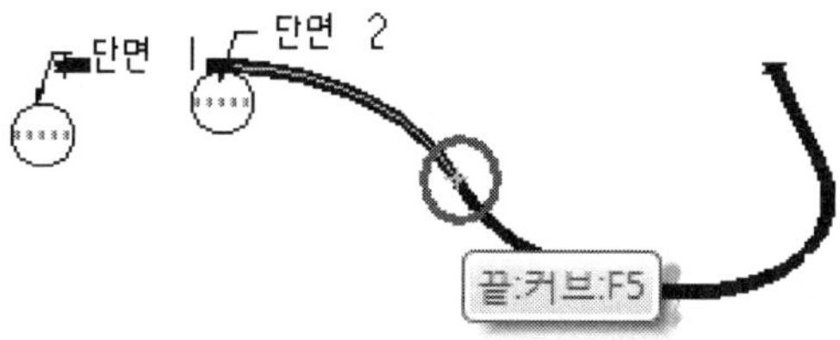

㉕ 세 번째 블랜드 단면의 위치로 그림과 같이 궤적의 세그먼트 교점을 마우스 왼쪽 버튼으로 클릭하여 지정

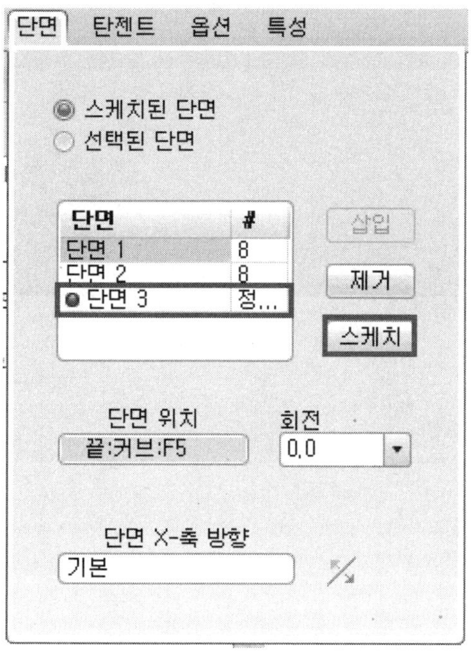

㉖ ‘스케치’ 탭 클릭

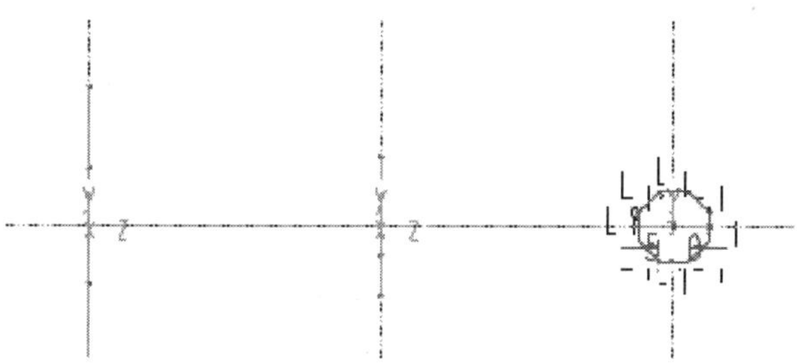

㉗ 그림과 같이 한 변의 길이 ‘5’인 8각형 단면 스케치 후 스케치 완료(✔)

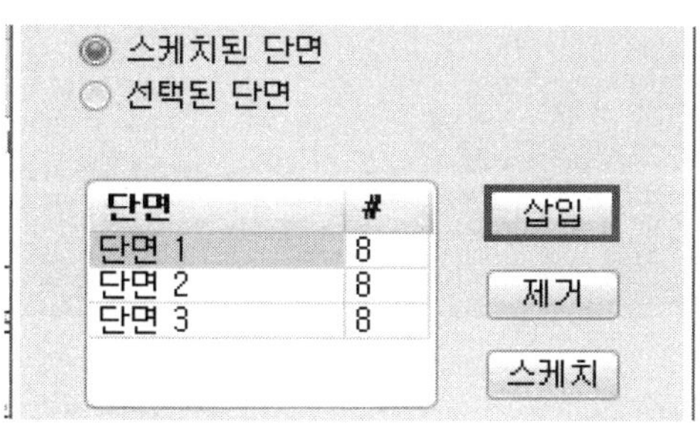

㉘ ‘삽입’ 탭 클릭(네 번째 단면 추가)

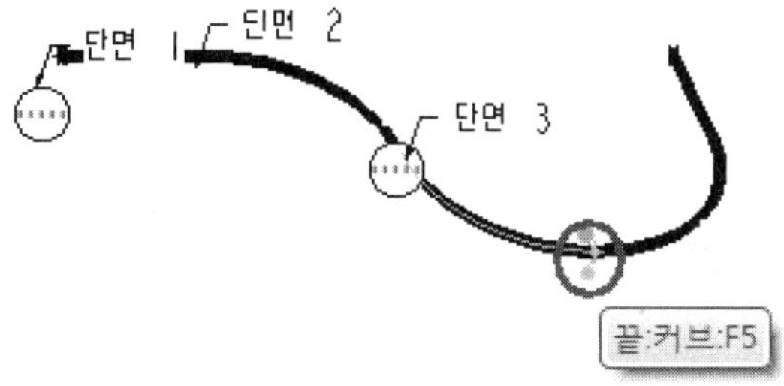

㉙ 네 번째 블랜드 단면의 위치로 그림과 같이 궤적의 세그먼트 교점을 마우스 왼쪽 버튼으로 클릭

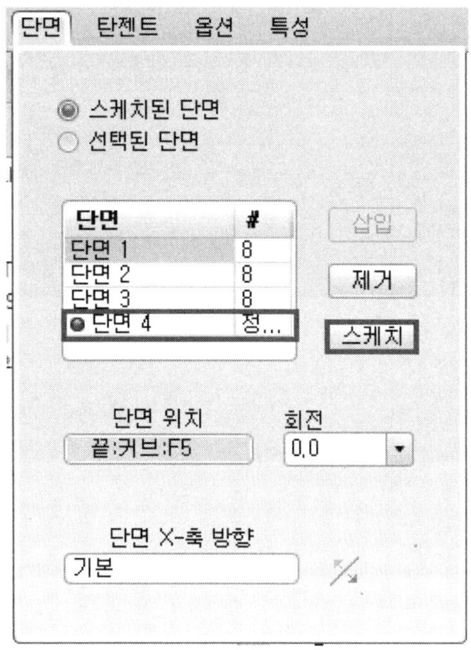

㉚ '스케치' 탭을 클릭

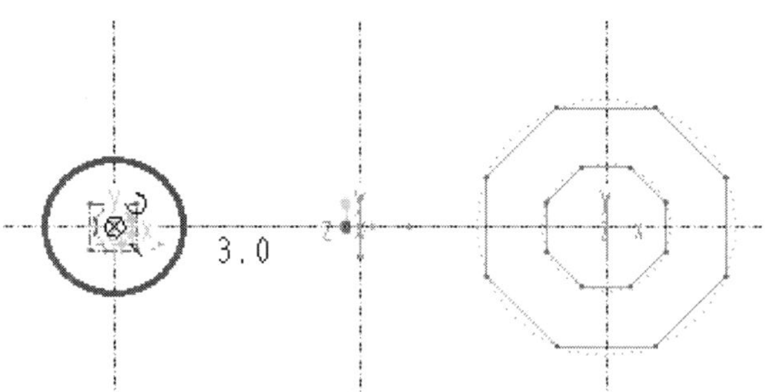

㉛ 그림과 같이 한 변의 길이 '3' 인 8각형 단면 스케치 후 스케치 완료(✔)

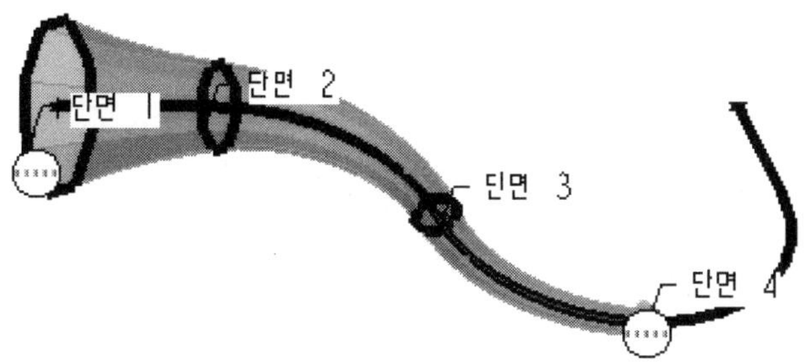

㉜ '삽입' 탭 클릭(다섯 번째 단면 추가)

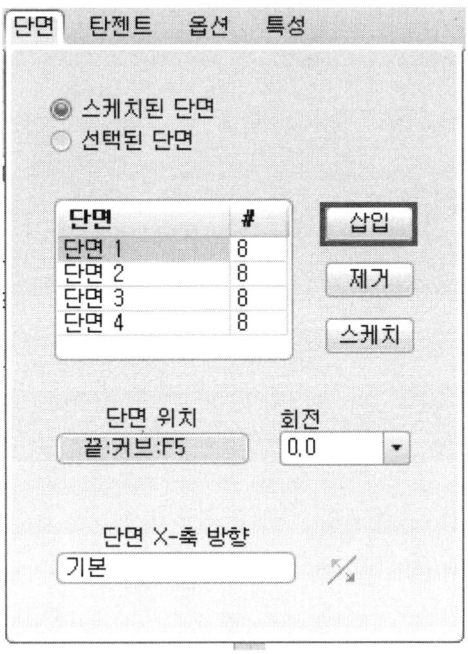

㉝ 다섯 번째 블랜드 단면의 위치로 그림과 같이 궤적의 세그먼트 교점을 마우스 왼쪽 버튼으로 클릭

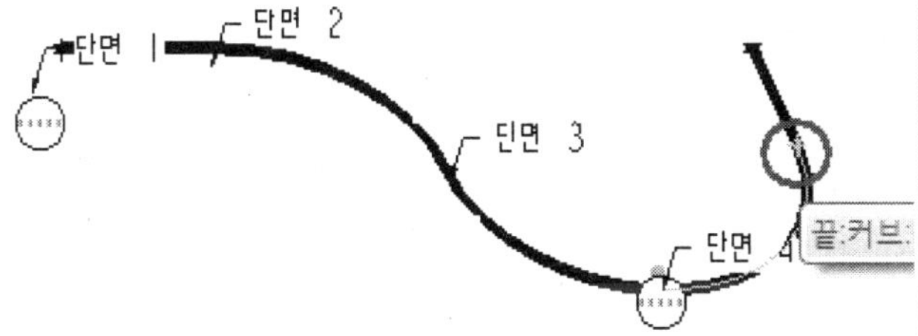

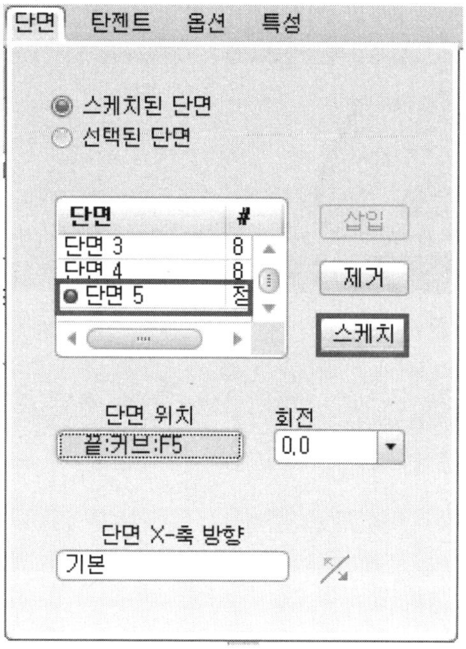

㉞ '스케치' 탭을 클릭

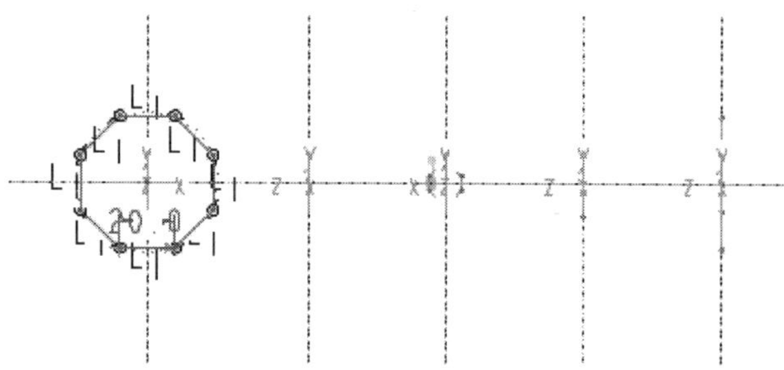

㉟ 그림과 같이 한 변의 길이 '20' 인 8각형 단면 스케치 후 스케치 완료(✔)

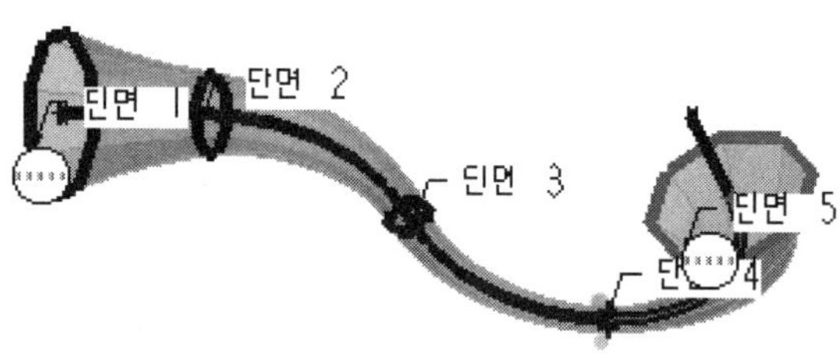

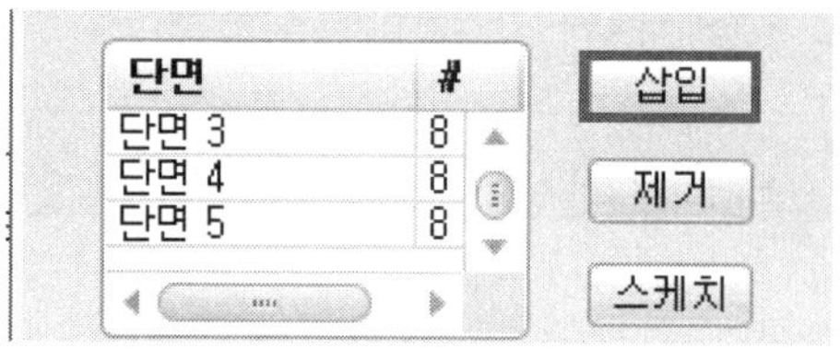

㊱ 마지막 단면(여섯 번째) 추가를 위하여 단면 작업 창에 '삽입' 버튼을 클릭

㊲ 여섯 번째 블랜드 단면의 위치로 그림과 같이 궤적의 끝점을 마우스 왼쪽 버튼으로 클릭

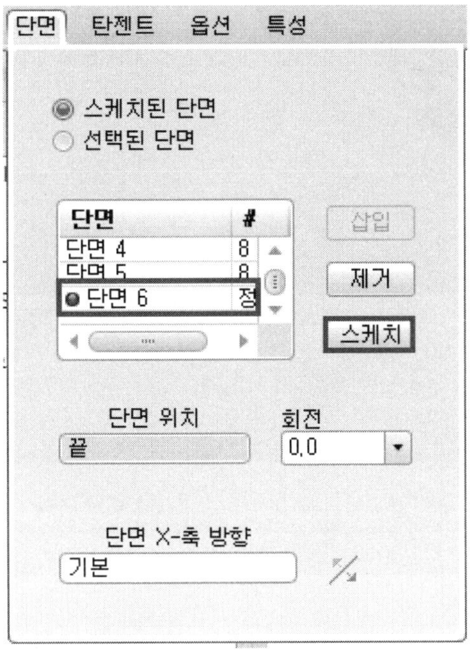

㊳ '스케치' 탭을 클릭

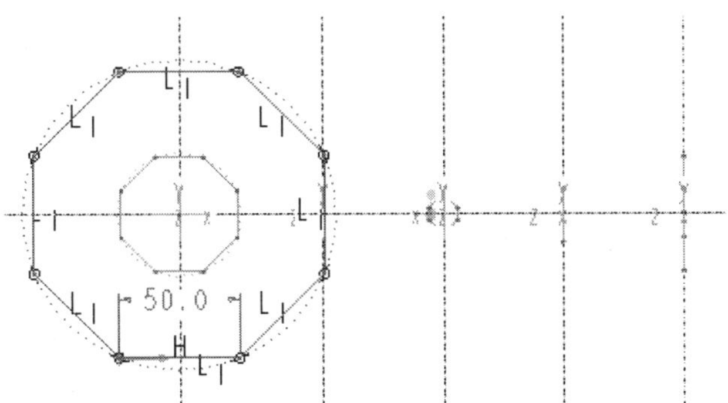

㊴ 그림과 같이 한 변의 길이 '50' 인 8각형 단면 스케치 후 스케치 완료(✔)

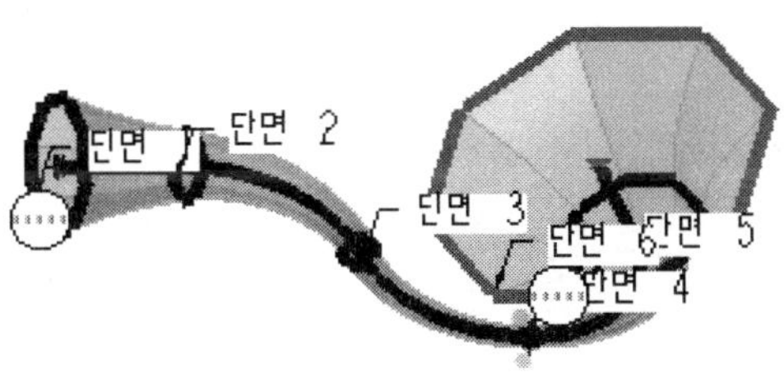

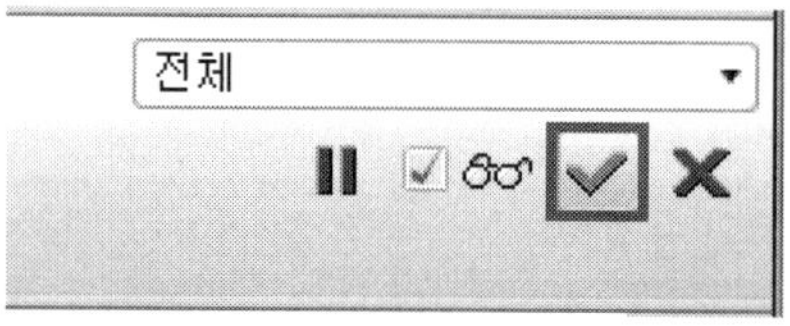

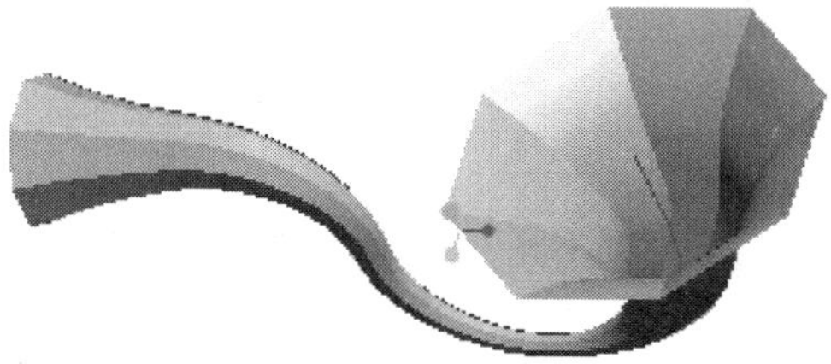

㊵ 대시보드의 오른쪽 피처 생성 완료 버튼을 클릭하여 스윕 블랜드 서피스 생성을 종료

㊶ 파일을 저장한다.

2. 경계 블랜드 서피스

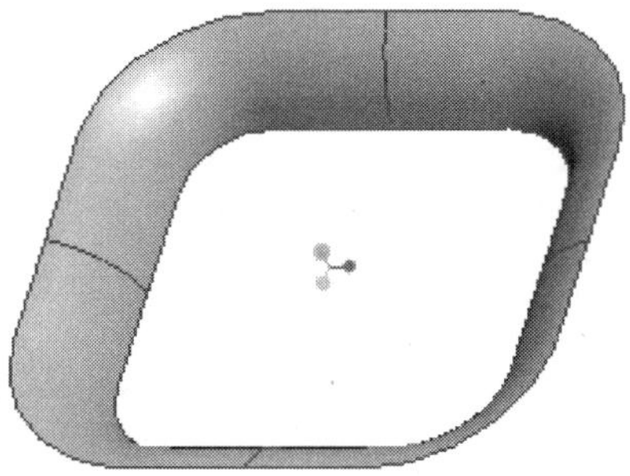

그림과 같은 형상을 모델링 하면서 경계 블랜드 기능을 익히도록 한다.

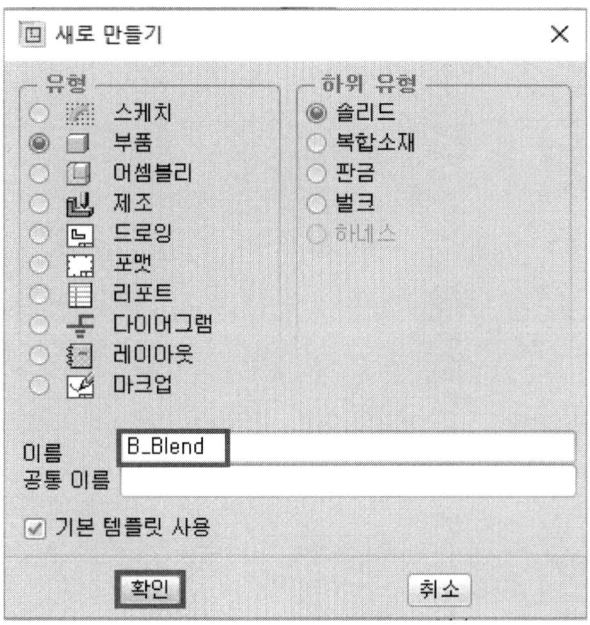

① 파일 이름 'B_Blend' 로 새로 만들기 시작

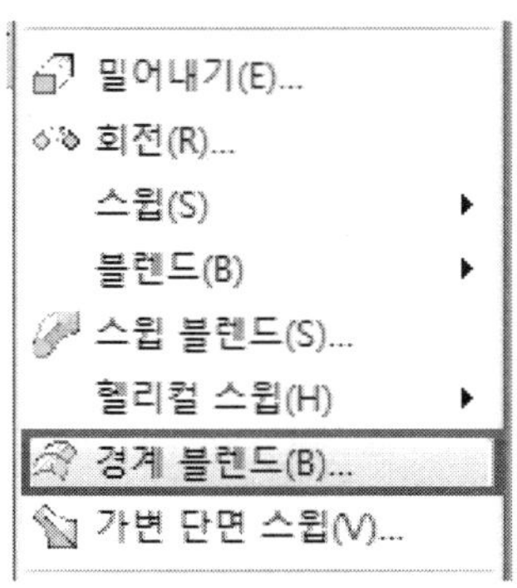

② 풀다운 메뉴 '삽입' – '경계 블랜드' 선택

③ 대시보드에 서피스 첫 방향을 정의하기 위한 두 개 이상의 커브나 모서리 체인을 선택하라는 메시지가 보인다.

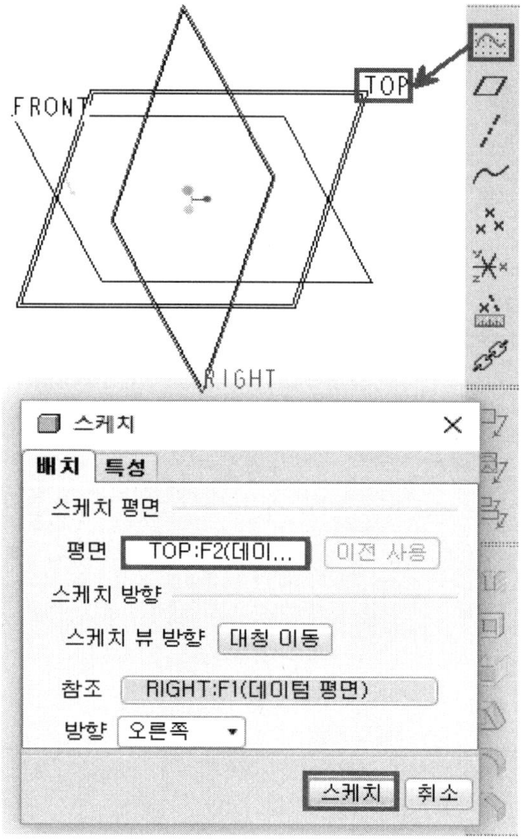

④ 선택할 커브가 없으므로 스케치( ) 도구 아이콘 선택

⑤ 스케치 평면으로 'TOP' 데이텀 평면 선택

⑥ '스케치' 탭 클릭

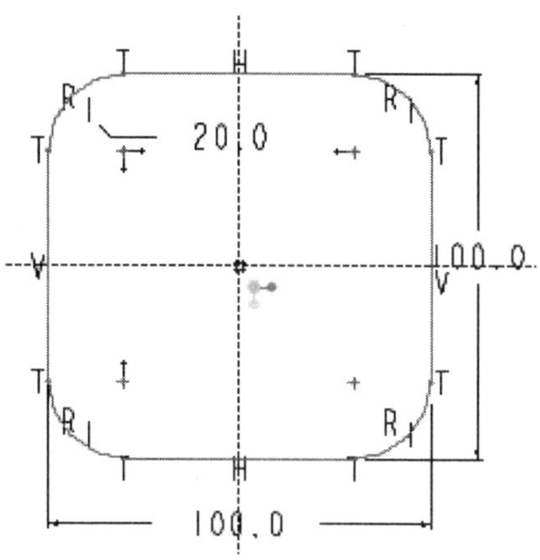

⑦ 그림과 같은 단면 스케치

⑧ 치수 생성/수정 후 스케치 완료( )

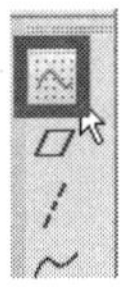

⑨ 두 번째 경계 커브 생성을 위하여 스케치 도구 아이콘 클릭

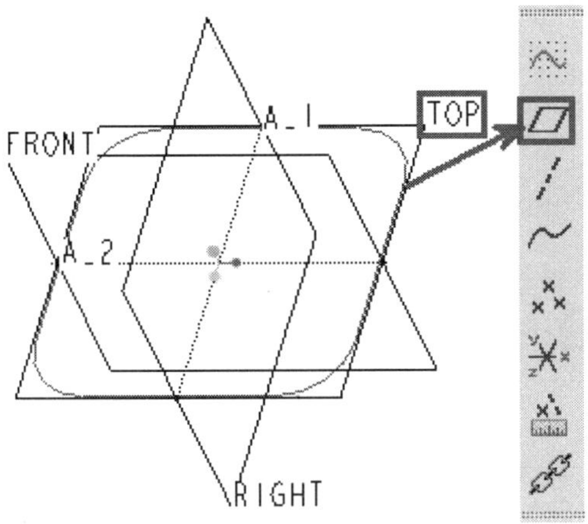

⑩ 'TOP' 평면과 오프셋 거리 20 위치에 새로운 경계 커브 생성을 위해 데이펌 평면 추가한다.

⑪ 'TOP' 데이텀 평면 선택

⑫ 데이텀 평면 도구( ) 아이콘 클릭

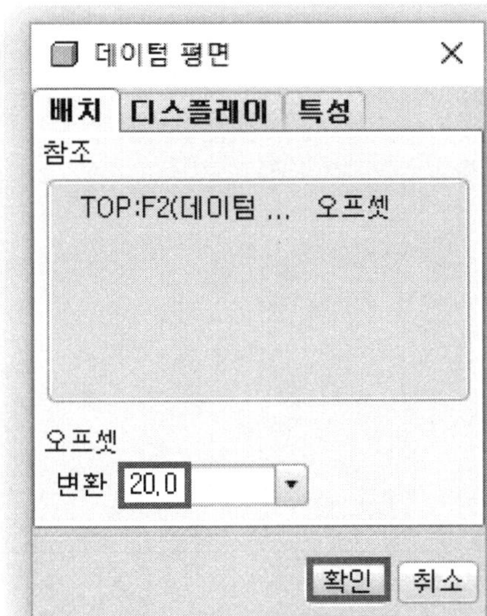

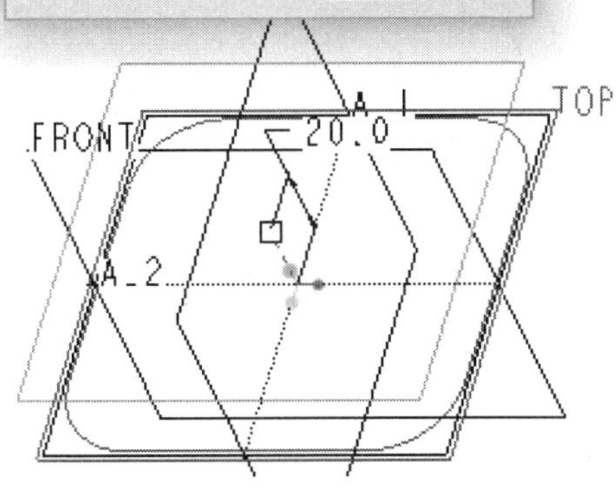

⑬ 오프셋 값 '20' 입력

⑭ '확인' 클릭과 동시에 새로운 스케치 평면인 'DTM1' 평면 생성

⑮ 스케치 도구( ) 아이콘 클릭

⑯ '스케치' 클릭

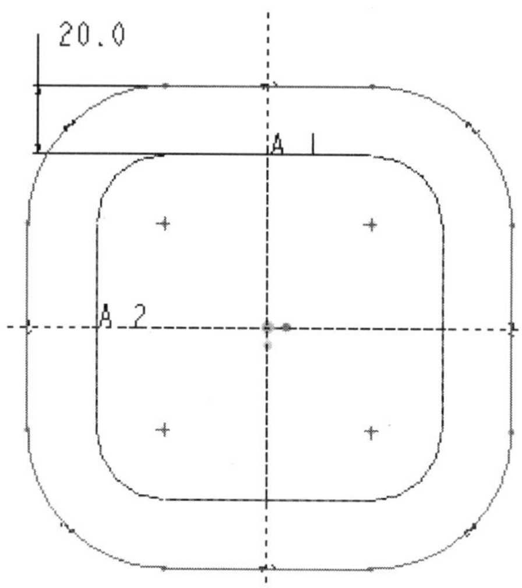

⑰ 모서리 오프셋 도구( ) 아이콘을 이용하여 그림과 같이 바깥쪽으로 오프셋 20인 경계 커브 스케치

⑱ 스케치 완료( )

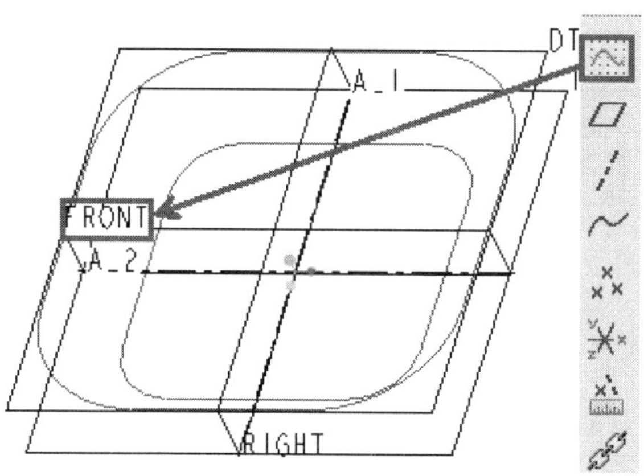

⑲ 다시 스케치 도구 아이콘 클릭 후 'FRONT' 평면 선택

⑳ 스케치 창의 '스케치' 탭 클릭

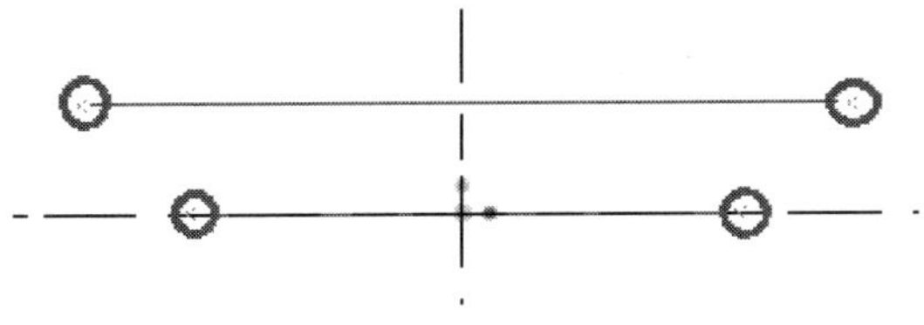

㉑ 마우스 우측 버튼 클릭 후 '참조' 선택

㉒ 그림과 같이 네 끝 정점을 참조 추가 후 참조 창 닫는다.

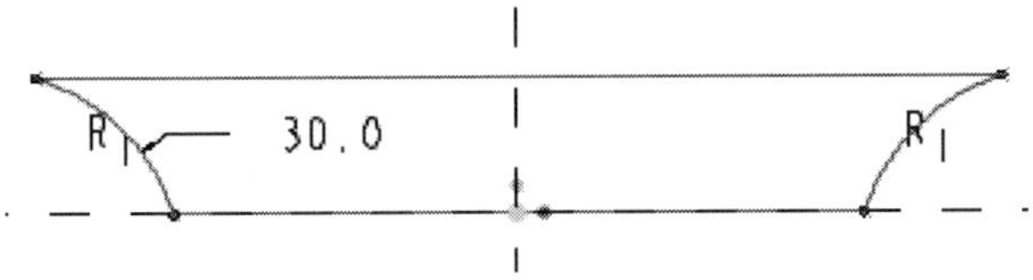

㉓ 그림과 같이 반경 30인 호 스케치

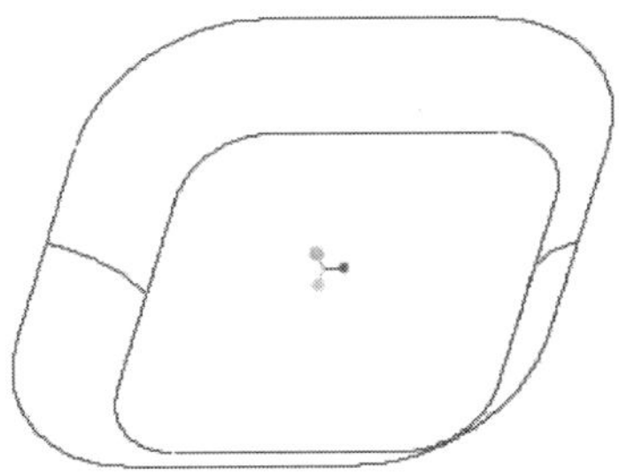

㉔ 스케치 완료(✔)

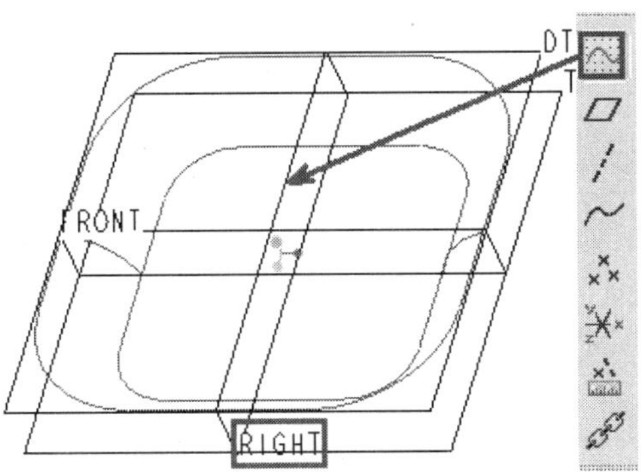

㉕ 다시 스케치 도구 아이콘 클릭 후

㉖ 스케치 평면으로 'RIGHT' 평면 선택

㉗ 스케치 창의 '스케치' 탭 클릭

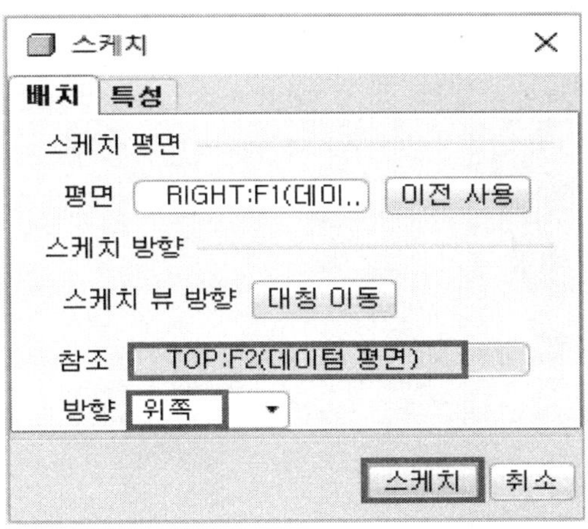

㉘ 참조면 방향 '위쪽' 선택 후 '스케치' 클릭

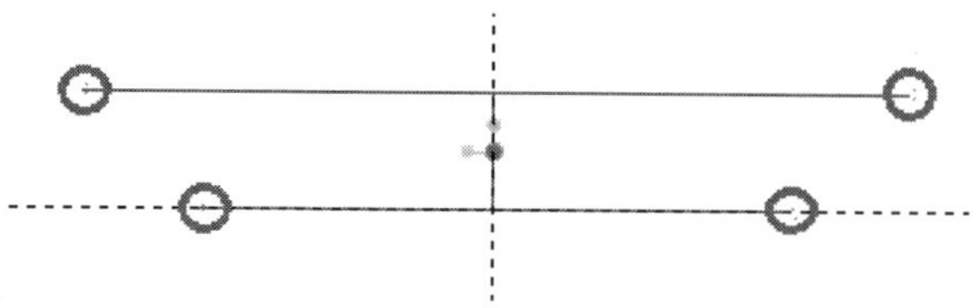

㉙ 마우스 우측 버튼 클릭 후 '참조' 선택

㉚ 그림과 같이 네 끝 정점을 참조 추가 후 참조 창 닫는다.

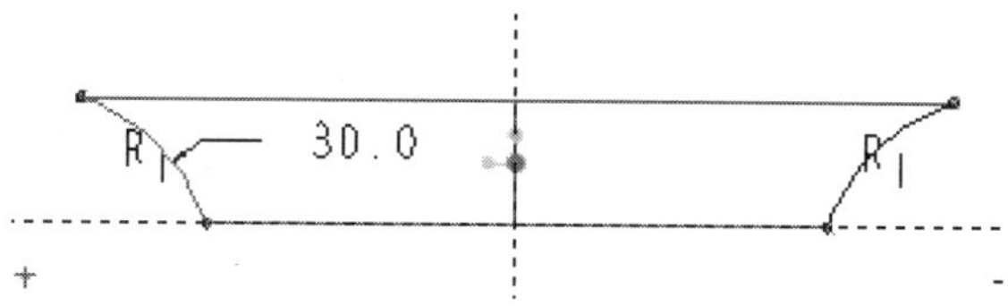

㉛ 그림과 같이 반경 30인 호 스케치

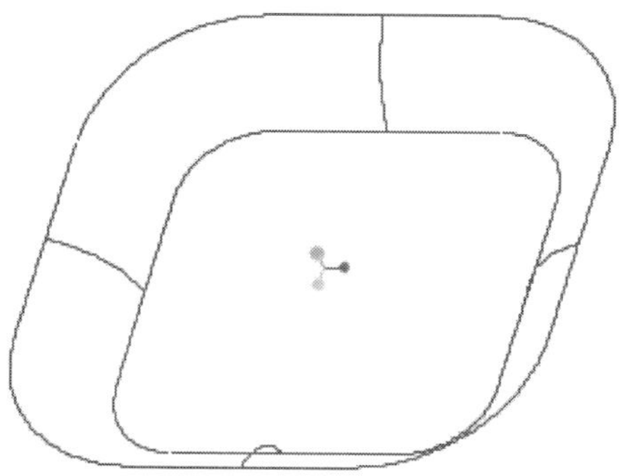

㉜ 스케치 완료(✔)

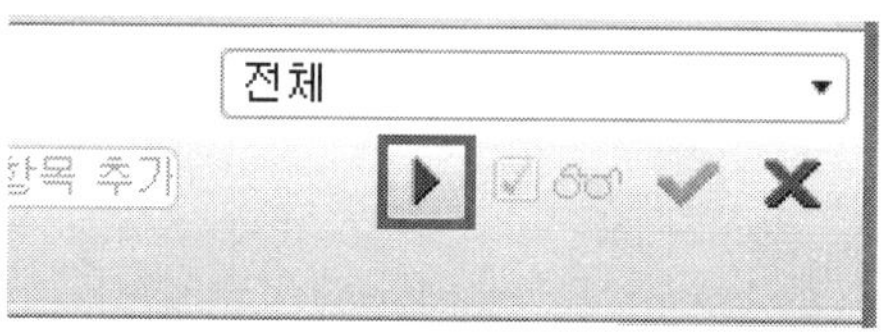

㉝ 복원 도구 아이콘 클릭하여 일시 정지된 도구를 복원

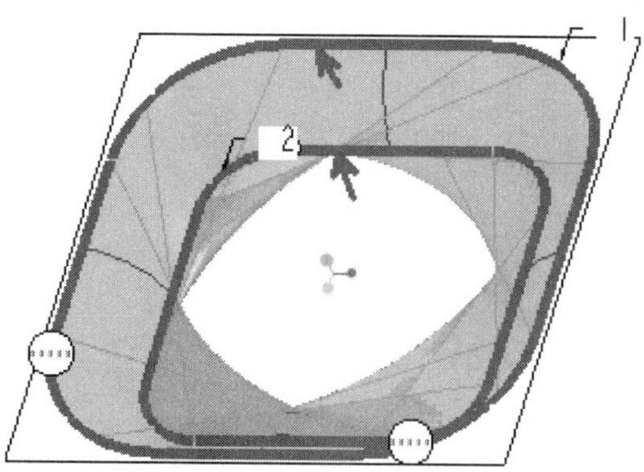

㉞ 첫 번째와 두 번째 스케치 커브를 'Ctrl' 키를 누른 채로 다중 선택

㉟ 마지막 단면(여섯 번째) 추가를 위하여 단면 작업 창에 '삽입' 버튼을 클릭

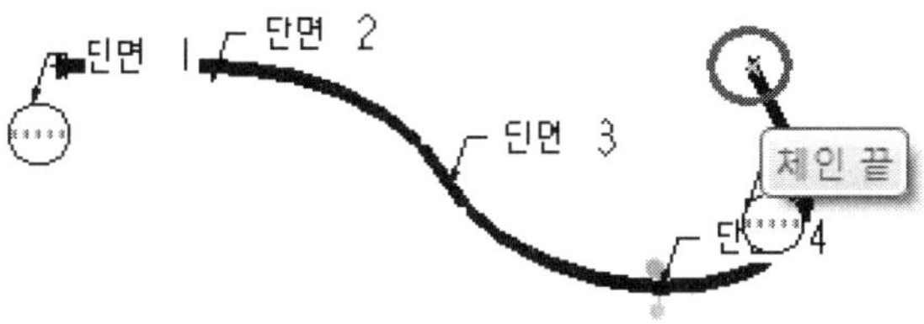

㊱ 여섯 번째 블랜드 단면의 위치로 그림과 같이 궤적의 끝점을 마우스 왼쪽 버튼으로 클릭

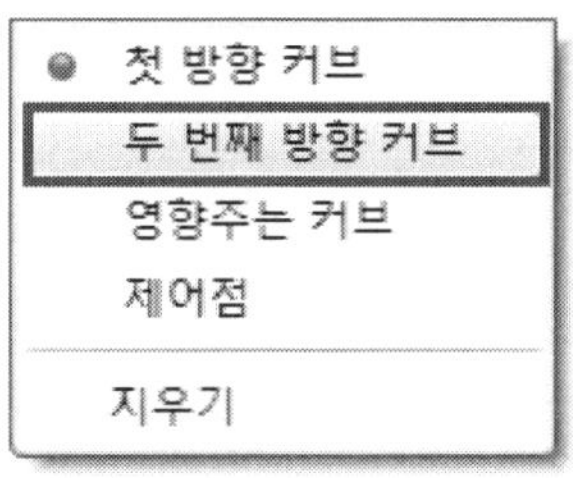

㊲ '마우스 오른쪽 버튼을 눌러 팝업 메뉴의 '두 번째 방향 커브'를 선택 또는 대시보드 창의 '여기를 클릭하여 항목 추가' 칸을 마우스로 클릭

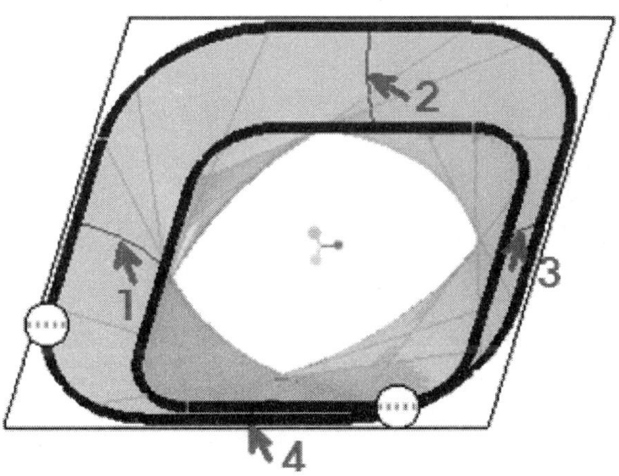

㊳ Ctrl 키를 누른 채 세 번째와 네 번째 스케치한 커브를 선택한다. 선택 방향은 오른쪽 또는 왼쪽의 한 방향으로 순서대로 하나씩 선택하도록 한다.(1 → 2 → 3 → 4 또는 역순)

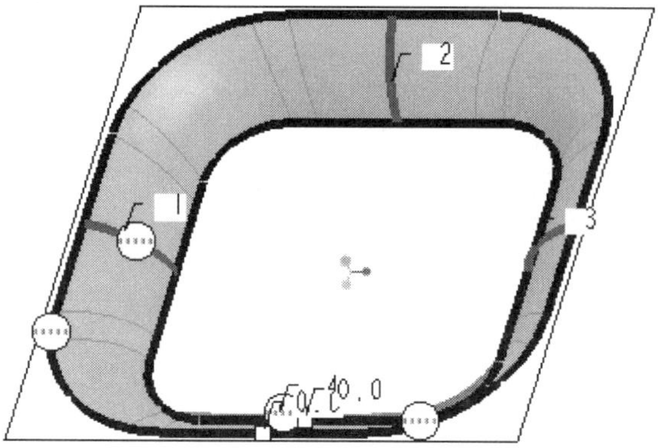

㊴ 두 번째 경계 커브 선택 결과

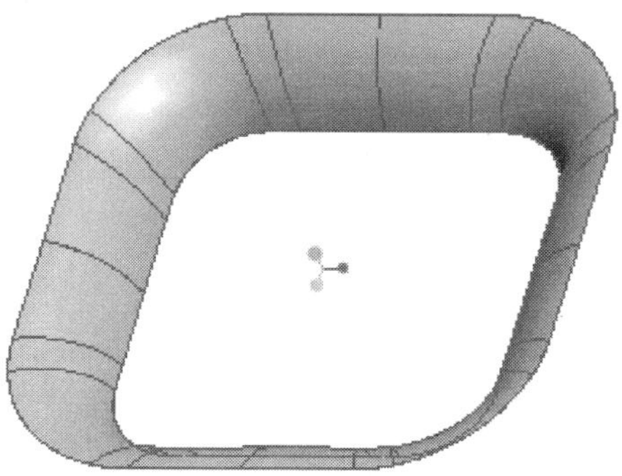

㊵ 피처 생성 완료 및 파일 저장

3. 가변 단면 스윕 서피스

그림과 같은 형상을 모델링 하면서 가변 단면 스윕 기능을 익히도록 한다.

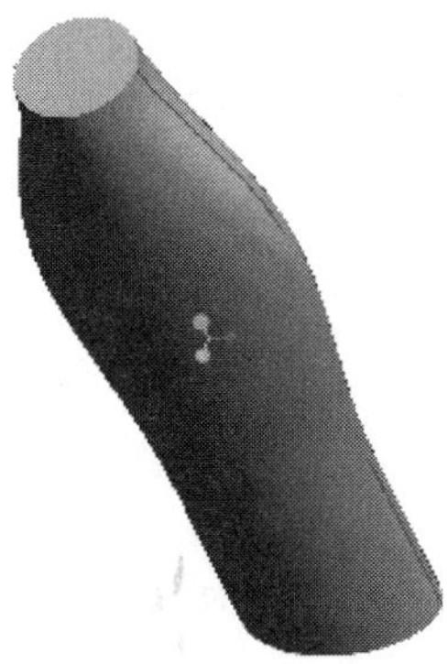

① 파일 이름 'Sweep_Blend' 로 새로 만들기 시작

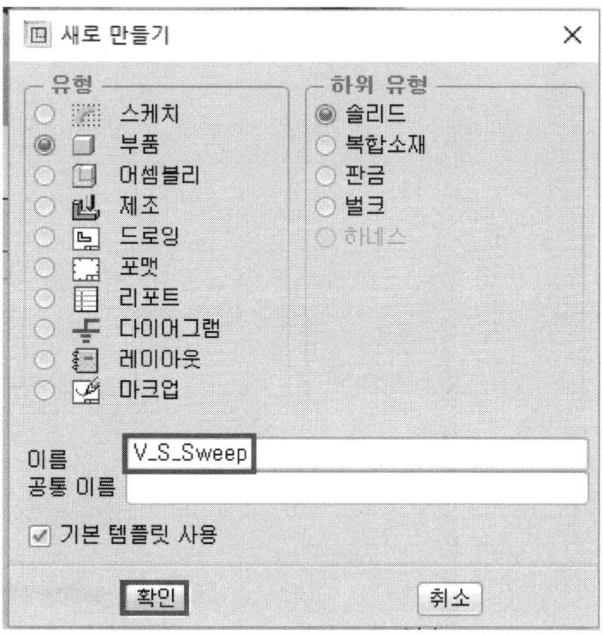

② 풀다운 메뉴 '삽입' - '가변 단면 스윕' 선택

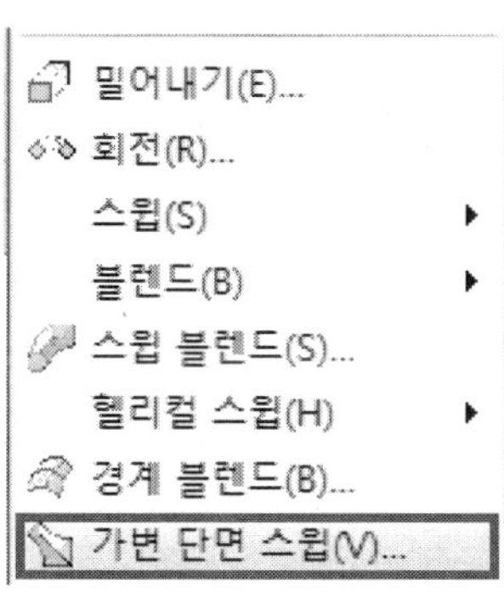

③ 대시보드 패널에는 기본적으로 '서피스' 아이콘이 선택되어져 있다.

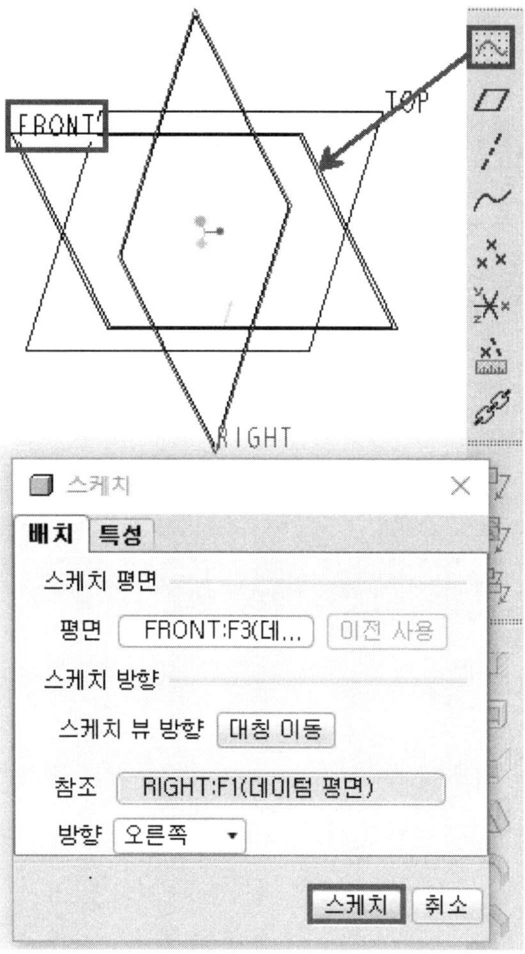

④ 스케치( ) 도구 아이콘 선택

⑤ 스케치 평면으로 'FRONT' 데이텀 평면 선택

⑥ '스케치' 탭 클릭

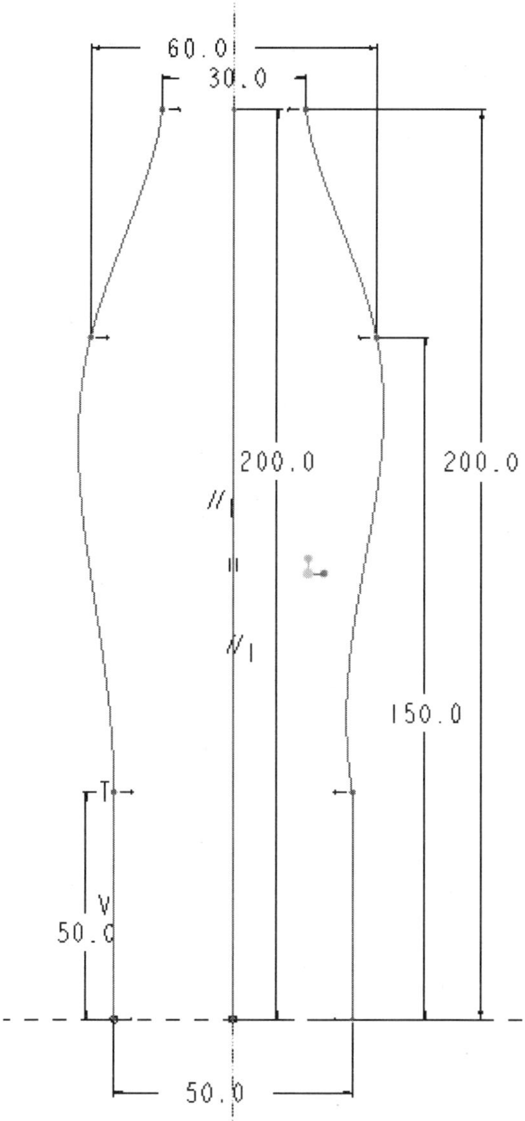

⑦ 선과 스플라인 도구( ) 기능을 이용하여 그림과 같은 3개의 궤적 형상 스케치

⑧ 치수 생성/수정 후 스케치 완료( )

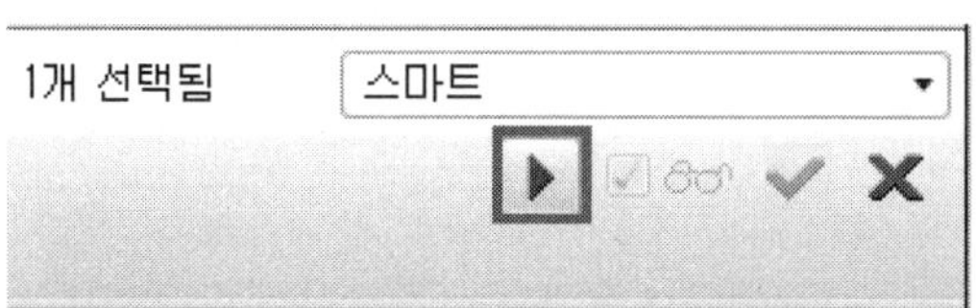

⑨ 대시보드의 오른쪽의 복원 탭을 클릭하여 일시 정지된 도구를 복원

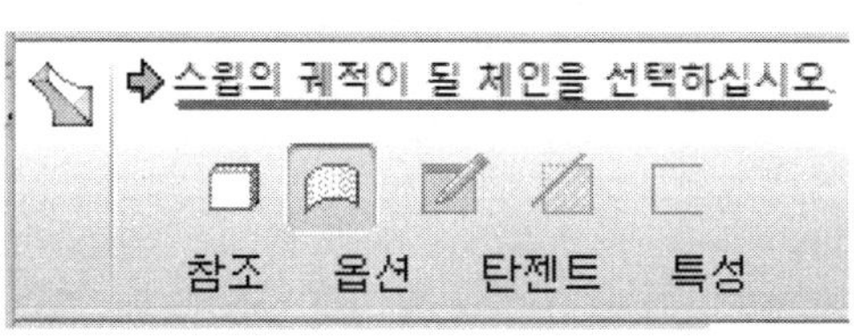

⑩ 메시지 영역에 궤적 선택 안내

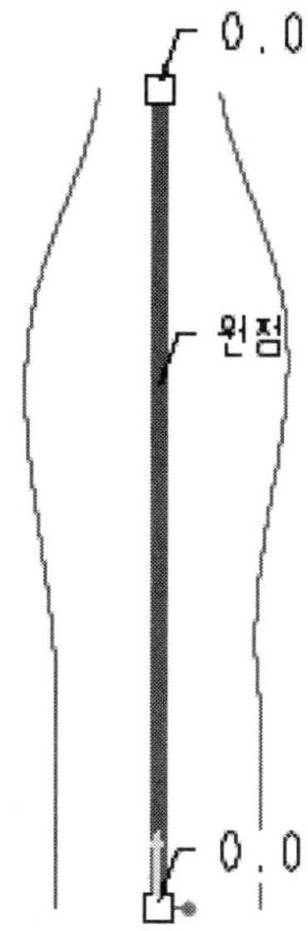

⑪ **원본 궤적**(스윕 방향 제어)으로 가운데 수직선 선택

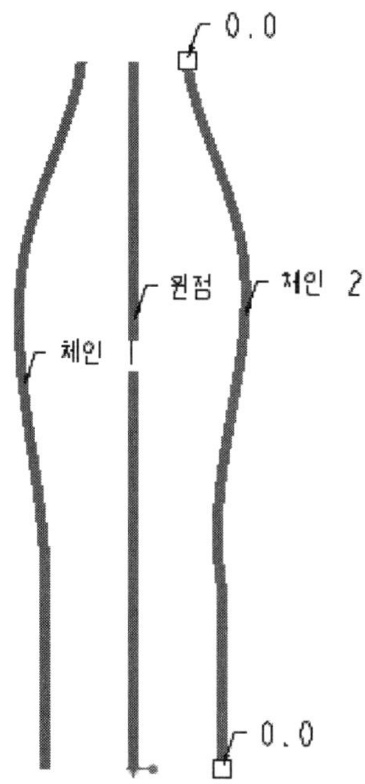

⑫ 'Ctrl' 키를 누른 상태에서 **보조 궤적**(단면의 형상 제어)으로 양 옆에 있는 두 개의 궤적을 선택

⑬ 단면 생성 도구 아이콘 클릭

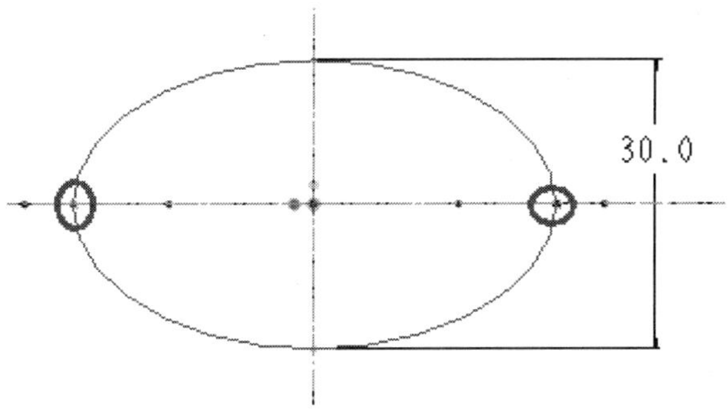

⑭ 중심과 축 타원 도구 아이콘을 이용하여 그림과 같이 스케치

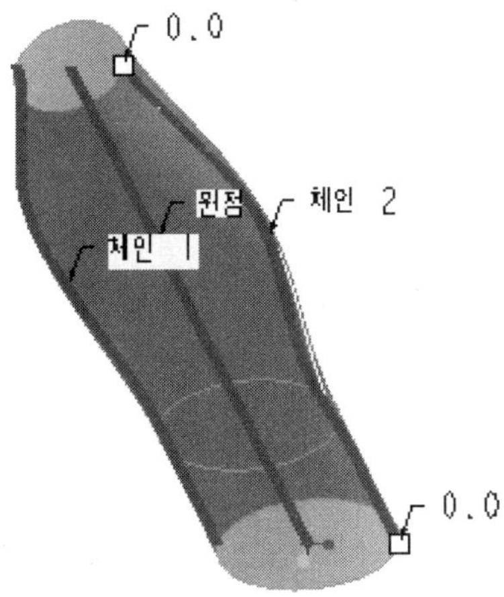

⑮ 스케치 완료(✔)

⑯ 현재 상태에서는 미리보기 해 보면 서피스 형상의 아래쪽과 위쪽이 열려진 형상이다.

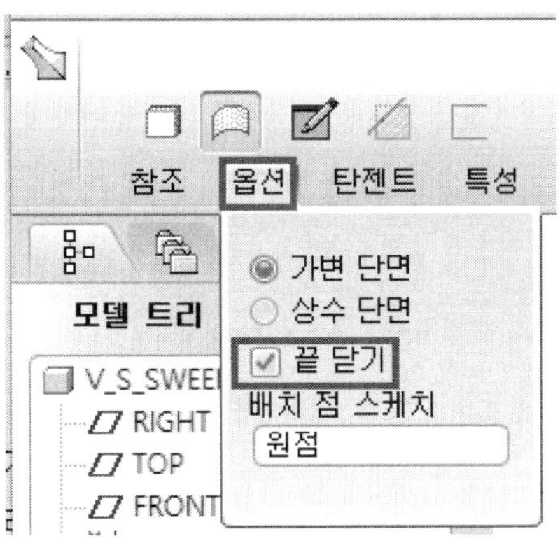

⑰ 대시보드 '옵션 – '끝 닫기' 선택

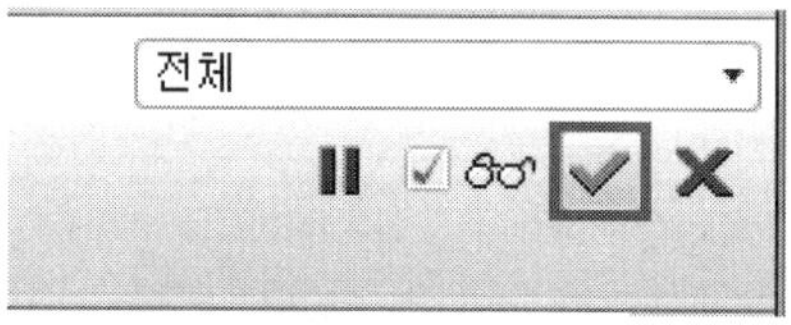

⑱ 피쳐 생성 완료

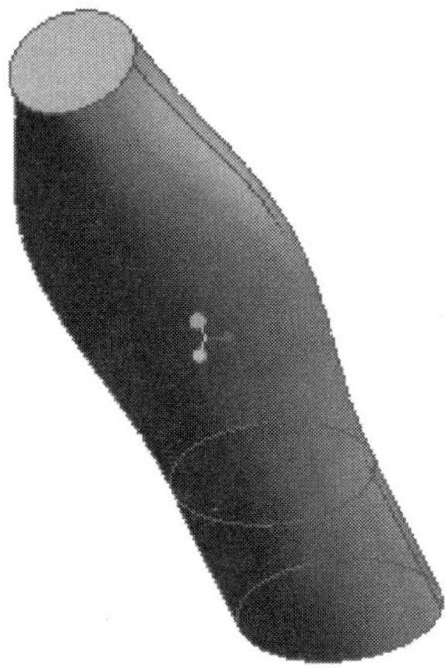

⑲ 가변 단면 스윕 서피스 완료

⑳ 파일 저장

4. 채우기

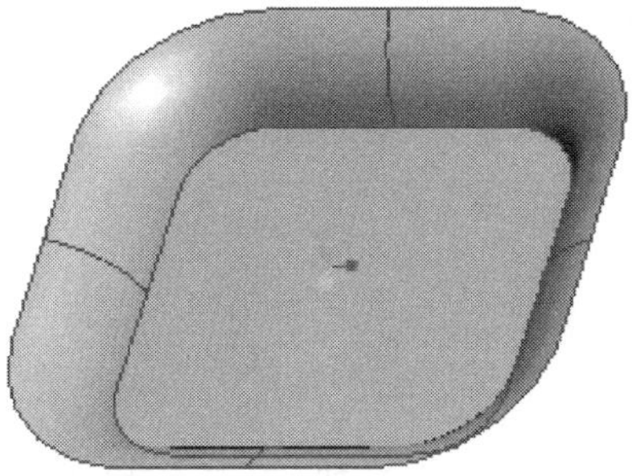

이 장에서는 앞에서 모델링 하였던 경계 블랜드 서피스(B_Blend.prt)를 이용하여 그림과 같이 채우기 피처를 생성한다.

① 모델링 한 경계 블랜드 서피스 'b_blend.prt' 파일을 불러 온다.

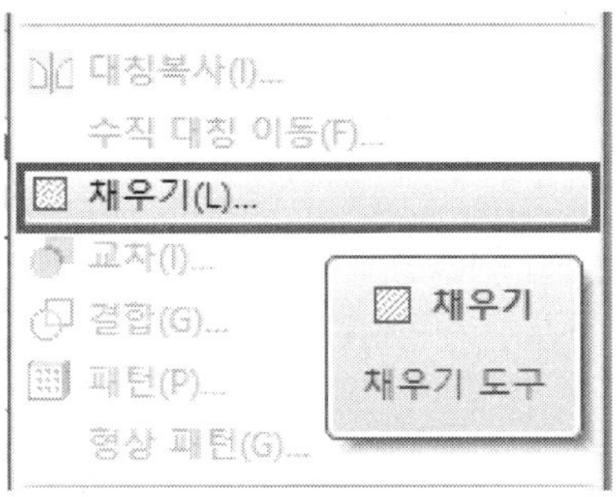

② 풀다운 메뉴의 '편집' - '채우기' 선택

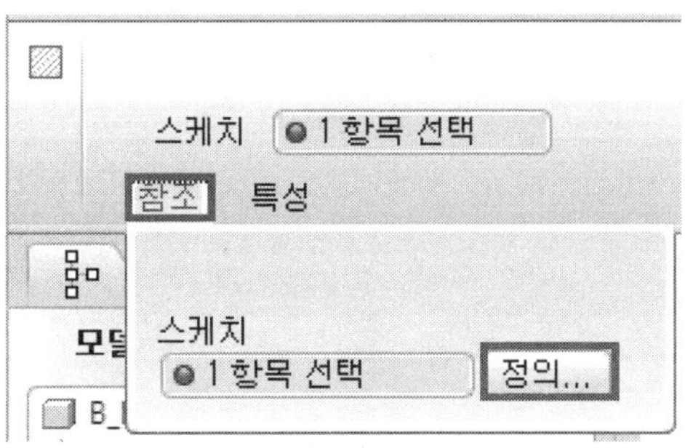

③ 대시보드 창의 '참조' 탭이 적색 표시

④ 필요시 '참조' - '정의' 선택하여 단면 스케치(여기서는 모델링 형상에서 직접 선택)

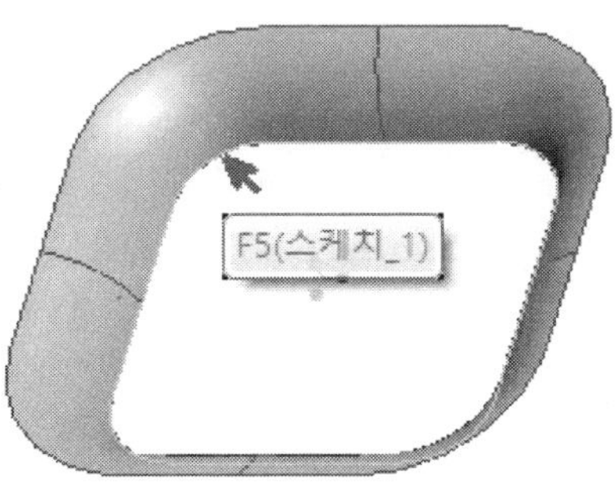

⑤ 모델링 형상의 바닥 모서리에 마우스 위치시킨다.

⑥ 루프 형상의 모서리 강조상태에서 모서리 선택

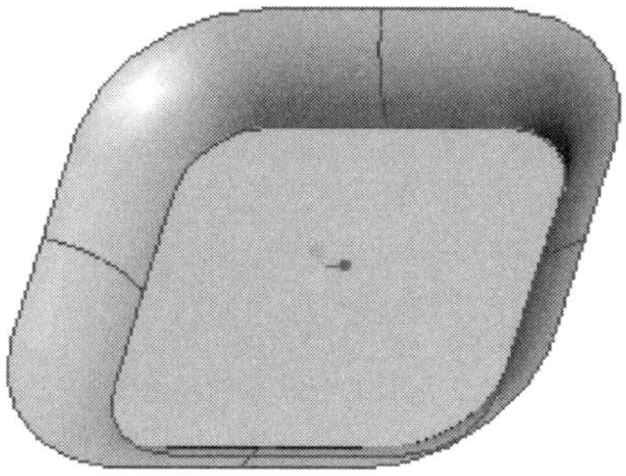

⑦ 채우기 형상을 보여준다.

⑧ 대시보드 창의 참조 정의되고, 피처 생성 완료한다.

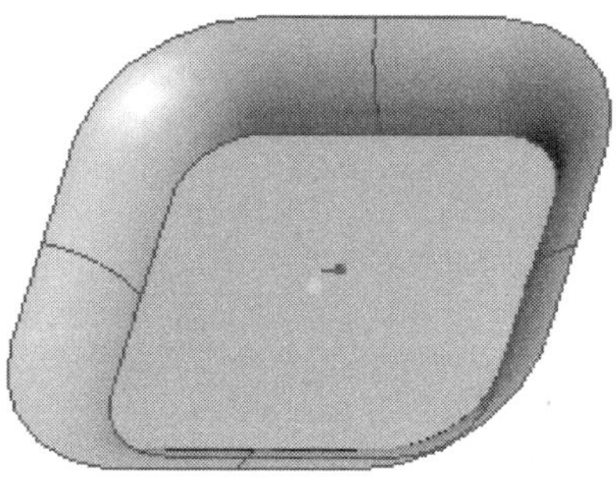

⑨ 채우기 완성된 형상

5. 서피스 결합

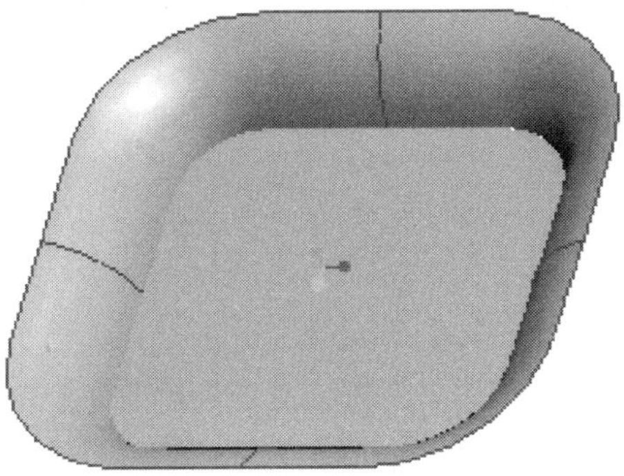

① 앞에서 모델링 한 경계 블랜드 파일의 경계 블랜드 서피스와 채우기 서피스의 결합

② 'B_Blend.prt' 파일을 불러 온다.

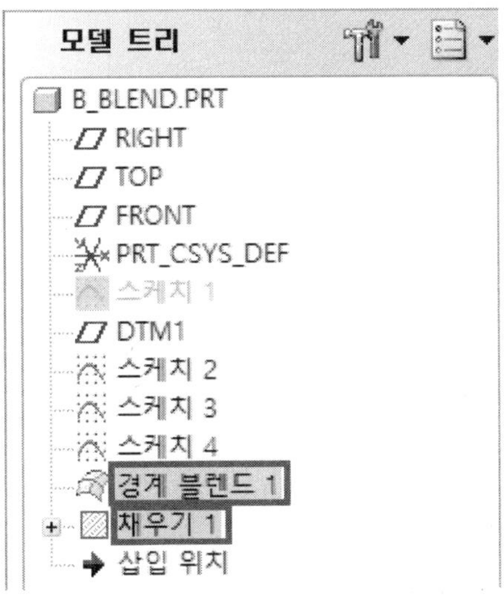

③ 서피스 결합은 결합할 서피스를 먼저 선택되어야 결합 도구 기능이 활성화 된다.

④ Ctrl 키를 누른 채 모델트리에서 '경계 블랜드 1' 과 '채우기 1' 피처를 선택

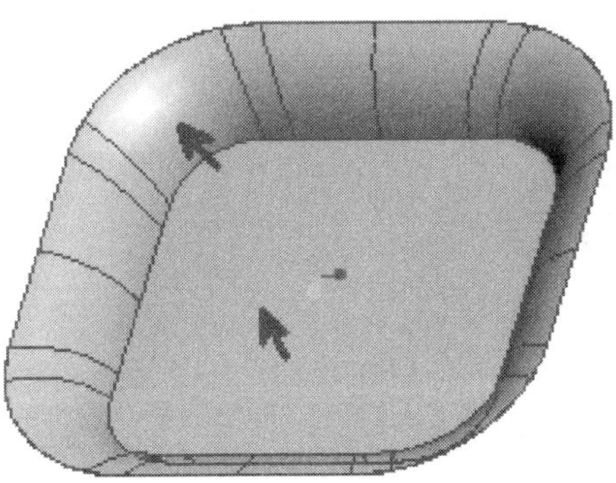

⑤ 또는 그래픽 영역의 모델링 형상에 직접 선택

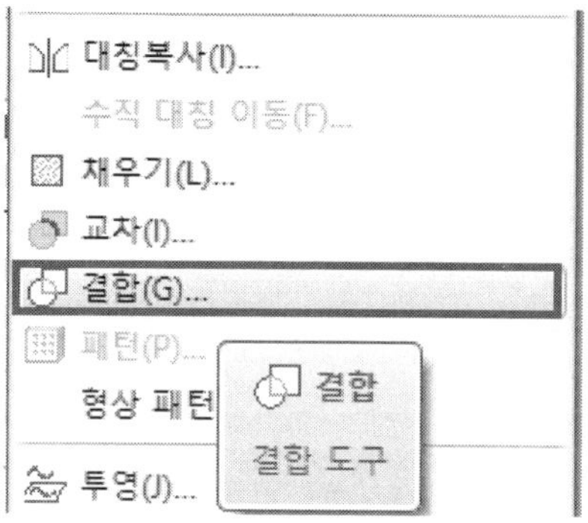

⑥ 풀다운 메뉴 '편집' – '결합' 선택

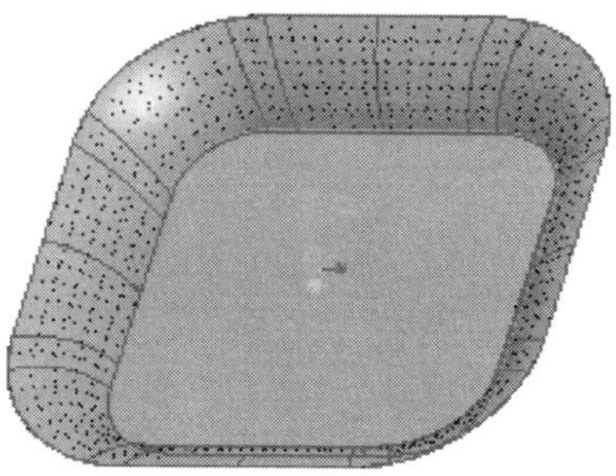

⑦ 그림과 같이 경계 블랜드 서피스와 채우기 서피스 결합

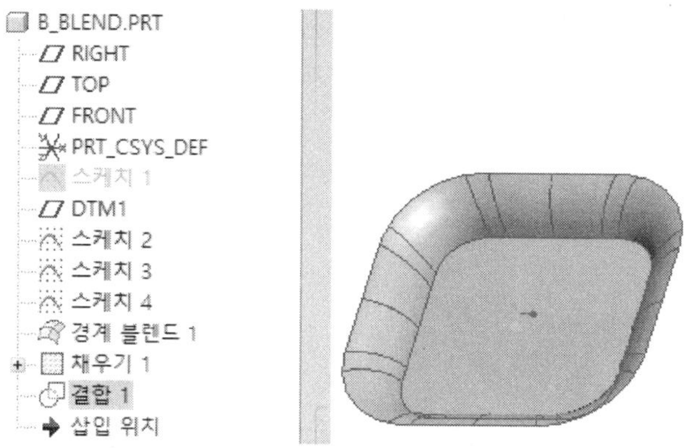

⑧ 결합 1 서피스 생성

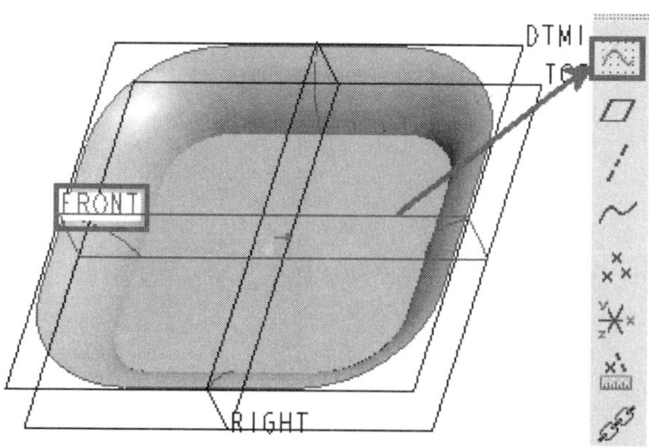

새로운 서피스의 추가 결합

⑨ 'FRONT' 평면 선택 후 스케치 도구( ) 클릭

⑩ 스케치 창의 '스케치' 탭 클릭

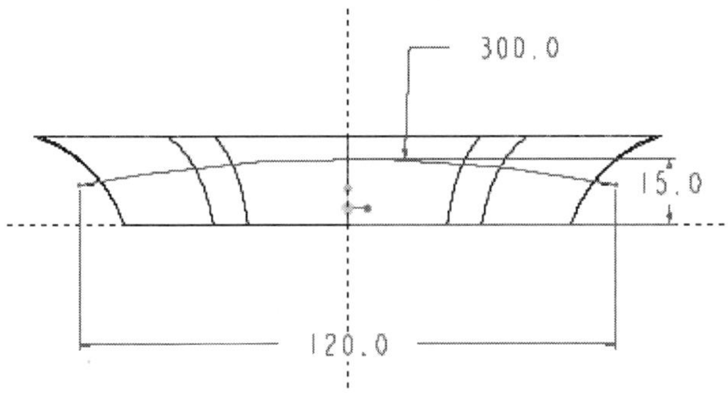

⑪ 중심/끝 아이콘( )으로 그림과 같은 호 스케치(반경 300, 폭 120, 높이 15)

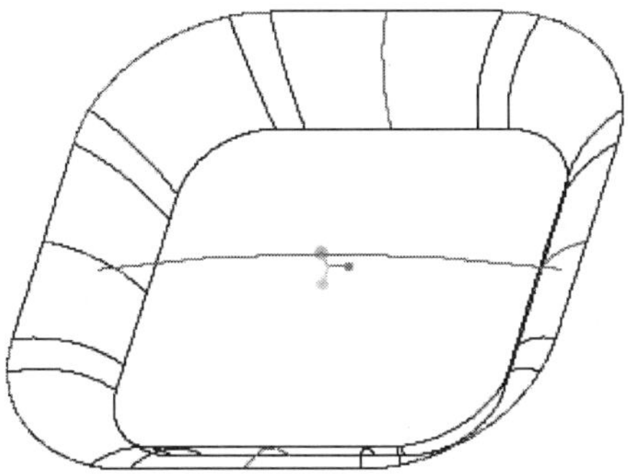

⑫ 스케치 완료(✔)

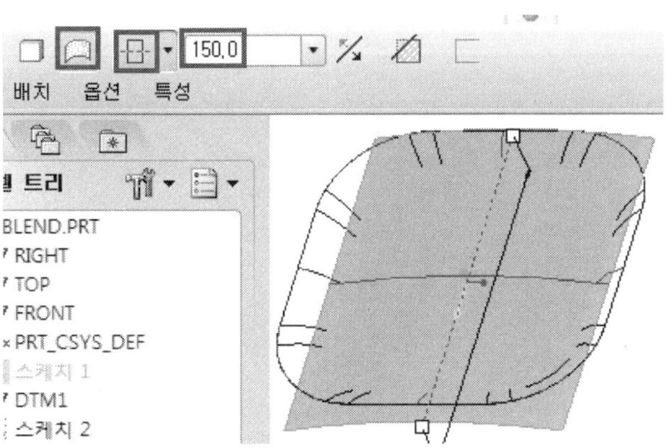

⑬ 밀어내기( ) 피처 도구 아이콘 선택

⑭ 'Ctrl + D' 표준방향으로 전환

⑮ 깊이 옵션 대칭( ) 선택

⑯ 깊이 값 '150' 입력

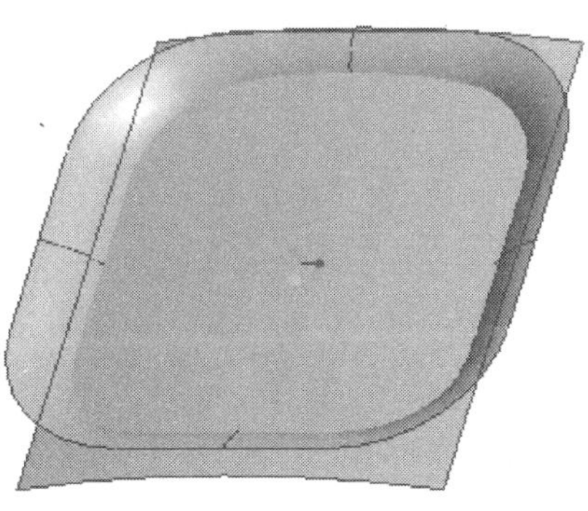

⑰ 피처 생성 완료(✔)

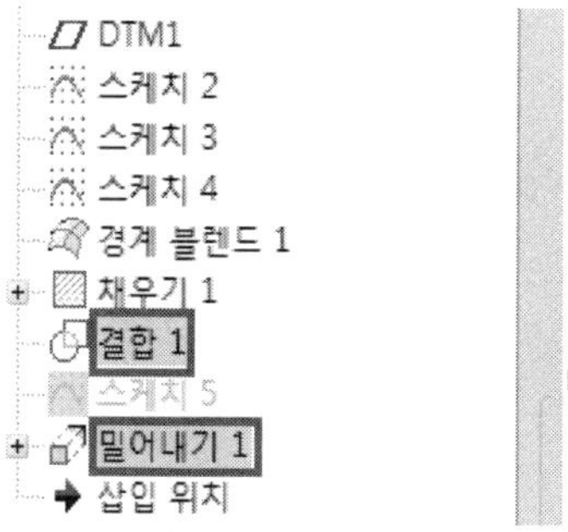

⑱ Ctrl 키를 누른 채 모델트리에서 '결합 1' 과 '밀어내기 1' 서피스 피처 선택

⑲ 풀다운 메뉴 '편집' – '결합' 선택

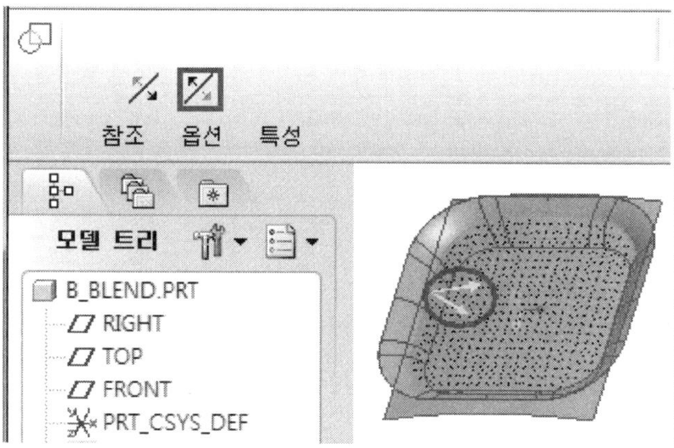

⑳ 대시보드의 결합할 퀼트 선택 방향 아이콘을 적절하게 선택

㉑ 노란색 화살표 방향이 그림과 같이(안쪽/아래쪽) 향하도록 함(노란색 그물선 표시 영역이 유지)

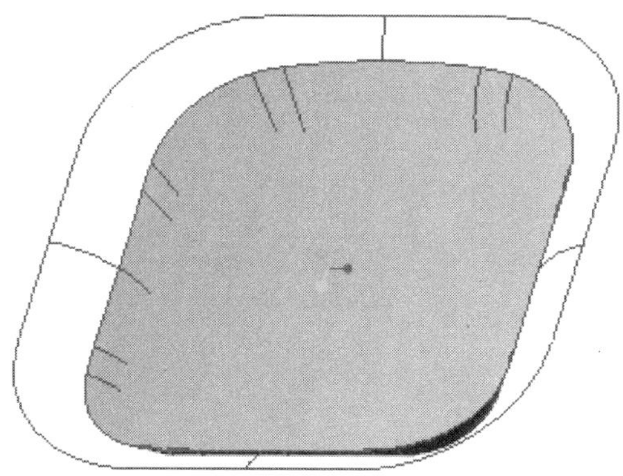

㉒ 피처 생성 완료(✔)

㉓ 파일 저장

6. 서피스의 솔리드화

6.1 솔리드로 채움

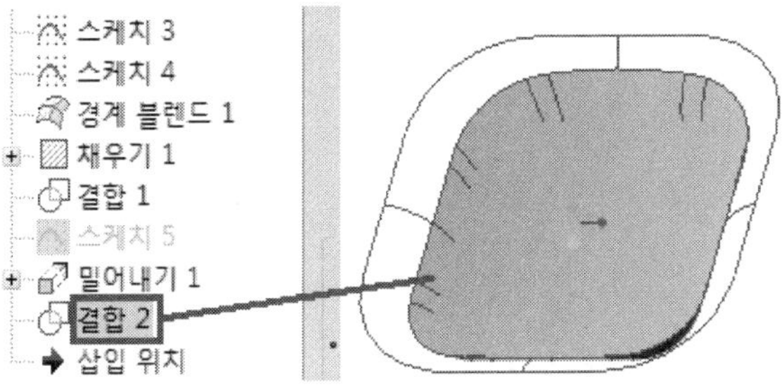

① 필요시 B_Blend.prt 파일을 불러 온다.

② 솔리드화 하고자 하는 '결합 2' 서피스 피처를 먼저 선택

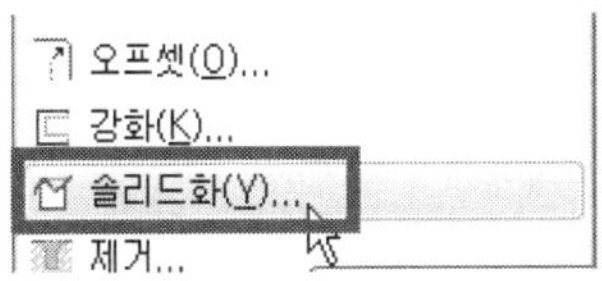

③ 풀다운 메뉴의 '편집' - '솔리드화' 선택

④ 대시보드 창의 솔리드로 채움(□)으로 자동 선택

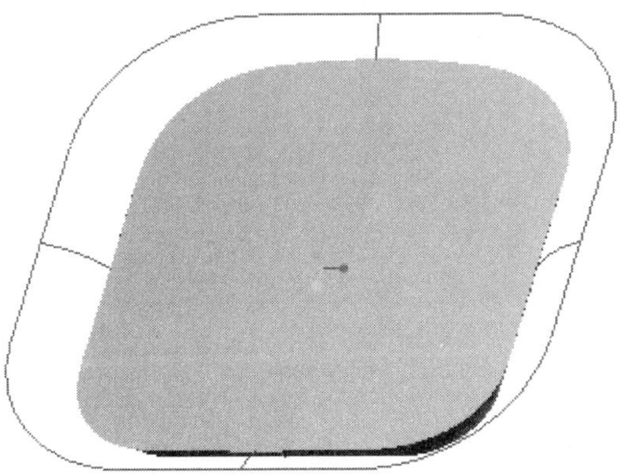

⑤ 피처 생성 완료(✓)

6.2 솔리드화/재료 제거

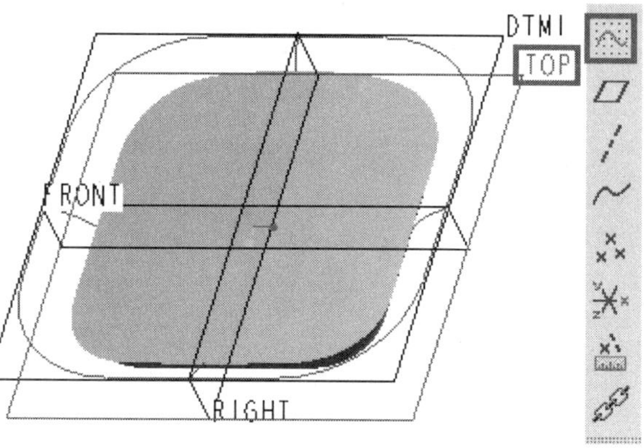

① 'TOP' 평면 선택 후 스케치 도구( ) 클릭

② 스케치 창의 '스케치' 탭 클릭

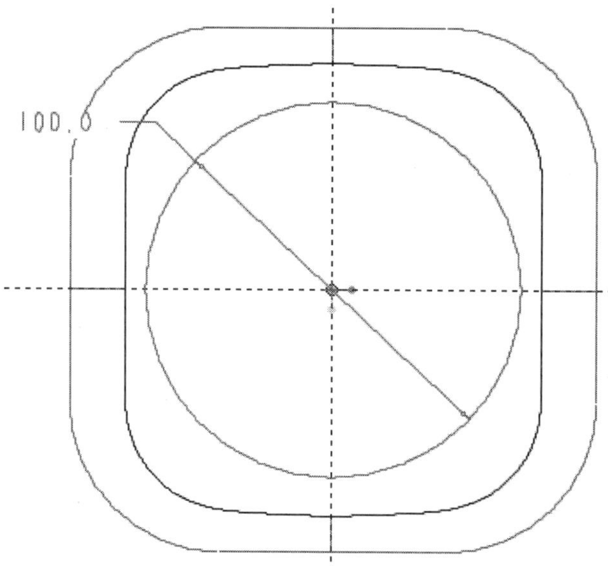

③ 그림과 같이 직경 100인 원을 스케치하고 스케치 완료( ) 클릭

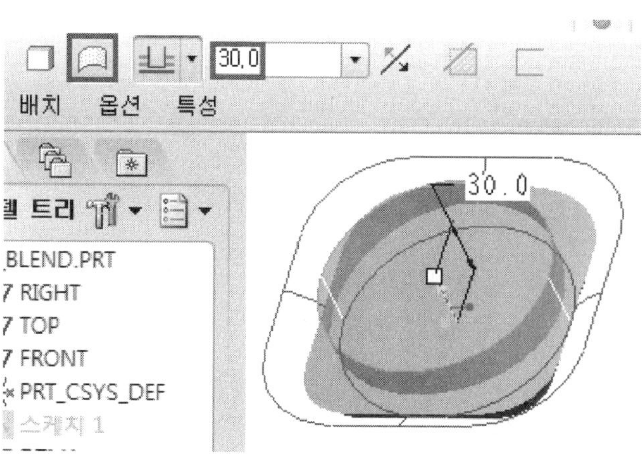

④ 밀어내기( ) 피처 도구 아이콘 선택

⑤ 서피스 도구( ) 아이콘 선택

⑥ 깊이 값 '30' 입력

⑦ 피처 생성 완료( )

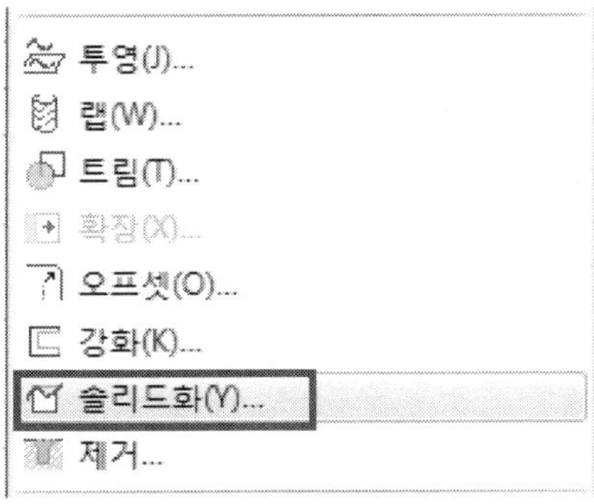

⑧ '밀어내기2' 서피스 선택

⑨ 풀다운 메뉴의 '편집' - '솔리드화' 선택

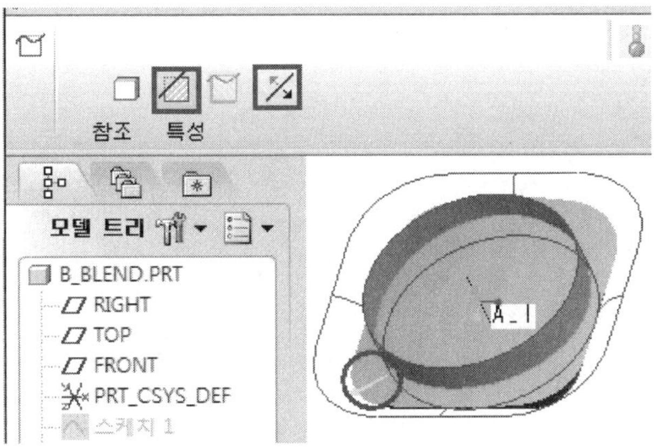

⑩ 대시보드 창 재료제거 도구( ) 아이콘 클릭

⑪ 공구 작업 방향 변경( ) 아이콘 클릭

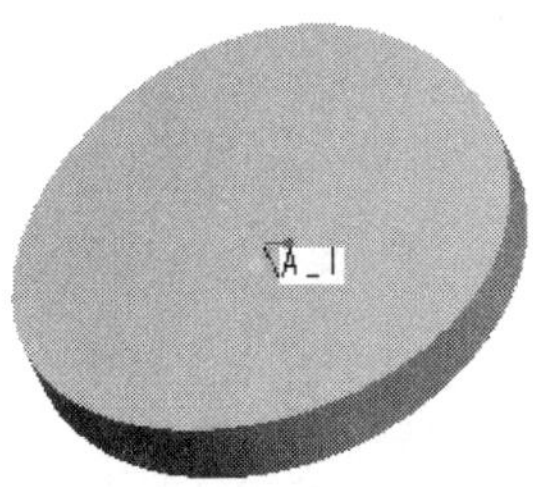

⑫ 피처 생성 완료( )

6.3 솔리드화/패치

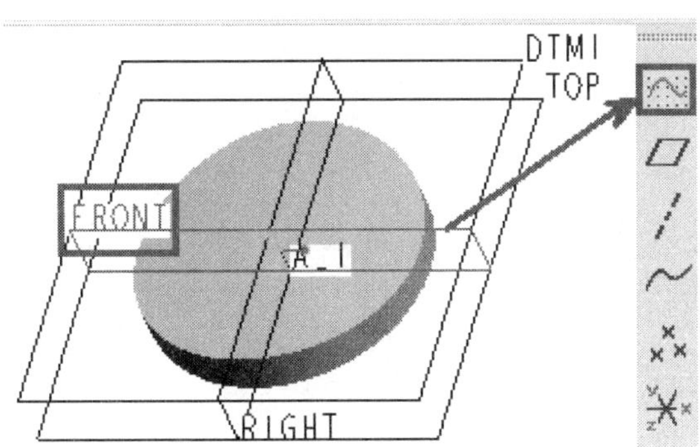

① 'FRONT' 평면 선택 후 스케치 도구( ) 클릭

② 스케치 창의 '스케치' 탭 클릭

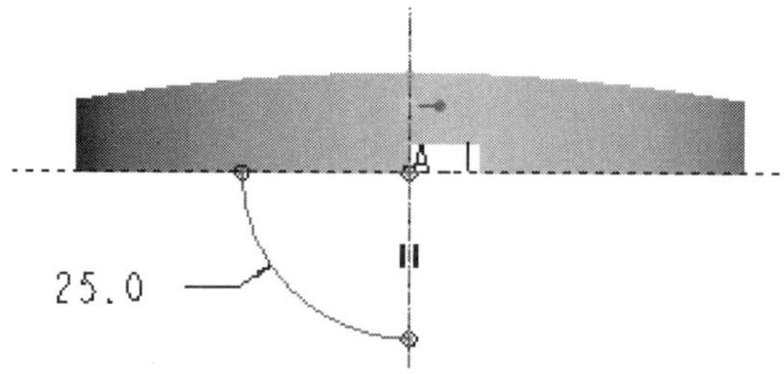

③ 가운데에 수직방향으로 형상 중심선 스케치

④ 반경 25인 1/4원을 스케치

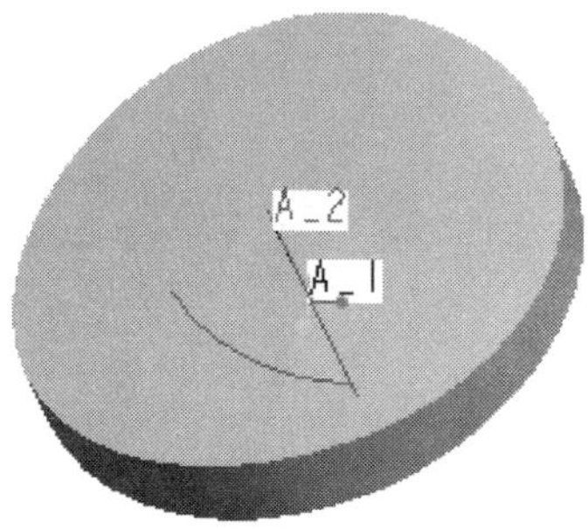

⑤ 피처 생성 완료(✔)

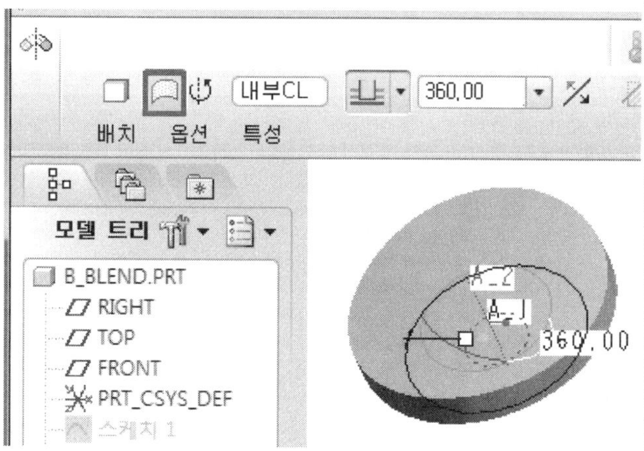

⑥ 회전 피처 도구( ) 아이콘 클릭

⑦ 회전 서피스 피처 자동 선택

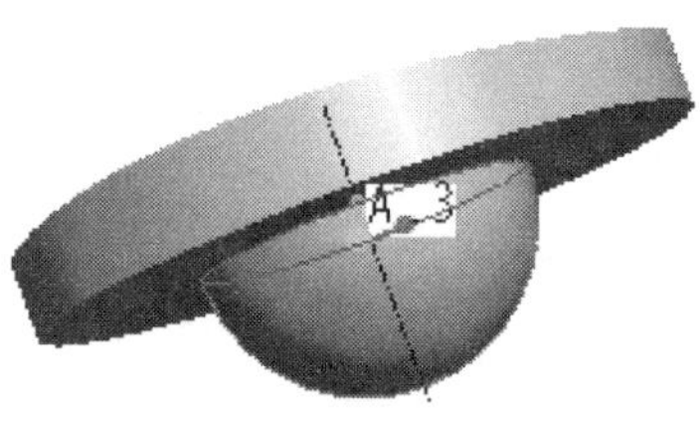

⑧ 피처 생성 완료(✔)

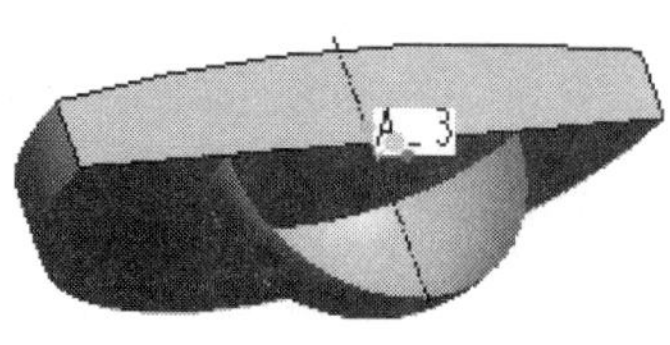

⑨ 회전체 내부는 빈 상태임.

7. 오프셋 서피스

7.1 서피스 피처 대체

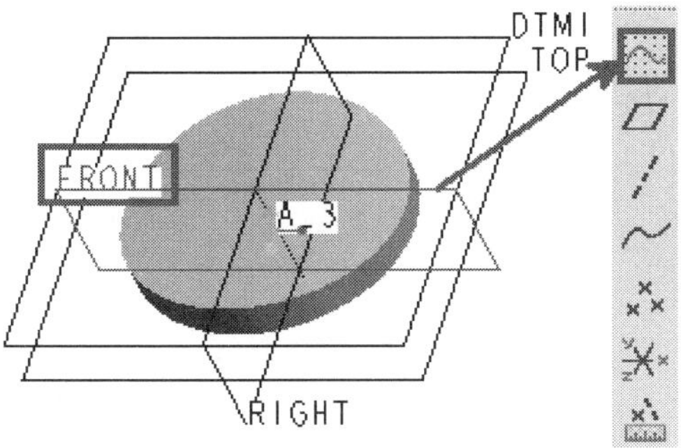

① 필요시 B_Blend.prt 파일을 불러 온다.

② 'FRONT' 평면 선택 후 스케치 도구( ) 클릭

③ 스케치 창의 '스케치' 탭 클릭

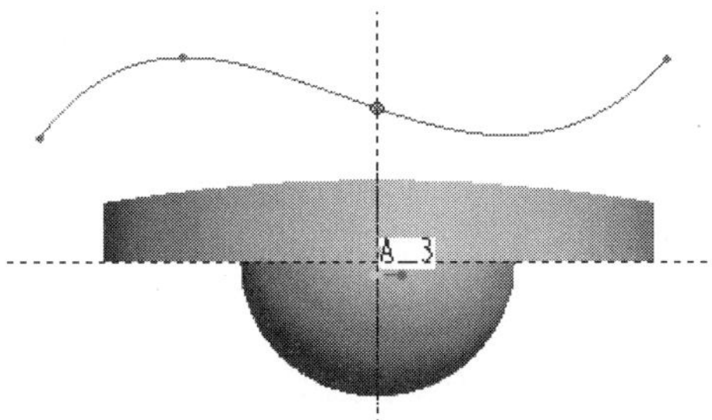

④ 스플라인 커브 도구( )아이콘을 이용하여 그림과 같은 개략적인 형상 스케치

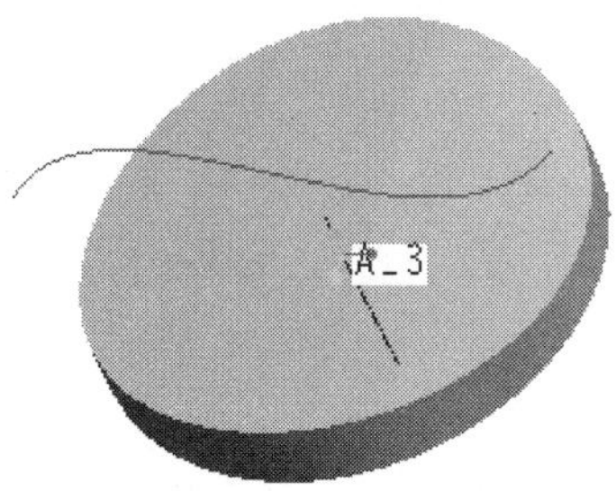

⑤ 스케치 완료( ) 클릭

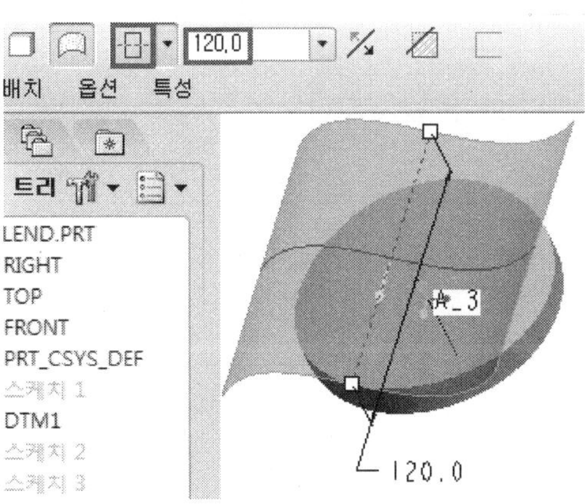

⑥ 밀어내기( ) 피처 도구 아이콘 선택

⑦ 'Ctrl + D' 표준방향으로 전환

⑧ 깊이 옵션 대칭( ) 선택

⑨ 깊이 값 '150' 입력

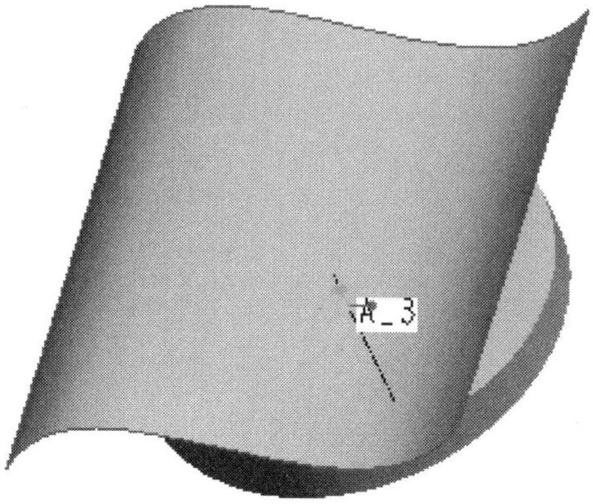

⑩ 피처 생성 완료( )

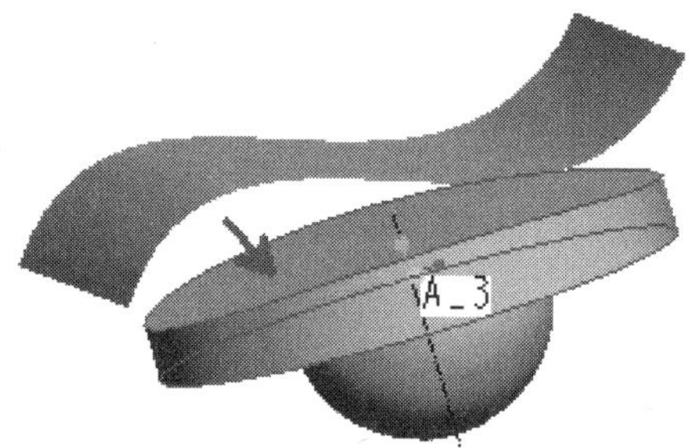

⑪ 경계 블랜드 피처의 윗면 선택

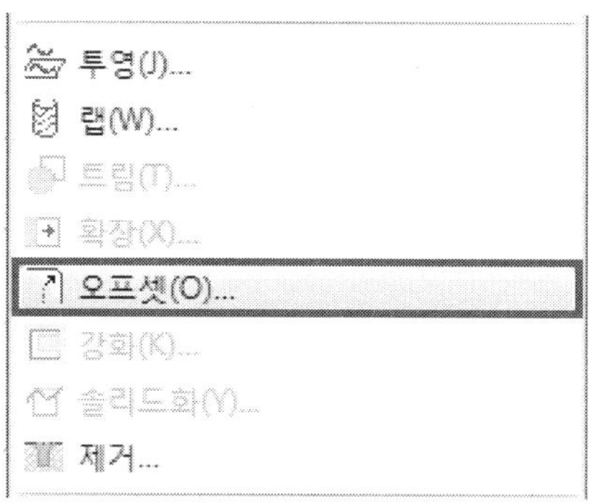

⑫ 풀다운 메뉴의 '편집' - '오프셋' 선택

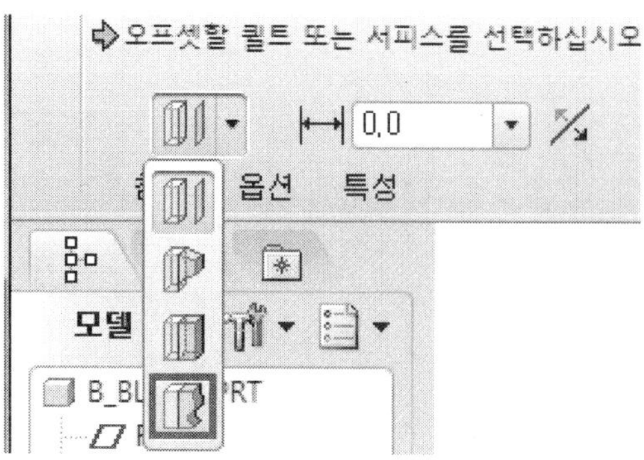

⑬ 대시보드의 오프셋 유형 아이콘을 펼쳐서 맨 아래의 서피스 피처 대체( ) 아이콘 선택

⑭ 밀어내기 서피스 피처 선택

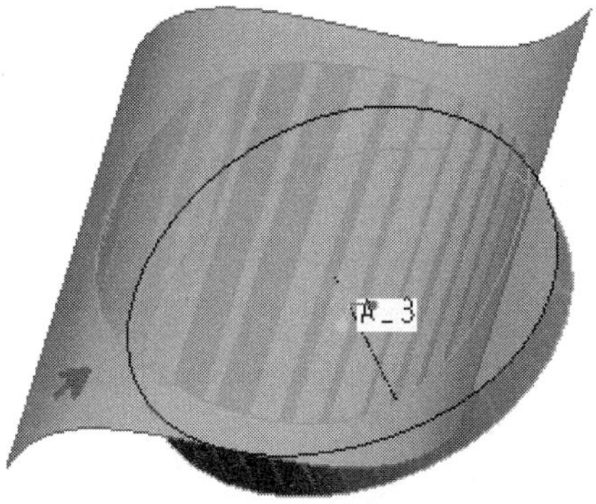

⑮ 피처 생성 완료(✔)

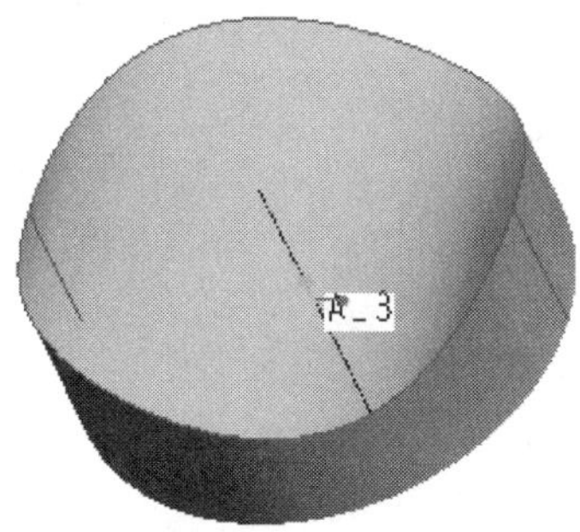

7.2 표준 오프셋 피처

① 대체 피처의 윗면 선택

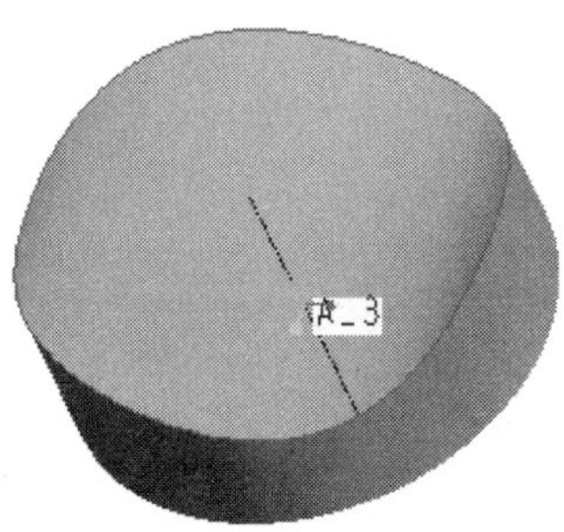

② 풀다운 메뉴의 '편집' - '오프셋' 선택

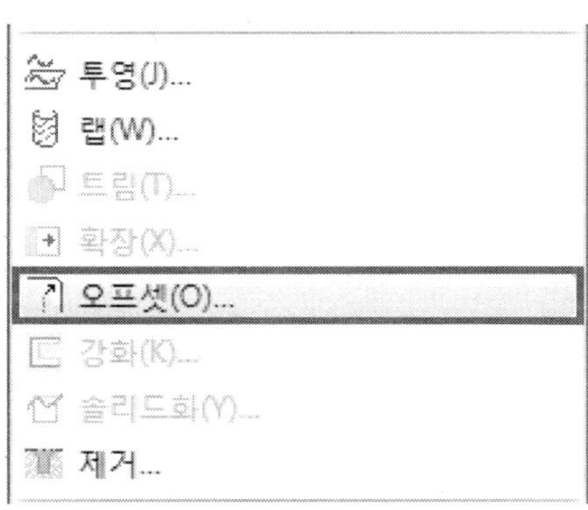

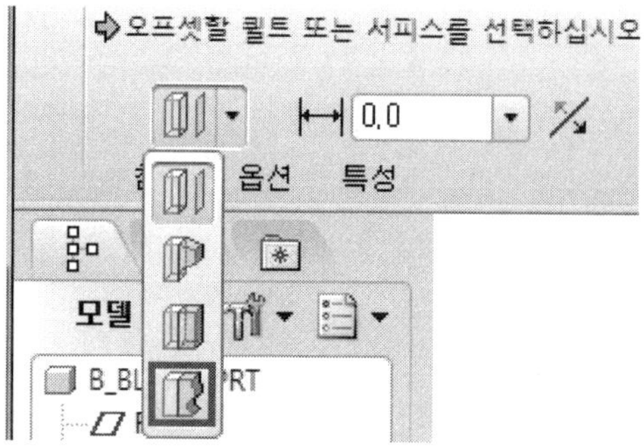

③ 대시보드의 오프셋 유형 아이콘을 펼쳐서 맨 아래의 서피스 피처 대체( ) 아이콘 선택

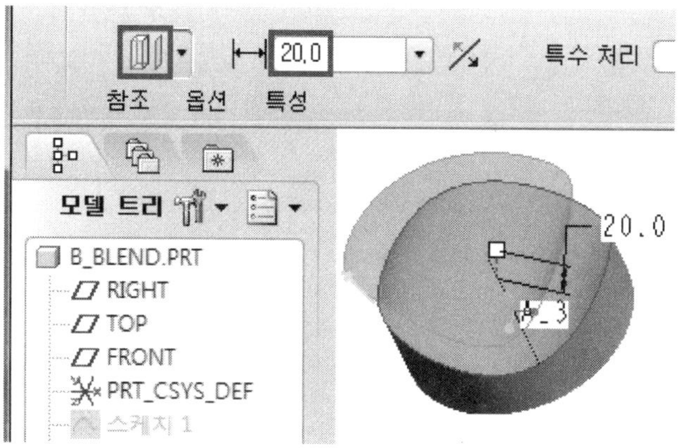

④ 표준 오프셋 피처( )유형이 선택 상태에서 오프셋 값 '20' 수정

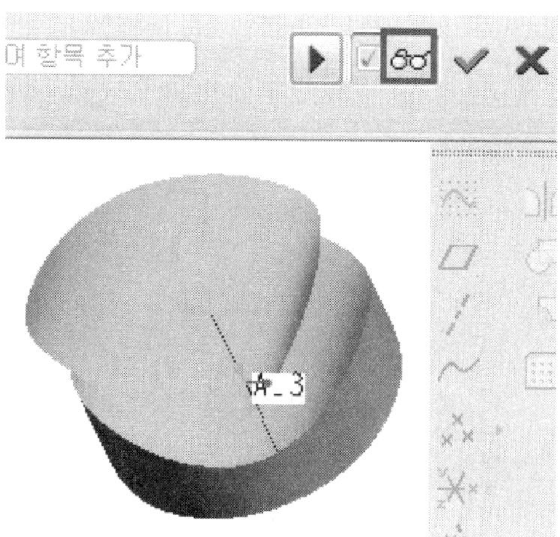

⑤ 미리보기를 클릭하여 표준 오프셋 피처의 형상 확인 (측면이 열려져 있음)

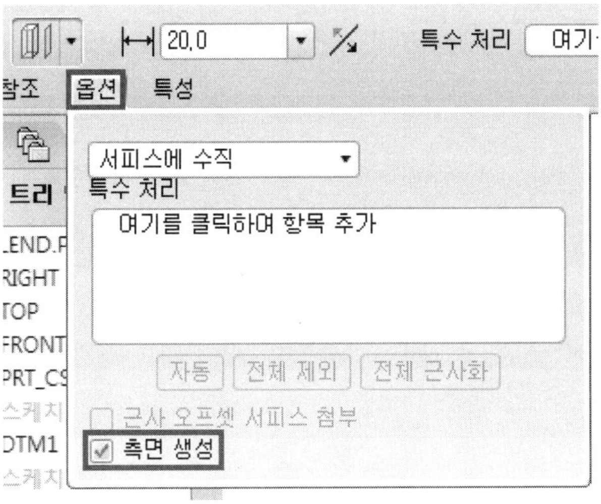

⑥ 일시정지 도구 복귀(▶) 아이콘 클릭

⑦ 대시보드 '옵션' - '측면 생성' 선택

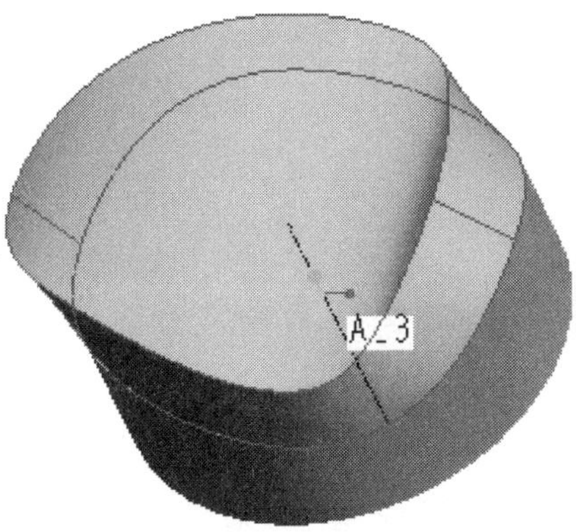

⑧ 피처 생성 완료(✔)

7.3 구배 피처

① 오프셋 2 피처 윗면 선택

② 풀다운 메뉴 '편집' - '오프셋' 선택

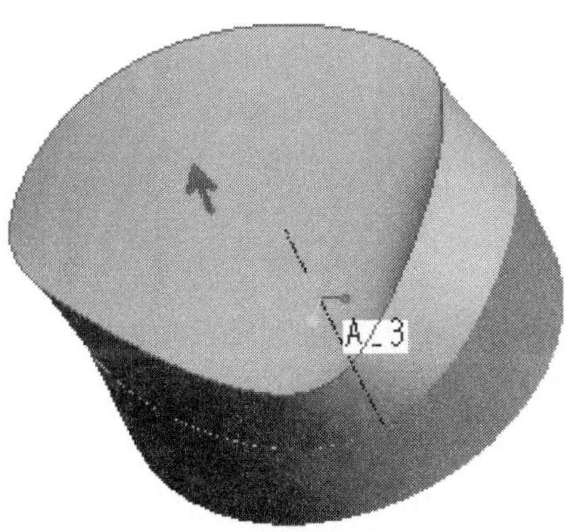

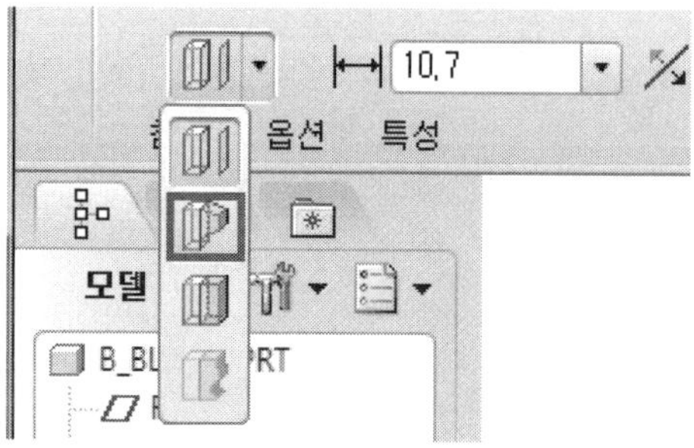

③ 오프셋 유형에서 구배 피쳐 (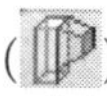) 아이콘 선택

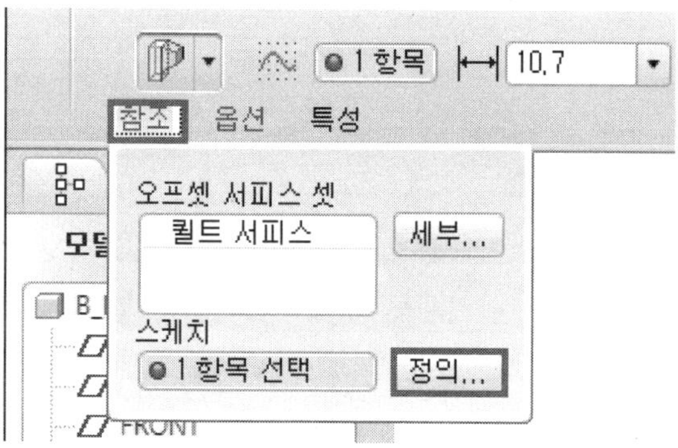

④ 대시보드의 '참조' - 스케치 '정의' 선택

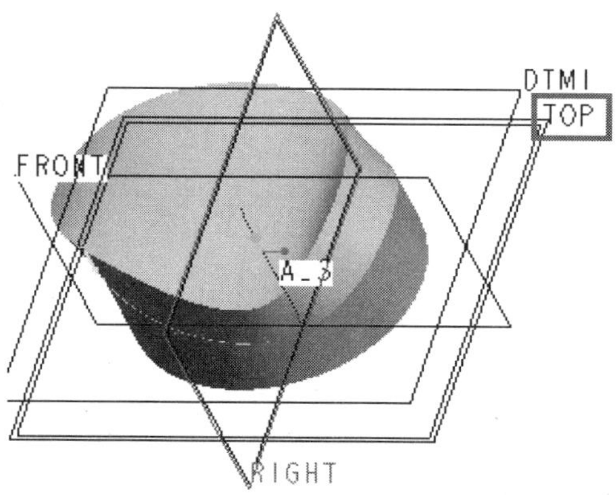

⑤ 'TOP' 평면 선택

⑥ 스케치 창의 '스케치' 탭 클릭

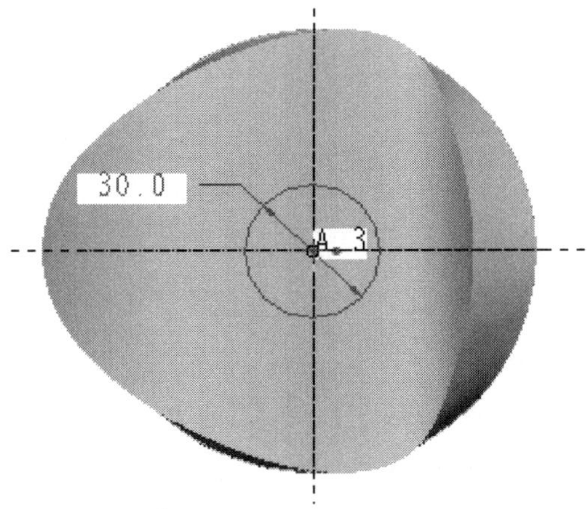

⑦ 가운데에 직경 30인 원 스케치

⑧ 스케치 완료(✔) 클릭

⑨ 명명된 뷰 목록에서 'FRONT' 선택

⑩ 옵션 유형에 따라 생성되는 서피스 형상의 차이를 확인해 본다.

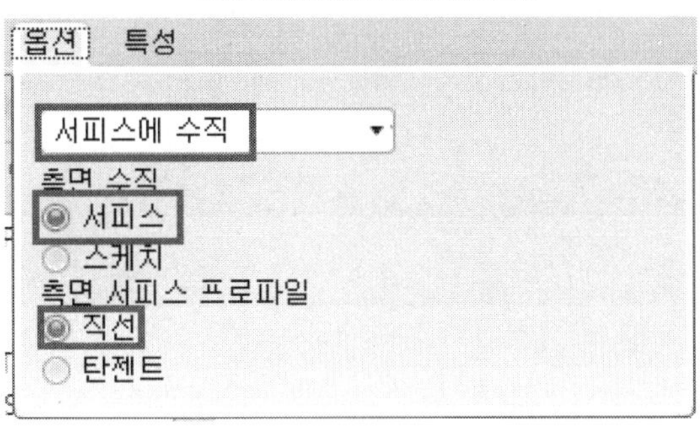

⑪ '서피스에 수직'에서 측면 수직 '서피스', 측면 서피스 프로파일 '직선'의 경우

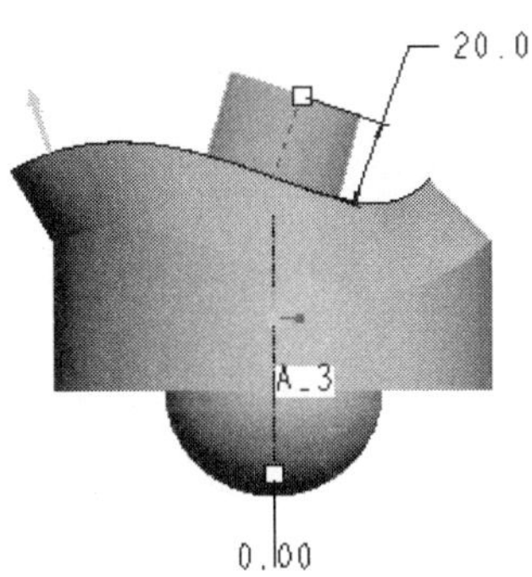

⑫ 측면 수직을 '스케치' 로 변경한 경우

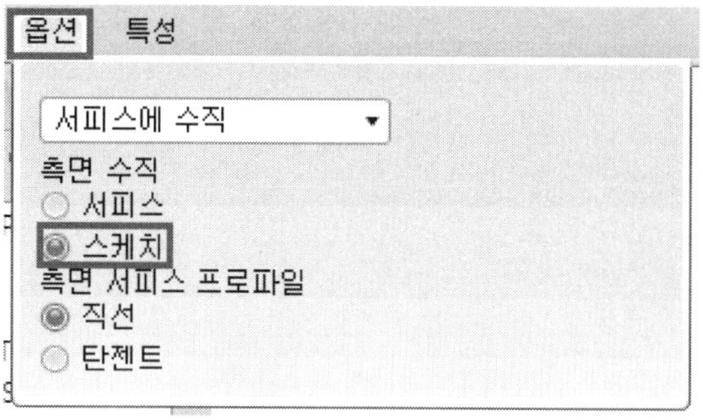

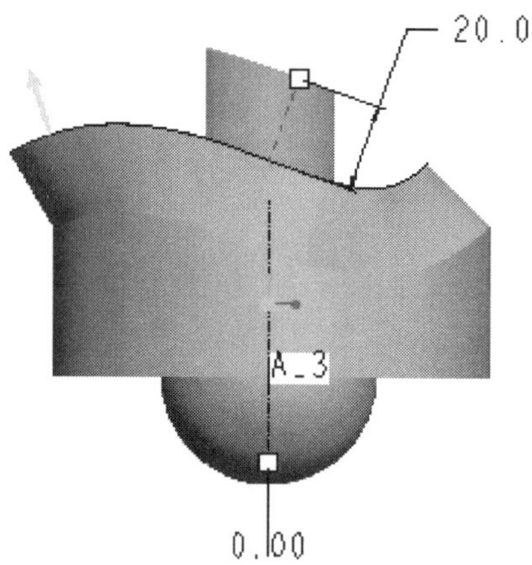

⑬ 측면 서피스 프로파일을 '탄젠트' 로 변경한 경우

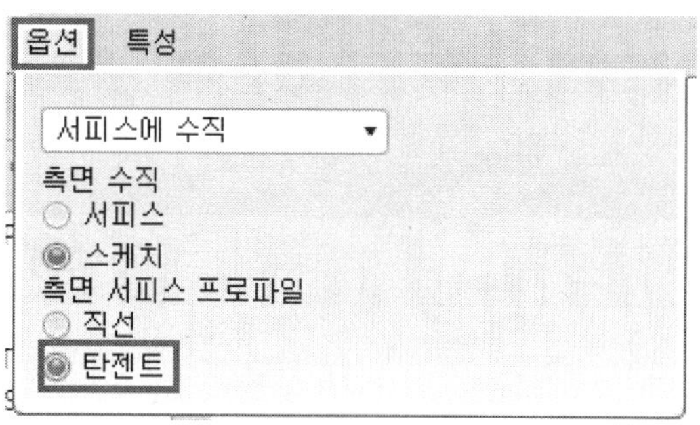

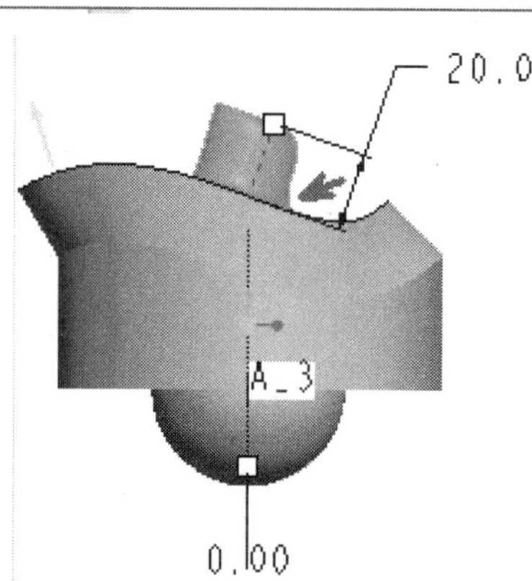

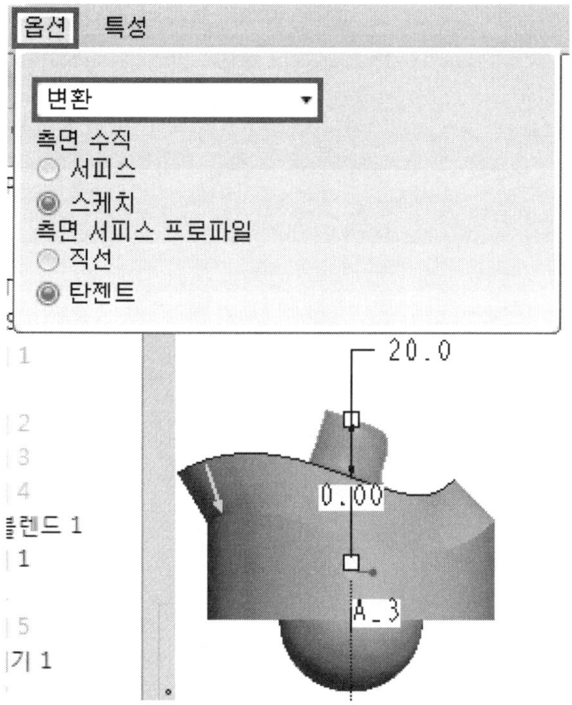

⑭ 옵션 유형을 '변환' 으로 변경한 경우

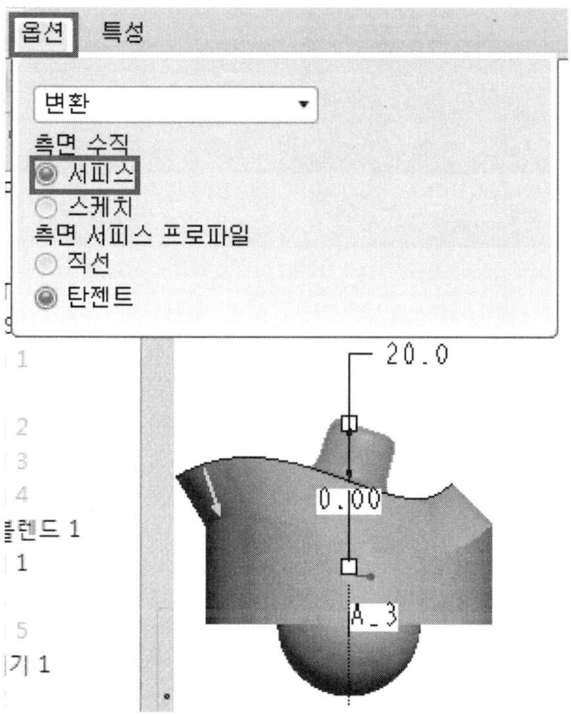

⑮ 측면 수직을 '서피스' 로 변경한 경우

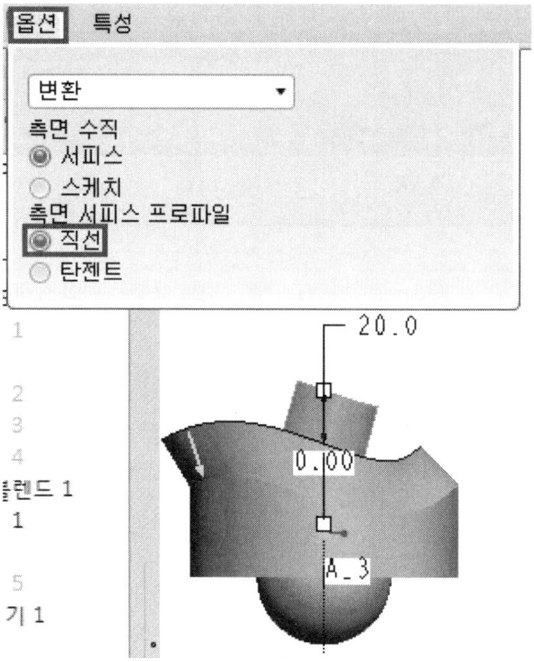

⑯ 측면 서피스 프로파일을 '직선'으로 변경한 경우

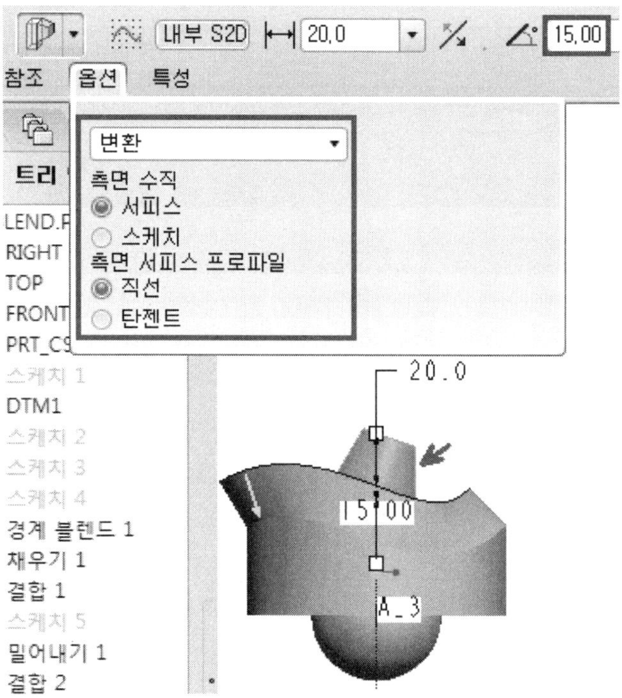

⑰ 구배 각도 '15' 입력

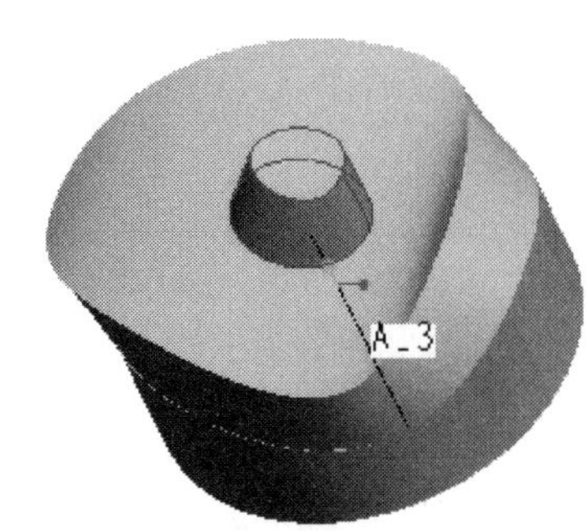

⑱ 피처 생성 완료(✔)

7.4 확장 피처

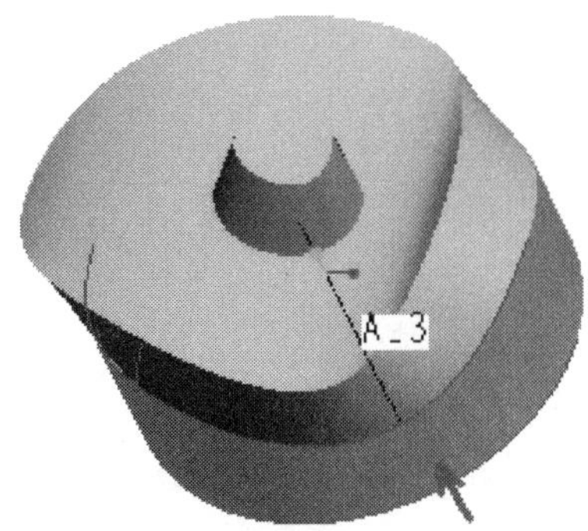

① 원통면의 앞쪽 서피스 선택

② 풀다운 메뉴 '편집' – '오프셋' 선택

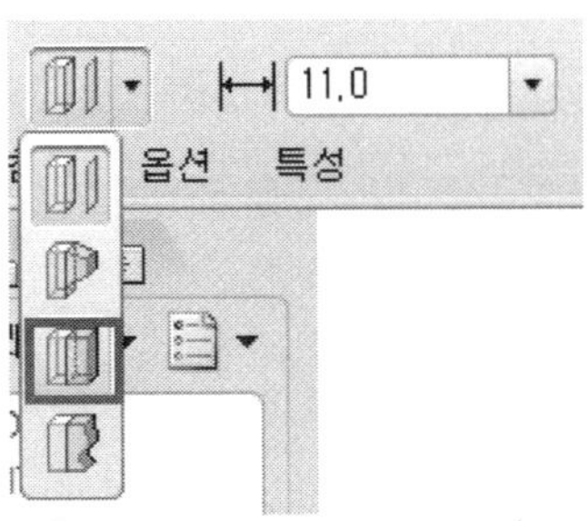

③ 오프셋 유형에서 확장 피처(▯) 아이콘 선택

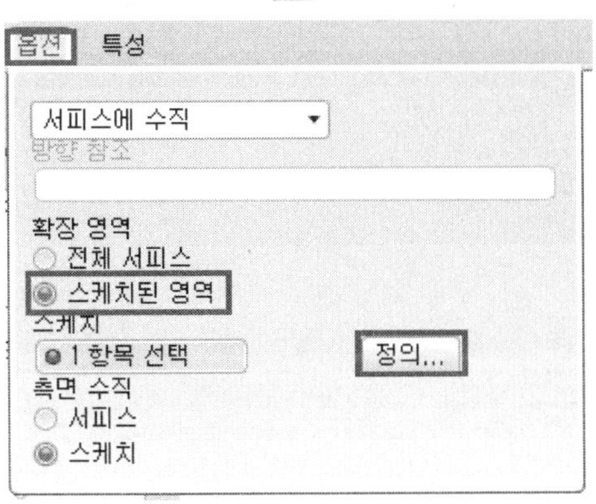

④ 대시보드 ' 옵션' 클릭

⑤ 확장 영역 ' 스케치된 영역' – '정의' 탭 클릭

⑥ FRONT' 평면 선택 후 스케치 도구( ) 아이콘 클릭

⑦ 스케치 뷰 방향 '대칭 이동' 클릭

⑧ 참조 방향 '왼쪽' 선택

⑨ '스케치' 탭 클릭

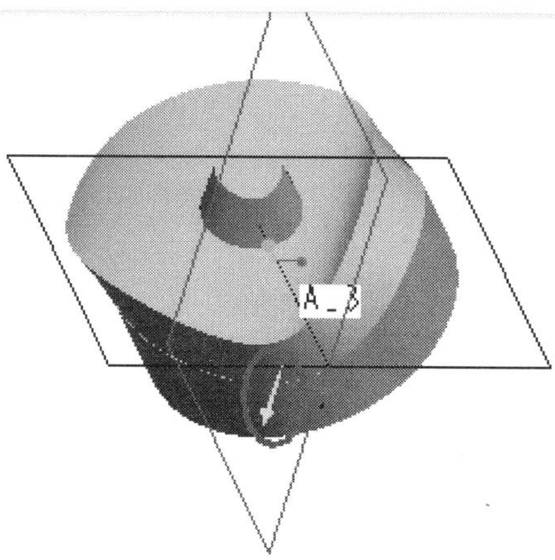

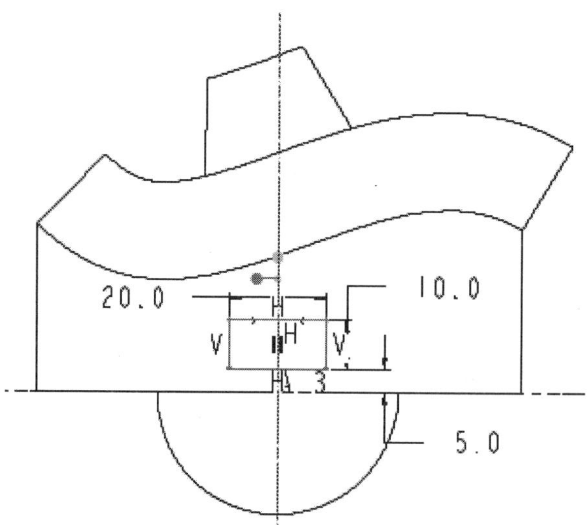

⑩ 그림과 같은 직사각형 단면 스케치

⑪ 스케치 완료( )

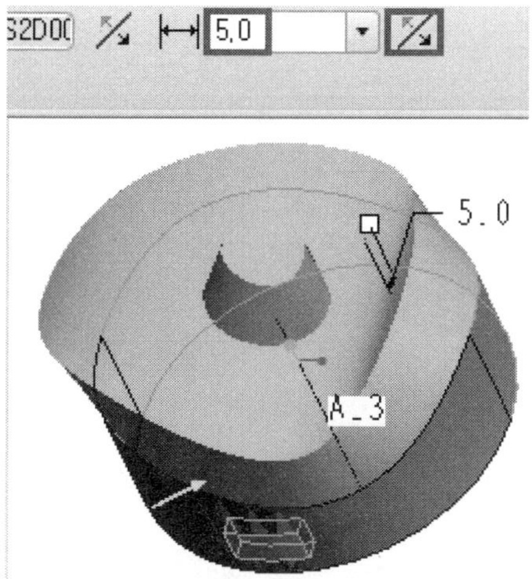

⑫ 오프셋 값 '5' 수정

⑬ 방향 전환( ) 클릭

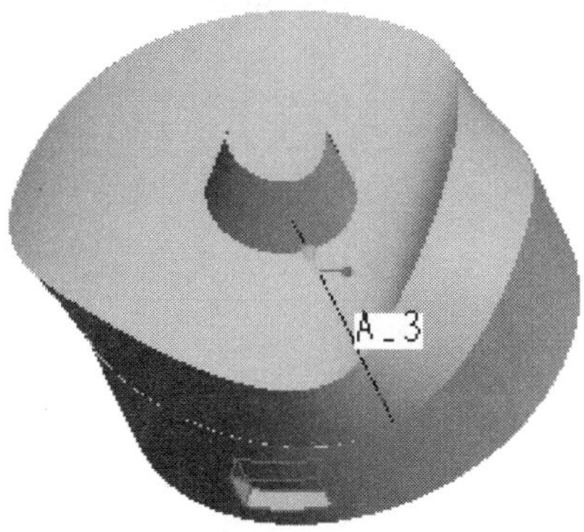

⑭ 피처 생성 완료( )

제2편

모델링 따라하기

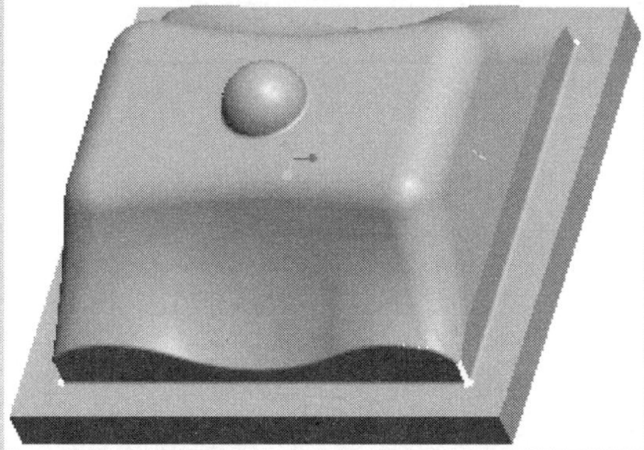

1. Example-01 도면 모델링

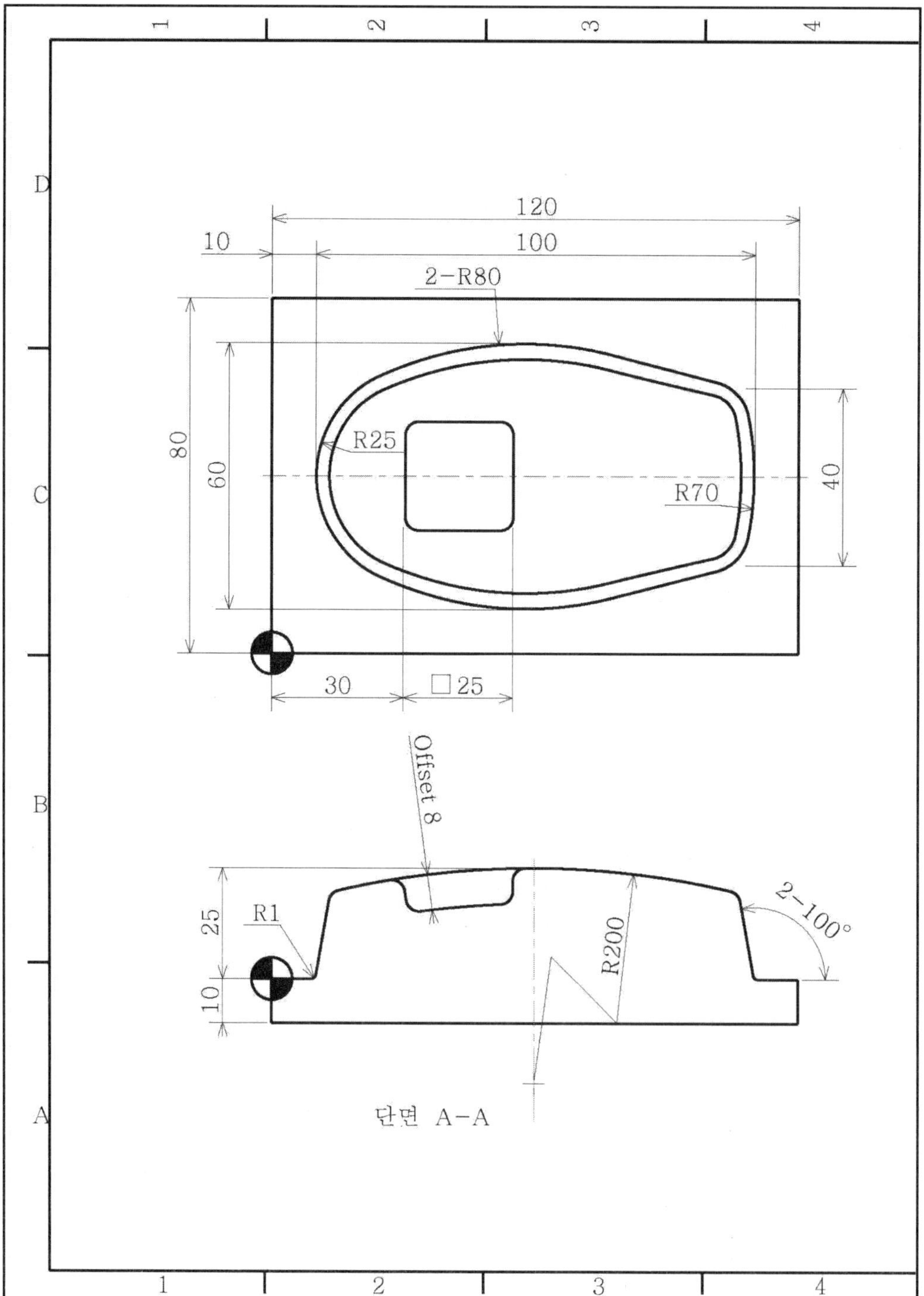

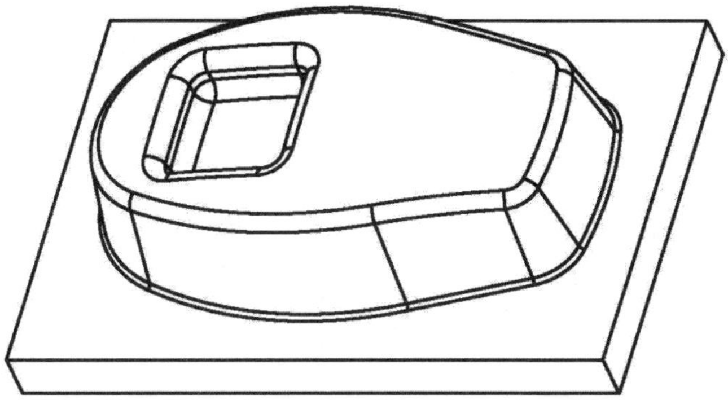

* 도시되고 지시없는 모든 라운드는 R3

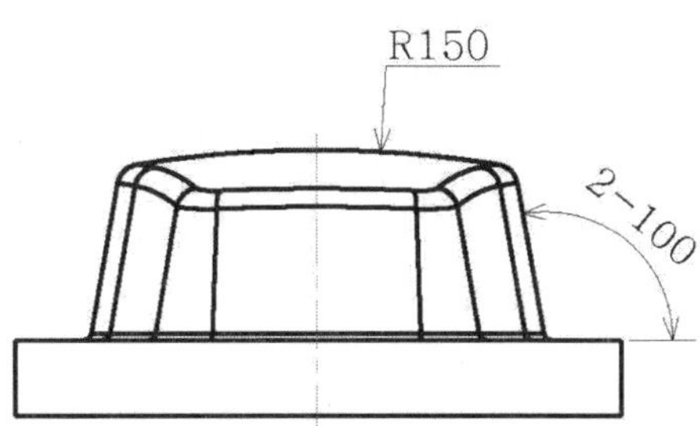

창 원 문 성 대 학 교			
소 속	기 계 과	작 업 자	예 규 현
투 상 법	3각법	축 척	1 : 1
날 짜	2016.1.20	파 일 명	Example-01

작업 순서

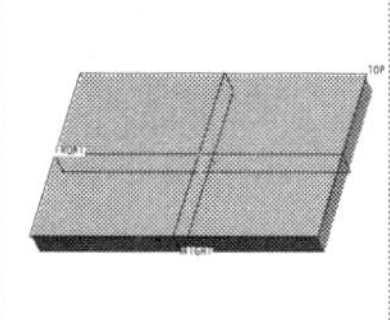	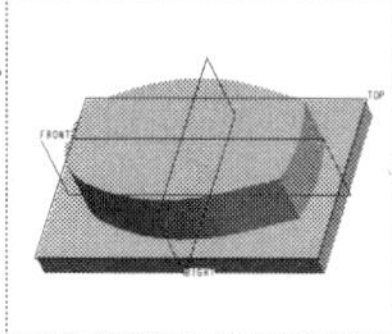	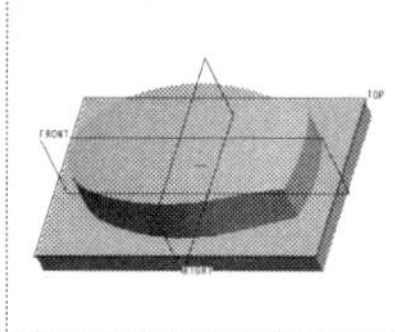	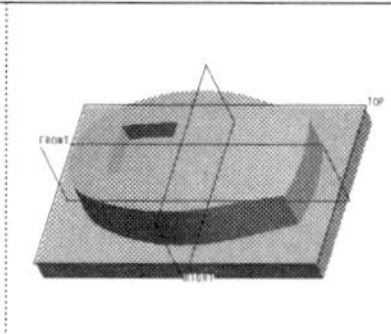	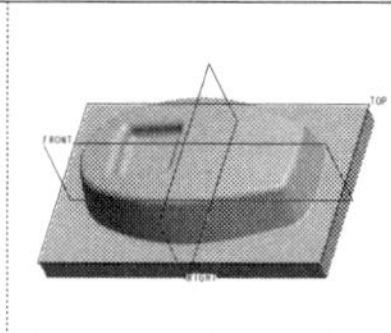
1.밀어내기(1)	2.밀어내기(2)	3.스윕 컷	4.오프셋	5.구배/라운드

1. 밀어내기(1) 피처 생성

1.1 단면 스케치

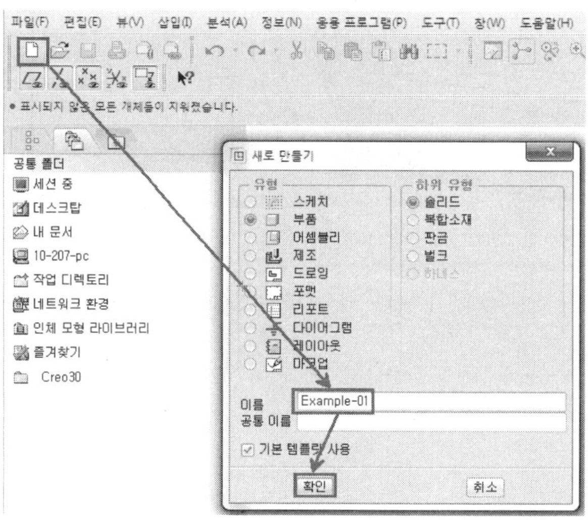

① 파일 이름 'Example-01' 로 새로 만들기 시작

② 단위는 mmNs 단위계로 모델링 작업 함.

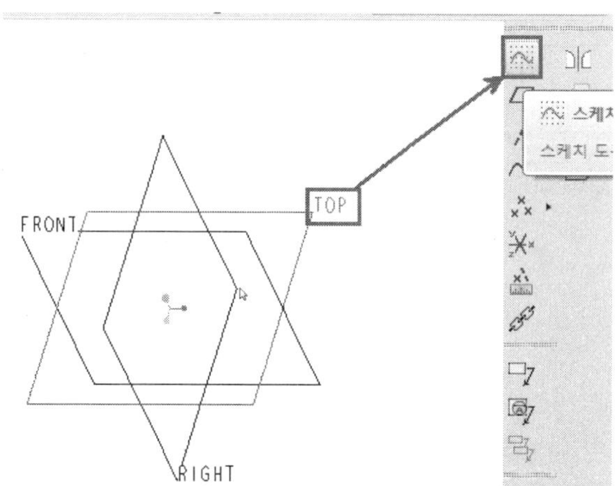

③ 스케치 평면으로 'TOP' 데이텀 평면 선택하고 스케치( ) 도구 아이콘 선택

④ 반대로 스케치 도구 선택 후 평면을 선택하여도 됨

⑤ '스케치' 탭 클릭

⑥ 스케치 뷰 방향은 스케치 평면을 선택한 상태에서의 최적의 방향으로 자동 전환된다.

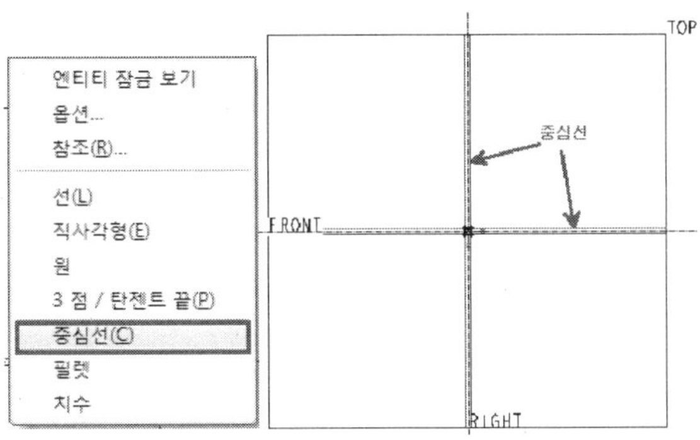

⑦ 좌우, 상하 대칭 형상의 직사각형 단면을 스케치하기 위하여 마우스 우측 버튼 클릭 – '중심선' 선택

⑧ 가운데 참조 데이텀 평면에 일치하도록 가로, 세로 방향의 두 중심선 스케치

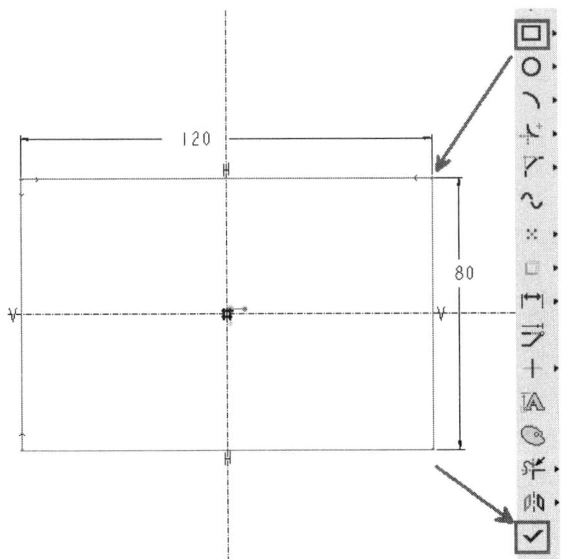

⑨ 직사각형(□) 도구 아이콘 선택

⑩ 가로 120, 세로 80인 직사각형을 가운데에 좌우, 상하 대칭 구속을 이용 스케치

⑪ 치수 수정 후 스케치 완료 (✓)

1.2 밀어내기 실행

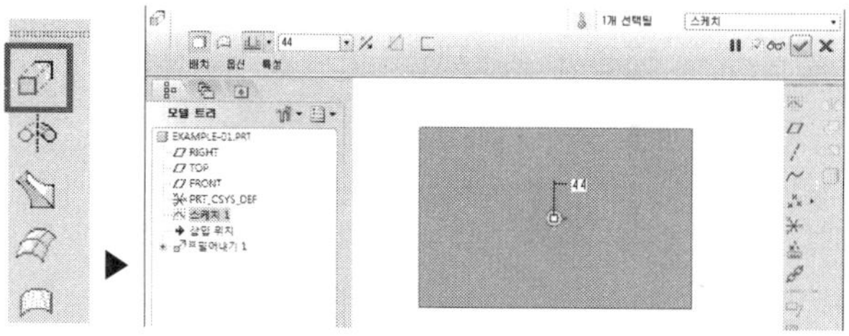

① 우측 하단의 밀어내기( ) 도구 아이콘을 클릭

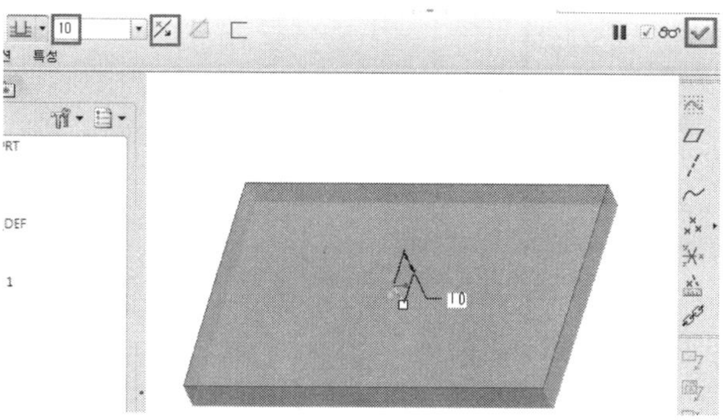

② 'Ctrl + D'로 표준방향으로 전환

③ 깊이 값 '10' 으로 수정

④ 깊이 방향 전환 아이콘 클릭하여 스케치 평면의 아래쪽으로 변경(다음 작업의 편리를 위함임)

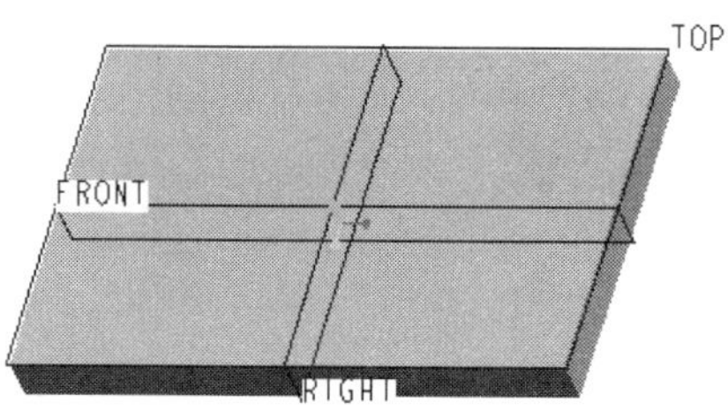

⑤ 피처 생성 완료( )

2. 밀어내기(2) 피처 생성

2.1 단면 스케치

① 스케치 평면으로 'TOP' 데이텀 평면 선택

② 스케치( ) 도구 아이콘 선택

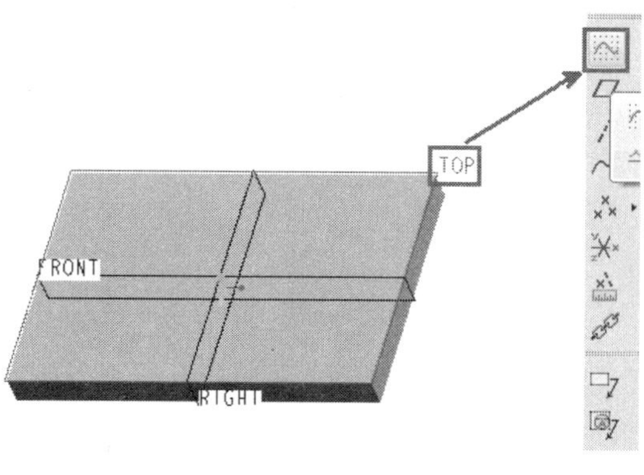

③ 스케치 창의 '스케치' 탭 클릭

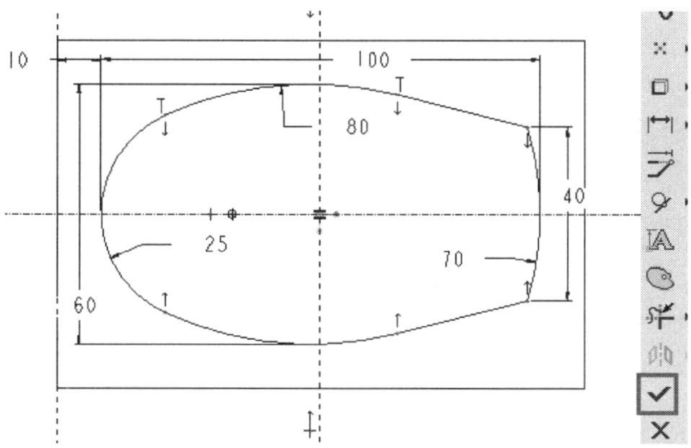

④ 도면을 참고하여 그림과 같이 대략적인 형상 스케치

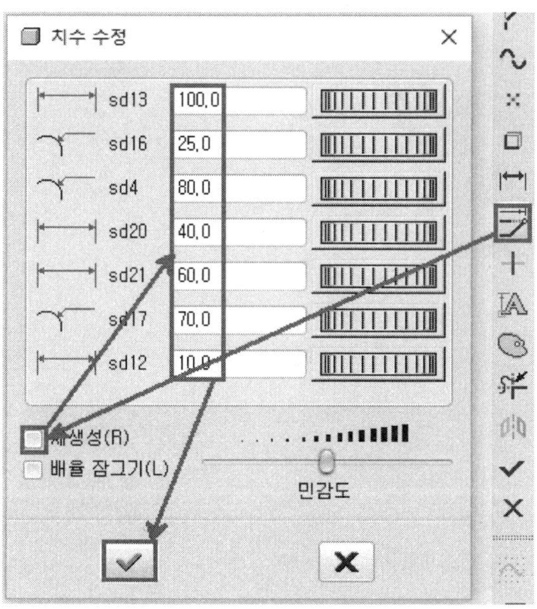

⑤ 먼저 표시된 치수 전체를 선택(마우스 드래그 기능 활용)

⑥ 치수 수정 아이콘 선택

⑦ '재생성' 박스 클릭하여 체크 표시 해제

⑧ 해당 치수로 수정

⑨ '완료' 탭 클릭

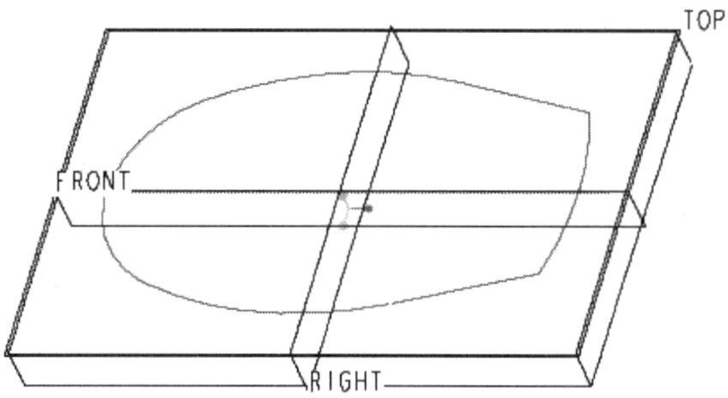

⑩ 스케치 완료(✔)

2.2 밀어내기 실행

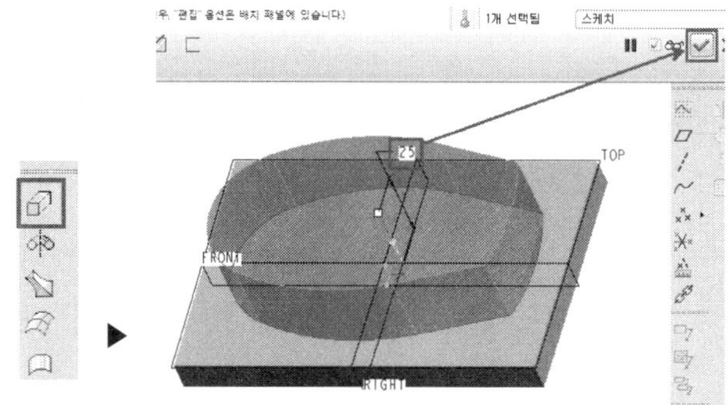

① 밀어내기( ) 도구 아이콘 선택

② 깊이 값을 ‘25’ 로 수정

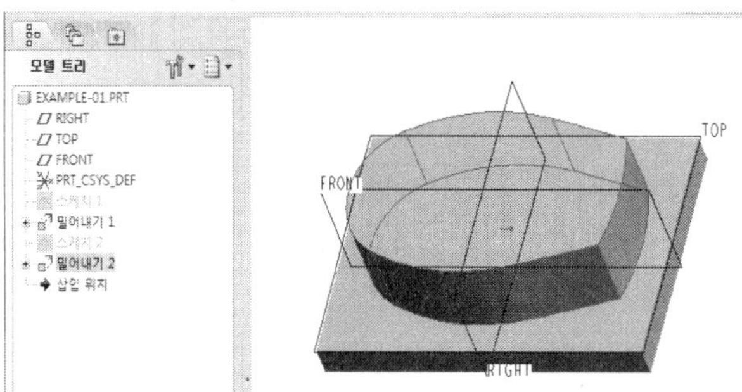

③ 피처 생성 완료(✔)

3. 스윕 컷 피처 생성하기

3.1 스윕 컷 실행

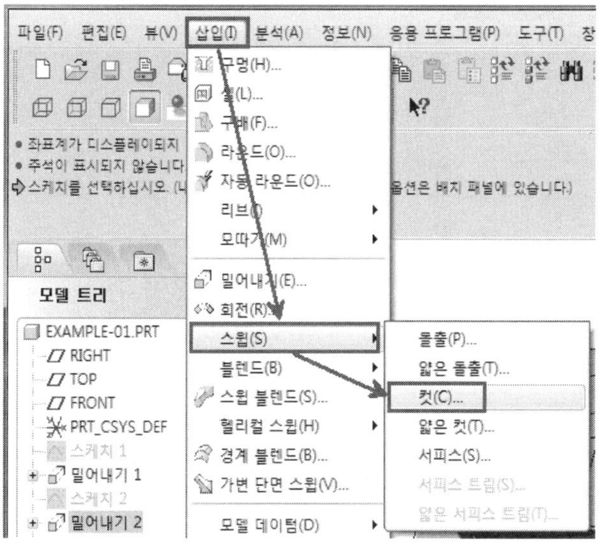

① 모델의 상면(곡면) 형상은 스윕-컷 기능 이용

② 풀다운 메뉴의 '삽입' - '스윕' - '컷' 선택

3.2 스윕 궤적 정의

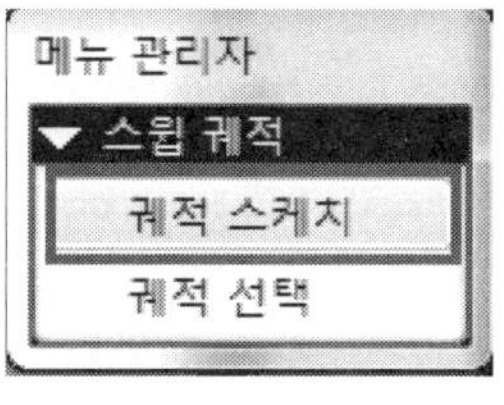

① 궤적을 스케치해야 하므로 '궤적 스케치' 선택

3.3 스케치 평면 정의

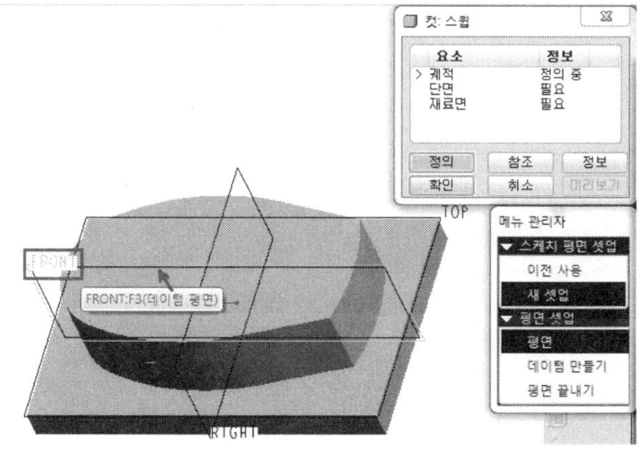

① 스케치 평면으로 'FRONT' 선택

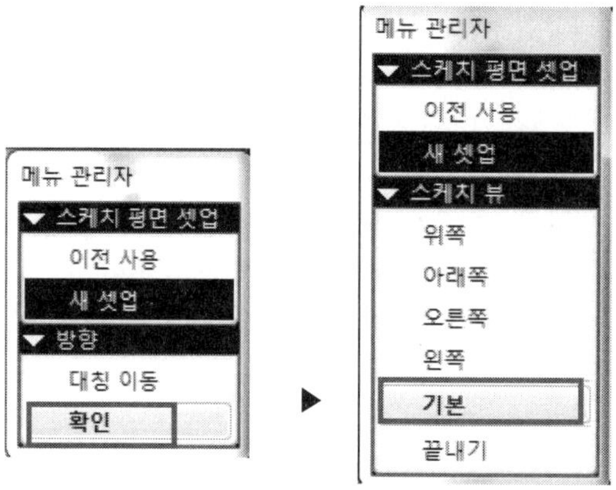

② 방향 '확인', 스케치 뷰 '기본' 선택

3.4 참조 추가

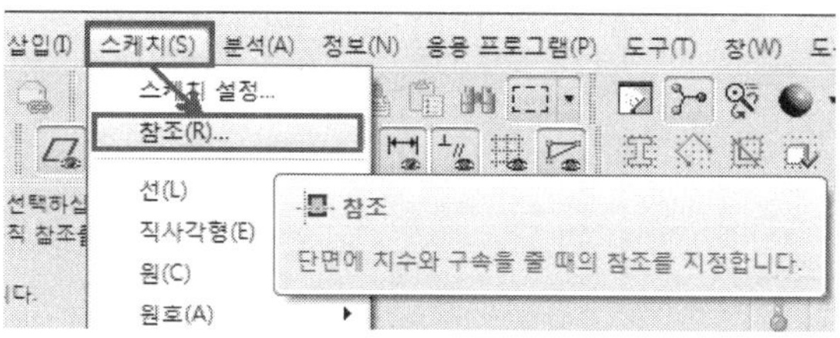

① 스케치 시 구속 기능을 활용하기 위하여 먼저 해당 개체를 참조로 추가

② 풀다운 메뉴 '스케치' – '참조'를 선택하거나 또는 마우스 우측 버튼을 클릭 후 '참조'를 선택

3.5 양 측면 및 윗면 수평 모서리를 참조 추가

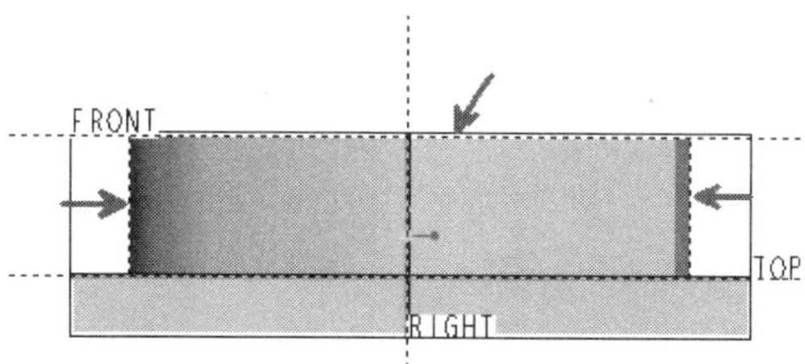

① 화살표로 지시된 세 모서리를 선택

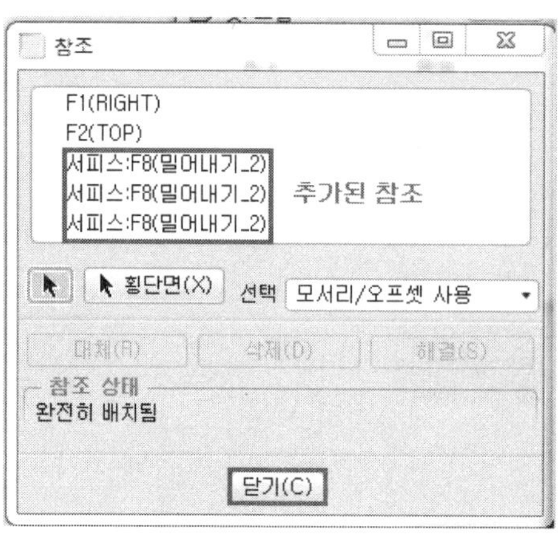

② 참조 창에 새로 추가된 세 개의 참조 확인할 수 있다.

③ 참조 창 닫는다.(참조로 추가된 모서리들은 점선으로 표시됨)

3.6 궤적 스케치

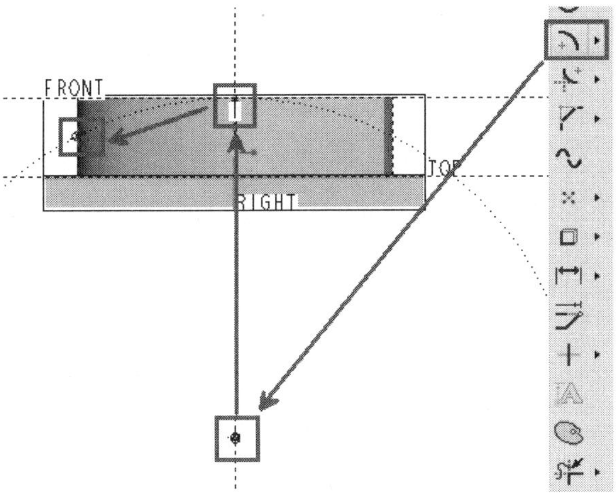

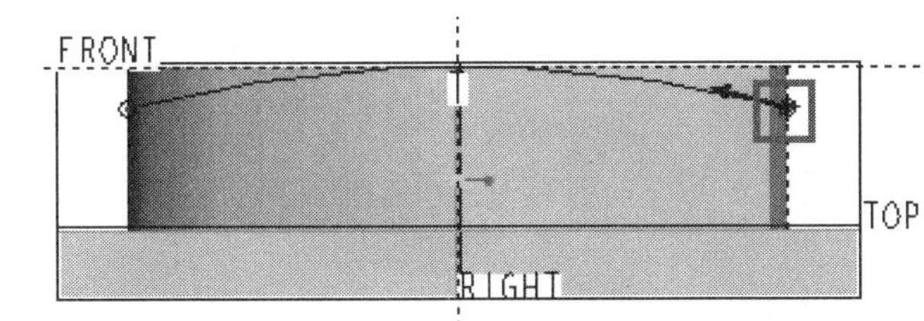

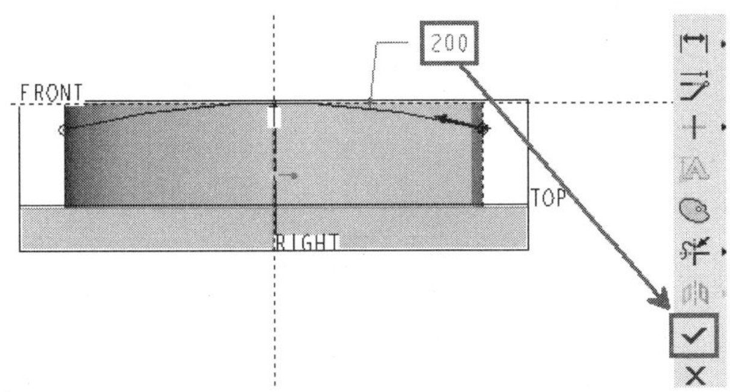

① '중심/끝' 호 생성 아이콘 선택

② 가운데 수직 참조선 위에 호의 중심 선택

③ 가상의 호가 모델 형상의 수평 참조 모서리에 탄젠트 구속기호(T)가 표시 되도록 위치 이동

④ 탄젠트 구속 상태 유지하면서 마우스를 이동시켜 왼쪽 수직 참조 모서리에 일치시켜 한 끝점 선택

⑤ 마우스를 우측으로 이동시켜 우측 수직 모서리에 일치시켜 다른 한 끝점 선택

⑥ 궤적 생성과 동시에 시작점 화살표가 표시

⑦ 궤적 반경 치수를 '200' 으로 수정

⑧ (궤적)스케치 완료

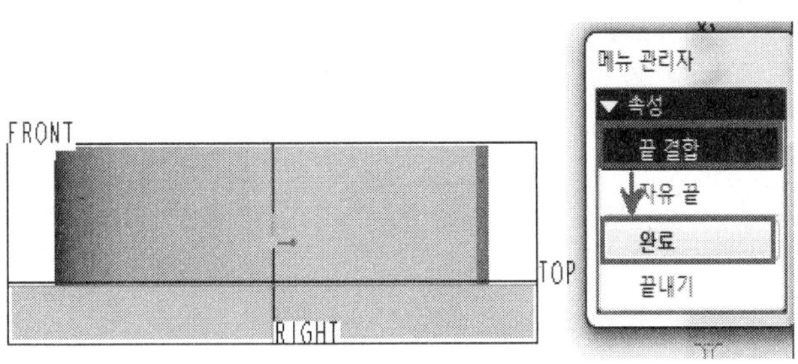

⑨ 속성 '끝 결합' 선택하고 '완료'

3.7 단면 스케치

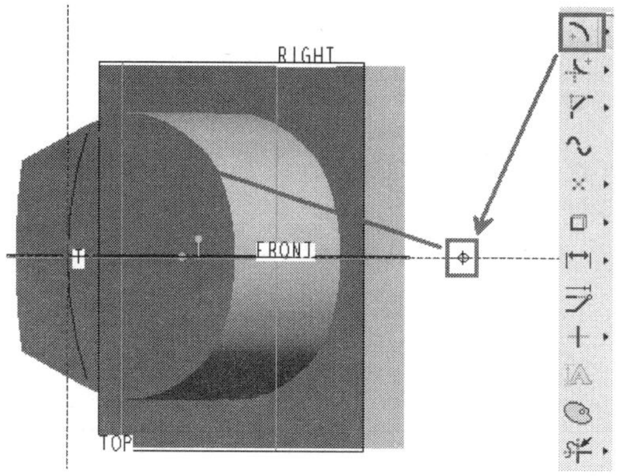

① '중심/끝' 호 생성 아이콘 선택

② 수평 참조 위에 중심 선택

③ 수직 참조 기준선에 탄젠트한 호 스케치

④ 마우스 휠 클릭하여 호 생성 종료

3.8 치수 추가 및 수정

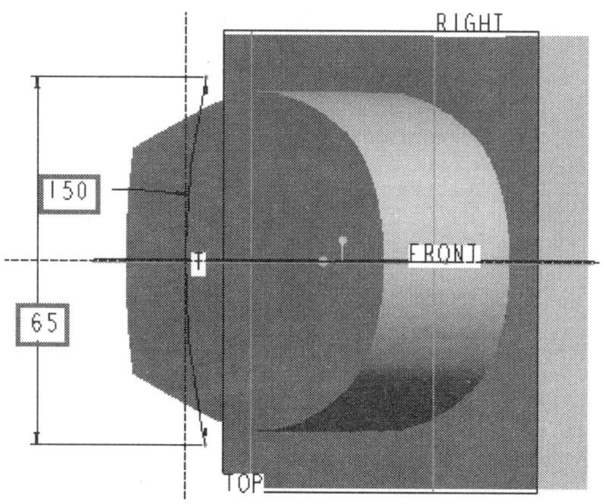

① 단면 반경 치수 '150' 으로 수정

② 호의 양끝 거리 치수 추가하여 '65' 로 수정(재료 제거 대상 형상의 폭이 60이므로 그 이상이 되도록 함)

3.9 재료 제거 방향 확인

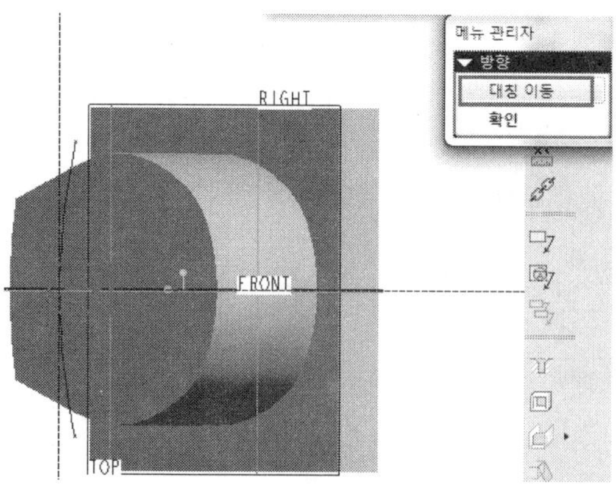

① '대칭 이동' 을 클릭하여 재료 제거 방향 화살표를 위로 향하도록 함.

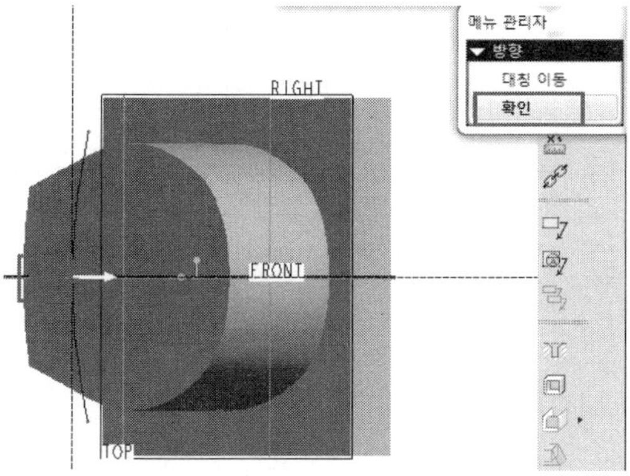

② 재료 제거 방향이 위로 전환되었는지 확인하고 '확인' 선택

③ '미리보기'를 클릭하여 컷 형상이 바르게 되었는지 확인하고 '확인' 클릭하여 피처 생성 완료

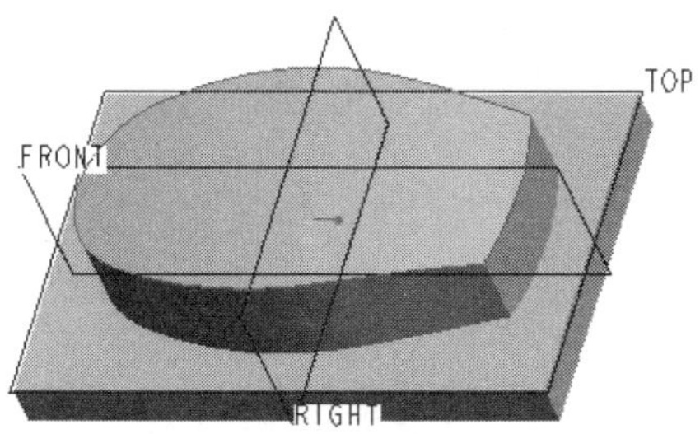

④ 완성된 형상

4. 오프셋 피처 생성하기

4.1 오프셋 적용할 서피스 선택

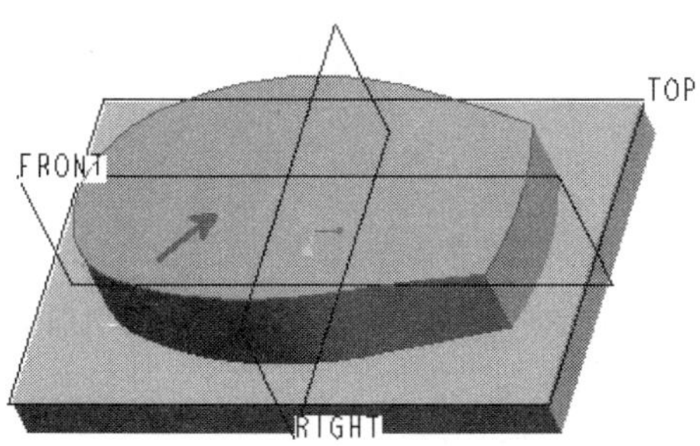

① 스윕 컷 피처가 선택된 상태에서 마우스로 모델 형상의 윗면을 클릭

4.2 오프셋 실행

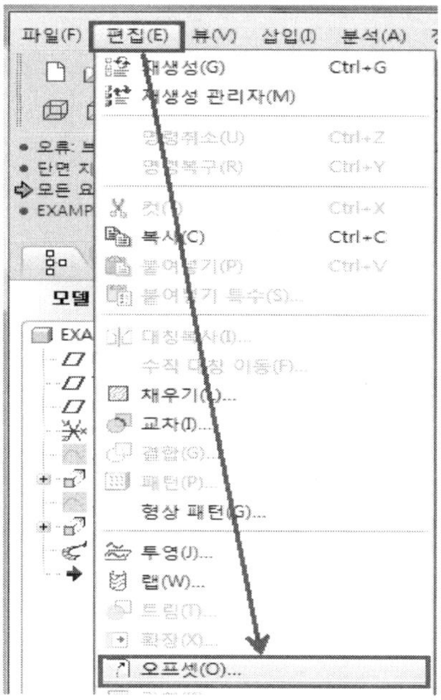

① 풀다운 메뉴 '편집' - '오프셋'

② 오프셋 기능은 반드시 대상 서피스를 먼저 선택 후 실행한다.

4.3 확장피처 유형 선택

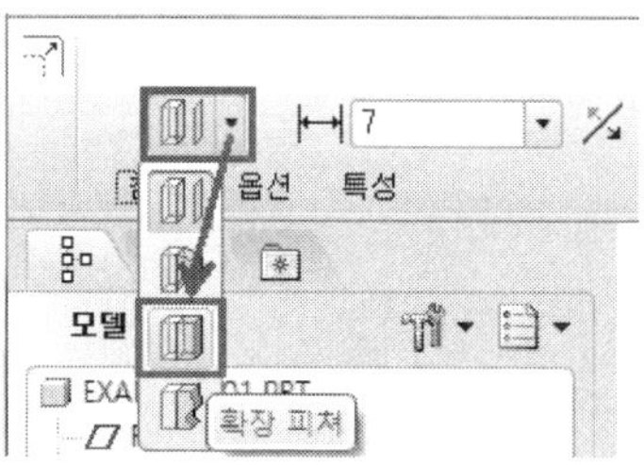

① 오프셋 피처 유형 드롭다운 화살표를 클릭하여 '확장 피처' 유형 선택

4.4 오프셋 형상 스케치

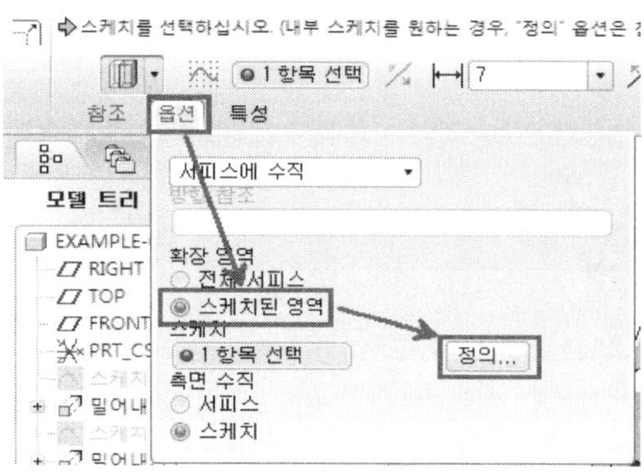

① 대시보드 창의 '옵션' - '스케치된 영역' 선택

② '정의'를 선택하여 스케치 평면을 정의한다.

4.5 스케치 평면 정의

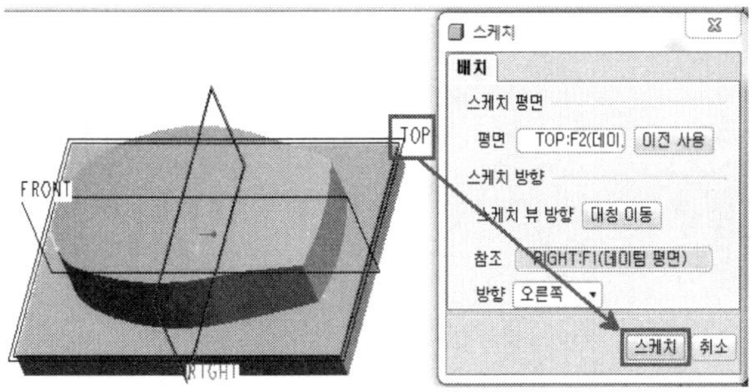

① 스케치 평면으로 바닥 직육면체의 윗면(TOP) 선택

② 스케치 뷰 방향 확인하고 '스케치' 탭 클릭

4.6 단면 스케치

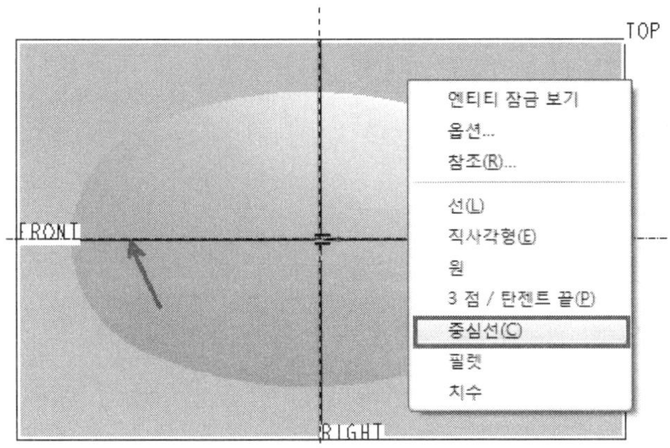

① 마우스 우측 버튼 클릭하여 '중심선' 선택

② 가운데 수평방향으로 중심선 스케치

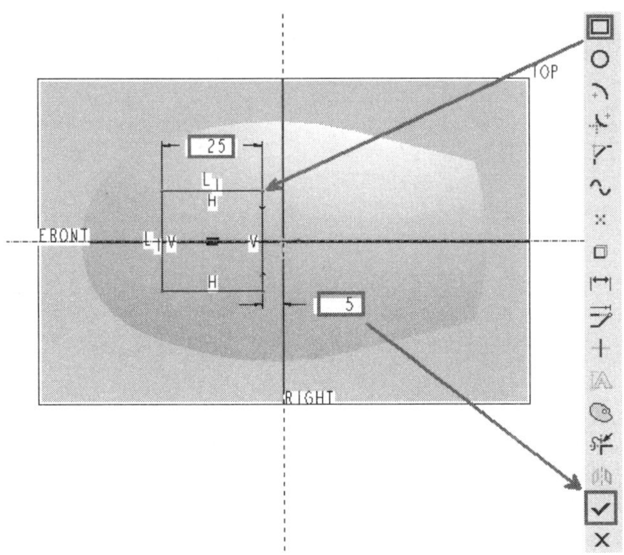

③ '직사각형' 생성 아이콘 선택

④ 상하 대칭/동일 길이 구속 활용하여 정사각형을 스케치

⑤ 치수를 '25'와 '5'로 수정

⑥ 스케치 완료

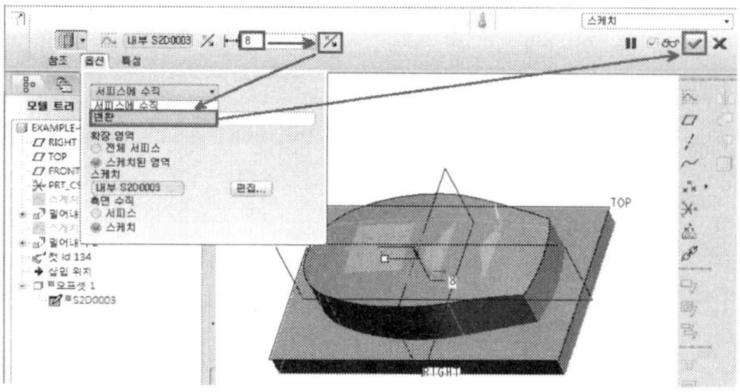

⑦ 오프셋 깊이 '8' 로 수정

⑧ 오프셋 방향 전환 아이콘 클릭(아래 방향으로 전환)

⑨ 서피스 수직을 '변환'

⑩ 피처 생성 종료

4.7 오프셋 피처 완성

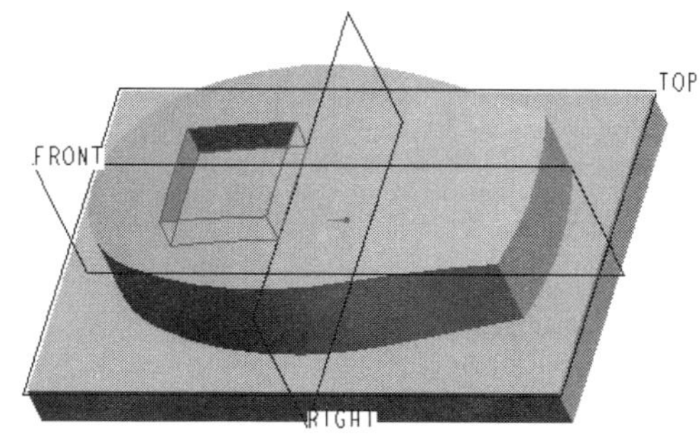

① 오프셋 피처 완료

5. 구배, 라운드 피처 생성하기

5.1 라운드 R10 생성

또는

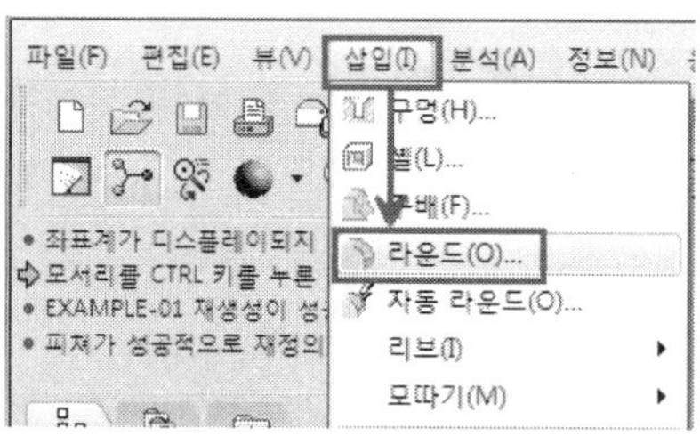

① 라운드 도구 아이콘 또는 풀다운 메뉴에서 라운드 작업 실행

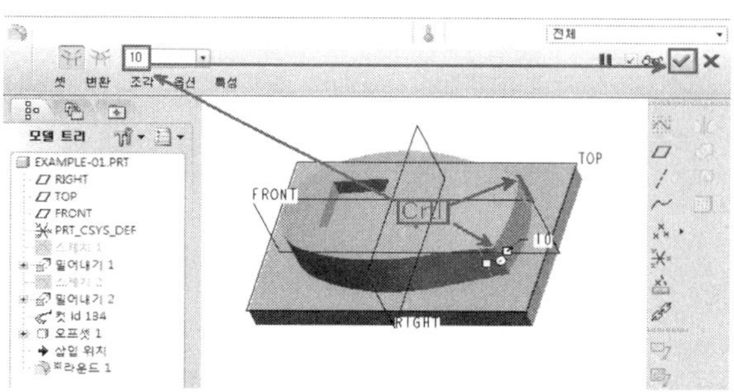

② Ctrl 키를 누른 채 오른쪽 두 개의 모서리 선택

③ 라운드 값 '10' 으로 수정

④ 라운드 작업 완료

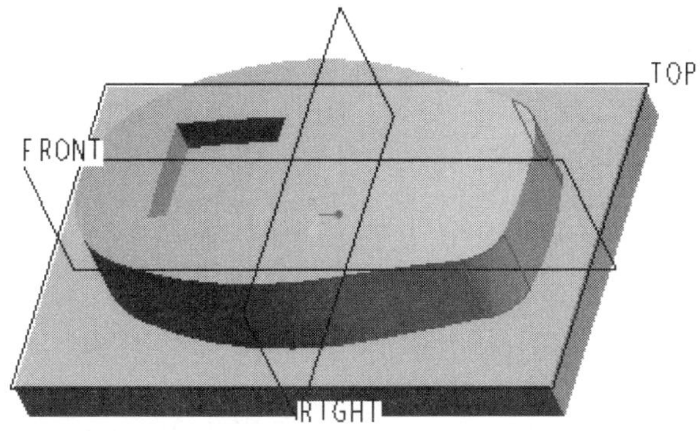

⑤ 라운드(R10) 완료

5.2 구배피처 생성(구배 면 선택)

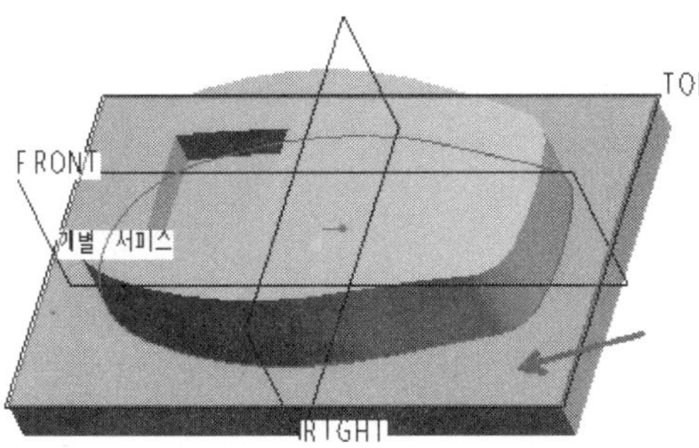

① 구배 도구 아이콘( ) 선택

② 측면 모서리를 한꺼번에 모두 선택해 보자!

③ 직육면체의 윗면(TOP 평면) 선택

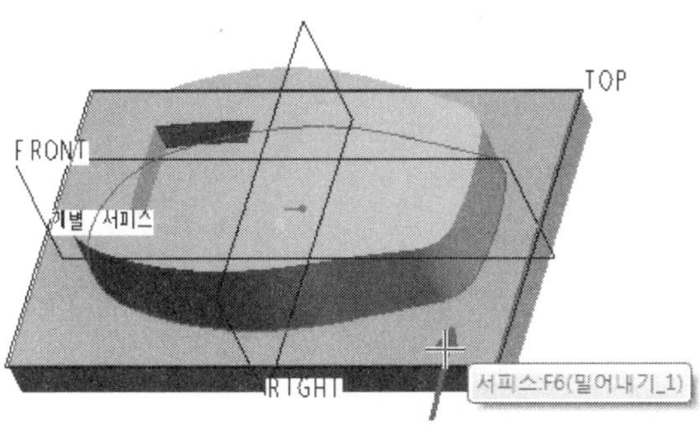

④ 앞에서 선택한 윗면(TOP 평면)을 한 번 더 선택

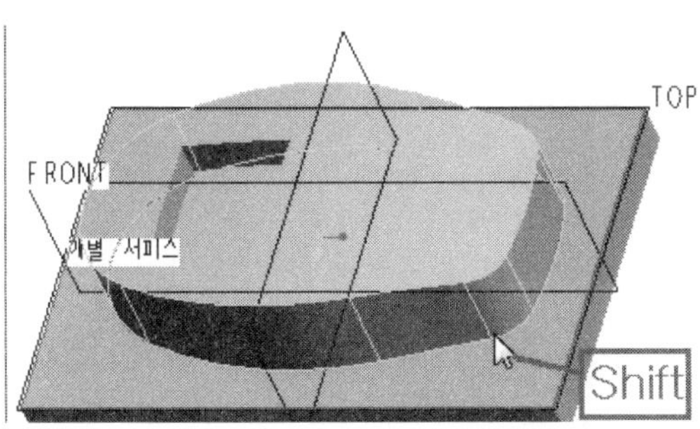

⑤ shift 키를 누른 채 마우스를 윗면과 측면이 교차하는 모서리 위로 갖다 놓아 측면이 모두 선택(강조 표시)되도록 한 상태에서

⑥ 마우스 왼쪽 버튼 클릭

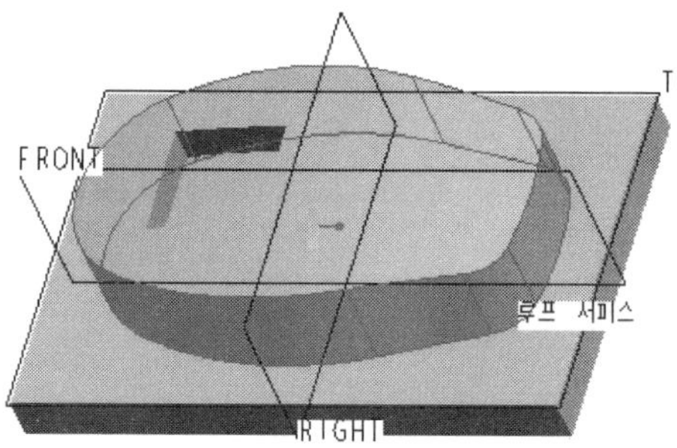

⑦ 측면이 모두 선택된 상태(구배 대상 면 선택 완료)

5.3 구배 경첩 지정

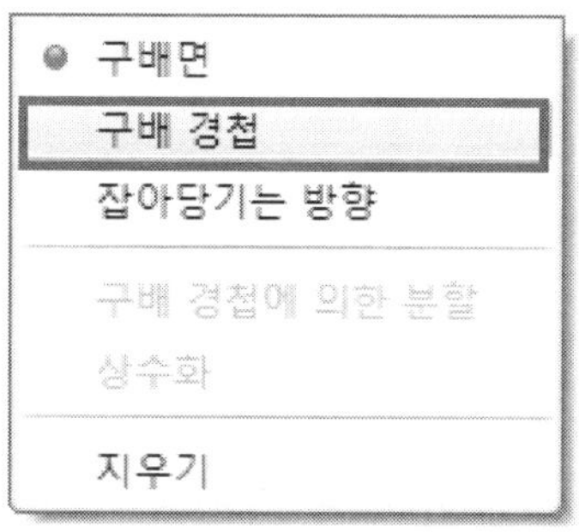

① 마우스 우측 번튼 클릭(팝업 메뉴가 뜨지 않으면 우측 버튼을 조금 길게 눌렀다가 떼도록 한다)

② '구배 경첩' 선택

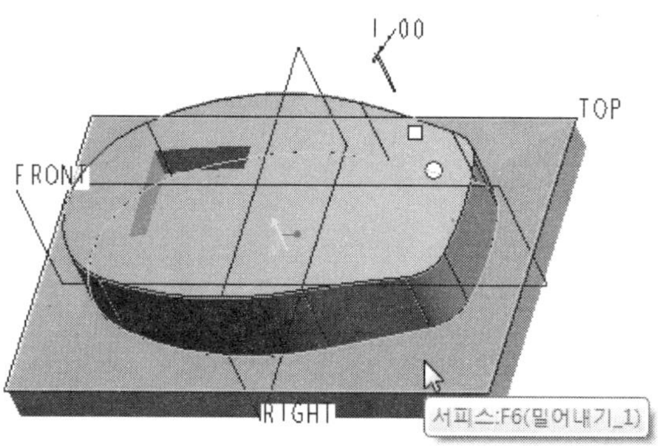

③ 'TOP 평면' 선택

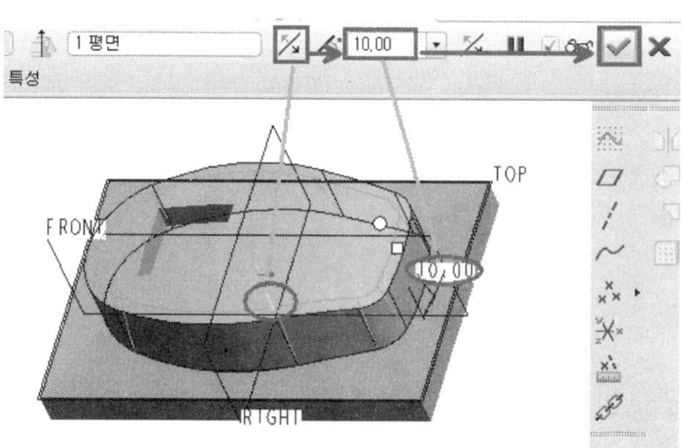

④ 잡아당기는 방향이 반대이므로 방향 전환 아이콘 클릭

⑤ 구배 각도 '10' 으로 수정

⑥ 구배 생성 완료

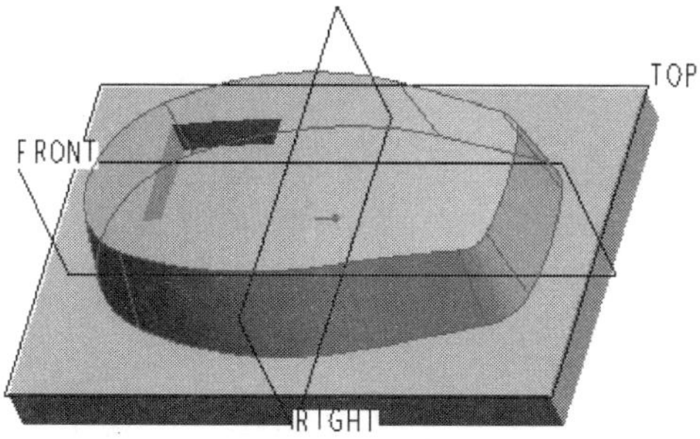

⑦ 측면 구배가 완료된 형상

5.4 라운드 R1 생성

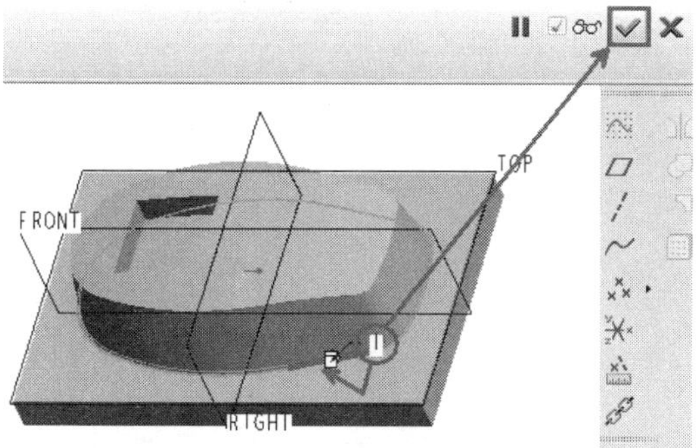

① 라운드 도구 아이콘 선택

② 대상 모서리 선택

③ 라운드 값 '1' 로 수정

④ 라운드 작업 완료

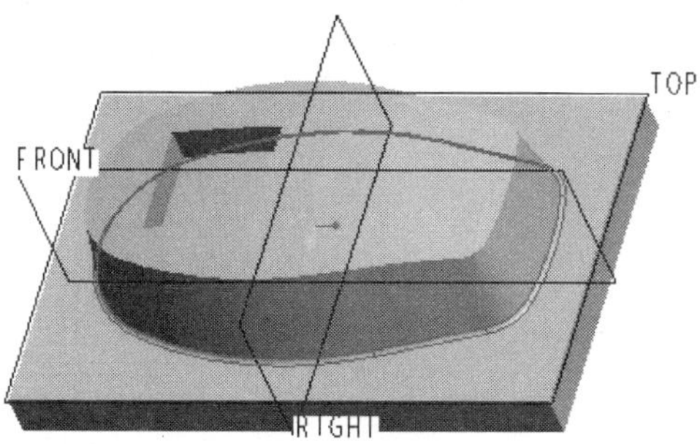

⑤ 라운드(R1) 생성 완료

5.5 도시되고 지시 없는 모든 라운드 R3 생성

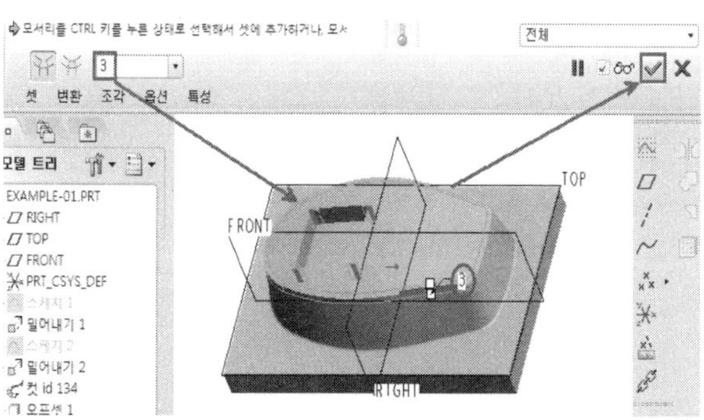

① 라운드 도구 아이콘 선택

② 라운드 값 '3' 으로 수정

③ Ctrl 키를 누른 채 대상 모서리 선택

④ 라운드 작업 완료

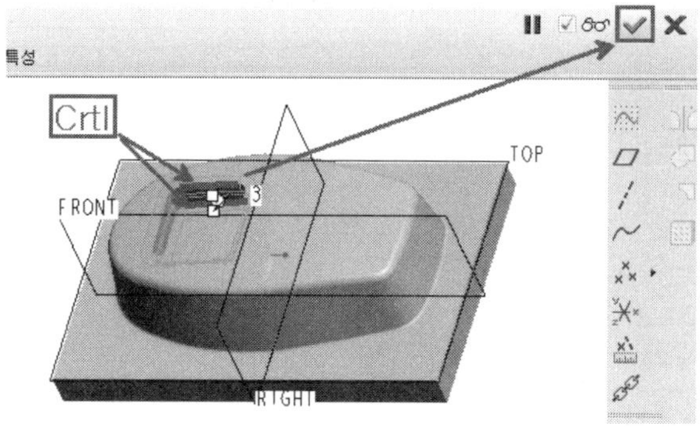

⑤ 라운드 도구 아이콘 선택

⑥ Ctrl 키를 누른 채 대상 모서리 선택

⑦ 라운드 작업 완료

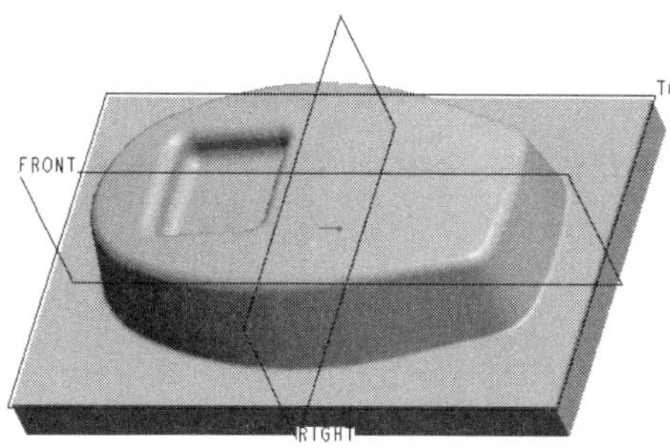

⑧ 모델링 완성

2. Example-02 도면 모델링

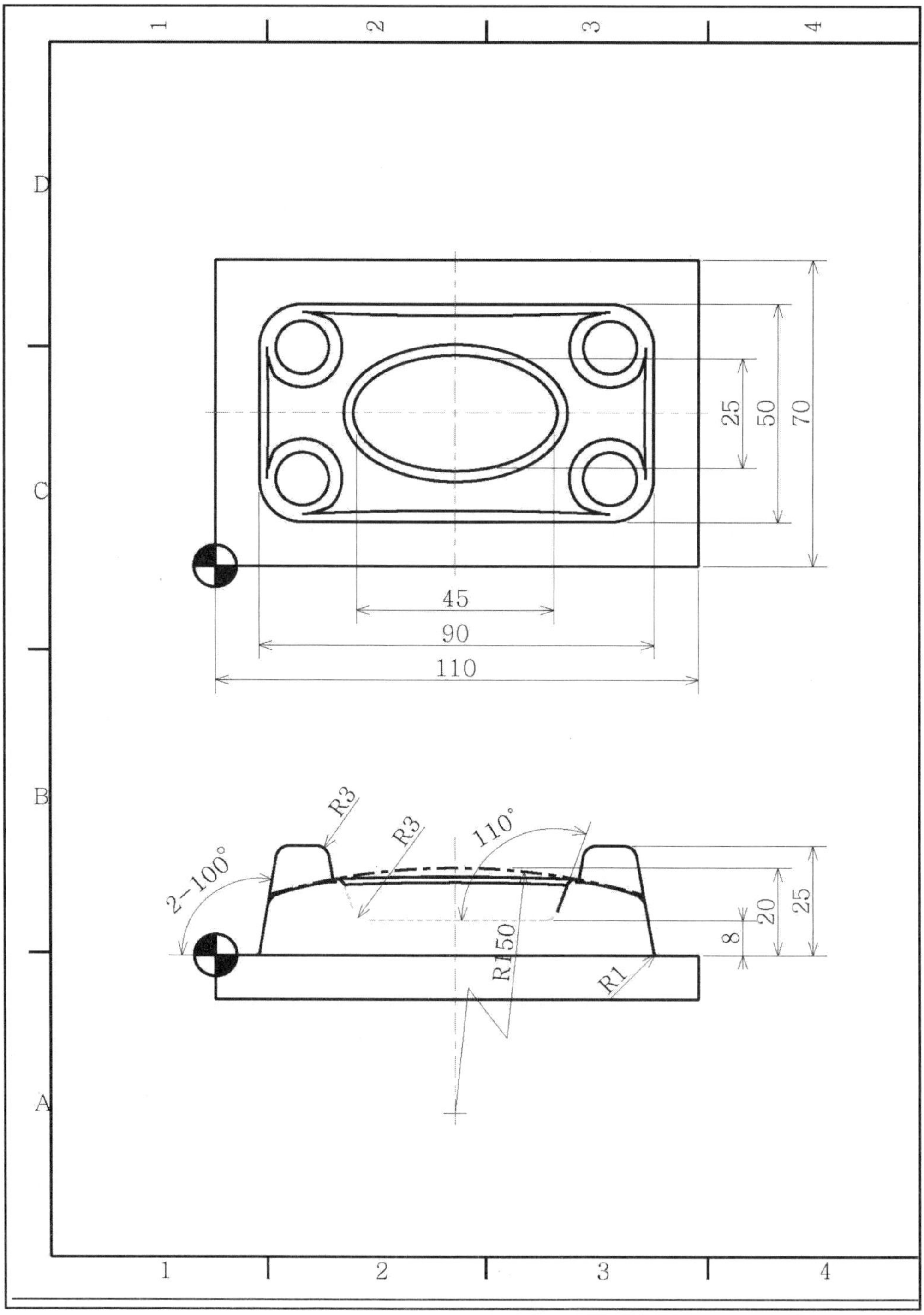

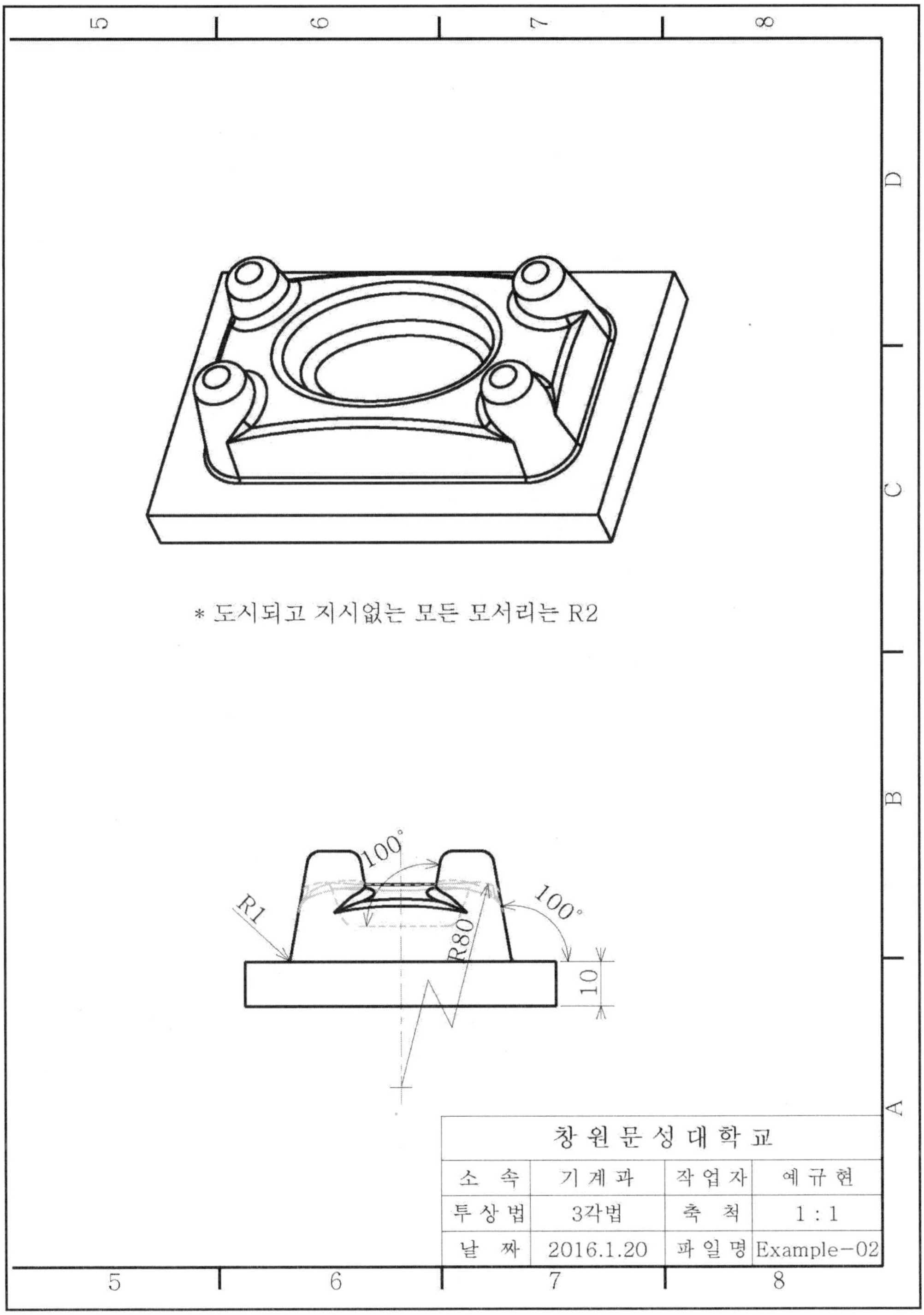
5
6
7
8
D
C
B
A
* 도시되고 지시없는 모든 모서리는 R2
100°
100°
R1
R80
10
창 원 문 성 대 학 교
소 속
기 계 과
작 업 자
예 규 현
투 상 법
3각법
축 척
1 : 1
날 짜
2016.1.20
파 일 명
Example-02

작업 순서

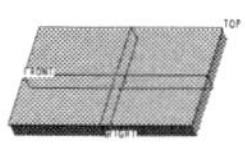	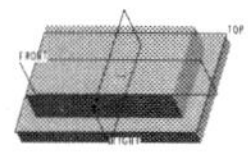	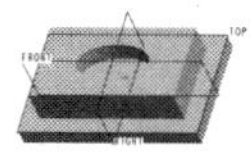	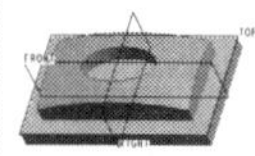	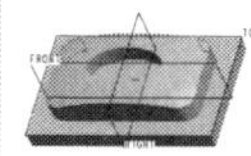	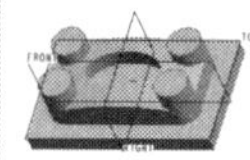	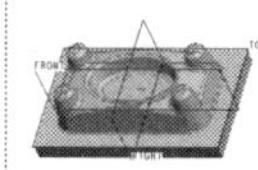
1. 밀어 내기(1)	2. 밀어 내기(2)	3. 밀어 내기(3)	4. 스윕 컷	5. 라운드 (R10)	6. 밀어 내기(4)	7. 구배/ 라운드

1. 밀어내기(1) 피처 생성

1.1 파일 새로 만들기

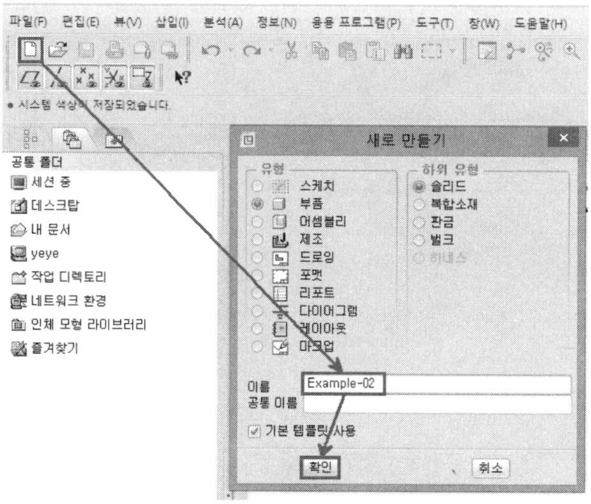

① 파일 이름 'Example-02' 로 새로 만들기 시작

② 단위는 mmNs 단위계로 모델링 작업 함.

1.2 스케치 평면 및 스케치 선택

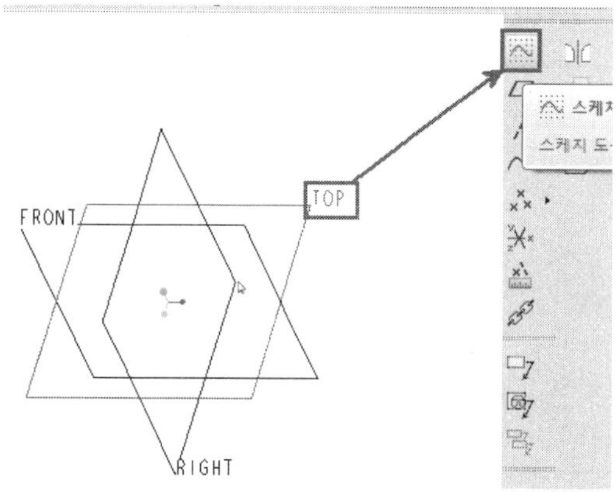

① 스케치 평면으로 'TOP' 데이텀 평면 선택하고 ' 스케치 도구 ' 아이콘 선택

② 반대로 스케치 도구 선택 후 평면을 선택하여도 됨.

1.3 스케치 정의 창

① 스케치 뷰 방향은 스케치 평면을 선택한 상태에서의 최적의 방향으로 자동 전환된다.

1.4 단면 스케치(중심선)

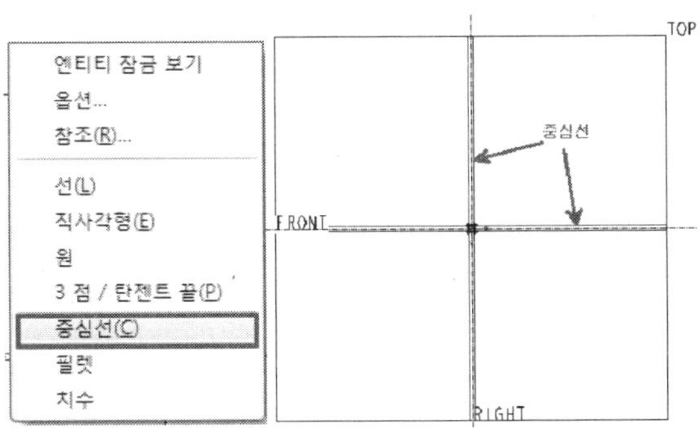

① 좌우, 상하 대칭 형상의 직사각형 단면을 스케치하기 위하여 마우스 우측 버튼 클릭 - 중심선 선택

② 가운데 참조 데이텀 평면에 일치하도록 가로, 세로 방향의 두 중심선을 그린다.

1.5 단면 스케치

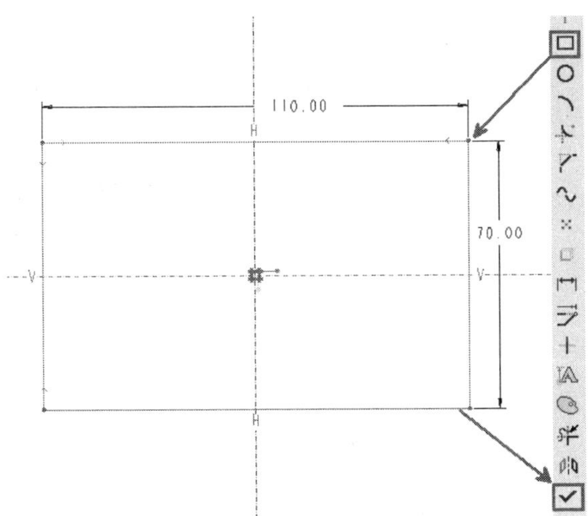

① '직사각형' 생성 아이콘 선택

② 가로 110, 세로 70인 직사각형을 가운데에 좌우, 상하 대칭 구속을 이용 스케치

③ 치수 수정 후 스케치 완료

1.6 밀어내기 실행

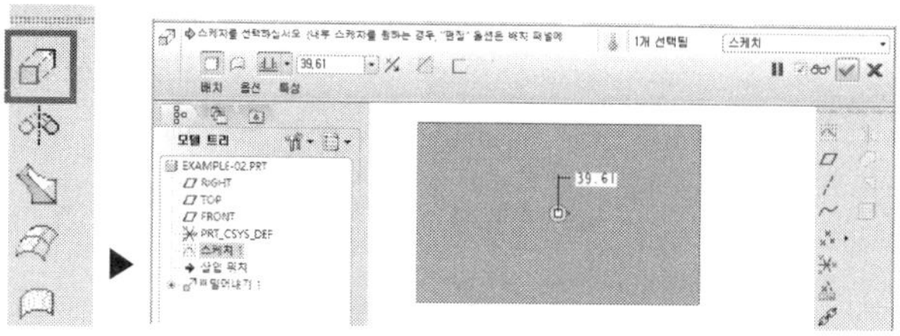

① 우측 하단의 '밀어내기' 도구 아이콘을 클릭

1.7 깊이 값 수정 및 방향 전환

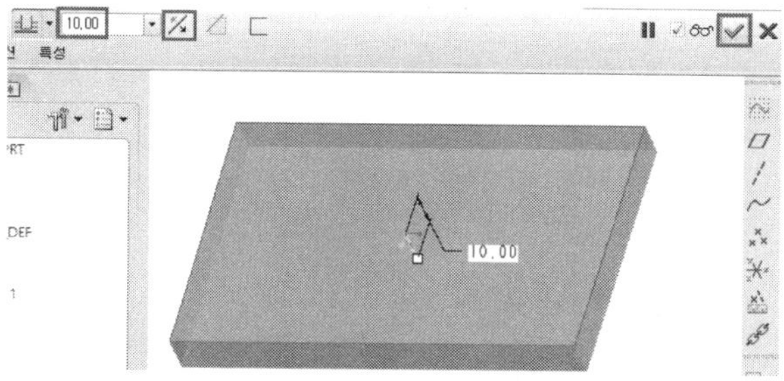

① 'Ctrl + D'로 표준방향으로 전환

② 깊이 값 '10' 으로 수정

③ 깊이 방향 전환 아이콘 클릭하여 스케치 평면의 아래쪽으로 변경(다음 작업의 편리를 위함임.)

1.8 바닥면의 직육면체 완성

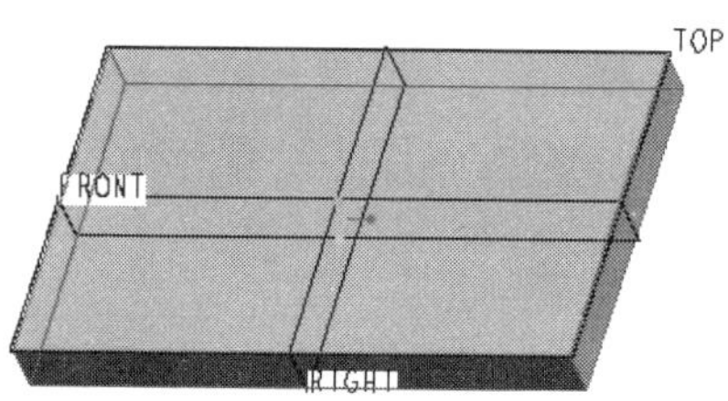

① 첫 번째 밀어내기(1) 피쳐 완성

2. 밀어내기(2) 피처 생성

2.1 스케치 평면 선택

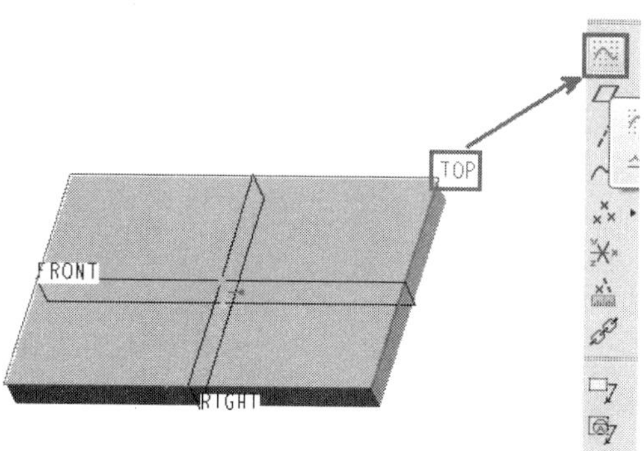

① 스케치 평면으로 'TOP' 데이텀 평면 선택

② '스케치 도구' 아이콘 선택

③ 스케치 창의 '스케치' 탭을 클릭

2.2 단면 스케치

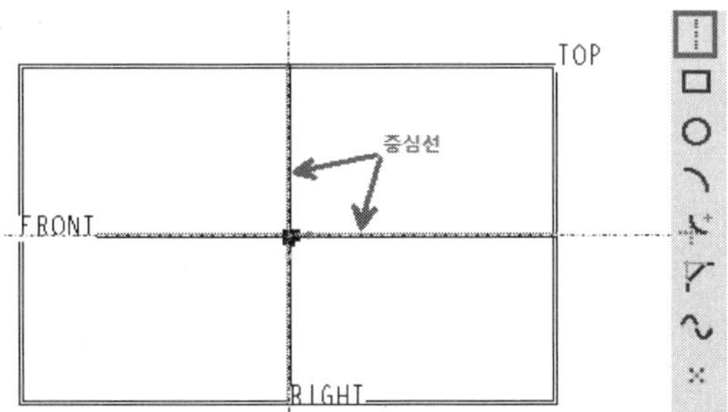

① 중심선 도구 아이콘( ) 선택

② 가운데 좌표계를 기준으로 가로방향 및 세로방향의 두 중심선 스케치

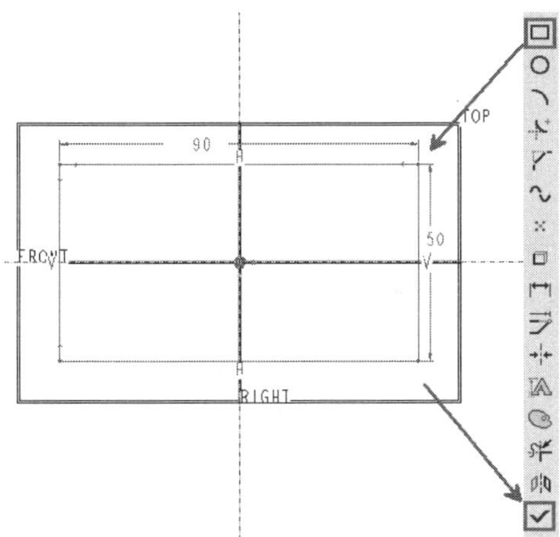

③ 직사각형 도구 아이콘( ) 선택

④ 상하, 좌우 대칭 구속기능을 활용하여 대칭형상의 직사각형 스케치

⑤ 가로 70, 세로 50으로 치수 수정

⑥ 스케치 작업 종료

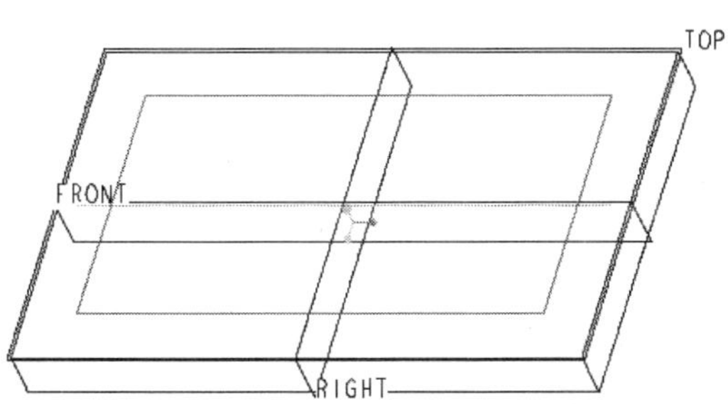

⑦ 표준방향(Ctrl + D)으로 전환 (스케치가 선택된 상태임)

2.3 밀어내기 실행

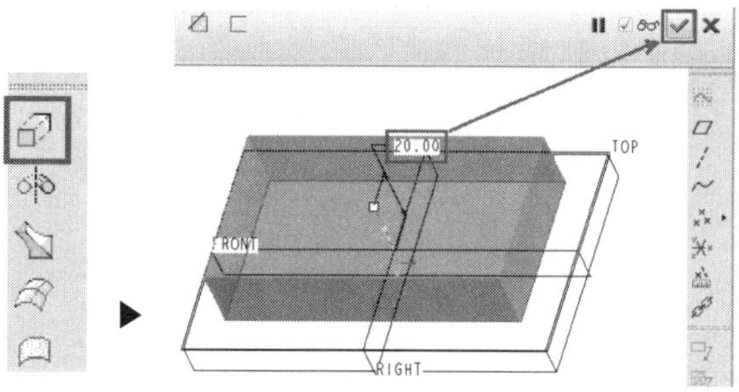

2.4 밀어내기(2) 피처 생성 완료

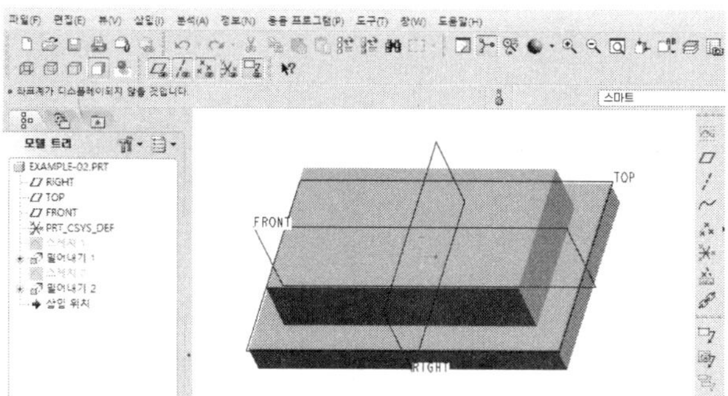

① 우측 하단의 '밀어내기' 도구 아이콘( ) 선택

② 깊이 값을 '20' 으로 수정 후 밀어내기 피처 생성 완료

3. 밀어내기(3) 피처 생성하기

3.1 스케치 평면 정의

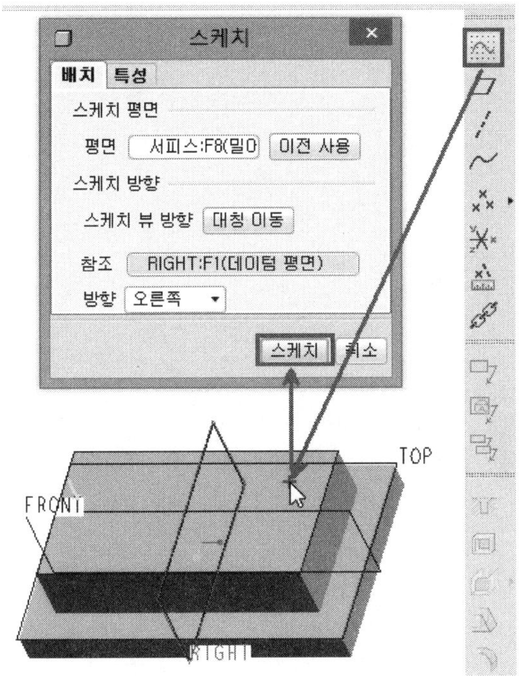

① 스케치 도구 아이콘() 선택

② 스케치 평면으로 직육면체의 윗면 선택

③ 스케치 창의 스케치 탭 선택

3.2 단면(타원) 스케치

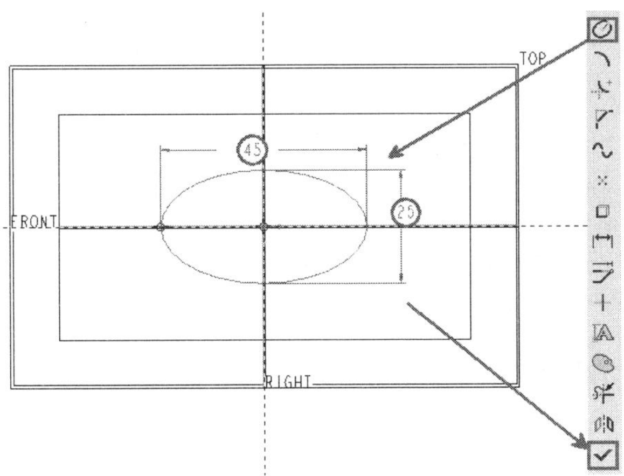

① 중심과 축 타원() 도구 아이콘 선택

② 중심점 위치 먼저 선택하여 타원 스케치

③ 가로(장축) 45, 세로(단축) 25 치수 수정

④ 스케치 작업 완료

3.3 밀어내기( ) 실행

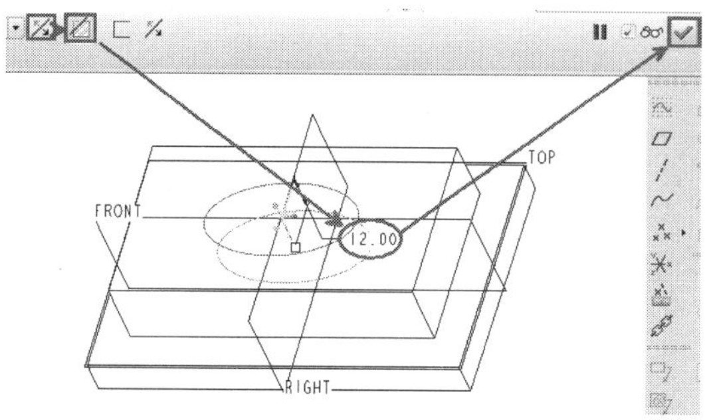

① 'Ctrl + D'로 표준방향으로 전환
② 깊이 방향 전환 아이콘 클릭 (아래쪽 방향)
③ 재료제거( ) 선택
④ 깊이 값 '12' (=20-8)으로 수정
⑤ 피처 생성 완료

3.4 밀어내기(재료제거) 피처 생성 완료

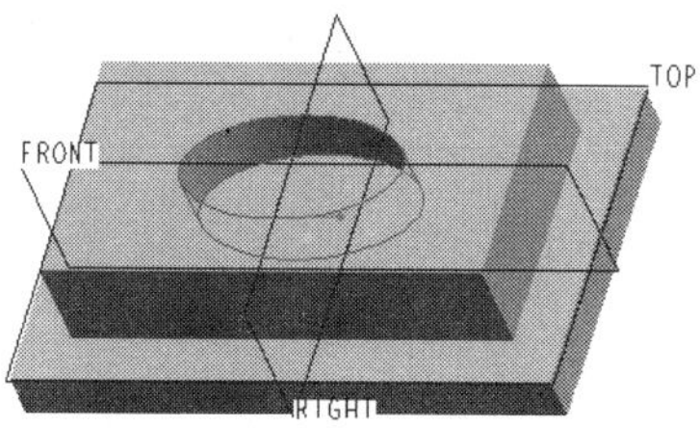

4. 스윕 컷 피처 생성하기

4.1 스윕 컷 실행

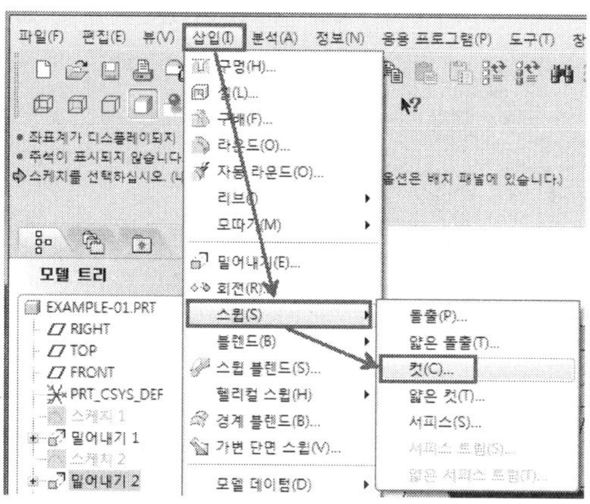

① 풀다운 메뉴의 '삽입' - '스윕' - '컷' 선택

4.2 스윕 궤적 정의

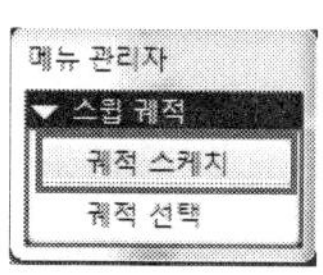

① 궤적을 스케치해야 하므로 '궤적 스케치' 선택

4.3 스케치 평면 정의

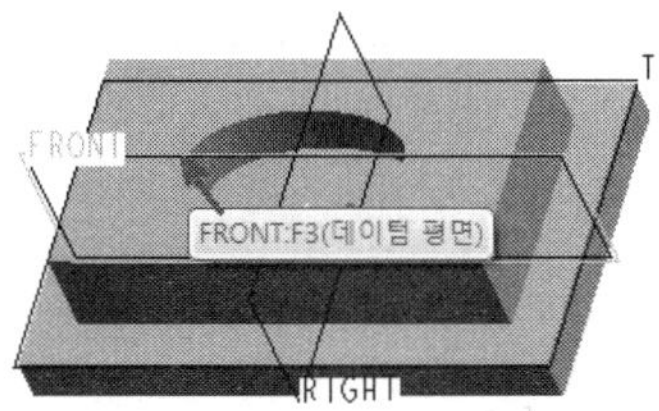

① 스케치 평면으로 'FRONT' 선택

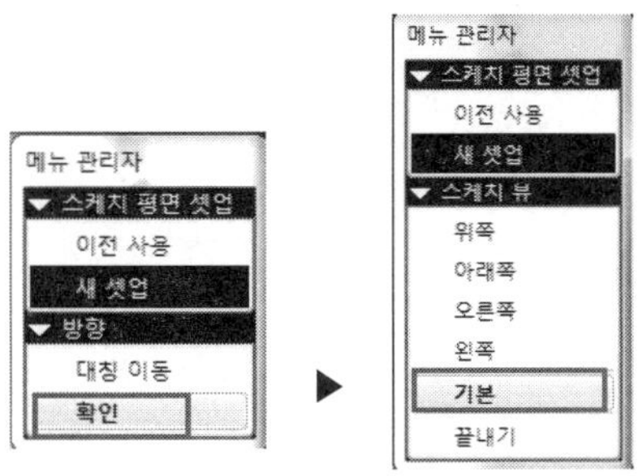

② 방향 '확인', 스케치 뷰 '기본' 선택

4.4 양 측면 및 윗면 수평 모서리를 참조 추가

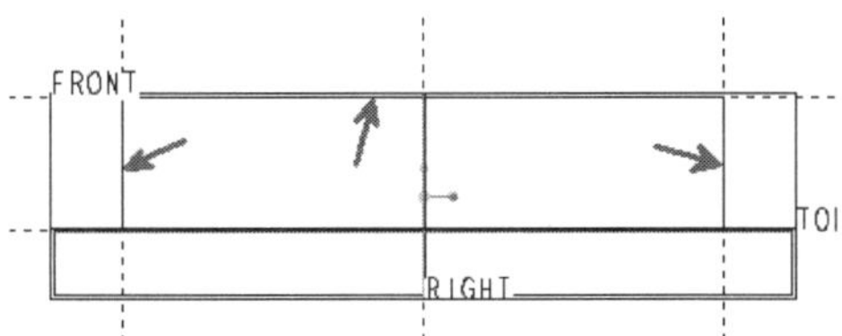

① 화살표로 지시된 세 모서리를 선택

② 참조 창 닫는다.

③ 참조 창에 새로 추가된 세 개의 참조를 확인할 수 있다.

④ 참조 창 닫는다.(참조로 추가된 모서리들은 점선으로 표시됨)

4.5 궤적 스케치

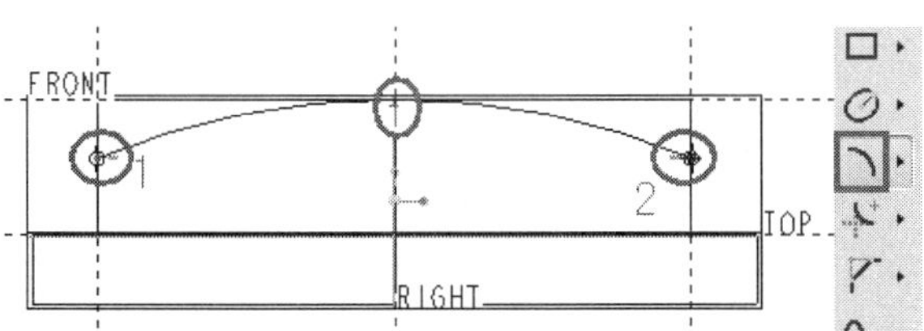

① 3점/탄젠트 끝( ) 도구 아이콘 선택

② 호의 양 끝점 1과 2를 수직 참조 모서리 위에 찍는다. (이때 두 점은 수평구속 상태)

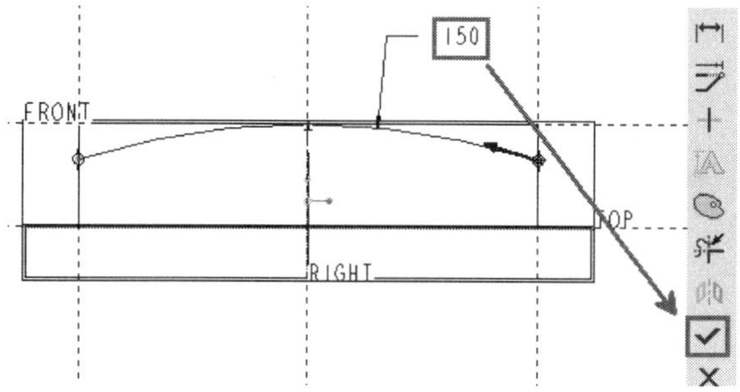

③ 수평 참조 모서리와 호가 탄젠트 구속 기호(T)가 표시될 때 마우스 클릭하여 호 생성

④ 궤적 반경 치수를 '150' 으로 수정

⑤ (궤적)스케치 완료

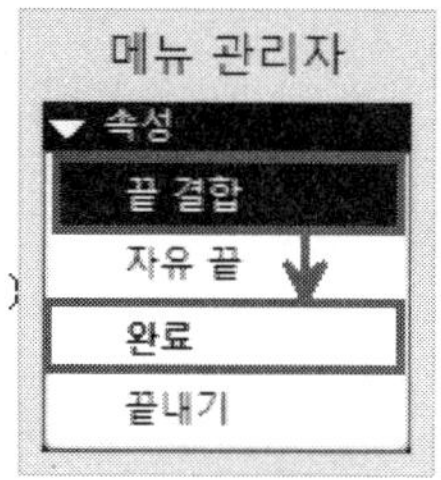

⑥ 속성 '끝 결합' 선택하고 '완료'

4.6 참조 추가

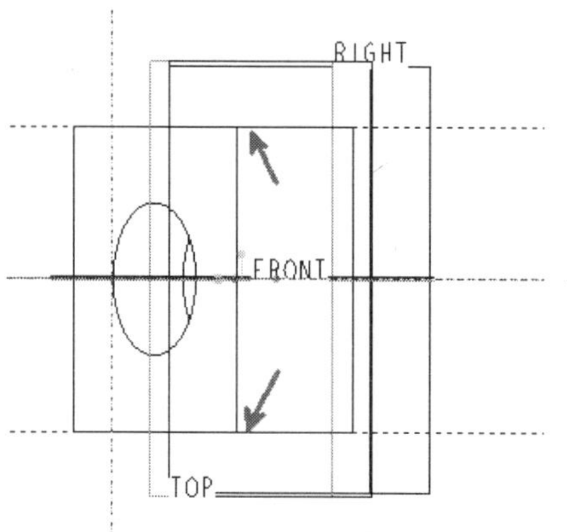

① 마우스 우측 버튼 클릭 후 참조 선택

② 편의상 밀어내기(2) 피처의 수평 모서리(화살표 표시)를 참조로 추가

4.7 단면 스케치

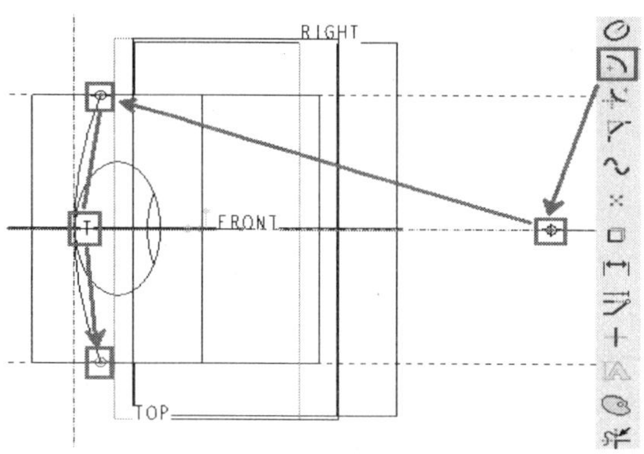

① '중심/끝' 호 생성 아이콘 선택

② 수평 참조 위에 중심 선택

③ 수직 참조 기준선에 탄젠트 한 호 스케치

④ 마우스 휠 클릭하여 호 생성 종료

4.8 치수 수정

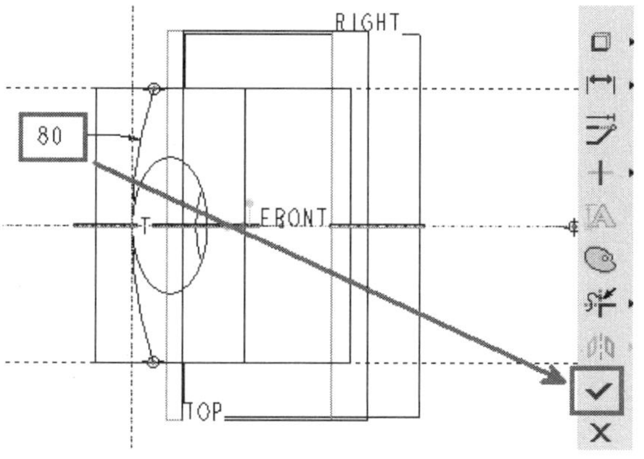

① 단면 반경 치수 '80' 으로 수정

② 스케치 종료

4.9 재료 제거 방향 정의

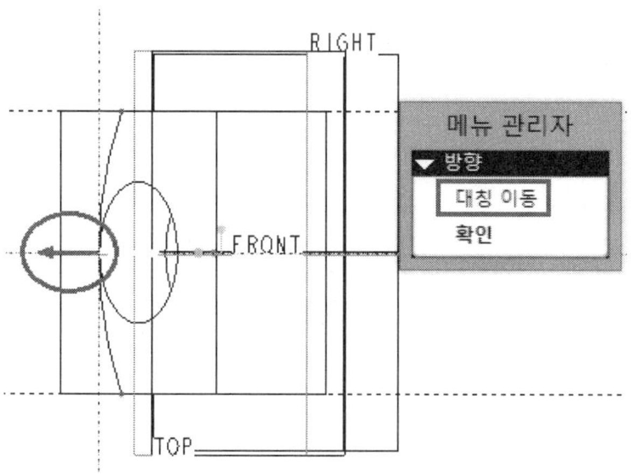

① '대칭 이동' 을 클릭하여 재료 제거 방향 화살표를 위로 향하도록 함.

② 재료 제거 방향이 위로 전환되었는지 확인하고 '확인' 선택

4.10 스웝 컷 피처 생성 완료

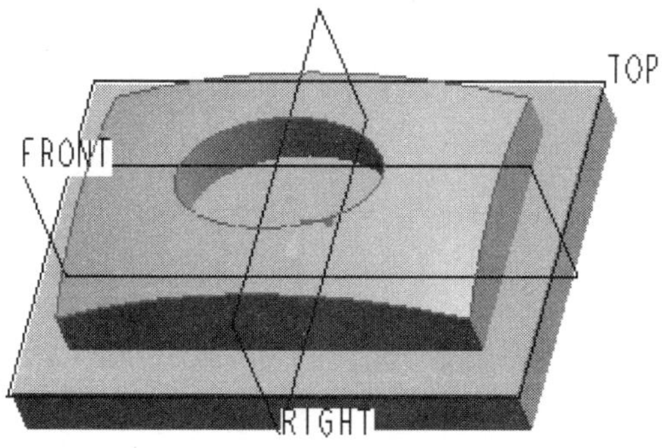

① '미리보기' 를 클릭하여 컷 형상이 바르게 되었는지 확인하고 '확인' 클릭하여 피처 생성 완료

5. 라운드(R10) 추가

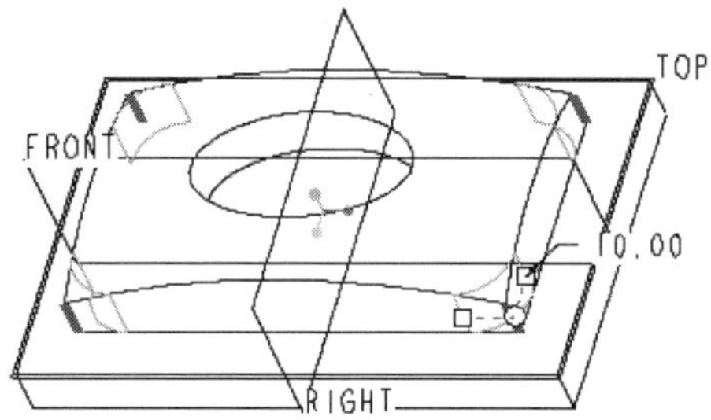

① 라운드 도구 아이콘 선택

② 네 모서리를 Ctrl 키를 누른 상태로 선택

③ R값 '10' 으로 수정

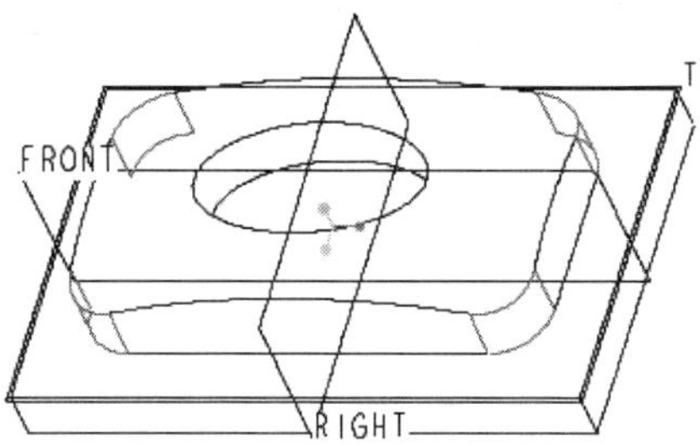

④ 피처 생성 완료

6. 밀어내기(4) 피처 생성

6.1 스케치 평면 선택

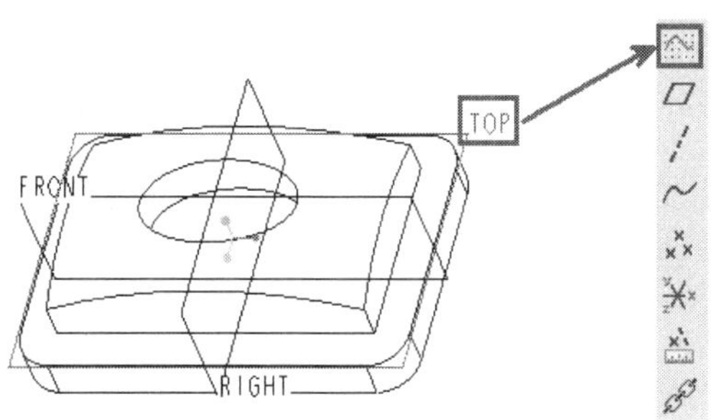

① 스케치 평면으로 'TOP' 데이텀 평면 선택

② '스케치 도구' 아이콘 선택

③ 스케치 창의 '스케치' 탭을 클릭

6.2 단면 스케치

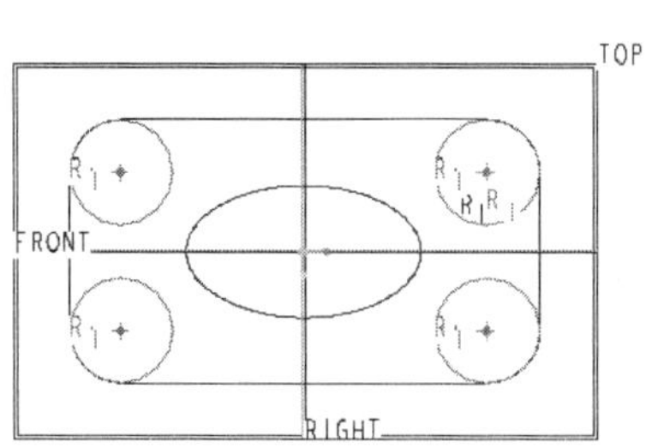

① 동심원 도구 아이콘(◎) 선택

② R10 모서리와 동심원 4개 스케치 후

③ 스케치 완료(스케치가 선택된 상태임)

6.3 밀어내기(3) 실행

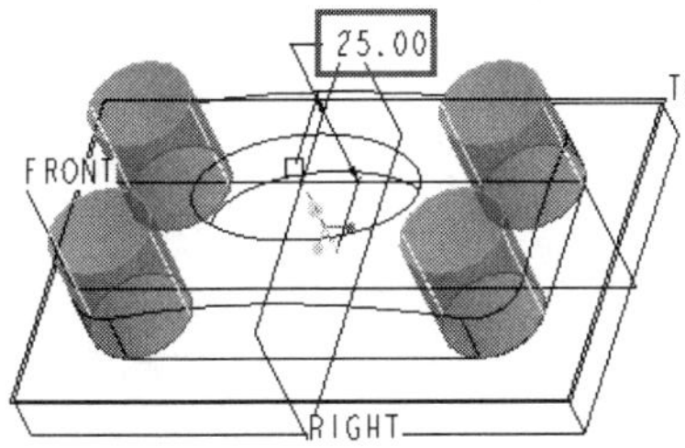

① '밀어내기' 도구 아이콘( ) 선택

② 깊이 값 '25 '로 수정

6.4 밀어내기(3) 피처 완성

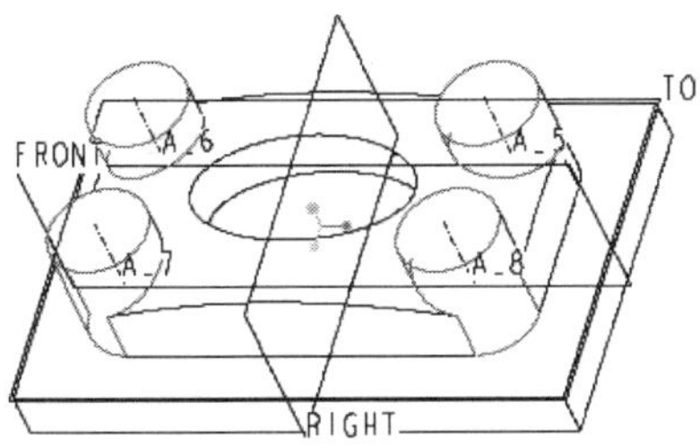

① 피처 생성 완료

7. 구배/라운드 피처 생성하기

7.1 측면 전체 구배

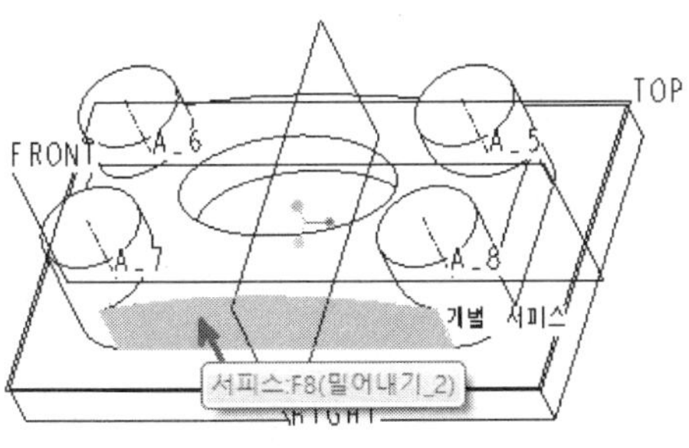

① 구배 도구 아이콘( ) 선택

② 구배 적용할 앞쪽 면 선택 (측면이 모두 탄젠트 연결되어 있기 때문에 측면의 어느 한 면만 선택해도 전체가 구배 적용됨)

7.2 구배 경첩 지정

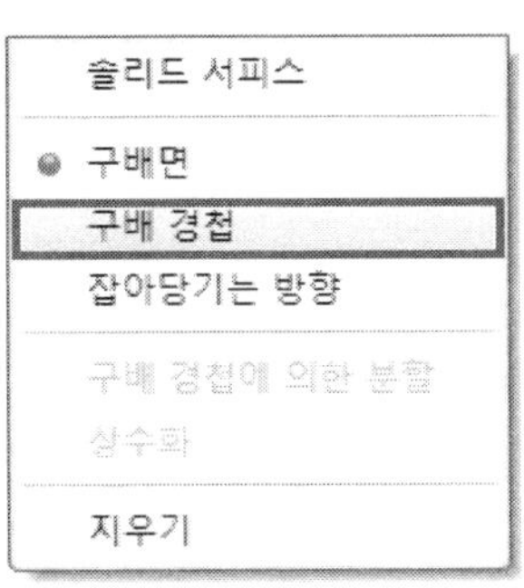

① 마우스 우측 번튼 클릭

② '구배 경첩' 선택

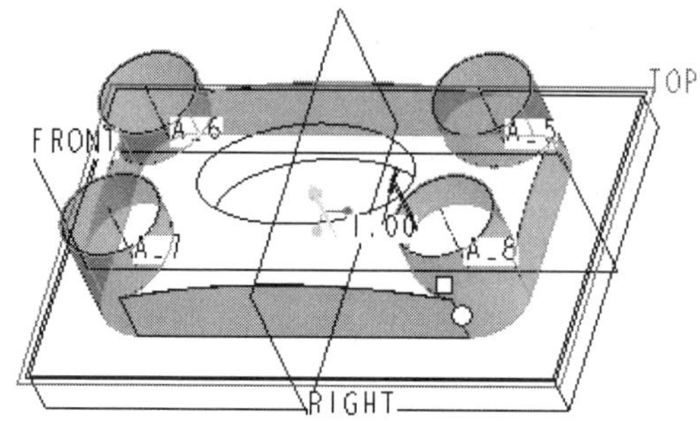

③ 'TOP' 평면 선택

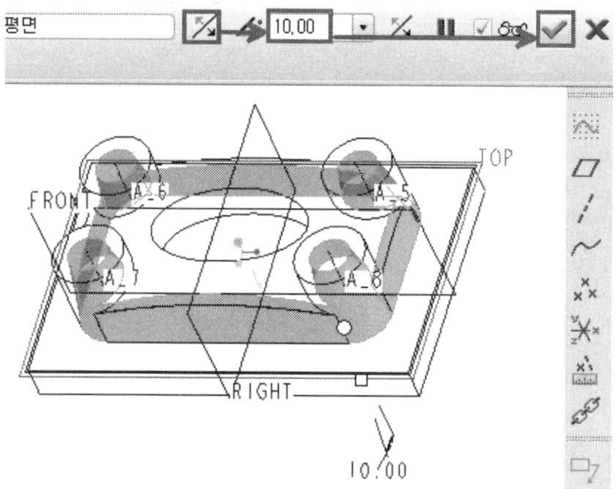

④ 잡아당기는 방향이 반대이므로 방향 전환 아이콘 클릭

⑤ 구배 각도 '10' 으로 수정

⑥ 구배 생성 완료

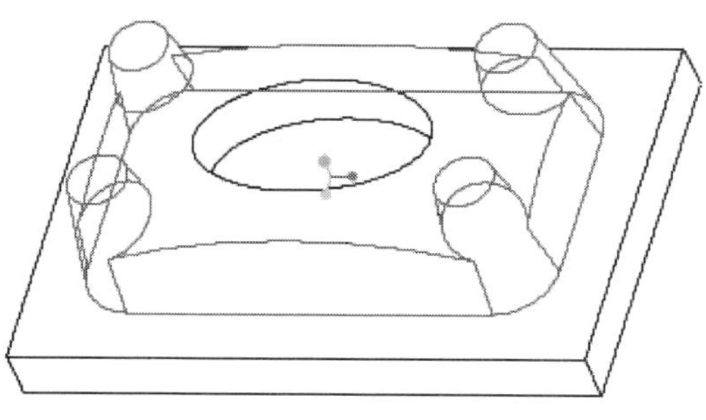

⑦ 측면 구배가 완료된 형상

7.3 타원 측면 구배

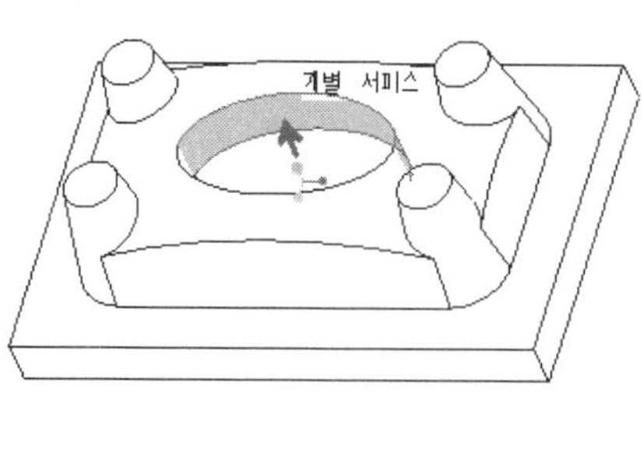

① 구배 도구 아이콘( ) 선택

② 구배 적용할 타원 안쪽 측면 선택

7.4 구배 경첩 지정

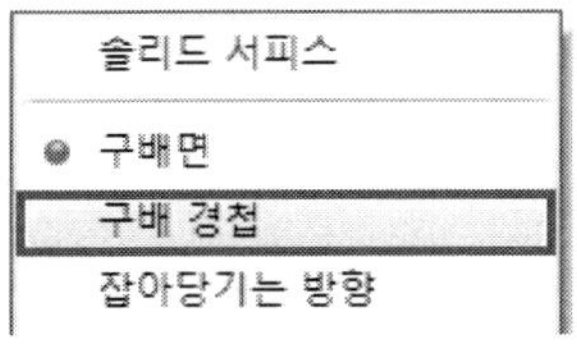

① 마우스 우측 번튼 클릭

② ‘구배 경첩’ 선택

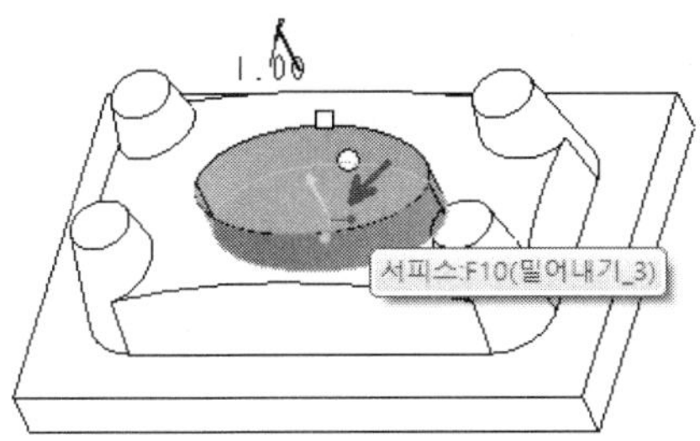

③ 타원의 바닥면 선택

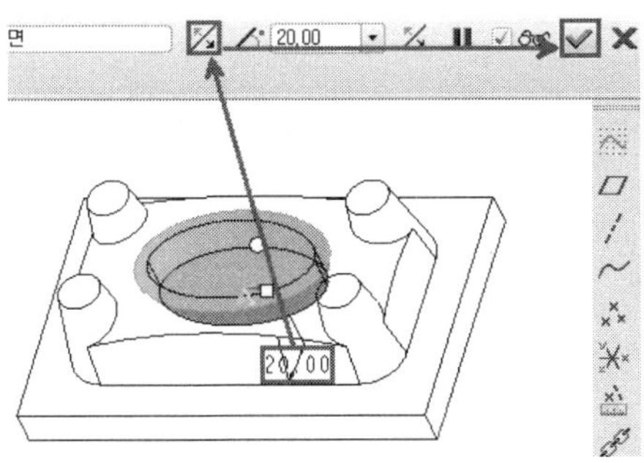

④ 구배 각도 ‘20’ 으로 수정

⑤ 잡아당기는 방향이 반대이므로 방향 전환 아이콘 클릭

⑥ 구배 생성 완료

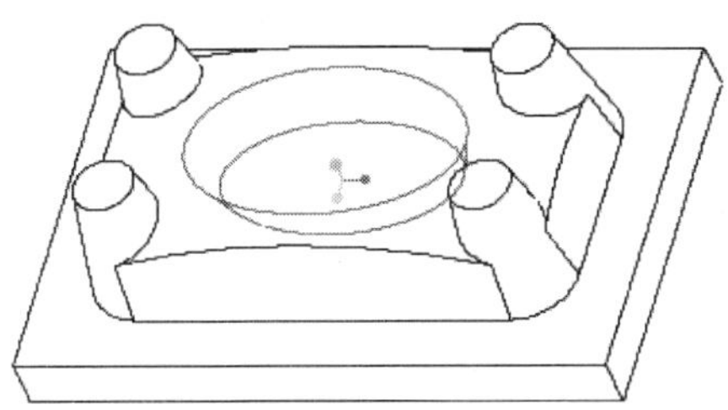

⑦ 타원 측면 구배가 완료된 형상

7.5 라운드(R3) 생성

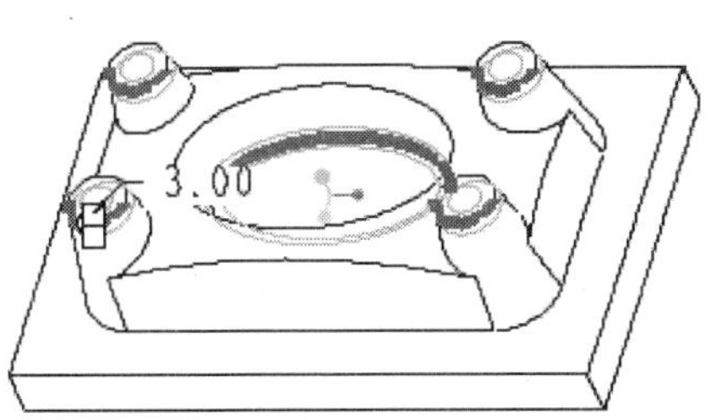

① Ctrl 키를 누른 채 해당 모서리 5개 선택

② 라운드 값 ‘3’ 으로 수정

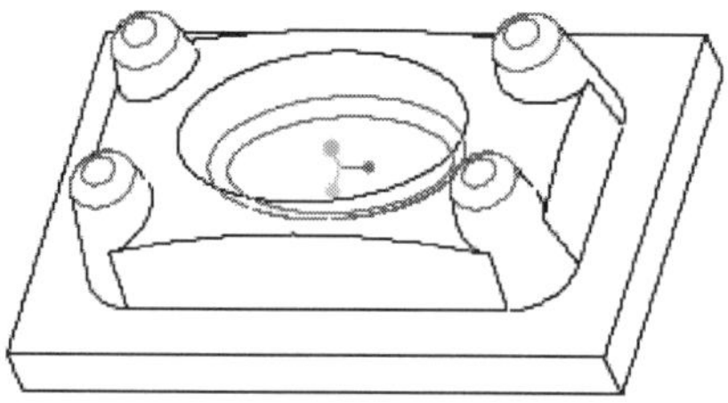

③ 라운드 작업 완료

7.6 라운드(R2) 생성

① 대상 모서리 선택

② 라운드 값 '2' 로 수정

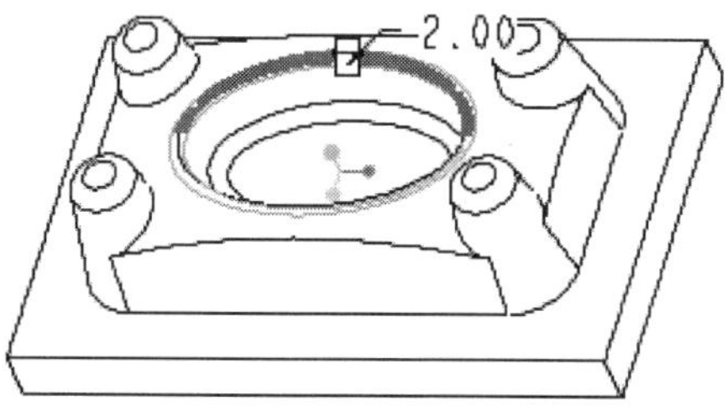

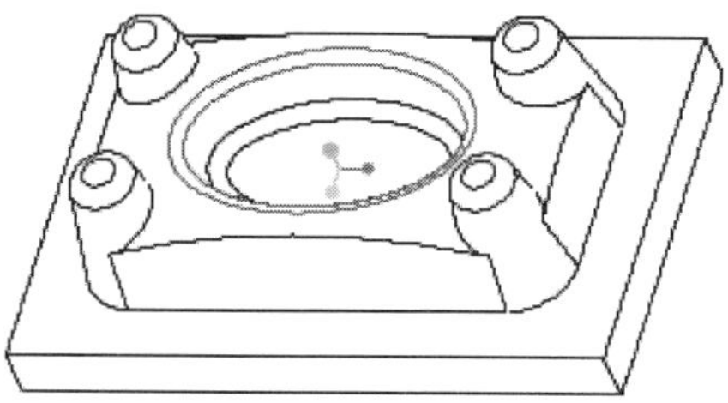

③ 라운드 작업 완료

7.7 라운드(R1) 생성

① 대상 모서리 선택

② 라운드 값 '1' 로 수정

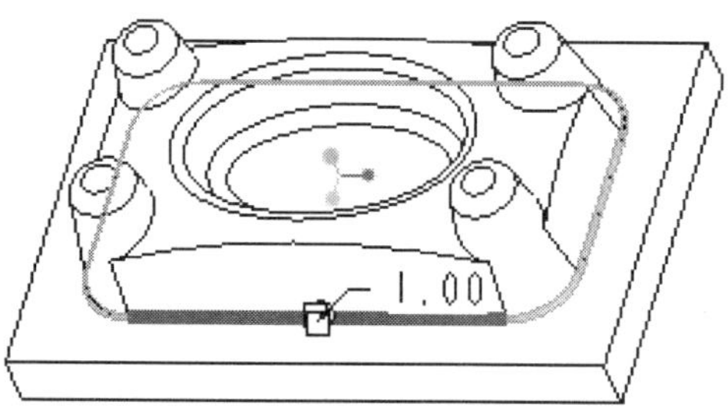

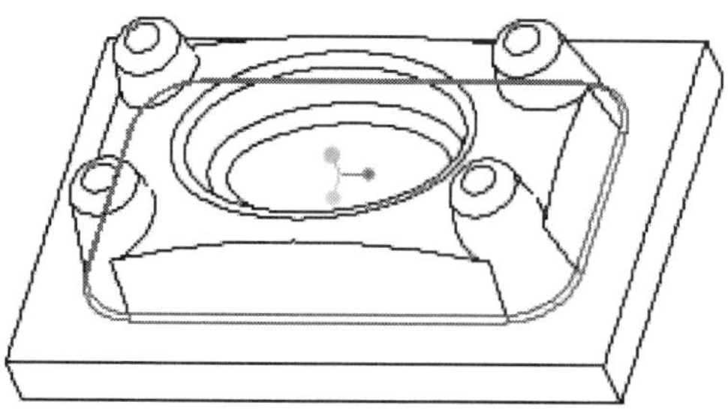

③ 라운드 작업 완료

7.8 지시 없는 모든 라운드 R2 생성

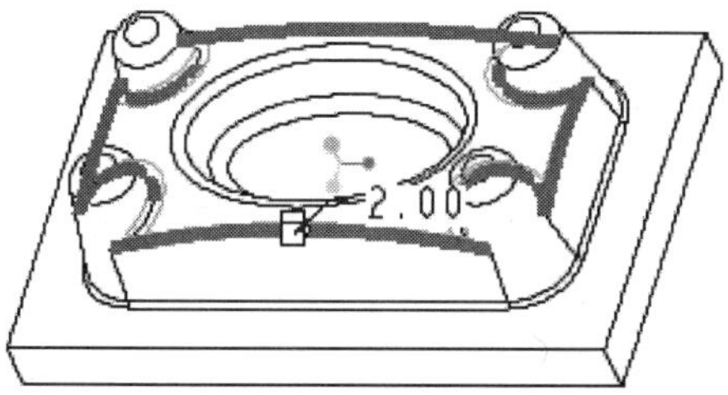

① Ctrl 키를 누른 채 해당 모서리 8개 선택

② 라운드 값 '2' 로 수정

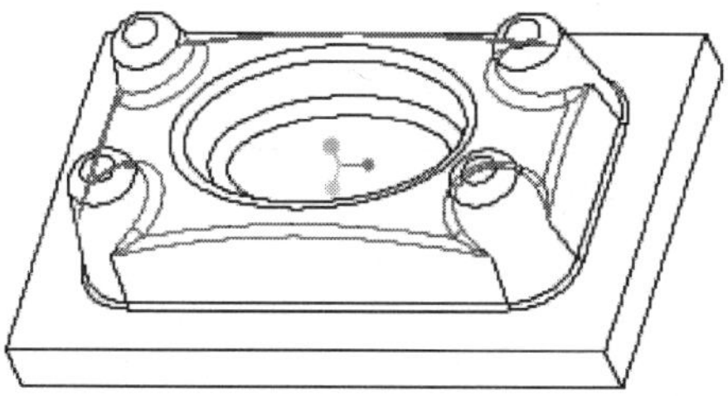

③ 라운드 작업 완료

8. 모델링 완성

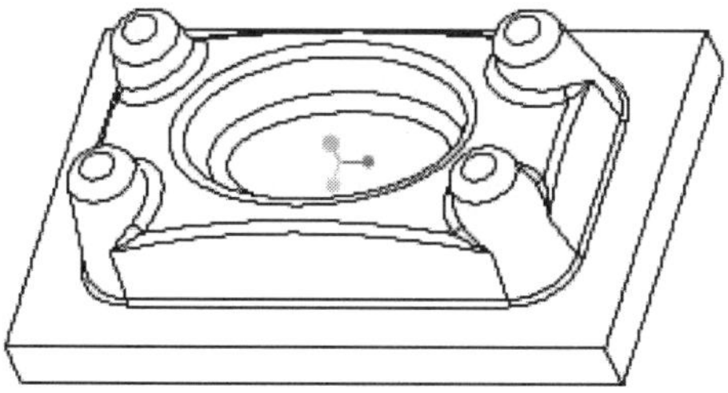

3. Example-03 도면 모델링

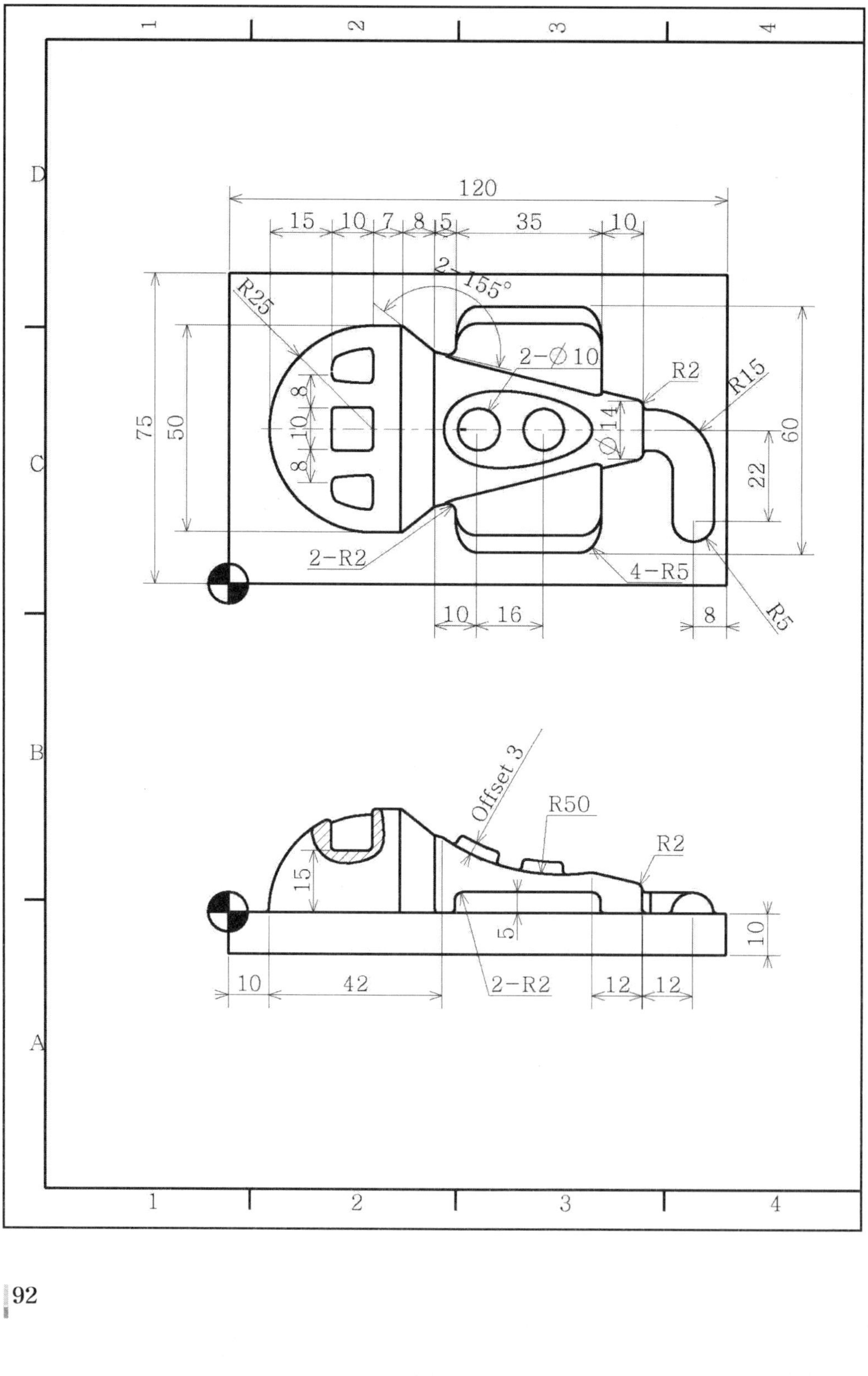

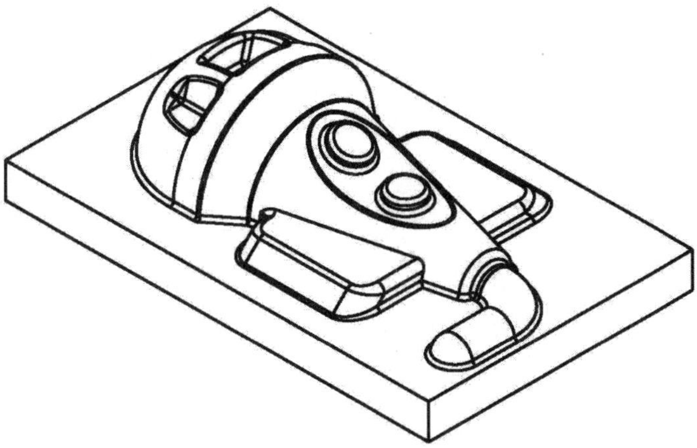

도시되고 지시없는 모든 라운드 R1

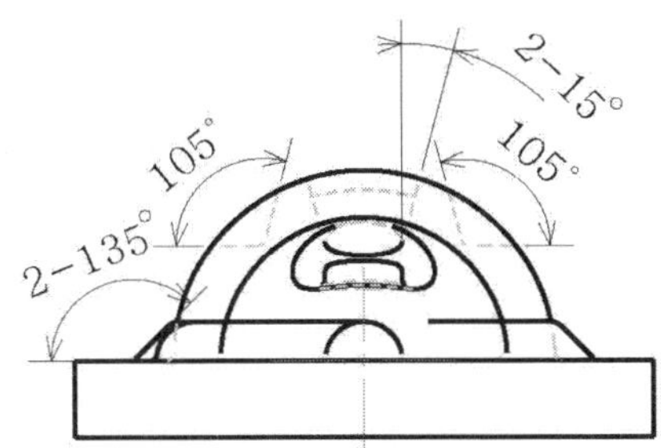

창원문성대학교			
소 속	기계과	작업자	예규현
투상법	3각법	축 척	1 : 1
날 짜	2016.1.20	파일명	Example-03

작업 순서

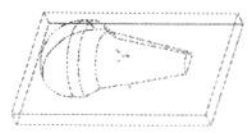	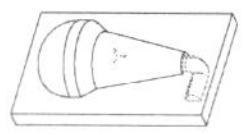	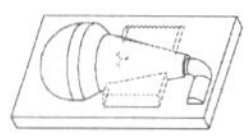	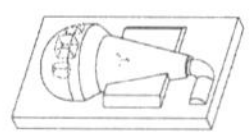	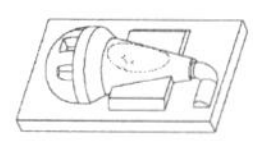	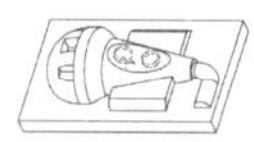	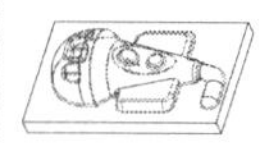
1.밀어내기 /회전	2.스윕 컷	3.밀어내기 (2)	4.밀어내기 (3)	5.밀어내기(4)	6.오프셋 (1)	9.구배/라운드

1. 밀어내기(1) 피처 생성

1.1 파일 새로 만들기 및 스케치 평면 정의

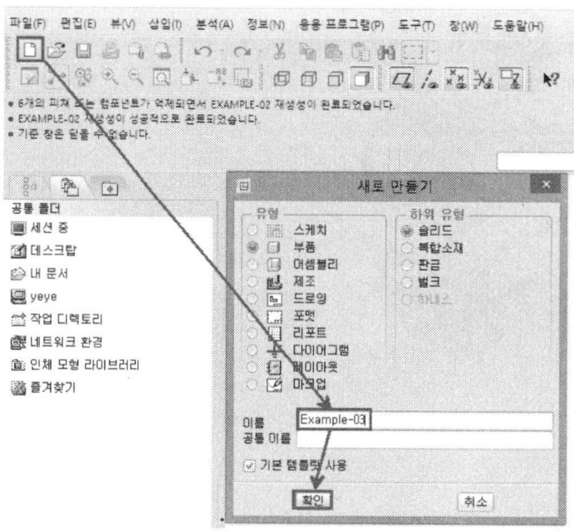

① 파일 이름 'Example-03'으로 새로 만들기 시작

② 단위는 mmNs 단위계로 모델링 작업 함.

1.2 스케치 평면 및 스케치 선택

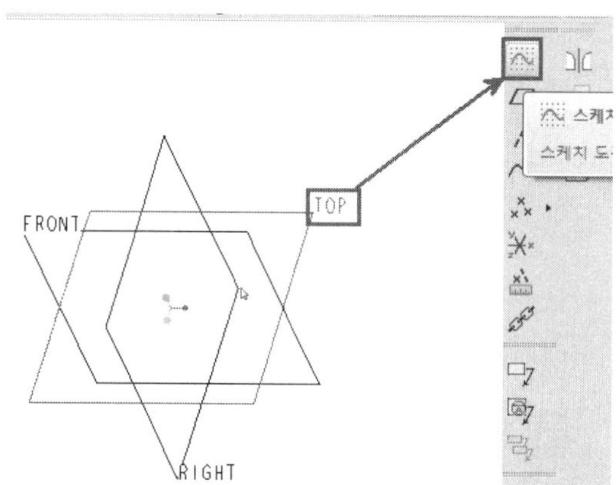

① 스케치 평면으로 'TOP' 평면 선택하고 스케치() 도구선택

1.3 스케치 정의 창

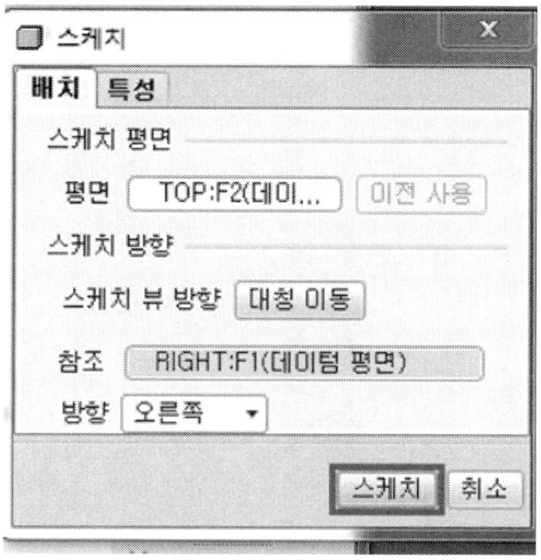

① ‘스케치’ 탭 클릭

② 스케치 뷰 방향은 스케치 평면을 선택한 상태에서의 최적의 방향으로 자동 전환된다.

1.4 단면 스케치

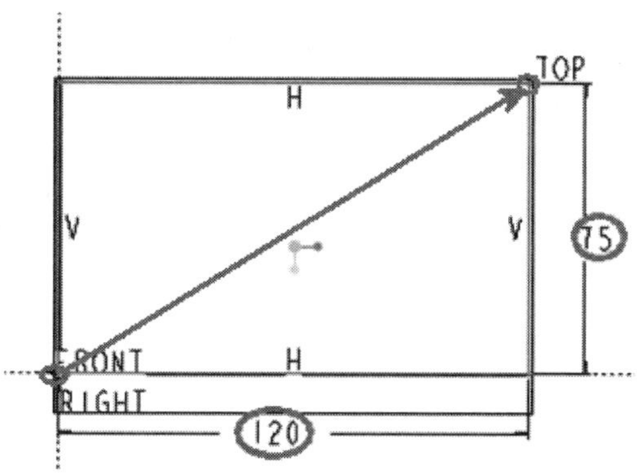

① 직사각형(□) 도구 선택

② 가운데 교차점에 직사각형의 한 점을 찍고 우측 대각선 방향으로 다른 한 점을 찍어 직사각형 스케치

③ 치수를 가로 120, 세로 75로 수정

④ 스케치 완료(✔)

1.5 밀어내기 실행

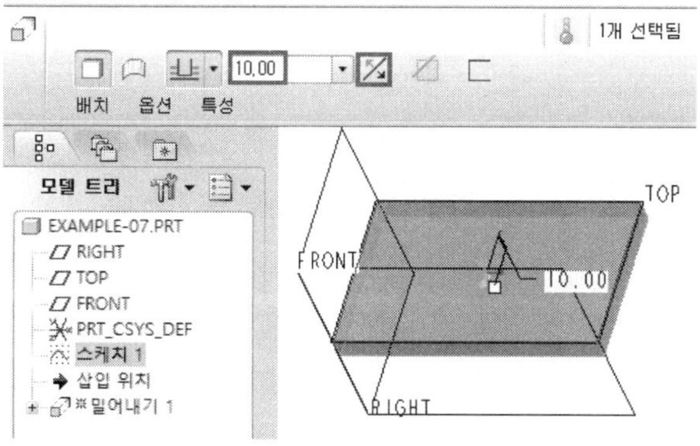

① 밀어내기(⎘) 도구 클릭

② ‘Ctrl + D'로 표준방향으로 전환

③ 깊이 값 ‘10’ 으로 수정

④ 깊이 방향 전환 아이콘 클릭(아래 방향)

1.6 밀어내기(1) 피처 완성

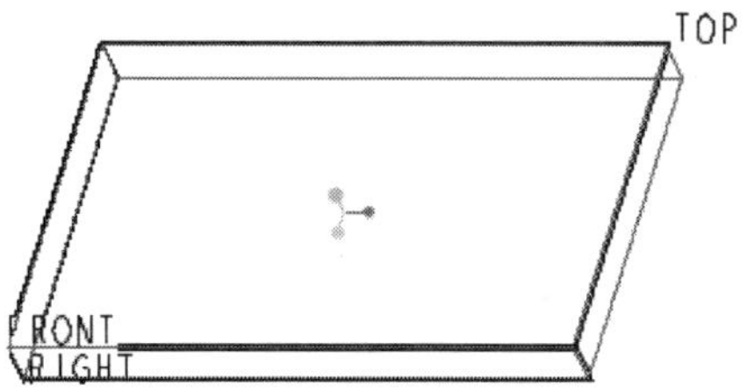

① 피처 생성 완료(✔)

2. 회전(1) 피처 생성

2.1 스케치 평면 및 스케치 선택

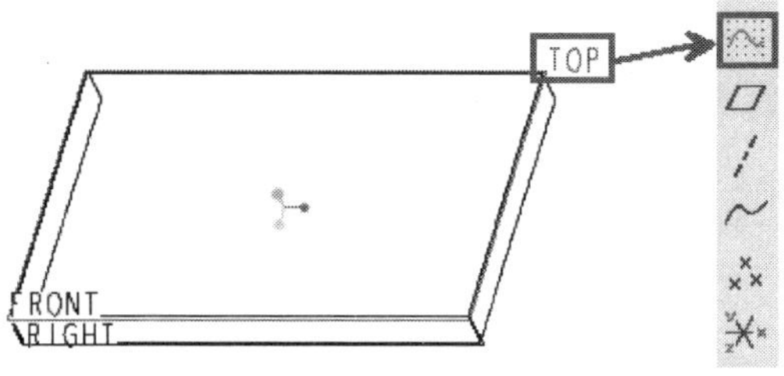

① 스케치 평면으로 'TOP' 평면 선택하고 스케치( ) 도구 선택

② '스케치' 탭 클릭

2.2 단면 스케치

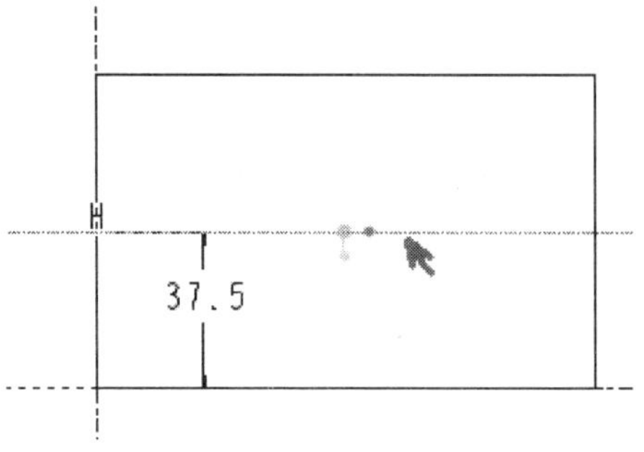

① 형상중심선( ) 도구 아이콘 선택

② 가운데 수평방향으로 형상중심선(회전 축) 스케치

③ 치수 '37.5' 로 수정

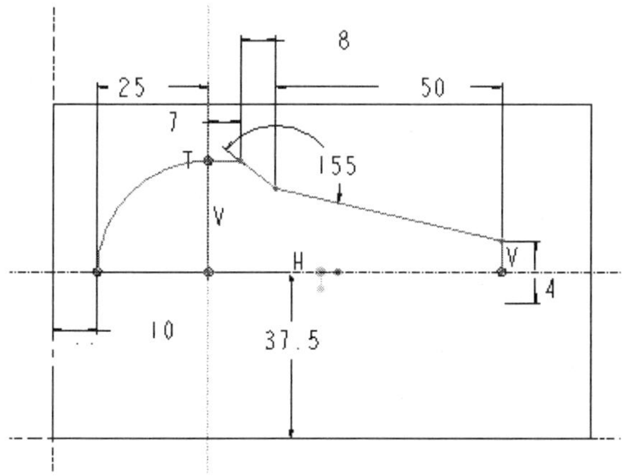

④ 도면을 참고하여 그림과 같이 윗 쪽 반 단면을 스케치하고 치수 수정(열린 단면임)

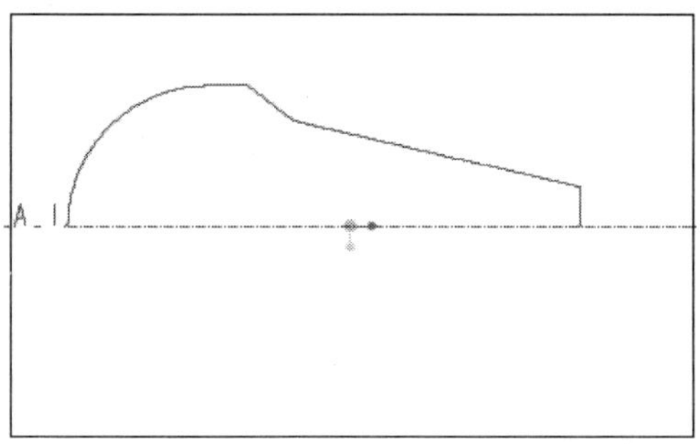

⑤ 스케치 작업 완료( )

2.3 회전 실행

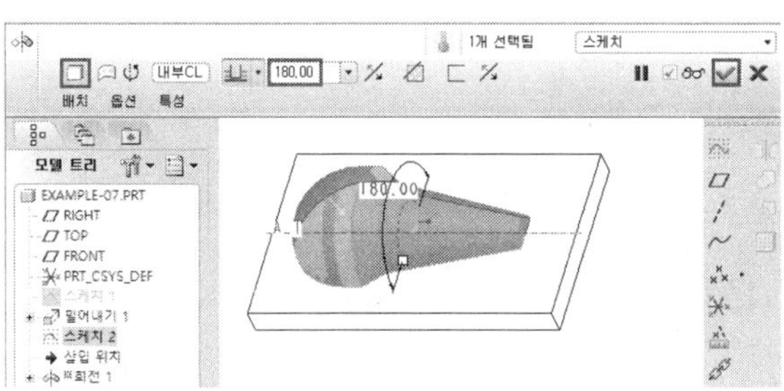

① 회전( )피처 생성 도구 아이콘 선택

② 표준방향(Crtl + D)으로 전환

③ 솔리드( ) 선택(단면이 열린 상태로 회전 시킬 경우 서피스로 자동 인식)

④ 회전각도 '180' 으로 수정

2.4 회전(1) 피처 생성 완료

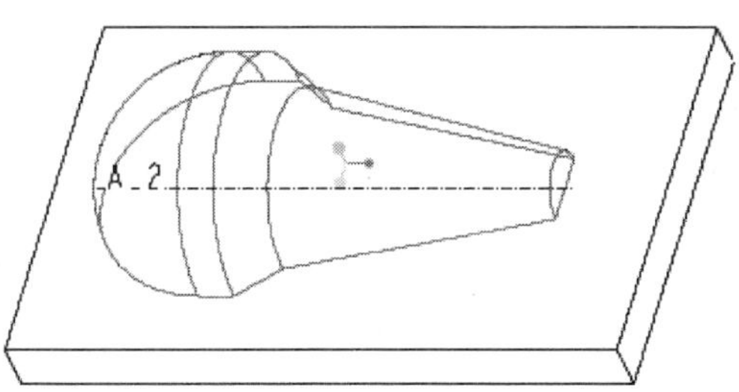

⑤ 피처 생성 완료( )

3. 스윕 피처 생성

3.1 스윕 돌출 실행

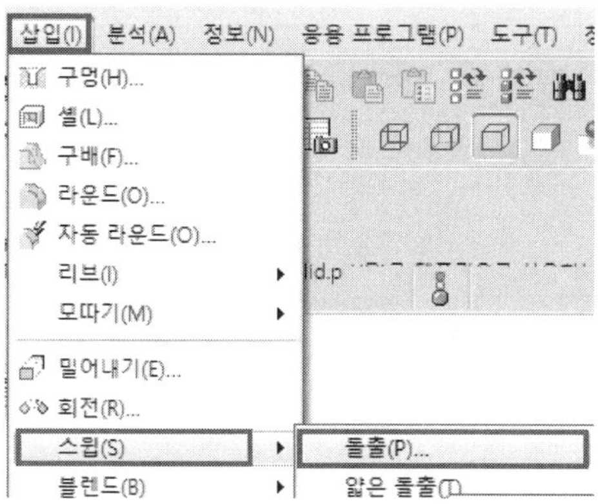

① 풀다운 메뉴 '삽입' - '스윕' - '돌출' 선택

3.2 궤적 정의

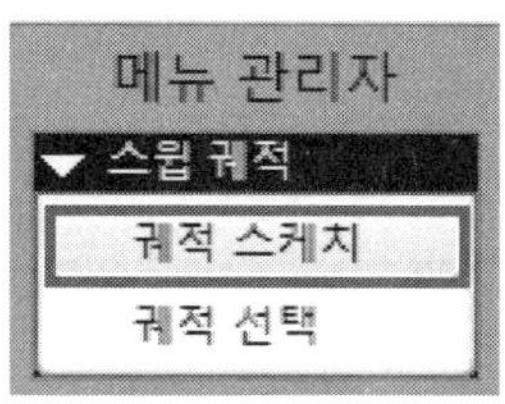

① '궤적 스케치' 선택

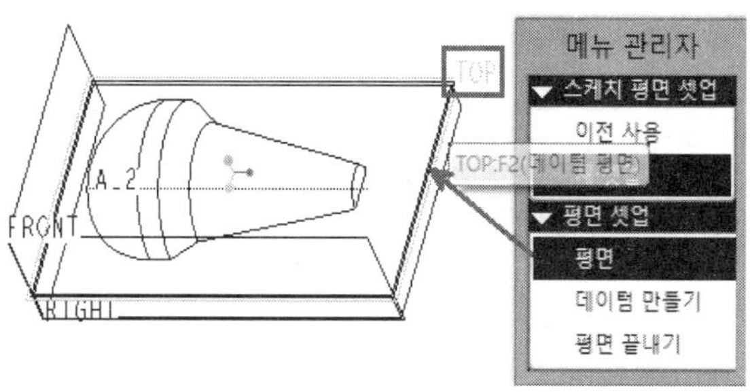

② 직육면체의 윗면(TOP 평면) 선택

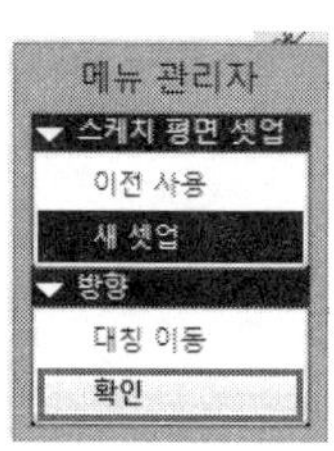

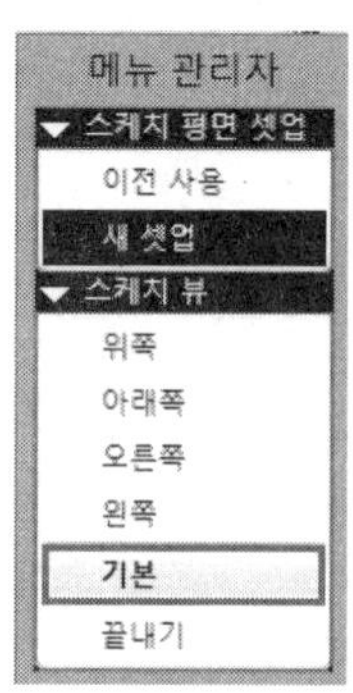

③ 방향 '확인' 선택

④ 스케치 뷰 '기본' 선택

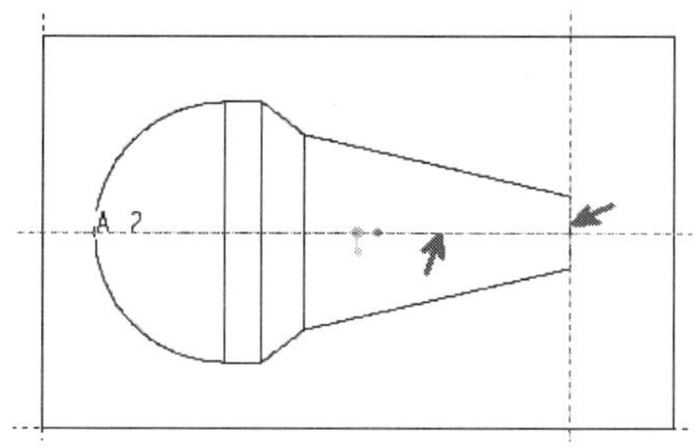

⑤ 수평 중심선과 우측 수직모서리를 참조 추가

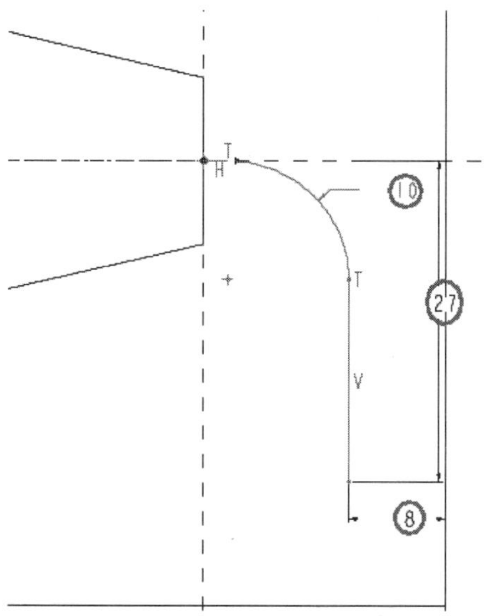

⑥ 도면 참고하여 그림과 같이 궤적 스케치

⑦ 치수 '27' 은 도면에 표시된 '22' 에 끝단 R5 값을 포함

⑧ 스케치 작업 완료(✔)

3.3 단면 스케치

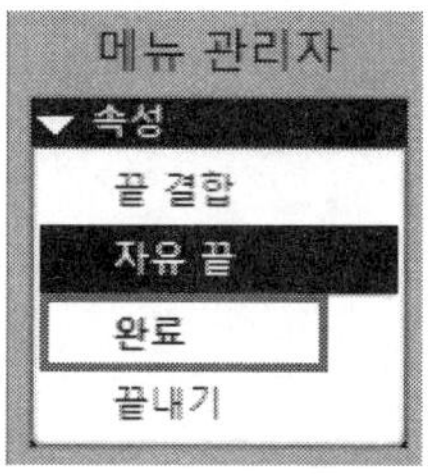

① 속성 '자유 끝'

② '완료' 선택

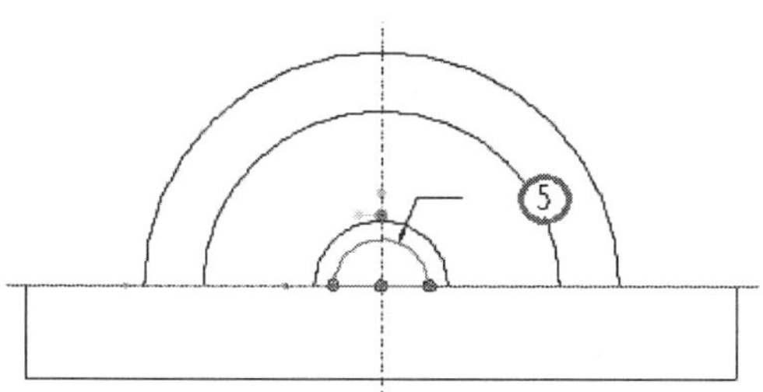

③ R5인 반원 스케치

④ 스케치 작업 완료(✔)

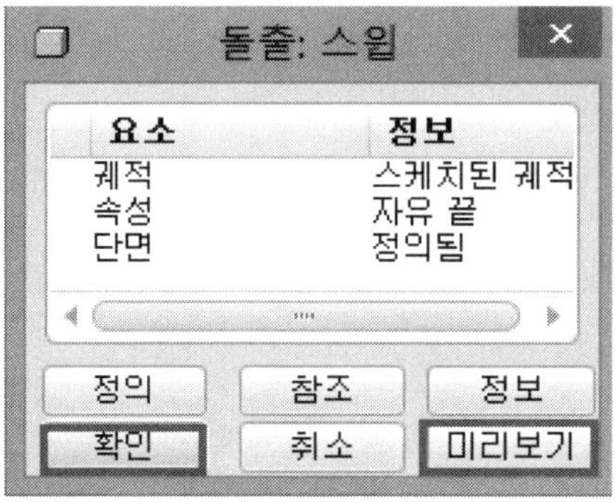

⑤ '미리보기' 로 형상 확인

⑥ '확인' 탭 선택

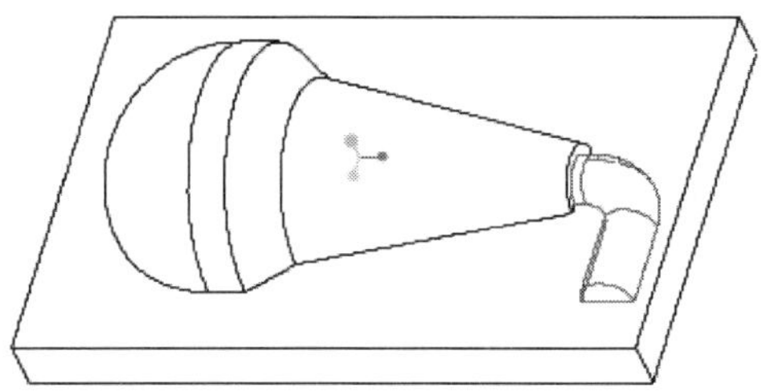

⑦ 스윕 돌출 피처 완성

4. 밀어내기(2) 피처 생성

4.1 데이텀 평면 생성

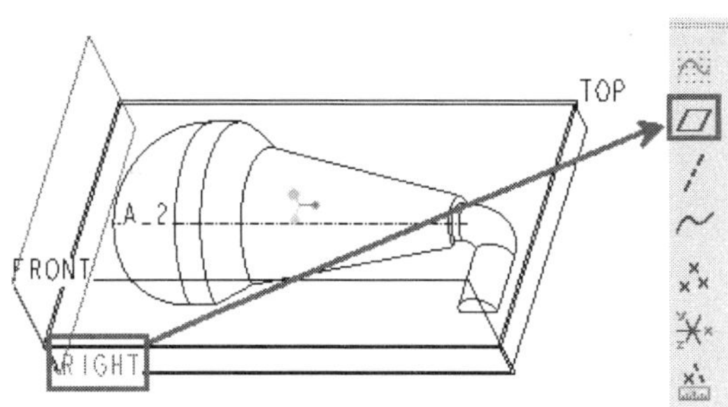

① 'RIGHT' 평면 선택

② 데이텀 평면(▱) 도구 선택

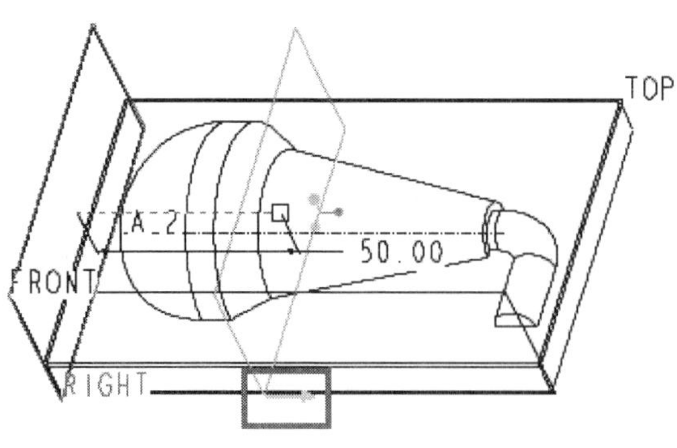

③ 오프셋 방향(화살표) 확인(오른쪽 방향)

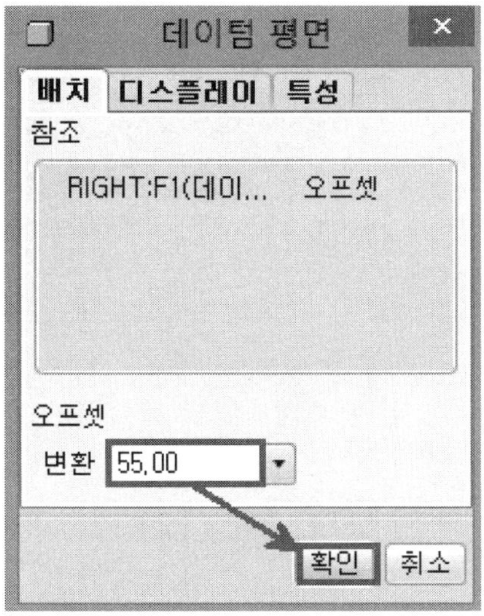

④ 오프셋 값 '55' 입력

⑤ '확인' 클릭

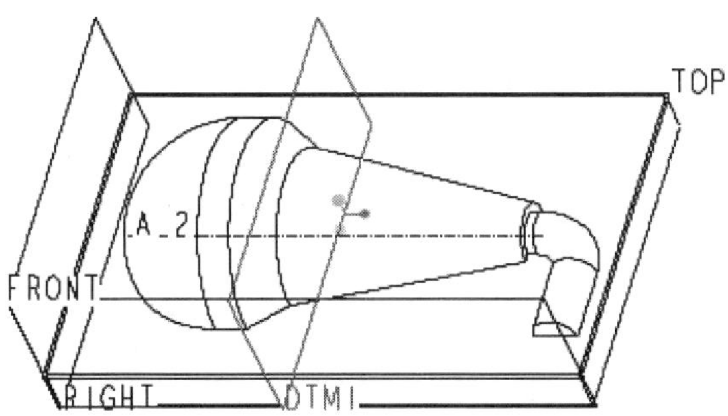

⑥ 새로운 데이텀 평면 'DTM1' 생성(선택된 상태임)

4.2 스케치 평면 정의

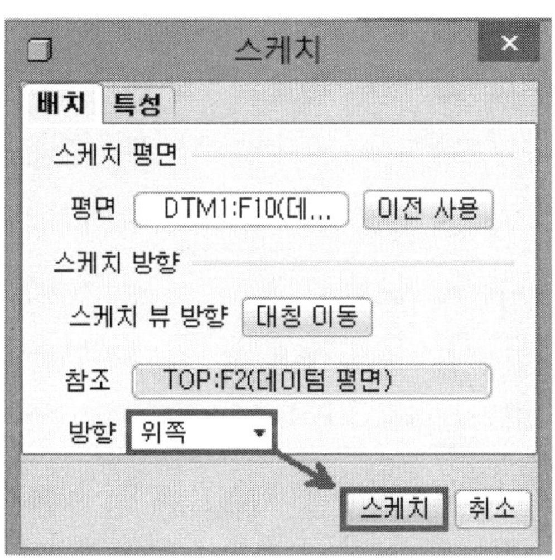

① 스케치( ) 도구 선택(DTM1 평면이 이미 선택되어 있는 상태임)

② 참조면 방향 '위쪽' 선택(필수 사항은 아님)

③ '스케치' 탭 클릭

4.3 단면 스케치

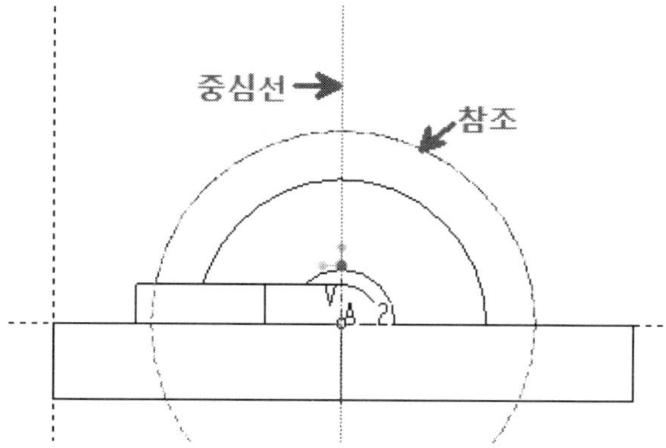

① 원호 모서리 참조 추가

② 원호 중심점을 기점으로 수직 중심선 스케치

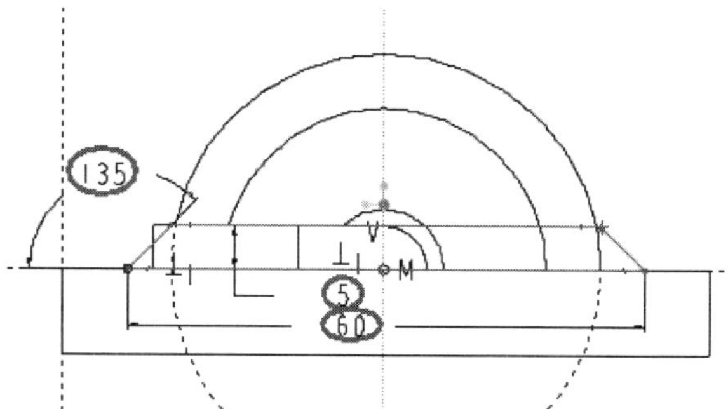

③ 도면 참고하여 단면 스케치

④ 치수 생성 및 수정

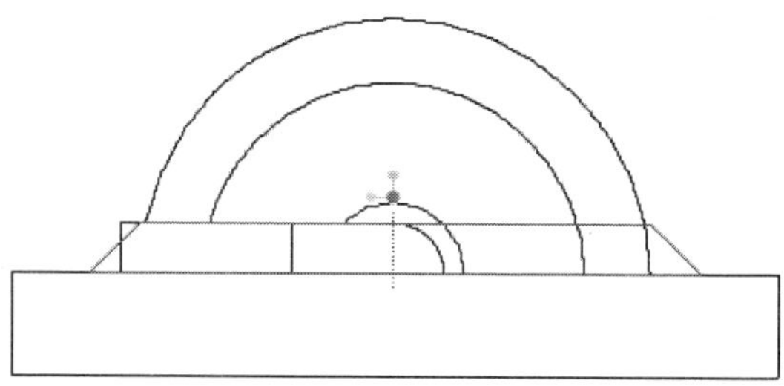

⑤ 스케치 작업 완료(✔)

4.4 밀어내기 실행

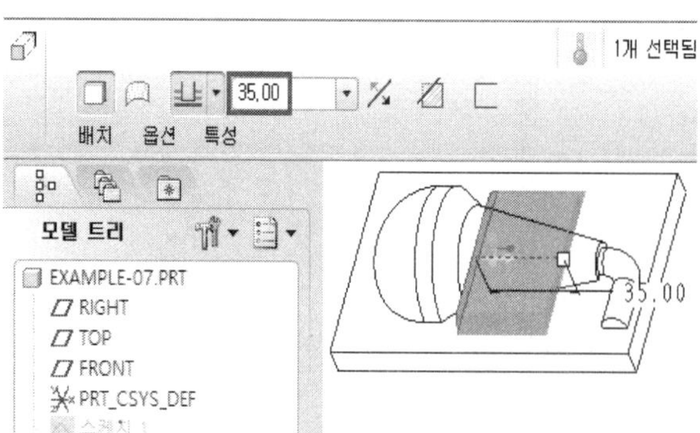

① 밀어내기( ) 피처 도구 아이콘 선택

② 'Ctrl + D'로 표준방향으로 전환

③ 깊이 값 '35' 로 수정

4.5 밀어내기(2) 피처 완성

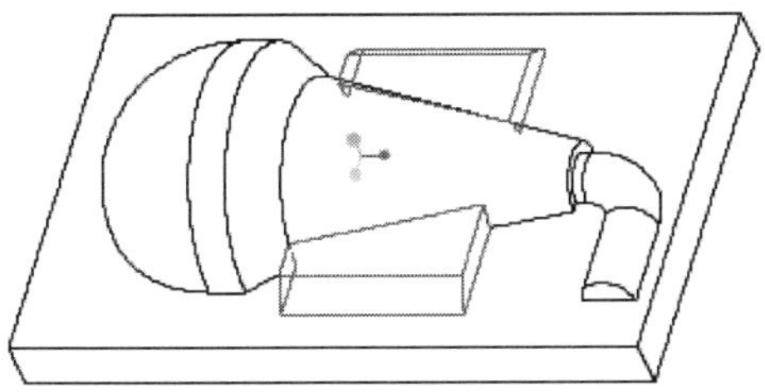

① 피처 생성 완료(✓)

5. 밀어내기(3) 피처 생성

5.1 데이텀 평면 생성

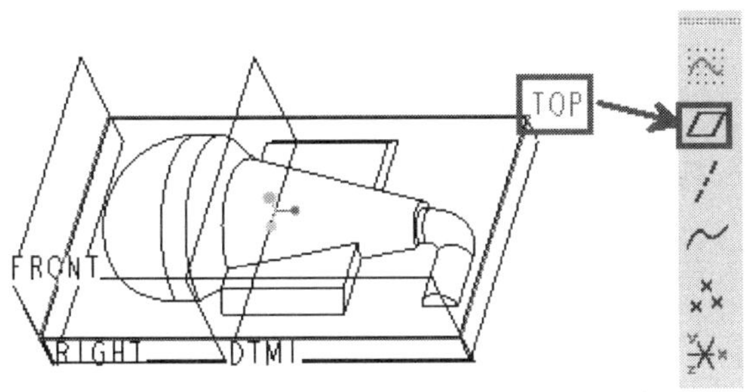

① 'TOP' 평면 선택

② 데이텀 평면(▱) 도구 선택

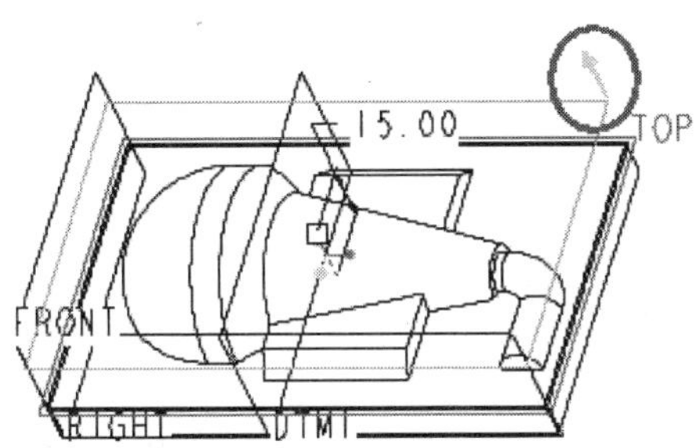

③ 오프셋 방향(화살표) 확인 (윗 방향)

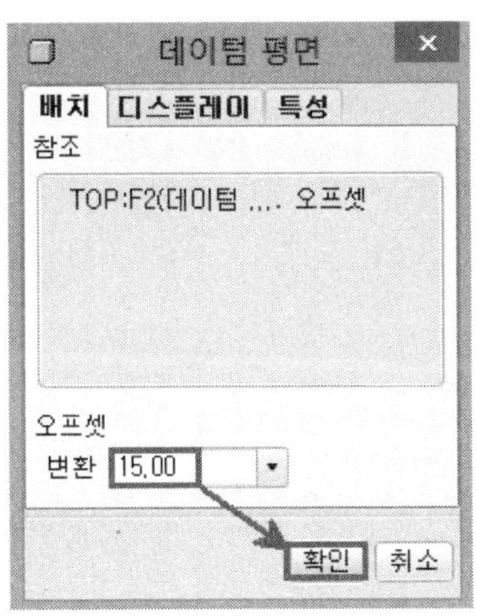

④ 오프셋 값 '15' 입력

⑤ '확인' 클릭

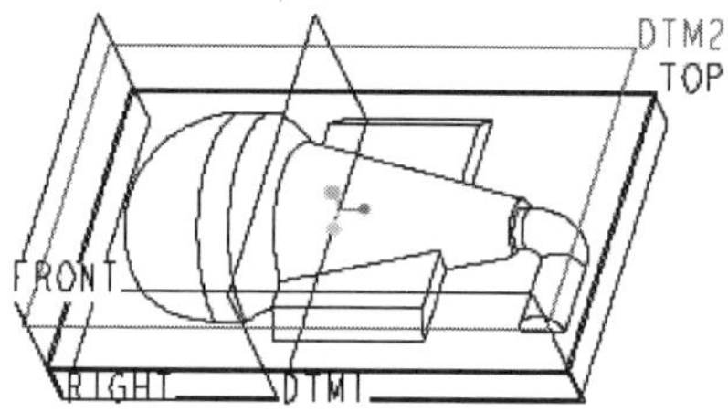

⑥ 새로운 데이텀 평면 'DTM2' 생성(선택된 상태임)

5.2 스케치 평면 정의

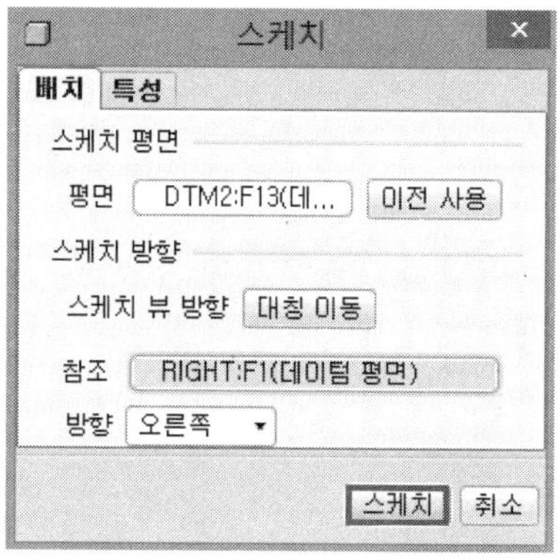

① 스케치( ) 도구 선택(DTM2 평면이 이미 선택되어 있는 상태임)

② '스케치' 탭 클릭

5.3 단면 스케치

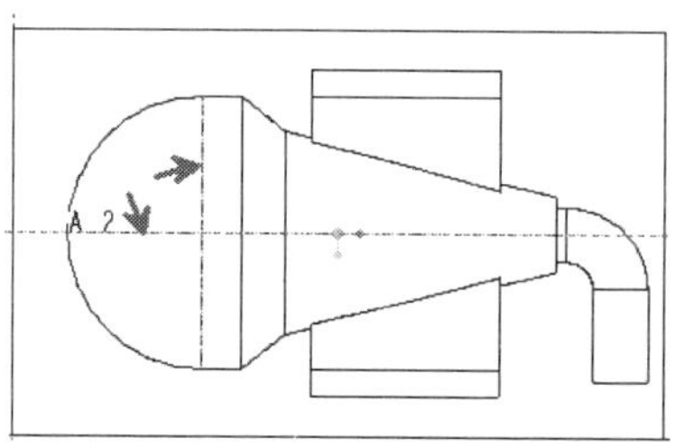

③ A_2축과 수직 모서리를 참조 추가

④ A_2에 일치하는 중심선 스케치

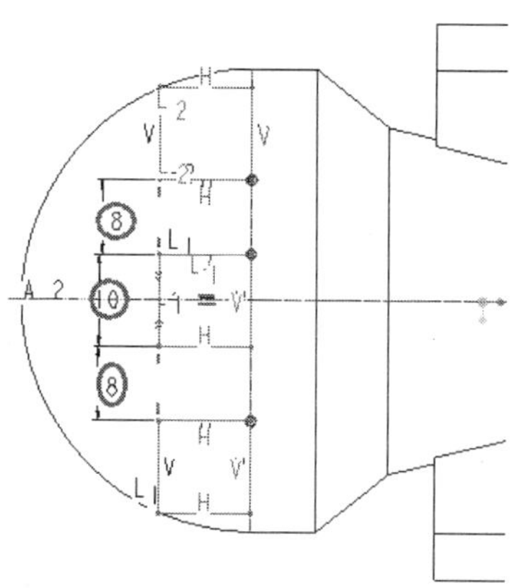

⑤ 도면 참고하여 단면 스케치

⑥ 치수 생성 및 수정

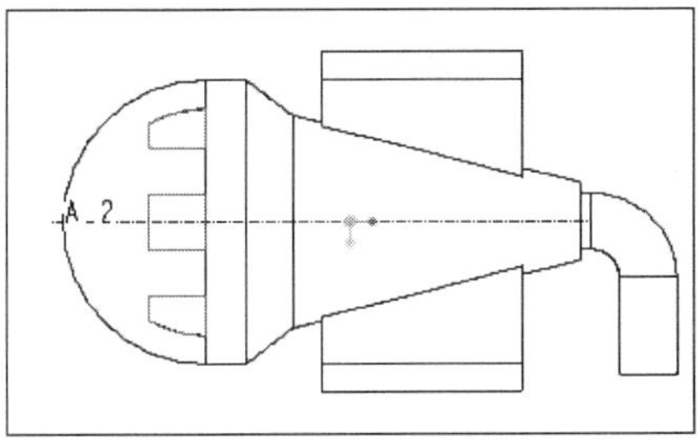

⑦ 스케치 작업 완료(✔)

5.4 밀어내기 실행

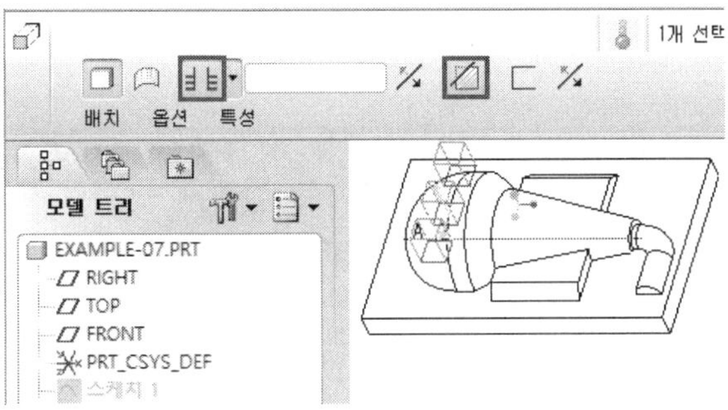

① 밀어내기( ) 피처 도구 아이콘 선택

② ‘Ctrl + D'로 표준방향으로 전환

③ 깊이 옵션 ‘전체 통과’ 선택

④ 재료제거 ( ) 선택

5.5 밀어내기(3) 피처 완성

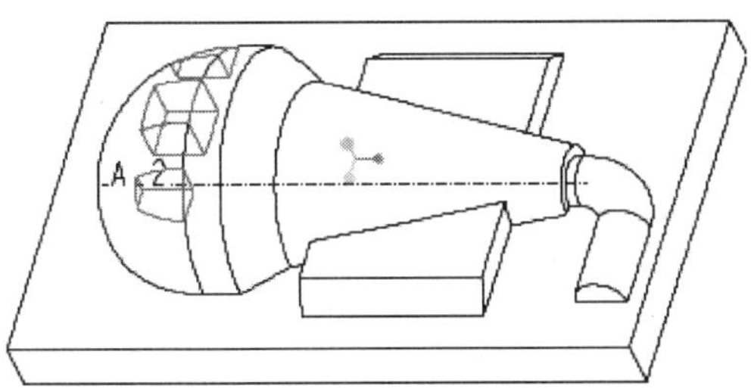

① 피처 생성 완료(✔)

6. 밀어내기(4) 피처 생성

6.1 데이텀 평면 생성

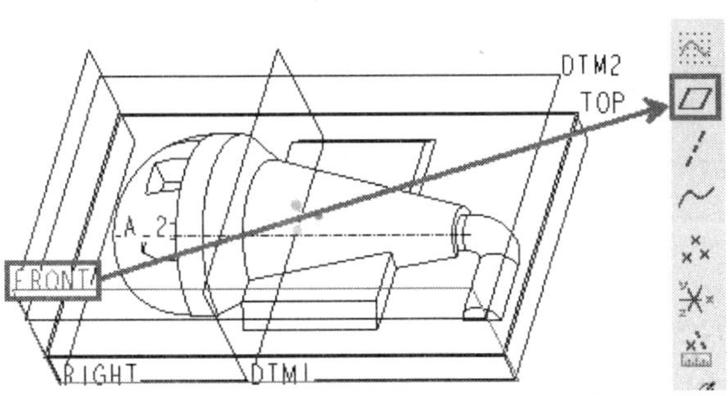

① 'TOP' 평면 선택

② 데이텀 평면( ) 도구 선택

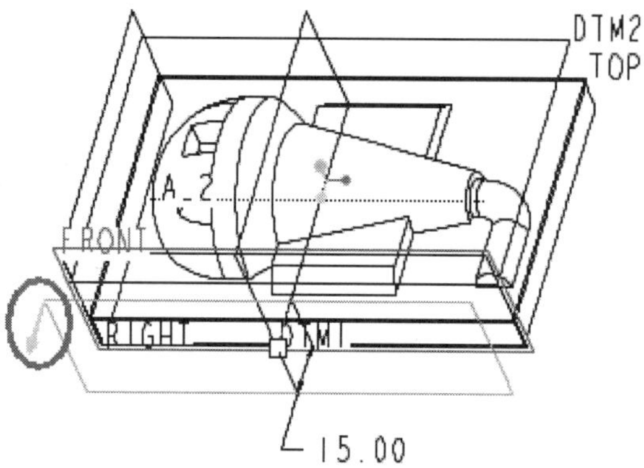

③ 오프셋 방향(화살표) 확인(앞쪽)

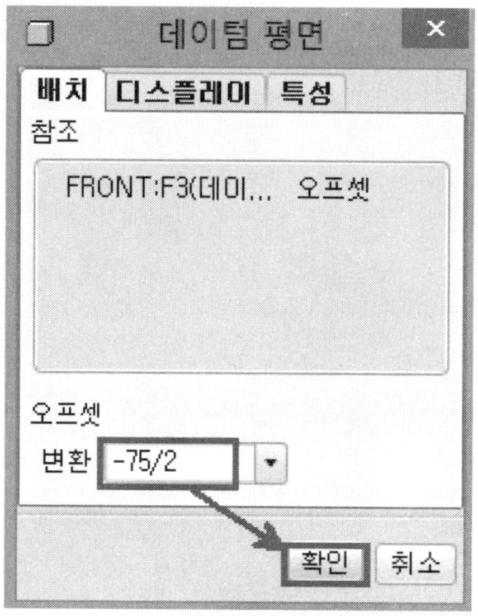

④ 오프셋 값 '-37.5' 입력('–' 부호는 화살표 반대방향)

⑤ '확인' 클릭

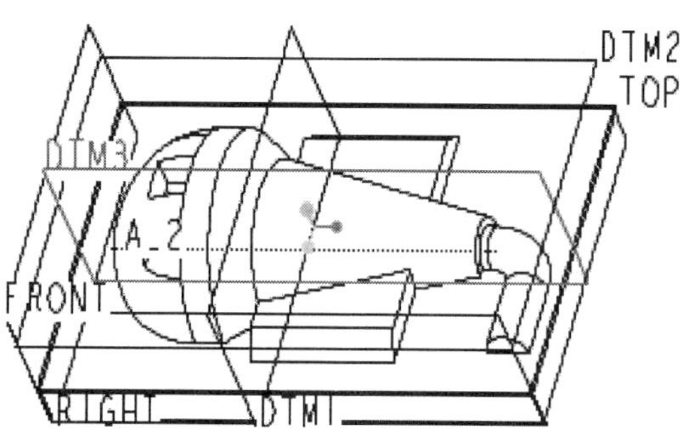

⑥ 새로운 데이텀 평면 'DTM3' 생성(선택된 상태임)

6.2 스케치 평면 정의

① 스케치( ) 도구 선택(DTM 3 평면이 이미 선택되어 있는 상태임)

② '스케치' 탭 클릭

6.3 단면 스케치

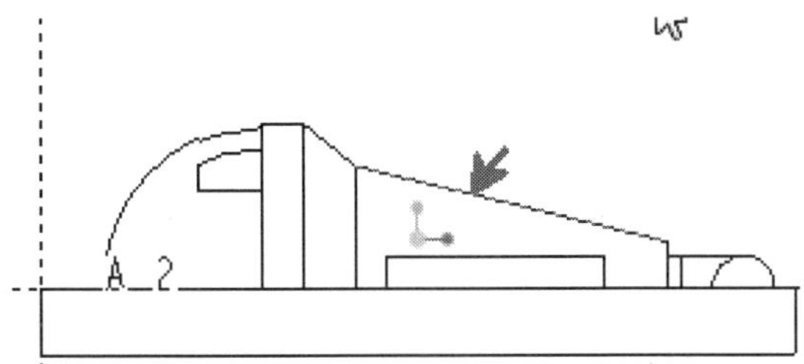

① 화살표 표시 모서리를 참조 추가

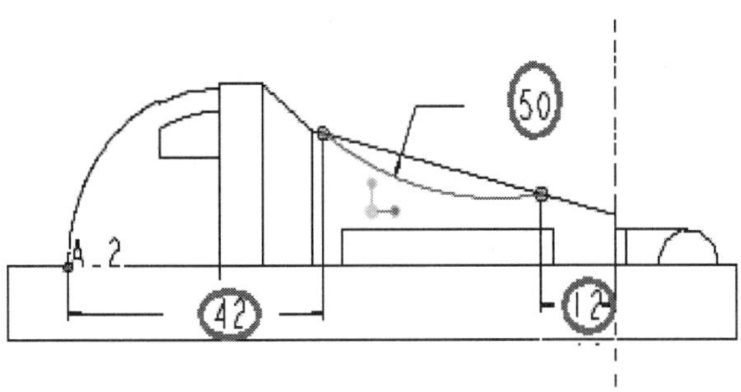

② 도면 참고하여 단면 스케치

③ 치수 생성 및 수정

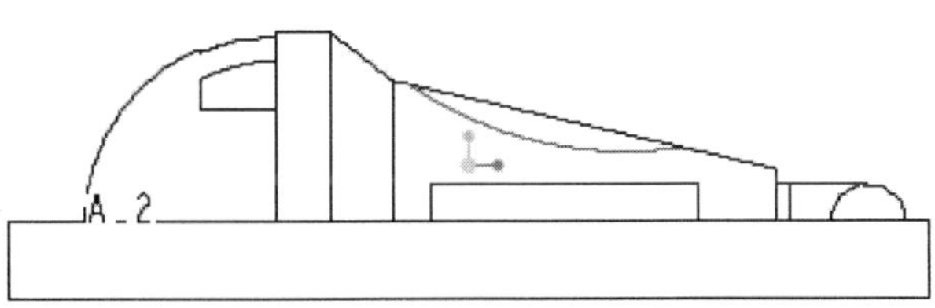

④ 스케치 작업 완료( )

6.4 밀어내기 실행

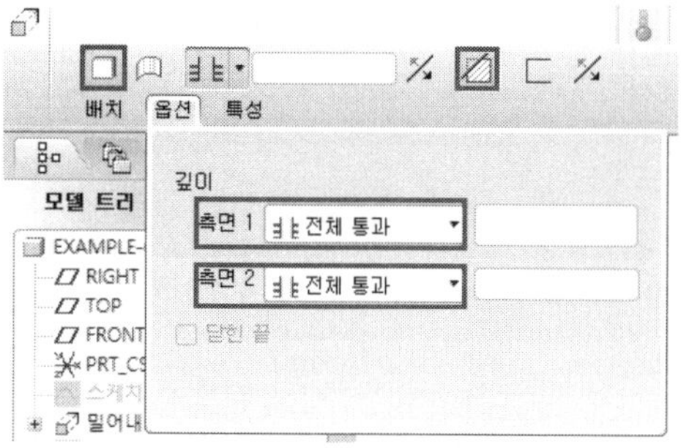

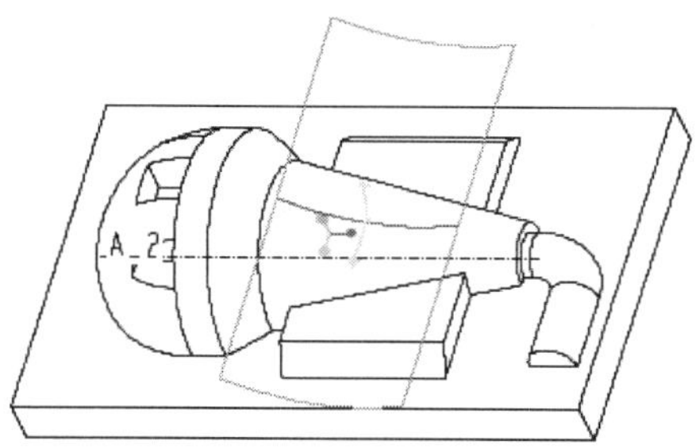

① 밀어내기( ) 피처 도구 아이콘 선택

② ‘Ctrl + D'로 표준방향으로 전환

③ 대시보드 ‘옵션’ 탭 선택

④ 깊이 옵션 측면1, 2 모두 ‘전체 통과’ 선택

⑤ 재료제거 ( ) 선택

6.5 밀어내기(4) 피처 완성

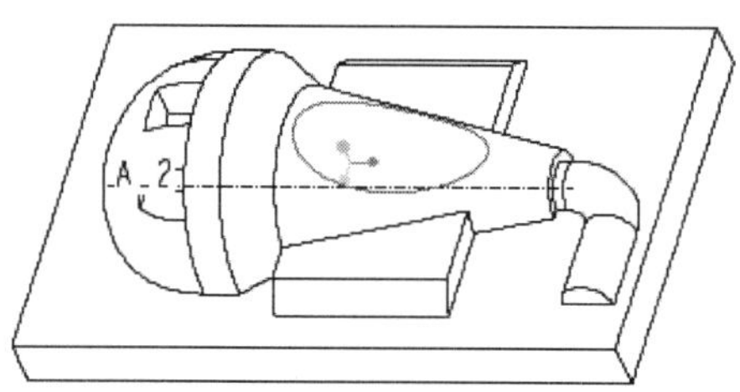

① 피처 생성 완료( )

7. 오프셋 피처 생성하기

7.1 오프셋 적용할 서피스 선택

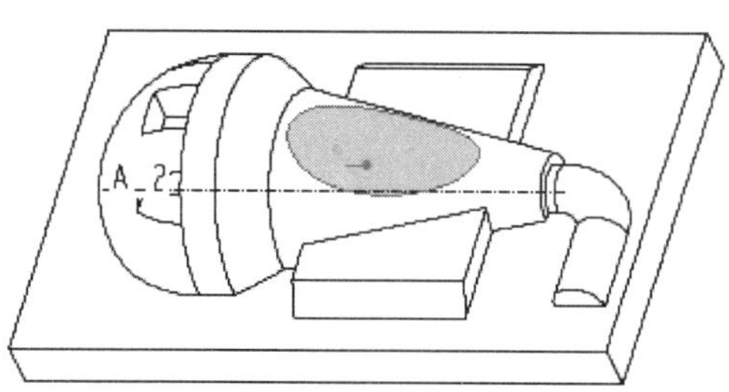

① 밀어내기(4) 피처가 선택된 상태에서 마우스로 윗면을 클릭

7.2 오프셋 실행

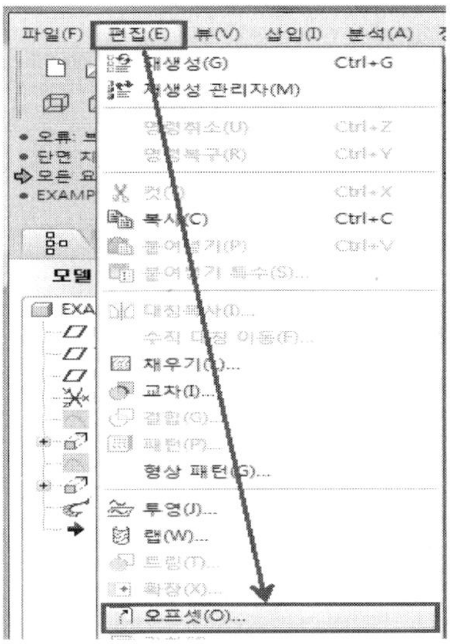

① 풀다운 메뉴 '편집' - '오프셋'

② 오프셋 기능은 반드시 대상 서피스를 먼저 선택 후 실행한다.

7.3 확장피처 유형 선택

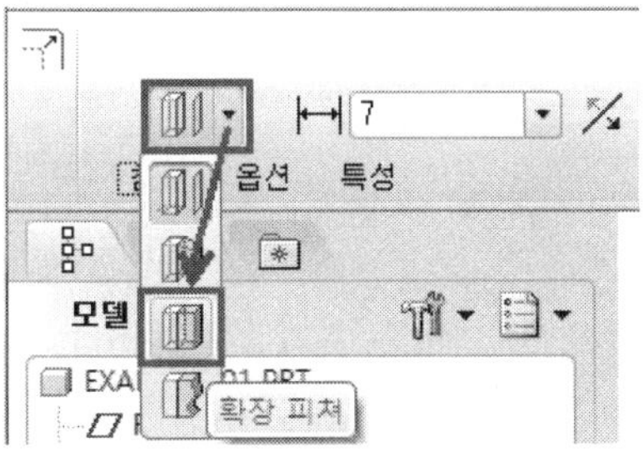

① 오프셋 피처 유형 드롭다운 화살표를 클릭하여 '확장 피처' 유형 선택

7.4 오프셋 형상 스케치

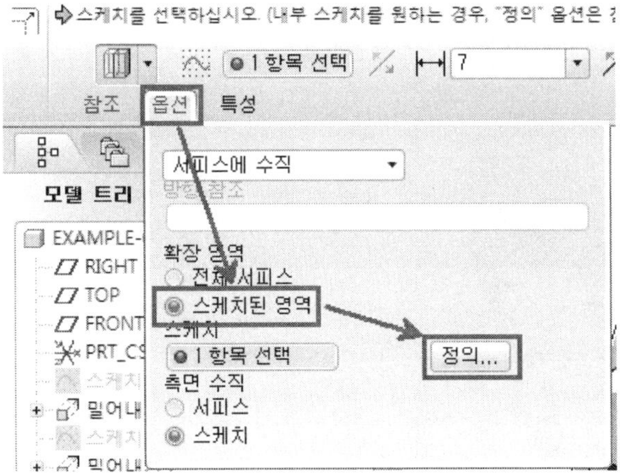

① 대시보드 창의 '옵션' - '스케치된 영역' 선택

② '정의'를 선택하여 스케치 평면을 정의한다.

7.5 스케치 평면 정의

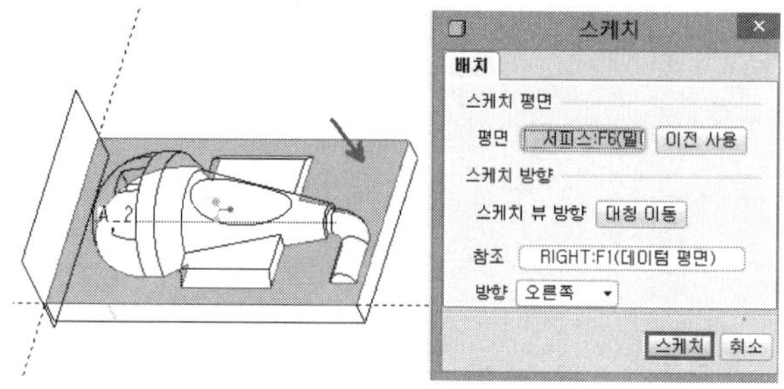

① 스케치 평면으로 직육면체의 윗면(TOP) 선택

② 스케치 뷰 방향 확인하고 '스케치' 탭 클릭

7.6 단면 스케치

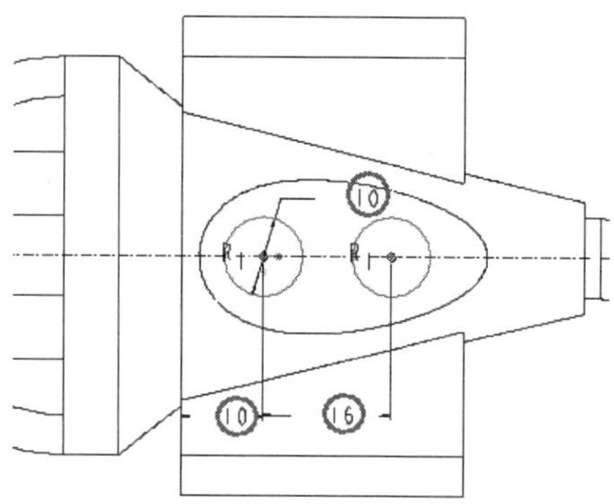

① 마우스 우측 버튼 클릭하여 '참조' 선택

② 수평축 A_2 선택

③ 지름 10인 원 2개를 스케치하고 치수 생성 및 수정

④ 스케치 작업 완료(✔)

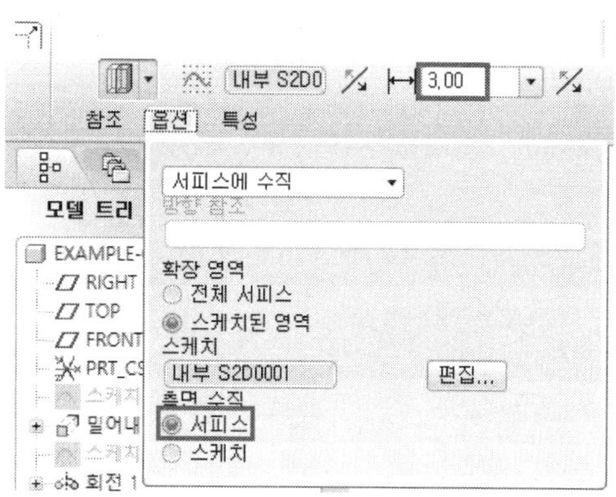

⑤ 오프셋 깊이 '3' 으로 수정

⑥ 측면 수직 '서피스' 선택

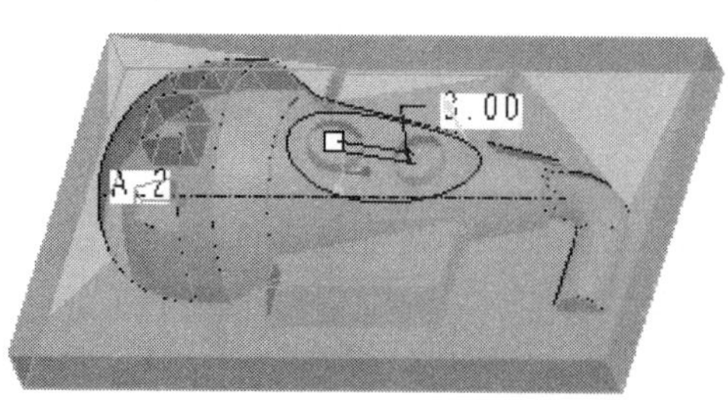

7.7 오프셋 피처 완성

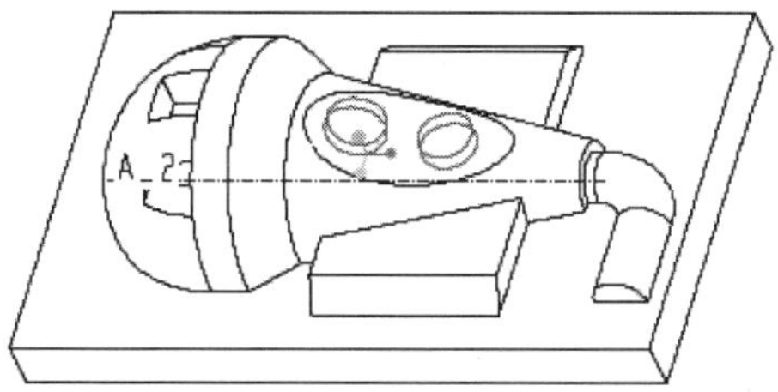

① 피처 생성 완료(✔)

8. 구배(1) 피처 생성하기

8.1 구배면 선택

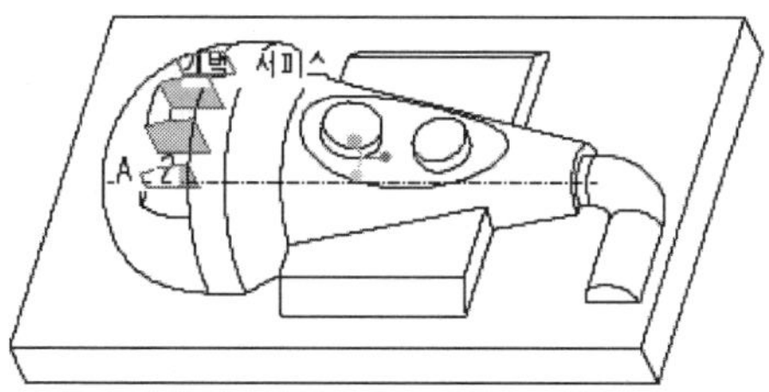

① 구배 도구 아이콘( ) 선택

② 구배 적용할 면 선택

8.2 구배 경첩 지정

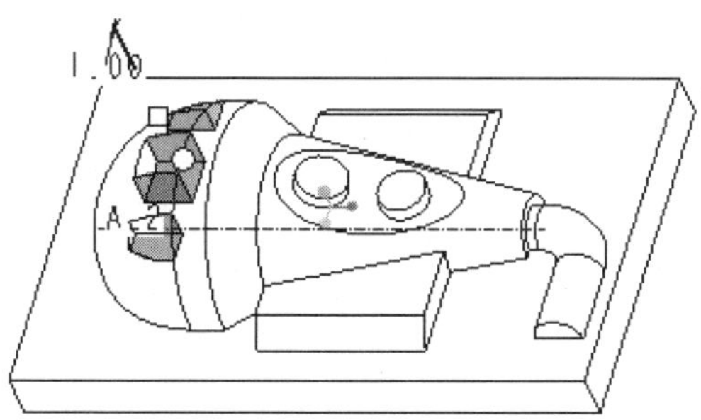

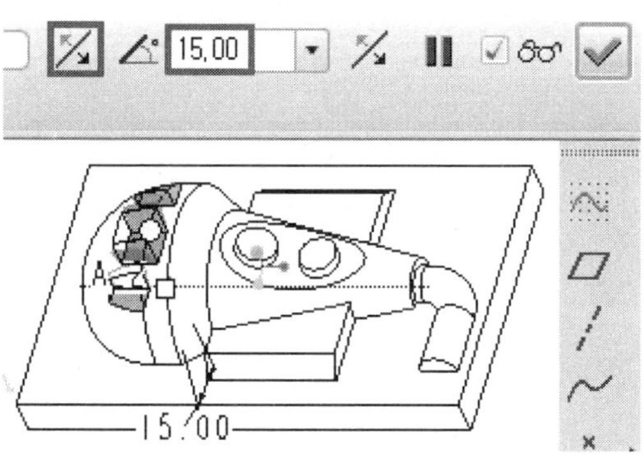

① 마우스 우측 버튼 클릭

② '구배 경첩' 선택

③ 구배면 아래 수평 바닥면 선택

④ 잡아당기는 방향이 반대이므로 방향 전환 아이콘 클릭

⑤ 구배 각도 '15'로 수정

8.3 구배(1) 피처 생성 완료

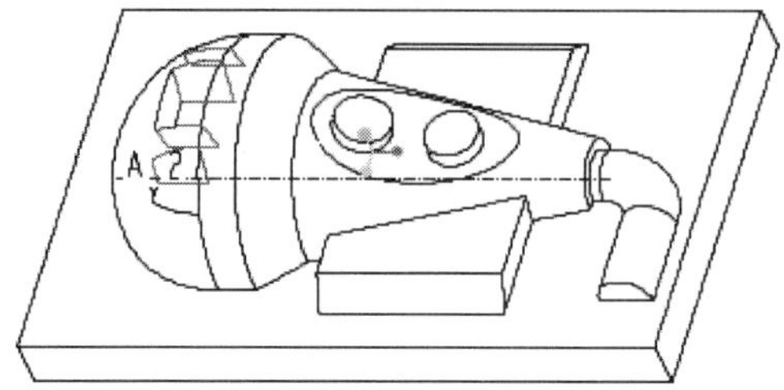

① 피처생성 완료(✔)

9. 라운드 추가

9.1 라운드(R5)

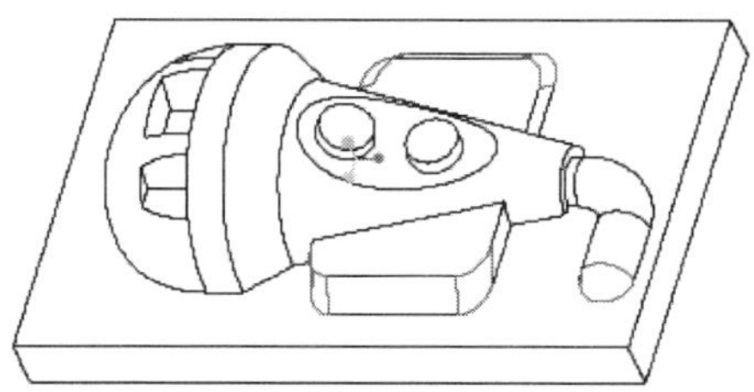

① 라운드( ) 도구 선택

② R5 대상 모서리를 Ctrl 키 누른 채 선택, 라운드 값 5로 수정

③ 피처 생성 완료(✔)

9.2 라운드(R2)

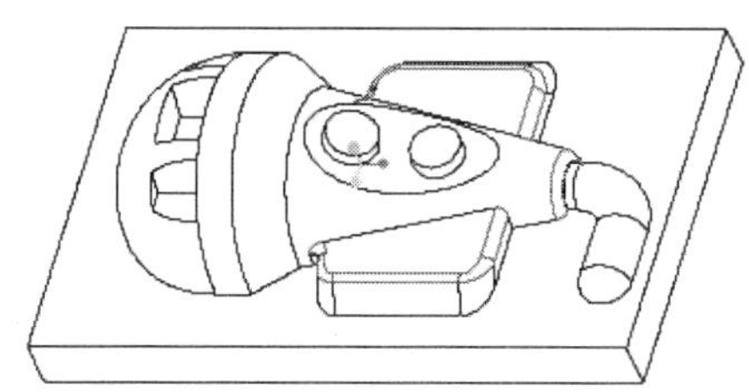

① 라운드( ) 도구 아이콘 선택

② R2 모서리 선택 후 라운드 값 '2'로 수정

③ 피처 생성 완료(✔)

9.3 지시 없는 모든 라운드 R1(자동 라운드)

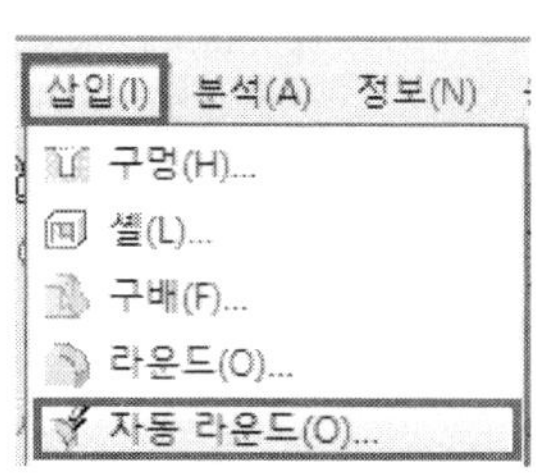

① '자동 라운드' 기능을 이용해 본다.

② 풀다운 메뉴 '삽입' - '자동 라운드' 선택

③ 라운드 값 '1'로 수정

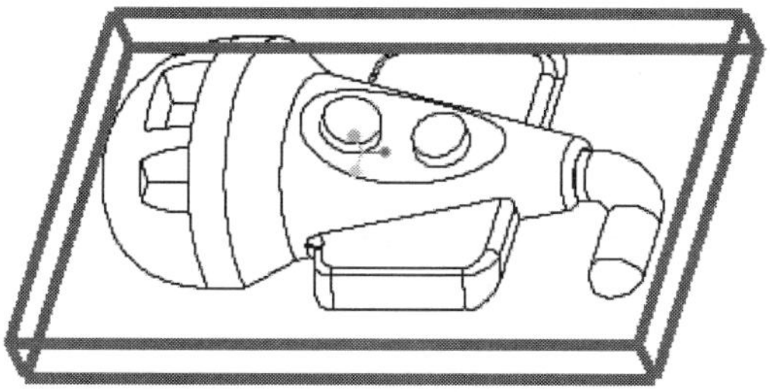

④ Crtl 키를 누른 채 R1 적용 제외 대상 모서리 모두 선택 (선택된 모서리에는 라운드가 적용되지 않음)

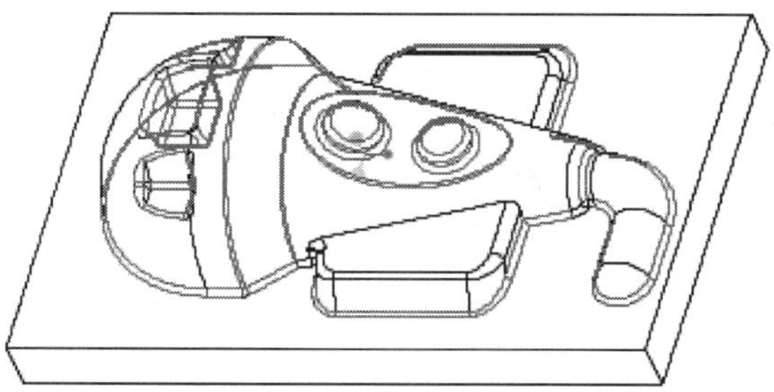

⑤피처 생성 완료( )

10. 모델링 완성

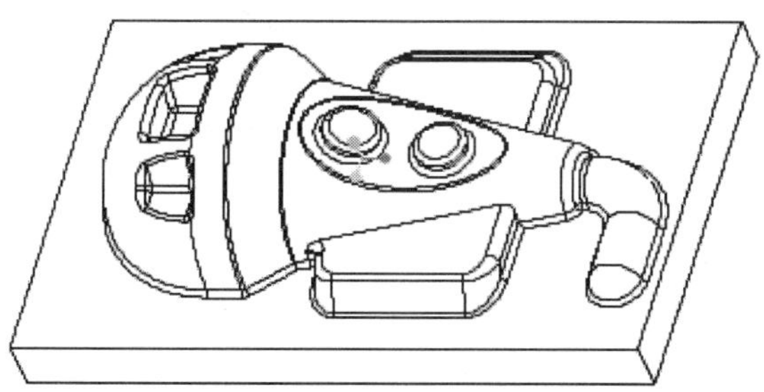

4. Example-04 도면 모델링

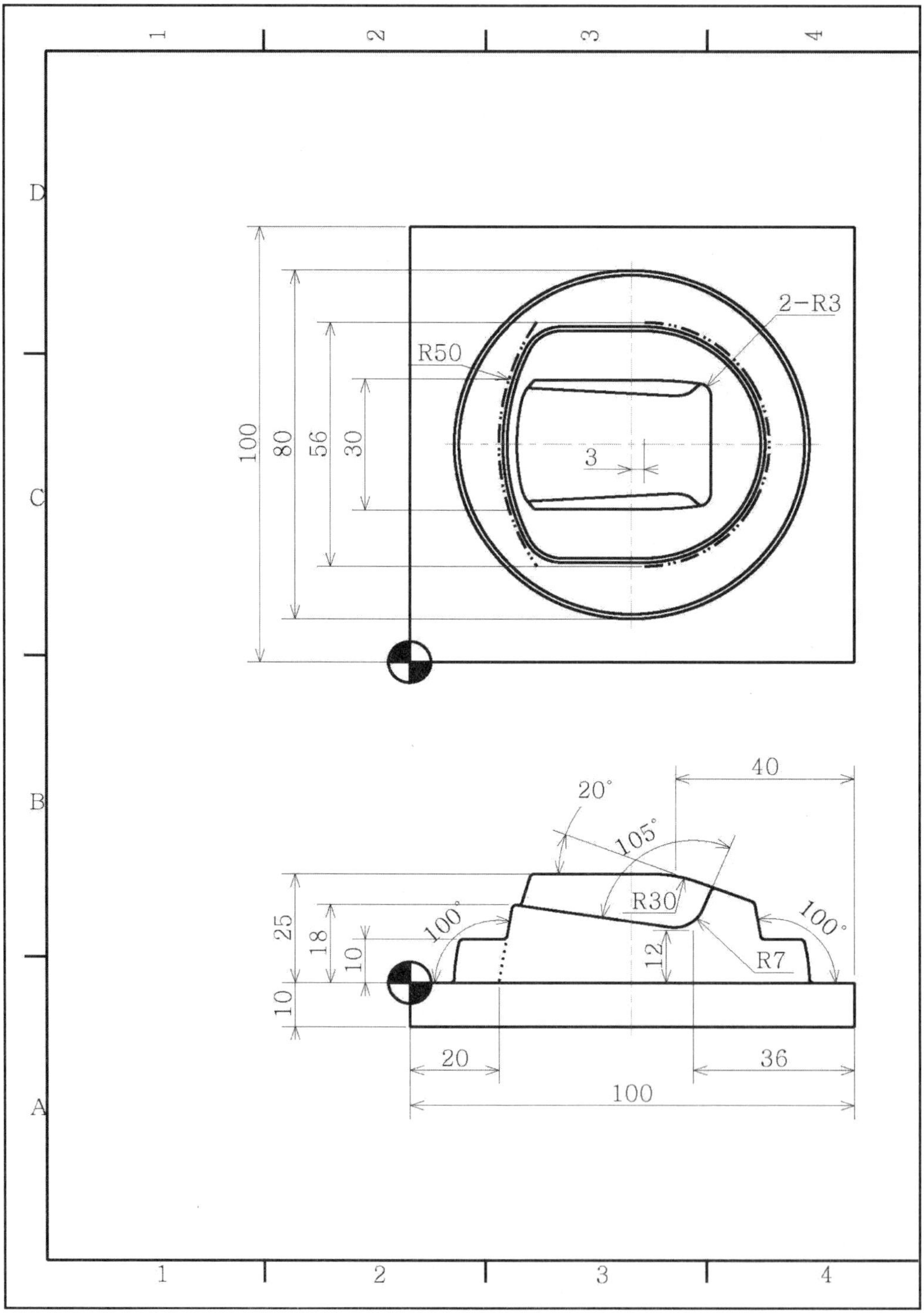

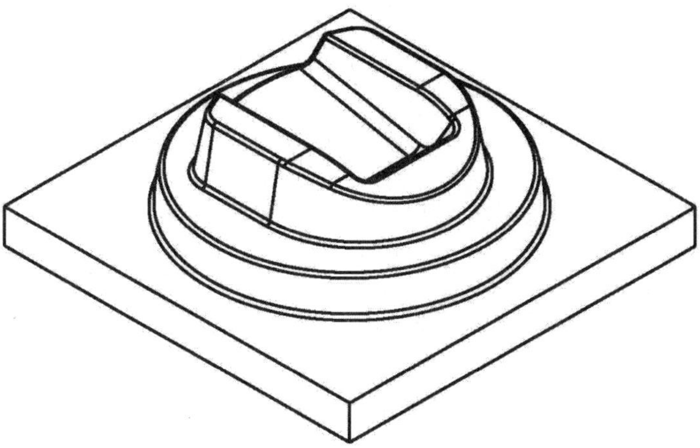

지시없는 모든 라운드 R1

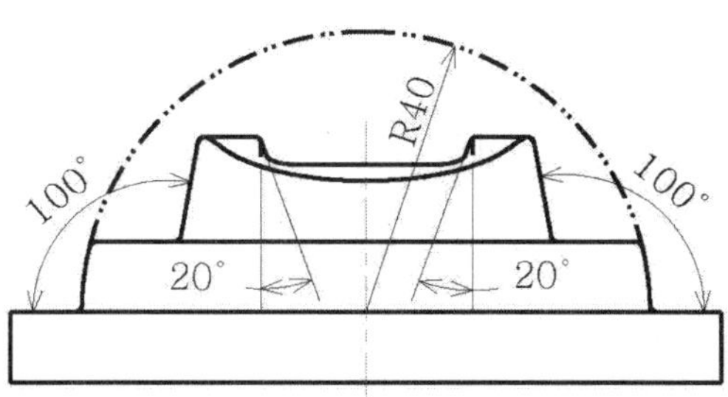

창 원 문 성 대 학 교			
소 속	기 계 과	작 업 자	예 규 현
투 상 법	3각법	축 척	1 : 1
날 짜	2016.1.20	파 일 명	Example-04

작업 순서

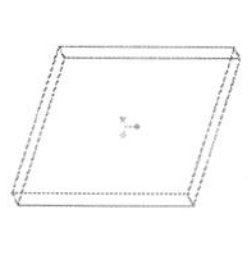	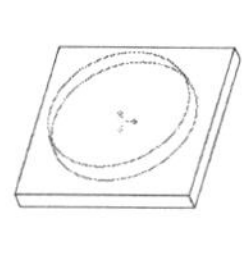	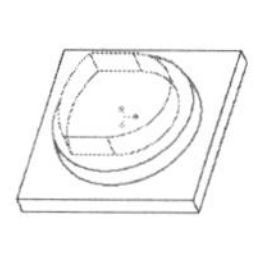	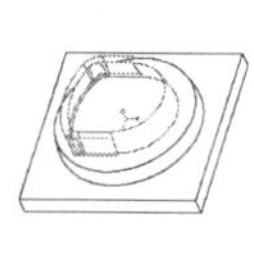	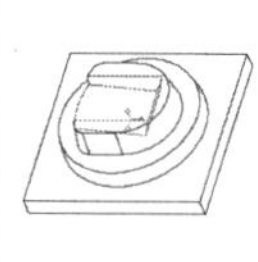	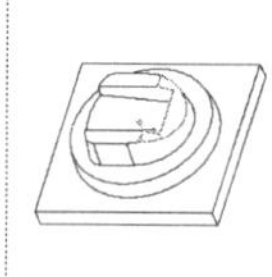	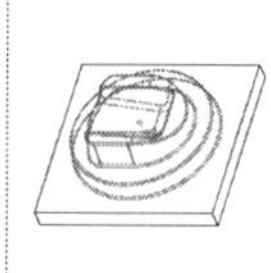
1.밀어내기 (1)	2.회전(1)	3.밀어 내기(2)	4.라운드 5.구배	6.밀어내 기(3)	7.밀어내 기(4)	8.구배/ 라운드

1. 밀어내기(1) 피처 생성

1.1 파일 새로 만들기

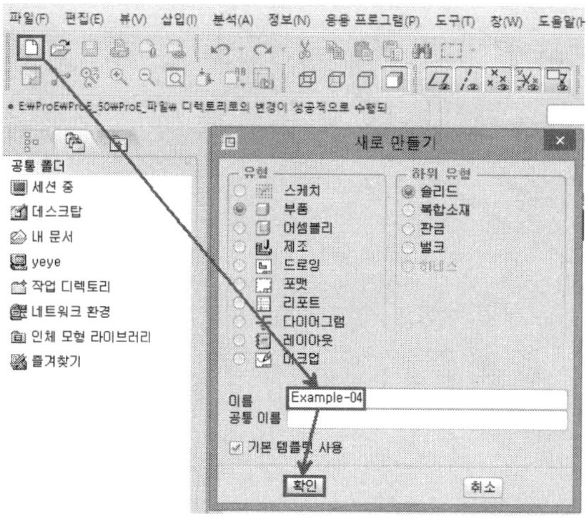

① 파일 이름 'Example-04'로 새로 만들기 시작

② 단위는 mmNs 단위계로 모델링 작업 함.

1.2 스케치 평면 및 스케치 선택

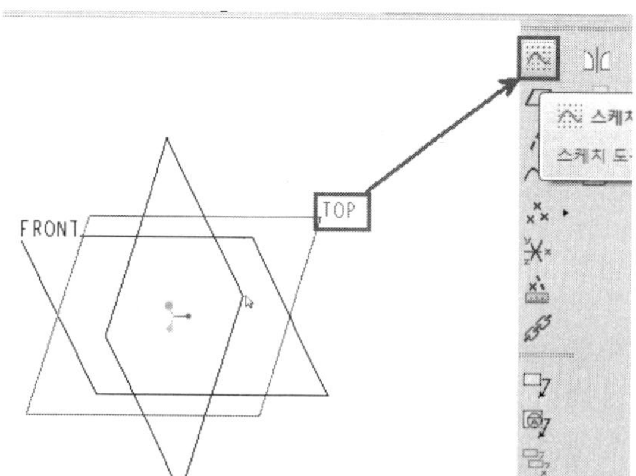

① 스케치 평면으로 'TOP' 데이텀 평면 선택하고 '스케치 도구' 아이콘 선택

② 반대로 스케치 도구 선택 후 평면을 선택하여도 됨.

1.3 스케치 정의 창

① 스케치 뷰 방향은 스케치 평면을 선택한 상태에서의 최적의 방향으로 자동 전환된다.

1.4 단면 스케치(중심선)

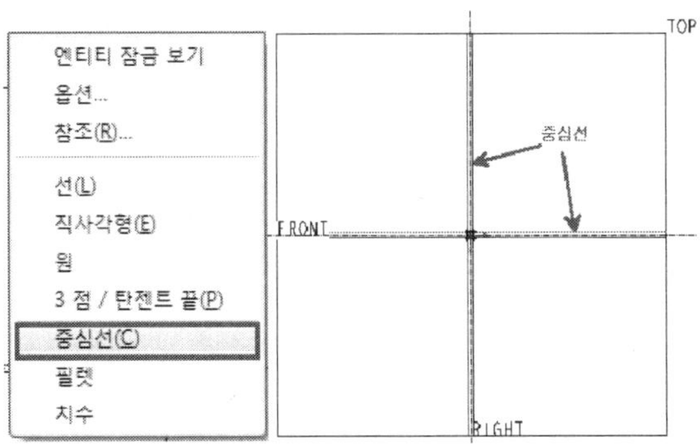

① 좌우, 상하 대칭 형상의 직사각형 단면을 스케치하기 위하여 마우스 우측 버튼 클릭 - 중심선 선택

② 가운데 참조 데이텀 평면에 일치하도록 가로, 세로 방향의 두 중심선을 그린다.

1.5 단면 스케치

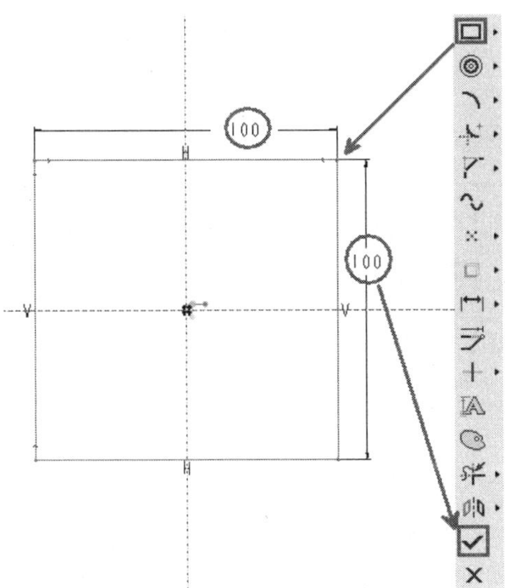

① ‘직사각형’ 생성 아이콘 선택

② 가로 100, 세로 100인 정사각형을 가운데에 좌우, 상하 대칭 구속을 이용 스케치

③ 치수 수정 후 스케치 완료

1.6 밀어내기 실행

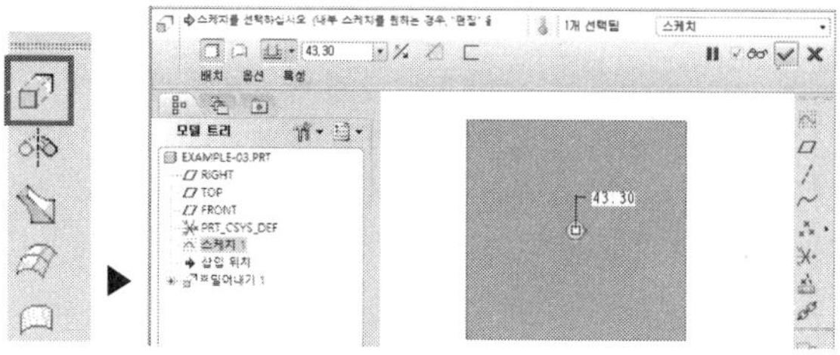

① 우측 하단의 '밀어내기' 도구 아이콘을 클릭

1.7 깊이 값 수정 및 방향 전환

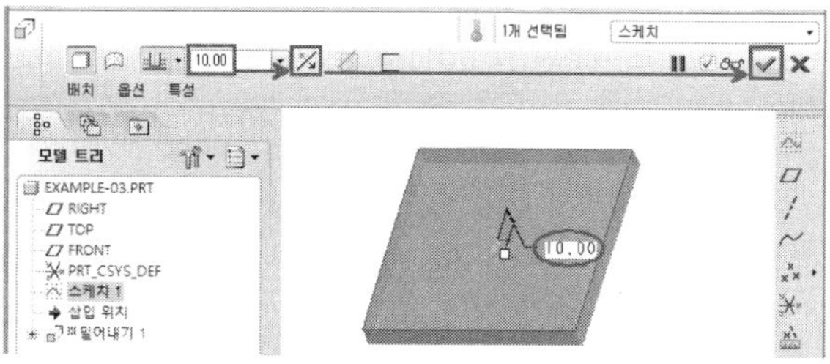

① 'Ctrl + D'로 표준방향으로 전환

② 깊이 값 '10' 으로 수정

③ 깊이 방향 전환 아이콘 클릭 (아래 방향)

④ 피처 생성 완료

1.8 바닥면의 직육면체 완성

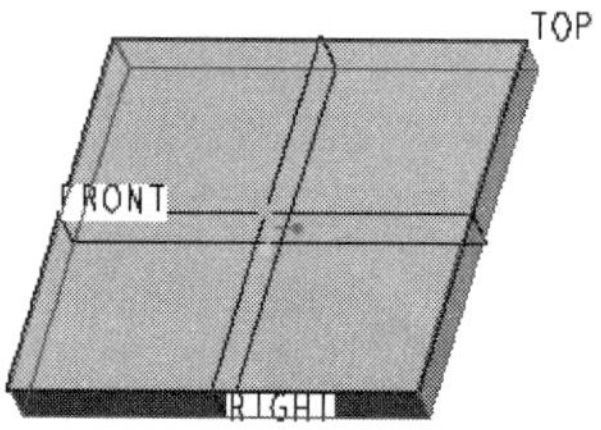

① 첫 번째 밀어내기(1) 피쳐 완성

2. 회전(1) 피처 생성

2.1 스케치 평면 선택

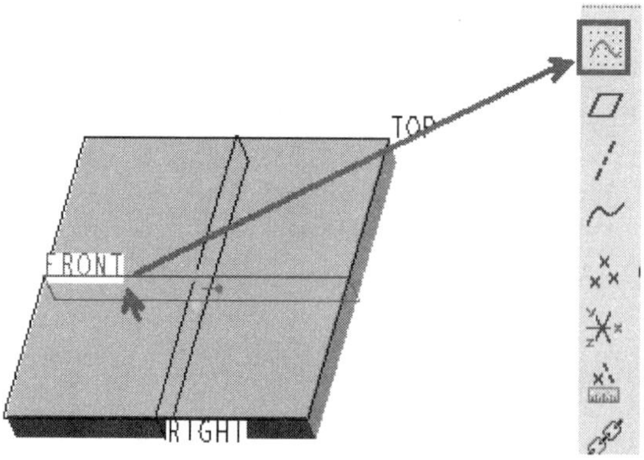

① 스케치 평면으로 'FRONT' 데이텀 평면 선택

② '스케치 도구' 아이콘 선택

③ 스케치 창의 '스케치' 탭을 클릭

2.2 단면 스케치

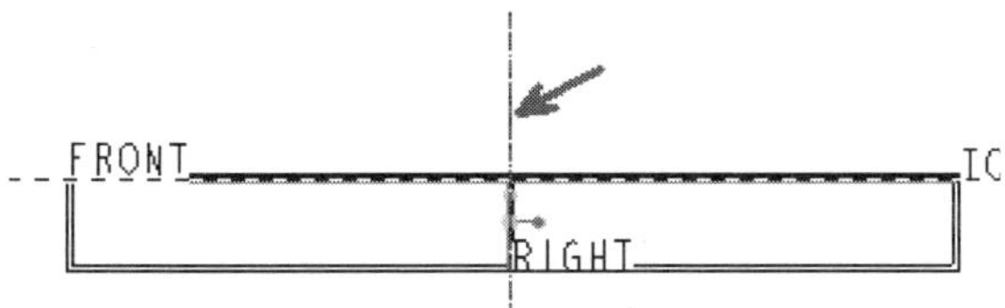

① 형상중심선( ) 도구 아이콘 선택

② 가운데 수직방향으로 형상중심선(회전 축) 스케치

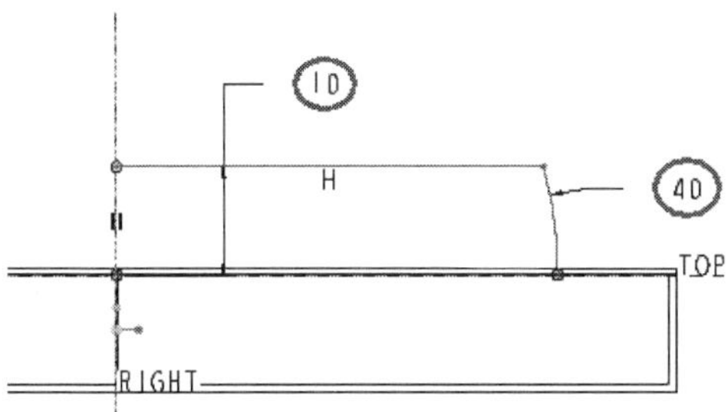

③ 도면을 참고하여 그림과 같이 오른쪽 반 단면을 스케치하고 치수 수정(열린 단면임)

④ 스케치 작업 종료(스케치 선택 상태임)

2.3 회전 실행

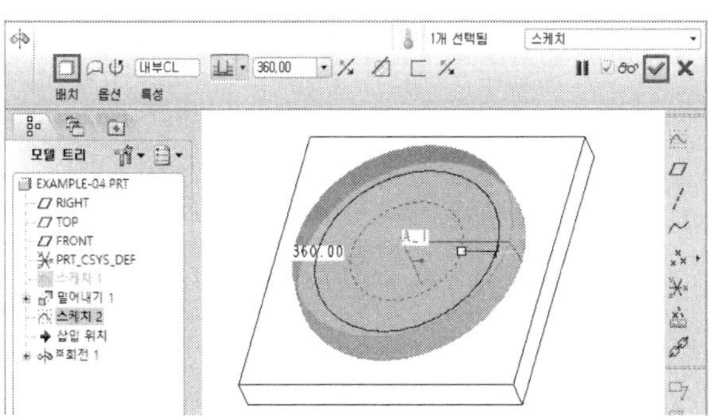

① 회전( )피처 생성 도구 아이콘 선택

② 표준방향(Crtl + D)으로 전환

③ 솔리드( ) 선택(단면이 열린 상태로 회전 시킬 경우 서피스로 자동 인식)

2.4 회전(1) 피처 생성 완료

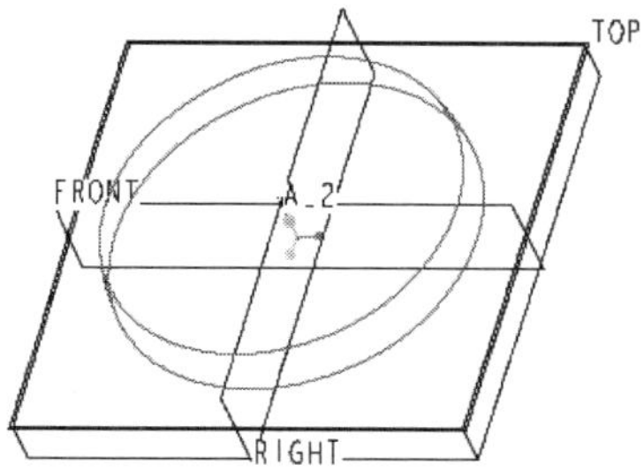

④ 피처 생성 완료

3. 밀어내기(2) 피처 생성하기

3.1 스케치 평면 정의

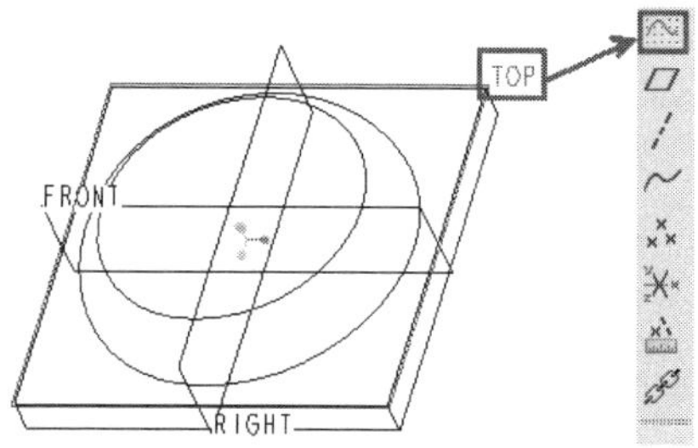

① 스케치 평면으로 'TOP' 평면 선택

② 스케치 도구 아이콘 선택

③ 스케치 창의 스케치 탭 선택

3.2 단면 스케치

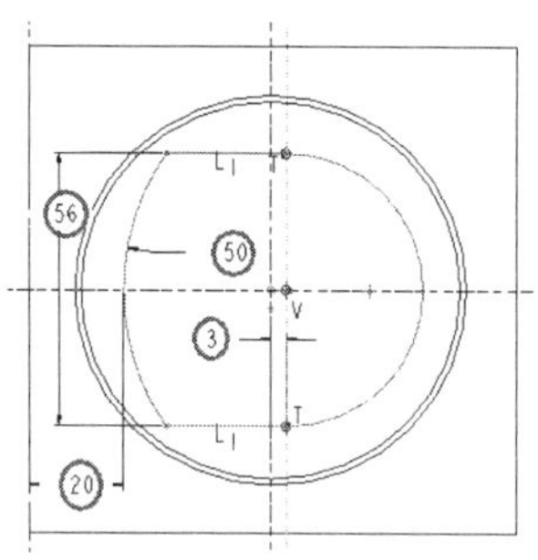

① 도면을 참고하여 그림과 같이 오른쪽 반 단면을 스케치하고 치수 수정

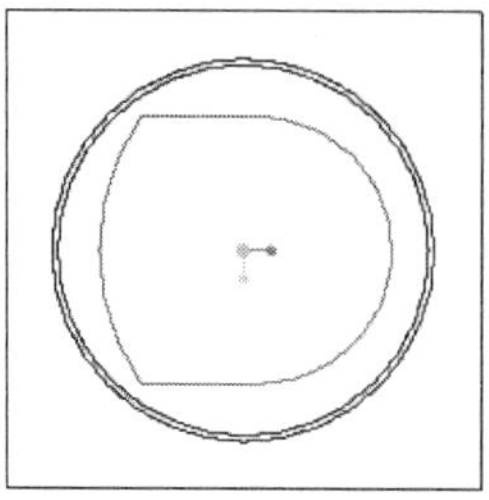

② 스케치 작업 완료(✔)

3.3 밀어내기( ) 실행

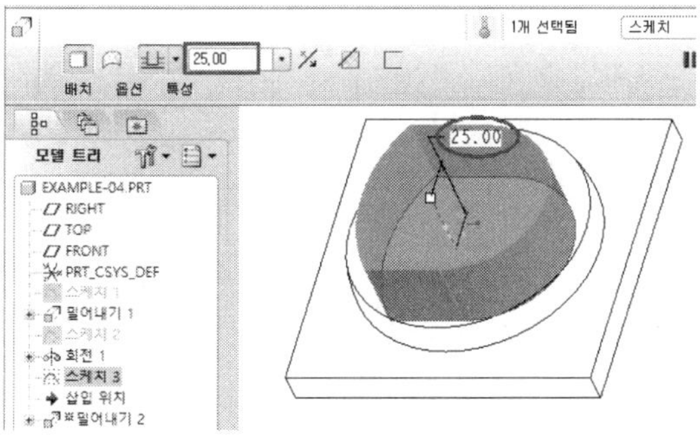

① 'Ctrl + D'로 표준방향으로 전환

② 깊이 값 '25' 로 수정

3.4 밀어내기(2) 피처 생성 완료

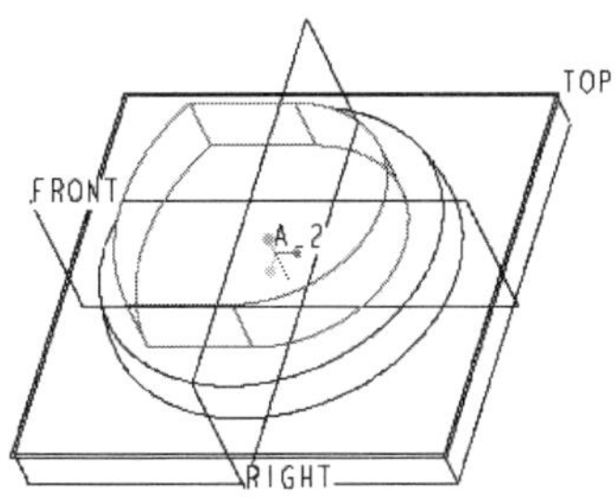

① 피처 생성 완료( )

4. 라운드(2-R10) 추가

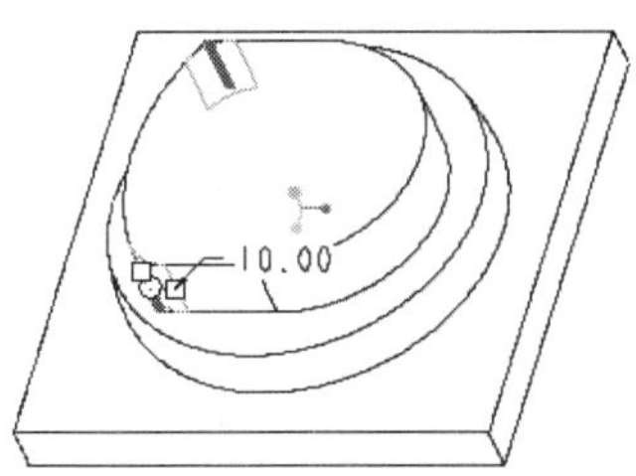

① 라운드( ) 도구 아이콘 선택

② 대상 모서리 선택

③ 라운드 값 '10' 으로 수정

④ 피처 생성 완료( )

5. 구배(1) 피처 생성하기

5.1 구배면 선택

① 구배 도구 아이콘( ) 선택

② 구배 적용할 면 선택(측면이 탄젠트 연결되어 있기 때문에 임의의 측면 한 곳만 선택하면 됨)

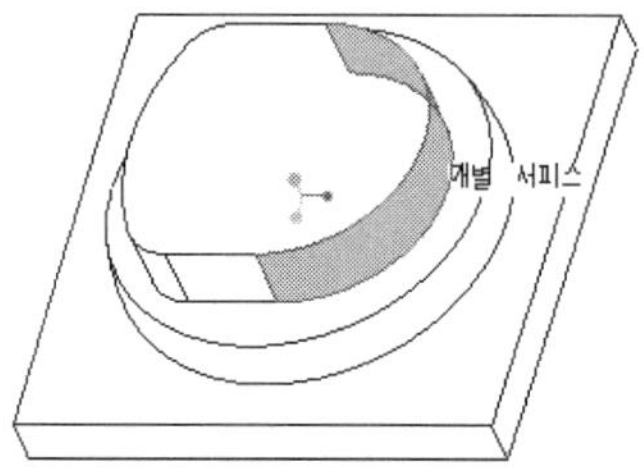

5.2 구배 경첩 지정

① 마우스 우측 번튼 클릭

② '구배 경첩' 선택

③ 직육면체 위면 또는 'TOP 평면' 선택

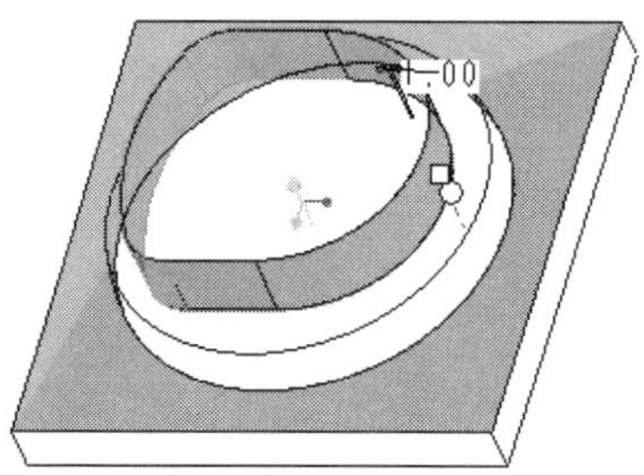

④ 잡아당기는 방향이 반대이므로 방향 전환 아이콘 클릭

⑤ 구배 각도 '10' 으로 수정

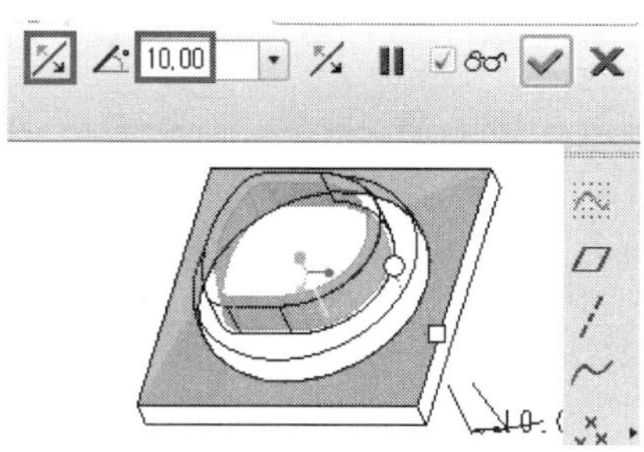

5.3 구배 생성 완료

① 피처생성 완료( )

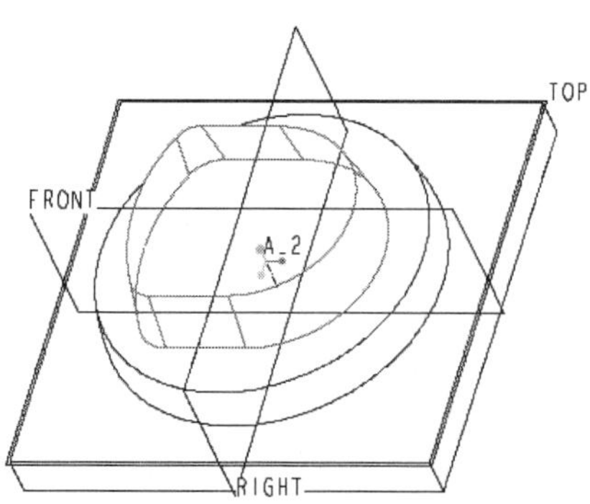

6. 밀어내기(3) 피처 생성

6.1 스케치 평면 정의

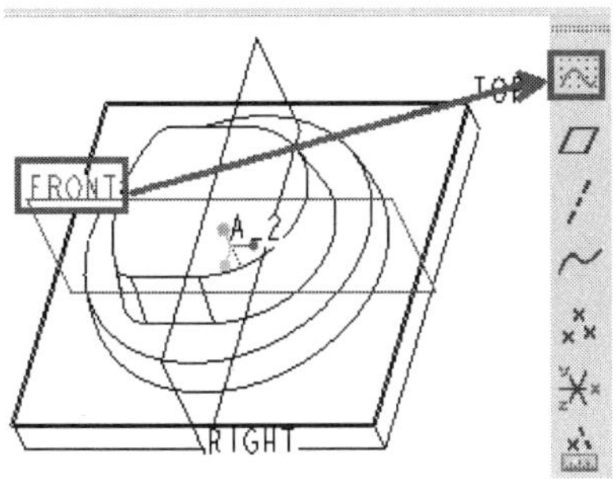

① 'FRONT' 평면 선택

② 스케치 도구 아이콘 선택

③ 스케치 창의 '스케치' 탭 선택

6.2 참조 추가

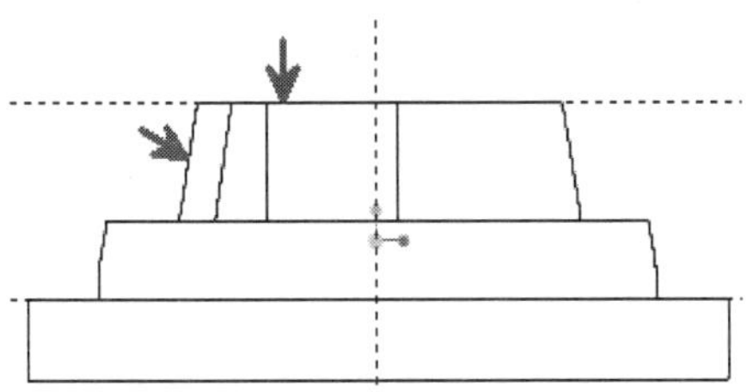

① 마우스 우측 버튼 클릭, 팝업 메뉴에서 '참조' 선택

② 화살표 표시된 수평 모서리 및 좌측 경사 모서리 선택

③ 참조 창 닫는다.

6.3 단면 스케치

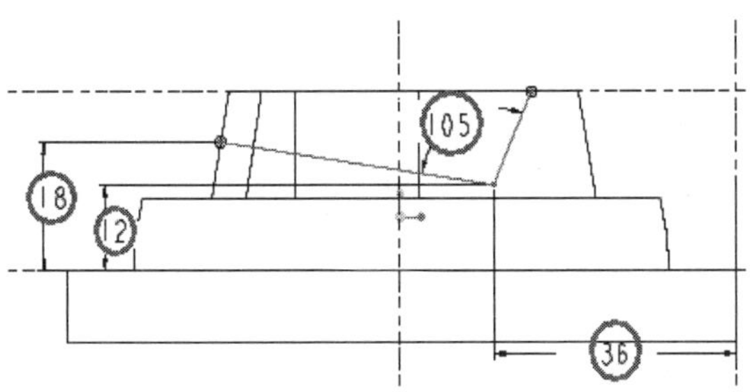

① 도면 참조하여 형상 스케치 (열린 단면)

② 관련 치수 생성 및 수정

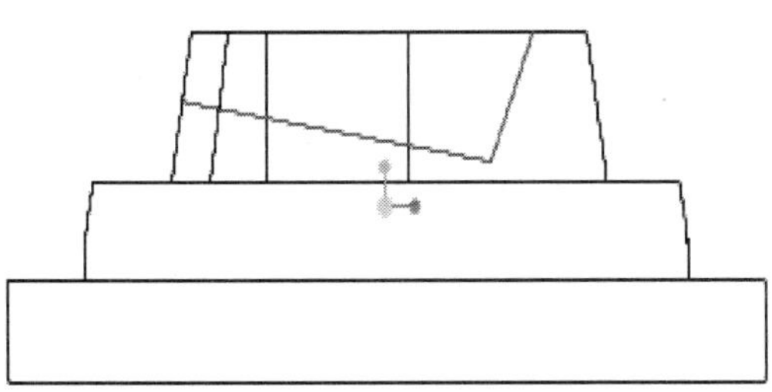

③ 스케치 완료(✔)

6.4 밀어내기 실행

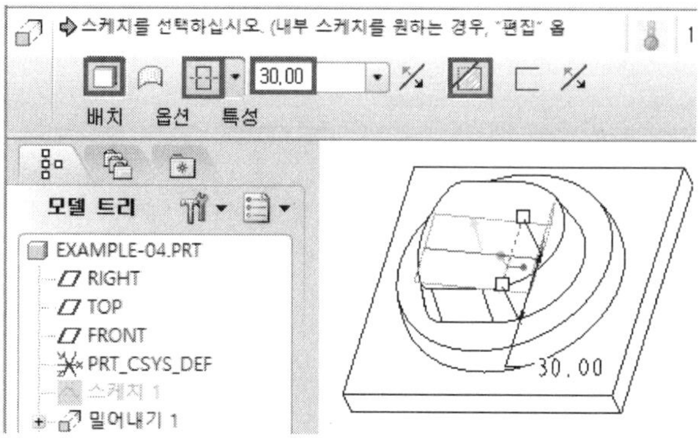

① 우측 하단의 밀어내기( ) 피처 도구 아이콘 선택

② 대시보드 창에 솔리드 밀어내기( )도구 선택(열린 단면이라 서피스로 인식함)

③ 깊이 옵션 '대칭' 선택

④ 깊이 값 '30' 으로 수정

⑤ 재료제거( ) 선택

6.5 밀어내기(3) 피처 완성

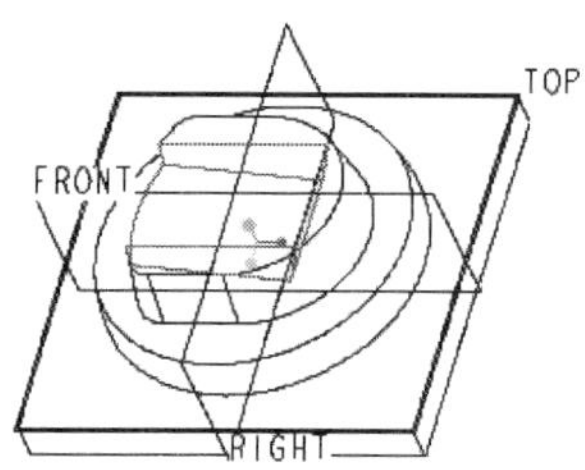

① 피처 생성 완료( )

7. 밀어내기(4) 피처 생성

7.1 스케치 평면 정의

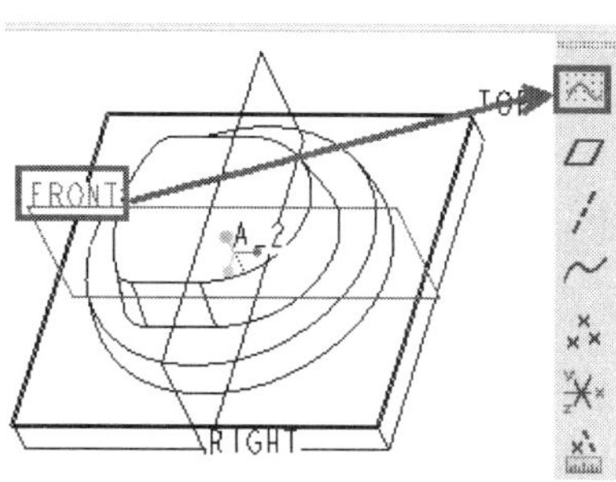

① 'FRONT' 평면 선택

② 스케치 도구 아이콘 선택

③ 스케치 창의 '스케치' 탭 선택

7.2 참조 추가

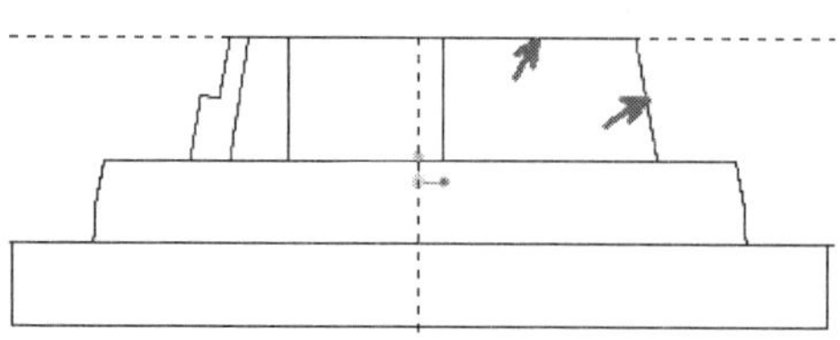

① 마우스 우측 버튼 클릭, 팝업 메뉴에서 '참조' 선택

② 화살표 표시된 수평 모서리 및 우측 경사 모서리 선택

③ 참조 창 닫는다.

7.3 단면 스케치

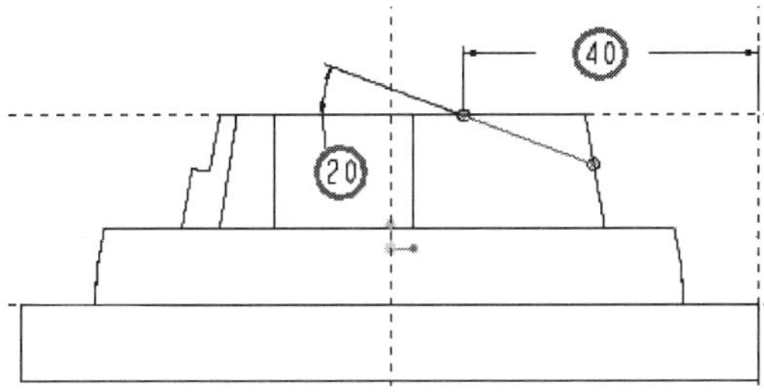

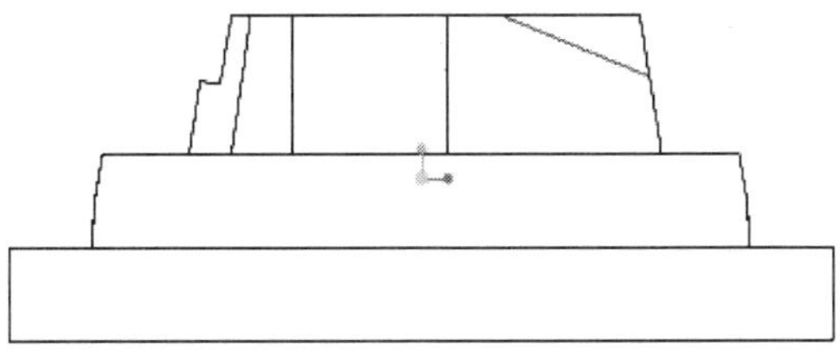

① 도면 참조하여 직선 형상의 단면 스케치(열린 단면)

② 관련 치수 생성 및 수정

③ 스케치 완료(✔)

7.4 밀어내기 실행

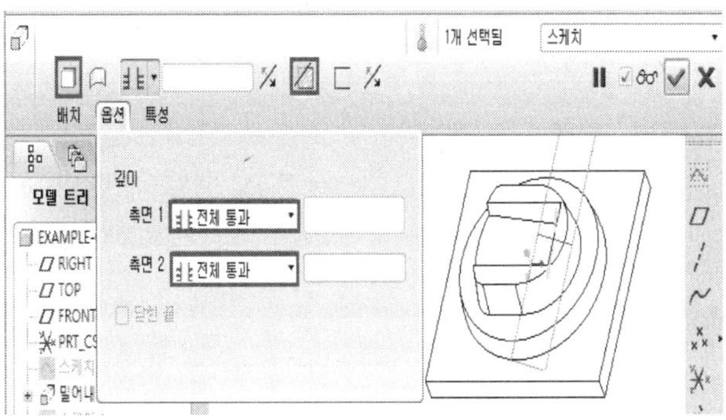

① 밀어내기( ) 피처도구 선택

② 대시보드 창에 솔리드 밀어내기( )도구 선택

③ '옵션' 탭 클릭, 측면1, 2 모두 '전체통과' 선택

④ 재료제거( ) 선택(재료제거 방향 확인 후 필요시 방향 전환)

7.5 밀어내기(4) 피처 완성

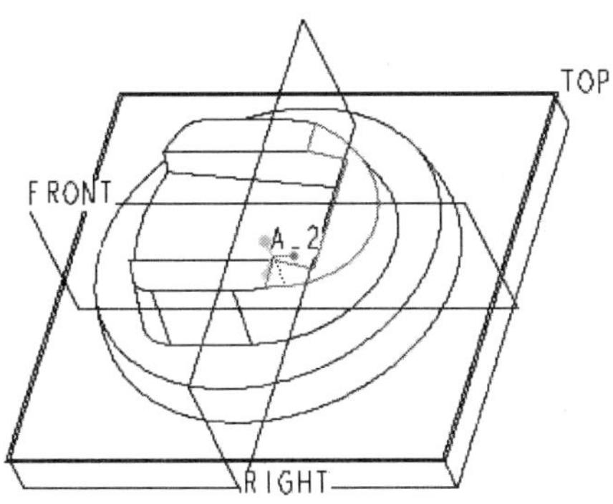

① 피처 생성 완료(✔)

8. 구배(2) 피처 생성하기

8.1 구배면 선택

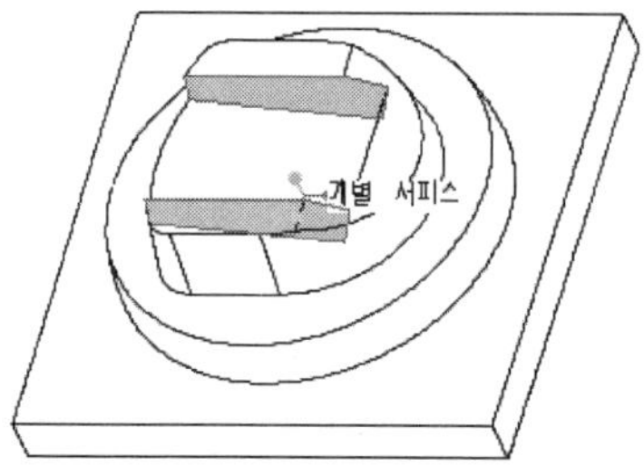

① 구배 도구 아이콘( ) 선택

② 구배 적용할 면 선택

8.2 구배 경첩 지정

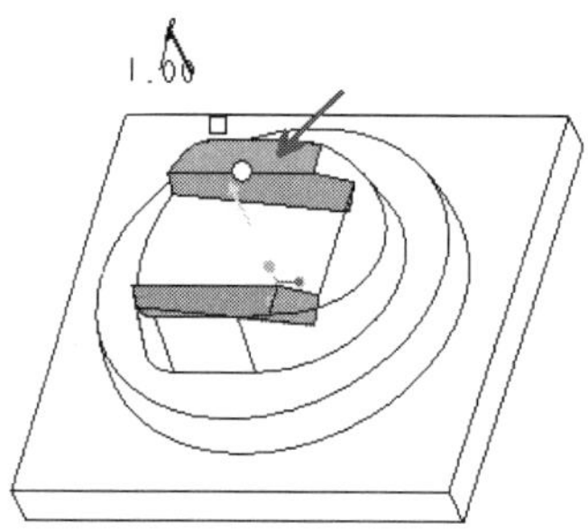

① 마우스 우측 번튼 클릭

② '구배 경첩' 선택

③ 밀어내기(2) 형상의 윗면 선택

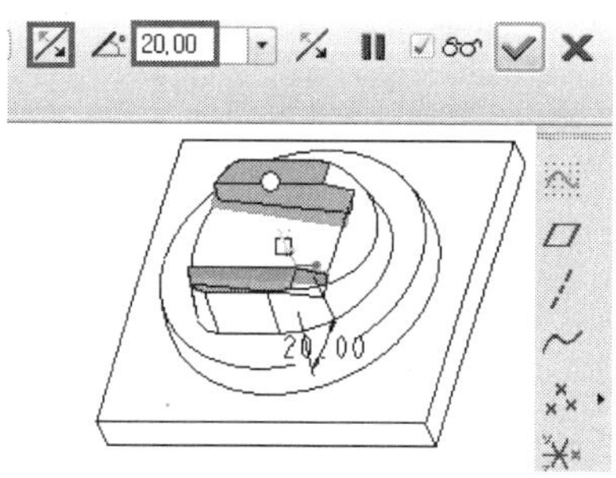

④ 잡아당기는 방향이 반대이므로 방향 전환 아이콘 클릭

⑤ 구배 각도 '20' 으로 수정

8.3) 구배(2) 피처 완성

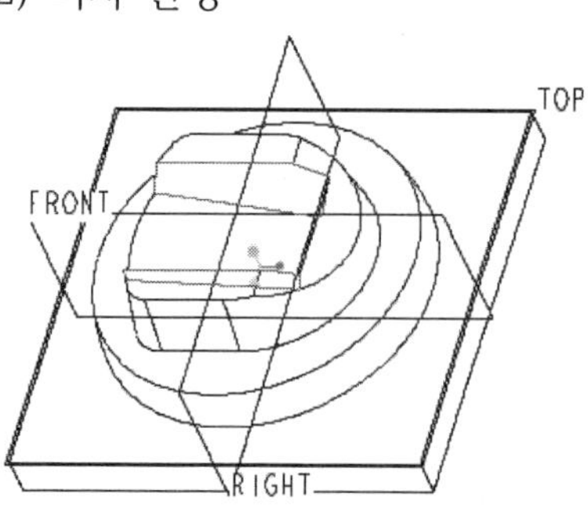

① 피처생성 완료( )

9. 라운드 추가

9.1 라운드(R30)

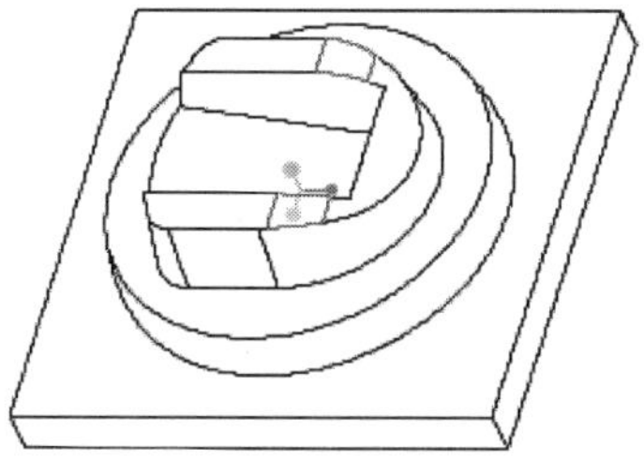

① 라운드( ) 도구 아이콘 선택

② 대상 모서리 선택

③ 라운드 값 '30' 으로 수정

④ 피처 생성 완료( )

9.2 라운드(R7)

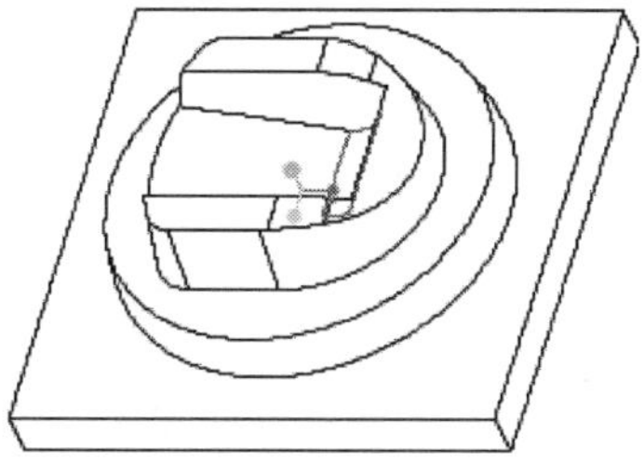

① 라운드( ) 도구 아이콘 선택

② 대상 모서리 선택

③ 라운드 값 '7' 로 수정

④ 피처 생성 완료( )

9.3 라운드(R3)

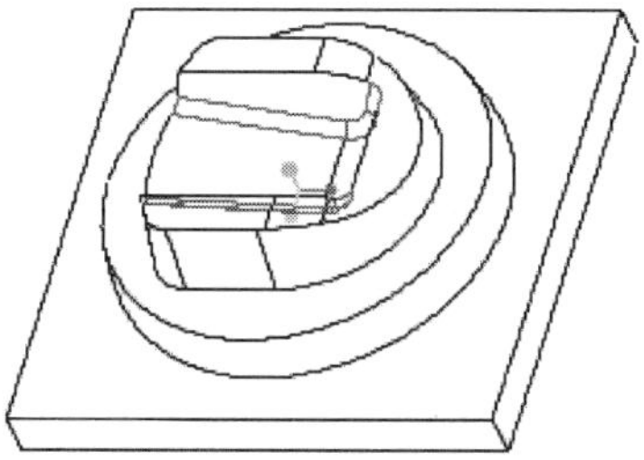

① 라운드( ) 도구 아이콘 선택

② 대상 모서리 선택

③ 라운드 값 '3' 으로 수정

④ 피처 생성 완료( )

9.4 도시되고 지시 없는 모든 라운드 R1 생성

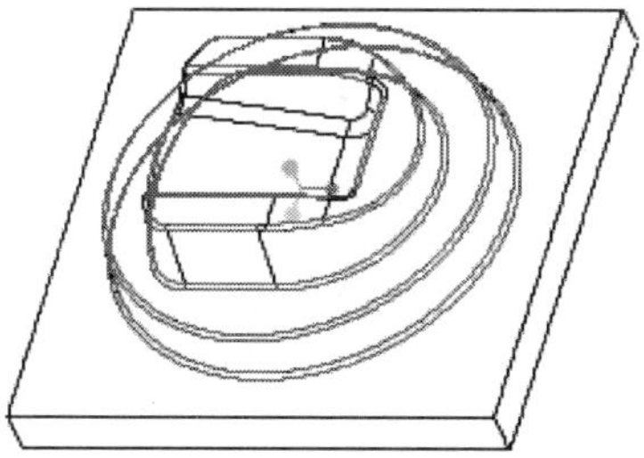

① 라운드( ) 도구 아이콘 선택

② Ctrl 키를 누른 채 해당 모서리 모두 선택

③ 라운드 값 '1' 로 수정

④ 피처 생성 완료( )

10. 모델링 완성

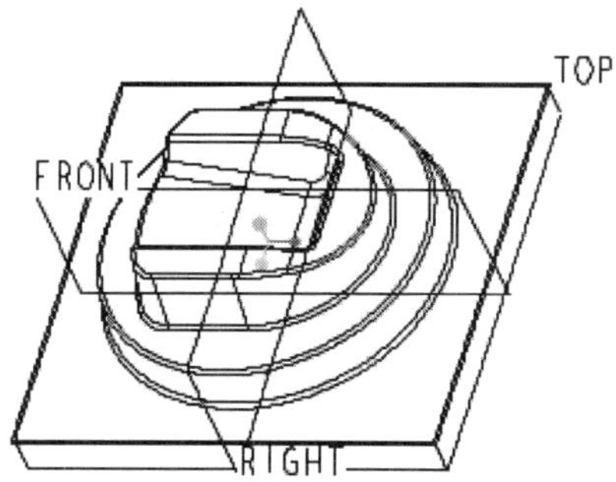

5. Example-05 도면 모델링

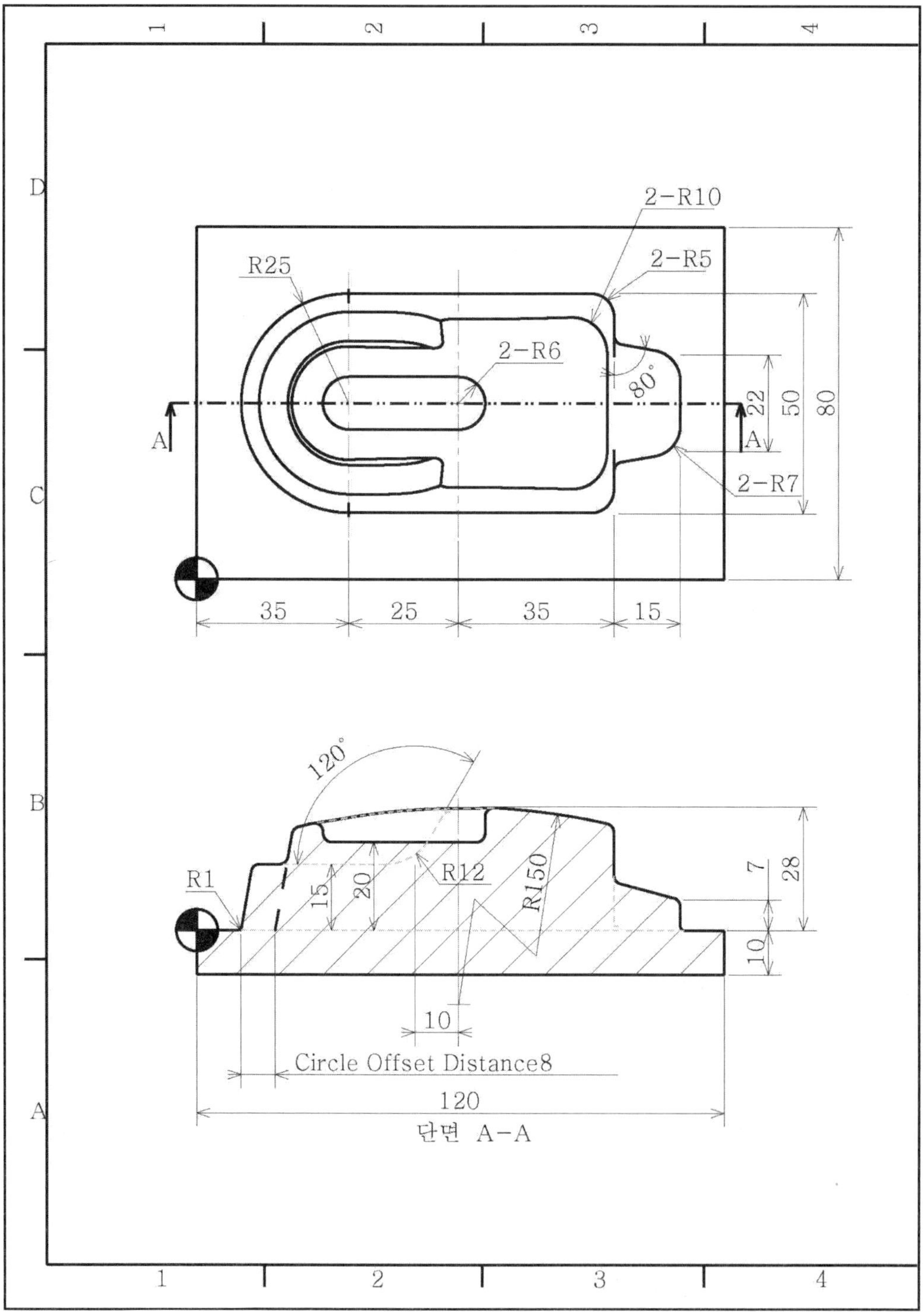

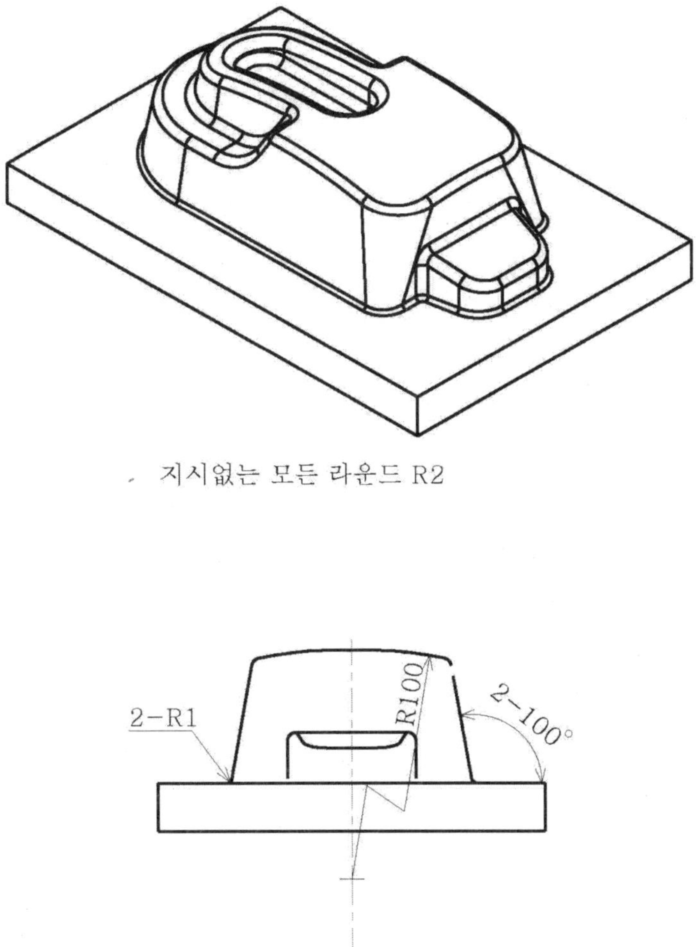

지시없는 모든 라운드 R2

창 원 문 성 대 학 교			
소 속	기 계 과	작 업 자	예 규 현
투 상 법	3각법	축 척	1 : 1
날 짜	2016.1.20	파 일 명	Example-05

작업 순서

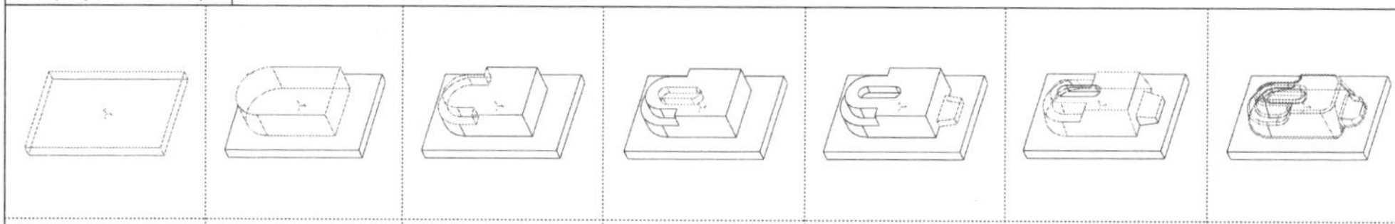

1.밀어내기(1)	2.밀어내기(2)	3.밀어내기(3)	4.밀어내기(4)	5.밀어내기(5)	6.구배(1,2,3)	9.라운드

1. 밀어내기(1) 피처 생성

1.1 파일 새로 만들기

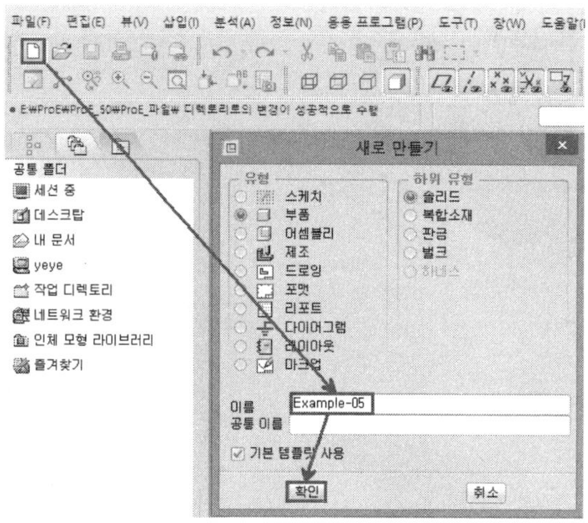

① 파일 이름 'Example-05'으로 새로 만들기 시작

② 단위는 mmNs 단위계로 모델링 작업 함.

1.2 스케치 평면 및 스케치 선택

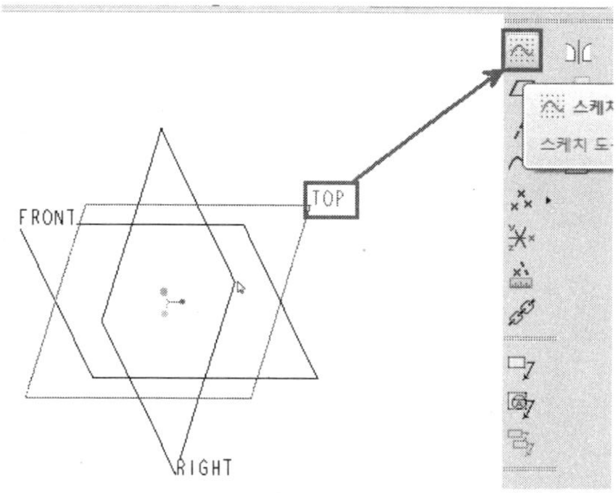

① 스케치 평면으로 'TOP' 평면 선택하고 스케치() 도구 선택

1.3 스케치 정의 창

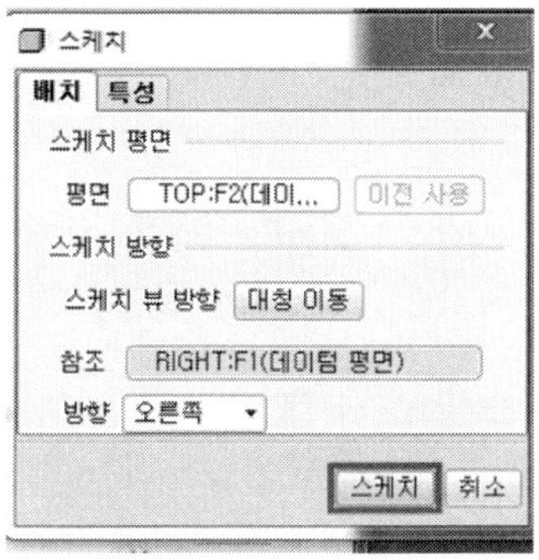

① 스케치 뷰 방향은 스케치 평면을 선택한 상태에서의 최적의 방향으로 자동 전환된다.

1.4 단면 스케치(중심선)

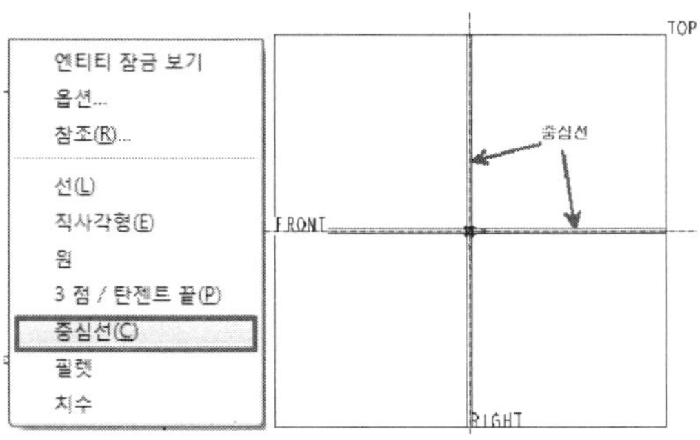

① 좌우, 상하 대칭 형상의 직사각형 단면을 스케치하기 위하여 마우스 우측 버튼 클릭 - 중심선 선택

② 가운데 참조 데이텀 평면에 일치하도록 가로, 세로 방향의 두 중심선을 그린다.

1.5 단면 스케치

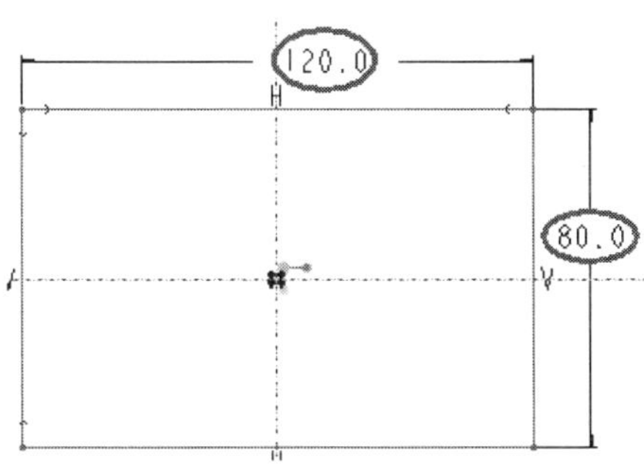

① 직사각형(□) 도구 선택

② 가로 120, 세로 80인 직사각형을 가운데에 좌우, 상하 대칭 구속을 이용 스케치

③ 치수 수정 후 스케치 완료

1.6 밀어내기 실행

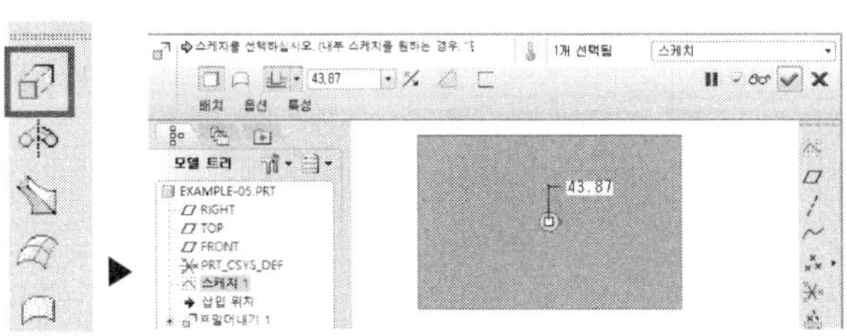

① 우측 하단의 '밀어내기' 도구 아이콘을 클릭

1.7 깊이 값 수정 및 방향 전환

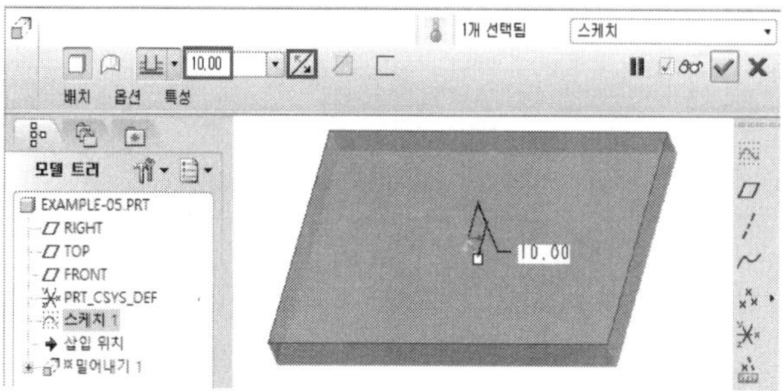

① 'Ctrl + D'로 표준방향으로 전환

② 깊이 값 '10' 으로 수정

③ 깊이 방향 전환 아이콘 클릭 (아래 방향)

1.8 밀어내기(1) 피처 완성

① 피처 생성 완료(✔)

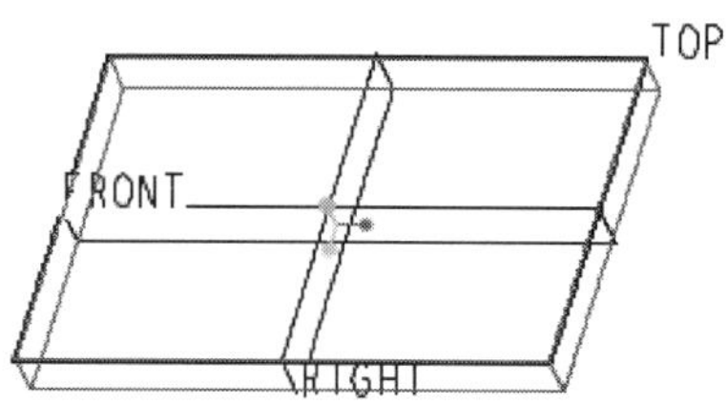

2. 밀어내기(2) 피처 생

2.1 스케치 평면 및 스케치 선택

① 스케치 평면으로 'TOP' 평면 선택하고 스케치( ) 도구선택

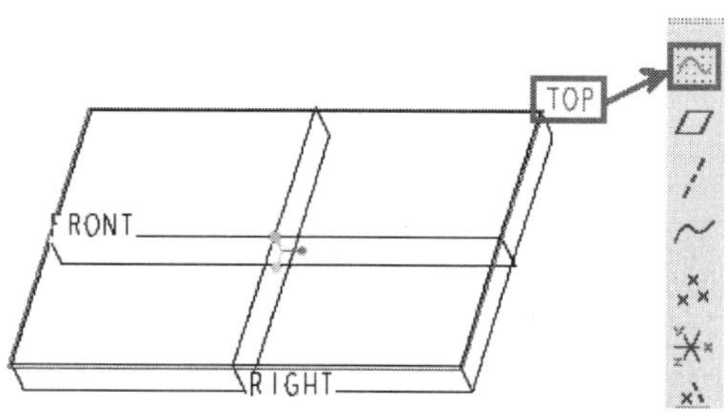

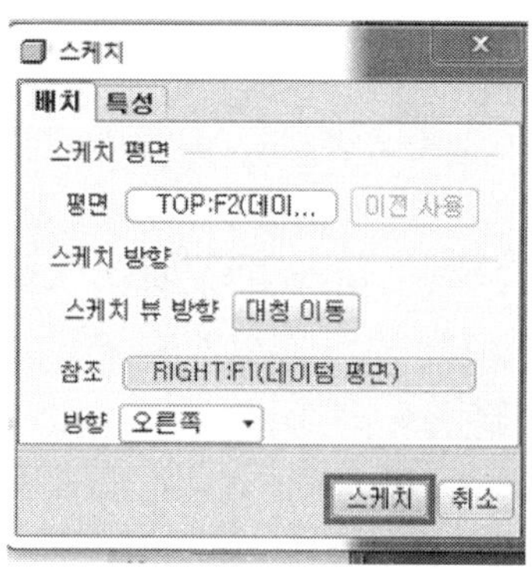

② '스케치' 탭 클릭

2.2 단면 스케치

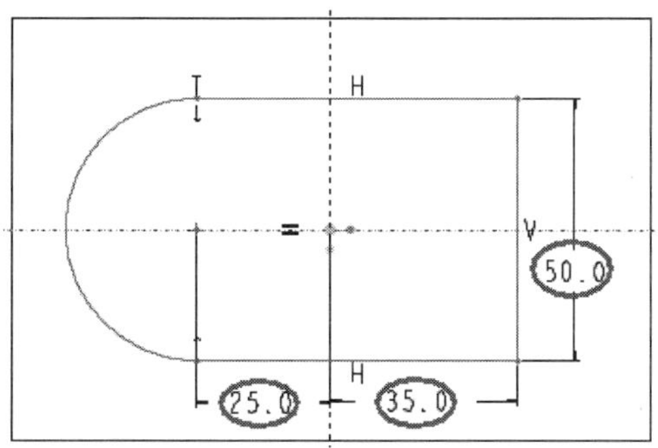

① 도면 참고하여 단면 스케치

② 치수 생성 및 수정

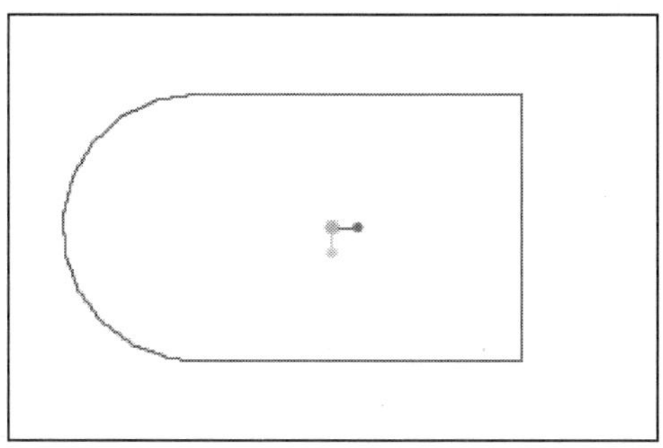

③ 스케치 작업 완료(✔)

2.3 밀어내기 실행

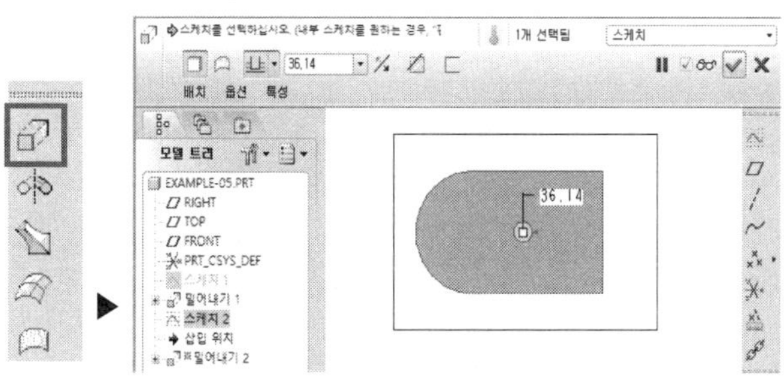

① 우측 하단의 밀어내기( ) 피처 도구 아이콘 선택

2.4 깊이 값 수정

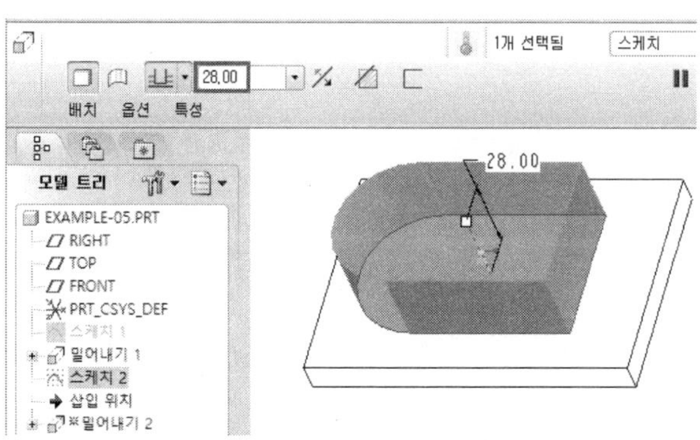

① 'Ctrl + D'로 표준방향으로 전환

② 깊이 값 '28' 로 수정

2.5 밀어내기(2) 피처 완성

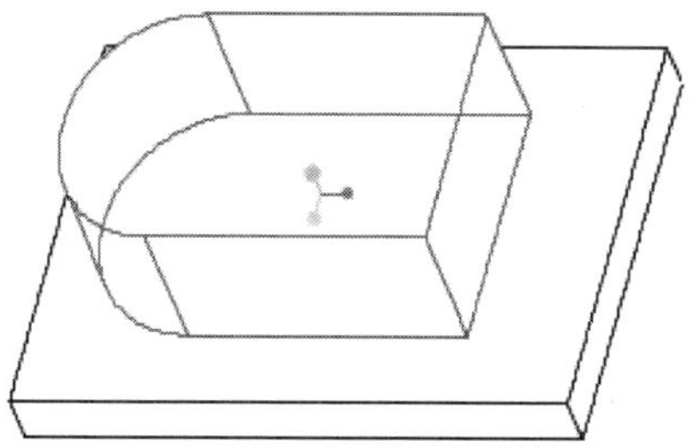

① 피처 생성 완료(✔)

3. 밀어내기(3) 피처 생성

3.1 데이텀 평면 생성

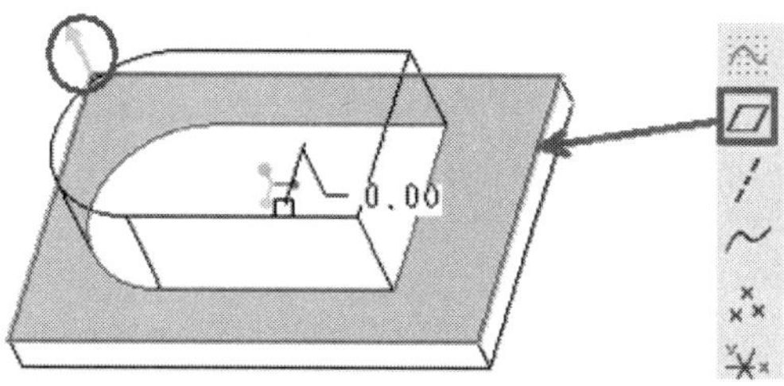

① 데이텀 평면(▱) 도구 선택

② 참조면 선택(직육면체 윗면)

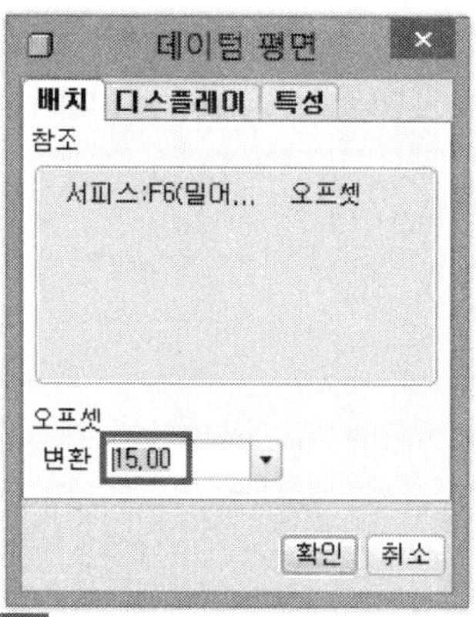

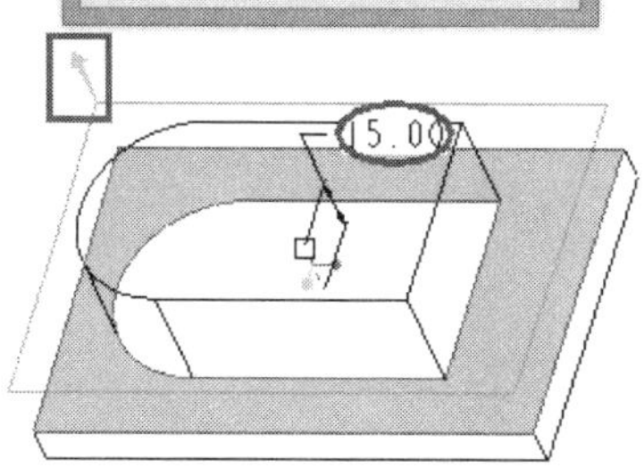

③ 오프셋 방향 확인(화살표 위 방향)

④ 오프셋 값 '15' 로 수정(참조 면으로부터 화살표 방향 15 위치에 평면 생성)

⑤ 데이텀 평면 창 '확인' 클릭

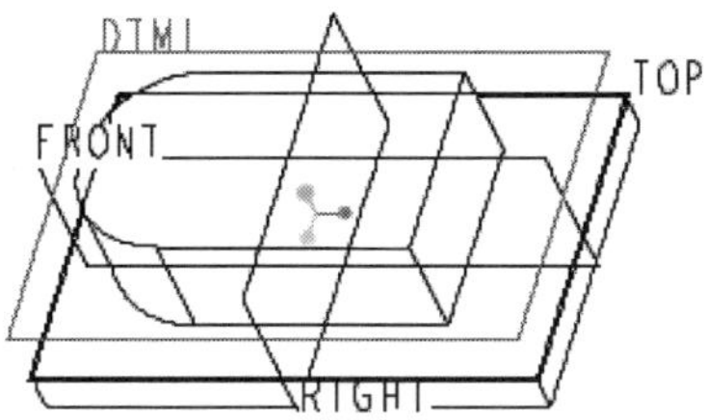

⑥ 새로운 데이텀 평면 'DTM1' 생성

3.2 스케치 평면 및 스케치 선택

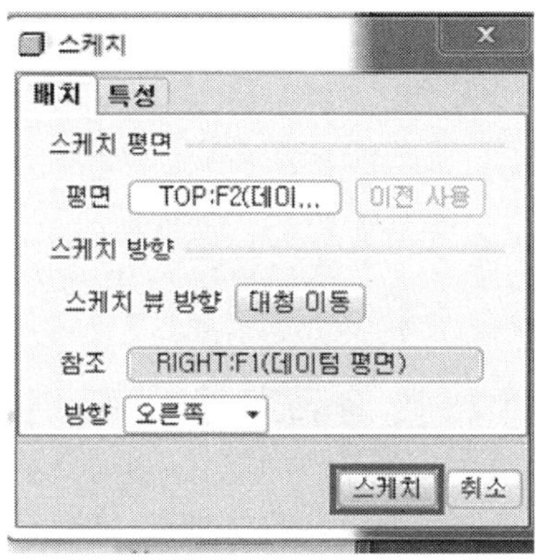

① 위에서 생성한 'DTM1' 평면을 스케치 평면으로 한다. (선택된 상태임)

② 스케치( ) 도구 선택

③ '스케치' 탭 클릭

3.3 단면 스케치(모서리 사용)

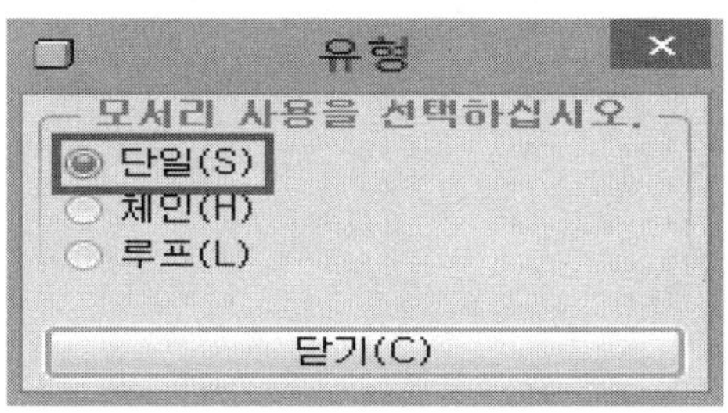

① 모서리 사용( ) 선택

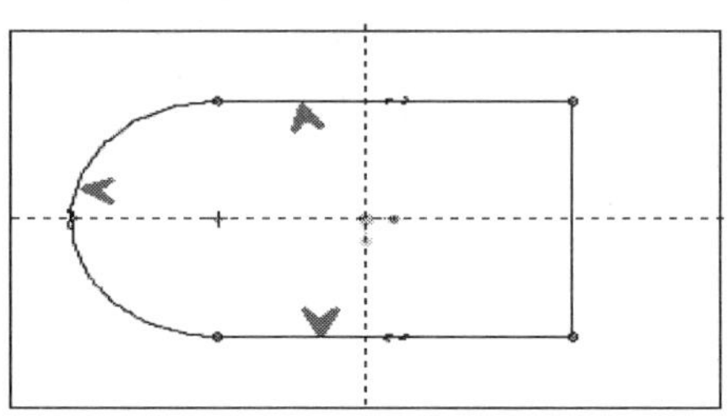

② 화살표 표시된 세 모서리 선택

③ 선택 유형 창 닫기 한다.

3.4 단면 스케치(모서리 오프셋 사용)

① 오프셋( ) 선택

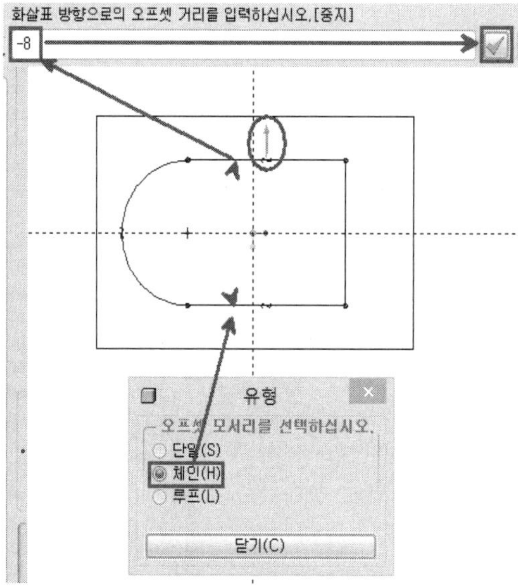

② 선택 유형 '체인' 선택

③ 화살표 표시된 두 모서리 선택

④ 오프셋 값 '-8' 입력(화살표 반대방향으로 오프셋)

⑤ 엔터 키 또는 입력 완료(☑)

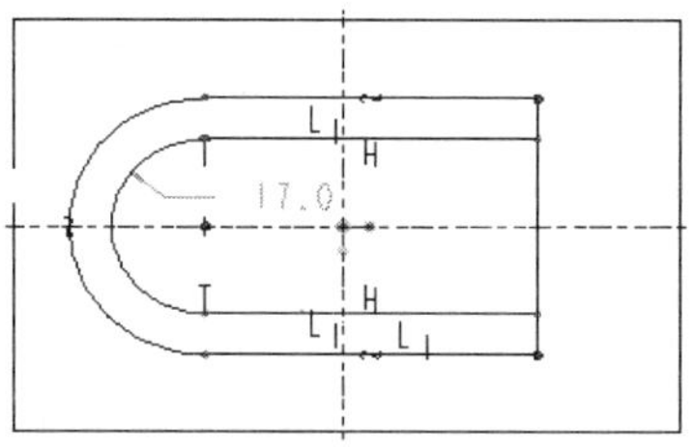

⑥ 모서리 사용 가능에 의해 선택된 개체는 모서리 위에 물결 모양의 구속기호가 표시

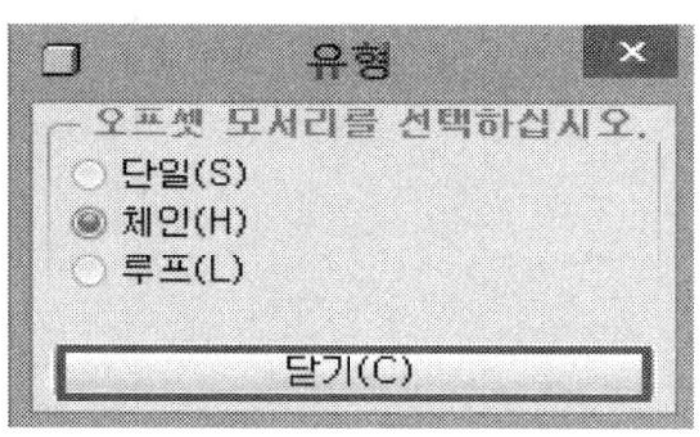

⑦ 선택 유형 창 닫기

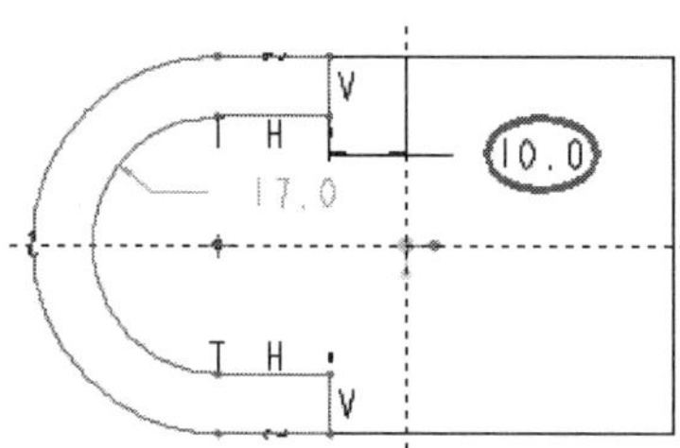

⑧ 직선 및 트림 기능을 이용 단면 스케치 완성

⑨ 치수 생성 및 수정

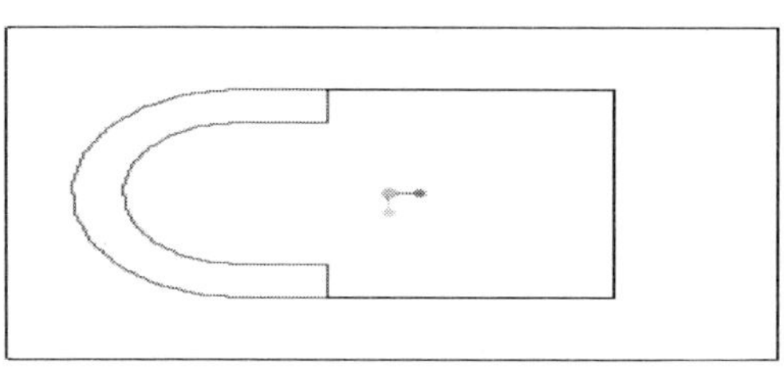

⑩ 스케치 작업 완료(✔)

3.5 밀어내기 실행

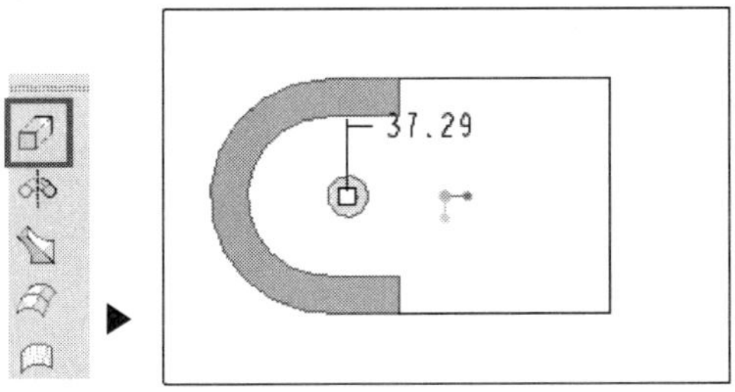

① 우측 하단의 밀어내기() 피처 도구 아이콘 선택

3.6 깊이 값 수정

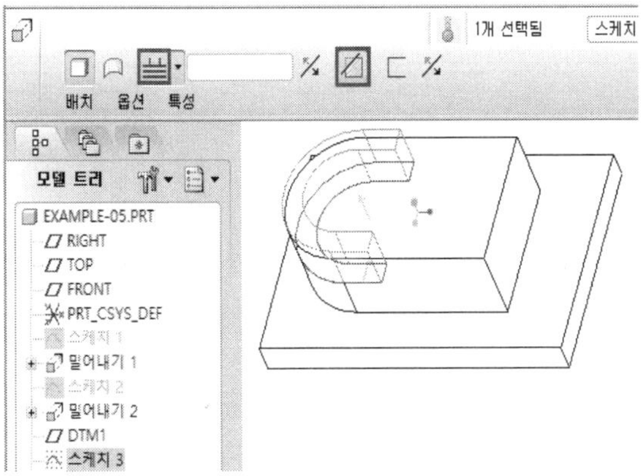

① 'Ctrl + D'로 표준방향으로 전환

② 깊이 값 옵션 다음으로() 선택(전체 통과를 선택해도 무관)

③ 재료제거() 선택

3.7 밀어내기(3) 피처 완성

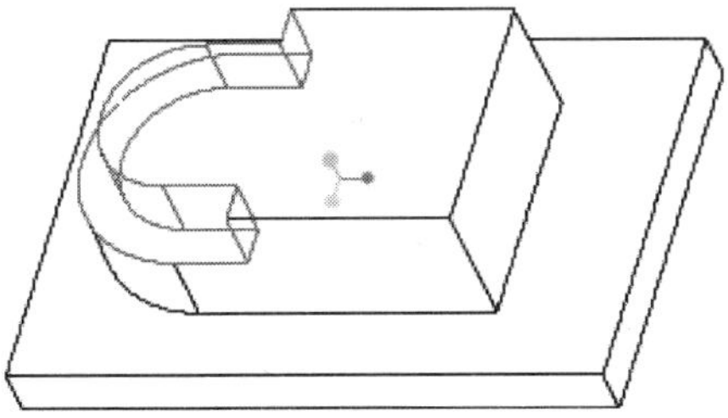

① 피처 생성 완료()

4. 밀어내기(4) 피처 생성하기

4.1 데이텀 평면 생성

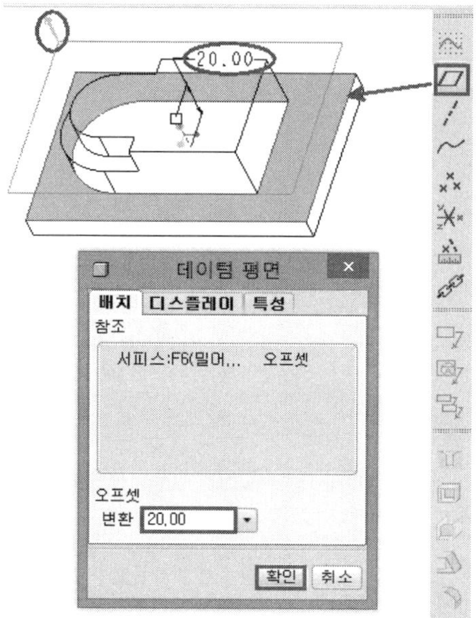

① 데이텀 평면(▱) 도구 선택

② 참조면 선택(직육면체 윗면)

③ 오프셋 방향 확인(화살표 위 방향)

④ 오프셋 값 '20' 로 수정

⑤ 데이텀 평면 창 '확인' 클릭

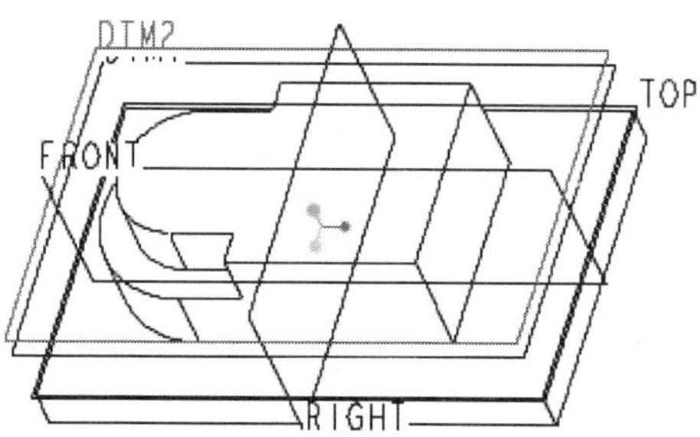

⑥ 새로운 데이텀 평면 'DTM2' 생성

4.2 스케치 평면 및 스케치 선택

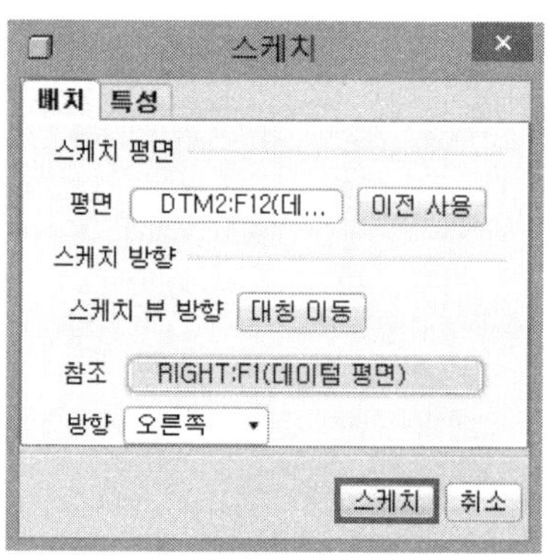

① 위에서 생성한 'DTM2' 평면을 스케치 평면으로 한다.(선택된 상태임)

② 스케치( ) 도구 선택

③ '스케치' 탭 클릭

4.3 단면 스케치

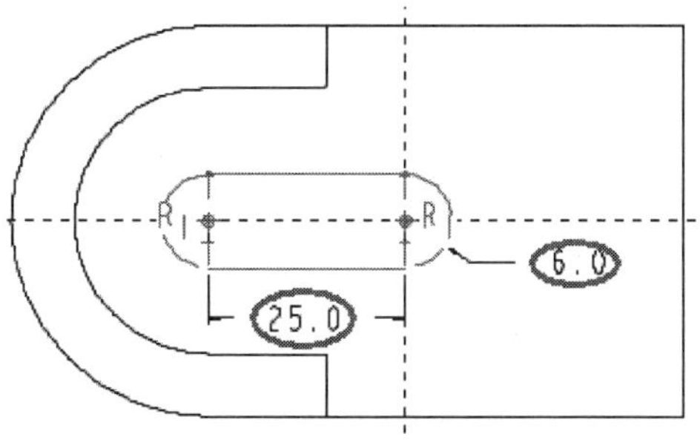

① 도면을 참고하여 그림과 같이 단면을 스케치하고 치수 생성 및 수정

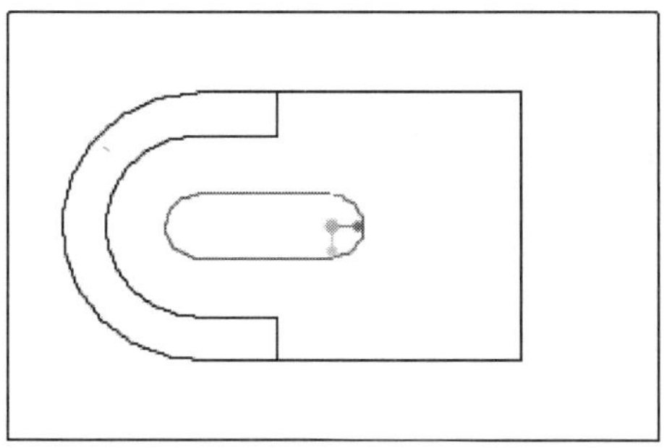

② 스케치 작업 완료(✔)

4.4 밀어내기(4) 피처 생성

① 밀어내기( ) 피처 도구 선택

② ‘Crtl + D'로 표준방향으로 전환

③ 깊이 값 옵션 다음으로( ) 선택(전체 통과를 선택해도 무관)

④ 재료제거( ) 선택

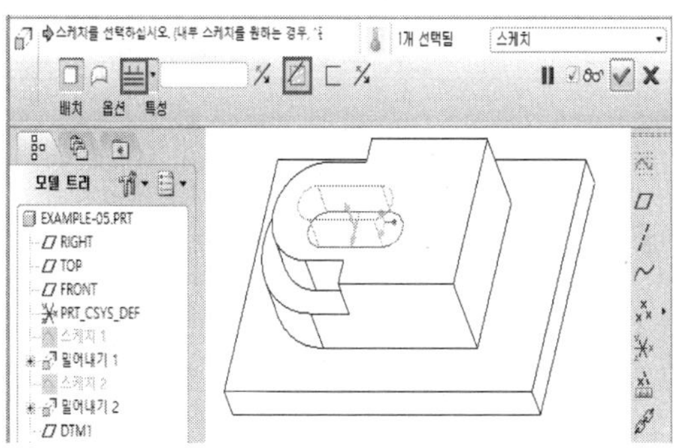

4.5 밀어내기(4) 피처 생성 완료

① 피처 생성 완료( )

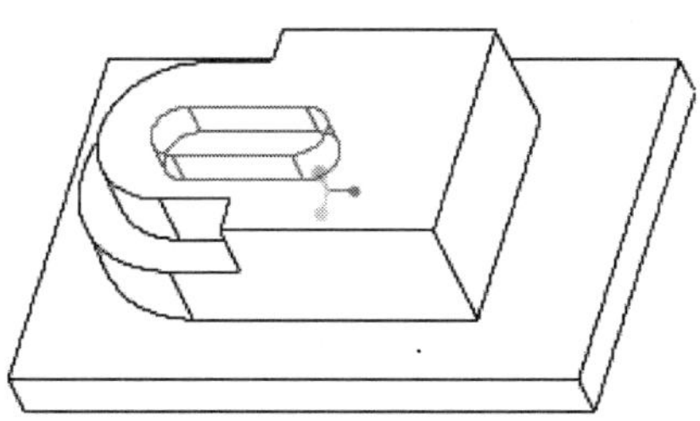

5. 밀어내기(5) 피처 생성

5.1 스케치 평면 및 스케치 선택

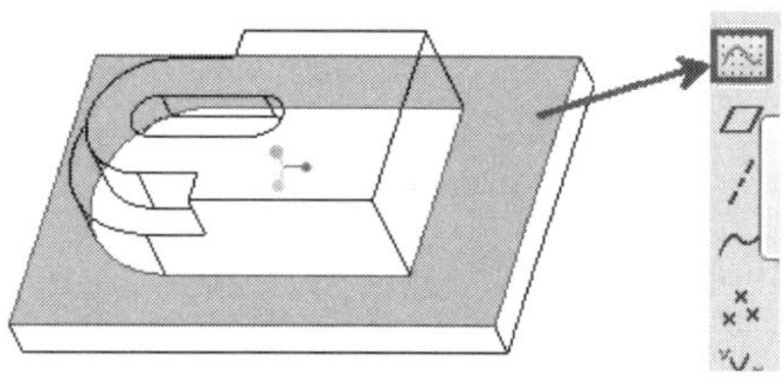

① 스케치 평면으로 'TOP' 평면 또는 직육면체 윗면 선택

② 스케치( ) 도구 선택

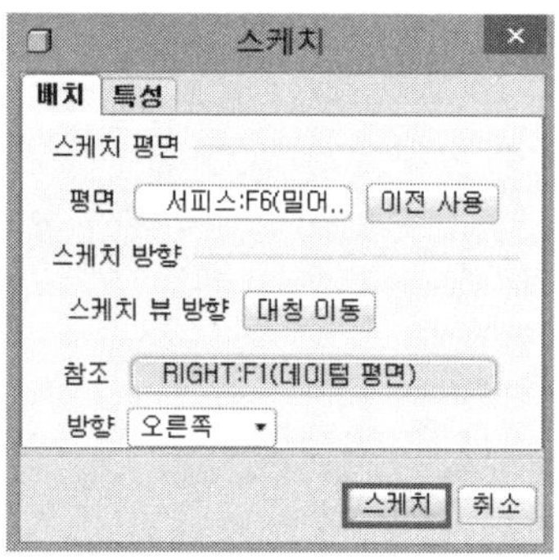

③ '스케치' 탭 클릭

5.2 단면 스케치

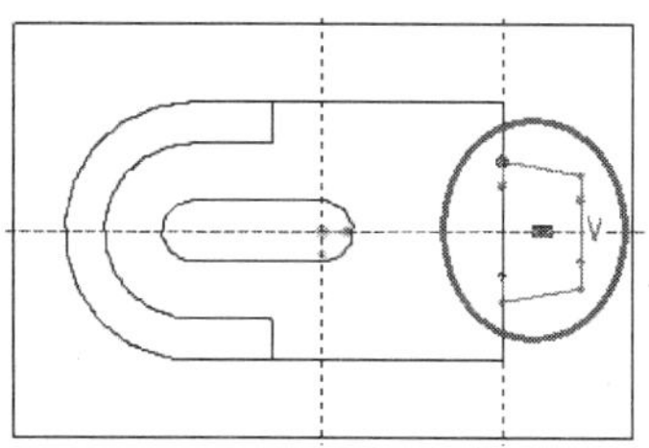

① 도면 참고하여 단면 스케치

② 다음 항의 확대 그림 참조

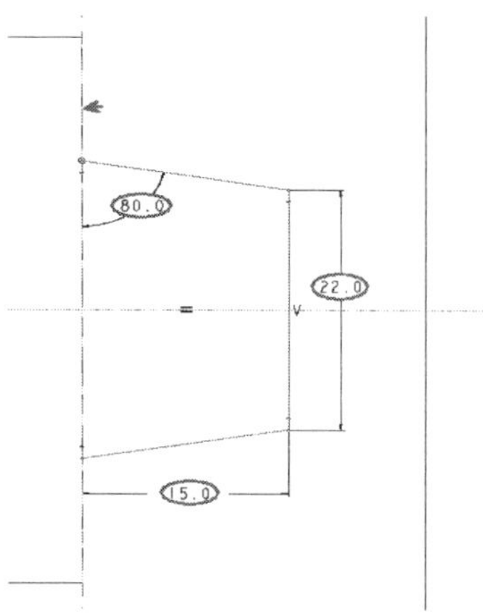

③ 우측 수직 모서리를 참조로 추가(화살표 표시)

④ 가운데 수평방향 중심선 추가

⑤ 중심선을 기준으로 위쪽 반단면 스케치 후 대칭 복사

⑥ 치수 생성 및 수정

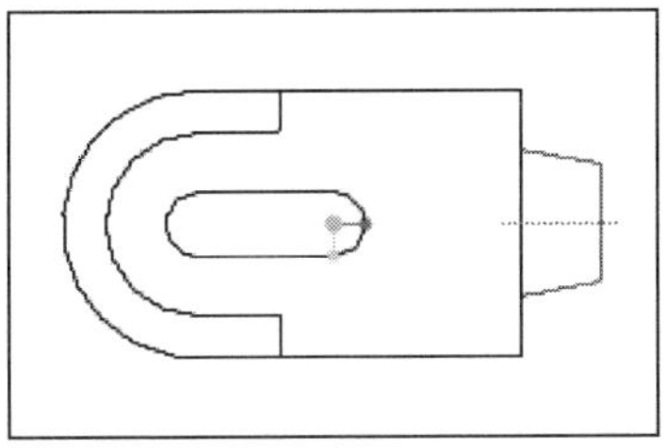

⑦ 스케치 작업 완료( )

5.3 밀어내기 실행

① 우측 하단의 밀어내기( ) 피처 도구 아이콘 선택

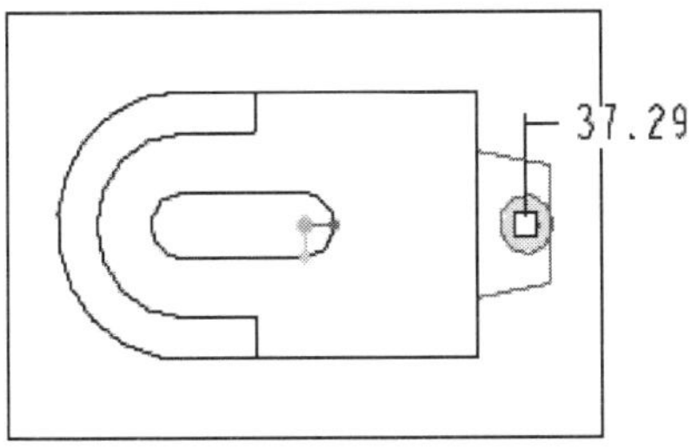

5.4 깊이 값 수정

① 'Ctrl + D'로 표준방향으로 전환

② 솔리드로 밀어내기( ) 선택

③ 깊이 값 '7' 로 수정

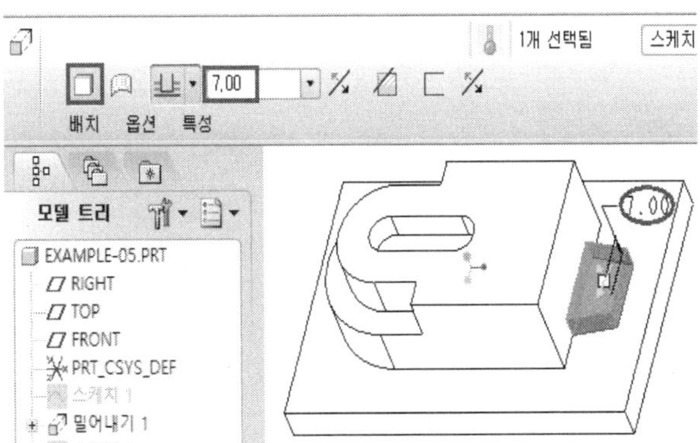

5.5 밀어내기(2) 피처 완성

① 피처 생성 완료( )

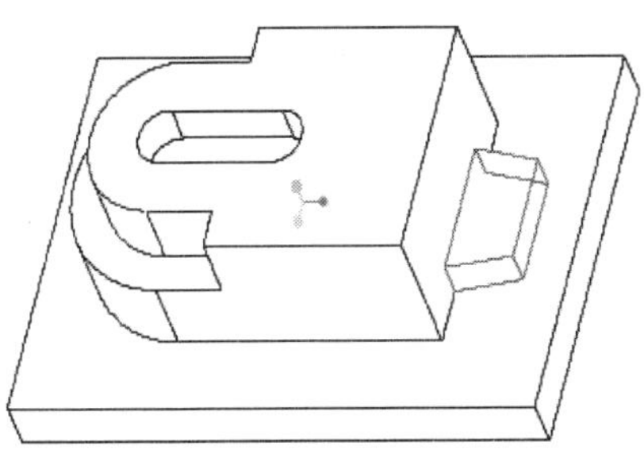

6. 구배(1) 피처 생성하기

6.1 구배면 선택

① 구배 도구 아이콘( ) 선택

② 구배 적용할 면 선택(측면이 탄젠트 연결되어 있기 때문에 임의의 측면 한 곳만 선택하면 됨)

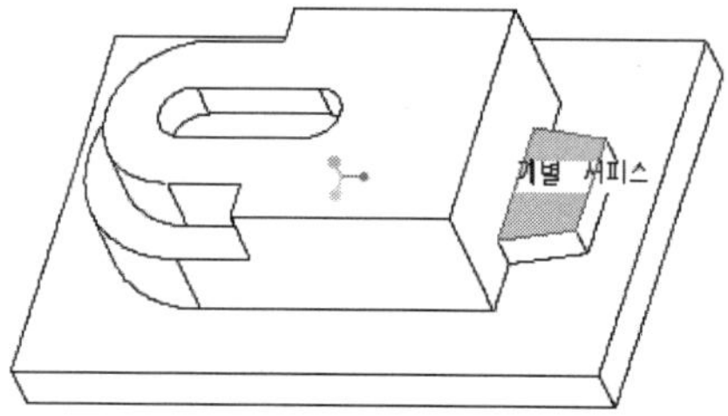

6.2 구배 경첩 지정

① 마우스 우측 버튼 클릭

② '구배 경첩' 선택

③ 직육면체 위면 또는 'TOP 평면' 선택

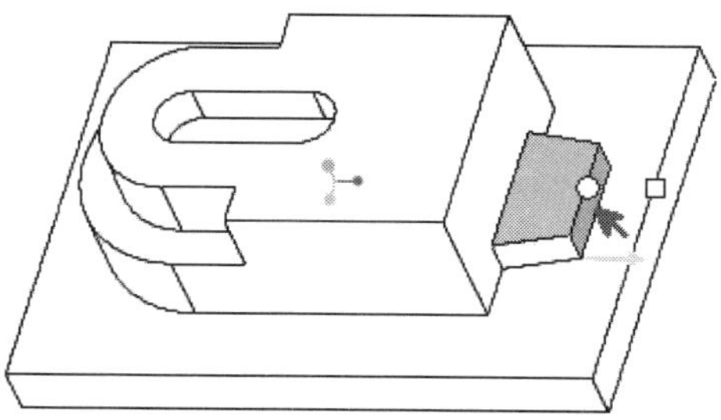

④ 잡아당기는 방향이 반대이므로 방향 전환 아이콘 클릭

⑤ 구배 각도 '15' 로 수정

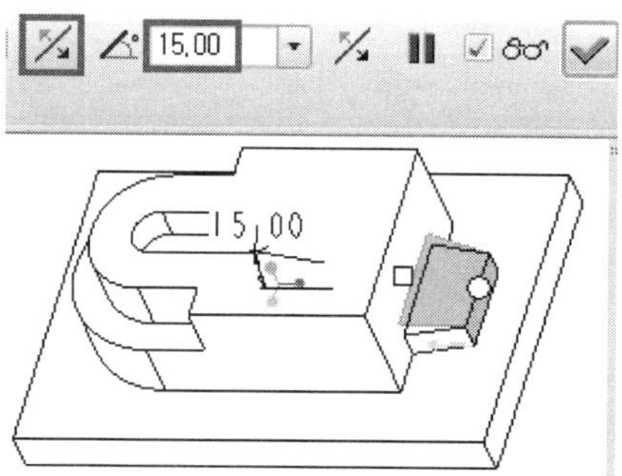

6.3 구배(1) 피처 생성 완료

① 피처생성 완료( )

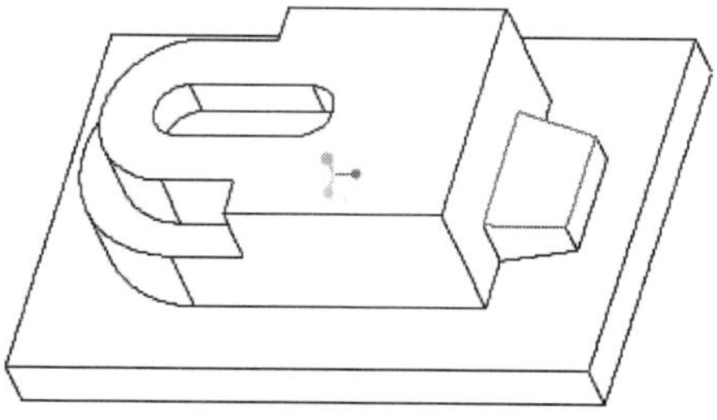

7. 구배(2) 피처 생성하기

7.1 구배면 선택

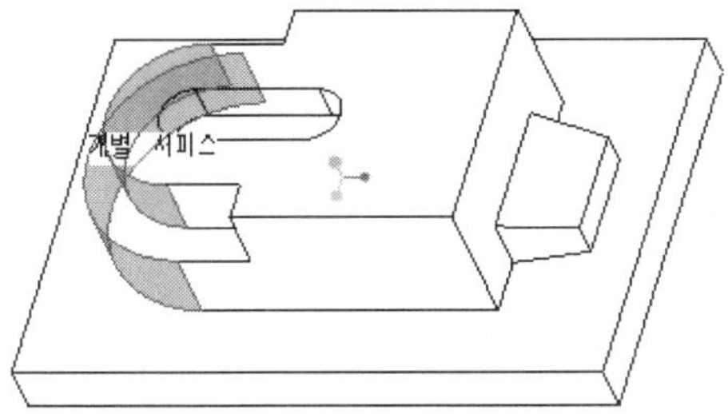

① 구배 도구 아이콘( ) 선택

② 구배 적용할 면 선택(선택한 면과 탄젠트 연결된 면은 모두 구배 적용됨)

7.2 구배 경첩 지정

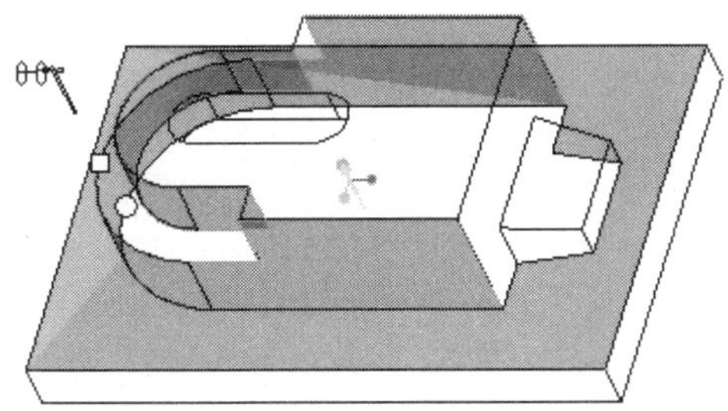

① 마우스 우측 버튼 클릭

② '구배 경첩' 선택

③ 직육면체 위면 또는 'TOP 평면' 선택

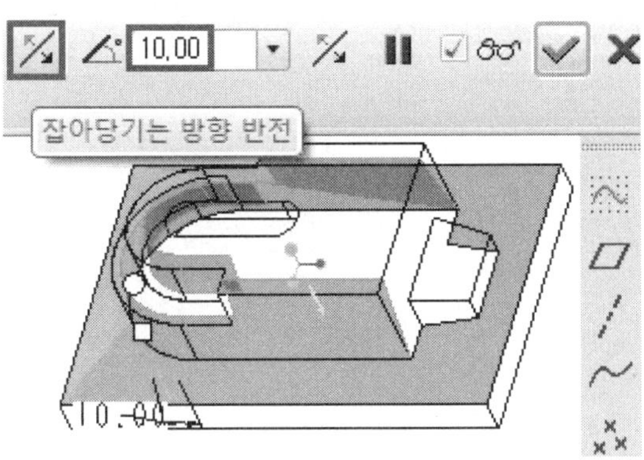

④ 잡아당기는 방향이 반대이므로 방향 전환( ) 아이콘 클릭

⑤ 구배 각도 '10' 으로 수정

7.3 구배(2) 피처 생성 완료

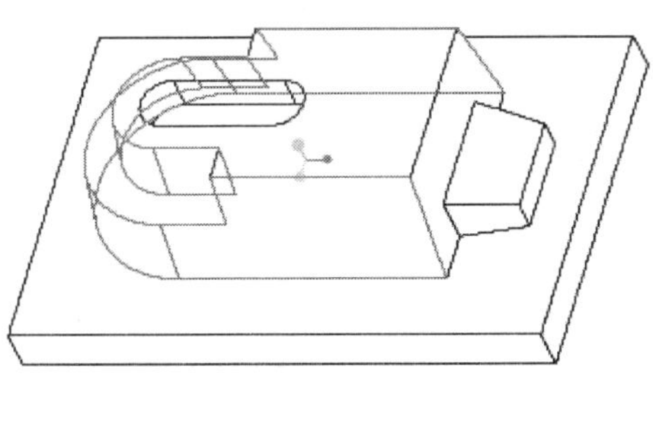

① 피처생성 완료( )

8. 구배(3) 피처 생성하기

8.1 구배면 선택

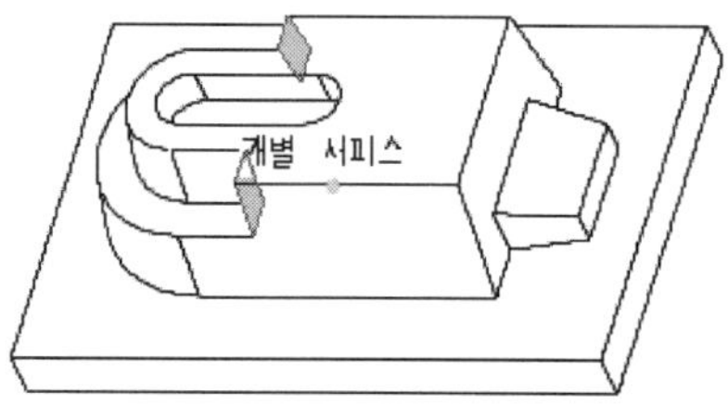

① 구배 도구 아이콘( ) 선택

② 구배 적용할 면 선택

8.2 구배 경첩 지정

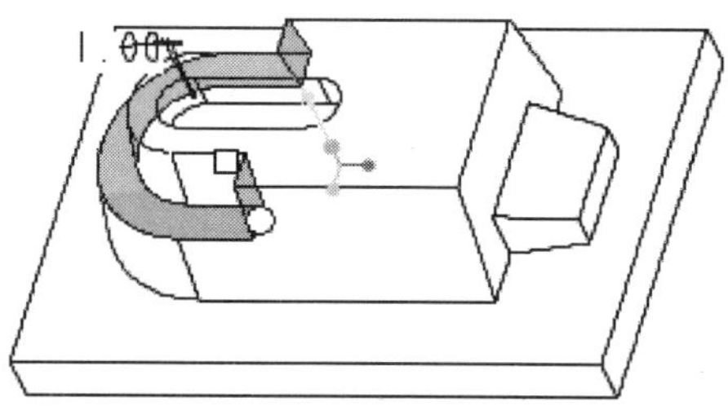

① 마우스 우측 버튼 클릭

② '구배 경첩' 선택

③ 구배면 아래 모서리 쪽 평면 선택

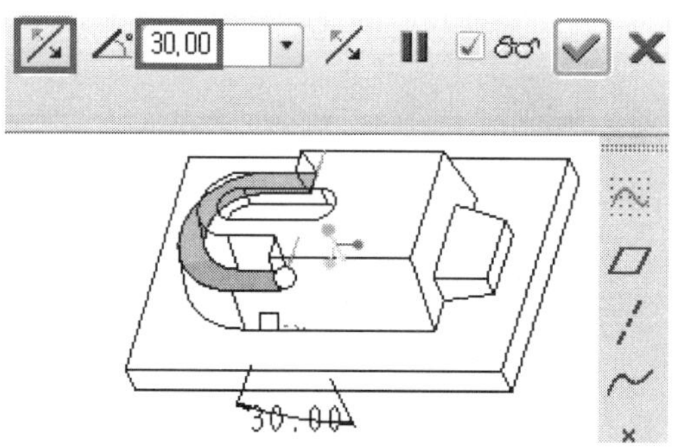

④ 잡아당기는 방향이 반대이므로 방향 전환( ) 아이콘 클릭

⑤ 구배 각도 '30'으로 수정

8.3 구배(3) 피처 생성 완료

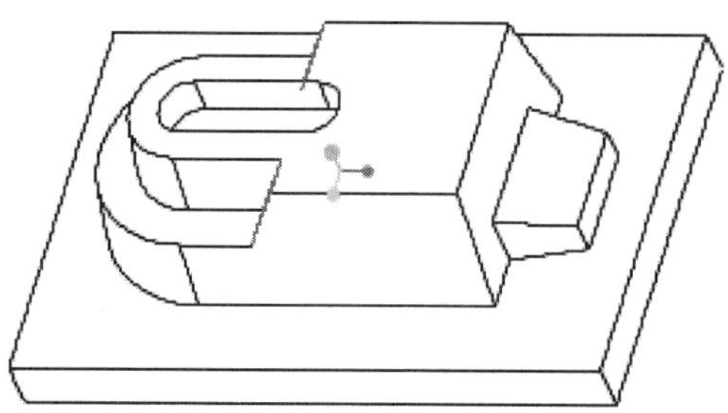

① 피처생성 완료( )

9. 스윕 컷 피처 생성하기

9.1스윕 컷 실행

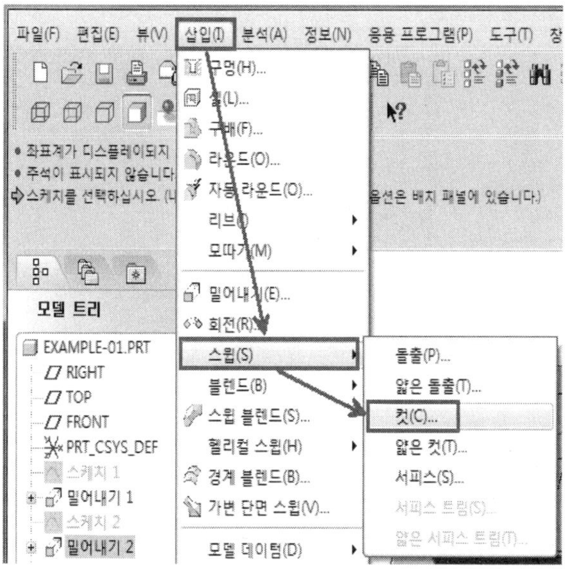

① 풀다운 메뉴의 '삽입' - '스윕' - '컷' 선택

9.2 스윕 궤적 정의

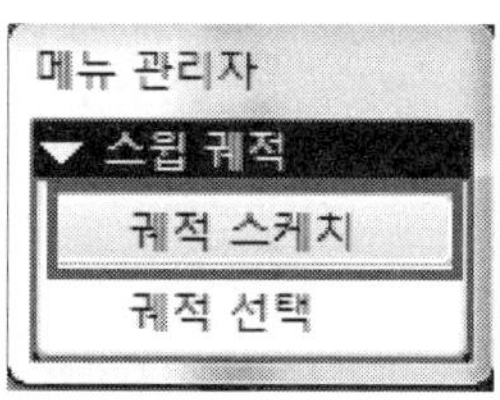

① 메뉴 관리자 '궤적 스케치' 선택

9.3 스케치 평면 정의

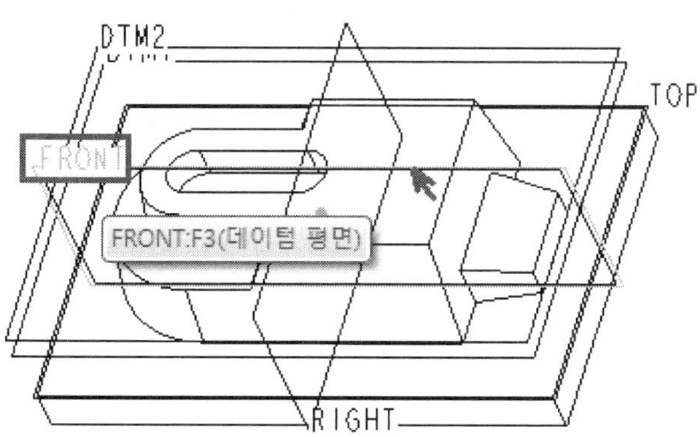

① 스케치 평면으로 'FRONT' 선택

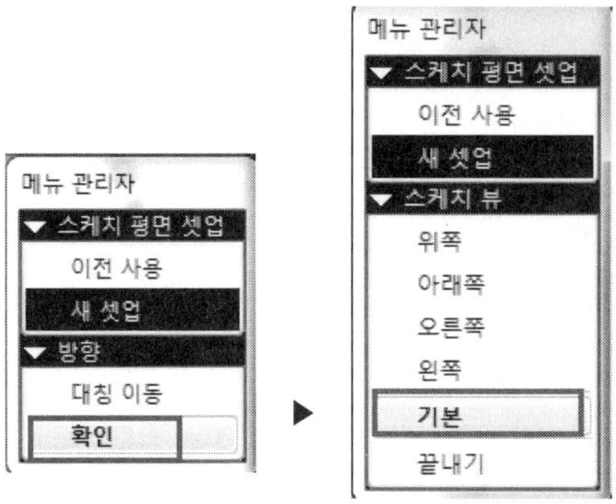

② 방향 '확인', 스케치 뷰 '기본' 선택

9.4 참조 추가

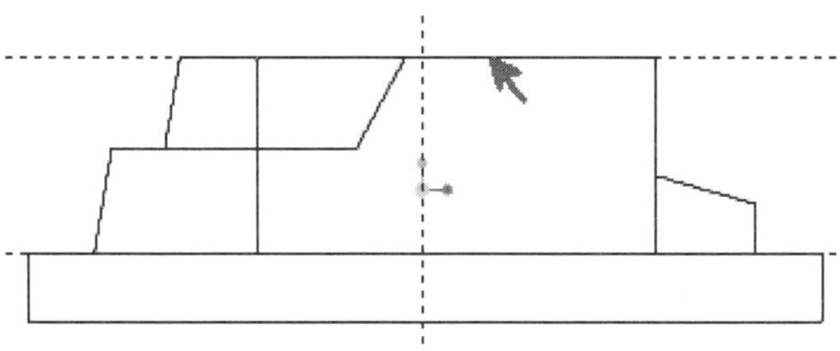

① 마우스 우측 버튼을 클릭 후 '참조'를 선택

② 화살표 표시 모서리 선택 후 참조 창 닫는다.

9.5 궤적 스케치

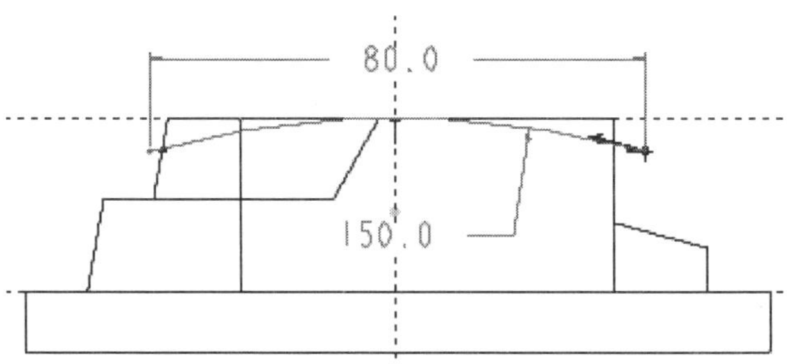

① '중심/끝' 호 생성 아이콘 선택

② 수평 참조 모서리에 접하는 호 스케치

③ 치수 생성 및 수정

④ 스케치 작업 완료(✔)

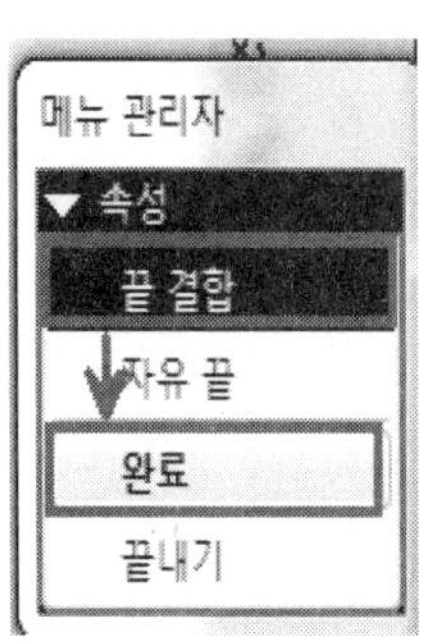

① 속성 '끝 결합' 선택하고 '완료'

9.6 단면 스케치

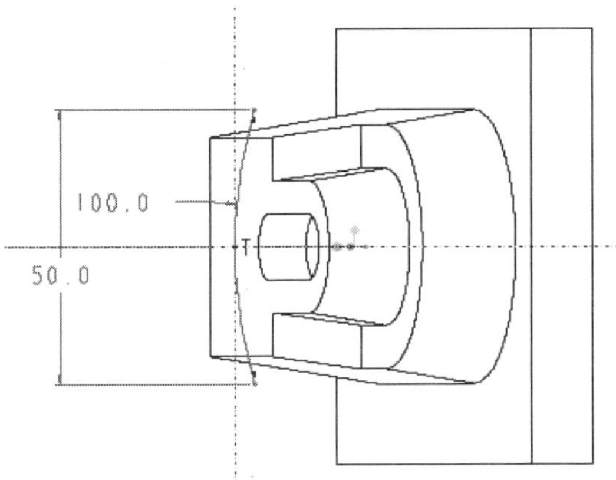

① '중심/끝' 호 생성 아이콘 선택

② 수평 참조 위에 중심 선택

③ 수직 참조 기준선에 탄젠트한 호 스케치

④ 마우스 휠 클릭하여 호 생성 종료

⑤ 그림과 같이 치수 생성 및 수정

⑥ 스케치 작업 완료(✔)

9.7 재료 제거 방향 확인

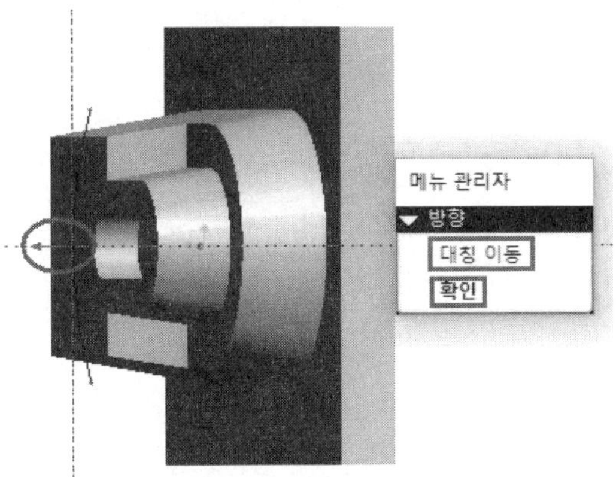

① '대칭 이동' 을 클릭하여 재료 제거 방향 화살표를 위로 향하도록 함.

② 확인' 클릭

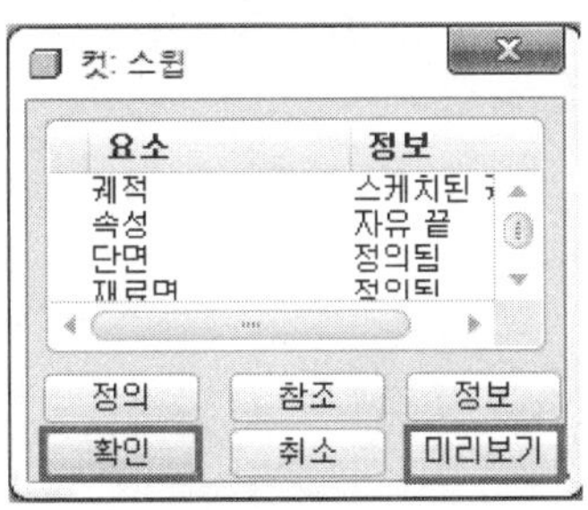

③ '미리보기' 를 클릭하여 컷 형상이 바르게 되었는지 확인하고 '확인' 클릭하여 피처 생성 완료

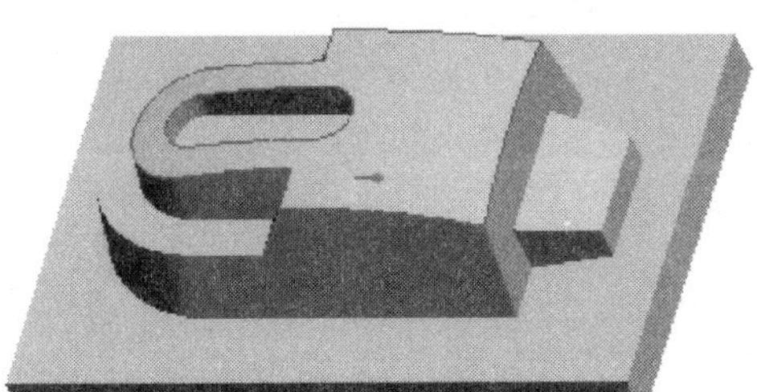

④ 완성된 형상

10. 라운드 추가

10.1 라운드(2-R10, 2-R5)

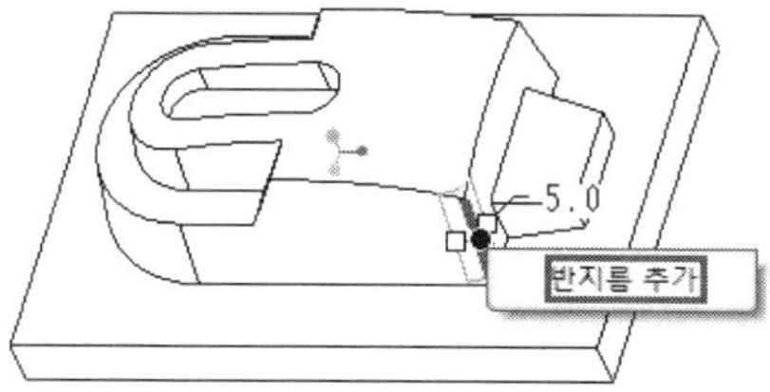

① 라운드( ) 도구 아이콘 선택 후 대상 모서리 선택

② 네모 박스 위에 마우스 올린 상태(검게 변함)에서 우측 버튼 클릭

③ '반지름 추가' 선택

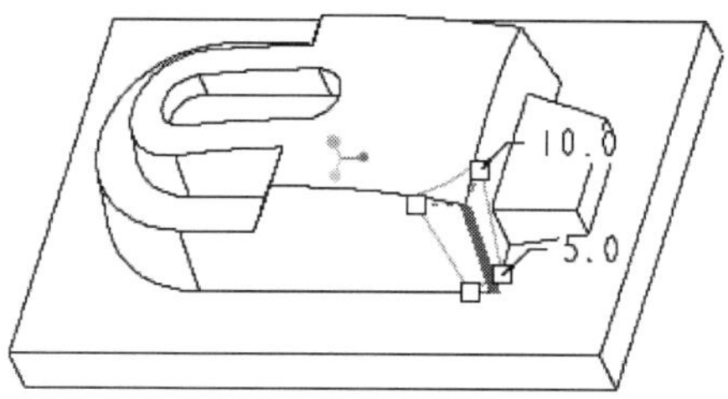

④ 라운드 값 '10' 과 '5' 로 수정

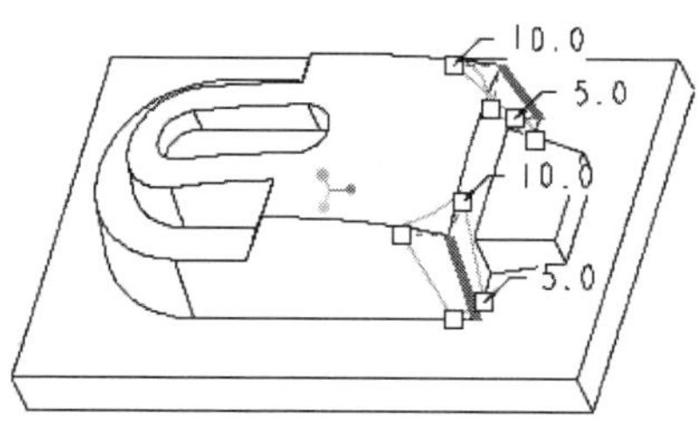

⑤ Ctrl 키를 누른 채 다른 한쪽 모서리 선택

⑥ 라운드 값 수정

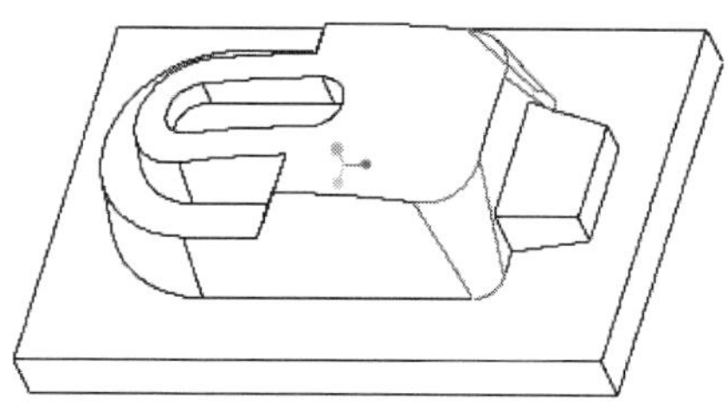

⑦ 피처 생성 완료( )

10.2 라운드(2-R7)

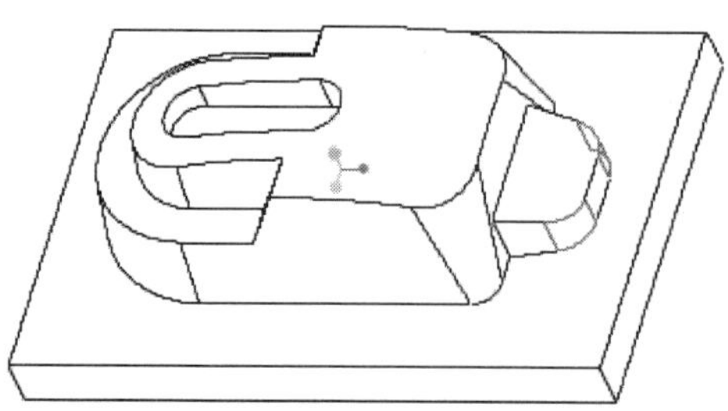

① 라운드( ) 도구 아이콘 선택

② Ctrl 키 누른 채 두 모서리 선택

③ 라운드 값 '7' 로 수정

④ 피처 생성 완료( )

10.3 라운드(R12)

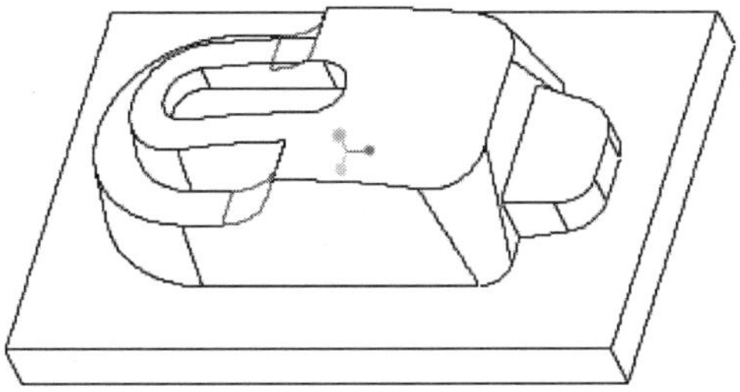

① 라운드( ) 도구 아이콘 선택

② Ctrl 키 누른 채 두 모서리 선택

③ 라운드 값 '12' 로 수정

④ 피처 생성 완료( )

10.4 라운드(R1)

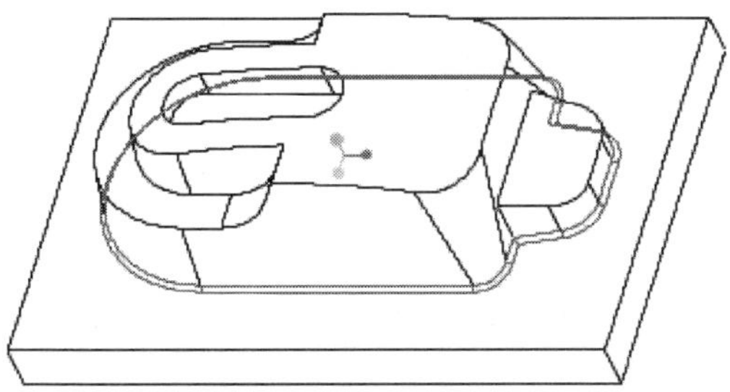

① 라운드( ) 도구 아이콘 선택

② Ctrl 키 누른 채 두 모서리 선택

③ 라운드 값 '1' 로 수정

④ 피처 생성 완료( )

10.5 도시되고 지시 없는 모든 라운드 R2 생성

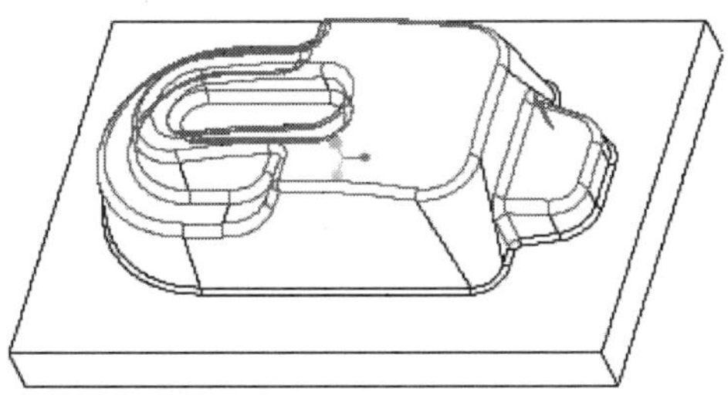

① 라운드( ) 도구 아이콘 선택

② Ctrl 키를 누른 채 해당 모서리 모두 선택

③ 라운드 값 '2' 로 수정

④ 피처 생성 완료( )

11. 모델링 완성

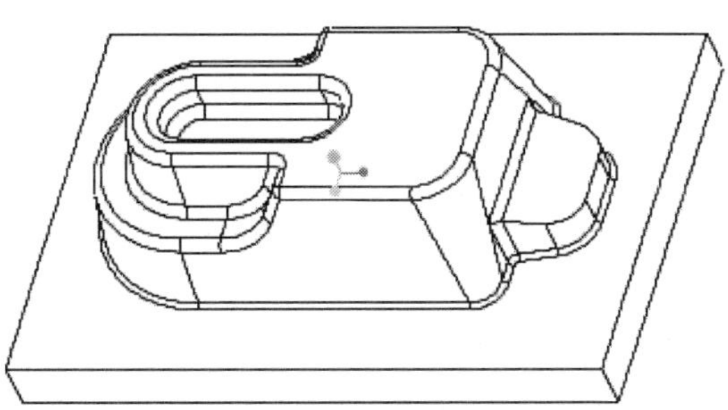

6. Example-06 도면 모델링

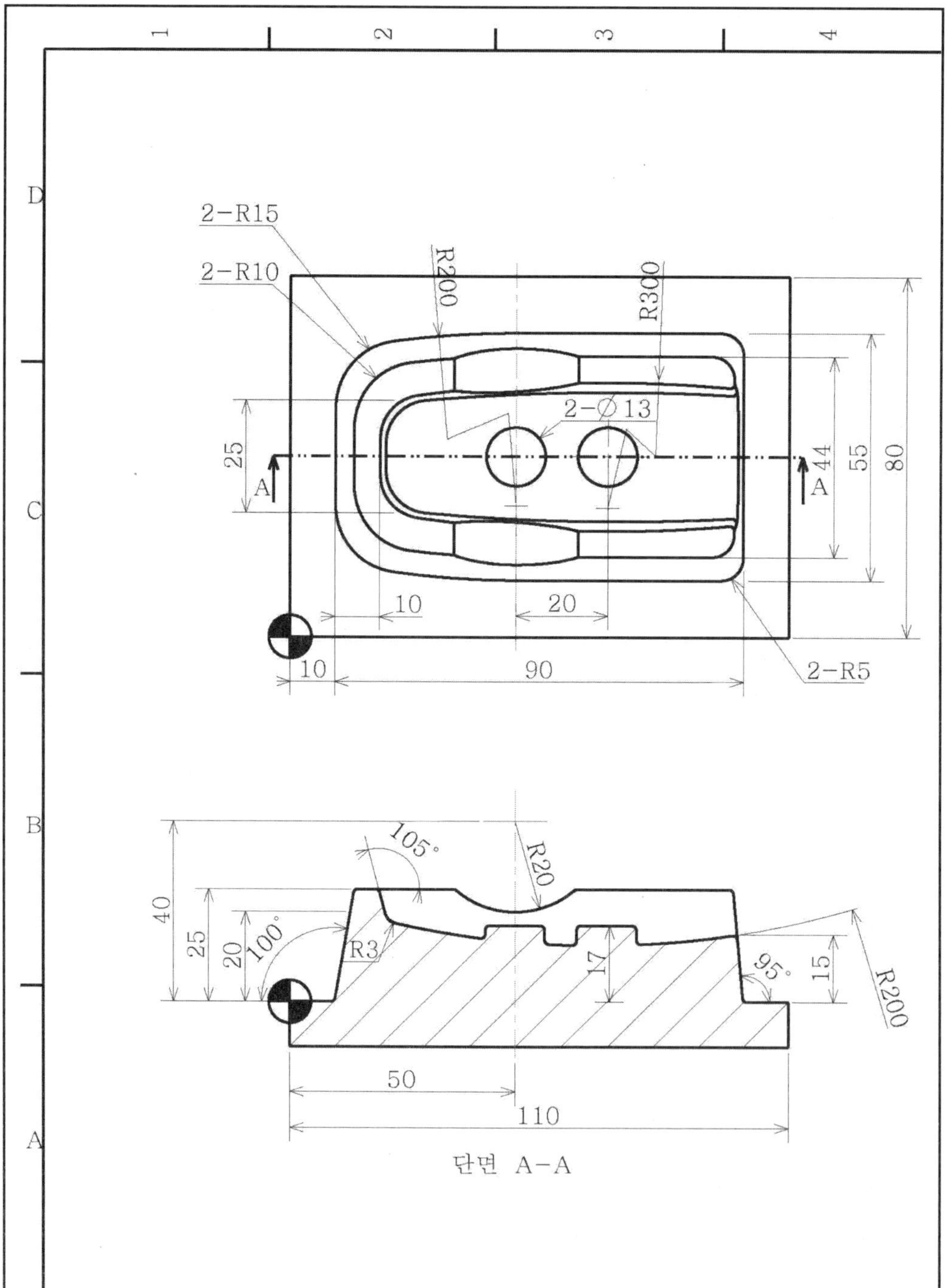

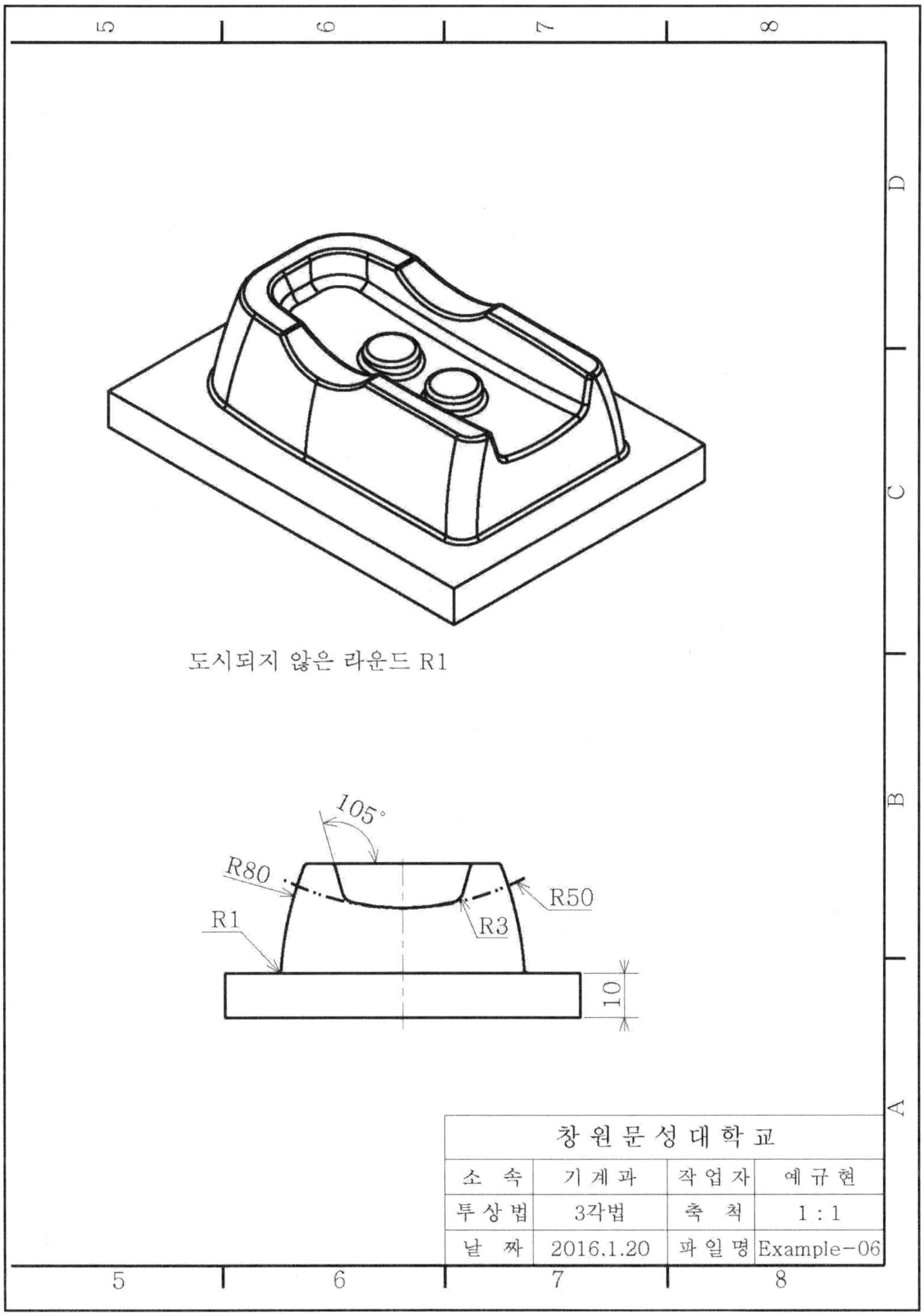

창원문성대학교			
소 속	기계과	작업자	예규현
투상법	3각법	축 척	1 : 1
날 짜	2016.1.20	파일명	Example-06

작업 순서

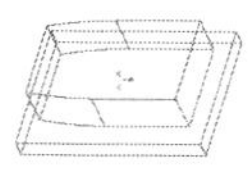	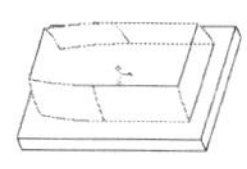	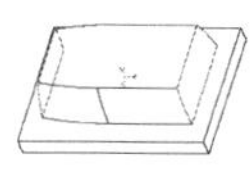	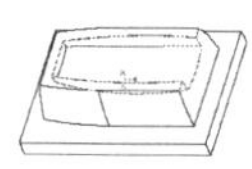	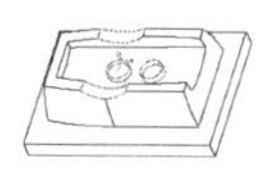	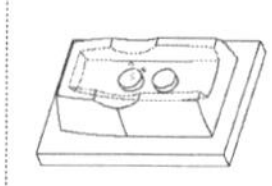	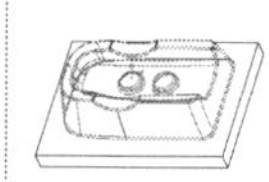
1.밀어내기 (1, 2)	2.스윕 컷	3.구배 (1,2)	4.서피스 편집	5.밀어 내기(4,5)	6.구배 (3)	9.구배/ 라운드

1. 밀어내기(1) 피처 생성

1.1 파일 새로 만들기 및 스케치 평면 정의

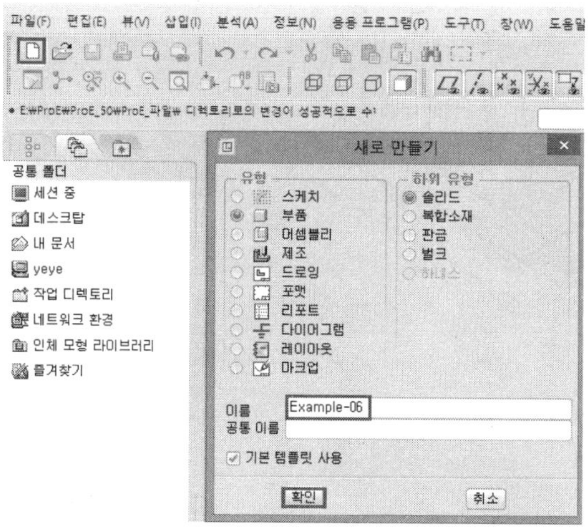

① 파일 이름 'Example-06'으로 새로 만들기 시작

② 단위는 mmNs 단위계로 모델링 작업 함.

1.2 스케치 평면 및 스케치 선택

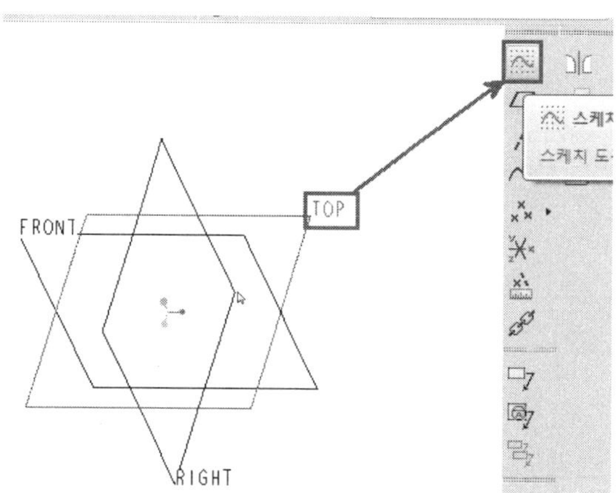

① 스케치 평면으로 'TOP' 평면 선택하고 스케치( ) 도구선택

1.3 스케치 정의 창

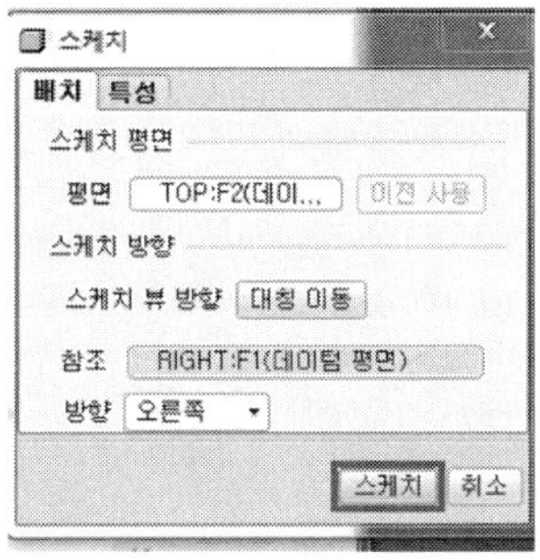

① '스케치' 탭 클릭

② 스케치 뷰 방향은 스케치 평면을 선택한 상태에서의 최적의 방향으로 자동 전환된다.

1.4 단면 스케치

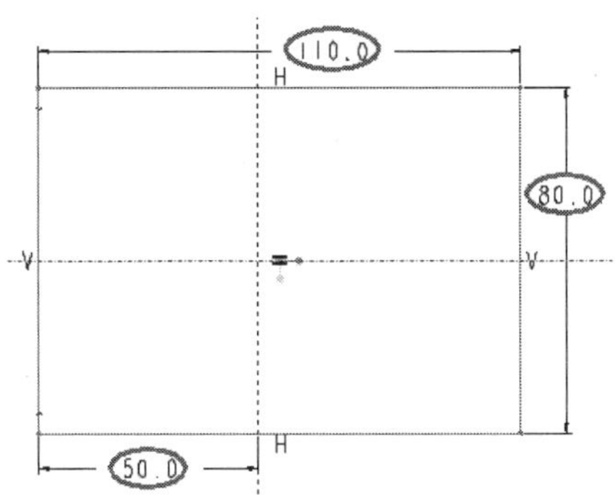

① 상하 대칭 형상의 직사각형 단면 스케치 위하여 가로 방향의 중심선 스케치

② 직사각형(□) 도구 선택

③ 중심선을 기준으로 상하 대칭 구속을 이용하여 가로 110, 세로 80인 직사각형 스케치

④ 치수 수정 후 스케치 완료(✔)

1.5 밀어내기 실행

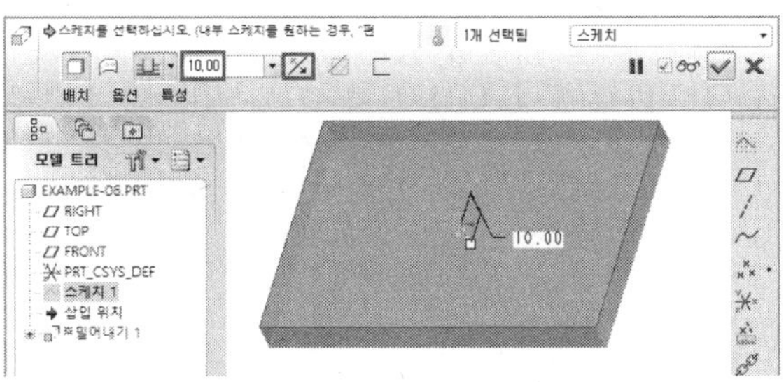

① 밀어내기( ) 도구 클릭

② 'Crtl + D'로 표준방향으로 전환

③ 깊이 값 '10'으로 수정

④ 깊이 방향 전환 아이콘 클릭(아래 방향)

1.6 밀어내기(1) 피처 완성

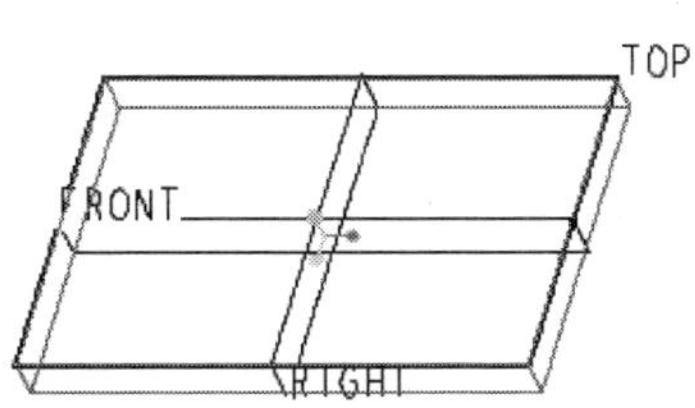

① 피처 생성 완료(✔)

2. 밀어내기(2) 피처 생성

2.1 스케치 평면 및 스케치 선택

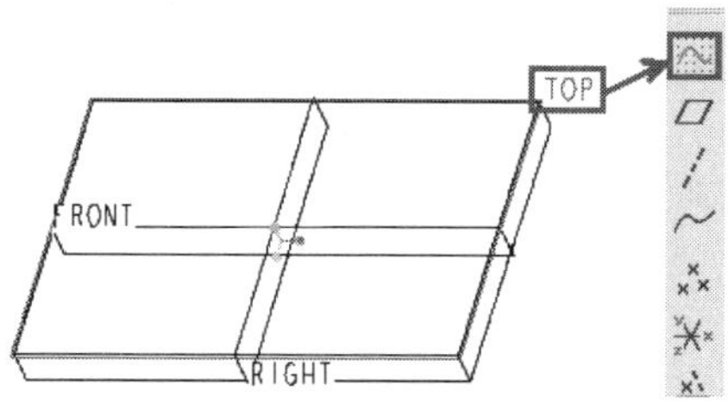

① 스케치 평면으로 'TOP' 평면 선택하고 스케치( ) 도구선택

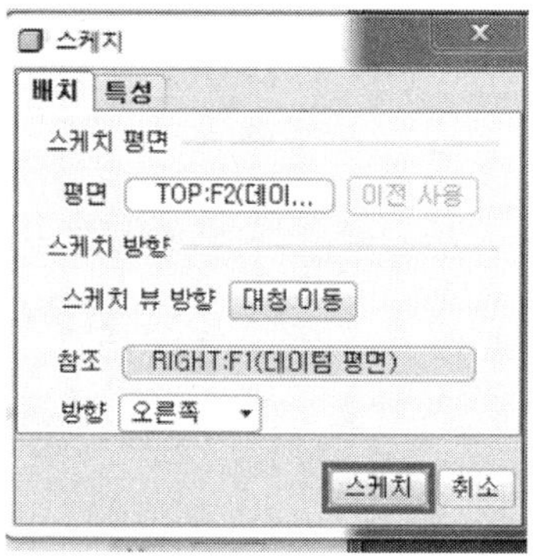

② '스케치' 탭 클릭

2.2 단면 스케치

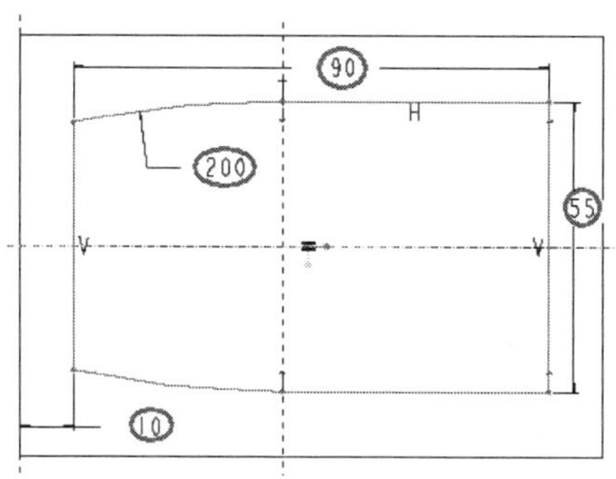

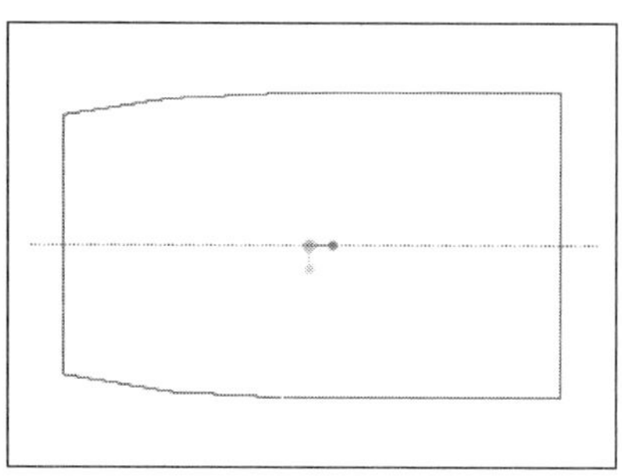

① 도면 참고하여 단면 스케치 (여기서는 가운데 수평 중심선을 기준으로 상하 대칭 복사로 스케치 함.)

② R200 호의 중심을 수직 기준선(참조)에 일치 구속

③ 치수 생성 및 수정

④스케치 작업 완료( )

2.3 밀어내기 실행

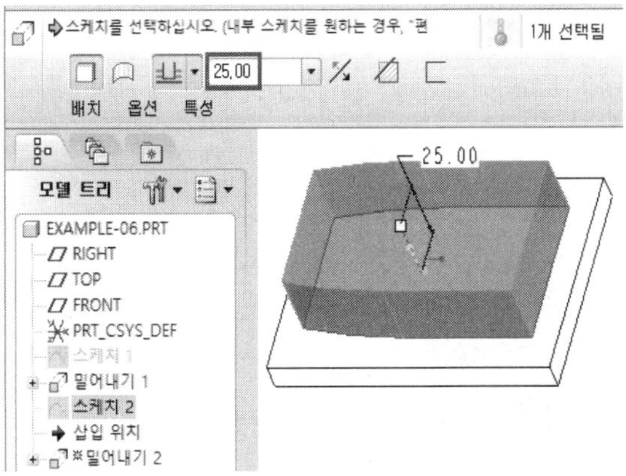

① 밀어내기() 피처 도구 아이콘 선택

② ‘Ctrl + D'로 표준방향으로 전환

③ 깊이 값 ‘25’로 수정

2.4 밀어내기(2) 피처 완성

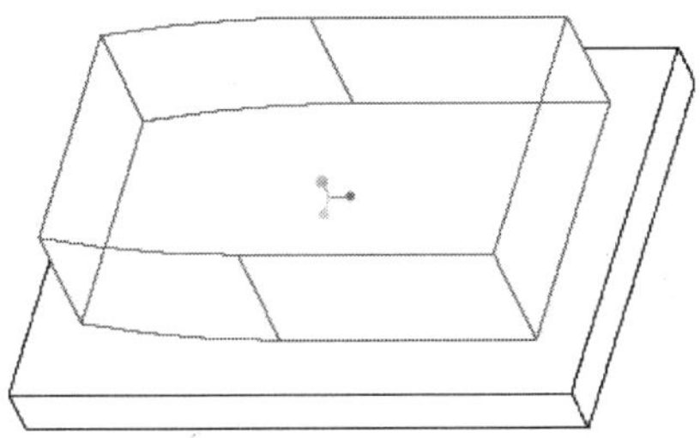

① 피처 생성 완료()

3. 스윕 컷 피처 생성

3.1 스윕 컷 실행

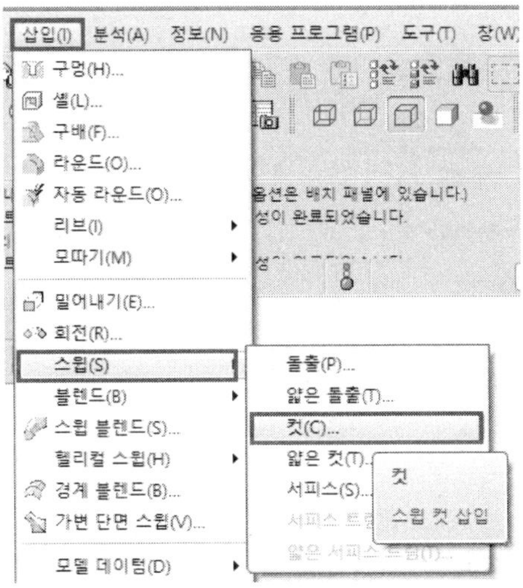

① 풀다운 메뉴 ‘삽입’ - ‘스윕’ - ‘컷’ 선택

3.2 궤적 정의

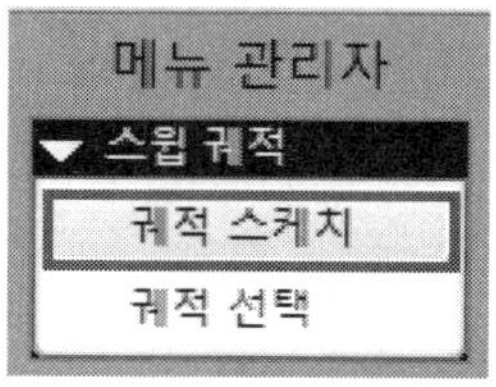

① '궤적 스케치' 선택

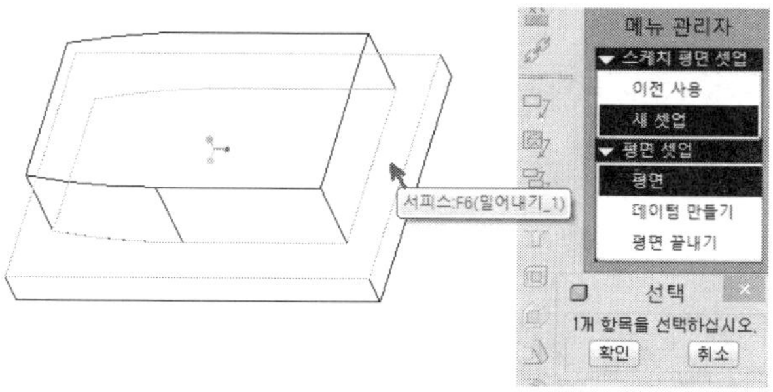

② 직육면체의 윗면 선택

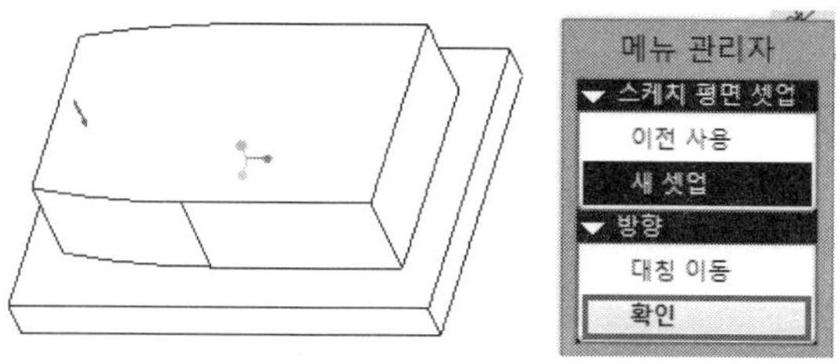

③ 방향 '확인' 선택

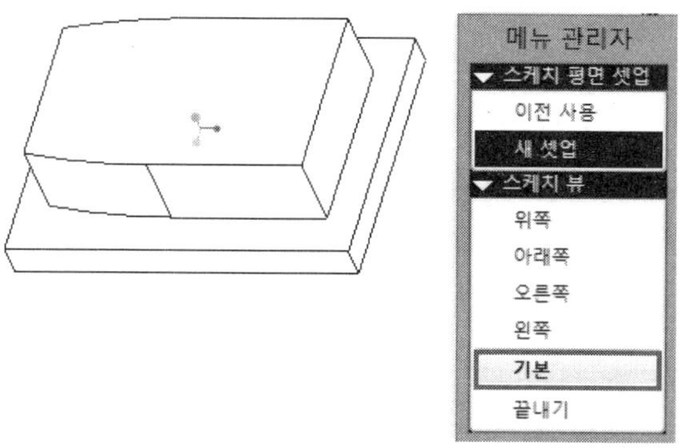

④ 스케치 뷰 '기본' 선택

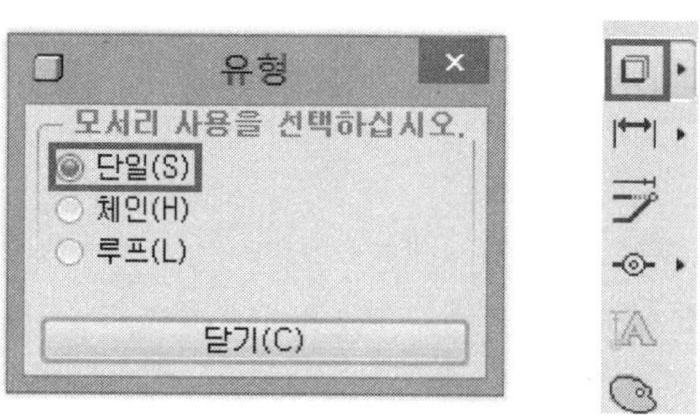

⑤ 모서리 사용(□) 선택

⑥ 선택 유형 '단일'

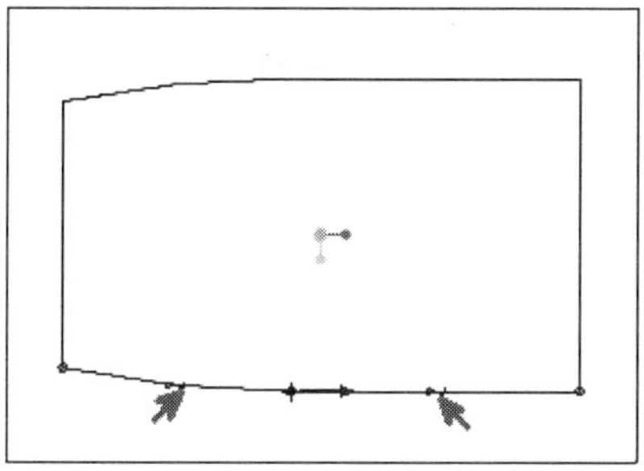

⑦ 화살표 표시된 두 모서리 선택

⑧ 시작점 화살표 위치 확인(화살표가 궤적의 중간에 위치하고 있음)

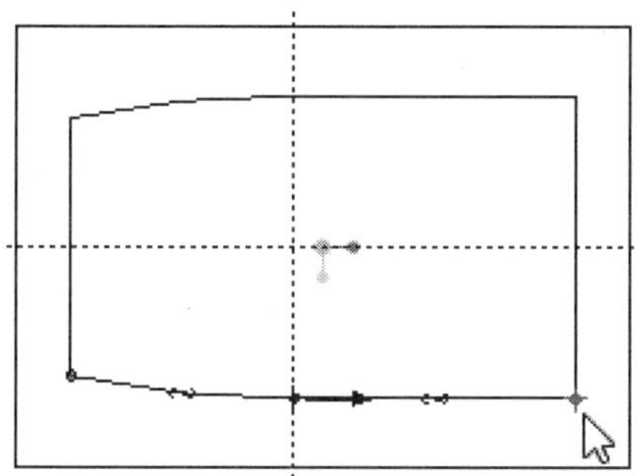

⑨ 시작점 위치를 전체 궤적의 끝단에 위치시킨다.

⑩ 이동할 위치의 꼭지점을 마우스로 선택(붉은색 강조됨)

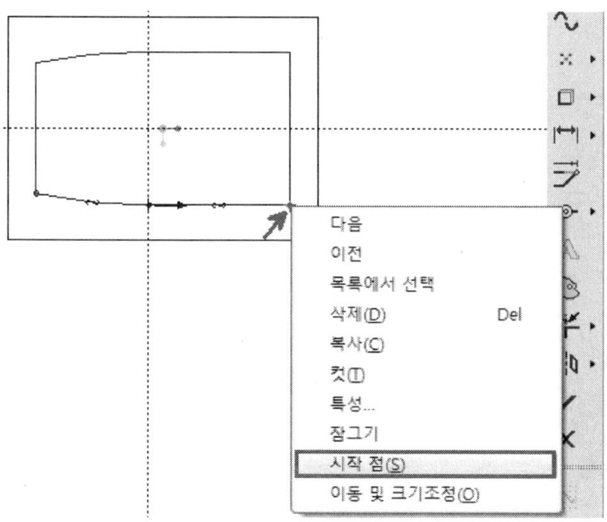

⑪ 선택된 상태에서 마우스 우측 버튼 클릭

⑫ 팝업 메뉴 '시작점' 선택

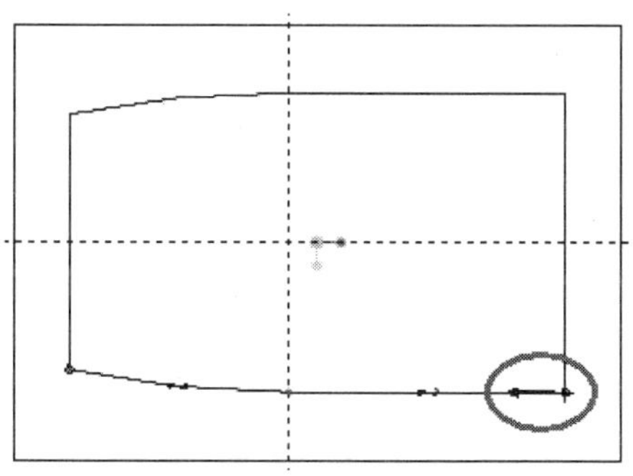

⑬ 시작점 위치가 선택한 꼭지점 위치로 이동

⑭ 스케치 작업 완료(✔)

3.3 단면 스케치

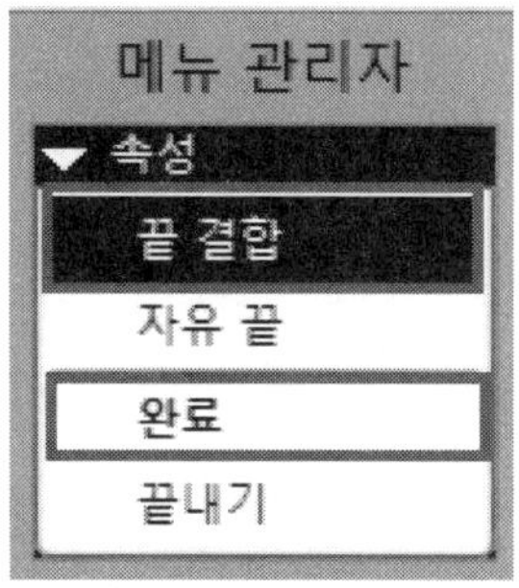

① 속성 '끝 결합' 선택

② '완료' 선택

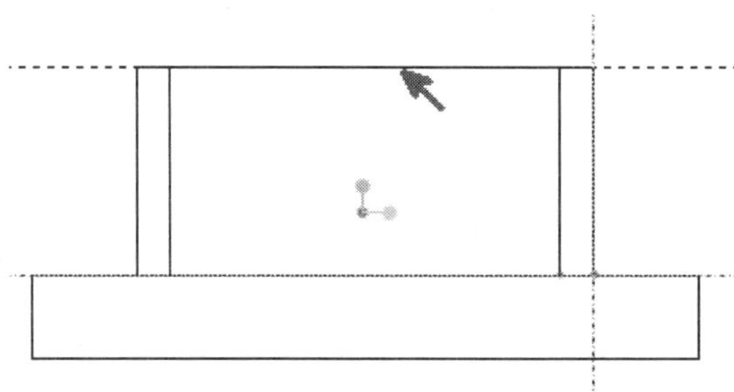

③ 상단 수평 모서리를 참조 추가

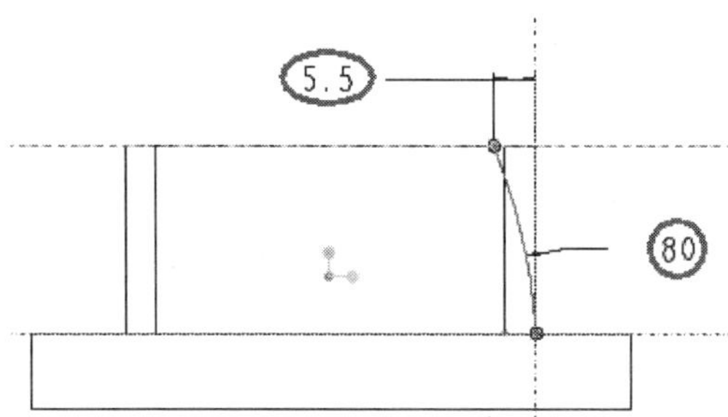

④ R80 호 단면 스케치

⑤ 치수 생성 및 수정

⑥ 스케치 작업 완료(✔)

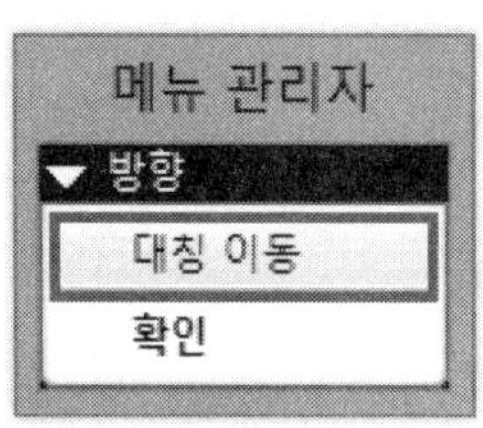

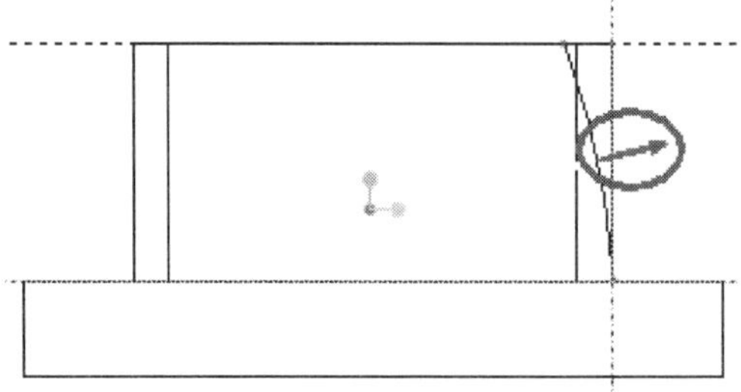

⑦ 방향 '대칭 이동' 선택(재료 제거 방향이 안쪽을 향하고 있음)

⑧ '확인' 선택

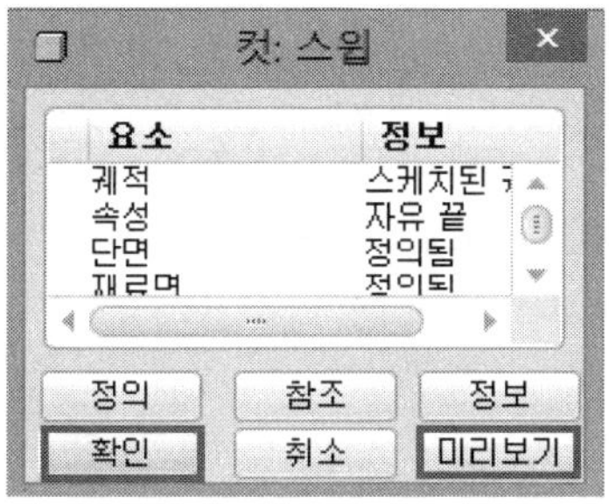

⑨ '미리보기' 로 형상 확인

⑩ '확인' 탭 선택

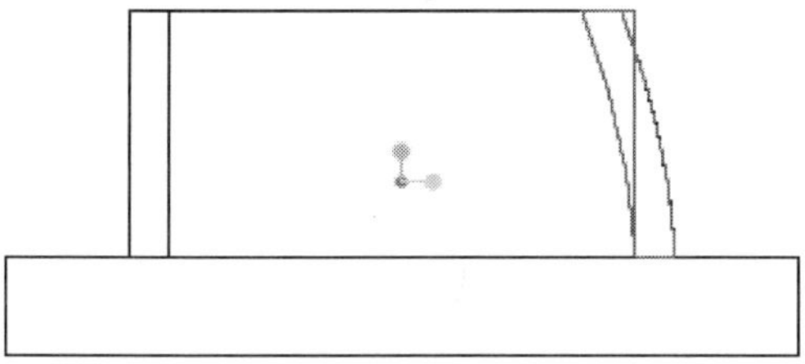

⑪ 스윕 컷 피처 완성

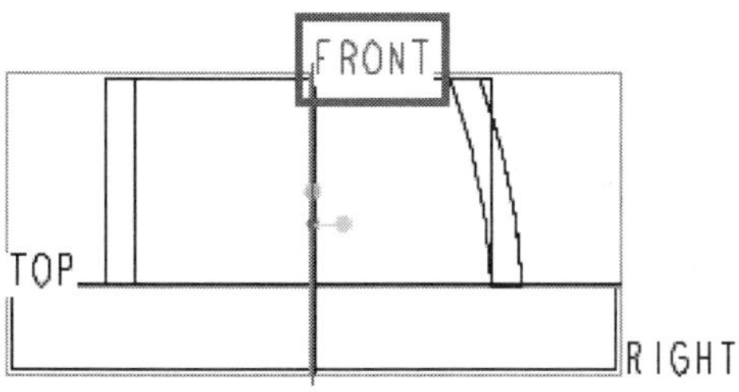

⑫ 피처 도구의 대칭복사() 선택(복사 대상 피처가 선택된 상태임)

⑬ 대칭 기준인 'FRONT' 평면 선택

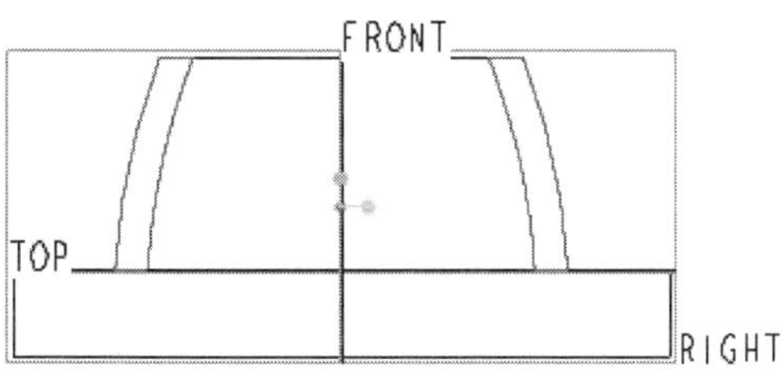

⑭ 피처 생성 완료()

4. 구배(1) 피처 생성하기

4.1 구배면 선택

① 구배 도구 아이콘() 선택

② 구배 적용할 면 선택

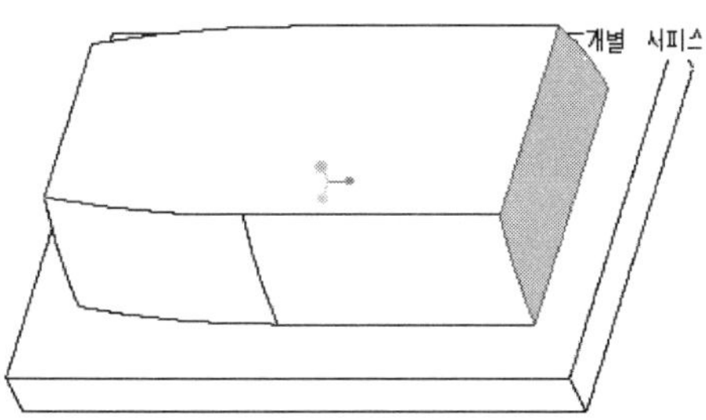

4.2 구배 경첩 지정

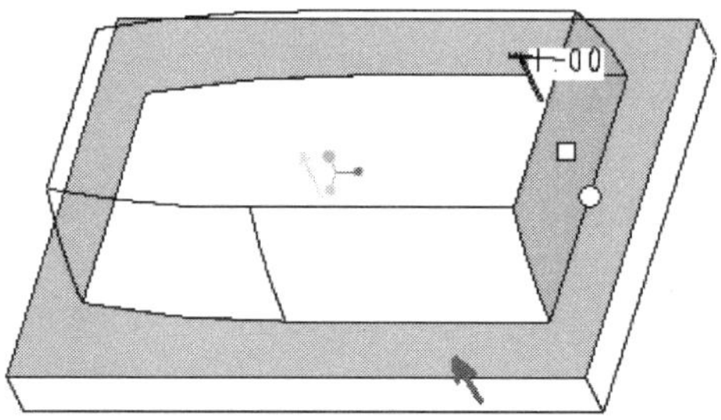

① 마우스 우측 버튼 클릭

② '구배 경첩' 선택

③ 직육면체 위면 선택

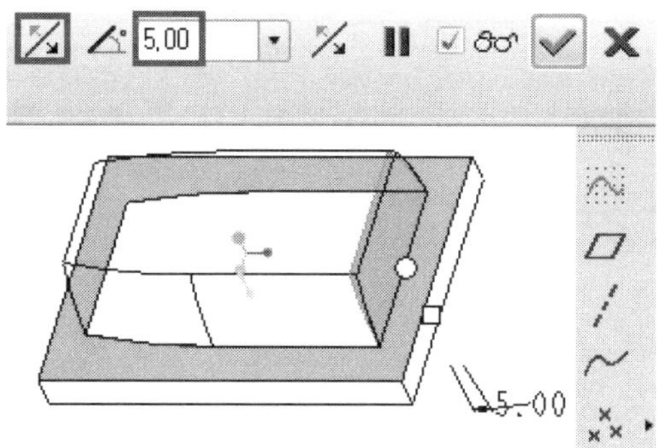

④ 잡아당기는 방향이 반대이므로 방향 전환 아이콘 클릭

⑤ 구배 각도 '5' 로 수정

4.3 구배(1) 피처 생성 완료

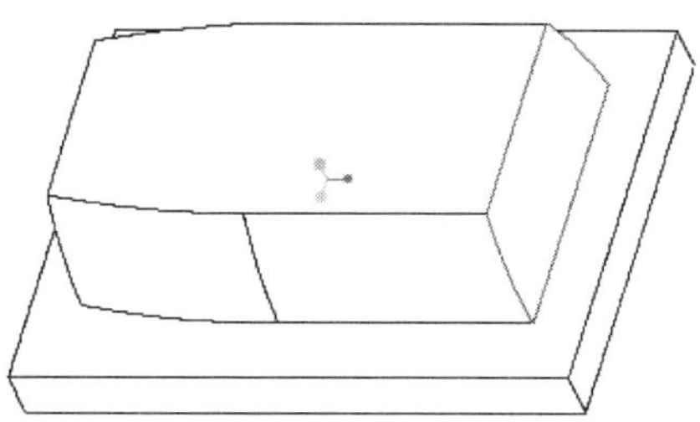

① 피처생성 완료(✔)

5. 구배(2) 피처 생성하기

5.1 구배면 선택

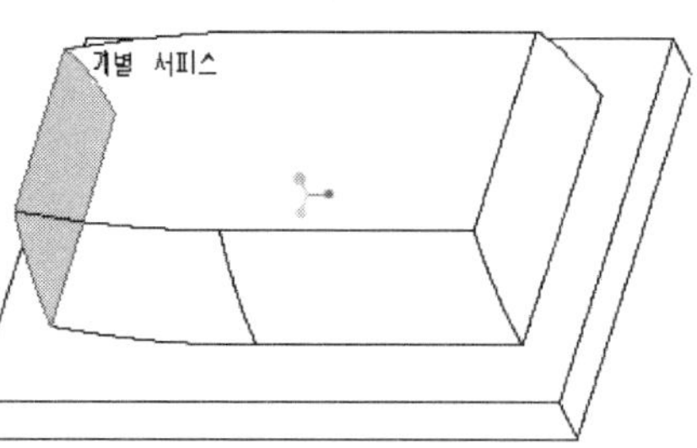

① 구배 도구 아이콘( ) 선택

② 구배 적용할 면 선택

5.2 구배 경첩 지정

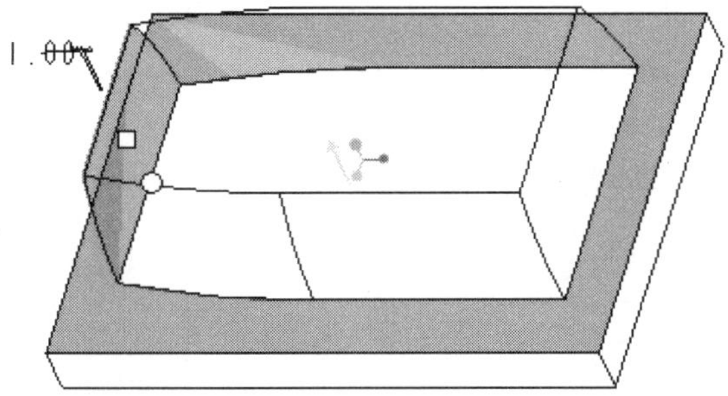

① 마우스 우측 버튼 클릭

② ‘구배 경첩’ 선택

③ 직육면체 위면 선택

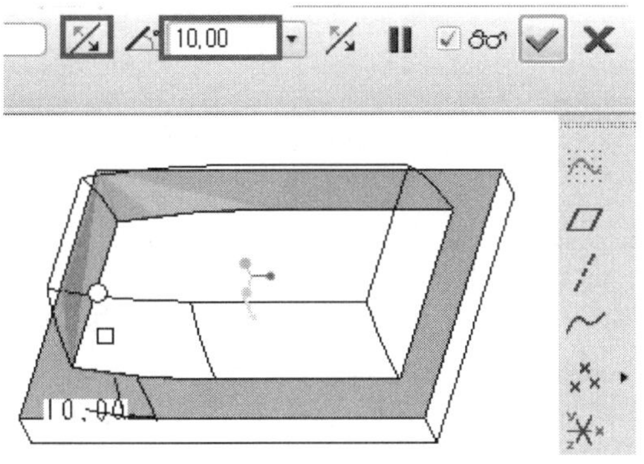

④ 잡아당기는 방향이 반대이므로 방향 전환 아이콘 클릭

⑤ 구배 각도 ‘10’으로 수정

5.3 구배(2) 피처 생성 완료

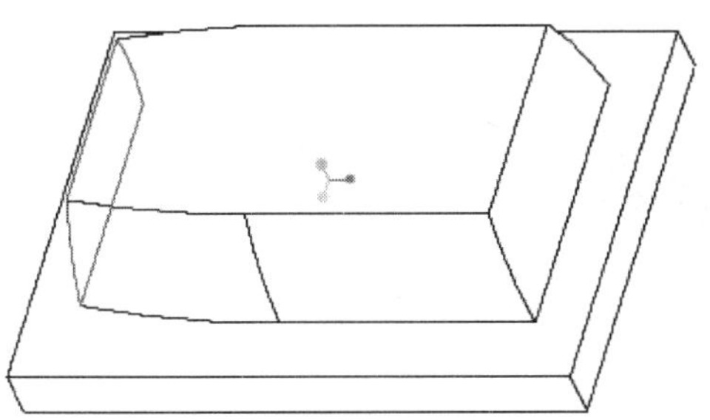

① 피처생성 완료()

6. 스윕 서피스 생성

6.1 스윕 서피스 명령 실행

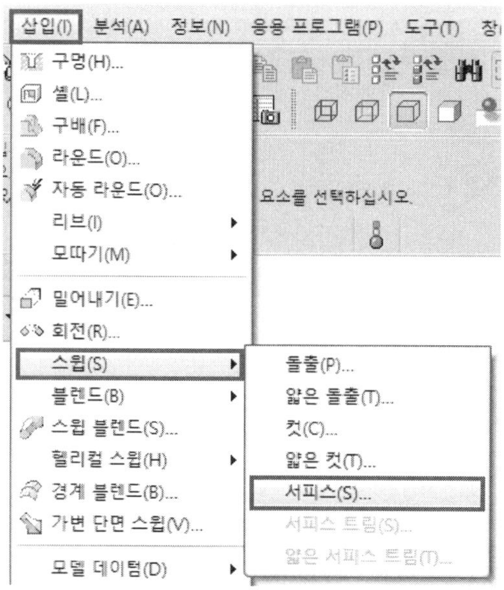

① 풀다운 메뉴 '삽입' - '스윕' - '서피스' 선택

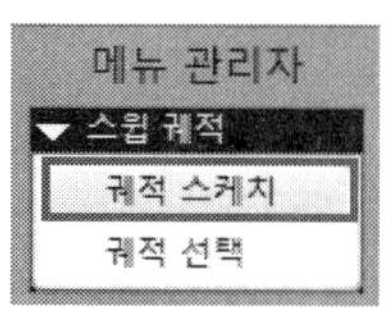

② 메뉴 관리자 '궤적 스케치' 선택

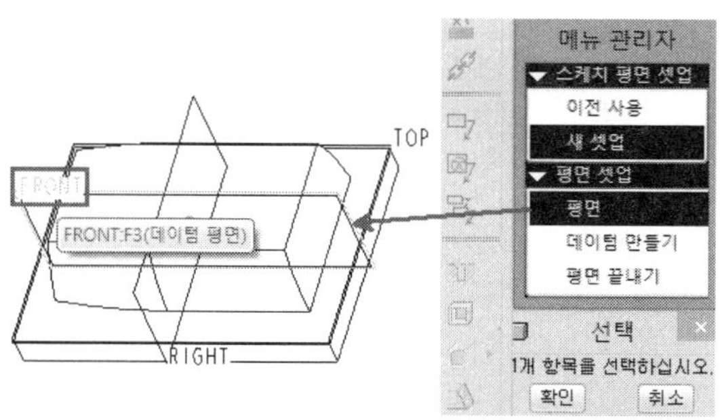

③ 'FRONT' 평면 선택

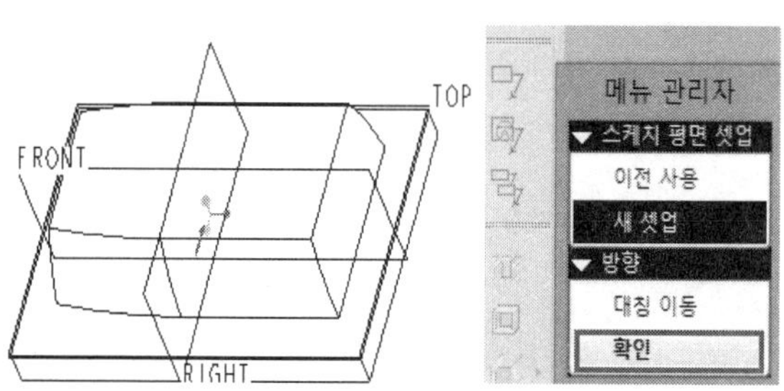

④ 방향 '확인' 선택

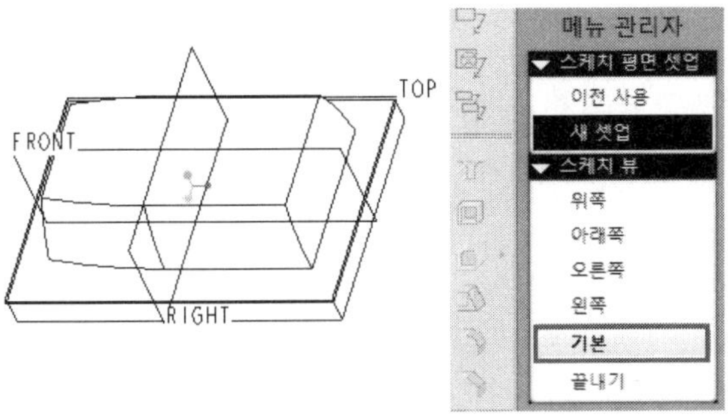

⑤ 스케치 뷰 '기본' 선택

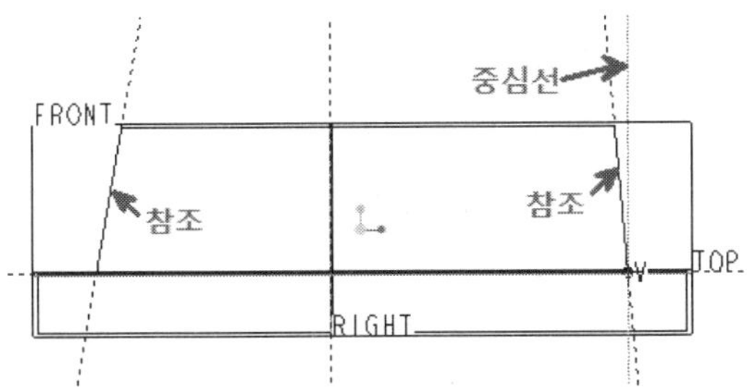

⑥ 구배면 두 경사 모서리를 참조 추가

⑦ 'TOP' 평면과 우측 참조 모서리 교차점에서 수직 방향의 중심선 스케치

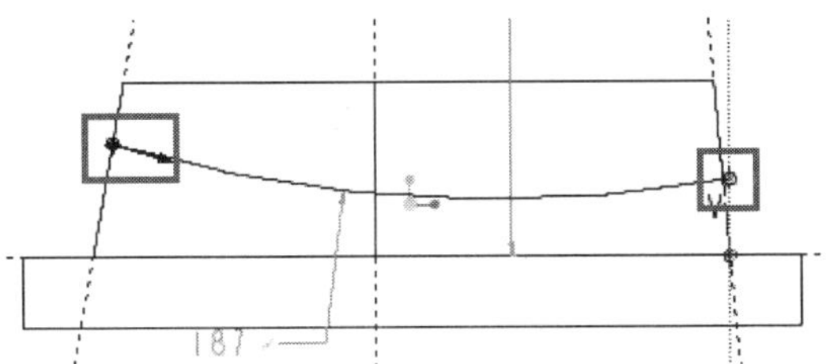

⑧ 3점/탄젠트 끝( ) 호 도구 선택

⑨ 그림과 같이 왼쪽 참조 모서리와 우측 수직 중심선을 연결하는 호 스케치(호의 양끝이 수평구속 되지 않도록 한다.)

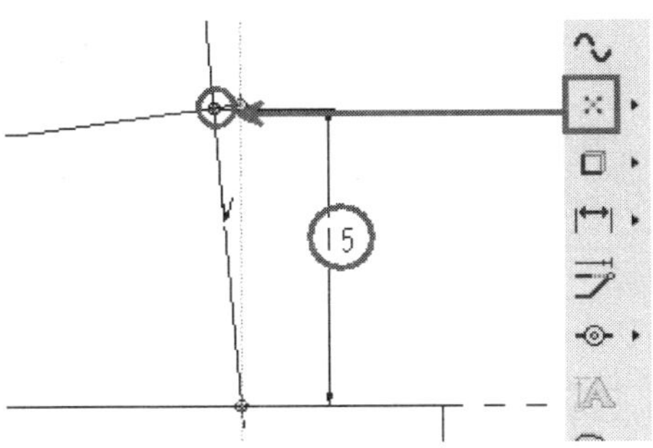

⑩ 15 치수 넣기 위해 우측 참조 모서리와 호의 교차점 위에 '점' 추가

⑪ 바닥에서 이 점까지 치수 추가 및 '15' 로 수정

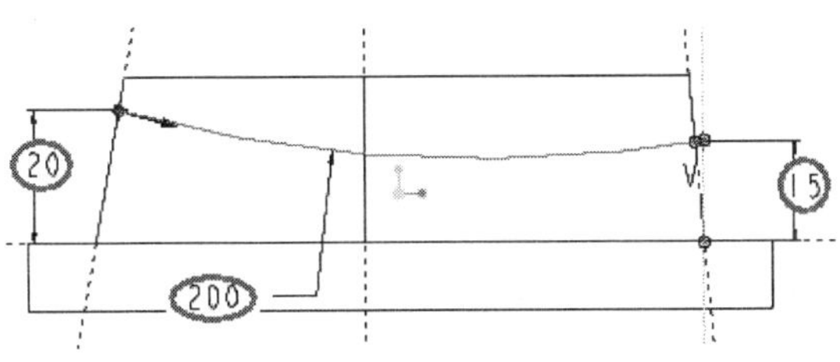

⑫ 도면 및 그림 참고하여 나머지 치수 생성/수정

⑬ 스케치 작업 완료( )

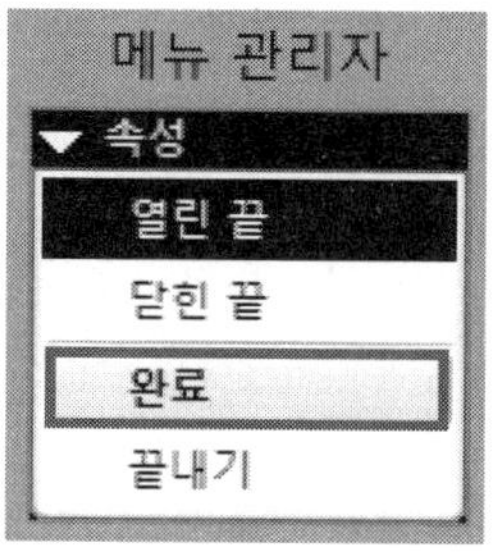

⑭ 속성 '열린 끝' - '완료'

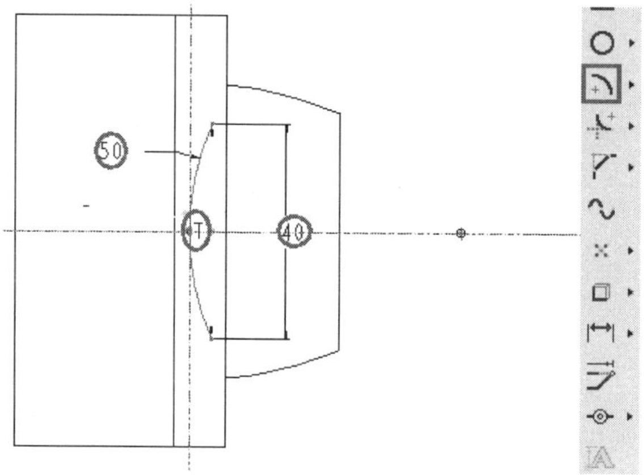

⑮ 중심/끝( ) 호 도구 아이콘 선택하여 그림과 같이 호 단면 스케치

⑯ 이때 호를 수직 기준선에 탄젠트 되도록 스케치한다.

⑰ 스케치 작업 완료( )

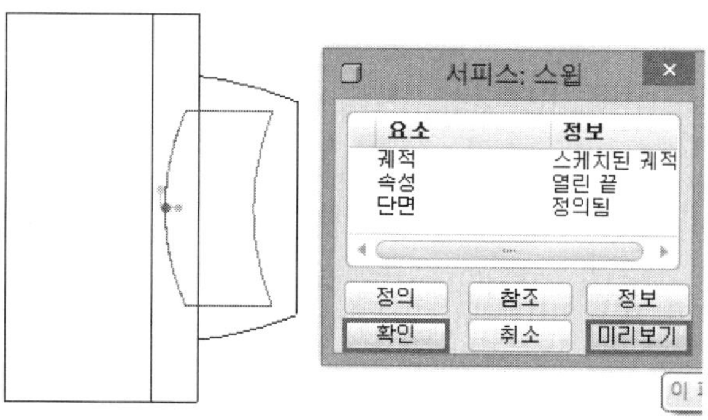

⑱ '미리보기' 로 형상 확인 후 '확인' 선택

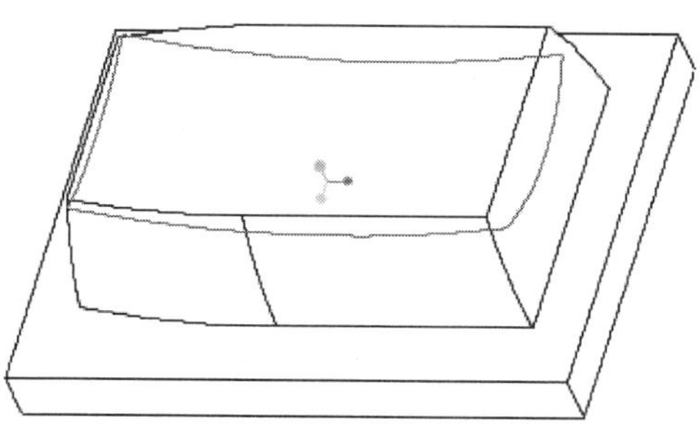

⑲ 스윕 서피스 완성

7. 밀어내기 서피스 생성

7.1 스케치 평면 정의

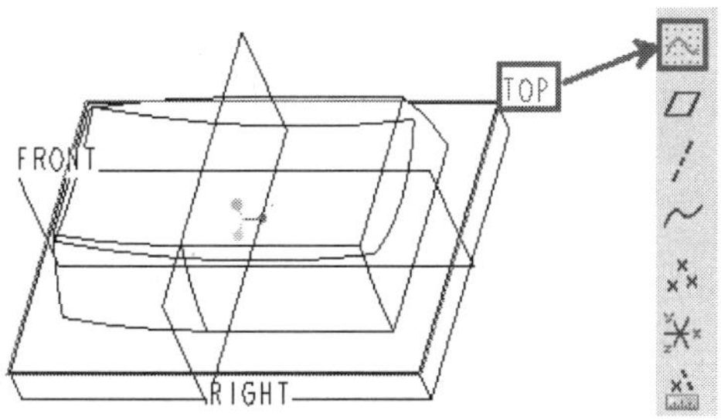

① 'TOP' 평면(또는 직육면체 윗면) 선택

② 스케치( ) 도구 선택

③ '스케치' 탭 선택

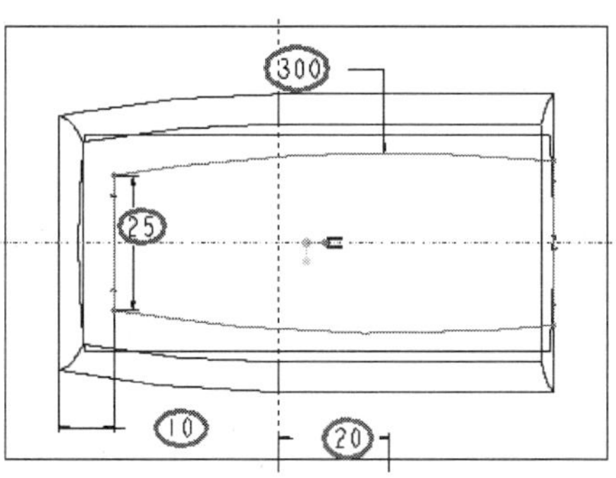

④ 수평 중심선 및 대칭복사 기능 활용하여 단면 스케치

⑤ 그림에서 치수 '20' 은 R300 호의 중심까지 치수

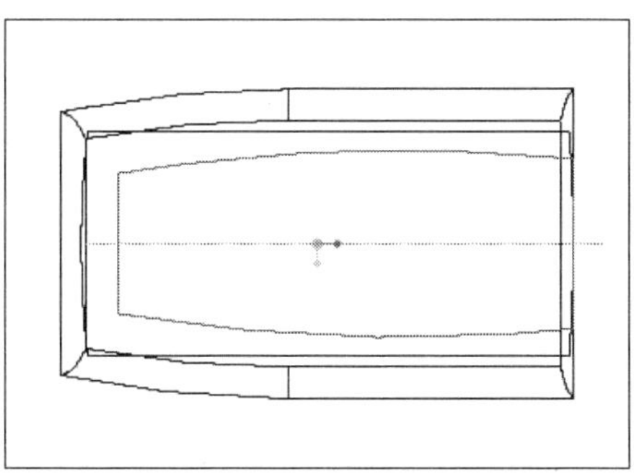

⑥스케치 작업 완료( )

7.2 밀어내기 실행

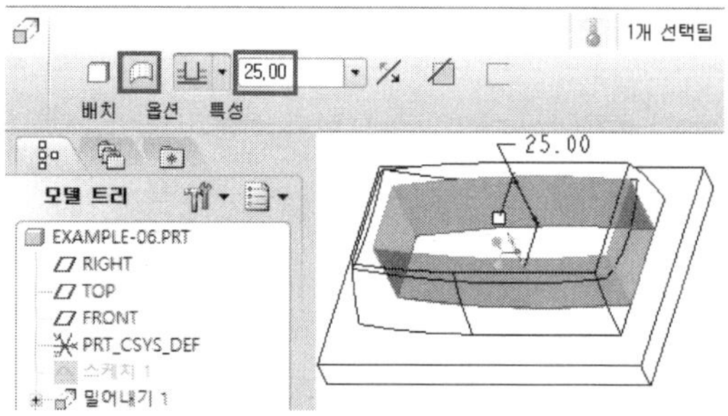

① 밀어내기( ) 피처 도구 아이콘 선택

② 'Ctrl + D'로 표준방향으로 전환

③ 서피스로 밀어내기( ) 선택

④ 깊이 값 '25'로 수정

⑤ 피처 생성 완료( )

7.3 서피스 결합

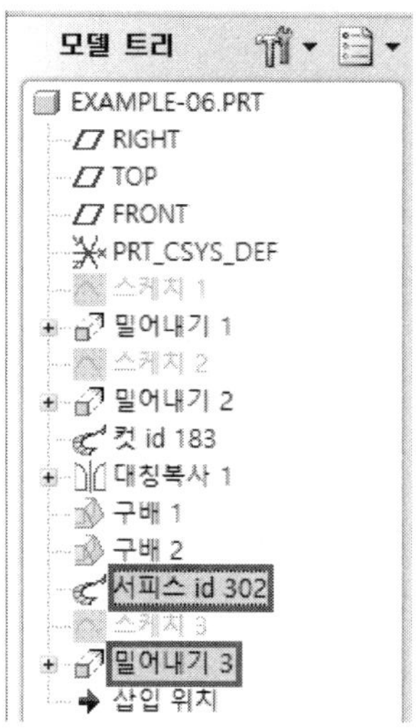

① 모델트리에서 앞에서 작업한 두 개의 서피스를 동시 선택

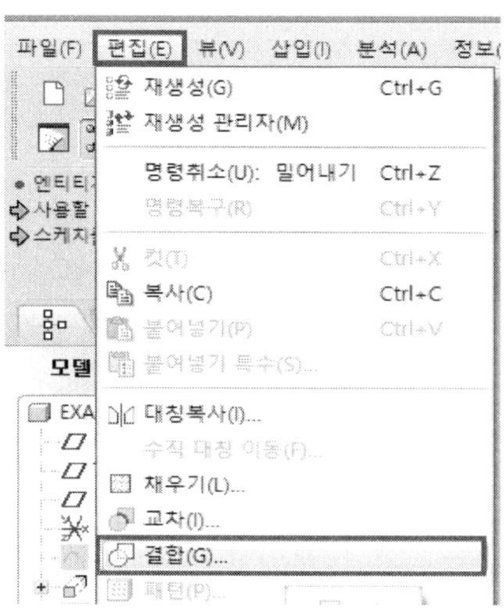

② 풀다운 메뉴 '편집' – '결합' 선택

③ 그래픽 영역에 표시된 화살

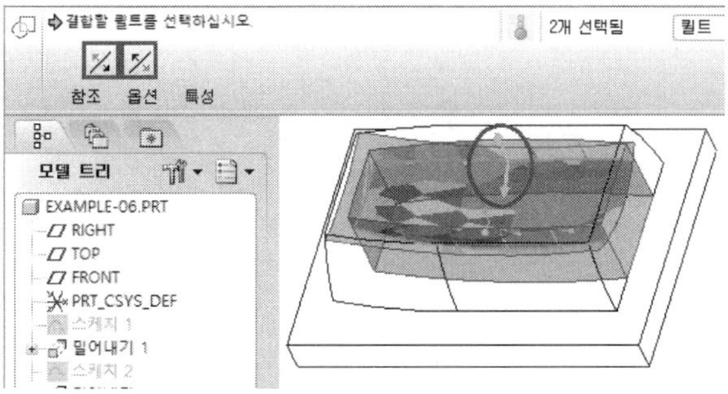

표 방향을 확인(화살표 방향 쪽 서피스가 유지됨)

④ 청색 테두리 안 화살표 방향과 같이 되도록 한다.

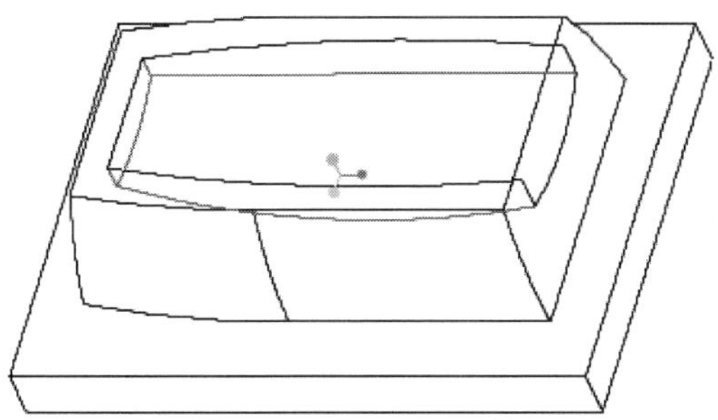

⑤ 피처생성 완료(✔)

8. 서피스 솔리드화(재료제거)

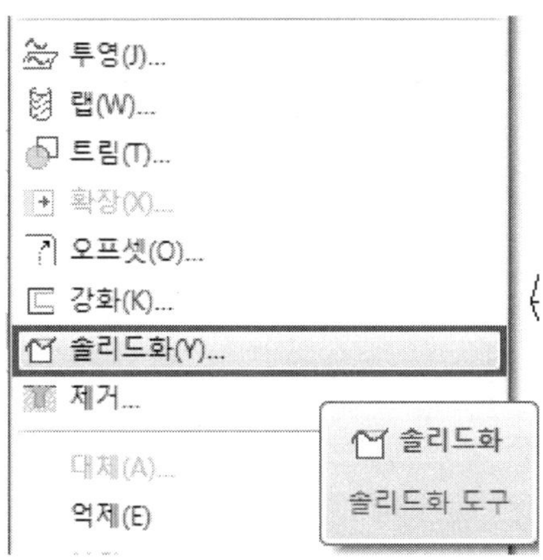

① 모델 트리의 '결합 1' 서피스 선택(앞 단계에서 자동 선택되어 있음)

② 풀다운 메뉴 '편집' – '솔리드화' 선택

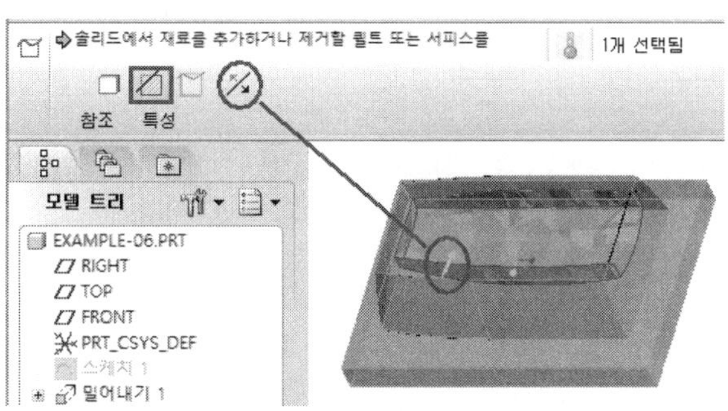

③ 대시보드 창 재료제거(◺) 아이콘 선택

④ 재료제거 방향 확인

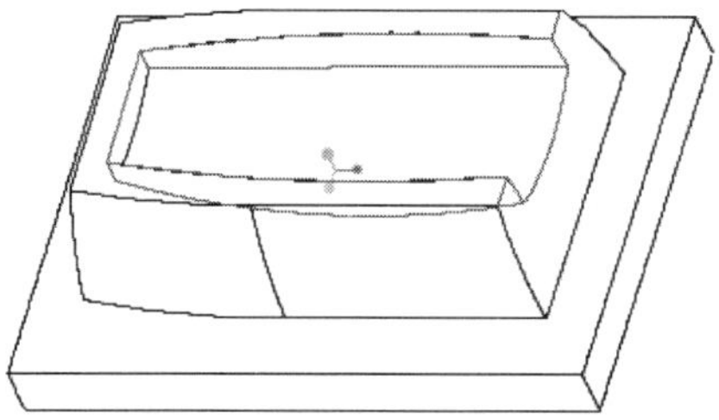

⑤ 피처 생성 완료(✔)

9. 밀어내기(4) 피처 생성

9.1 스케치 평면 및 스케치 선택

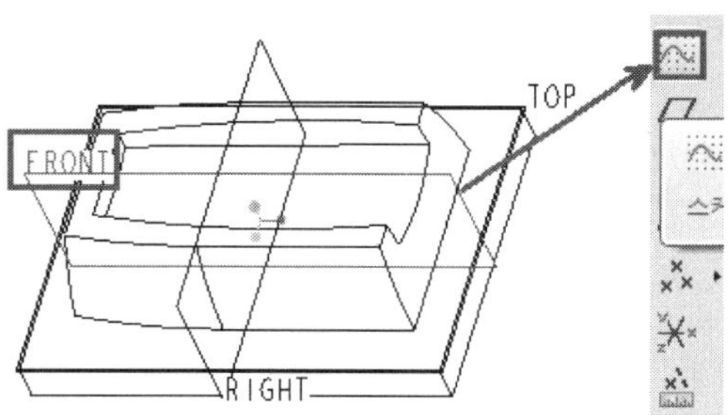

① 스케치 평면으로 'FRONT' 평면 선택하고 스케치(∿) 도구 선택

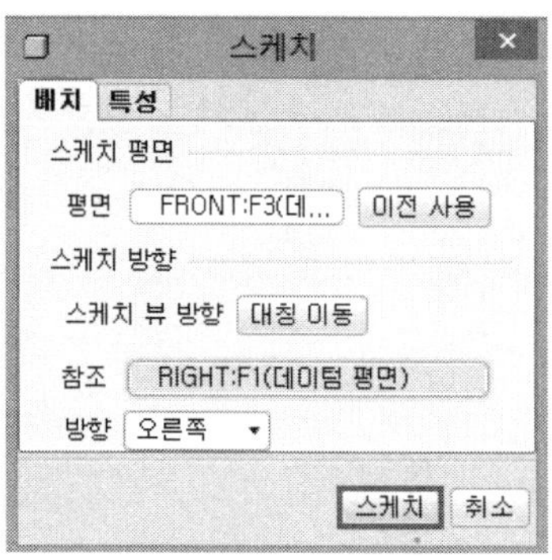

② '스케치' 탭 클릭

9.2 단면 스케치

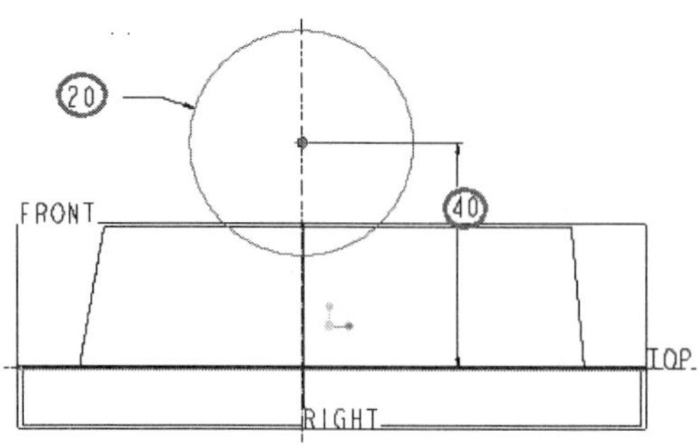

① 도면 참고하여 단면 스케치

② 치수 생성 및 수정

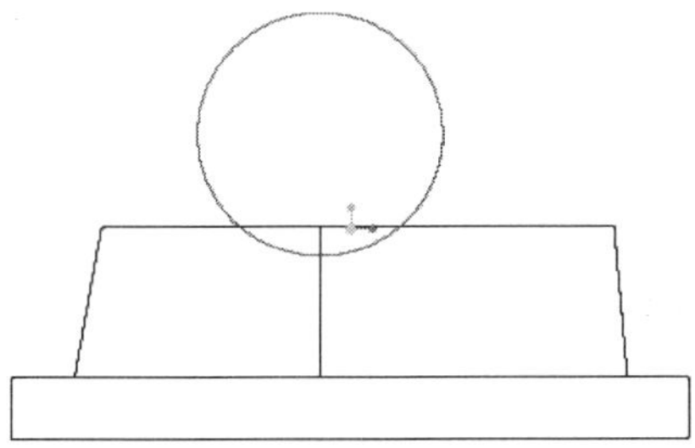

③ 스케치 작업 완료(✔)

9.3 밀어내기(재료제거) 실행

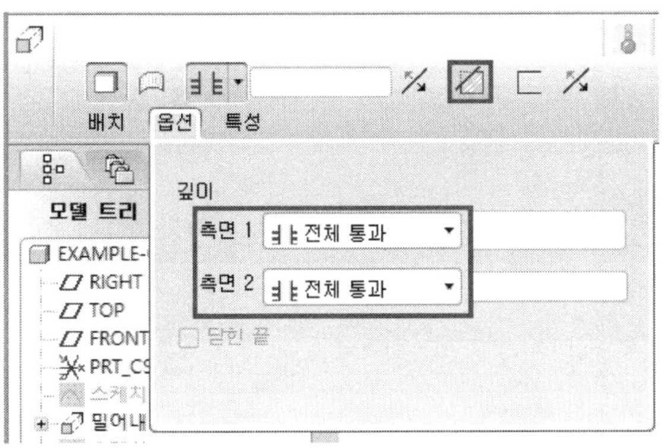

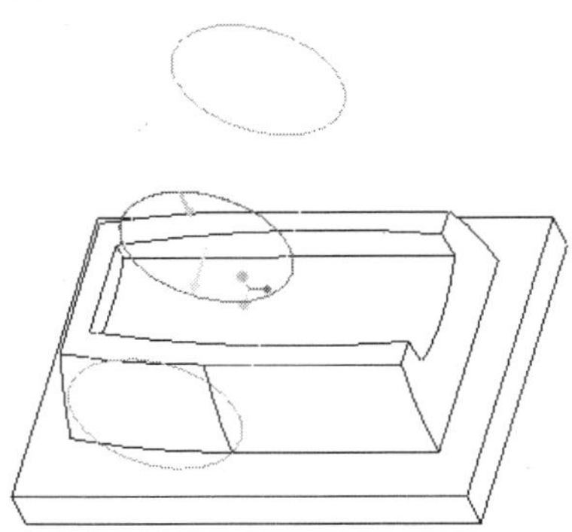

① 밀어내기( ) 피처 도구 아이콘 선택

② 'Ctrl + D'로 표준방향으로 전환

③ 재료제거( ) 선택

④ 대시보드 '옵션' 탭 선택, 측면1, 2 모두 '전체 통과' 선택

9.4 밀어내기(4) 피처 완성

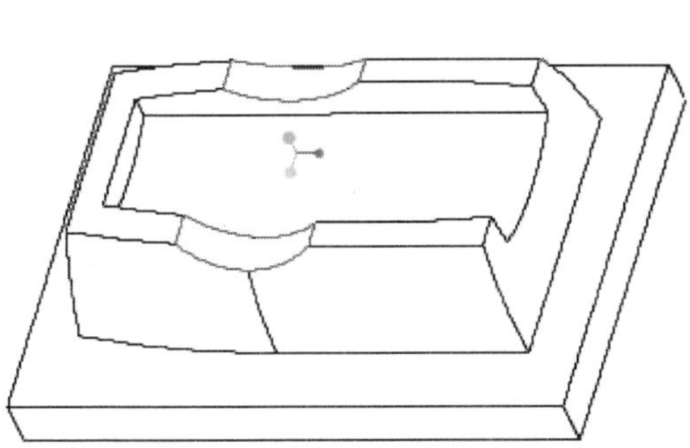

① 피처 생성 완료(✔)

10. 밀어내기(5) 피처 생성

10.1 스케치 평면 및 스케치 선택

① 직육면체 윗면 선택하고 스케치( ) 도구 선택

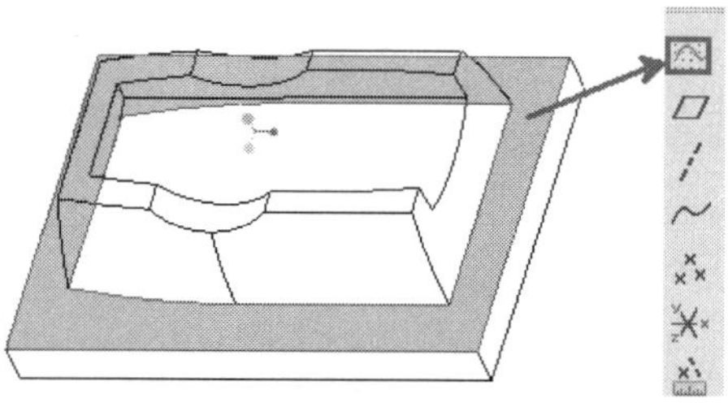

② '스케치' 탭 클릭

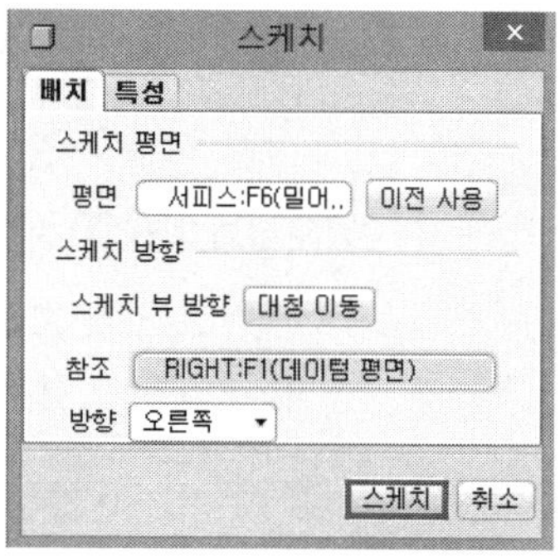

10.2) 단면 스케치

① 도면 참고하여 단면 스케치

② 치수 생성 및 수정

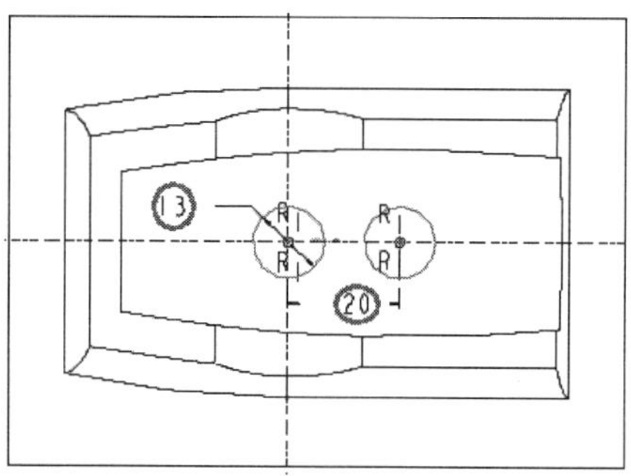

③ 스케치 작업 완료( )

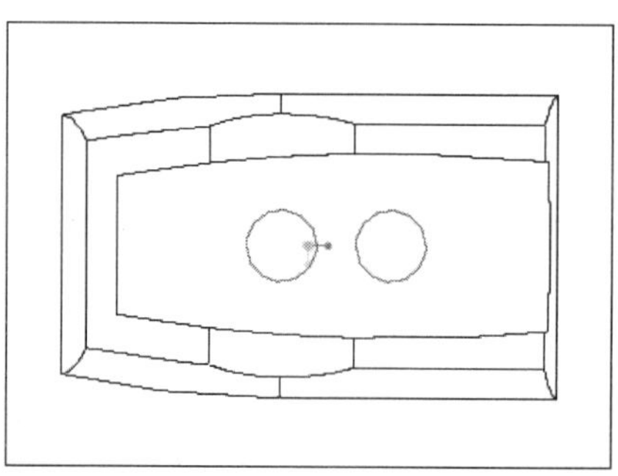

10.3 밀어내기 실행

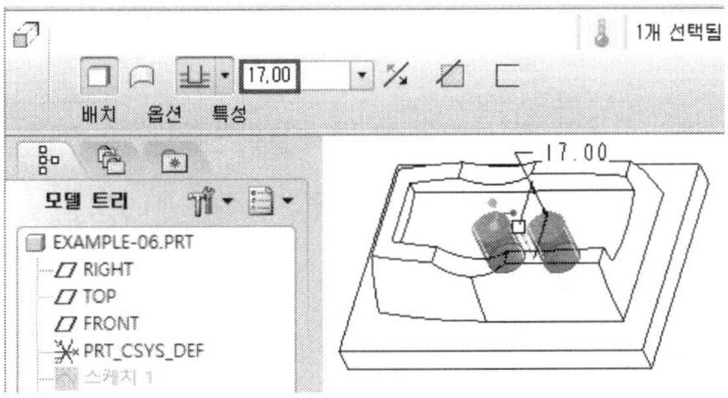

① 밀어내기( ) 피처 도구 아이콘 선택

② 'Crtl + D'로 표준 방향으로 전환

③ 깊이 값 '17' 로 수정

10.4 밀어내기(5) 피처 완성

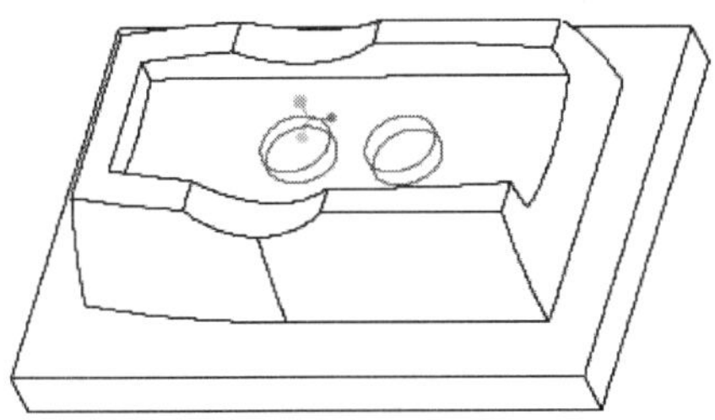

① 피처 생성 완료( )

11. 구배(3) 피처 생성하기

11.1 구배면 선택

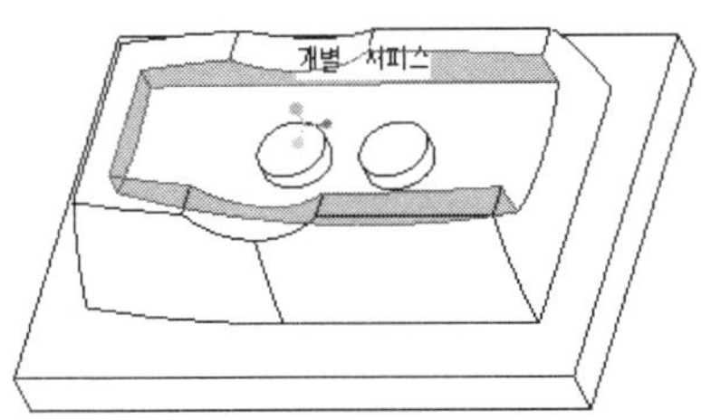

① 구배 도구 아이콘( ) 선택

② 구배 적용할 면 선택(선택한 면과 탄젠트 연결된 면은 모두 구배 적용됨)

11.2 구배 경첩 지정

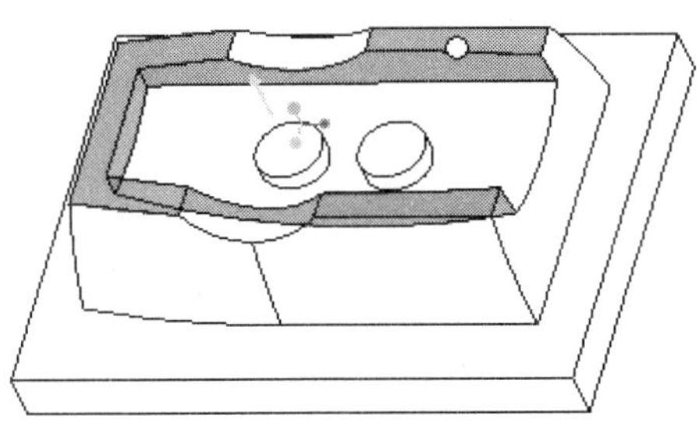

① 마우스 우측 버튼 클릭

② '구배 경첩' 선택

③ 모델링 형상의 윗면 선택

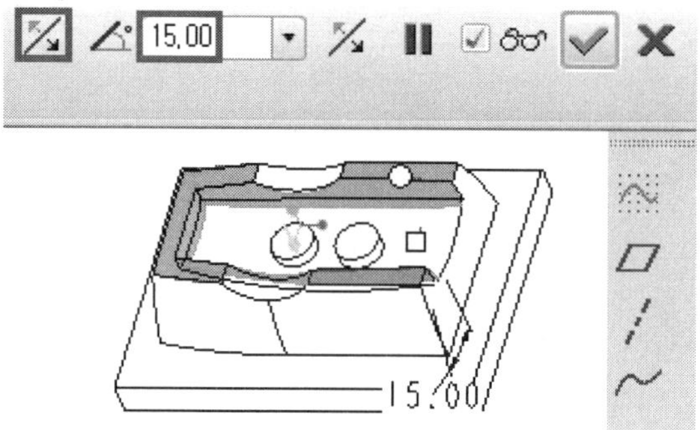

④ 잡아당기는 방향이 반대이므로 방향 전환( ) 아이콘 클릭

⑤ 구배 각도 '15' 로 수정

11.3 구배(3) 피처 생성 완료

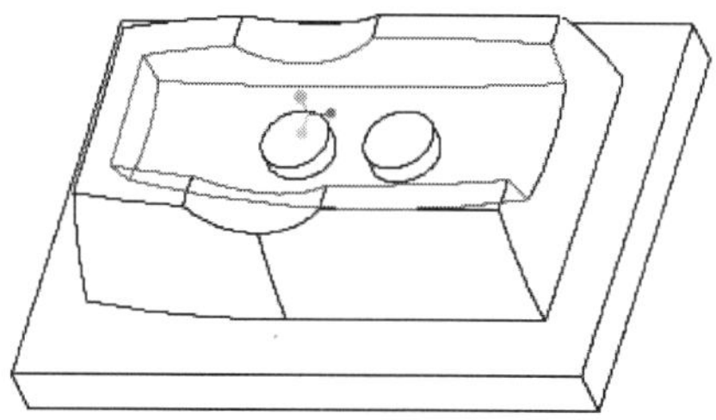

① 피처생성 완료( )

12. 라운드 추가

12.1 라운드(R15, R10, R5)

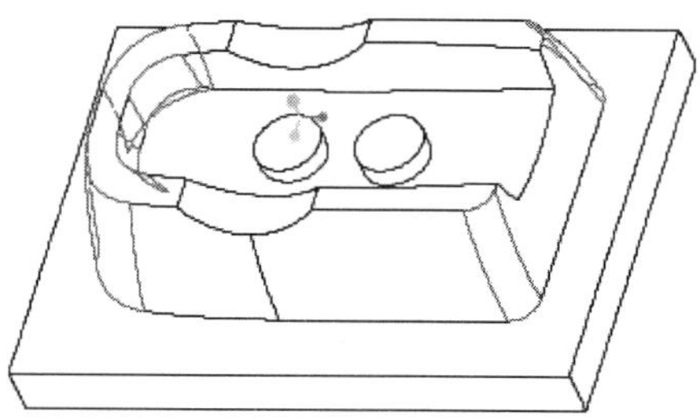

① 라운드( ) 도구 선택

② R15 모서리 두 모서리를 Ctrl 키 누른 채 선택, 라운드 값 15로 수정

③ 동일한 방법으로 R10, R5 추가

④ 피처 생성 완료( )

12.2 라운드(R3, R1)

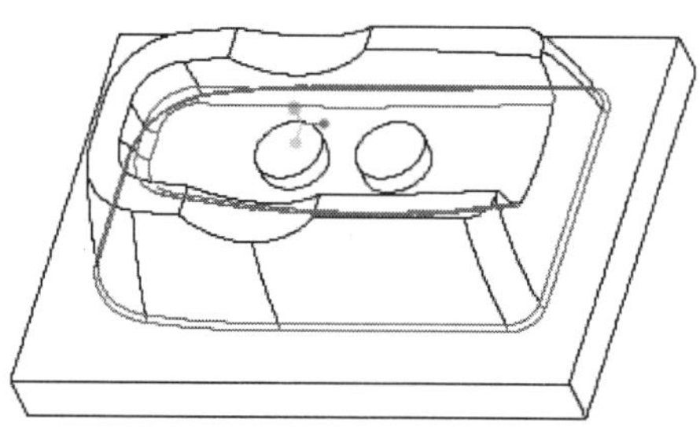

① 라운드( ) 도구 아이콘 선택

② R3 모서리 선택 후 라운드 값 '3' 으로 수정

③ R1 모서리 선택 후 라운드 값 '1' 로 수정

④ 피처 생성 완료( )

12.3 도시되고 지시 없는 모든 라운드 R1 생성

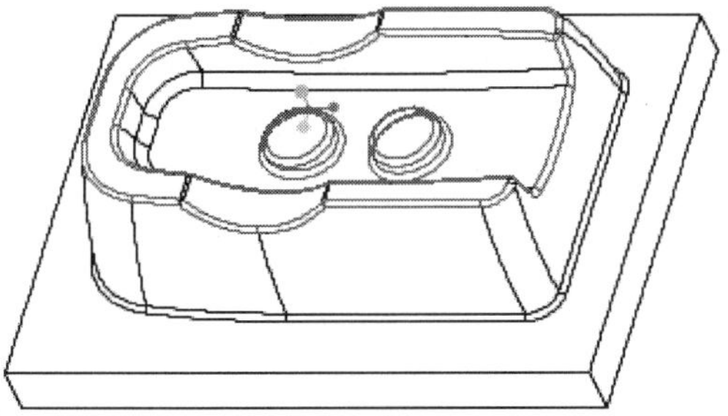

① 라운드( ) 도구 아이콘 선택

② Ctrl 키를 누른 채 해당 모서리 모두 선택

③ 라운드 값 '1' 로 수정

④ 피처 생성 완료( )

13. 모델링 완성

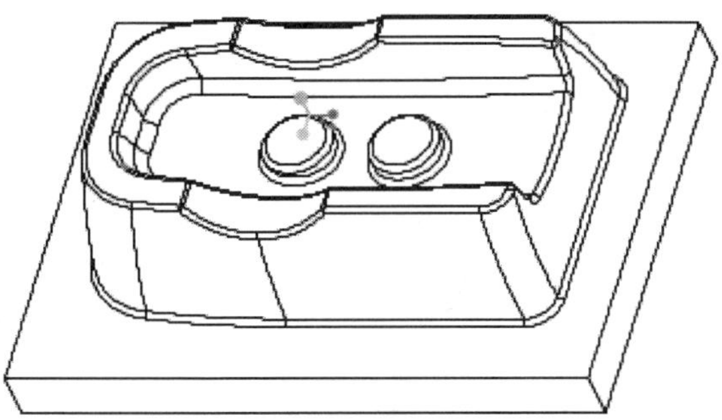

7. Example-07 도면 모델링

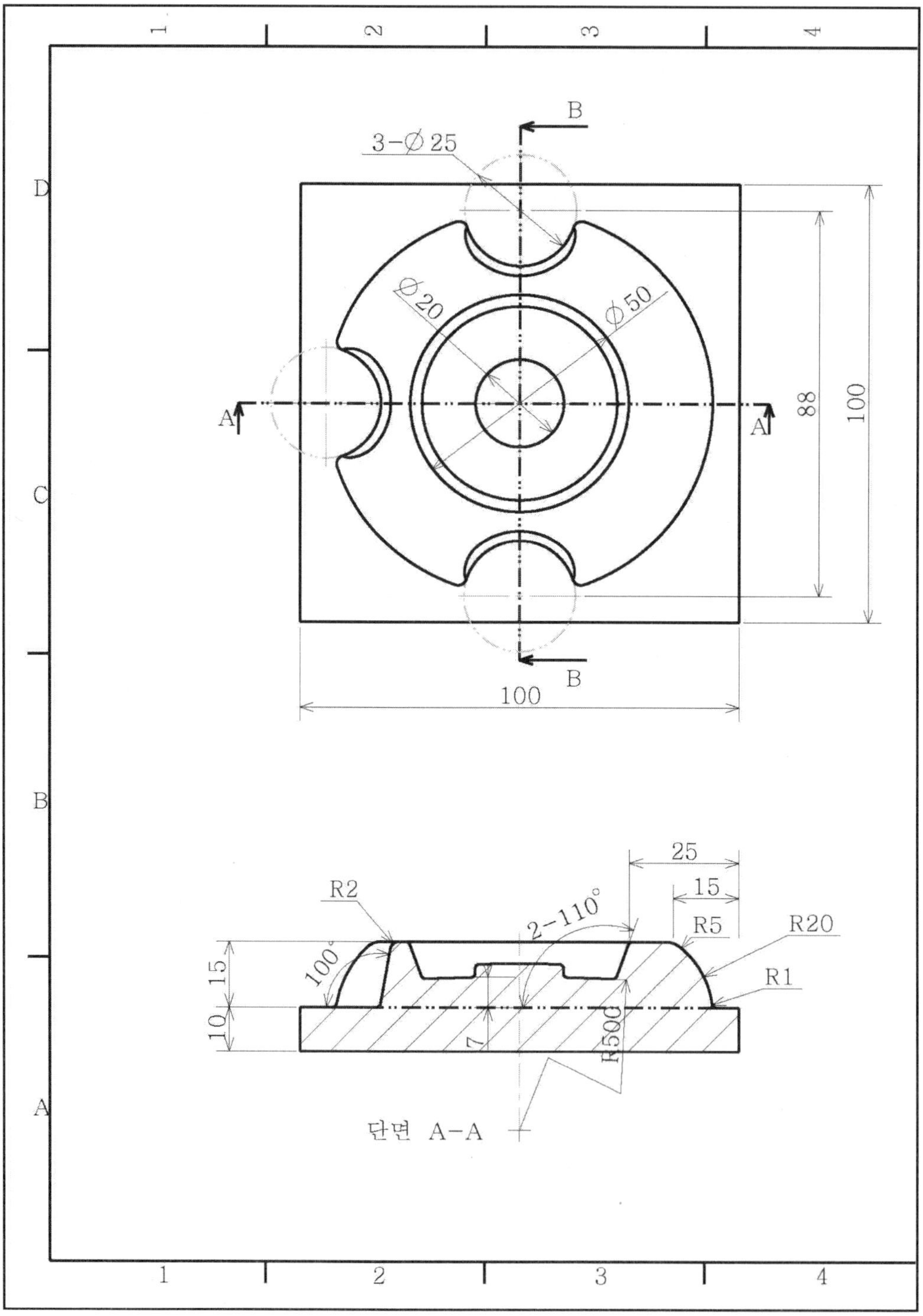

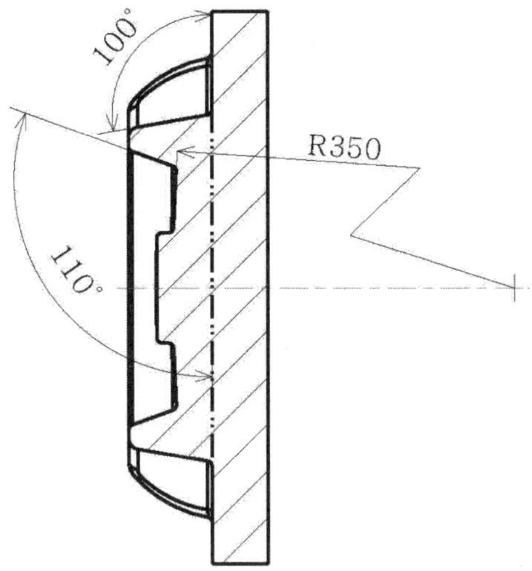

단면 B-B

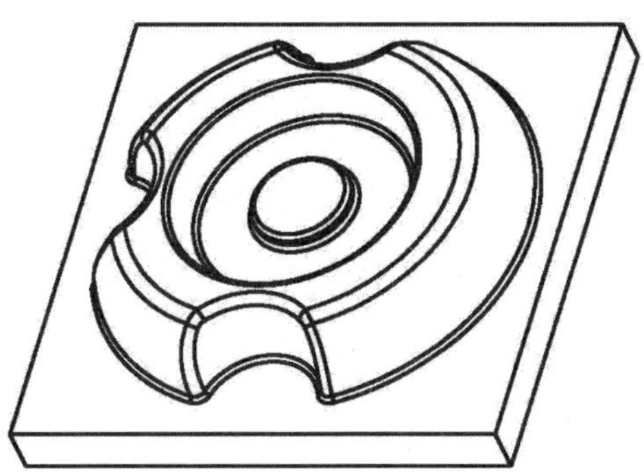

지시없는 모든 라운드 R1

창원문성대학교			
소 속	기계과	작업자	예규현
투상법	3각법	축 척	1 : 1
날 짜	2016.1.20	파일명	Example-07

작업 순서

	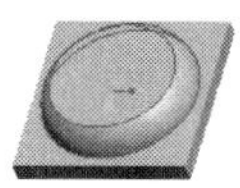	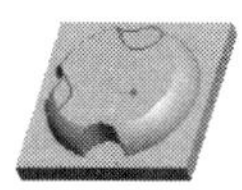		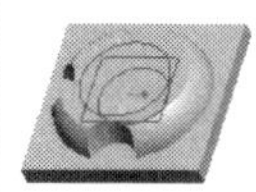		
1.밀어 내기(1)	2.회전(1)	3.밀어 내기(2)	4.구배(1)	5.회전/스웝 서피스	6.서피스 편집	7.오프셋/라운드

1. 밀어내기(1) 피처 생성

1.1 파일 새로 만들기

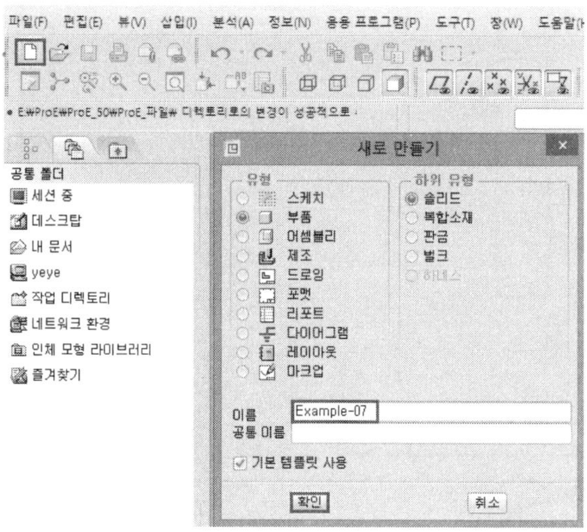

① 파일 이름 'Example-07'으로 새로 만들기 시작

② 단위는 mmNs 단위계로 모델링 작업 함.

1.2 스케치 평면 및 스케치 선택

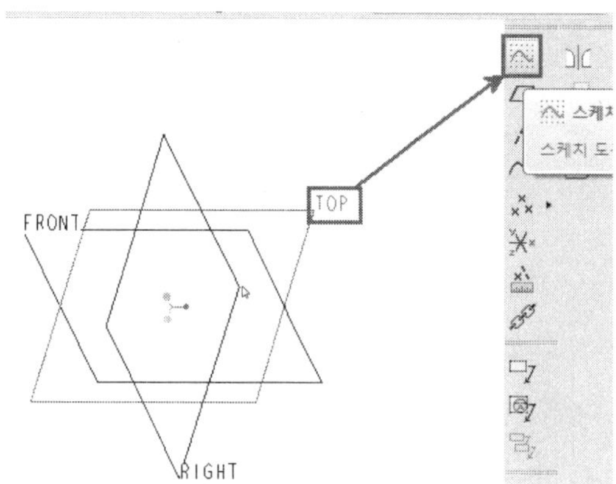

① 스케치 평면으로 'TOP' 데이텀 평면 선택하고 ' 스케치' 도구아이콘 선택

② 반대로 스케치 도구 선택 후 평면을 선택하여도 됨.

1.3 스케치 정의 창

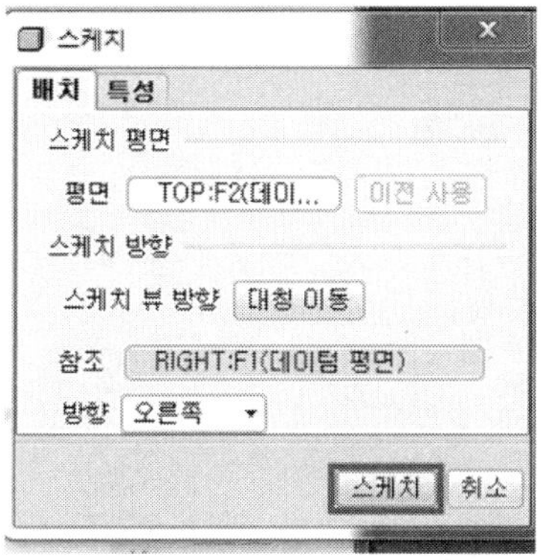

① 스케치 뷰 방향은 스케치 평면을 선택한 상태에서의 최적의 방향으로 자동 전환된다.

1.4 단면 스케치(중심선)

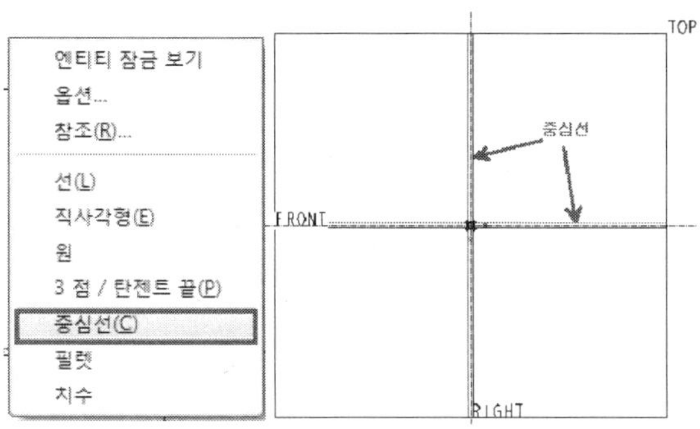

① 좌우, 상하 대칭 형상의 직사각형 단면을 스케치하기 위하여 마우스 우측 버튼 클릭 - 중심선 선택

② 가운데 참조 데이텀 평면에 일치하도록 가로, 세로 방향의 두 중심선을 그린다.

1.5 단면 스케치

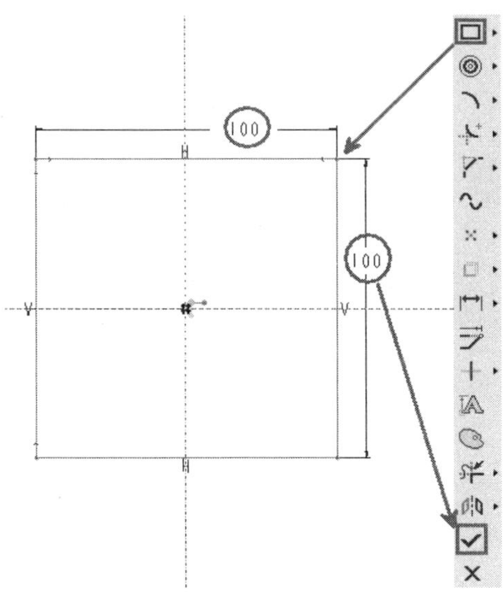

① '직사각형' 생성 아이콘 선택

② 가로 100, 세로 100인 정사각형을 가운데에 좌우, 상하 대칭 구속을 이용 스케치

③ 치수 수정 후 스케치 완료

1.6 밀어내기 실행

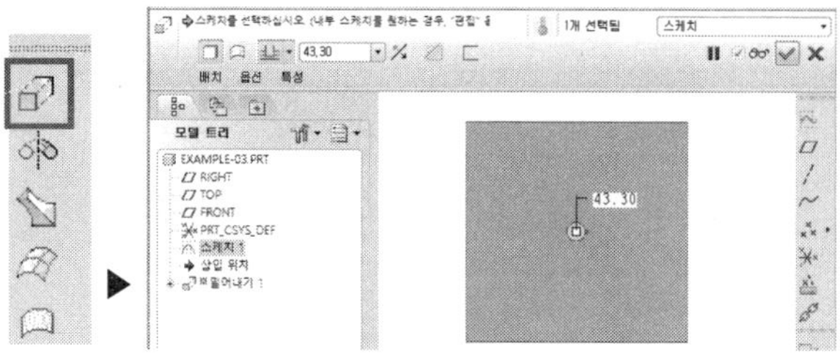

① 우측 하단의 '밀어내기' 도구 아이콘을 클릭

1.7 깊이 값 수정 및 방향 전환

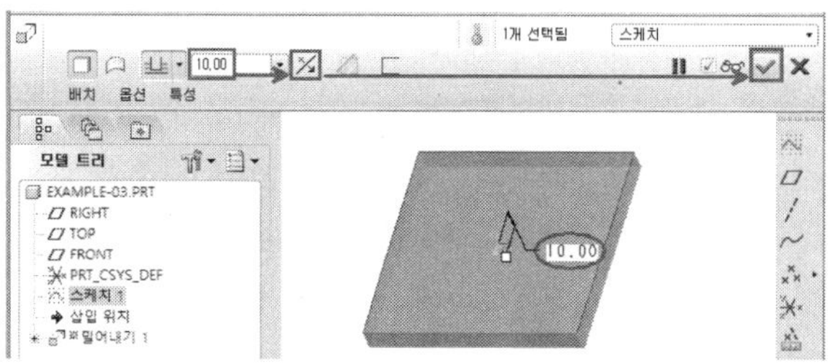

① 'Ctrl + D'로 표준방향으로 전환

② 깊이 값 '10' 으로 수정

③ 깊이 방향 전환 아이콘 클릭 (아래 방향)

④ 피처 생성 완료

1.8 바닥면의 직육면체 완성

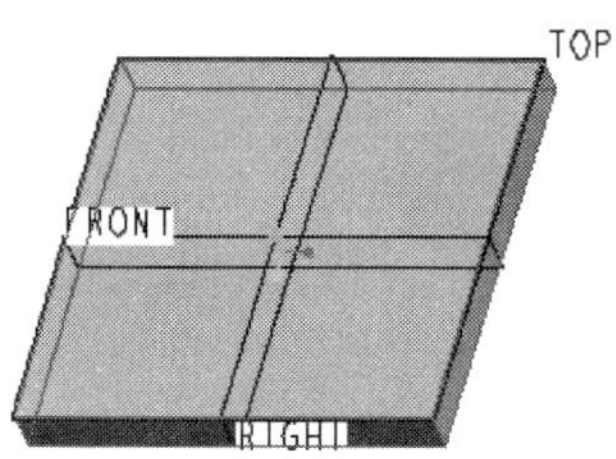

① 첫 번째 밀어내기(1) 피쳐 완성

2. 회전(1) 피처 생성

2.1 스케치 평면 선택

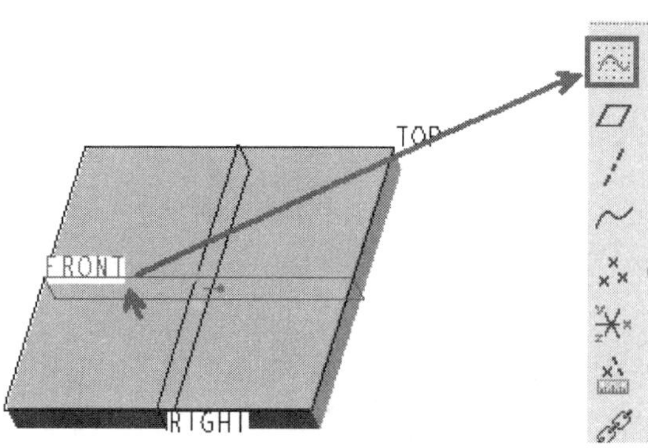

① 스케치 평면으로 'FRONT' 데이텀 평면 선택

② '스케치 도구' 아이콘 선택

③ 스케치 창의 '스케치' 탭을 클릭

2.2 단면 스케치

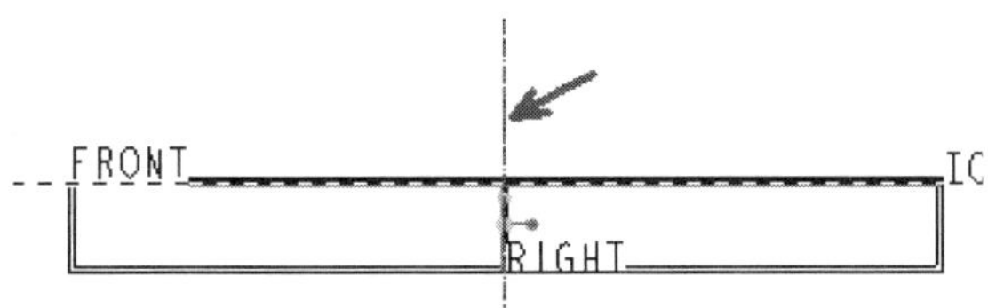

① 형상중심선( ) 도구 아이콘 선택

② 가운데 수직방향으로 형상중심선(회전 축) 스케치

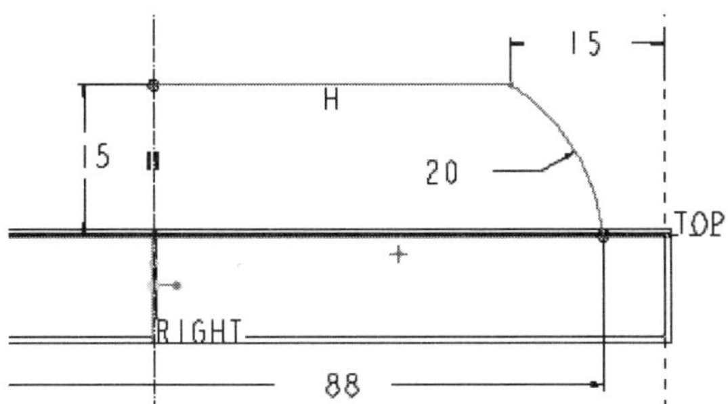

③ 도면을 참고하여 그림과 같이 오른쪽 반 단면을 스케치하고 치수 수정(열린 단면임)

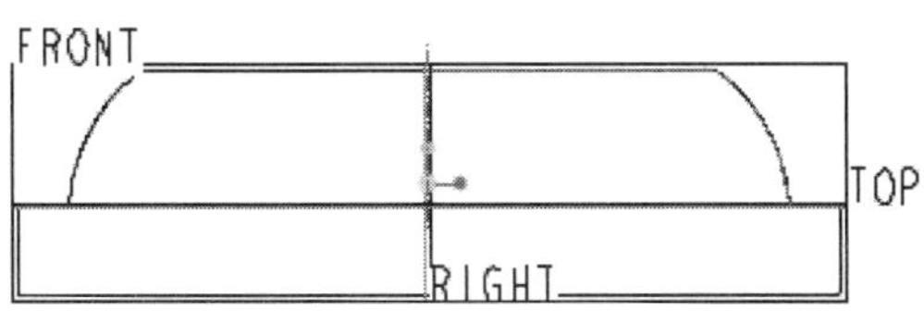

④ 스케치 작업 종료(스케치 선택 상태임)

2.3 회전 실행

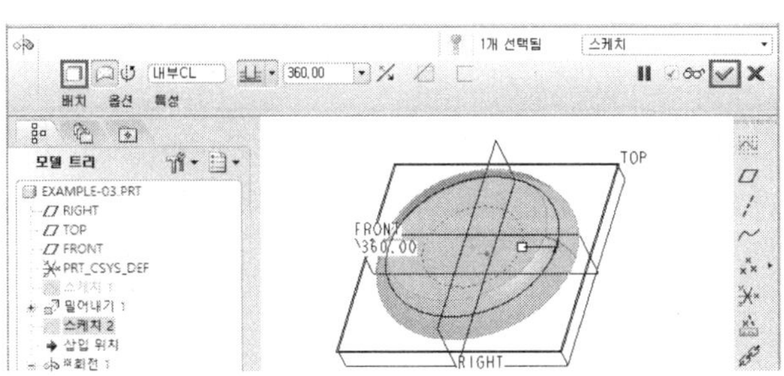

① 회전( )피처 생성 도구 아이콘 선택

② 표준방향(Crtl + D)으로 전환

③ 솔리드( ) 선택(단면이 열린 상태로 회전 시킬 경우 서피스로 자동 인식)

2.4 회전(1) 피처 생성 완료

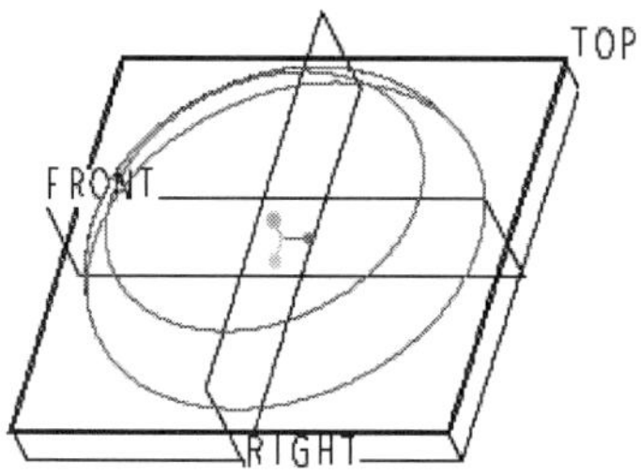

④ 피처 생성 완료

3. 밀어내기(2) 피처 생성하기

3.1 스케치 평면 정의

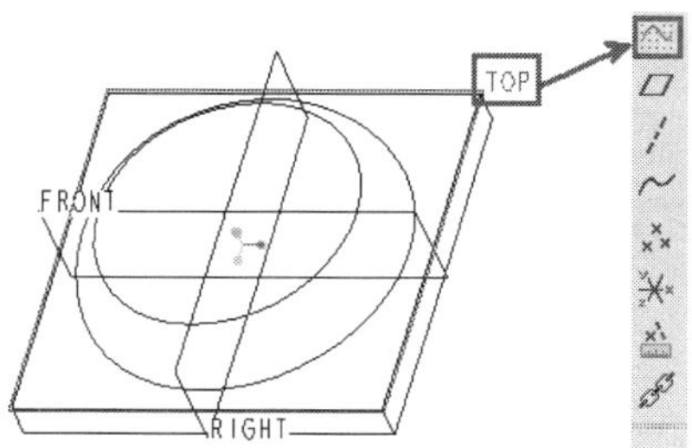

① 스케치 평면으로 'TOP' 평면 선택

② 스케치 도구 아이콘 선택

③ 스케치 창의 스케치 탭 선택

3.2 참조 추가

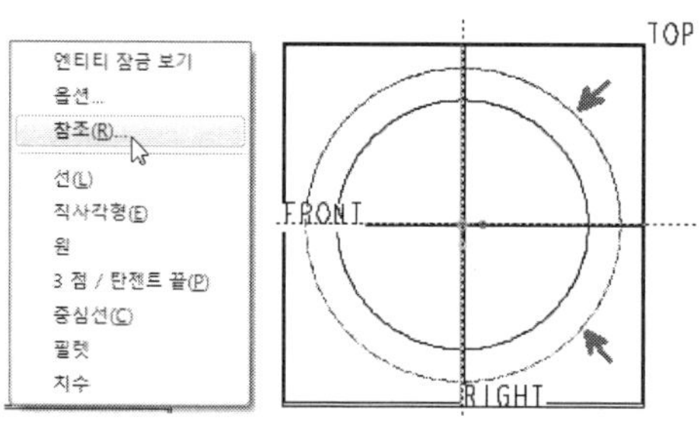

① 마우스 우측 버튼 클릭 후 팝업 메뉴에서 '참조' 선택

② 바깥 원통 바닥면 모서리 선택

3.3 단면(직경 25인 원) 스케치

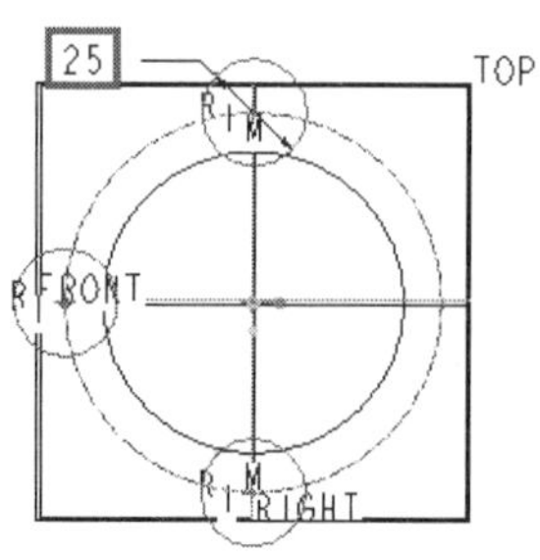

① 중심/원(○) 도구 아이콘 선택

② 지름 25인 원 3개 스케치

③ 스케치 작업 완료

3.4 밀어내기( ) 실행

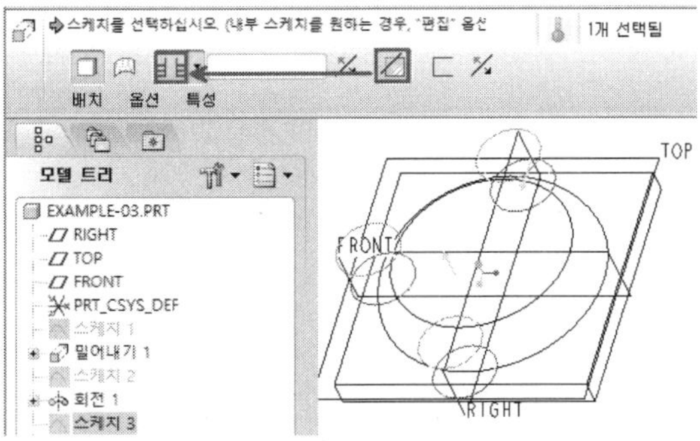

① ‘Ctrl + D'로 표준방향으로 전환

② 재료제거( ) 선택

③ 깊이 옵션 ‘전체 통과’ 선택

3.5 밀어내기(2) 피처 생성 완료

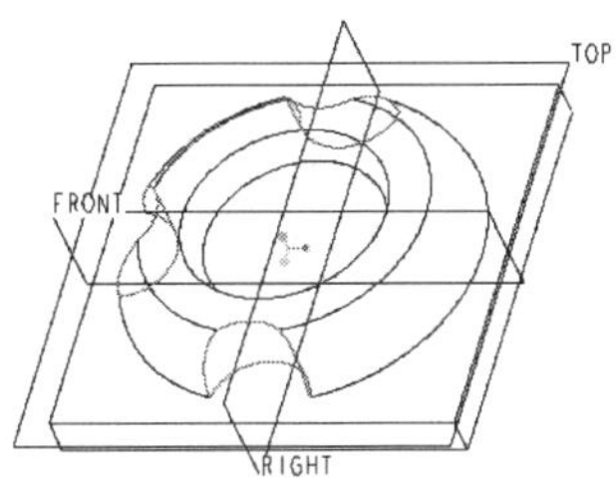

① 피처 생성 완료

4. 구배 피처 생성하기

4.1 구배면 선택

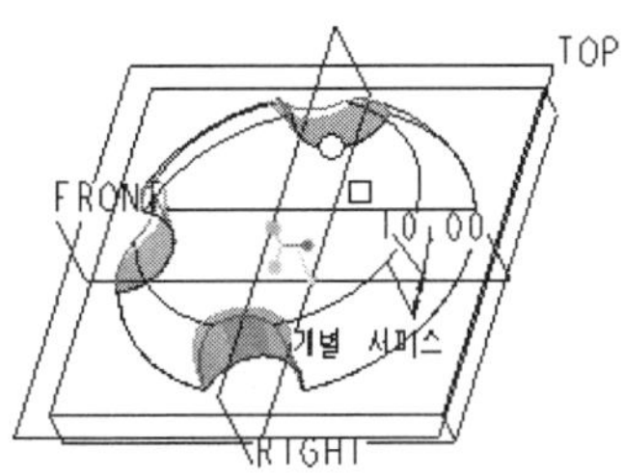

① 구배 도구 아이콘( ) 선택

② 구배 적용할 면 3개 선택

4.2 구배 경첩 지정

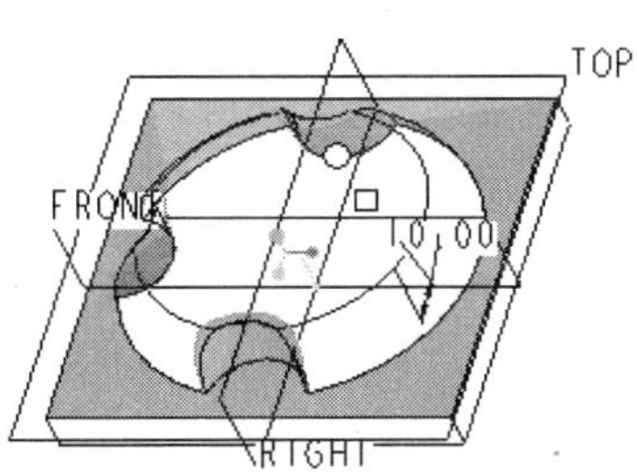

① 마우스 우측 번튼 클릭

② ‘구배 경첩’ 선택

③ ‘TOP 평면’ 선택

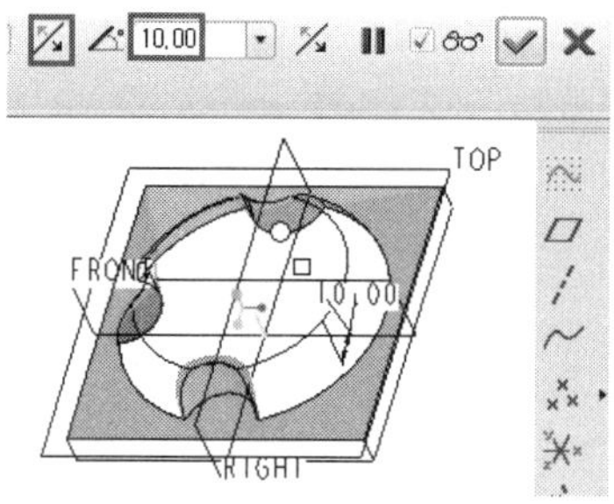

④ 잡아당기는 방향이 반대이므로 방향 전환 아이콘 클릭

⑤ 구배 각도 '10' 으로 수정

4.3 구배 생성 완료

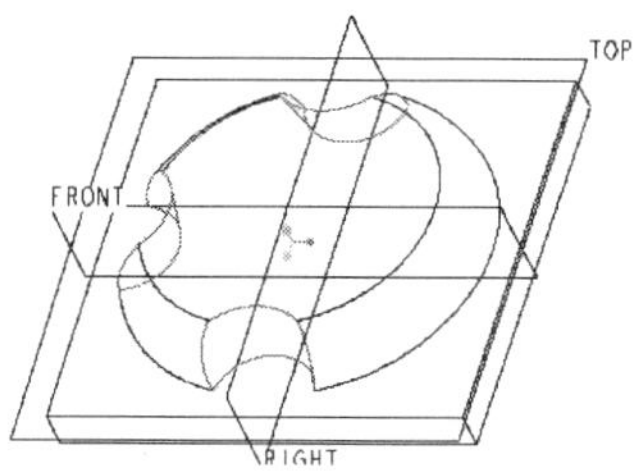

① 피처생성 완료(✔)

5. 회전(2) 서피스 피처 생성

5.1 스케치 평면 정의

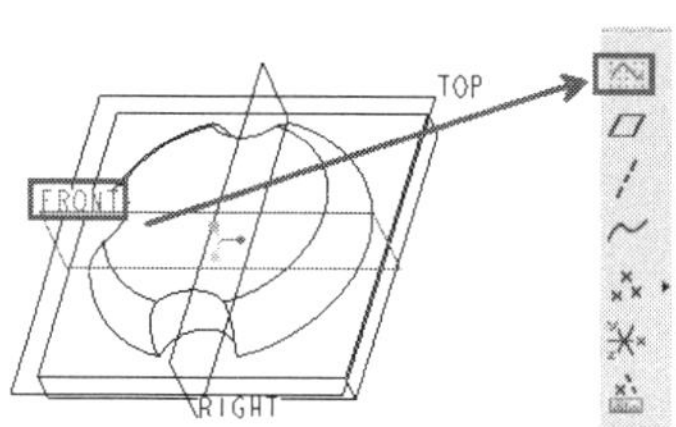

① 'FRONT' 평면 선택

② 스케치 도구 아이콘 선택

③ 스케치 창의 '스케치' 탭 선택

5.2 회전축을 위한 '형상 중심선' 스케치

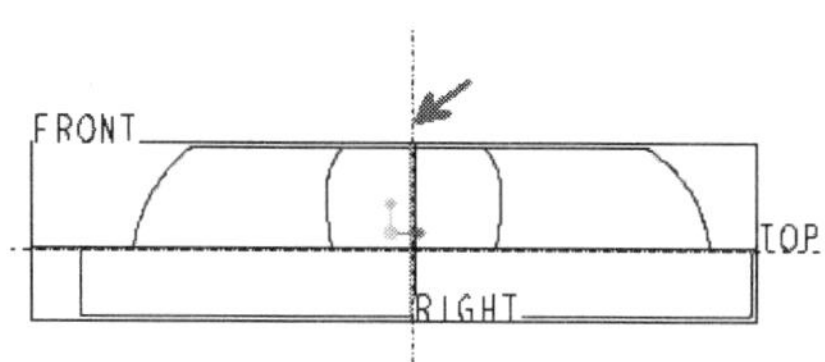

① 형상중심선(¦) 도구 아이콘 선택

② 가운데 수직방향으로 형상중심선(회전 축) 스케치

5.3 참조 추가

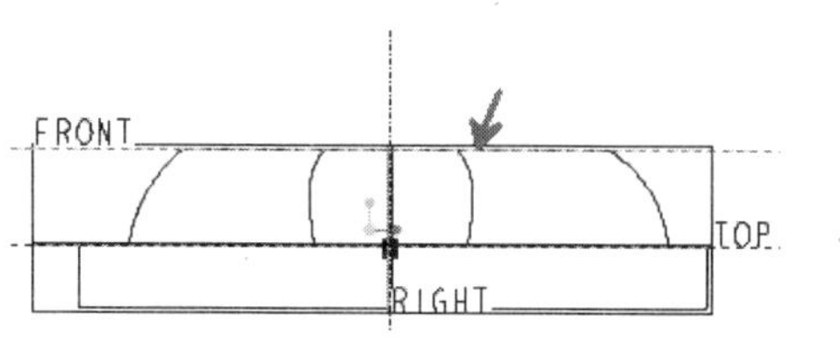

① 마우스 우측 버튼 클릭, 팝업 메뉴에서 '참조' 선택

② 화살표 표시된 수평 모서리 선택

③ 참조 창 닫는다.

5.4 단면 스케치

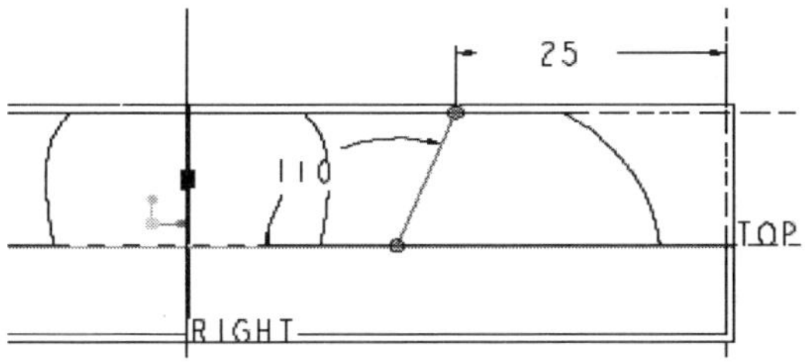

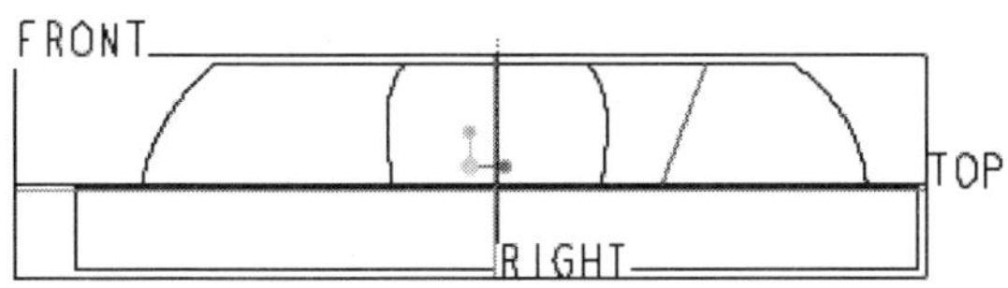

① 형상 중심선 우측에 110도 각도의 직선 단면 스케치

② 관련 치수 생성 및 수정

③ 스케치 완료(✔)

5.5 회전 실행

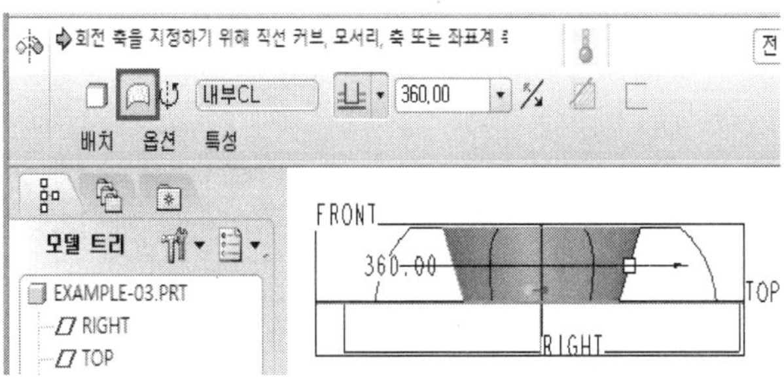

① 우측 하단의 회전( ) 피처 도구 아이콘 선택

② 대시보드 창에 서피스( )도구 선택 확인

5.6 회전 서피스 생성

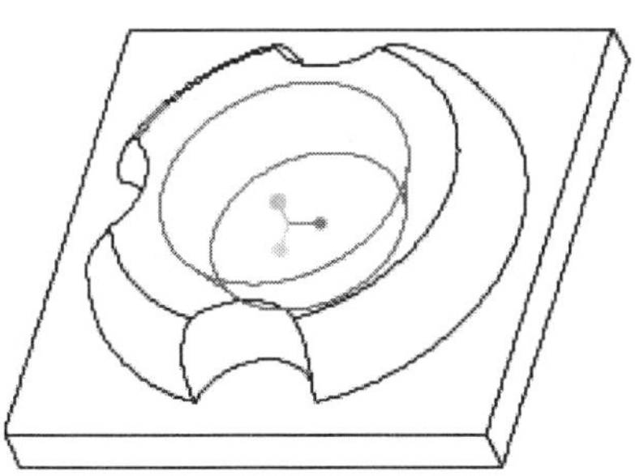

① 피처 생성 완료(✔)

6. 스윕 서피스 피처 생성

6.1 스윕 서피스 실행

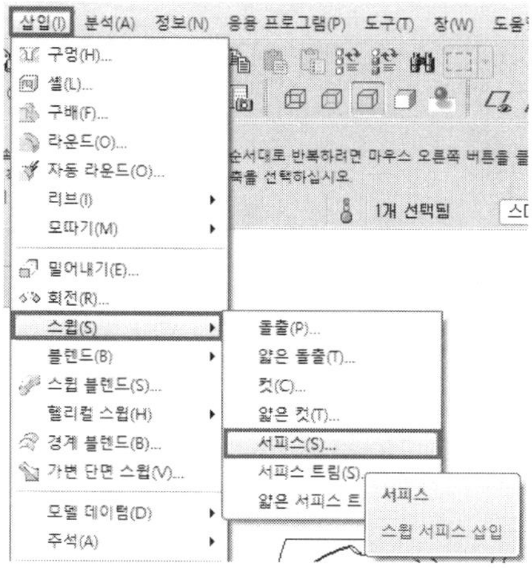

① 풀다운 메뉴의 '삽입' - '스윕' - '서피스' 선택

6.2 궤적 스케치

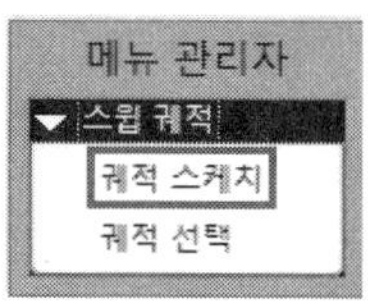

① 메뉴 관리자에서 '궤적 스케치' 선택

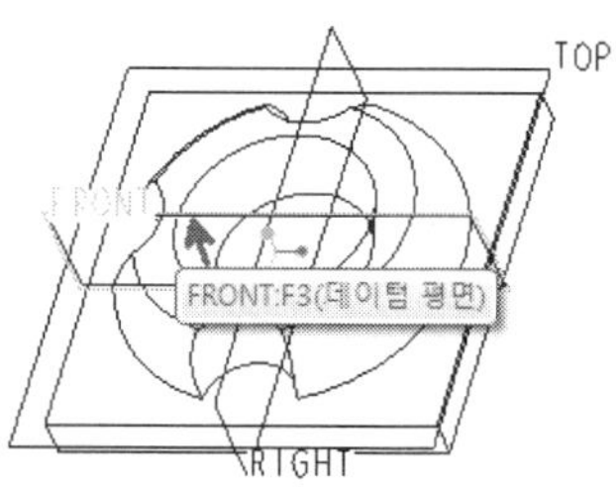

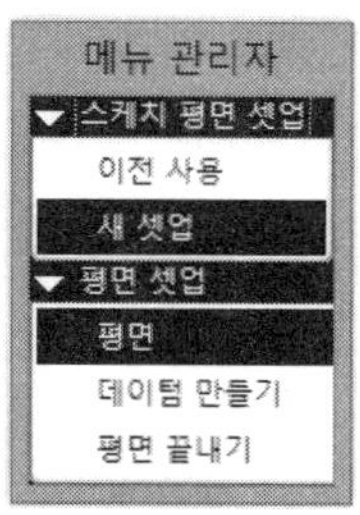

② 'FRONT' 평면 선택

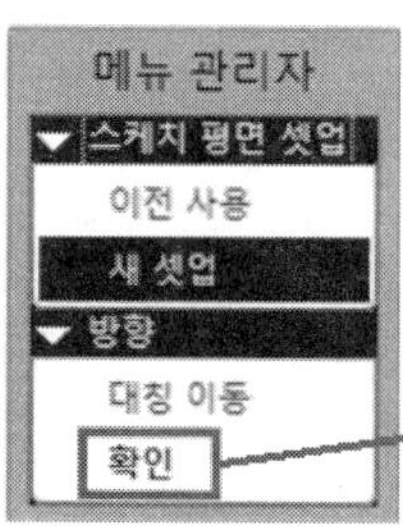

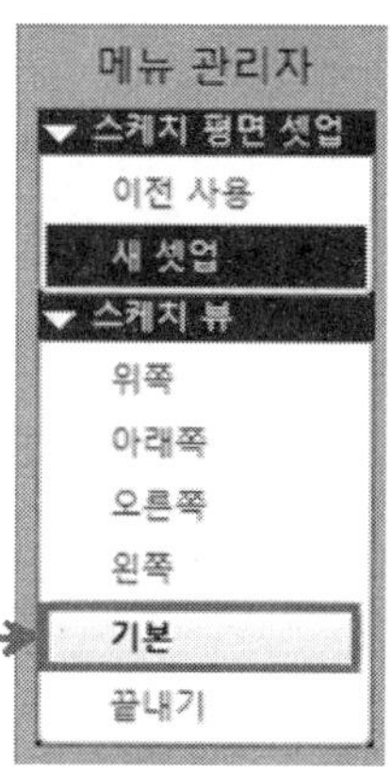

③ 방향 '확인' 선택

④ 스케치 뷰 '기본' 선택

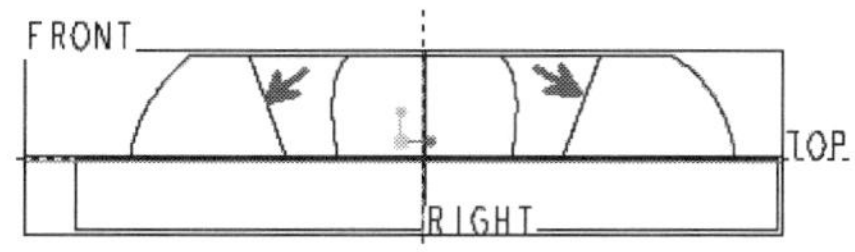

⑤ 서피스 피처의 모서리를 참조로 추가

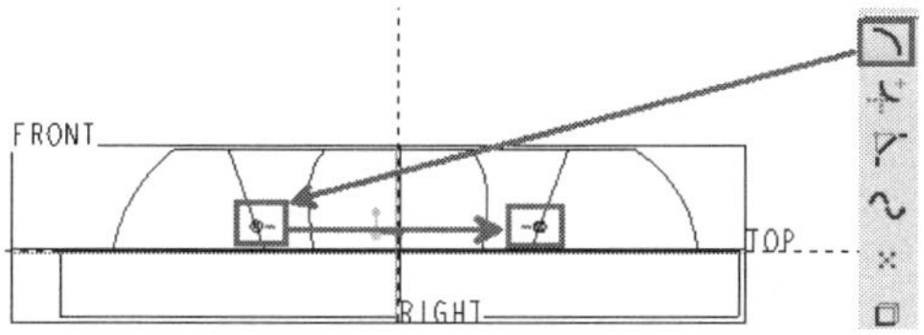

⑥ 3점 호 도구 아이콘 선택

⑦ 두 참조 모서리 위에 호의 양 끝점 선택(수평구속 유지)

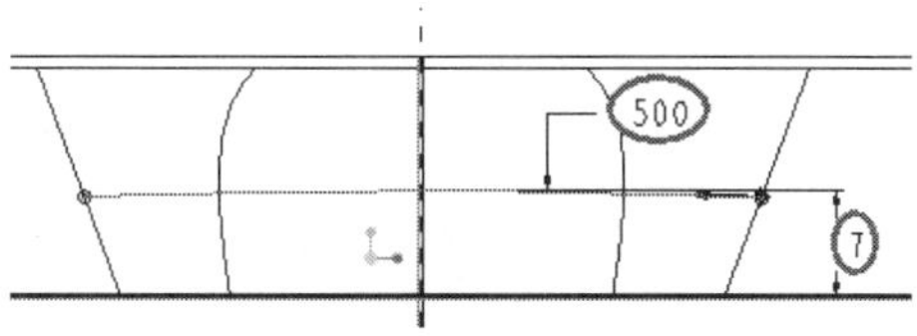

⑧ 호 형상을 보고 적당한 위치에서 마우스 클릭

⑨ 치수 생성(7) 및 수정(500)

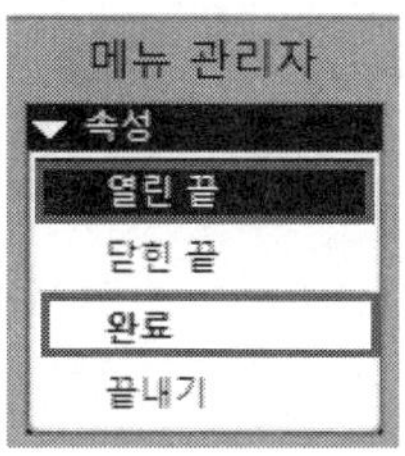

⑩ 스케치 완료( )

⑪ 메뉴 관리자에서 '열린 끝' 과 '완료' 선택

6.3 단면 스케치

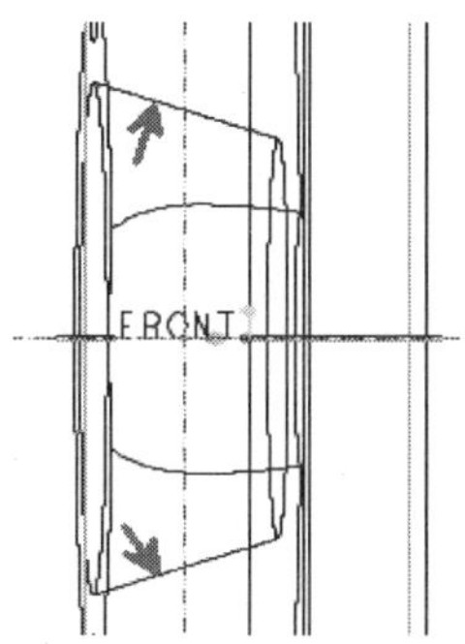

① 화살표 표시의 두 모서리를 참조 추가

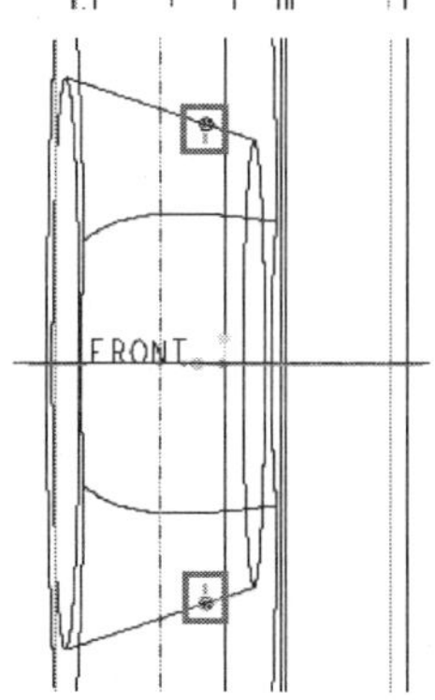

② 3점 호 도구 아이콘 선택

③ 두 참조 모서리 위에 호의 양 끝점 선택(수직구속 유지)

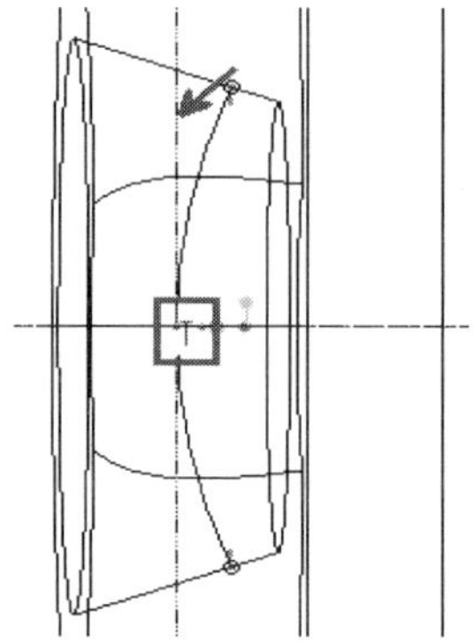

④ 마우스를 움직여 수직 기준선(화살표)에 탄젠트 구속 기호가 표시될 때 왼쪽 버튼 클릭

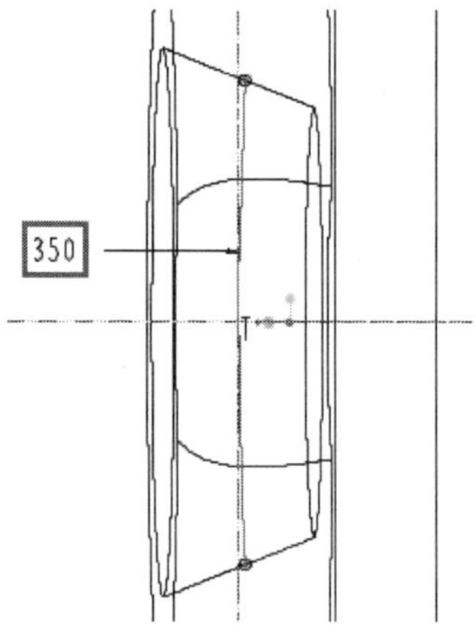

⑤ 반경 값 350으로 수정

⑥ 스케치 완료(✔)

6.4 스윕 서피스 생성

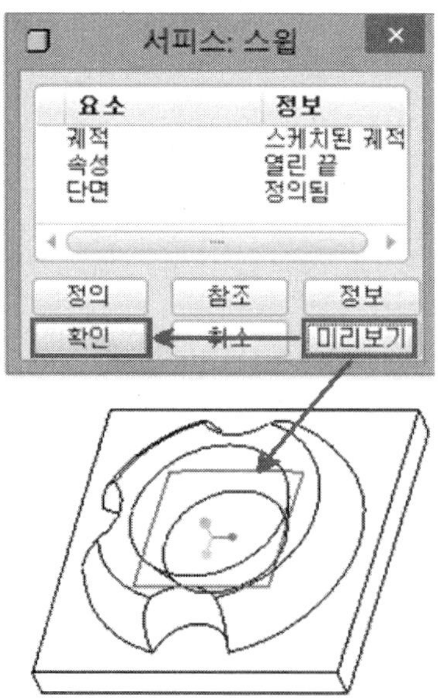

① 서피스 스윕 창 '미리보기'로 확인

② 이상 없으면 '확인' 클릭하여 서피스 생성 완료

7. 서피스 편집/솔리드화

7.1 서피스 결합(1)

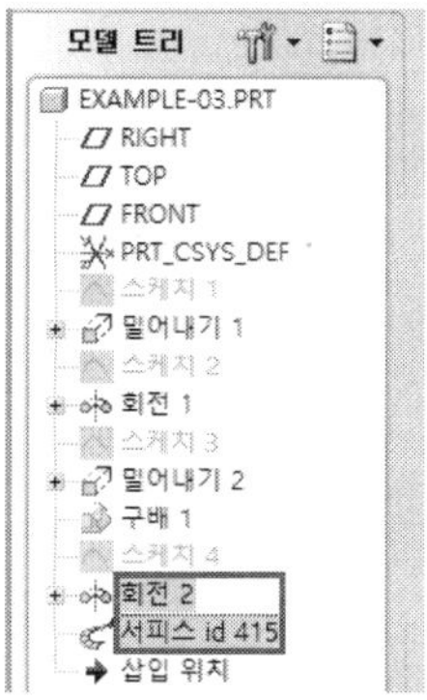

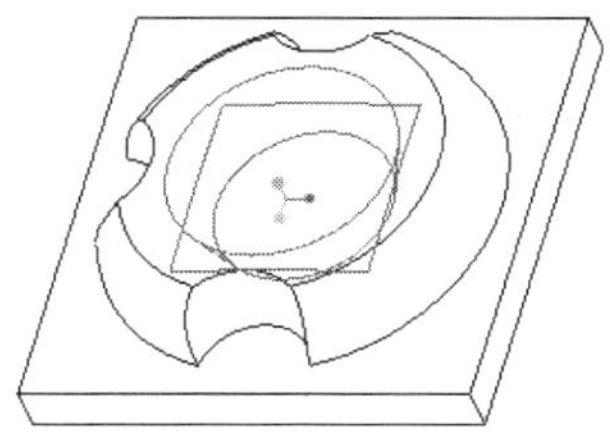

① 모델 트리에서 회전 서피스(회전 2)와 스윕 서피스(서피스 id 415)를 Ctrl 키를 누른 채 동시 선택

② 풀다운 메뉴 '편집' - 결합' 선택

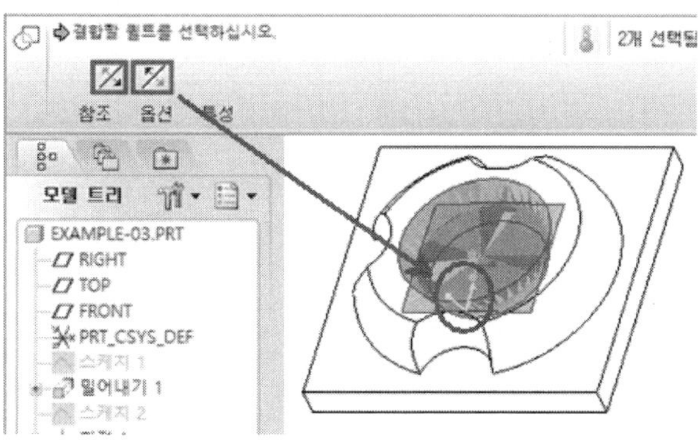

③ 방향 전환 아이콘을 클릭하여 두 서피스 결합 방향이 그래픽 영역에 표시된 것과 같이 한다.

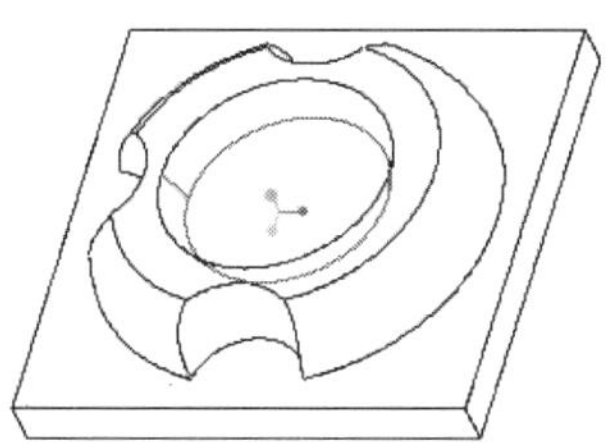

④ 피처 생성 완료(✔)

7.2 결합 1 서피스의 솔리화(재료제거)

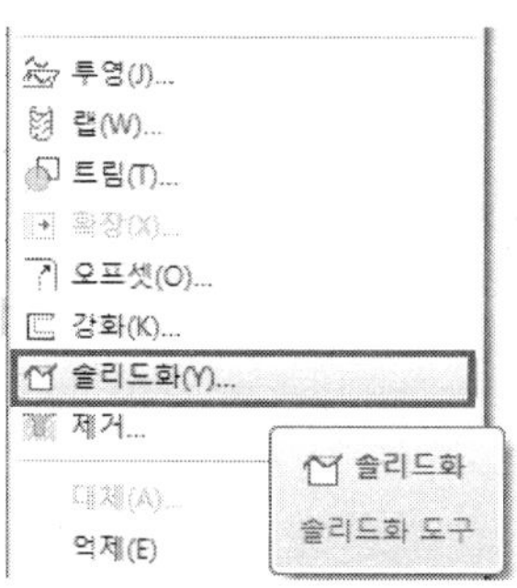

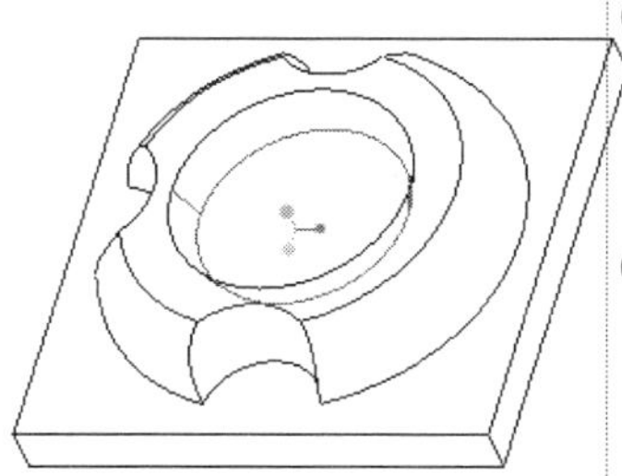

① 모델 트리의 '결합 1' 서피스 선택(앞 단계에서 자동 선택되어 있음)

② 풀다운 메뉴 '편집' - '솔리드화' 선택

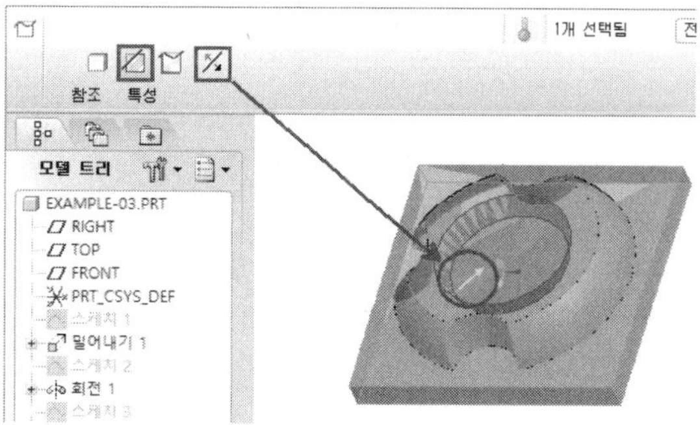

③ 대시보드 창 재료제거 아이콘 선택

④ 재료제거 방향이 원통의 안쪽을 향하도록 방향 전환 아이콘 선택

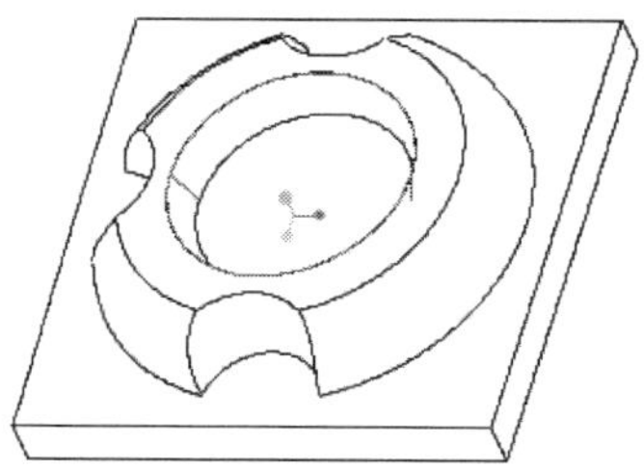

⑤ 피처 생성 완료(✔)

8. 오프셋 피처 생성

8.1 오프셋 서피스 선택

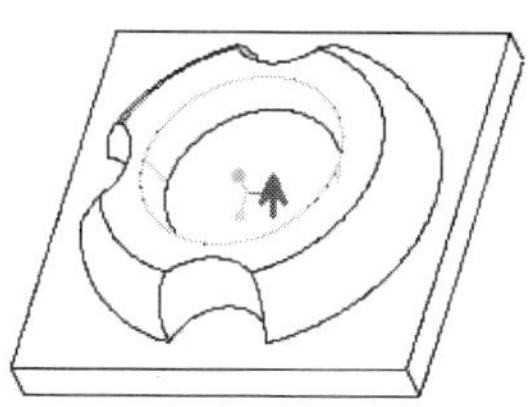

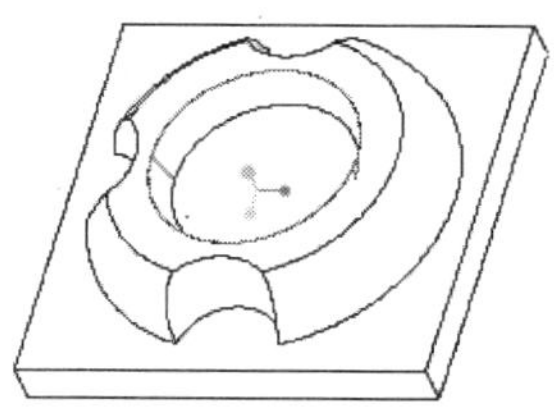

① 오프셋 피처는 서피스를 먼저 선택하여야 한다.

② 마우스를 이동하여 해당 피처 강조 상태에서(좌측)

③ 마우스 왼쪽 버튼으로 클릭(우측)

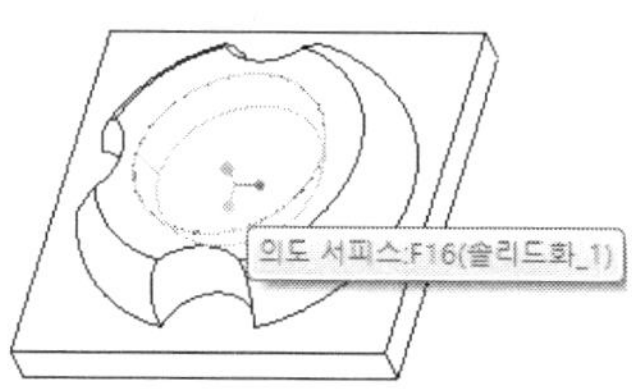

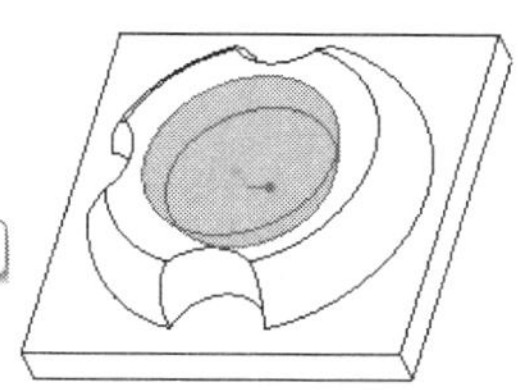

④ 마우스를 살짝 움직이면 형상이 강조(좌측)

⑤ 조 상태에서 클릭(우측)

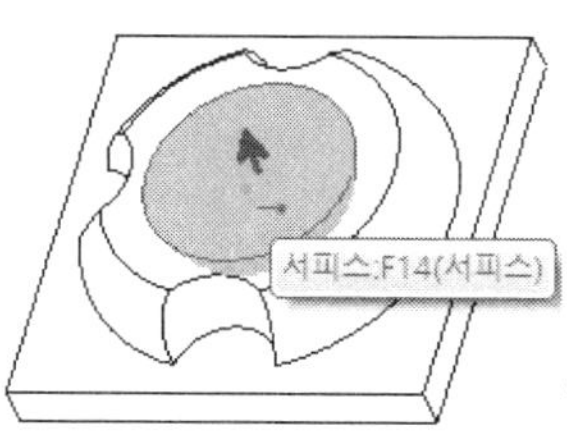

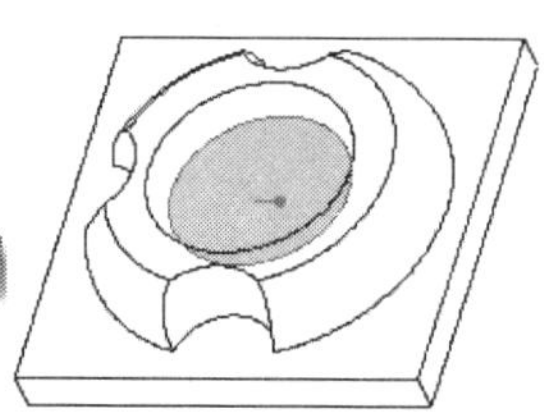

⑥ 다시 마우스를 살짝 움직이면 바닥면이 강조(좌측)

⑦ 강조 상태에서 클릭(우측)

8.2 오프셋 실행

① 풀다운 메뉴 '편집' – '오프셋' 선택

8.3 오프셋 유형(확장 피처) 선택

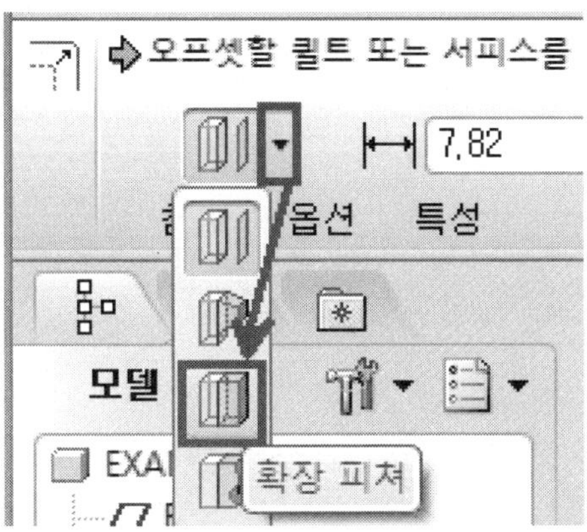

① 오프셋 유형을 펼쳐서 '확장 피처' 선택

8.4 오프셋 단면 스케치

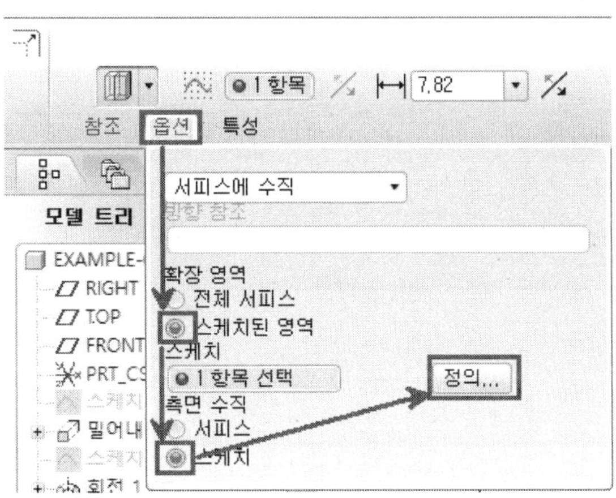

① 대시보드의 '옵션' 탭 선택

② 확장영역 '스케치된 영역' 선택

③ 측면 수직 '스케치' 선택

④ '정의' 탭 선택

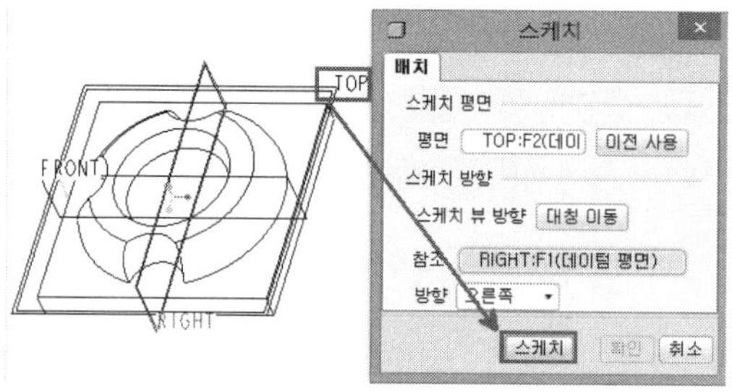

⑤ 스케치 평면으로 'TOP' 평면 선택

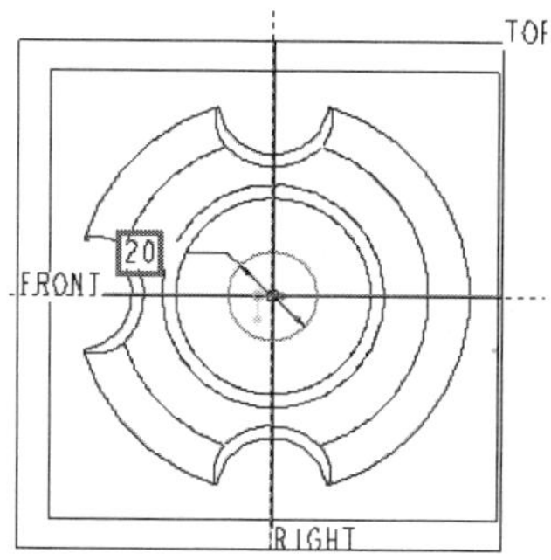

⑥ 가운데 지름 '20' 인 원 단면 스케치

8.5 오프셋 깊이

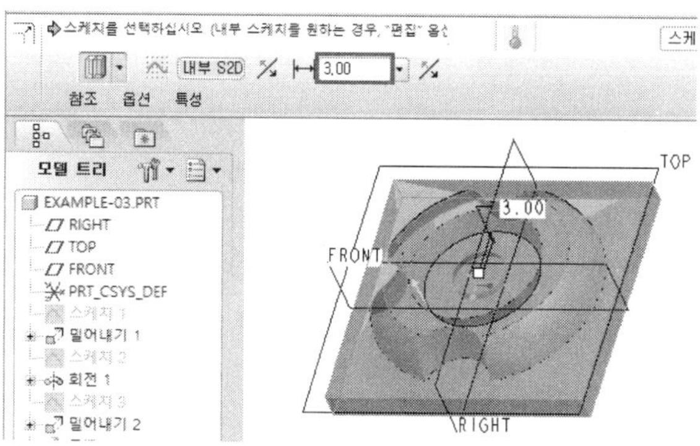

① 오프셋 값 '3' 으로 수정

8.6 오프셋 피처 완성

① 피처 생성 완료(✔)

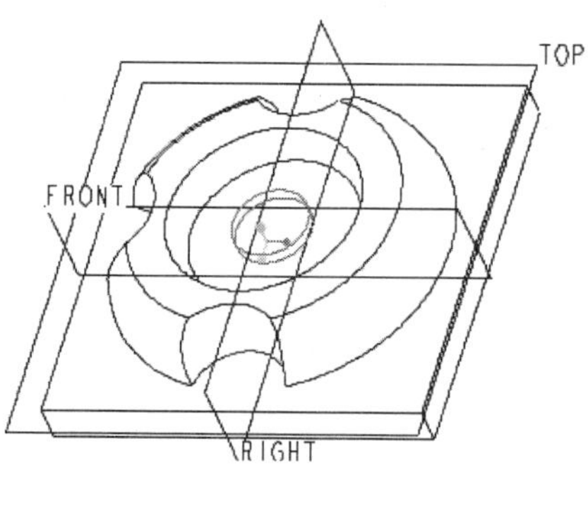

9. 라운드 추가

9.1 라운드(R5) 생성

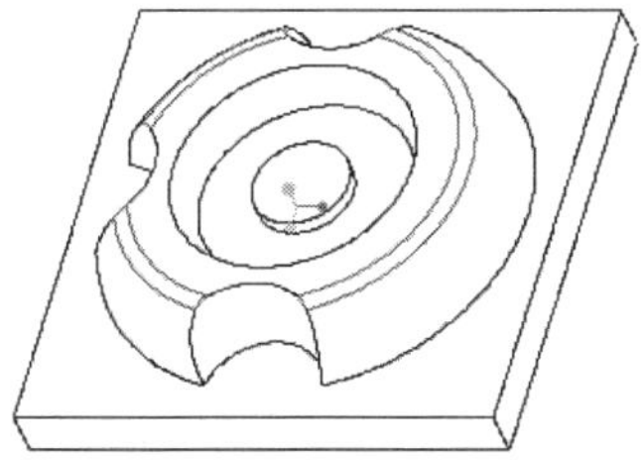

① 대상 모서리 선택

② 라운드 값 '5' 로 수정

9.2 라운드(R2) 생성

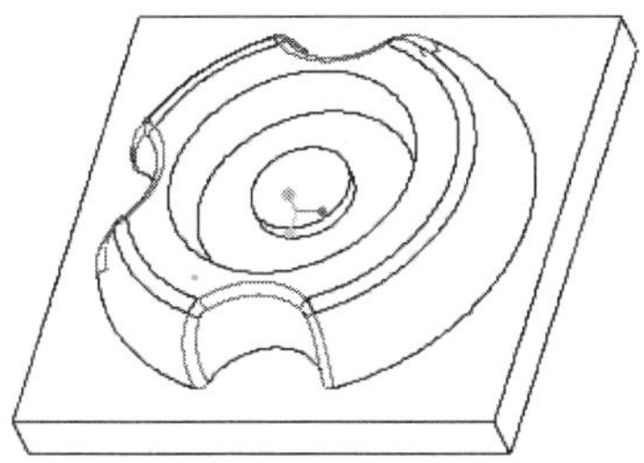

① 대상 모서리 선택

② 라운드 값 '2' 로 수정

9.3 지시 없는 모든 라운드 R1 생성

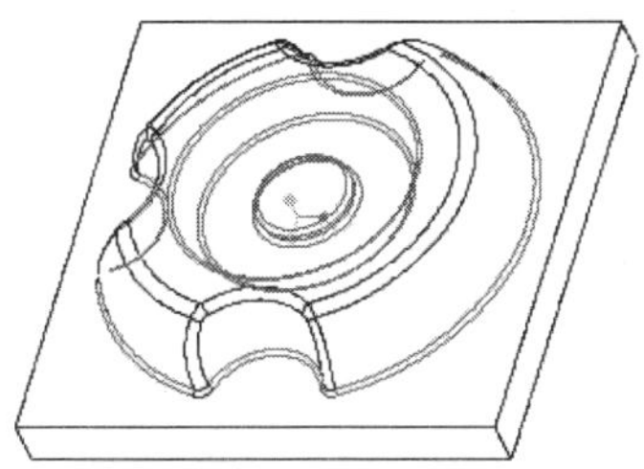

① Ctrl 키를 누른 채 해당 모서리 모두 선택

② 라운드 값 '1' 로 수정

③ 라운드 작업 완료

8. 모델링 완성

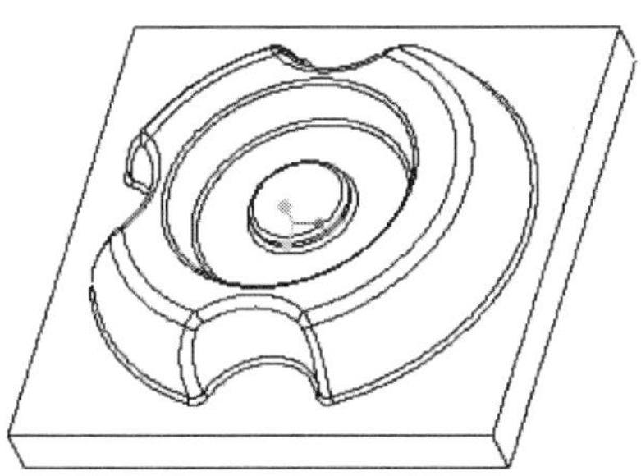

8. Example-08 도면 모델링

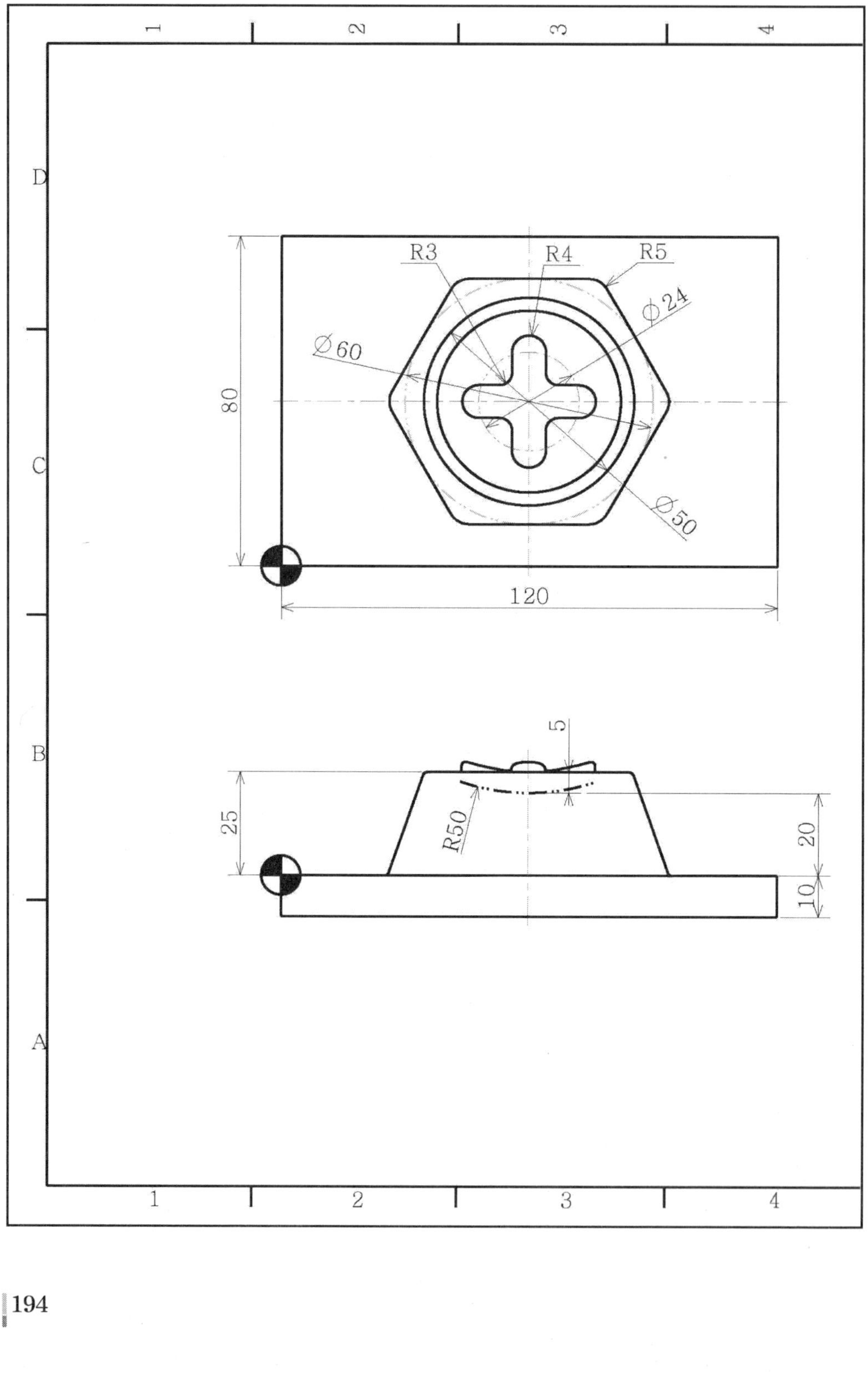

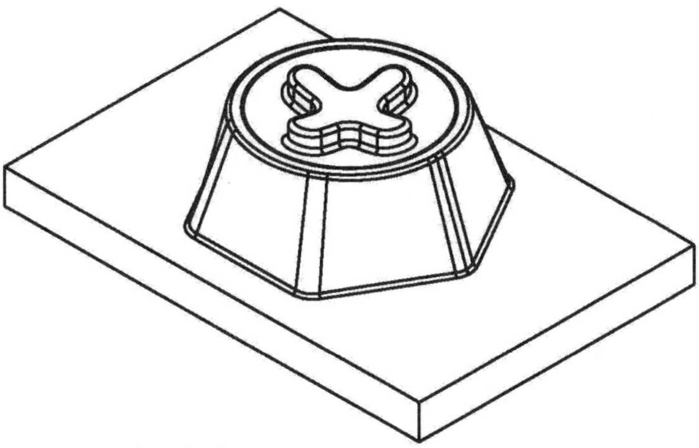

도시되지 않은 모든 라운드 R1

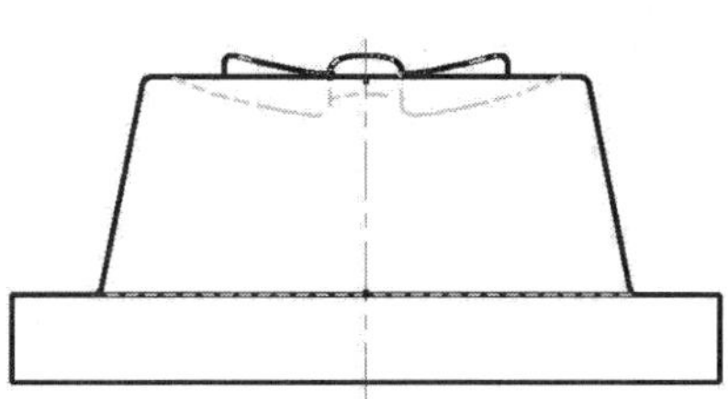

창원문성대학교			
소 속	기계과	작업자	예규현
투상법	3각법	축 척	1 : 1
날 짜	2016.1.20	파일명	Example-08

작업 순서

	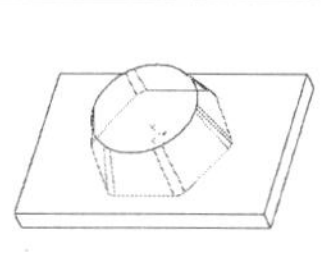	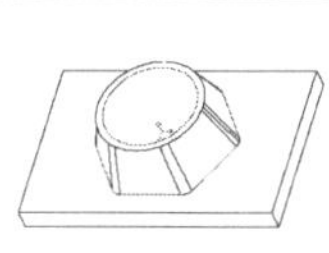	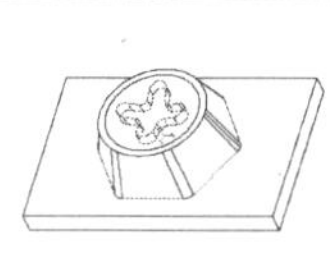	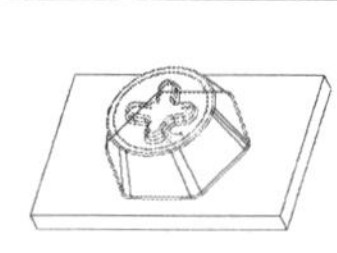
1.밀어내기(1)	2.경계 블랜드	3.회전 (재료제거)	4.오프셋	5.라운드

1. 밀어내기(1) 피처 생성

1.1 파일 새로 만들기

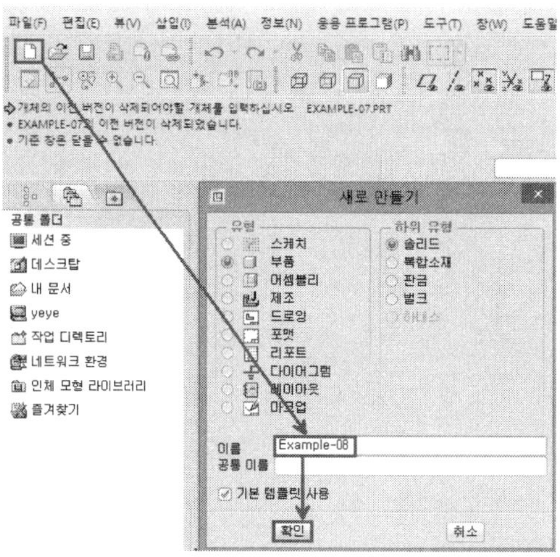

① 파일 이름 'Example-08'으로 새로 만들기 시작

② 단위는 mmNs 단위계로 모델링 작업

1.2 스케치 평면 및 스케치 선택

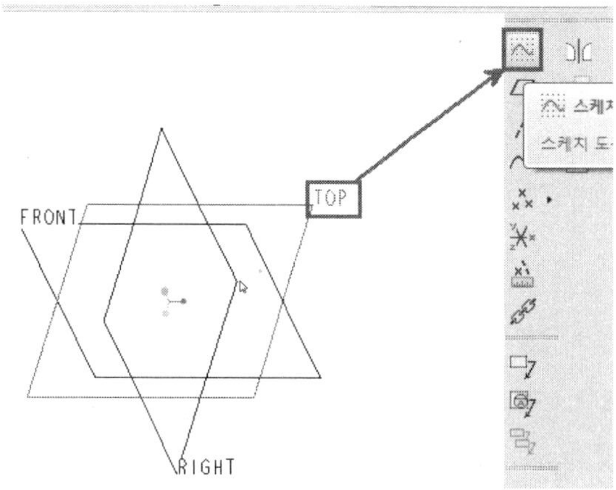

① 스케치 평면으로 'TOP' 데이텀 평면 선택하고 '스케치 도구' 아이콘 선택

② 반대로 스케치 도구 선택 후 평면을 선택하여도 됨.

1.3 스케치 정의 창

① ‘스케치’ 탭 클릭

② 스케치 뷰 방향은 스케치 평면을 선택한 상태에서의 최적의 방향으로 자동 전환된다.

1.4 단면 스케치(중심선)

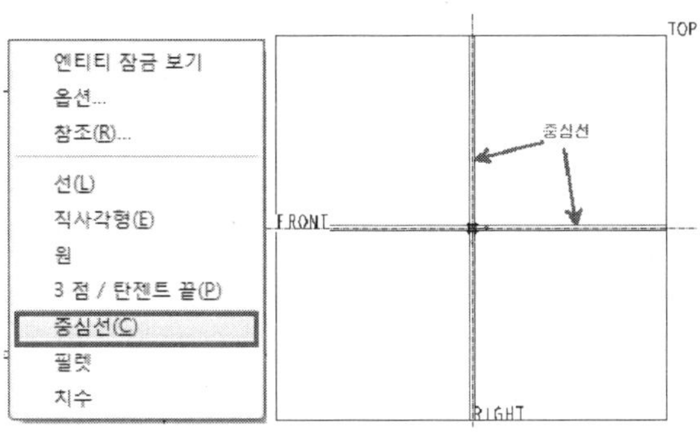

① 좌우, 상하 대칭 형상의 직사각형 단면을 스케치하기 위하여 마우스 우측 버튼 클릭 – ‘중심선’ 선택

② 가운데 참조 데이텀 평면에 일치하도록 가로, 세로 방향의 두 중심선을 그린다.

1.5 단면 스케치

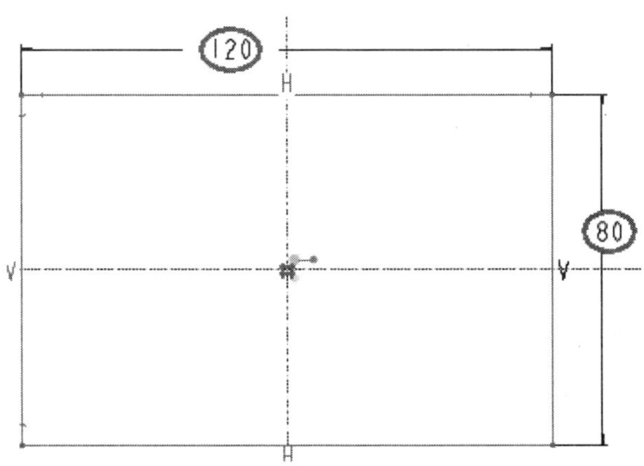

① 직사각형(□) 생성 아이콘 선택

② 가로 120, 세로 80인 직사각형을 가운데에 좌우, 상하 대칭 구속을 이용 스케치

③ 치수 수정 후 스케치 완료(✓)

1.6 밀어내기 실행

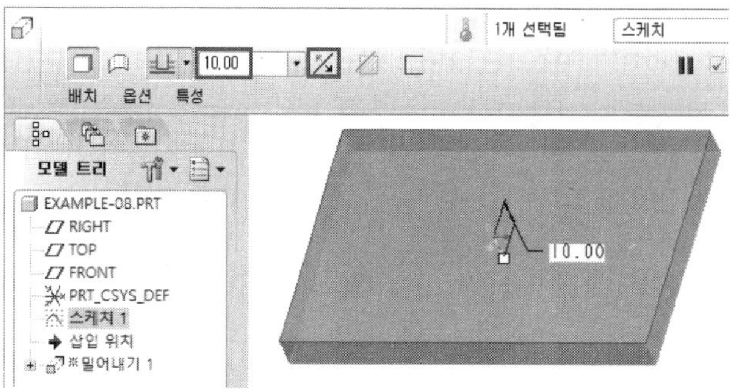

① 밀어내기() 도구 아이콘 클릭

② 'Ctrl + D'로 표준방향으로 전환

③ 깊이 값 '10' 으로 수정

④ 깊이 방향 전환 아이콘 클릭 (아래 방향)

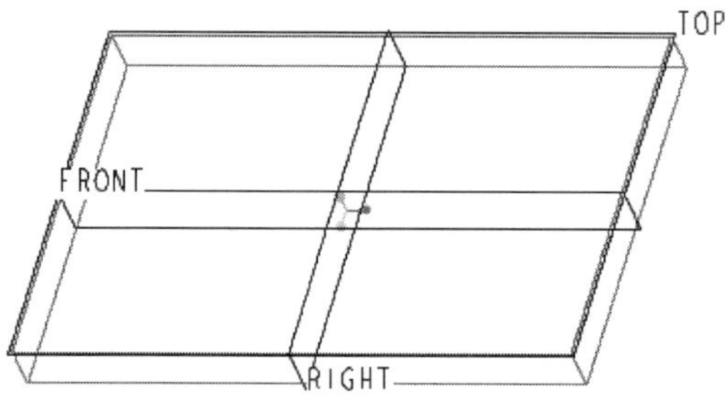

⑤ 피처 생성 완료()

2. 경계 블랜드 피처 생성

2.1 스케치 피처(육각형) 생성

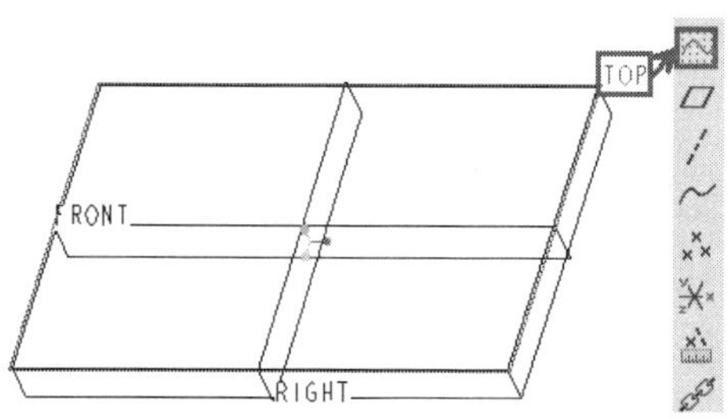

① 스케치 평면으로 'TOP' 평면 선택

② '스케치 도구' 아이콘 선택

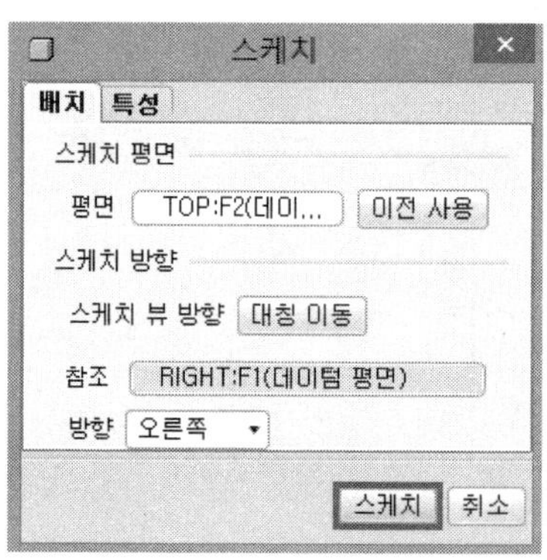

③ 스케치 창의 '스케치' 탭을 클릭

2.2 단면 스케치

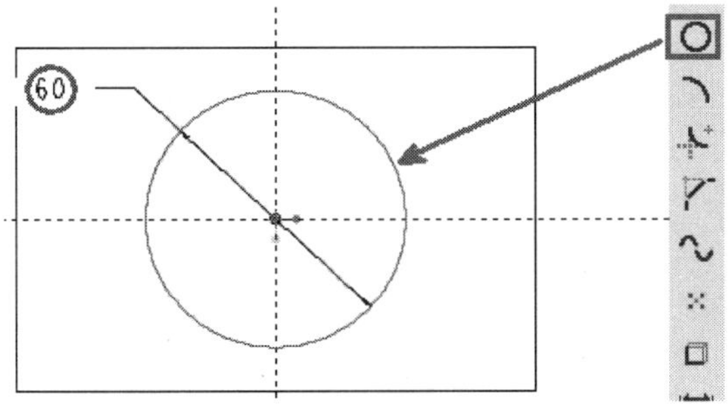

① 중심/점(○) 원 도구 아이콘 선택

② 지름 60인 원 스케치

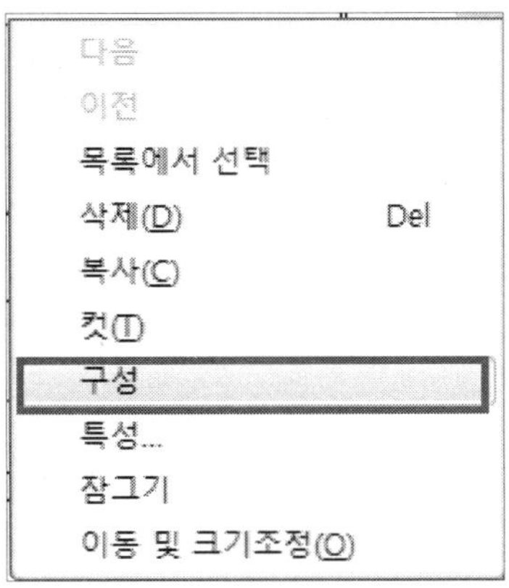

③ 스케치한 원 선택 후 마우스 오른쪽 버튼 클릭

④ '구성' 선택

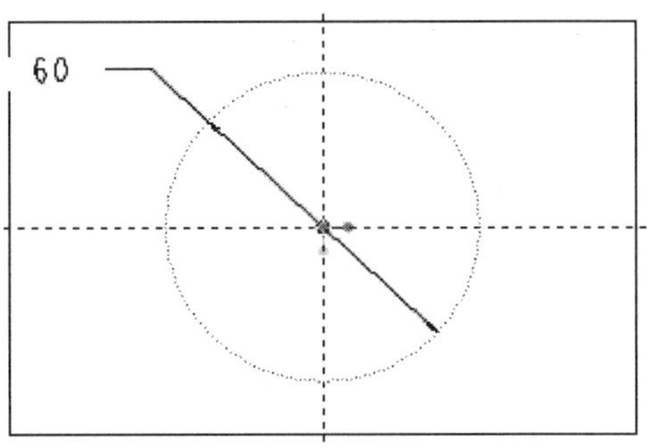

⑤ 구성원으로 전환

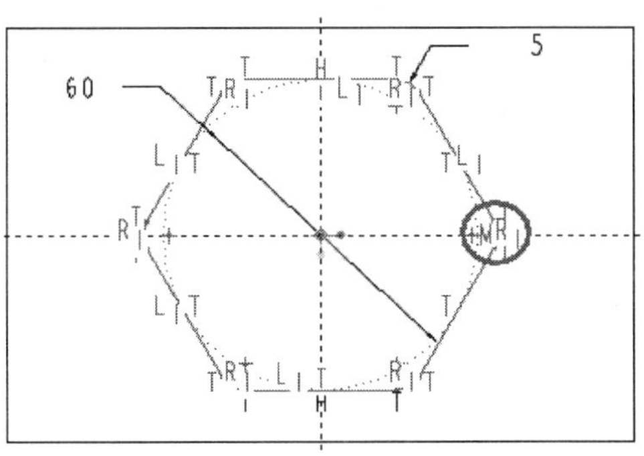

⑥ 구성원에 외접하는 정육각형을 스케치

⑦ 모서리 라운드 '5' 로 스케치

⑧ 우측 가운데 모서리 라운드 위 중앙에 '형상 점' 추가 (다음의 확대 그림 참조)

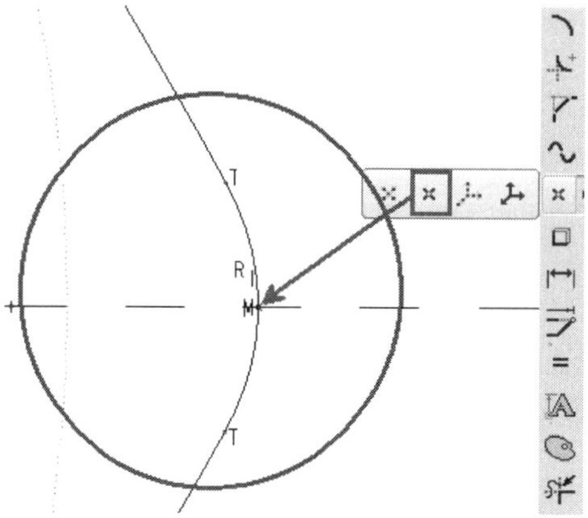

⑨ 형상 점 생성(우측 호의 가운데(M)에 생성)

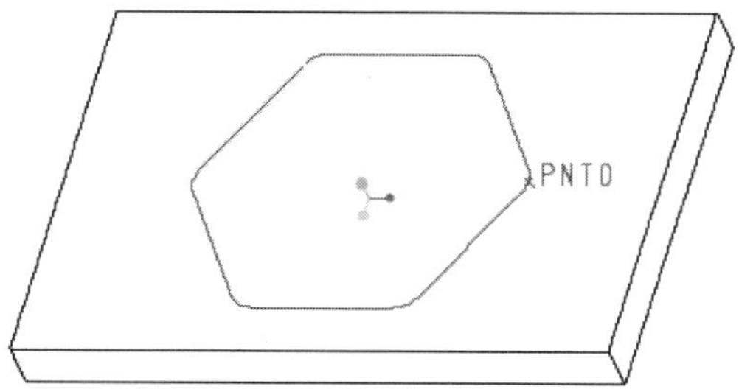

⑩ 스케치 완료(✔)

2.3 스케치 피처(원형) 생성

① 'TOP' 평면 선택

② 데이텀 평면 생성 도구 선택

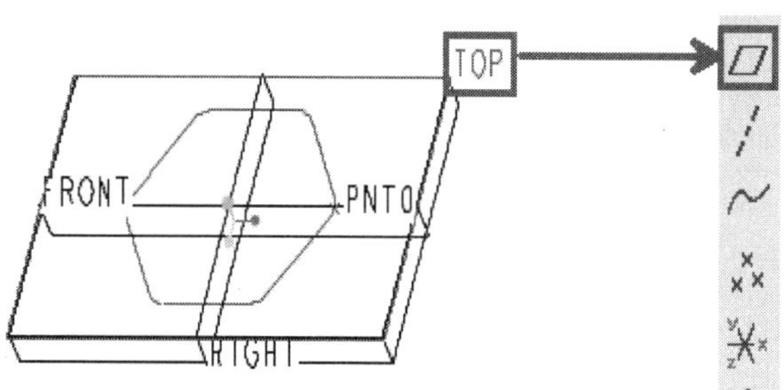

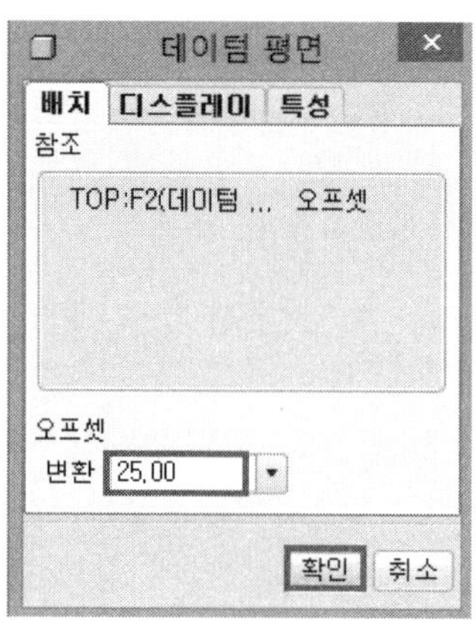

③ 오프셋 방향(윗 방향) 화살표 확인

④ 오프셋 값 '25' 입력

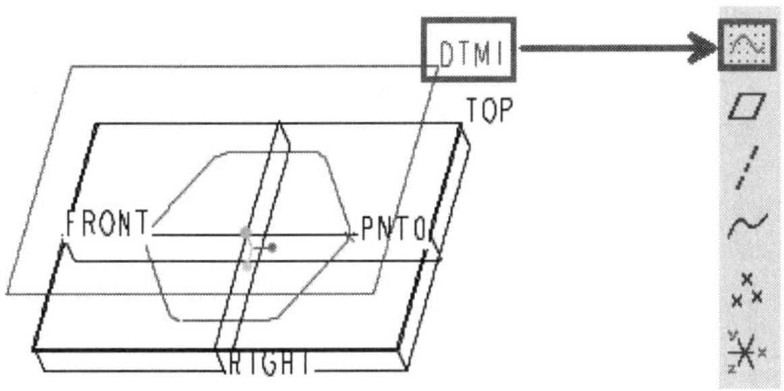

⑤ 'DTM1' 평면 선택된 상태에서 '스케치' 도구 선택

⑥ '스케치' 탭 클릭

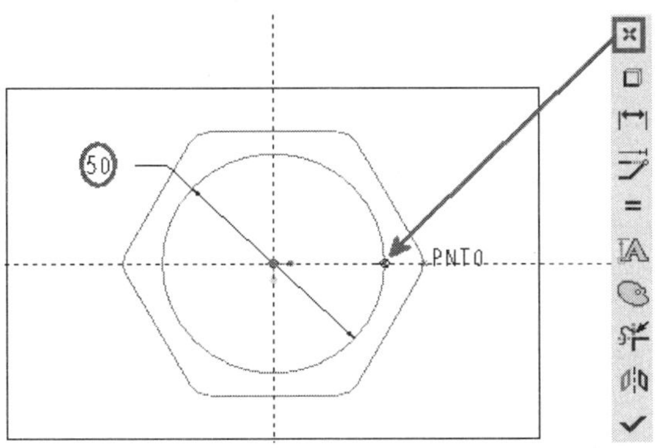

⑦ 지름 '50' 인 원 스케치

⑧ 오른쪽 원주 상에 '형상 점' 스케치

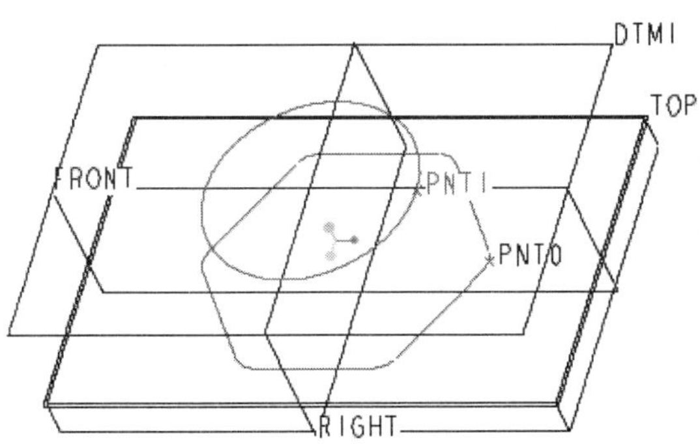

⑨ 경계 블랜드를 위한 두 번째 스케치 피처 완성

2.4 경계 블랜드 피처

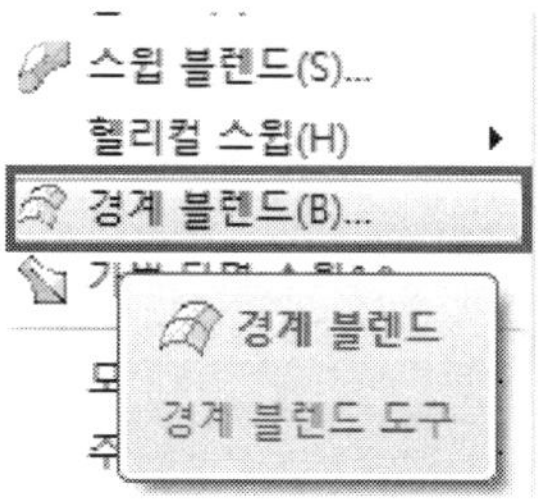

① 풀다운 메뉴 '삽입' - '경계 블랜드' 선택

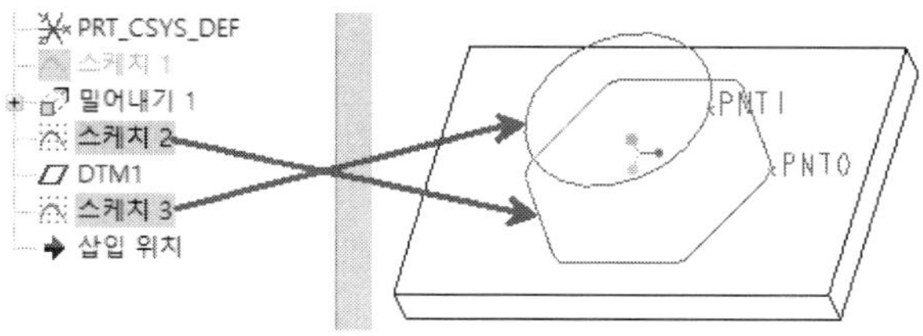

② 모델트리 또는 그래픽 영역에서 첫 번째 스케치(육각형)와 두 번째 스케치(원)을 Ctrl 누른 채 각각 선택

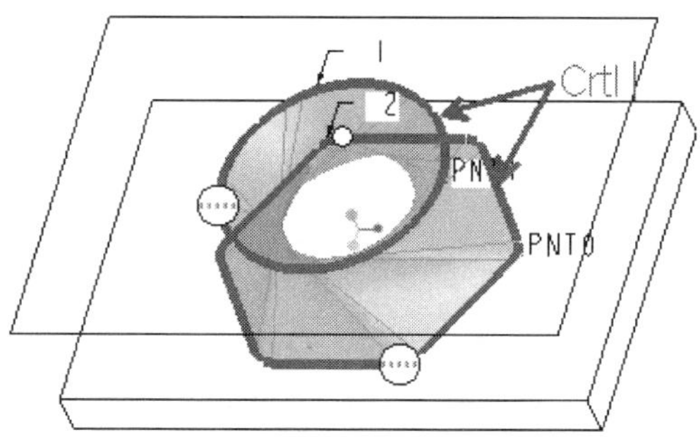

③ 선택된 스케치 피처가 적색 강조

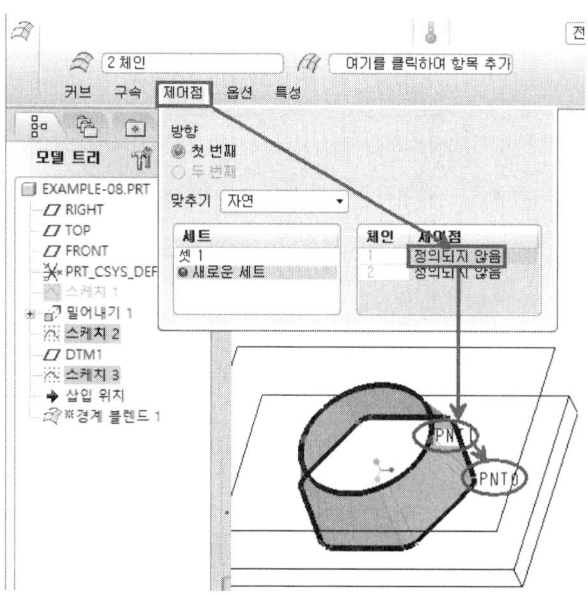

④ 대시보드 창의 '제어점' 선택

⑤ 첫 번째 체인 제어점의 '정의되지 않음'에 마우스 클릭

⑥ PNT1 선택(붉은색 강조)

⑦ PNT0 선택(측면 모서리가 평행하게 제어됨)

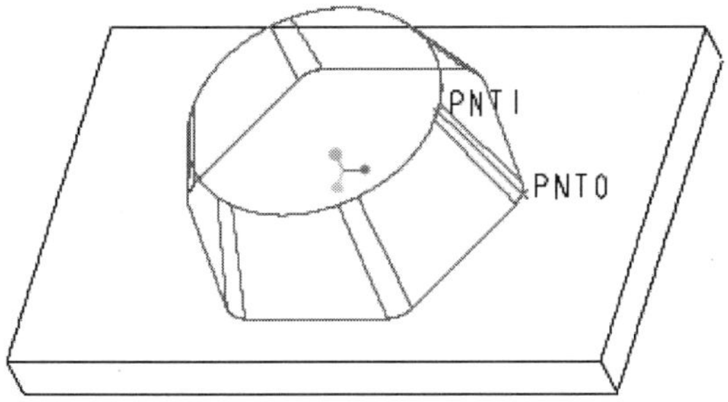

⑧ 피처 생성 완료(✔)

2.5 서피스 편집(채우기)

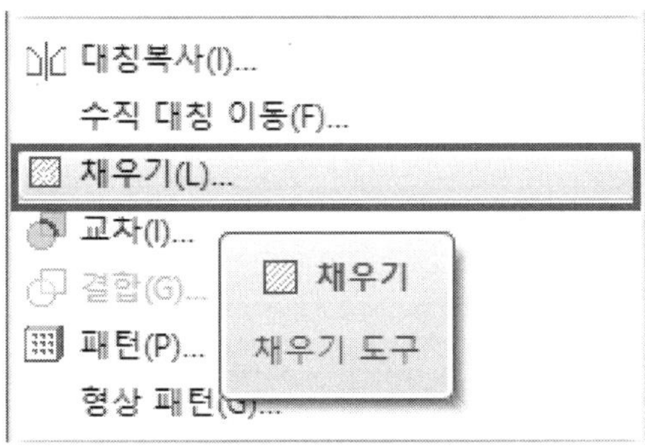

① 풀다운 메뉴 '편집' - '채우기' 선택

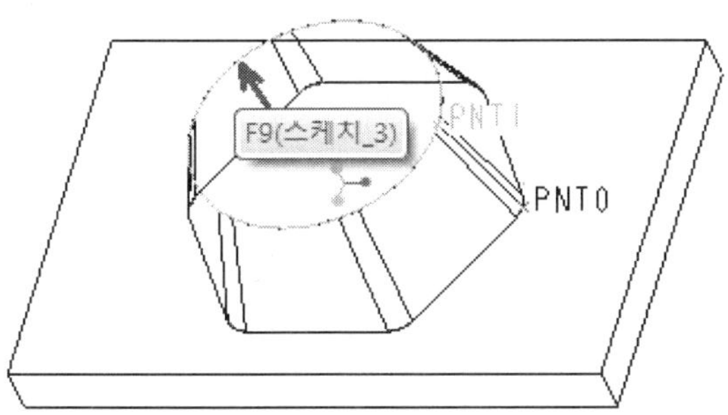

② 스케치 피처(원) '스케치3' 위에 마우스 갖다 놓으면 강조 표시됨.

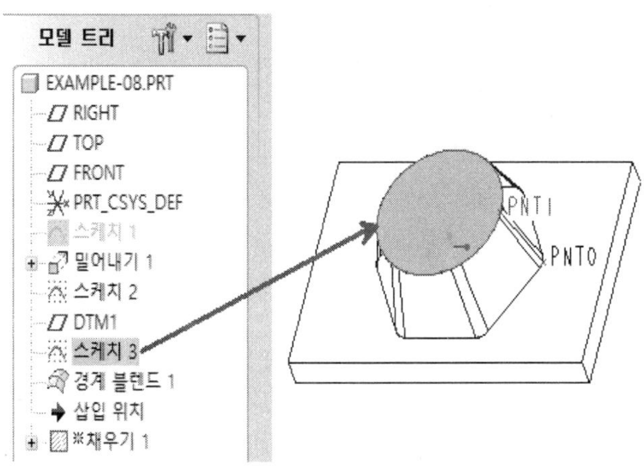

③ 강조된 상태에서 '스케치3' 피처 선택

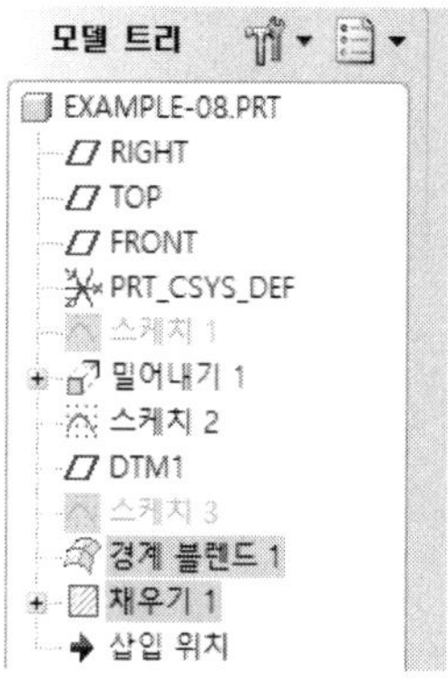

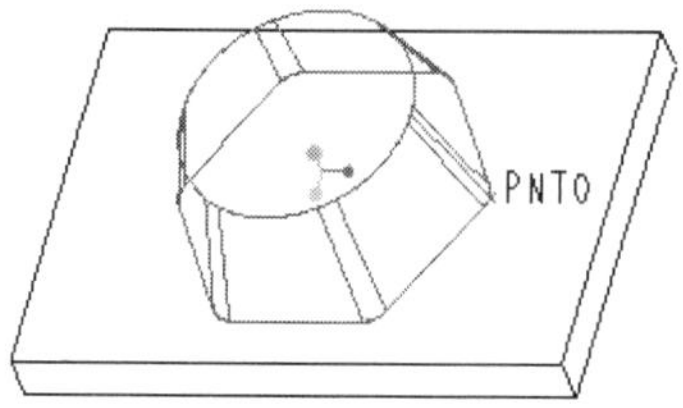

④ 경계 블랜드1 피처와 채우기 1 피처 동시 선택

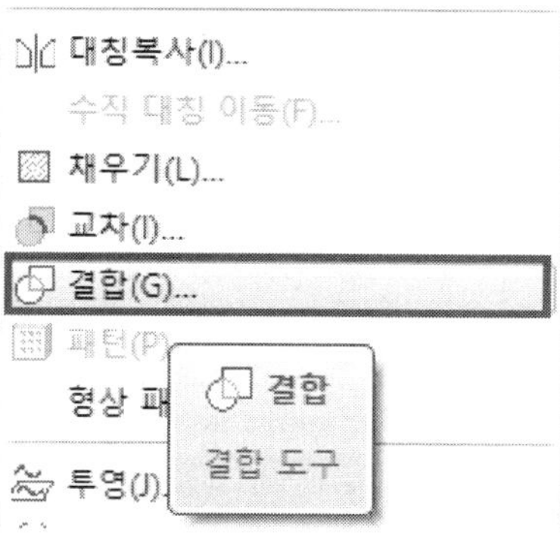

⑤ 풀다운 메뉴 '편집' - '결합' 선택

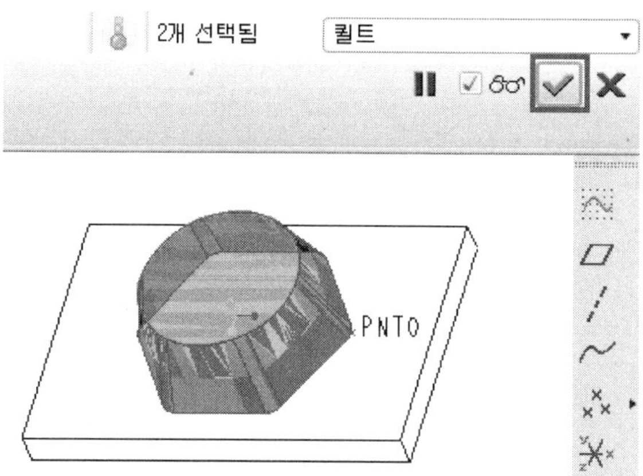

⑥ 피처 생성 완료(✔)

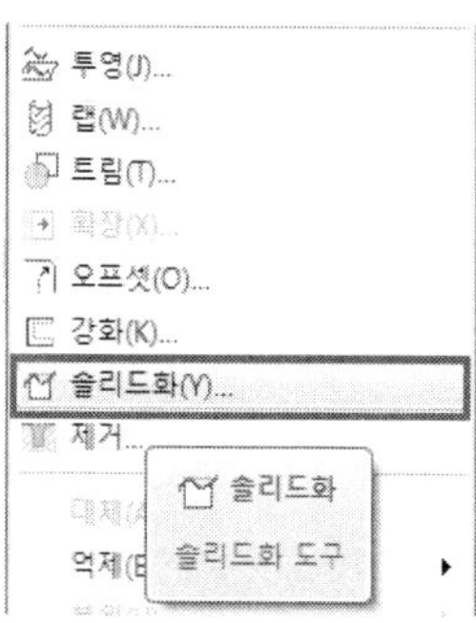

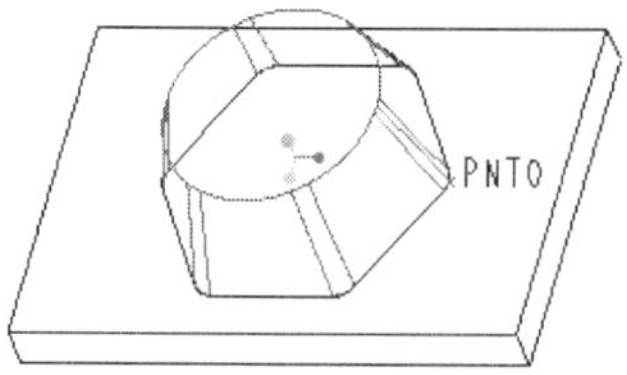

⑦ 풀다운 메뉴 '편집' - '솔리드화' 선택(결합1 피처 선택된 상태임)

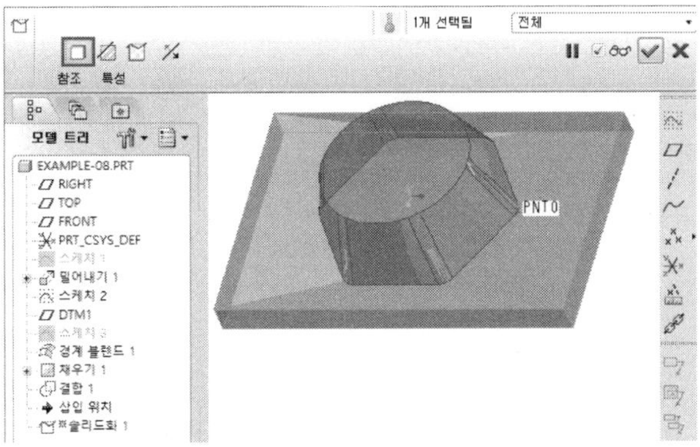

⑨ 대시보드의 솔리드로 채움(□) 도구 선택

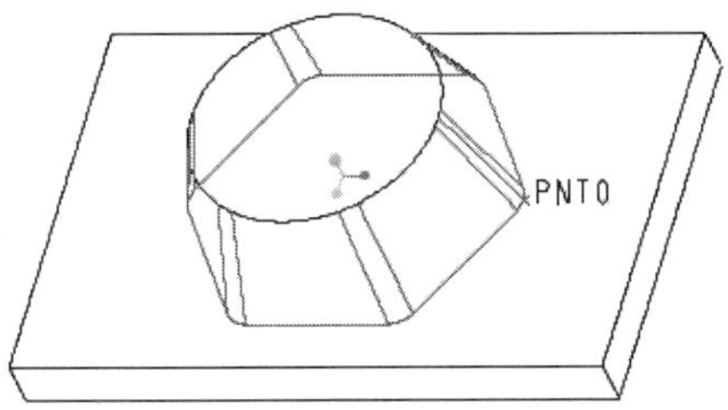

⑩ 피처 생성 완료(✔)

3. 회전(1) 피처 생성하기

3.1 스케치 평면 선택

① 스케치 평면으로 'FRONT' 데이텀 평면 선택

② '스케치 도구' 아이콘 선택

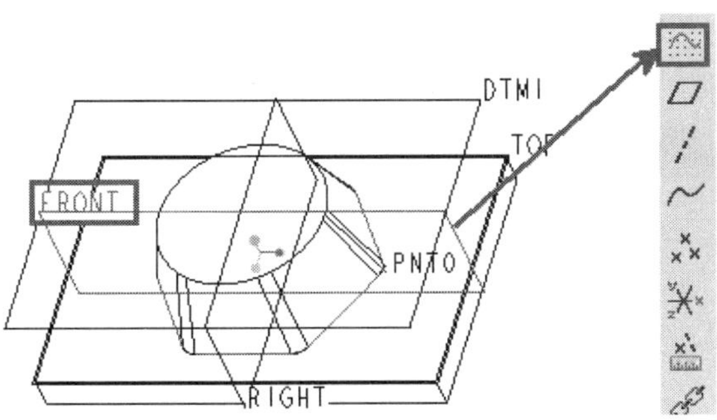

③ 스케치 창의 '스케치' 탭을 클릭

3.2 단면 스케치

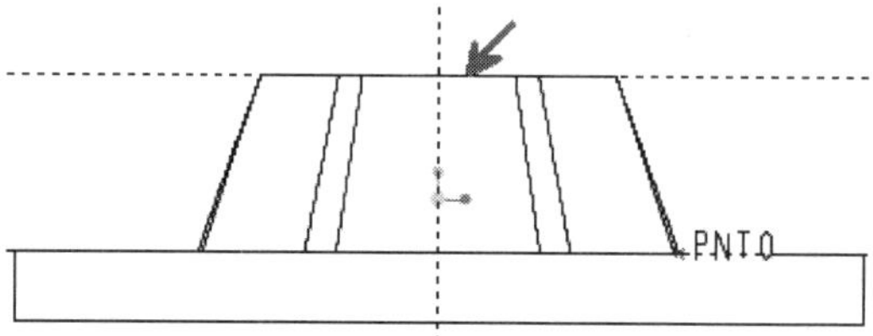

① 상부 수평 모서리 참조 추가

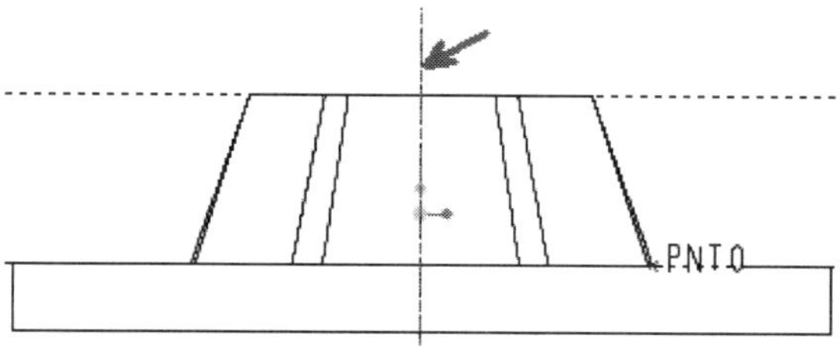

② 형상중심선( ) 도구 아이콘 선택

③ 가운데 수직방향으로 형상중심선(회전 축) 스케치

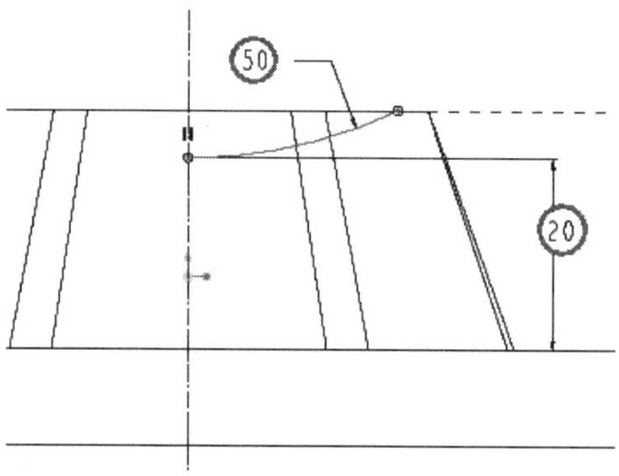

④ 도면을 참고하여 그림과 같이 오른쪽 반 단면을 스케치하고 치수 생성/수정(열린 단면임)

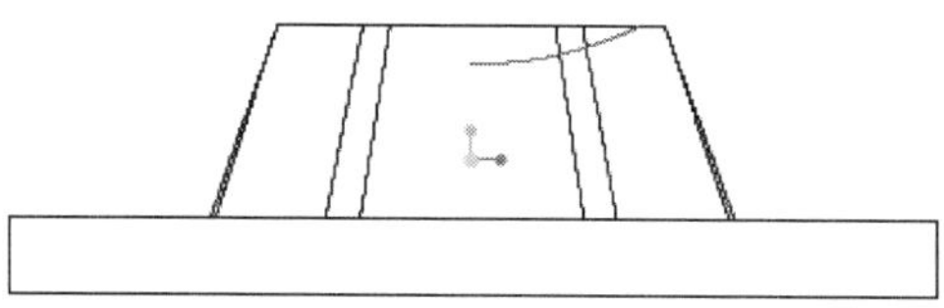

⑤ 스케치 완료( )(스케치 선택 상태임)

3.3 회전 실행

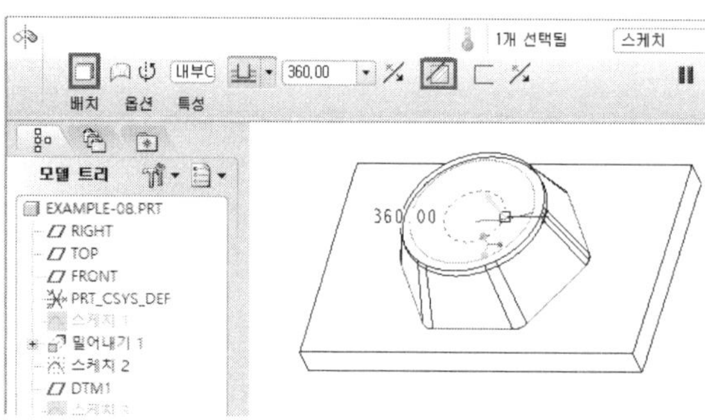

① 회전( )피처 생성 도구 아이콘 선택

② 표준방향(Crtl + D)으로 전환

③ 솔리드( ) 선택

④ 재료제거( ) 선택

3.4 회전(1) 피처 생성 완료

① 피처 생성 완료(✔)

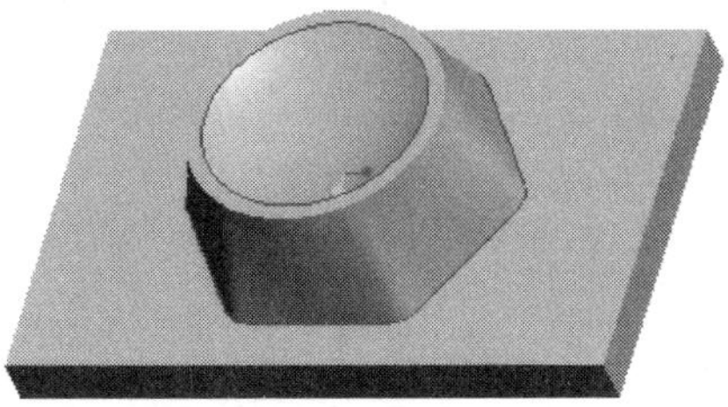

4. 오프셋 피처 생성

4.1 오프셋 서피스 선택

① 오프셋 피처는 서피스를 먼저 선택하여야 한다.

② 마우스를 이동하여 해당 피처 강조 상태에서 마우스 왼쪽 버튼으로 클릭

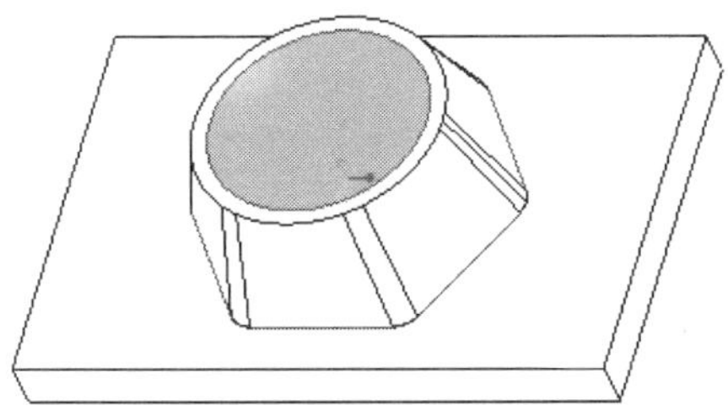

4.2 오프셋 실행

① 풀다운 메뉴 '편집' - '오프셋' 선택

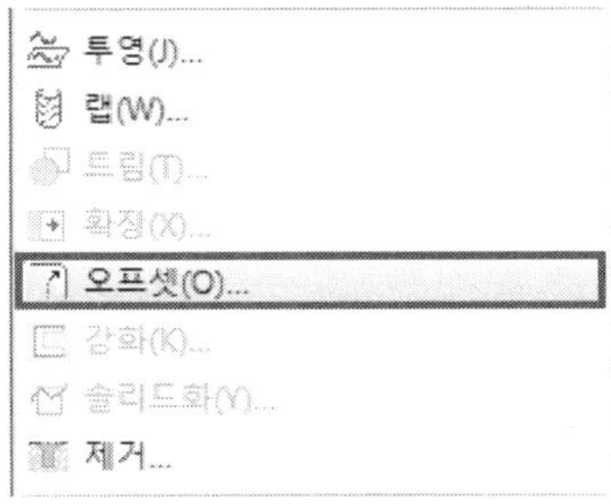

4.3 오프셋 유형(확장 피처) 선택

① 오프셋 유형을 펼쳐서 '확장 피처' 선택

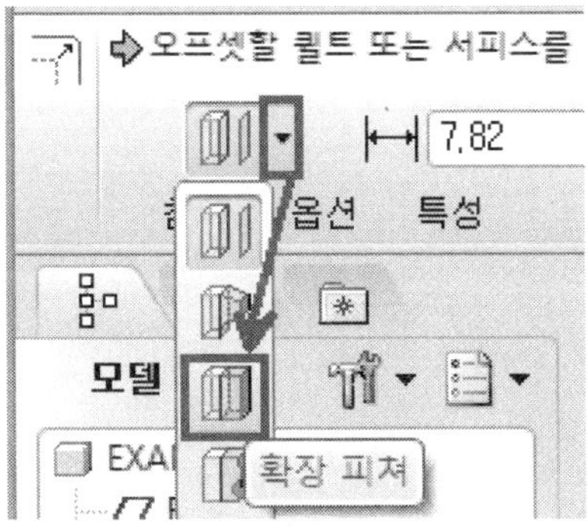

4.4 오프셋 단면 스케치

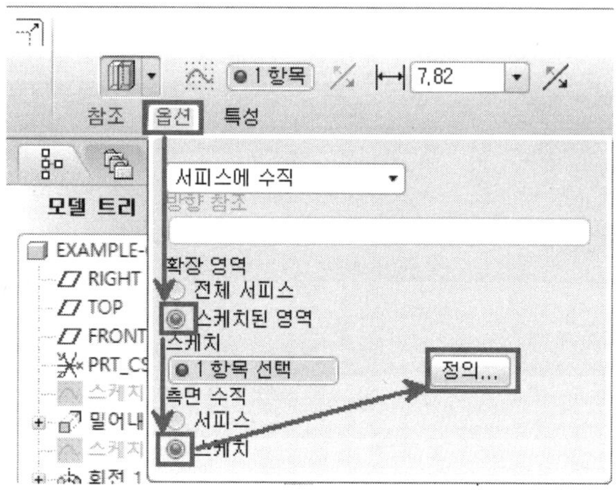

① 대시보드의 '옵션' 탭 선택

② 확장영역 '스케치된 영역' 선택

③ 측면 수직 '스케치' 선택

④ '정의' 탭 선택

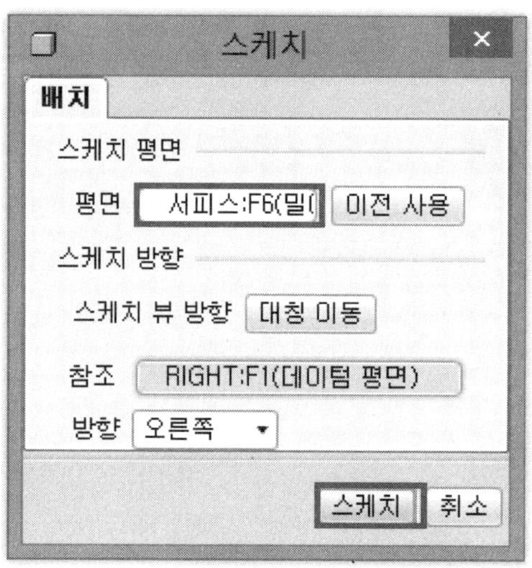

⑤ 스케치 평면으로 '직육면체의 윗면 선택

⑥ '스케치' 탭 선택

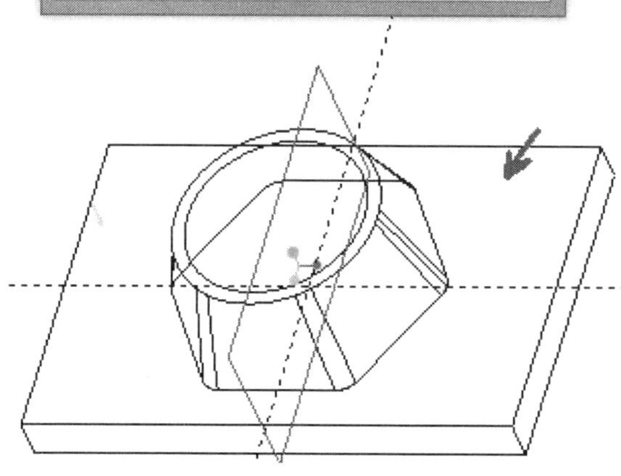

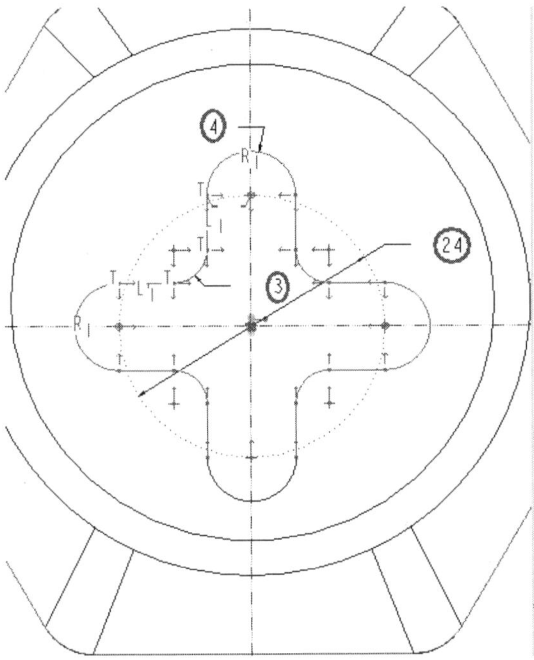

⑦ 가운데 지름 '24' 인 원 스케치 후 구성원으로 전환

⑧ 도며 참고하여 단면 스케치

⑨ 참고로 그림은 중심선을 이용하여 대칭복사 기능 활용

4.5 오프셋 깊이

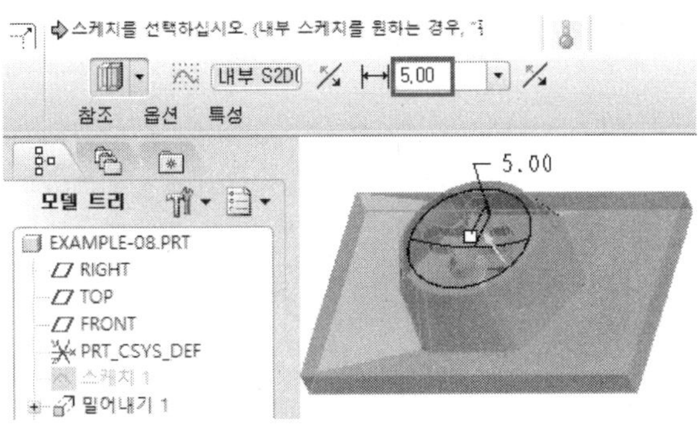

① 스케치 완료(✔)

② 오프셋 값 '5' 로 수정

4.6 오프셋 피처 완성

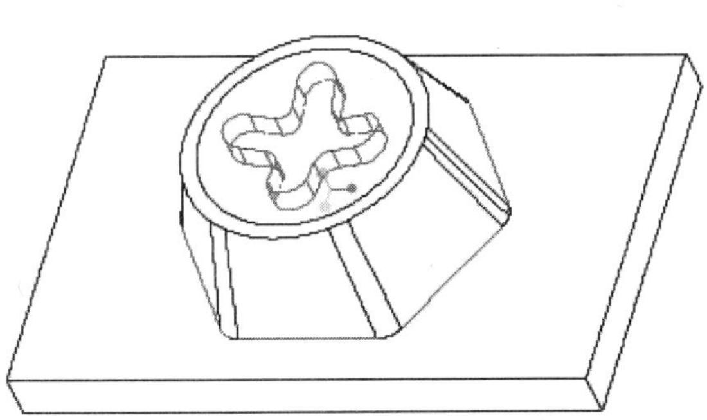

① 피처 생성 완료(✔)

5. 라운드 추가

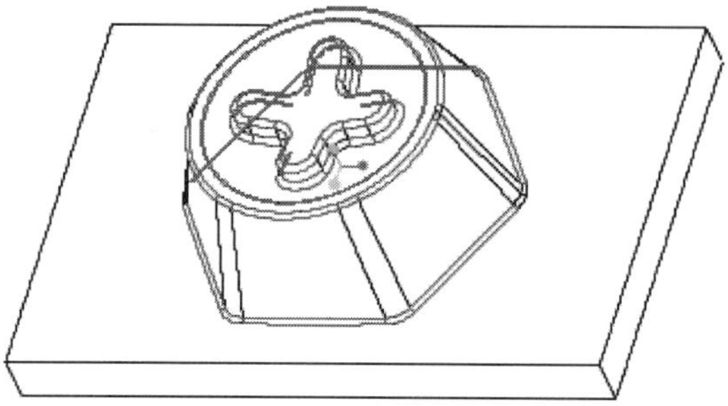

① 라운드( ) 도구 선택

② 대상 모서리를 Ctrl 키 누른 채 선택

③ 라운드 값 '1' 로 수정

④ 피처 생성 완료( )

6. 모델링 완성

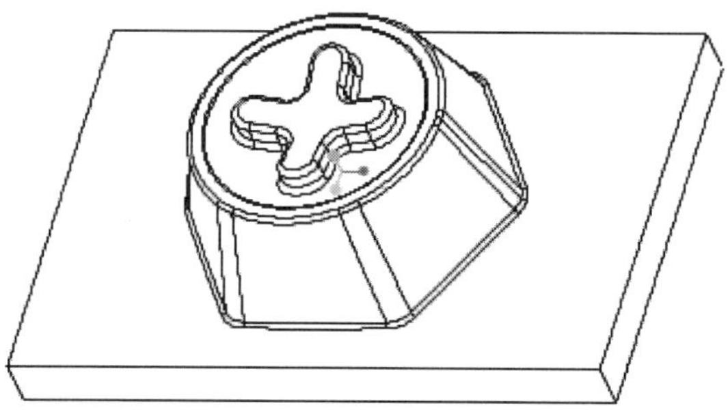

9. Example-09 도면 모델링

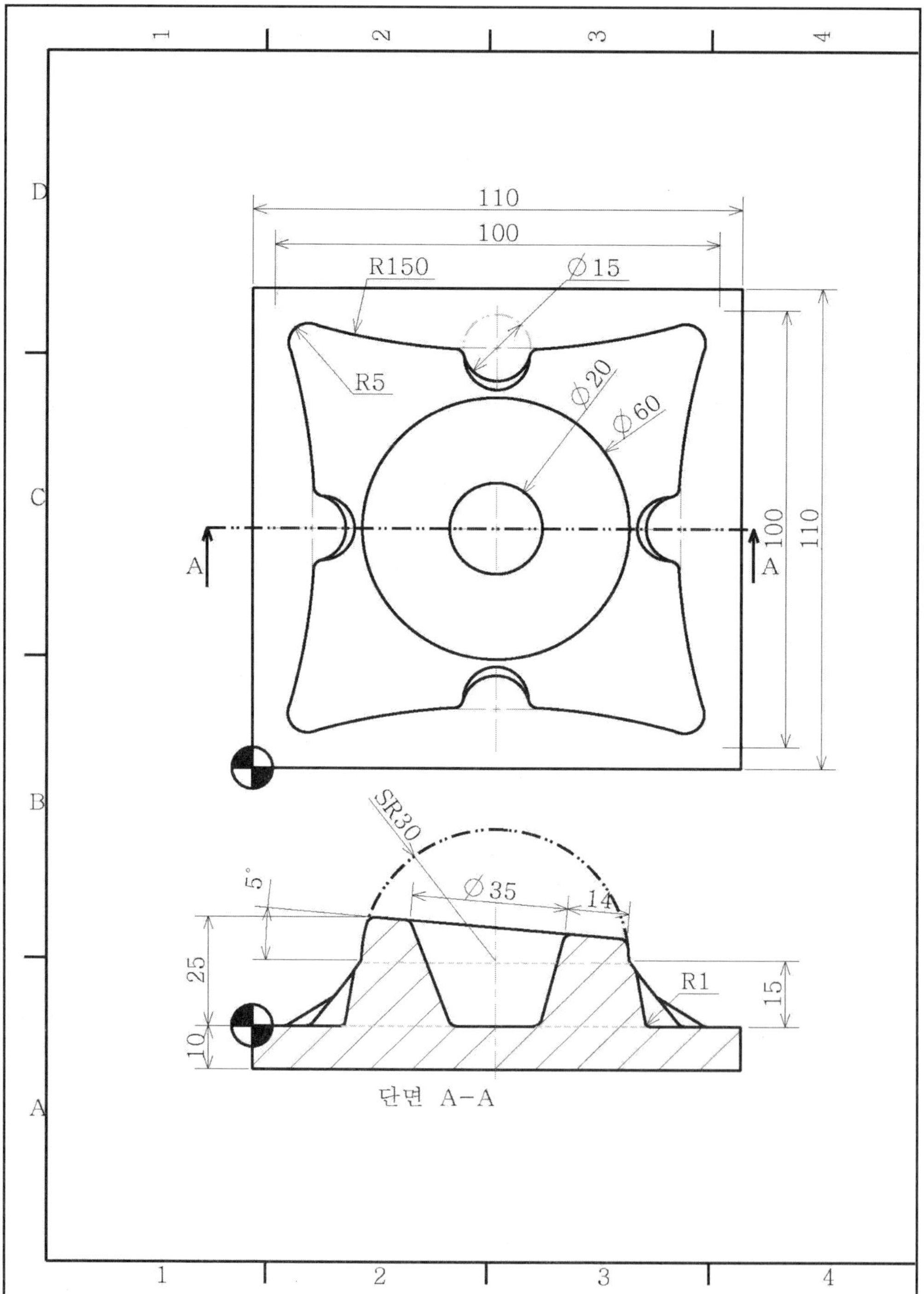

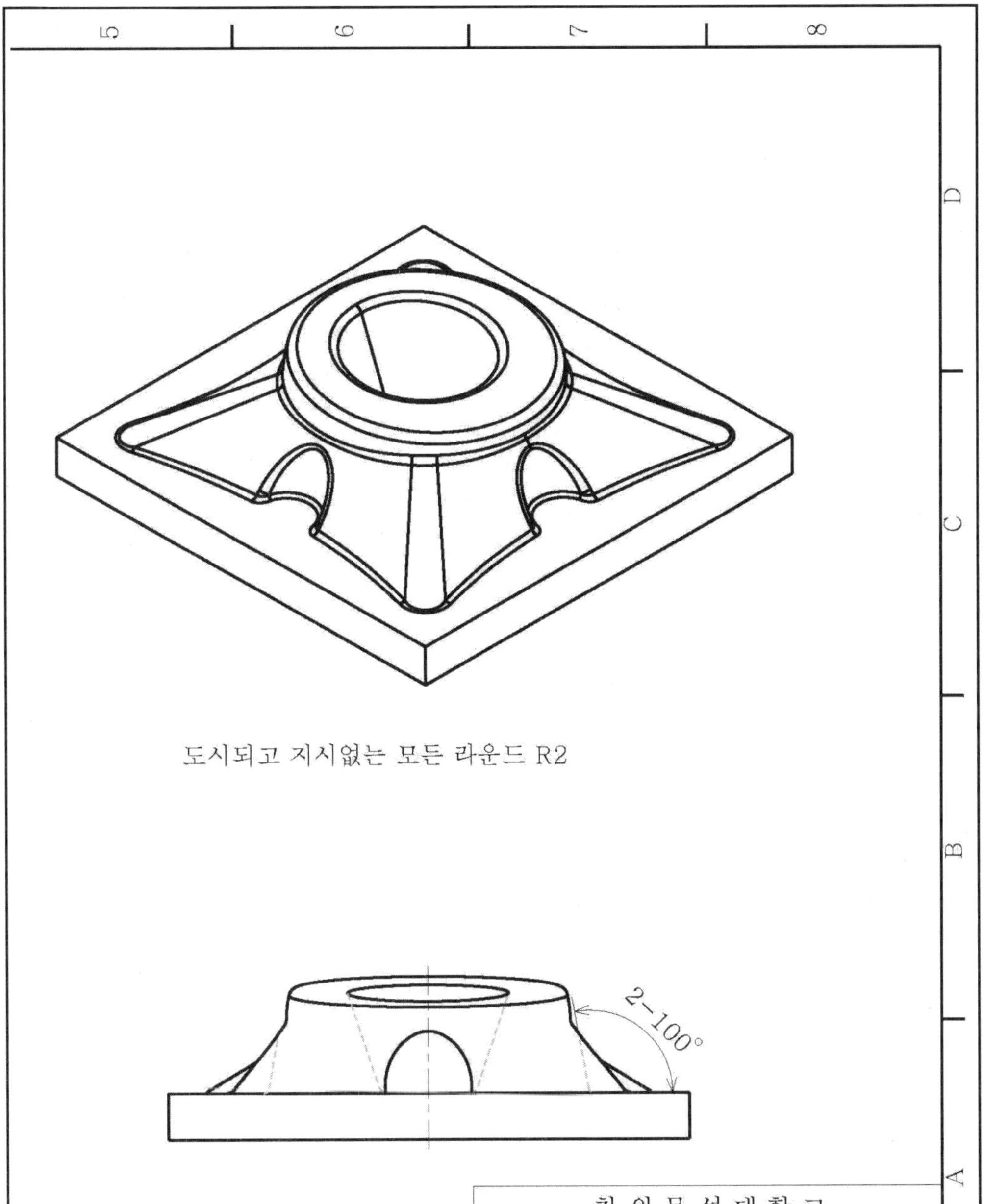

창원문성대학교			
소 속	기계과	작업자	예규현
투상법	3각법	축 척	1 : 1
날 짜	2016.1.20	파일명	Example-09

작업 순서

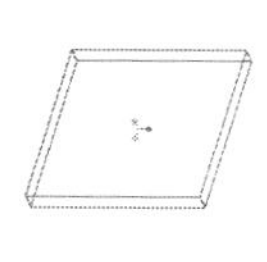	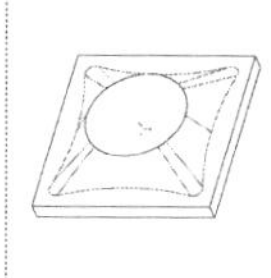	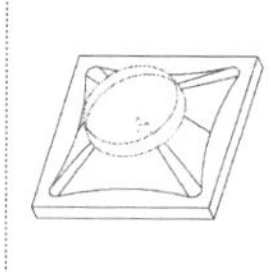	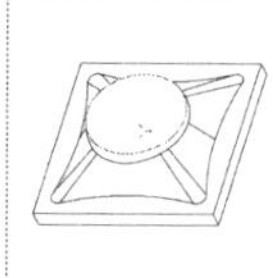	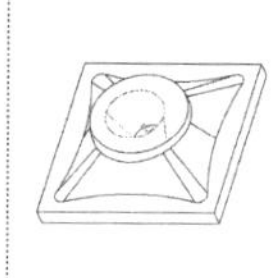	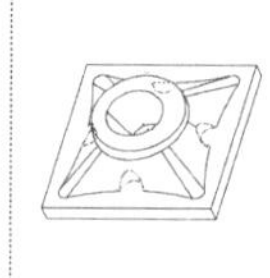	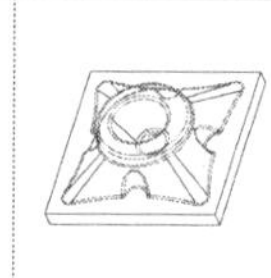
1.밀어내기(1)	2.경계 블랜드(1)	3.회전(1)	4.밀어내기(재료제거)	5.경계 블랜드(2)	6.밀어내기(3)	7.구배/라운드

1. 밀어내기(1) 피처 생성

1.1 파일 새로 만들기

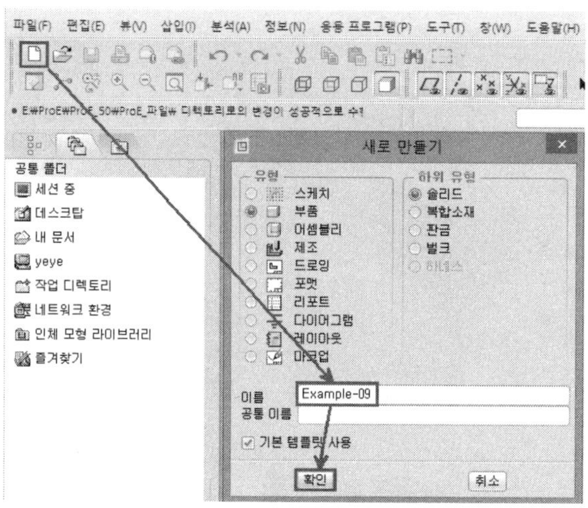

① 파일 이름 'Example-09'으로 새로 만들기 시작

② 단위는 mmNs 단위계로 모델링 작업

1.2 스케치 평면 및 스케치 선택

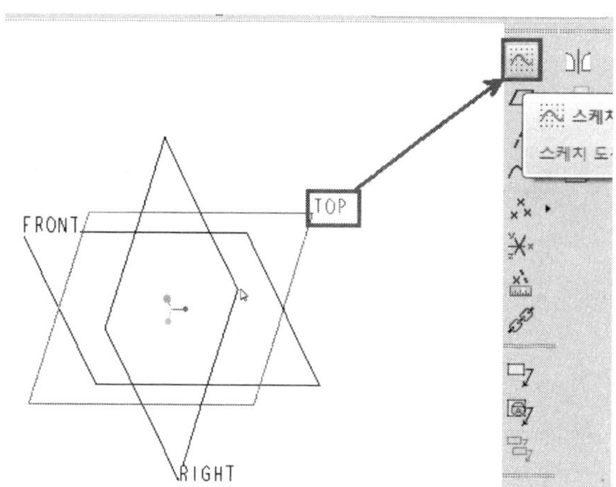

① 스케치 평면으로 'TOP' 데이텀 평면 선택하고 스케치(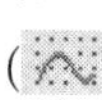) 도구 아이콘 선택

1.3 스케치 정의 창

① '스케치' 탭 클릭

1.4 단면 스케치(중심선)

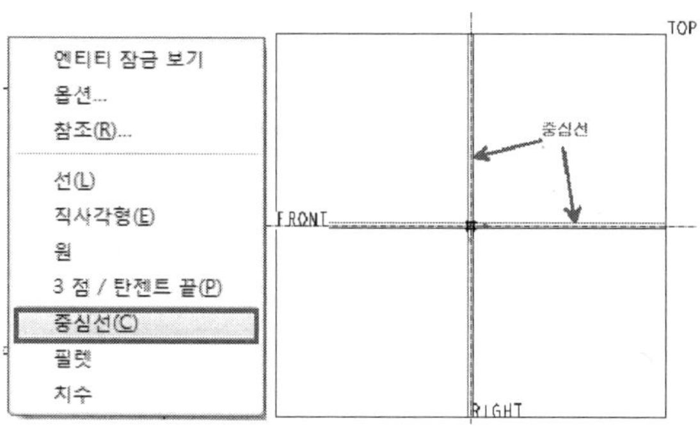

① 마우스 우측 버튼 클릭 – '중심선' 선택

② 가운데 참조 데이텀 평면에 일치하도록 가로, 세로 방향의 두 중심선을 그린다.

1.5 단면 스케치

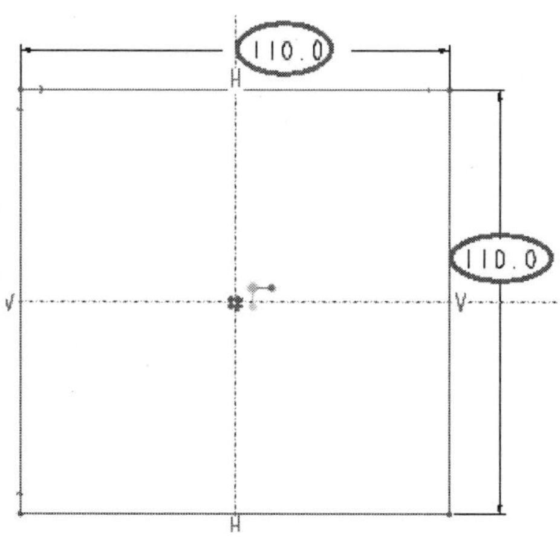

① 직사각형(□) 생성 아이콘 선택

② 좌우, 상하 대칭 구속을 이용 가로 110, 세로 110인 정사각형 스케치

③ 스케치 완료(✔)

1.6 밀어내기 실행

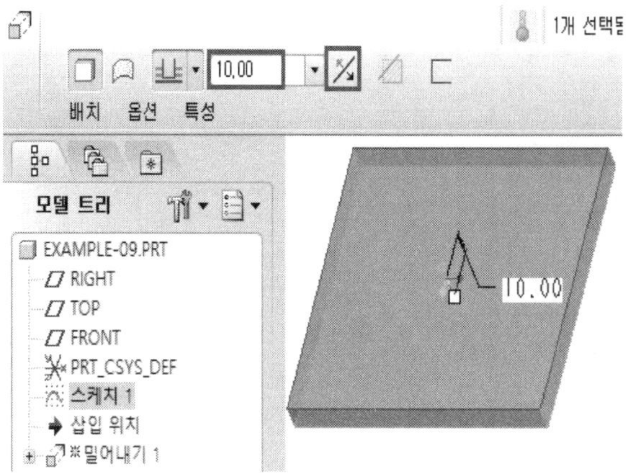

① 밀어내기( ) 도구 아이콘 클릭

② 'Crtl + D'로 표준방향으로 전환

③ 깊이 값 '10' 으로 수정

④ 깊이 방향 전환 아이콘 클릭 (아래 방향)

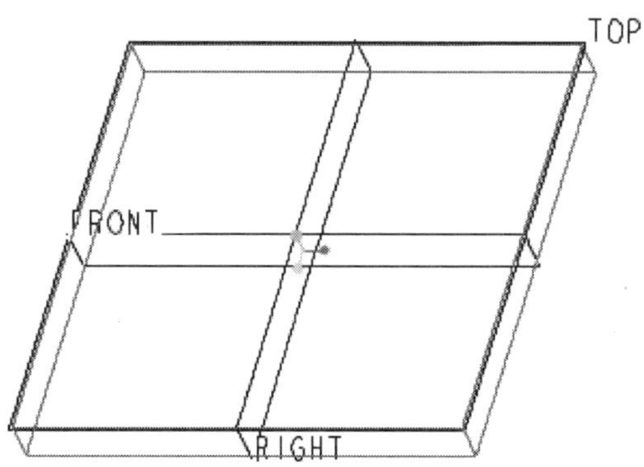

⑤ 피처 생성 완료( )

2. 경계 블랜드(1) 피처 생성

2.1 하부 경계 스케치 피처 생성

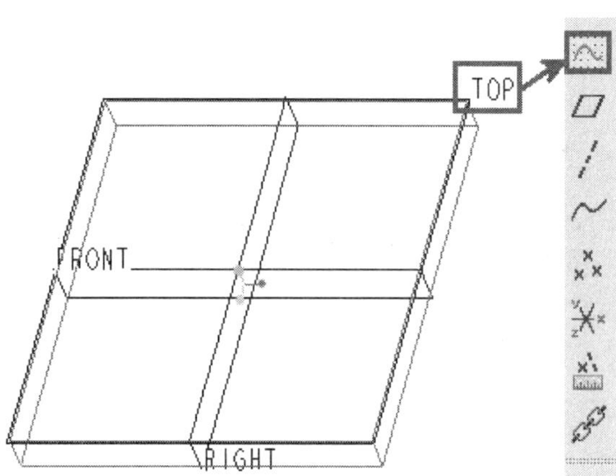

① 지금부터 생성하고자 하는 피처는 블랜드 피처로 생성 후 라운드(R5) 처리하면 도면과 같이 모서리가 생성되지 않음(지금 60의 원 쪽 라운드 형상이 한 점으로 수렴하여 생성됨. 따라서 경계블랜드 피처 활용함)

② 스케치 평면으로 'TOP' 평면 선택

③ 스케치 도구( ) 아이콘 선택

④ 스케치 창의 '스케치' 탭을 클릭

2.2 단면 스케치

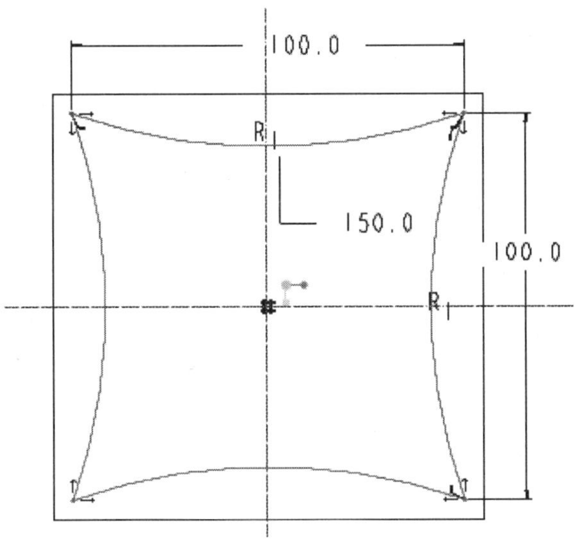

① 가운데 수직, 수평 중심선 스케치

② 그림과 같이 4개의 호를 스케치

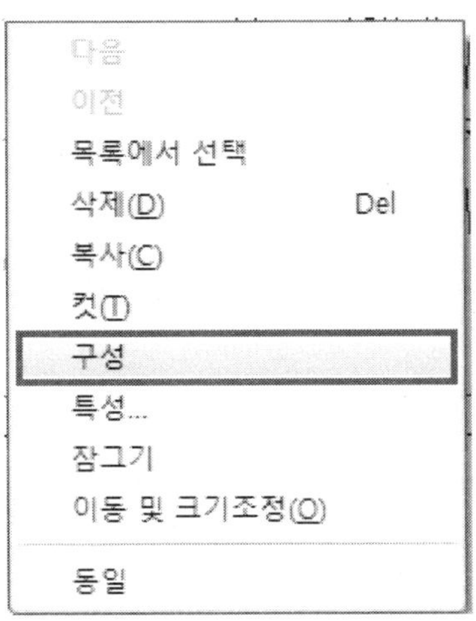

③ 4개의 호를 모두 선택

④ 마우스 우측 버튼 클릭 -팝업 메뉴의 '구성' 선택

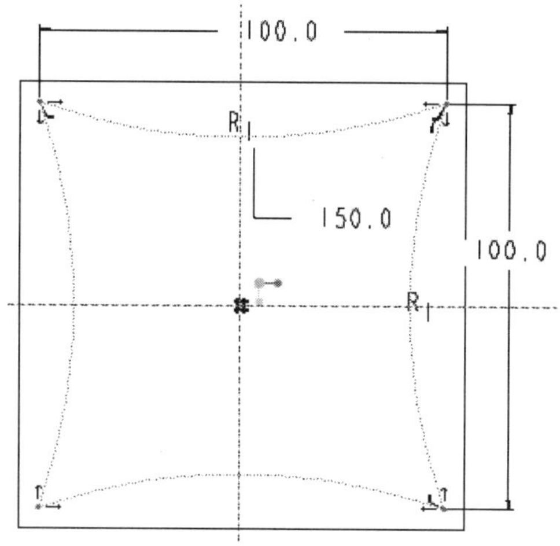

⑤ 참조용 구성 호로 전환

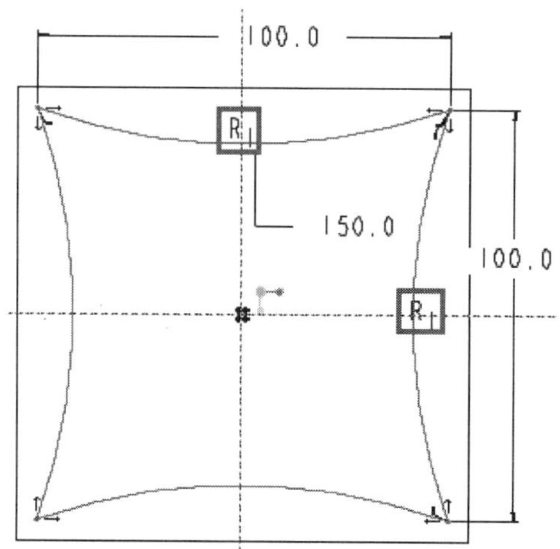

⑥ 동심원 호( ) 도구 선택, 동일 구속 조건 적용하여 구성 호 위에 겹쳐서 같은 크기의 호 4개를 스케치[또는 대칭복사 기능 활용]

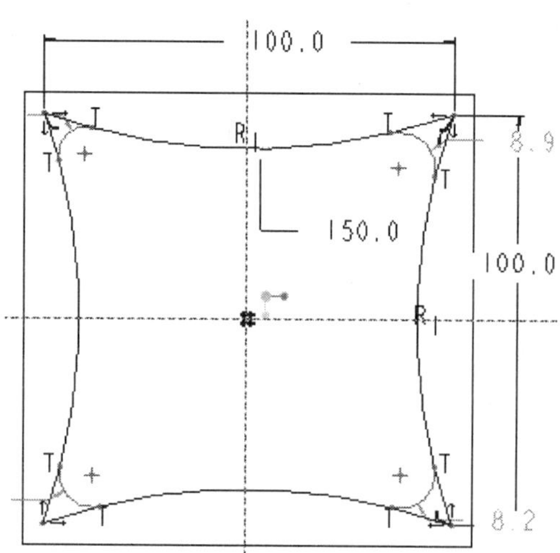

⑦ 원형( ) 필렛 도구 선택

⑧ 네 모서리를 라운드 처리

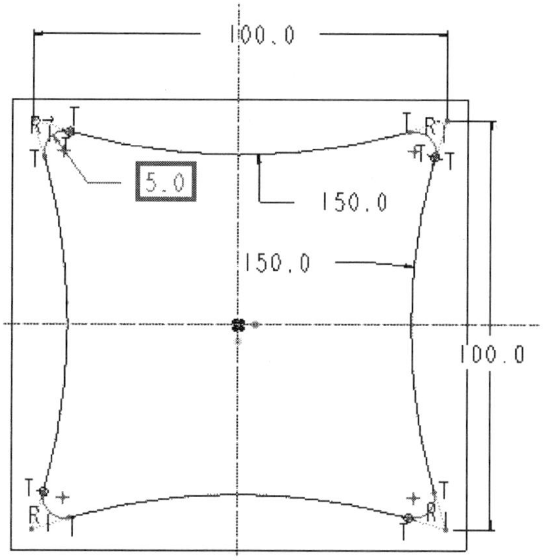

⑨ 동일(=) 구속 조건 선택하여 4개의 모서리 라운드를 동일구속 시키고 라운드 값 '5' 로 수정

⑩ 세그먼트 삭제() 도구 선택하여 모서리 끝 부분 트림

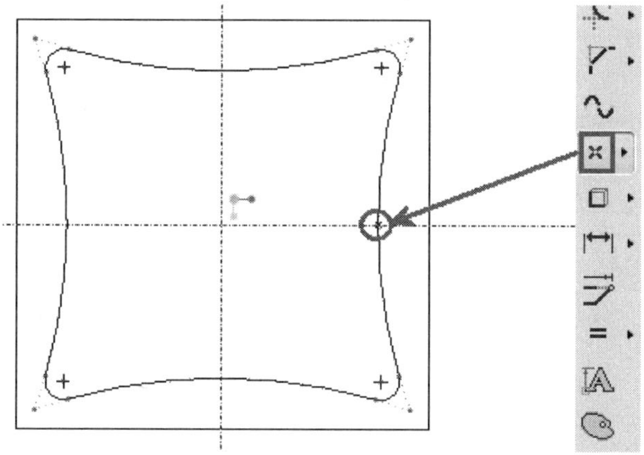

⑪ 형상 점() 도구 선택

⑫ 오른쪽 호의 중간 점 위치에 점 추가

⑬ 형상 점은 경계 블랜드 서피스 생성 시 제어점으로 활용하기 위함

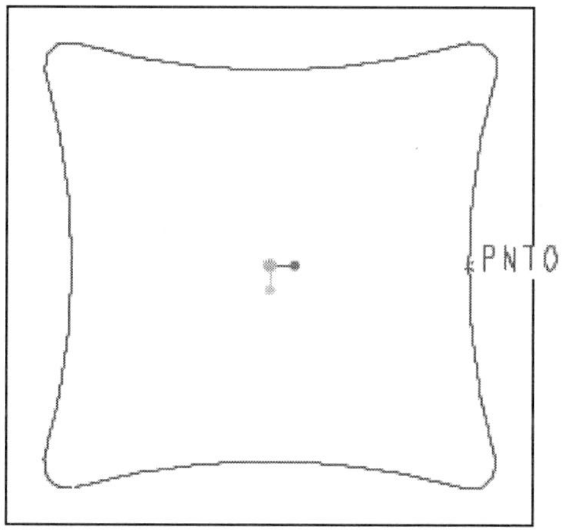

⑭ 스케치 완료()

2.3 상부 경계 스케치 피처(원형) 생성

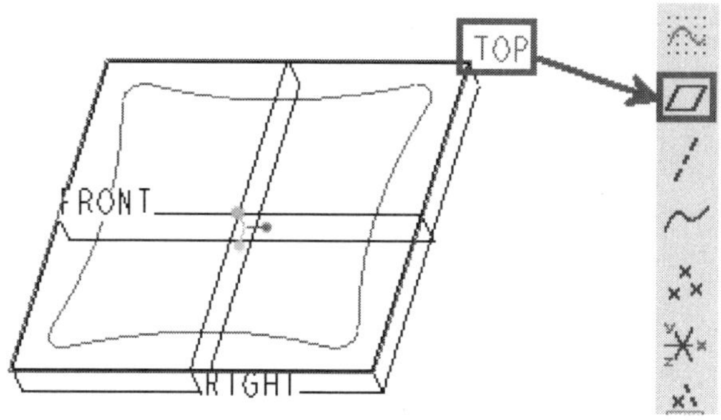

① 'TOP' 평면 선택

② 데이텀 평면(▱) 생성 도구 선택

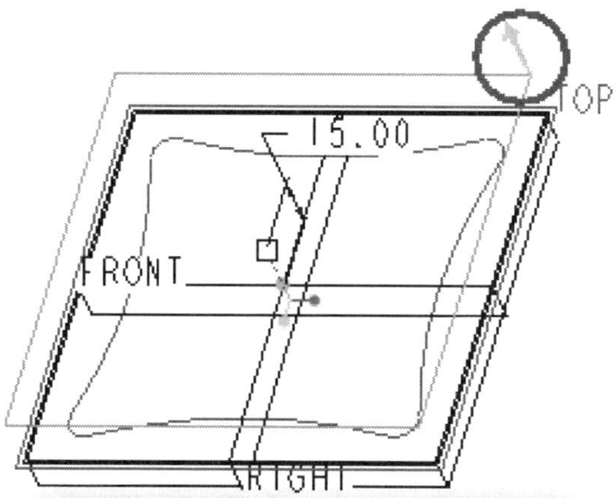

③ 오프셋 방향(윗 방향) 화살표 확인

④ 오프셋 값 '15' 입력 후 '확인' 탭 클릭

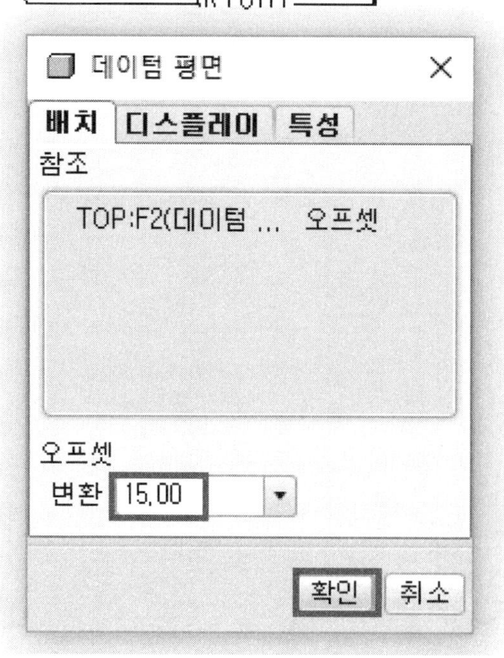

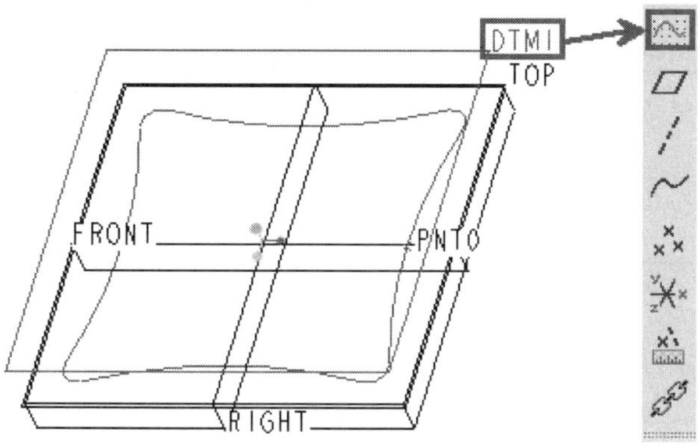

⑤ 'DTM1' 평면 선택된 상태에서 스케치() 도구 선택

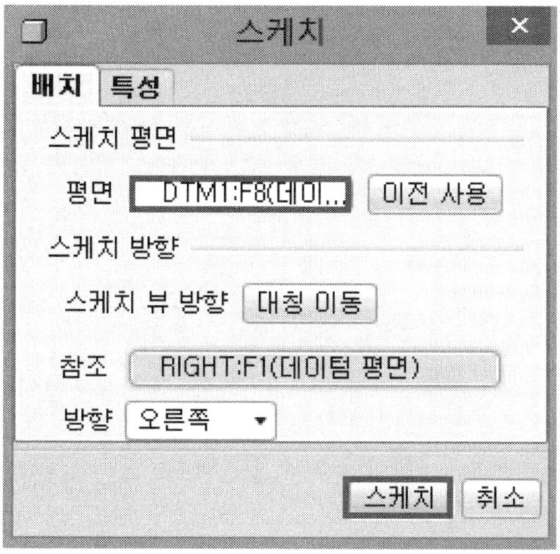

⑥ '스케치' 탭 클릭

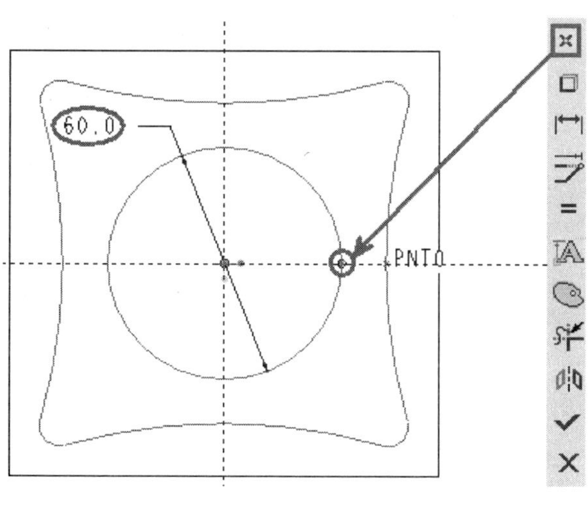

⑦ 지름 '60' 인 원 스케치

⑧ 오른쪽 중간 위치 원주 상에 '형상 점' 스케치

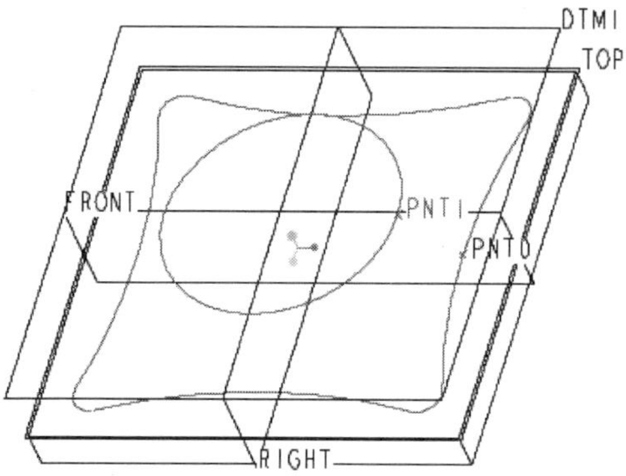

⑨ 스케치 완료(✔)

⑩ 경계 블랜드를 위한 두 번째 스케치 피처 완성

2.4 경계 블랜드 피처

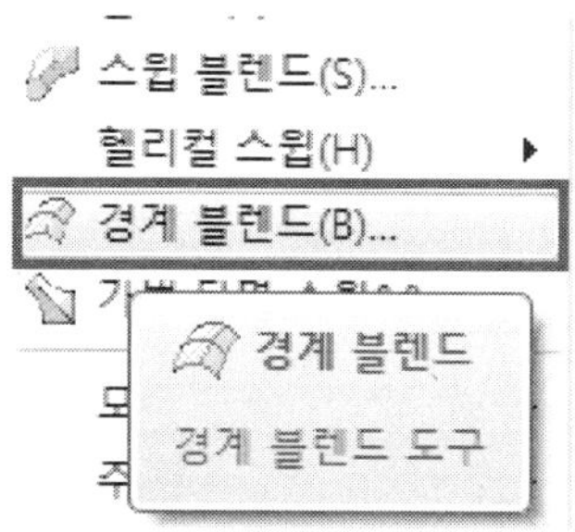

① 풀다운 메뉴 '삽입' - '경계 블랜드' 선택

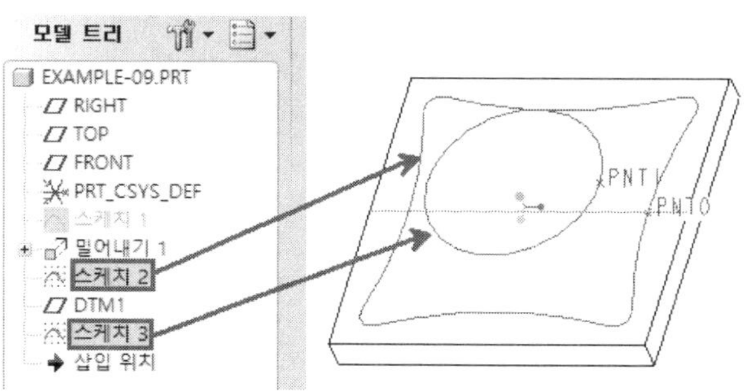

② 모델트리 또는 그래픽 영역에서 첫 번째 스케치(4개의 호)와 두 번째 스케치(원)을 Ctrl 키를 누른 채 각각 선택

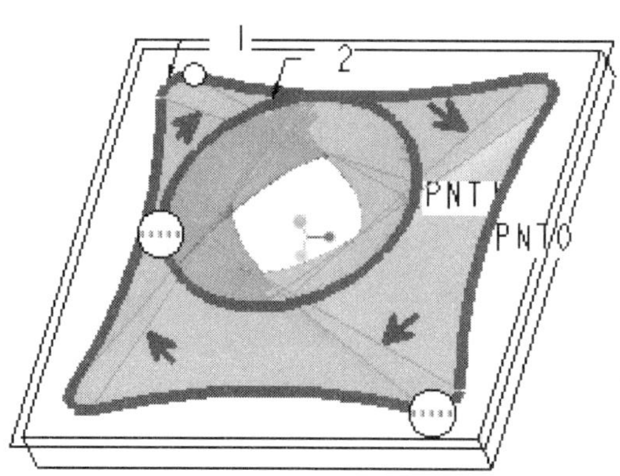

③ 선택된 스케치 피처가 적색 강조

④ 호와 원의 연결 제어 위치가 서로 어긋나 있음.

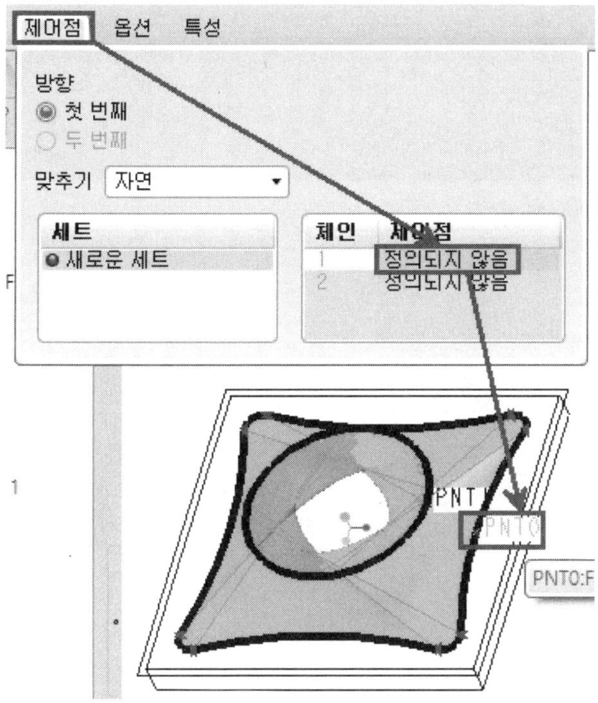

⑤ 대시보드 창의 ‘제어점’ 선택

⑥ 첫 번째 체인 제어점의 ‘정의되지 않음’에 마우스 클릭

⑦ ‘PNT0’ 선택(붉은색 강조)

⑧ ‘PNT1’ 선택

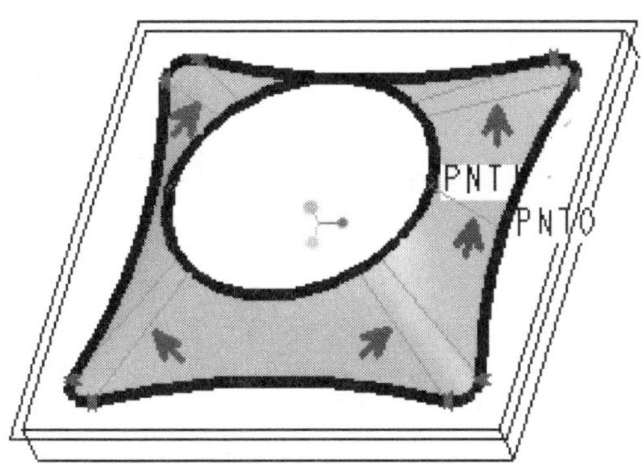

⑨ 측면 모서리가 평행하게 제어됨

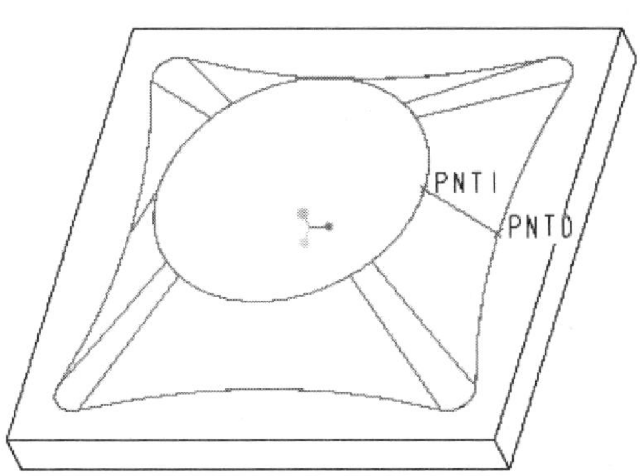

⑩ 피처 생성 완료(✔)

2.5 서피스 편집(채우기)

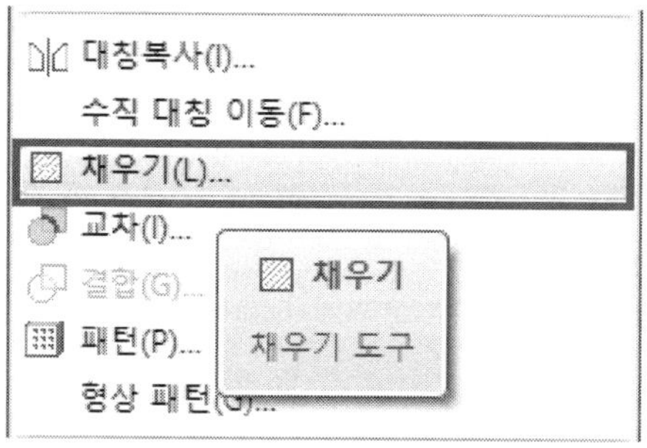

① 풀다운 메뉴 '편집' - '채우기' 선택

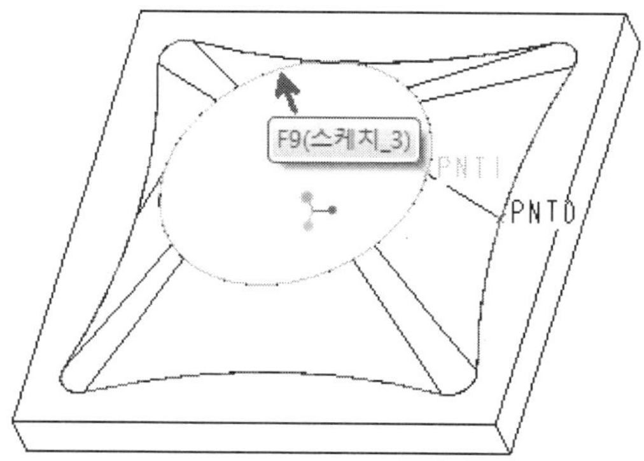

② 스케치 피처(원) '스케치3' 위에 마우스 갖다 놓으면 강조 표시됨.

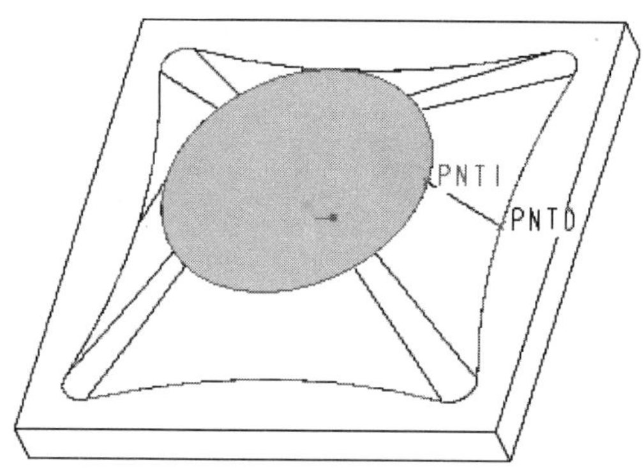

③ 강조된 상태에서 '스케치3' 피처 선택

④ 피처 생성 완료(✓)

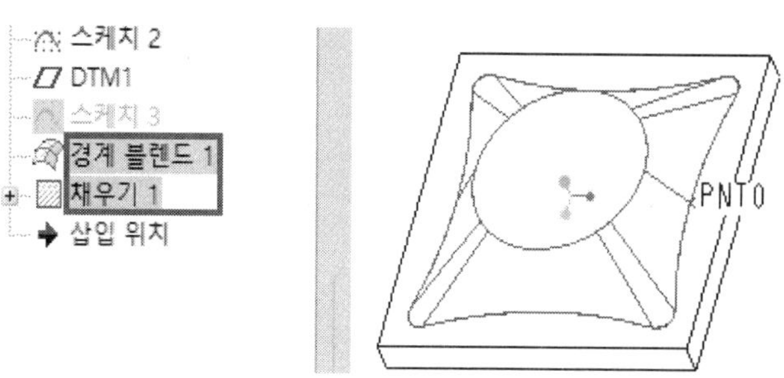

⑤ '경계 블랜드1' 피처와 '채우기1' 피처 동시 선택

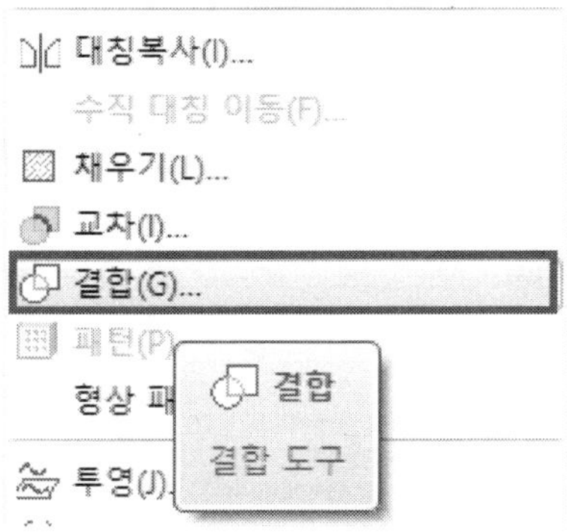

⑥ 풀다운 메뉴 '편집' – '결합' 선택

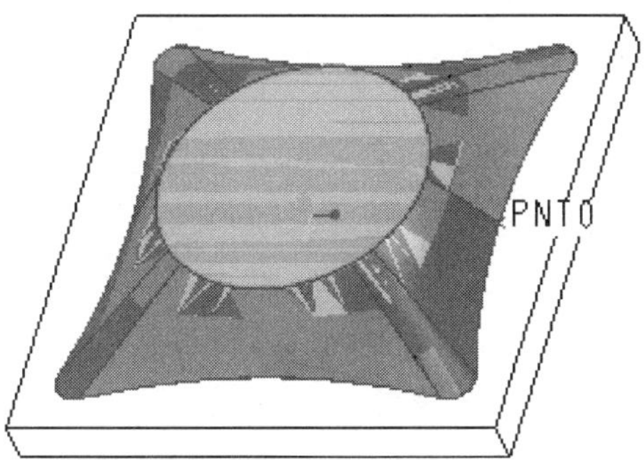

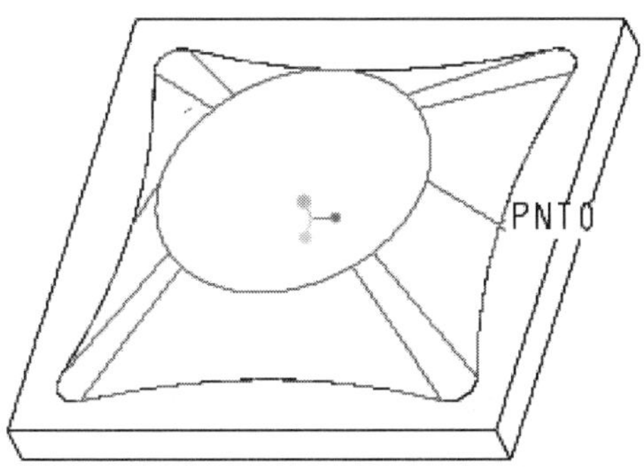

⑦ 피처 생성 완료(✔)

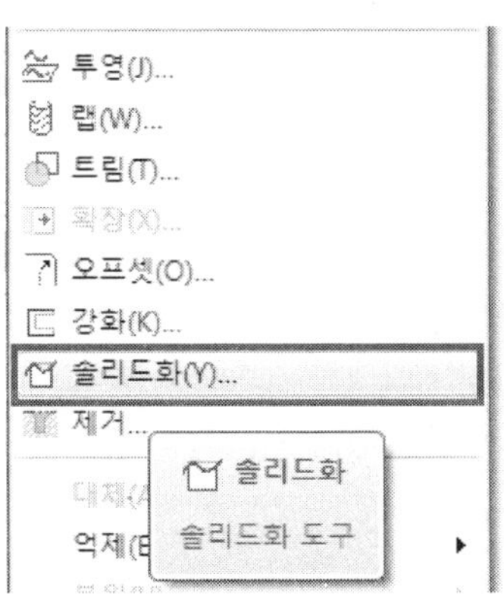

⑧ 풀다운 메뉴 '편집' – '솔리드화' 선택(결합1 피처 선택된 상태임)

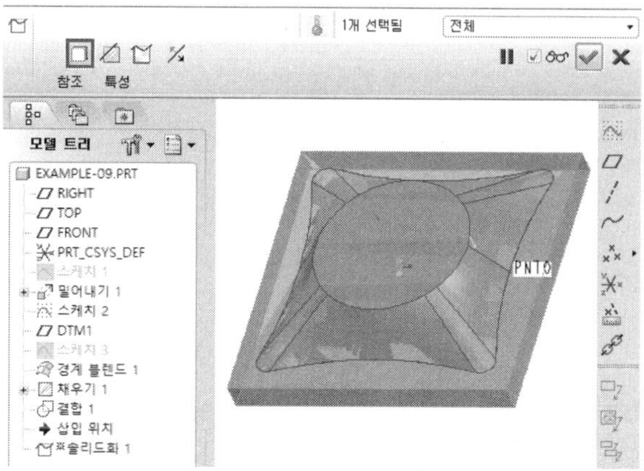

⑨ 대시보드의 솔리드로 채움(□) 도구 선택

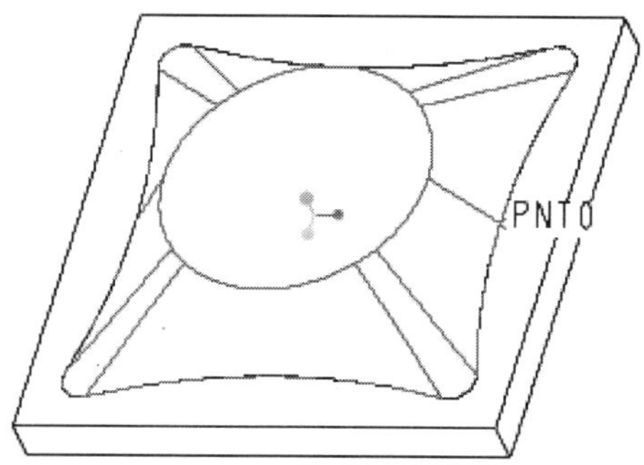

⑩ 피처 생성 완료(✓)

3. 회전(1) 피처 생성하기

3.1 스케치 평면 선택

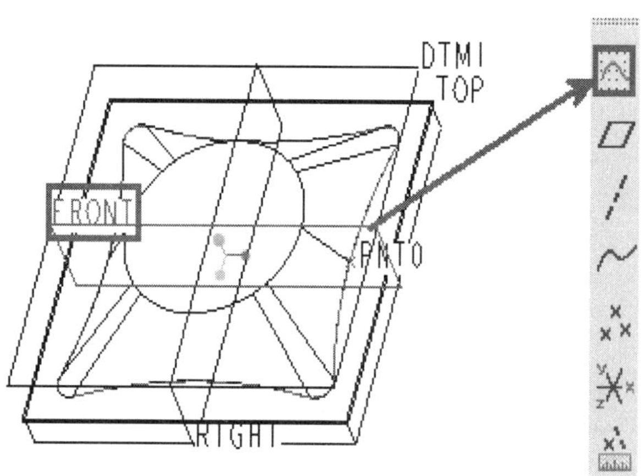

① 스케치 평면으로 'FRONT' 데이텀 평면 선택

② 스케치( ) 도구 아이콘 선택

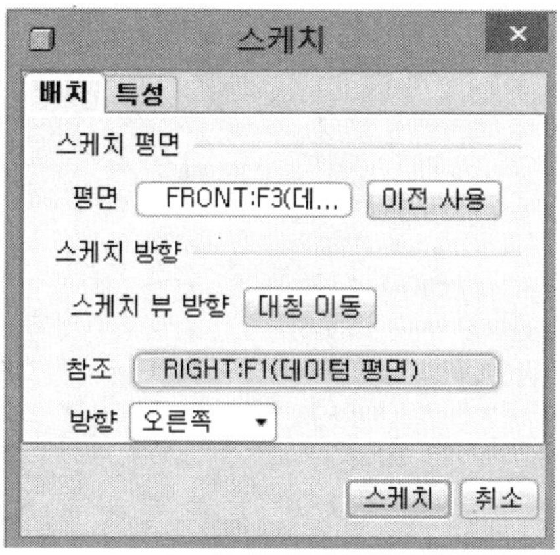

③ 스케치 창의 '스케치' 탭을 클릭

3.2 단면 스케치

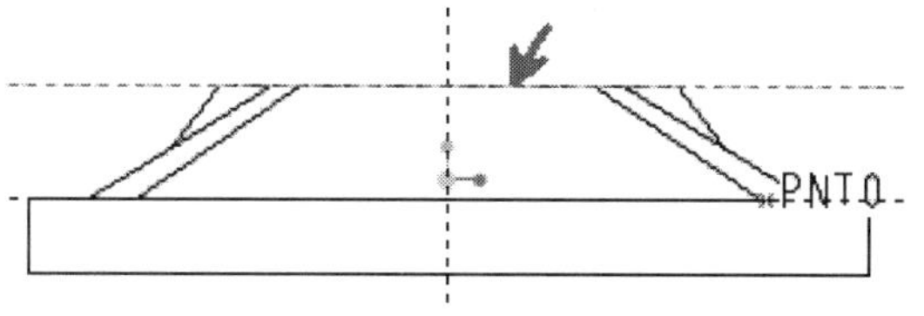

① 상부 수평 모서리 참조 추가

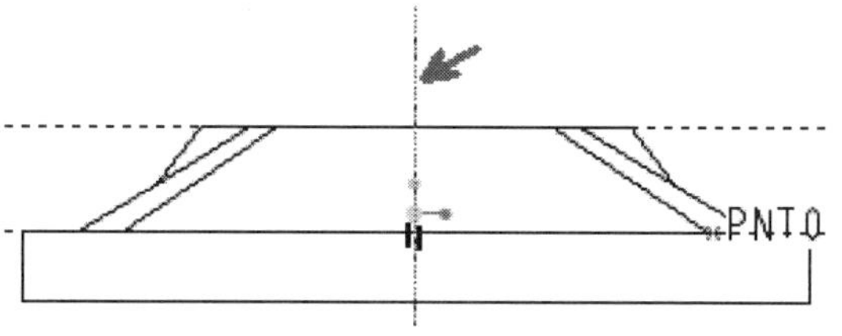

② 형상중심선(¦) 도구 아이콘 선택

③ 가운데 수직방향으로 형상중심선(회전 축) 스케치

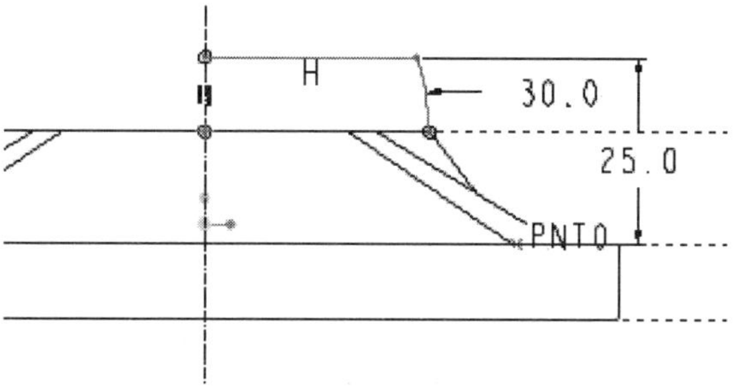

④ 도면을 참고하여 그림과 같이 오른쪽 반 단면을 스케치하고 치수 생성/수정(열린 단면임)

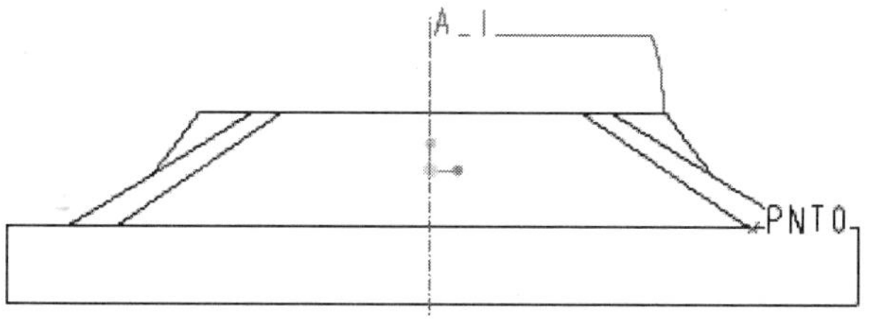

⑤ 스케치 완료(✔)(스케치 선택 상태임)

3.3 회전 실행

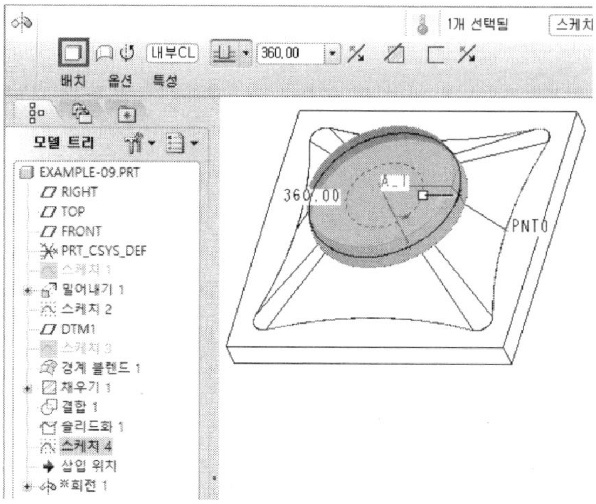

① 회전( )피처 생성 도구 아이콘 선택

② 표준방향(Crtl + D)으로 전환

③ 솔리드( ) 선택

3.4 회전(1) 피처 생성 완료

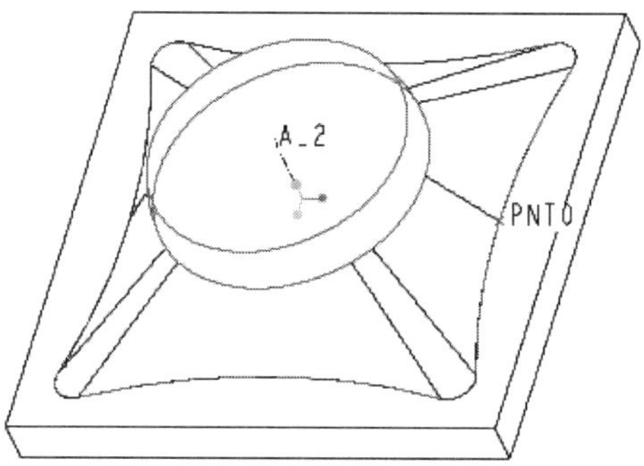

① 피처 생성 완료( )

4. 밀어내기 피처 생성

4.1 스케치 평면 정의

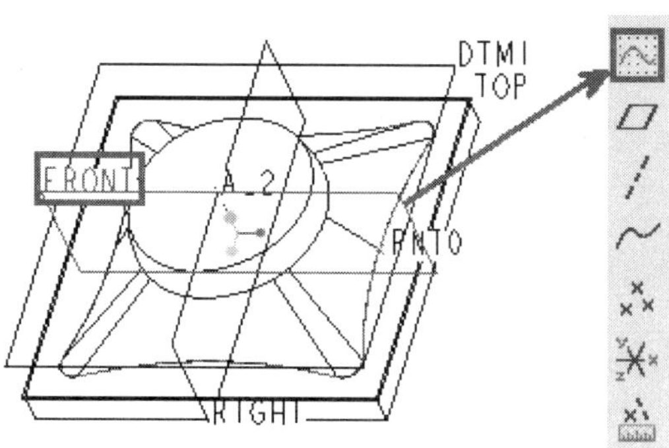

① 'FRONT' 평면 선택

② 스케치 도구( ) 아이콘 선택

③ 스케치 창의 '스케치' 탭 선택

4.2 참조 추가

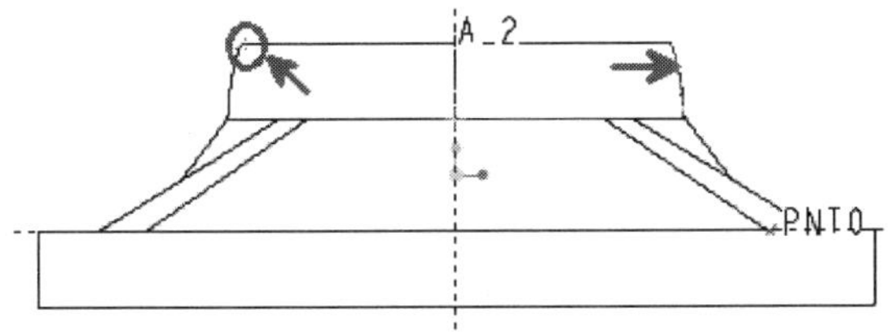

① 마우스 우측 버튼 클릭, 팝업 메뉴에서 '참조' 선택

② 화살표 표시된 왼쪽 정점과 오른쪽 모서리 선택

③ 참조 창 닫는다.

4.3 단면 스케치

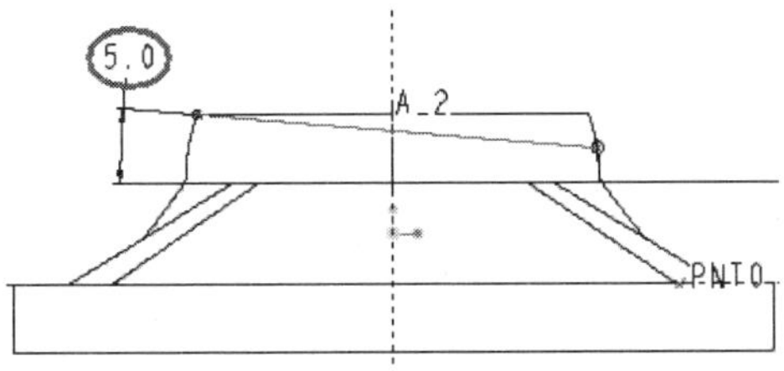

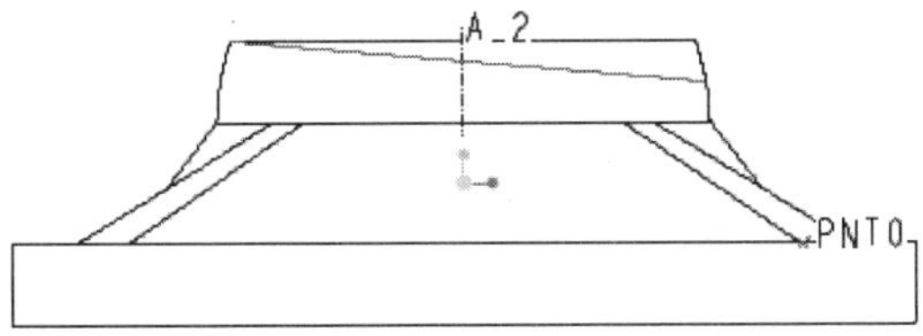

① 도면 참조하여 형상 스케치(열린 단면)

② 왼쪽 정점에서 오른쪽 참조 모서리까지 경사각 5도의 선분 스케치

③ 치수 생성 및 수정

④ 스케치 완료( )

4.4 밀어내기 실행

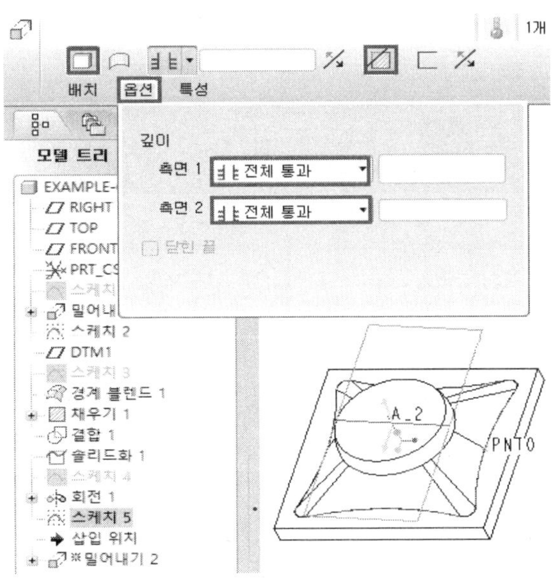

① 우측 하단의 밀어내기( ) 피처 도구 아이콘 선택

② 대시보드 창에 솔리드 밀어내기( )도구 선택(열린 단면이라 서피스로 인식함)

③ '옵션' 탭 클릭, 측면1, 2 모두 '전체 통과' 선택

④ 제료제거( ) 선택

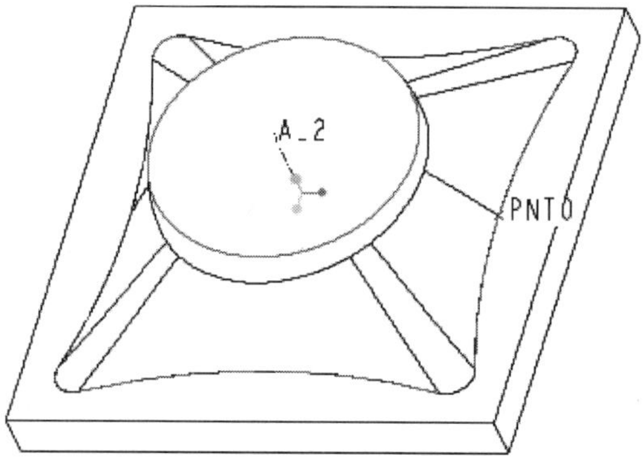

⑤ 피처 생성 완료()

5. 경계 블랜드(2) 피처 생성

5.1 하부 경계 스케치 피처 생성

① 스케치 평면으로 'TOP' 평면 선택

② 스케치 도구() 아이콘 선택

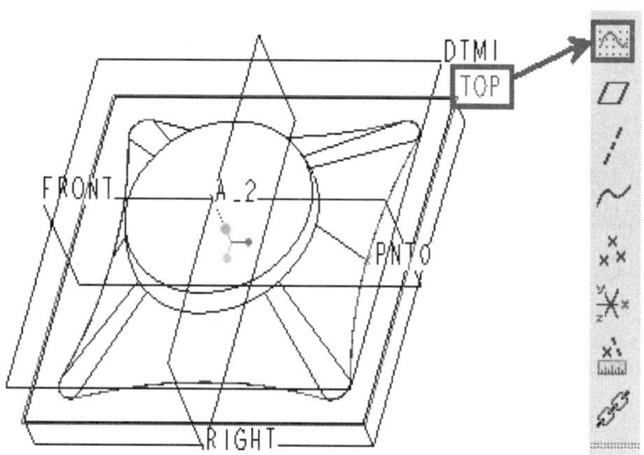

③ 스케치 창의 '스케치' 탭을 클릭

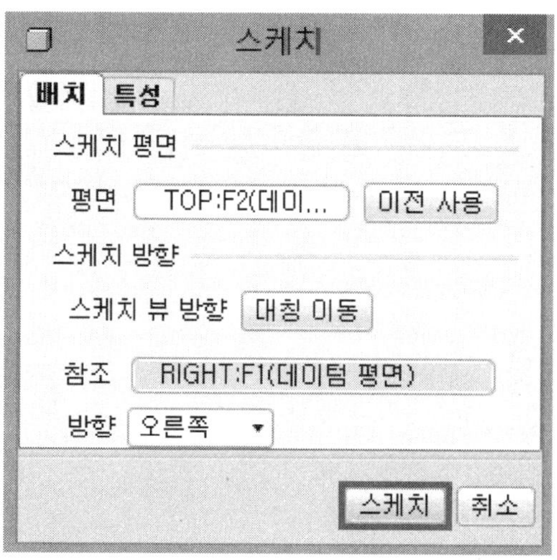

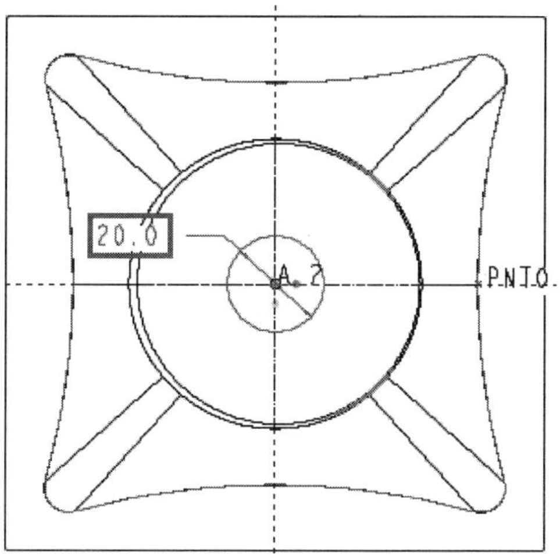

④ 가운데 지름 '20' 인 원 단면 스케치

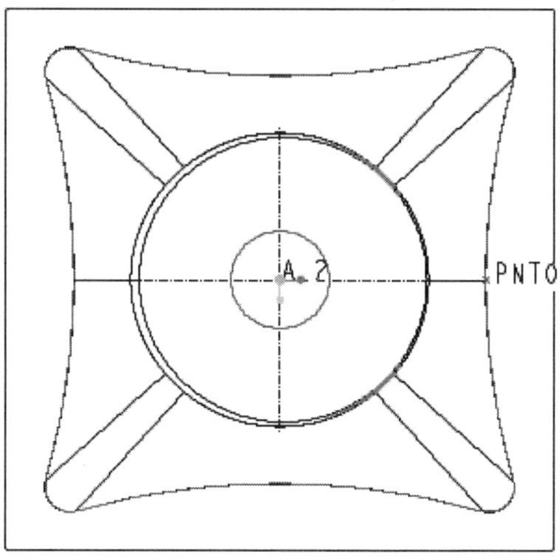

⑤ 스케치 완료(✔)

5.2 상부 경계 스케치 피처 생성

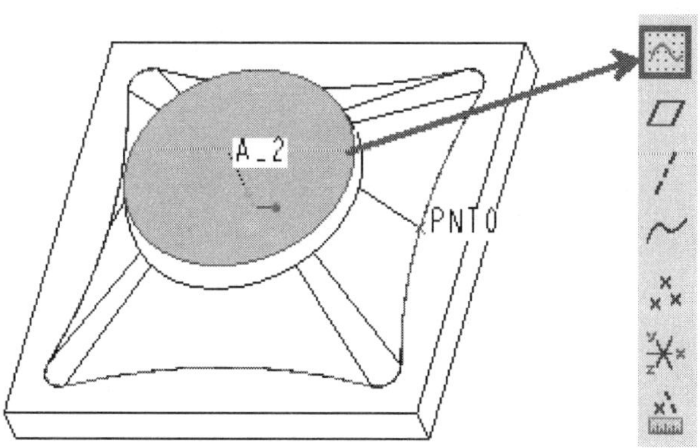

① '밀어내기(2)' 피처의 상부 평면 선택

② 스케치( ) 도구 선택

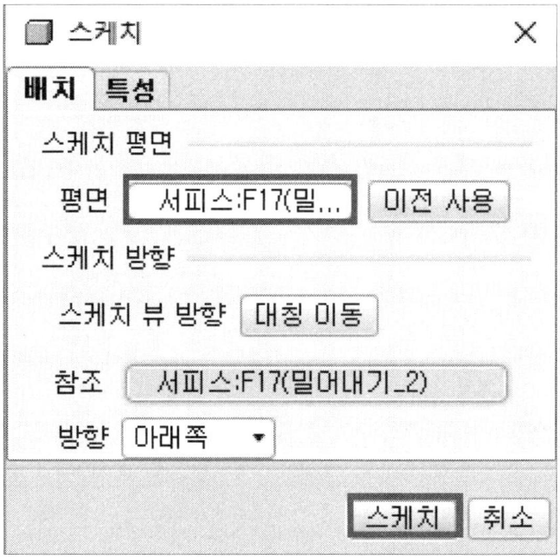

③ '스케치' 탭 클릭

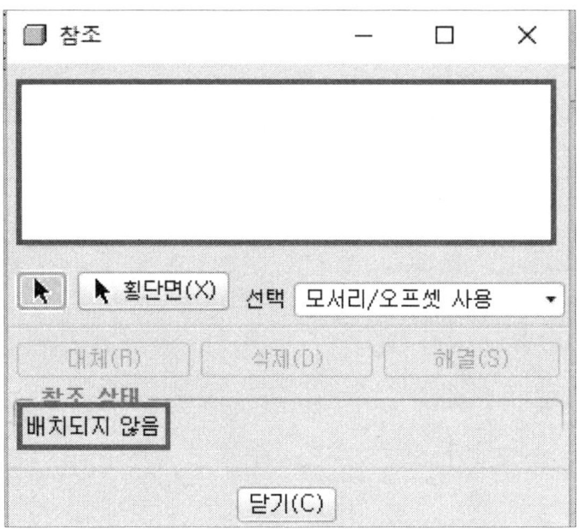

④ 선택된 스케치 평면이 경사면이라 시스템 자체에서 참조 선택되지 않아 참조상태가 '배치되지 않음'

⑤ 배치 참조 선택/추가해 주어야 함.

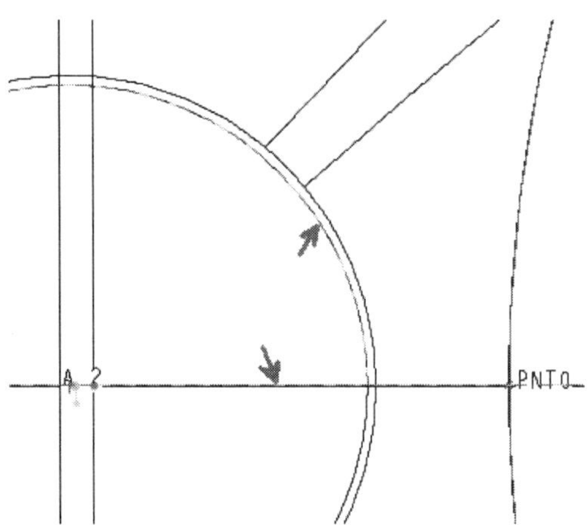

⑥ 안쪽 원 모서리와 수평면(FRONT 평면) 선택

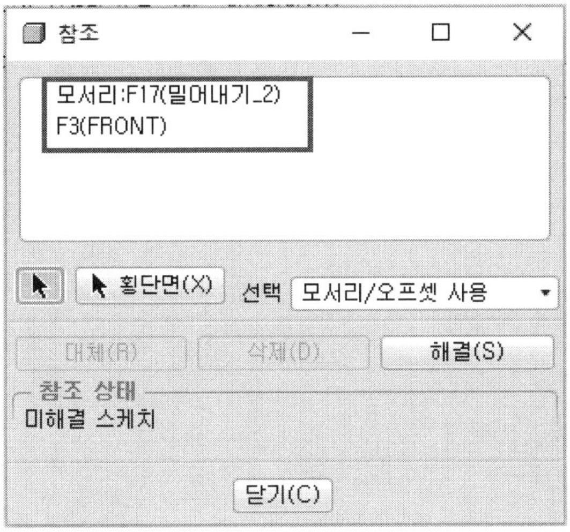

⑦ 선택한 참조가 참조 창에 추가되고, 참조상태는 '미해결 스케치'로 바뀜.

⑧ 참조 창 닫는다.

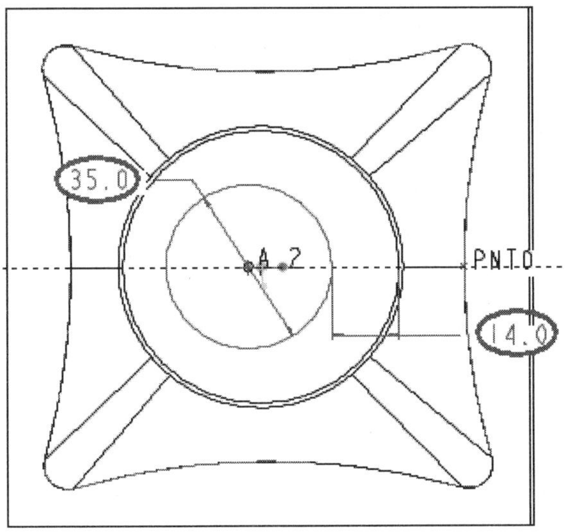

⑨ 지름 '35'인 원 스케치

⑩ 치수 생성 및 수정

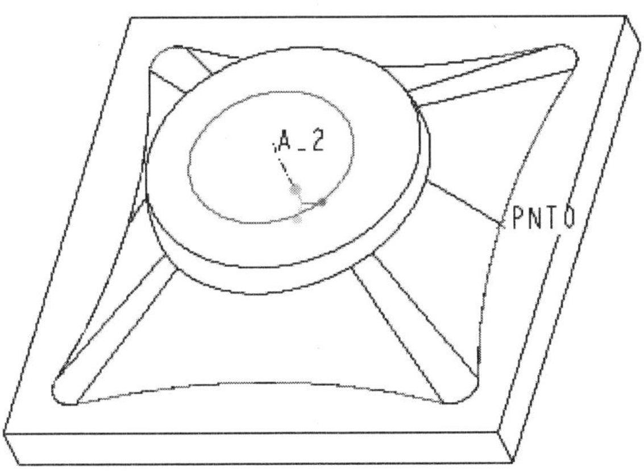

⑪ 스케치 완료(✔)

⑫ 경계 블랜드를 위한 두 번째 스케치 피처 완성

5.3 경계 블랜드 피처 생성

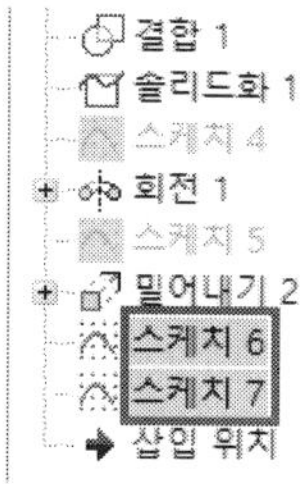

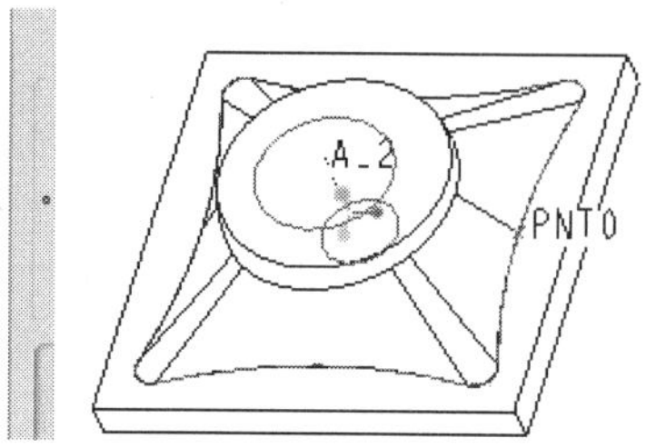

① 모델트리 또는 그래픽 영역에서 첫 번째 스케치(스케치 6)와 두 번째 스케치(스케치 7)을 Ctrl 키를 누른 채 각각 선택

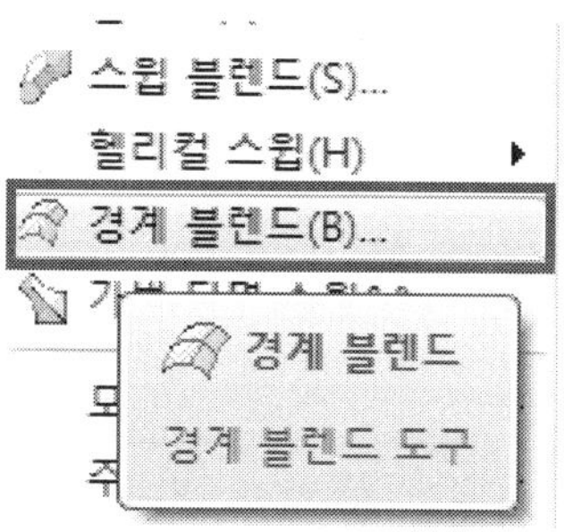

② 풀다운 메뉴 '삽입' - '경계 블랜드' 선택

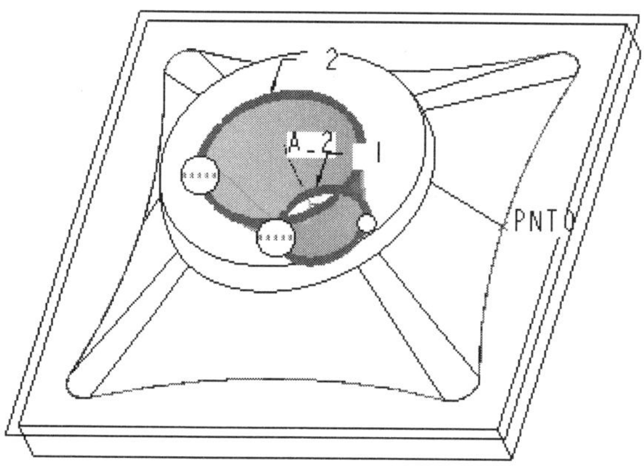

③ 선택된 스케치 피처가 적색 강조

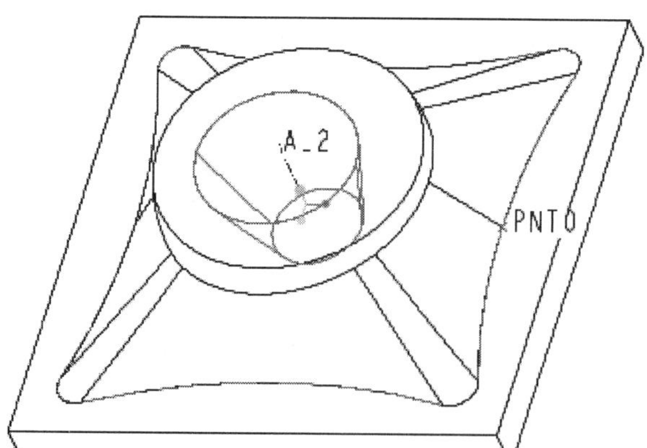

④ 피처 생성 완료(✔)

5.4 서피스 편집(채우기)

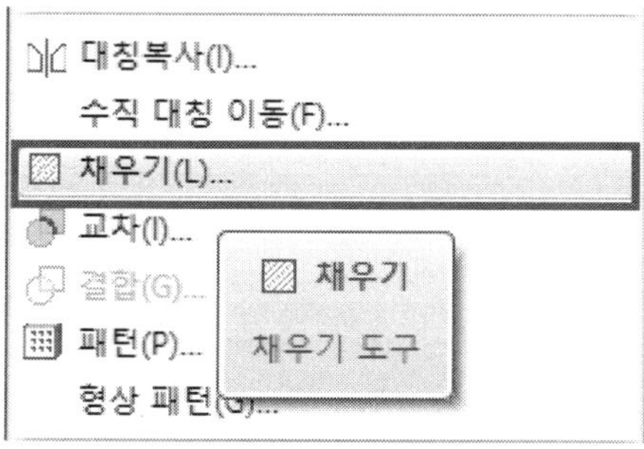

① 풀다운 메뉴 '편집' - '채우기' 선택

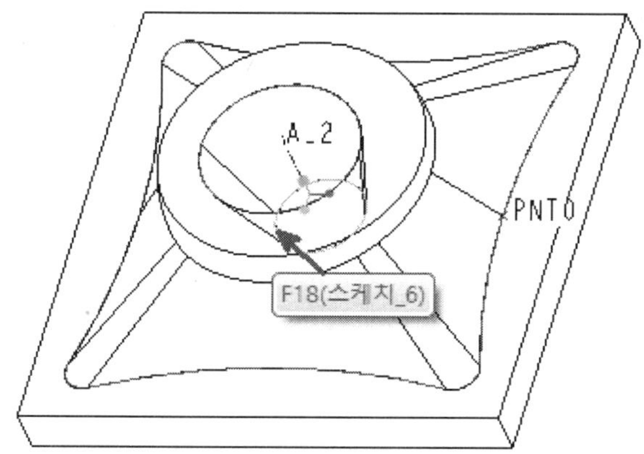

② 스케치 피처(스케치 6) 위에 마우스 갖다 놓으면 강조 표시됨.

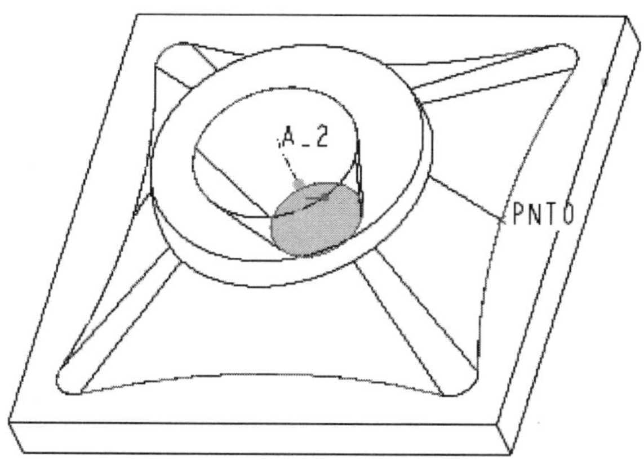

③ 강조된 상태에서 '스케치 6' 피처 선택

④ 피처 생성 완료(✔)

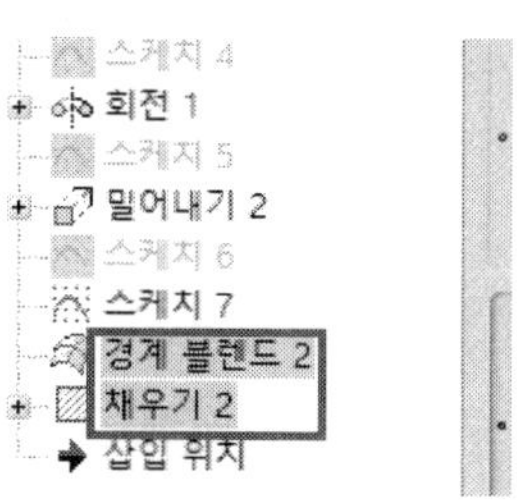

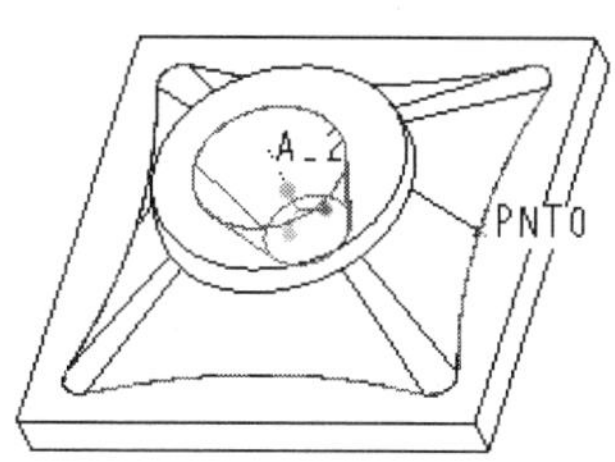

⑤ '경계 블렌드 2' 피처와 '채우기 2' 피처 동시 선택

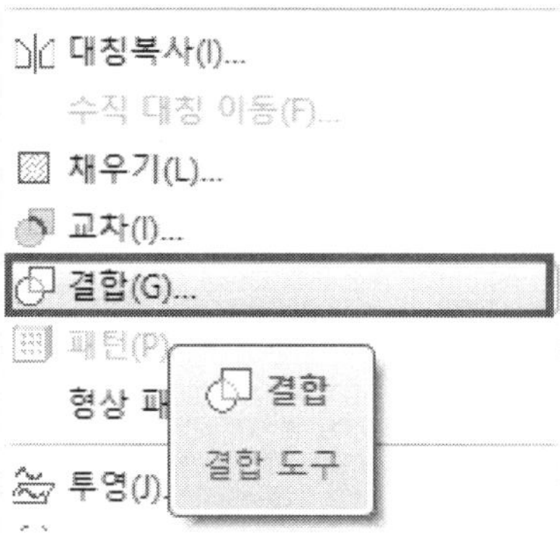

⑥ 풀다운 메뉴 '편집' - '결합' 선택

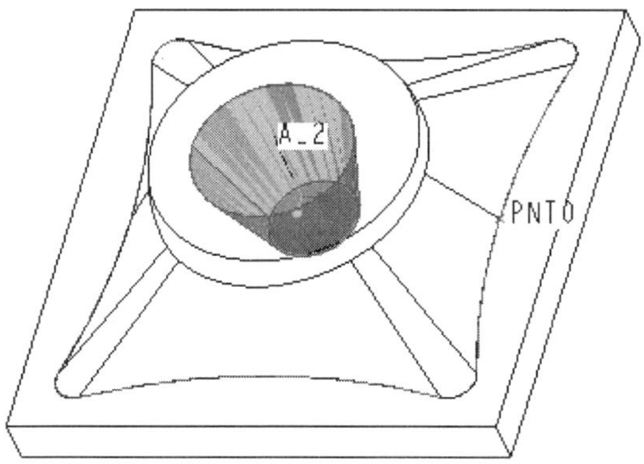

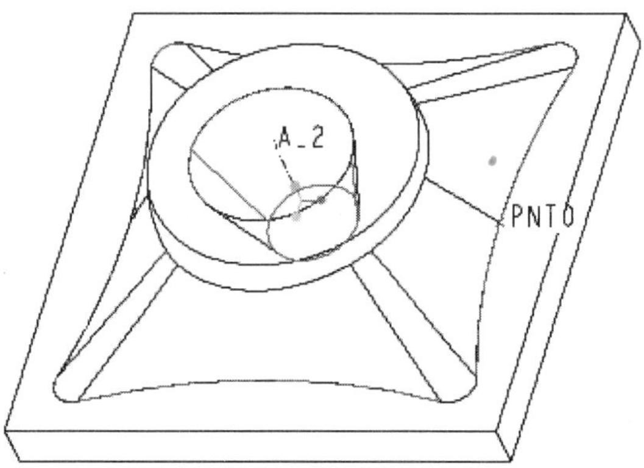

⑦ 피처 생성 완료(✔)

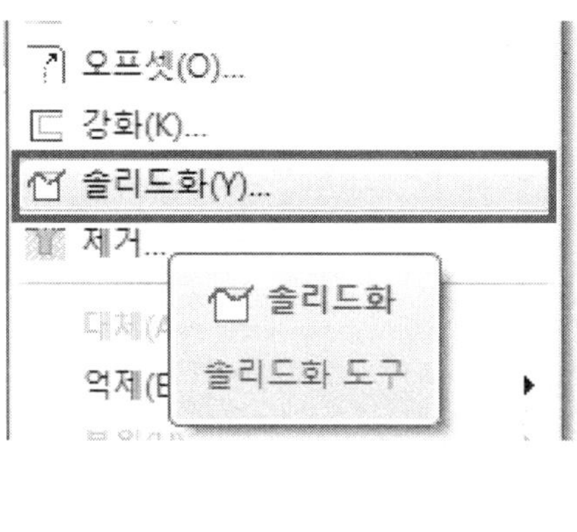

⑧ 풀다운 메뉴 '편집' - '솔리드화' 선택('결합 2' 피처 선택된 상태임)

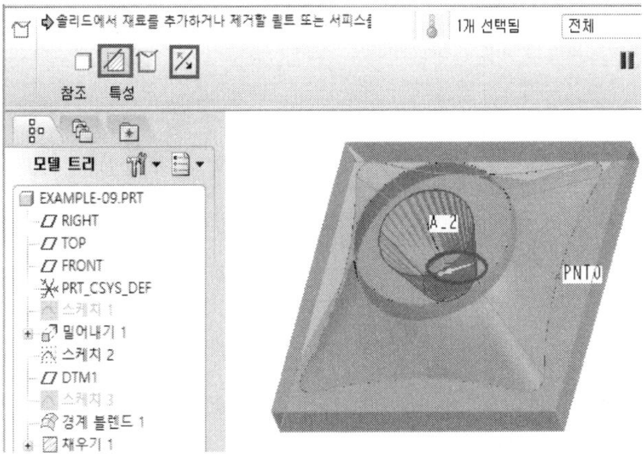

⑨ 대시보드의 재료제거() 도구 선택

⑩ 공구작업 방향() 도구 클릭하여 방향 전환(재료 제거 방향이 바깥을 향하고 있음)

⑪ 피처 생성 완료()

6. 밀어내기(3) 피처 생성

6.1 단면 스케치

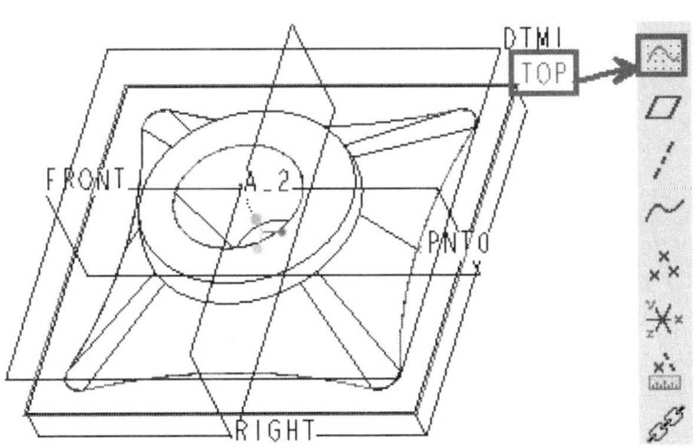

① 'TOP' 평면 선택

② 스케치 도구() 아이콘 선택

③ 스케치 창의 '스케치' 탭 선택

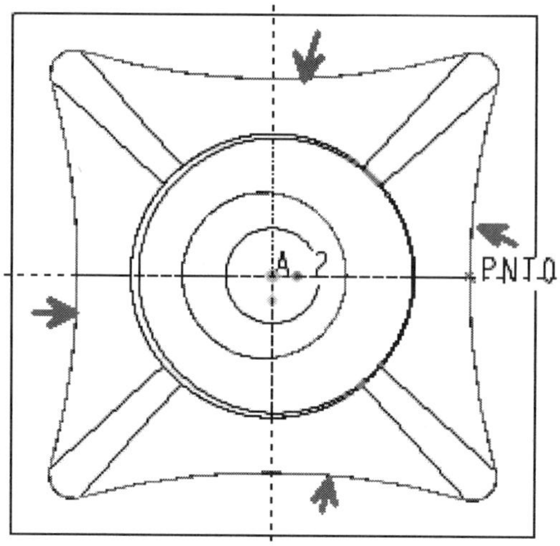

④ 마우스 우측 버튼 클릭, 팝업 메뉴에서 '참조' 선택

⑤ 화살표 표시된 4개 모서리 선택

⑥ 참조 창 닫는다.

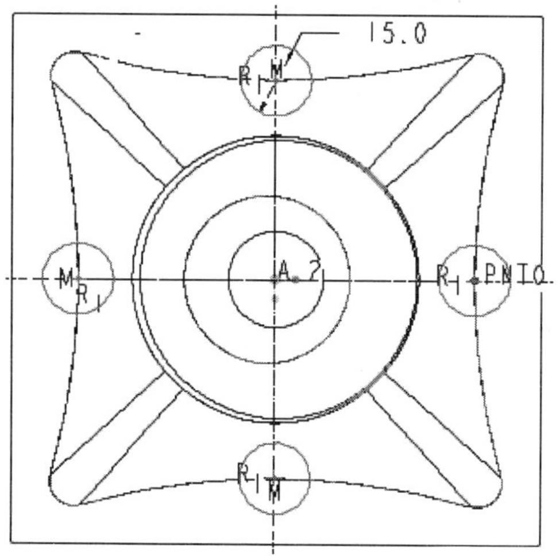

⑦ 도면 참조하여 4개의 원 스케치(동일 구속 조건 활용)

⑧ 지름 치수 '15' 로 수정

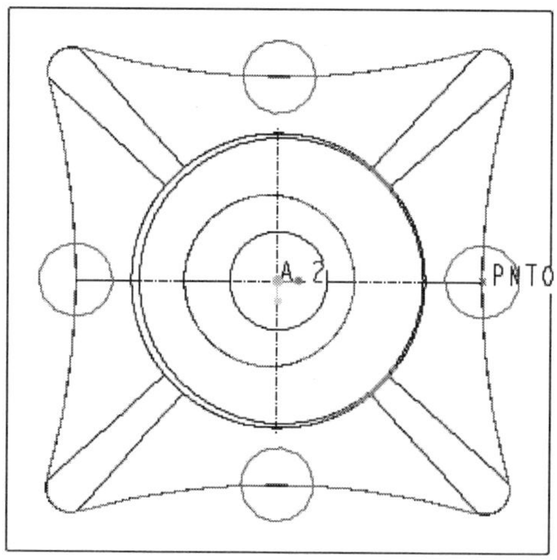

⑨ 스케치 완료(✔)

6.2 밀어내기 실행

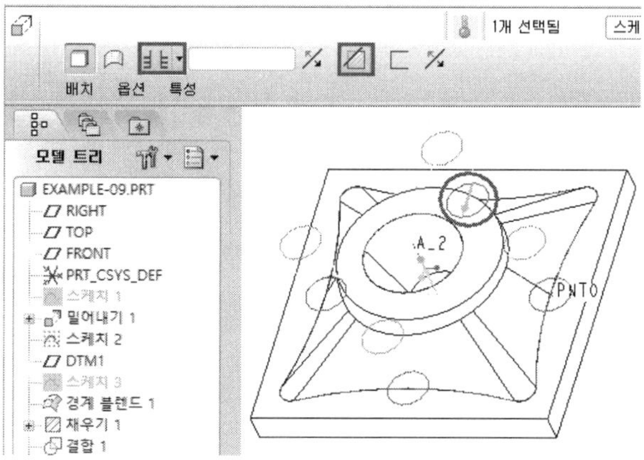

① 밀어내기( ) 피처 도구 아이콘 선택

② 깊이 옵션을 '전체 통과' 선택

③ 재료제거( ) 선택(재료 제거 방향이 단면 안쪽)

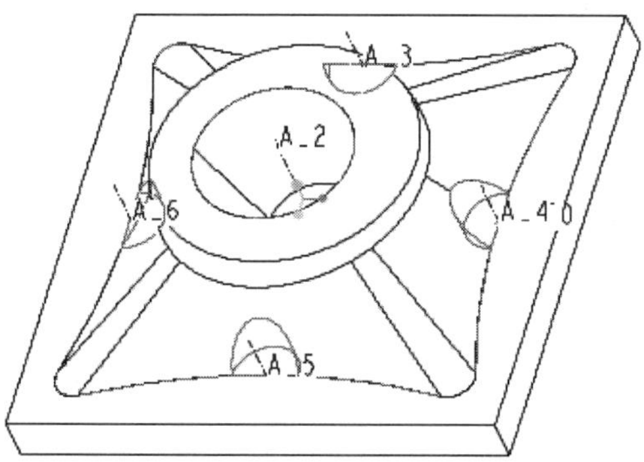

④ 피처 생성 완료( )

7. 구배(1) 피처 생성하기

7.1 구배면 선택

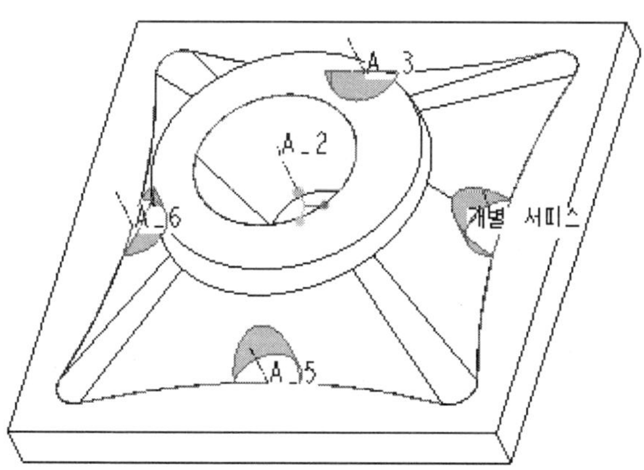

① 구배 도구 아이콘( ) 선택

② 구배 적용할 면 선택

7.2 구배 경첩 지정

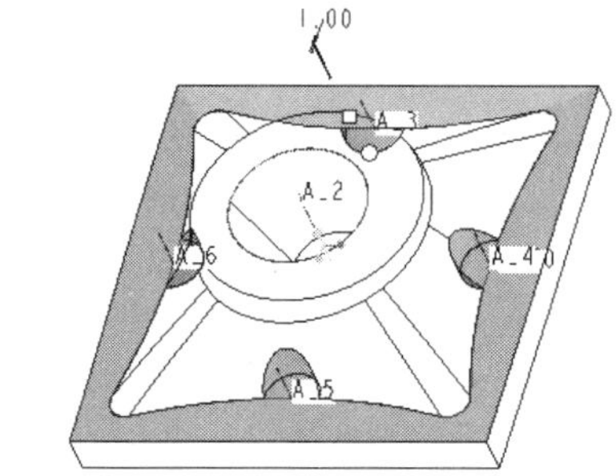

① 마우스 우측 버튼 클릭

② '구배 경첩' 선택

③ 직육면체 윗면 또는 'TOP 평면' 선택

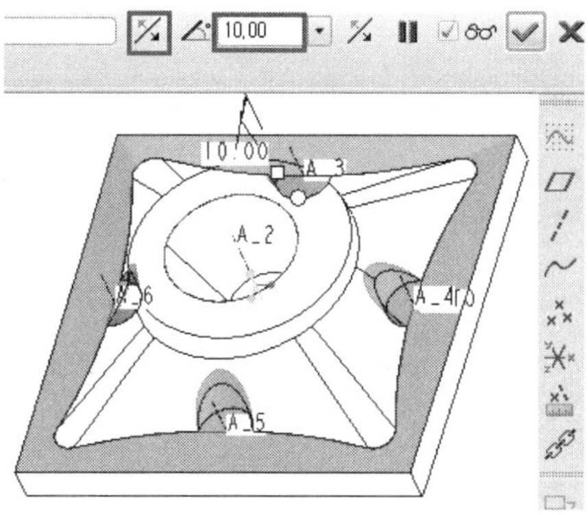

④ 잡아당기는 방향이 반대이므로 방향 전환 아이콘 클릭

⑤ 구배 각도 '10' 으로 수정

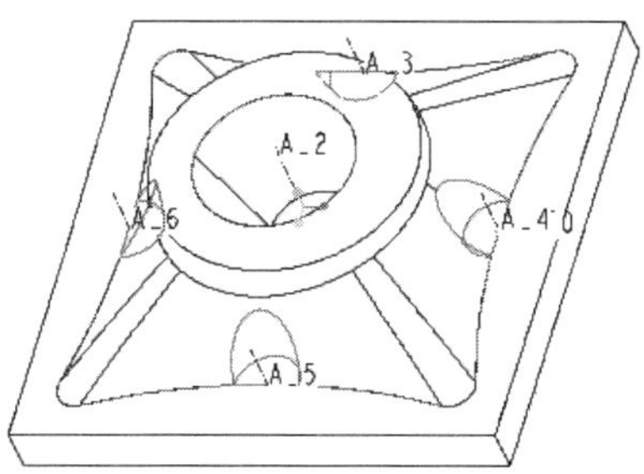

⑥ 피처생성 완료(✔)

8. 라운드 추가

8.1 라운드 R2 추가

① 라운드( ) 도구 선택

② 대상 모서리를 Ctrl 키 누른 채 선택

③ 라운드 값 '2' 로 수정

④ 피처 생성 완료(✔)

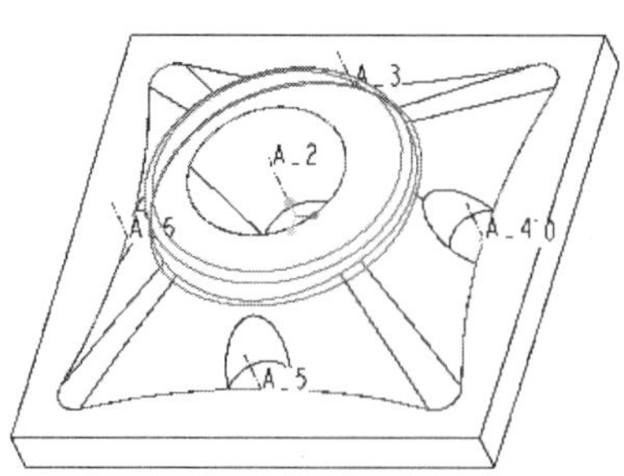

8.2 라운드 R1 추가

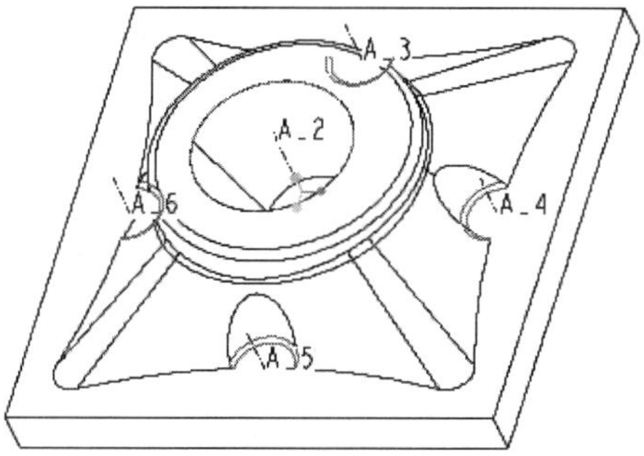

① 라운드( ) 도구 선택

② 대상 모서리를 Ctrl 키 누른 채 선택

③ 라운드 값 '1' 로 수정

④ 피처 생성 완료( )

8.3 지시 없는 모든 라운드 R2 추가

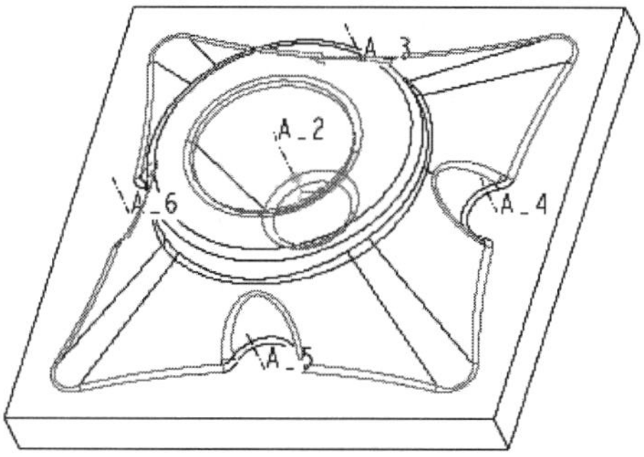

① 라운드( ) 도구 선택

② 대상 모서리를 Ctrl 키 누른 채 선택

③ 라운드 값 '2' 로 수정

④ 피처 생성 완료( )

9. 모델링 완성

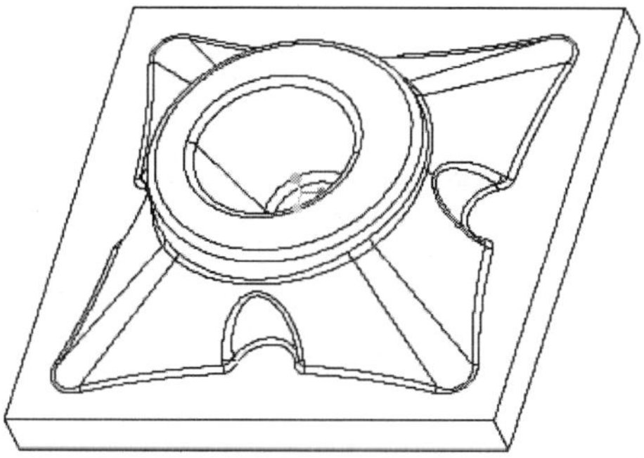

10. Example-10 도면 모델링

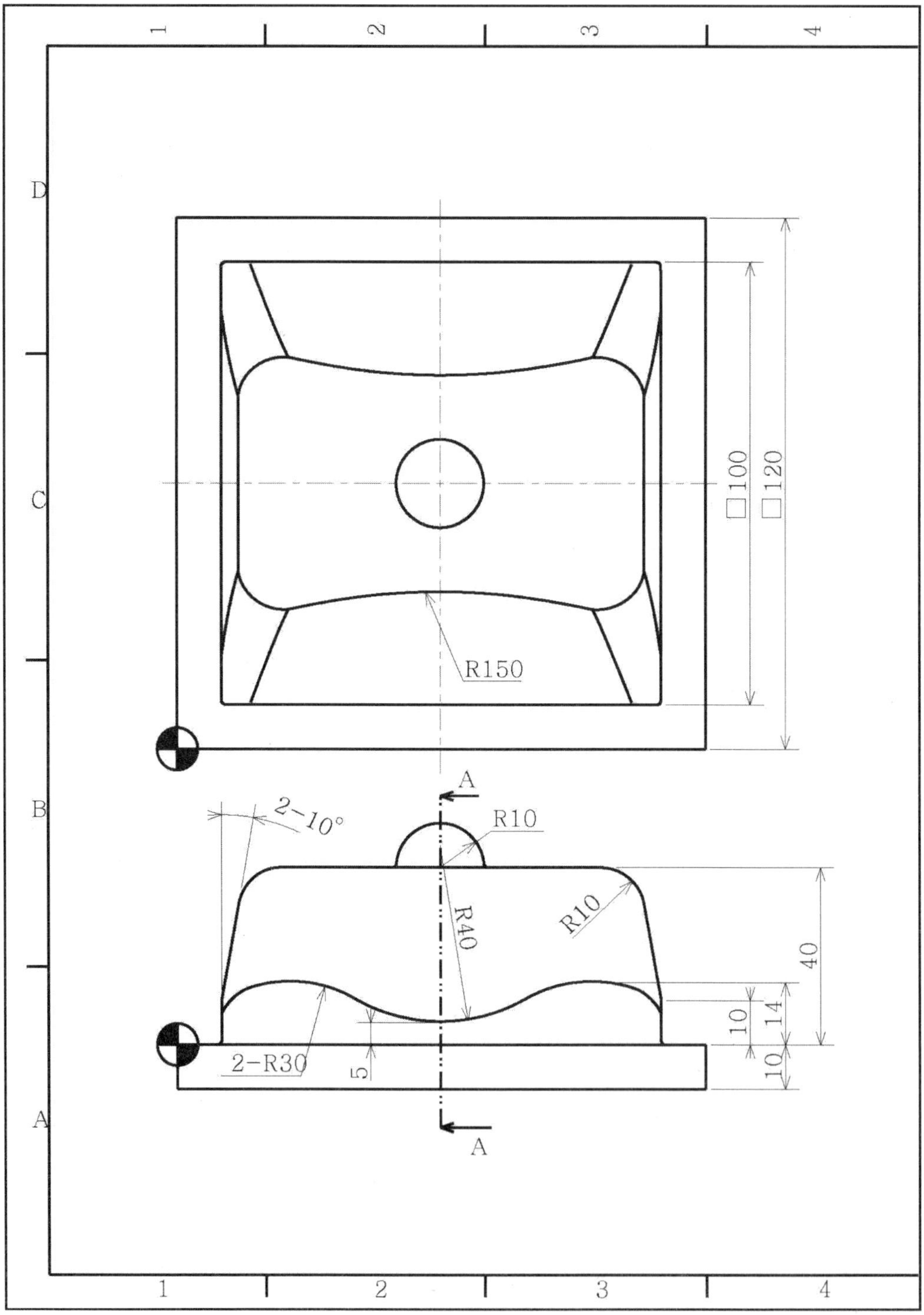

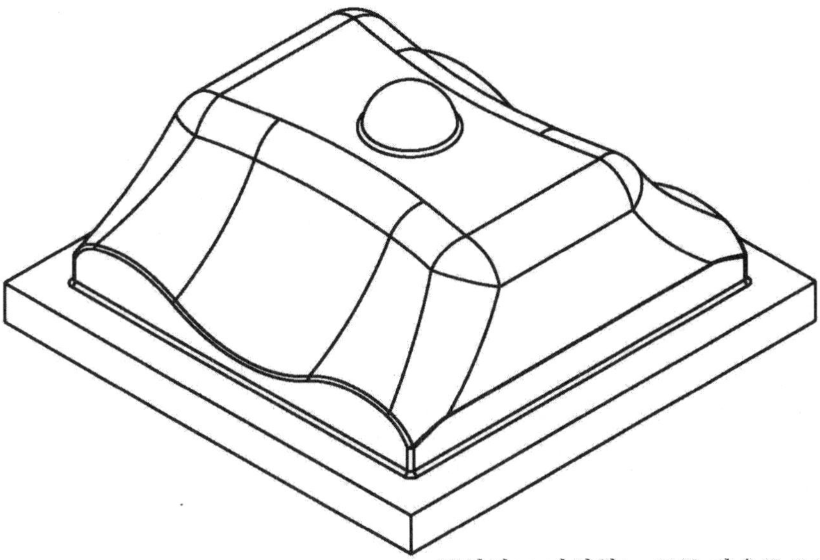

도시되고 지시없는 모든 라운드 R1

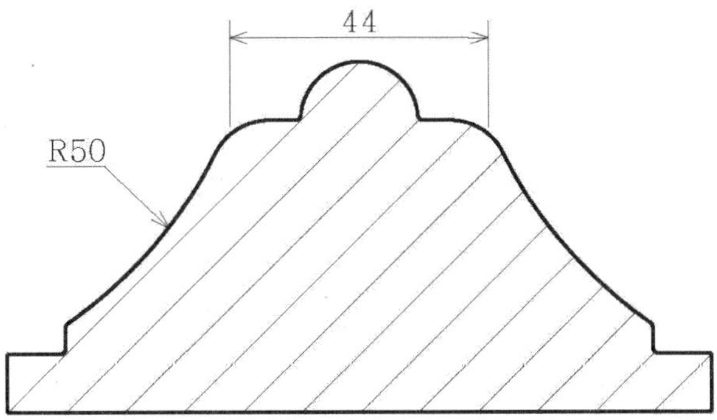

단면 A-A

창 원 문 성 대 학 교			
소 속	기 계 과	작 업 자	예 규 현
투 상 법	3각법	축 척	1 : 1
날 짜	2016.1.20	파 일 명	Example-10

작업 순서

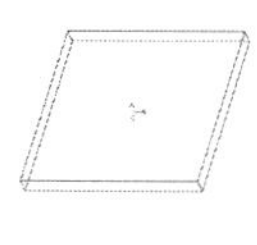	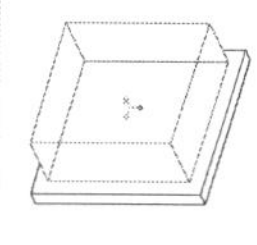	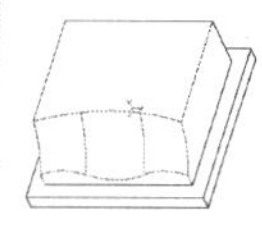	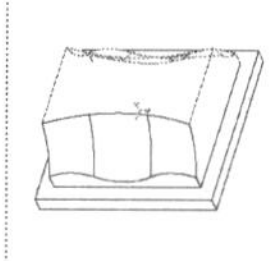	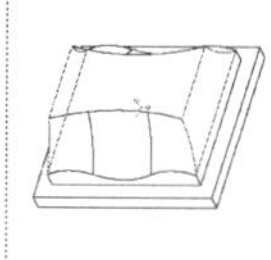	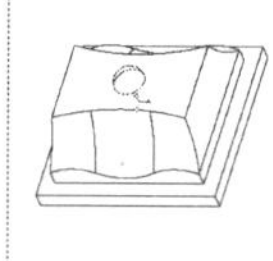	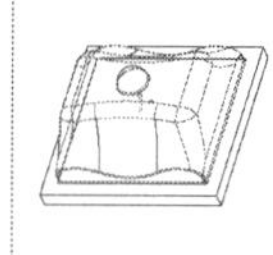
1.밀어 내기(1)	2.밀어 내기(2)	3.경계 블랜드(1)	4.대칭 복사	5.구배(1)	6.회전(1)	7.라운드

1. 밀어내기(1) 피처 생성

1.1 파일 새로 만들기

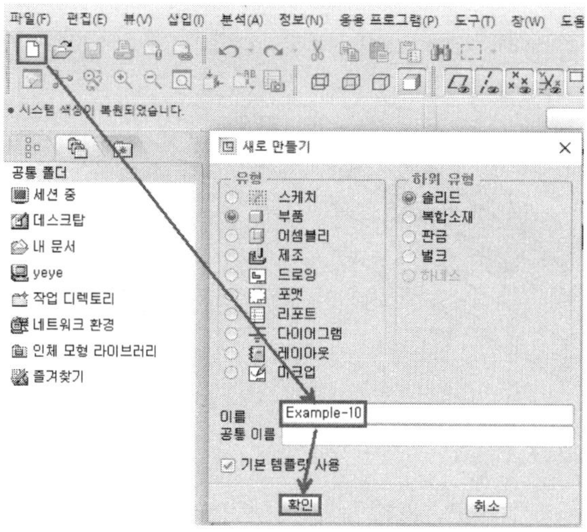

① 파일 이름 'Example-10'으로 새로 만들기 시작

② 단위는 mmNs 단위계로 모델링 작업

1.2 스케치 단면 생성

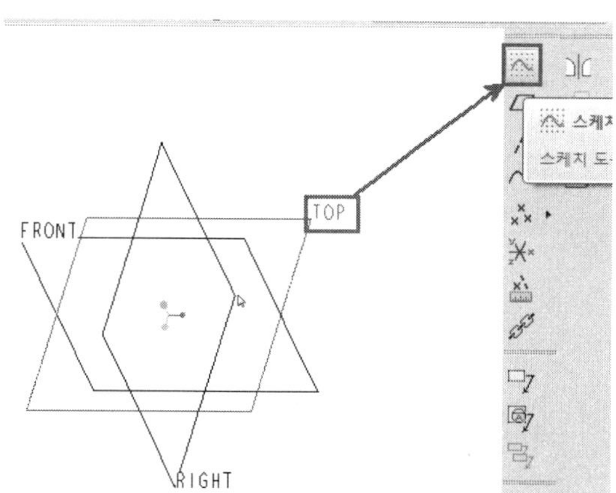

① 스케치 평면으로 'TOP' 데이텀 평면 선택

② 스케치( ) 도구 아이콘 선택

③ '스케치' 탭 클릭

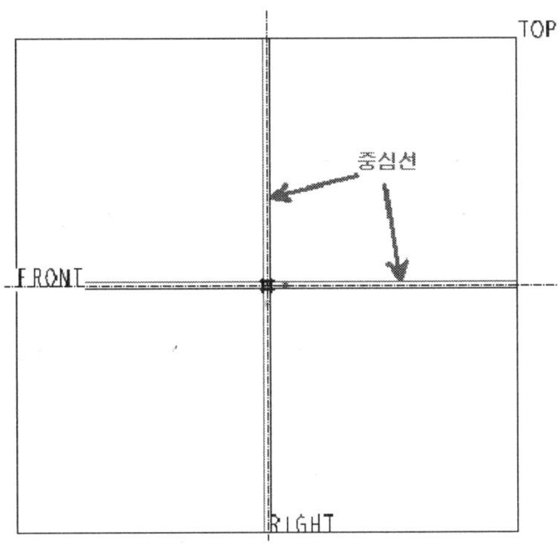

④ 마우스 우측 버튼 클릭 - '중심선' 선택

⑤ 가운데 참조 데이텀 평면에 일치하도록 가로, 세로 방향의 두 중심선 스케치

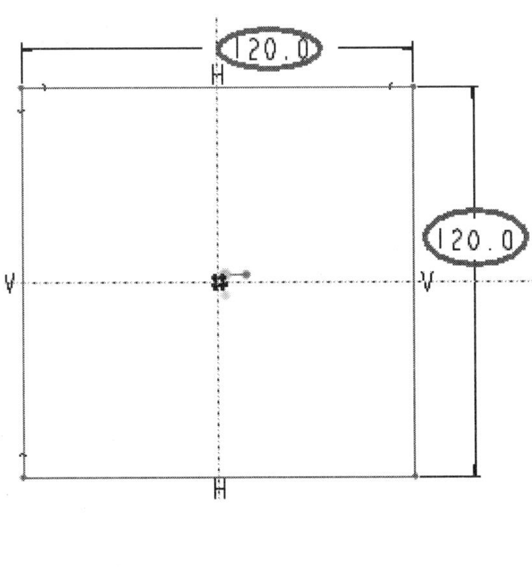

⑥ 직사각형(□) 생성 아이콘 선택

⑦ 좌우, 상하 대칭 구속을 이용 가로 120, 세로 120인 정사각형 스케치

⑧ 스케치 완료(✓)

1.3 밀어내기 실행

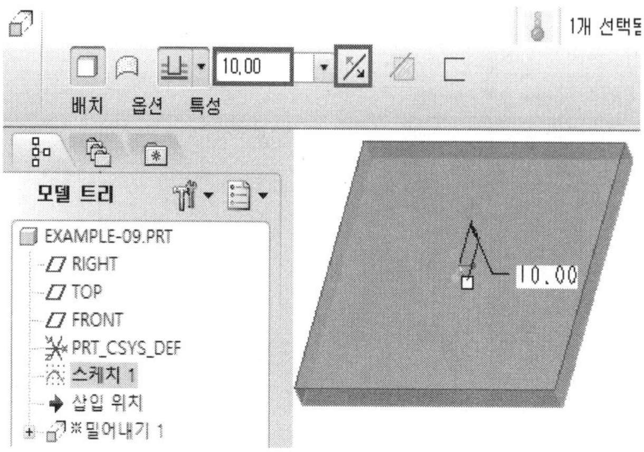

① 밀어내기( ) 도구 아이콘 클릭

② 'Ctrl + D'로 표준방향으로 전환

③ 깊이 값 '10'으로 수정

④ 깊이 방향 전환 아이콘 클릭(아래 방향)

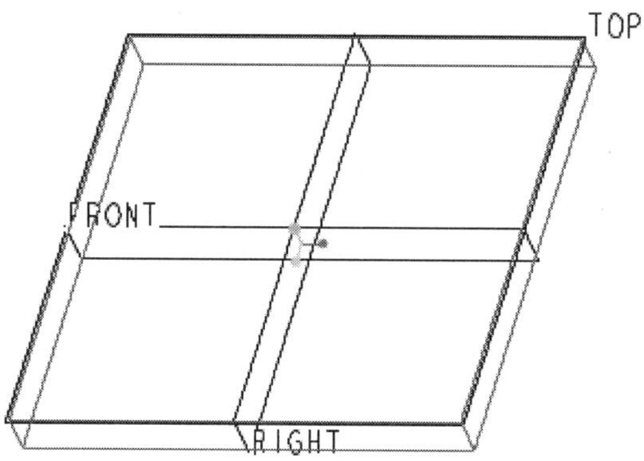

⑤피처 생성 완료( )

2. 밀어내기(2) 피처 생성

2.1 단면 스케치

① 스케치 평면으로 'TOP' 평면 선택

② 스케치( ) 도구 선택

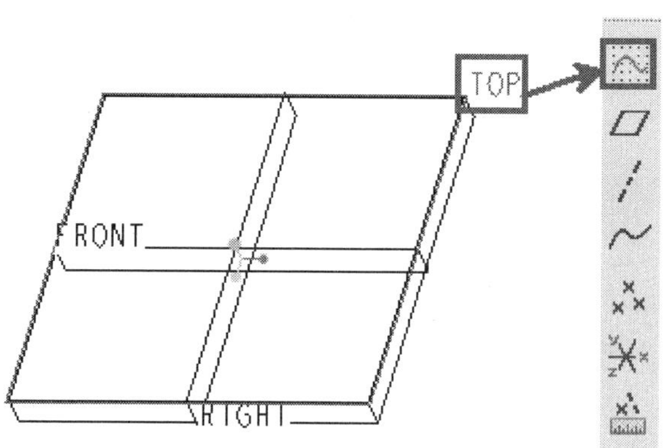

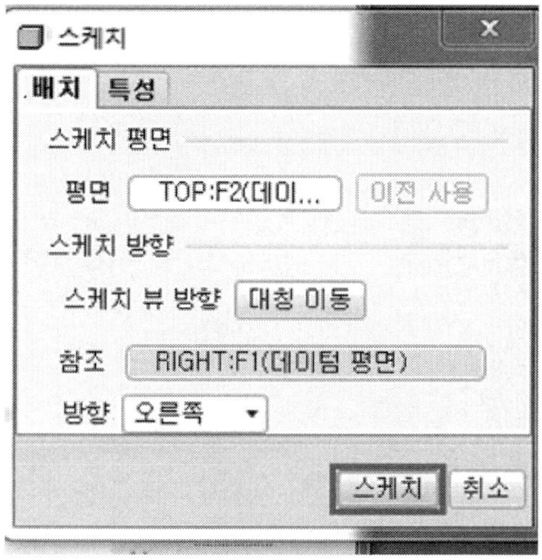

③ '스케치' 탭 클릭

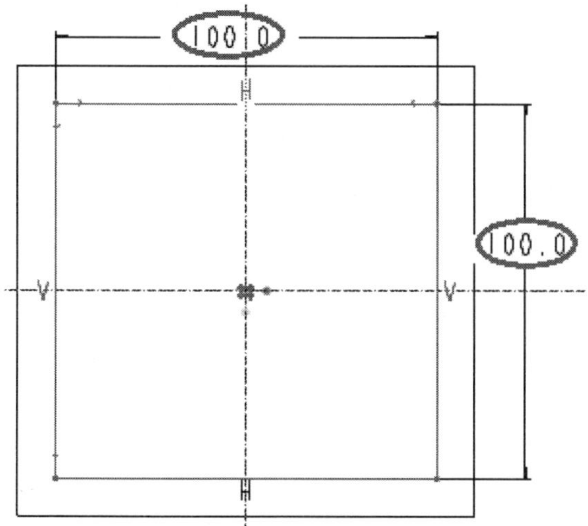

④ 가운데 수직, 수평 중심선 스케치

⑤ 직사각형(□) 도구 선택

⑥ 좌우/상하 대칭인 직사각형 스케치

⑦ 가로/세로 치수를 '100'으로 수정

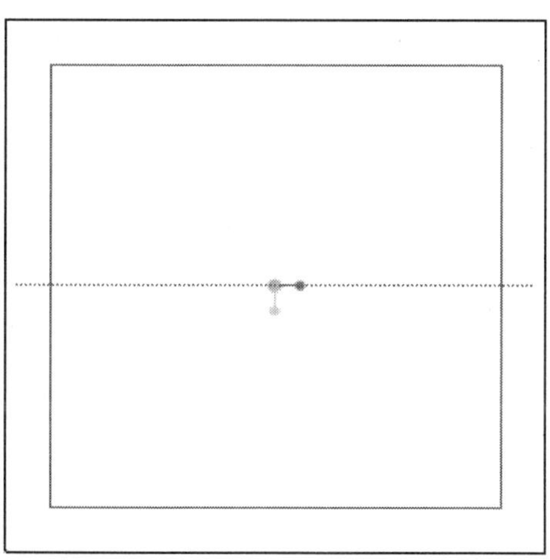

⑧ 스케치 작업 완료(✓)

2.2 밀어내기 실행

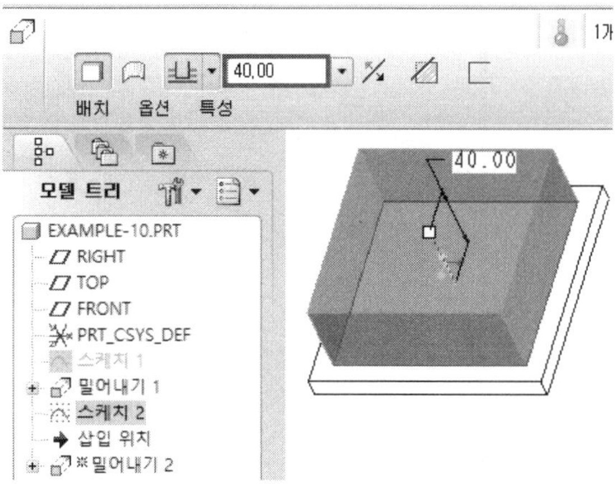

① 밀어내기( ) 피처 도구 아이콘 선택

② 'Ctrl + D'로 표준방향으로 전환

③ 깊이 값 '40' 으로 수정

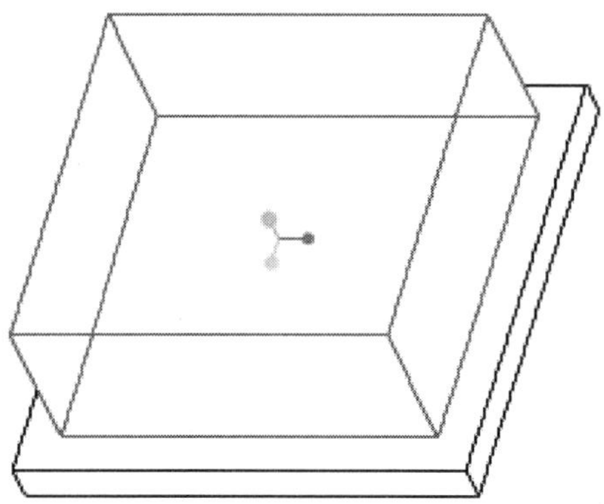

④ 피처 생성 완료( )

3. 경계 블랜드(1) 피처 생성

3.1 (첫 번째)경계 단면 스케치

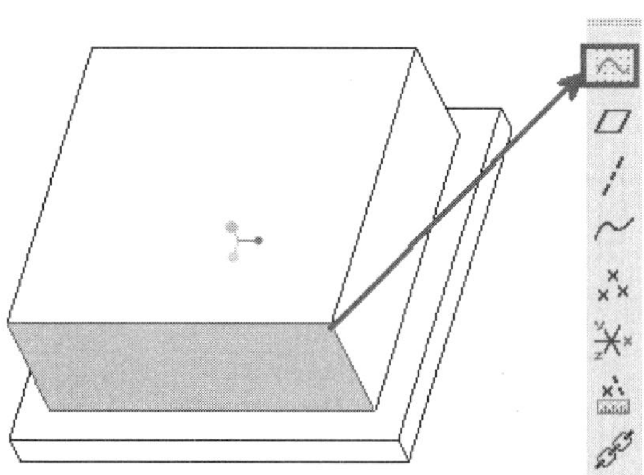

① 그림과 같이 앞쪽 수직면 선택(밀어내기 2 피처가 선택된 상태에서 선택하고자 하는 수직면 위에 마우스 위치시키면 강조-강조된 상태에서 클릭)

② 스케치 도구( ) 아이콘 선택

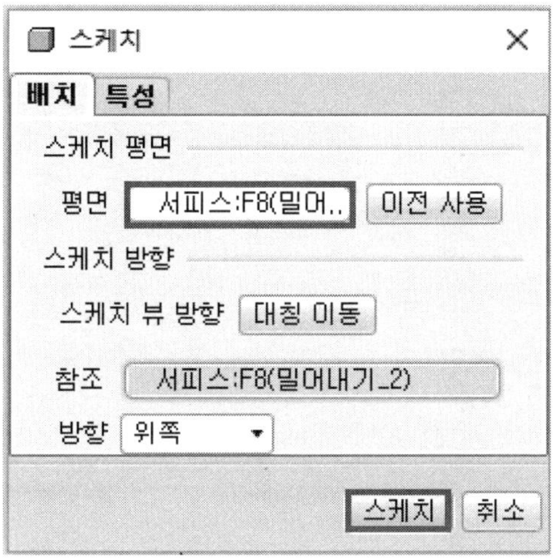

③ 스케치 창의 '스케치' 탭을 클릭

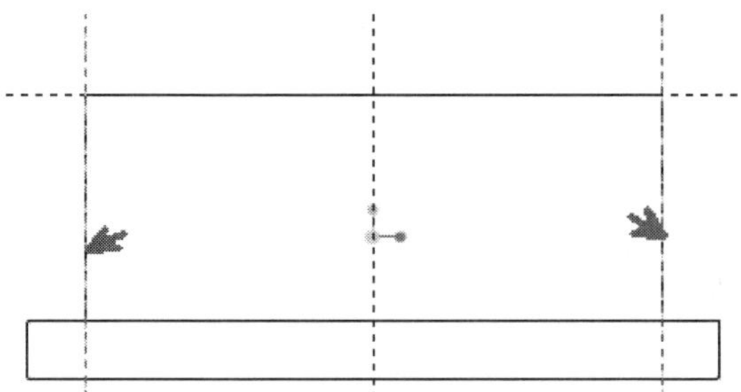

④ 마우스 우측 버튼 클릭 - '참조' 선택

⑤ 화살표 부분의 두 수직 모서리 선택

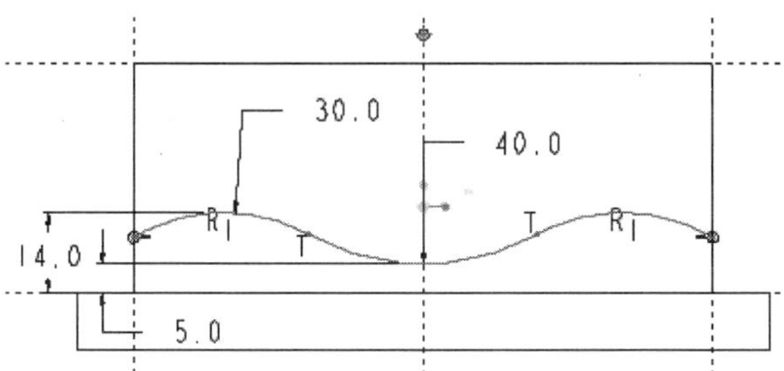

⑥ 도면 참고하여 그림과 같이 스케치

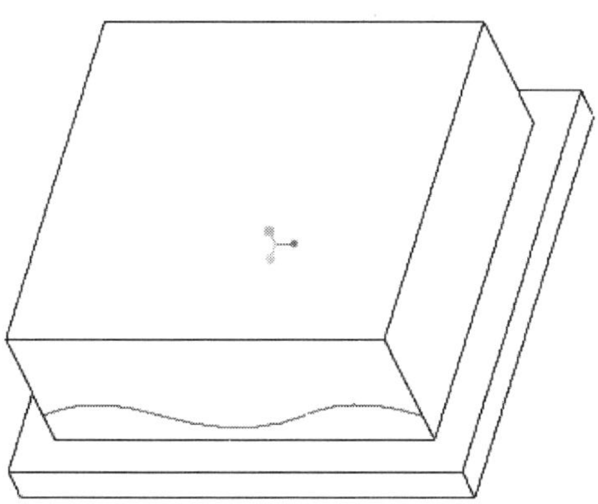

⑦ 스케치 작업 완료(✔)

3.2 (두 번째)경계 단면 스케치

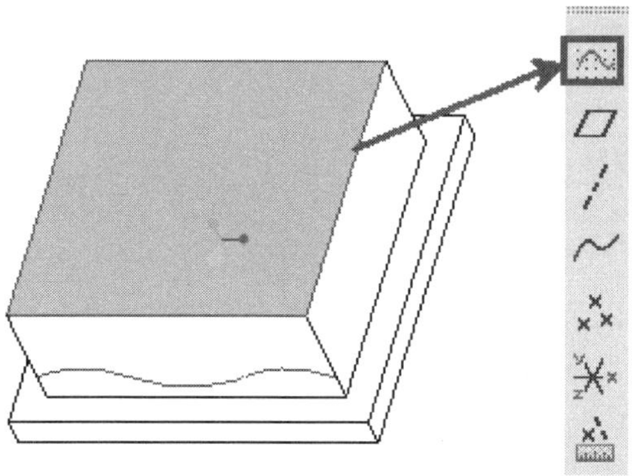

① 직육면체의 윗면을 선택

② 스케치( ) 도구 선택

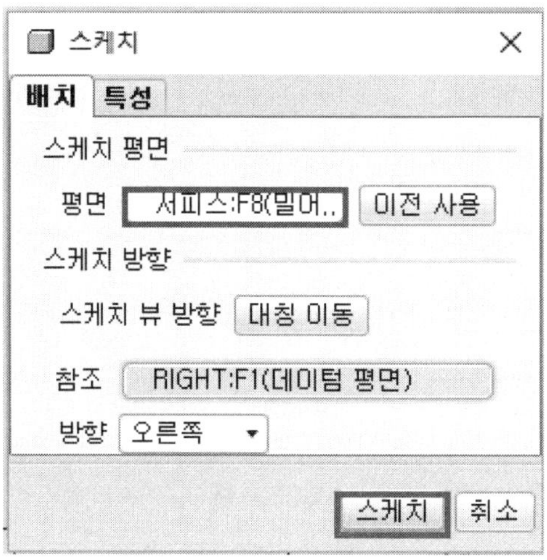

③ '스케치' 탭 선택

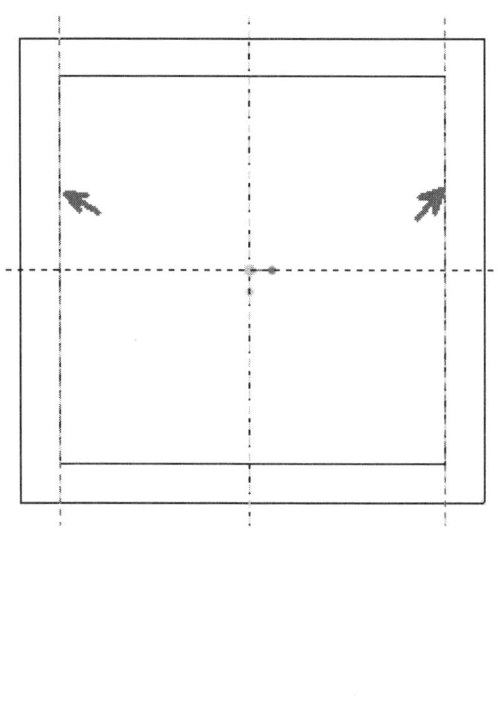

④ 마우스 우측 버튼 클릭하여 '참조' 선택

⑤ 그림과 같이 양쪽 수직 모서리 선택하여 참조 추가

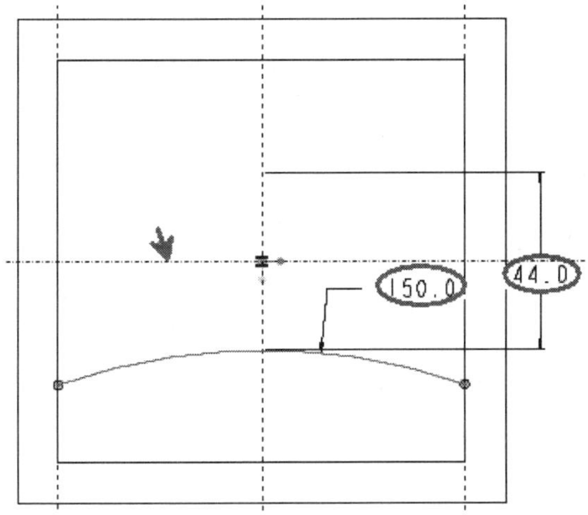

⑥ 가운데 수평 중심선 스케치 (치수 44 생성 위함)

⑦ 3점/끝 탄젠트( ) 도구 선택

⑧ 호 스케치 후 치수 생성 및 수정

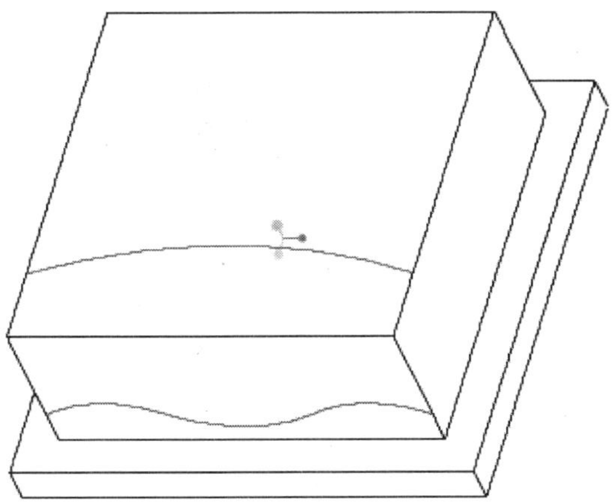

⑨ 스케치 완료( )

3.3 (세 번째)경계 단면 스케치

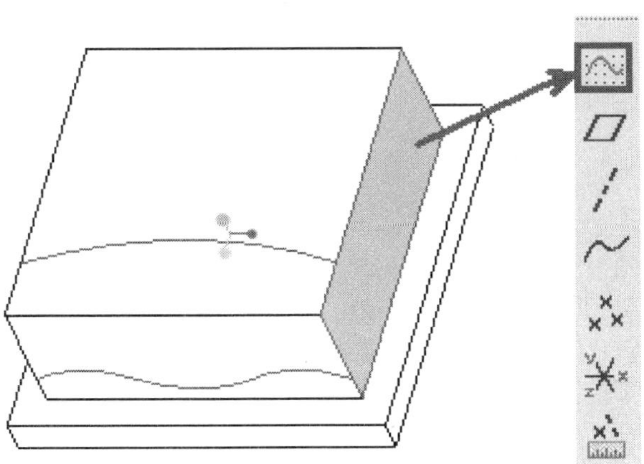

① 직육면체의 윗면을 선택

② 스케치( ) 도구 선택

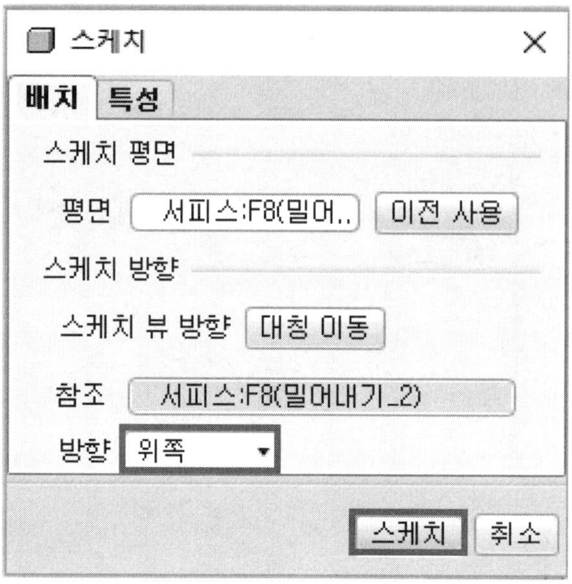

③ 참조 서피스가 '왼쪽' 방향으로 뷰 방향이 선택되어져 있음

④ 방향을 '위쪽' 선택(필수 사항은 아님)

⑤ '스케치' 탭 선택

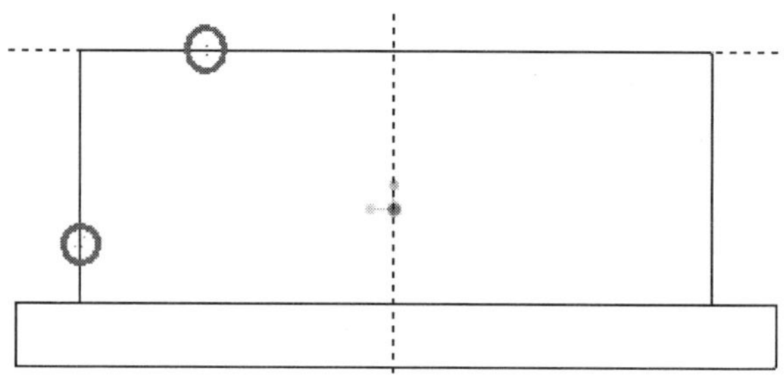

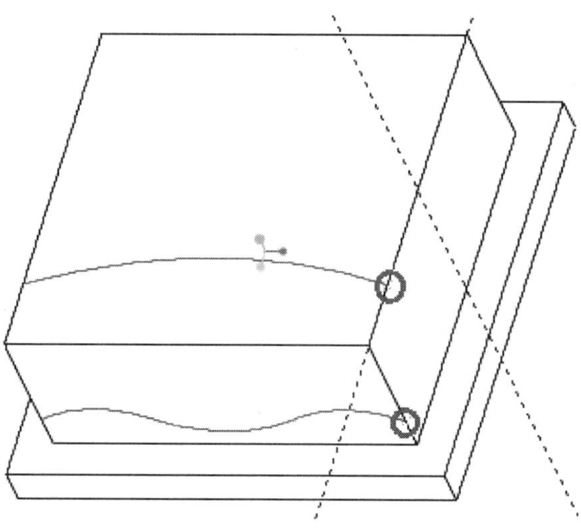

⑥ 마우스 우측 버튼 클릭하여 '참조' 선택

⑦ 그림과 같이 첫 번째 스케치와 두 번째 스케치의 오른쪽 끝 정점을 참조로 추가(마우스를 모서리 위를 따라 움직이면 정점 위치에서 강조 표시됨)

⑧ 기본 방향에서의 참조 점 위치

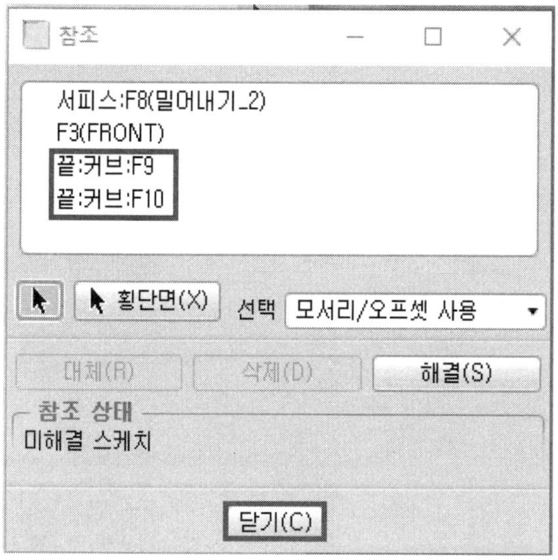

⑨ 끝 정점이 참조로 추가된 결과

⑩ 참조 창 '닫기' 클릭

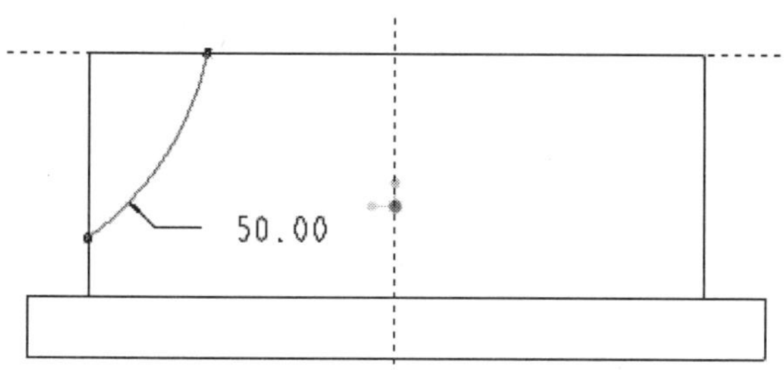

⑪ 참조 점을 양 끝점으로 하는 호 스케치

⑫ 치수를 '50' 으로 수정

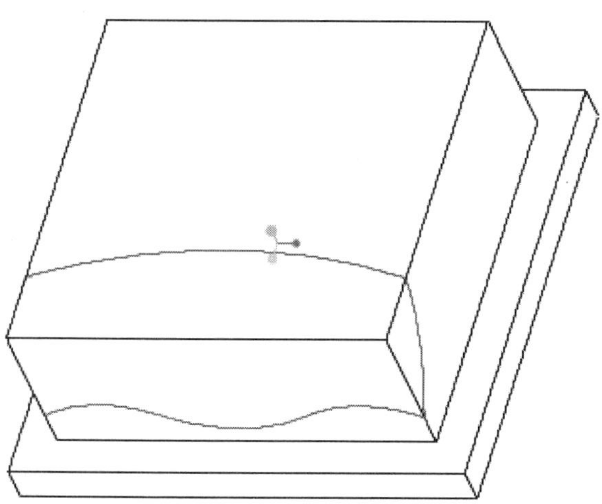

⑬ 스케치 완료(✔)

3.4 (네 번째)경계 단면 스케치

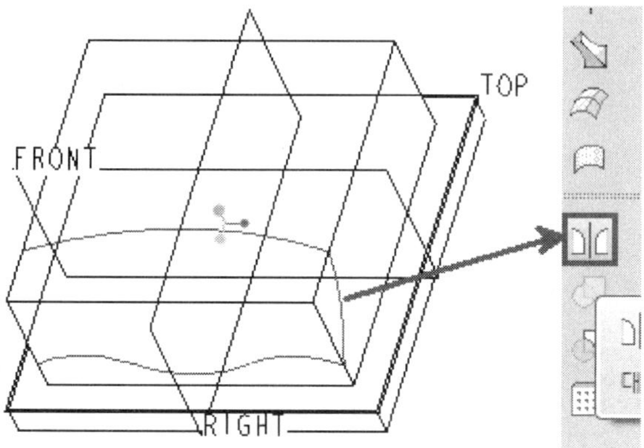

① 대칭복사 기능을 활용한다.

② (선택된 상태)대칭복사( ) 도구 아이콘 선택

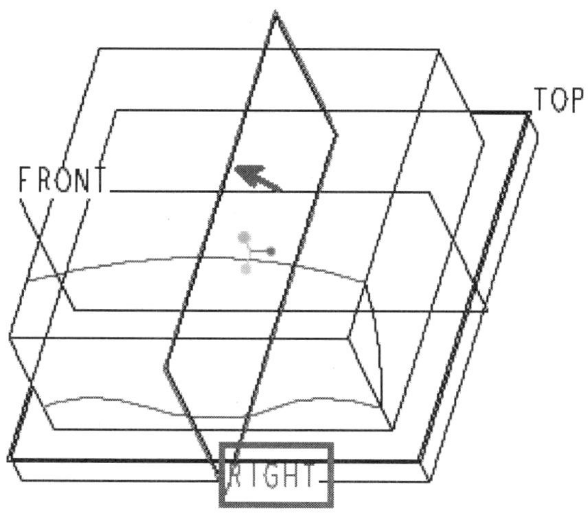

③ 데이텀 평면( ) 'OFF' 상태이면 'ON' 상태로 전환

④ 대칭 기준면으로 'RIGHT' 평면 선택

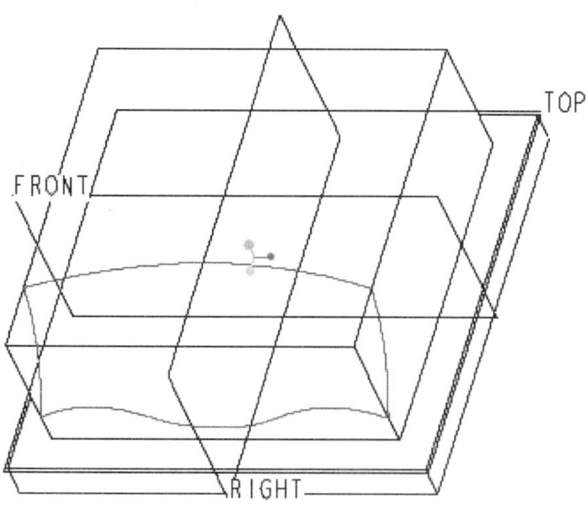

⑤ 스케치 완료( )

3.5 경계 블랜드 피처

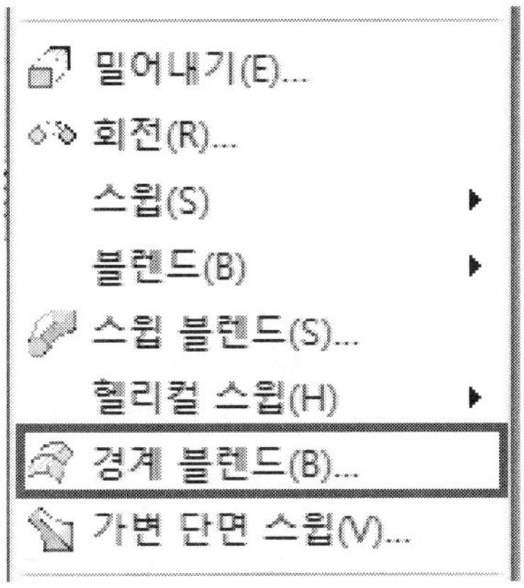

① 풀다운 메뉴 '삽입' - '경계 블랜드' 선택

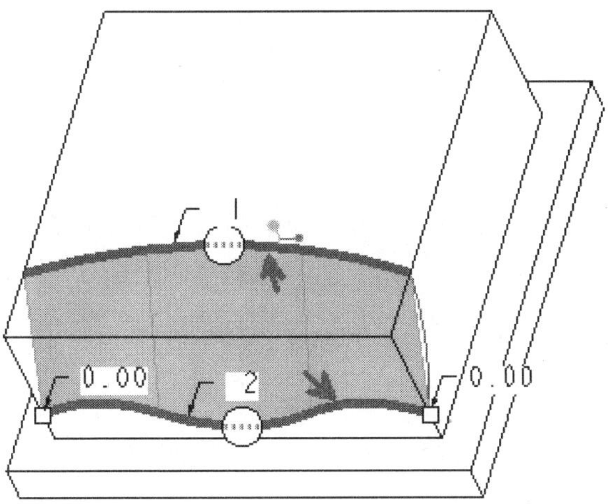

② 모델트리 또는 그래픽 영역에서 Ctrl 키를 누른 채 첫 번째 스케치와 두 번째 스케치 선택

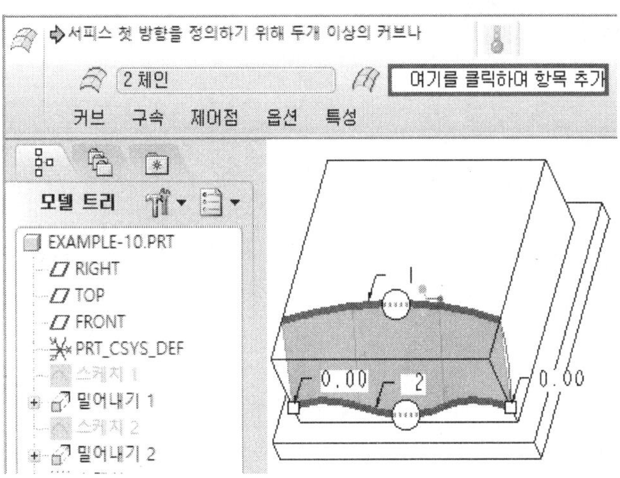

③ 두 번째 방향 경계 스케치 선택 한다.

④ 대시보드의 '여기를 클릭하여 항목 추가' 를 클릭

⑤ Ctrl 키를 누른 채 세 번째 스케치와 네 번째 스케치 선택

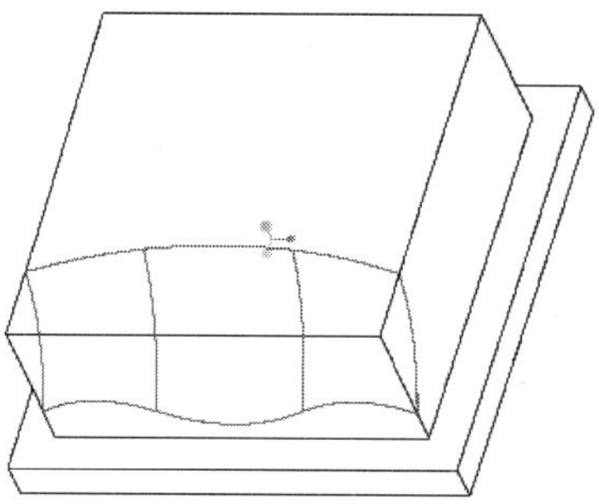

⑥ 피처 생성 완료()

⑦ 경계 블랜드 서피스 피처 생성

3.6 솔리화(재료제거) 하기

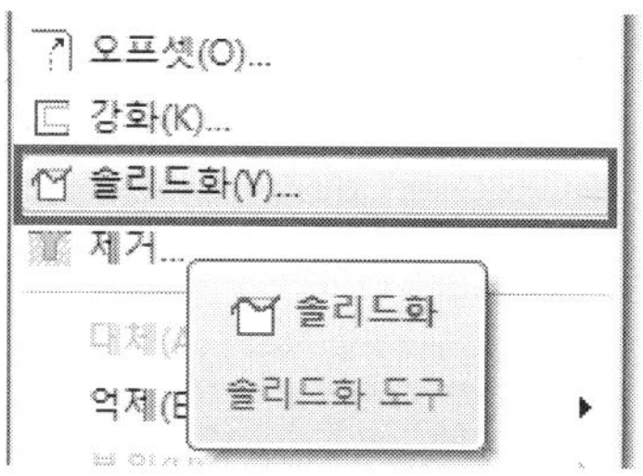

① ('경계 블랜드 1' 피처 선택된 상태임)풀다운 메뉴 '편집' - '솔리드화' 선택

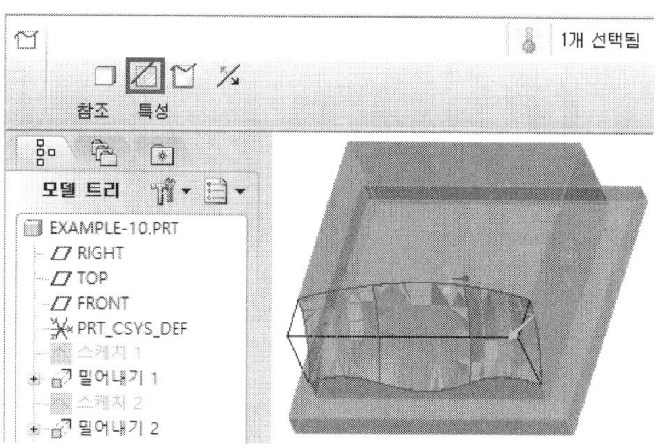

② 퀼트 내부 또는 외부 재료 제거() 도구 선택

③ 재료 제거 방향 화살표 확인할 것

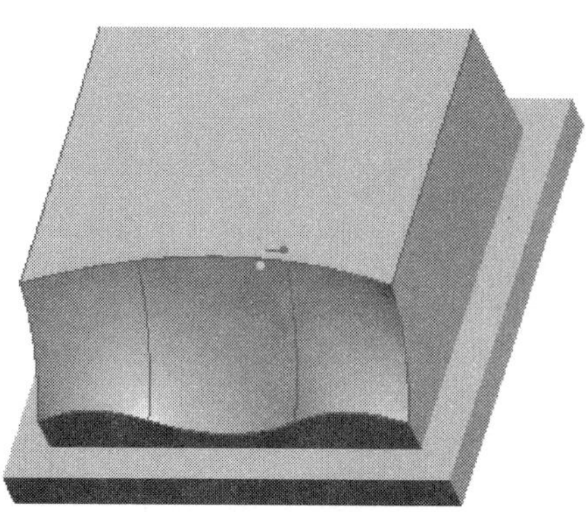

④ 피처 생성 완료()

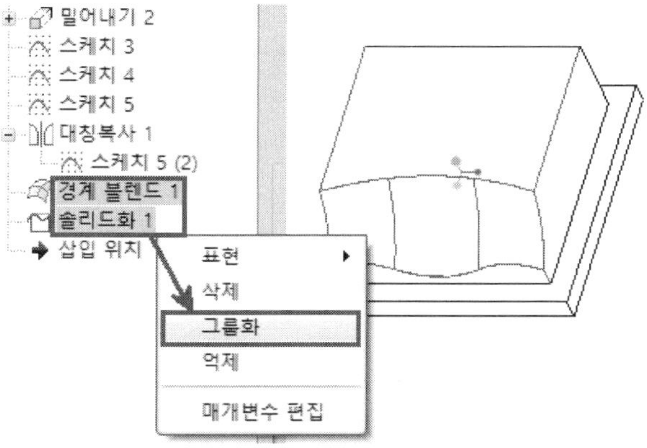

⑤ 모델트리에서 Ctrl 키를 누른채 '경계 블랜드1' 과 '솔리드화1' 을 선택

⑥ 마우스 우측 버튼 클릭

⑦ 팝업 메뉴의 '그룹화' 선택

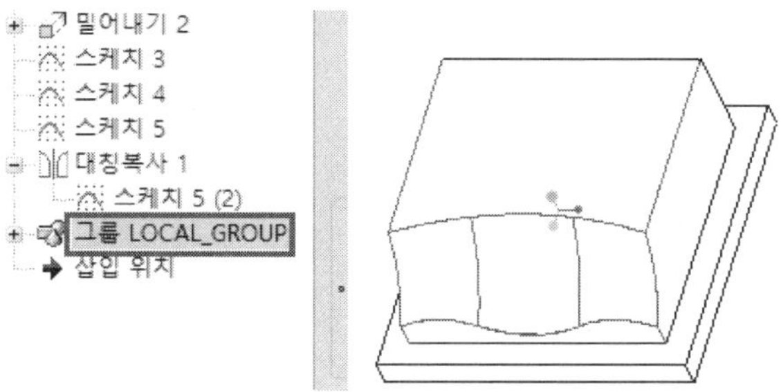

⑧ 두 개의 피처가 하나로 그룹화 됨

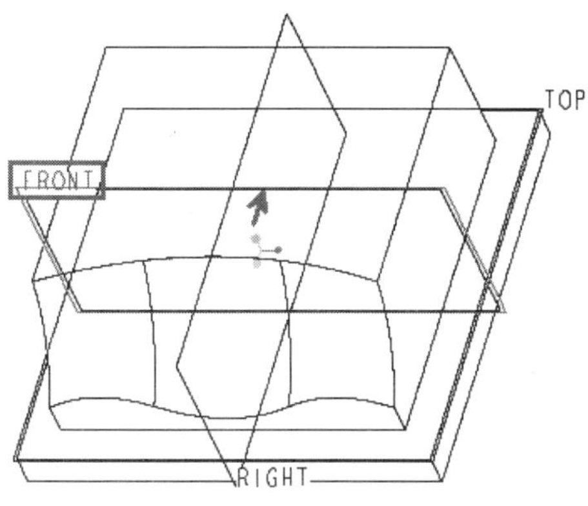

⑨ 피처 대칭복사(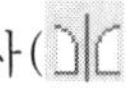) 도구 아이콘 선택

⑩ 데이텀 평면() 'ON' 상태로 전환

⑪ 대칭 기준으로 'FRONT' 평면 선택

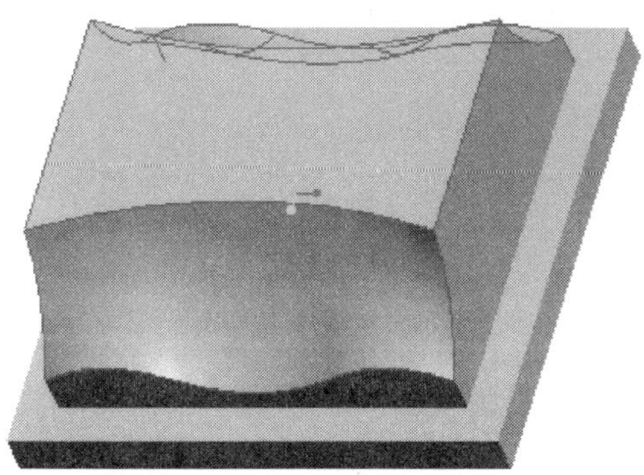

⑫ 피처 생성 완료()

4. 구배(1) 피처 생성하기

4.1 데이텀 평면 생성

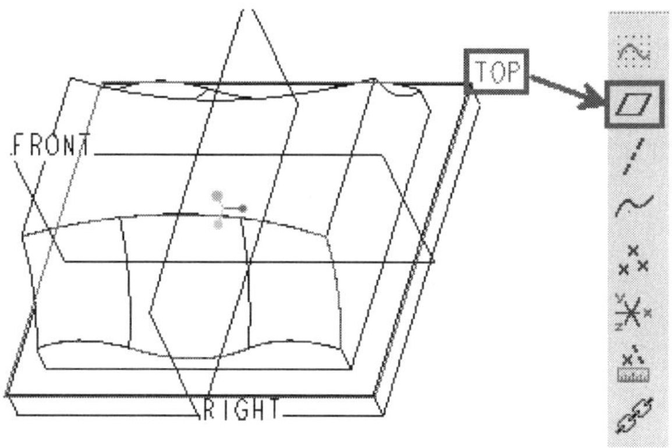

① 'TOP' 평면 선택

② 데이텀 평면(▱) 도구 아이콘 선택

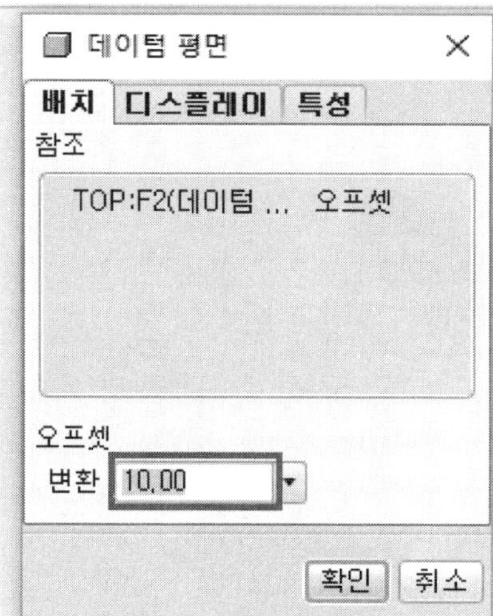

③ 오프셋 값 '10' 으로 수정

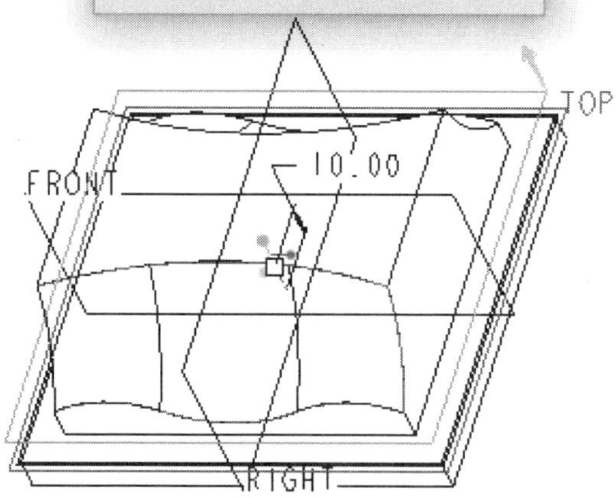

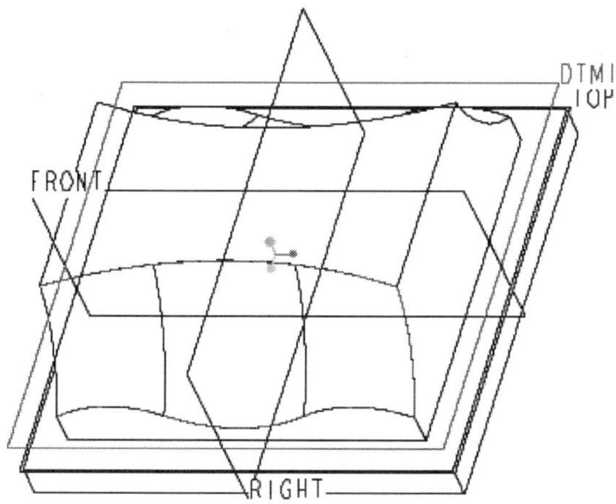

④ 데이텀 창의 '확인' 클릭

4.2) 구배(1) 피처 생성

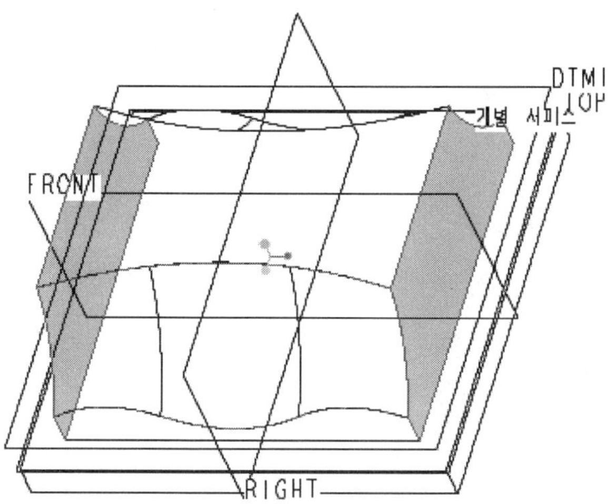

① 구배 도구 아이콘( ) 선택

② 구배 적용할 면(양 측면) 선택

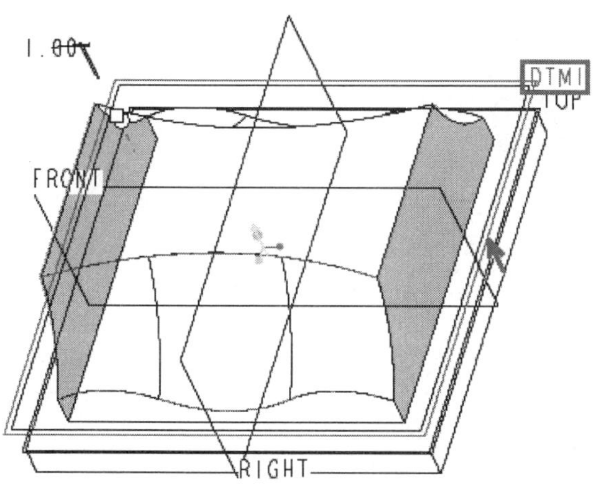

③ 마우스 우측 버튼 클릭

④ '구배 경첩' 선택

⑤ 'DTM1' 데이텀 평면 선택

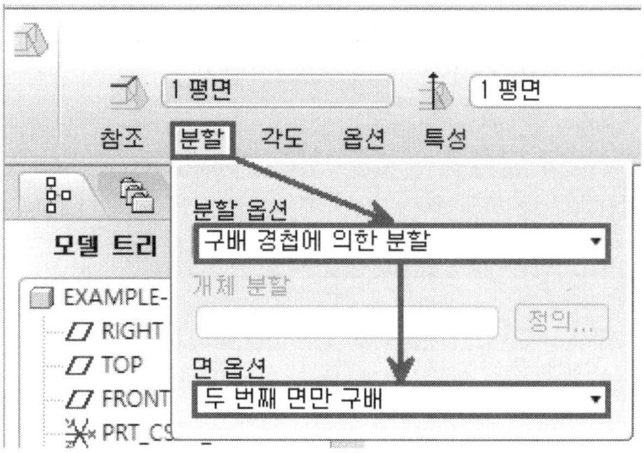

⑥ 대시보드 창 '분할' 탭 클릭

⑦ 분할 옵션 '구배 경첩에 의한 분할' 선택

⑧ 면 옵션 '두 번째 면만 구배' 선택

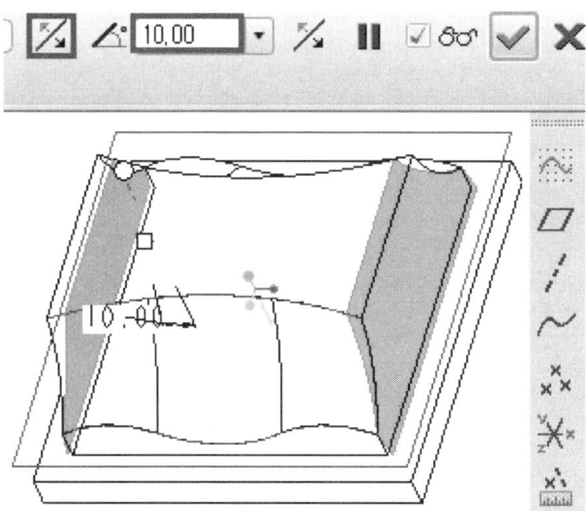

⑨ 잡아당기는 방향이 반대이므로 방향 전환() 아이콘 클릭

⑩ 구배 각도 '10' 으로 수정

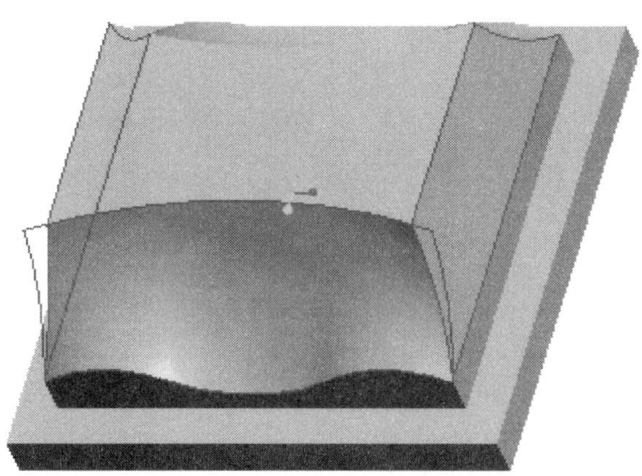

⑪ 피처생성 완료()

5. 회전(1) 피처 생성하기

5.1 단면 스케치

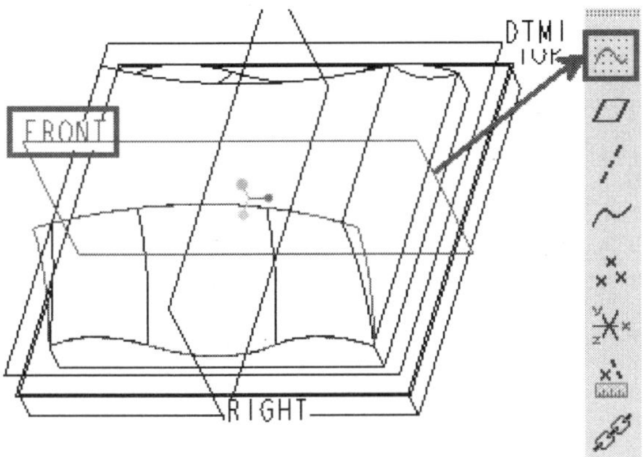

① 스케치 평면으로 'FRONT' 데이텀 평면 선택

② 스케치( ) 도구 아이콘 선택

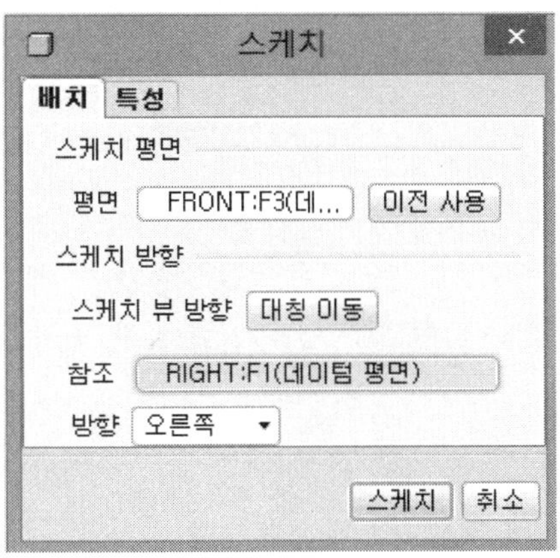

③ 스케치 창의 '스케치' 탭을 클릭

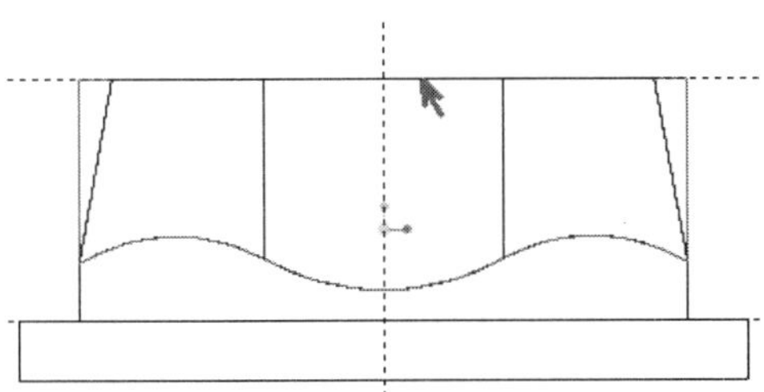

④ 상부 수평 모서리 참조 추가

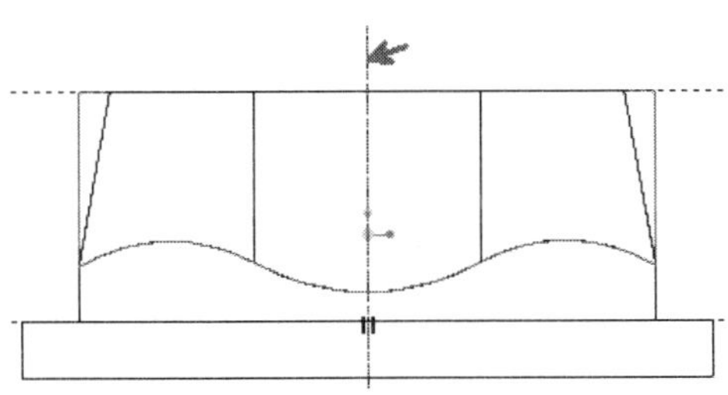

⑤ 형상중심선( ) 도구 아이콘 선가운데 수직방향으로 형상중심선(회전 축) 스케치

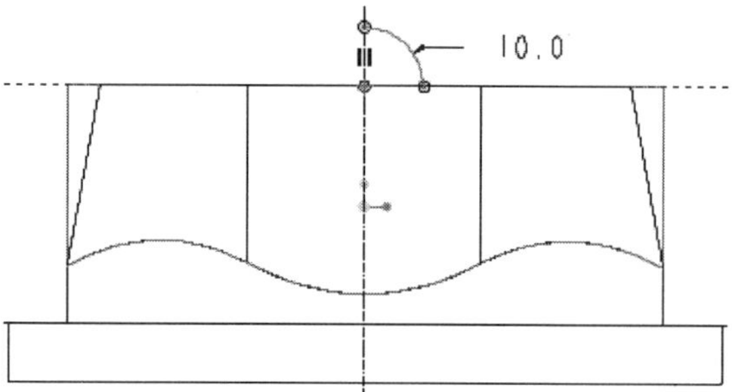

⑥ 도면을 참고하여 그림과 같이 오른쪽 1/4 원 스케치

⑦ 반지름 치수 ‘10’ 으로 수정(열린 단면임)

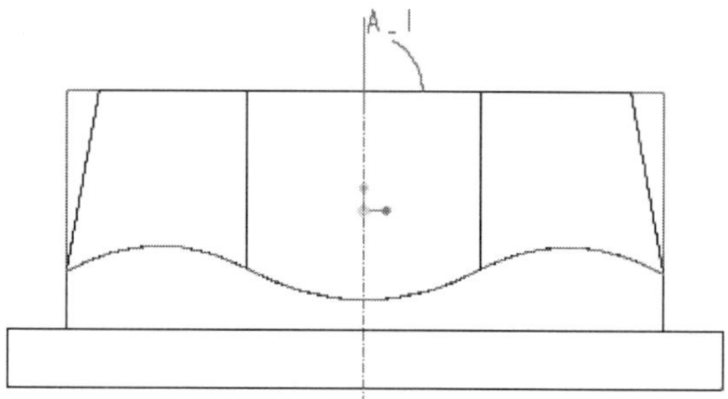

⑧ 스케치 완료(✔)(스케치 선택 상태임)

5.2 회전 실행

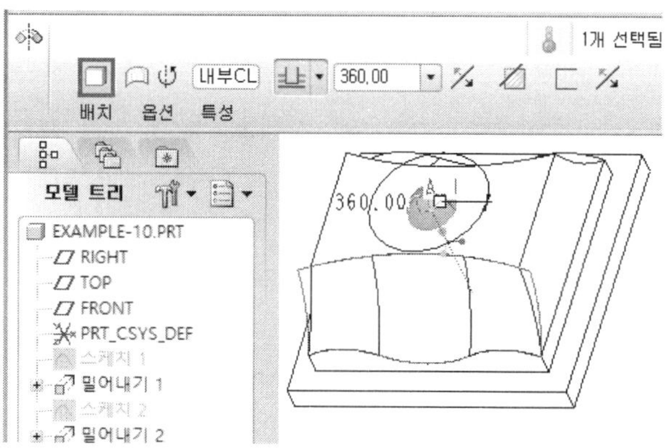

① 회전( ) 피처 도구 아이콘 선택

② 표준방향(Crtl + D)으로 전환

③ 솔리드( ) 선택

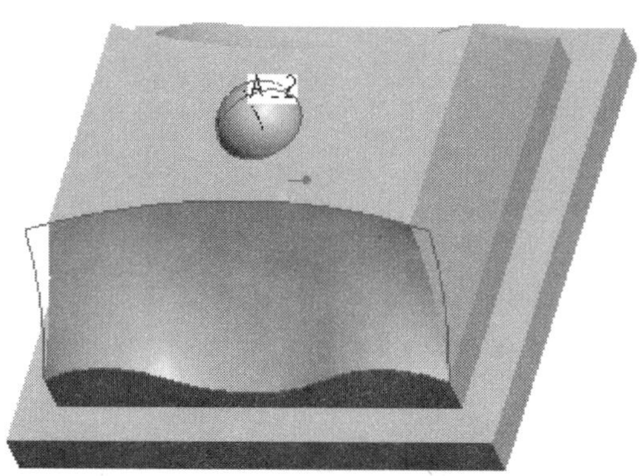

④ 피처 생성 완료( )

6. 라운드 추가

6.1 라운드 R10 추가

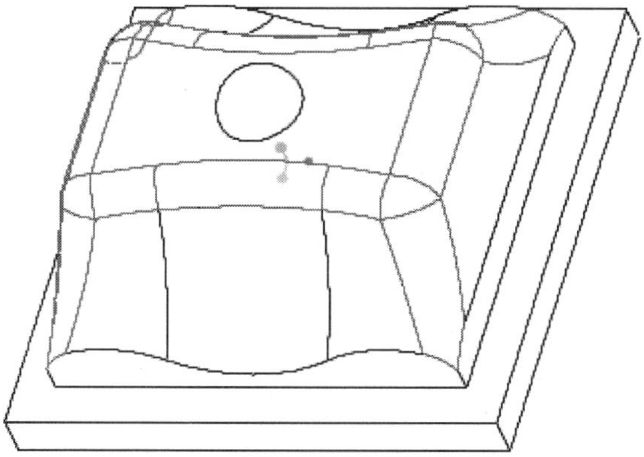

① 라운드( ) 도구 선택

② 대상 모서리를 Ctrl 키 누른 채 선택

③ 라운드 값 '10' 으로 수정

④ 피처 생성 완료( )

6.2 라운드 R1 추가

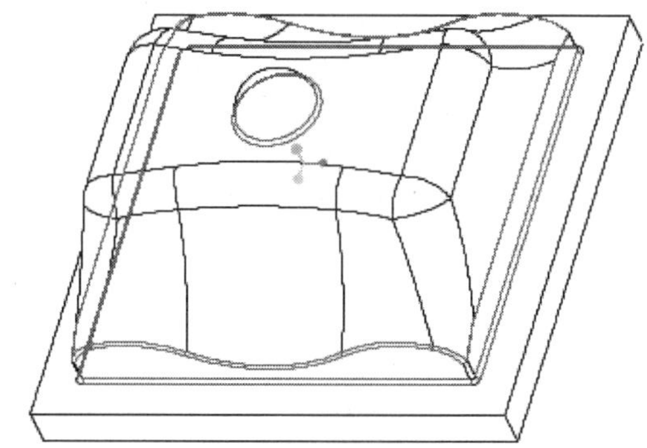

① 라운드( ) 도구 선택

② 대상 모서리를 Ctrl 키 누른 채 선택

③ 라운드 값 '1' 로 수정

④ 피처 생성 완료( )

7. 모델링 완성

11. Example-11 도면 모델링

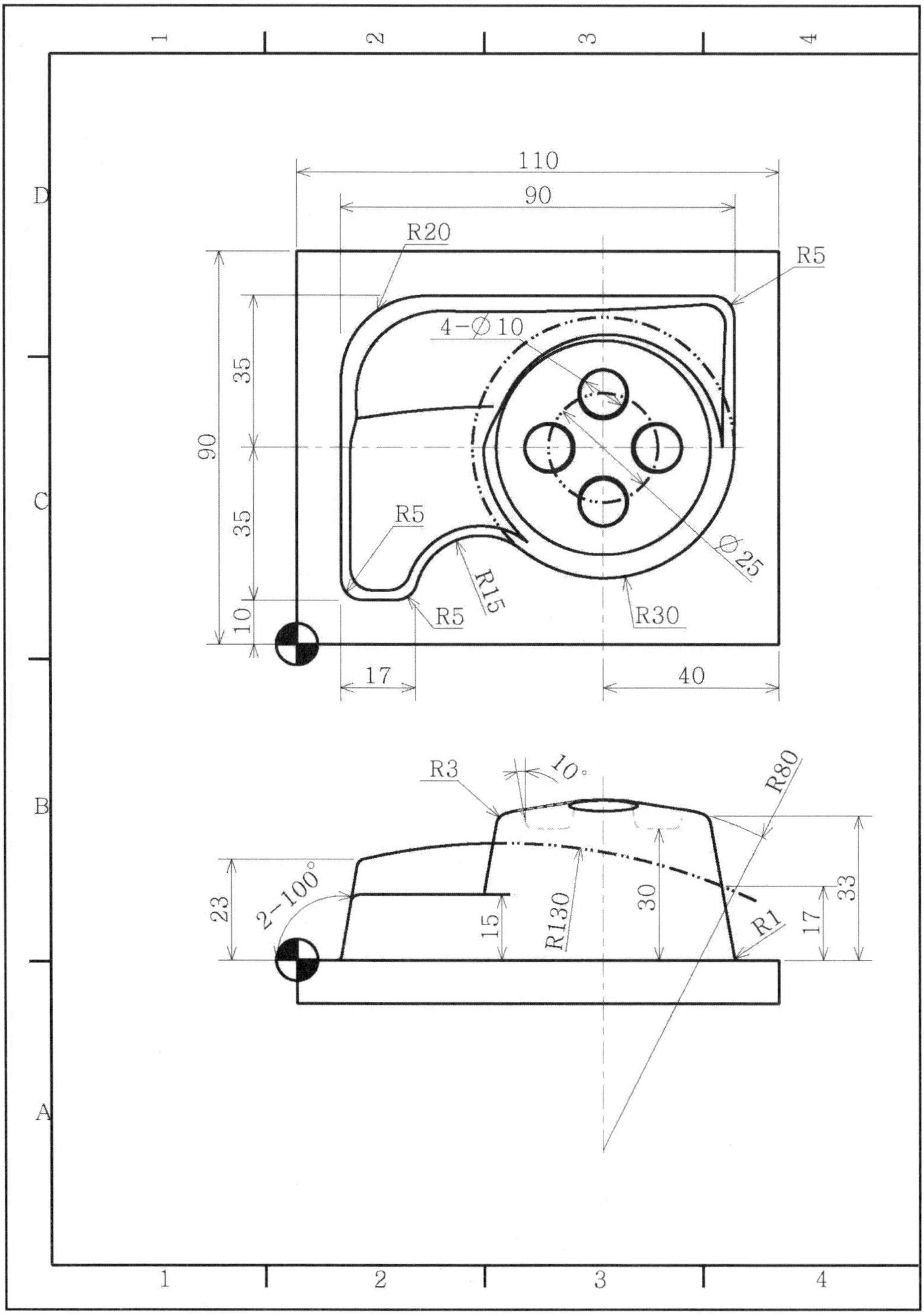

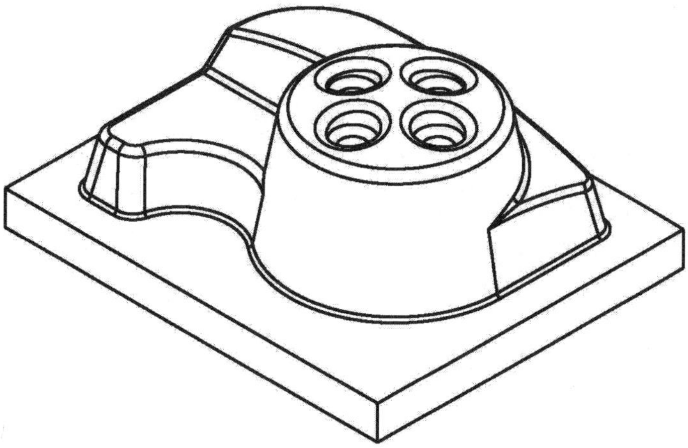

도시되고 지시없는 모든 라운드 R2

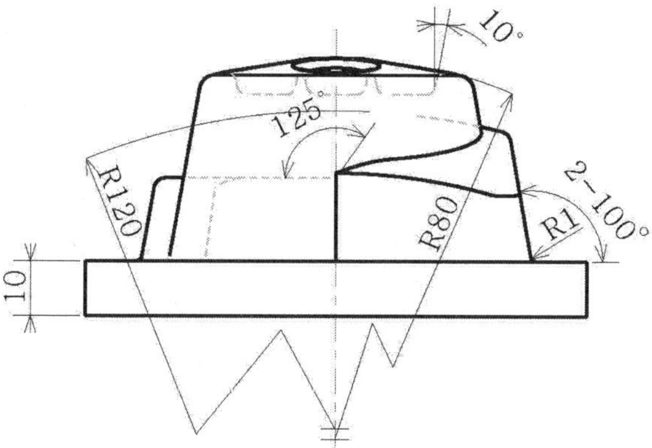

창원문성대학교			
소 속	기계과	작업자	예규현
투상법	3각법	축 척	1 : 1
날 짜	2016.1.20	파일명	Example-11

작업 순서

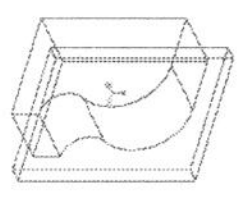	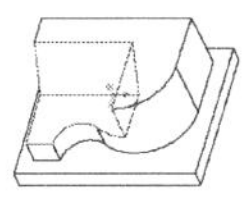	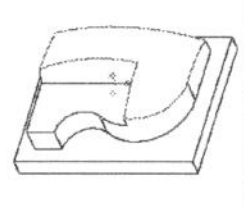	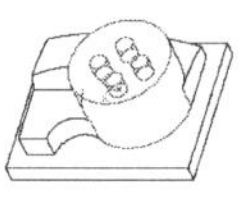	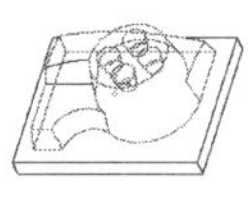		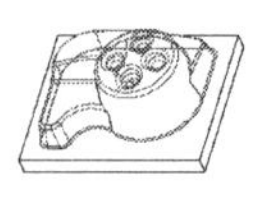
1.밀어내기 (1)(2)	2.밀어내기 (재료제거)	3.스윕 컷(1)	4.밀어내기 (재료제거)	5.구배 (1)(2)	6.회전 (재료제거)	7.라운드

1. 밀어내기(1) 피처 생성

1.1 파일 새로 만들기

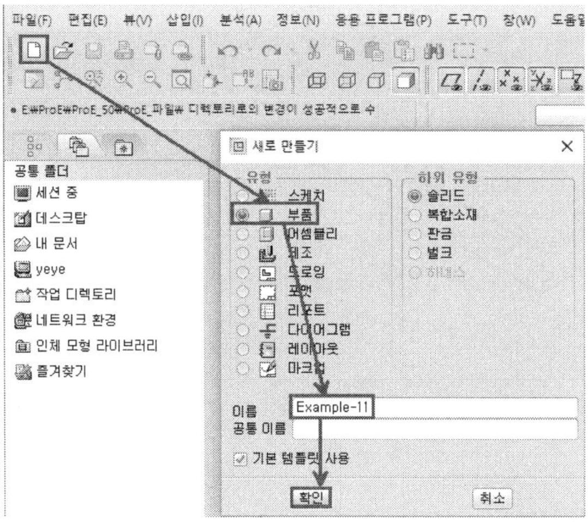

① 파일 이름 'Example-11'로 새로 만들기 시작

② 단위는 mmNs 단위계로 모델링 작업

1.2 스케치 단면 생성

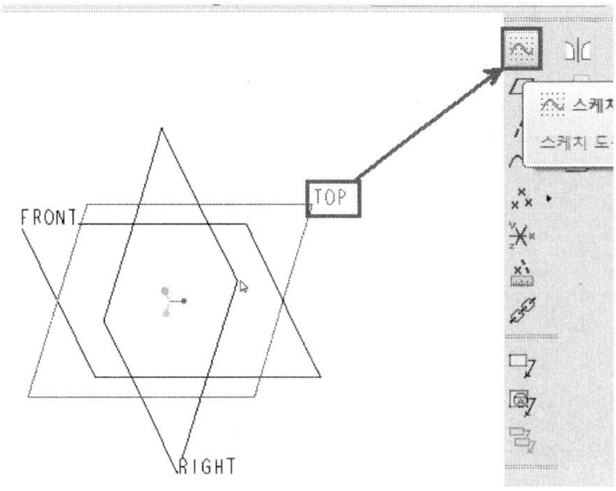

① 스케치 평면으로 'TOP' 데이텀 평면 선택

② 스케치( ) 도구 아이콘 선택

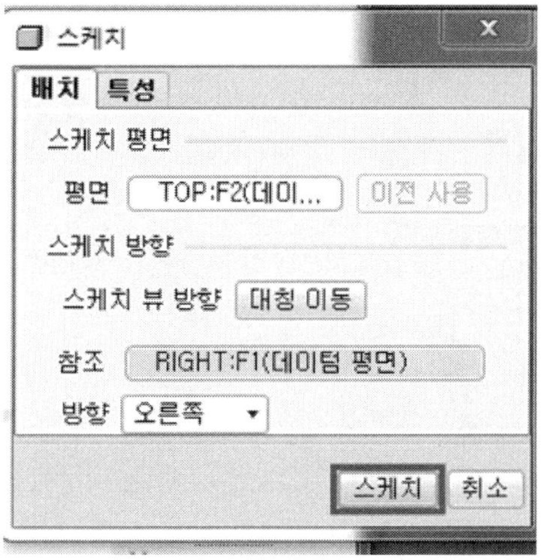

③ '스케치' 탭 클릭

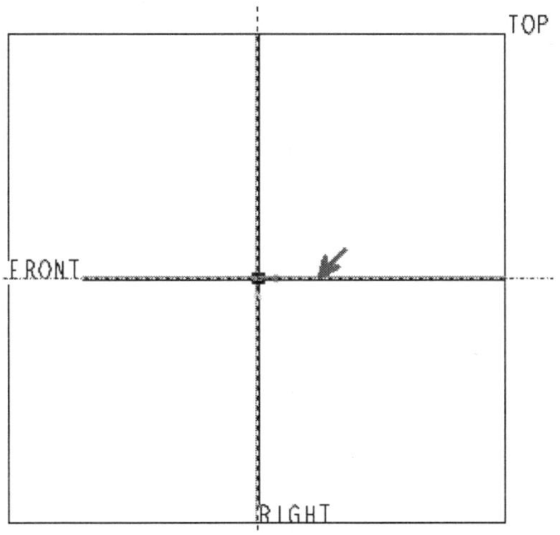

④ 마우스 우측 버튼 클릭 - '중심선' 선택

⑤ 가운데 참조 데이텀 평면에 일치하도록 수평 중심선 스케치

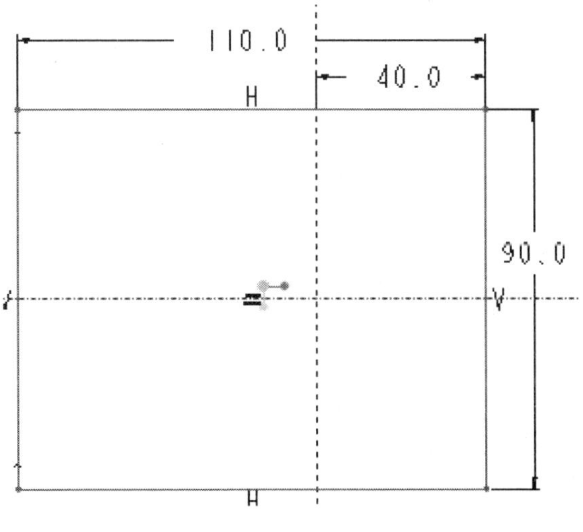

⑥ 직사각형(□) 생성 아이콘 선택

⑦ 상하 대칭 구속을 이용 가로 110, 세로 90인 직사각형 스케치

⑧ 스케치 완료(✔)

1.3 밀어내기 실행

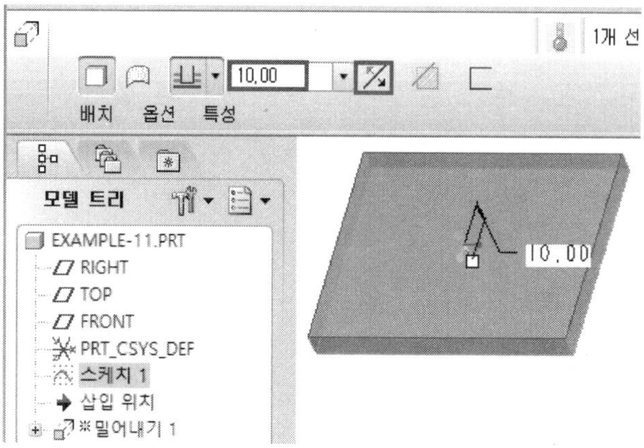

① 밀어내기( ) 도구 아이콘 클릭
② 'Ctrl + D'로 표준방향으로 전환
③ 깊이 값 '10'으로 수정
④ 깊이 방향 전환 아이콘 클릭 (아래 방향)

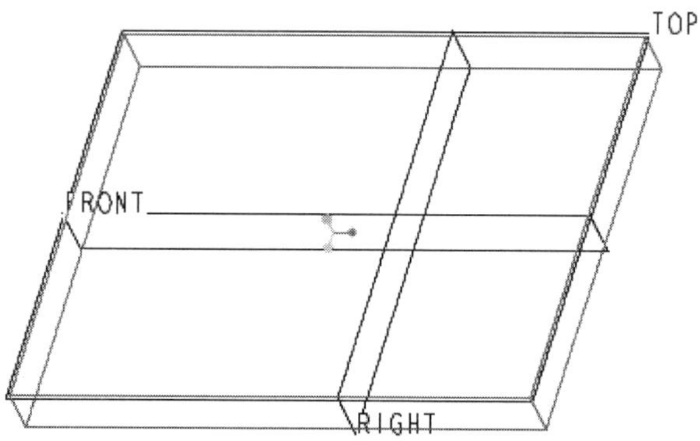

⑤ 피처 생성 완료( )

2. 밀어내기(2) 피처 생성

2.1 단면 스케치

① 스케치 평면으로 'TOP' 평면 선택
② 스케치( ) 도구 선택

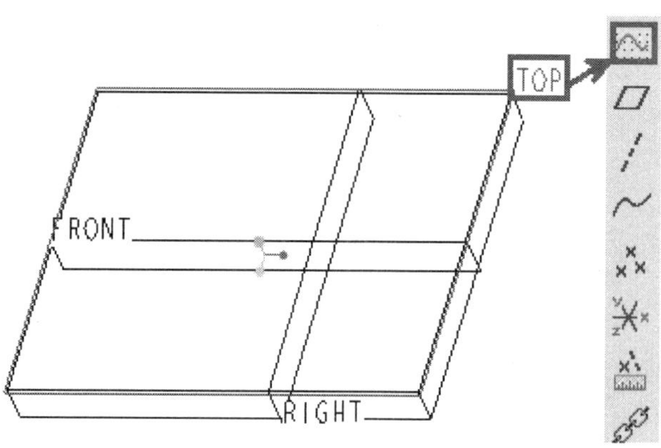

③ ‘스케치’ 탭 클릭

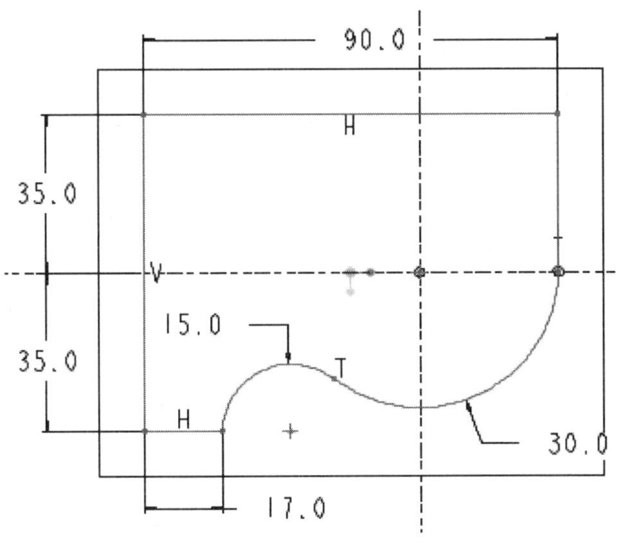

④ 가운데 수직, 수평 중심선 스케치

⑤ 직사각형(□) 도구 선택

⑥ 좌우/상하 대칭인 직사각형 스케치

⑦ 가로/세로 치수를 ‘100’으로 수정

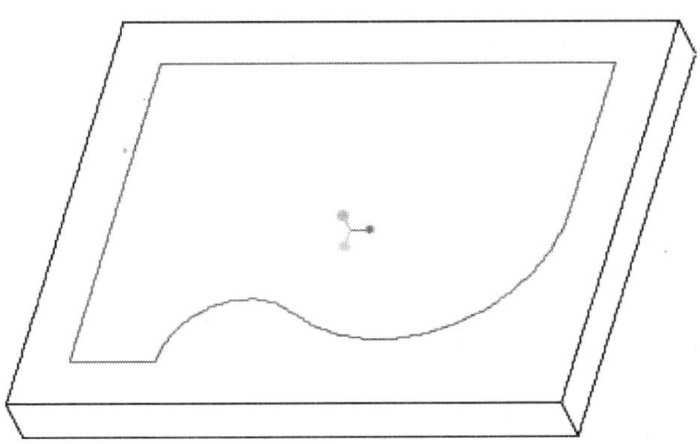

⑧ 스케치 작업 완료(✔)

2.2 밀어내기 실행

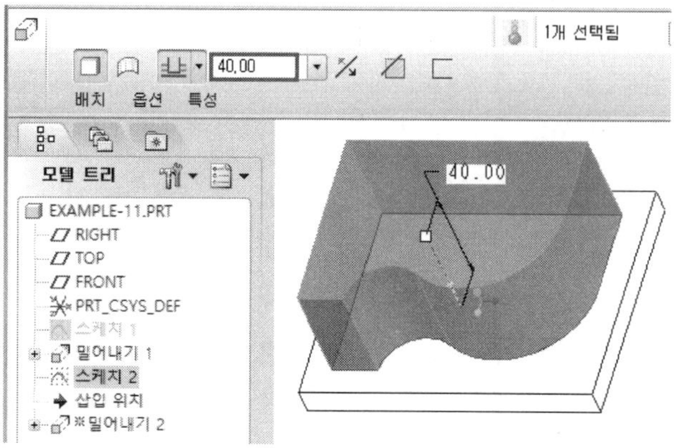

① 밀어내기( ) 피처 도구 아이콘 선택

② 'Ctrl + D'로 표준방향으로 전환

③ 깊이 값 '40' 으로 수정

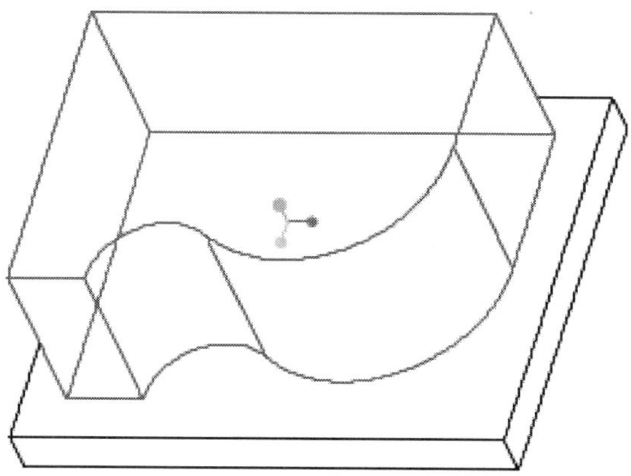

④ 피처 생성 완료( )

3. 밀어내기(3) 피처(재료제거) 생성

3.1 단면 스케치

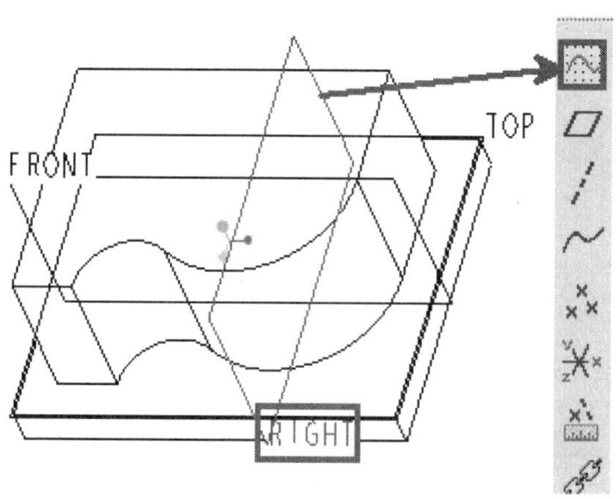

① 'RIGHT' 평면 선택

② 스케치( ) 도구 선택

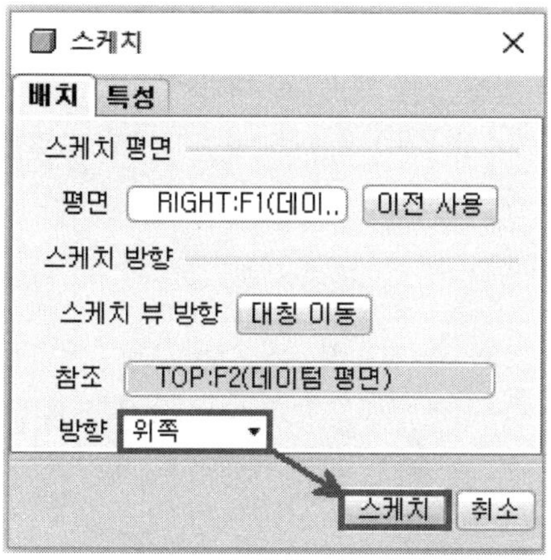

③ 참조 면의 방향 '위쪽' 선택

④ '스케치' 탭 클릭

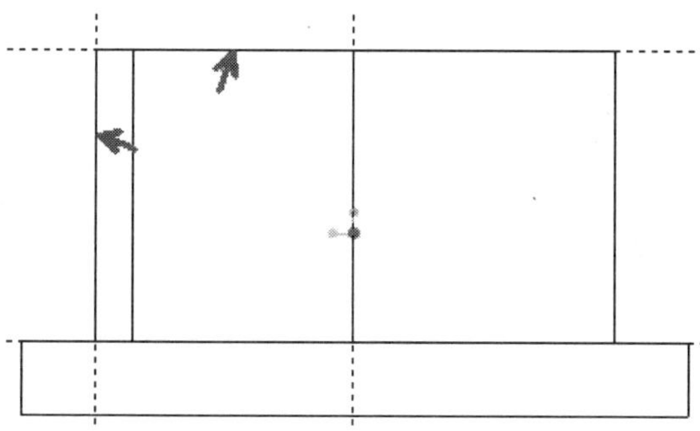

⑤ 마우스 우측 버튼 클릭

⑥ 팝업 메뉴 '참조' 선택

⑦ 화살표 지시 좌측 수직 모서리 및 수평 모서리 선택

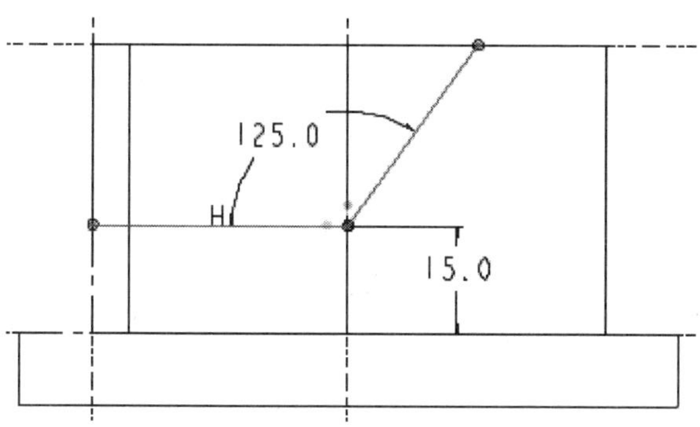

⑧ 그림과 같이 스케치

⑨ 치수 수정(125, 15)

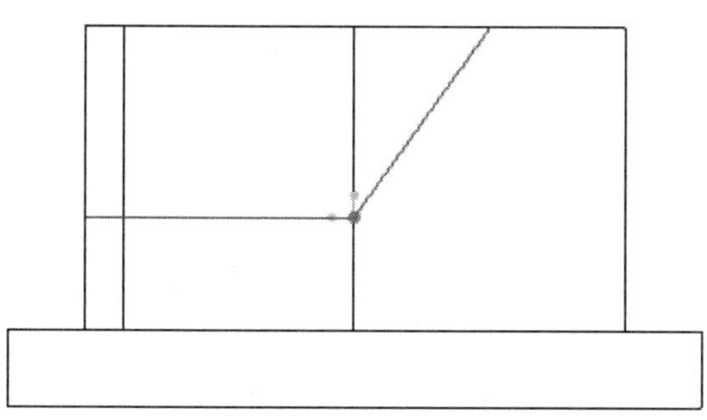

⑩ 스케치 작업 완료(✔)

3.2 밀어내기 실행

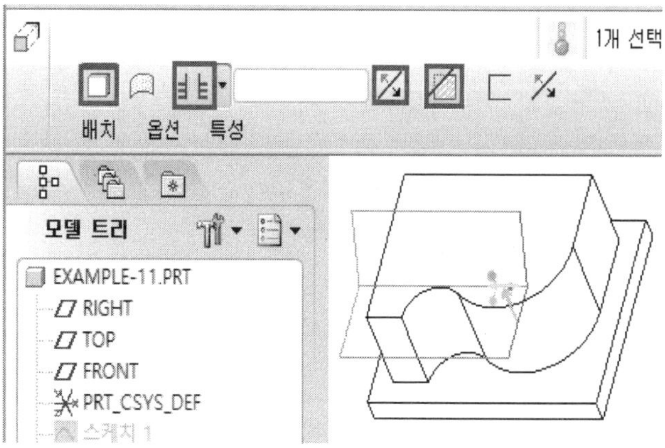

① 밀어내기( ) 피처 도구 아이콘 선택

② 'Ctrl + D'로 표준방향 전환

③ 깊이 옵션 전체 통과( ) 선택

④ 밀어내기 깊이 방향전환( ) 클릭(모델링 형상의 좌측으로 향하도록)

⑤ 재료 제거( ) 도구 선택

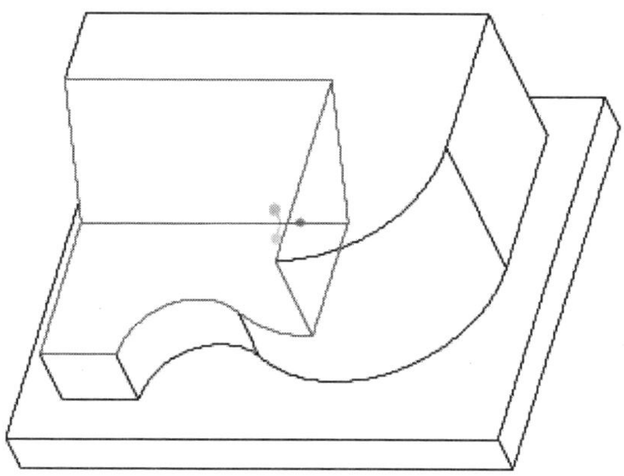

⑥ 피처 생성 완료( )

4. 스윕 컷 피처 생성

4.1 스윕 컷 실행

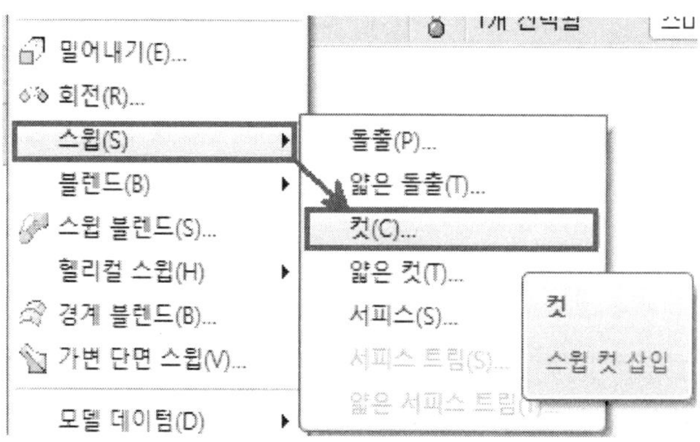

① 풀다운 메뉴의 '삽입' - '스윕' - '컷' 선택

4.2 스윕 궤적 정의

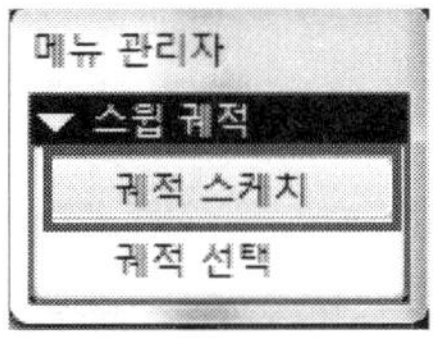

① 메뉴 관리자 '궤적 스케치' 선택

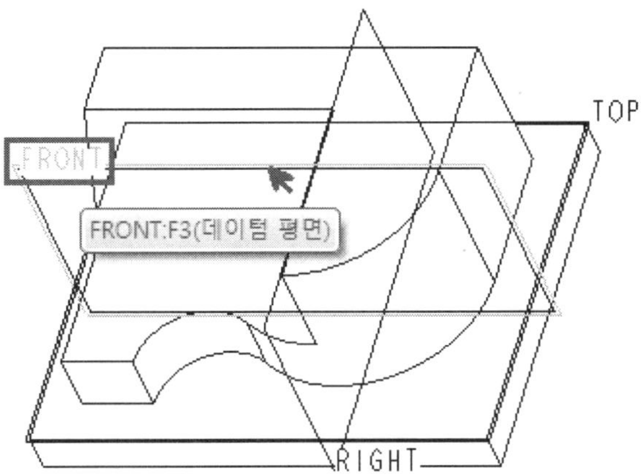

② 스케치 평면으로 'FRONT' 선택

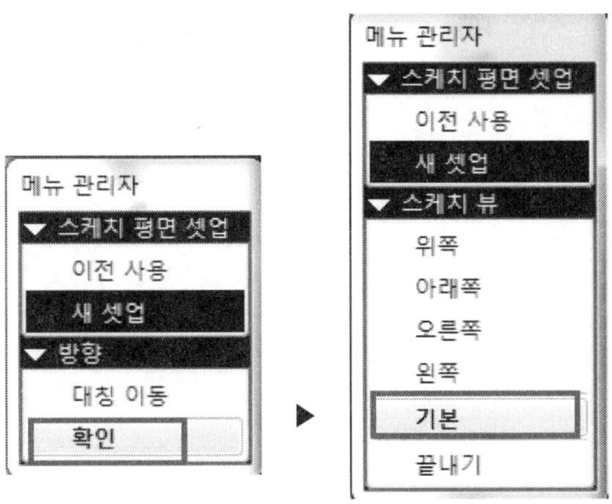

③ 방향 '확인', 스케치 뷰 '기본' 선택

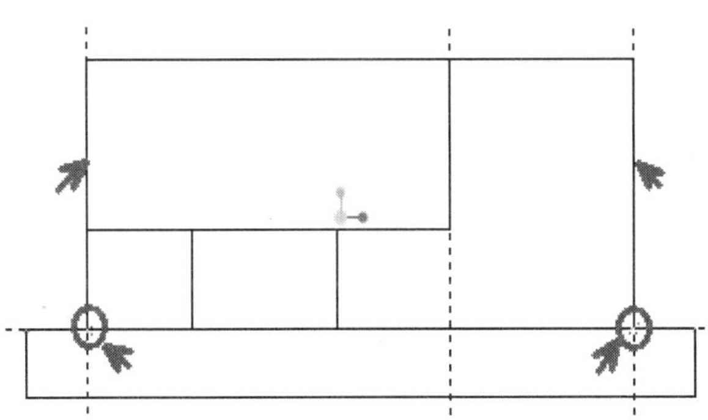

④ 마우스 우측 버튼 클릭

⑤ 팝업 메뉴 '참조' 선택

⑥ 화살표 표시 두 모서리 및 교점 선택

⑦ 참조 창 닫는다.

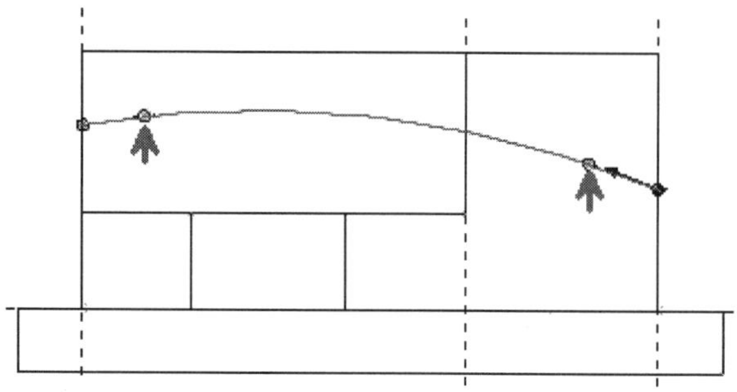

⑧ 3점/탄젠트 끝( ) 도구 아이콘 선택

⑨ 호 스케치

⑩ 점( ) 도구 아이콘 선택

⑪ 호의 양쪽 임의의 위치에 점 추가(치수 생성 위함)

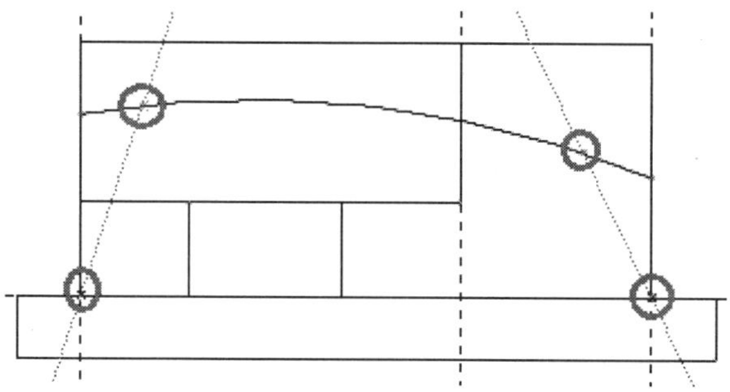

⑫ 중심선( ) 도구 선택

⑬ 참조 교점과 점을 잇는 중심선 스케치

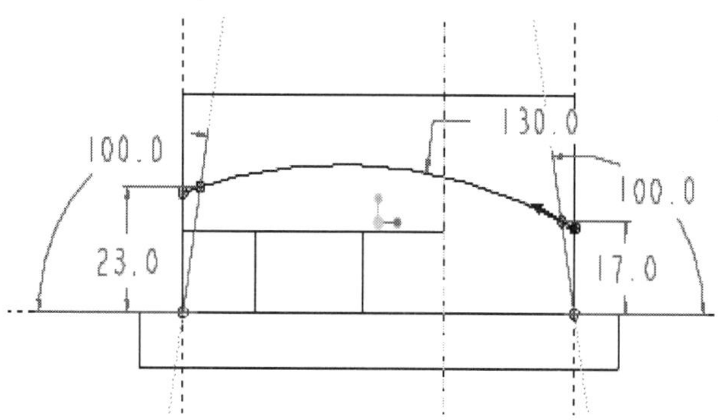

⑭ 치수 생성 및 수정

⑮ (궤적)스케치 완료( )

4.3 단면 스케치

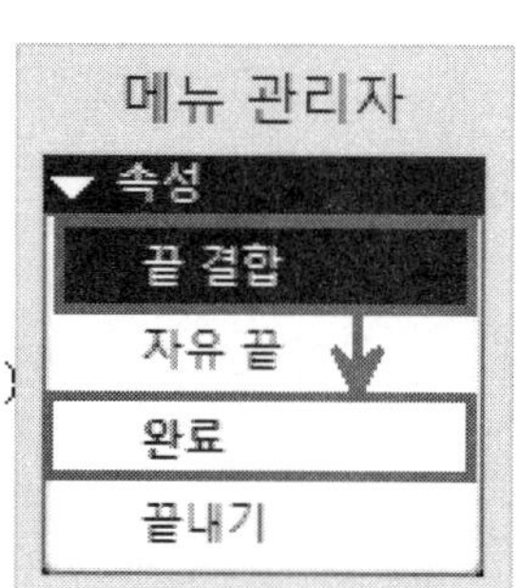

① 속성 '끝 결합' 선택하고 '완료'

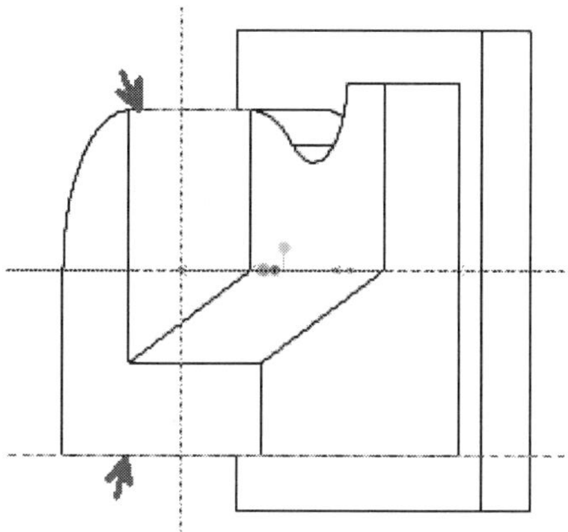

② 화살표 표시 두 수평 모서리 '참조' 로 추가

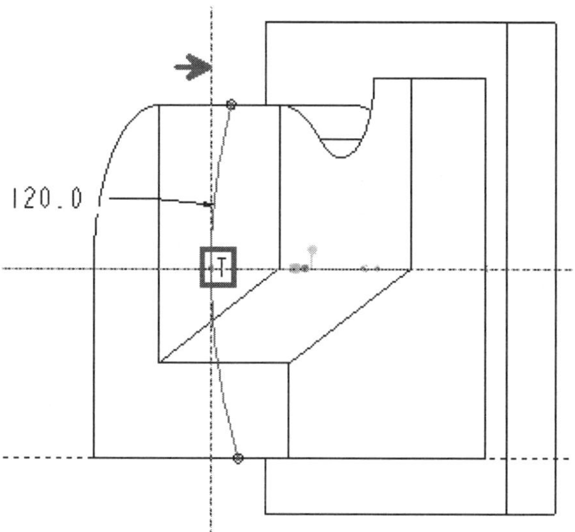

③ 중심/끝( ) 도구 아이콘 선택

④ 도면 참조하여 그림과 같이 단면 스케치(수직 참조선과 호가 탄젠트 구속되도록 스케치)

⑤ 스케치 종료( )

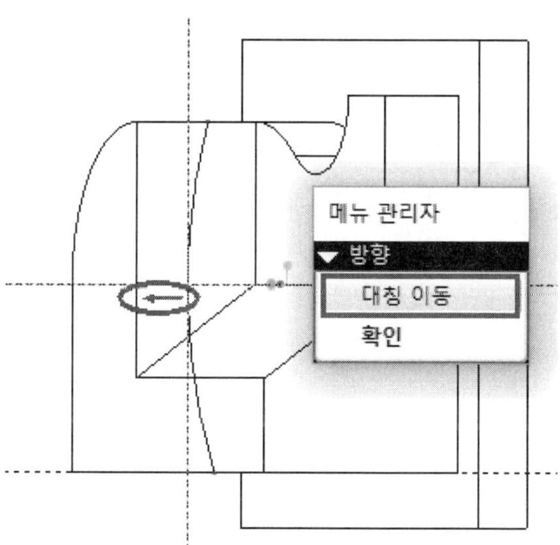

⑥ 메뉴 관리자 '대칭 이동' 선택(재료제거 방향)

⑦ '확인' 선택

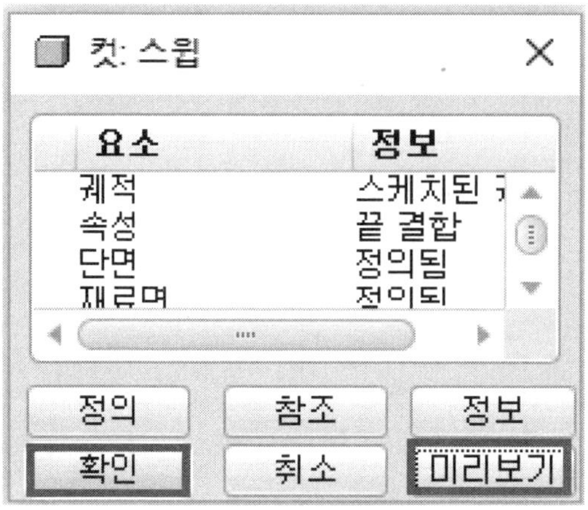

⑧ '미리보기' 를 클릭하여 컷 형상이 바르게 되었는지 확인하고 '확인' 클릭하여 피처 생성 완료

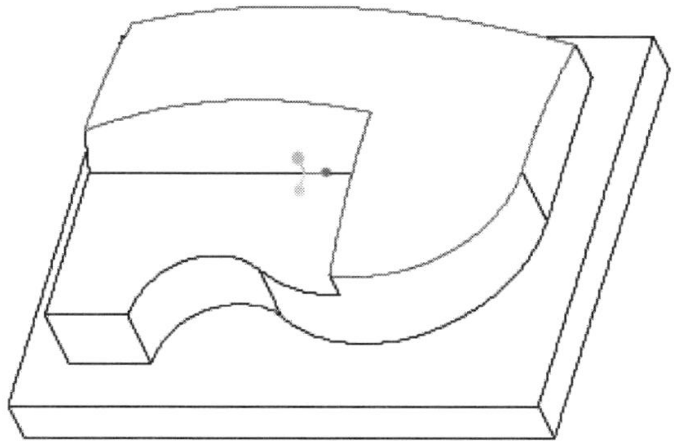

⑨ 스윕 컷 피처 완성

5. 밀어내기(4) 피처 생성

5.1 단면 스케치

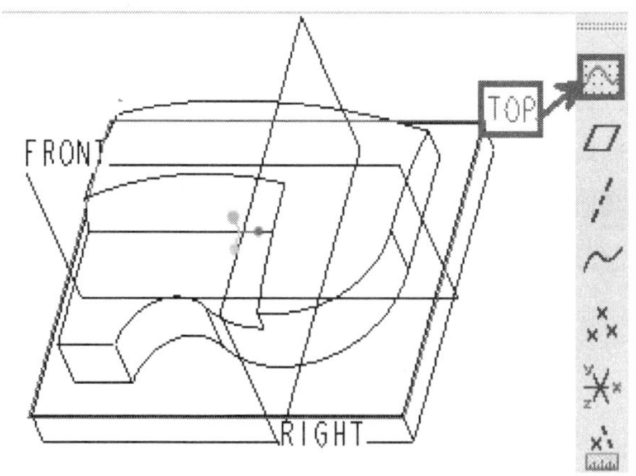

① 'TOP' 평면 선택

② 스케치( ) 도구 선택

③ '스케치' 탭 클릭

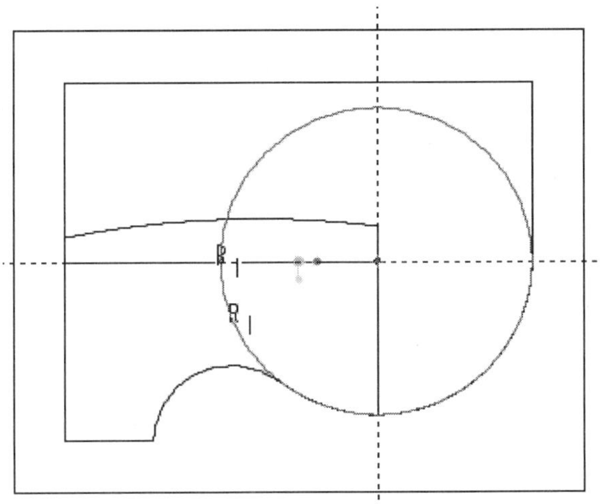

④ 동심원(◎) 도구 선택

⑤ 우측 R30 호와 동일한 동심원 스케치

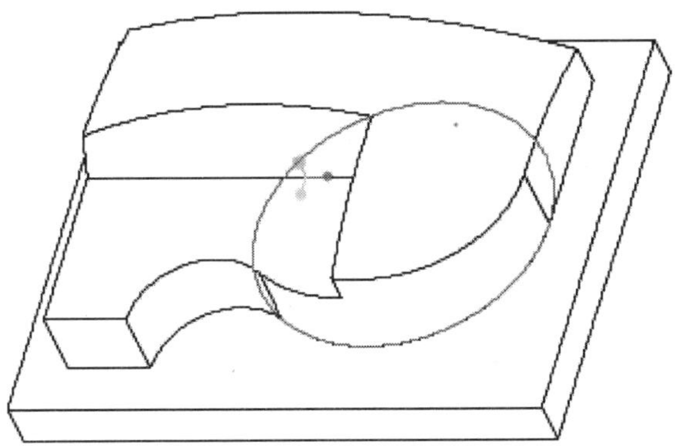

⑥ 스케치 작업 완료(✔)

5.2 밀어내기 실행

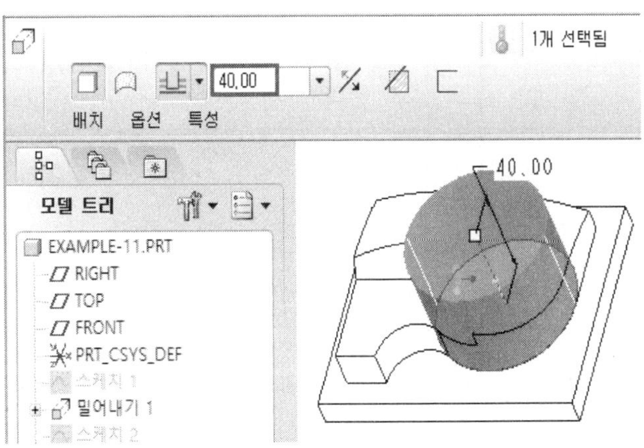

① 밀어내기( ) 피처 도구 아이콘 선택

② 'Ctrl + D'로 표준방향으로 전환

③ 깊이 값 '40'으로 수정

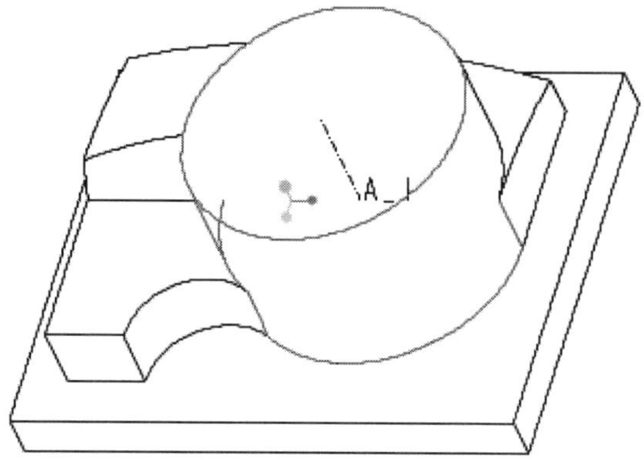

④ 피처 생성 완료(✓)

6. 밀어내기(5) 피처 생성

6.1 단면 스케치

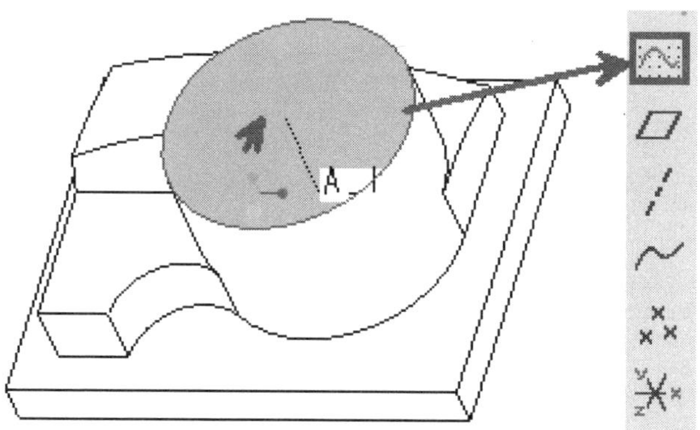

① 원통 윗면 선택

② 스케치(~) 도구 선택

③ ‘스케치’ 탭 클릭

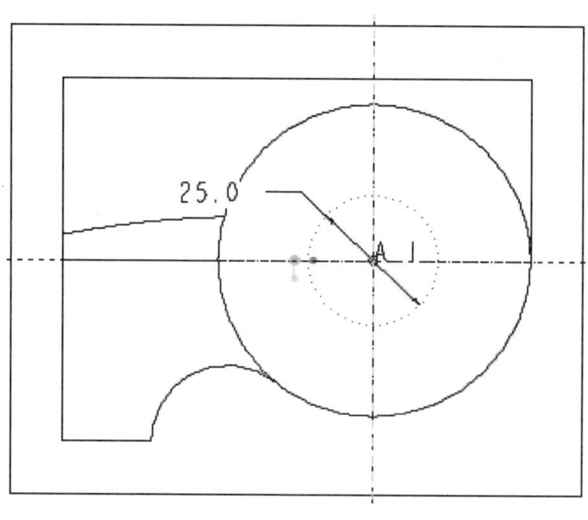

④ 지름 ‘25’ 원을 스케치

⑤ 원을 선택한 후 마우스 우측 버튼 클릭

⑥ 구성’ 선택

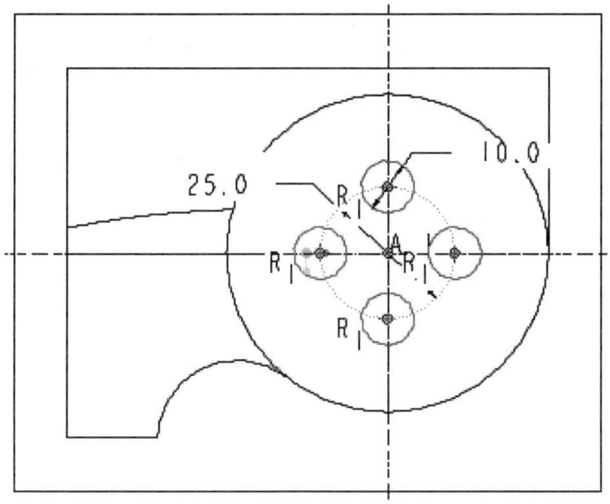

⑦ 도면 참조하여 구성원 위에 그림과 같은 4개의 원 스케치

⑧ 지름 '10' 으로 수정

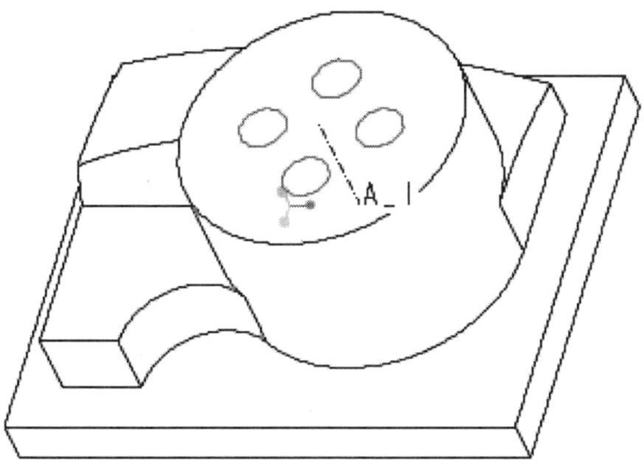

⑨ 스케치 작업 완료(✔)

6.2 밀어내기 실행

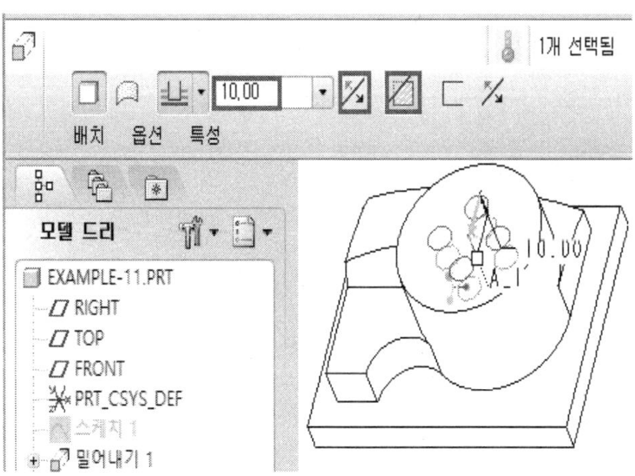

① 밀어내기() 피처 도구 아이콘 선택

② 'Ctrl + D'로 표준방향으로 전환

③ 깊이 값 '10' 으로 수정

④ 방향 전환(아래 방향으로)

⑤ 재료 제거 선택

⑥ 피처 생성 완료( )

7. 구배(1) 피처 생성하기

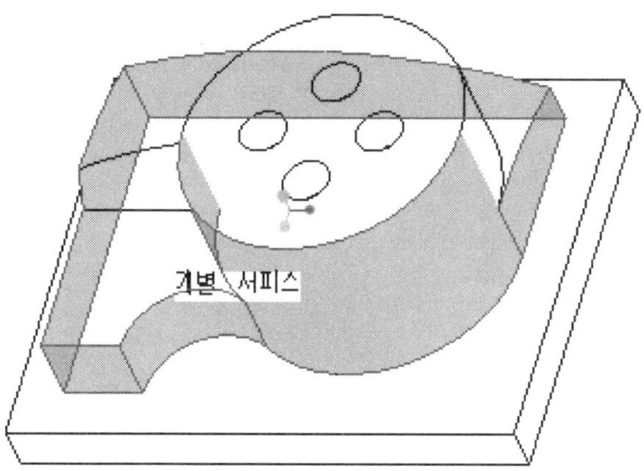

① 구배 도구 아이콘( ) 선택

② Ctrl 키를 누른 상태로 구배면 모두 선택

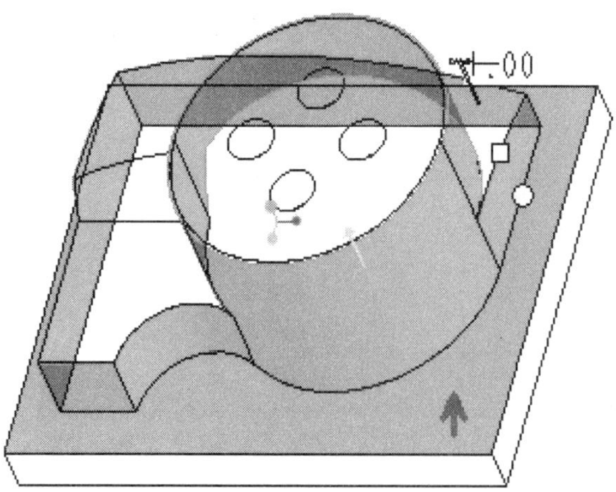

③ 마우스 우측 버튼 클릭

④ '구배 경첩' 선택

⑤ 직육면체의 윗면 선택

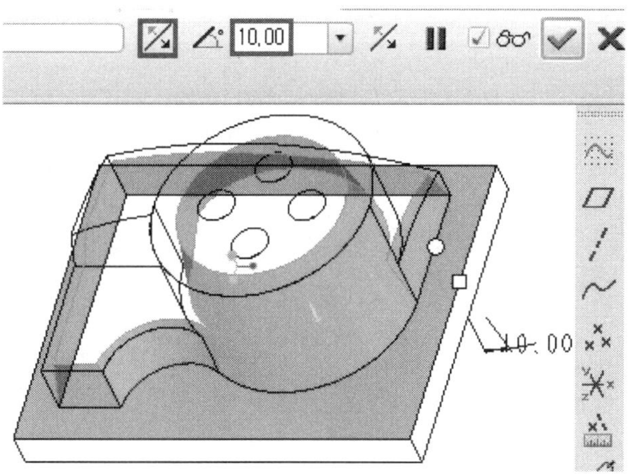

⑥ 잡아당기는 방향이 반대이므로 방향 전환() 아이콘 클릭

⑦ 구배 각도 '10' 으로 수정

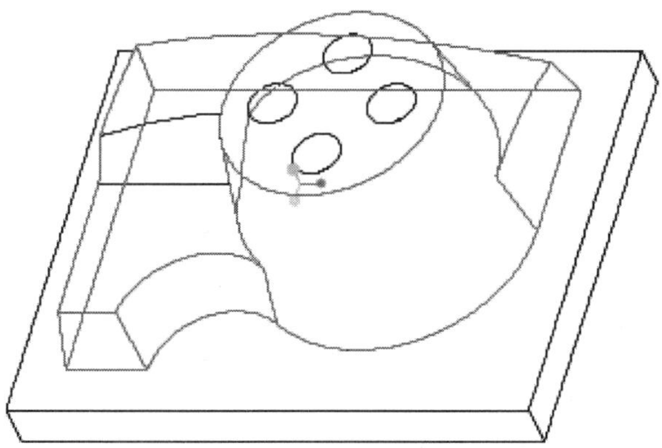

⑧ 피처생성 완료()

8. 구배(2) 피처 생성하기

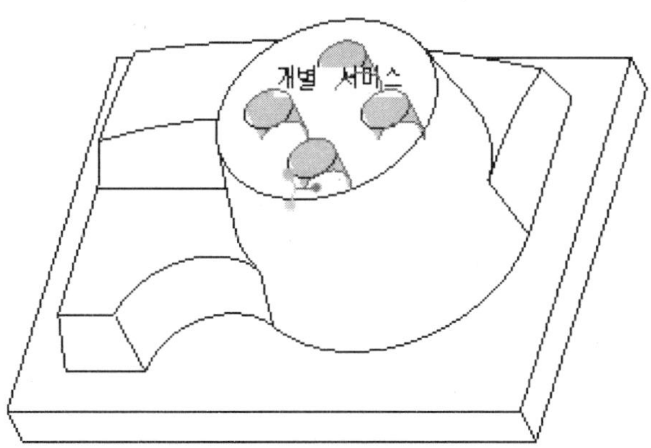

① 구배 도구 아이콘() 선택

② 구배 면 선택

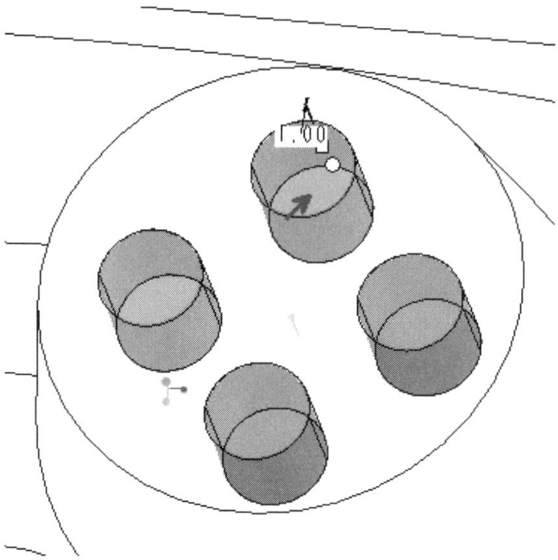

③ 마우스 우측 버튼 클릭

④ '구배 경첩' 선택

⑤ 화살표 표시 평면 선택

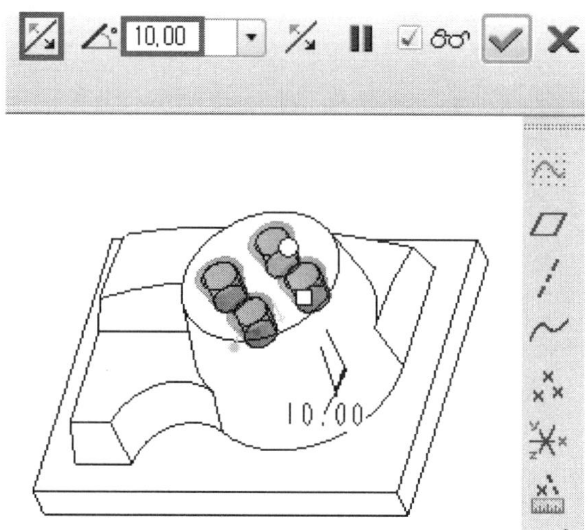

⑥ 잡아당기는 방향이 반대이므로 방향 전환() 아이콘 클릭

⑦ 구배 각도 '10' 으로 수정

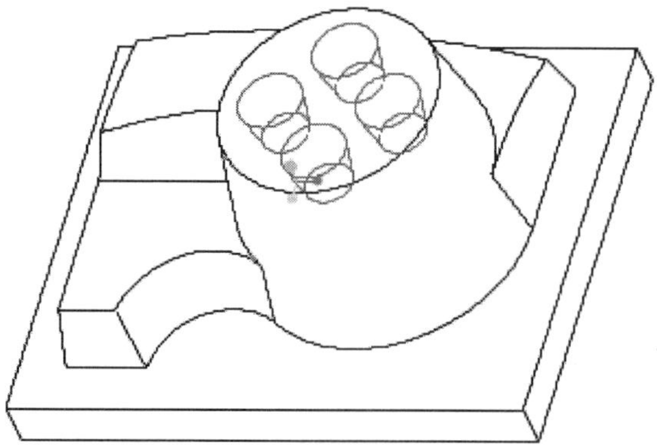

⑧ 피처생성 완료()

9. 회전(1) 컷 피처 생성하기

9.1 단면 스케치

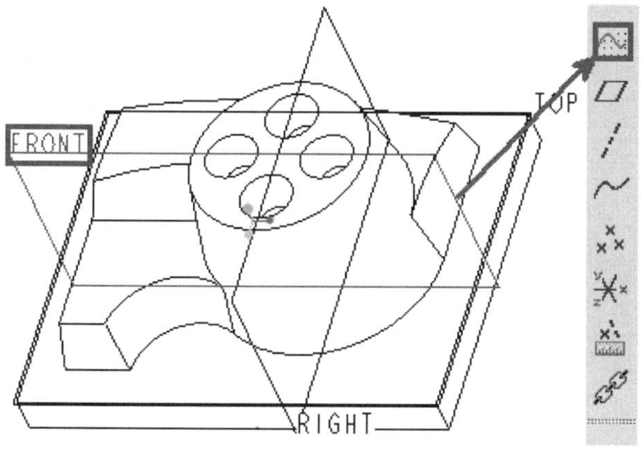

① 스케치 평면으로 'FRONT' 데이텀 평면 선택

② 스케치( ) 도구 아이콘 선택

③ 스케치 창의 '스케치' 탭을 클릭

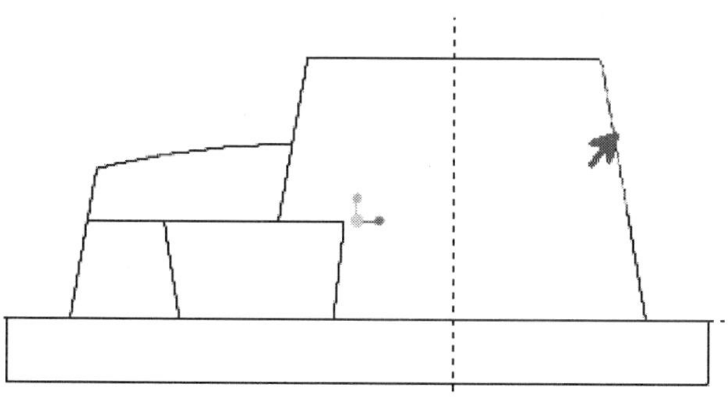

④ 우측 모서리 참조 추가

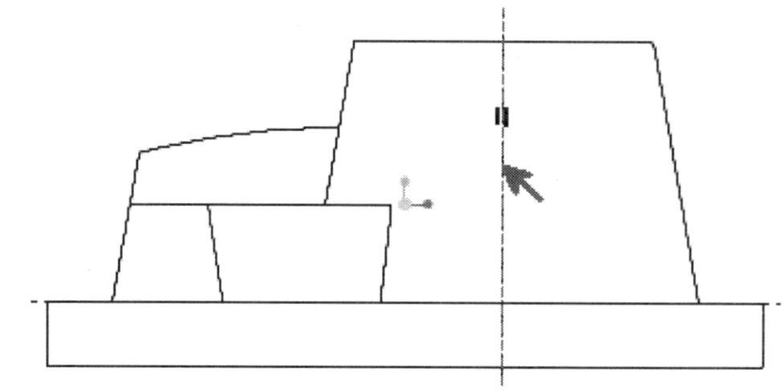

⑤ **형상**중심선( ) 도구 아이콘 선택

⑥ 가운데 수직방향으로 형상중심선(회전 축) 스케치

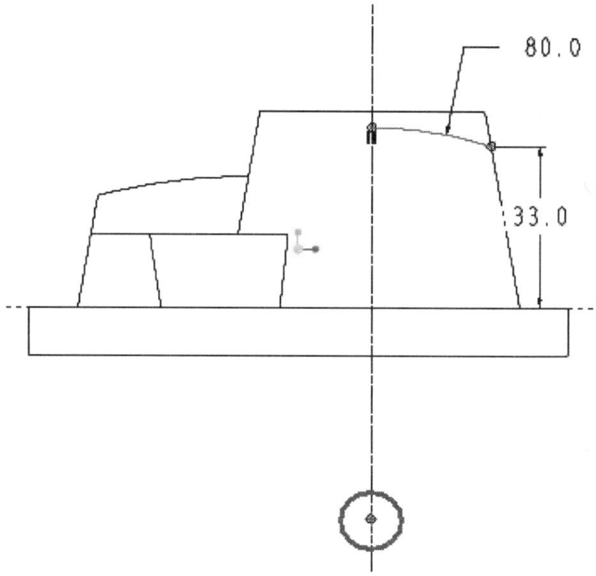

⑦ 도면을 참고하여 그림과 같이 오른쪽 반 단면을 스케치

⑧ 호의 중심은 중심선 위에 일치 구속

⑨ 치수 생성/수정(열린 단면임)

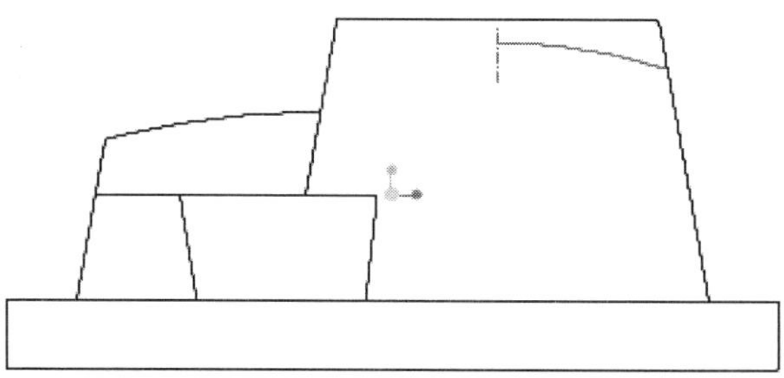

⑩ 스케치 완료( )(스케치 선택 상태임)

9.2 회전 실행

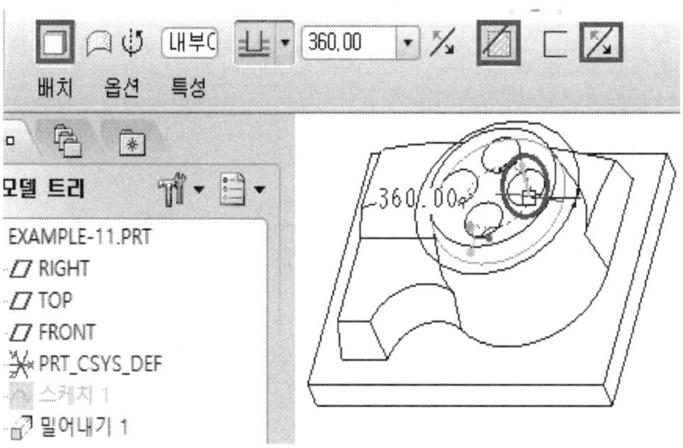

① 회전( )피처 생성 도구 아이콘 선택

② 표준방향(Ctrl + D)으로 전환

③ 솔리드( ) 선택

④ 재료제거( ) 선택

⑤ 재료제거 방향( ) 클릭

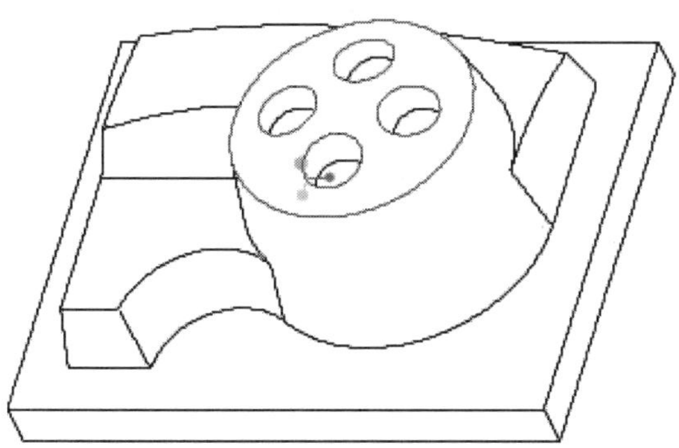

⑥ 피처 생성 완료( )

10. 라운드 추가

10.1 라운드 R20 추가

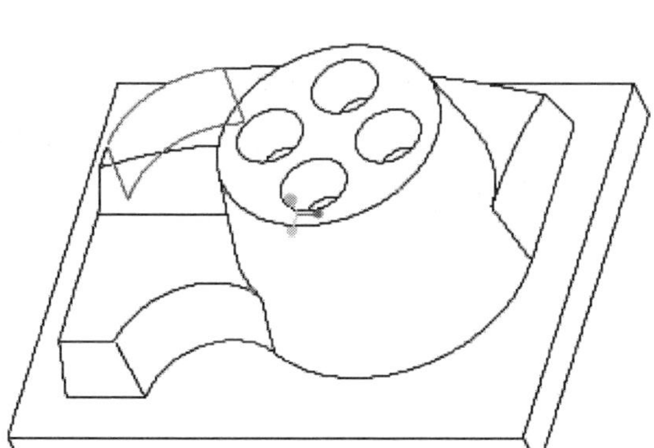

① 라운드( ) 도구 선택

② 대상 모서리 선택

③ 라운드 값 '20' 으로 수정

④ 피처 생성 완료( )

10.2 라운드 R5 추가

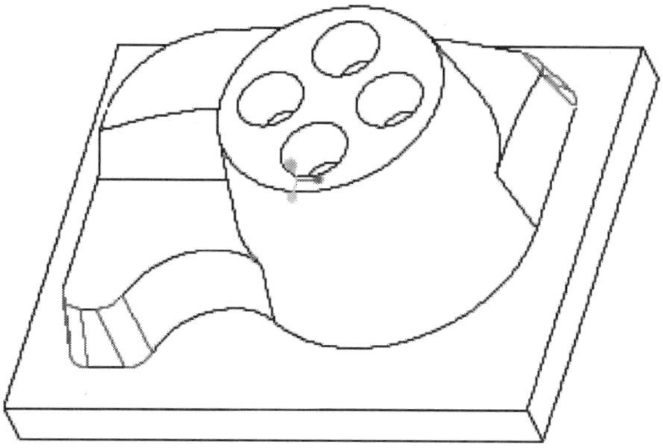

① 라운드( ) 도구 선택

② 대상 모서리를 Ctrl 키 누른 채 선택

③ 라운드 값 '5' 로 수정

④ 피처 생성 완료( )

10.3 라운드 R3 추가

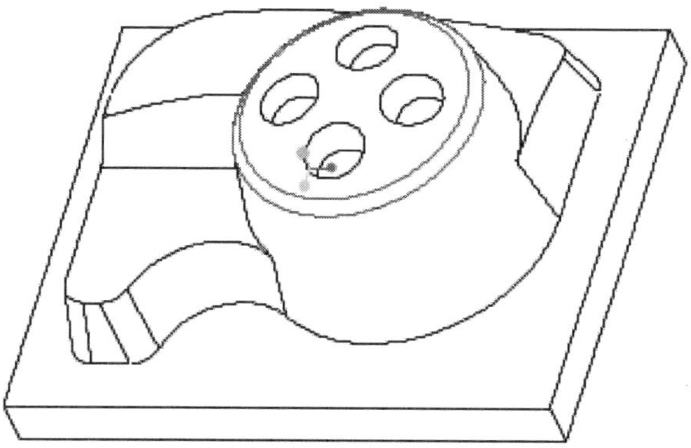

① 라운드( ) 도구 선택

② 대상 모서리 선택

③ 라운드 값 '3' 으로 수정

④ 피처 생성 완료( )

10.4 라운드 R1 추가

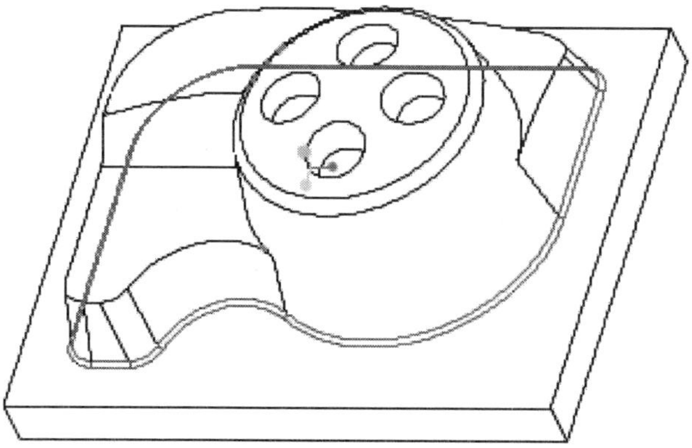

① 라운드( ) 도구 선택

② 대상 모서리를 Ctrl 키 누른 채 선택

③ 라운드 값 '1' 로 수정

④ 피처 생성 완료( )

10.5 지시 없는 모든 라운드 R2 추가

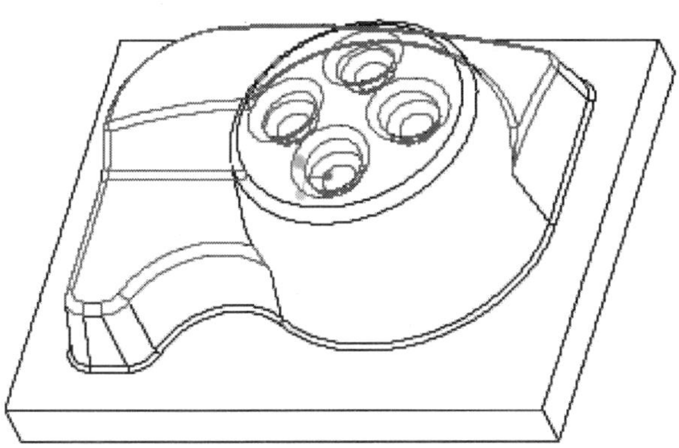

① 라운드( ) 도구 선택

② 대상 모서리를 Ctrl 키 누른 채 선택

③ 라운드 값 '2' 로 수정

④ 피처 생성 완료( )

11. 완성된 모델링 형상

12. Example-12 도면 모델링

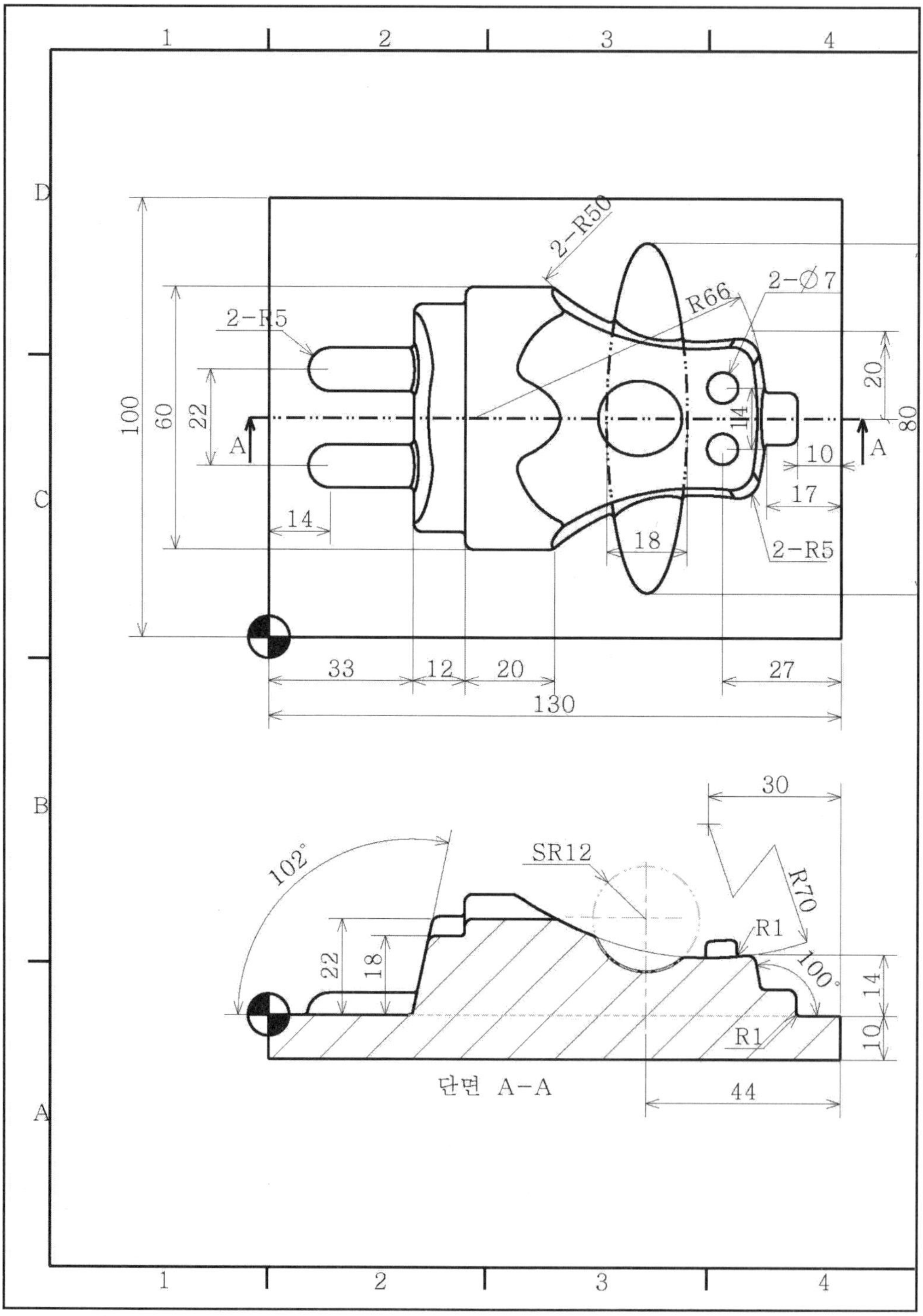

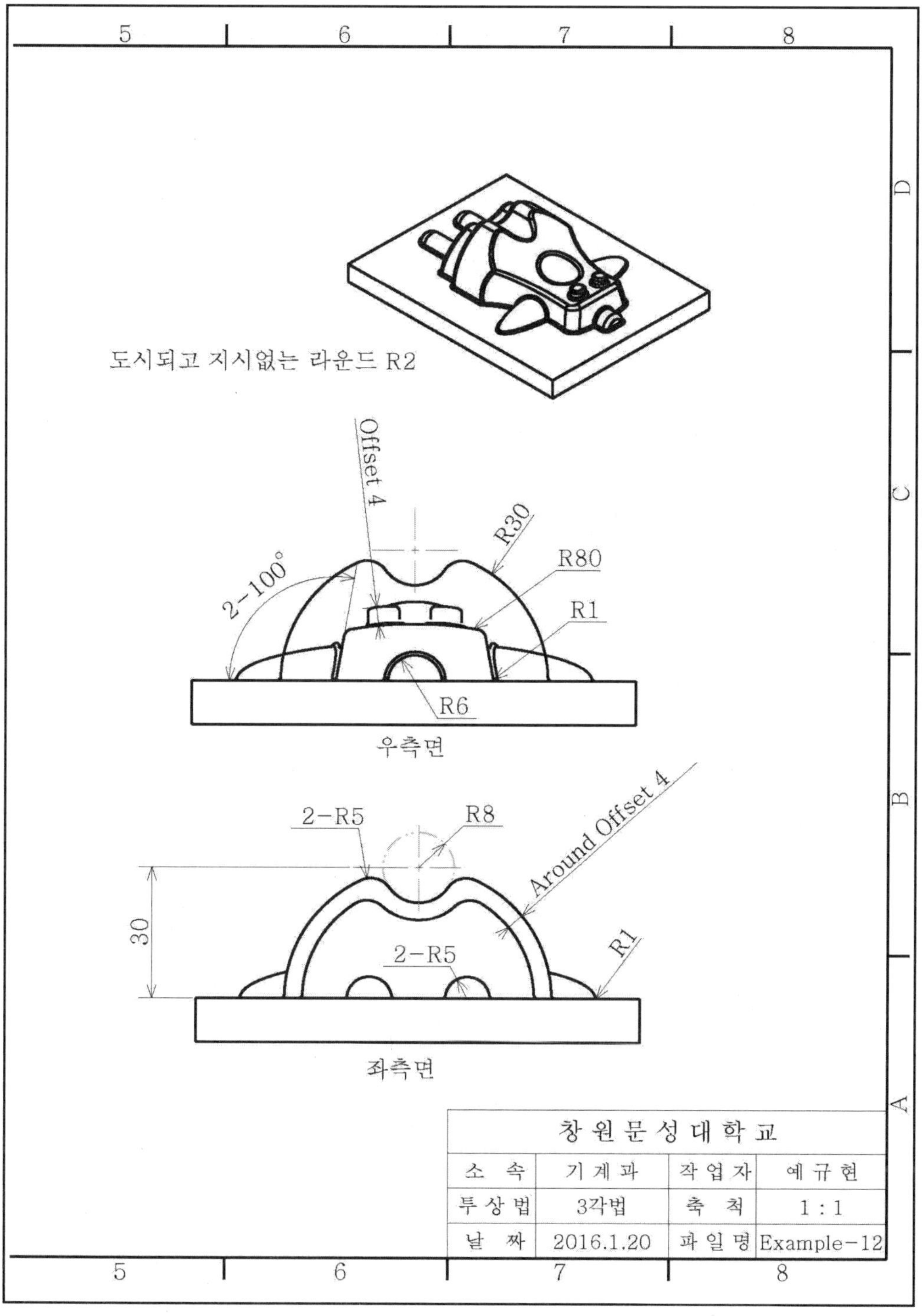
도시되고 지시없는 라운드 R2
Offset 4
R30
R80
R1
2-100°
R6
우측면
2-R5
R8
Around Offset 4
30
2-R5
R1
좌측면
창원문성대학교
소 속
기계과
작업자
예규현
투상법
3각법
축 척
1 : 1
날 짜
2016.1.20
파일명
Example-12

작업 순서

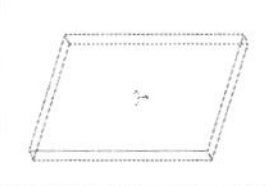	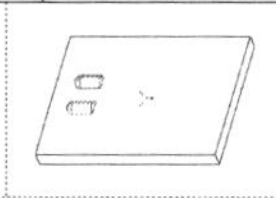	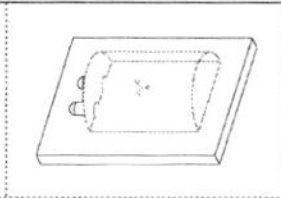	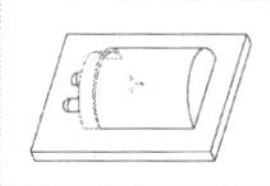	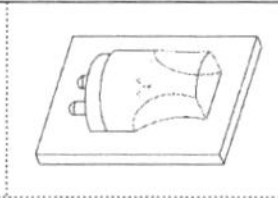	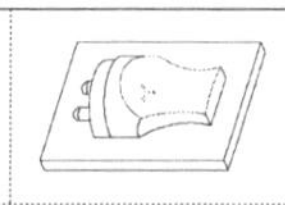	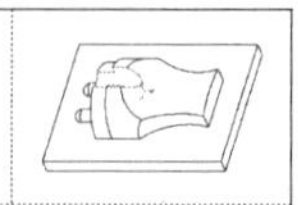
1. 밀어내기1	2. 회전1	3. 회전2	4. 오프셋1	5. 밀어내기2	6. 스윕 컷	7. 밀어내기3
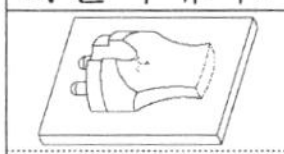	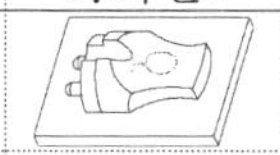	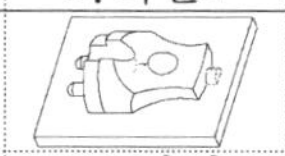	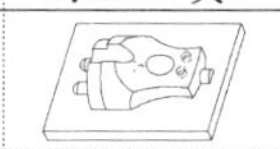	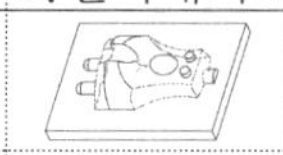	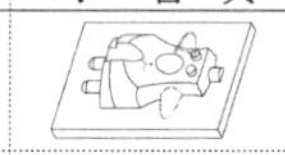	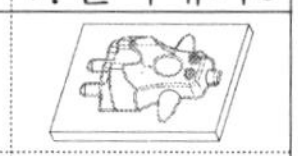
8. 밀어내기4	9. 회전3	10. 밀어내기5	11. 오프셋2	12. 구배1,2	13. 회전4	14. 라운드

1. 밀어내기(1) 피처 생성

1.1 파일 새로 만들기

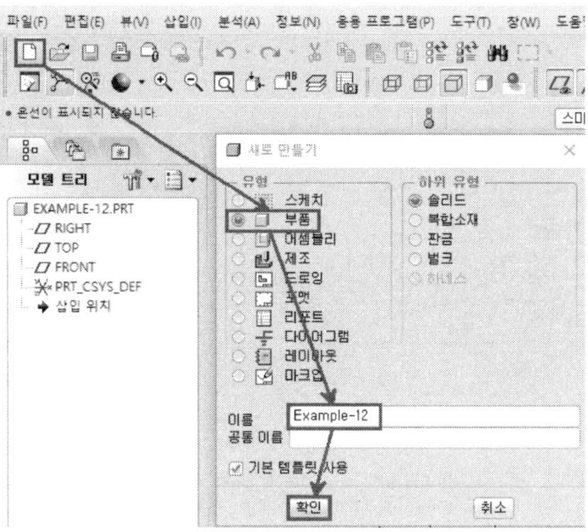

① 파일 이름 'Example-12'로 새로 만들기 시작

② 단위는 mmNs 단위계로 모델링 작업

1.2 스케치 단면 생성

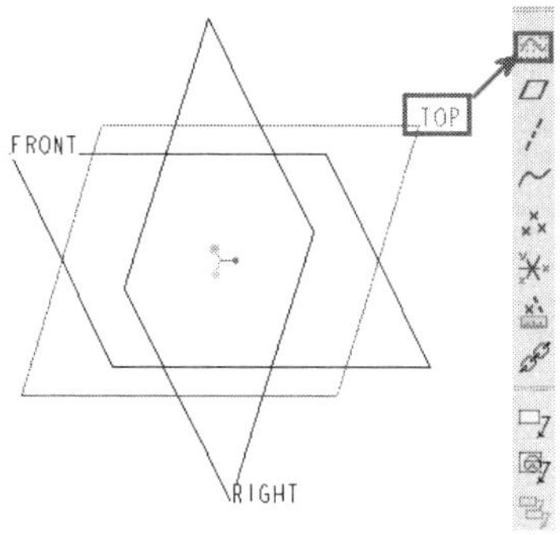

① 스케치 평면으로 'TOP' 데이텀 평면 선택

② 스케치( ) 도구 아이콘 선택

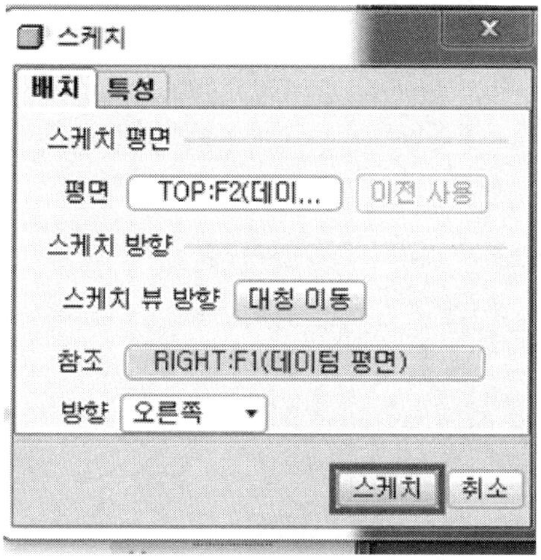

③ '스케치' 탭 클릭

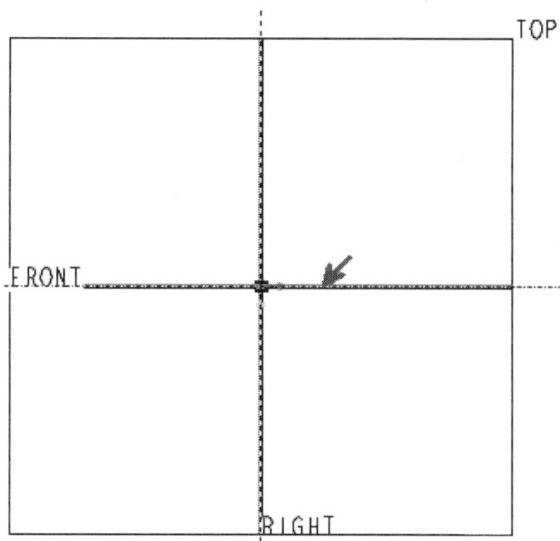

④ 마우스 우측 버튼 클릭 - '중심선' 선택

⑤ 가운데 참조 데이텀 평면에 일치하도록 수평 중심선 스케치

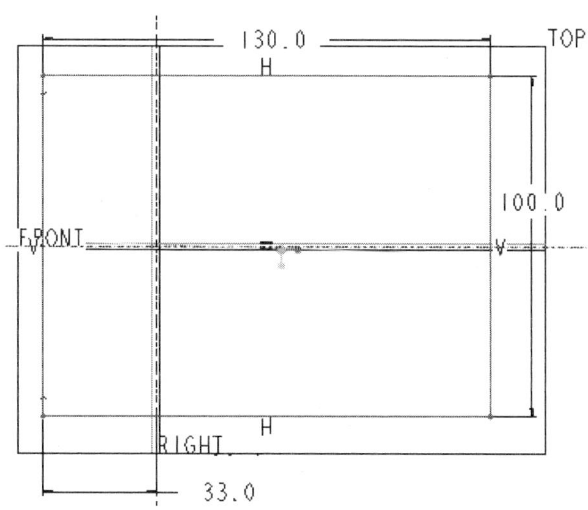

⑥ 직사각형(□) 생성 아이콘 선택

⑦ 상하 대칭 구속을 이용 가로 130, 세로 100인 직사각형 스케치

⑧ 스케치 완료(✔)

1.3 밀어내기 실행

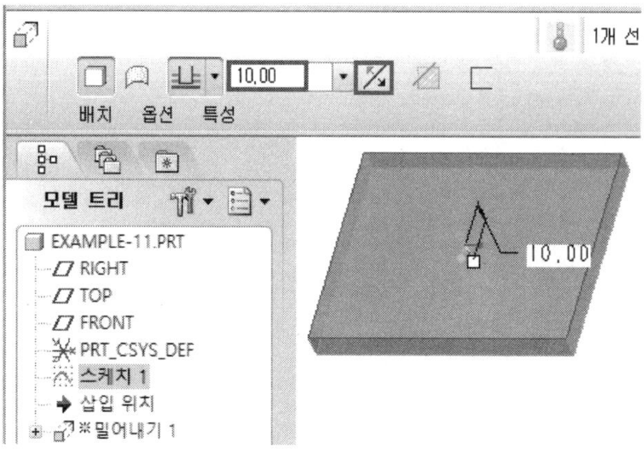

① 밀어내기( ) 도구 아이콘 클릭

② 'Ctrl + D'로 표준방향으로 전환

③ 깊이 값 '10' 으로 수정

④ 깊이 방향 전환 아이콘 클릭(아래 방향)

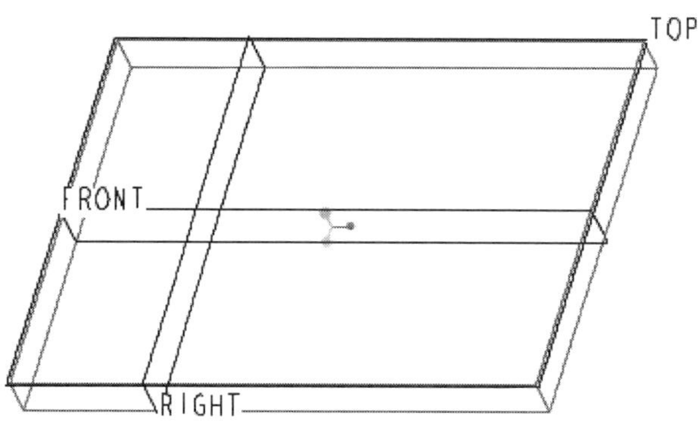

⑤ 피처 생성 완료( )

2. 회전(1) 피처 생성하기

2.1 단면 스케치

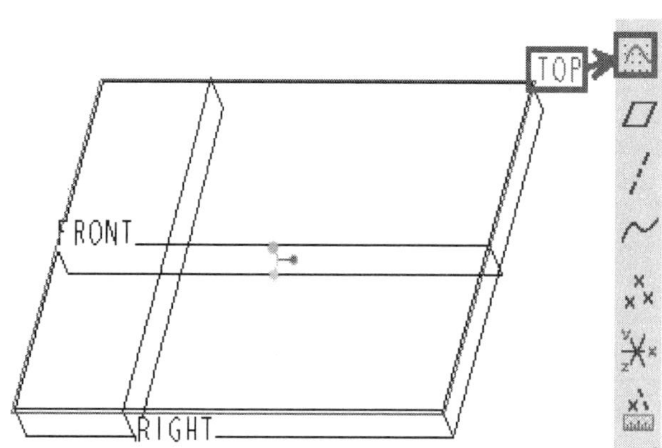

① 스케치 평면으로 'TOP' 데이텀 평면 선택

② 스케치( ) 도구 아이콘 선택

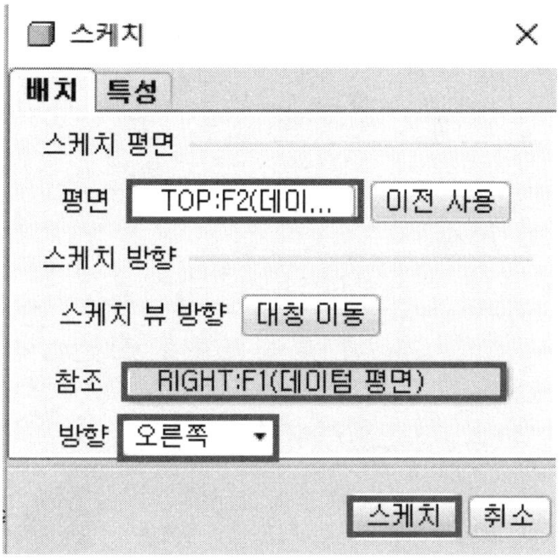

③ 스케치 창의 '스케치' 탭을 클릭

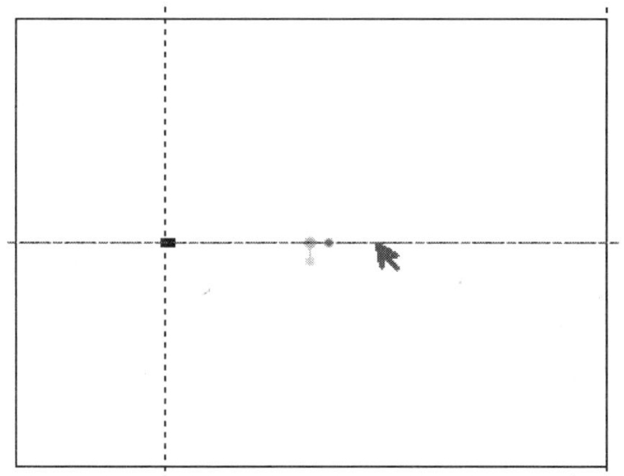

④ **형상** 중심선(¦) 도구 아이콘 선택

⑤ 그림과 같이 가운데 수평방향으로 형상 중심선(회전축) 스케치

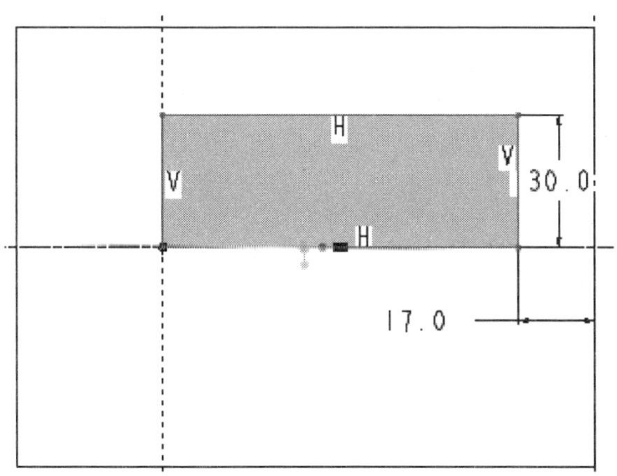

⑥ 도면을 참고하여 그림과 같이 반 단면을 스케치

⑦ 치수 생성/수정

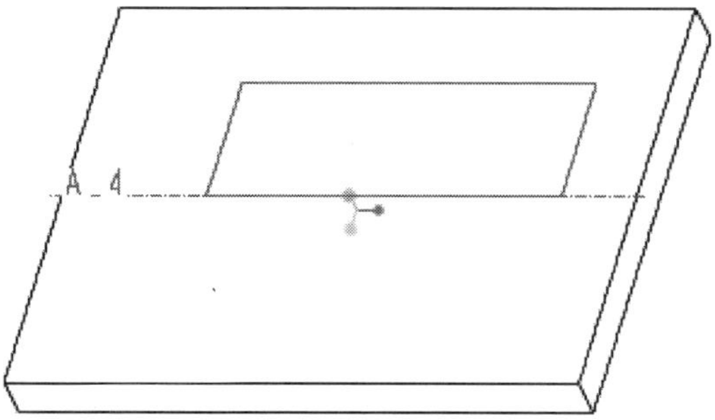

⑧ 스케치 완료( )(스케치 선택 상태임)

2.2 회전 실행

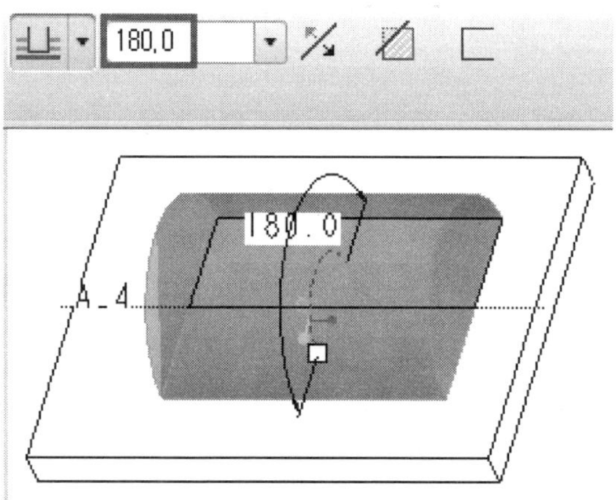

① 회전( )피처 생성 도구 아이콘 선택

② 표준방향(Ctrl + D)으로 전환

③ 회전각도 값 '180' 입력

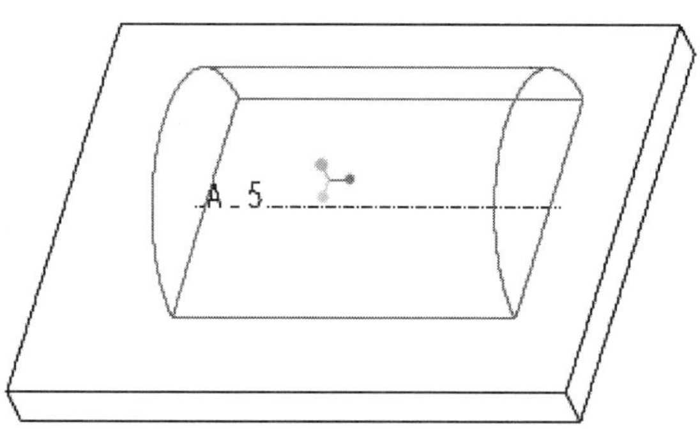

④ 피처 생성 완료( )

3. 밀어내기(2) 피처(재료제거) 생성

3.1 단면 스케치

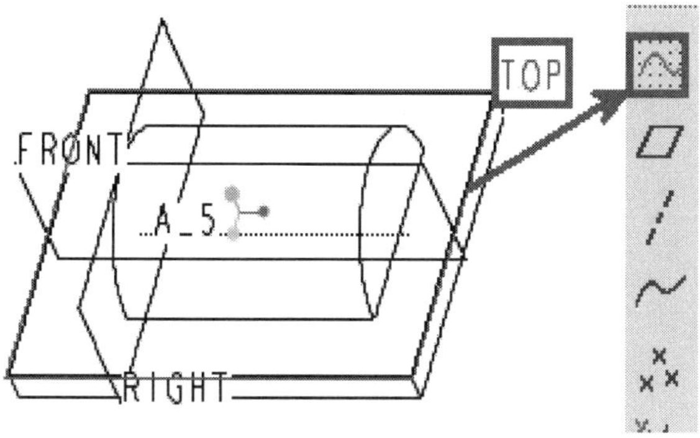

① 스케치 평면으로 'TOP' 평면 선택

② 스케치( ) 도구 선택

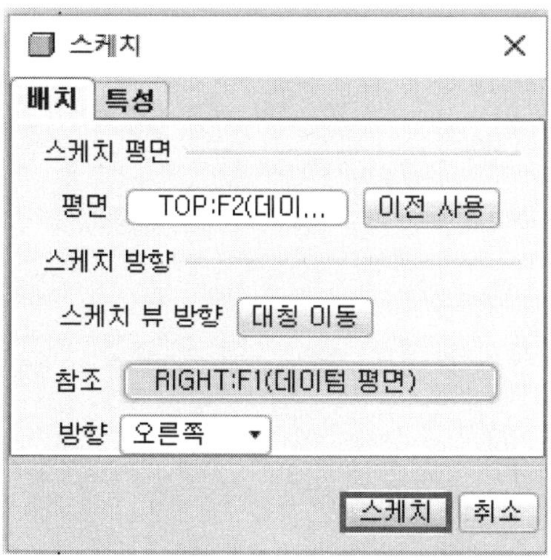

③ '스케치' 탭 클릭

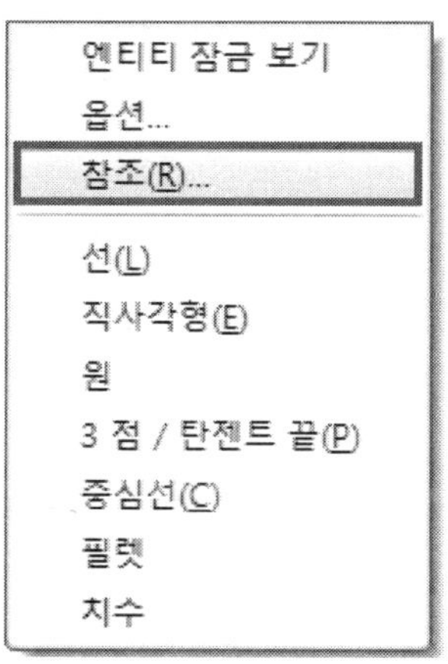

④ 마우스 우측 버튼 클릭

⑤ '참조' 선택

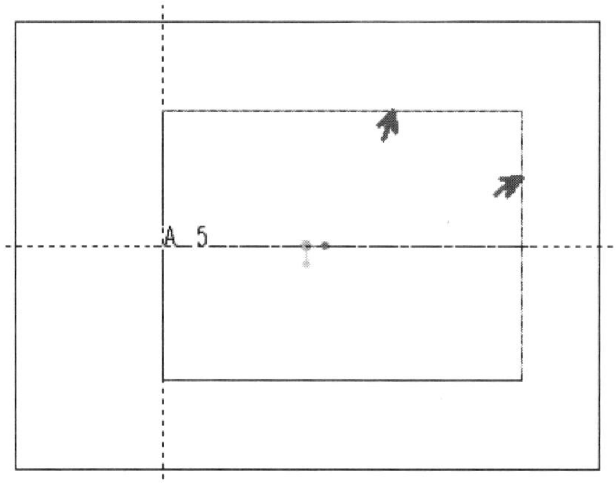

⑥ 화살표 표시한 수평, 수직 모서리 선택

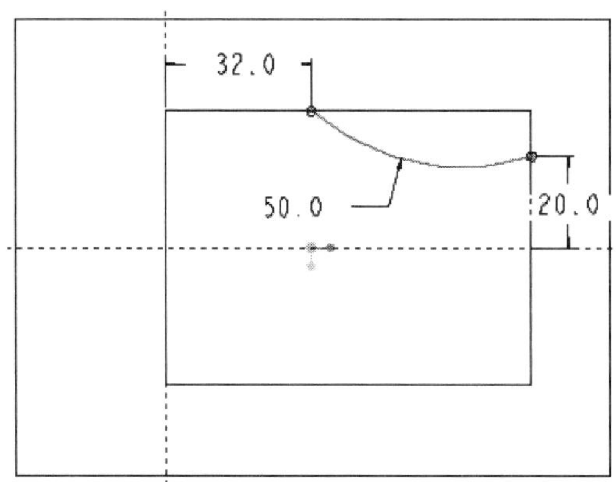

⑦ 3점/끝 탄젠트() 도구 선택

⑧ 그림과 같이 R50인 호 단면 스케치

⑨ 치수 생성/수정

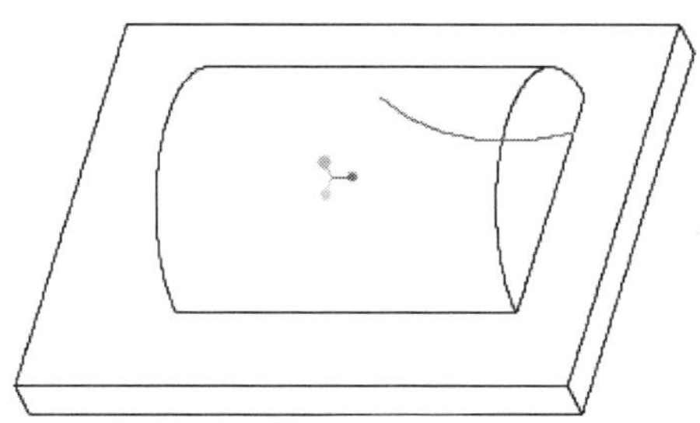

⑩ 스케치 작업 완료()

3.2 밀어내기 실행

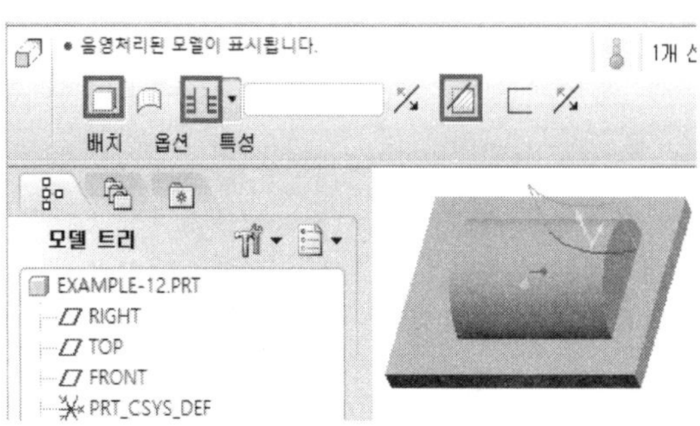

① 밀어내기() 피처 도구 아이콘 선택

② 'Ctrl + D' 표준방향으로 전환

③ 깊이 옵션 전체 통과() 선택

④ 재료제거() 도구 선택

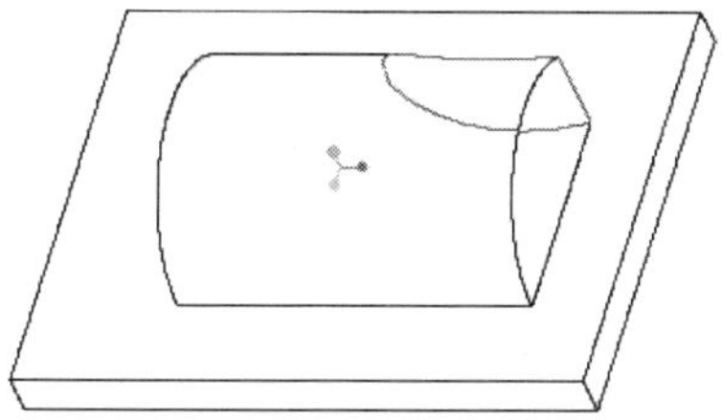

⑤ 피처 생성 완료(✔)

3.3 밀어내기(2) 피처 복사

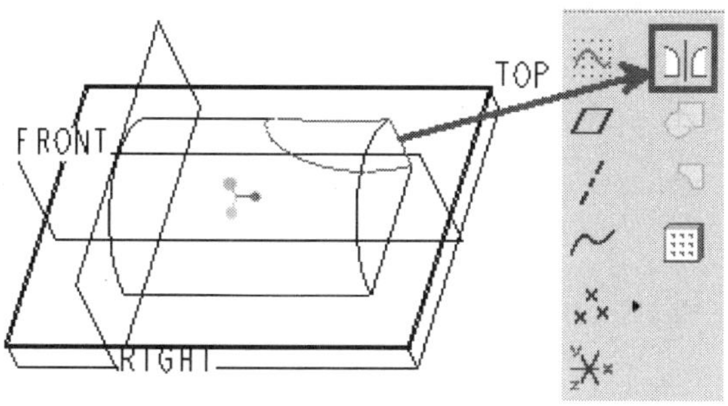

① 밀어내기(2) 피처 선택 상태에서 피처 대칭복사() 도구 아이콘 선택

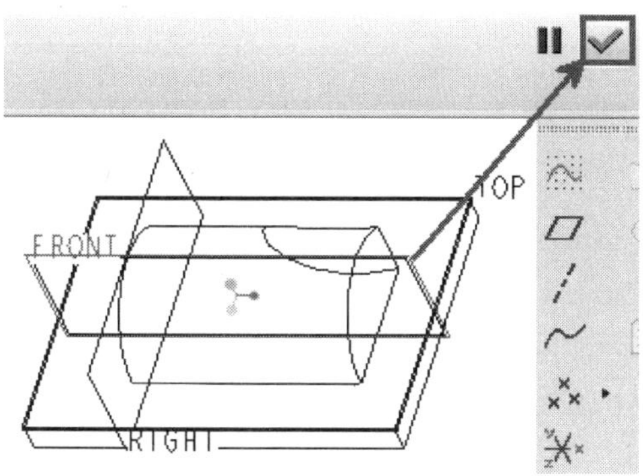

② 대칭 기준면 'FRONT' 평면 선택

③ 피처 생성 완료(✔)

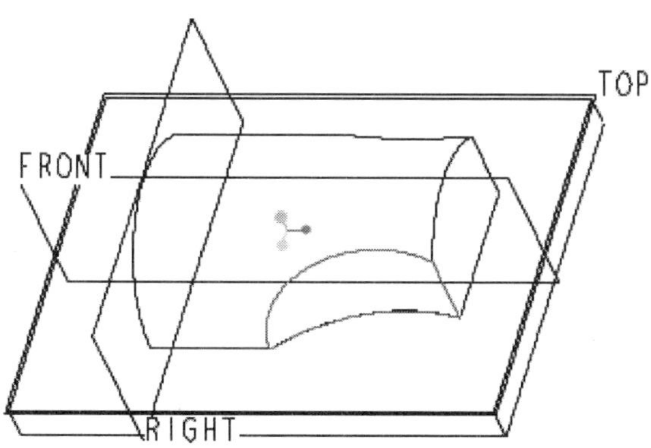

④ 피처 복사 완료

4. 밀어내기(3) 피처 생성

4.1 단면 스케치

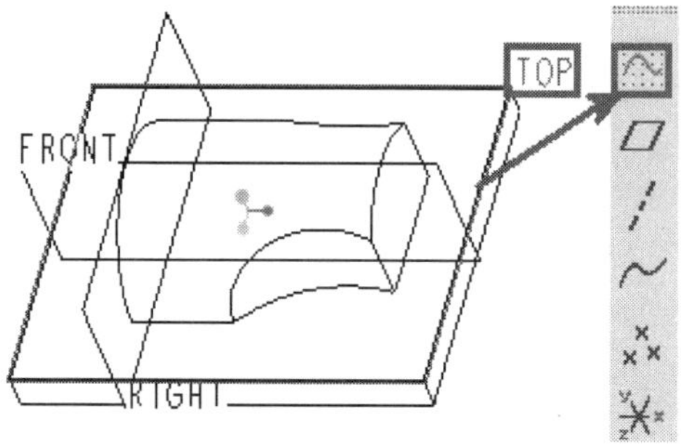

① 'TOP' 평면 선택

② 스케치( ) 도구 선택

③ '스케치' 탭 클릭

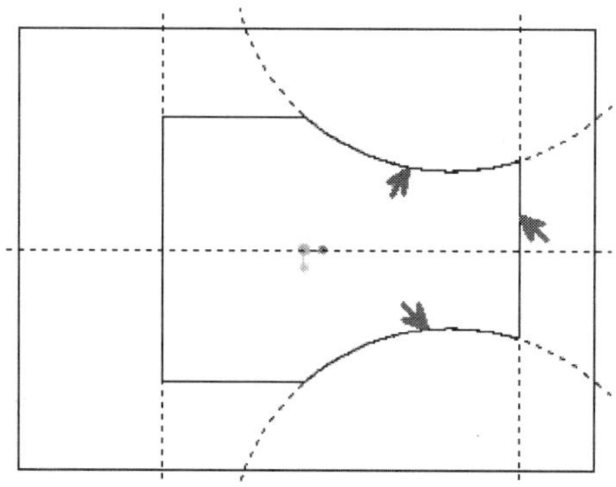

④ 마우스 우측 버튼 클릭

⑤ '참조' 선택

⑥ 그림과 같이 화살표 표시 모서리 선택

⑦ 참조 창 닫는다.

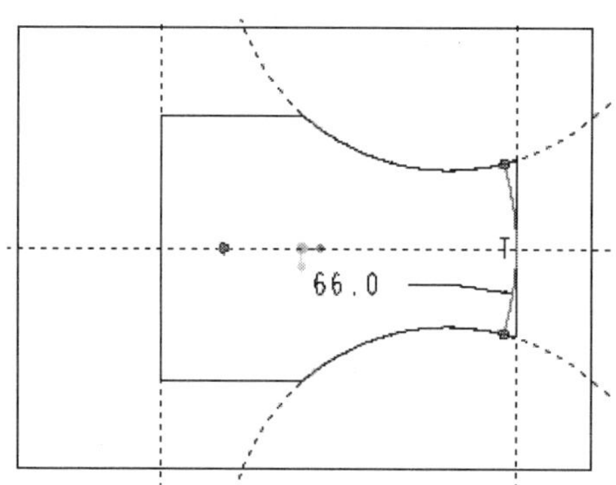

⑧ 3점/탄젠트 끝( ) 도구 선택

⑨ 수직 참조 모서리에 탄젠트 한 반지름 66인 호 스케치

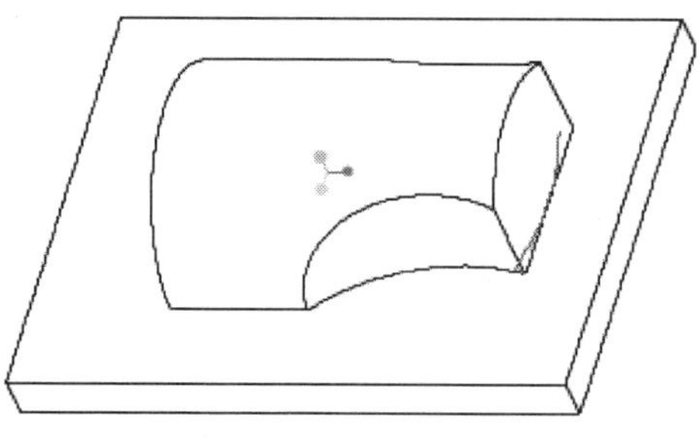

⑩ 스케치 작업 완료( )

4.2 밀어내기 실행

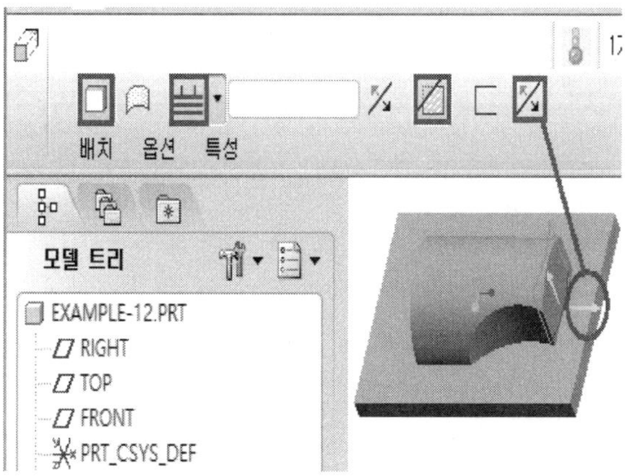

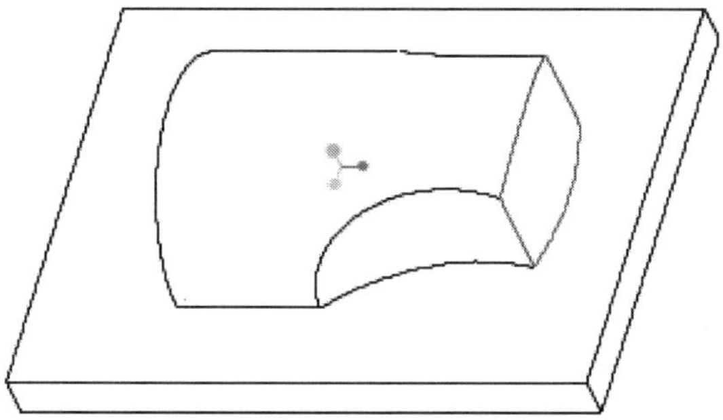

① 밀어내기( ) 피처 도구 아이콘 선택
② 'Ctrl + D'로 표준방향으로 전환
③ 솔리드 밀어내기( ) 도구/깊이 옵션 다음으로( )/재료제거( )/재료방향( ) 선택
④ 피처 생성 완료( )

5. 밀어내기(4) 피처 생성

5.1 단면 스케치

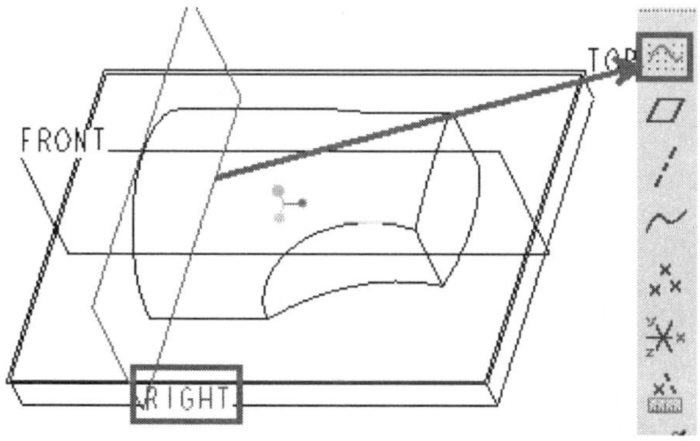

① 'RIGHT' 평면 선택
② 스케치( ) 도구 선택

③ 참조 면의 방향 '위쪽' 선택

④ '스케치' 탭 클릭

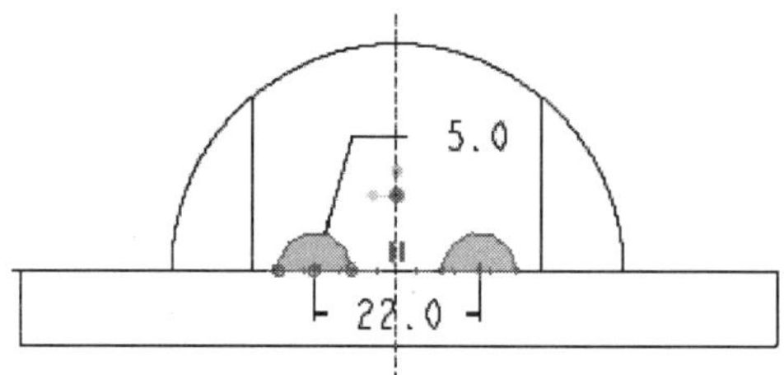

⑤ 그림과 같이 R5 인 두 개의 반 원 단면 스케치

⑥ 치수 수정

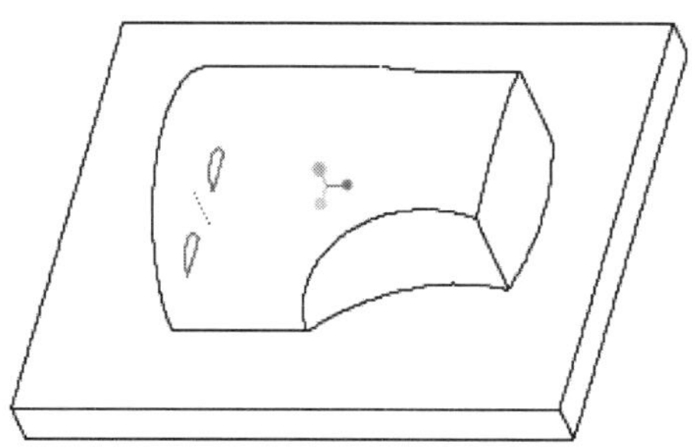

⑦ 스케치 작업 완료(✔)

5.2 밀어내기 실행

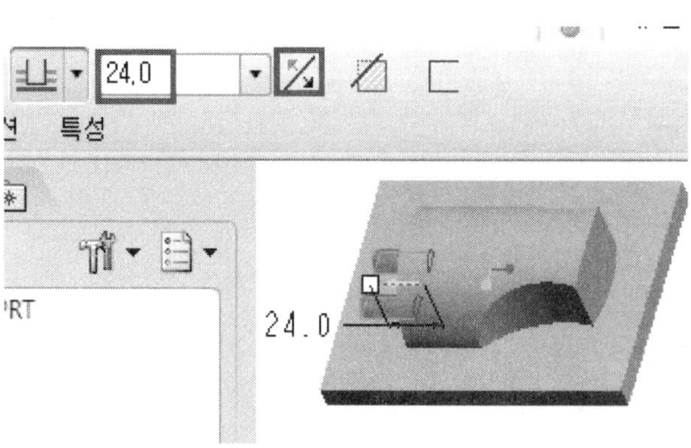

① 밀어내기(아이콘) 피처 도구 아이콘 선택

② 'Ctrl + D'로 표준방향 전환

③ 깊이 방향(아이콘) 전환

④ 깊이 값 '24' 수정

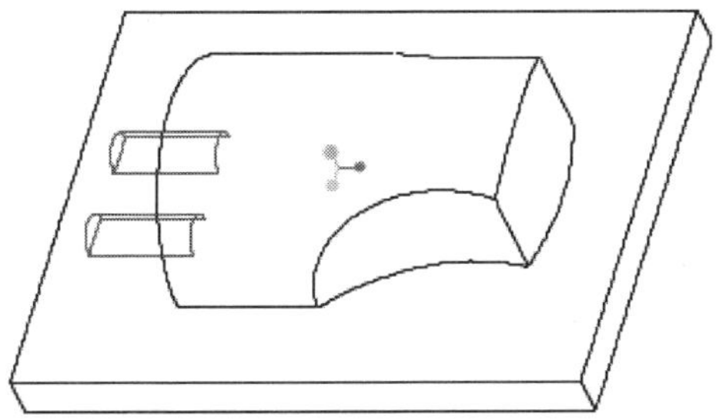

⑤ 피처 생성 완료(✔)

6. 밀어내기(5) 피처 생성

6.1 스케치(데이텀) 평면 추가

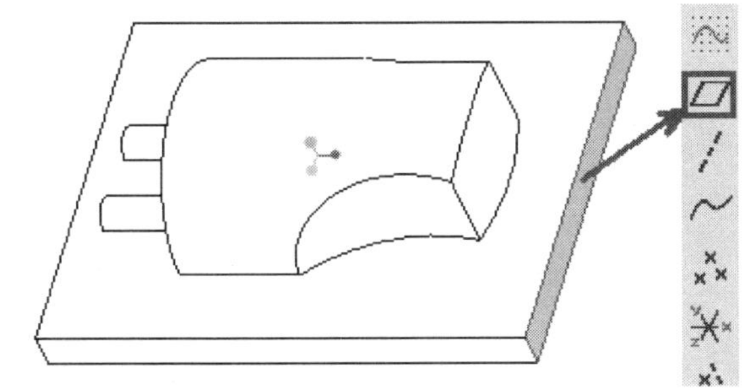

① 직육면체의 우측 측면 선택

② 데이텀 평면(▱) 도구 선택

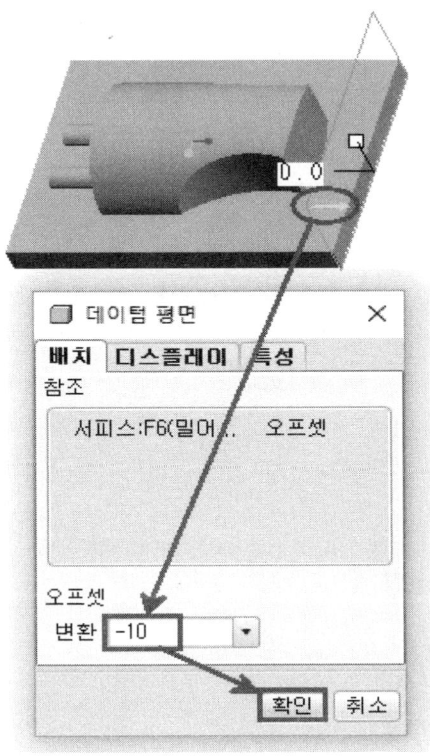

③ 데이텀 생성 방향(타원 안 화살표) 확인

④ 오프셋 값 '-10' 입력(화살표 반대 방향)

⑤ '확인' 탭 클릭

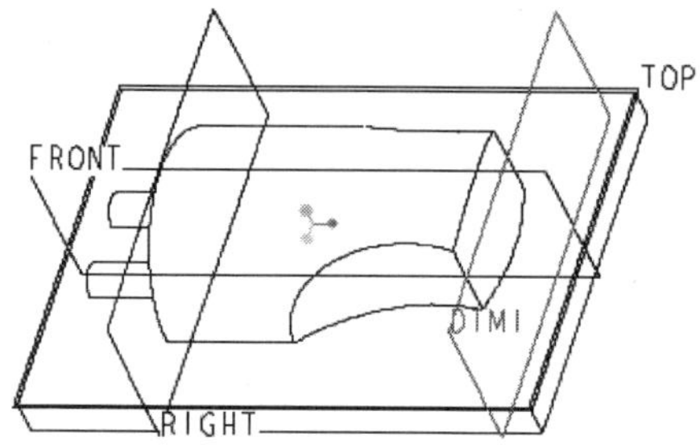

⑥ 새로운 데이텀 평면 'DTM1' 생성

6.2 단면 스케치

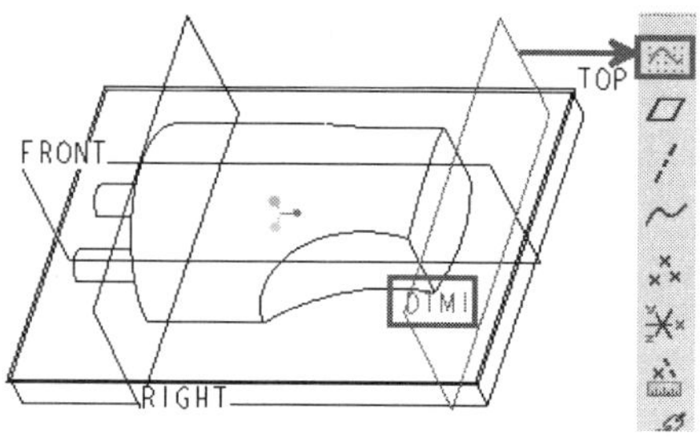

① 'DTM1' 평면 선택 상태에서 스케치( ) 도구 선택

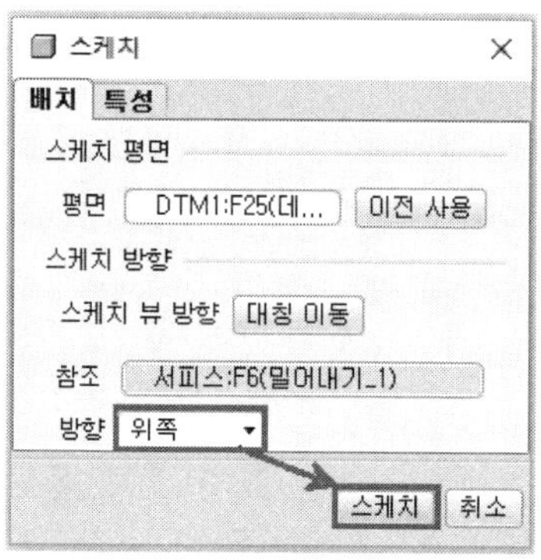

② 참조 방향 '위쪽' 선택

③ '스케치' 클릭

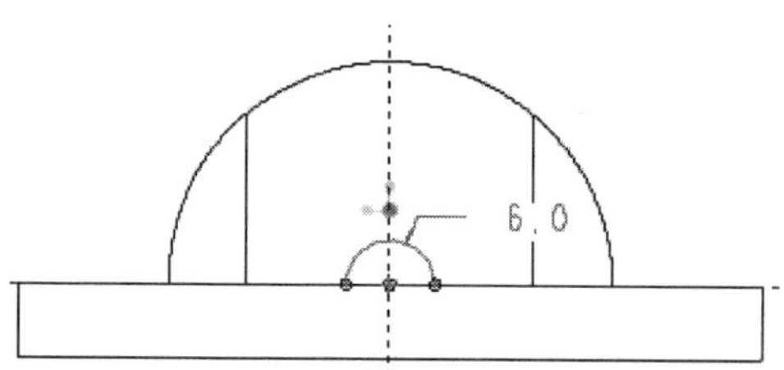

④ 반지름 6인 반원 스케치

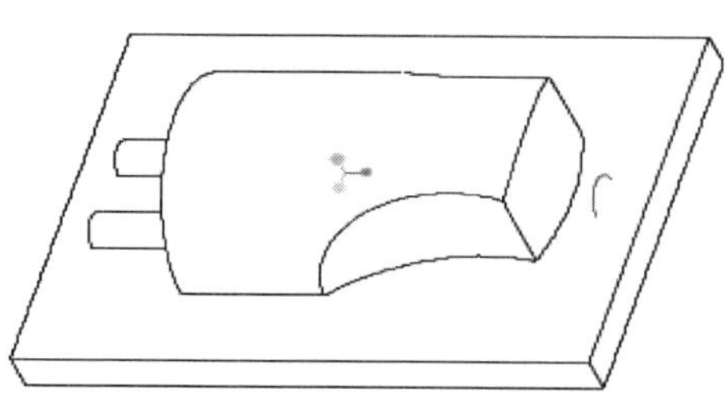

⑤ 스케치 작업 완료( )

6.3 밀어내기 실행

① 밀어내기( ) 피처 도구 아이콘 선택

② 'Ctrl + D'로 표준방향으로 전환

③ 깊이 옵션 다음으로( )/깊이 방향( ) 선택

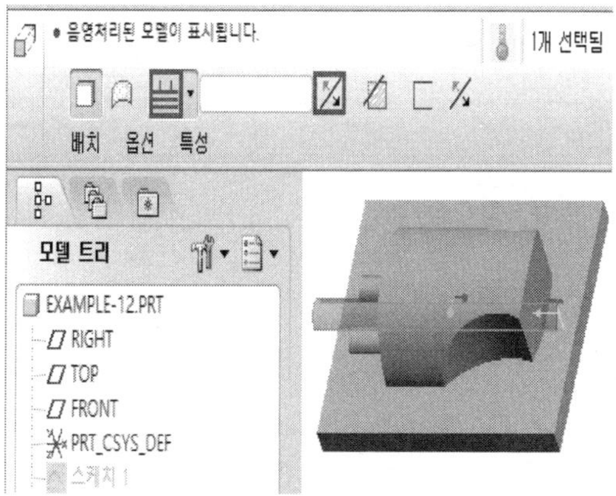

④ 피처 생성 완료( )

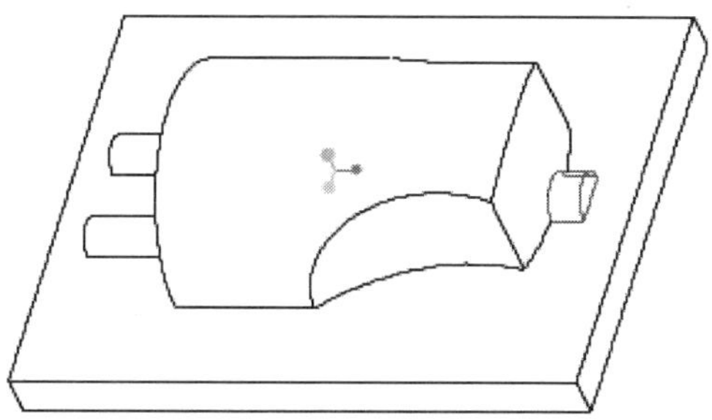

7. 구배(1) (102o) 피처 생성하기

① 구배 도구 아이콘( ) 선택

② 좌측 측면 구배 면 선택

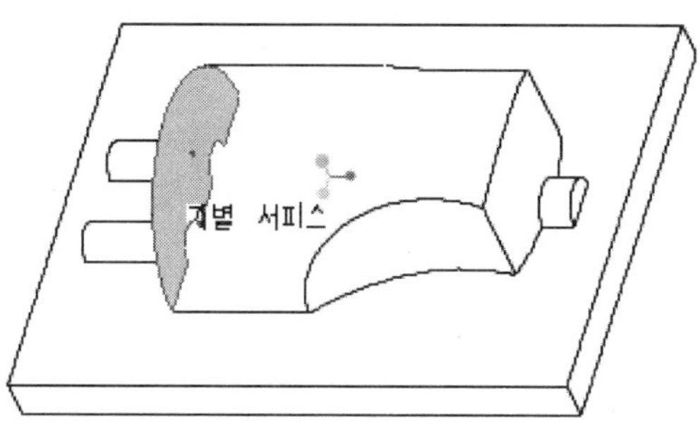

③ 마우스 우측 버튼 클릭

④ '구배 경첩' 선택

⑤ 직육면체의 윗면 선택

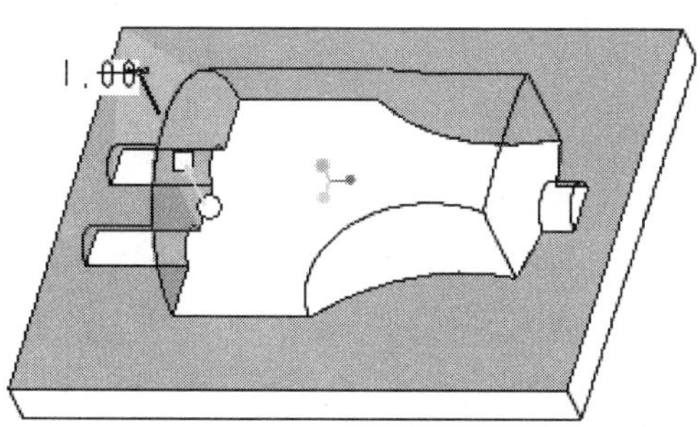

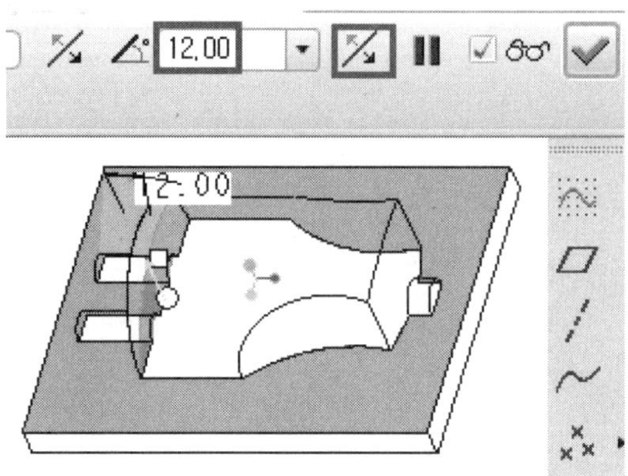

⑥ 구배 각도 '12' 로 수정

⑦ 재료 추가 또는 제거 방향 전환( ) 아이콘 클릭

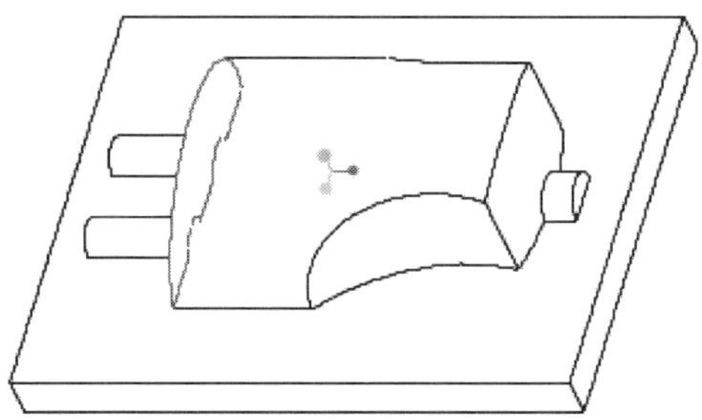

⑧ 피처생성 완료( )

8. 구배(2)(100o) 피처 생성하기

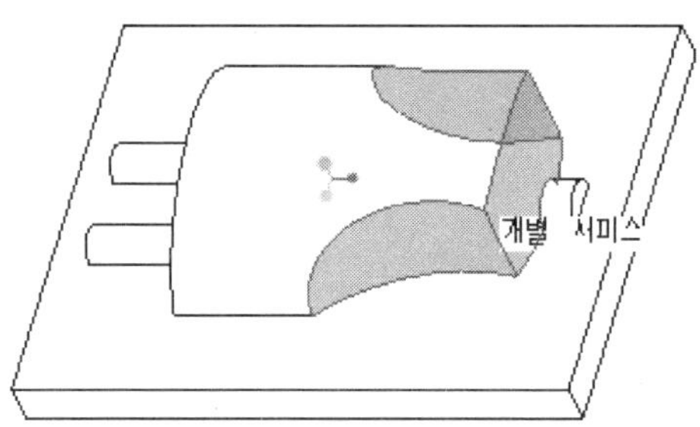

① 구배 도구 아이콘( ) 선택

② Ctrl 키 누른 채 3개의 구배 면 선택

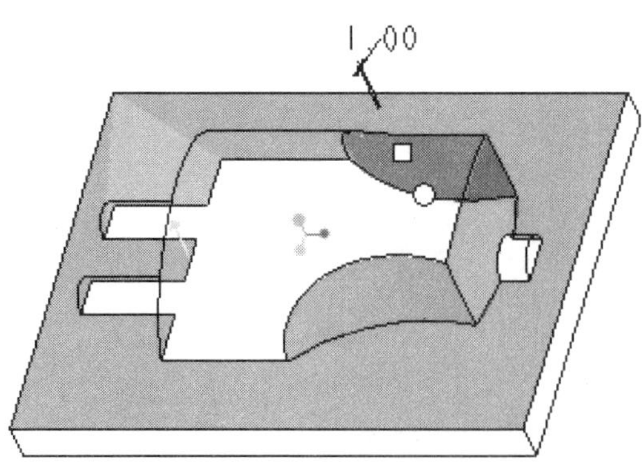

③ 마우스 우측 버튼 클릭

④ '구배 경첩' 선택

⑤ 직육면체의 윗면 선택

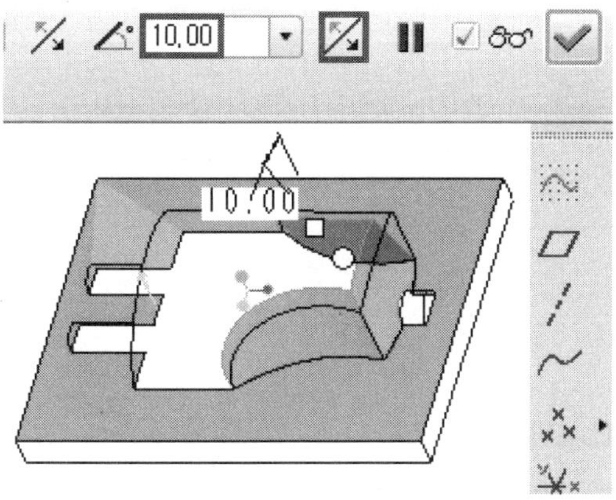

⑥ 구배 각도 '10' 으로 수정

⑦ 재료제거 방향 전환( )

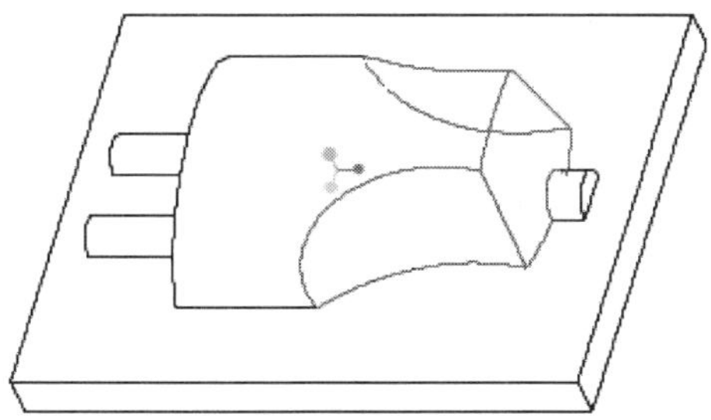

⑧ 피처생성 완료( )

9. 스윕 컷 피처 생성

9.1 스윕 컷 실행

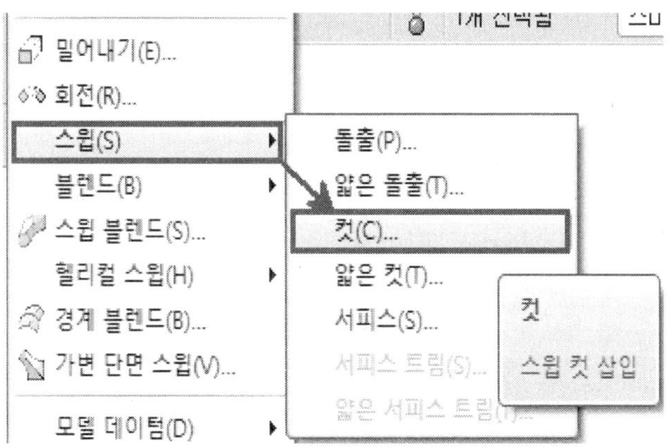

① 풀다운 메뉴의 '삽입' - '스윕' - '컷' 선택

9.2 스윕 궤적 정의

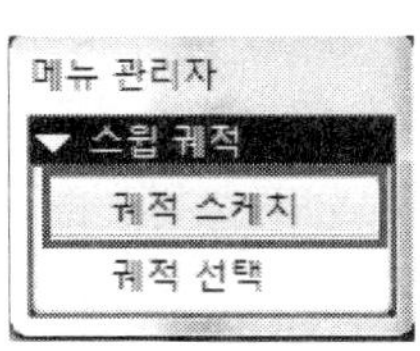

① 메뉴 관리자 '궤적 스케치' 선택

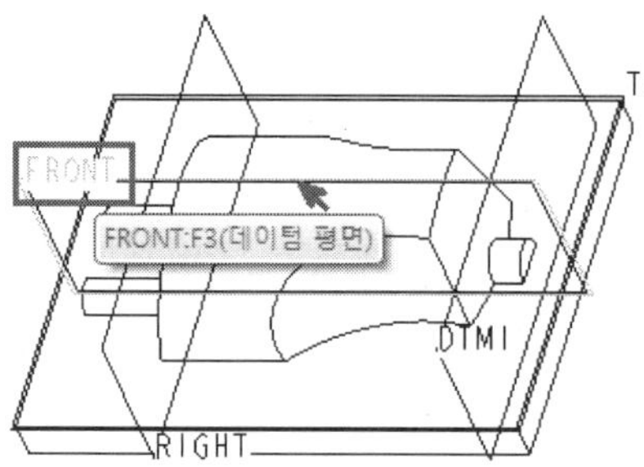

② 스케치 평면으로 'FRONT' 선택

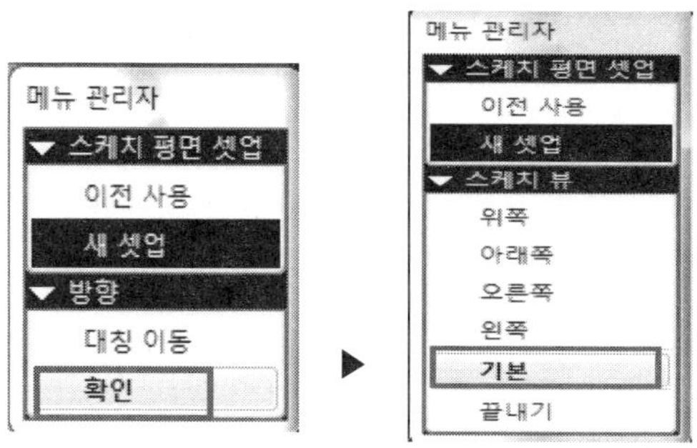

③ 방향 '확인', 스케치 뷰 '기본' 선택

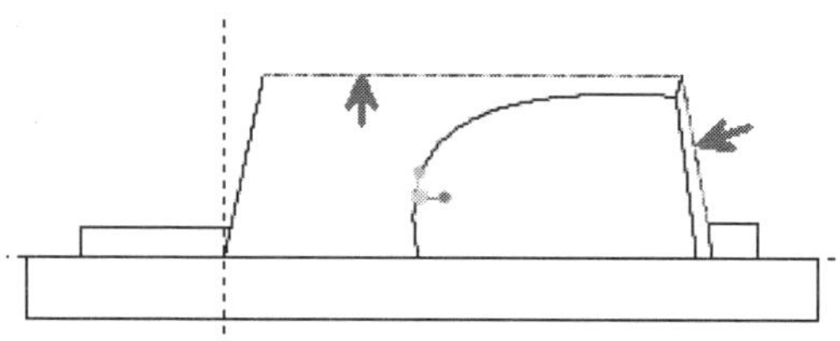

④ 마우스 우측 버튼 클릭

⑤ 팝업 메뉴 '참조' 선택

⑥ 화살표 표시 두 모서리 선택

⑦ 참조 창 닫는다.

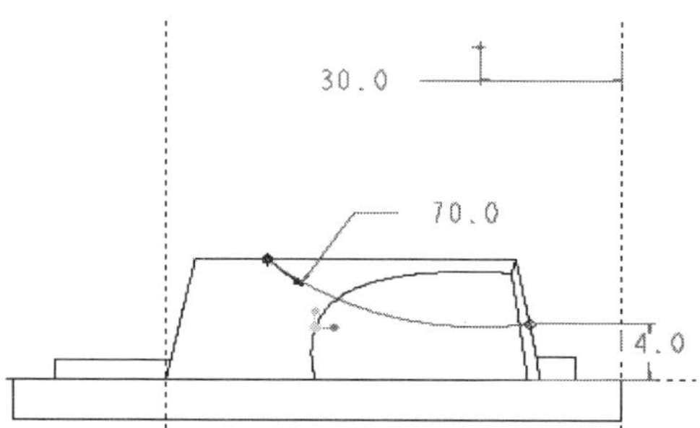

⑧ 3점/탄젠트 끝(◝) 도구 아이콘 선택 / 호 스케치

⑨ 치수 생성/수정

⑩ (궤적)스케치 완료(✔)

9.3 단면 스케치

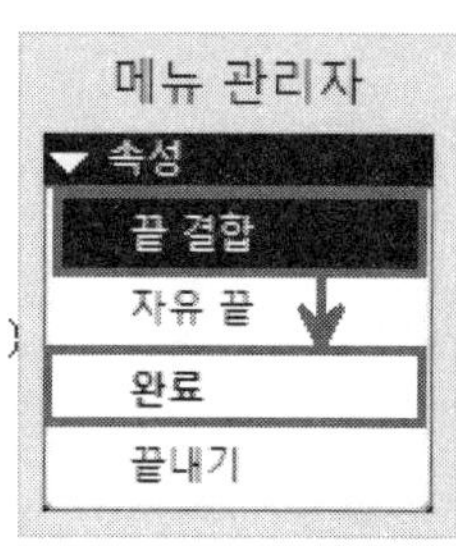

① 속성 '끝 결합' 선택하고 '완료'

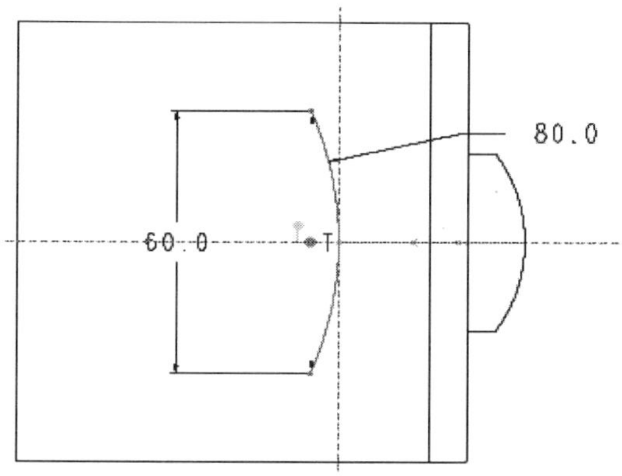

② 중심/끝( ) 도구 아이콘 선택

③ 도면 참조하여 그림과 같이 단면 스케치(수직 참조선과 호가 탄젠트 구속되도록 스케치)

④ 스케치 종료( )

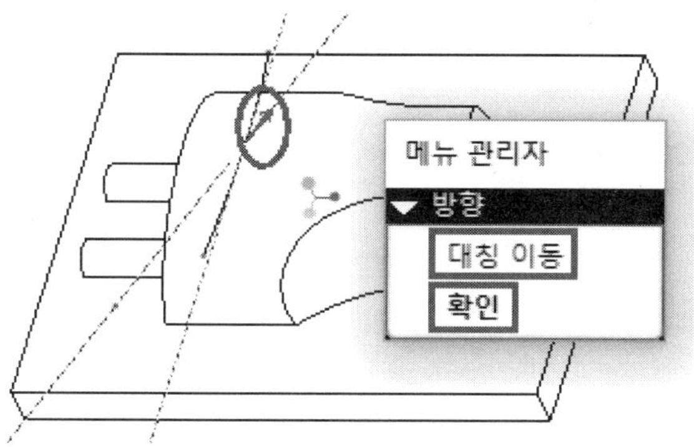

⑤ 메뉴 관리자 '대칭 이동' 선택(재료제거 방향)

⑥ '확인' 선택

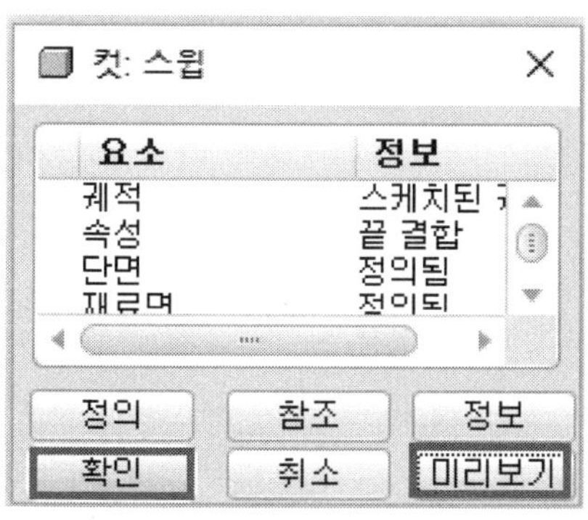

⑦ '미리보기'를 클릭하여 컷 형상이 바르게 되었는지 확인하고 '확인' 클릭하여 피처 생성 완료

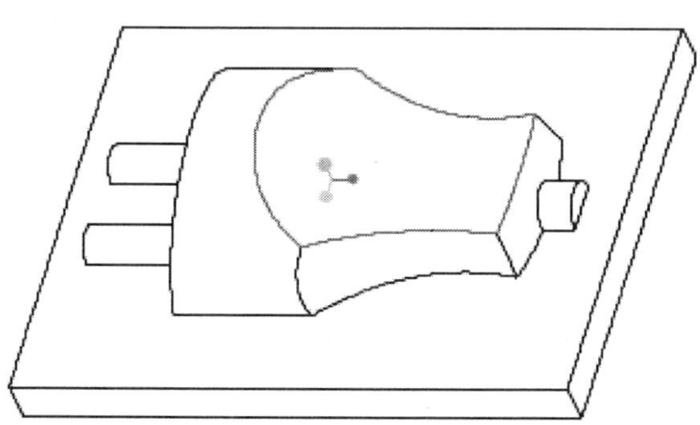

⑧ 스윕 컷 피처 완성

10. 밀어내기(3) 피처(재료제거) 생성

10.1 단면 스케치

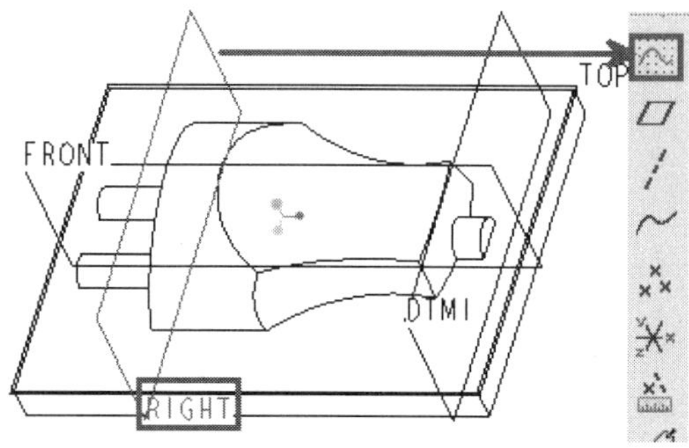

① 'RIGHT' 평면 선택

② 스케치( ) 도구 선택

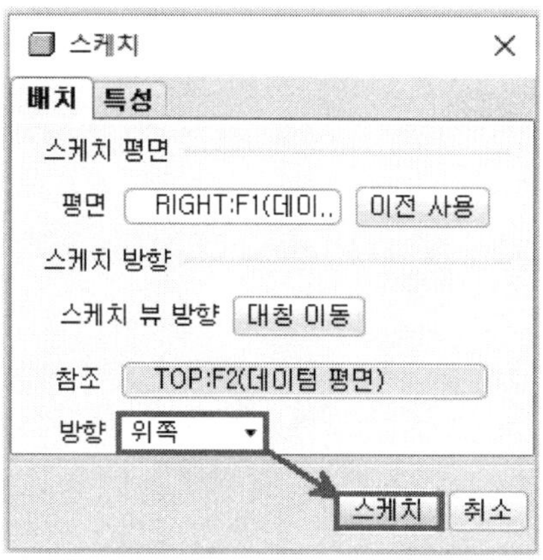

③ 참조 면의 방향 '위쪽' 선택

④ '스케치' 탭 클릭

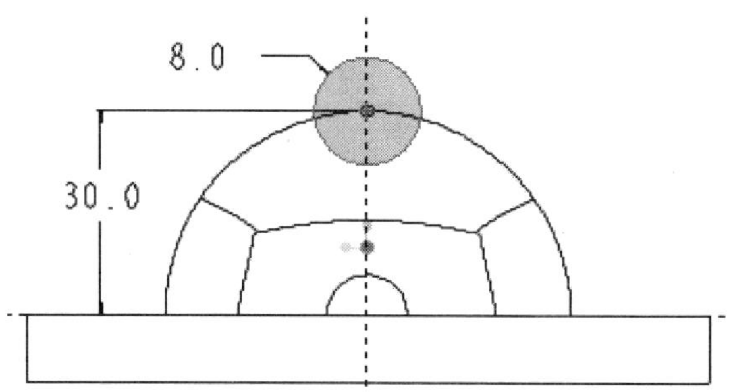

⑤ 그림과 같이 R8 인 원 단면 스케치

⑥ 치수 수정

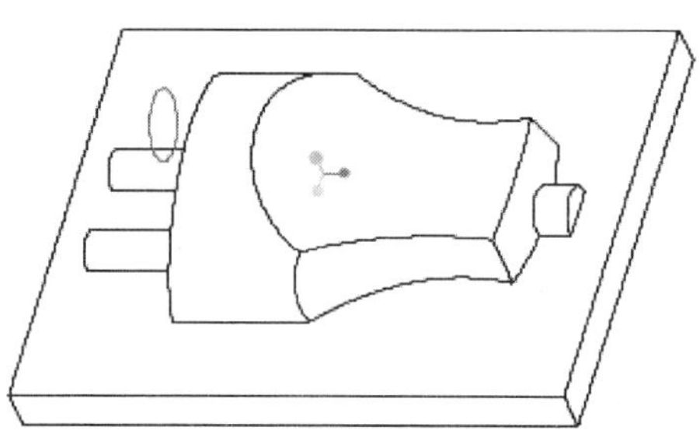

⑦ 스케치 작업 완료( )

10.2 밀어내기 실행

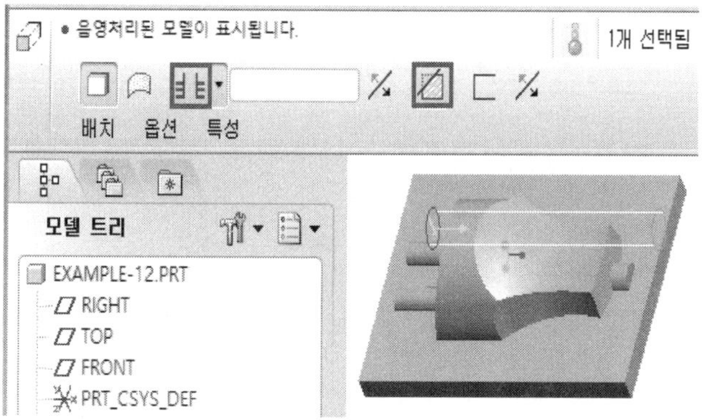

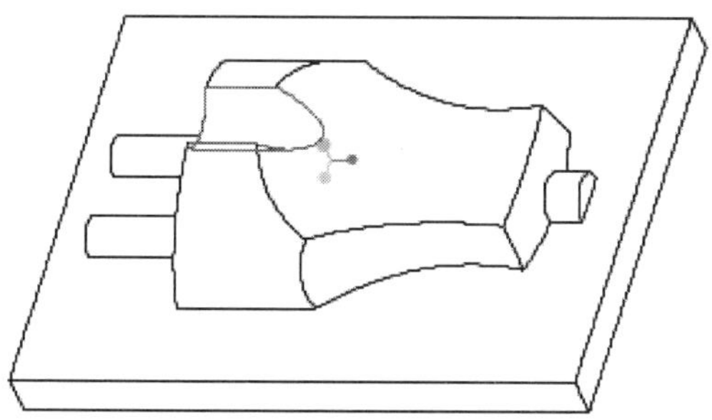

① 밀어내기( ) 피처 도구 아이콘 선택

② ‘Ctrl + D'로 표준방향 전환

③ 깊이 옵션 전체 통과( ) 선택

④ 재료 제거( ) 도구 선택

⑤ 피처 생성 완료( )

11. 오프셋 피처 생성

11.1 오프셋 서피스 선택

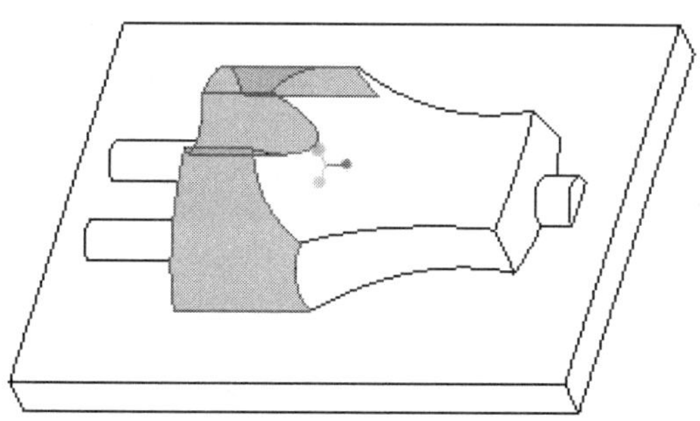

① Ctrl 키를 누른 채 그림과 같이 두 서피스 선택

11.2 오프셋 실행

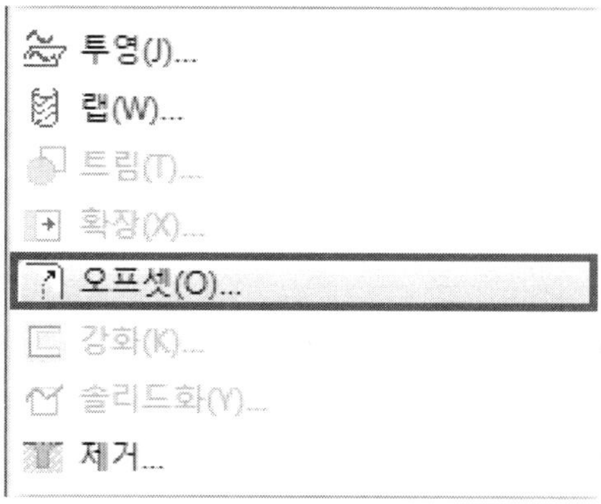

① 풀다운 메뉴 '편집' - '오프셋' 선택

② 오프셋 유형을 펼쳐서 '확장 피처' 선택

11.3 오프셋 단면 스케치

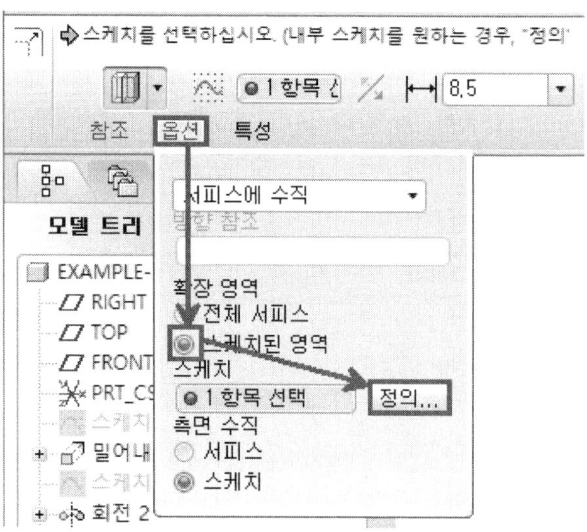

① 대시보드의 '옵션' 탭 선택

② 확장영역 '스케치된 영역' 선택

③ '정의' 탭 선택

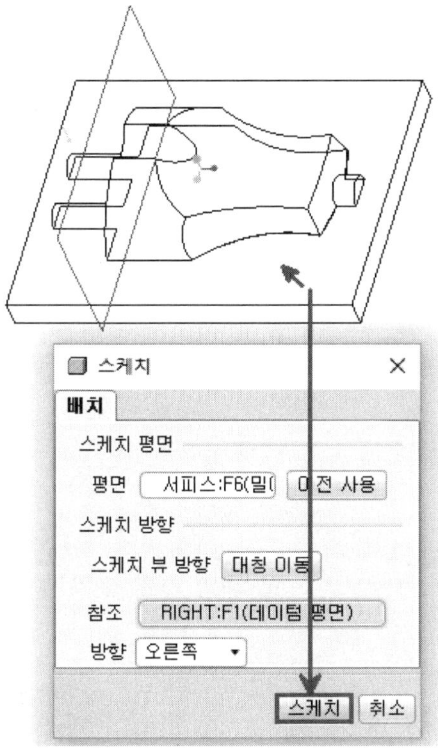

④ 스케치 평면으로 '직육면체의 윗면 선택

⑤ '스케치' 탭 선택

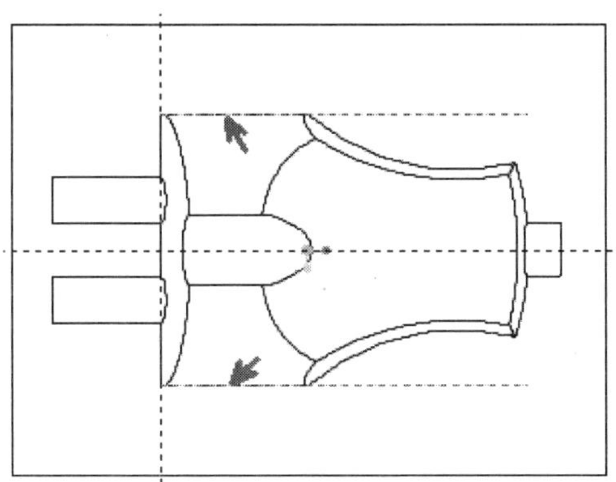

⑥ 마우스 우측 버튼 클릭 '참조' 선택

⑦ 그림의 화살표 표시 두 모서리 선택

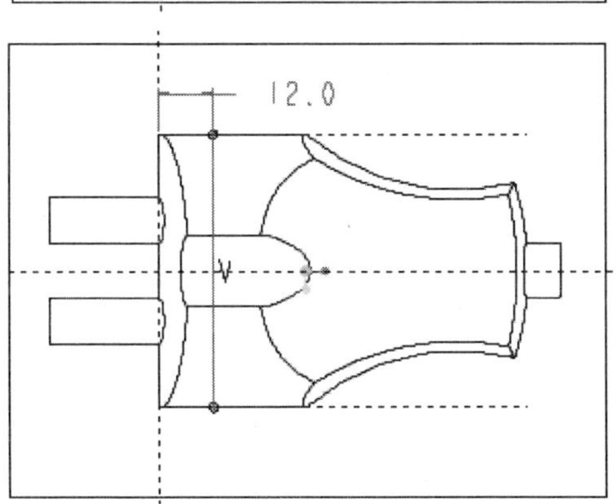

⑧ 원통 면 좌측 모서리에서 12 떨어진 위치에 수직선 단면 스케치

⑨ 스케치 완료(✔)

11.4 오프셋 깊이

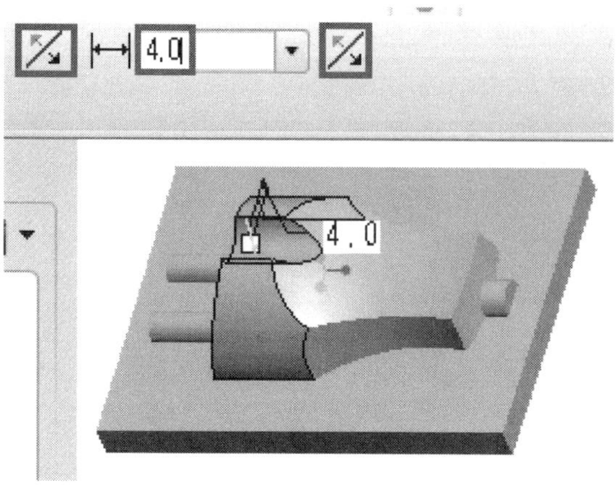

① 스케치 재료면 방향( ) 전환 클릭(직선 스케치 단면의 좌우 선택)

② 오프셋 값 ‘4’로 수정

③ 오프셋 방향( ) 전환 도구 클릭

④ 미리보기( ) 클릭하여 형상 확인

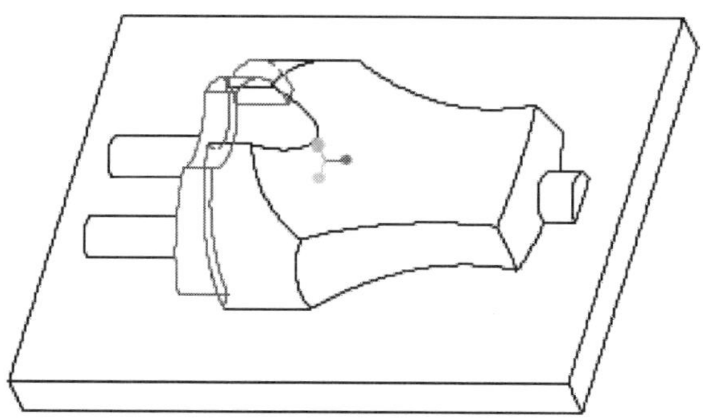

⑤ 피처 생성 완료( )

12. 회전(2) 피처 생성

12.1 단면 스케치

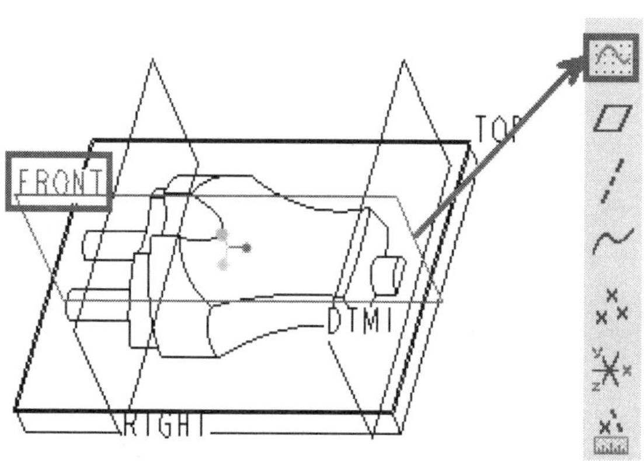

① 스케치 평면으로 'FRONT' 데이텀 평면 선택

② ‘스케치 도구’ 아이콘 선택

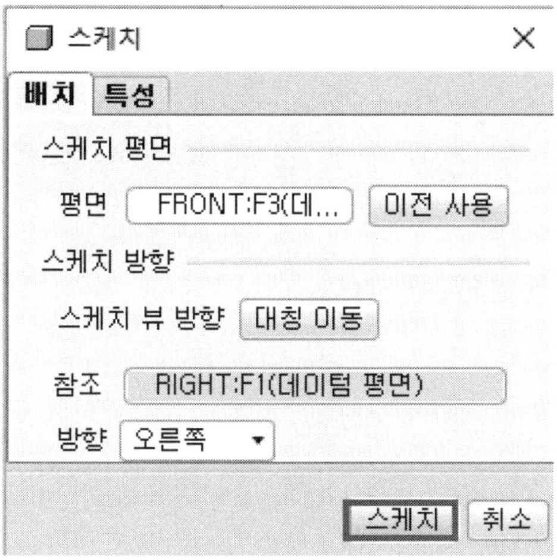

③ 스케치 창의 '스케치' 탭을 클릭

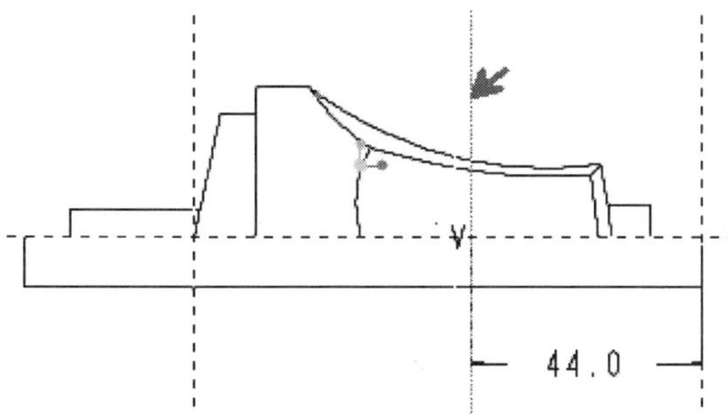

④ **형상** 중심선( ) 도구 아이콘 선택

⑤ 수직방향으로 형상 중심선(회전 축) 스케치

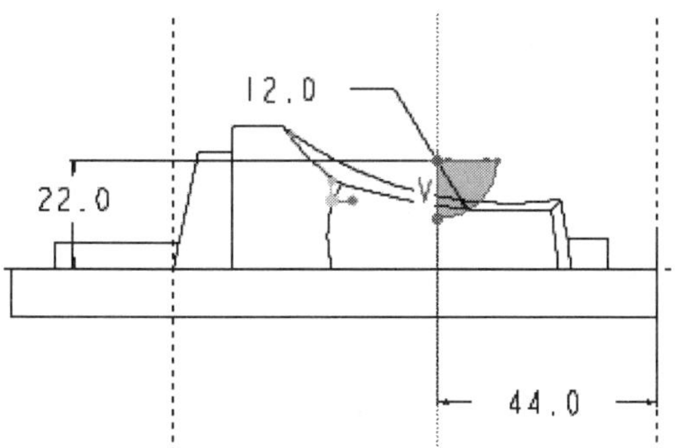

⑥ 도면을 참고하여 그림과 같이 1/4원 단면을 스케치

⑦ 치수 생성/수정

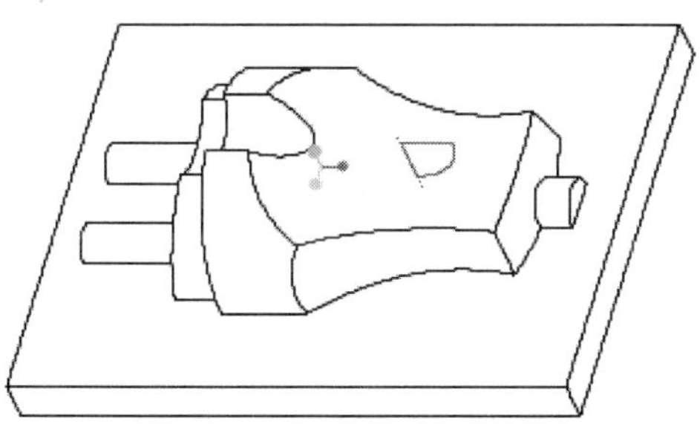

⑧ 스케치 완료( )(스케치 선택 상태임)

12.2 회전 실행

① 회전( )피처 도구 아이콘 선택

② 표준방향(Ctrl + D)으로 전환

③ 재료제거( ) 선택

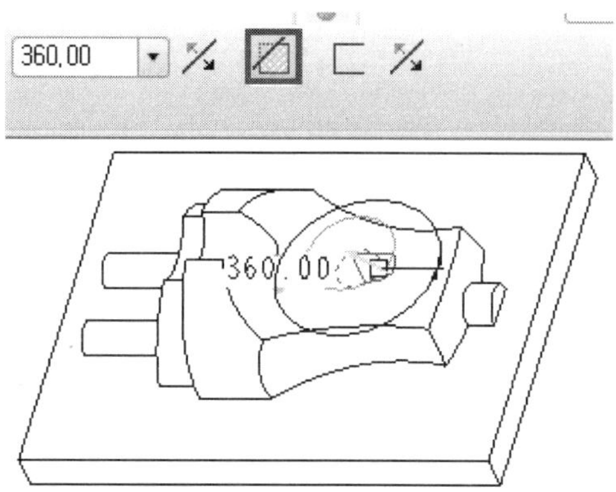

④ 피처 생성 완료( )

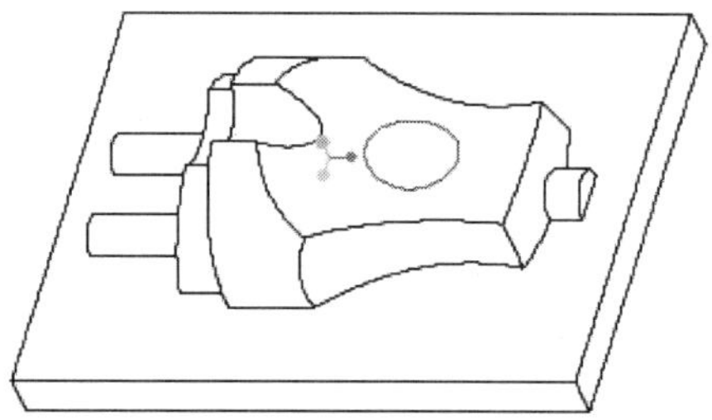

13. 오프셋 피처 생성

13.1 오프셋 서피스 선택

① 스윕 컷 피처의 윗면 선택

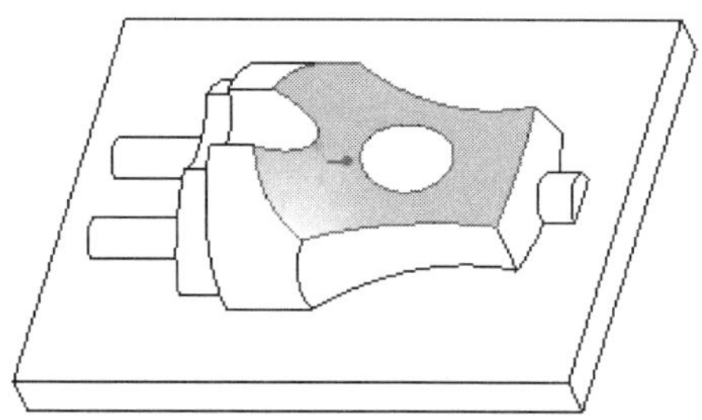

13.2 오프셋 실행

① 풀다운 메뉴 '편집' - '오프셋' 선택

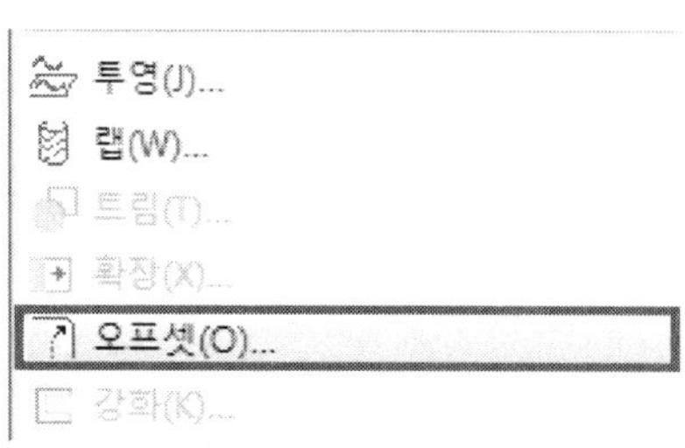

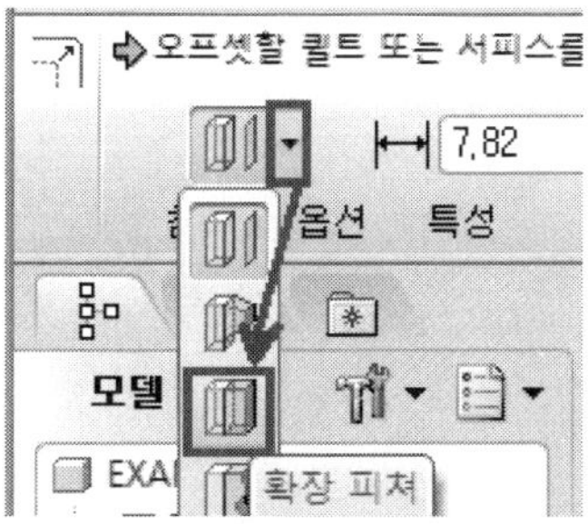

② 오프셋 유형을 펼쳐서 '확장 피처' 선택

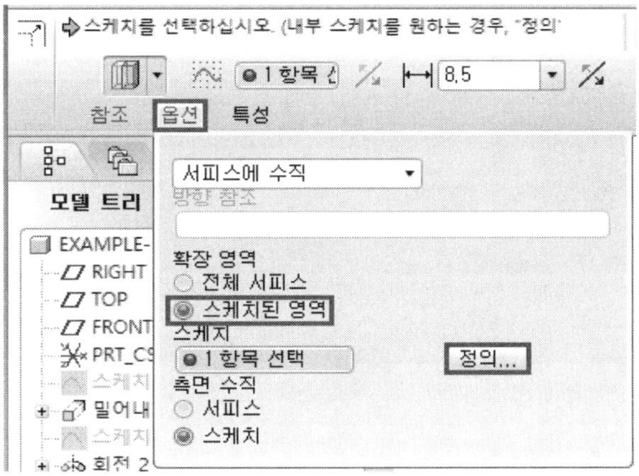

③ 대시보드의 '옵션' 탭 선택

④ 확장영역 '스케치된 영역' 선택

⑤ 스케치 '정의' 탭 선택

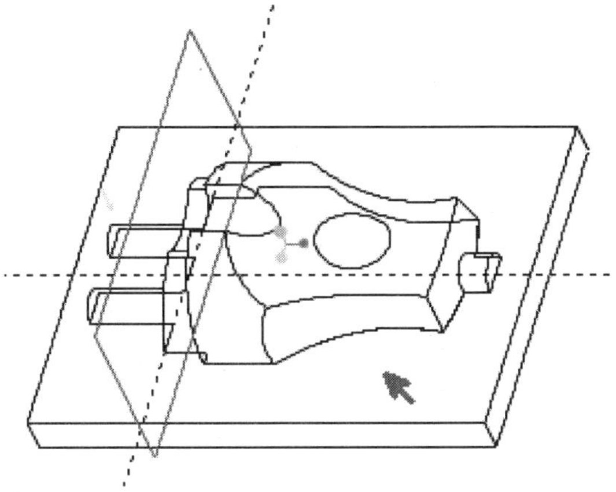

⑥ 스케치 평면으로 '직육면체의 윗면 선택

⑦ '스케치' 탭 선택

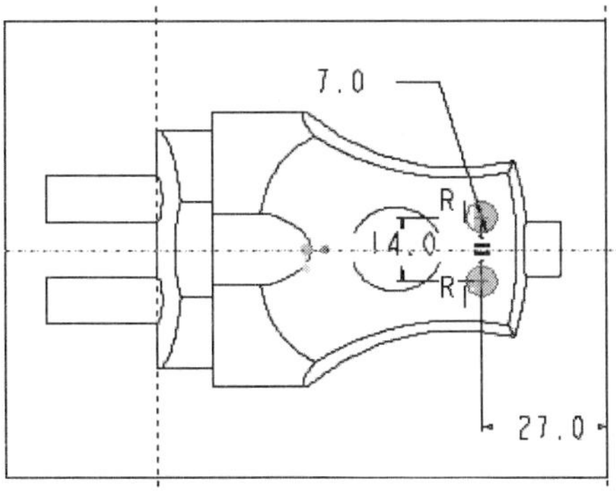

⑧ 지름 7인 원을 가운데 수평 참조 선(중심선 스케치)을 기준으로 대칭 되도록 스케치

⑨ 그림 참조하여 치수 생성/수정

⑩ 스케치 완료(✔)

13.3 오프셋 깊이

① 오프셋 값 '4' 로 수정

② 미리보기(👓) 클릭하여 형상 확인

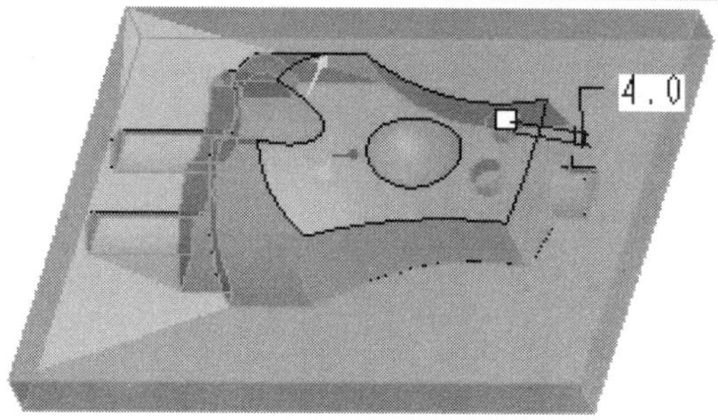

③ 피처 생성 완료(✔)

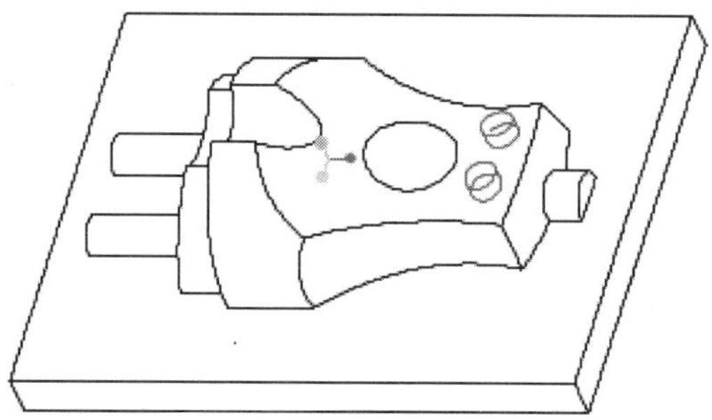

14. 회전(3) 피처 생성

14.1 단면 스케치

① 스케치 평면으로 'TOP' 데이텀 평면 선택

② 스케치(〰) 도구 아이콘 선택

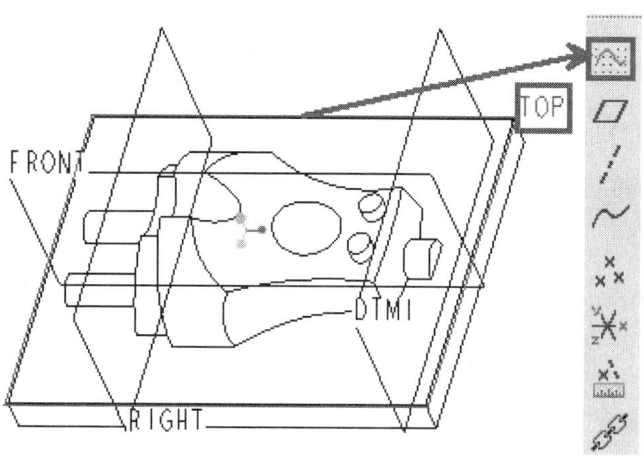

③ 스케치 창의 '스케치' 탭을 클릭

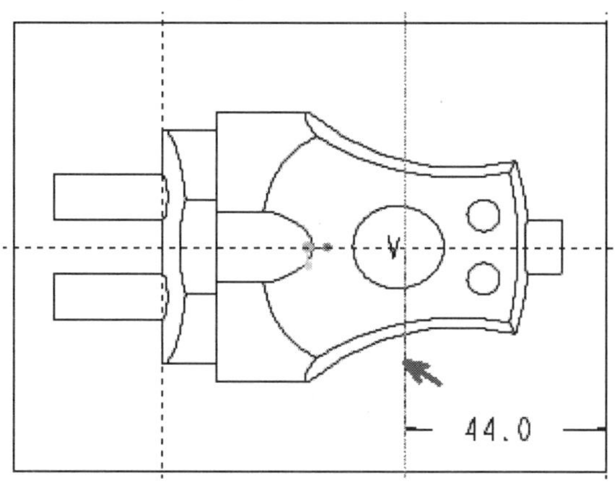

④ **형상**중심선( ) 도구 아이콘 선택

⑤ 우측 모서리에서 오프셋 44 위치에 수직방향으로 형상중심선(회전 축) 스케치

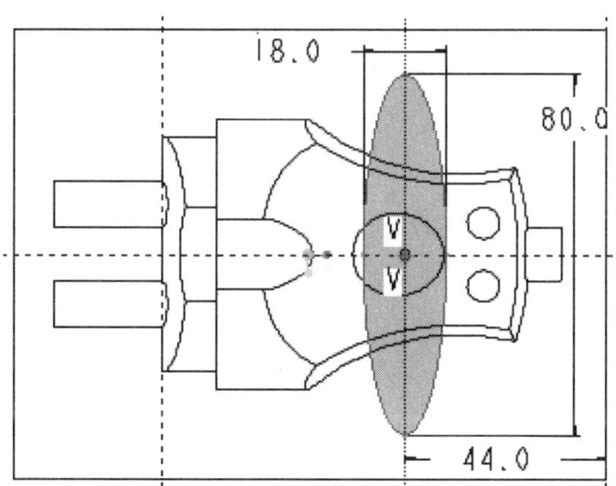

⑥ 중심과 축 타원( ) 도구 선택

⑦ 장축과 단축이 각각 80, 18인 타원 스케치

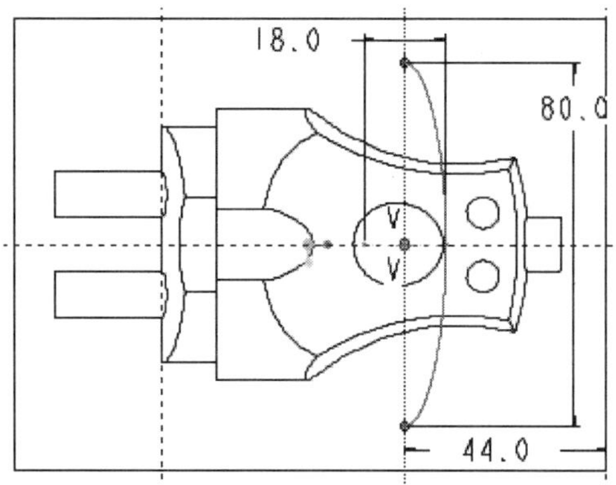

⑧ 세그먼트 삭제( ) 도구 선택

⑨ 타원의 왼쪽 반 삭제

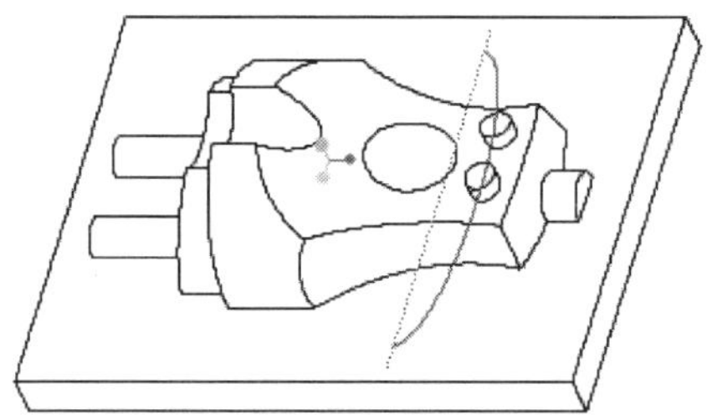

⑩ 스케치 완료( )(스케치 선택 상태임)

14.2 회전 실행

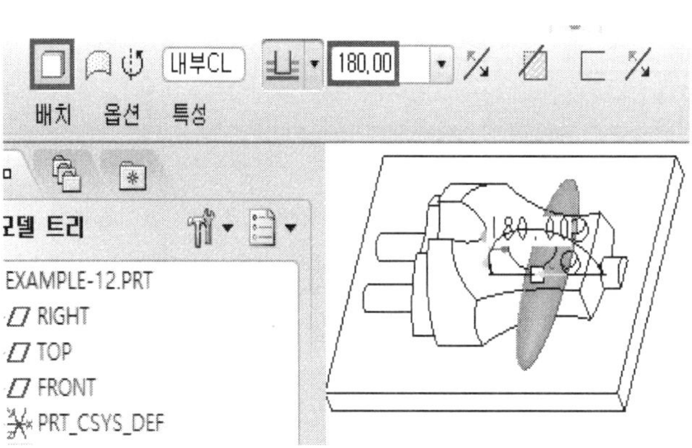

① 회전( )피처 생성 도구 아이콘 선택

② 표준방향(Ctrl + D)으로 전환

③ 솔리드 회전( ) 도구 선택

④ 회전각도 '180' 으로 수정

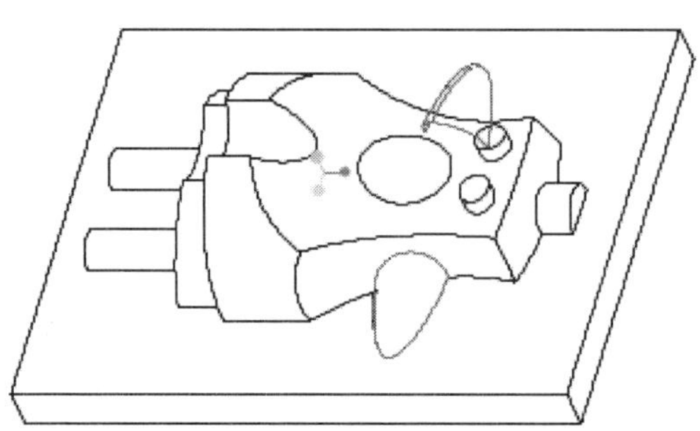

⑤ 피처 생성 완료( )

15. 라운드 추가

15.1 라운드 R5 추가

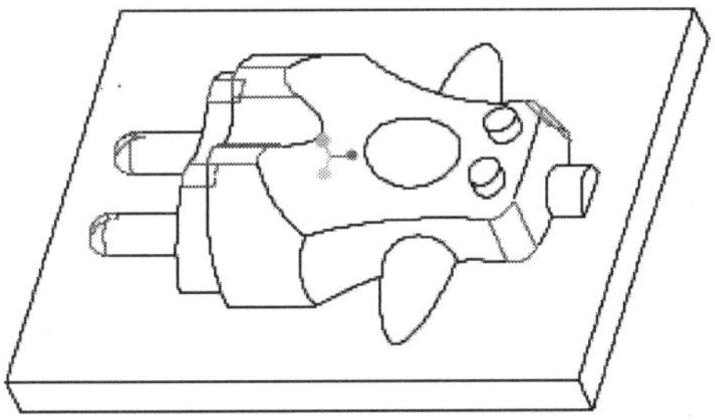

① 라운드( ) 도구 선택

② 대상 모서리를 Ctrl 키 누른 채 선택

③ 라운드 값 '5' 로 수정

④ 피처 생성 완료( )

15.2 라운드 R1 추가

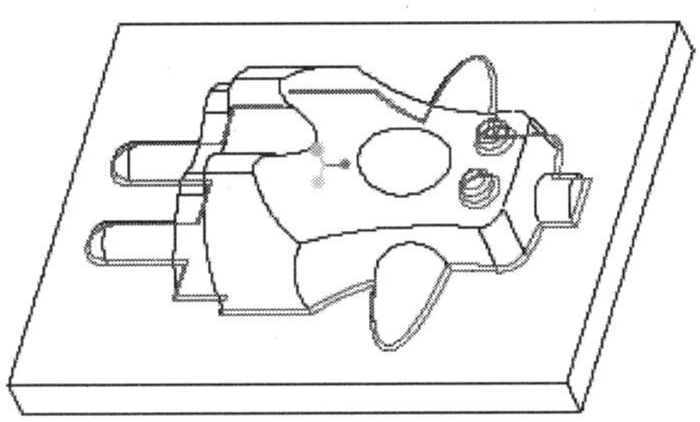

① 라운드( ) 도구 선택

② 대상 모서리를 Ctrl 키 누른 채 선택

③ 라운드 값 '1' 로 수정

④ 피처 생성 완료( )

15.3 지시 없는 모든 라운드 R2 추가

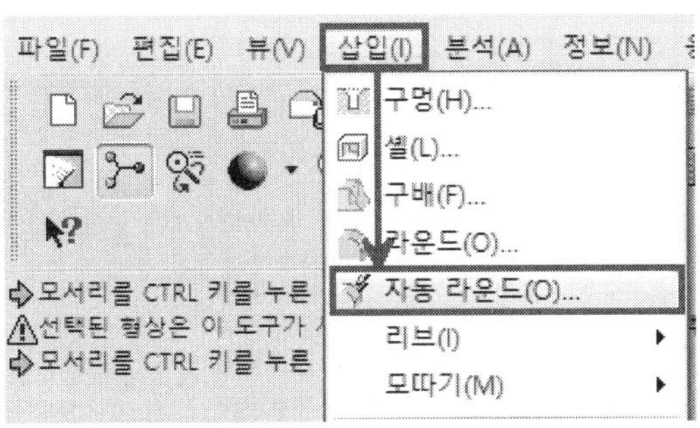

① 풀다운 메뉴 '삽입' – '자동 라운드' 선택

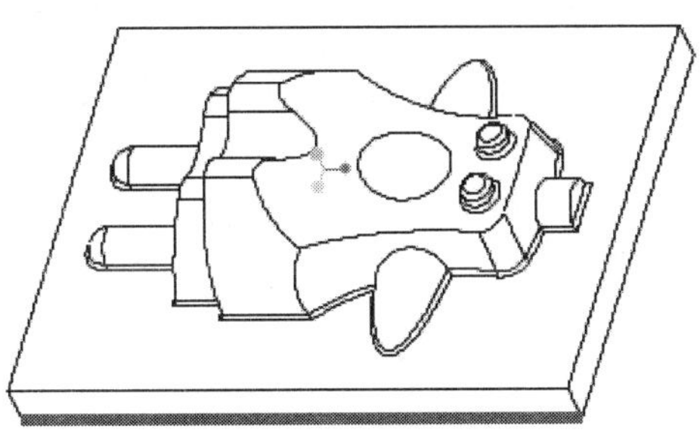

② '자동 라운드' 는 선택된 모서리를 제외한 나머지 모든 모서리를 라운드 처리

③ 모서리 1개 선택

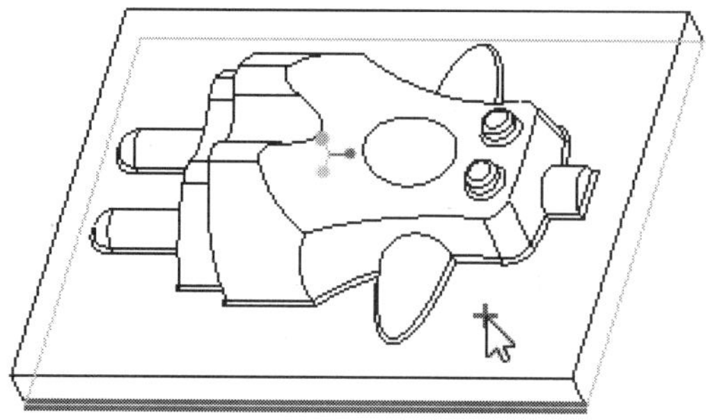

④ 선택된 모서리를 포함하는 평면이 강조되도록 'SHIFT' 키를 누른 채 마우스를 평면 위로 옮긴다.

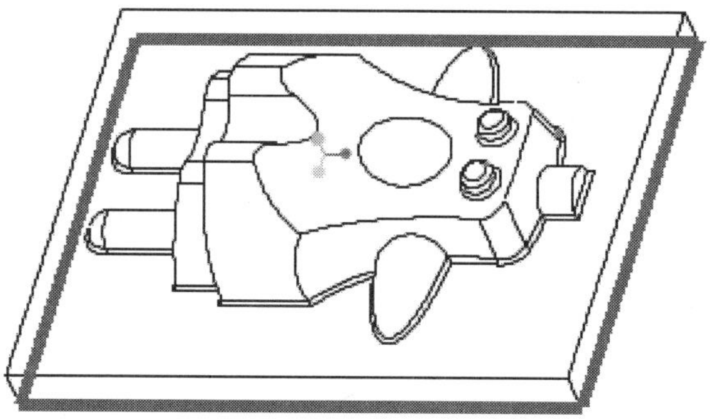

⑤ 강조된 상태에서 마우스 왼쪽 버튼 클릭

⑥ 평면의 4개 모서리 선택됨.

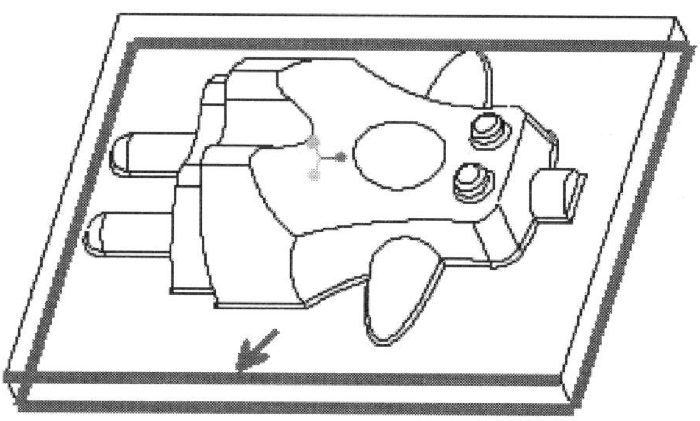

⑦ 'Ctrl' 키 누른 채 위 평면의 모서리 1개 선택

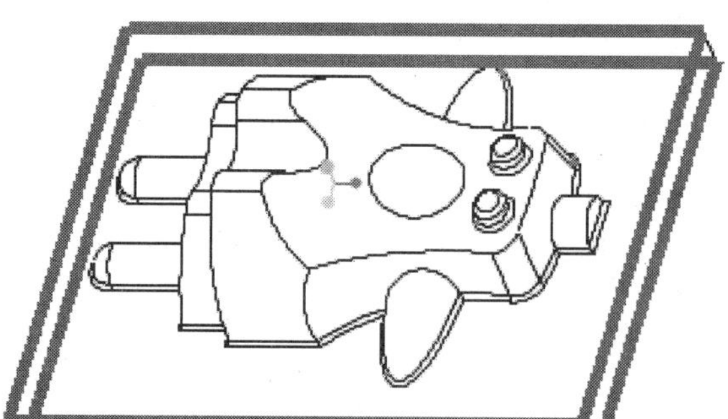

⑧ 'Shift' 키를 누른 채 마우스를 이동하여 평면 강조된 상태에서 왼쪽 버튼 클릭

⑨ 위 평면의 4개 모서리 선택됨.

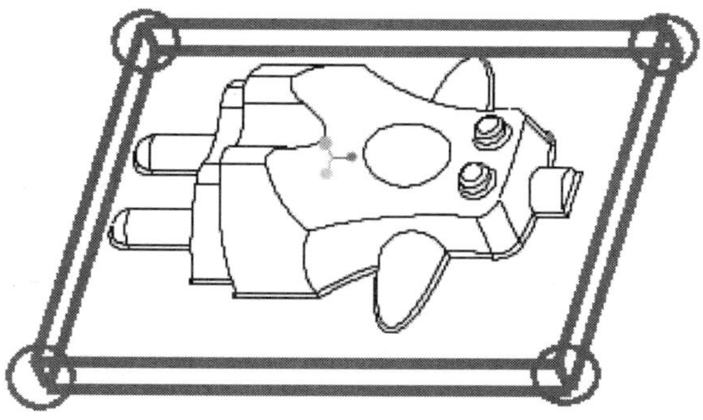

⑩ 'Ctrl' 키 누른 채 나머지 4 개 모서리 선택

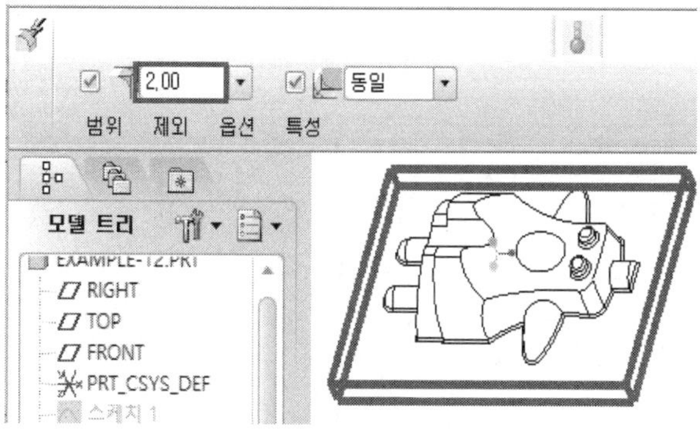

⑪ 라운드 값 '2' 로 수정

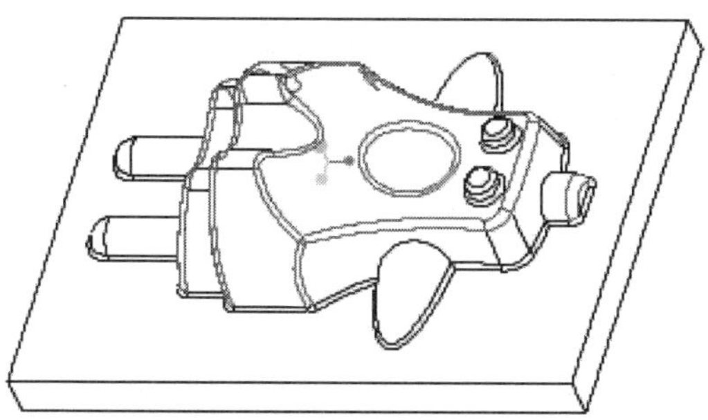

⑫ 피처 생성 완료(✔)

16. 완성된 모델링 형상

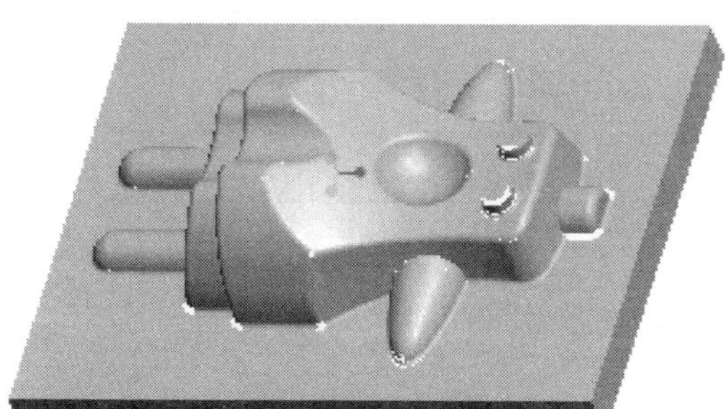

13. Example-13 도면 모델링

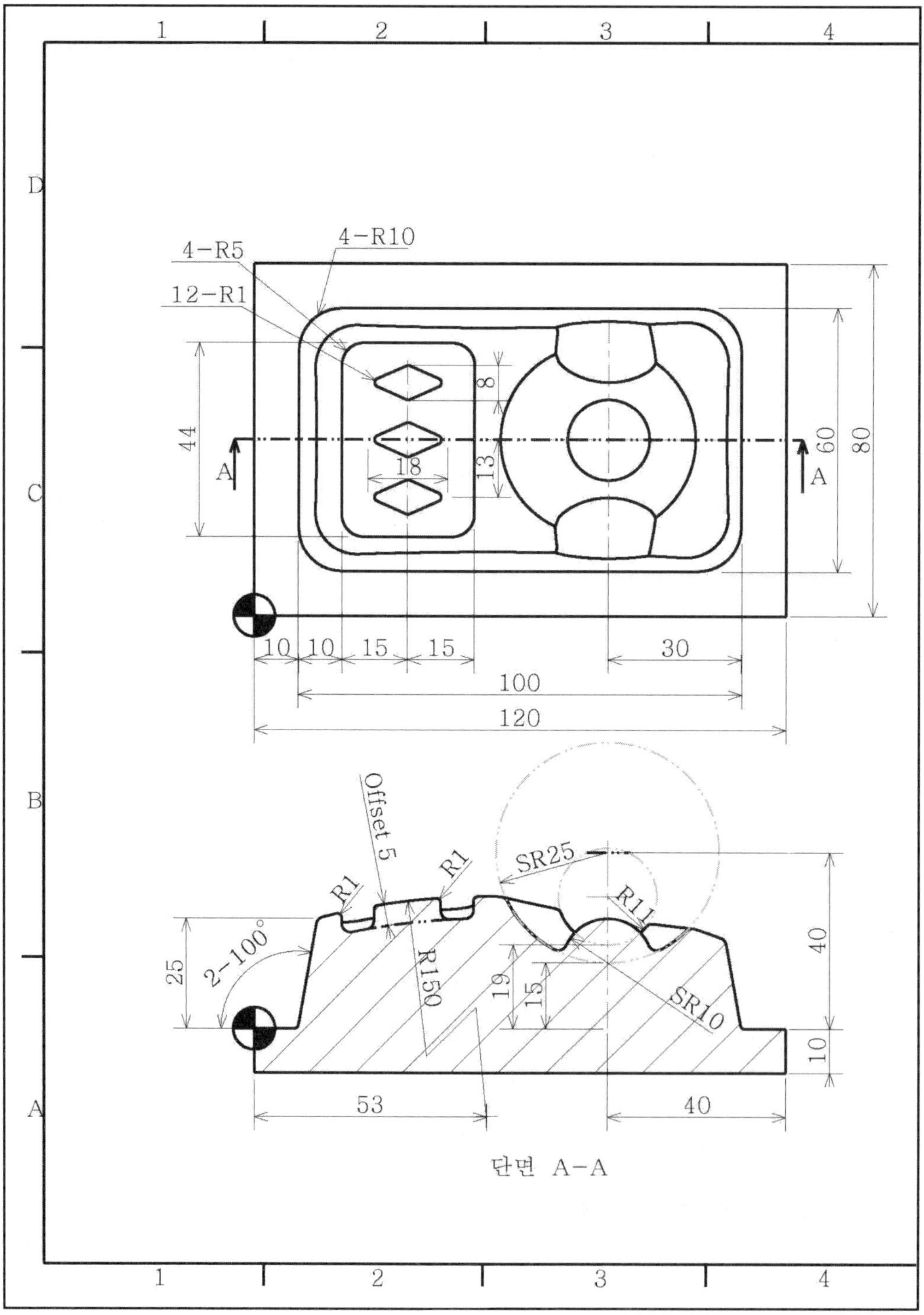

도시되고 지시없는 모든 라운드 R2

창원문성대학교			
소 속	기계과	작업자	예규현
투상법	3각법	축 척	1 : 1
날 짜	2016.1.20	파일명	Example-13

작업 순서

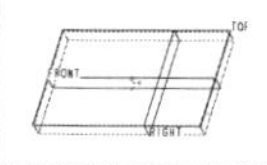	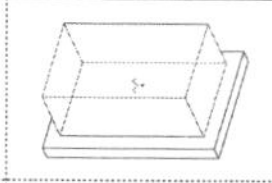	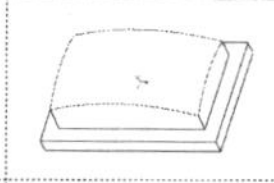	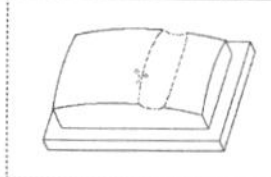	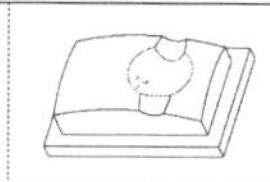	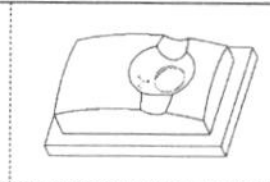	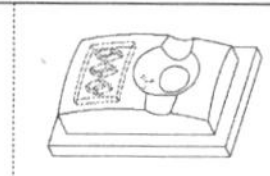
1.밀어내기1	2.밀어내기2	3.스윕 컷	4.밀어내기3	5.회전1	6.회전2	7.오프셋1
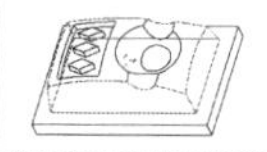	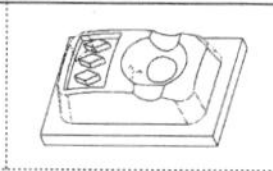	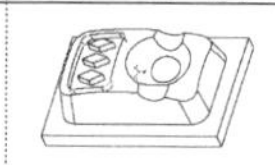	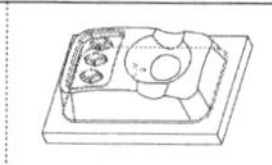	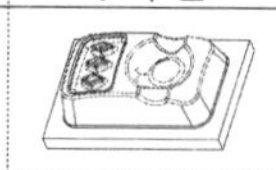		
8.구배1	9.라운드1	10.라운드2	11.라운드3	12.라운드4		

1. 밀어내기(1) 피처 생성

1.1 파일 새로 만들기

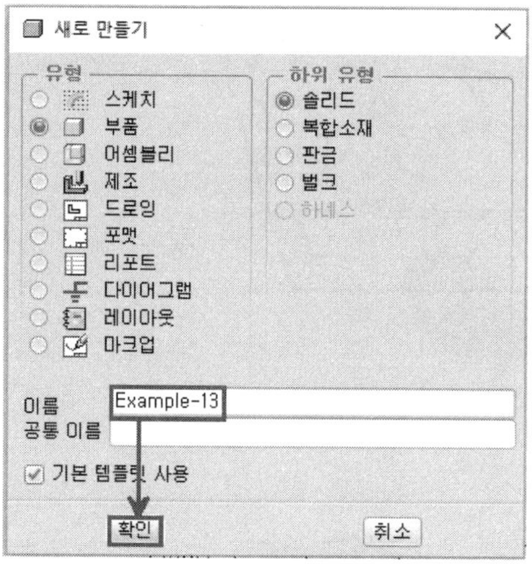

① 파일 새로 만들기-파일 이름 'Example-13'입력

② 단위는 mmNs 단위계

1.2 스케치 단면 생성

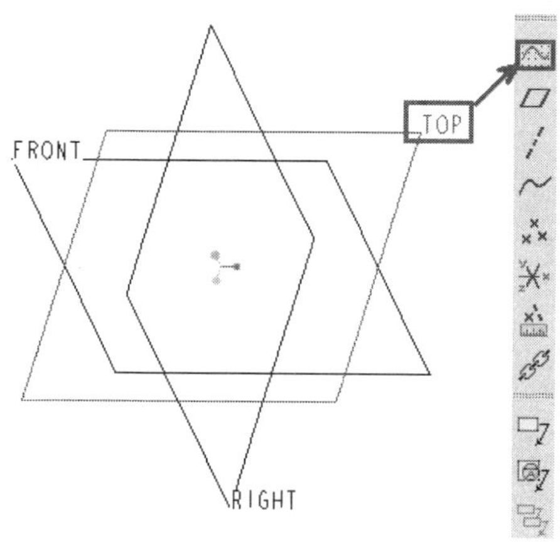

① 스케치 평면으로 'TOP' 데이텀 평면 선택

② 스케치( ) 도구 아이콘 선택

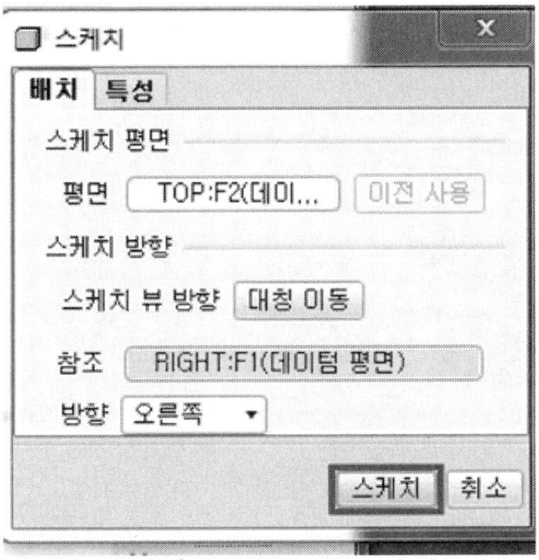

③ ‘스케치’ 탭 클릭

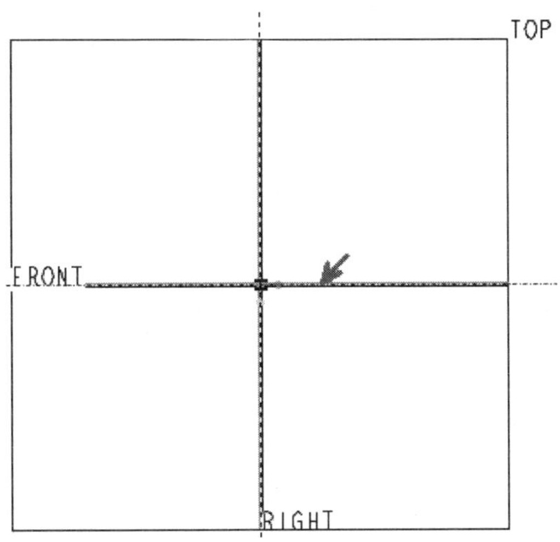

④ 마우스 우측 버튼 클릭 - ‘중심선’ 선택

⑤ 가운데 참조 데이텀 평면에 일치하도록 수평 중심선 스케치

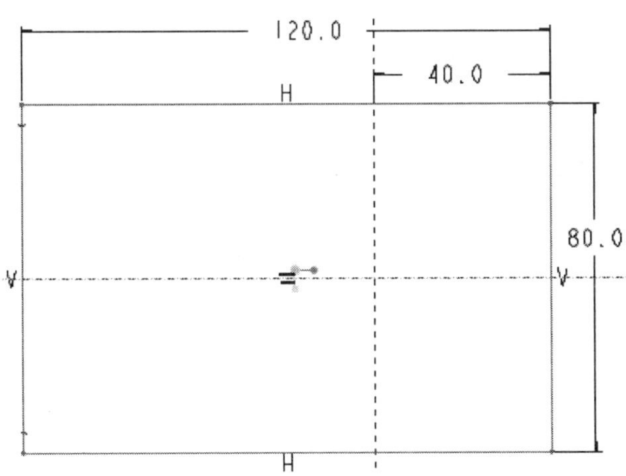

⑥ 직사각형( ) 생성 아이콘 선택

⑦ 상하 대칭 구속을 이용 가로 120, 세로 80인 직사각형 스케치

⑧ 스케치 완료( )

1.3 밀어내기 실행

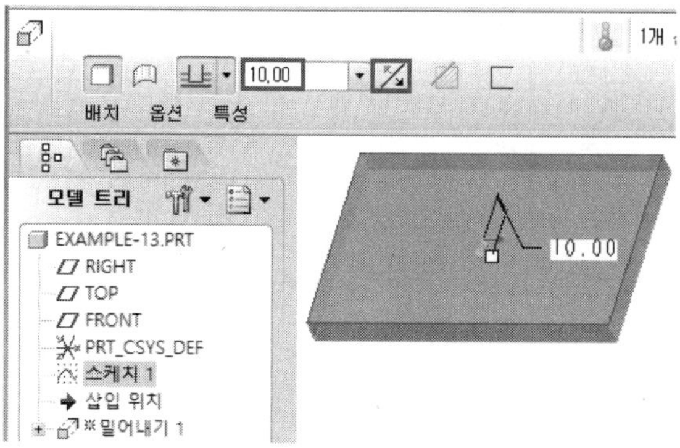

① 밀어내기( ) 도구 아이콘 클릭

② 'Ctrl + D'로 표준방향으로 전환

③ 깊이 값 '10' 으로 수정

④ 깊이 방향 전환( ) 아이콘 클릭(아래 방향)

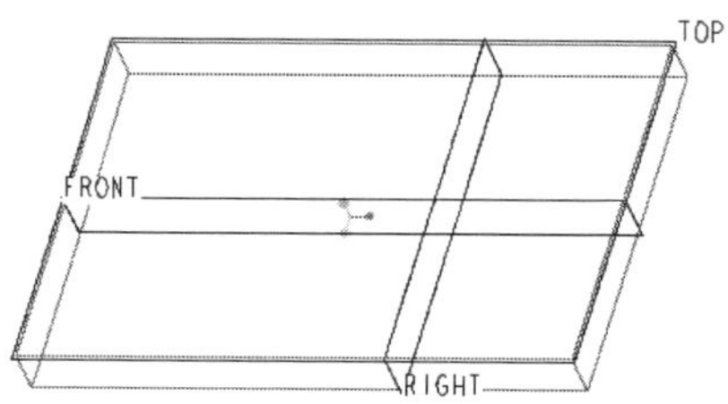

⑤ 피처 생성 완료( )

2. 밀어내기(2) 피처 생성

2.1 단면 스케치

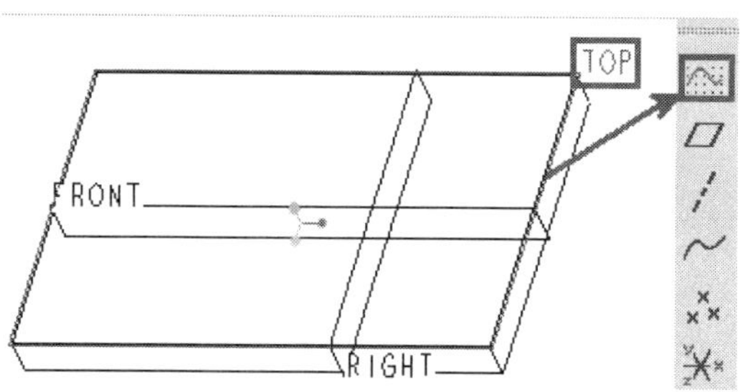

① 스케치 평면으로 'TOP' 평면 선택

② 스케치( ) 도구 선택

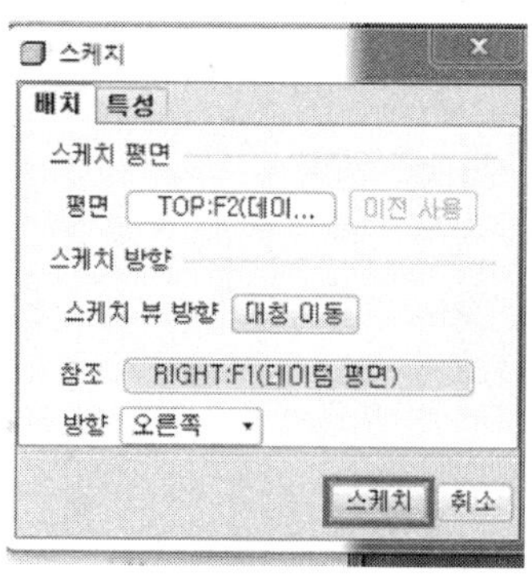

③ '스케치' 탭 클릭

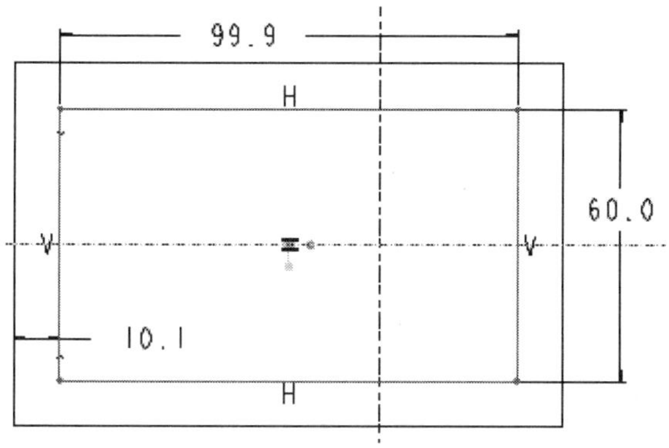

① 가운데 수평 중심선 스케치

② 직사각형( ) 도구 선택

③ 상하 대칭인 직사각형 스케치

④ 치수 수정

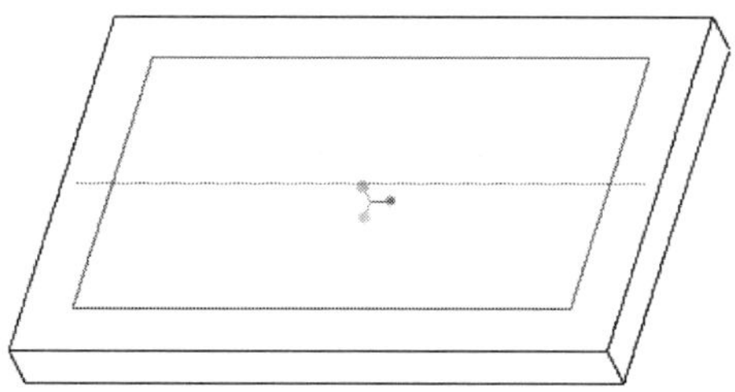

⑤ 스케치 작업 완료( )

2.2 밀어내기 실행

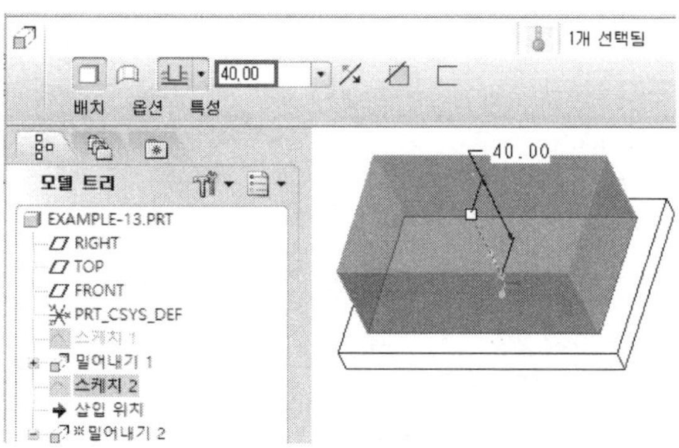

① 밀어내기( ) 피처 도구 아이콘 선택

② 'Ctrl + D'로 표준방향으로 전환

③ 깊이 값 '40'으로 수정

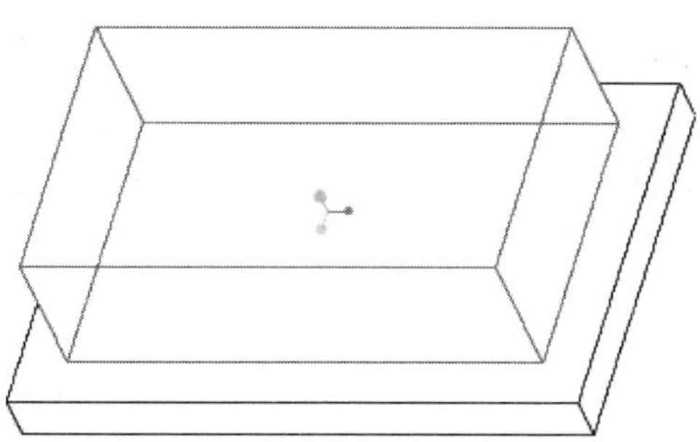

④ 피처 생성 완료( )

3. 스윕 컷 피처 생성

3.1 스윕 컷 실행

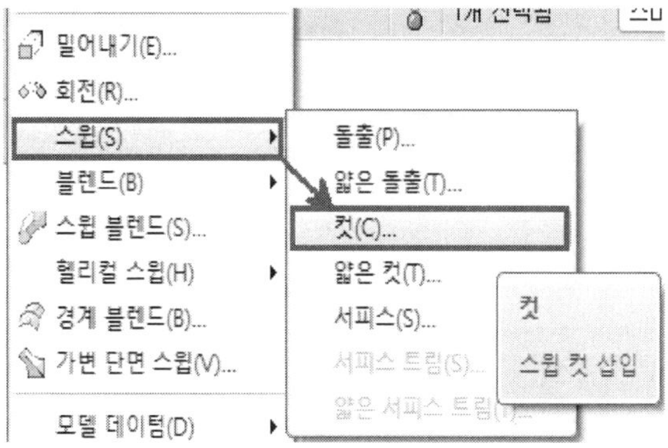

① 풀다운 메뉴의 '삽입' - '스윕 - 컷' 선택

3.2 스윕 궤적 정의

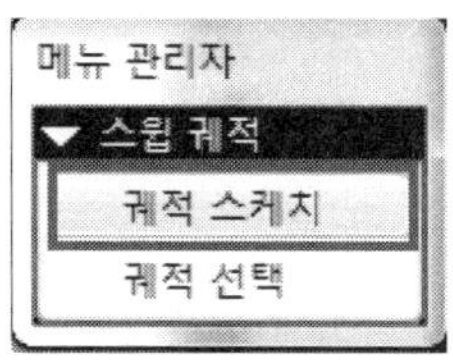

① 메뉴 관리자 '궤적 스케치' 선택

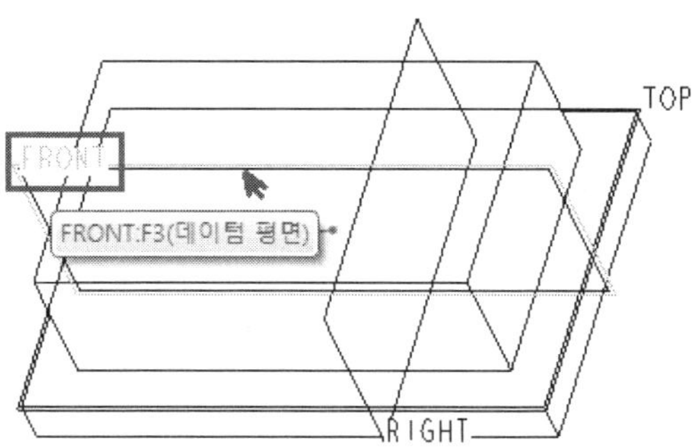

② 스케치 평면으로 'FRONT' 선택

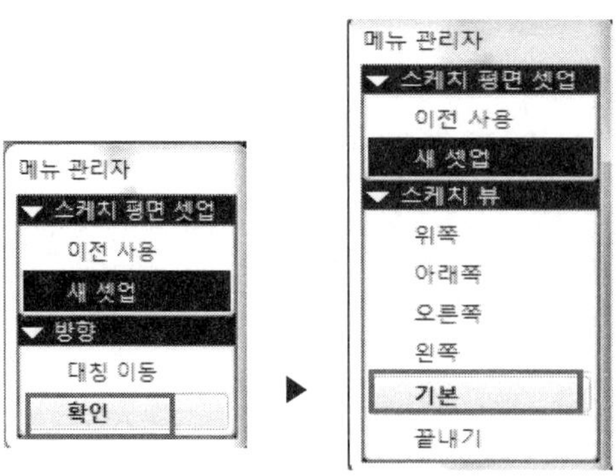

③ 방향 '확인', 스케치 뷰 '기본' 선택

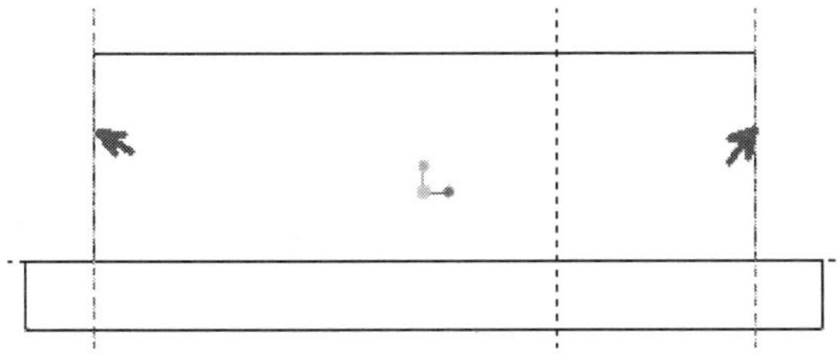

④ 마우스 우측 버튼 클릭

⑤ 팝업 메뉴 '참조' 선택

⑥ 화살표 표시 두 모서리 선택

⑦ 참조 창 닫는다.

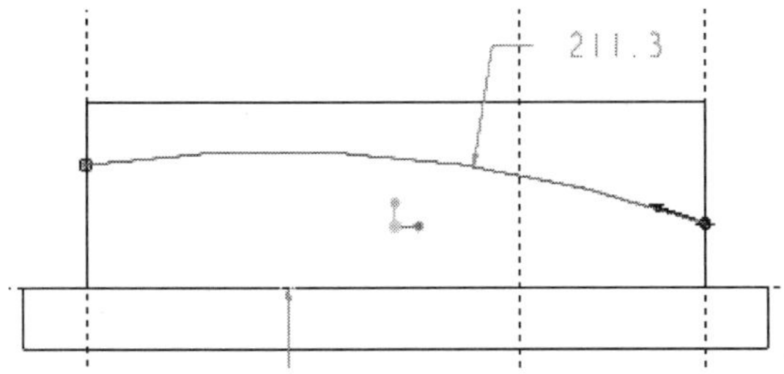

⑧ 3점/탄젠트 끝( ) 도구 아이콘 선택 / 호 스케치

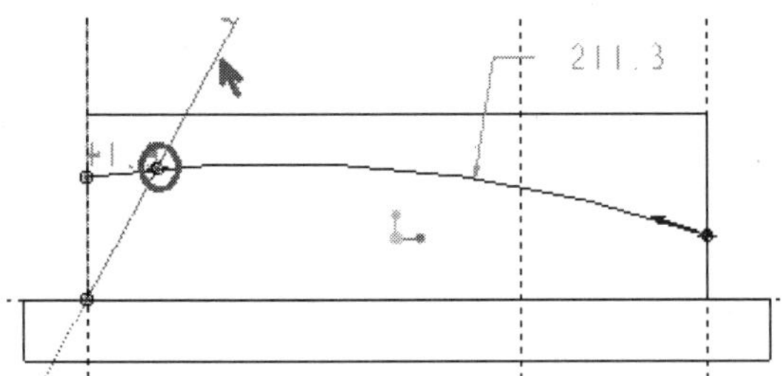

⑨ 점( ) 도구 아이콘 선택

⑩ 호의 좌측 임의의 위치에 점 추가(각도 100, 및 높이 25 치수 생성 위함)

⑪ 중심선( ) 도구 선택/점과 정점 연결 중심선 스케치

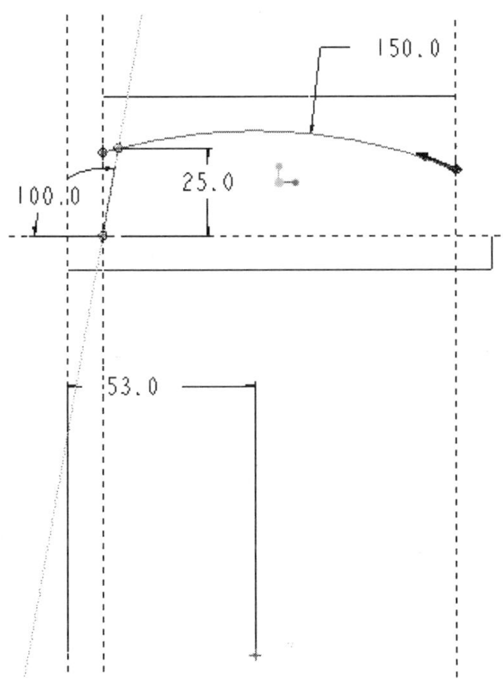

⑫ 치수 생성/수정

⑬ '53' 은 호의 중심과의 거리 치수

⑭ (궤적)스케치 완료( )

3.3 단면 스케치

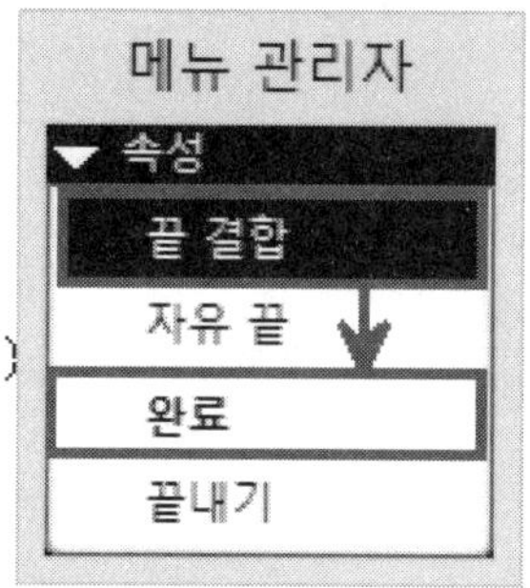

① 속성 ‘끝 결합’ 선택하고 ‘완료’

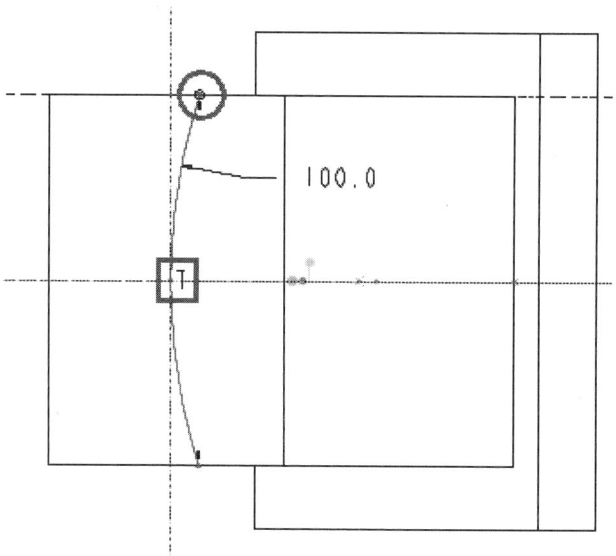

② 중심/끝( ) 도구 아이콘 선택

③ 도면 참조하여 그림과 같이 단면 스케치(수직 참조선과 호가 탄젠트 구속되도록 스케치)

④ 호의 한쪽 끝을 수평 모서리와 일치 구속(호의 폭 치수 생략됨)

⑤ 스케치 종료( )

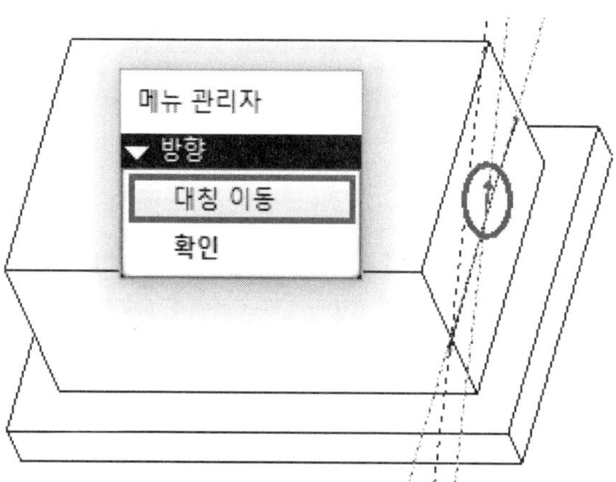

⑥ 메뉴 관리자 ‘대칭 이동’ 선택(재료제거 방향)

⑦ ‘확인’ 선택

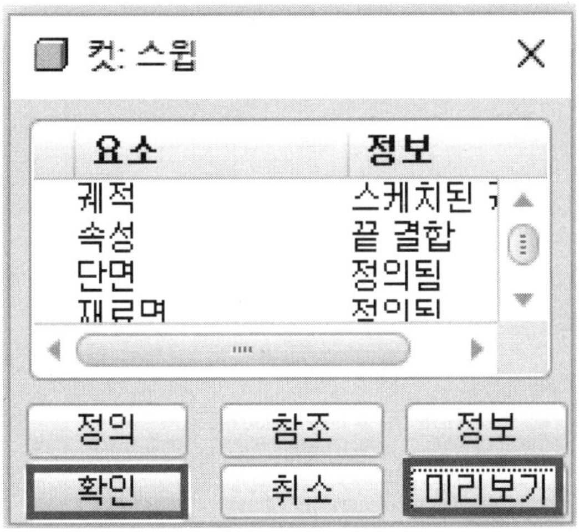

⑧ '미리보기' 를 클릭하여 컷 형상이 바르게 되었는지 확인하고 '확인' 클릭하여 피처 생성 완료

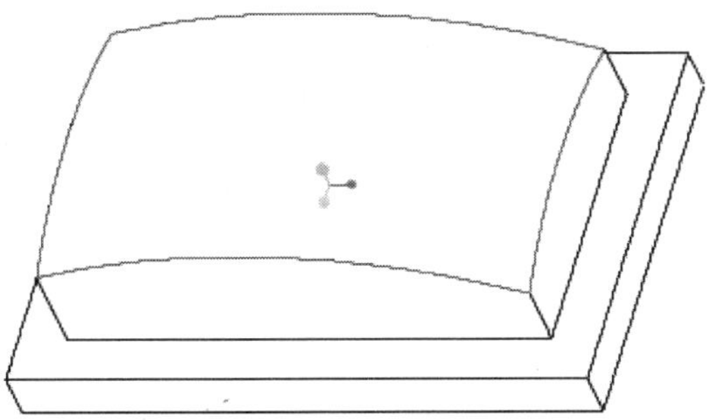

⑨ 스윕 컷 피처 완성

4. 밀어내기(3) 피처 생성

4.1 단면 스케치

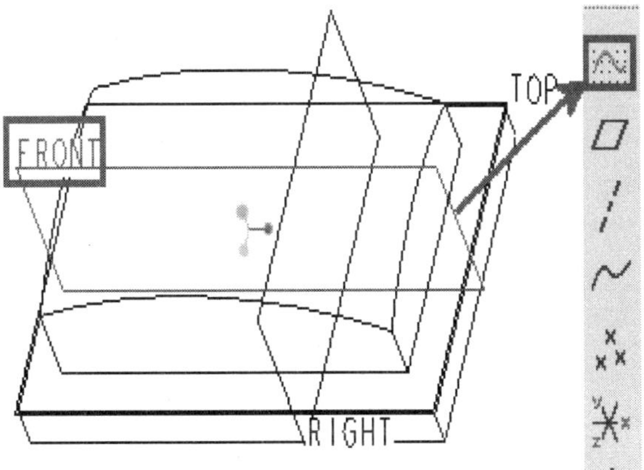

① 스케치 평면으로 'FRONT' 평면 선택

② 스케치( ) 도구 선택

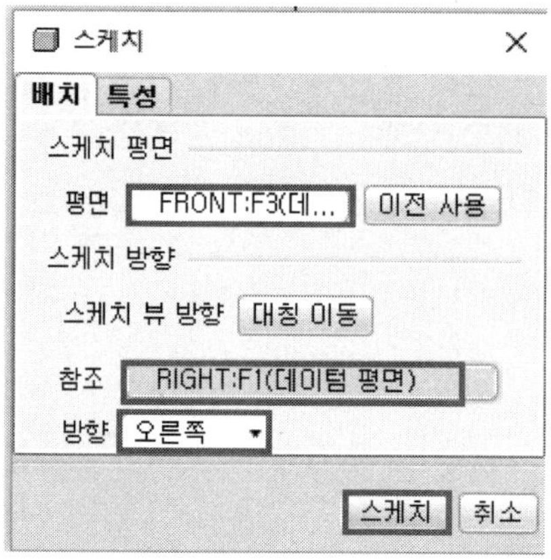

③ '스케치' 탭 클릭

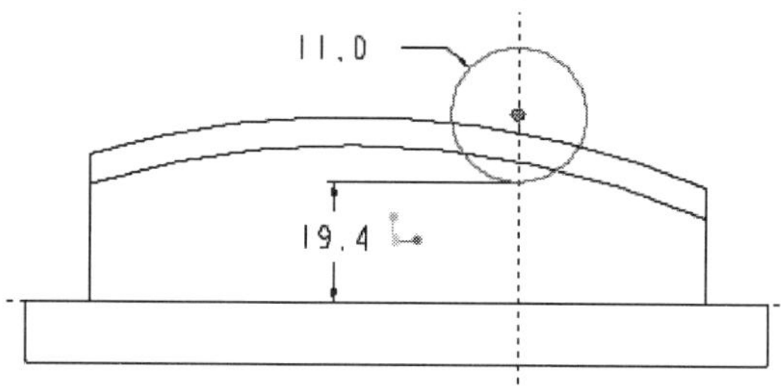

④ 원(○) 도구 선택

⑤ 그림과 같이 R11인 원 단면 스케치

⑥ 치수 생성/수정

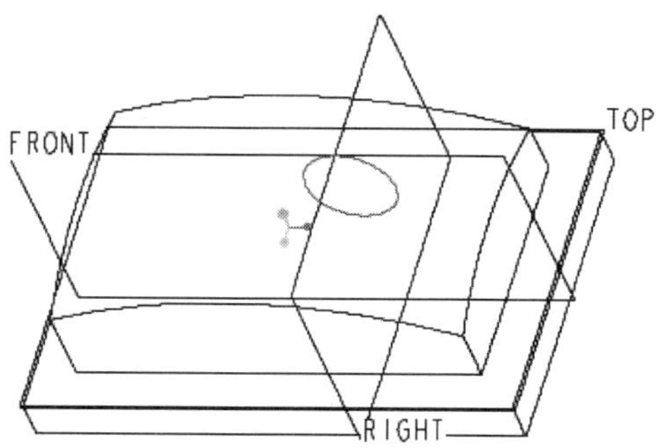

⑦ 스케치 작업 완료(✔)

4.2 밀어내기 실행

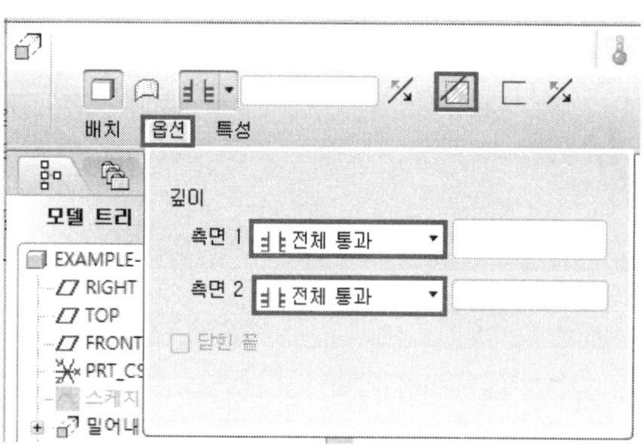

① 밀어내기( ) 피처 도구 아이콘 선택

② 'Ctrl + D'로 표준방향으로 전환

③ 대시보드 옵션 선택

④ 깊이 옵션 측면1, 측면2 모두 '전체 통과' 선택

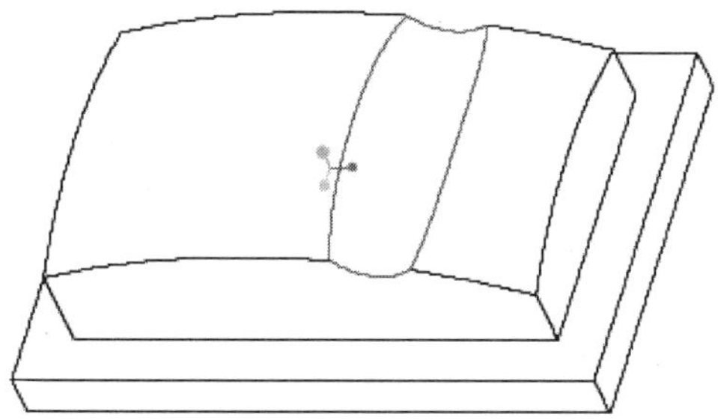

⑤ 피처 생성 완료(✔)

5. 회전(1) 피처 생성하기

5.1 단면 스케치

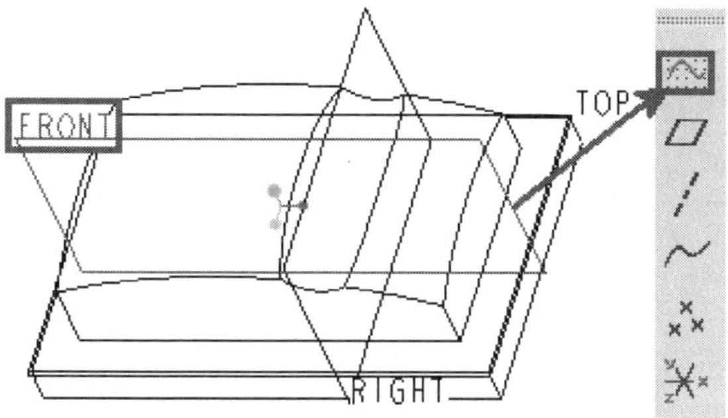

① 스케치 평면으로 'FRONT' 데이텀 평면 선택

② 스케치( ) 도구 아이콘 선택

③ 스케치 창의 '스케치' 탭을 클릭

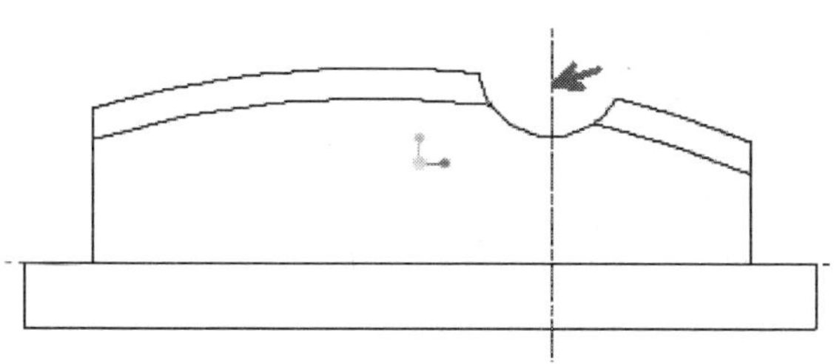

④ 형상중심선( ) 도구 아이콘 선택

⑤ 그림과 같이 수직방향으로 형상중심선(회전 축) 스케치

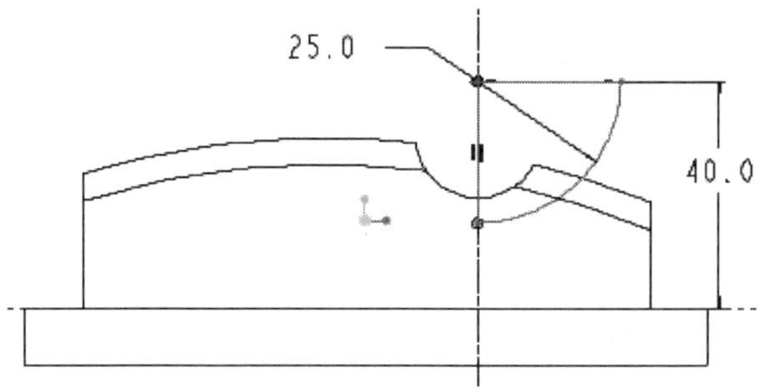

⑥ 그림과 같이 R25의 1/4원 단면 스케치

⑦ 치수 생성/수정

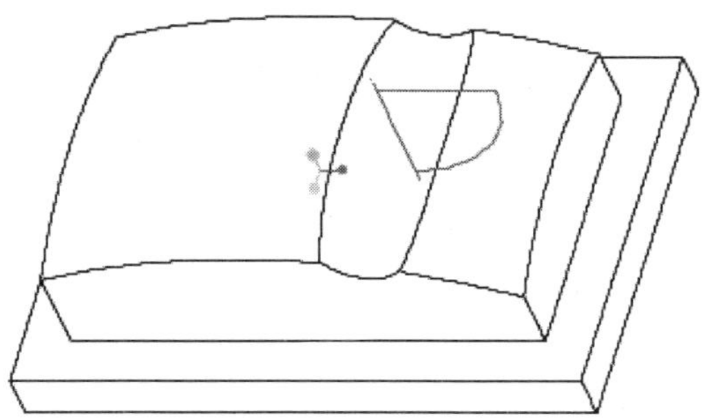

⑧ 스케치 완료(✔)(스케치 선택 상태임)

5.2 회전 실행

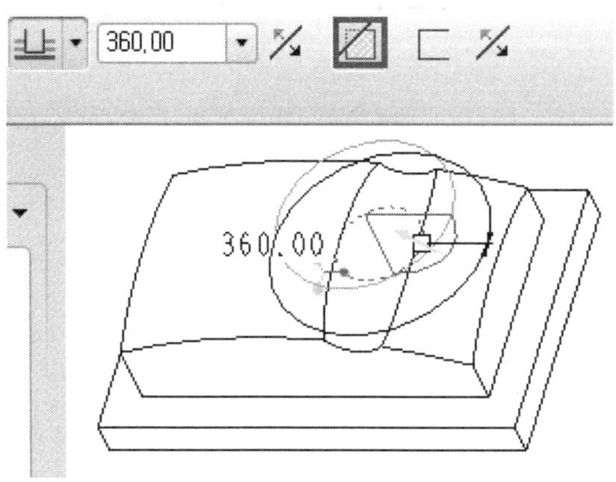

① 회전( )피처 생성 도구 아이콘 선택

② 표준방향(Ctrl + D)으로 전환

③ 회전각도 값 '180' 입력

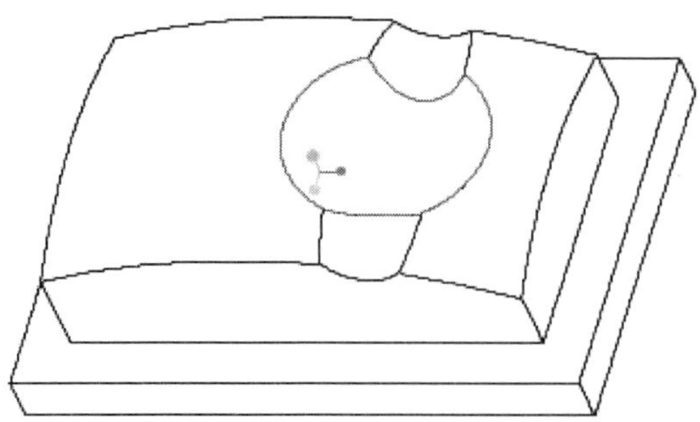

④ 피처 생성 완료(✔)

6. 회전(2) 피처 생성하기

6.1 단면 스케치

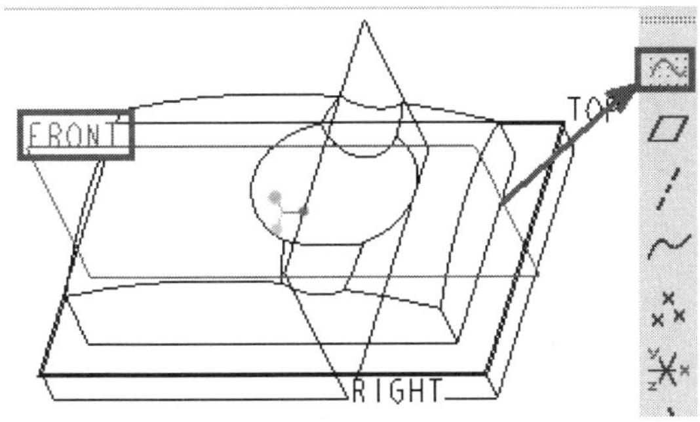

① 스케치 평면으로 'TOP' 데이텀 평면 선택

② 스케치( ) 도구 아이콘 선택

③ 스케치 창의 '스케치' 탭을 클릭

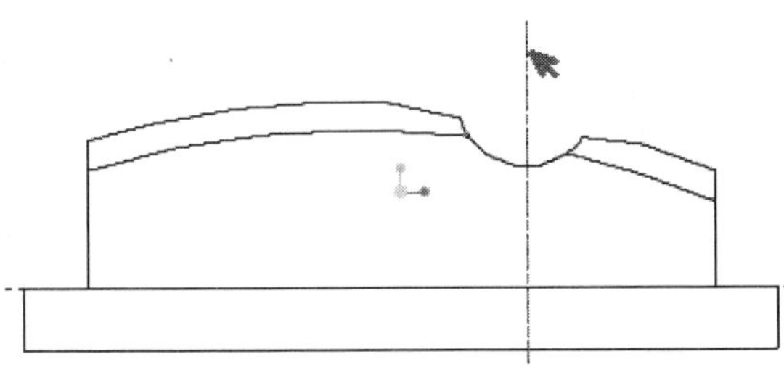

④ **형상**중심선( ) 도구 아이콘 선택

⑤ 그림과 같이 가운데 수직방향으로 형상중심선(회전 축) 스케치

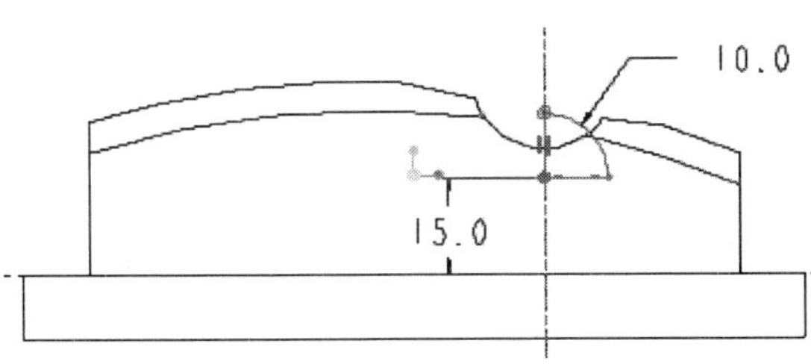

⑥ 도면을 참고하여 그림과 같이 반 단면을 스케치

⑦ 치수 수정

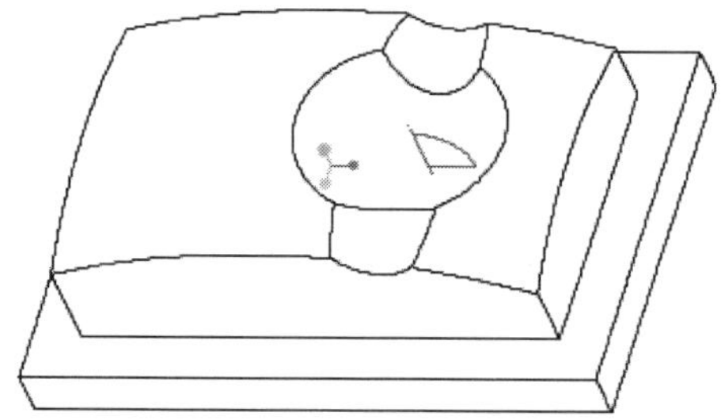

⑧ 스케치 완료(✔)(스케치 선택 상태임)

6.2 회전 실행

① 회전( )피처 생성 도구 아이콘 선택

② 표준방향(Ctrl + D)으로 전환

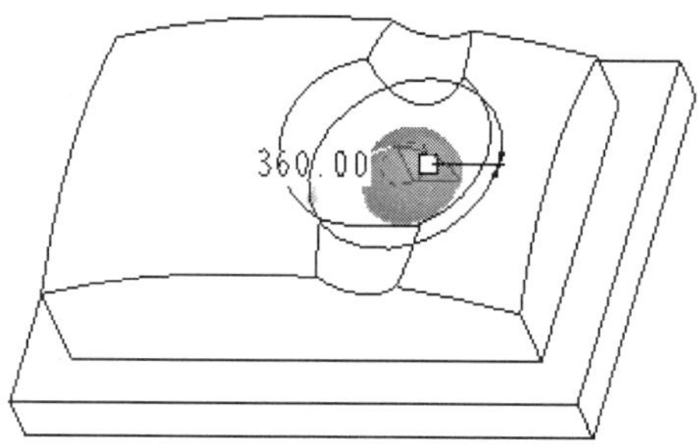

③ 피처 생성 완료(✔)

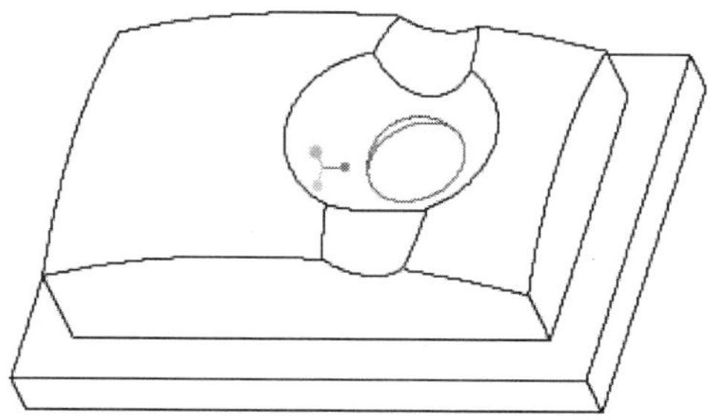

7. 오프셋 피처 생성

7.1 오프셋 서피스 선택

① 스윕 컷 피처의 윗면 선택

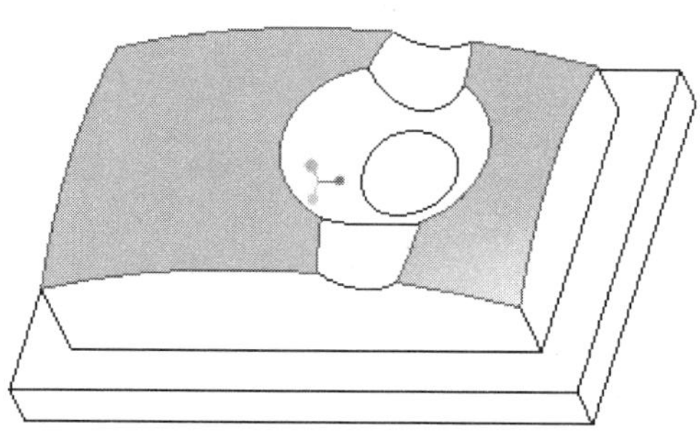

7.2 오프셋 실행

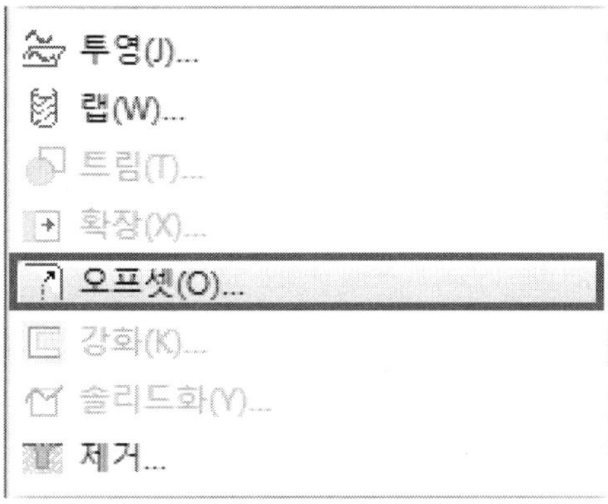

① 풀다운 메뉴 '편집' – '오프셋' 선택

② 오프셋 유형을 펼쳐서 확장 피처( ) 선택

7.3 오프셋 단면 스케치

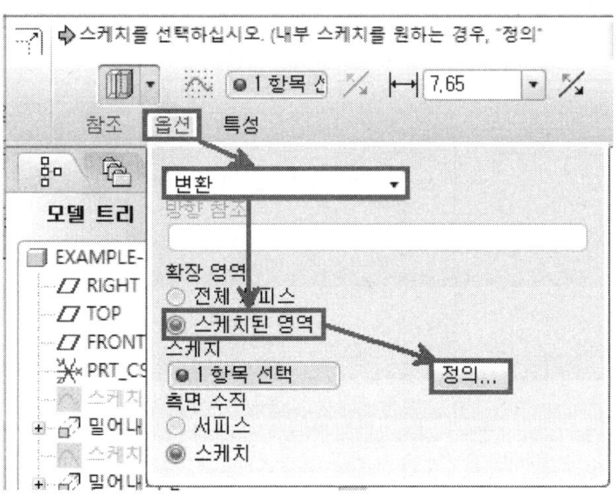

① 대시보드의 '옵션' 탭 선택

② '변환' 선택

③ 확장영역 '스케치된 영역' 선택

④ 스케치 '정의' 탭 선택

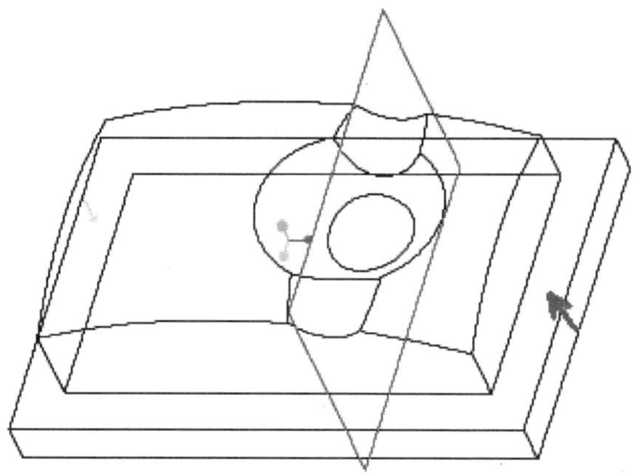

① 스케치 평면으로 직육면체의 윗면 선택

② '스케치' 탭 선택

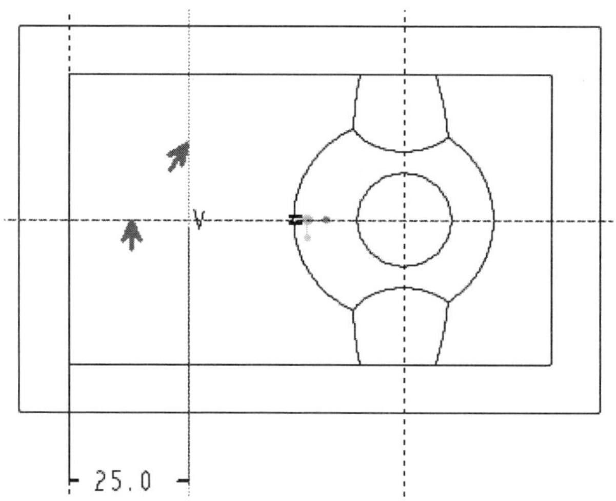

③ 마우스 우측 버튼 클릭 '중심선' 선택

④ 그림과 같이 수직, 수평 두 중심선 스케치

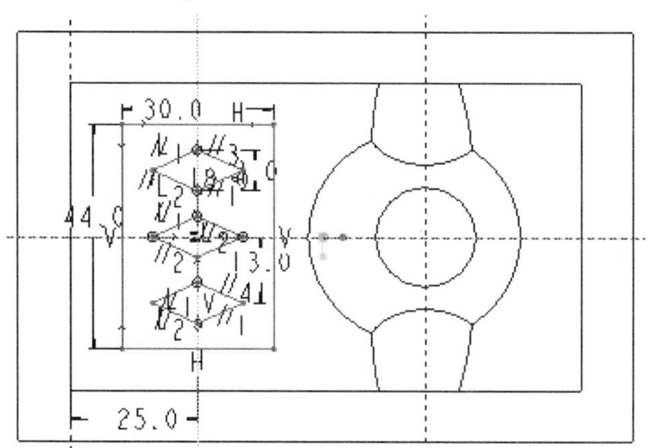

⑤ 도면 참고하여 그림과 같이 단면 스케치

⑥ 스케치 완료(✔)

7.4 오프셋 깊이

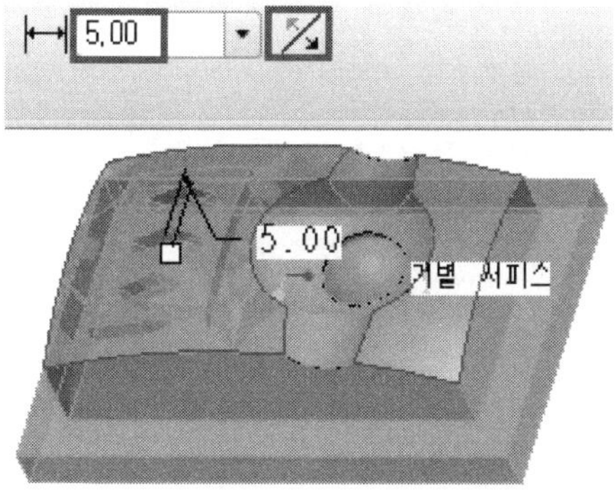

① 대시보드 오프셋 값 '5' 로 수정

② 오프셋 방향( ) 클릭

③ 미리보기( ) 클릭하여 형상 확인

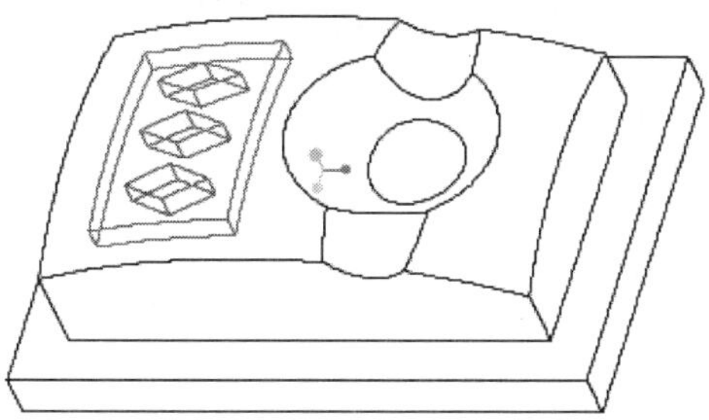

④ 피처 생성 완료( )

8. 구배(1) (100o) 피처 생성하기

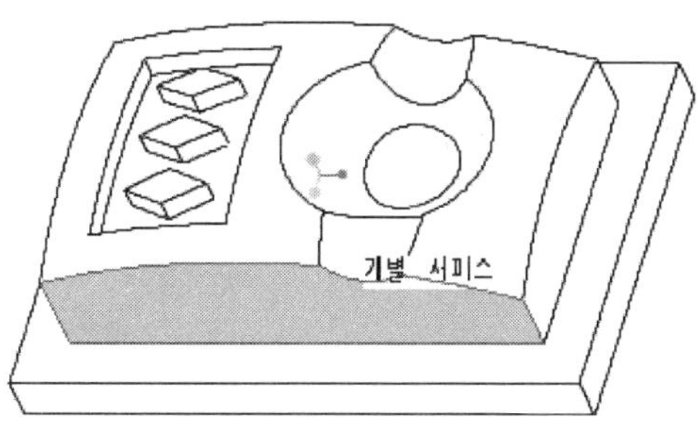

① 구배 도구 아이콘( ) 선택

② 앞쪽 측면 선택

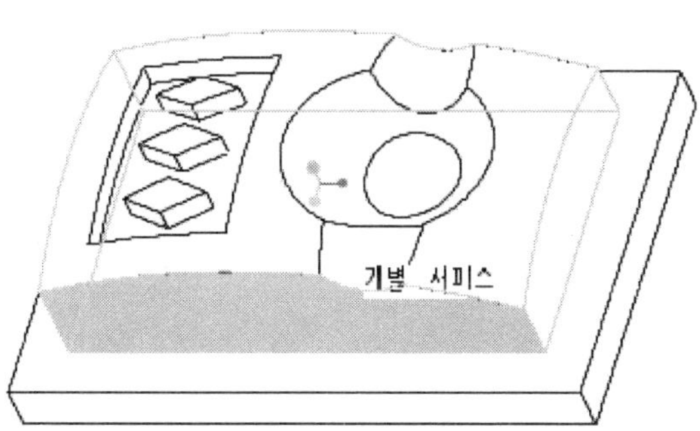

③ 그림과 같이 측면 전체가 강조 표시될 때까지 마우스 우측 버튼을 반복 클릭

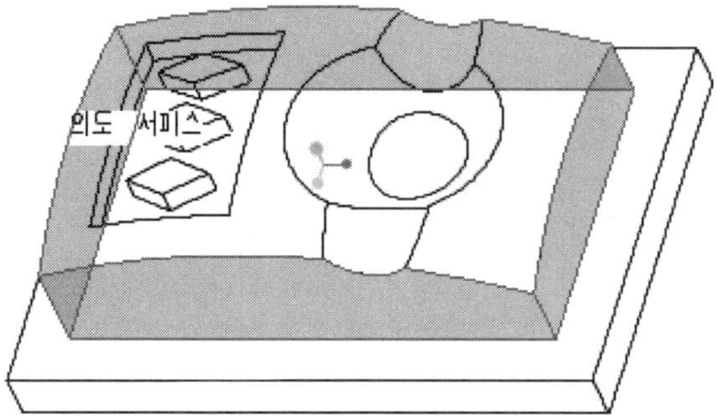

④ 마우스 왼쪽 버튼 클릭(측면 모두가 선택됨)

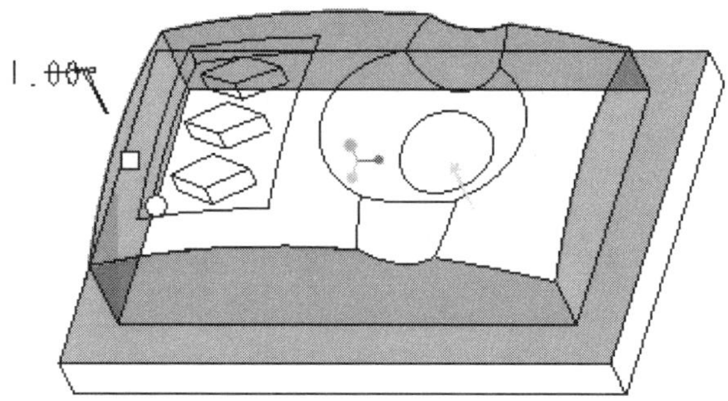

⑤ 마우스 우측 버튼 클릭

⑥ '구배 경첩' 선택

⑦ 직육면체의 윗면 선택

⑧ 구배 각도 '10'으로 수정

⑨ 재료 추가/제거 방향 전환( ) 아이콘 클릭

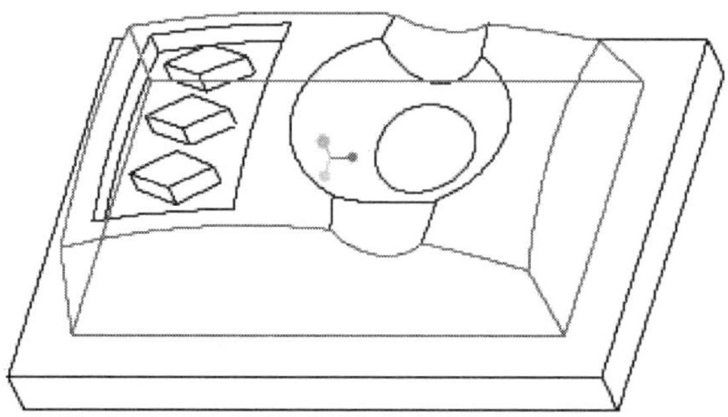

⑩ 피처생성 완료( )

9. 라운드 추가

9.1 라운드 R10 추가

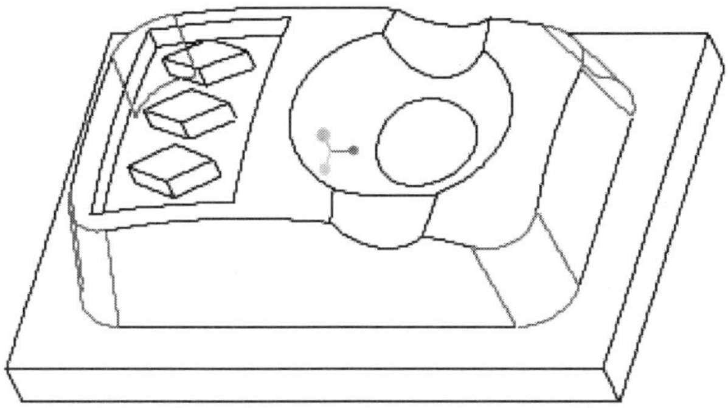

① 라운드( ) 도구 선택

② 대상 모서리를 Ctrl 키 누른 채 선택

③ 라운드 값 '10' 으로 수정

④ 피처 생성 완료( )

9.2 라운드 R5 추가

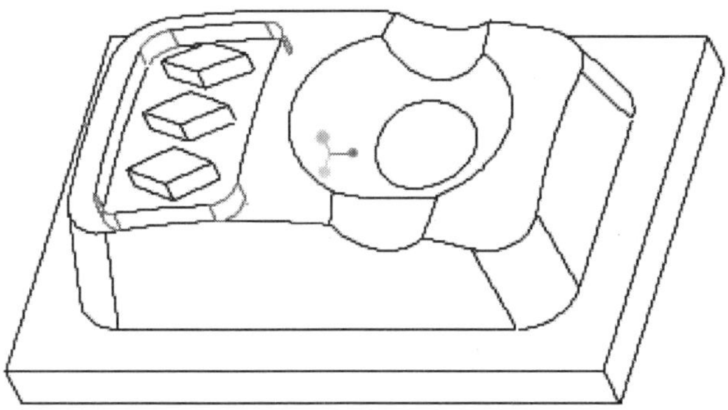

① 라운드( ) 도구 선택

② 대상 모서리를 Ctrl 키 누른 채 선택

③ 라운드 값 '5' 로 수정

④ 피처 생성 완료( )

9.3 라운드 R1 추가

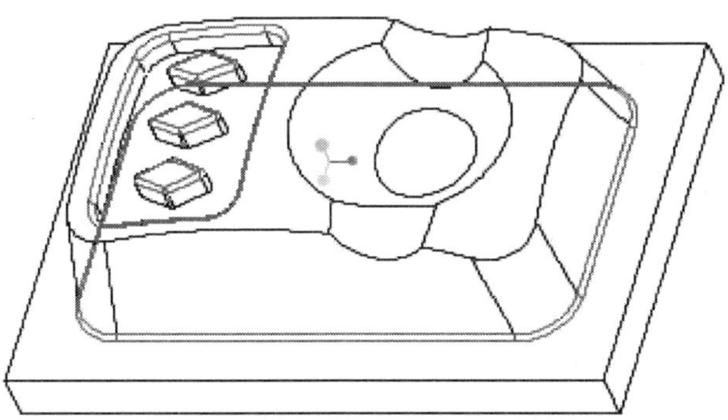

① 라운드( ) 도구 선택

② 대상 모서리를 Ctrl 키 누른 채 선택

③ 라운드 값 '1' 로 수정

④ 피처 생성 완료( )

9.4 지시 없는 모든 라운드 R2 추가

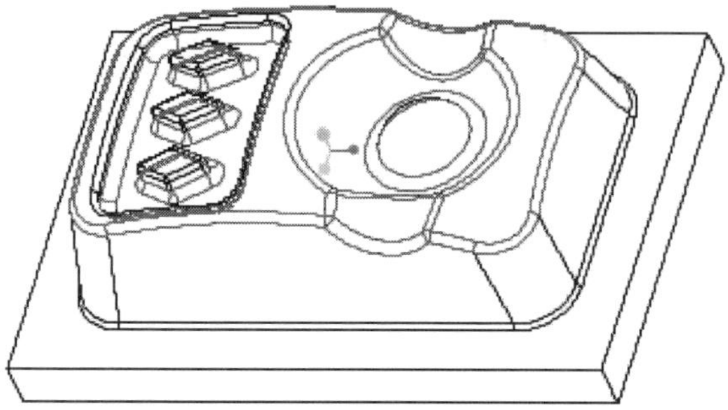

① 라운드( ) 도구 선택

② 대상 모서리를 Ctrl 키 누른 채 선택

③ 라운드 값 '2' 로 수정

④ 피처 생성 완료( )

10. 완성된 모델링 형상

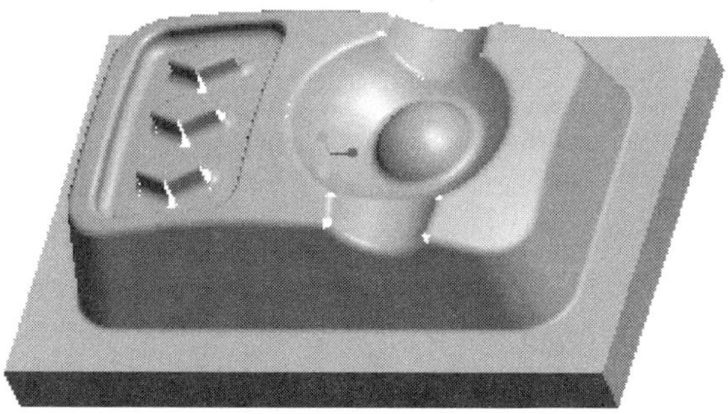

14. Example-14 도면 모델링

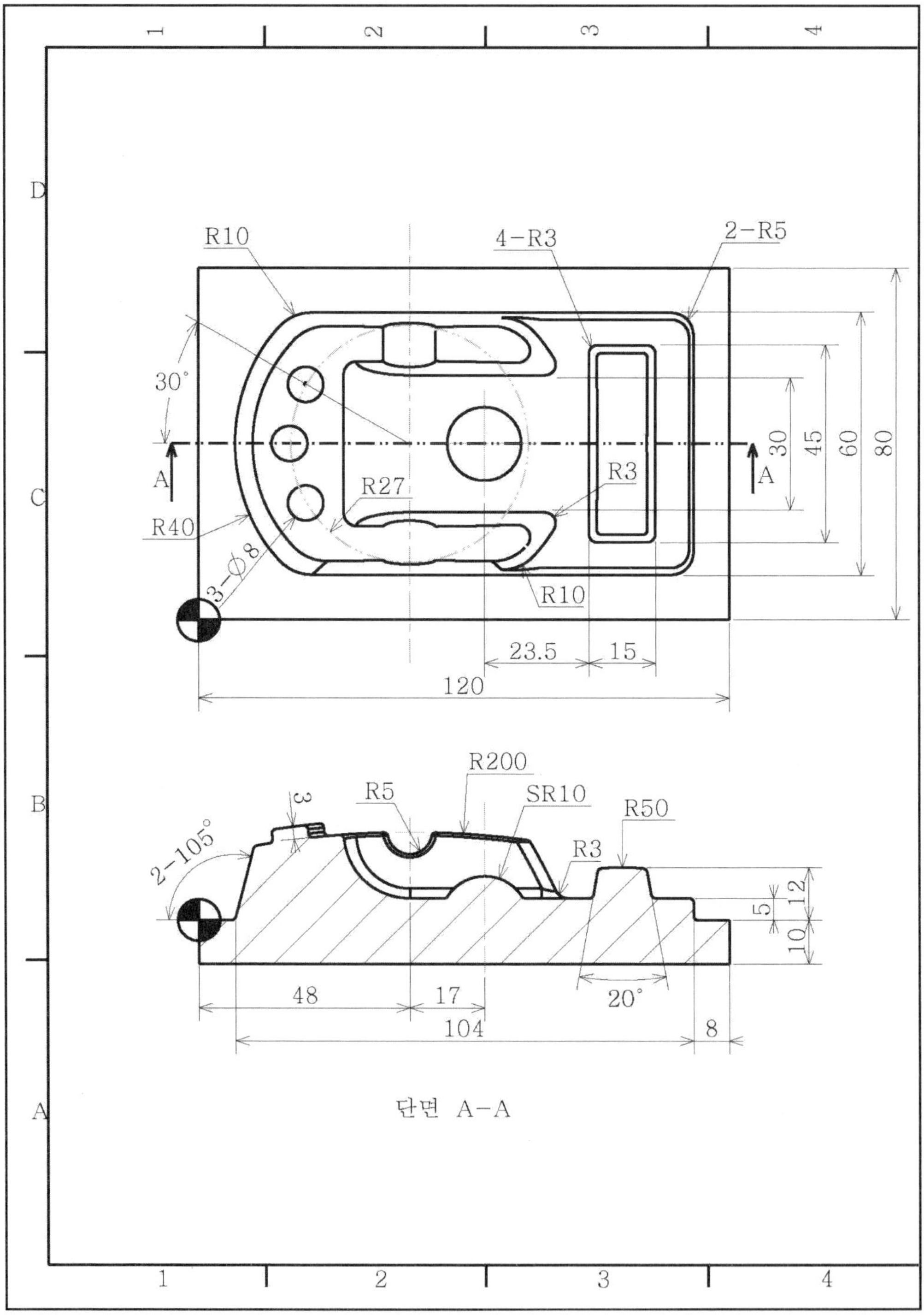

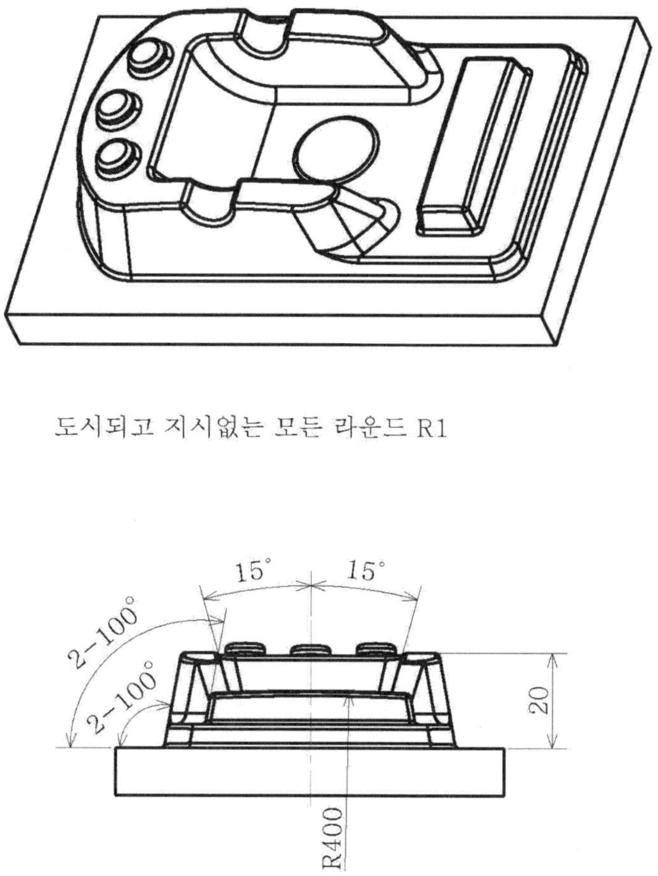

도시되고 지시없는 모든 라운드 R1

창 원 문 성 대 학 교			
소 속	기 계 과	작 업 자	예 규 현
투 상 법	3각법	축 척	1 : 1
날 짜	2016.1.20	파 일 명	Example-14

작업 순서

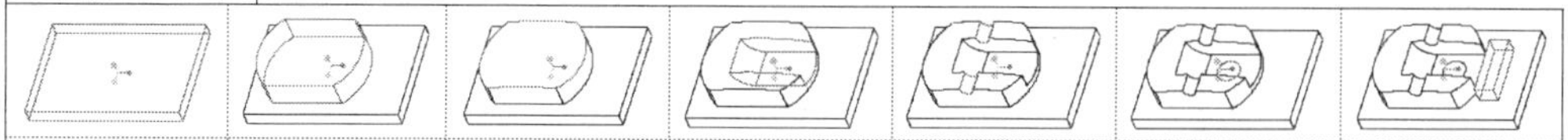

1.밀어내기1	2..밀어내기2	3.스윕 컷	4..밀어내기3	5.밀어내기4	6.회전1	7.밀어내기5

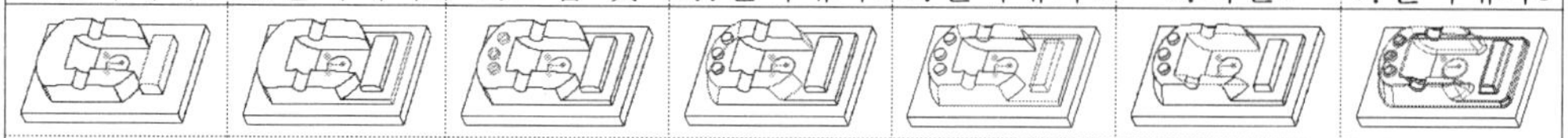

8.스윕 컷	9..밀어내기6	10.오프셋	11.구배1	12.구배2	13.구배3	14.라운드

1. 밀어내기(1) 피처 생성

1.1 파일 새로 만들기

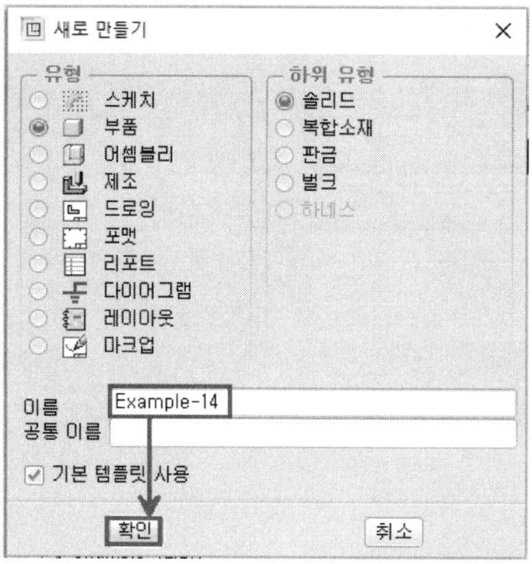

① 파일 새로 만들기-파일 이름 'Example-14'입력

② 단위는 mmNs 단위계

1.2 스케치 단면 생성

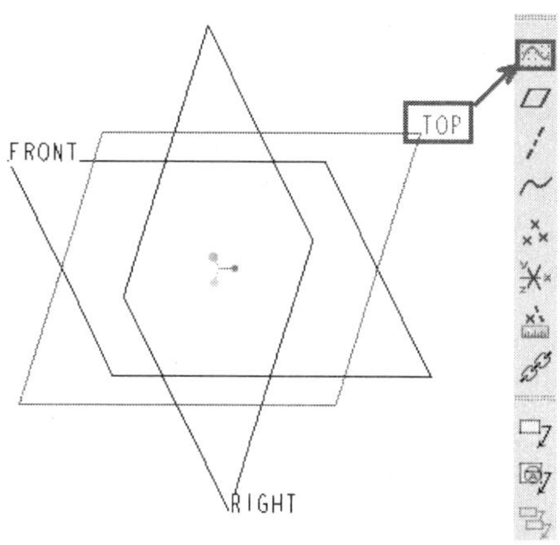

① 스케치 평면으로 'TOP' 데이텀 평면 선택

② 스케치( ) 도구 아이콘 선택

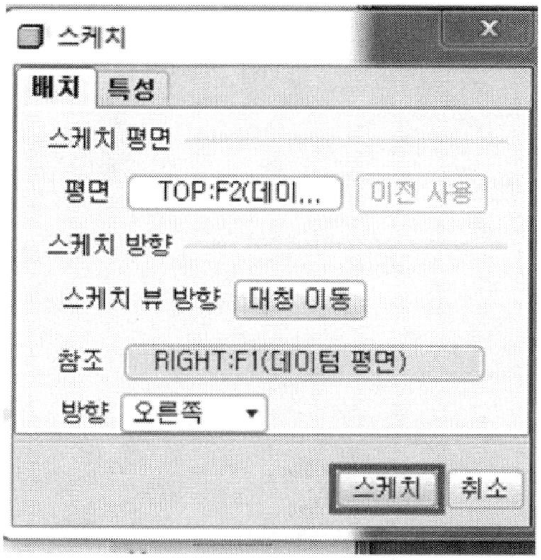

① ‘스케치’ 탭 클릭

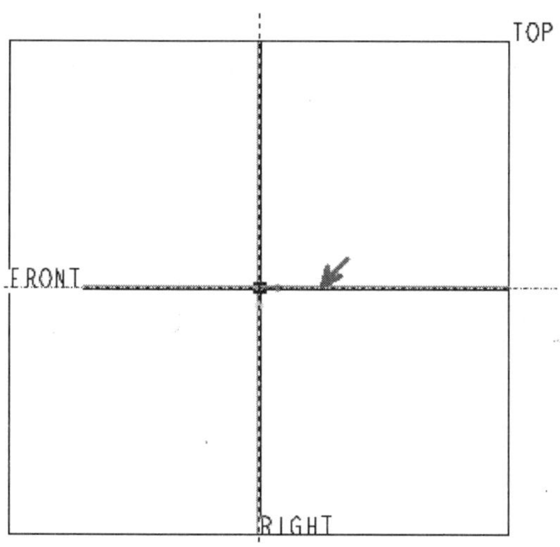

② 마우스 우측 버튼 클릭 - ‘중심선’ 선택

③ 가운데 참조 데이텀 평면에 일치하도록 수평 중심선 스케치

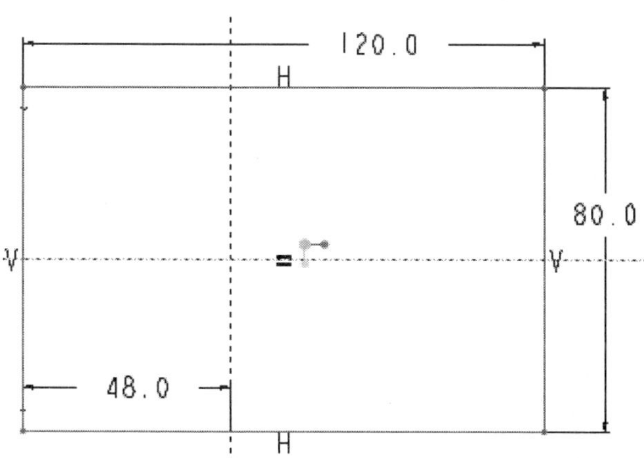

④ 직사각형(□) 생성 아이콘 선택

⑤ 상하 대칭 구속을 이용 가로 120, 세로 80인 직사각형 스케치

⑥ 스케치 완료(✔)

1.3 밀어내기 실행

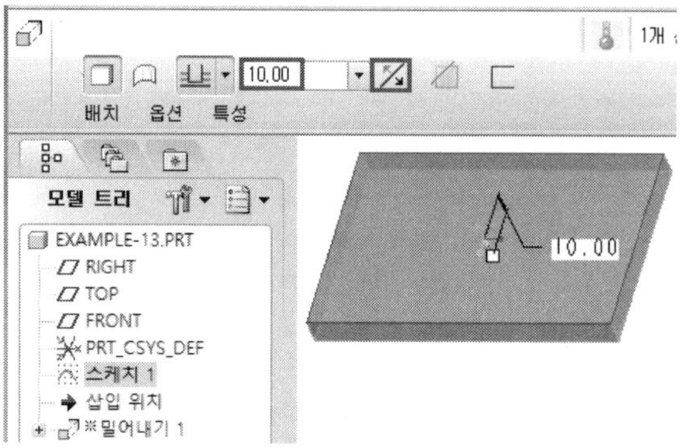

① 밀어내기( ) 도구 아이콘 클릭

② 'Ctrl + D'로 표준방향으로 전환

③ 깊이 값 '10' 으로 수정

④ 깊이 방향 전환( ) 아이콘 클릭(아래 방향)

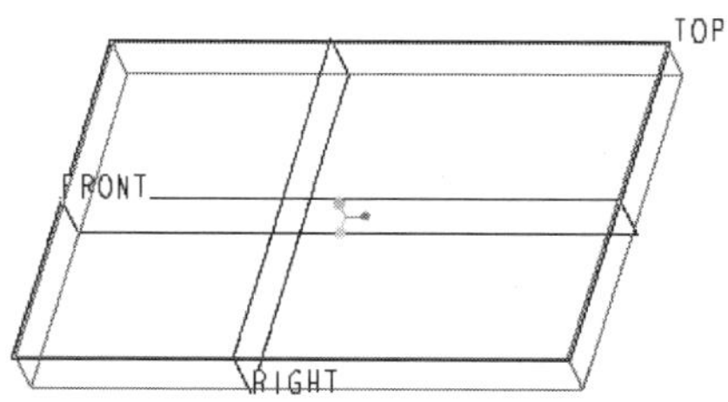

⑤피처 생성 완료( )

2. 밀어내기(2) 피처 생성

2.1 단면 스케치

① 스케치 평면으로 'TOP' 평면 선택

② 스케치( ) 도구 선택

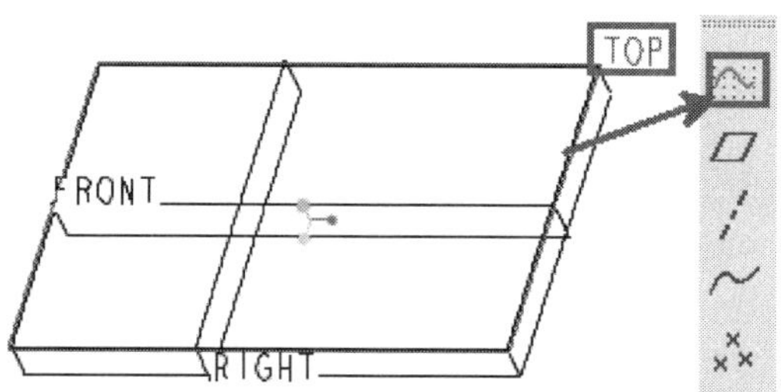

③ '스케치' 탭 클릭

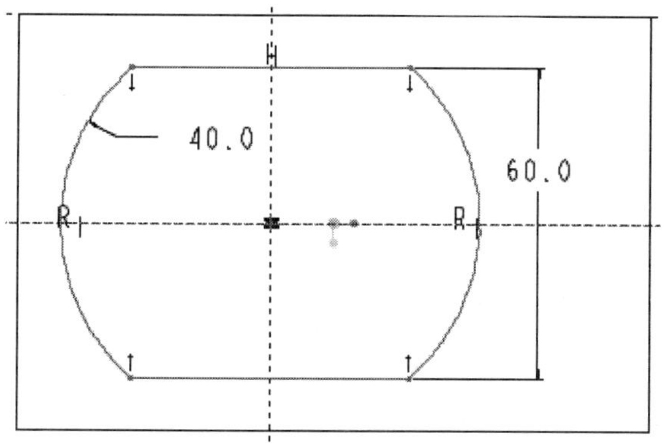

④ 가운데 수평 중심선 스케치

⑤ 도면 참고하여 그림과 같이 단면 스케치

⑥ 치수 생성/수정

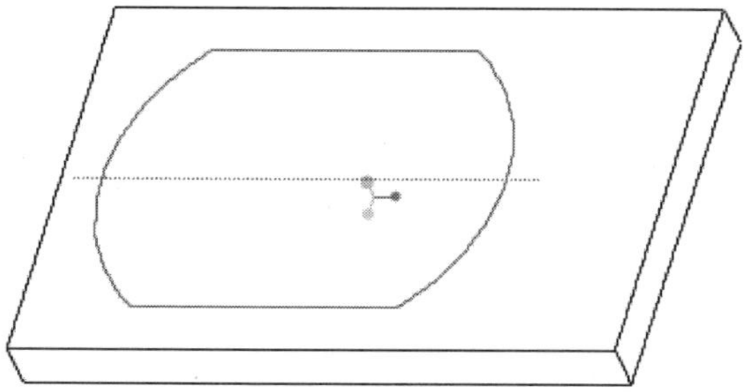

⑦ 스케치 작업 완료(✔)

2.2 밀어내기 실행

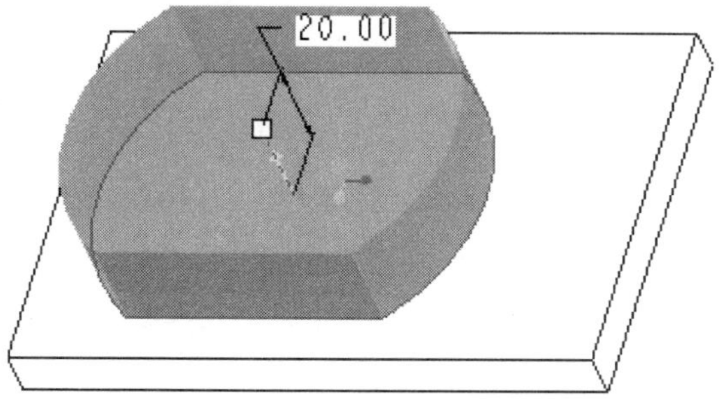

① 밀어내기( ) 피처 도구 아이콘 선택

② 'Ctrl + D'로 표준방향으로 전환

③ 깊이 값 '20' 으로 수정

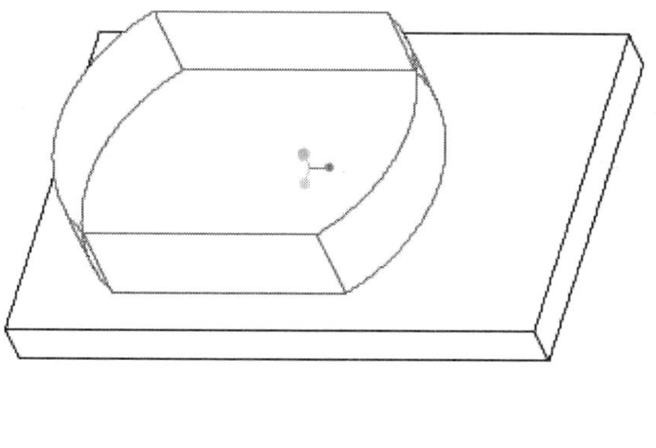

④ 피처 생성 완료(✔)

3. 스윕 컷 피처 생성

3.1 스윕 컷 실행

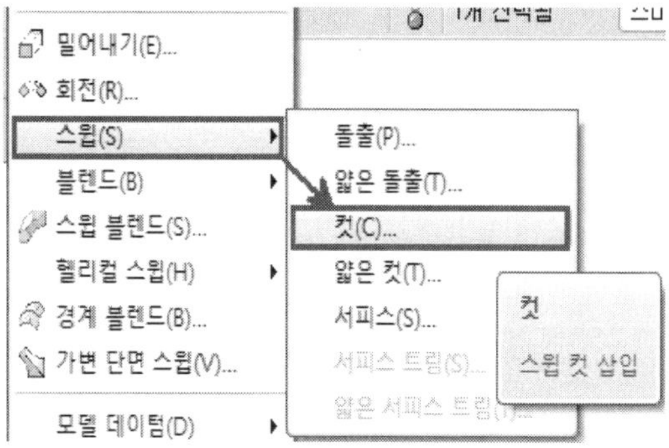

① 풀다운 메뉴의 '삽입' - '스윕' - '컷' 선택

3.2 스윕 궤적 정의

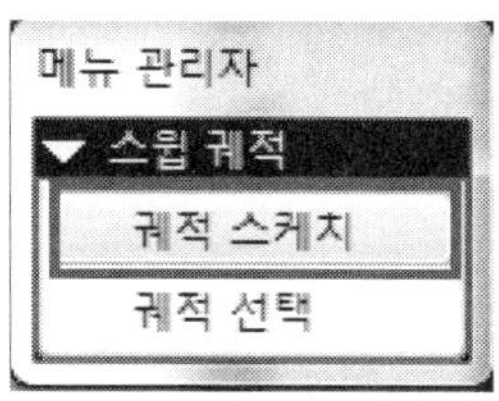

① 메뉴 관리자 '궤적 스케치' 선택

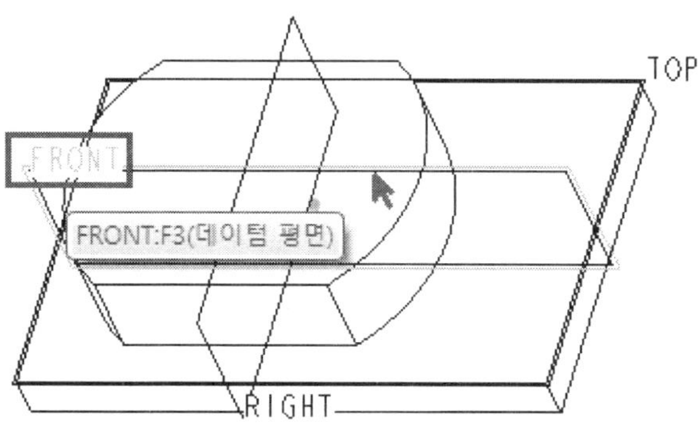

② 스케치 평면으로 'FRONT' 선택

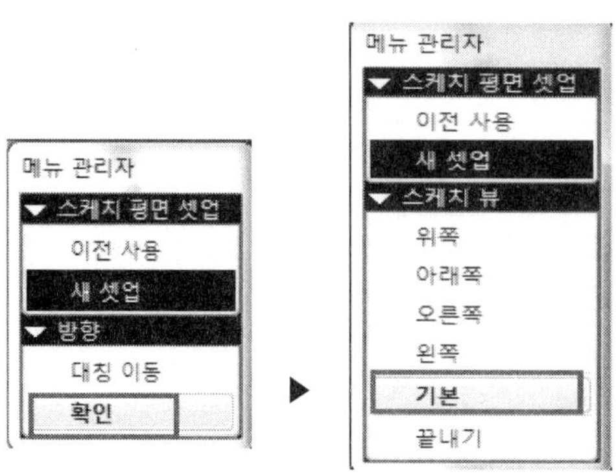

③ 방향 '확인', 스케치 뷰 '기본' 선택

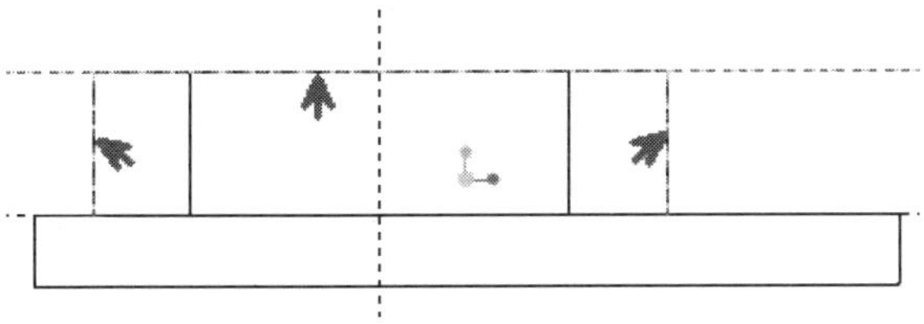

④ 마우스 우측 버튼 클릭
⑤ 팝업 메뉴 '참조' 선택
⑥ 화살표 표시 세 모서리 선택
⑦ 참조 창 닫는다.

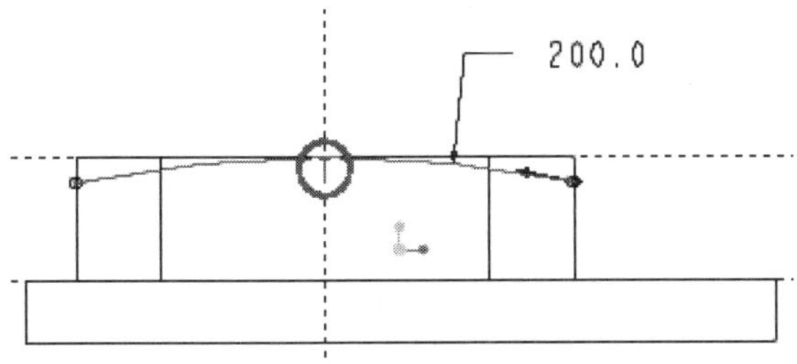

⑧ 3점/탄젠트 끝( ) 도구 아이콘 선택
⑨ 호의 양 끝은 수평 구속, 수평 참조 모서리와 호는 탄젠트 구속되도록 호 스케치
⑩ 반지름 '200' 으로 수정
⑪ (궤적)스케치 완료( )

3.3 단면 스케치

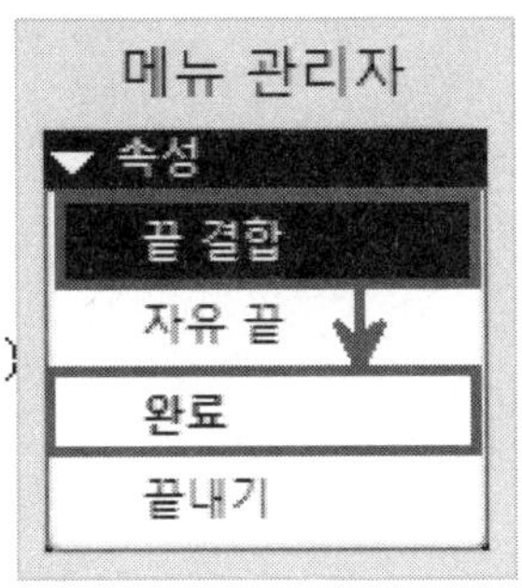

① 속성 '끝결합' 선택하고 '완료'

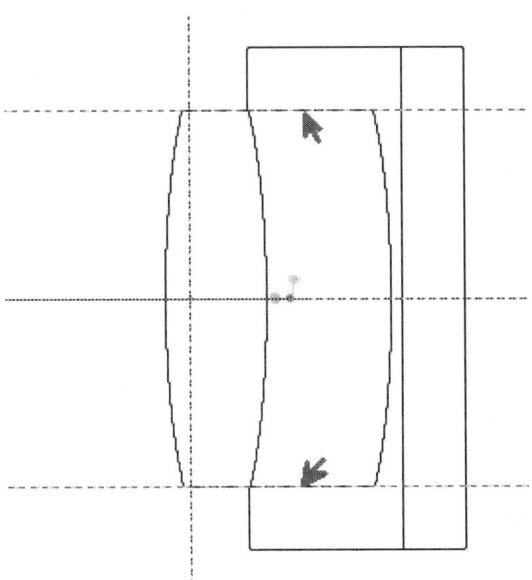

② 마우스 우측 버튼 클릭
③ 팝업 메뉴 '참조' 선택
④ 화살표 표시 두 모서리 선택
⑤ 참조 창 닫는다.

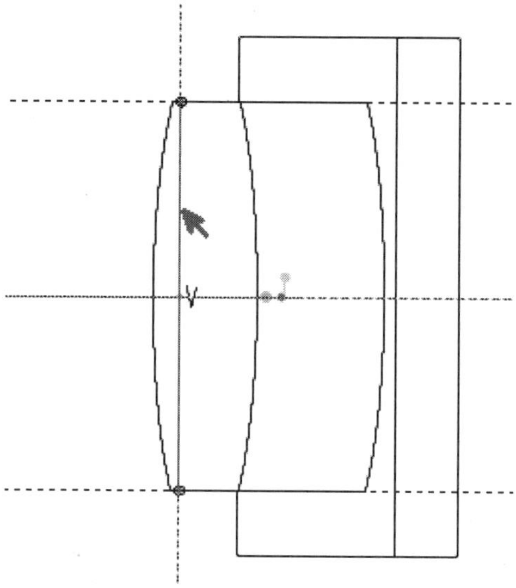

⑥ 선( ) 도구 아이콘 선택

⑦ 그림과 같이 수직 참조 기준선에 일치하도록 수직선 스케치

⑧ 스케치 종료( )

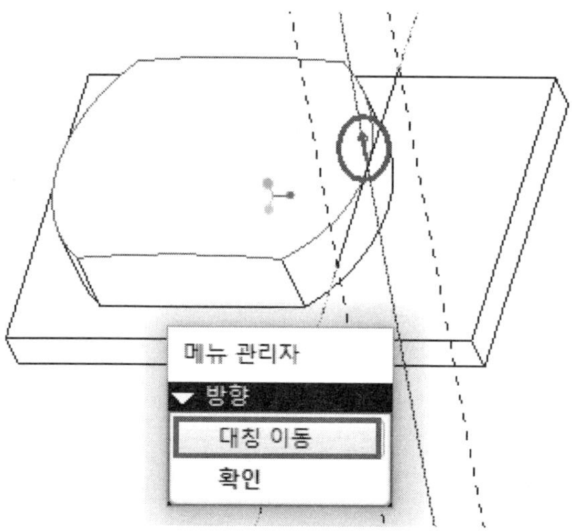

⑨ 메뉴 관리자 '대칭 이동' 선택(재료제거 방향)

⑩ '확인' 선택

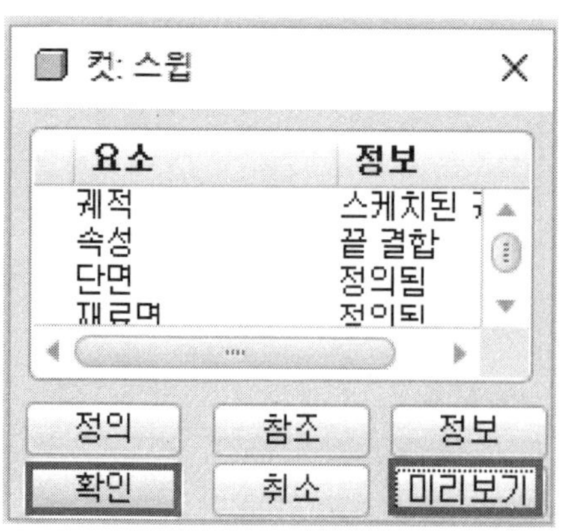

⑪ '미리보기'를 클릭하여 컷 형상이 바르게 되었는지 확인하고 '확인' 클릭하여 피처 생성 완료

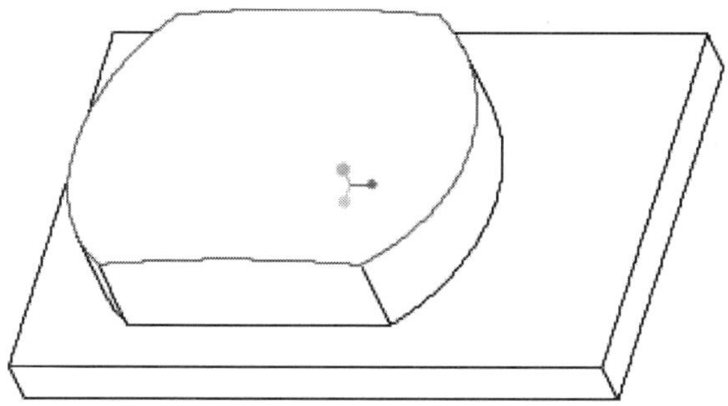

⑫ 스윕 컷 피처 완성

4. 밀어내기(3) 피처 생성

4.1 단면 스케치

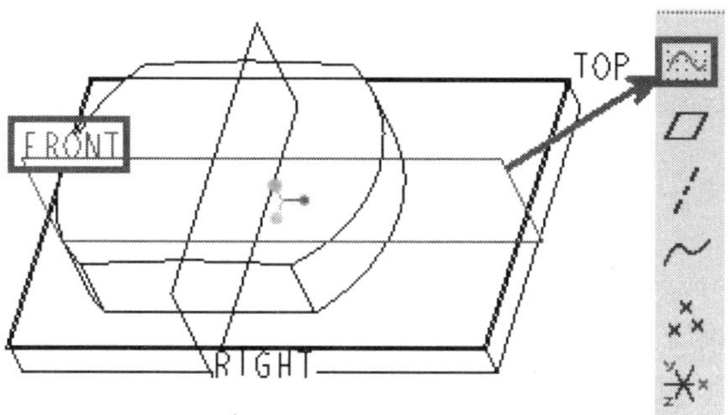

① 스케치 평면으로 'FRONT' 평면 선택

② 스케치( ) 도구 선택

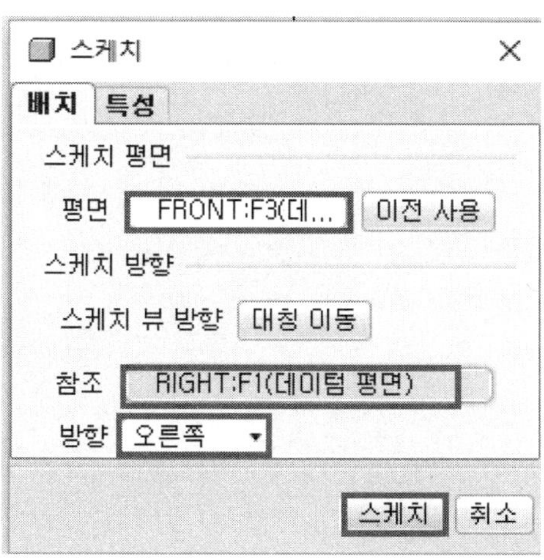

③ '스케치' 탭 클릭

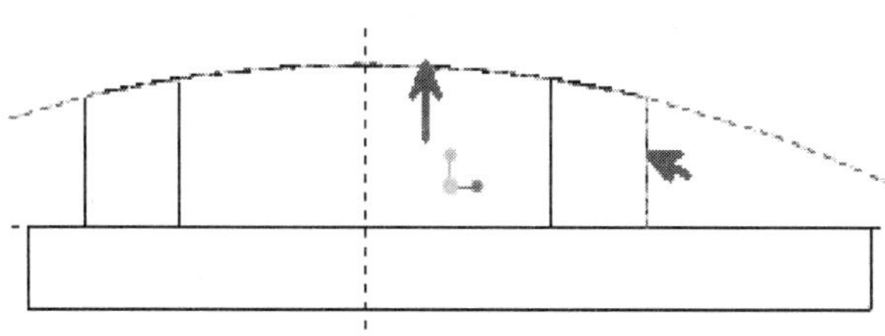

④ 마우스 우측 버튼 클릭

⑤ 팝업 메뉴 '참조' 선택

⑥ 화살표 표시 두 모서리 선택

⑦ 참조 창 닫는다.

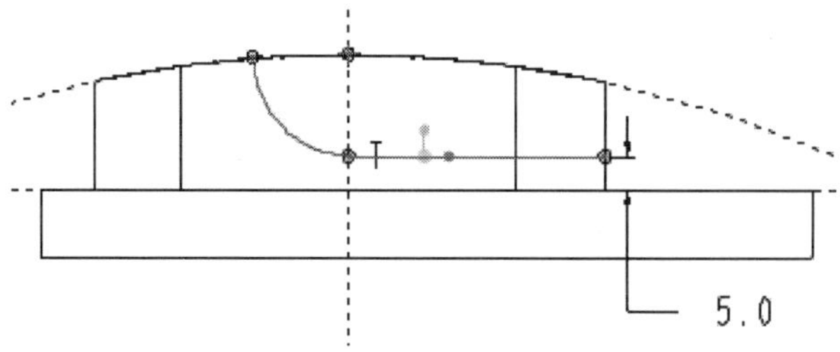

⑧ 도면 참고하여 그림과 같은 단면 스케치

⑨ 치수 생성/수정

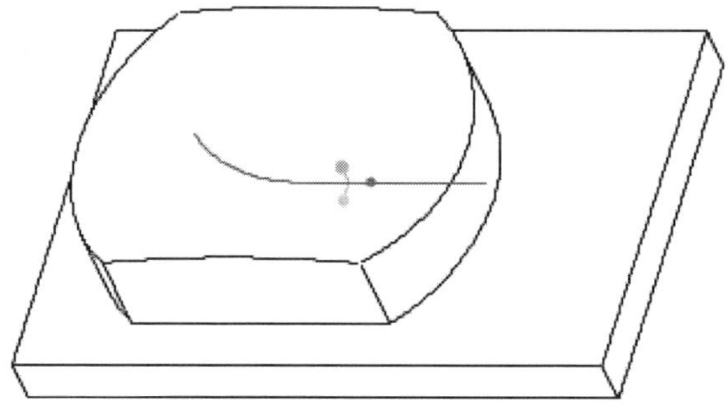

⑩ 스케치 작업 완료(✔)

4.2 밀어내기 실행

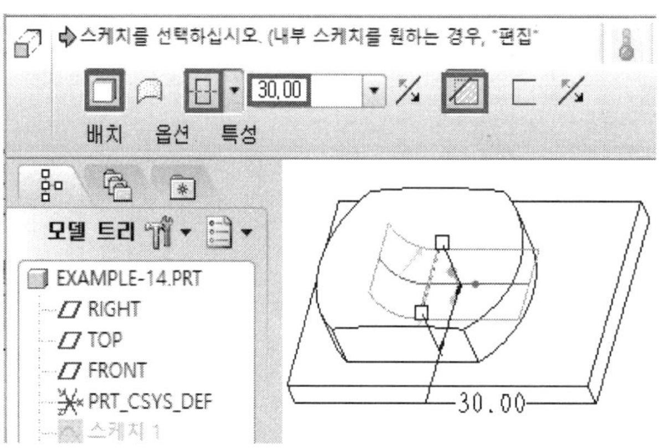

① 밀어내기( ) 피처 도구 아이콘 선택

② 'Ctrl + D'로 표준방향으로 전환

③ 솔리드( ), 깊이옵션 대칭( ) 선택

④ 깊이 값 '30' 및 재료제거( ) 선택

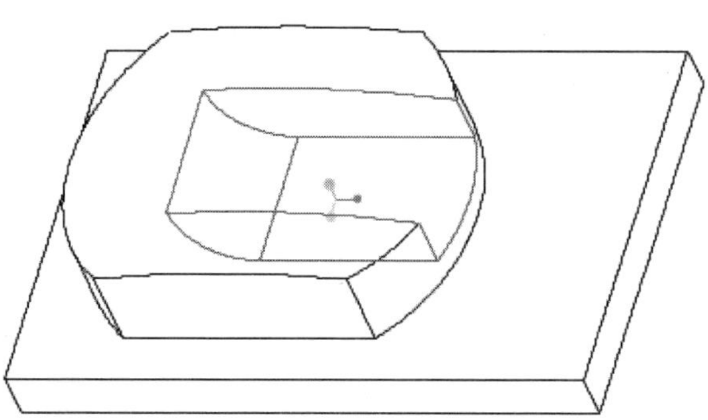

⑤ 피처 생성 완료(✔)

5. 밀어내기(4) 피처 생성

5.1 단면 스케치

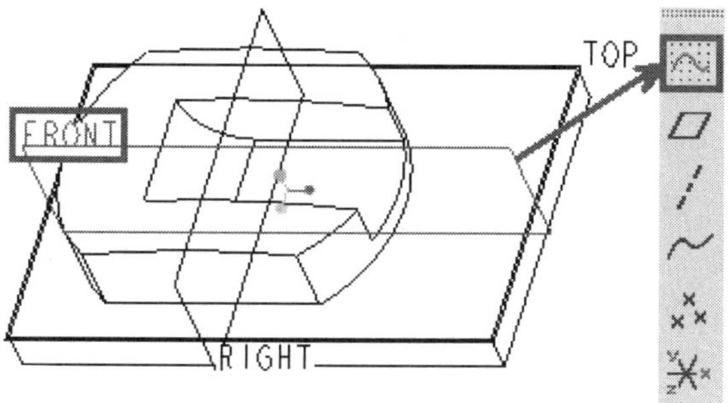

① 스케치 평면으로 'FRONT' 평면 선택

② 스케치( ) 도구 선택

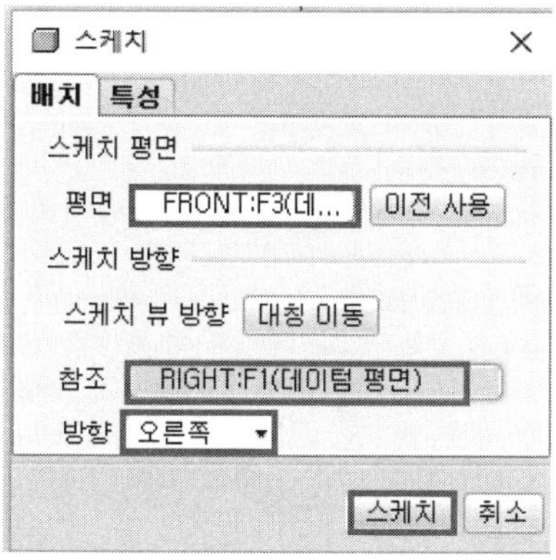

③ '스케치' 탭 클릭

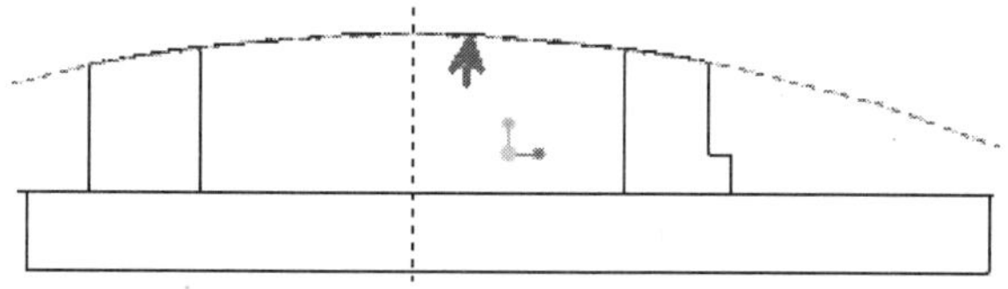

④ 마우스 우측 버튼 클릭, '참조' 선택

⑤ 화살표 모서리 선택

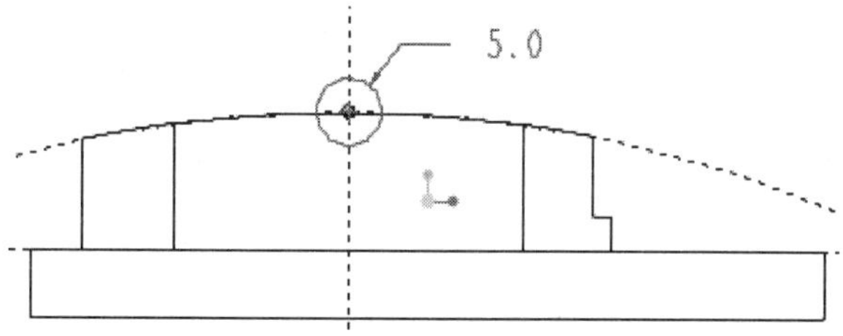

⑥ 원( ) 도구 선택

⑦ 그림과 같이 R5인 원 단면 스케치

⑧ 치수 수정

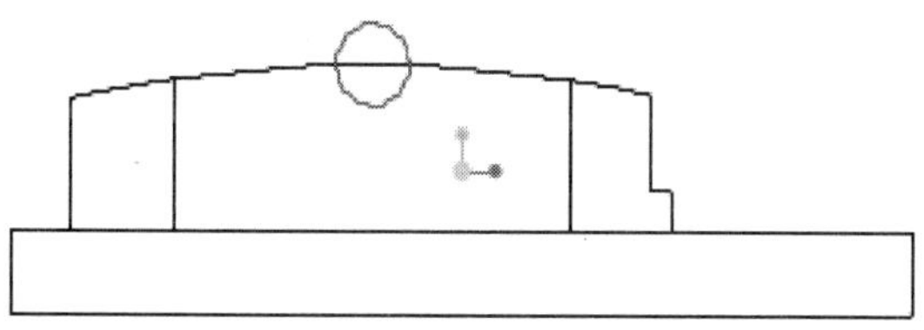

⑨ 스케치 작업 완료( )

5.2 밀어내기 실행

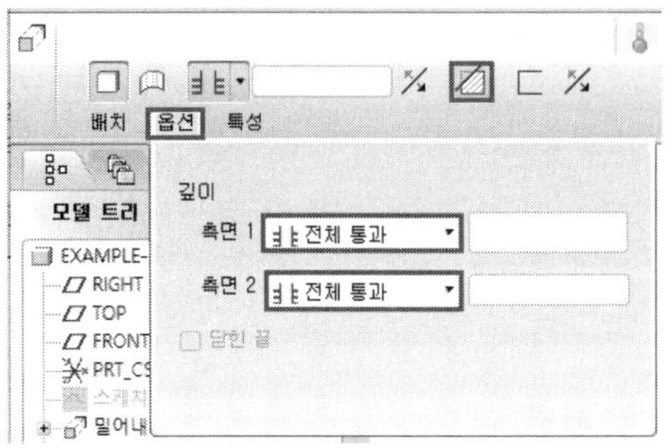

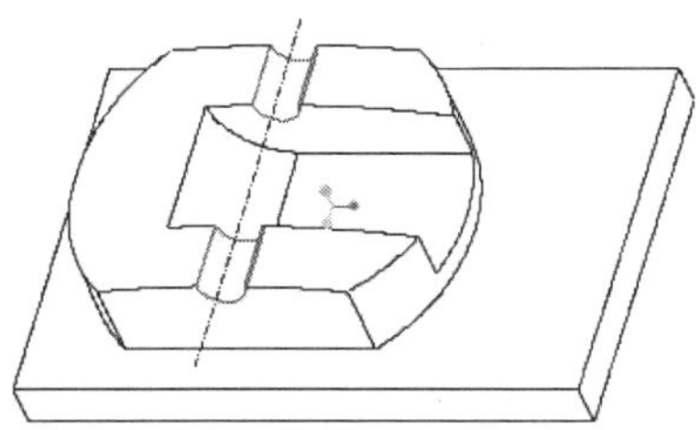

① 밀어내기( ) 피처 도구 아이콘 선택

② 'Ctrl + D'로 표준방향으로 전환

③ 대시보드 옵션 선택

④ 깊이 옵션 측면1, 측면2 모두 '전체 통과' 선택

⑤ 피처 생성 완료( )

6. 회전(1) 피처 생성하기

6.1 단면 스케치

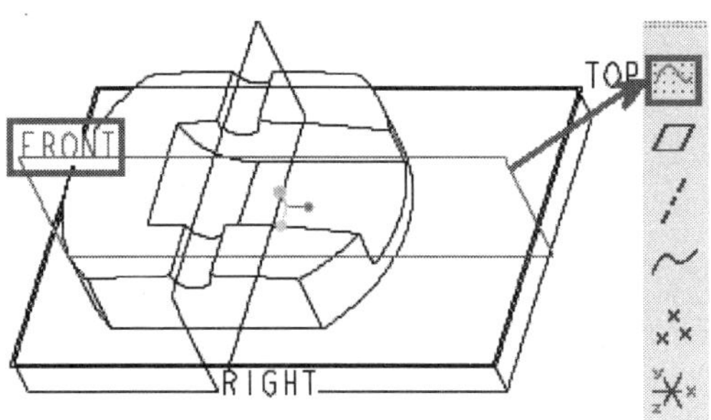

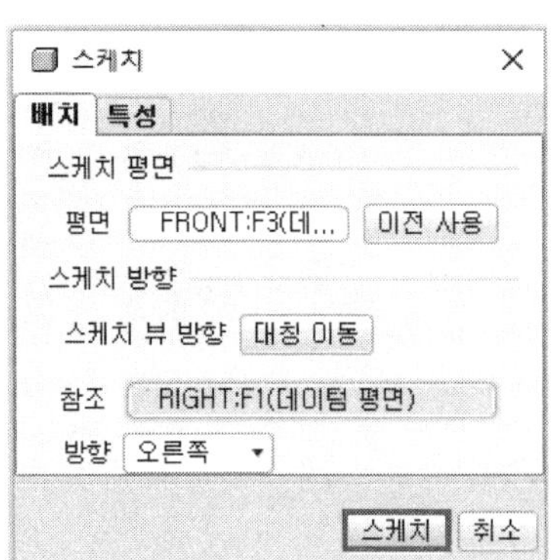

① 스케치 평면으로 'FRONT' 데이텀 평면 선택

② 스케치( ) 도구 아이콘 선택

③ 스케치 창의 '스케치' 탭을 클릭

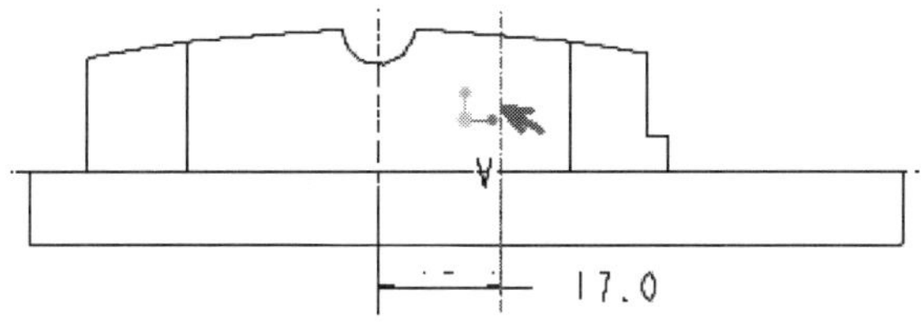

④ **형상**중심선(┆) 도구 아이콘 선택

⑤ 그림과 같이 수직방향으로 형상중심선(회전 축) 스케치

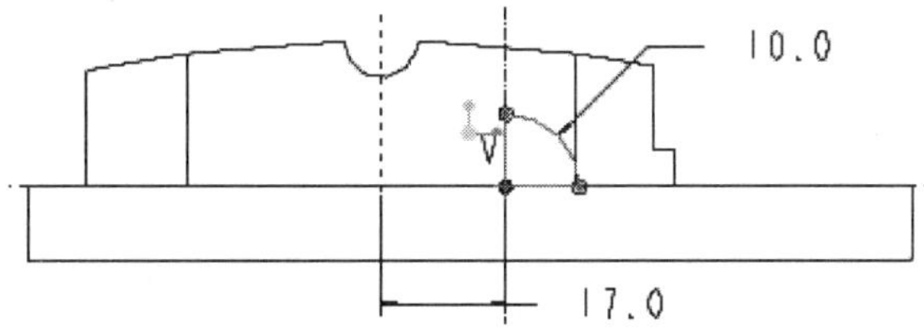

⑥ 그림과 같이 R10의 1/4원 단면 스케치

⑦ 치수 생성/수정

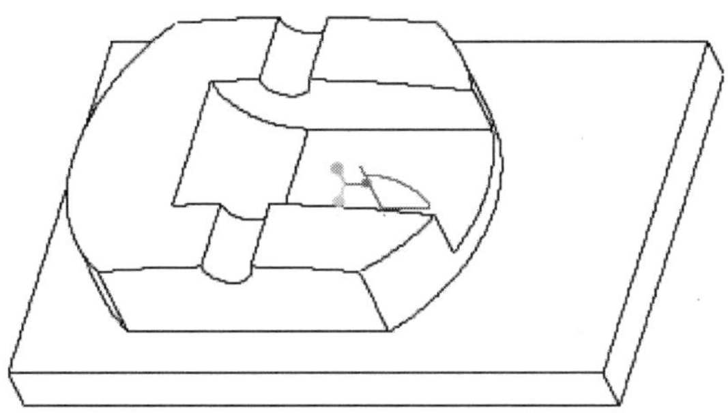

⑧ 스케치 완료(✔)(스케치 선택 상태임)

6.2 회전 실행

① 회전( )피처 생성 도구 아이콘 선택

② 표준방향(Ctrl + D)으로 전환

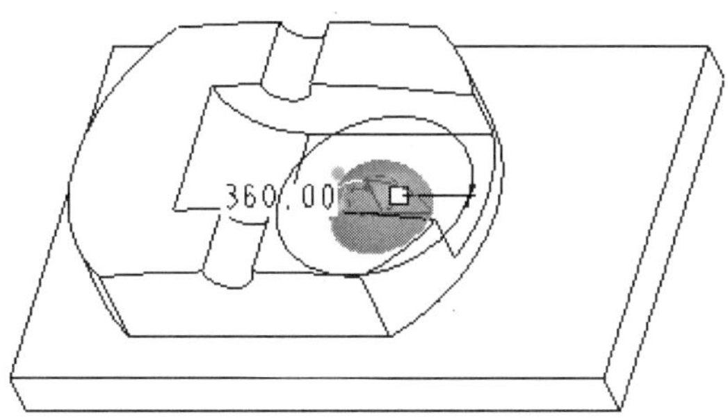

③ 피처 생성 완료(✔)

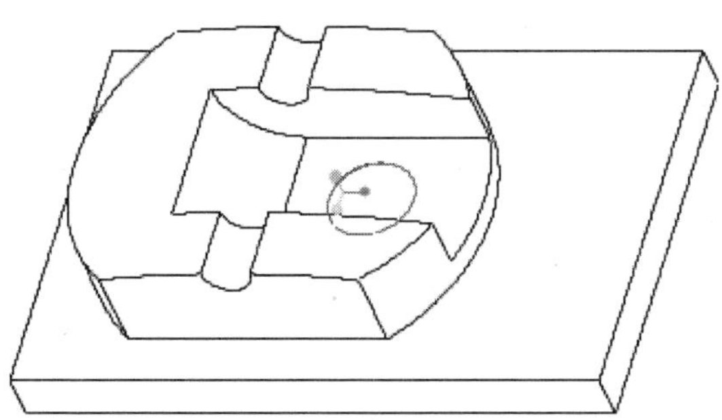

7. 밀어내기(5) 피처 생성

7.1 단면 스케치

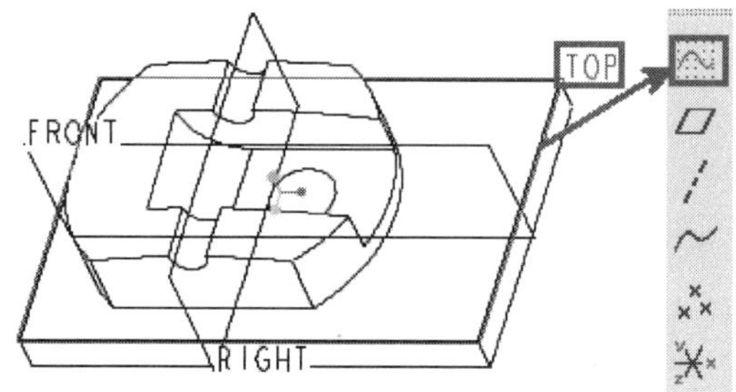

① 스케치 평면으로 'TOP' 평면 선택

② 스케치( ) 도구 선택

③ '스케치' 탭 클릭

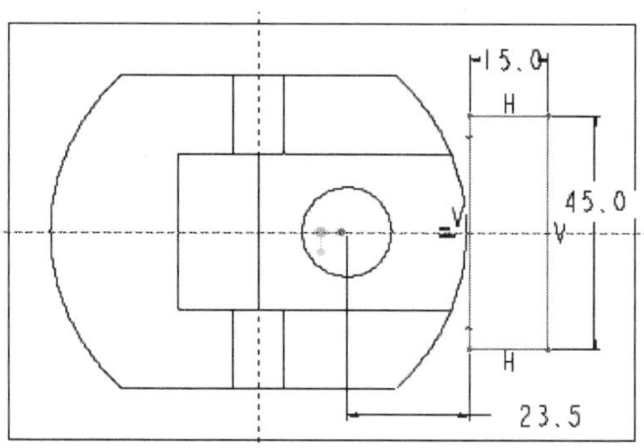

④ 가운데 수평 중심선 스케치

⑤ 도면 참고하여 그림과 같이 단면 스케치

⑥ 치수 생성/수정

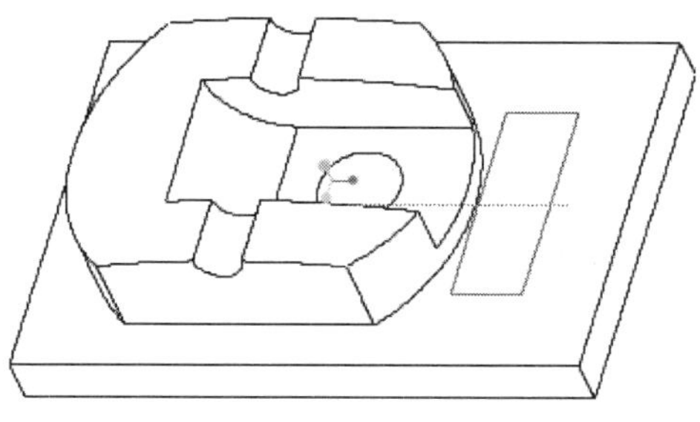

⑦ 스케치 작업 완료( )

7.2 밀어내기 실행

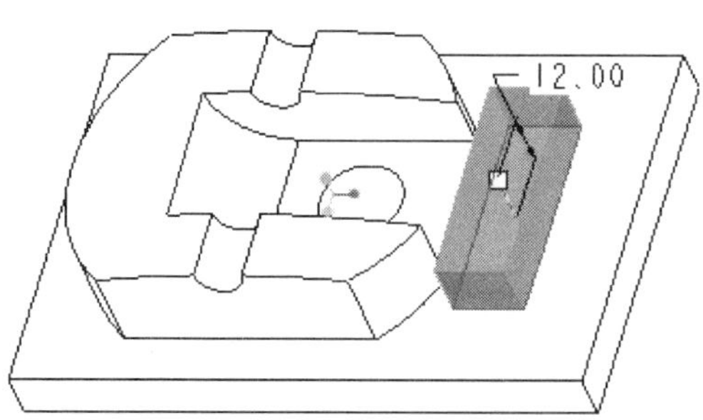

① 밀어내기( ) 피처 도구 아이콘 선택

② 'Ctrl + D'로 표준방향으로 전환

③ 깊이 값 '12' 로 수정

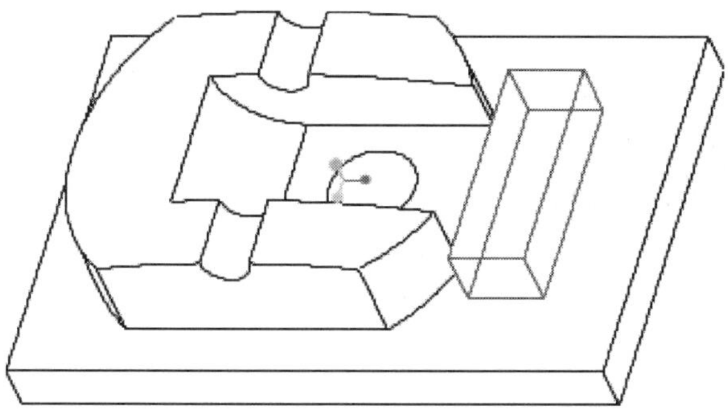

④ 피처 생성 완료(✓)

8. 스윕 컷 피처 생성

8.1 스윕 컷 실행

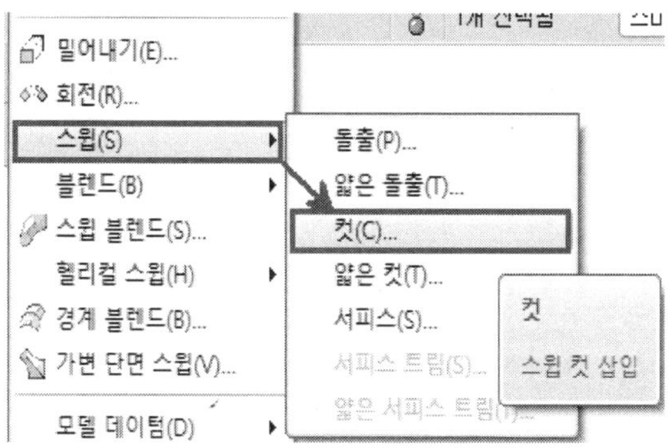

① 풀다운 메뉴의 '삽입' - '스윕' - '컷' 선택

8.2 스윕 궤적 정의

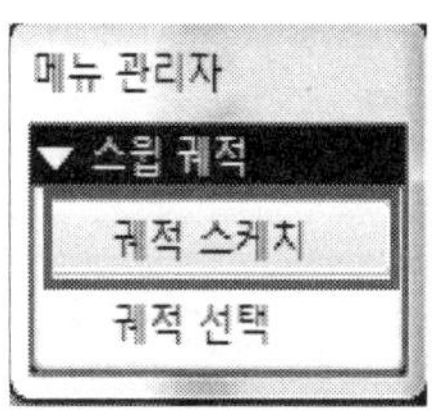

① 메뉴 관리자 '궤적 스케치' 선택

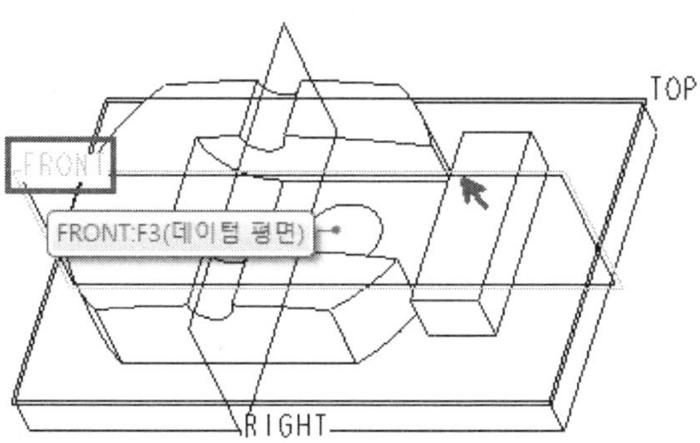

② 스케치 평면으로 'FRONT' 선택

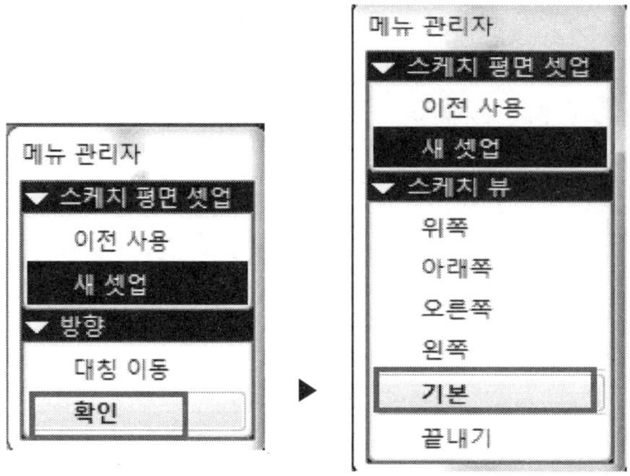

③ 방향 '확인', 스케치 뷰 '기본' 선택

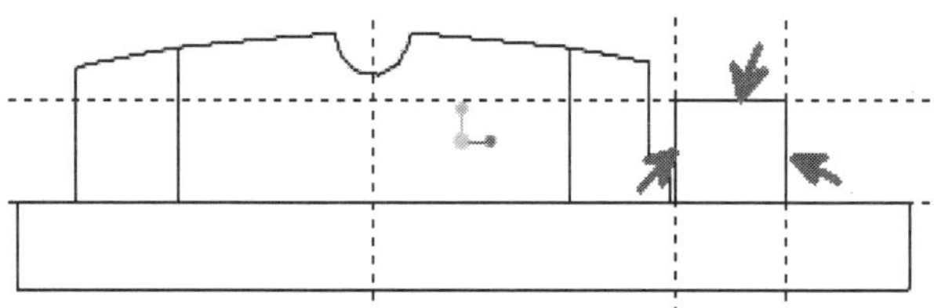

④ 마우스 우측 버튼 클릭

⑤ 팝업 메뉴 '참조' 선택

⑥ 화살표 표시 세 모서리 선택

⑦ 참조 창 닫는다.

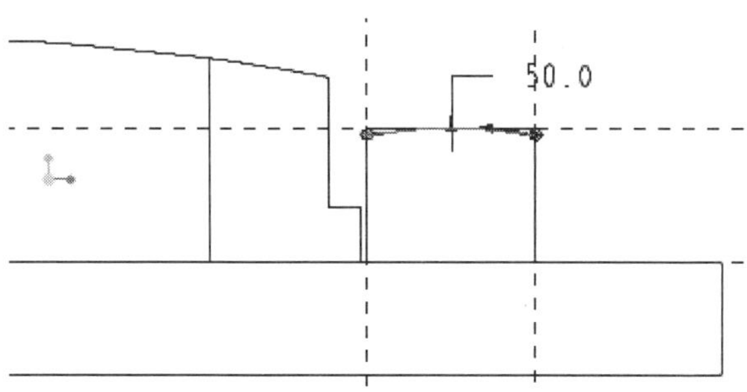

⑧ 3점/탄젠트 끝( ) 도구 아이콘 선택

⑨ 호의 양 끝은 수평 구속, 수평 참조 모서리와 호는 탄젠트 구속되도록 호 스케치

⑩ 반지름 '50'으로 수정

⑪ (궤적)스케치 완료( )

8.3 단면 스케치

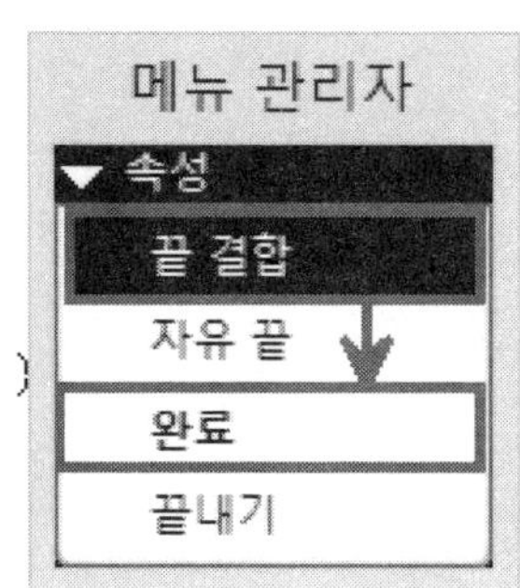

① 속성 '끝 결합' 선택하고 '완료'

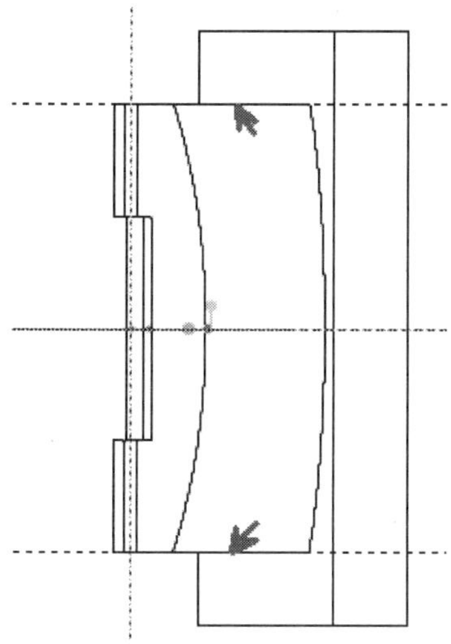

② 마우스 우측 버튼 클릭

③ 팝업 메뉴 '참조' 선택

④ 화살표 표시 두 모서리 선택

⑤ 참조 창 닫는다.

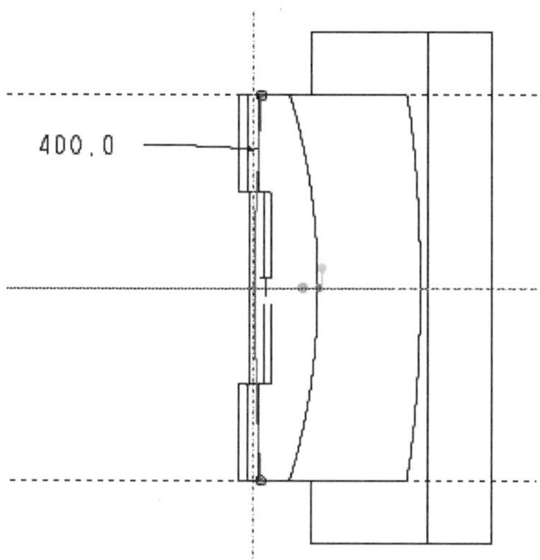

⑥ 3점/탄젠트 끝(◝) 도구 아이콘 선택

⑦ 호의 양 끝은 수직 구속, 수직 참조 모서리와 호는 탄젠트 구속되도록 호 스케치

⑧ 반지름 '400' 으로 수정

⑨ 스케치 완료(✔)

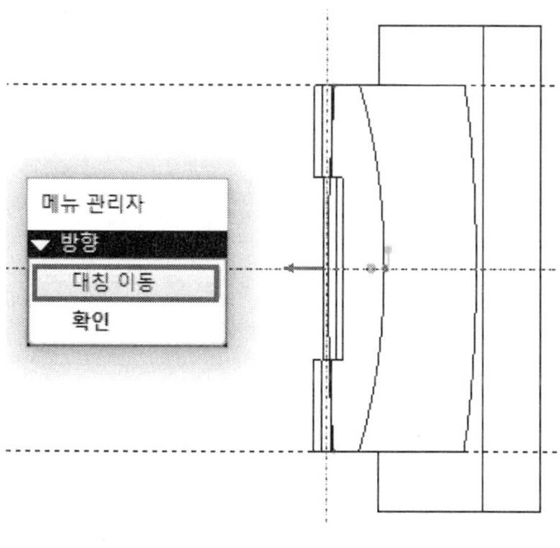

⑩ 메뉴 관리자 '대칭 이동' 선택(재료제거 방향)

⑪ '확인' 선택

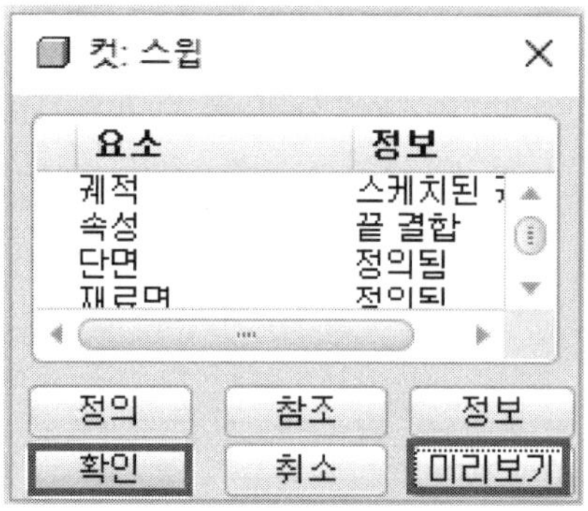

⑫ '미리보기' 를 클릭하여 컷 형상이 바르게 되었는지 확인하고 '확인' 클릭하여 피처 생성 완료

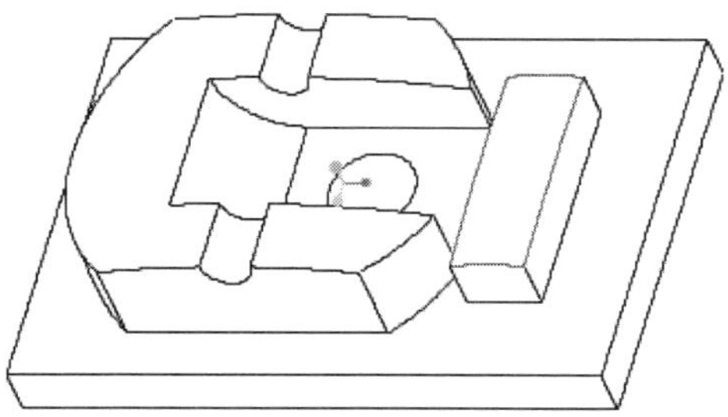

⑬ 스윕 컷 피처 완성

9. 밀어내기(6) 피처 생성

9.1 단면 스케치

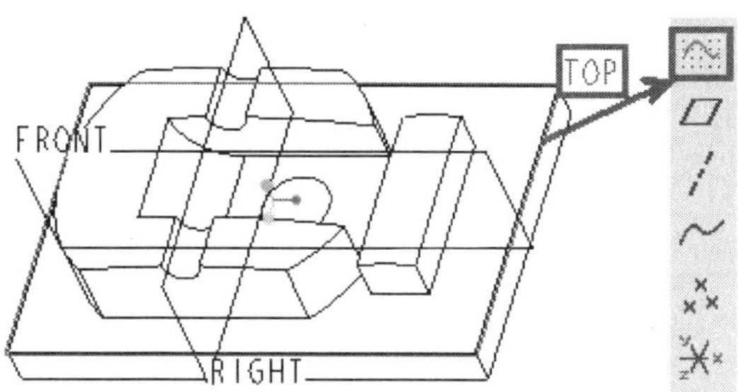

① 스케치 평면으로 'TOP' 평면 선택

② 스케치( ) 도구 선택

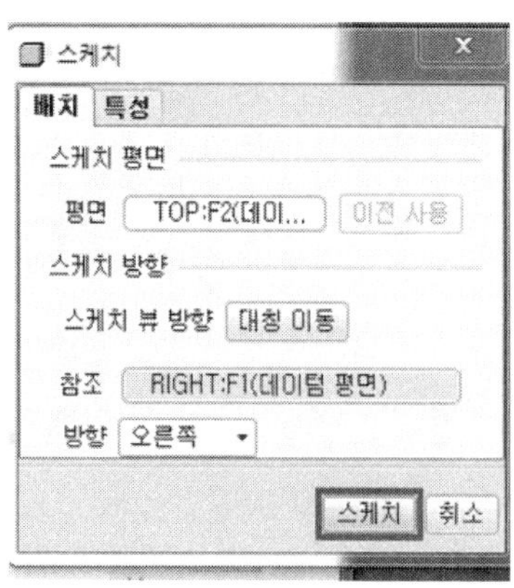

③ '스케치' 탭 클릭

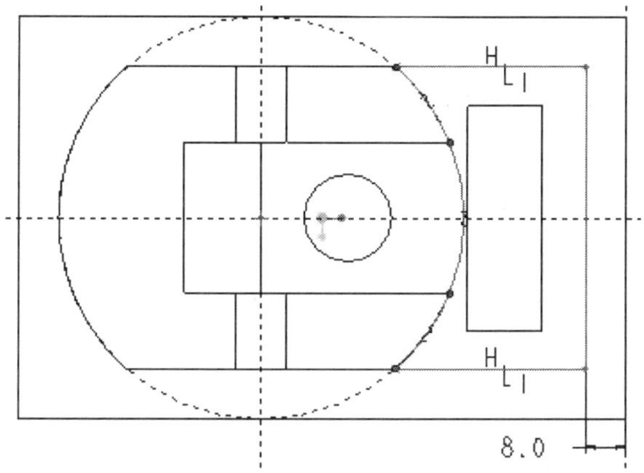

④ 도면 참고하여 그림과 같이 단면 스케치

⑤ 치수 생성/수정

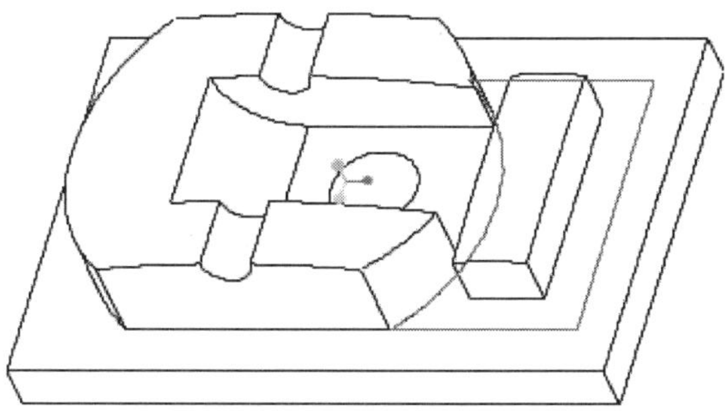

⑥ 스케치 작업 완료(✔)

9.2 밀어내기 실행

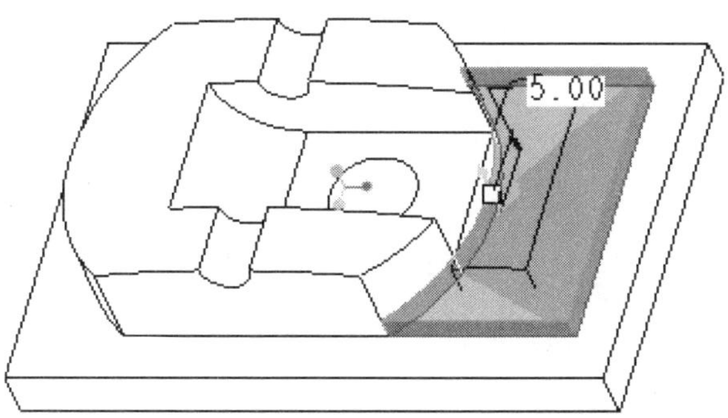

① 밀어내기( ) 피처 도구 아이콘 선택

② 'Ctrl + D'로 표준방향으로 전환

③ 깊이 값 '5' 로 수정

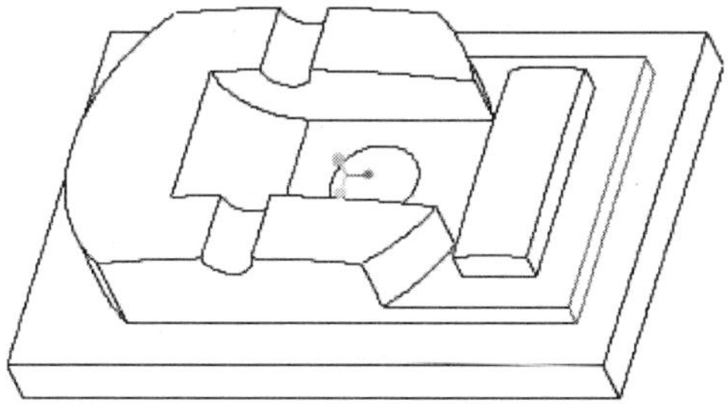

④ 피처 생성 완료(✔)

10. 오프셋 피처 생성

10.1 오프셋 서피스 선택

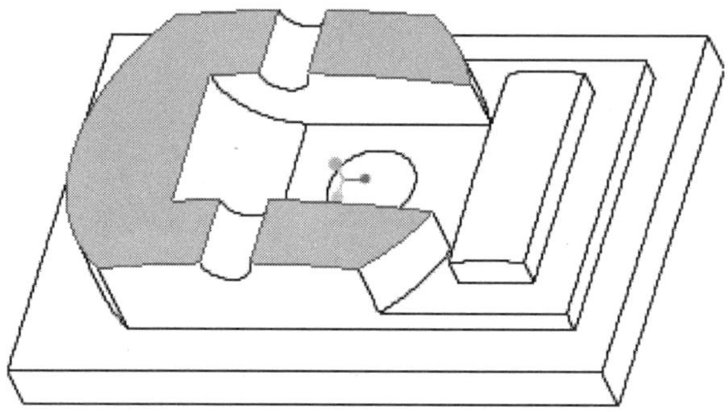

① 스윕 컷 피처의 윗면 선택

10.2 오프셋 실행

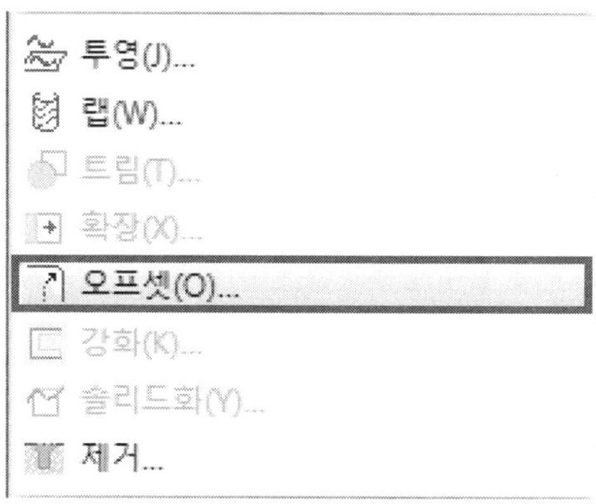

① 풀다운 메뉴 '편집' - '오프셋' 선택

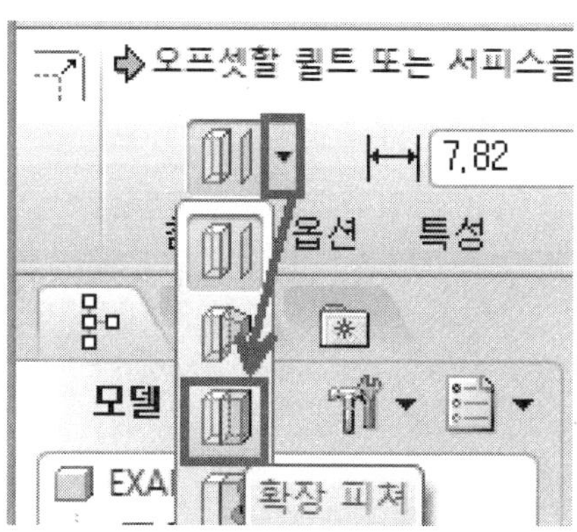

② 오프셋 유형을 펼쳐서 확장 피처() 선택

10.3 오프셋 단면 스케치

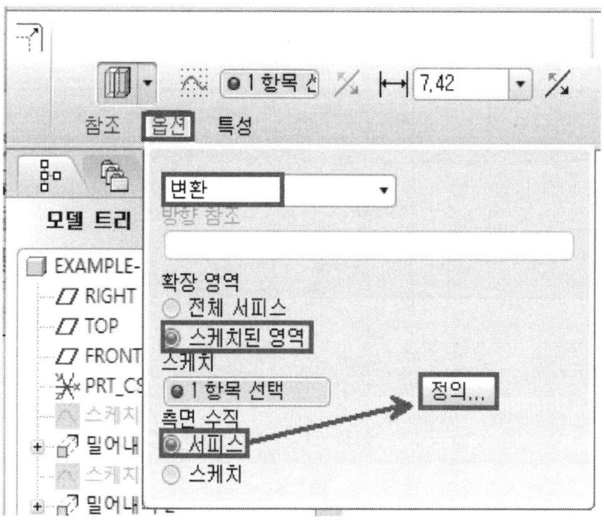

① 대시보드의 '옵션' 탭 선택

② '변환' 선택

③ 확장영역 '스케치된 영역' 선택

④ 측면 수직 '서피스' 선택

⑤ 스케치 '정의' 탭 선택

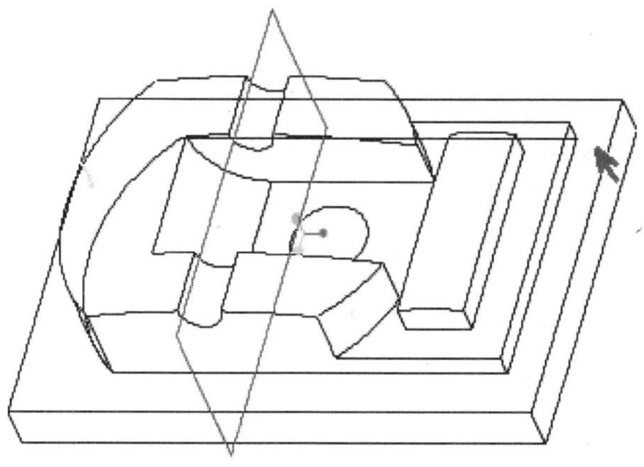

⑥ 스케치 평면으로 직육면체의 윗면 선택

⑦ '스케치' 탭 선택

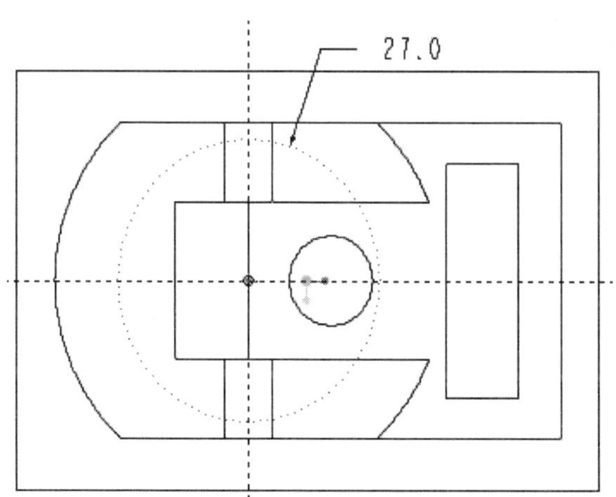

⑧ 반지름 27인 원 스케치

⑨ 원 선택 상태에서 마우스 우측 버튼 클릭 '구성' 선택

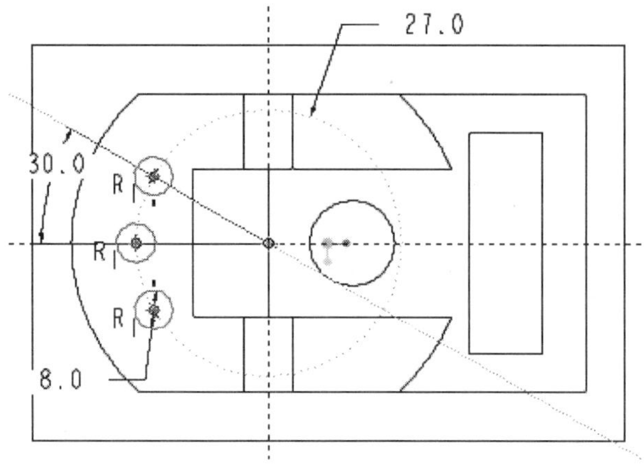

⑩ 도면 참고하여 그림과 같이 단면 스케치

⑪ 스케치 완료(✔)

10.4 오프셋 깊이

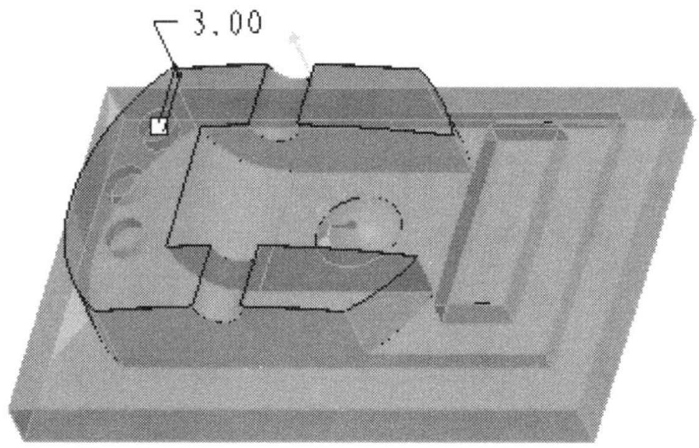

① 대시보드 오프셋 값 '3' 으로 수정

② 미리보기(♂♂) 클릭하여 형상 확인

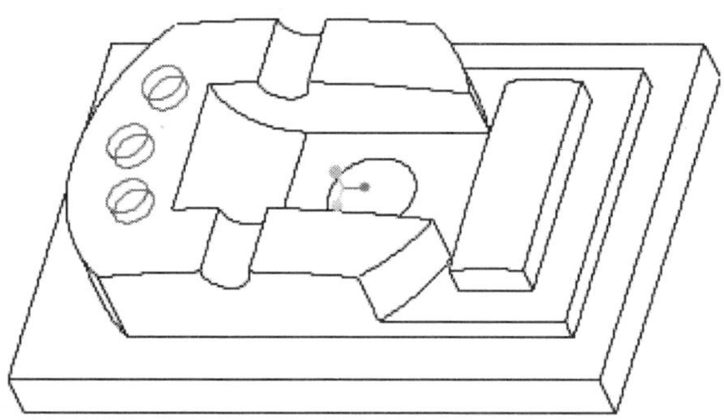

③ 피처 생성 완료(✔)

11. 구배(1) (105°) 피처 생성하기

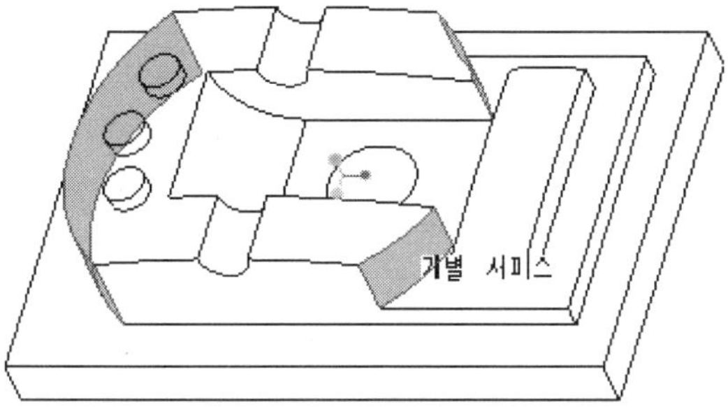

① 구배 도구 아이콘( ) 선택

② Ctrl 키 누른 채 양쪽 측면 선택

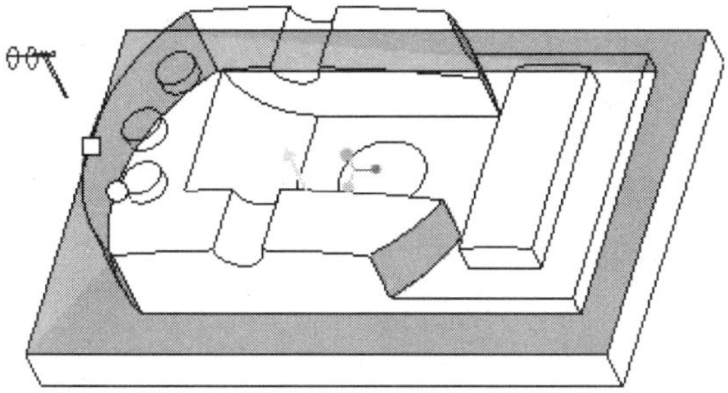

③ 마우스 우측 버튼 클릭

④ '구배 경첩' 선택

⑤ 직육면체의 윗면 선택

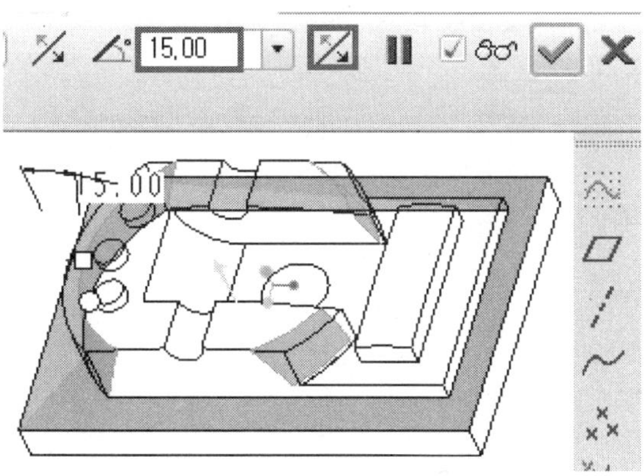

⑥ 구배 각도 '15' 로 수정

⑦ 재료 추가/제거 방향 전환( ) 아이콘 클릭

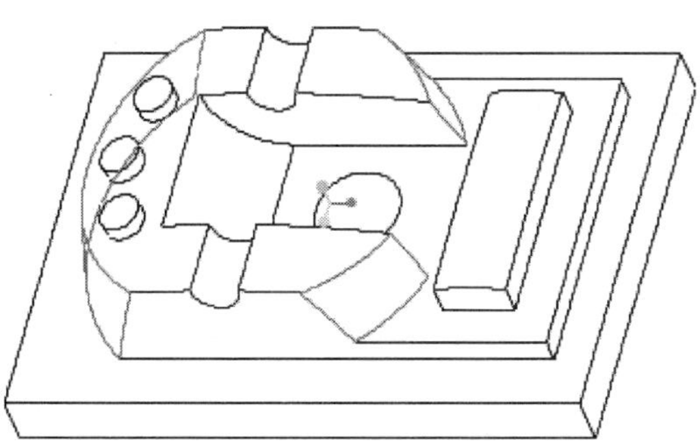

⑧ 피처생성 완료( )

12. 구배(2) (100°) 피처 생성하기

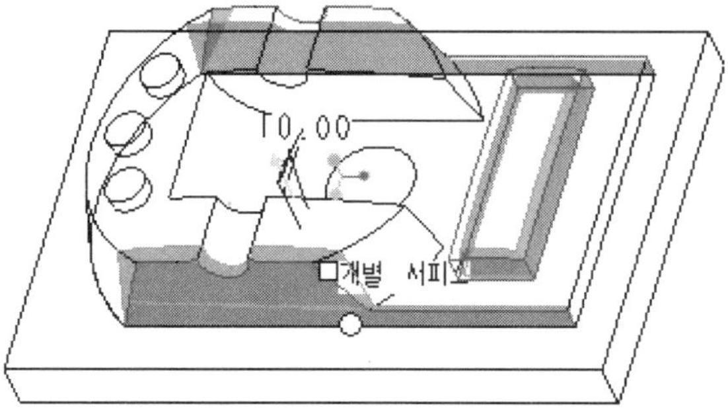

① 구배 도구 아이콘( ) 선택

② Ctrl 키 누른 채 양쪽 측면 선택

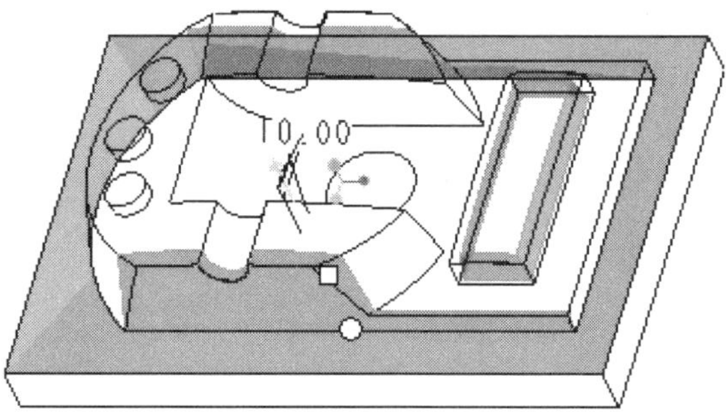

③ 마우스 우측 버튼 클릭

④ '구배 경첩' 선택

⑤ 직육면체의 윗면 선택

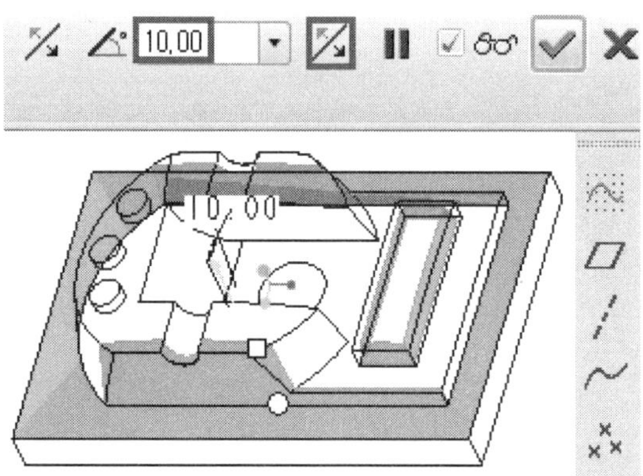

⑥ 구배 각도 '10' 으로 수정

⑦ 재료 추가/제거 방향 전환 ( ) 아이콘 클릭

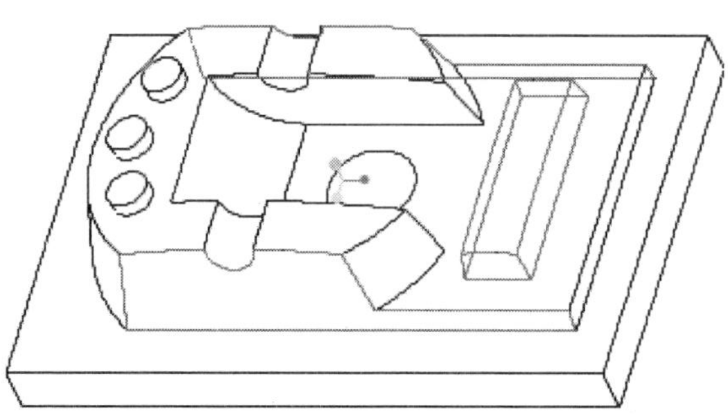

⑧ 피처생성 완료( )

13. 구배(3) (15°) 피처 생성하기

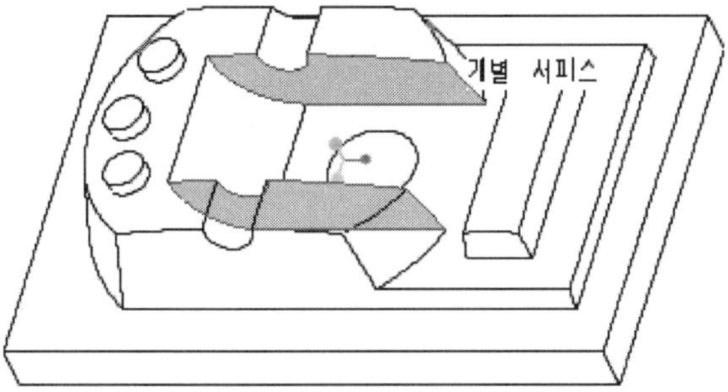

① 구배 도구 아이콘( ) 선택

② Ctrl 키 누른 채 양쪽 측면 선택

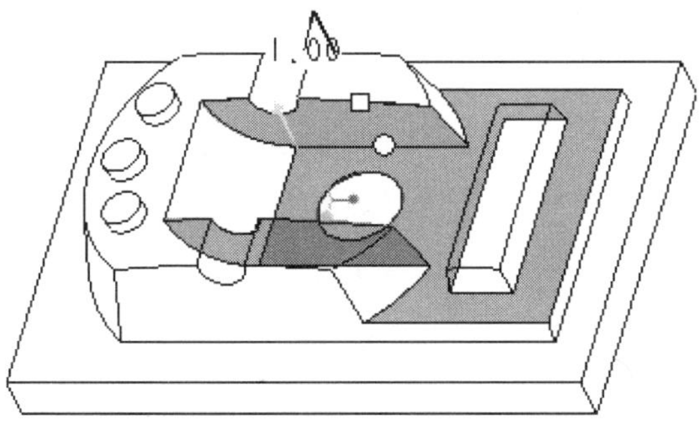

③ 마우스 우측 버튼 클릭

④ '구배 경첩' 선택

⑤ 직육면체의 윗면 선택

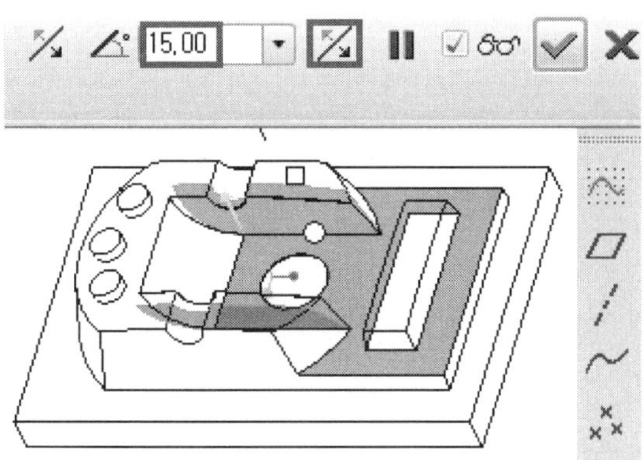

⑥ 구배 각도 '10' 으로 수정

⑦ 재료 추가/제거 방향 전환( ) 아이콘 클릭

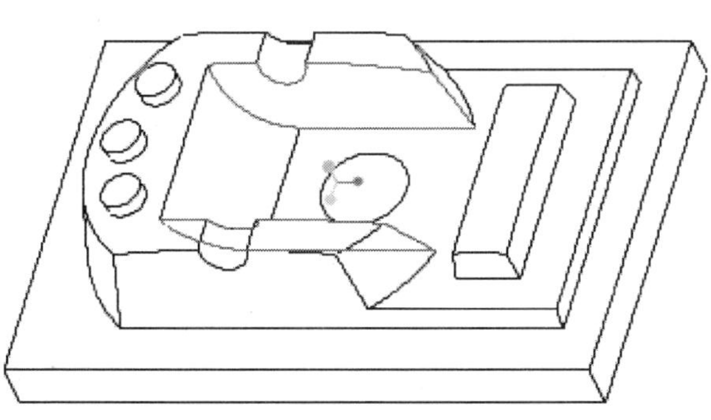

⑧ 피처생성 완료( )

14. 라운드 추가

14.1 라운드 R10 추가

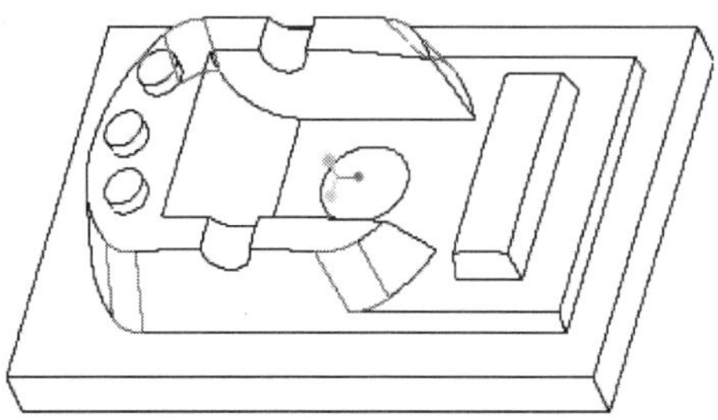

① 라운드( ) 도구 선택

② 대상 모서리를 Ctrl 키 누른 채 선택

③ 라운드 값 '10' 으로 수정

④ 피처 생성 완료( )

14.2 라운드 R5 추가

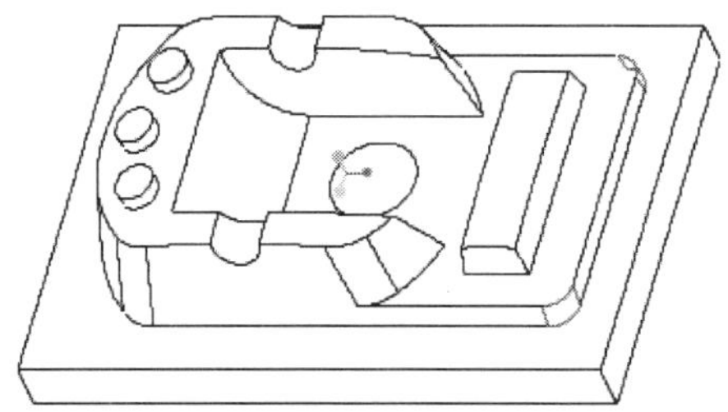

① 라운드( ) 도구 선택

② 대상 모서리를 Ctrl 키 누른 채 선택

③ 라운드 값 '5' 로 수정

④ 피처 생성 완료( )

14.3 라운드 R3 추가

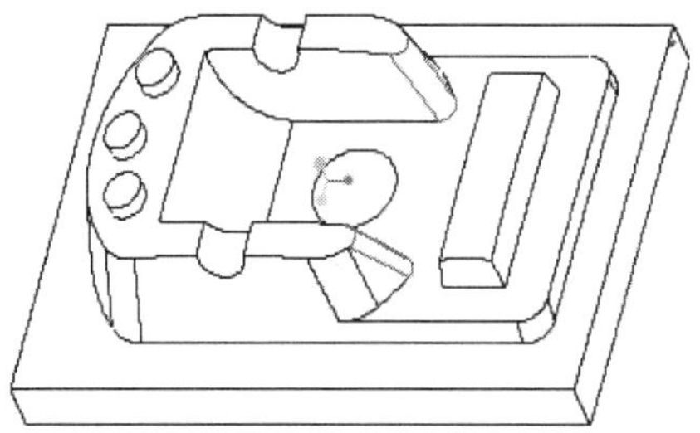

① 라운드( ) 도구 선택

② 대상 모서리를 Ctrl 키 누른 채 선택

③ 라운드 값 '3' 으로 수정

④ 피처 생성 완료( )

14.4 라운드 R3 추가

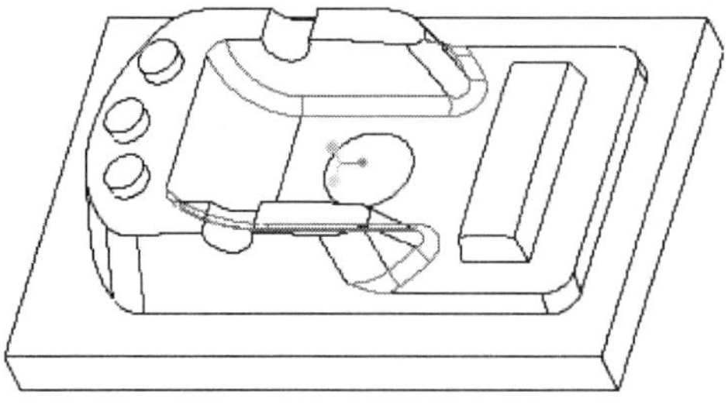

① 라운드( ) 도구 선택

② 대상 모서리를 Ctrl 키 누른 채 선택

③ 라운드 값 '3' 으로 수정

④ 피처 생성 완료( )

14.5 지시 없는 모든 라운드 R1 추가

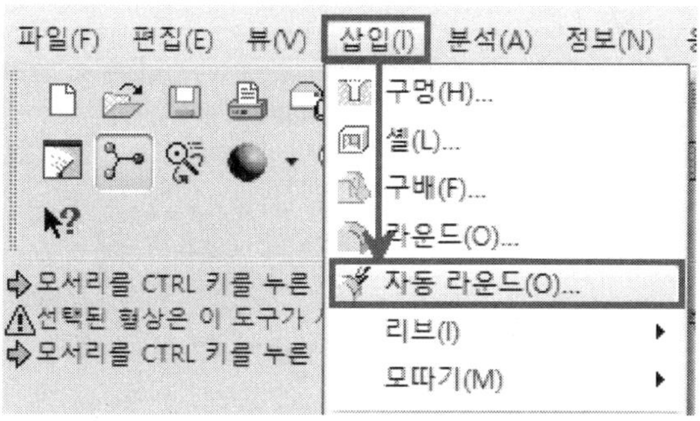

① 풀다운 메뉴 '삽입' – '자동 라운드' 선택

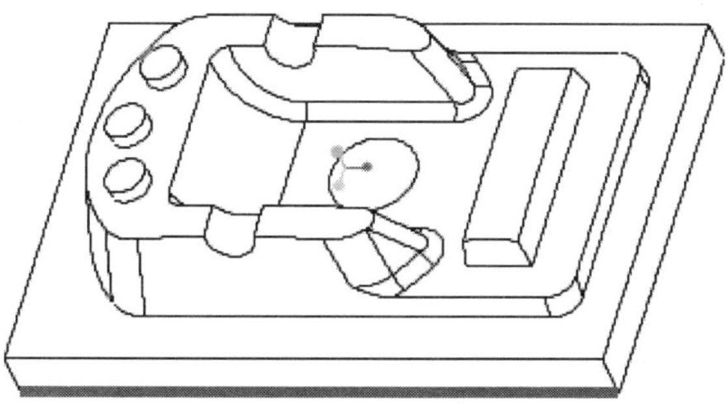

② '자동 라운드' 는 선택된 모서리를 제외한 나머지 모든 모서리를 라운드 처리

③ 모서리 1개 선택

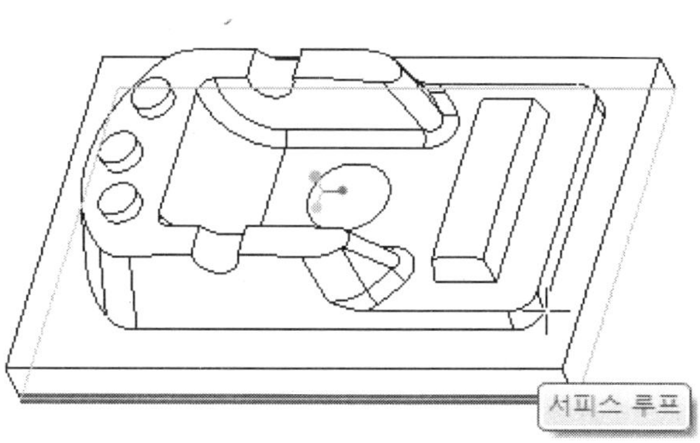

④ 선택된 모서리를 포함하는 평면이 강조되도록 'SHIFT' 키를 누른 채 마우스를 평면 위로 옮긴다.

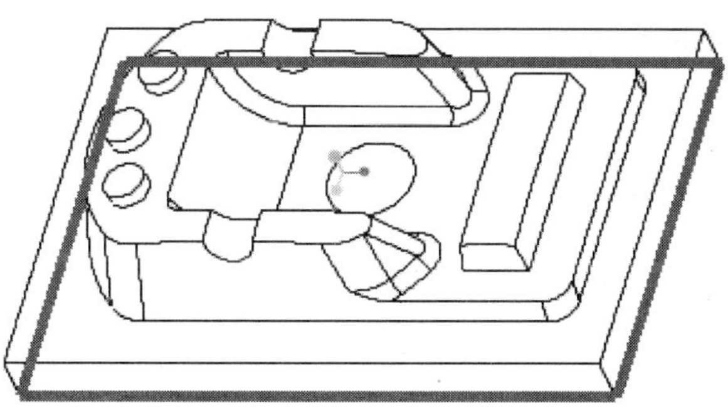

⑤ 강조된 상태에서 마우스 왼쪽 버튼 클릭

⑥ 평면의 4개 모서리 선택됨.

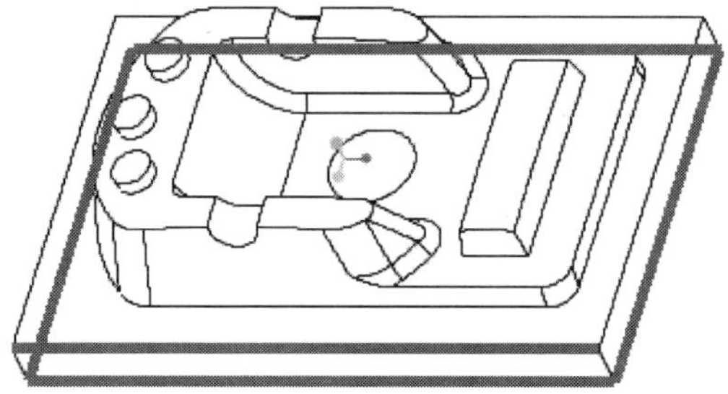

⑦ 'Ctrl' 키 누른 채 위 평면의 모서리 1개 선택

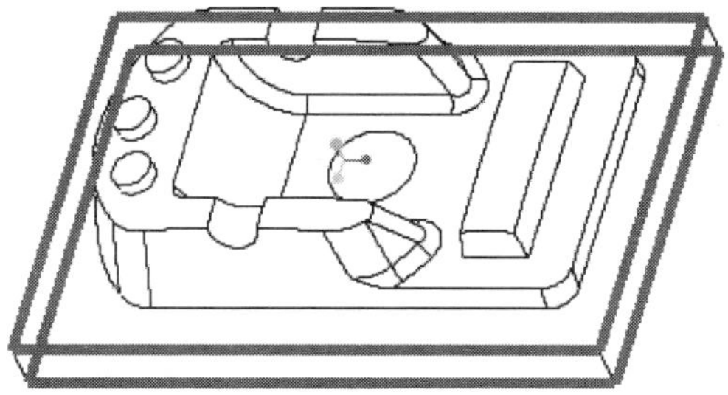

⑧ 'Shift' 키를 누른 채 마우스를 이동하여 평면 강조된 상태에서 왼쪽 버튼 클릭

⑨ 위 평면의 4개 모서리 선택됨.

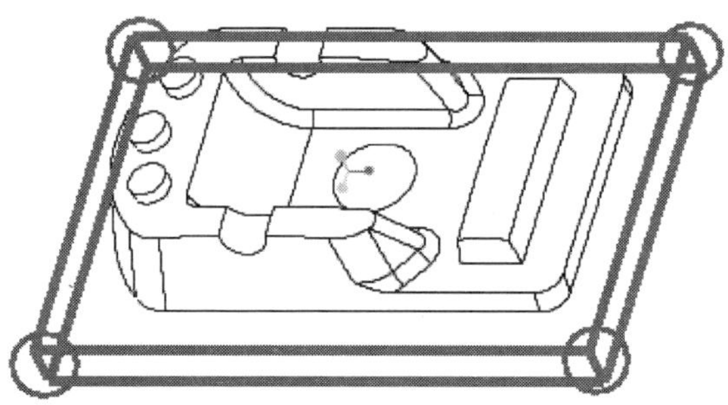

⑩ 'Ctrl' 키 누른 채 나머지 4개 모서리 선택

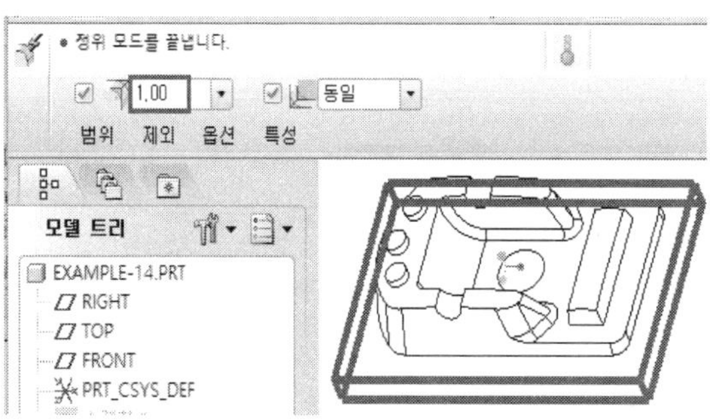

⑪ 라운드 값 '1' 로 수정

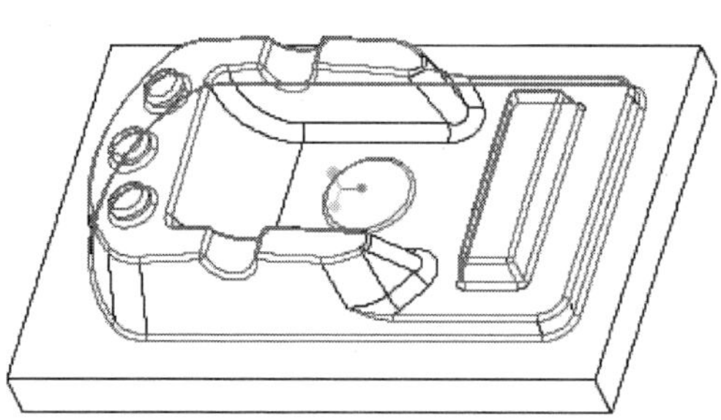

⑫ 피처 생성 완료(✔)

15. 완성된 모델링 형상

15. Example-15 도면 모델링

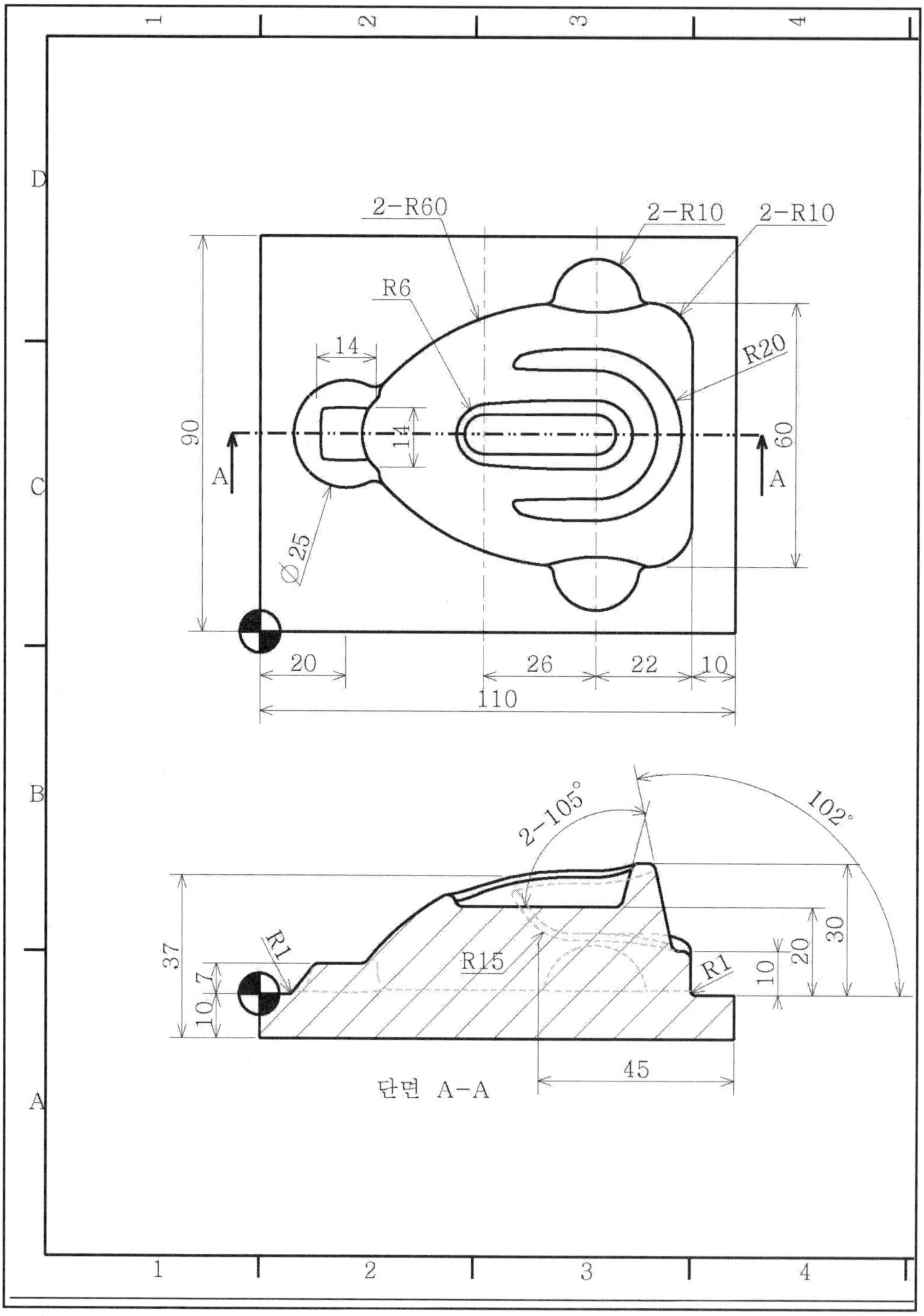

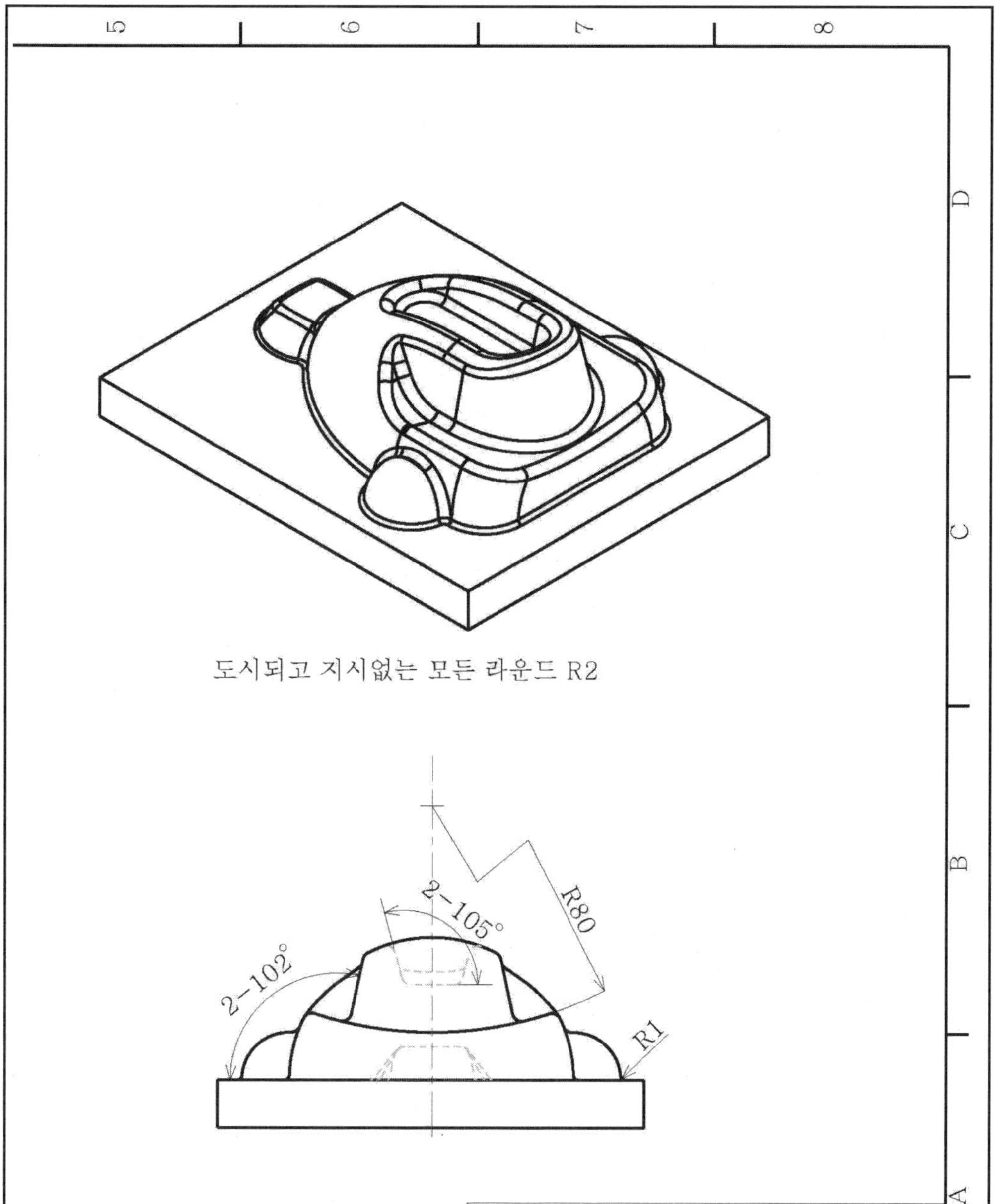

창원문성대학교			
소 속	기계과	작업자	예규현
투상법	3각법	축 척	1.000
날 짜	2016.1.20	파일명	Example-15

작업 순서

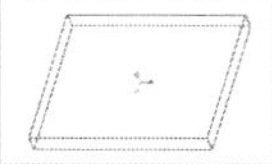	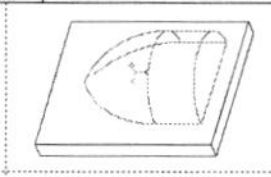	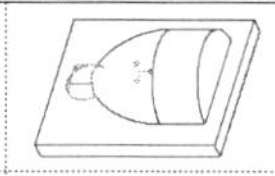	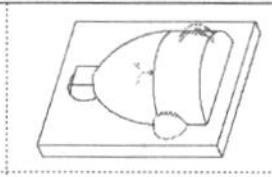	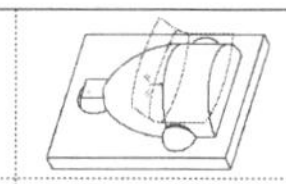	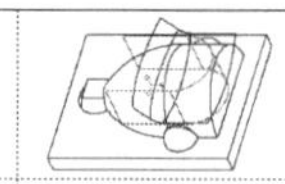	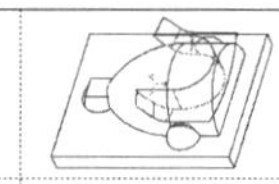
1.밀어내기1	2.회전1	3.블랜드	4.회전2	5.스웝서피스	6.밀어내기	7.결합
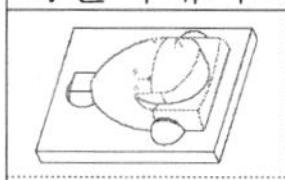	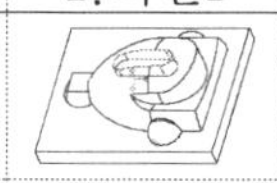	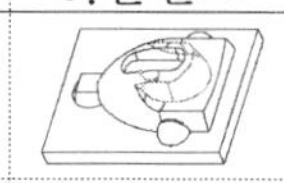	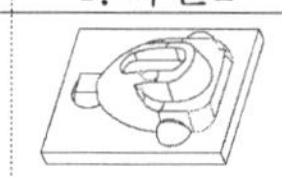	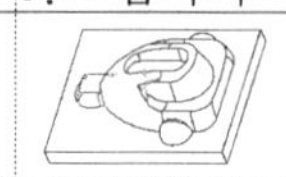	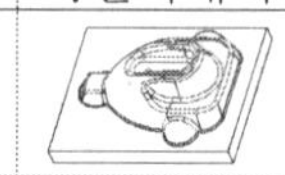	
8.솔리드화	9.구배1	10.구배2	11.라운드1	12.라운드2	13.라운드3	

1. 밀어내기(1) 피처 생성

1.1 파일 새로 만들기

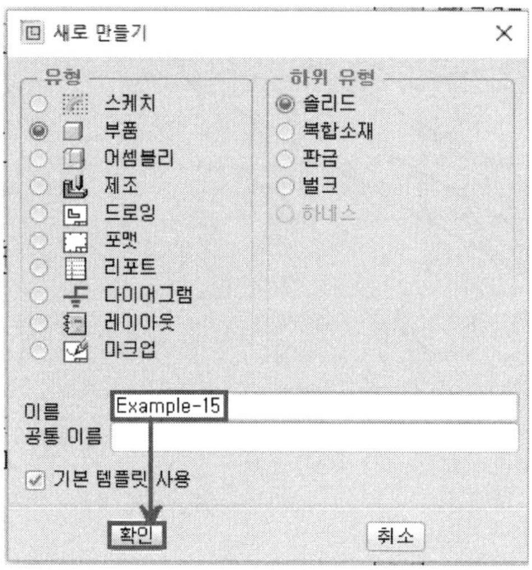

① 파일 새로 만들기-파일 이름 'Example-15' 입력

② 단위는 mmNs 단위계

1.2 스케치 단면 생성

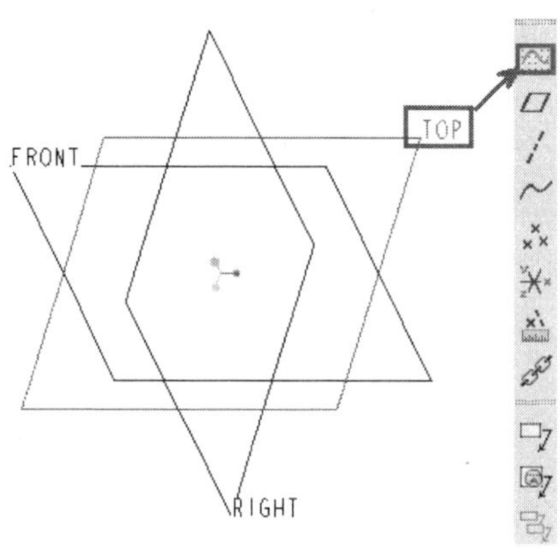

① 스케치 평면으로 'TOP' 데이텀 평면 선택

② 스케치( ) 도구 아이콘 선택

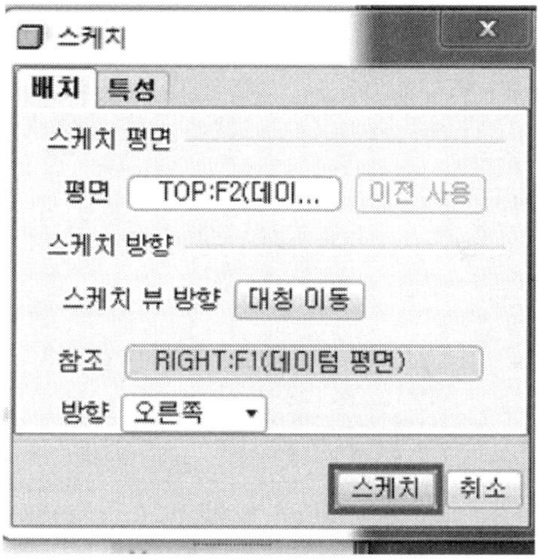

③ ‘스케치’ 탭 클릭

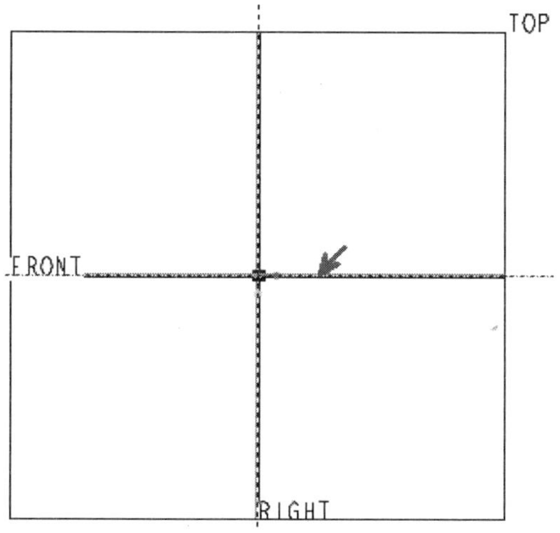

④ 마우스 우측 버튼 클릭 - ‘중심선’ 선택

⑤ 가운데 참조 데이텀 평면에 일치하도록 수평 중심선 스케치

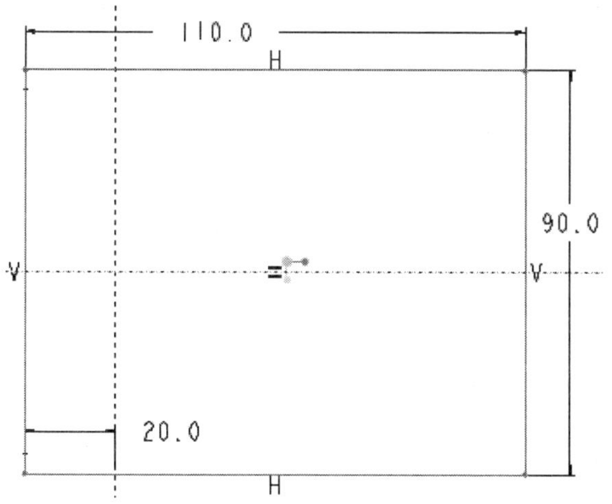

⑥ 직사각형(□) 생성 아이콘 선택

⑦ 상하 대칭 구속을 이용 가로 110, 세로 90인 직사각형 스케치

⑧ 스케치 완료(✔)

1.3 밀어내기 실행

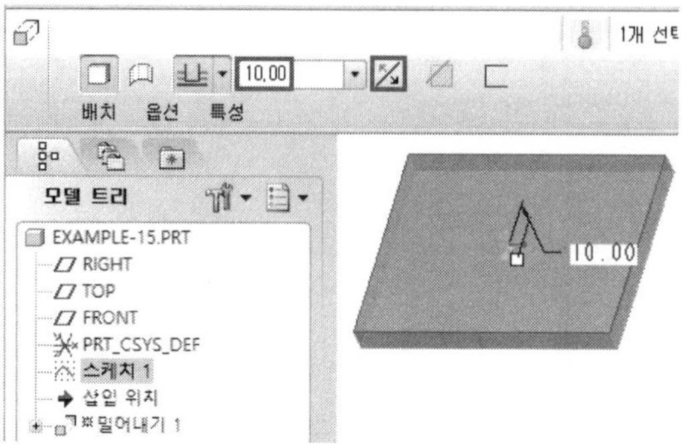

① 밀어내기( ) 도구 아이콘 클릭

② 'Ctrl + D'로 표준방향으로 전환

③ 깊이 값 '10' 으로 수정

④ 깊이 방향 전환( ) 아이콘 클릭(아래 방향)

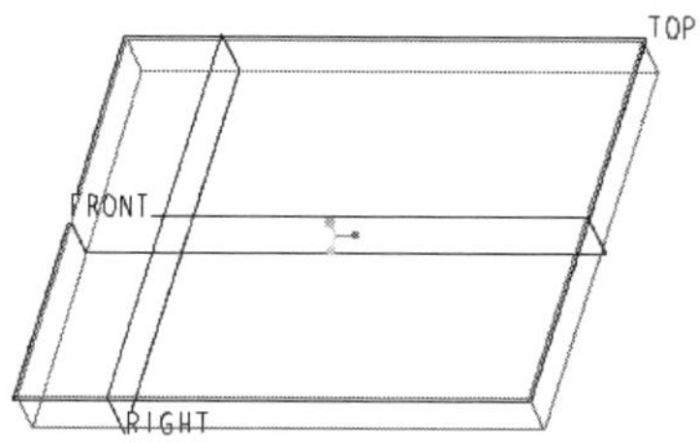

⑤ 피처 생성 완료( )

2. 회전(1) 피처 생성

2.1 단면 스케치

① 스케치 평면으로 'TOP' 평면 선택

② 스케치( ) 도구 선택

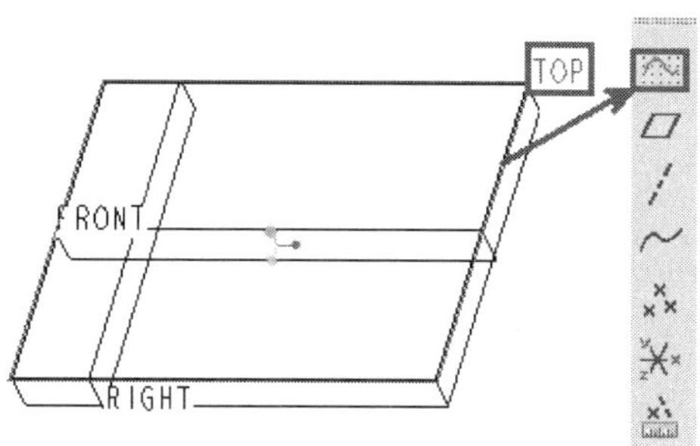

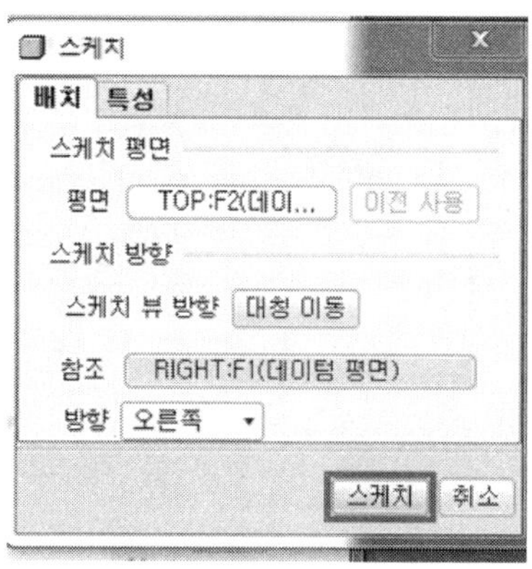

③ '스케치' 탭 클릭

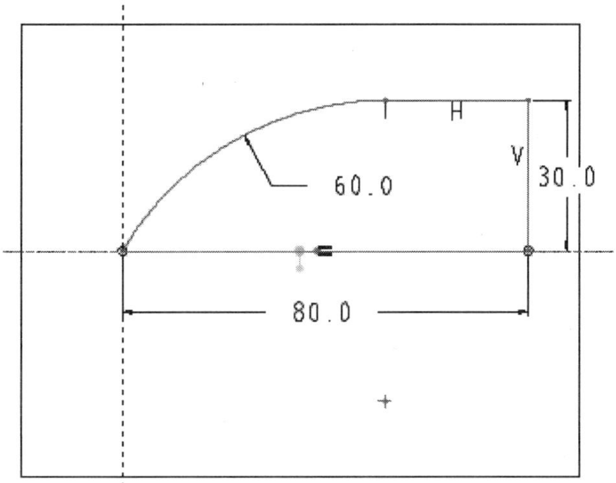

④ 형상중심선( ) 아이콘 선택

⑤ 가운데 수평 중심선(회전축) 스케치

⑥ 도면 참고하여 그림과 같이 상부 반 단면(닫힌) 스케치

⑦ 치수 생성/수정

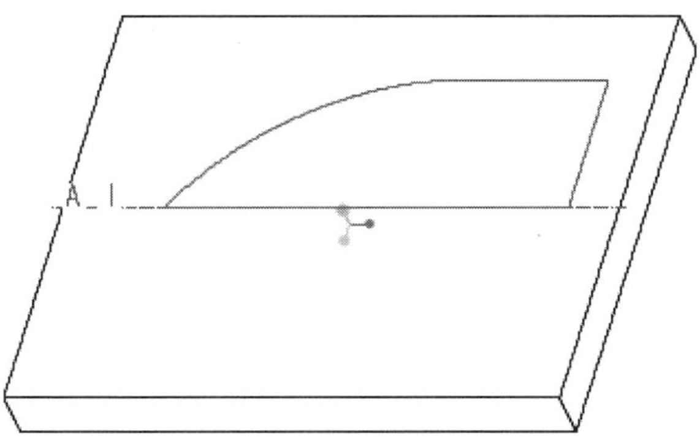

⑧ 스케치 작업 완료( )

2.2 회전 실행

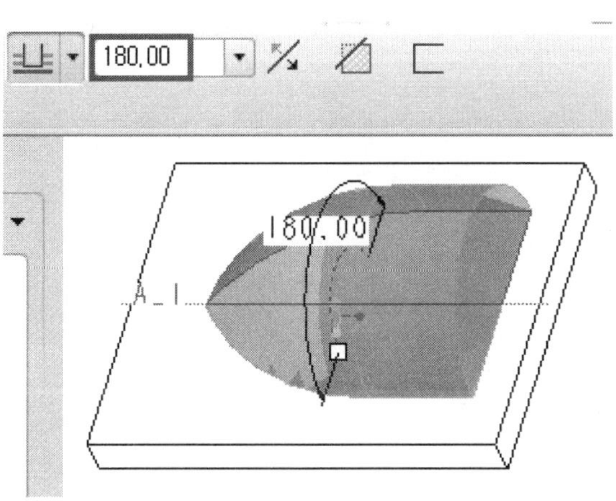

① 회전( )피처 생성 도구 아이콘 선택

② 표준방향(Ctrl + D)으로 전환

③ 솔리드( ) 도구 아이콘 선택

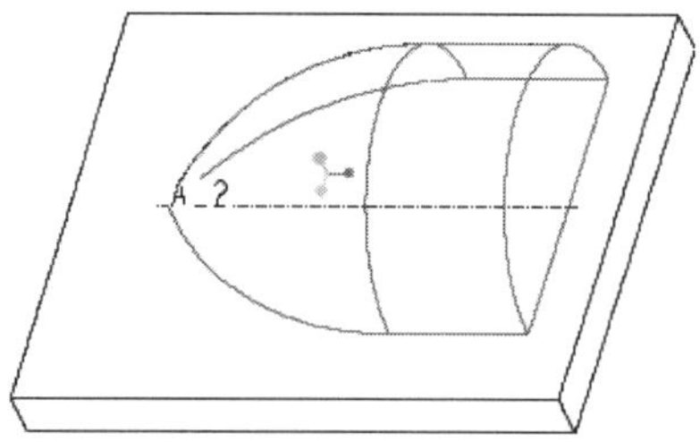

④ 피처 생성 완료(✓)

3. 블랜드 피처 생성

3.1 블랜드 돌출 실행

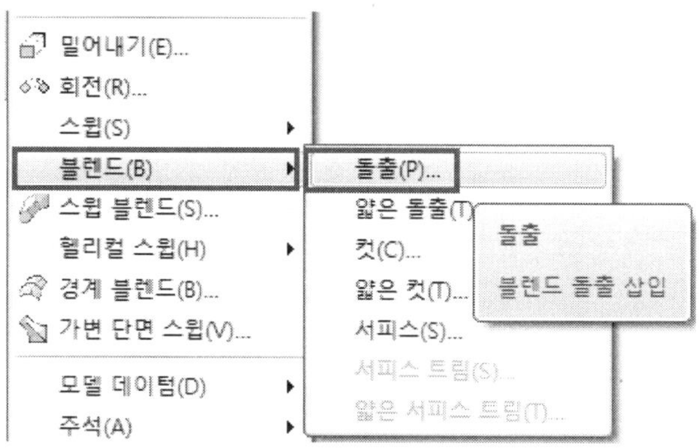

① 풀다운 메뉴의 '삽입' – '블랜드' – '돌출' 선택

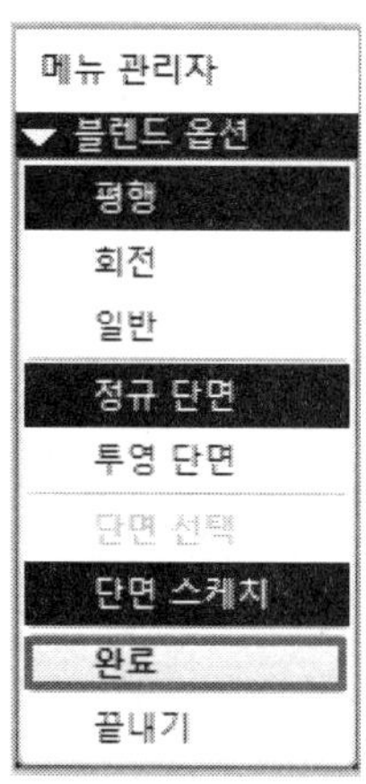

② 메뉴 관리자 기본 값 적용

③ '완료' 선택

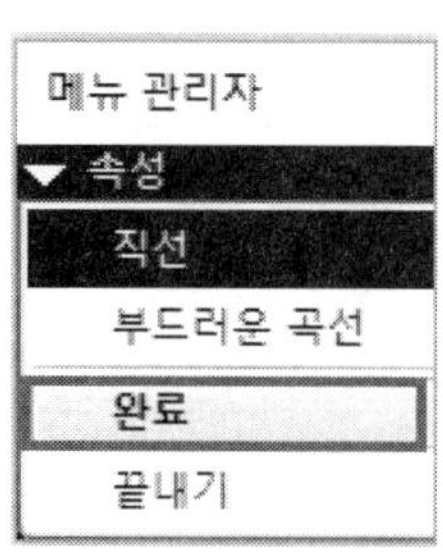

④ 메뉴 관리자 '직선' – '완료' 선택

3.2 단면 정의

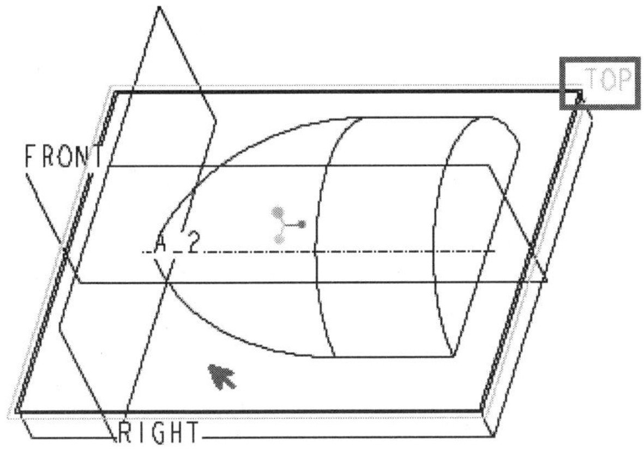

① 스케치 평면으로 'TOP' 선택

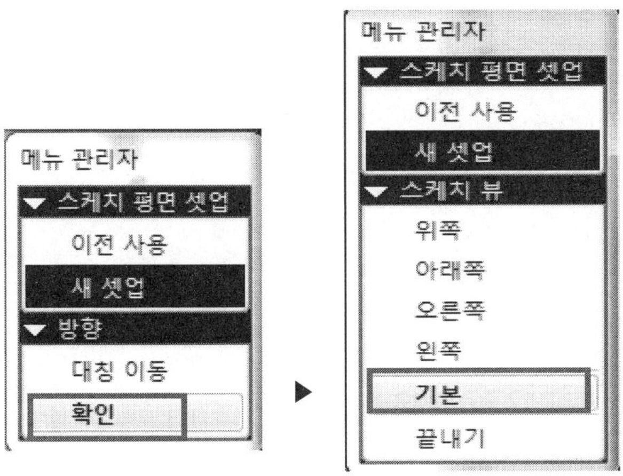

② 방향 '확인', 스케치 뷰 '기본' 선택

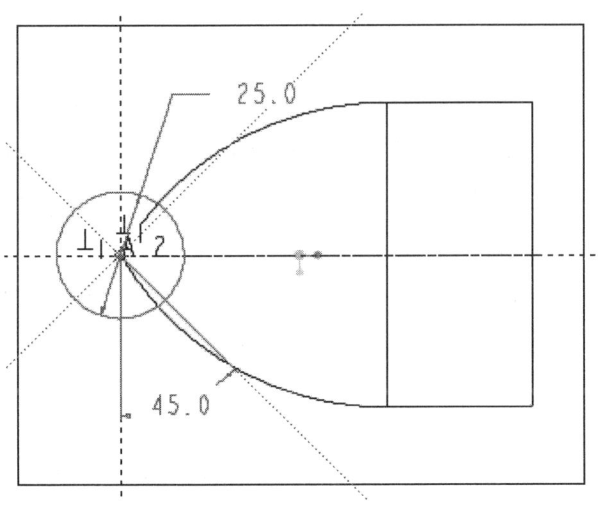

③ 지름 '25' 원 스케치

④ 원 중심을 지나고 서로 직각인 두 중심선 스케치/각도 치수 수정

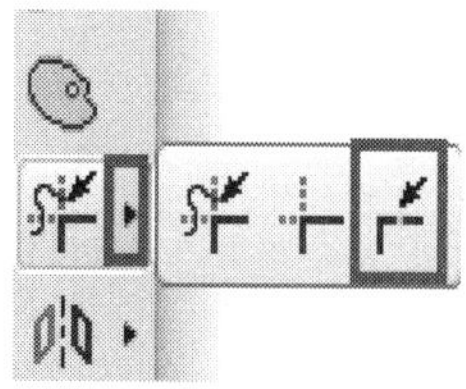

⑤ 분할( ) 도구 아이콘 선택

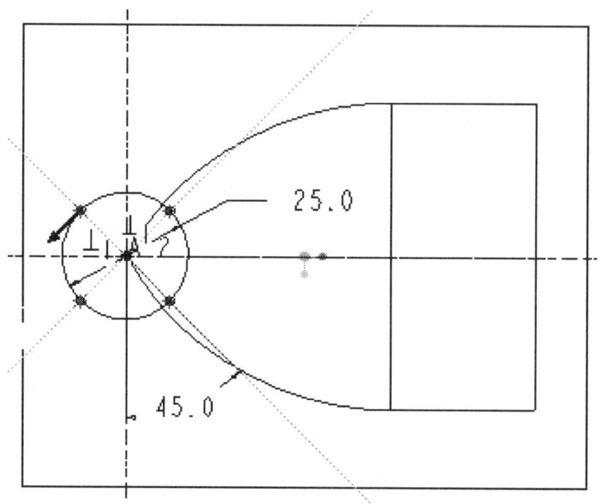

⑥ 원호와 중심선의 교차점을 클릭하여 원을 4 등분

⑦ 화살표 시작점 위치 확인

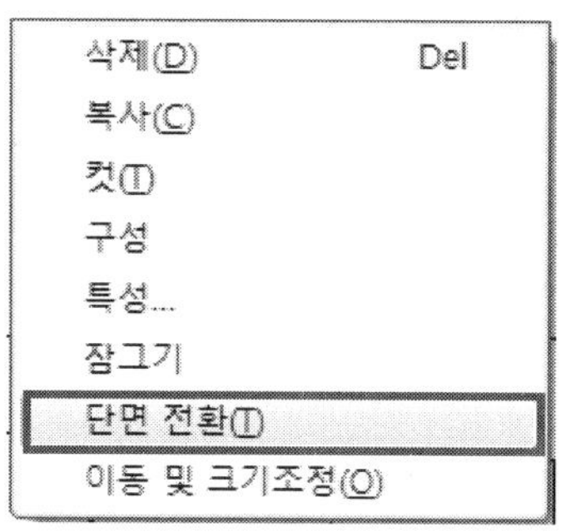

⑧ 마우스 우측 버튼 클릭

⑨ '단면전환' 선택

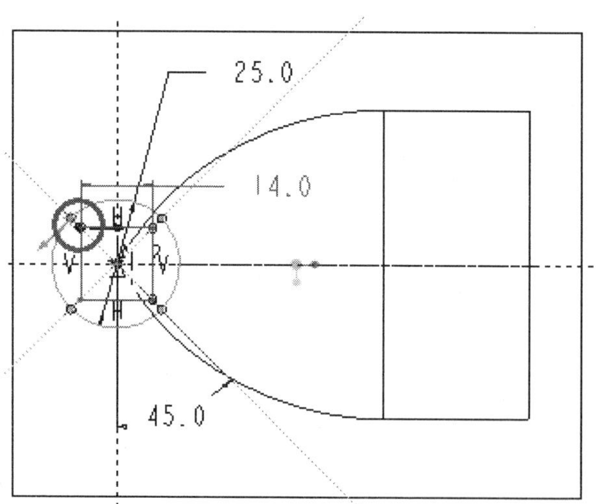

⑩ 원의 가운데 정삭각형 스케치

⑪ 치수 '14' 수정

⑫ 화살표 시작점 좌측 상단 확인

⑬ 스케치 완료( )

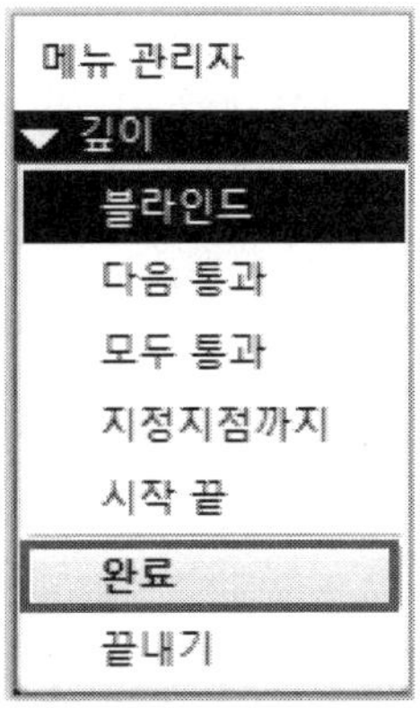

⑭ 메뉴 관리자 ‘블라인드’ 선택

⑮ ‘완료’ 클릭

⑯ 단면 깊이 입력 창에 ‘7’ 입력

⑰ 엔터 또는 완료(✔) 클릭

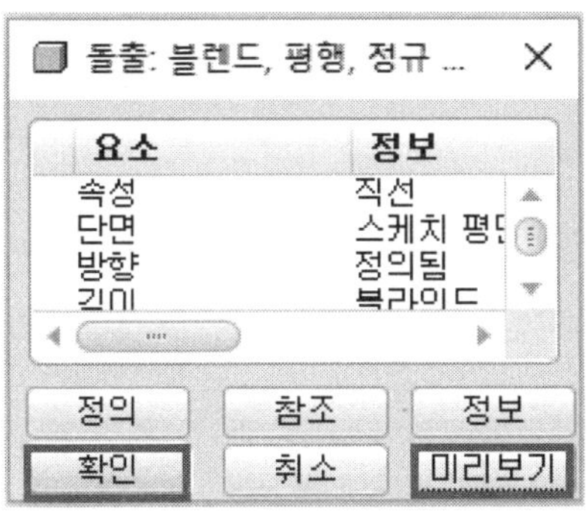

⑱ 미리보기’를 클릭하여 돌출 형상이 바르게 되었는지 확인하고 ‘확인’ 클릭하여 피처 생성 완료

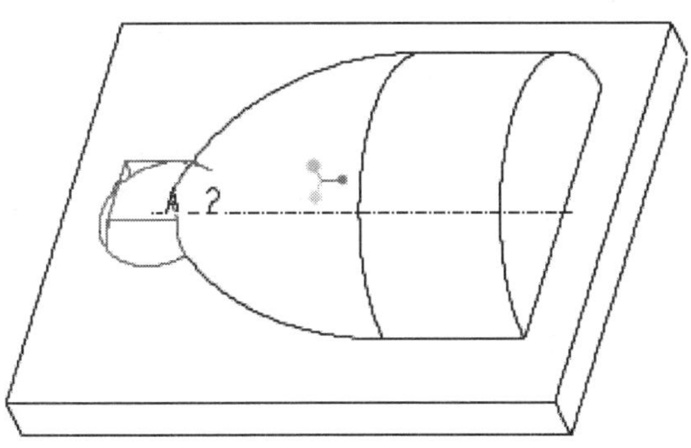

⑲ 브랜드 피처 완성

4. 회전(2) 피처 생성

4.1 단면 스케치

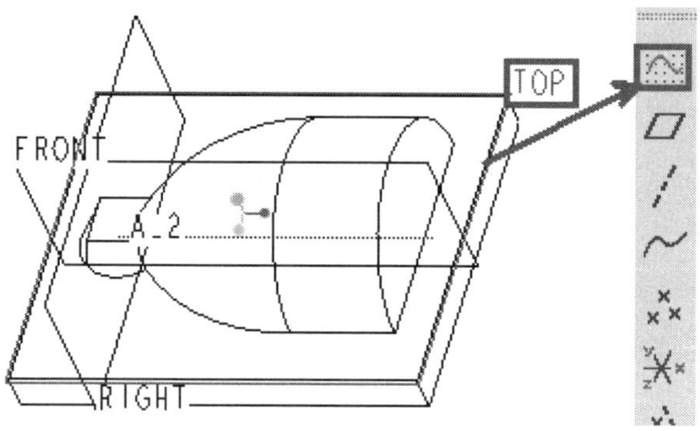

① 스케치 평면으로 'TOP' 평면 선택

② 스케치( ) 도구 선택

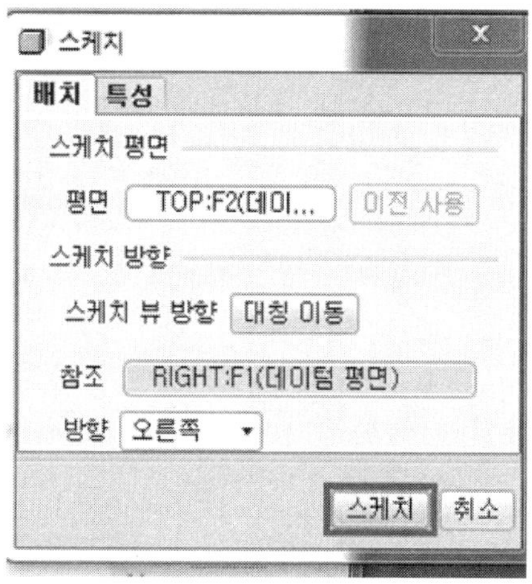

③ '스케치' 탭 클릭

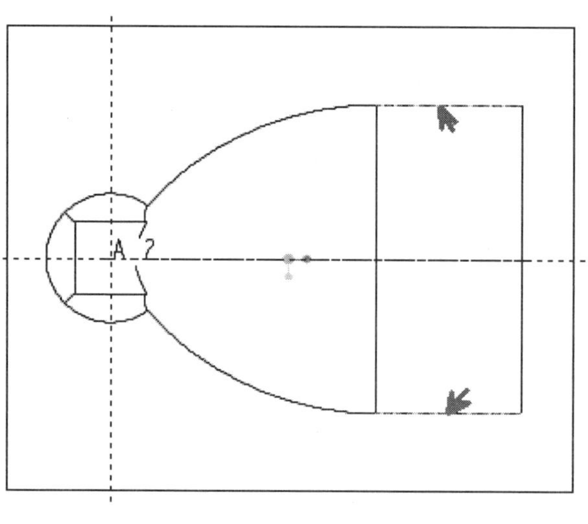

④ 마우스 우측 버튼 클릭, '참조' 선택

⑤ 화살표 표시 모서리 참조 추가

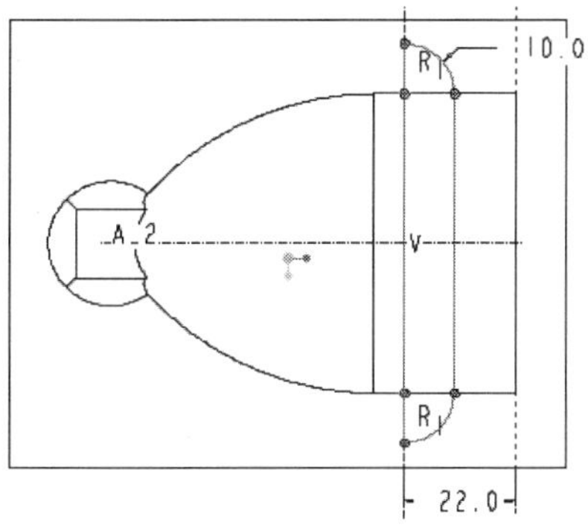

⑥ 형상중심선( ) 아이콘 선택

⑦ 수직 중심선(회전축) 스케치

⑧ 도면 참고하여 그림과 같이 R10인 우측 반 단면(닫힌) 스케치

⑨ 치수 생성/수정

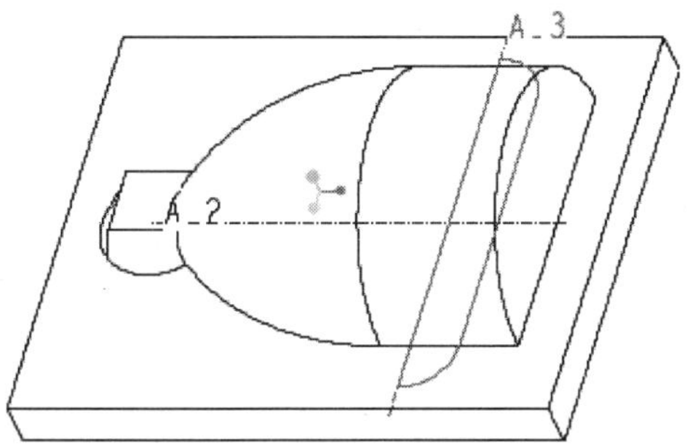

⑩ 스케치 작업 완료( )

4.2 회전 실행

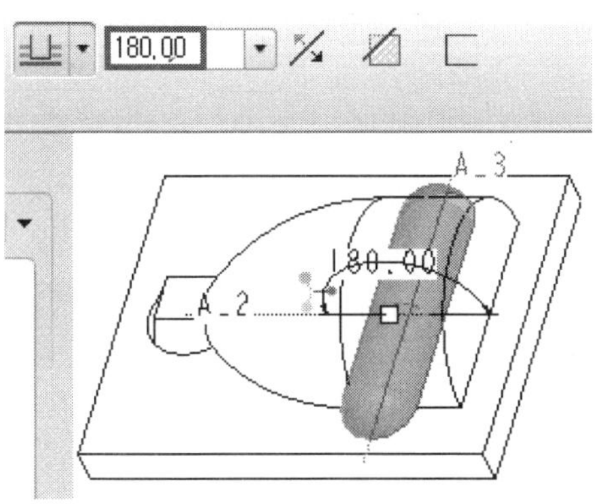

① 회전( )피처 생성 도구 아이콘 선택

② 표준방향(Ctrl + D)으로 전환

③ 회전각도 '180' 수정

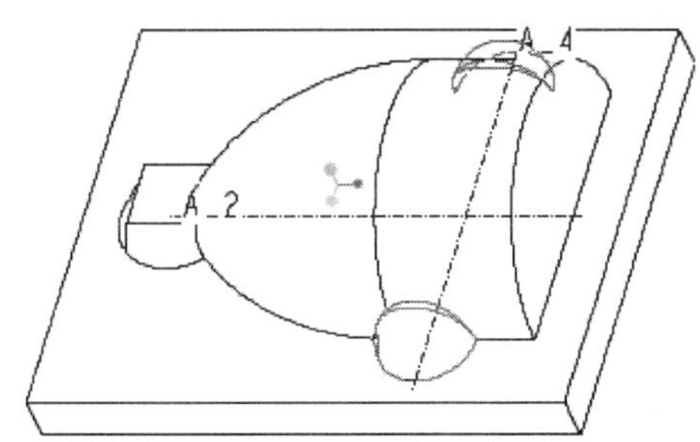

④ 피처 생성 완료( )

5. 스윕 서피스 피처 생성

5.1 스윕 서피스 실행

① 풀다운 메뉴의 '삽입' - '스윕' - '서피스' 선택

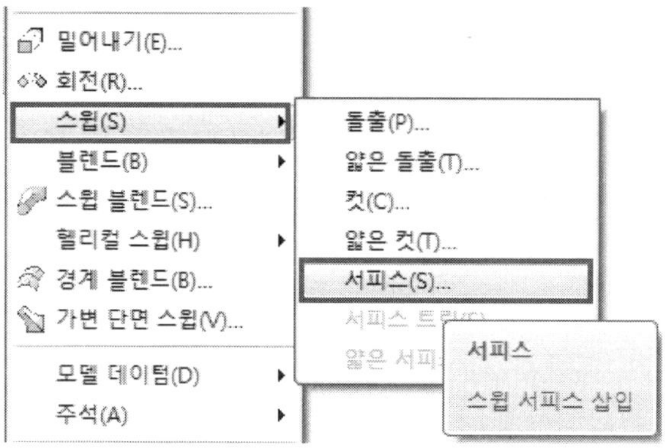

5.2 스윕 궤적 정의

① 메뉴 관리자 '궤적 스케치' 선택

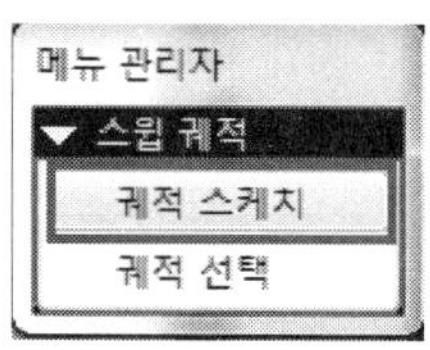

② 스케치 평면으로 'FRONT' 선택

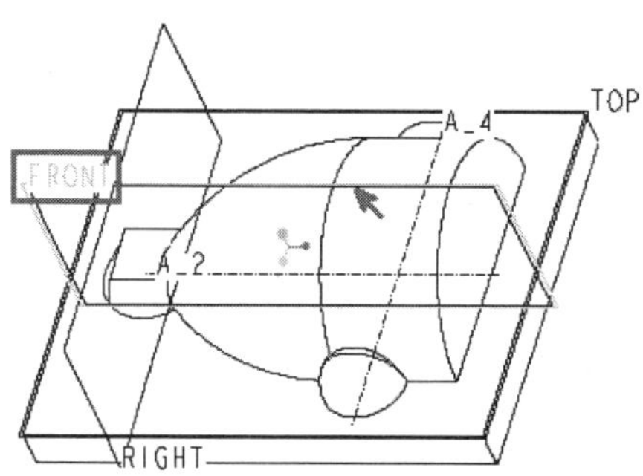

③ 방향 '확인', 스케치 뷰 '기본' 선택

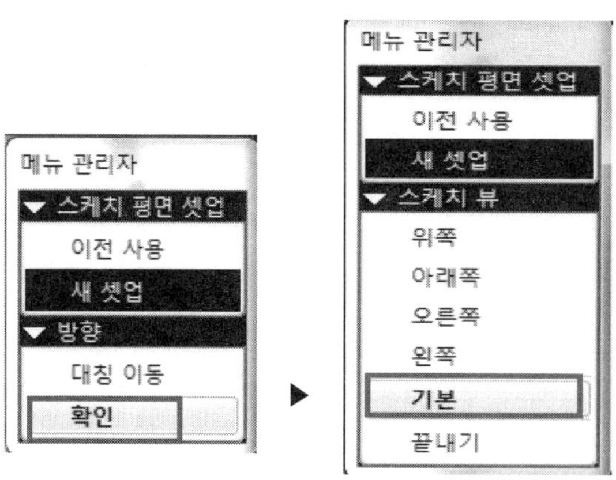

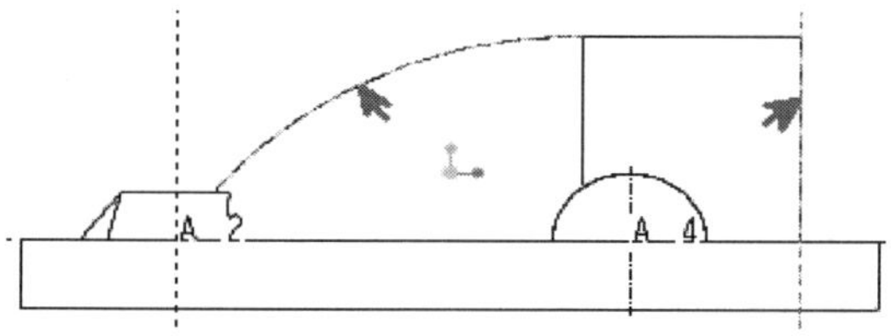

④ 마우스 우측 버튼 클릭

⑤ 팝업 메뉴 '참조' 선택

⑥ 화살표 표시 세 모서리 선택

⑦ 참조 창 닫는다.

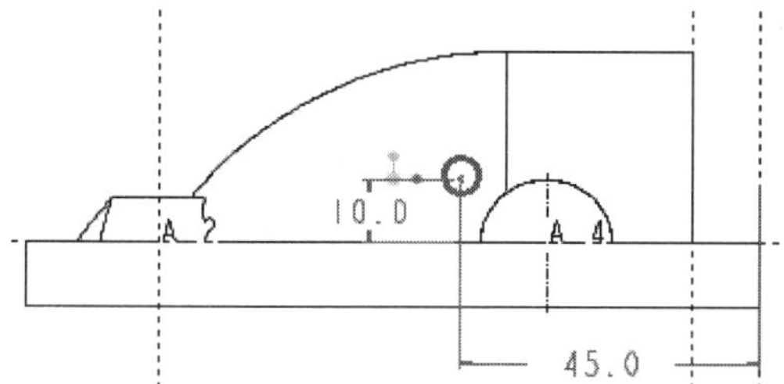

⑧ 점( ) 아이콘 선택

⑨ 원 표시 위치에 점 추가 및 치수(10, 45) 수정

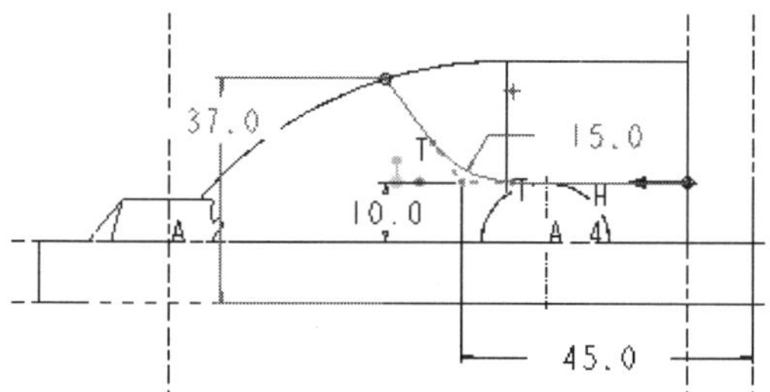

⑩ 점을 통과하는 두 직선 스케치

⑪ 필렛( ) 도구 선택

⑫ 두 직선 교차점에 R15 필렛 추가그림과 같이 궤적 생성/치수 수정

⑬ (궤적)스케치 완료( )

5.3 단면 스케치

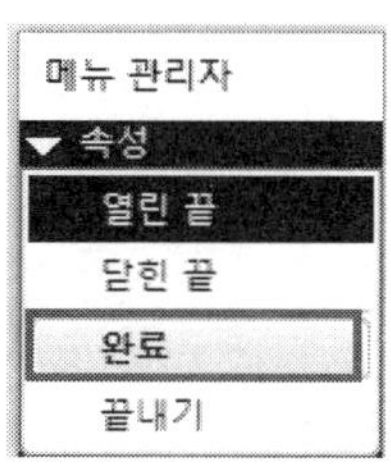

① 메뉴 관리자 속성 '열린 끝' - '완료'

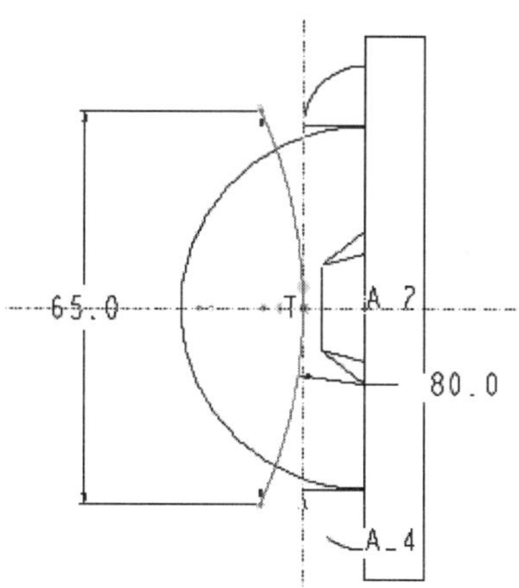

② 중심/끝( ) 도구 아이콘 선택

③ 그림과 같이 단면 스케치

④ 스케치 종료( )

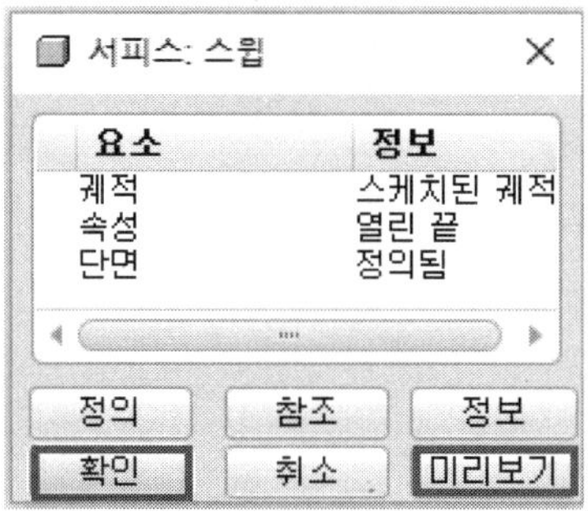

⑤ '미리보기' 를 클릭하여 서피스 형상이 바르게 되었는지 확인하고 '확인' 클릭하여 피처 생성 완료

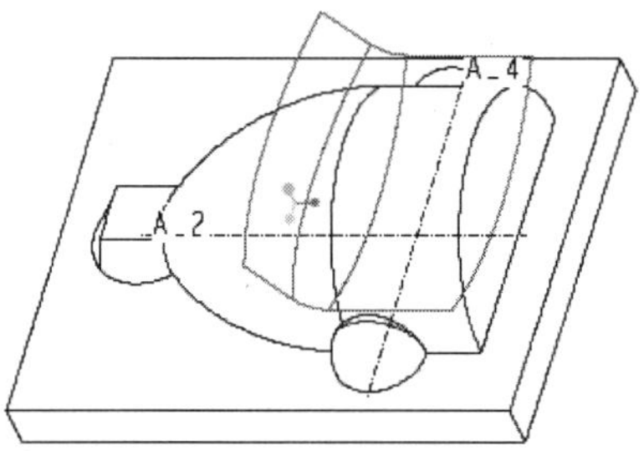

⑥ 스윕 서피스 피처 완성

6. 밀어내기 서피스 피처 생성

6.1 단면 스케치

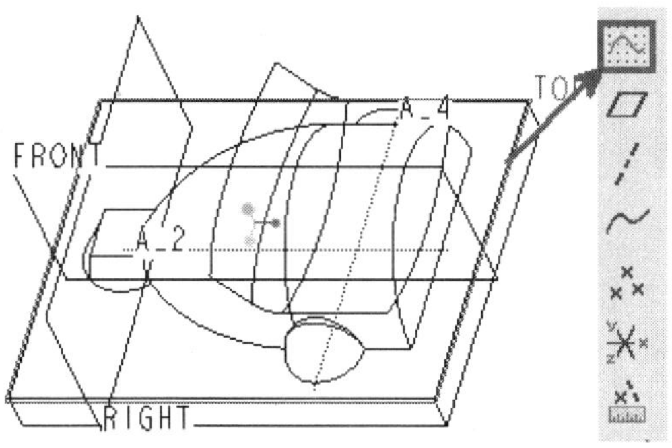

① 스케치 평면으로 'TOP' 평면 선택

② 스케치( ) 도구 선택

③ 스케치 창의 '스케치' 탭 클릭

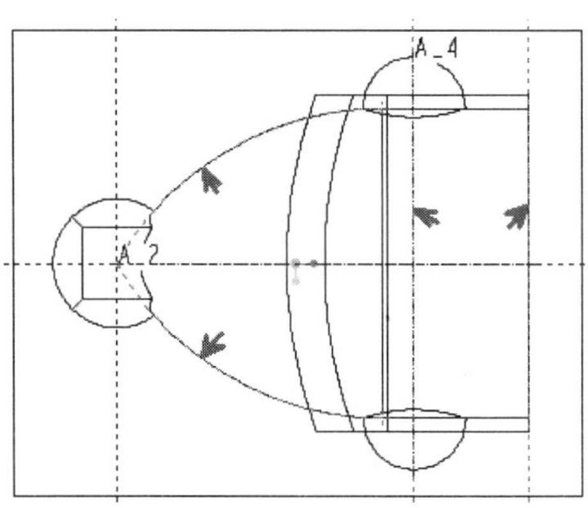

④ 마우스 우측 버튼 클릭

⑤ '참조' 선택

⑥ 화살표 표시 모서리 참조 추가

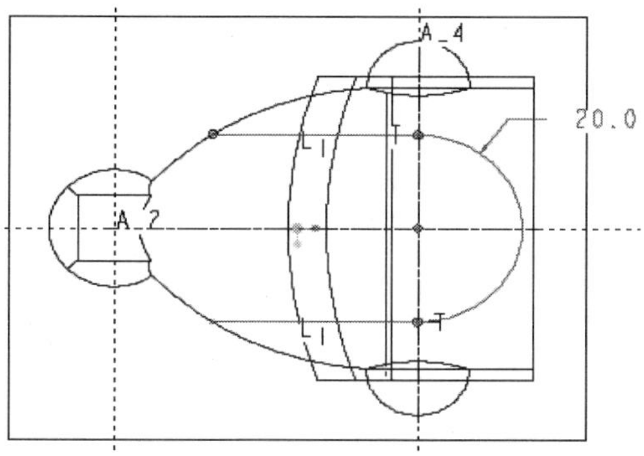

⑦ 도면 참고하여 그림과 같이 스케치

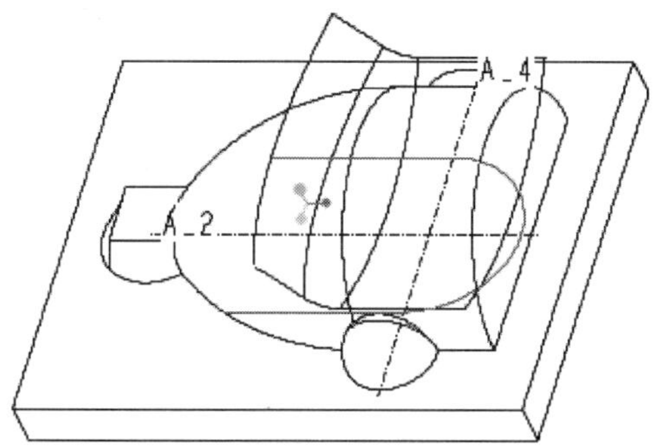

⑧ 스케치 작업 완료()

6.2 밀어내기 실행

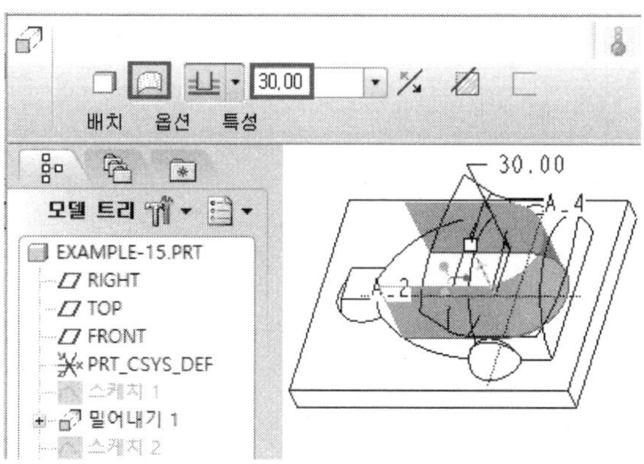

① 밀어내기() 피처 도구 아이콘 선택

② 'Ctrl + D'로 표준방향으로 전환

③ 깊이 값 '30' 수정

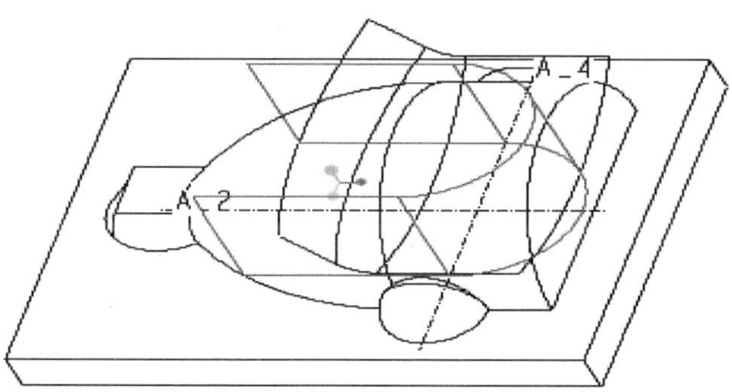

④ 피처 생성 완료()

7. 서피스 편집 및 솔리드화

7.1 서피스 결합

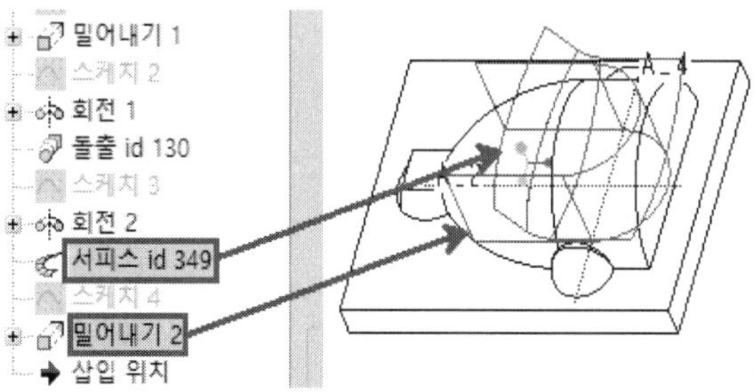

① Ctrl 키 누른 채 두 개의 서피스 선택

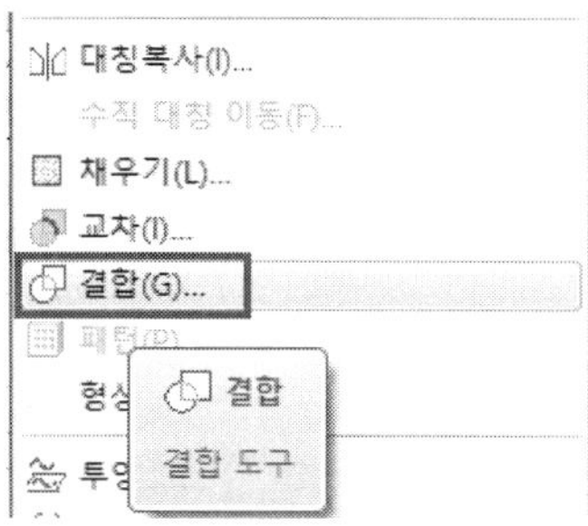

② 풀다운 메뉴 '편집' 클릭

③ '결합' 선택

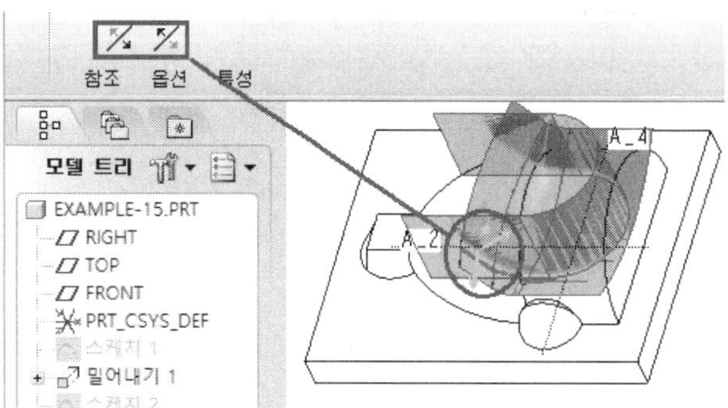

④ 유지할 퀼트( ) 방향 확인

⑤ (바깥 형상 선택되도록)

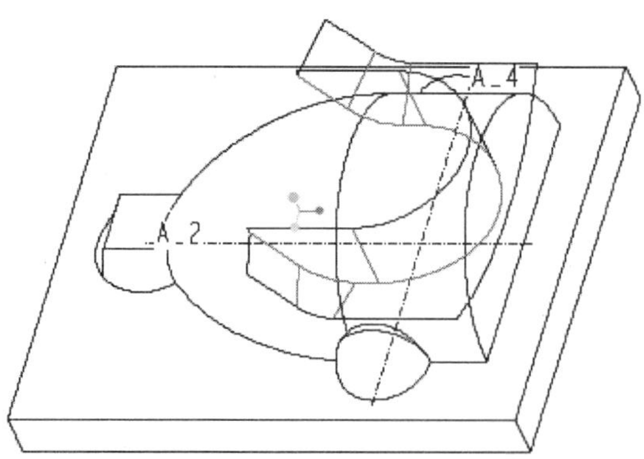

⑥ 피처 생성 완료( )

7.2 솔리드화(재료제거)

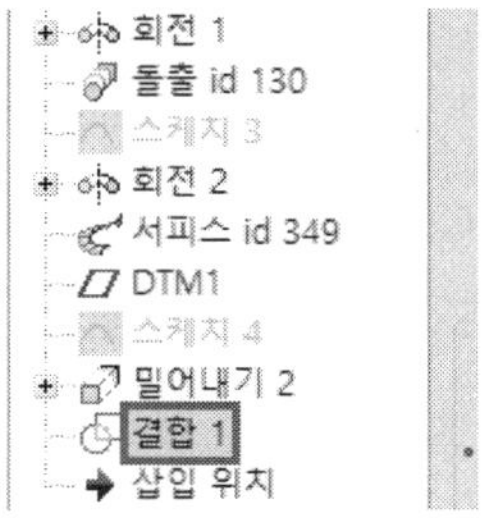

① ‘결합1’ 서피스 선택

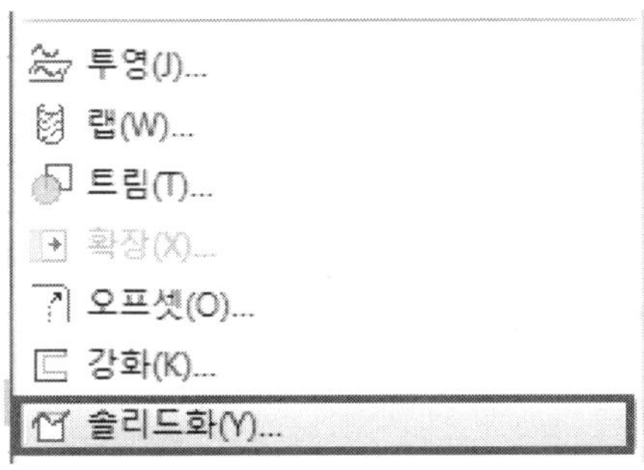

② 풀다운 메뉴 ‘솔리드화’ 선택

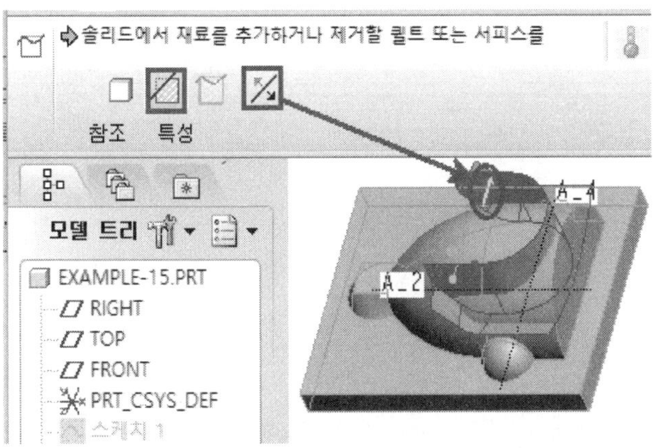

③ 재료제거( ) 도구 선택

④ 재료 방향( ) 선택, 바깥쪽으로 향하게 함.

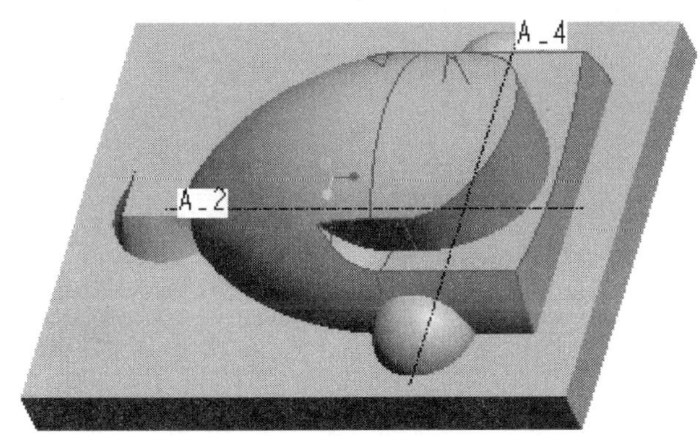

⑤ 피처 생성 완료( )

8. 밀어내기(3) 피처 생성

8.1 단면 스케치

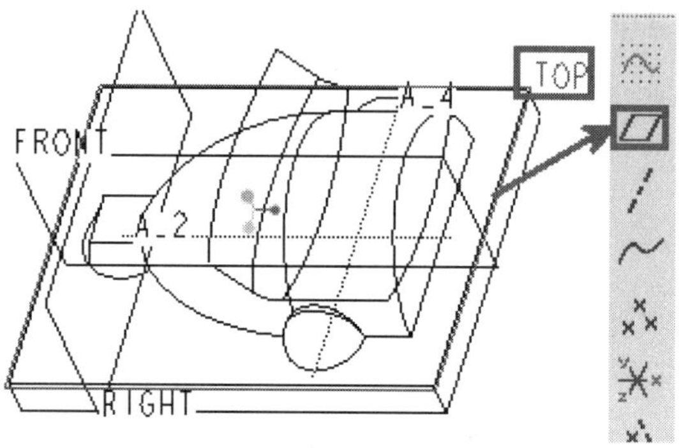

① 스케치 평면으로 'TOP' 평면 선택

② 데이텀 평면(▱) 도구 선택

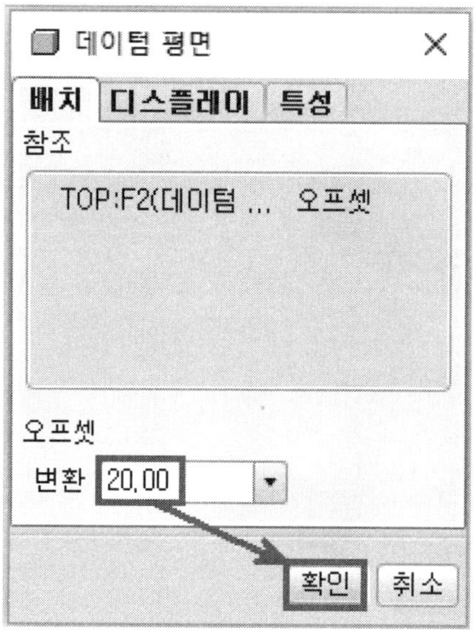

③ 오프셋 값 '20' 입력(위 방향)

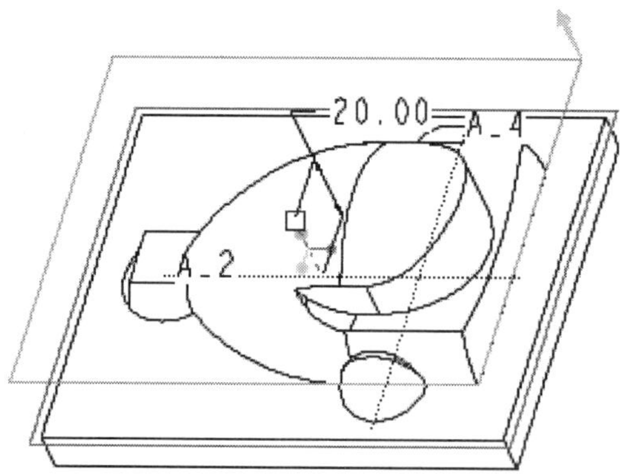

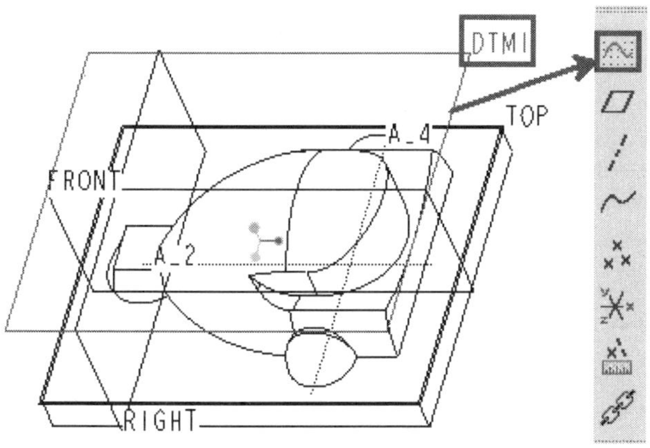

④ 'DTM1' 평면 선택

⑤ 스케치( ) 도구 선택

⑥ 스케치 창의 '스케치' 탭 클릭

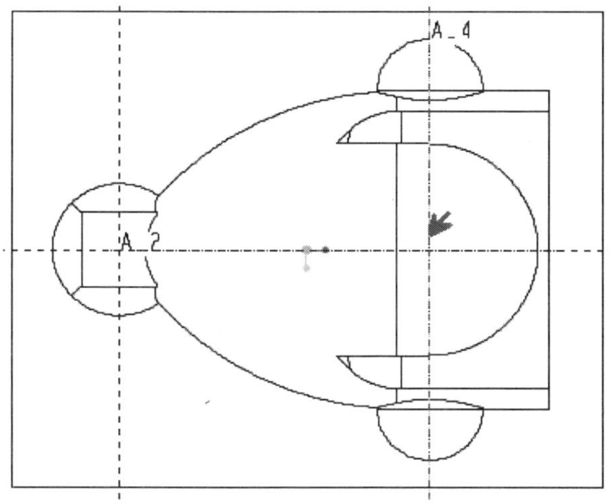

⑦ 마우스 우측 버튼 클릭 - '참조' 선택

⑧ 화살표 표시의 중심선 선택

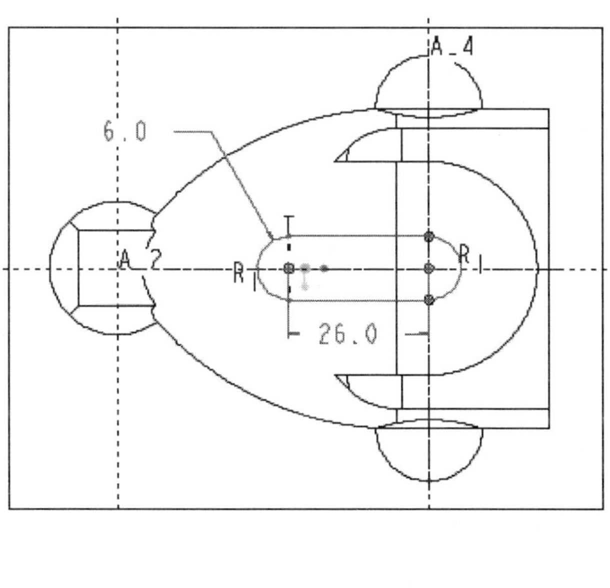

⑨ 도면 참고하여 그림과 같이 단면 스케치

⑩ 스케치 완료( )

8.2 밀어내기 실행

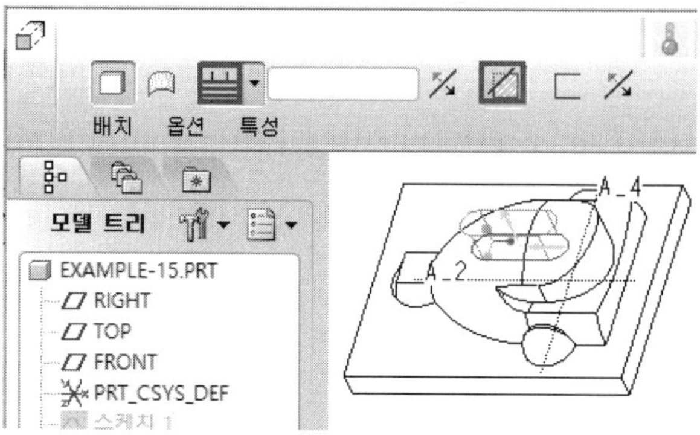

① 밀어내기( ) 도구 아이콘 클릭

② 'Ctrl + D'로 표준방향으로 전환

③ 깊이 옵션 다음으로( ) 선택

④ 재료제거( ) 선택

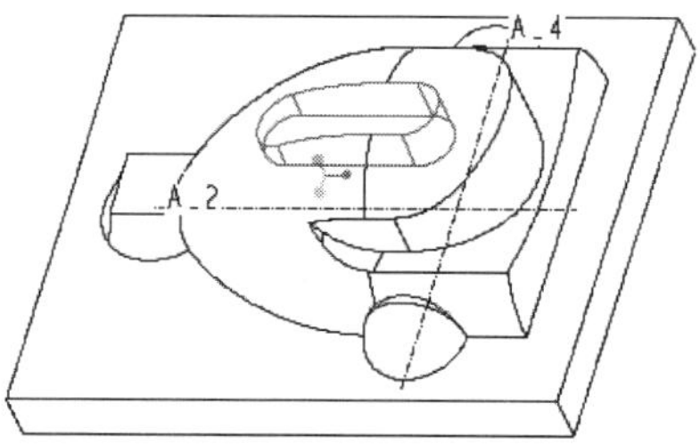

⑤ 피처 생성 완료( )

9. 구배(1) (105°) 피처 생성하기

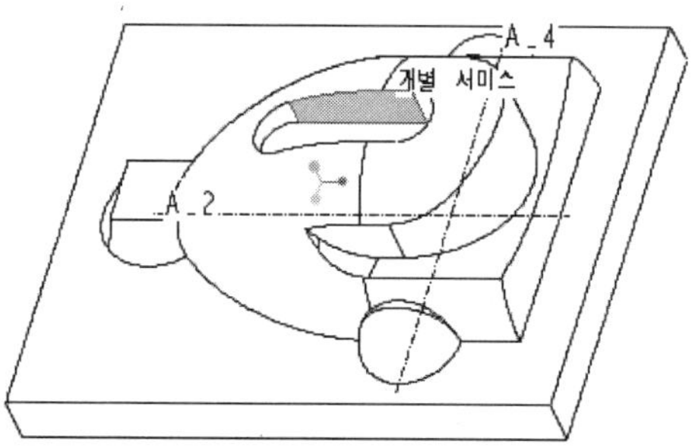

① 구배 도구 아이콘( ) 선택

② 측면 선택

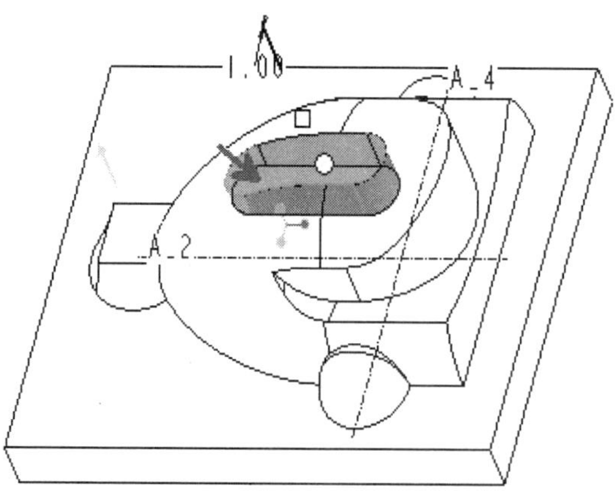

③ 마우스 우측 버튼 클릭

④ '구배 경첩' 선택

⑤ 구배 면과 인접한 바닥면 선택

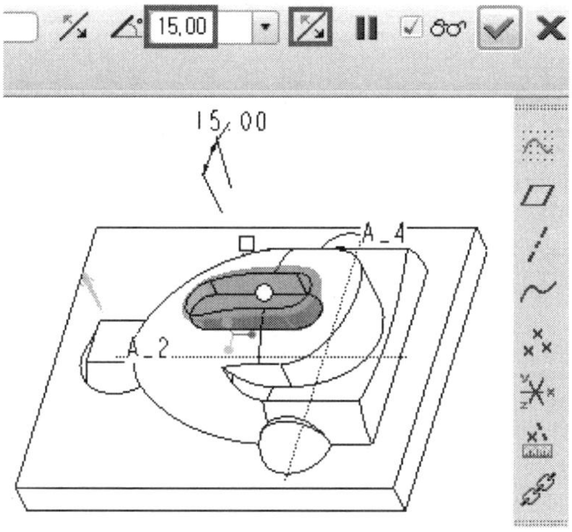

⑥ 구배 각도 '15' 수정

⑦ 재료 추가/제거 방향 전환() 아이콘 클릭

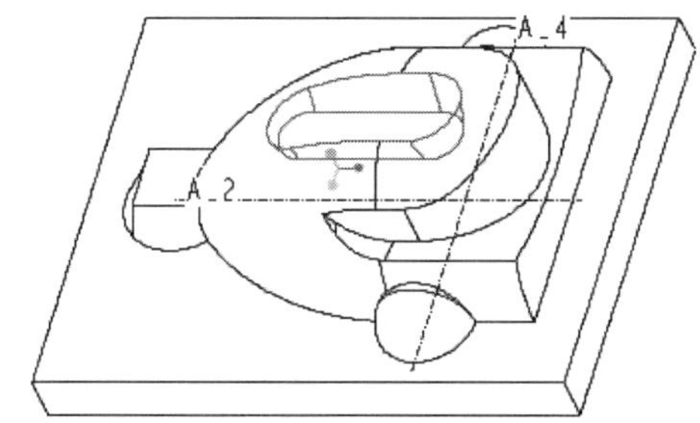

⑧ 피처생성 완료()

10. 구배(2) (102°) 피처 생성하기

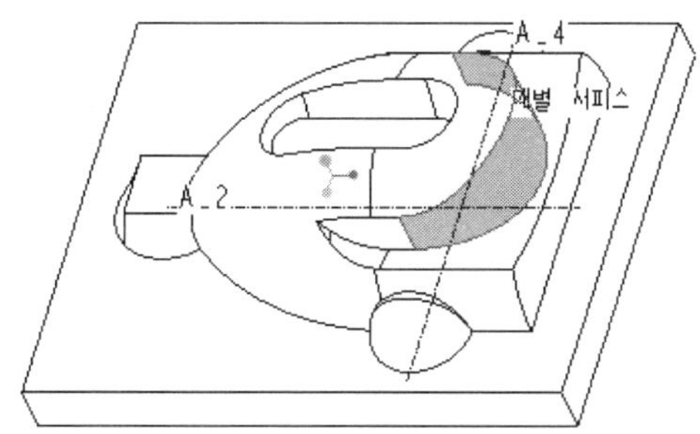

① 구배 도구 아이콘() 선택

② Ctrl 키 누른 채 세 측면 선택

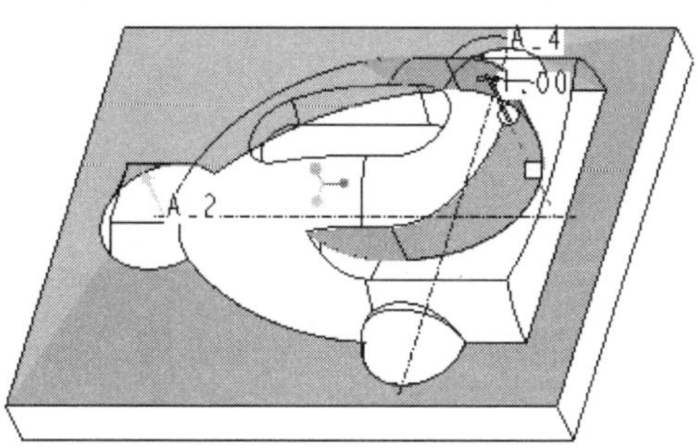

③ 마우스 우측 버튼 클릭

④ '구배 경첩' 선택

⑤ 직육면체의 윗면 선택

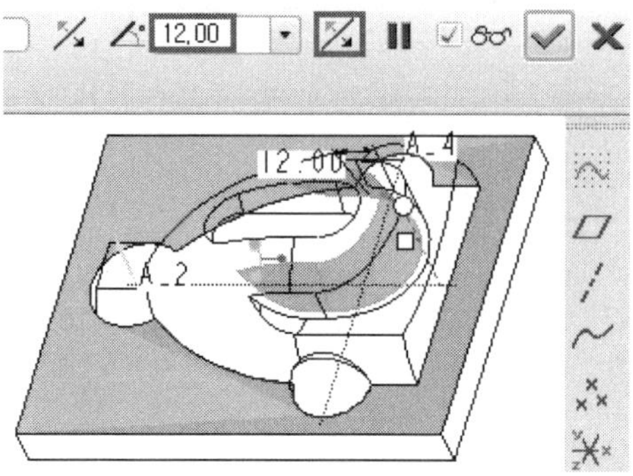

⑥ 구배 각도 '12' 수정

⑦ 재료 추가/제거 방향 전환(아이콘) 아이콘 클릭

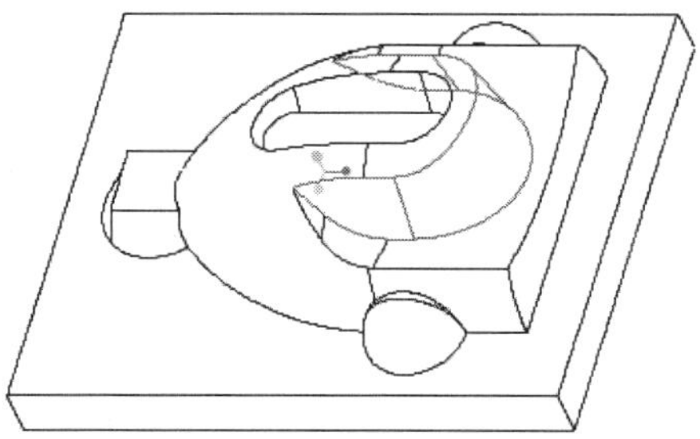

⑧ 피처생성 완료(✔)

11. 라운드 추가

11.1 라운드 R10 추가

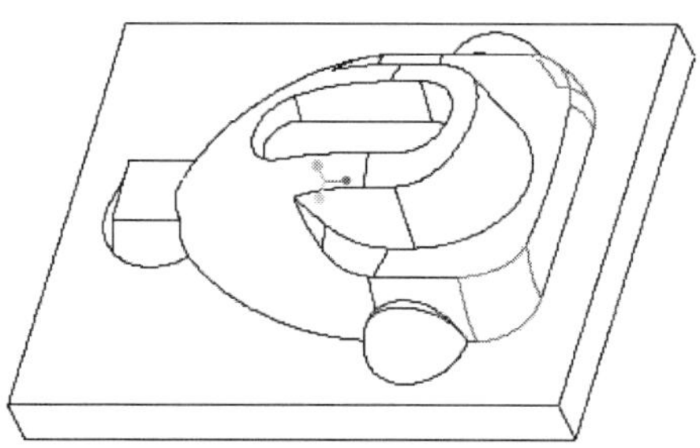

① 라운드(아이콘) 도구 선택

② 대상 모서리를 Ctrl 키 누른 채 선택

③ 라운드 값 '10' 으로 수정

④ 피처 생성 완료(✔)

11.2 라운드 R3 추가

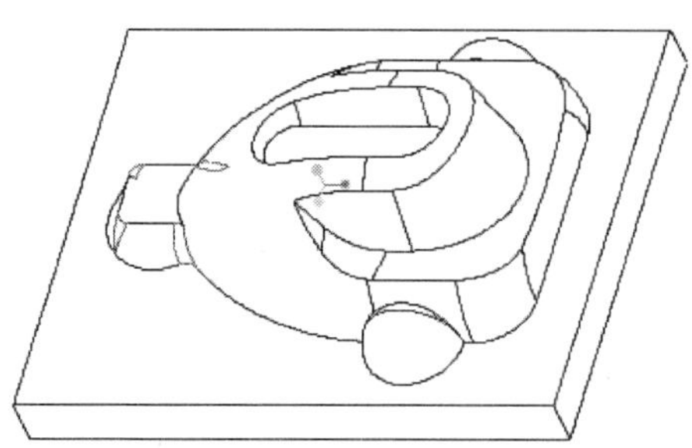

① 라운드(아이콘) 도구 선택

② 대상 모서리를 Ctrl 키 누른 채 선택

③ 라운드 값 '3' 으로 수정

④ 피처 생성 완료(✔)

11.3 라운드 R1 추가

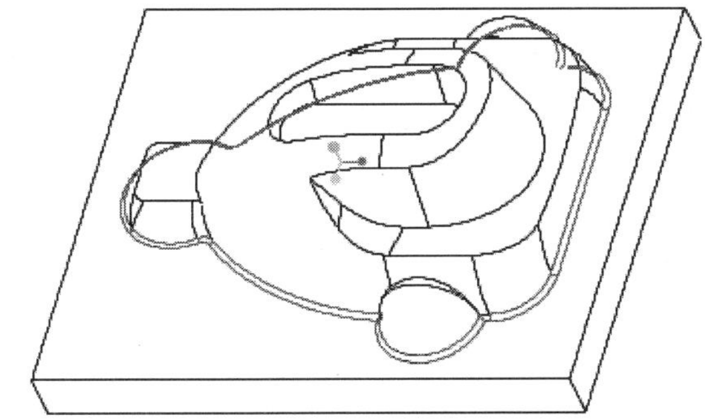

① 라운드( ) 도구 선택

② 대상 모서리를 Ctrl 키 누른 채 선택

③ 라운드 값 '1' 로 수정

④ 피처 생성 완료( )

11.4 지시 없는 모든 라운드 R2 추가

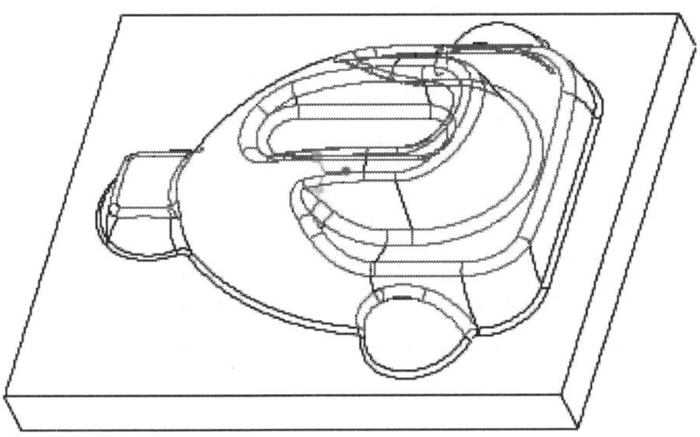

① 라운드( ) 도구 선택

② 대상 모서리를 Ctrl 키 누른 채 선택

③ 라운드 값 '2' 로 수정

④ 피처 생성 완료( )

12. 완성된 모델링 형상

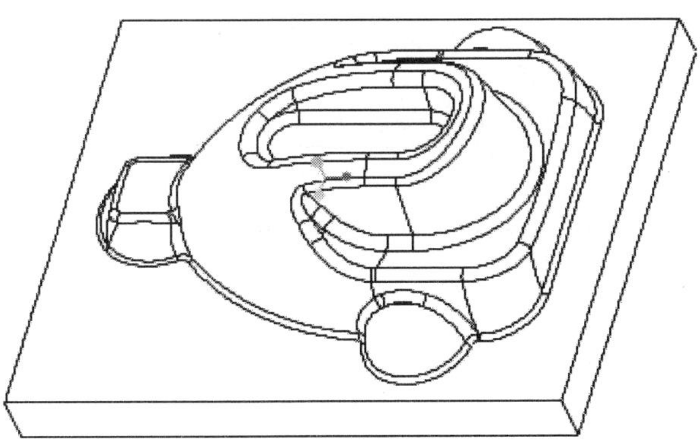

16. Example-16 도면 모델링

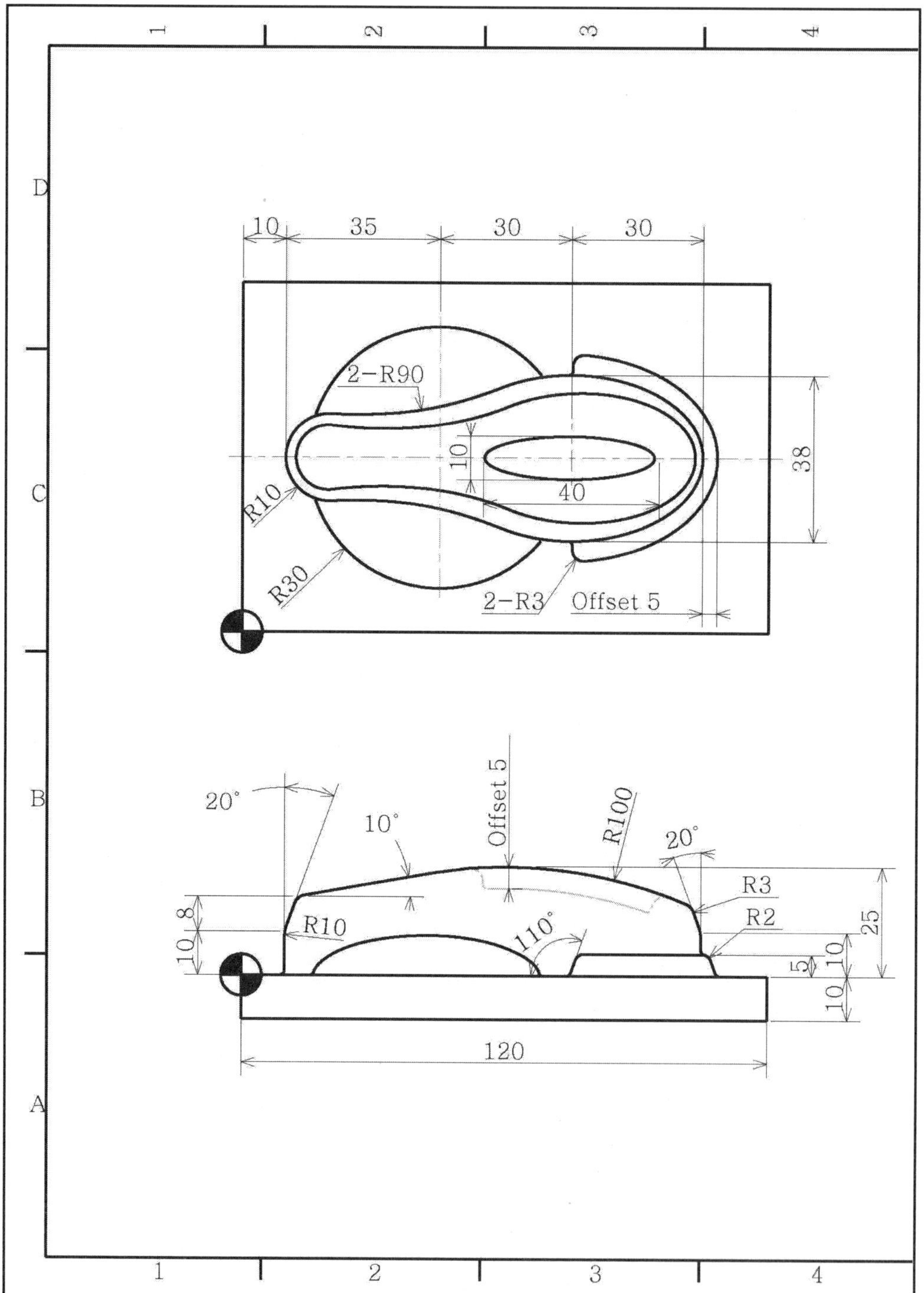

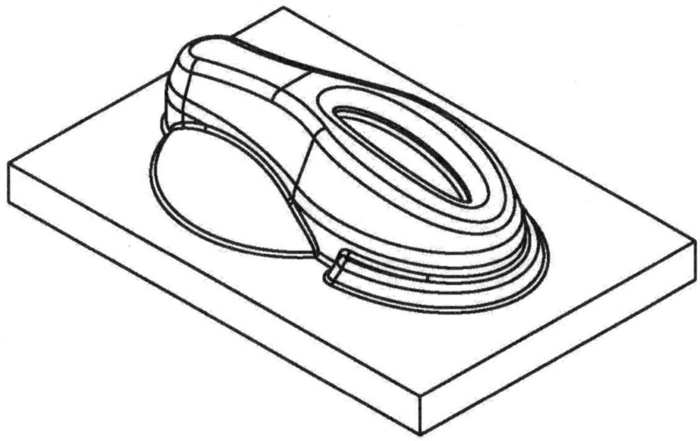

도시되고 지시없는 모든 라운드 R1

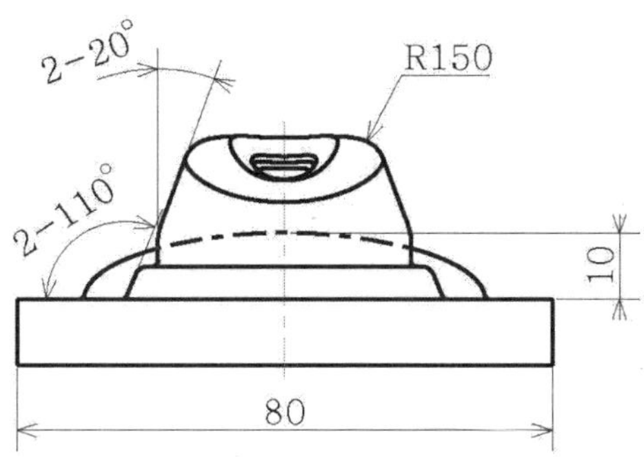

창원문성대학교			
소 속	기계과	작업자	예규현
투상법	3각법	축 척	1.000
날 짜	2016.1.20	파일명	Example-16

작업 순서

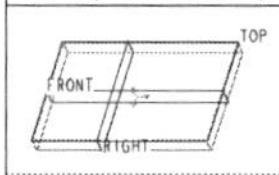	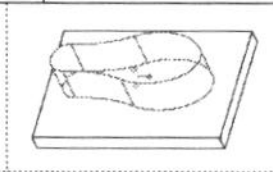	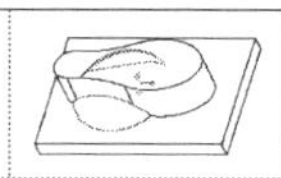	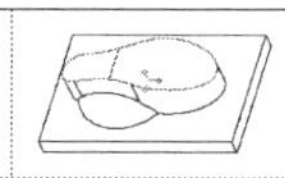	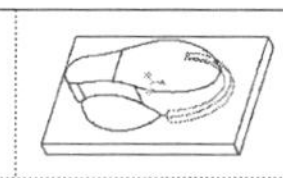	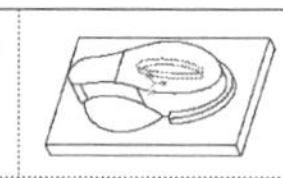	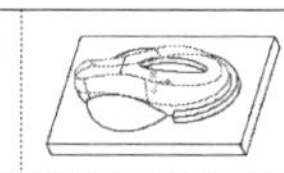
1.밀어내기1	2.밀어내기2	3.회전1	4.스윕 컷	5.밀어내기3	6.오프셋	7.구배1
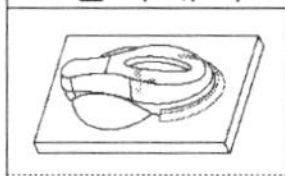	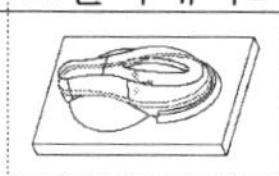	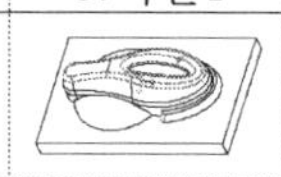	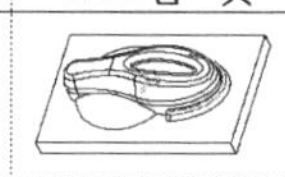	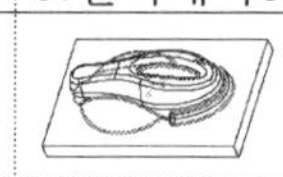		
8.구배2	9.라운드1	10.라운드2	11.라운드3	12.라운드3		

1. 밀어내기(1) 피처 생성

1.1 파일 새로 만들기

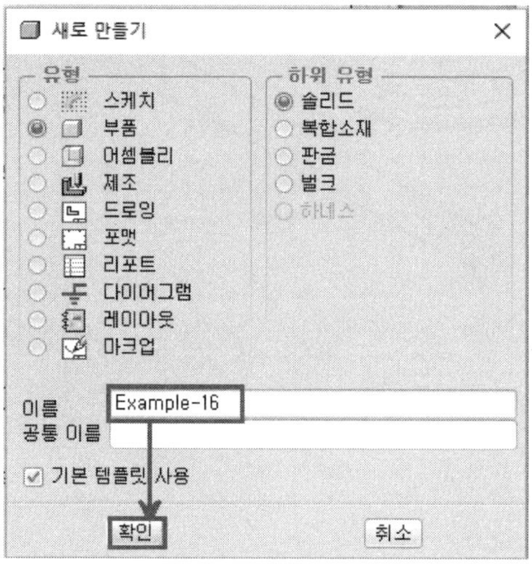

① 파일 새로 만들기 - 파일 이름 'Example-16' 입력

② 단위는 mmNs 단위계

1.2 스케치 단면 생성

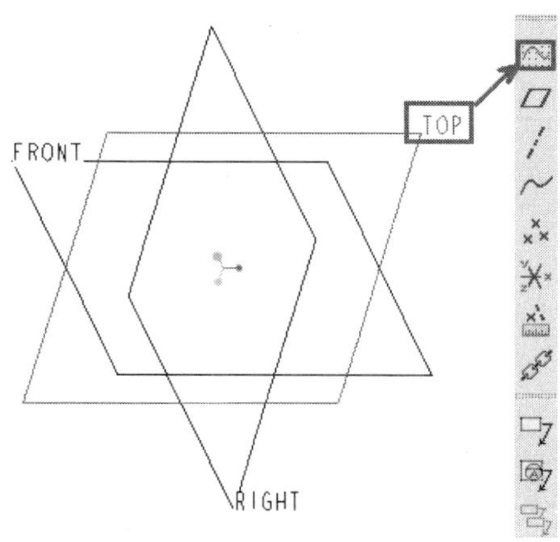

① 스케치 평면으로 'TOP' 데이텀 평면 선택

② 스케치( ) 도구 아이콘 선택

③ ‘스케치’ 탭 클릭

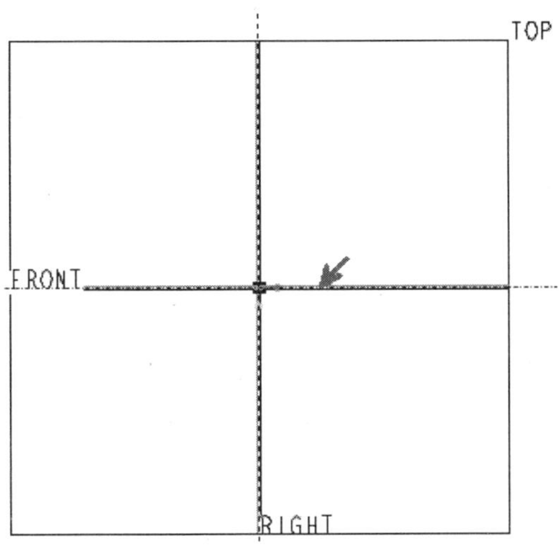

④ 마우스 우측 버튼 클릭 - ‘중심선’ 선택

⑤ 가운데 참조 데이텀 평면에 일치하도록 수평 중심선 스케치

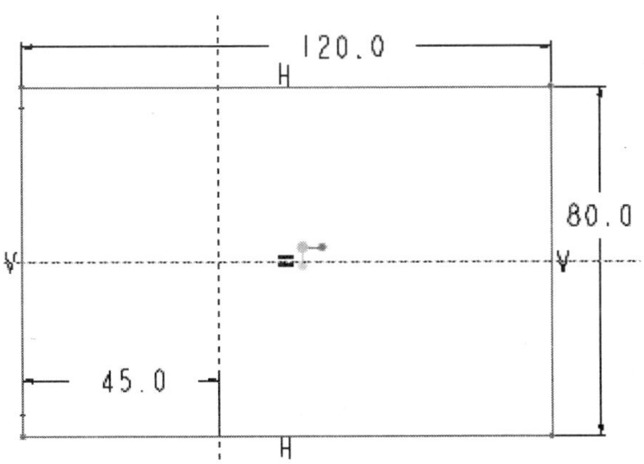

⑥ 직사각형(□) 생성 아이콘 선택

⑦ 상하 대칭 구속을 이용 가로 120, 세로 80인 직사각형 스케치

⑧ 스케치 완료(✔)

1.3 밀어내기 실행

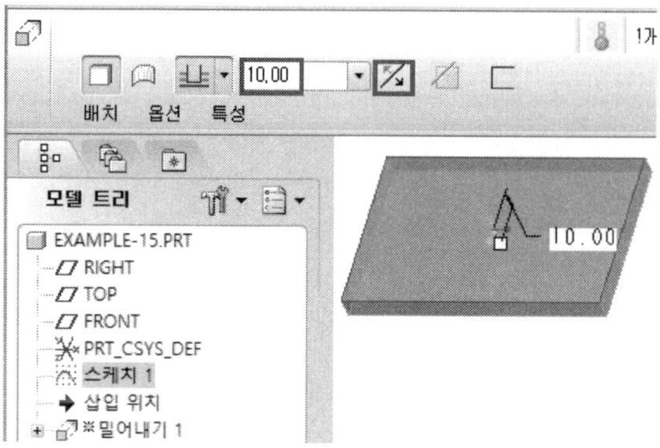

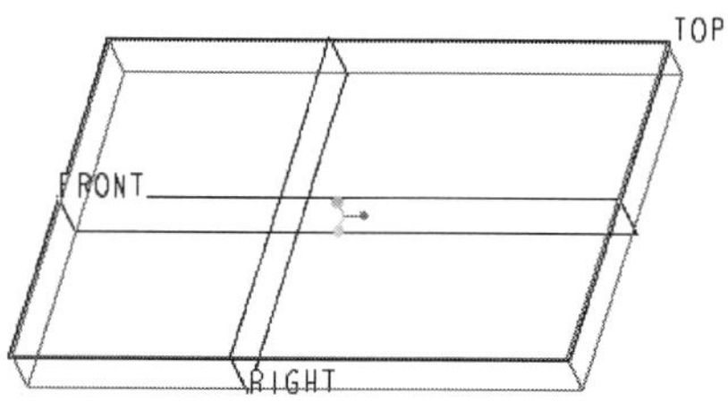

① 밀어내기( ) 도구 아이콘 클릭

② 'Ctrl + D'로 표준방향으로 전환

③ 깊이 값 '10'으로 수정

④ 깊이 방향 전환( ) 아이콘 클릭(아래 방향)

⑤ 피처 생성 완료( )

2. 밀어내기(2) 피처 생성

2.1 단면 스케치

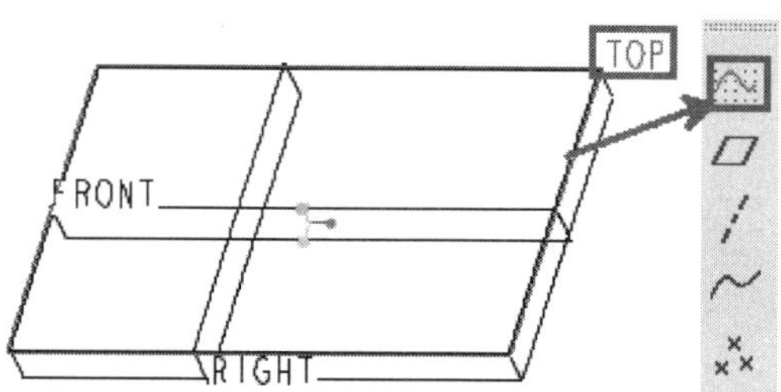

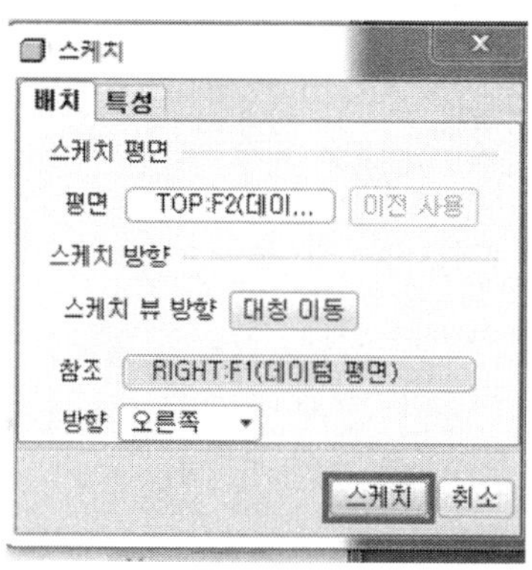

① 스케치 평면으로 'TOP' 평면 선택

② 스케치( ) 도구 선택

③ '스케치' 탭 클릭

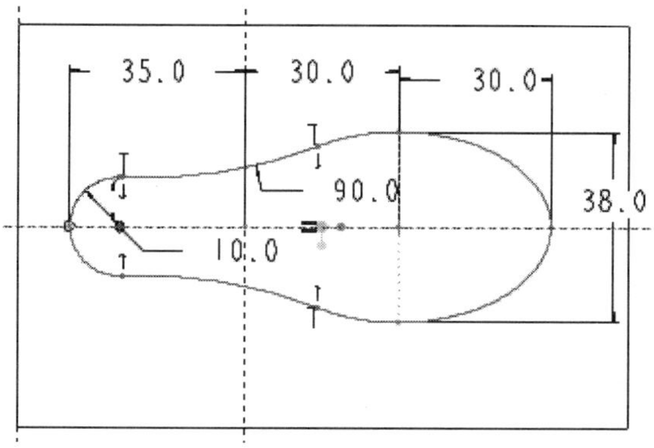

④ 가운데 수평 중심선 스케치

⑤ 도면 참고하여 그림과 같이 단면 스케치

⑥ 치수 생성/수정

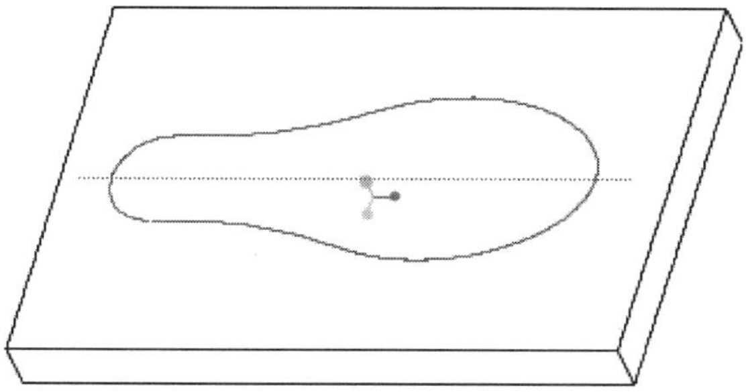

⑦ 스케치 작업 완료(✔)

2.2 밀어내기 실행

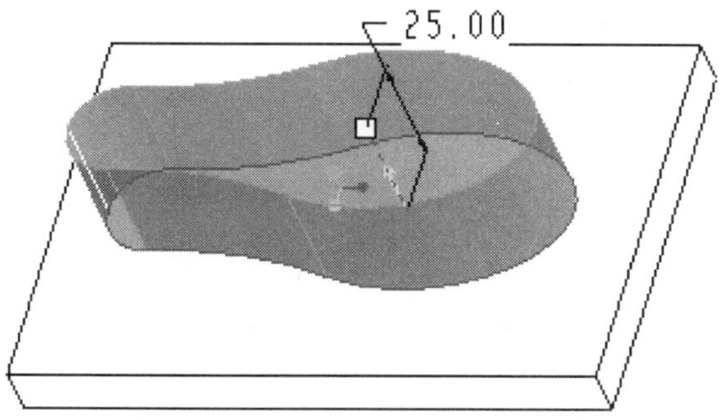

① 밀어내기( ) 피처 도구 아이콘 선택

② 'Ctrl + D'로 표준방향으로 전환

③ 깊이 값 '20' 으로 수정

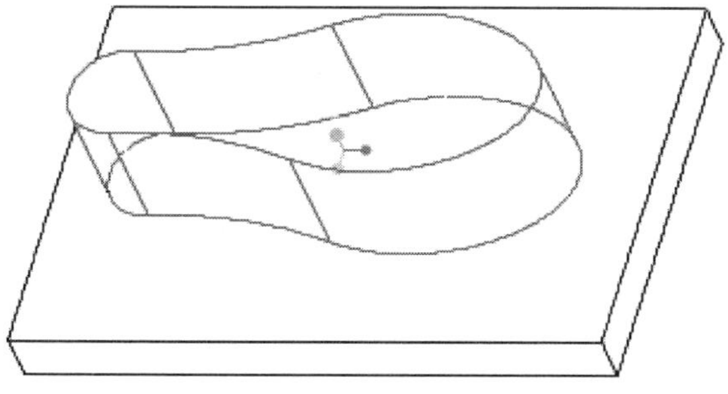

④ 피처 생성 완료(✔)

3. 회전(1) 피처 생성하기

3.1 단면 스케치

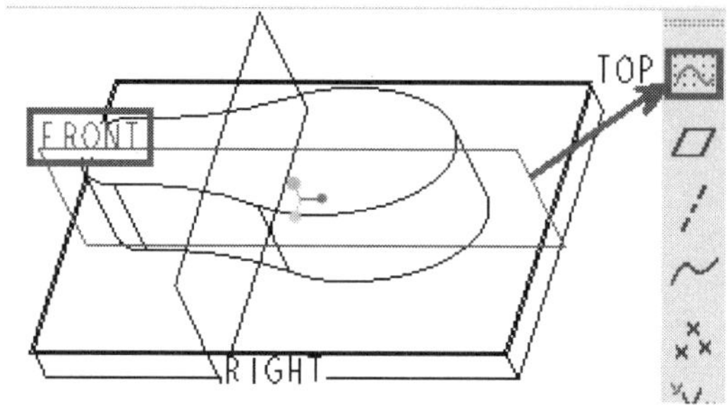

① 스케치 평면으로 'FRONT' 데이텀 평면 선택

② 스케치( ) 도구 아이콘 선택

③ 스케치 창의 '스케치' 탭을 클릭

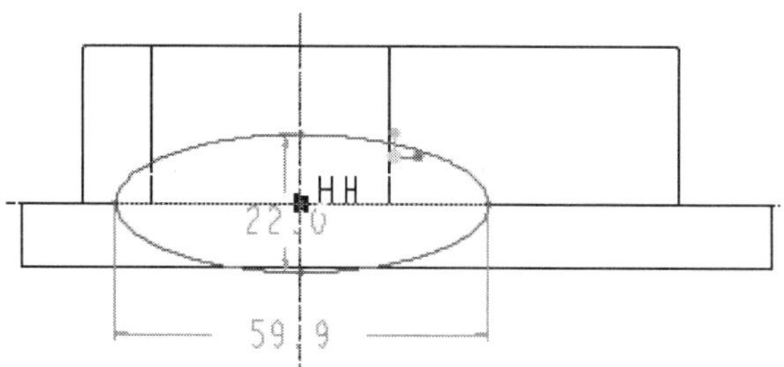

④ 형상중심선( ) 도구 아이콘 선택, 수직 방향 축 스케치

⑤ 중심과 축 타원( ) 도구 아이콘 선택, 타원 스케치

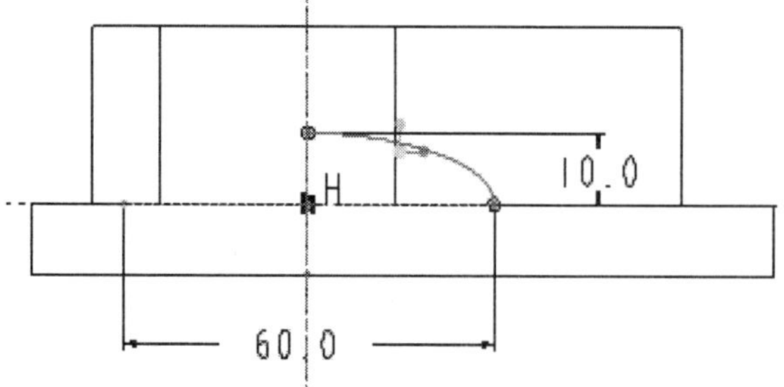

⑥ 세그먼트 삭제( ) 아이콘 선택

⑦ 회전체 반 단면 형상만 남기고 나머지 삭제

⑧ 치수 생성/수정

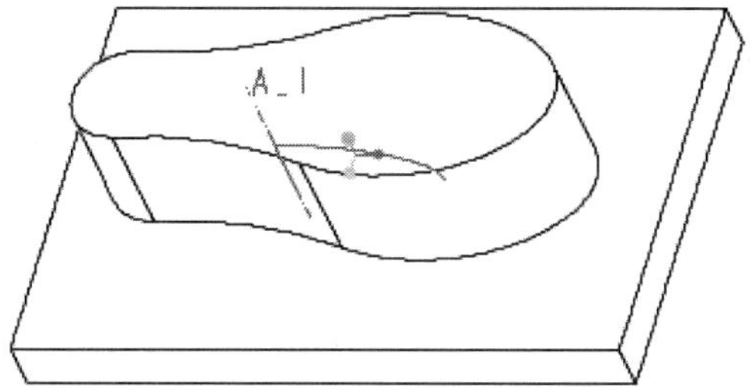

⑨ 스케치 완료(✔)(스케치 선택 상태임)

3.2 회전 실행

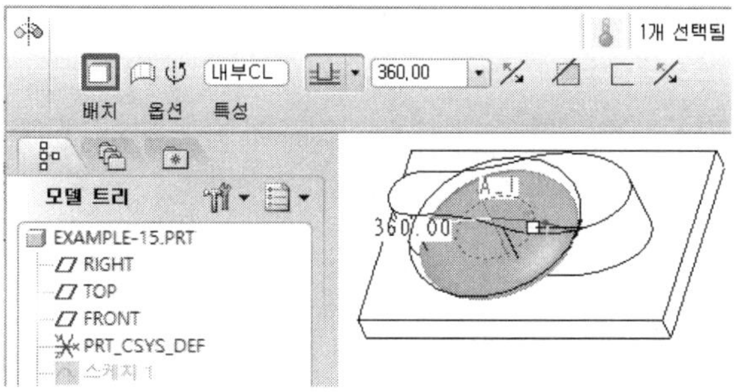

① 회전( )피처 생성 도구 아이콘 선택

② 표준방향(Ctrl + D)으로 전환

③ 솔리드( ) 도구 아이콘 선택

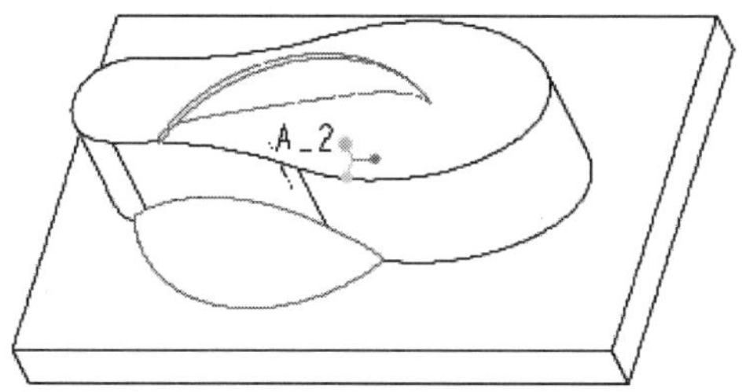

④ 피처 생성 완료(✔)

4. 스윕 컷 피처 생성

4.1 스윕 컷 실행

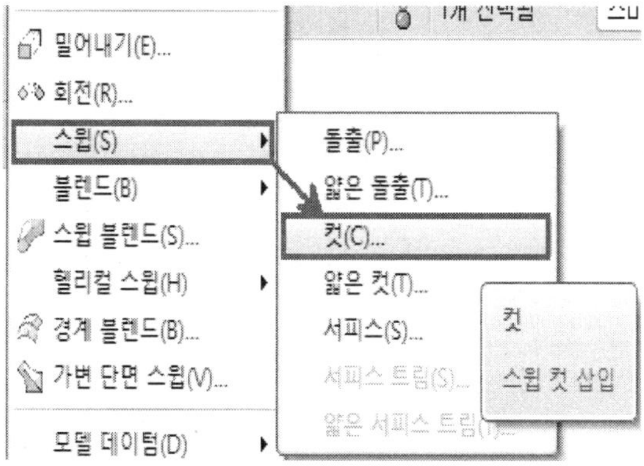

① 풀다운 메뉴의 '삽입' – '스윕' – '컷' 선택

4.2 스윕 궤적 정의

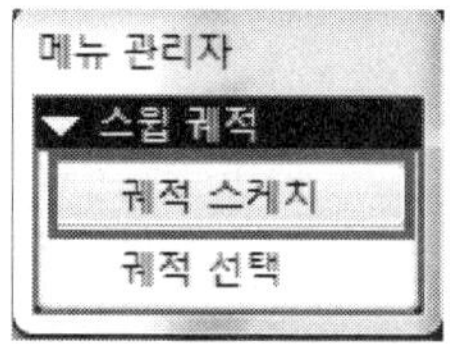

① 메뉴 관리자 '궤적 스케치' 선택

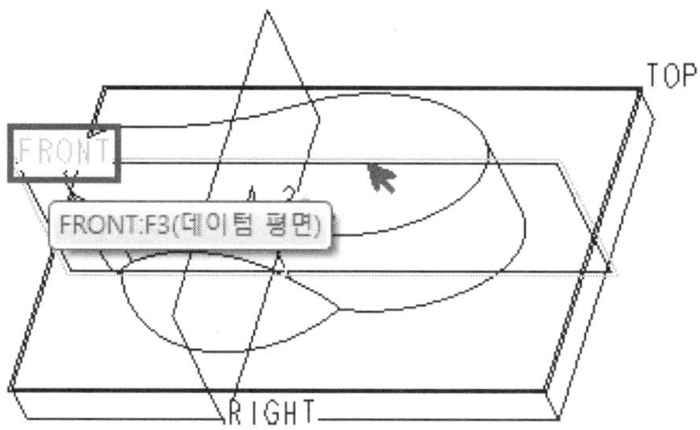

② 스케치 평면으로 'FRONT' 선택

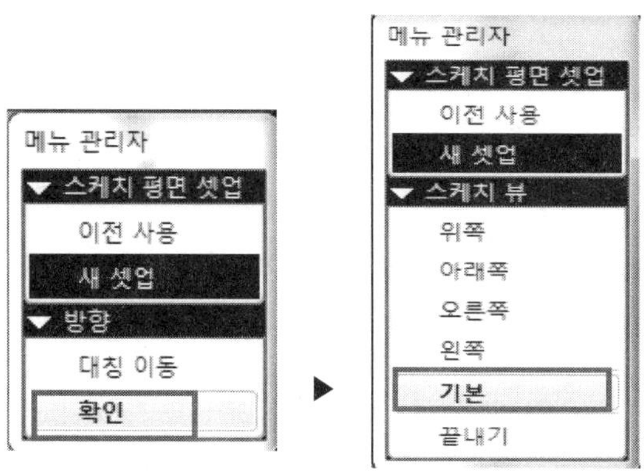

③ 방향 '확인', 스케치 뷰 '기본' 선택

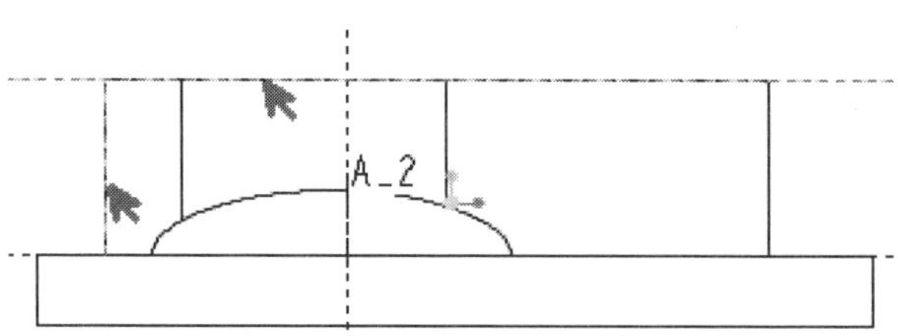

④ 마우스 우측 버튼 클릭

⑤ 팝업 메뉴 '참조' 선택

⑥ 화살표 표시 세 모서리 선택

⑦ 참조 창 닫는다.

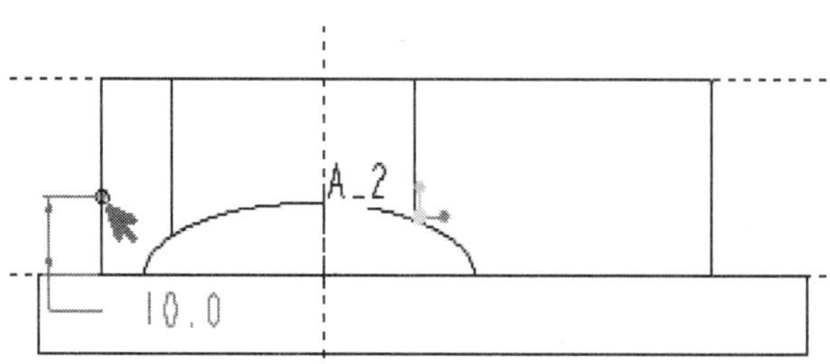

⑧ 점() 아이콘 선택

⑨ 왼쪽 모서리 위에 점 추가 및 치수 '10' 수정

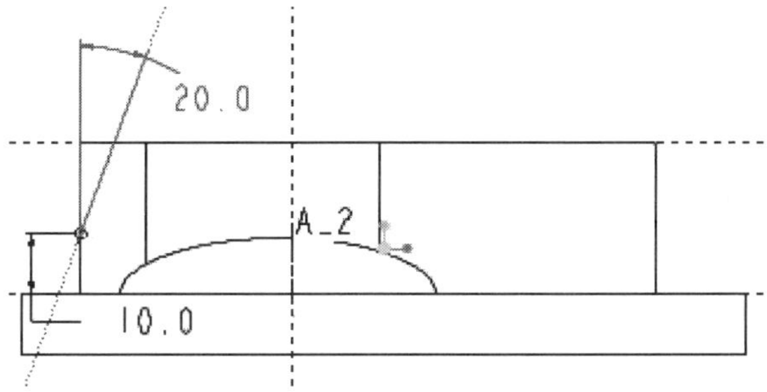

⑩ 점을 통과하는 중심선 스케치

⑪ 각도 치수 ‘20’ 수정

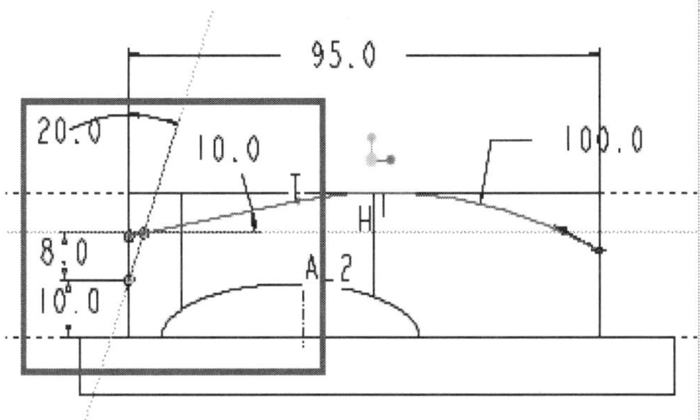

⑫ 10도 방향의 직선 및 호 스케치

⑬ 직선과 중심선 교차점에 점 추가

⑭ 그림 참조하여 치수 생성 및 수정

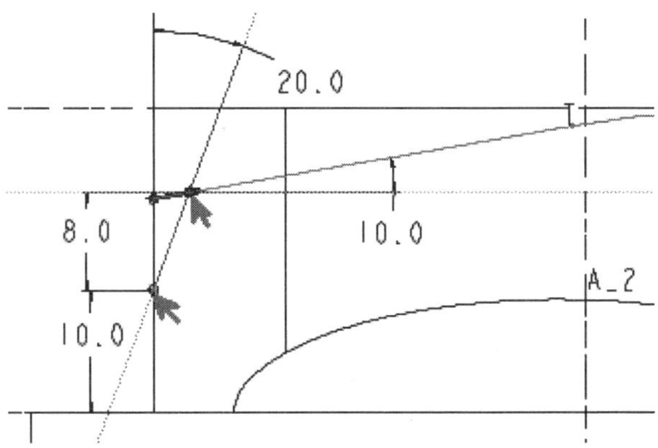

⑮ 위항의 청색 사각박스 부분 확대 그림

⑯ 화살표 부분은 점 추가

⑰ (궤적)스케치 완료(✔)

4.3 단면 스케치

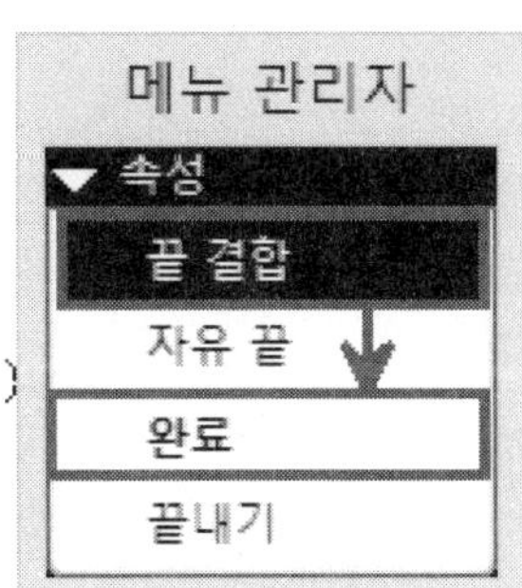

① 속성 ‘끝 결합’ 선택하고 ‘완료’

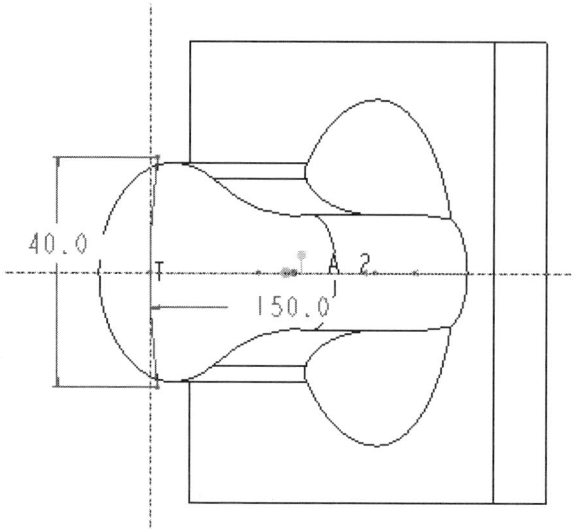

② 중심/끝( ) 도구 아이콘 선택

③ 그림과 같이 단면 스케치

④ 스케치 종료( )

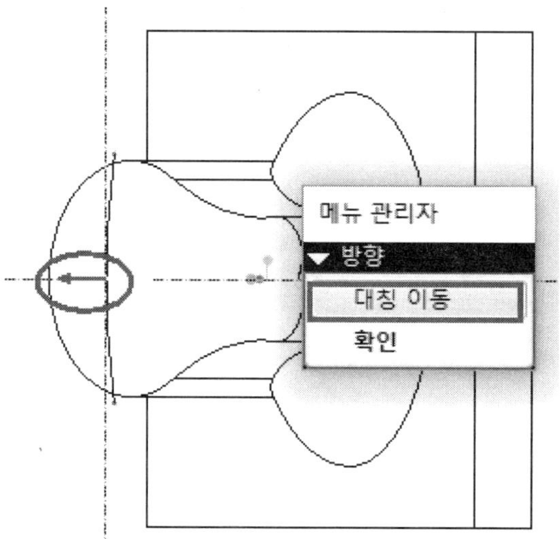

⑤ 메뉴 관리자 '대칭 이동' 선택(재료제거 방향)

⑥ '확인' 선택

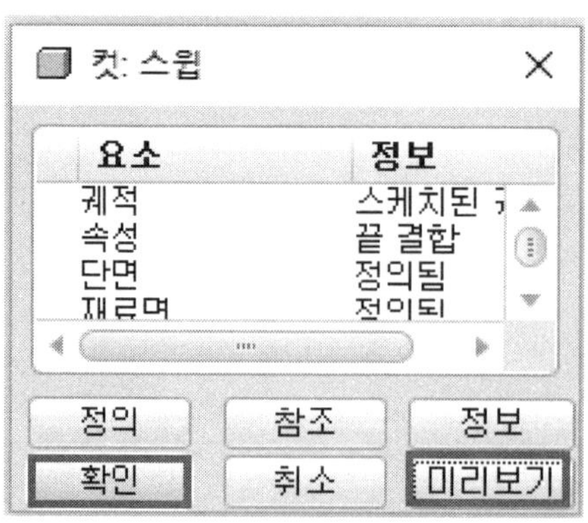

⑦ '미리보기'를 클릭하여 컷 형상이 바르게 되었는지 확인하고 '확인' 클릭하여 피처 생성 완료

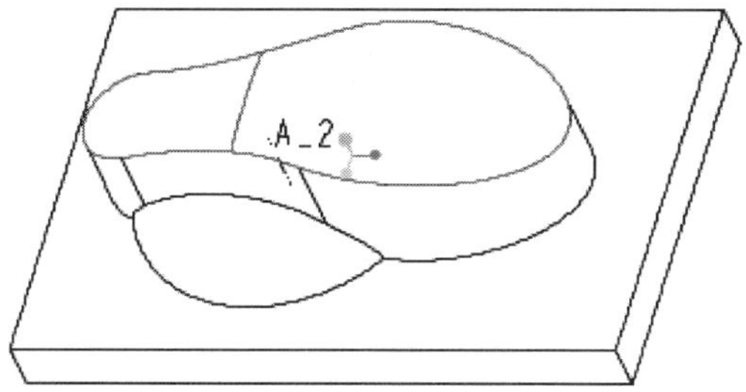

⑧ 스윕 컷 피처 완성

5. 밀어내기(3) 피처 생성

5.1 단면 스케치

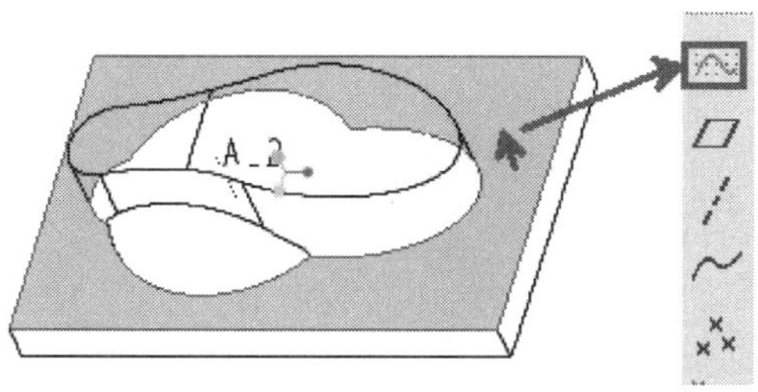

① 스케치 평면으로 'FRONT' 평면 선택

② 스케치( ) 도구 선택

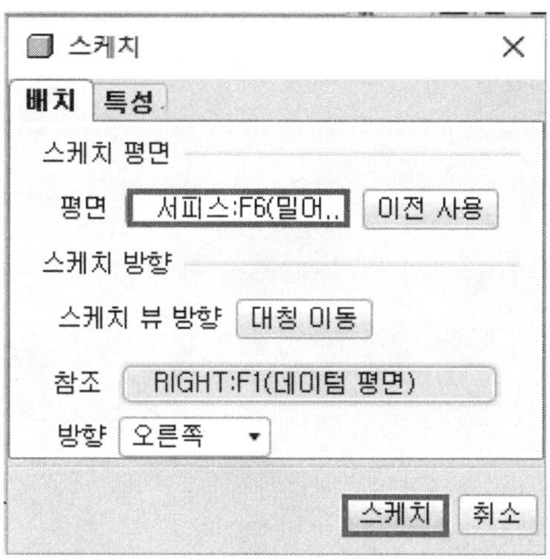

③ '스케치' 탭 클릭

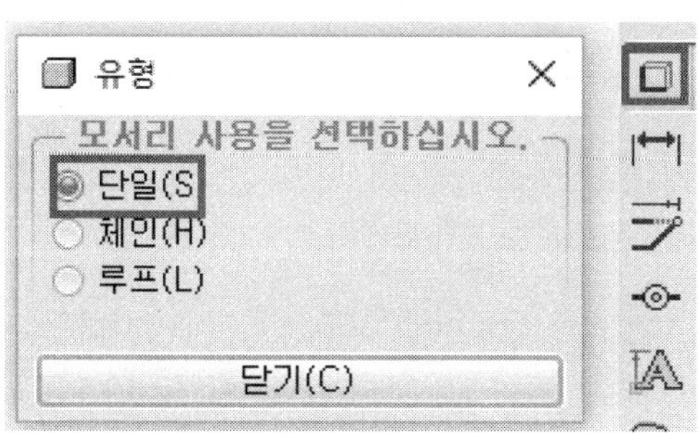

④ 모서리 사용( ) 도구 아이콘 선택

⑤ 선택 유형 '단일'

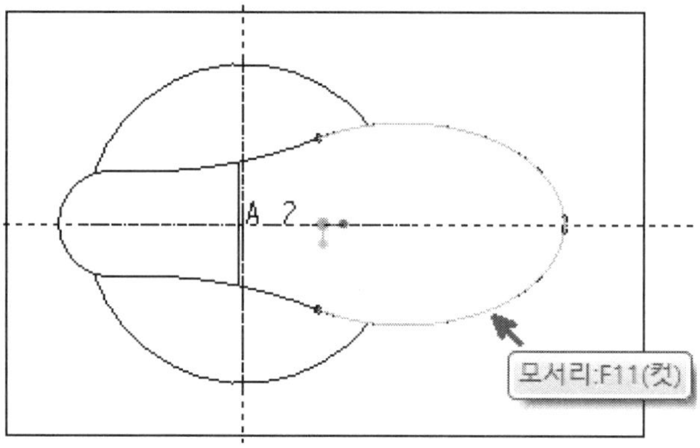

⑥ 우측 타원 모서리 선택

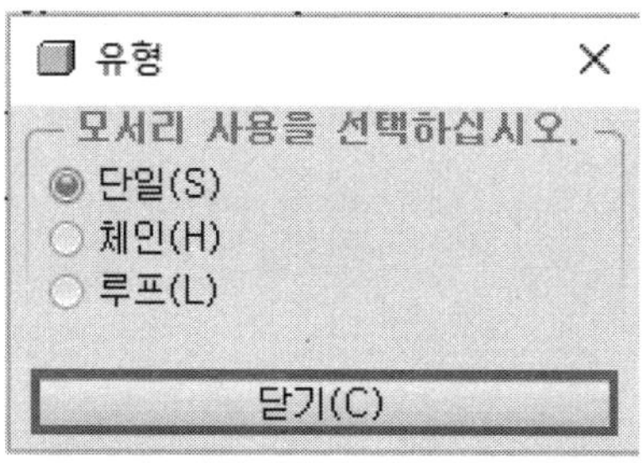

⑦ 선택 유형 창 닫는다.

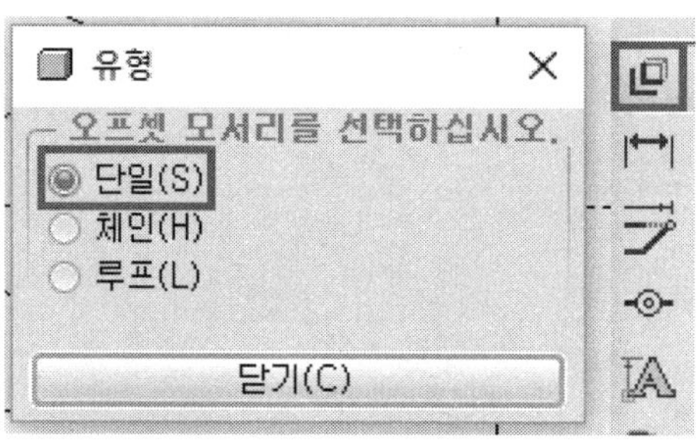

⑧ 이번에는 오프셋( ) 도구 아이콘 선택

⑨ 선택 유형 '단일'

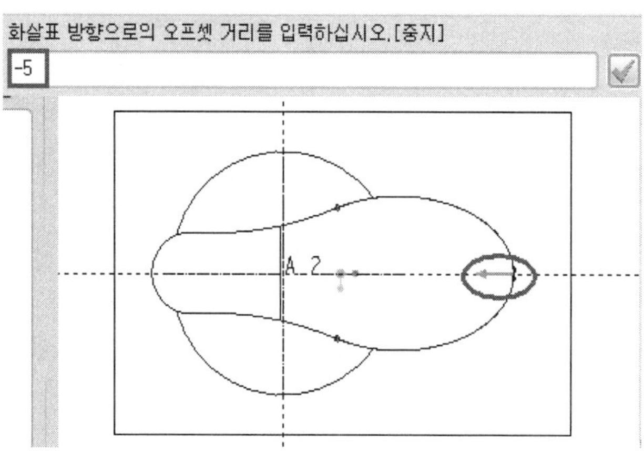

⑩ 우측 타원 모서리 선택

⑪ 화살표 방향 확인

⑫ 오프셋 값 '-5' (화살표 반대 방향) 입력 후 엔터

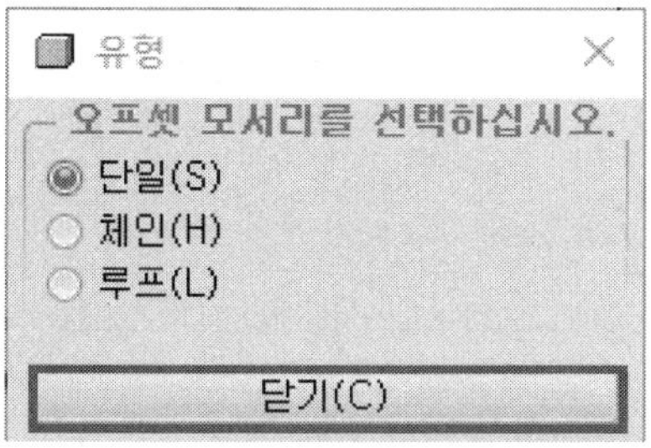

⑬ 선택 유형 창 닫는다.

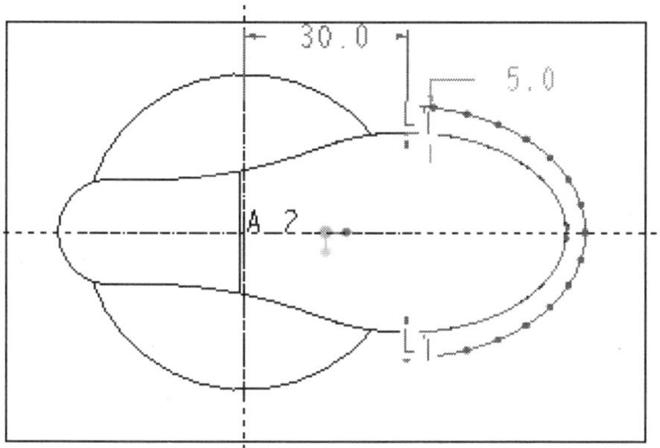

⑭ 거리 30 위치에 수직선 스케치

⑮ 불필요한 세그먼트 삭제

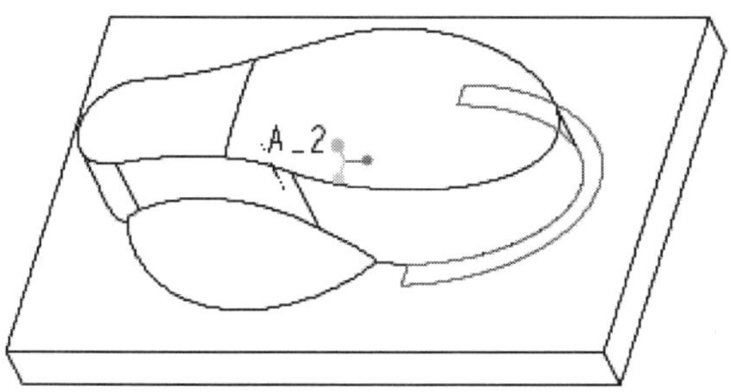

⑯ 스케치 작업 완료(✔)

5.2 밀어내기 실행

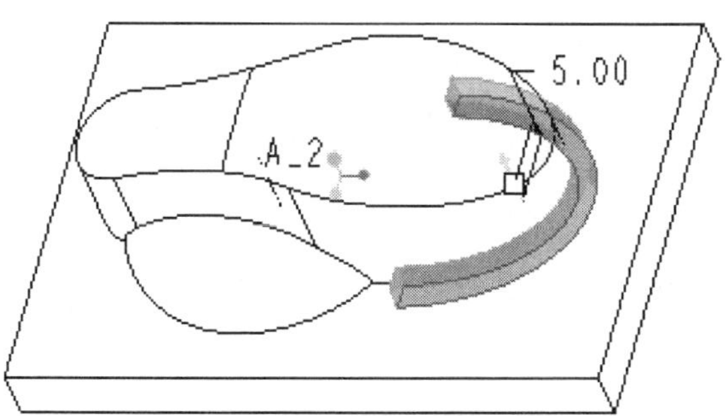

① 밀어내기( ) 피처 도구 아이콘 선택

② ‘Ctrl + D'로 표준방향으로 전환

③ 깊이 값 ‘5’ 수정

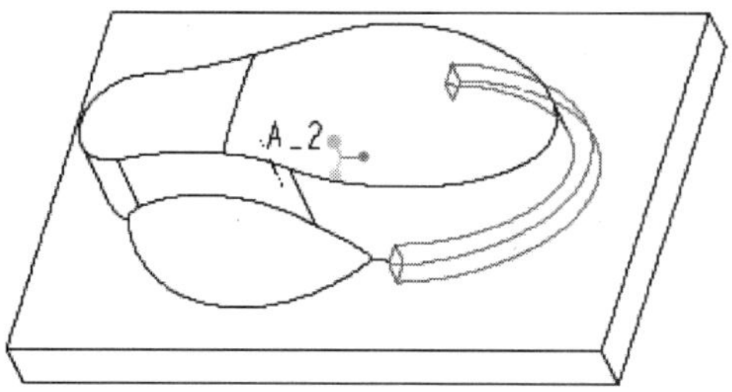

④ 피처 생성 완료(✔)

6. 오프셋 피처 생성

6.1 오프셋 서피스 선택

① 스윕 컷 피처의 오른쪽 윗면 선택

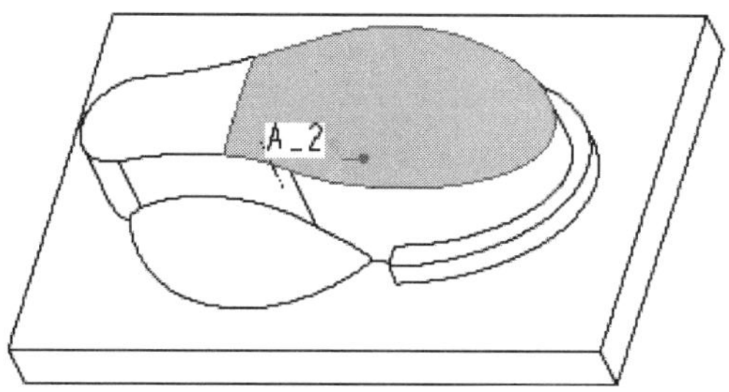

6.2 오프셋 실행

① 풀다운 메뉴 '편집' – '오프셋' 선택

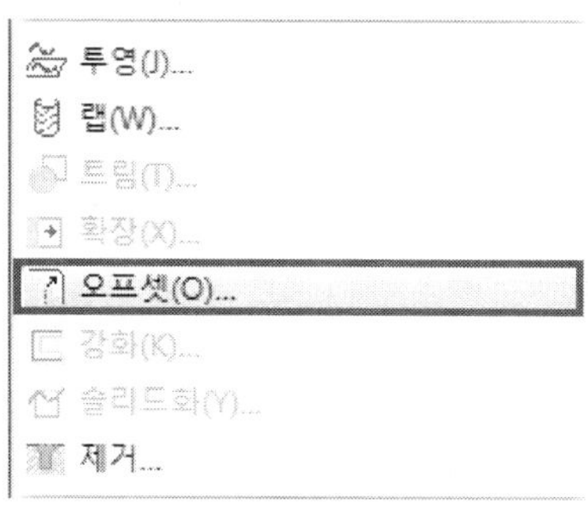

② 오프셋 유형을 펼쳐서 확장 피처() 선택

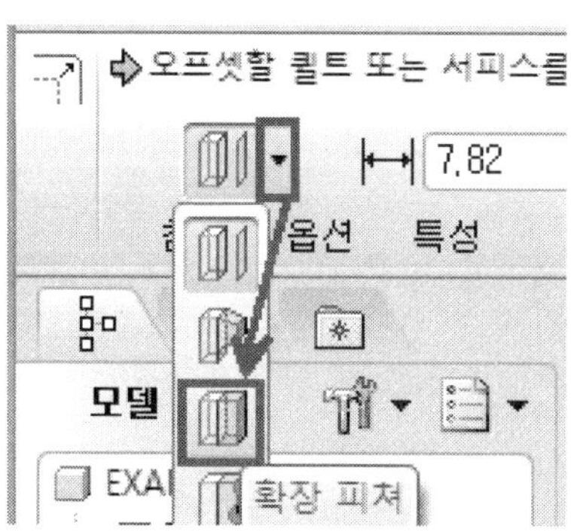

6.3 오프셋 단면 스케치

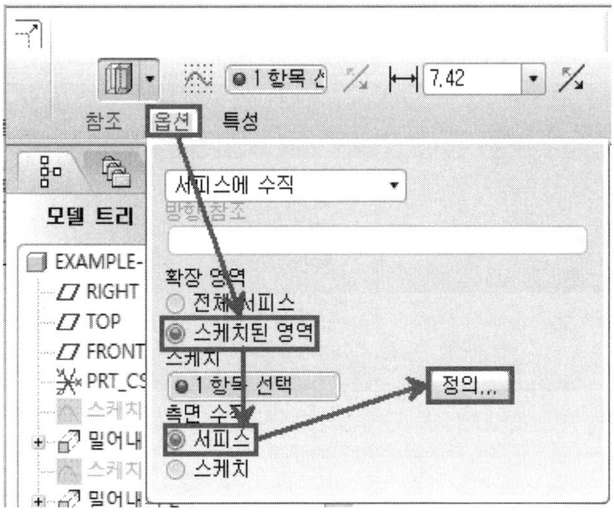

① 대시보드의 '옵션' 탭 선택

② 확장영역 '스케치된 영역' 선택

③ 측면 수직 '서피스' 선택

④ 스케치 '정의' 탭 선택

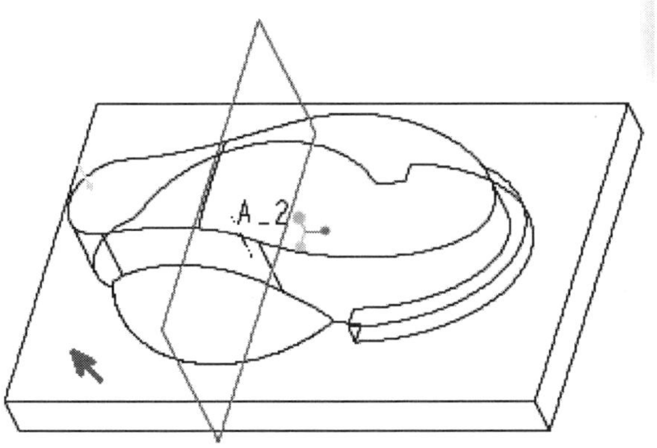

① 스케치 평면으로 직육면체의 윗면 선택

② '스케치' 탭 선택

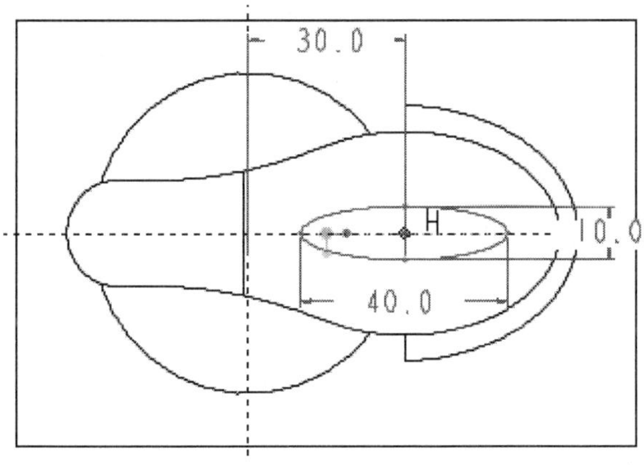

③ 중심과 축 타원(⊘) 아이콘 선택

④ 그림과 같이 타원 스케치 및 치수 수정

⑤ 스케치 완료(✔)

6.4 오프셋 깊이

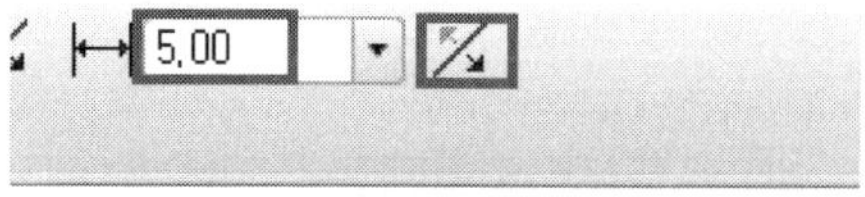

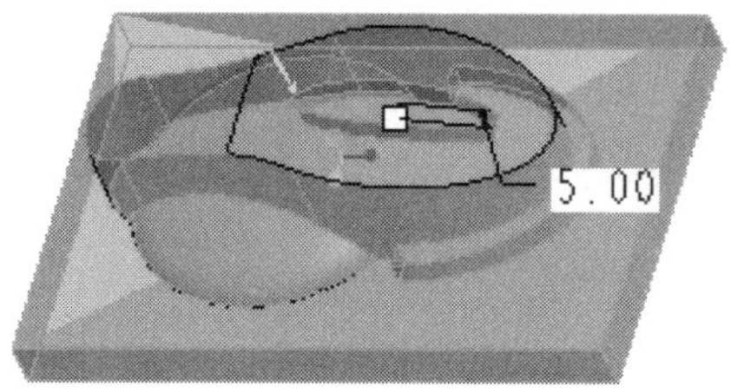

① 대시보드 오프셋 값 '5' 로 수정

② 오프셋 방향() 아이콘 클릭(방향 전환)

③ 미리보기() 클릭하여 형상 확인

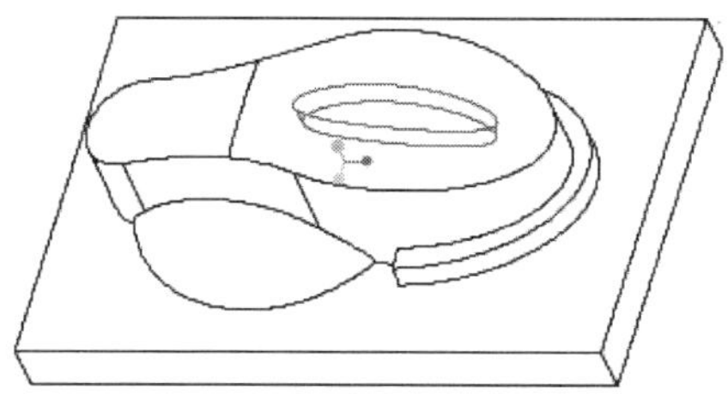

④ 피처 생성 완료()

7. 구배(1) (20°) 피처 생성하기

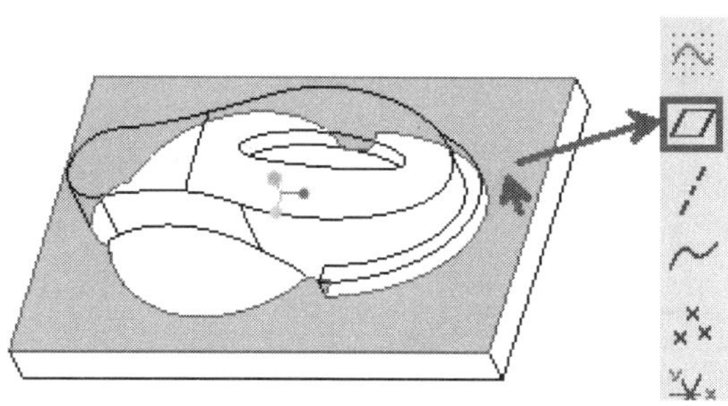

① 직육면체 윗면 선택

② 데이텀 평면() 도구 아이콘 선택

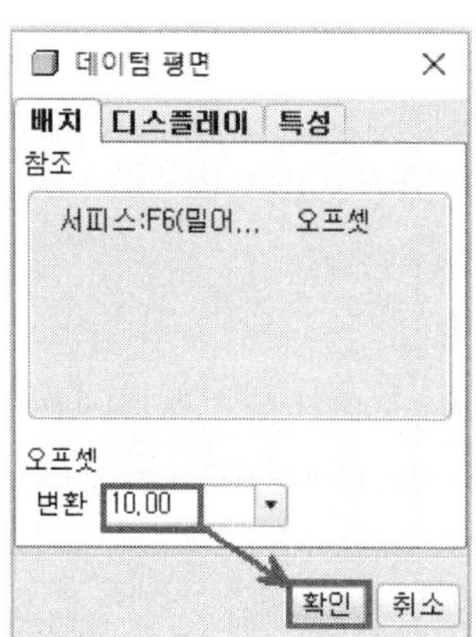

③ 오프셋 변환 값 '10' 입력 후 '확인' 클릭

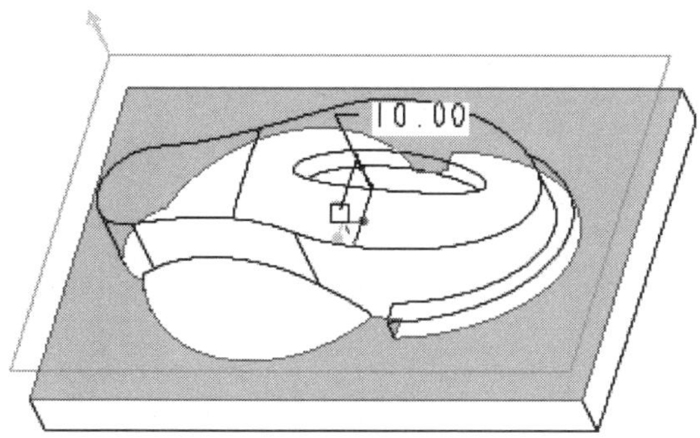

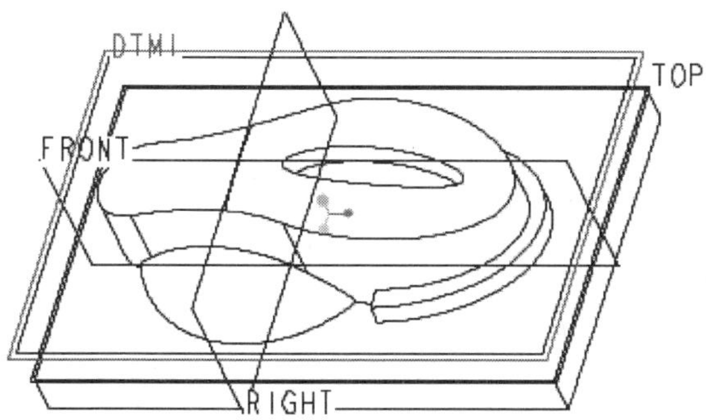

④ 윗 방향으로 새로운 데이텀 평면 'DTM1' 생성

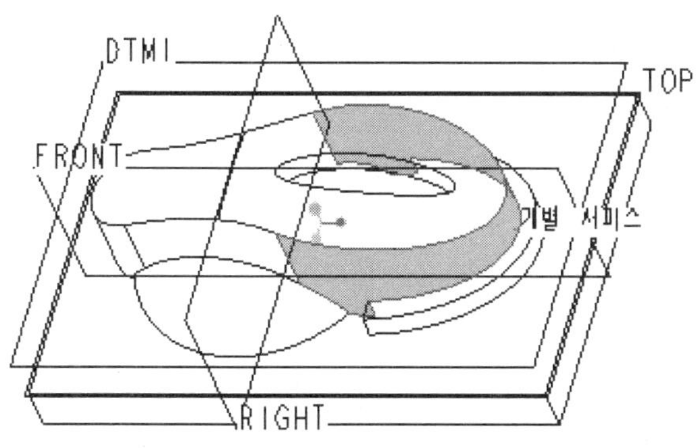

⑤ 구배 도구 아이콘( ) 선택

⑥ 측면 선택

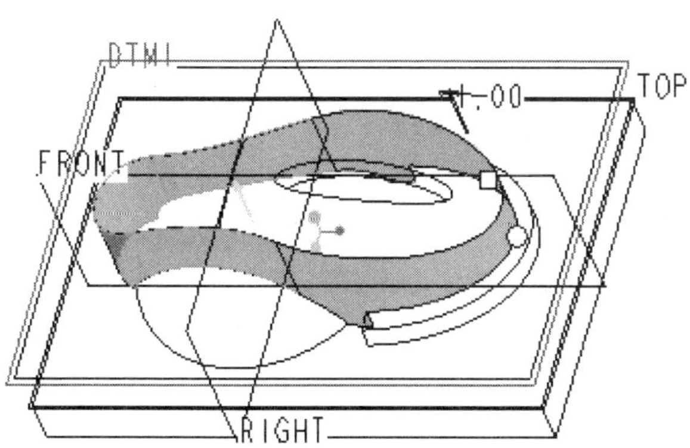

⑦ 마우스 우측 버튼 클릭

⑧ '구배 경첩' 선택

⑨ 'DTM1' 평면 선택

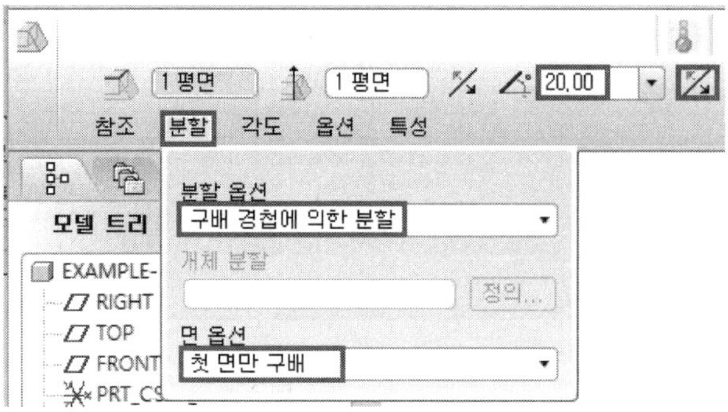

⑩ 구배 각도 '20' 으로 수정

⑪ 재료 추가/제거 방향 전환() 아이콘 클릭

⑫ 대시보드 '분할'

⑬ 분할 옵션 '구배 경첩에 의한 분할'

⑭ 면 옵션 '첫 면만 구배'

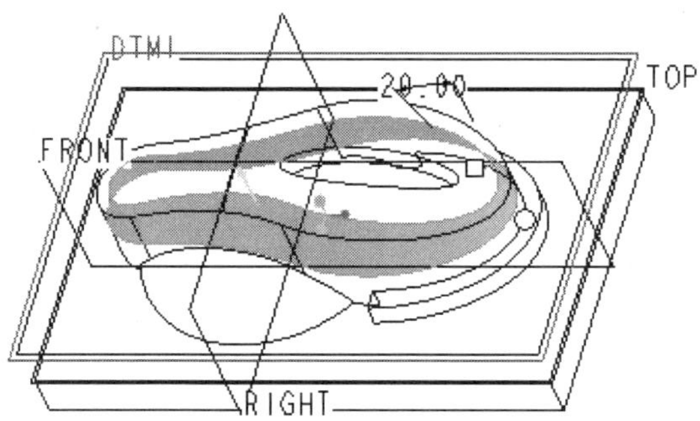

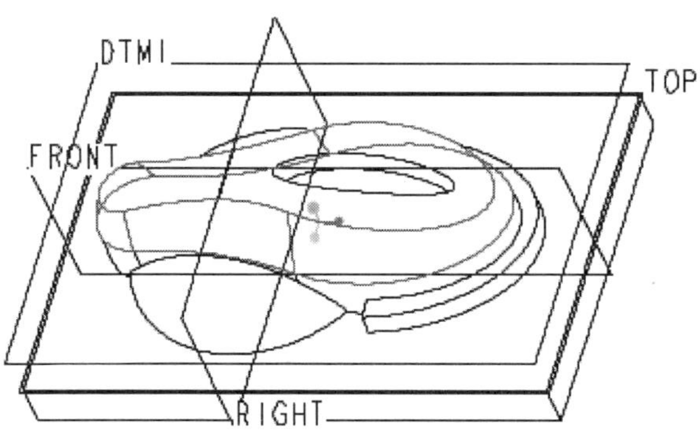

⑮ 피처생성 완료()

8. 구배(2) (110°) 피처 생성하기

① 구배 도구 아이콘() 선택

② Ctrl 키 누른 채 세 측면 선택

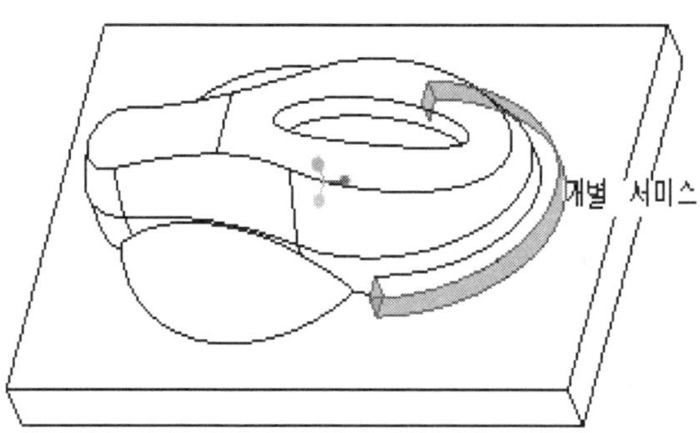

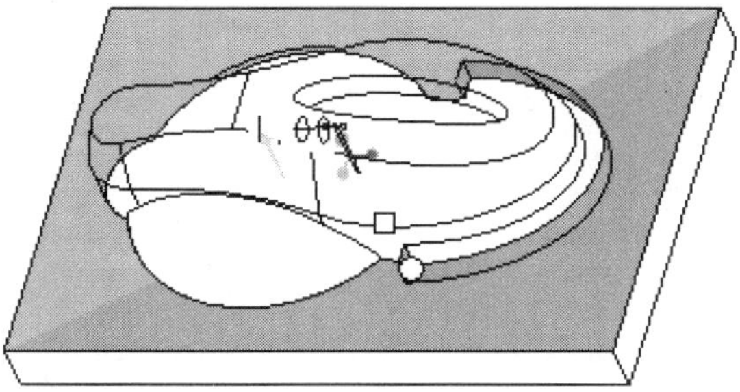

③ 마우스 우측 버튼 클릭

④ '구배 경첩' 선택

⑤ 직육면체의 윗면 선택

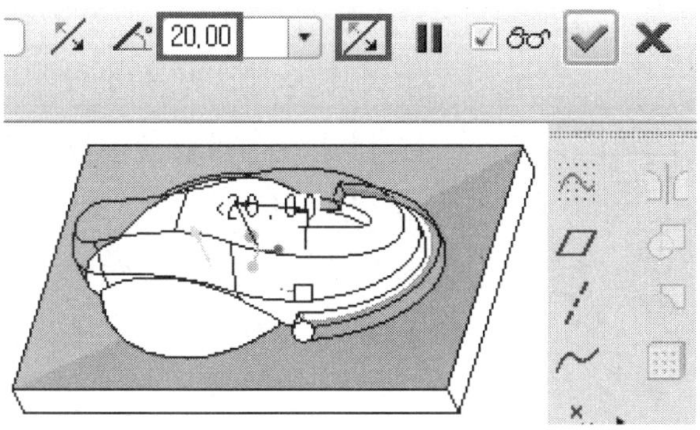

⑥ 구배 각도 '20' 으로 수정

⑦ 재료 추가/제거 방향 전환 ( ) 아이콘 클릭

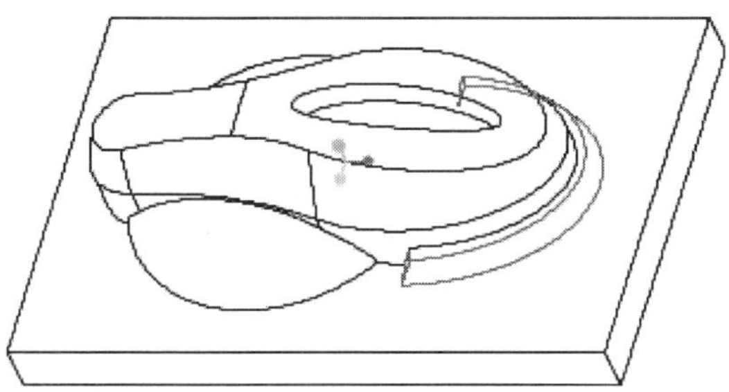

⑧ 피처생성 완료( )

9. 라운드 추가

9.1 라운드 R10 추가

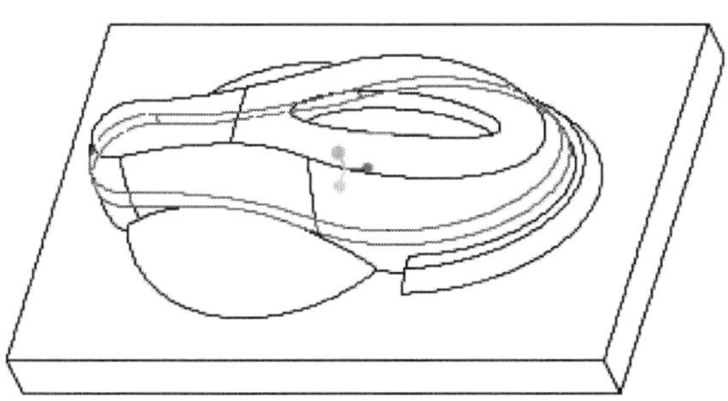

① 라운드( ) 도구 선택

② 대상 모서리를 Ctrl 키 누른 채 선택

③ 라운드 값 '10' 으로 수정

④ 피처 생성 완료( )

9.2 라운드 R3 추가

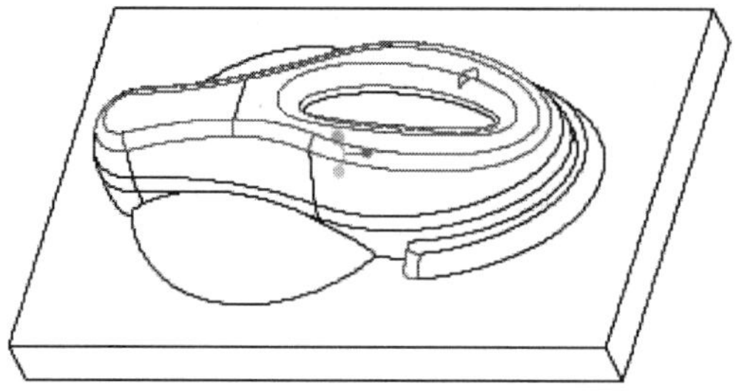

① 라운드( ) 도구 선택

② 대상 모서리를 Ctrl 키 누른 채 선택

③ 라운드 값 '3' 으로 수정

④ 피처 생성 완료( )

9.3 라운드 R2 추가

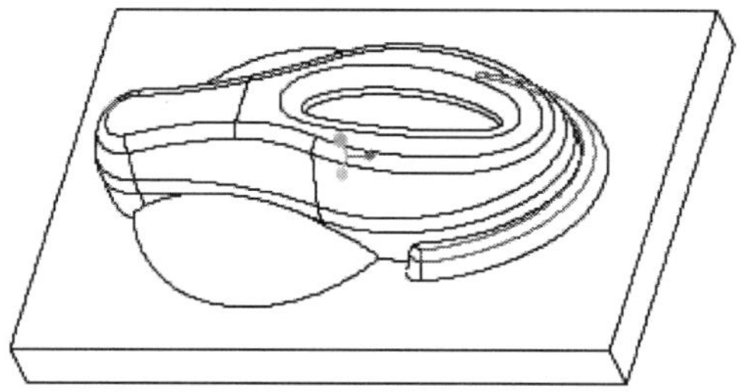

① 라운드( ) 도구 선택

② 대상 모서리를 Ctrl 키 누른 채 선택

③ 라운드 값 '2' 로 수정

④ 피처 생성 완료( )

9.4 지시 없는 모든 라운드 R1 추가

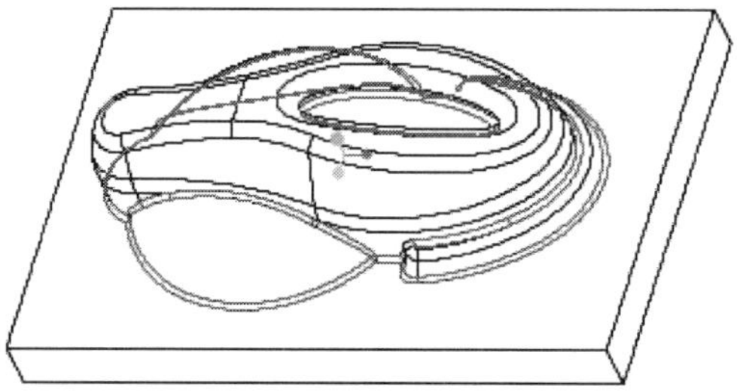

① 라운드( ) 도구 선택

② 대상 모서리를 Ctrl 키 누른 채 선택

③라운드 값 '1' 로 수정

④ 피처 생성 완료( )

10. 완성된 모델링 형상

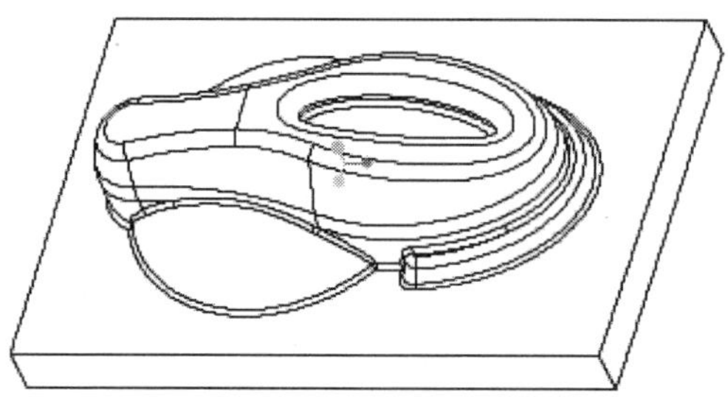

17. Example-17 도면 모델링

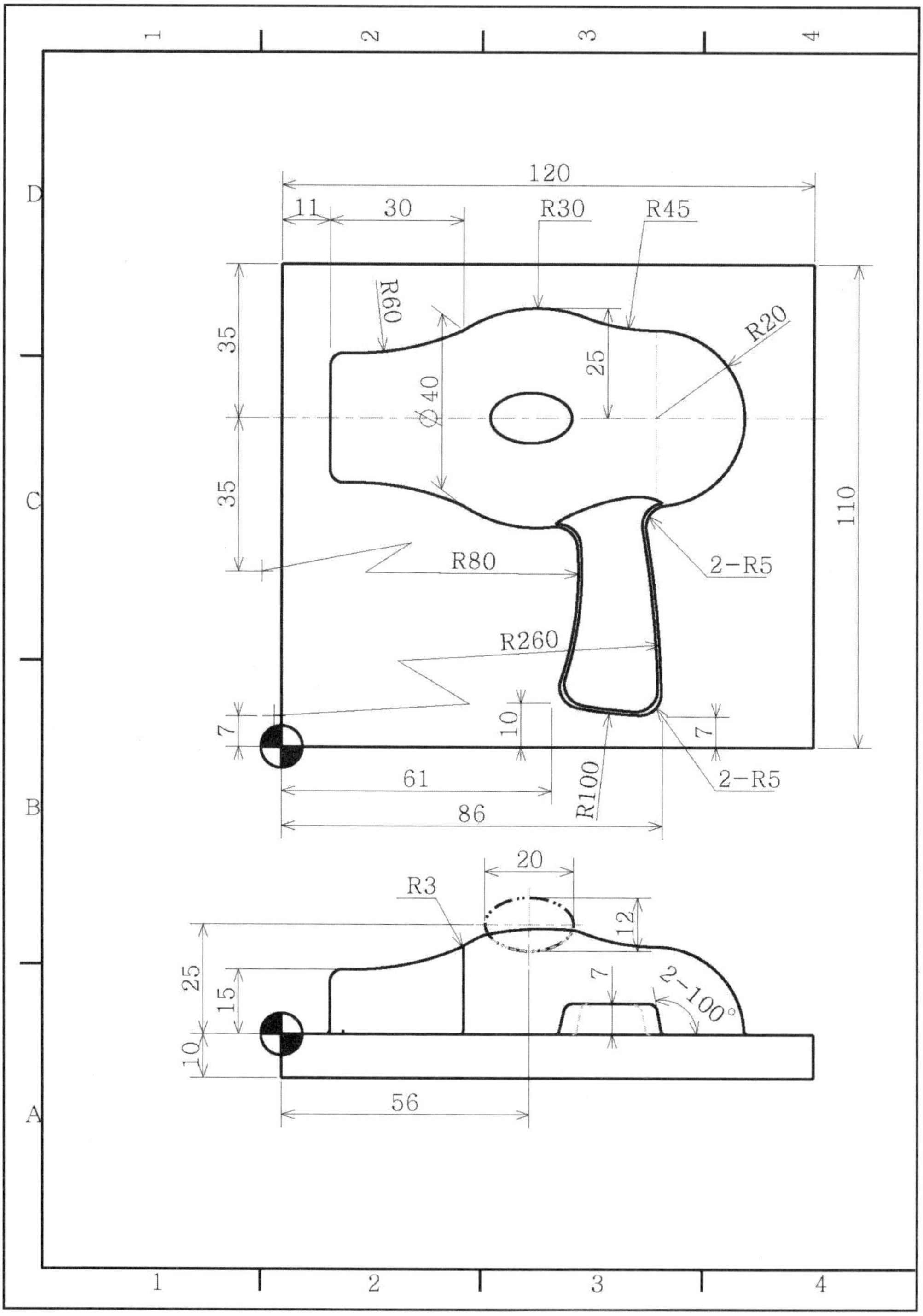

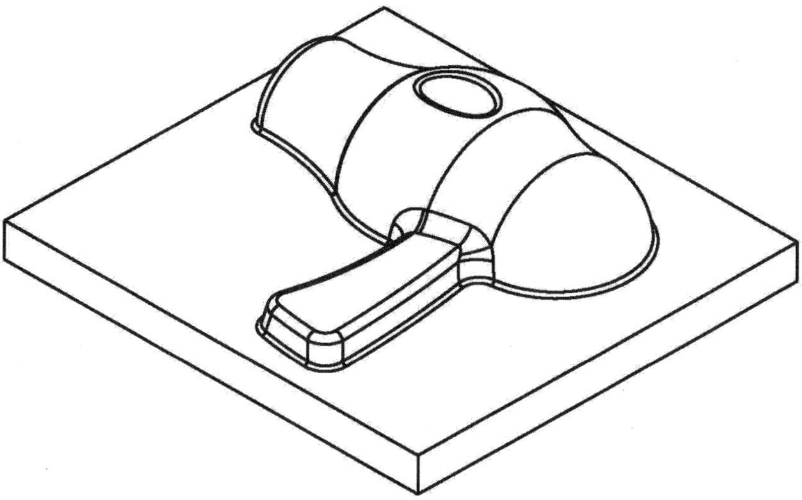

도시되고 지시없는 모든 라운드 R1

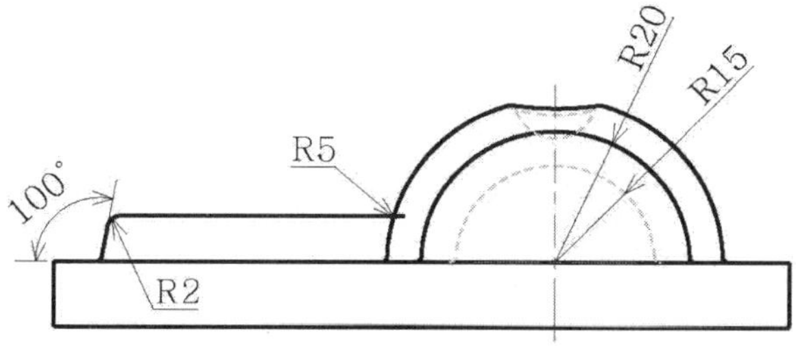

창원문성대학교			
소 속	기계과	작업자	예규현
투상법	3각법	축 척	1.000
날 싸	2016.1.20	파일명	Example-17

작업 순서

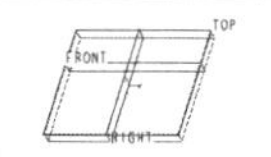	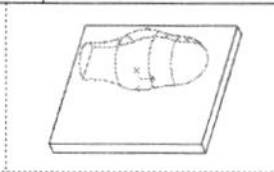	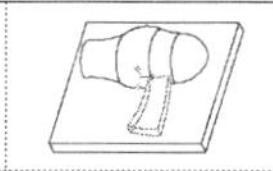	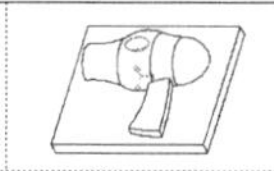	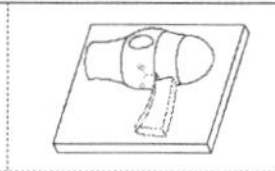	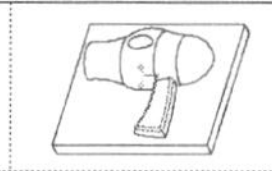	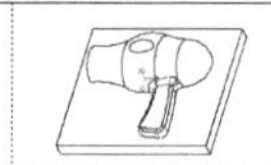
1.밀어내기1	2.회전1	3.블랜드	4.회전2	5.스윕서피스	6.밀어내기	7.결합
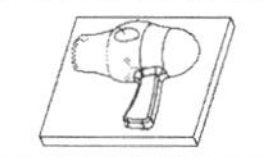	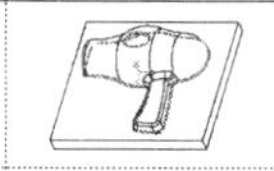					
8.솔리드화	9.구배1	10.구배2	11.라운드1	12.라운드2	13.라운드3	

1. 밀어내기(1) 피처 생성

1.1 파일 새로 만들기

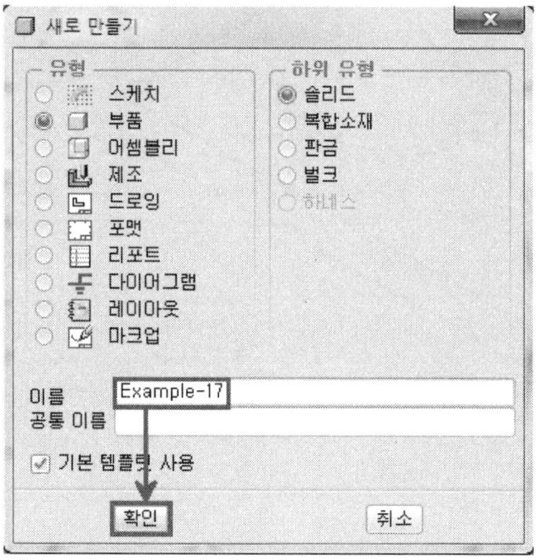

① 파일 새로 만들기-파일 이름 'Example-17' 입력

② 단위는 mmNs 단위계

1.2 스케치 단면 생성

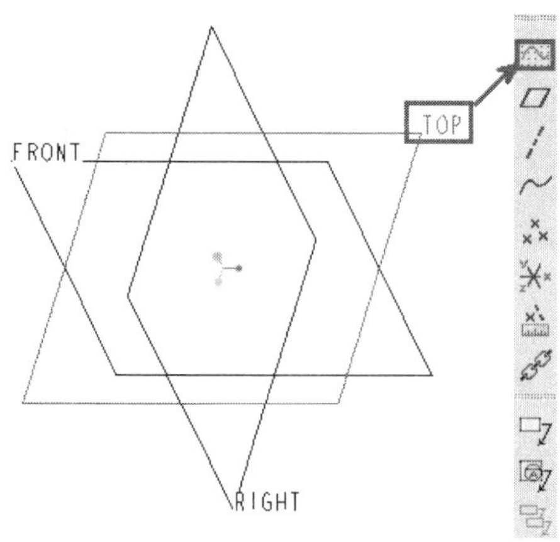

① 스케치 평면으로 'TOP' 데이텀 평면 선택

② 스케치( ) 도구 아이콘 선택

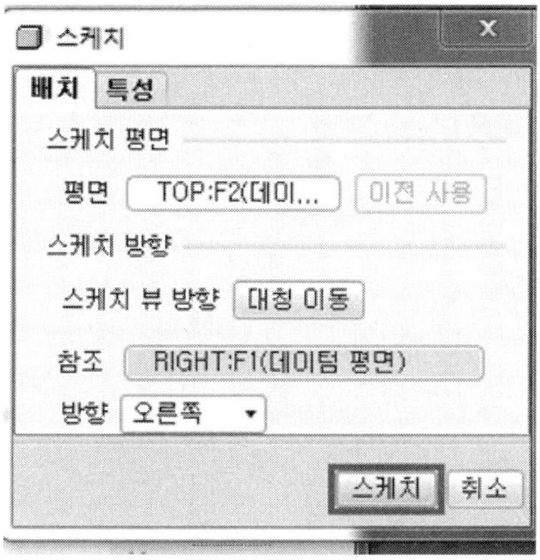

③ ‘스케치’ 탭 클릭

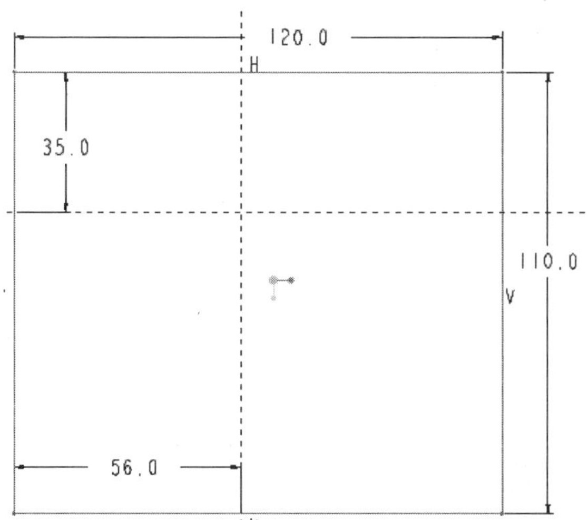

④ 직사각형(□) 생성 아이콘 선택

⑤ 가로 120, 세로 110인 직사각형 스케치

⑥ 스케치 완료(✔)

1.3 밀어내기 실행

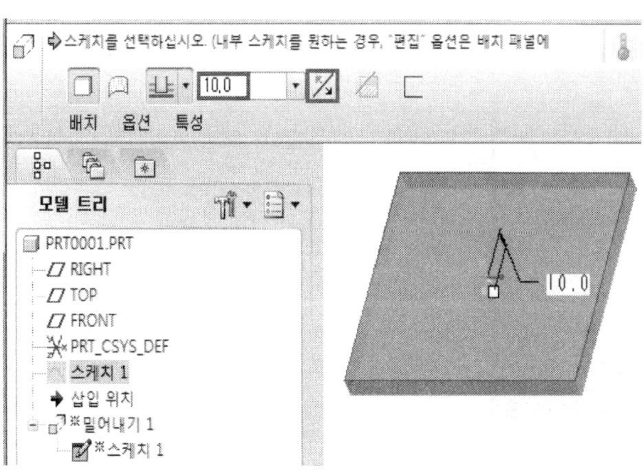

① 밀어내기( ) 도구 아이콘 클릭

② 'Ctrl + D'로 표준방향으로 전환

③ 깊이 값 ‘10’ 으로 수정

④ 깊이 방향 전환( ) 아이콘 클릭(아래 방향)

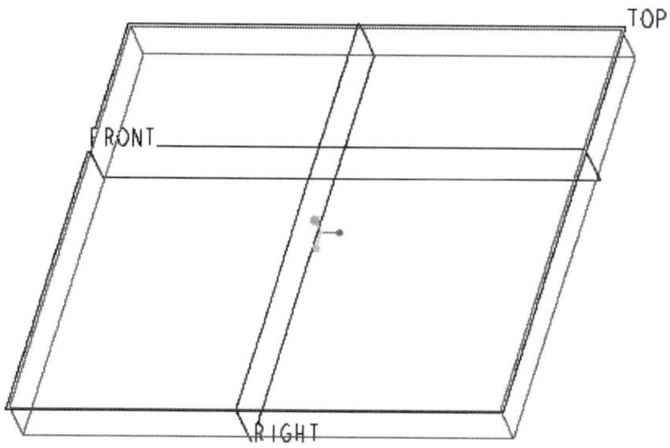

⑤ 피처 생성 완료(✔)

2. 회전(1) 피처 생성

2.1 단면 스케치

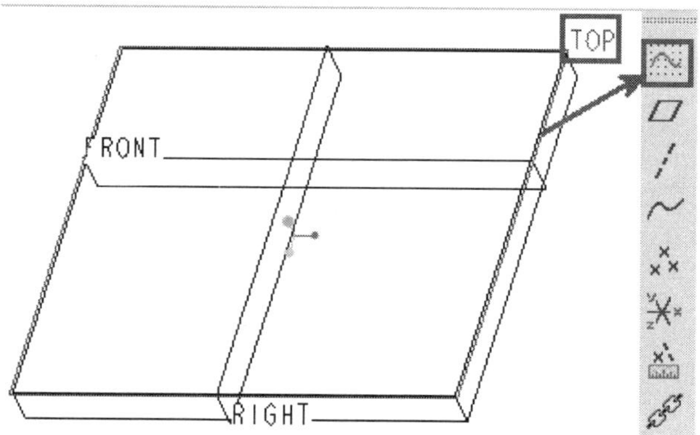

① 스케치 평면으로 'TOP' 평면 선택

② 스케치( ) 도구 선택

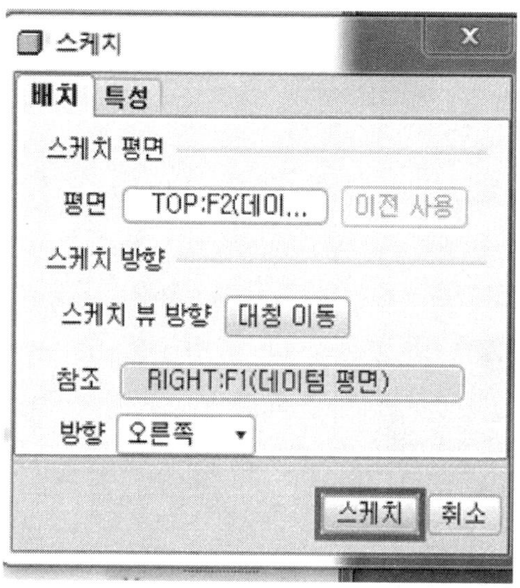

③ '스케치' 탭 클릭

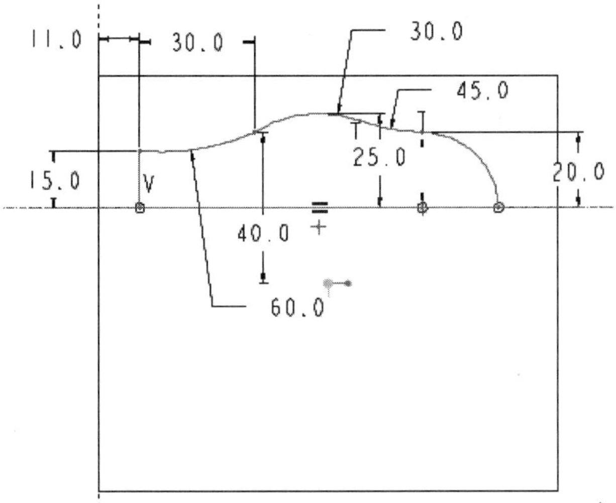

④ 형상중심선( ) 아이콘 선택

⑤ 가운데 수평 중심선(회전축) 스케치

⑥ 도면 참고하여 그림과 같이 상부 반 단면(닫힌) 스케치

⑦ 치수 생성/수정

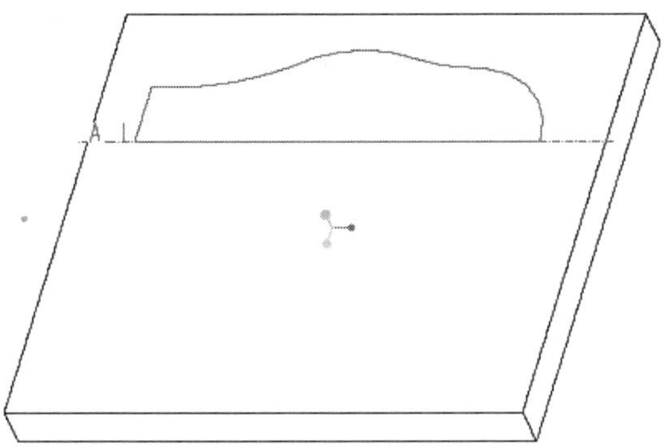

⑧ 스케치 작업 완료( )

2.2 회전 실행

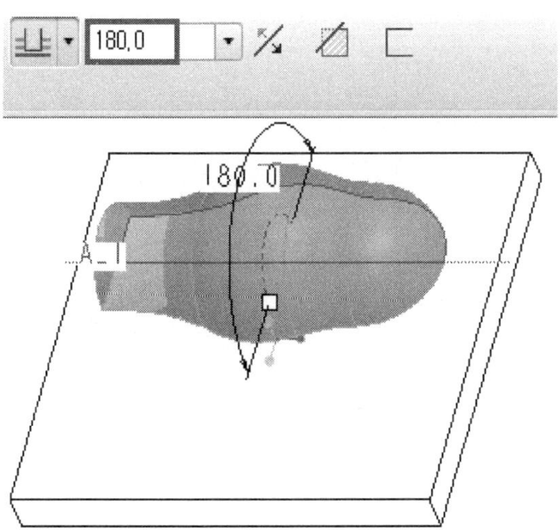

① 회전( )피처 생성 도구 아이콘 선택

② 표준방향(Ctrl + D)으로 전환

③ 회전각도 '180' 수정

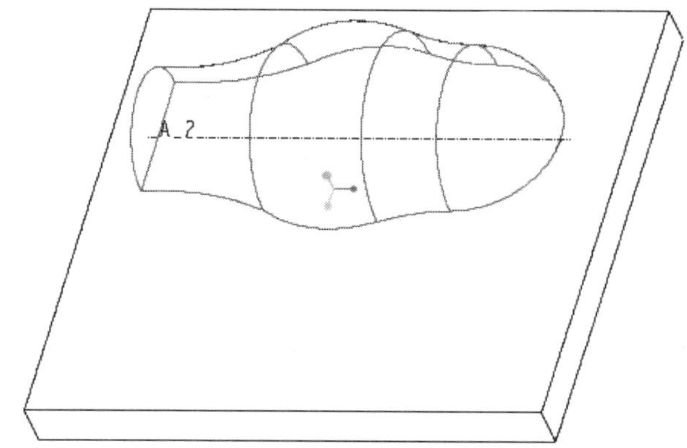

④ 피처 생성 완료(✔)

3. 밀어내기 서피스 피처 생성

3.1 단면 스케치

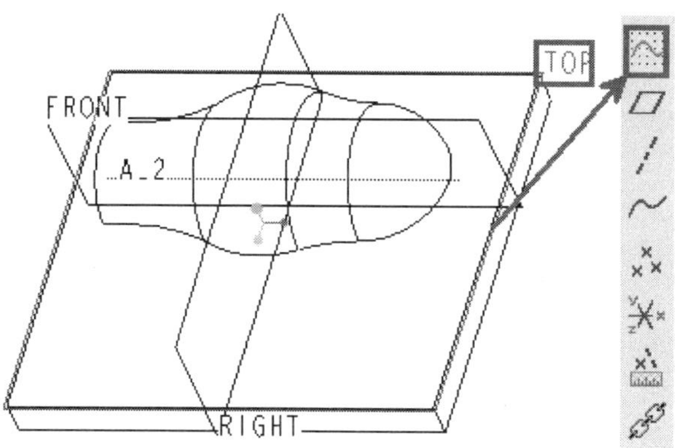

① 스케치 평면으로 'TOP' 평면 선택

② 스케치( ) 도구 선택

③ 스케치 창의 '스케치' 탭 클릭

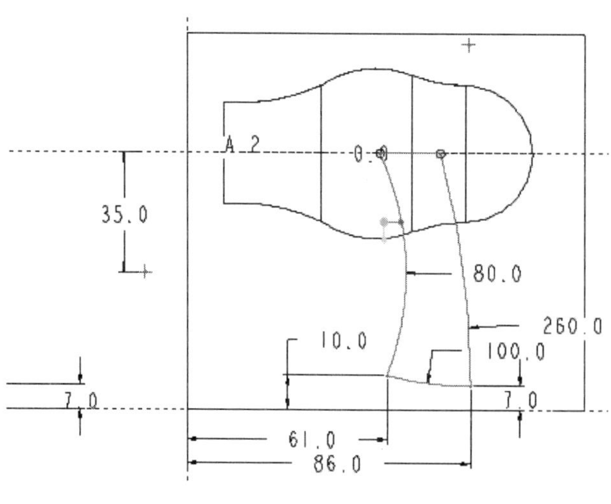

④ 도면 참고하여 그림과 같이 스케치

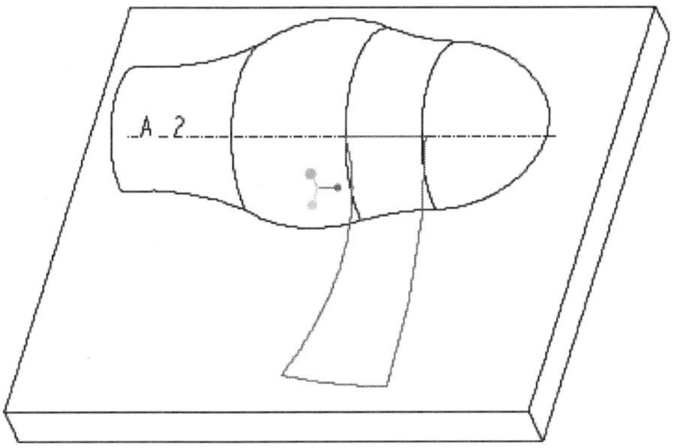

⑤ 스케치 작업 완료(✔)

3.2 밀어내기 실행

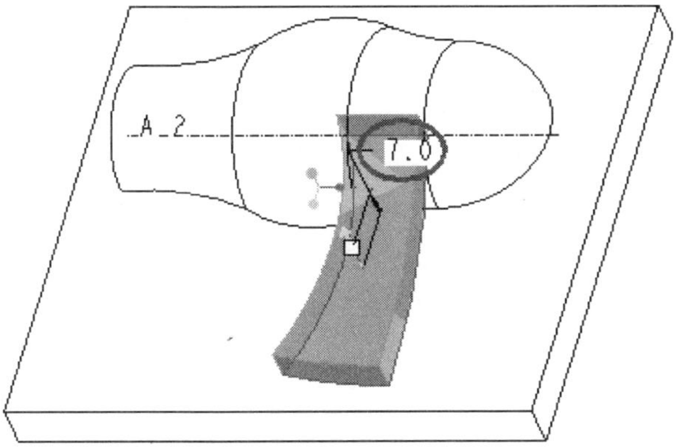

① 밀어내기( ) 피처 도구 아이콘 선택

② 'Ctrl + D'로 표준방향으로 전환

③ 깊이 값 '7' 수정

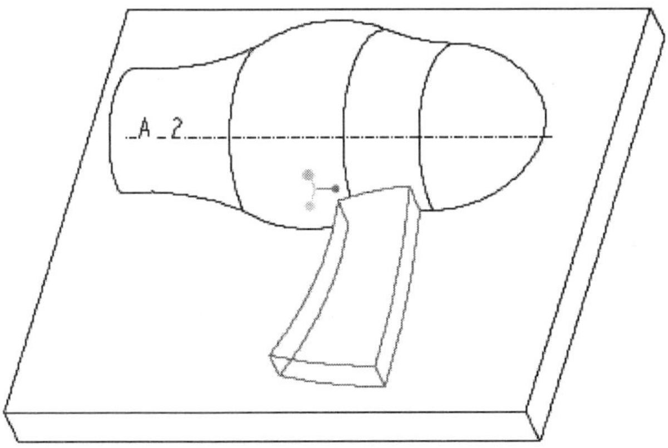

④ 피처 생성 완료(✔)

4. 회전(2) 피처 생성

4.1 단면 스케치

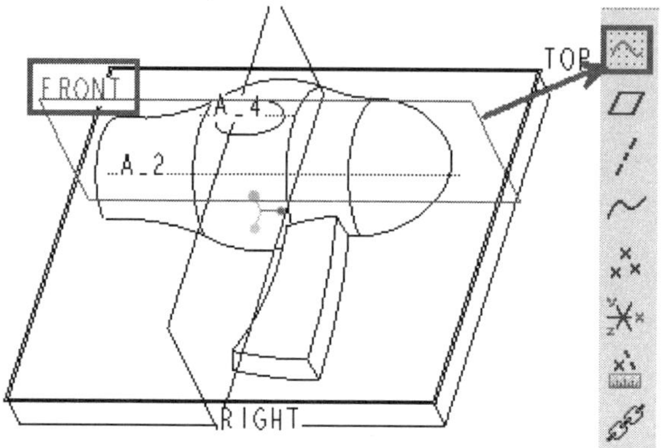

① 스케치 평면으로 'FRONT' 평면 선택

② 스케치( ) 도구 선택

③ '스케치' 탭 클릭

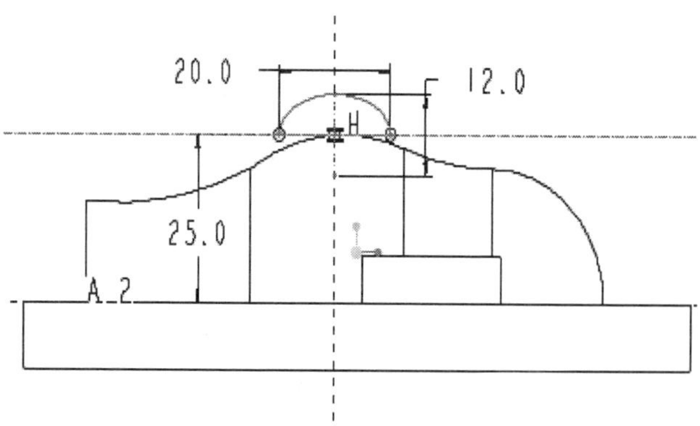

④ 형상중심선( ) 아이콘 선택

⑤ 수평 중심선(회전축) 스케치

⑥ 도면 참고하여 그림과 같이 상부 반 단면(닫힌) 스케치

⑦ 치수 생성/수정

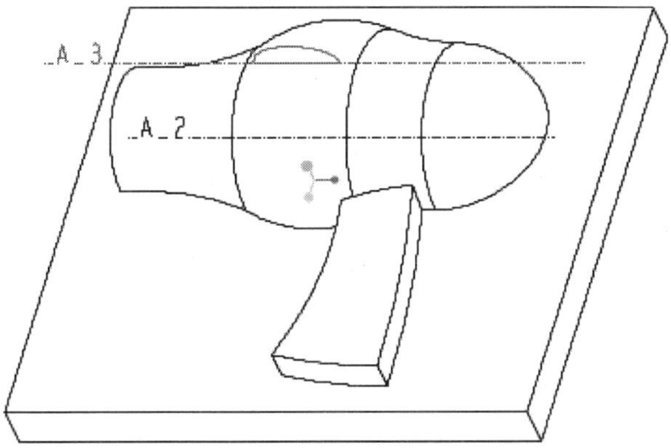

⑧ 스케치 작업 완료( )

4.2 회전 실행

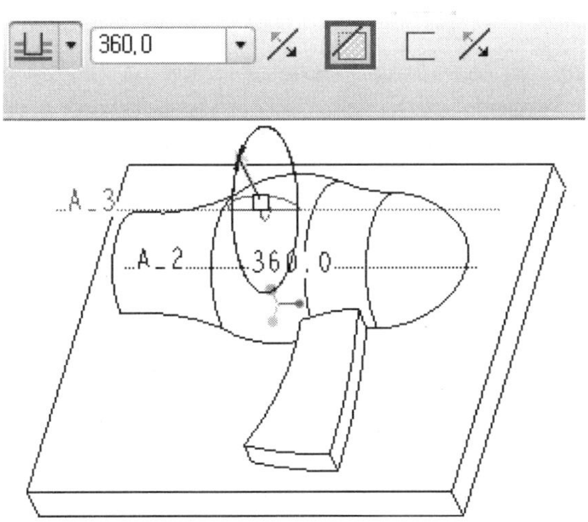

① 회전( )피처 생성 도구 아이콘 선택

② 표준방향(Ctrl + D)으로 전환

③ 재료제거( ) 도구 아이콘 클릭

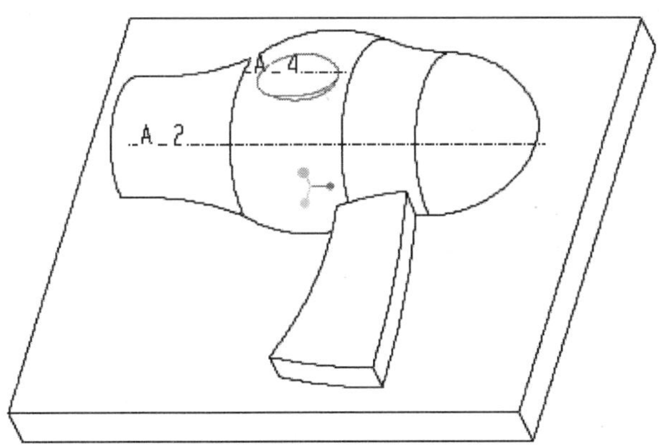

④ 피처 생성 완료( )

5. 구배(1) (100°) 피처 생성하기

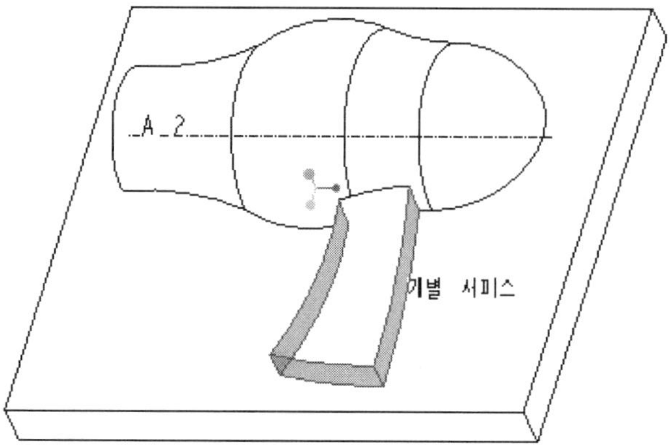

① 구배 도구 아이콘( ) 선택

② Ctrl 키 누른 채 대상 측면 선택

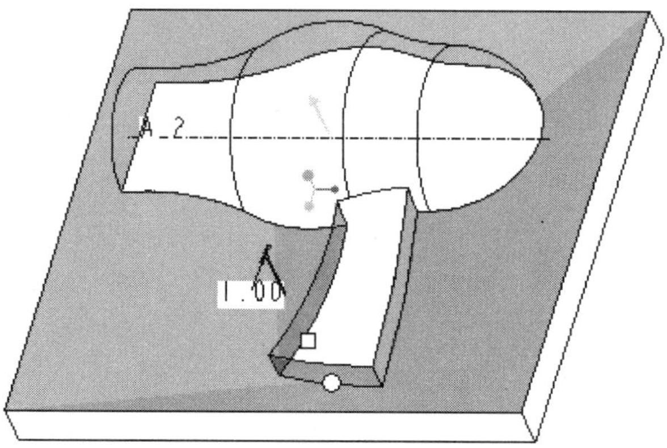

③ 마우스 우측 버튼 클릭

④ '구배 경첩' 선택

⑤ 직육면체의 윗면 선택

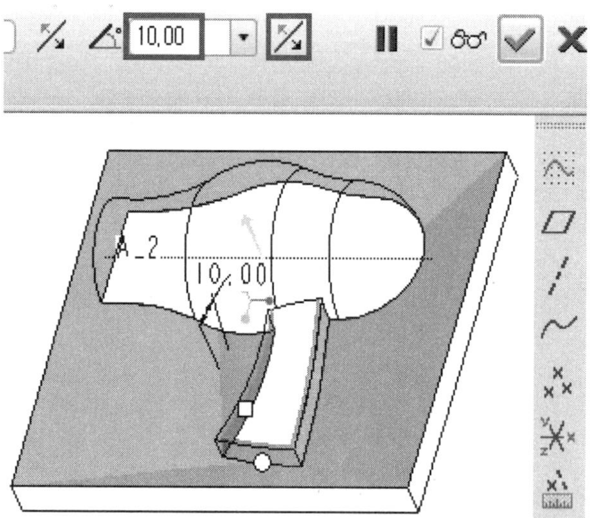

⑥ 구배 각도 '10' 수정

⑦ 재료 추가/제거 방향 전환( ) 아이콘 클릭

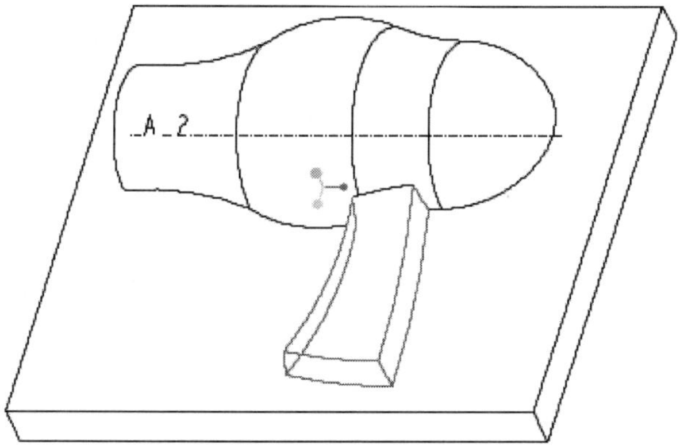

⑧ 피처생성 완료(✔)

6. 라운드 추가

6.1 라운드 R5 추가

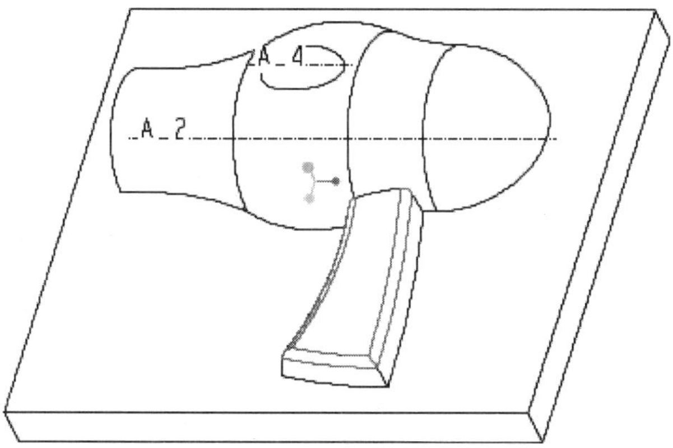

① 라운드( ) 도구 선택

② 라운드 값 '2' 수정

③ 대상 모서리를 Ctrl 키 누른 채 선택

④ 피처 생성 완료(✔)

6.2 라운드 R5 추가

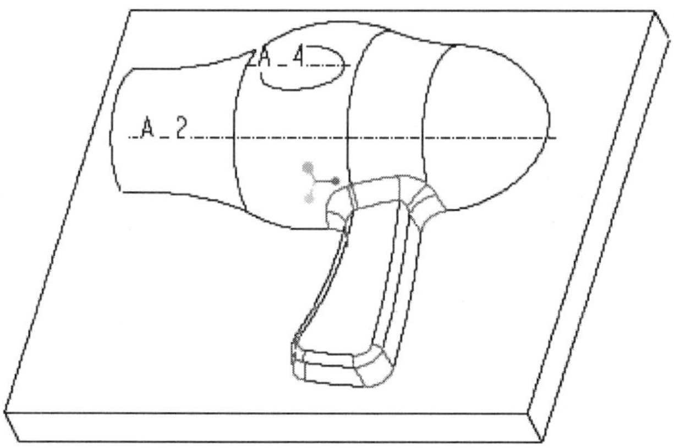

① 라운드( ) 도구 선택

② 라운드 값 '5' 수정

③ 대상 모서리를 Ctrl 키 누른 채 선택

④ 피처 생성 완료(✔)

6.3 라운드 R3 추가

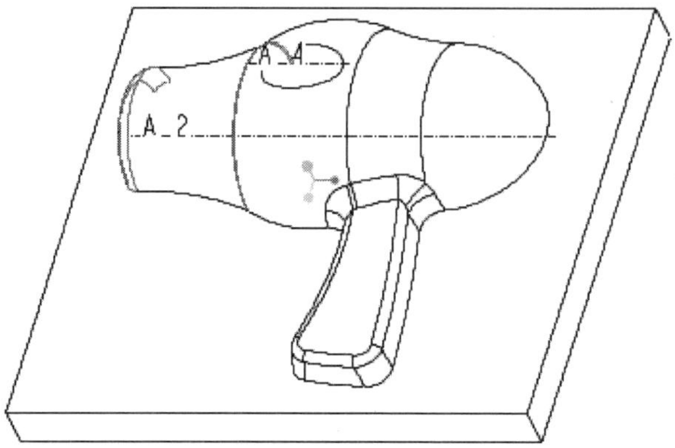

① 라운드( ) 도구 선택
② 라운드 값 '3' 수정
③ 대상 모서리를 Ctrl 키 누른 채 선택
④ 피처 생성 완료( )

6.4 지시 없는 모든 라운드 R1 추가

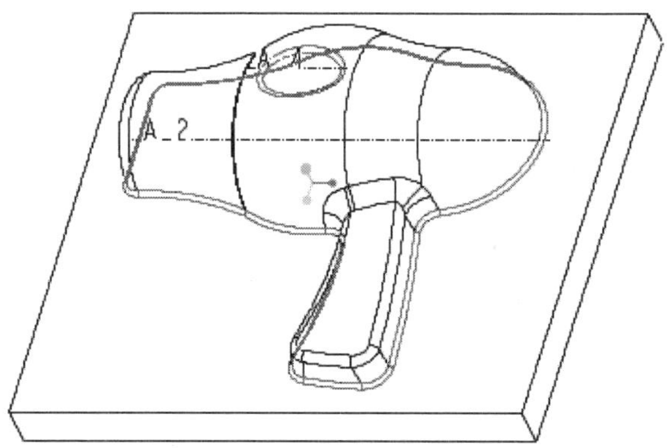

① 라운드( ) 도구 선택
② 라운드 값 '1' 수정
③ 대상 모서리를 Ctrl 키 누른 채 선택
④ 피처 생성 완료( )

7. 완성된 모델링 형상

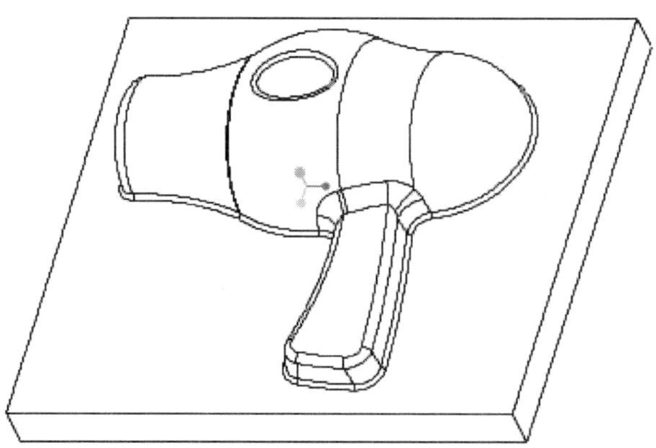

18. Example-18 도면 모델링

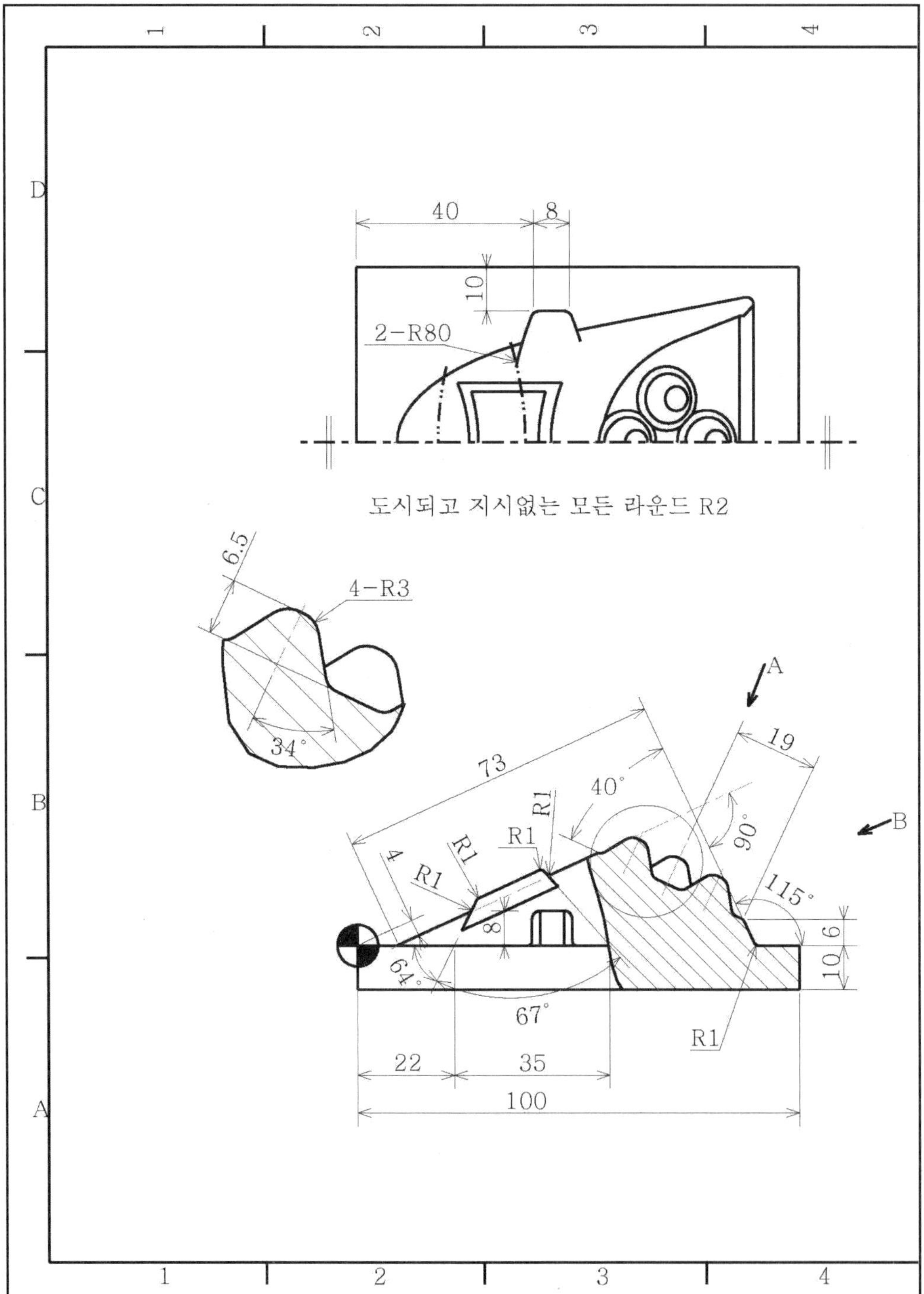

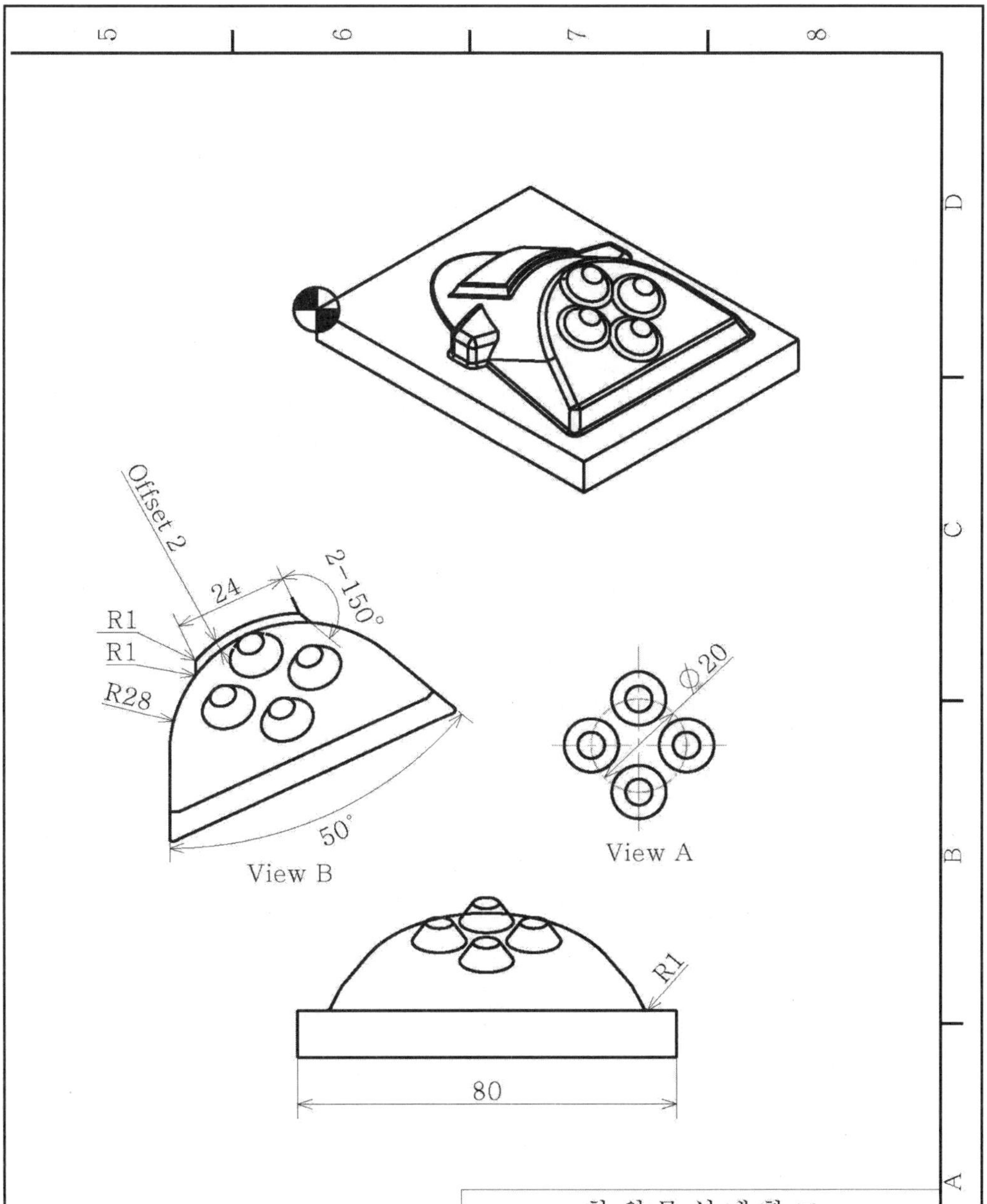

창원문성대학교			
소 속	기계과	작업자	예규현
투상법	3각법	축 척	1.000
날 짜	2016.1.20	파일명	Example-18

작업 순서

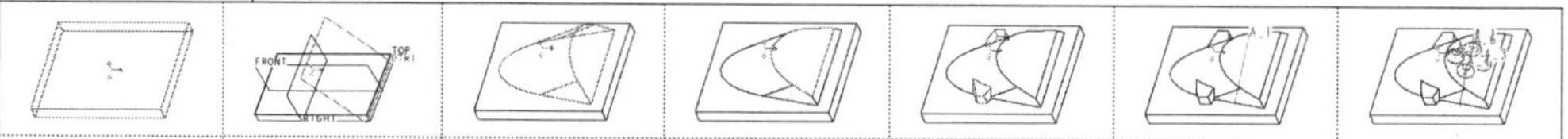

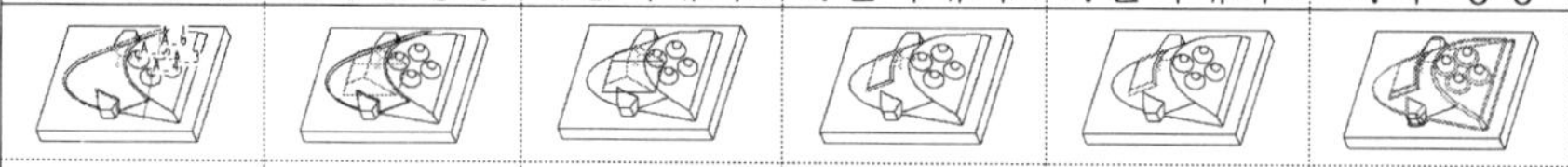

1.밀어내기1	2.평면생성	3.밀어내기2	4.밀어내기3	5.밀어내기4	6.축 생성	7.회전/패턴
8.오프셋1	9.밀어내기5	10.결합	11.솔리드화	12.구배	13.라운드	

1. 밀어내기(1) 피처 생성

1.1 파일 새로 만들기

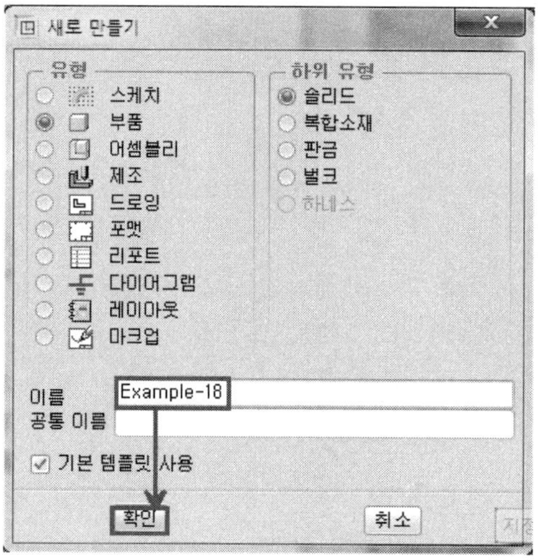

① 파일 새로 만들기-파일 이름 'Example-18' 입력

② 단위는 mmNs 단위계

1.2 스케치 단면 생성

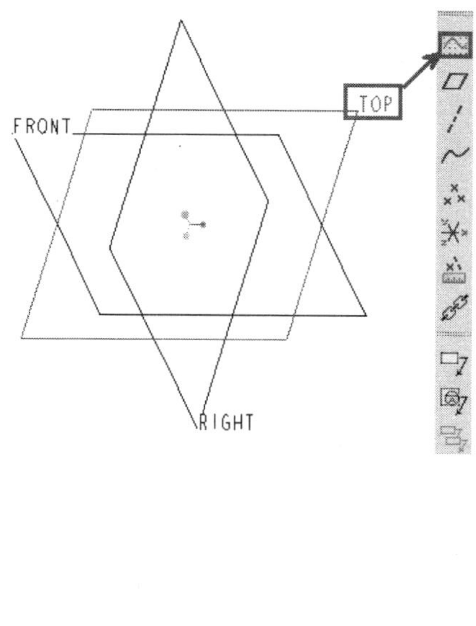

① 스케치 평면으로 'TOP' 데이텀 평면 선택

② 스케치( ) 도구 아이콘 선택

③ '스케치' 탭 클릭

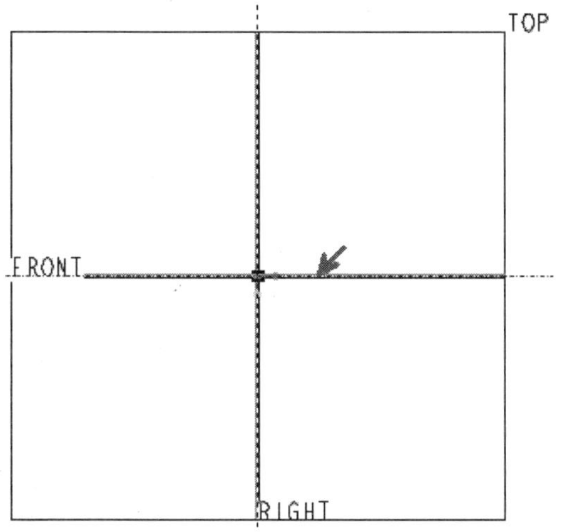

④ 마우스 우측 버튼 클릭 - '중심선' 선택

⑤ 가운데 참조 데이텀 평면에 일치하도록 수평 중심선 스케치

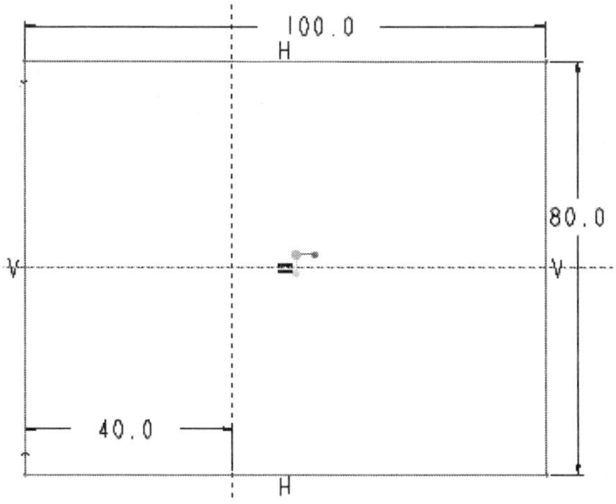

⑥ 직사각형(□) 생성 아이콘 선택

⑦ 상하 대칭 구속을 이용 가로 100, 세로 80인 직사각형 스케치

⑧ 스케치 완료(✔)

1.3 밀어내기 실행

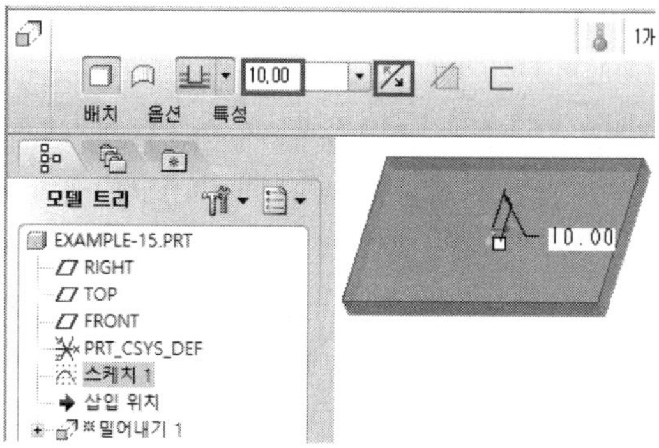

① 밀어내기( ) 도구 아이콘 클릭

② 'Ctrl + D'로 표준방향으로 전환

③ 깊이 값 '10' 으로 수정

④ 깊이 방향 전환( ) 아이콘 클릭(아래 방향)

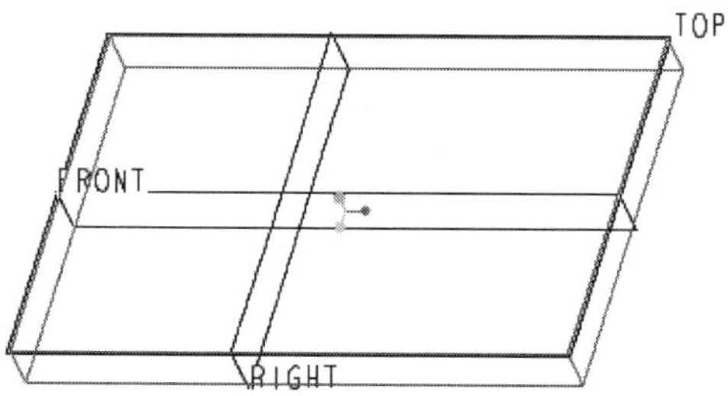

⑤ 피처 생성 완료( )

2. 밀어내기(2) 피처 생성

2.1 데이텀 평면 생성

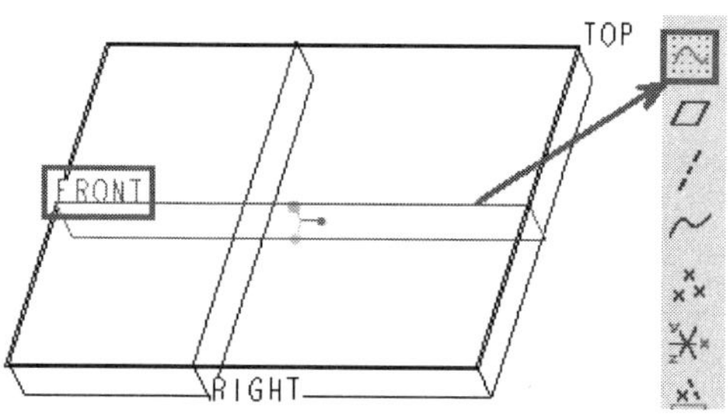

① 스케치 평면으로 'FRONT' 평면 선택

② 스케치( ) 도구 선택

③ '스케치' 탭 클릭

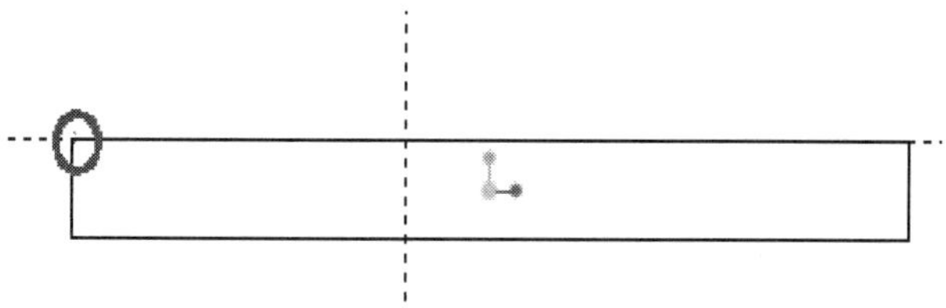

④ 마우스 우측 버튼 클릭 - '참조' 선택

⑤ 정점 클릭, 참조 추가

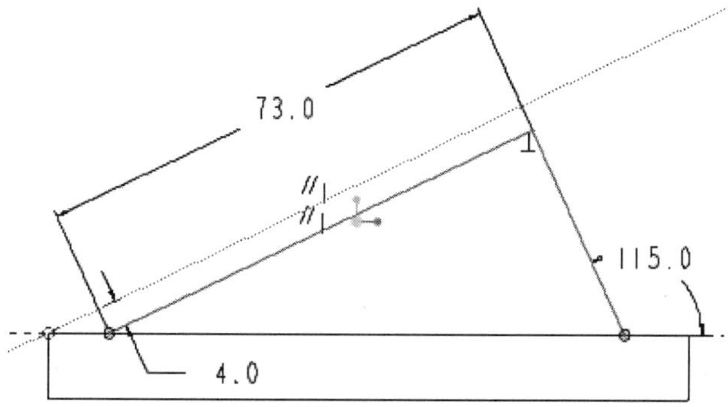

⑥ 정점을 지나는 중심선 스케치

⑦ 중심선과 평행한 직선 및 이에 수직인 직선 스케치

⑧ 치수 생성/수정

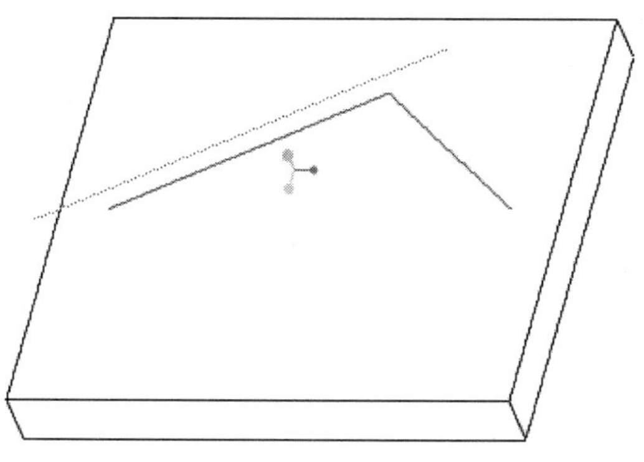

⑨ 스케치 작업 완료()

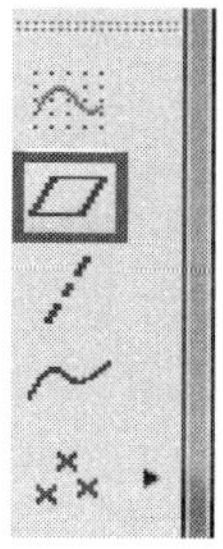

⑩ 그래픽 영역의 빈 공간에 마우스 클릭(스케치 선택 해제)

⑪ 데이텀 평면() 도구 아이콘 클릭

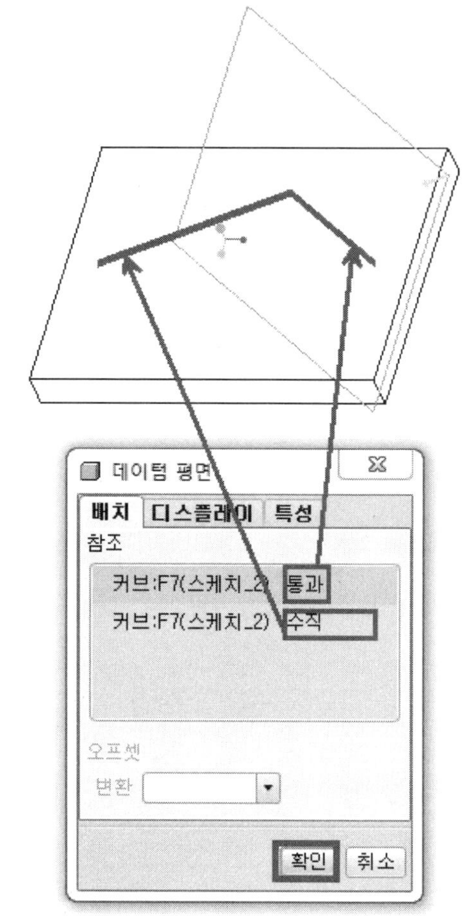

⑫ 앞에서 스케치한 직선 선택 (Ctrl 키 누른 채)

⑬ 배치 참조를 그림을 참고하여 '통과' 및 '수직' 조건 부여

⑭ 데이텀 평면 창의 '확인' 클릭

⑮ 'DTM1' 평면 생성

2.3 단면 스케치

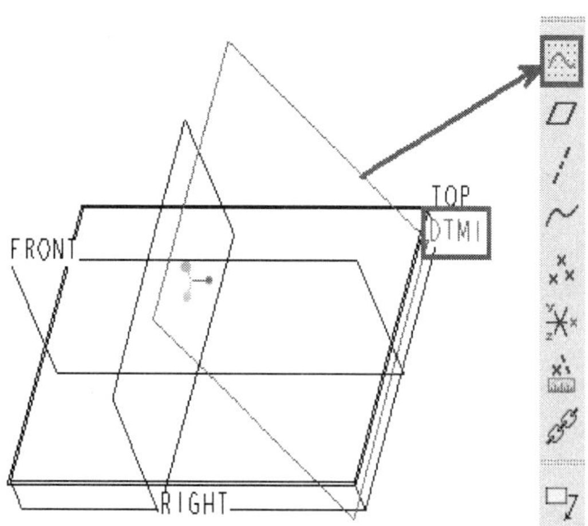

① 'DTM1' 선택

② 스케치( ) 도구 클릭

③ 스케치 뷰 방향 '대칭 이동' 클릭

④ 방향 '왼쪽' 선택

⑤ '스케치' 탭 클릭

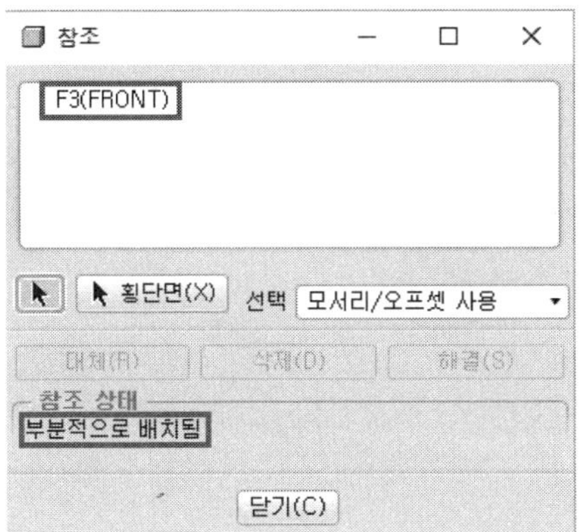

⑥ 참조 상태가 '부분적으로 배치됨'으로 되어 참조 추가 필요

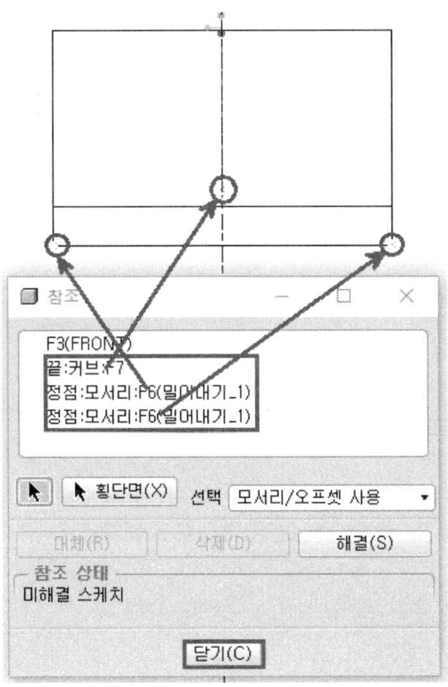

⑦ 다음 스케치 작업의 편의를 위해 그림과 같이 스케치 선분 끝점 및 두 개의 정점을 클릭하여 참조 추가

⑧ 참조 창 '닫기' 클릭

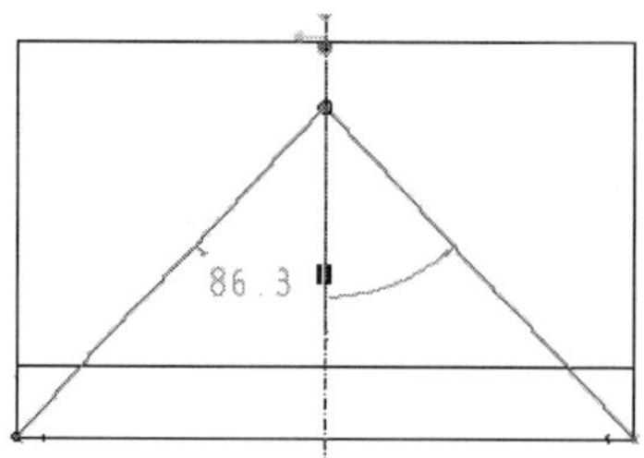

⑨ 가운데 수직 중심선 스케치

⑩ 정점에서 중심선 연결 직선 스케치

⑪ 직선을 대칭 복사

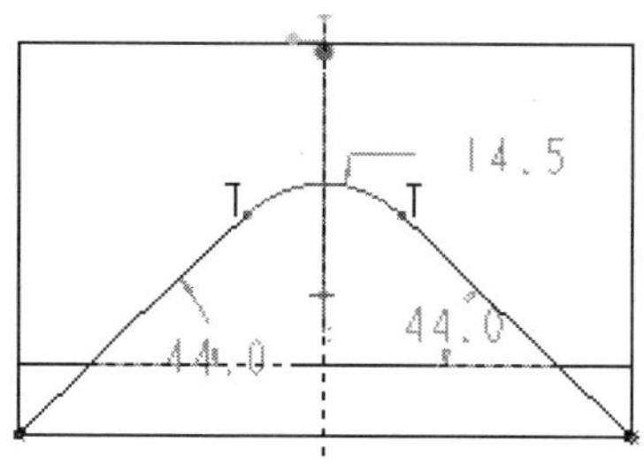

⑫ 원형 필렛( ) 도구 이용하여 모서리 필렛 추가

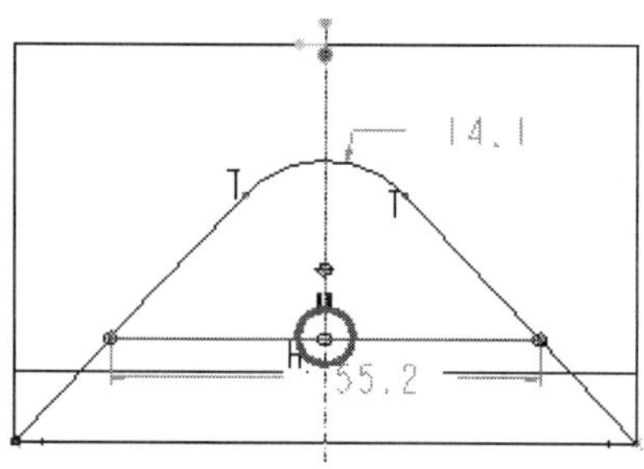

⑬ 끝 참조에 일치하는 수평선 스케치

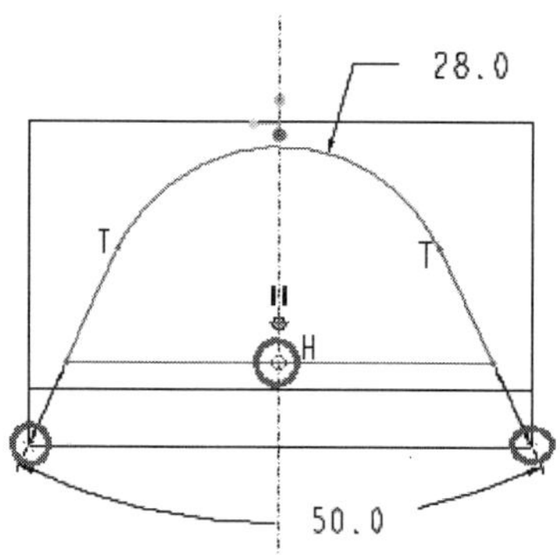

⑭ 도면 참고하여 그림과 같이 치수 생성/수정

⑮ 세그먼트 삭제( ) 도구 이용, 아래 부분의 불필요한 선분 삭제

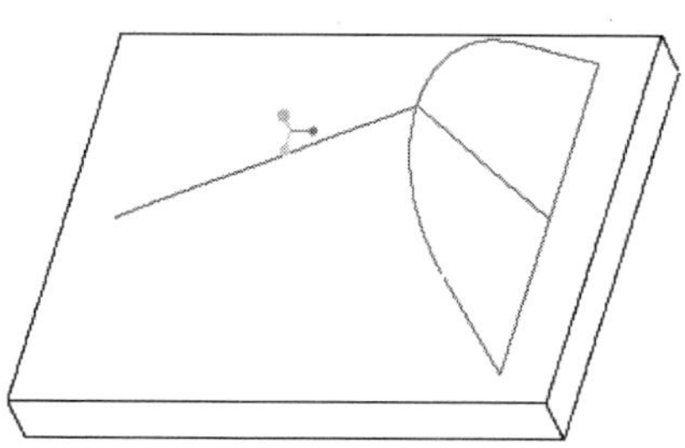

⑯ 스케치 작업 완료( )

2.4 밀어내기 실행

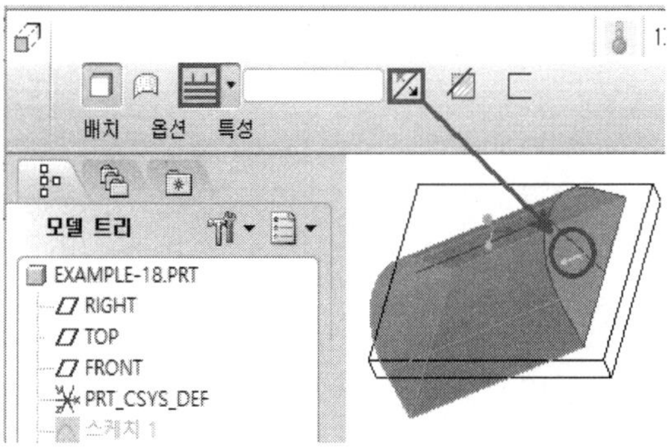

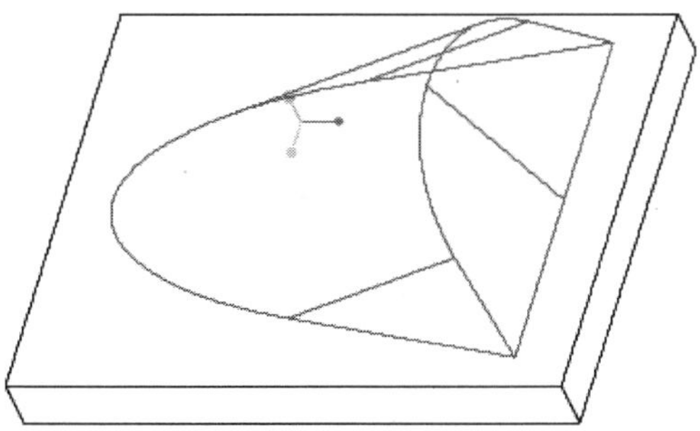

① 밀어내기( ) 피처 도구 아이콘 선택

② 'Ctrl + D'로 표준방향으로 전환

③ 깊이 옵션 다음으로( ) 선택

④ 깊이 방향( ) 아이콘 클릭

⑤ 피처 생성 완료( )

3. 밀어내기(3) 피처 생성

3.1 단면 스케치

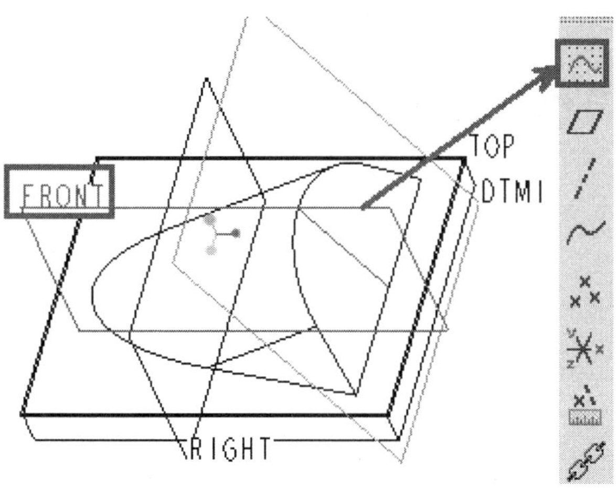

① 스케치 평면으로 'FRONT' 평면 선택

② 스케치( ) 도구 선택

③ '스케치' 탭 클릭

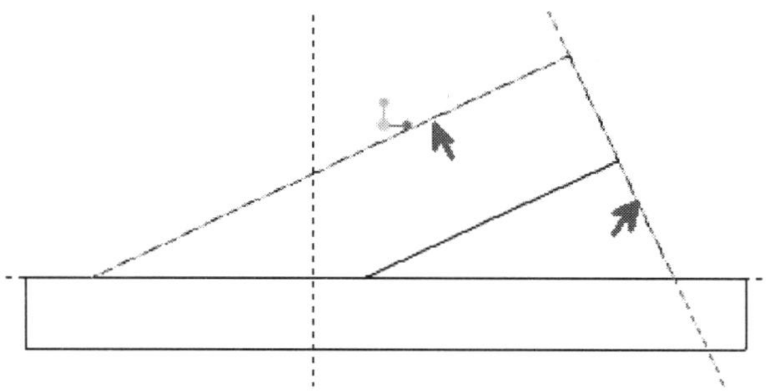

④ 마우스 우측 버튼 클릭-'참조' 선택

⑤ 화살표 표시 두 모서리 선택

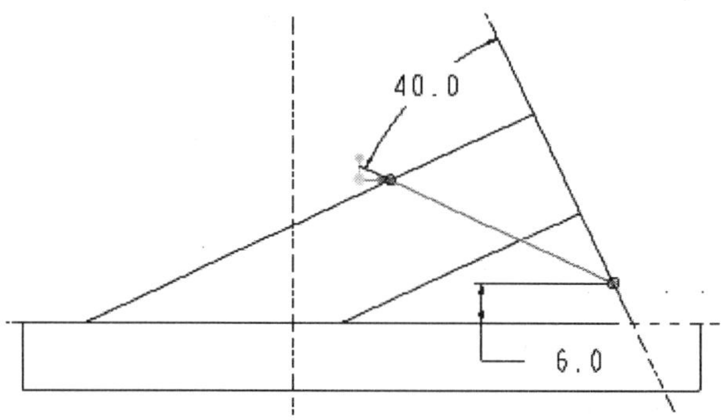

⑥ 40도 각도 방향의 직선 스케치

⑦ 치수 수정

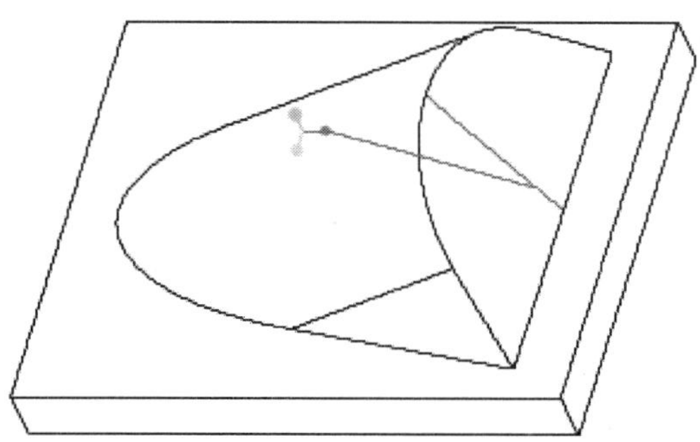

⑧ 스케치 작업 완료(✔)

3.2 밀어내기 실행

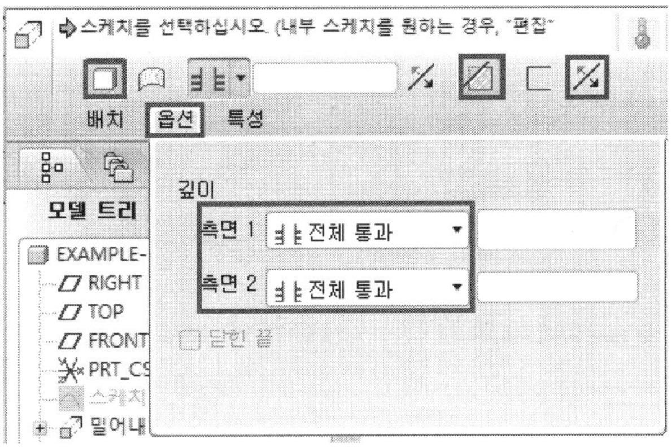

① 밀어내기( ) 피처 도구 아이콘 선택

② 'Ctrl + D'로 표준방향으로 전환

③ 솔리드( ) 선택

④ 깊이 옵션에서 측면1,2 모두 '전체통과' 선택

⑤ 재료 제거( ) 및 방향( ) 아이콘 선택

⑥ 피처 생성 완료( )

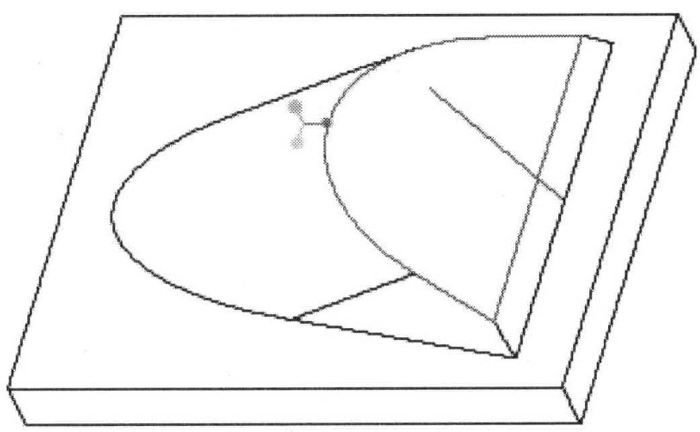

4. 밀어내기(4) 피처 생성

4.1 단면 스케치

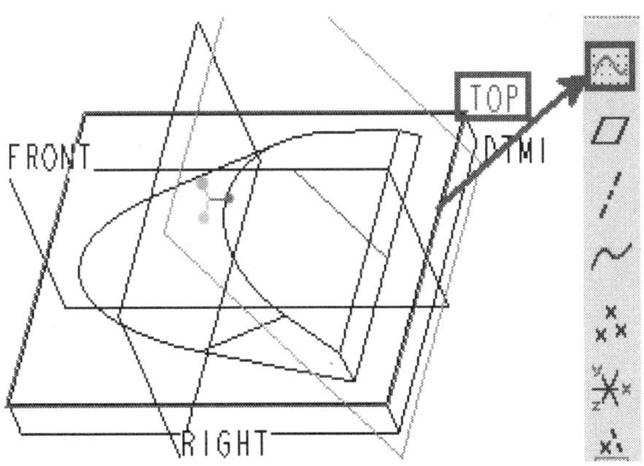

① 스케치 평면으로 'TOP' 평면 선택

② 스케치( ) 도구 선택

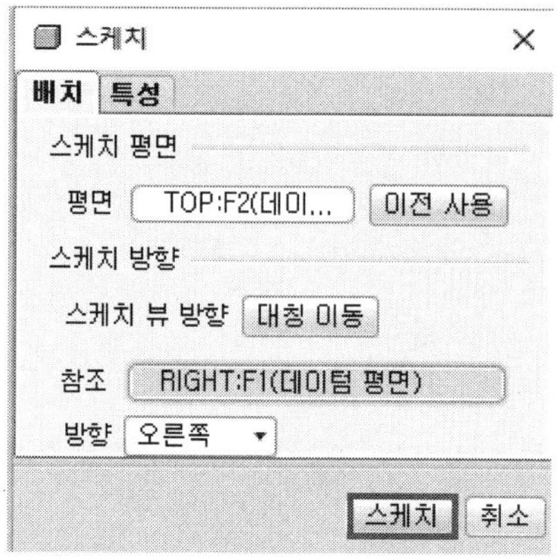

③ '스케치' 탭 클릭

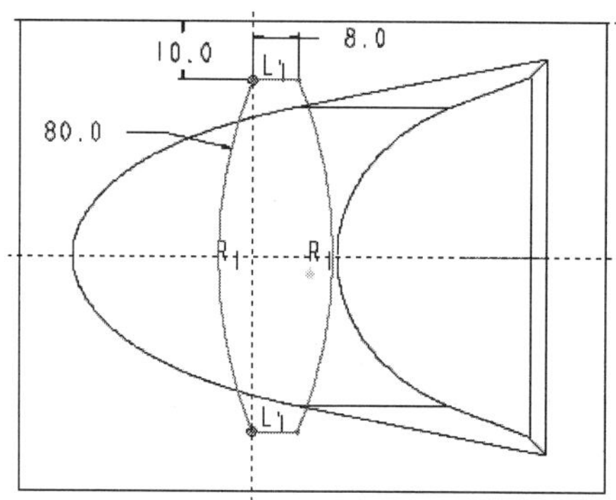

④ 도면 참고하여 그림과 같이 단면 스케치

⑤ 치수 생성 및 수정

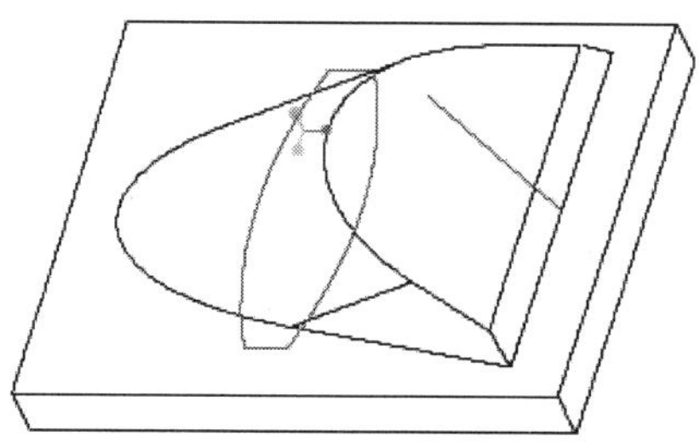

⑥ 스케치 작업 완료( )

4.2 밀어내기 실행

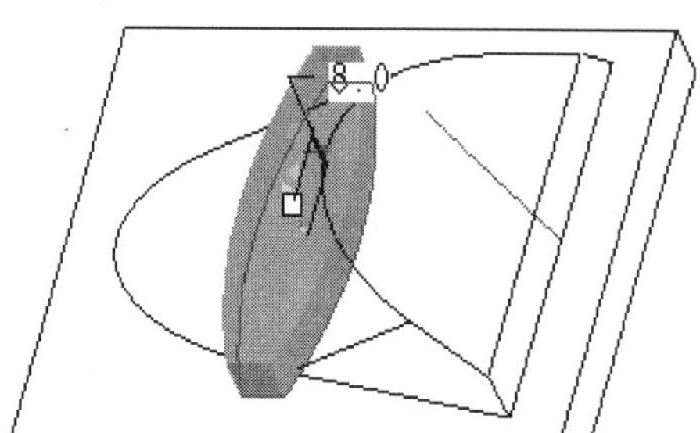

① 밀어내기( ) 피처 도구 아이콘 선택

② 'Ctrl + D'로 표준방향으로 전환

③ 깊이 값 '8' 수정

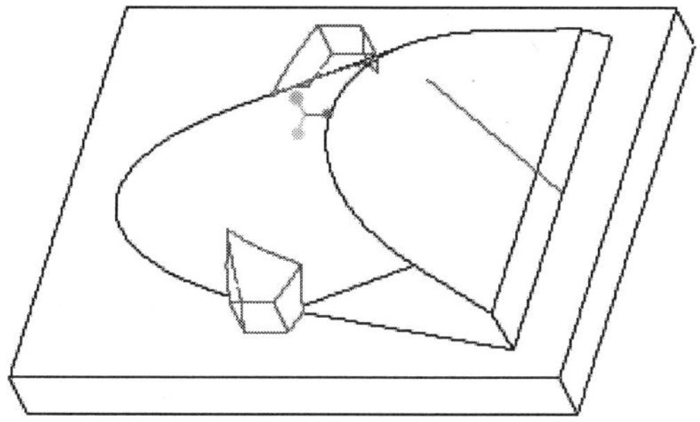

④ 피처 생성 완료( )

5. 회전(1) 피처 생성하기

5.1 데이텀 축 생성

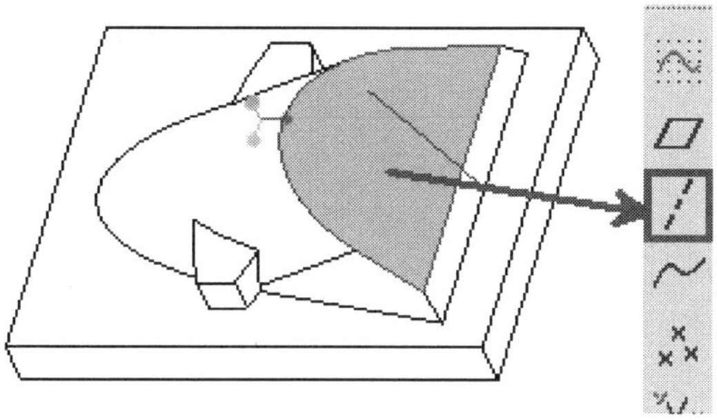

① 경사면 선택 후 데이텀 축 ( ) 도구 클릭

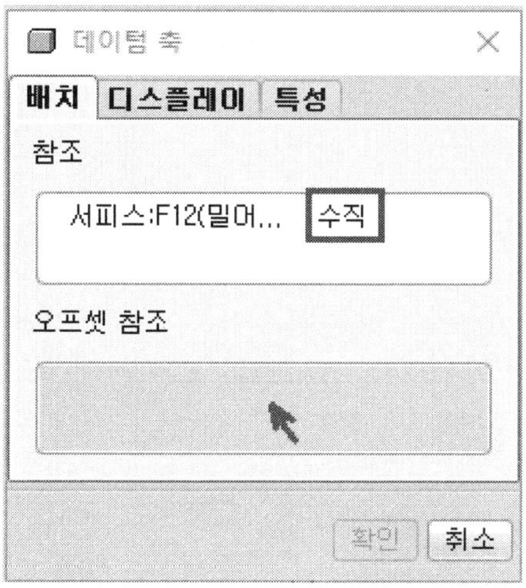

② 축은 참조 서피스에 수직이며

③ 오프셋 참조 창(화살표 표시)을 클릭

④ 또는 마우스 우측 버튼 클릭 후 팝업 메뉴의 '오프셋 참조' 선택

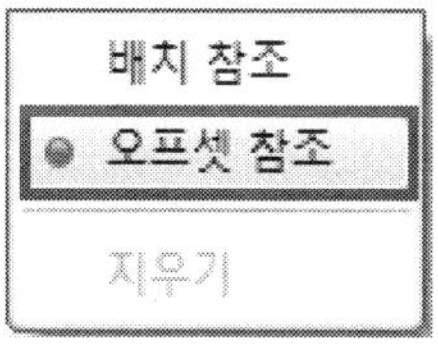

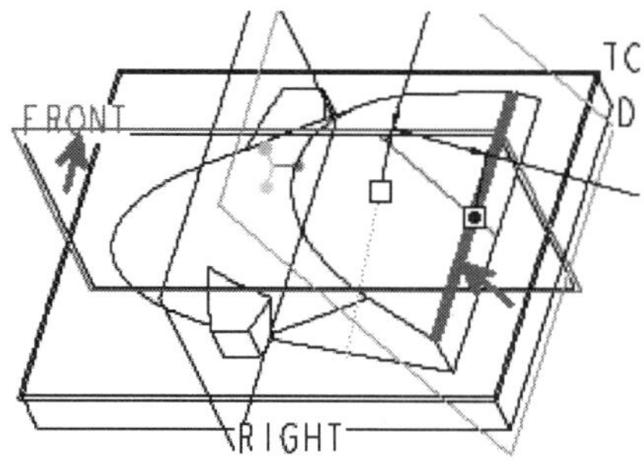

⑤ Ctrl 키를 누른 채 'FRONT' 평면과 우측 모서리 선택

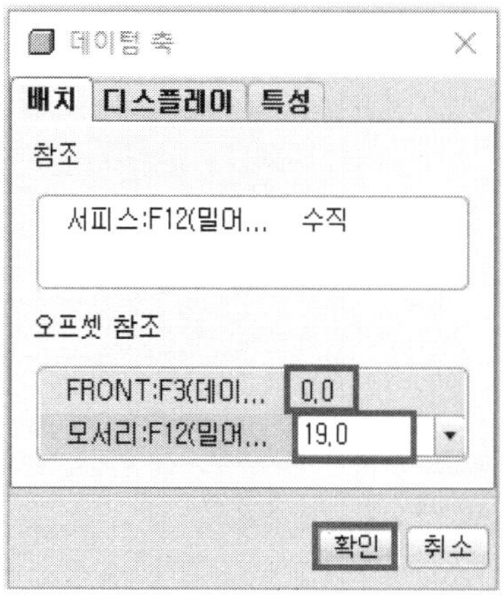

⑥ 오프셋 값을 '0' 과 '19' 수정 후 '확인' 클릭

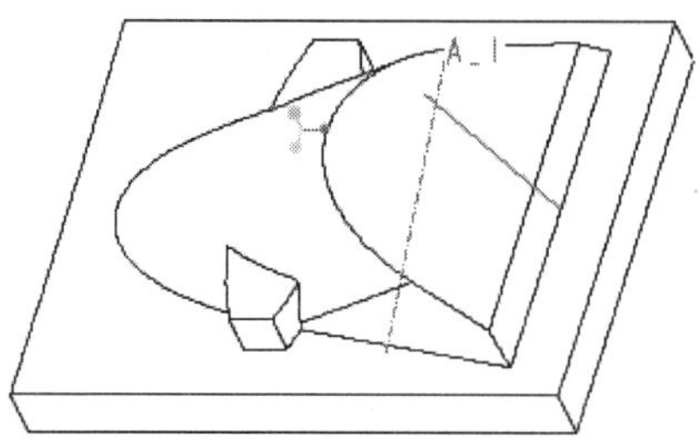

⑦ 면에 수직인 데이텀 축(A_1) 생성

5.2 단면 스케치

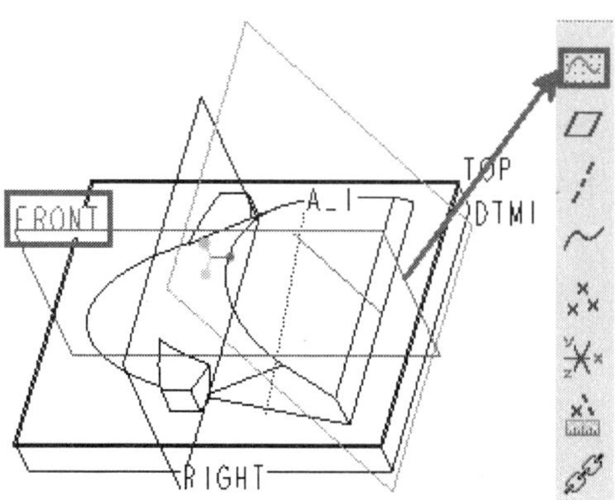

① 스케치 평면으로 'FRONT' 데이텀 평면 선택

② 스케치( ) 도구 아이콘 선택

③ 스케치 창의 '스케치' 탭을 클릭

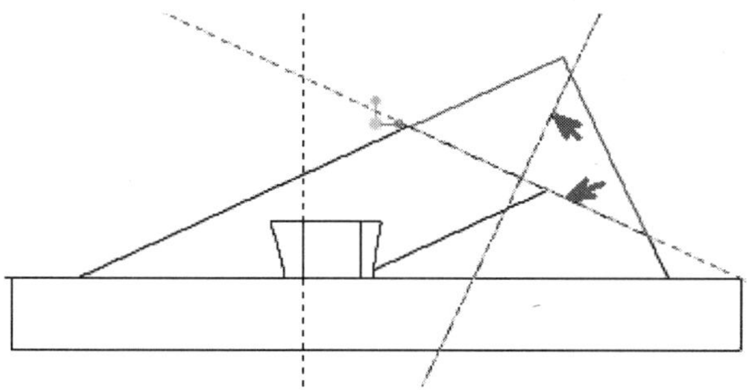

④ 마우스 우측 버튼 클릭 – '참조' 선택

⑤ 축(A_1)과 모서리 선택하여 참조로 추가

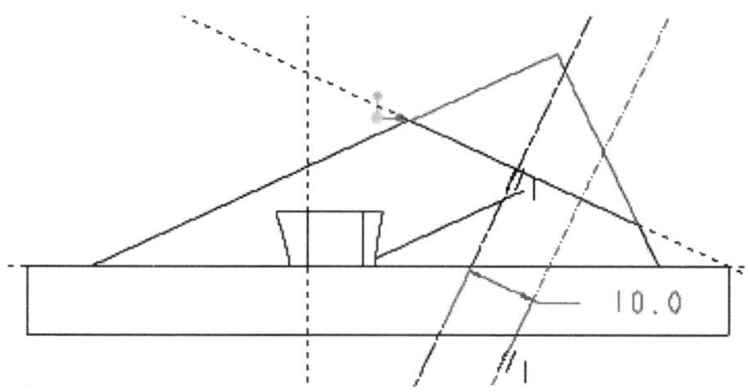

⑥ **형상중심선**( ) 도구 아이콘 선택

⑦ 축(A_1)과 평행하고 스케치하고 오프셋 거리 '10' 수정

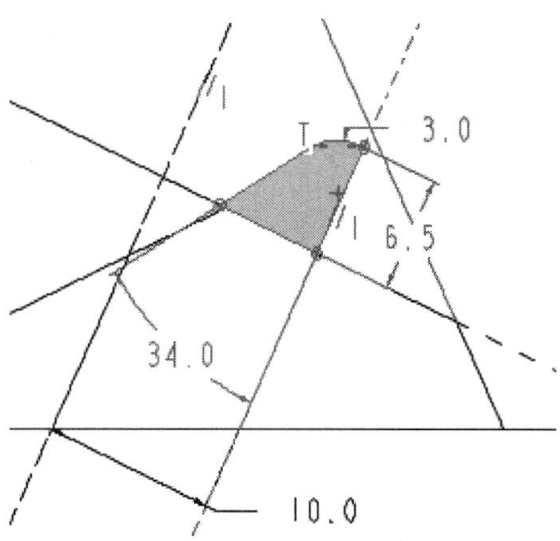

⑧ 도면 참고하여 회전체 단 반면을 그림과 같이 스케치

⑨ 치수 생성 및 수정

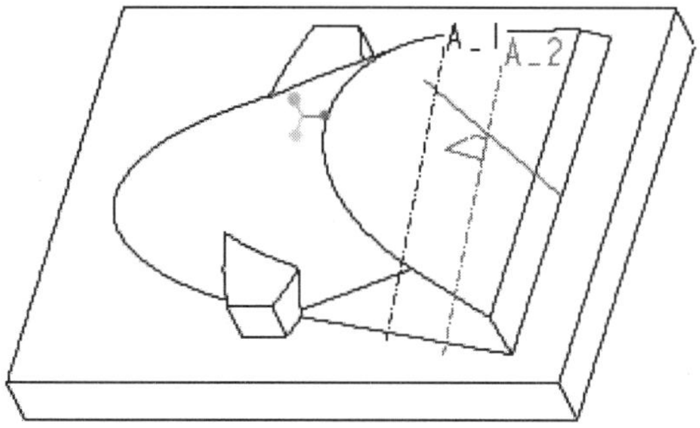

⑩ 스케치 완료(✔)(스케치 선택 상태임)

5.3 회전 실행

① 회전( )피처 생성 도구 아이콘 선택

② 표준방향(Ctrl + D)으로 전환

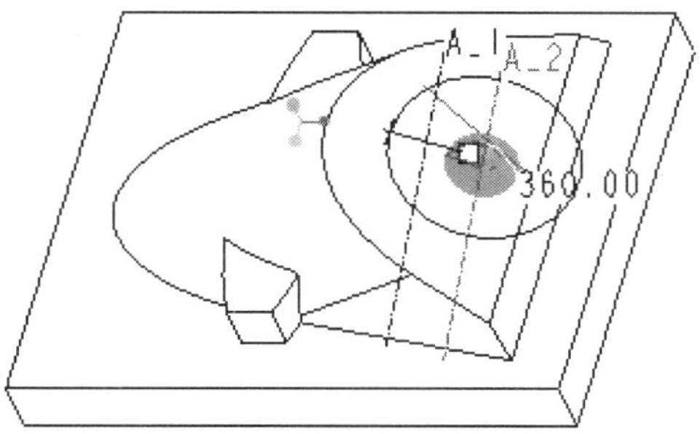

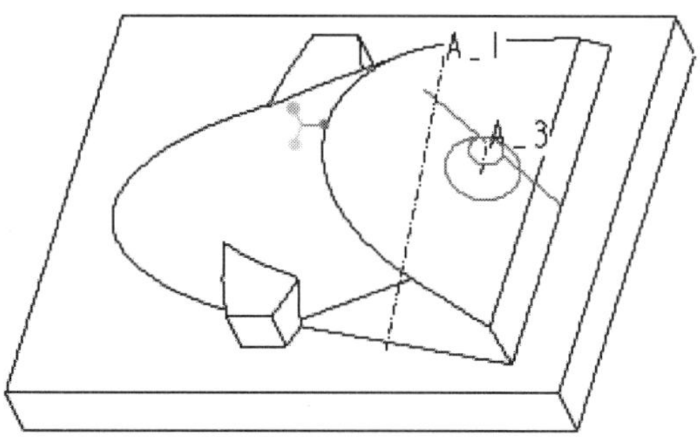

③ 피처 생성 완료(✔)

5.4 패턴 피쳐 생성

① 회전 피처 선택 상태에서 패턴( ) 도구 선택

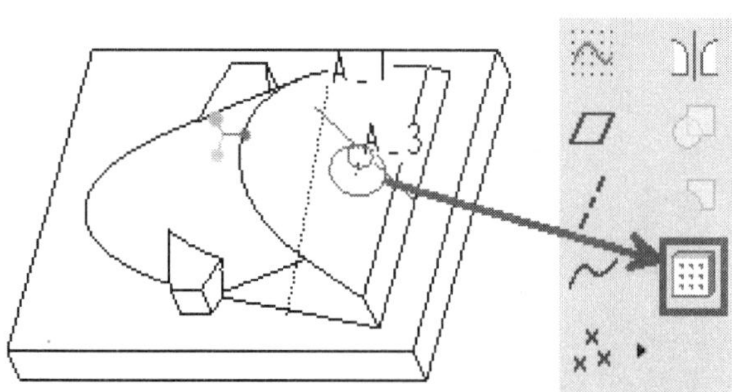

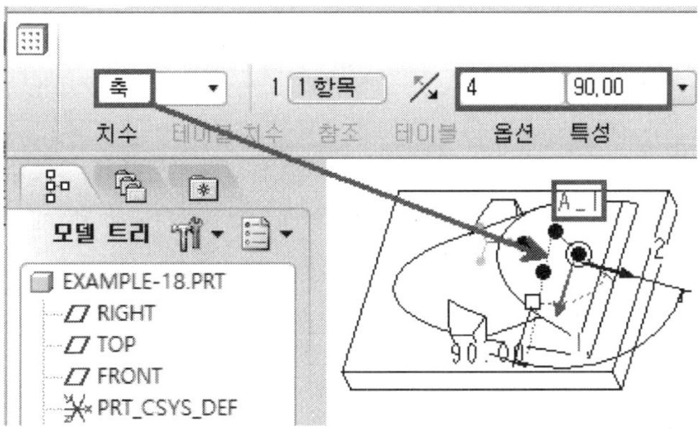

② 패턴 참조 유형 '축' 선택 후

③ 축(A_1) 선택

④ 인스턴트 개수 '4' 확인

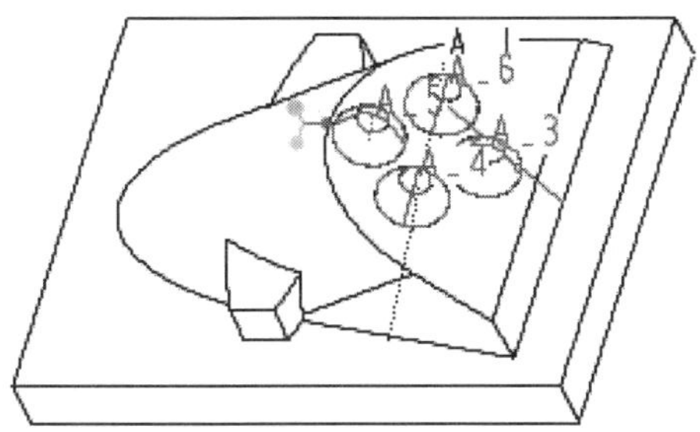

⑤ 피처 생성 완료(✔)

6. 오프셋(1) 피처 생성

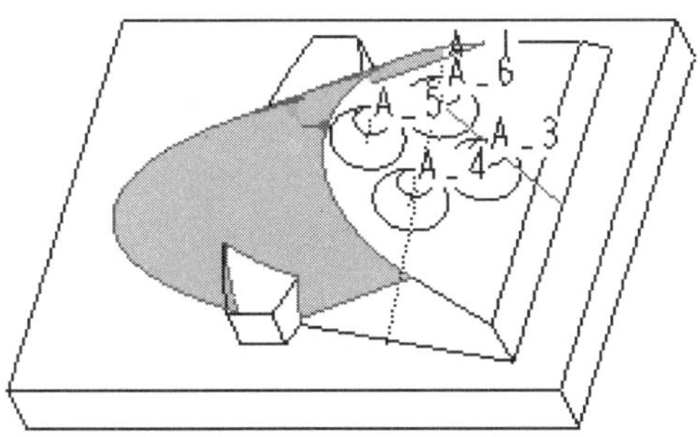

① 밀어내기 2의 곡면 서피스 선택

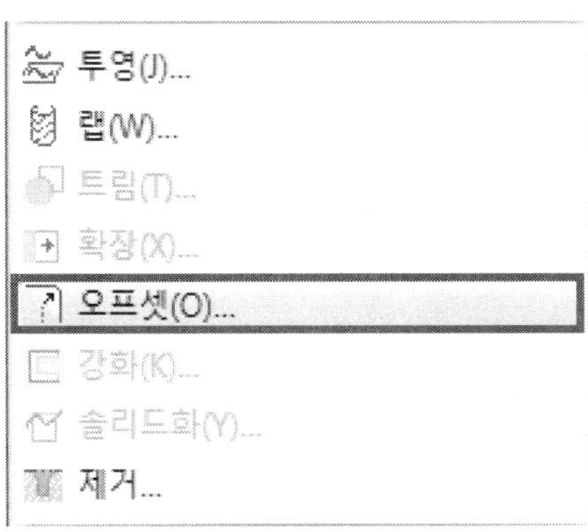

② 풀다운 메뉴 '편집' - '오프셋' 선택

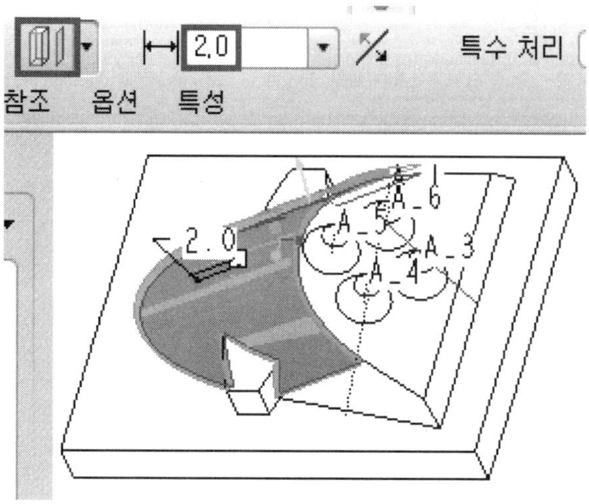

③ 표준 오프셋 피처() 유형 상태에서 오프셋 값 '2' 수정

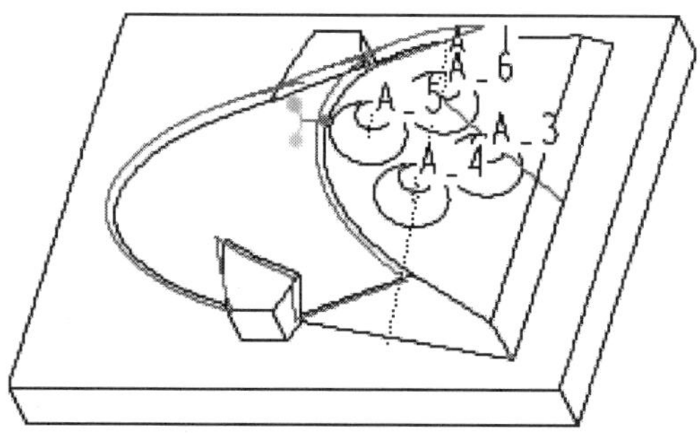

④ 피처 생성 완료()

7. 밀어내기(5) 서피스 피처 생성

7.1 단면 스케치

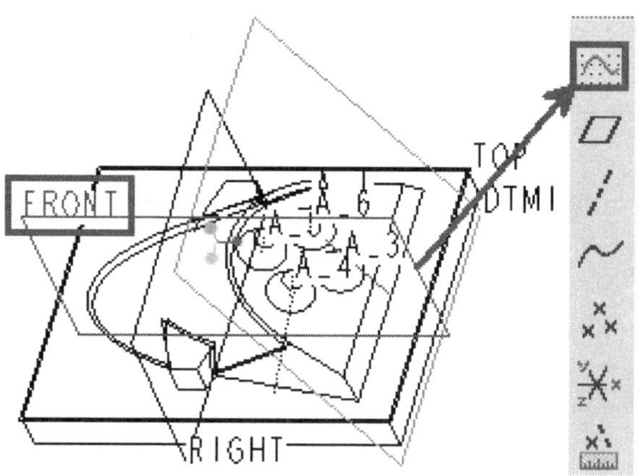

① 스케치 평면으로 'TOP' 평면 선택

② 스케치() 도구 선택

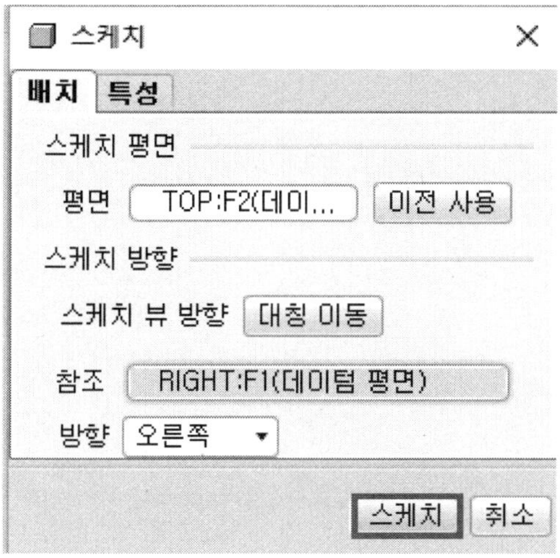

③ '스케치' 탭 클릭

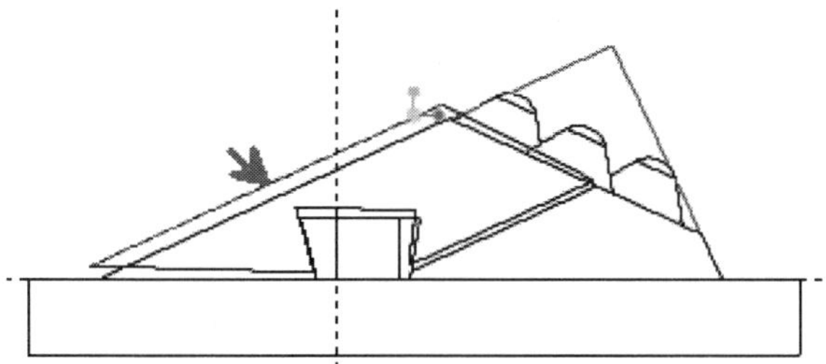

④ 오프셋 서피스 모서리 참조 추가

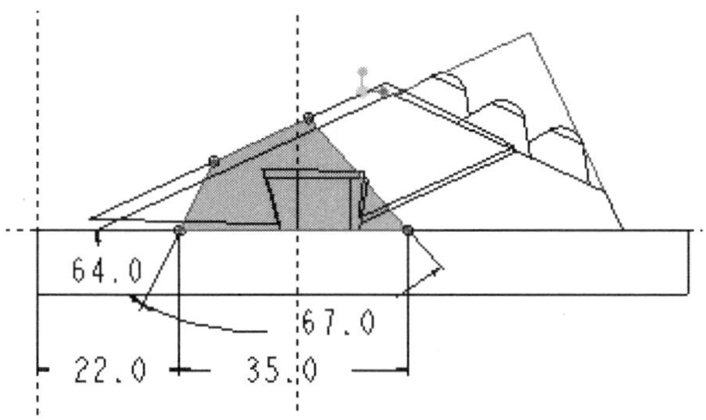

⑤ 도면 참고하여 그림과 같이 단면 스케치

⑥ 치수 생성 및 수정

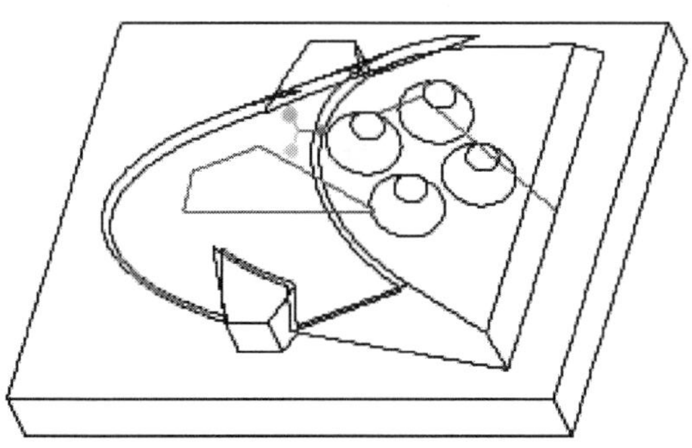

⑦ 스케치 작업 완료(✔)

7.2 밀어내기 실행

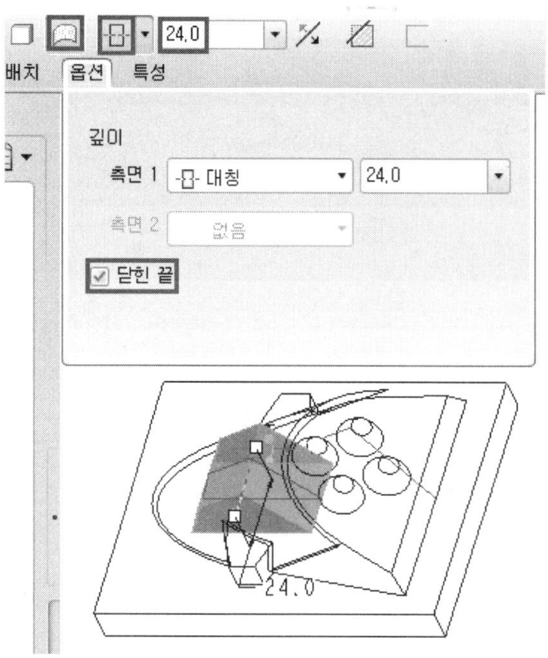

① 밀어내기( ) 피처 도구 아이콘 선택

② 'Ctrl + D'로 표준방향으로 전환

③ 서피스로 밀어내기( ) 아이콘 선택

④ 깊이 옵션 '대칭' 선택 및 깊이 값 '24' 수정

⑤ 옵션 '닫힌 끝' 선택

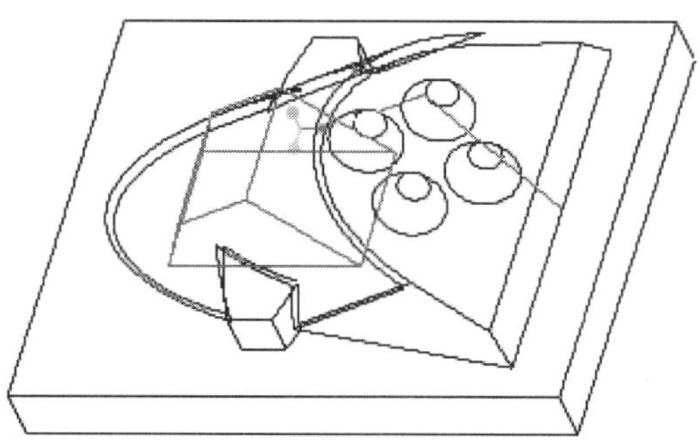

⑥ 피처 생성 완료( )

8. 서피스 피처 솔리드화

8.1 서피스 결합

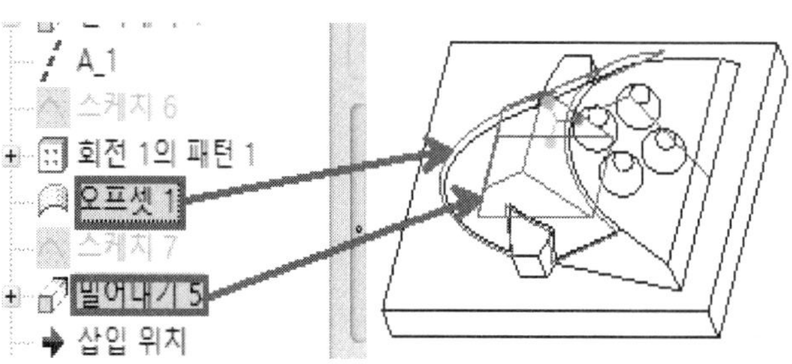

① Ctrl 키 누른 채 오프셋1 서피스와 밀어내기5 서피스 선택

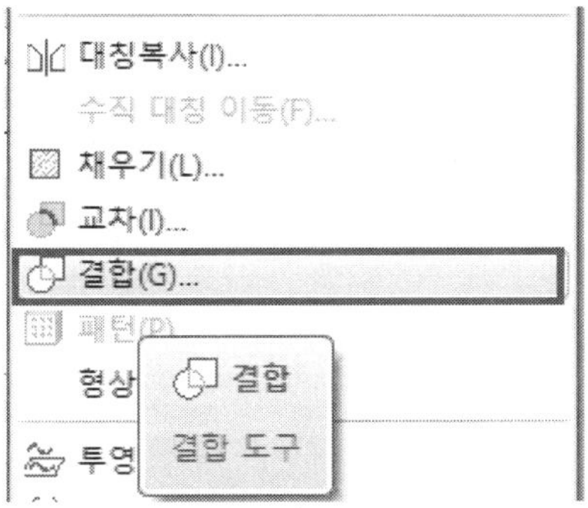

② 풀다운 메뉴 '편집' – '결합' 선택

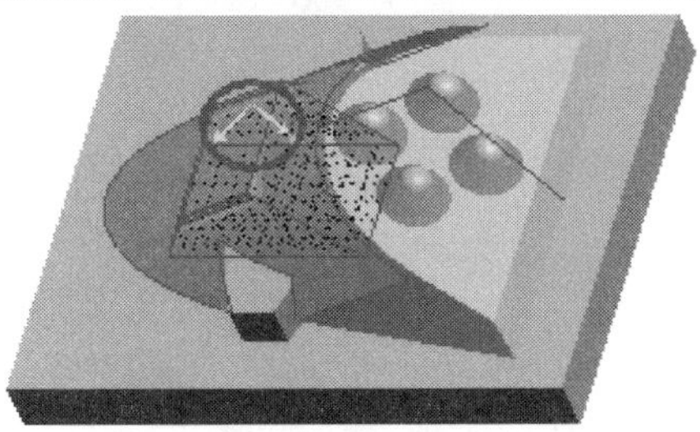

③ 유지 퀼트 방향 전환 아이콘을 이용하여 그림과 같이 방향 선택

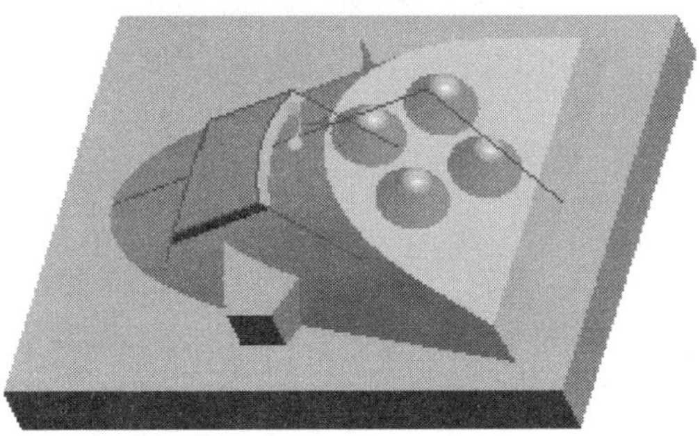

④ 피처 생성 완료(✔)

8.2 솔리드화

① '결합1피처 선택 상태에서 풀다운 메뉴 '솔리드화' 선택

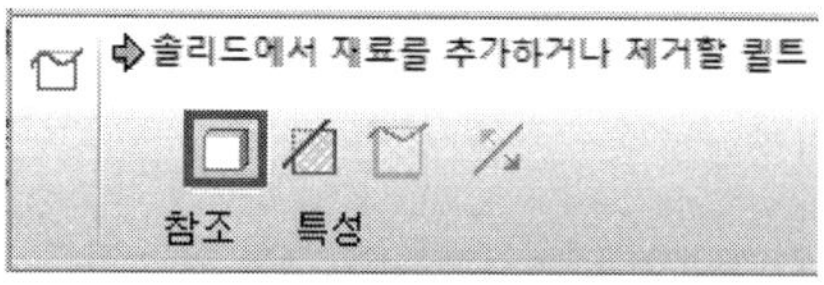

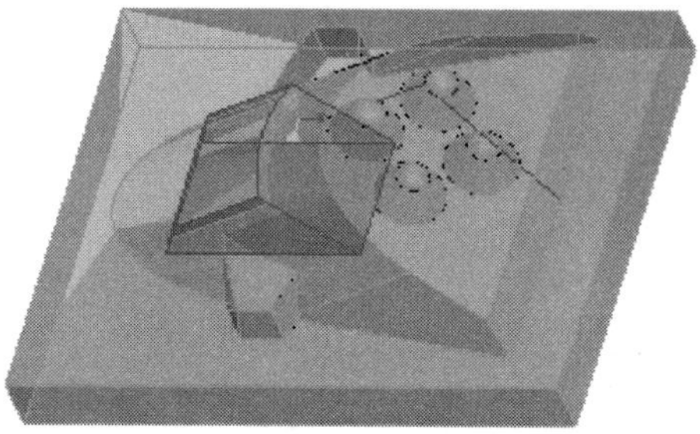

② 대시보드 솔리드 자동 선택

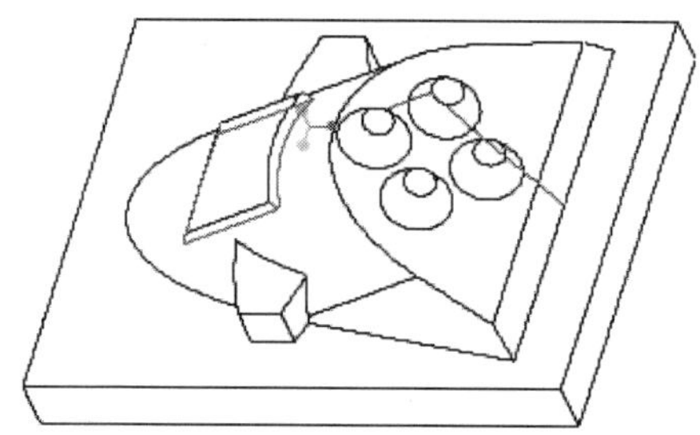

③ 피처 생성 완료(✔)

9. 구배(1) (2-150°) 피처 생성하기

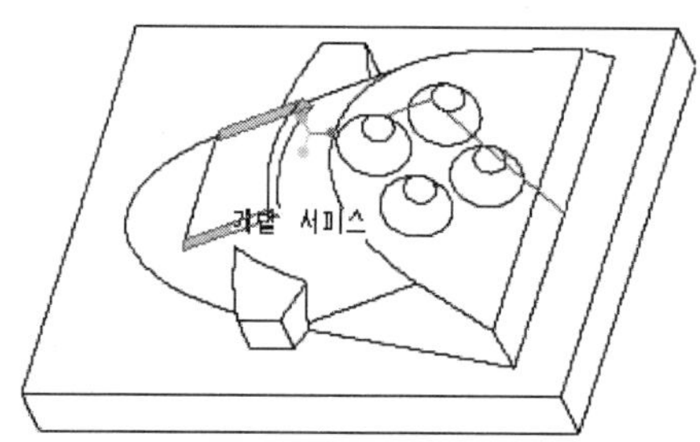

① 구배 도구 아이콘( ) 선택

② 구배 대상 측면 선택

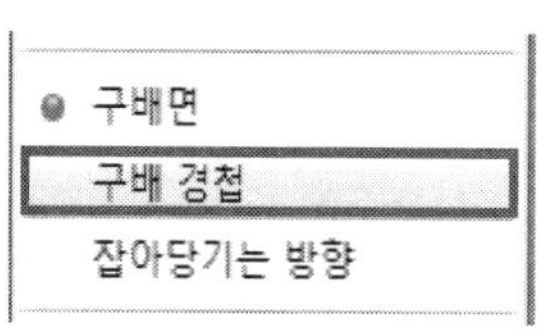

③ 마우스 우측 버튼 클릭 – '구배 경첩' 선택

④ 구배경첩 면 생성을 위해 데이텀 평면( ) 도구 선택

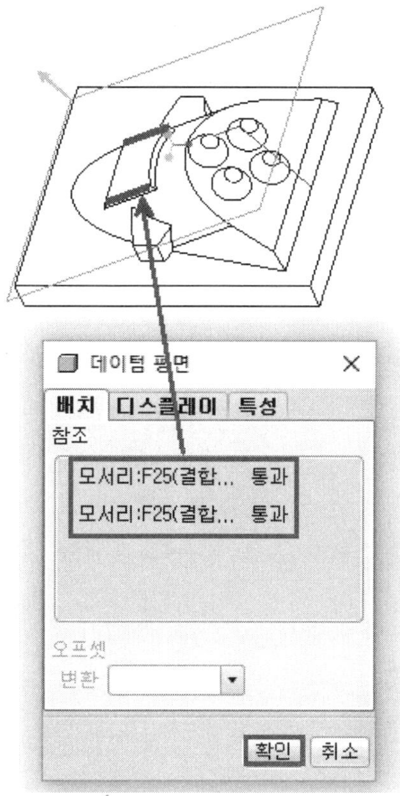

⑤ 오프셋 피처의 두 모서리 선택

⑥ 데이텀 평면 창 '확인' 클릭

⑦ 대시보드의 복원 도구 선택

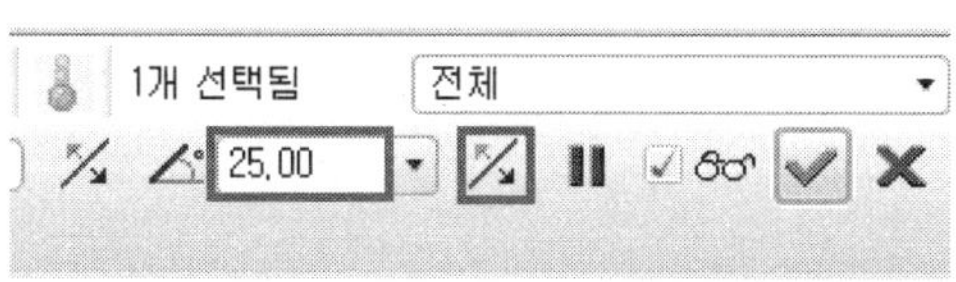

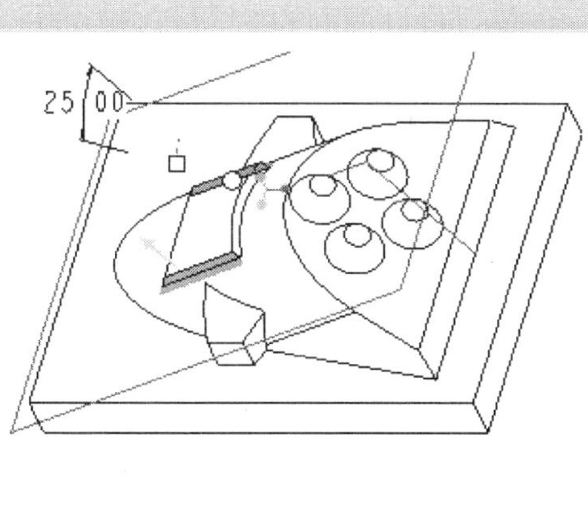

⑧ 구배 각도 '20' 으로 수정

⑨ 재료 추가/제거 방향 전환 () 아이콘 클릭

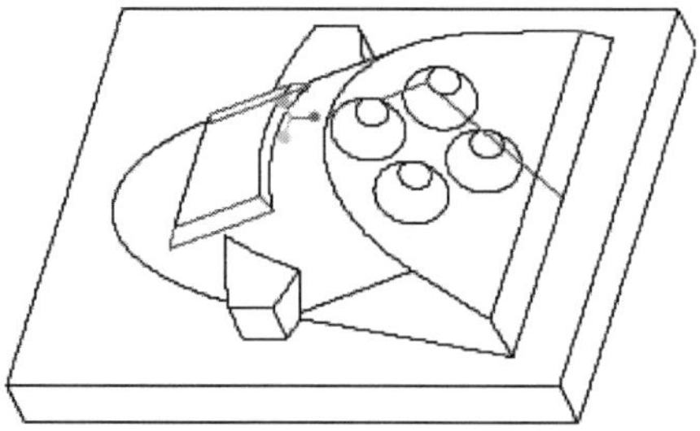

⑩ 피처생성 완료( )

10. 라운드 추가

10.1 라운드 R1 추가

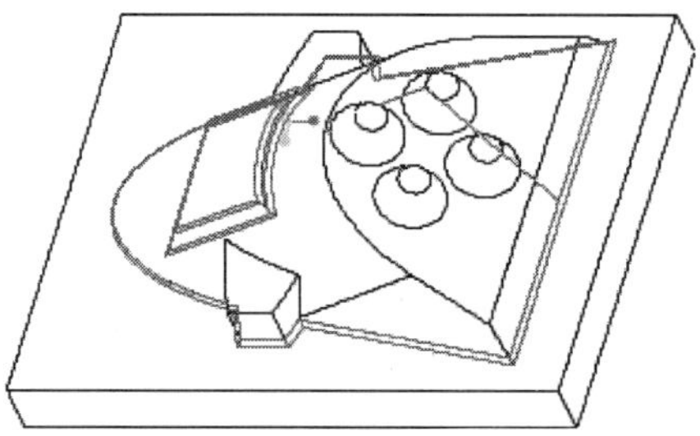

① 라운드( ) 도구 선택

② 대상 모서리를 Ctrl 키 누른 채 선택

③ 라운드 값 '1' 수정

④ 피처 생성 완료( )

10.2 지시 없는 모든 라운드 R2 추가

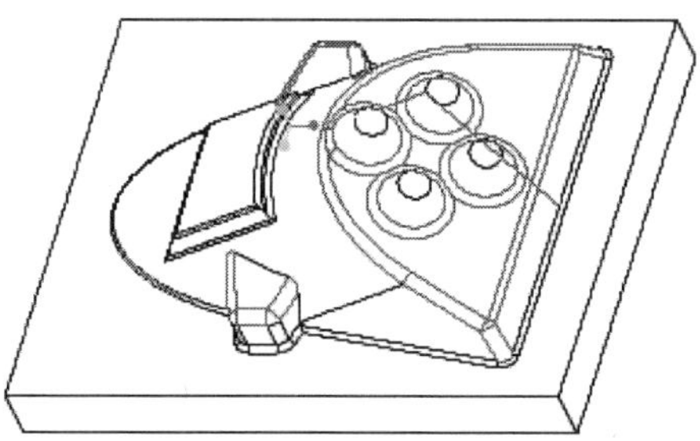

① 라운드( ) 도구 선택

② 대상 모서리를 Ctrl 키 누른 채 선택

③ 라운드 값 '2' 로 수정

④ 피처 생성 완료( )

11. 완성된 모델링 형상

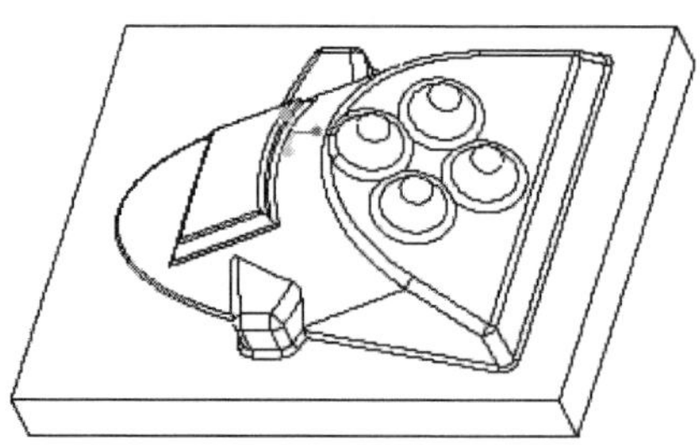

19. Example-19 도면 모델링

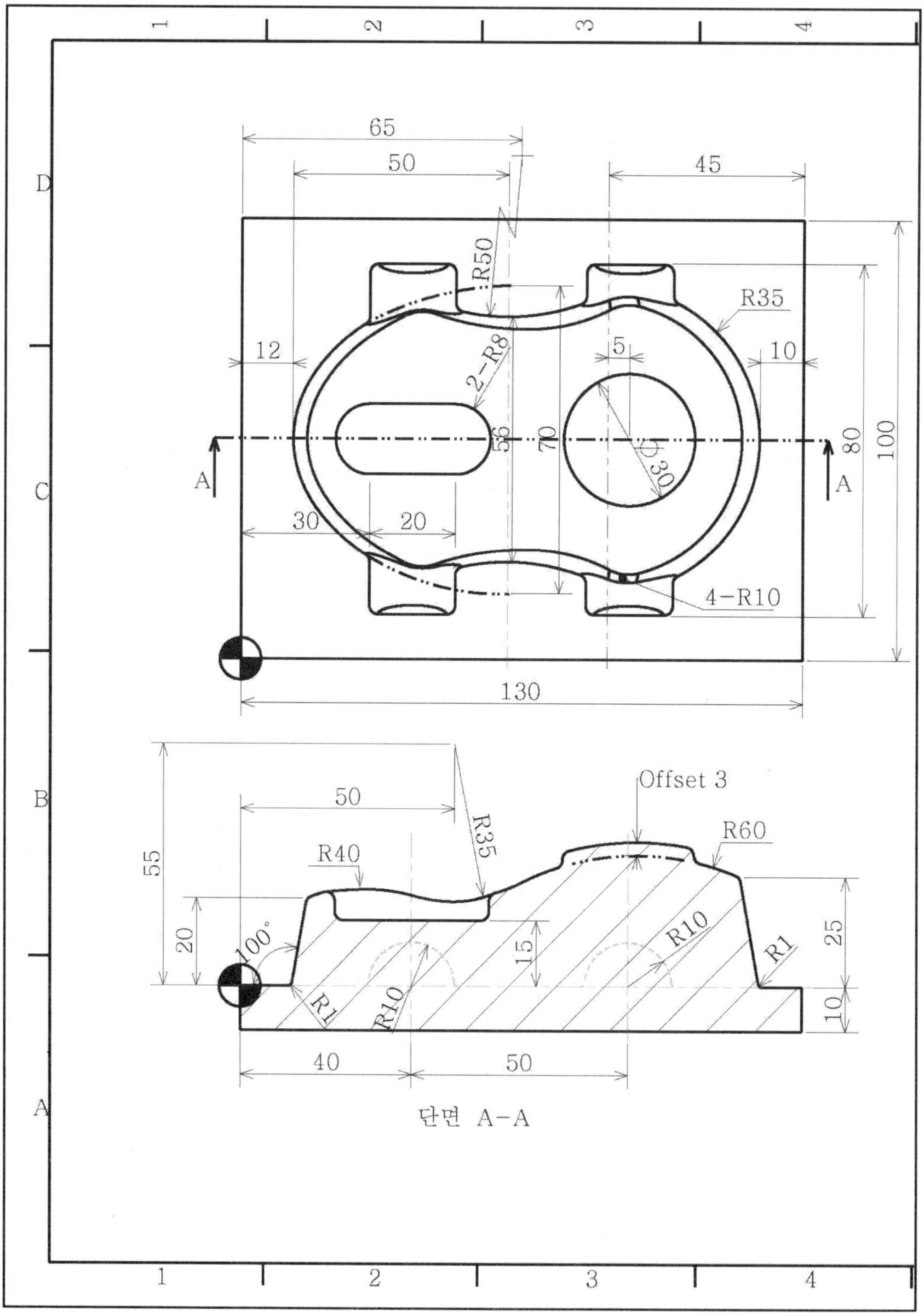

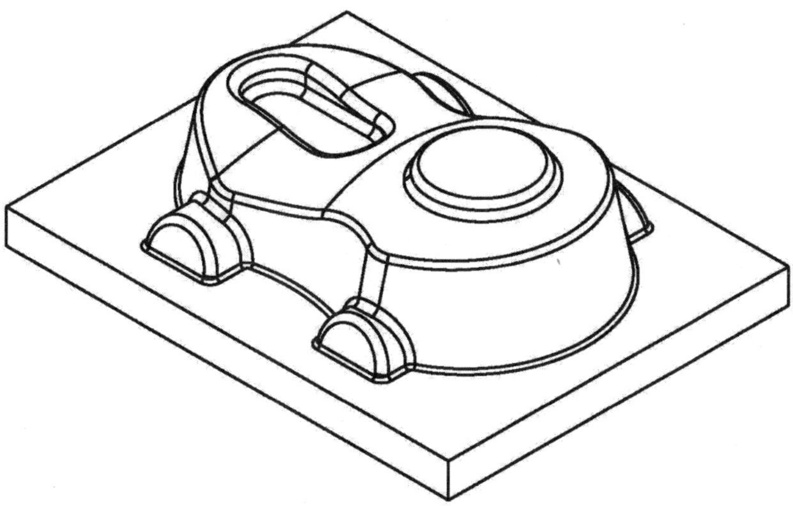

도시되고 지시없는 모든 모서리 R2

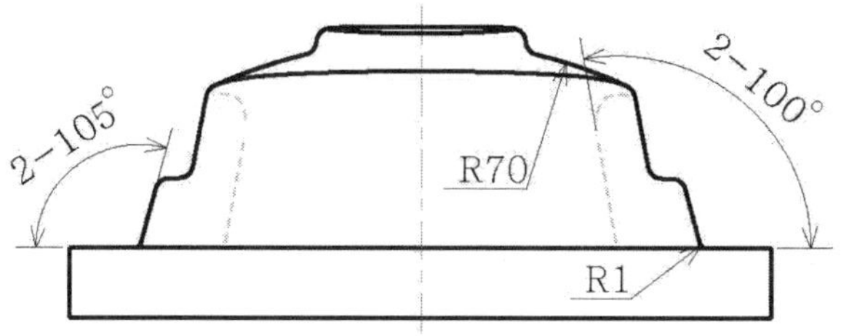

창원문성대학교			
소 속	기계과	작업자	예규현
투상법	3각법	축 척	1.000
날 짜	2016.1.20	파일명	Example-19

작업 순서

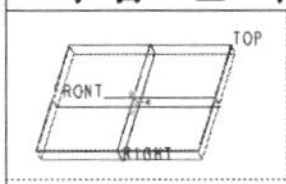	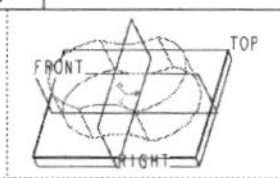	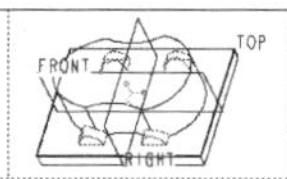	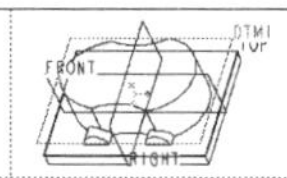	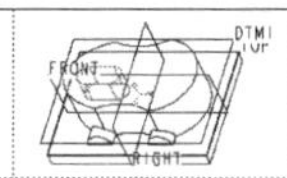	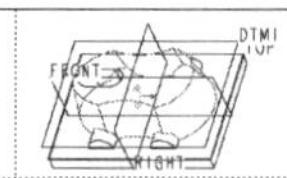	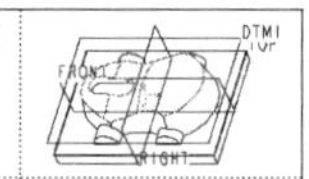
1. 밀어내기1	2. 밀어내기2	3. 밀어내기3	4. 평면생성	5. 밀어내기4	6. 구배(1)	7. 스윕 컷
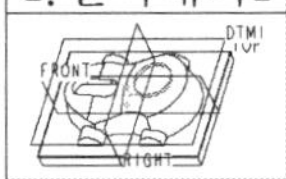	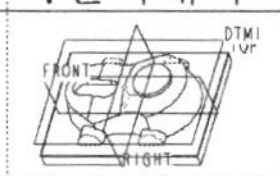	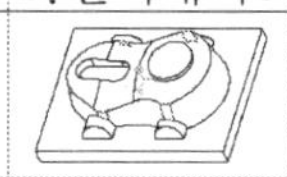		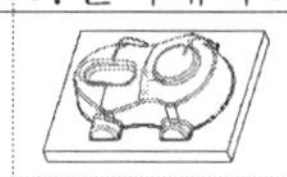		
8. 오프셋1	9. 구배2	10. 라운드1	11. 라운드2	12. 라운드3		

1. 밀어내기(1) 피처 생성

1.1 파일 새로 만들기

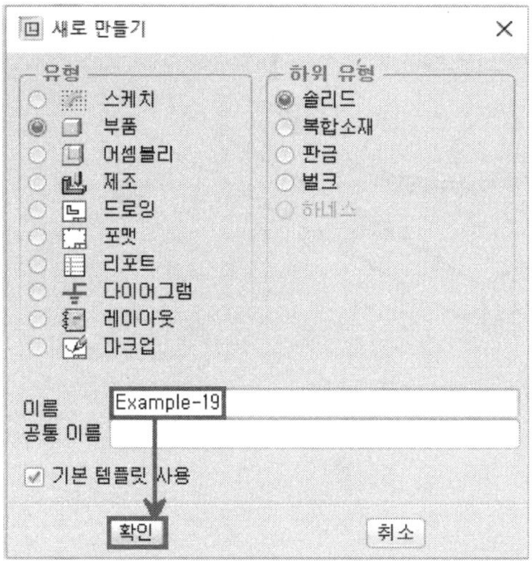

① 파일 새로 만들기-파일 이름 'Example-19' 입력

② 단위는 mmNs 단위계

1.2 스케치 단면 생성

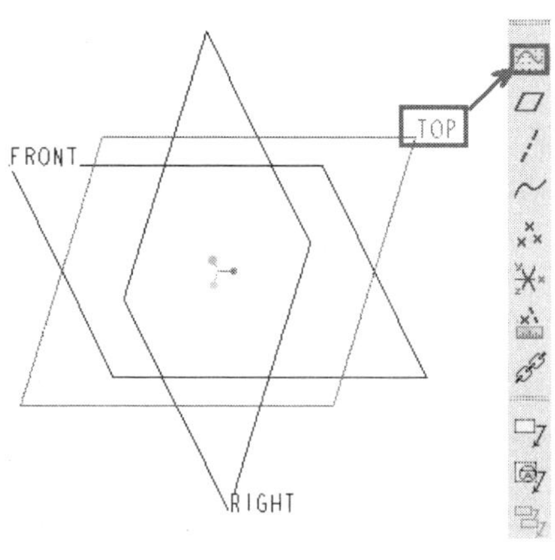

① 스케치 평면으로 'TOP' 데이텀 평면 선택

② 스케치( ) 도구 아이콘 선택

③ '스케치' 탭 클릭

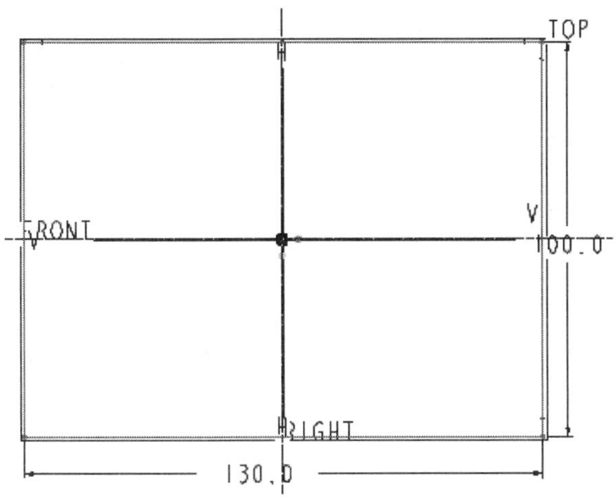

④ 직사각형( ) 생성 아이콘 선택

⑤ 가로 130, 세로 100인 직사각형 스케치

⑥ 스케치 완료( )

1.3 밀어내기 실행

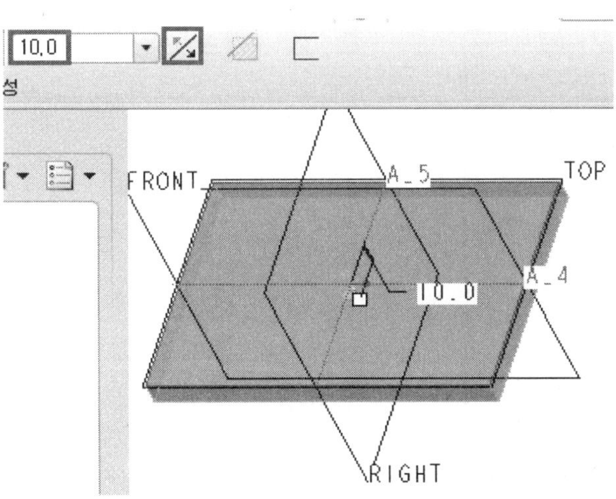

① 밀어내기( ) 도구 아이콘 클릭

② 'Ctrl + D'로 표준방향으로 전환

③ 깊이 값 '10' 으로 수정

④ 깊이 방향 전환( ) 아이콘 클릭(아래 방향)

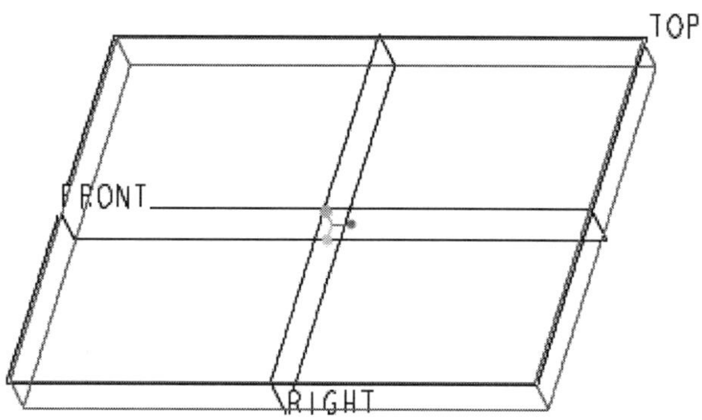

⑤ 피처 생성 완료(✔)

2. 밀어내기(2) 피처 생성

2.1 단면 스케치

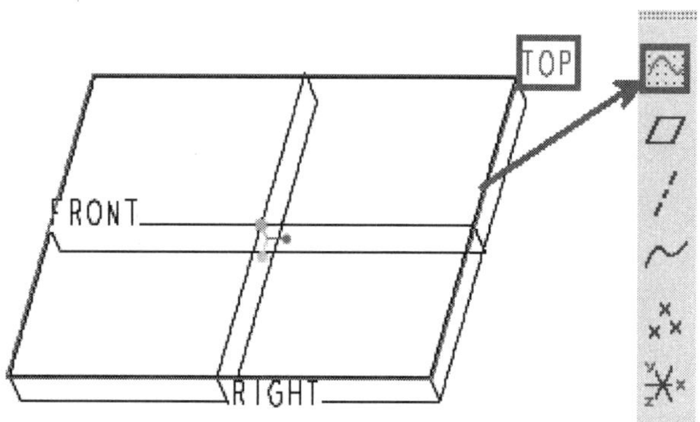

① 'TOP' 평면 선택

② 스케치( ) 도구 클릭

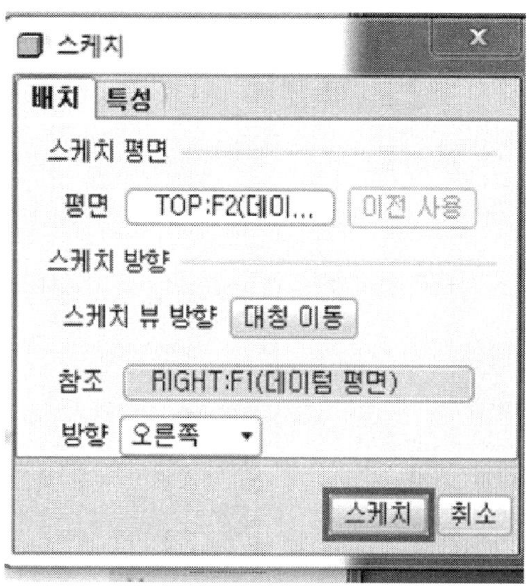

③ '스케치' 탭 클릭

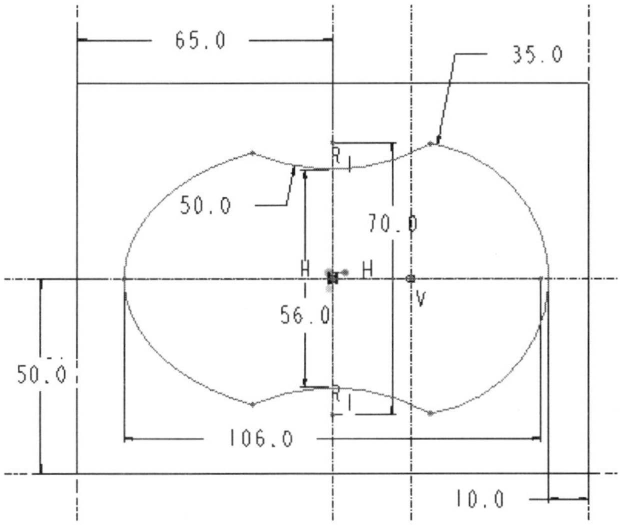

④ 형상 중심선( ) 도구 선택하여 중앙에 가로, 세로 중심선 스케치

⑤ 중심과 축 타원( ) 도구 아이콘 선택하여 장축 106 (중심에서 좌측 끝단까지 치수 12이므로), 단축 70 타원 스케치

⑥ 나머지 R50, R35 호 스케치하여 완성

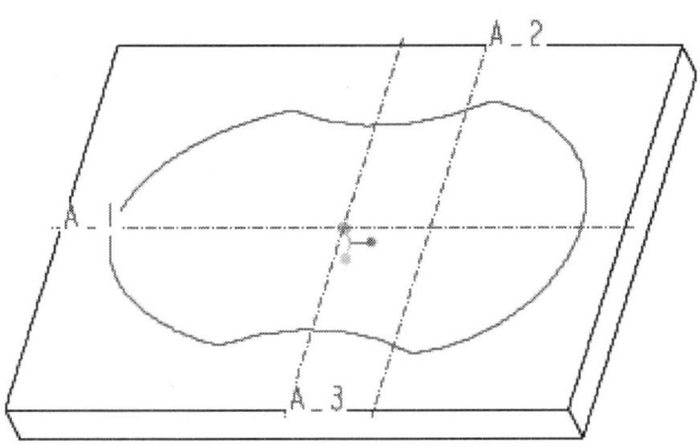

⑦ 스케치 작업 완료( )

2.2 밀어내기 실행

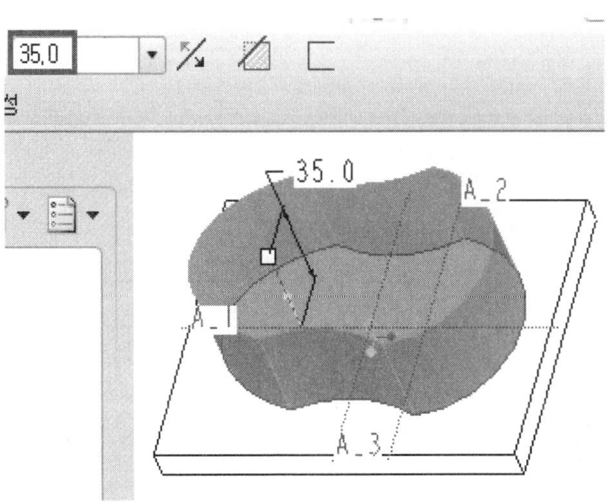

① 밀어내기( ) 피처 도구 아이콘 선택

② 'Ctrl + D'로 표준방향으로 전환

③ 깊이 값 '35' 정도 수정

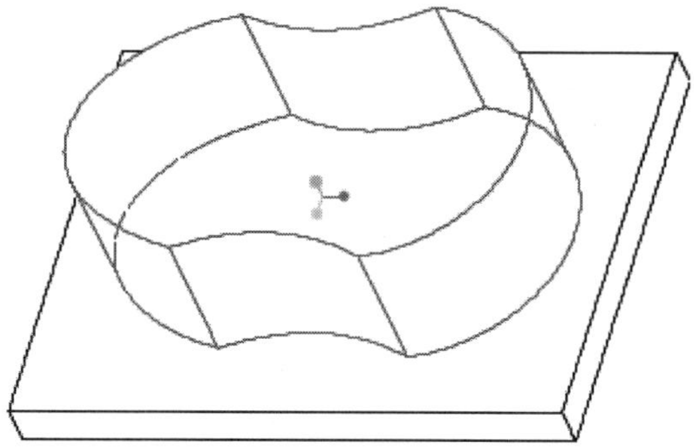

④ 피처 생성 완료(✔)

3. 밀어내기(3) 피처 생성

3.1 단면 스케치

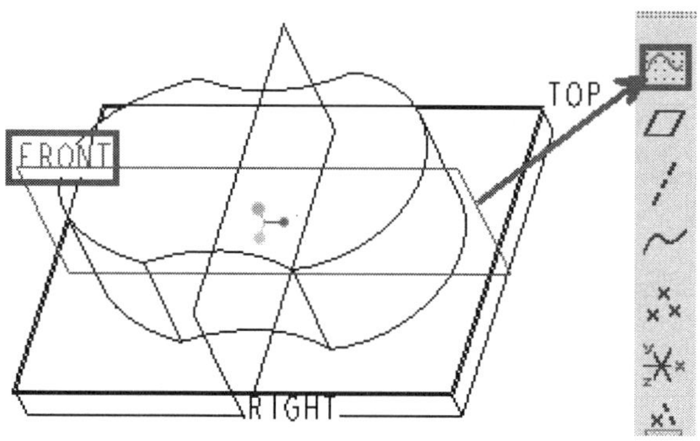

① 스케치 평면으로 'FRONT' 평면 선택

② 스케치( ) 도구 선택

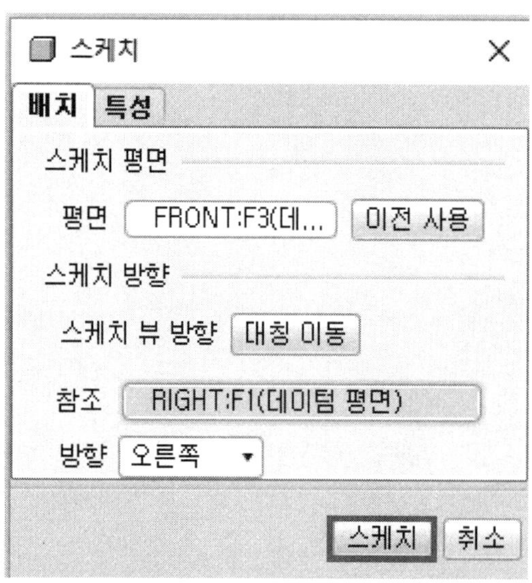

③ '스케치' 탭 클릭

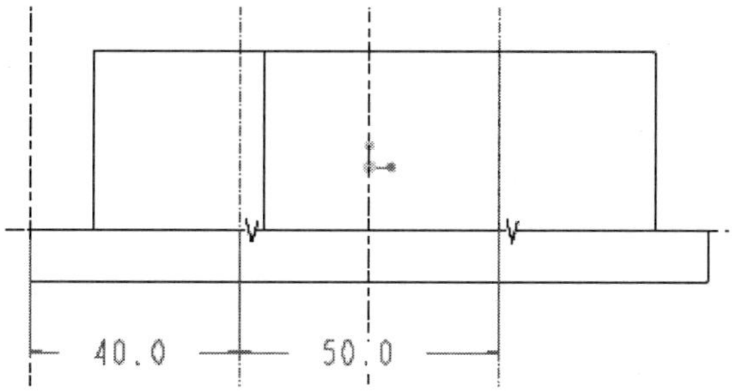

④ 좌측 끝단에서 40과 50 거리에 수직 중심선 스케치

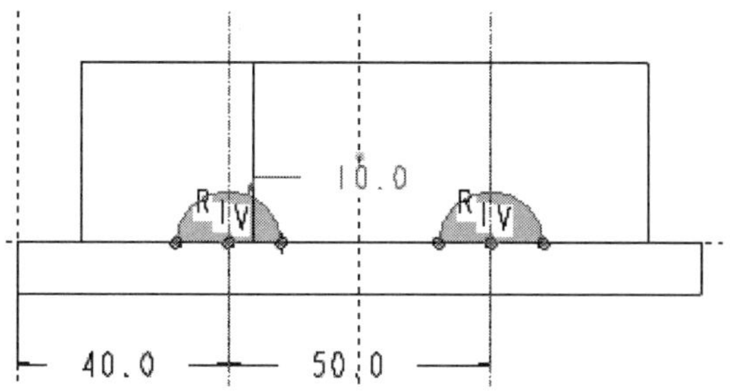

⑤ 중심 끝( ) 도구 아이콘 선택하여 그림과 같이 닫힌 형태의 반지름 10인 반원을 스케치

⑥ 치수 수정

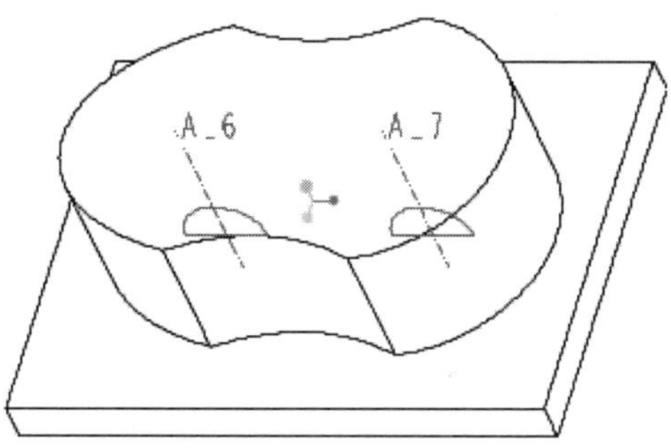

⑦ 스케치 작업 완료( )

3.2 밀어내기 실행

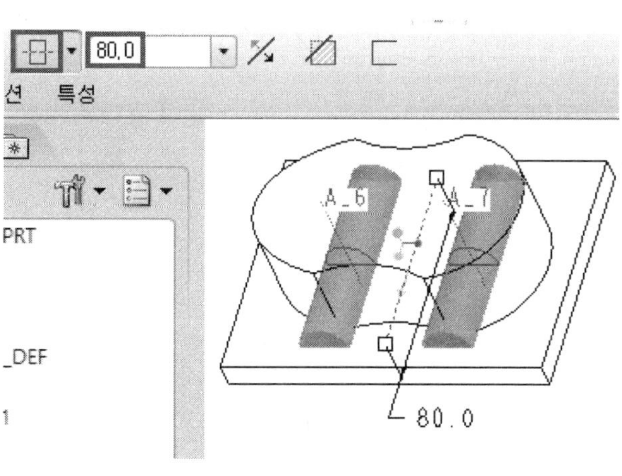

① 밀어내기( ) 피처 도구 아이콘 선택

② 'Ctrl + D'로 표준방향으로 전환

③ 깊이 옵션 대칭( ) 선택하고 깊이 값 '80' 수정

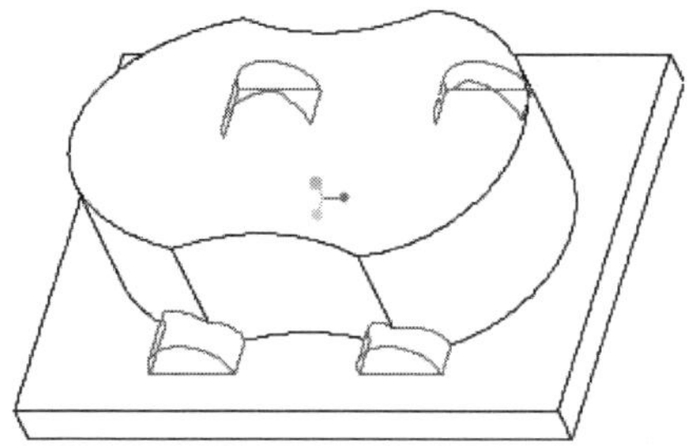

④ 피처 생성 완료(☑)

4. 밀어내기(4) 피처 생성

4.1 데이텀 평면 생성

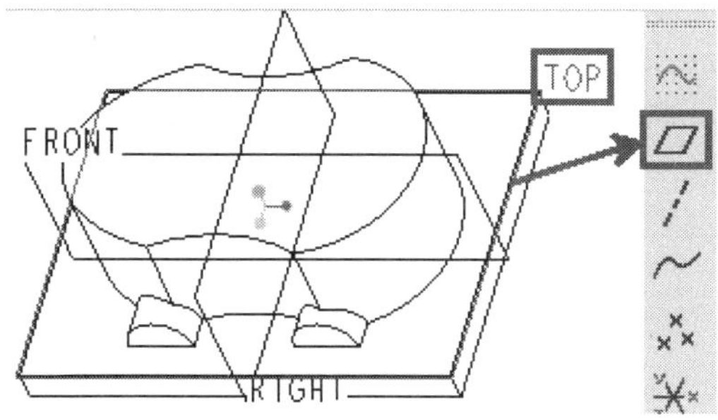

① 'TOP' 평면 선택

② 데이텀 평면 도구(▱) 아이콘 선택

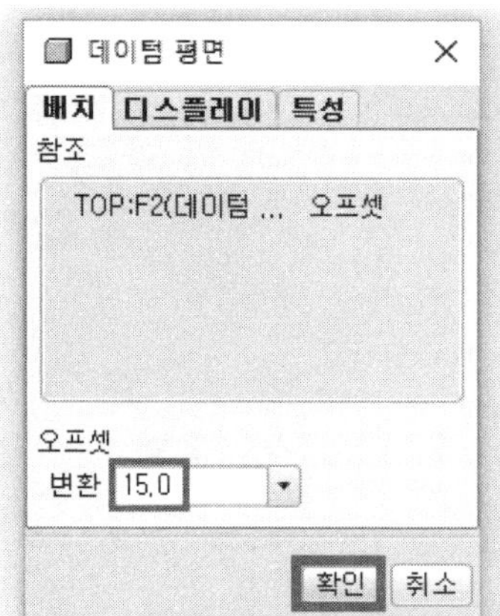

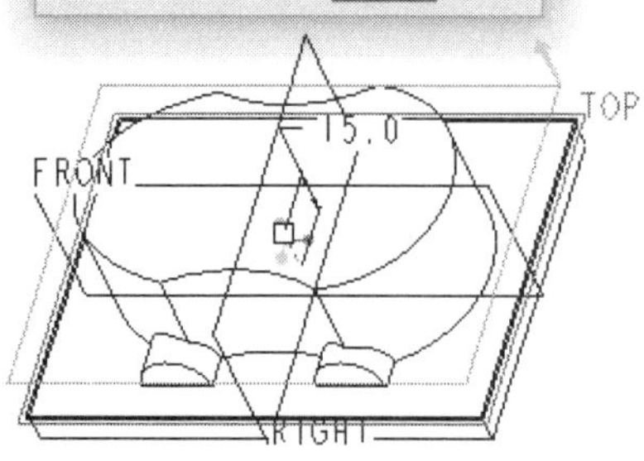

③ 오프셋 값 '15' 입력 후 '확인' 탭 클릭

④ 'DTM1' 평면 생성

4.2 단면 스케치

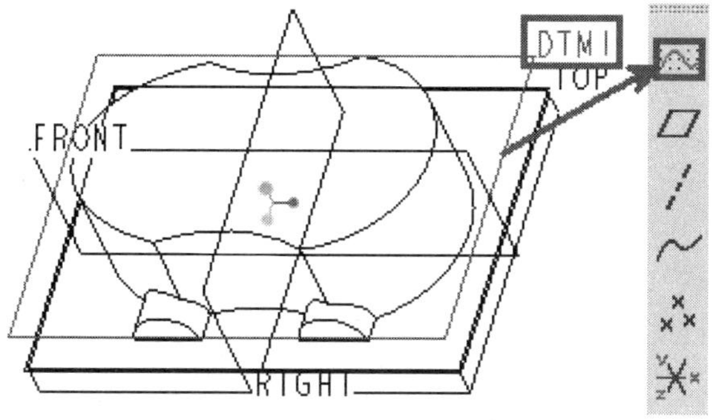

① 스케치 평면으로 'DTM1' 평면 선택

② 스케치( ) 도구 선택

③ '스케치' 탭 클릭

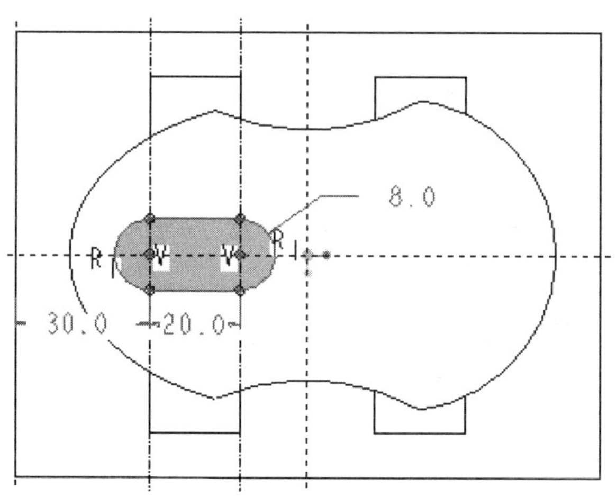

④ 도면 참고하여 그림과 같이 단면 스케치

⑤ 치수 생성 및 수정

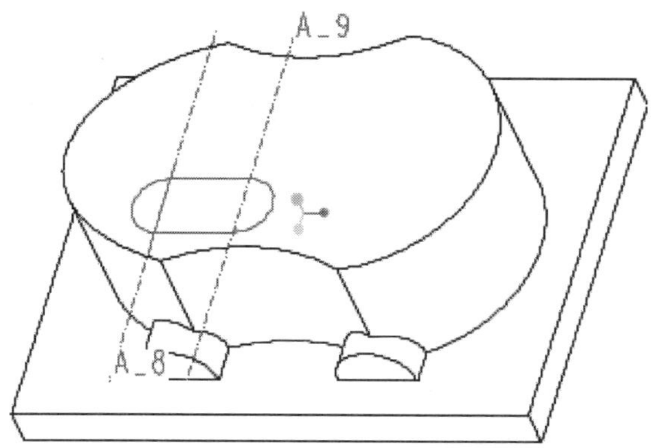

⑥ 스케치 작업 완료(✔)

4.3 밀어내기 실행

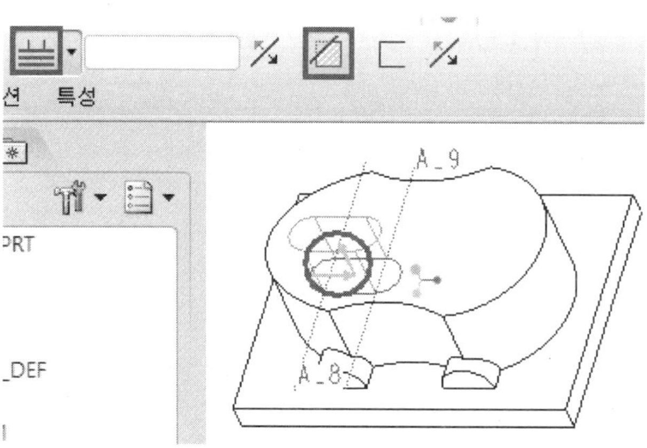

① 밀어내기( ) 피처 도구 아이콘 선택

② 'Ctrl + D'로 표준 방향으로 전환

③ 깊이 옵션 다음으로( ) 선택

④ 재료제거 도구( ) 선택

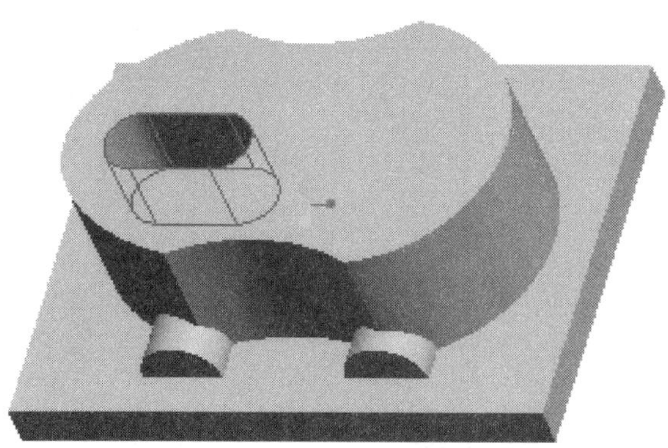

⑤ 피처 생성 완료( )

5. 구배(1) (100°) 피처 생성하기

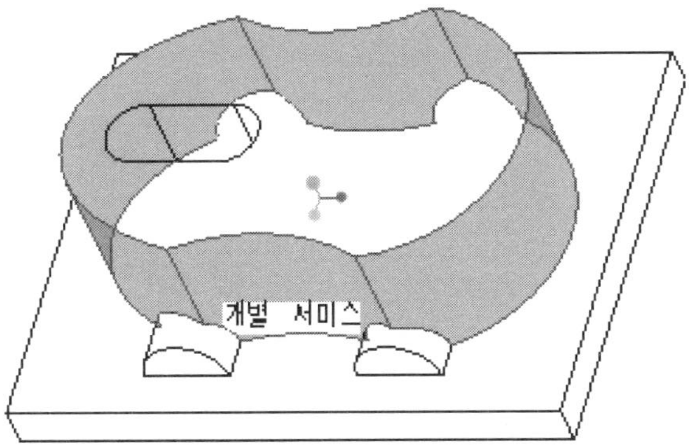

① 구배 도구 아이콘( ) 선택

② Ctrl 키 누른 채 측면 모두 선택

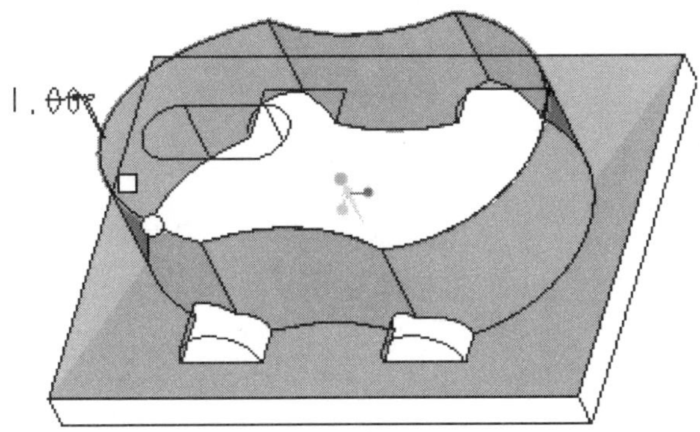

③ 마우스 우측 버튼 클릭

④ '구배 경첩' 선택

⑤ 직육면체의 윗면 선택

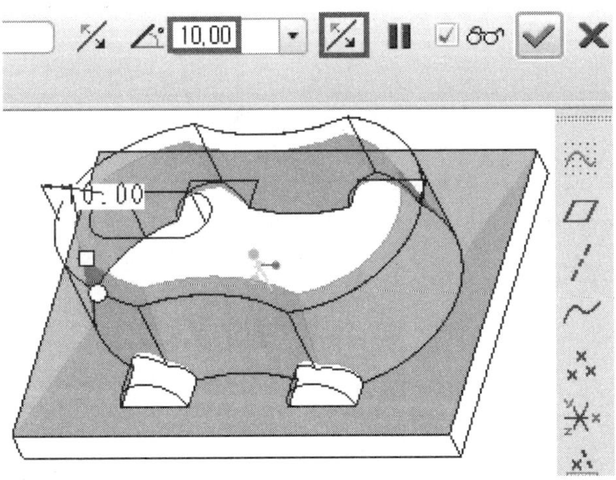

⑥ 구배 각도 '10' 으로 수정

⑦ 재료 추가/제거 방향 전환( ) 아이콘 클릭

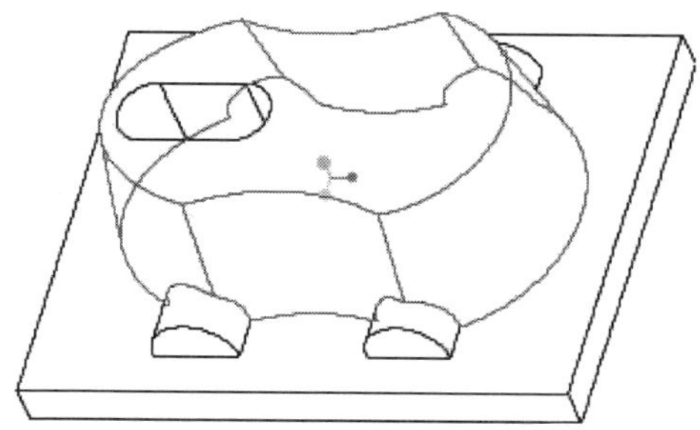

⑧ 피처생성 완료(✓)

6. 스윕(1) 컷 피처 생성하기

6.1 스윕 컷 실행

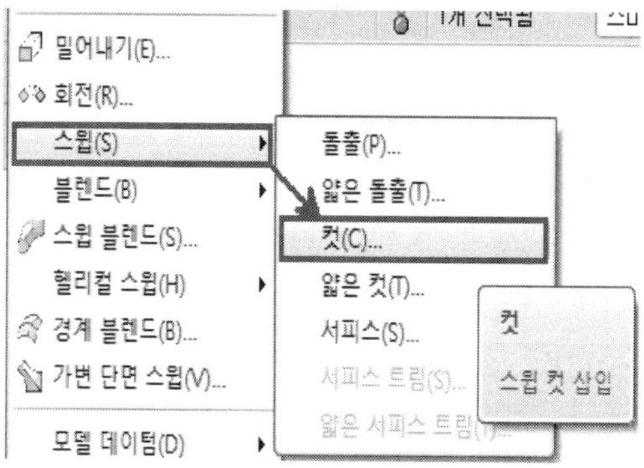

① 풀다운 메뉴의 '삽입' - '스윕' - '컷' 선택

6.2 스윕 궤적 정의

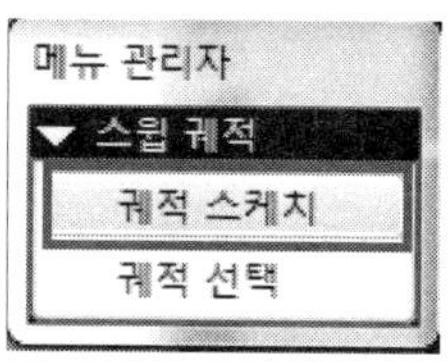

① 메뉴 관리자 '궤적 스케치' 선택

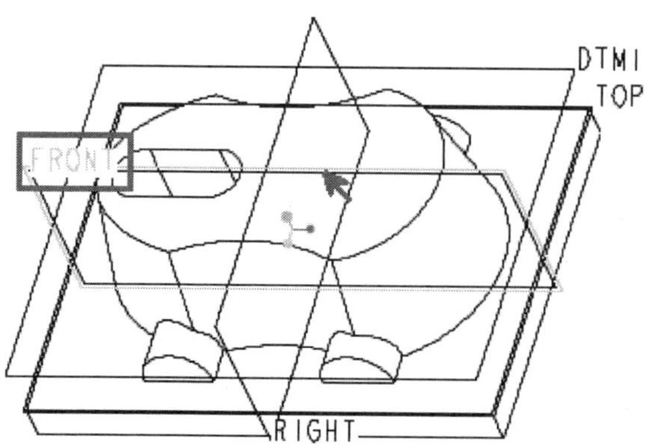

② 스케치 평면으로 'FRONT' 선택

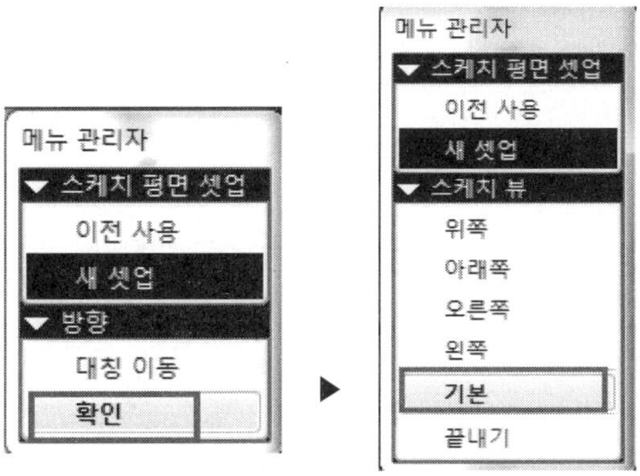

③ 방향 '확인', 스케치 뷰 '기본' 선택

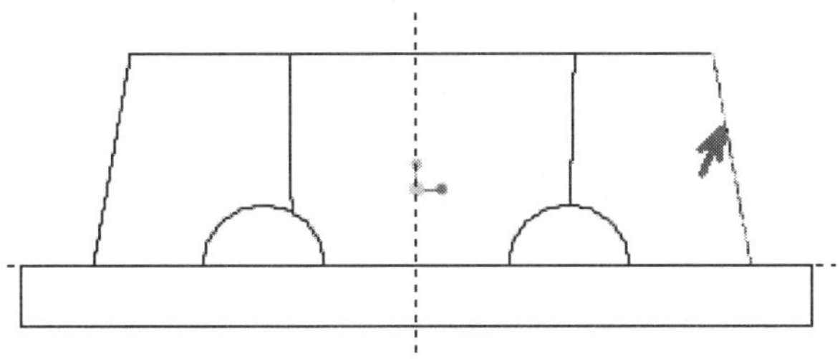

④ 마우스 우측 버튼 클릭

⑤ 팝업 메뉴 '참조' 선택

⑥ 화살표 표시 우측 모서리 선택

⑦ 참조 창 닫는다.

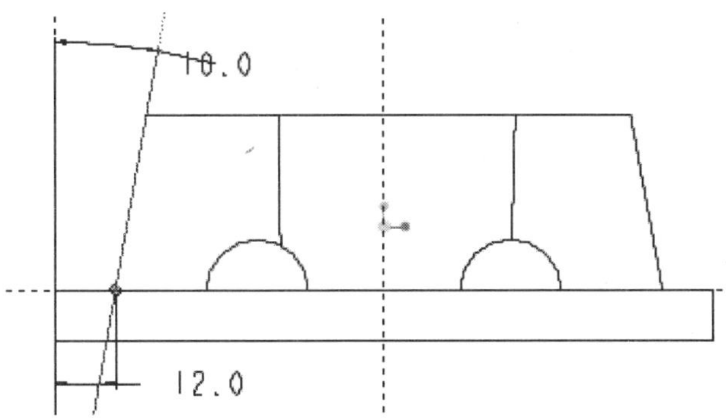

⑧ 좌측 모서리는 타원체의 표면으로 참조로 선택되지 않음

⑨ 따라서 점( )으로 위치를 잡아 그림과 같이 중심선 스케치

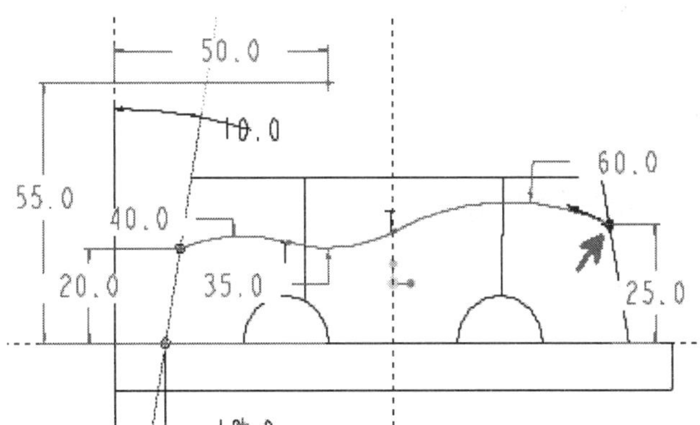

⑩ 도면 참고하여 그림과 같이 단면 스케치

⑪ 궤적 시작점 위치를 오른쪽 끝으로 이동

⑫ 치수 생성 및 수정

⑬ (궤적)스케치 완료( )

6.3 단면 스케치

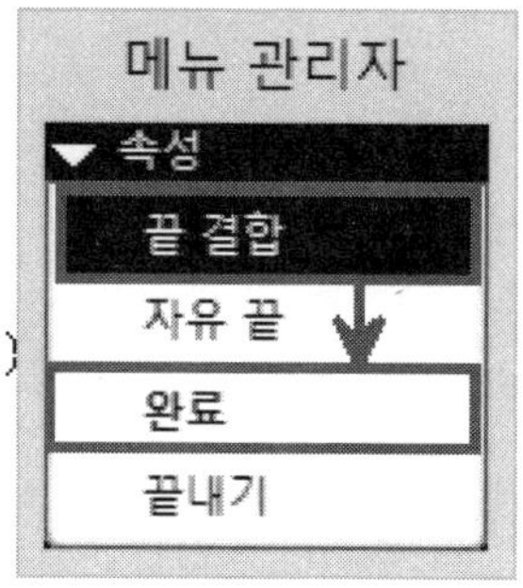

① 속성 '끝 결합' 선택하고 '완료'

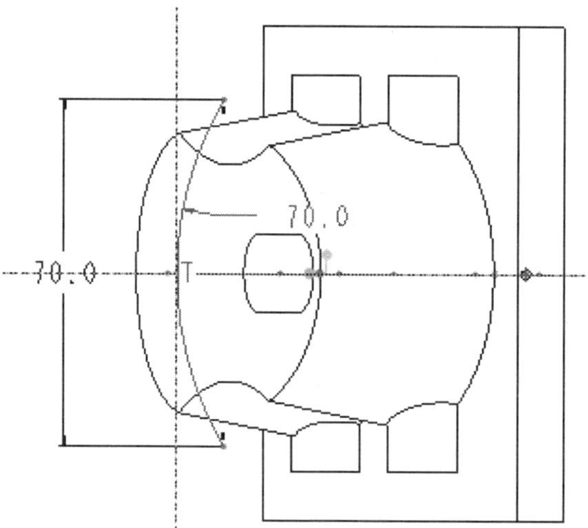

② 중심/끝( ) 도구 아이콘 선택

③ 그림과 같이 단면 스케치

④ 스케치 종료( )

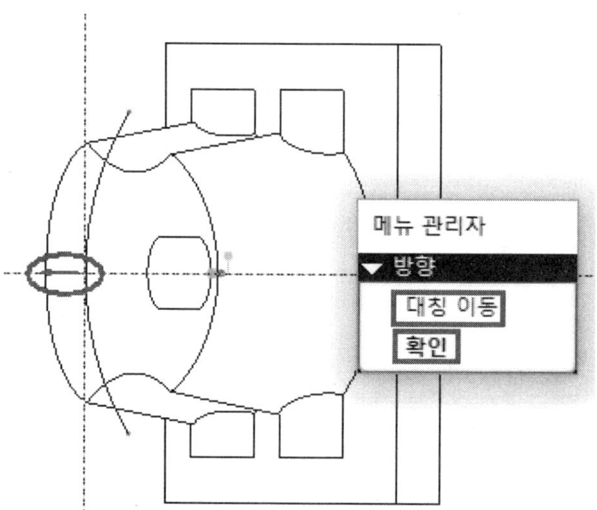

⑤ 메뉴 관리자 '대칭 이동' 선택(재료제거 방향)

⑥ '확인' 선택

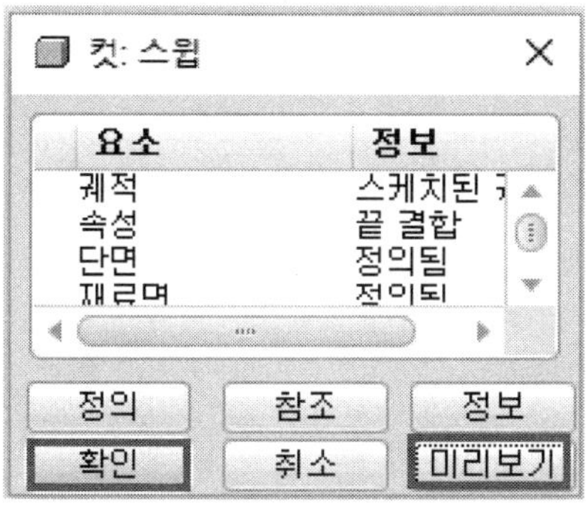

⑦ '미리보기' 를 클릭하여 컷 형상이 바르게 되었는지 확인하고 '확인' 클릭하여 피처 생성 완료

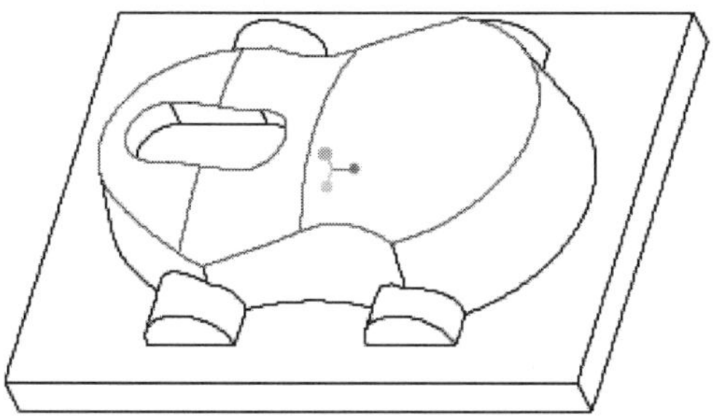

⑧ 스윕 컷 피처 완성

7. 오프셋(1) 피처 생성

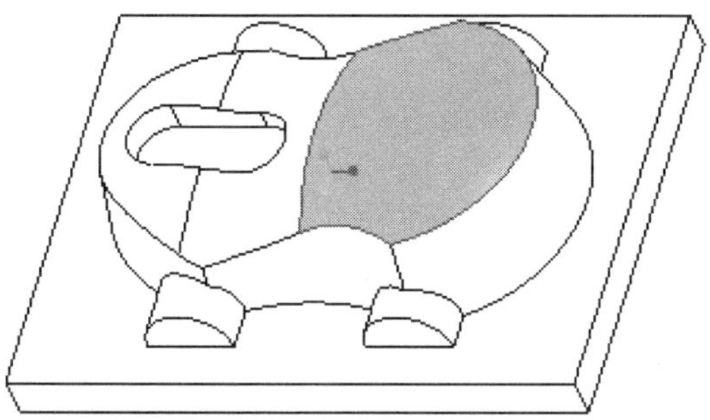

① 스윕 컷 피처의 오른쪽 서피스 선택

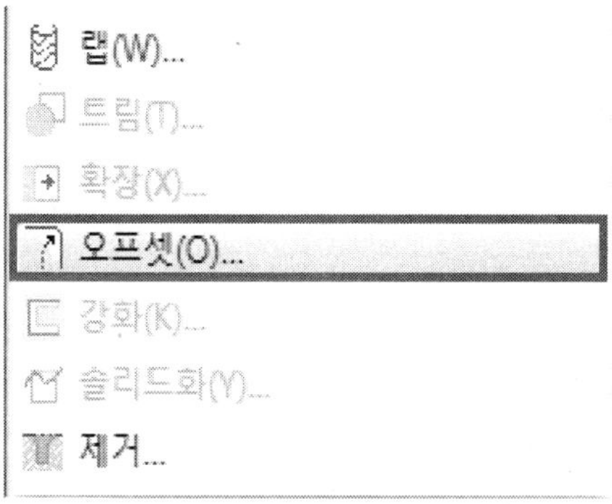

② 풀다운 메뉴 '편집' – '오프셋' 선택

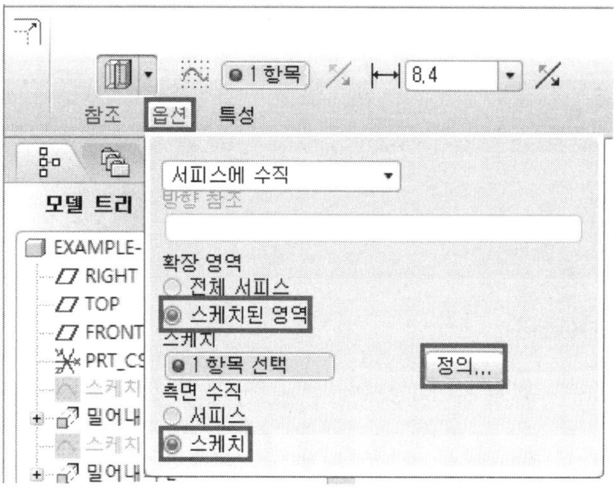

③ 오프셋 유형 확장 피처 () 선택

④ 확장된 영역 '스케치된 영역', 측면 수직 '스케치' 선택

⑤ 스케치 '정의' 클릭

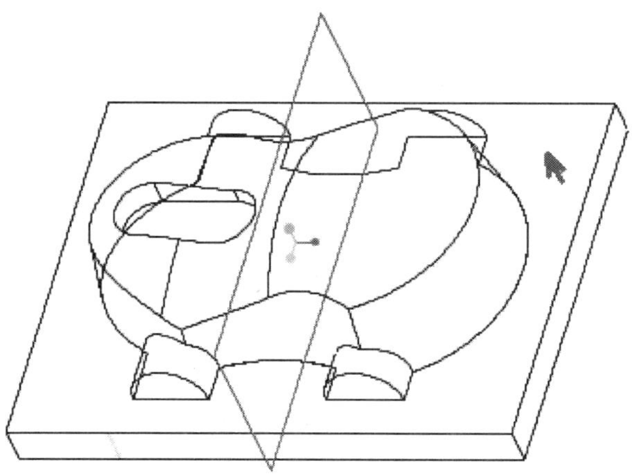

⑥ 스케치 평면으로 직육면체 윗면(TOP 평면) 선택

⑦ 스케치 창의 '스케치' 탭 클릭

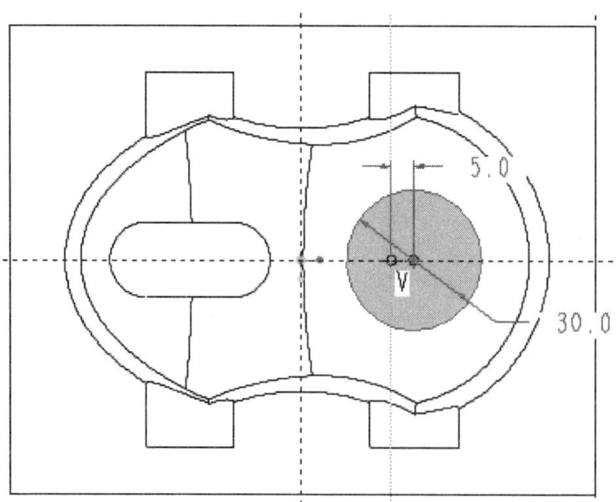

⑧ 반지름 35 호의 중심과 오프셋 거리 5인 위치에 원 스케치

⑨ 치수 '30' 수정

⑩ 스케치 종료(✔)

⑪ 오프셋 값 '3' 수정

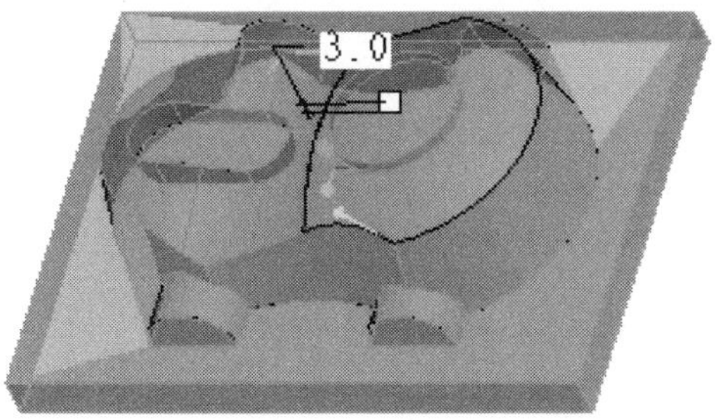

⑫ 피처 생성 완료(✔)

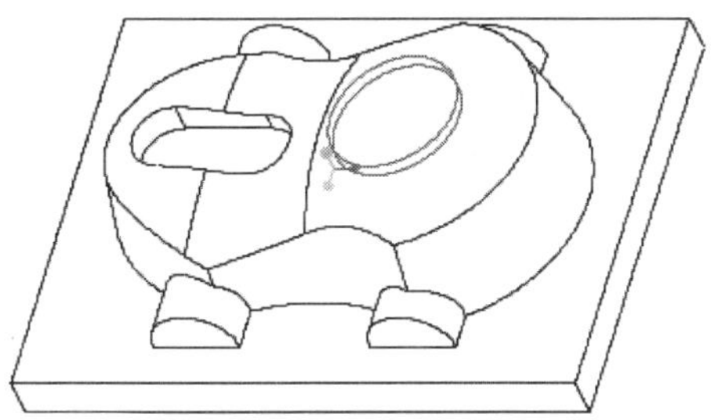

8. 구배(2) (105°) 피처 생성하기

① 구배 도구 아이콘( ) 선택

② Ctrl 키 누른 채 측면 선택

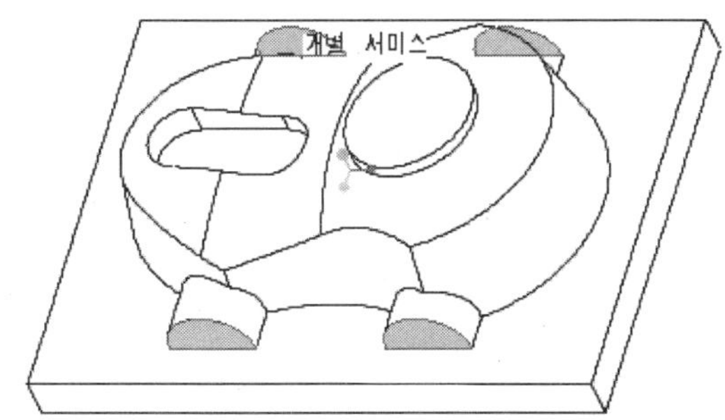

③ 마우스 우측 버튼 클릭

④ '구배 경첩' 선택

⑤ 직육면체의 윗면 선택

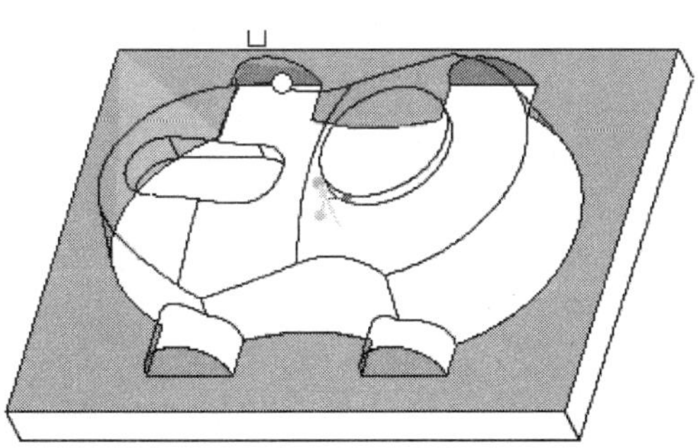

⑥ 구배 각도 '15' 수정

⑦ 재료 추가/제거 방향 전환 ( ) 아이콘 클릭

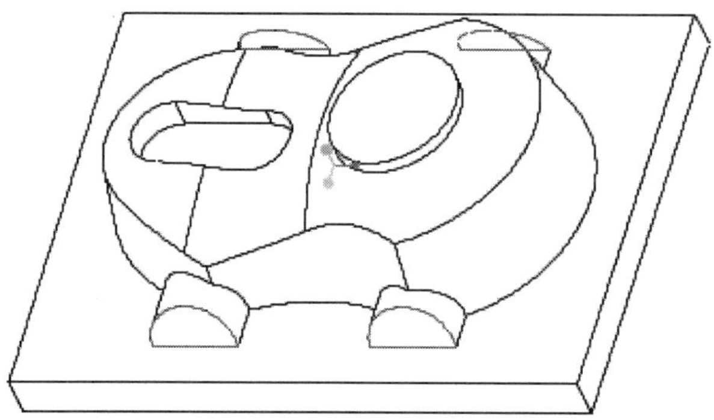

⑧ 피처생성 완료( )

9. 라운드 추가

9.1 라운드 R10 추가

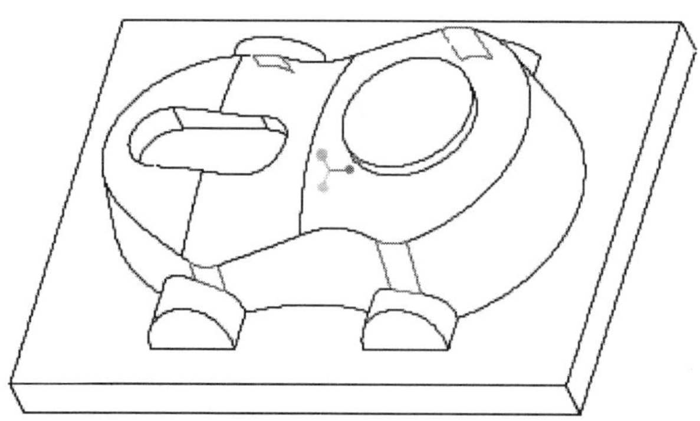

① 라운드( ) 도구 선택

② 대상 모서리를 Ctrl 키 누른 채 선택

③ 라운드 값 '10' 수정

④ 피처 생성 완료( )

9.2 라운드 R1 추가

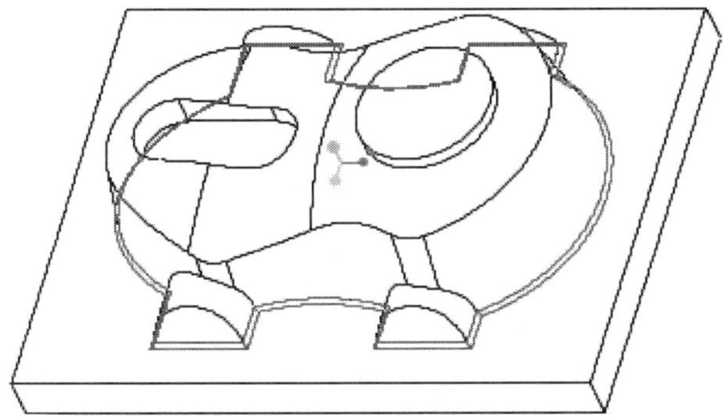

① 라운드( ) 도구 선택

② 대상 모서리를 Ctrl 키 누른 채 선택

③ 라운드 값 '1' 수정

④ 피처 생성 완료( )

9.3 지시 없는 모든 라운드 R2 추가

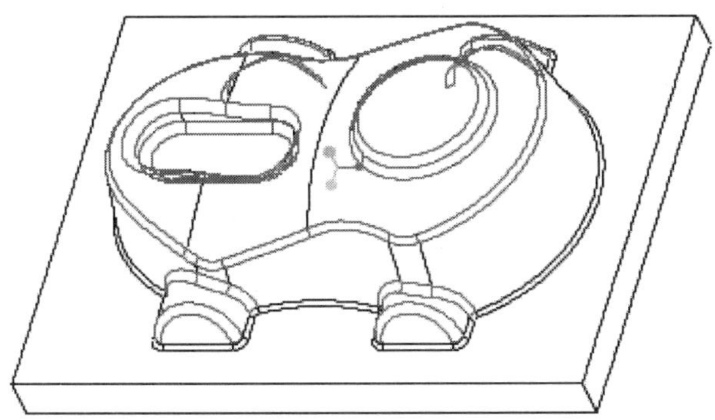

① 라운드( ) 도구 선택

② 대상 모서리를 Ctrl 키 누른 채 선택

③ 라운드 값 '2' 로 수정

④ 피처 생성 완료( )

10. 완성된 모델링 형상

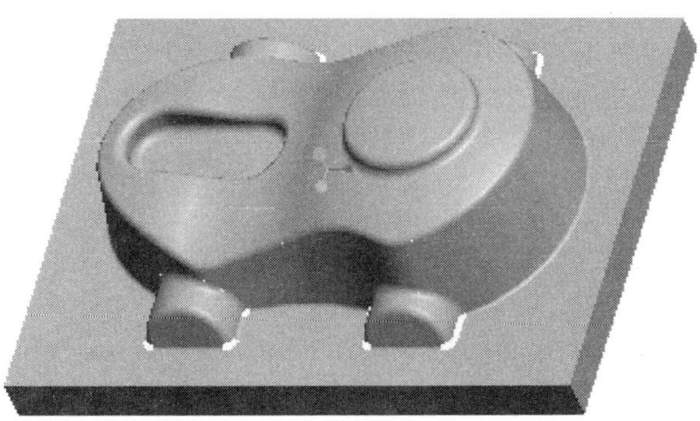

20. Example-20 도면 모델링

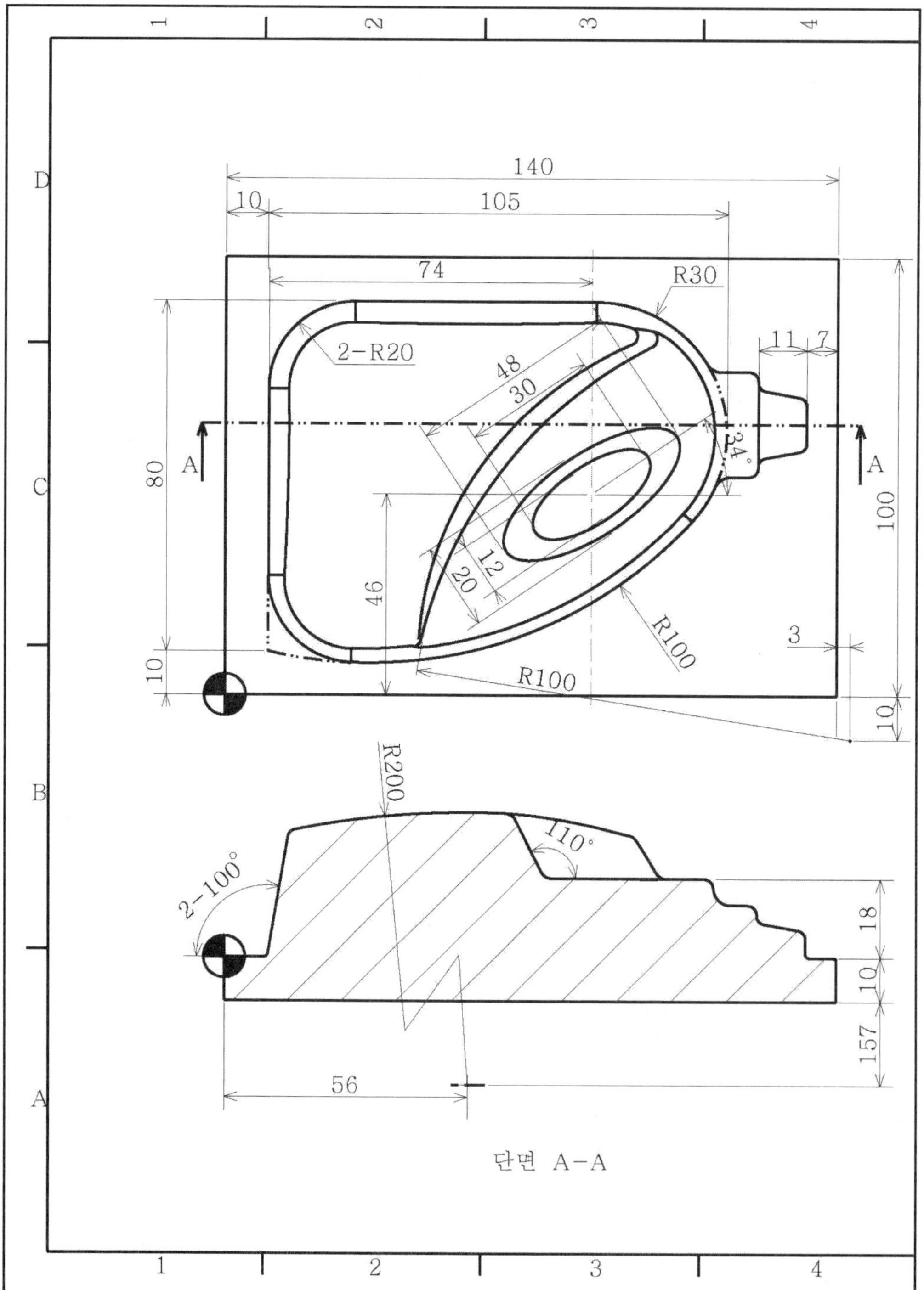

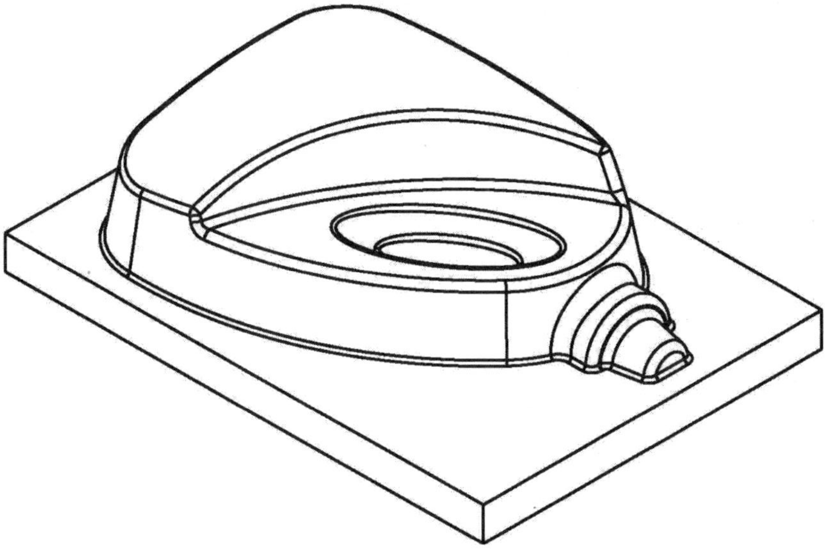

도시되고 지시없는 모든 모서리 R2

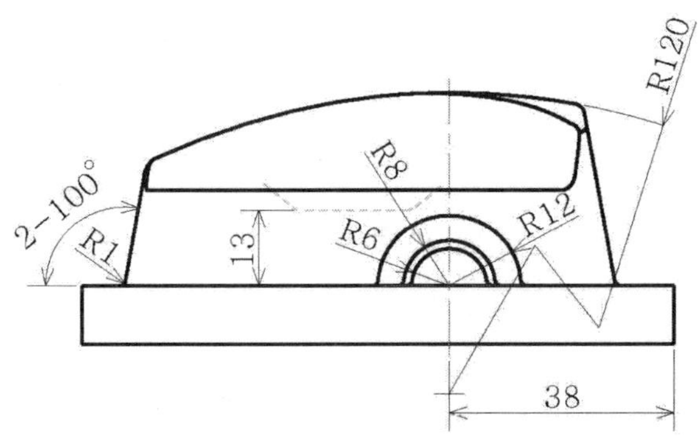

창 원 문 성 대 학 교			
소 속	기 계 과	작 업 자	예 규 현
투 상 법	3각법	축 척	1.000
날 짜	2016.1.20	파 일 명	Example-20

작업 순서

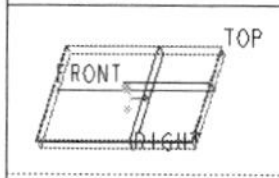	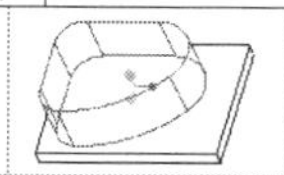	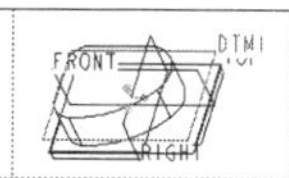	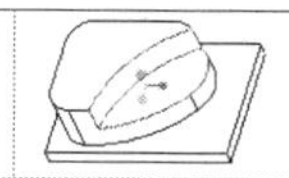	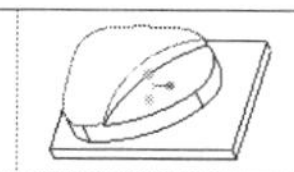	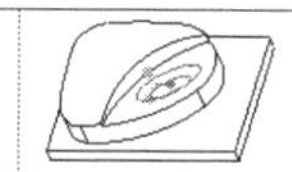	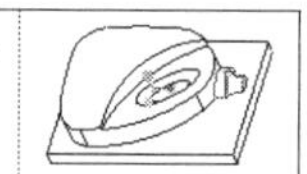
1.밀어내기1	2.밀어내기2	3.평면생성	4.밀어내기3	5.스윕 컷	6.블랜드 컷	7.회전(1)
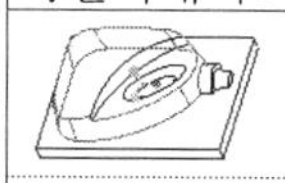	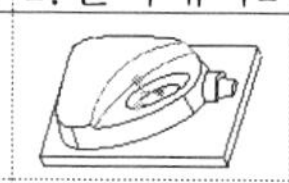		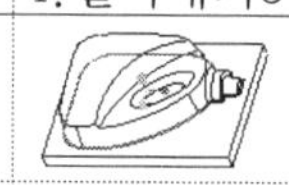	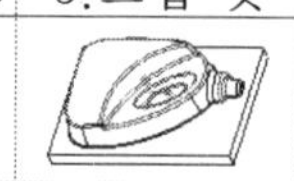		
8.구배1	9.구배2	10.라운드1	11.라운드2	12.라운드3		

1. 밀어내기(1) 피처 생성

1.1 파일 새로 만들기

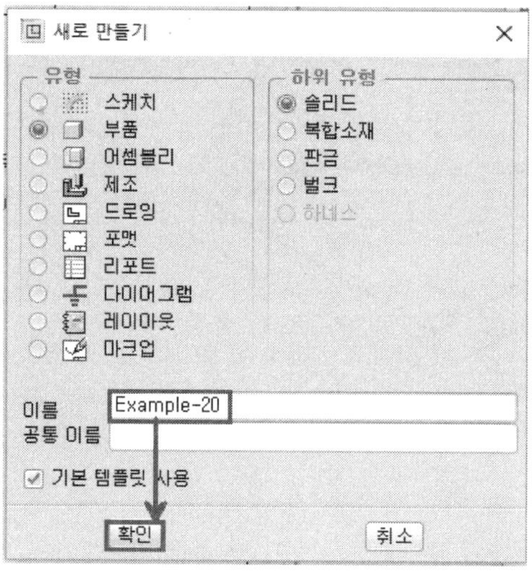

① 파일 새로 만들기 - 파일 이름 'Example-20' 입력

② 단위는 mmNs 단위계

1.2 스케치 단면 생성

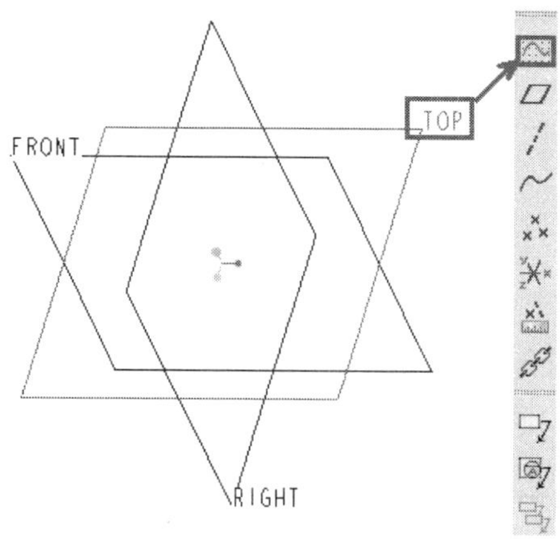

① 스케치 평면으로 'TOP' 데이텀 평면 선택

② 스케치( ) 도구 아이콘 선택

③ '스케치' 탭 클릭

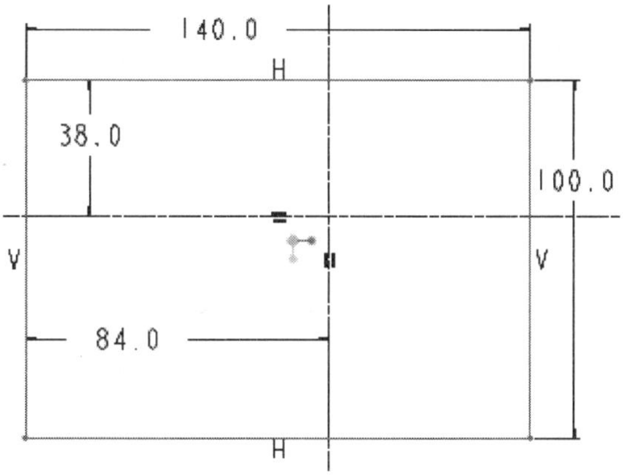

④ 직사각형(□) 생성 아이콘 선택

⑤ 가로 140, 세로 100인 직사각형 스케치

⑥ 스케치 완료(✔)

1.3 밀어내기 실행

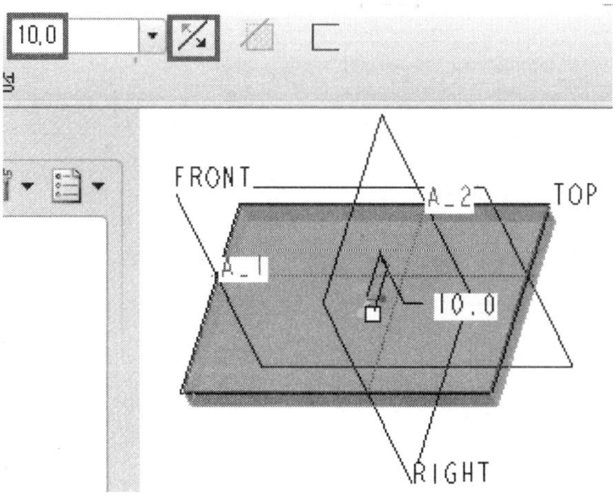

① 밀어내기( ) 도구 아이콘 클릭

② 'Ctrl + D'로 표준방향으로 전환

③ 깊이 값 '10'으로 수정

④ 깊이 방향 전환( ) 아이콘 클릭(아래 방향)

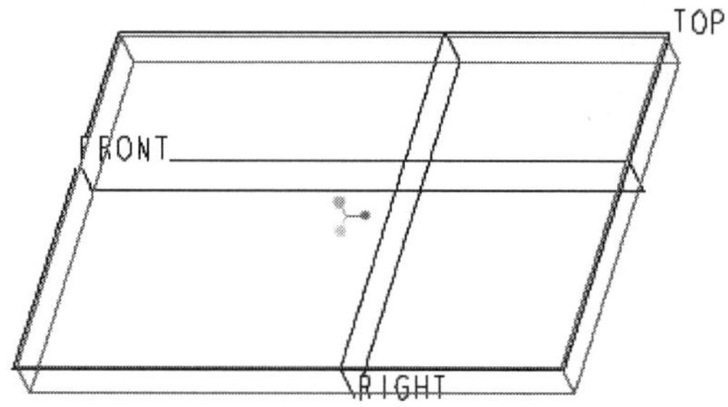

⑤ 피처 생성 완료( )

2. 밀어내기(2) 피처 생성

2.1 단면 스케치

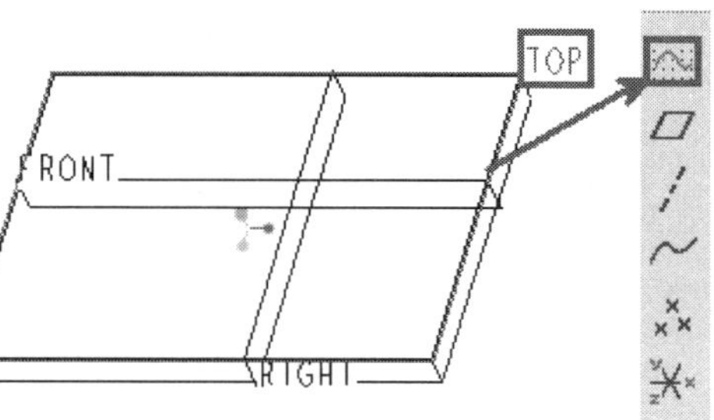

① 'TOP' 평면 선택

② 스케치( ) 도구 클릭

③ '스케치' 탭 클릭

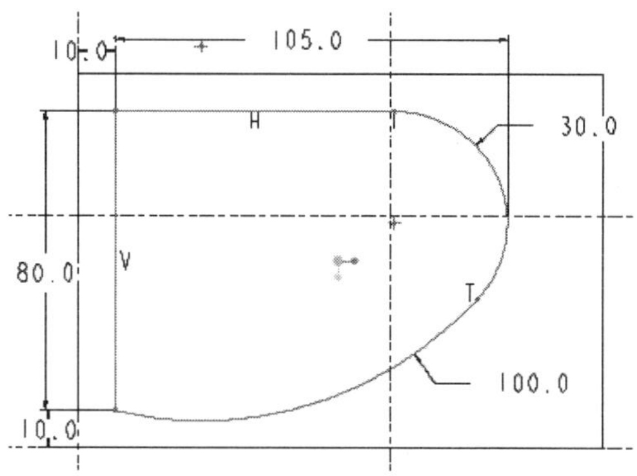

④ 도면을 참고하여 그림과 같이 단면 스케치

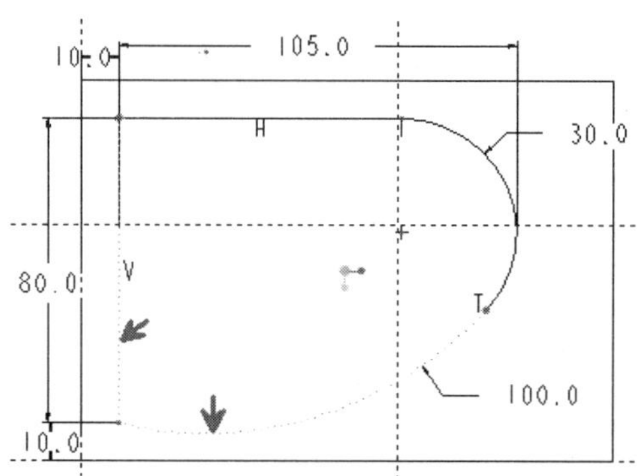

⑤ 화살표 표시의 두 개체를 구성 요소로 전환(모서리 선택 후 마우스우측 버튼 클릭하여 '구성' 선택)

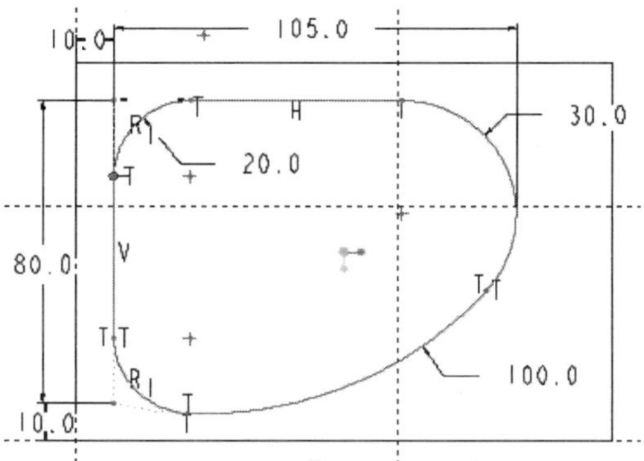

⑥ 구성 요소 위에 일치하는 선과 호를 다시 스케치 후 두 모서리를 필렛

⑦ 수평 모서리는 좌측 구성선 끝과 수평 구속

⑧ 필렛 치수 수정

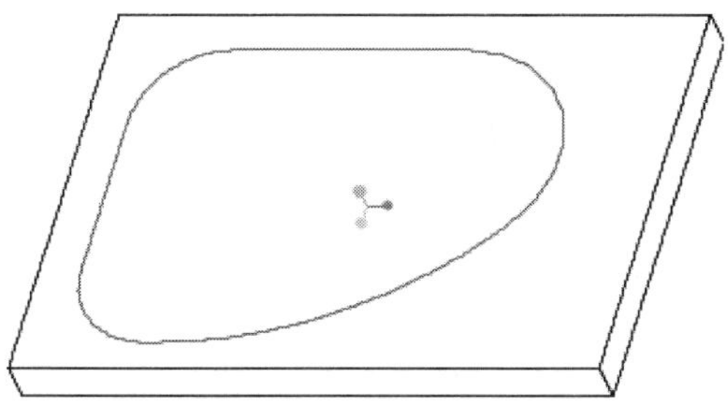

⑨ 스케치 작업 완료(✔)

2.2 밀어내기 실행

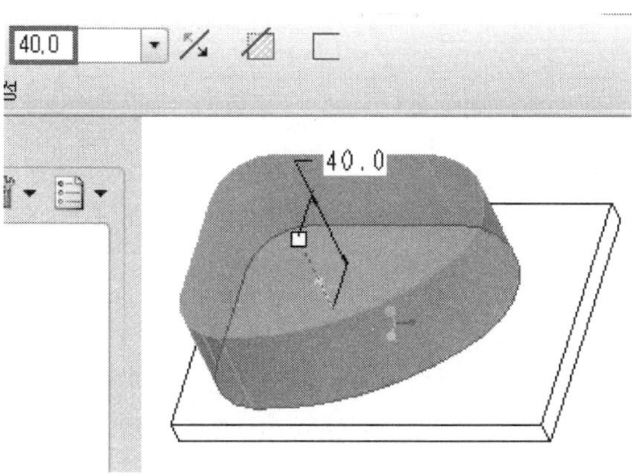

① 밀어내기( ) 피처 도구 아이콘 선택

② 'Ctrl + D'로 표준방향으로 전환

③ 깊이 값 '40' 수정

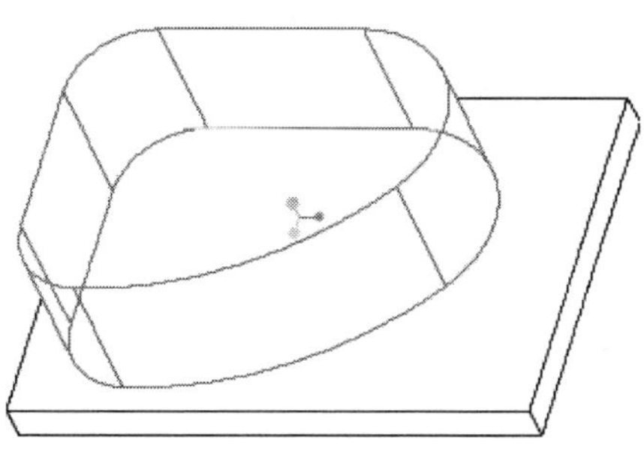

④ 피처 생성 완료(✔)

3. 밀어내기(3) 피처 생성

3.1 데이텀 평면 생성

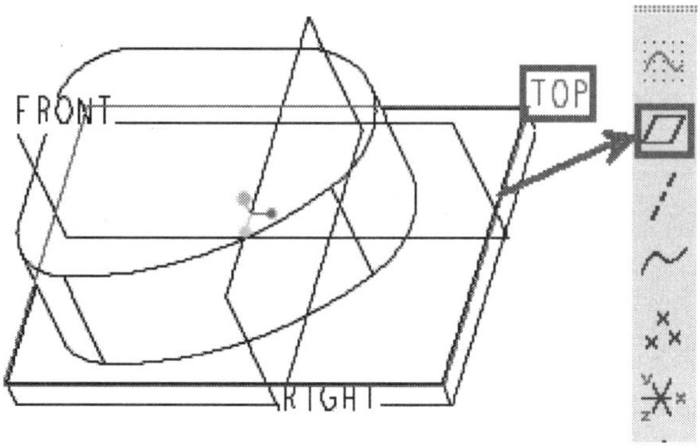

① 직육면체 윗면에서 오프셋 거리 18 위치에 스케체 평면 생성을 위해

② 'TOP' 평면 선택 후 데이텀 평면 도구( ) 아이콘 선택

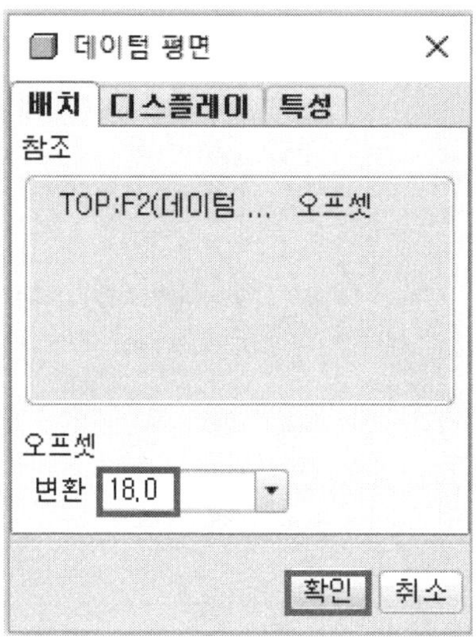

③ 오프셋 값 '18' 수정 후 '확인' 클릭

④ 'DTM1' 평면 생성

3.2 단면 스케치

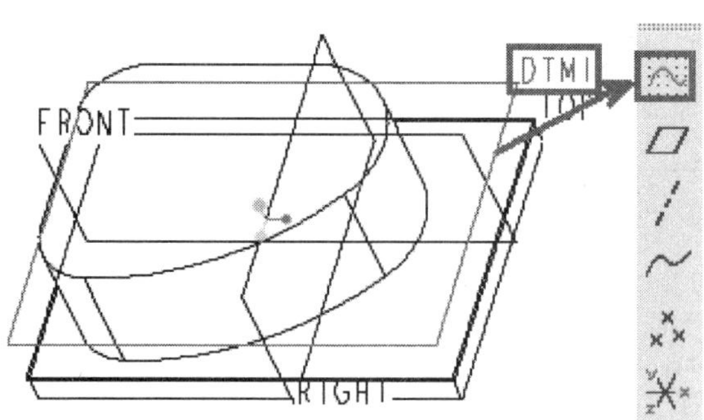

① 스케치 평면으로 'DTM1' 평면 선택

② 스케치( ) 도구 선택

③ ‘스케치’ 탭 클릭

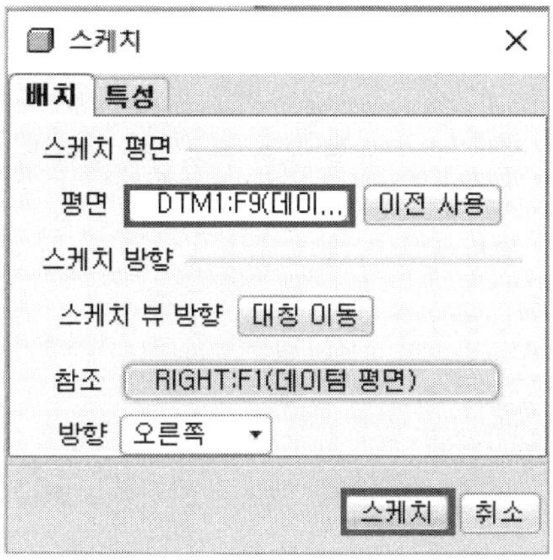

④ 마우스 우측 버튼 클릭 ‘참조’ 선택

⑤ 두 개의 호 선택하여 참조 추가 후 참조 창 닫는다.

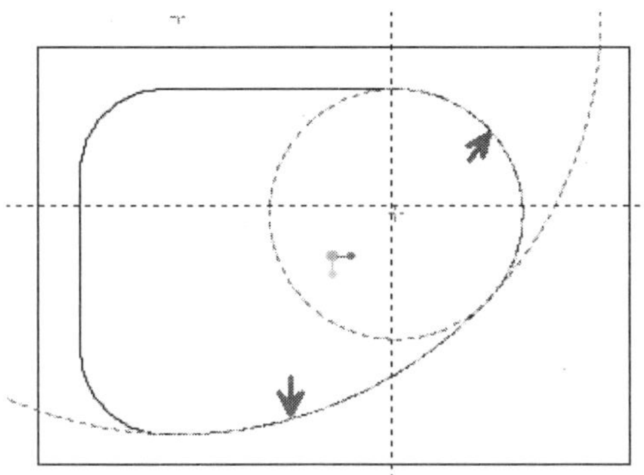

⑥ 도면 참고하여 rmla과 같이 반지름 100인 호 스케치

⑦ 치수 생성/수정

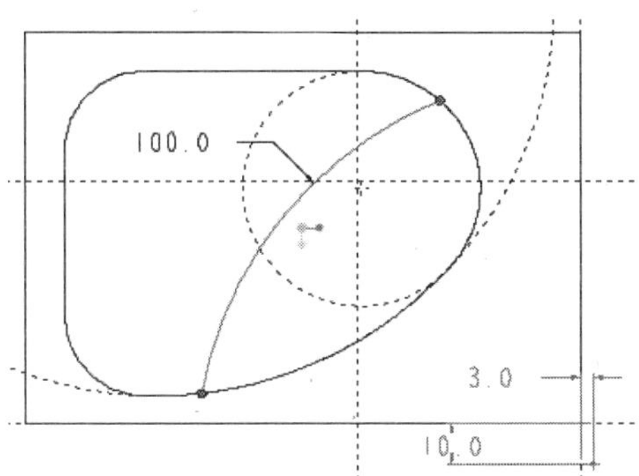

⑧ 스케치 작업 완료(✔)

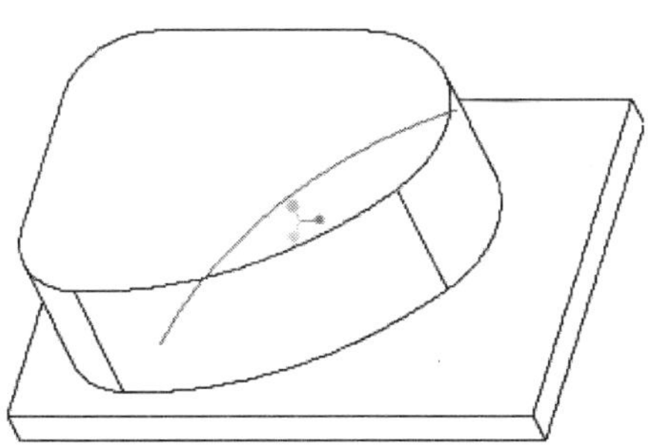

3.3 밀어내기 실행

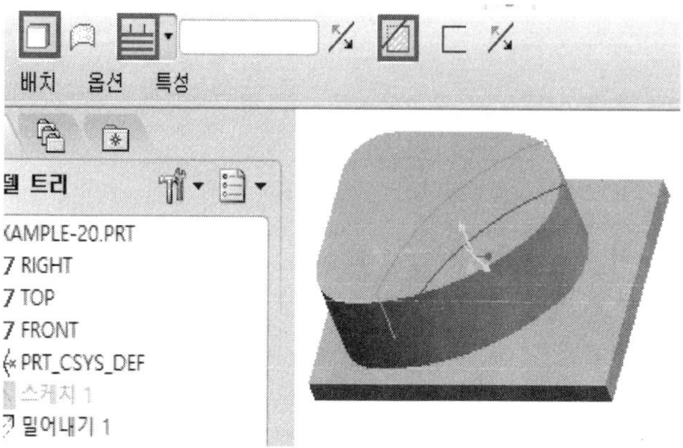

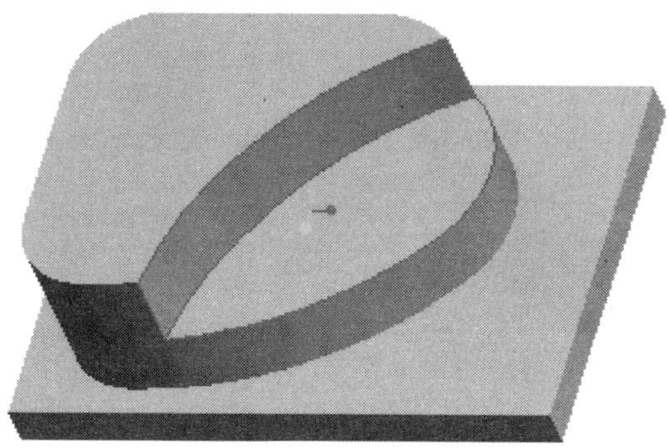

① 밀어내기( ) 피처 도구 아이콘 선택

② 'Ctrl + D'로 표준방향으로 전환

③ 솔리드로 밀어내기 선택

④ 깊이 옵션 다음으로( ) 선택

⑤ 재료제거 도구( ) 아이콘 선택

⑥ 피처 생성 완료( )

4. 스윕(1) 컷 피처 생성하기

4.1 스윕 컷 실행

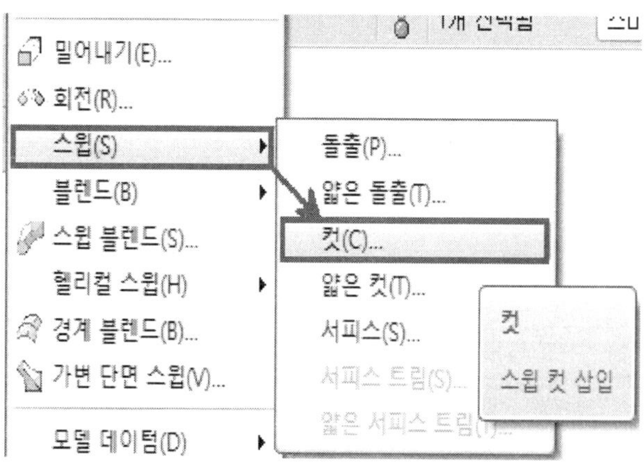

① 풀다운 메뉴의 '삽입' - '스윕' - '컷' 선택

4.2 스윕 궤적 정의

① 메뉴 관리자 '궤적 스케치' 선택

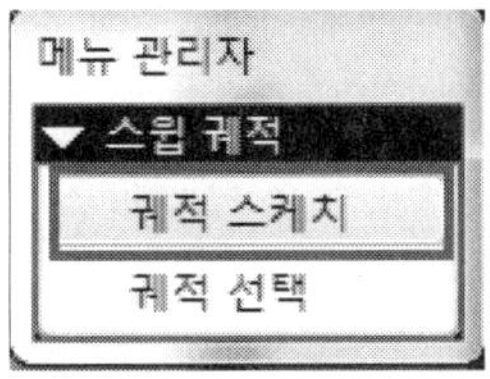

② 스케치 평면으로 'FRONT' 선택

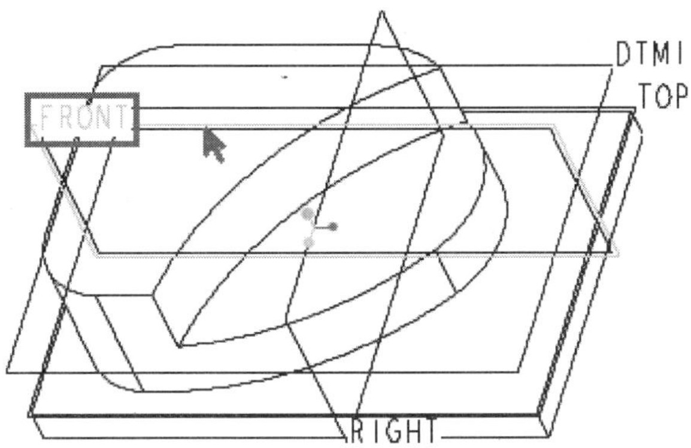

③ 방향 '확인', 스케치 뷰 '기본' 선택

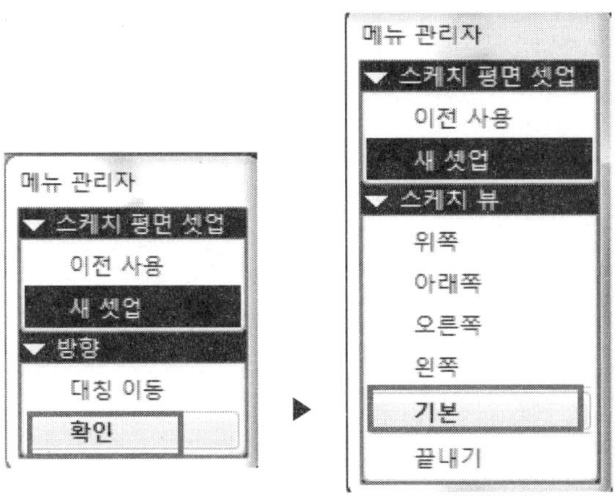

④ 마우스 우측 버튼 클릭

⑤ 팝업 메뉴 '참조' 선택

⑥ 화살표 표시 양측 모서리 선택

⑦ 참조 창 닫는다.

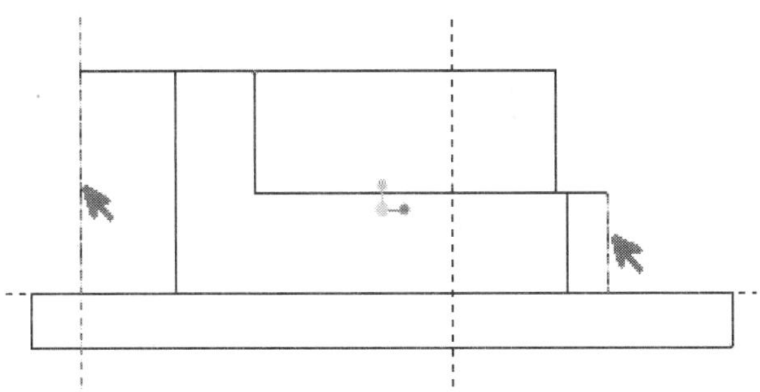

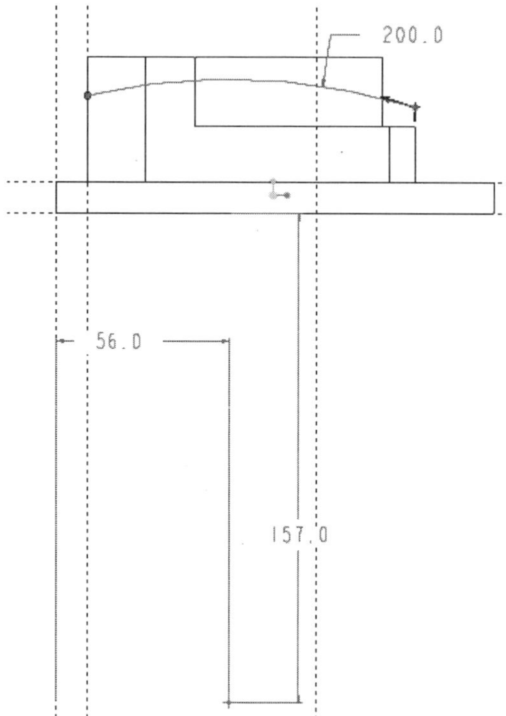

⑧ 도면 참고하여 그림과 같이 단면 스케치

⑨ 치수 생성 및 수정

⑩ (궤적)스케치 완료(✔)

4.3 단면 스케치

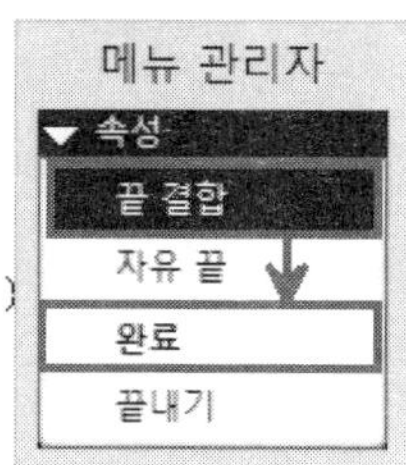

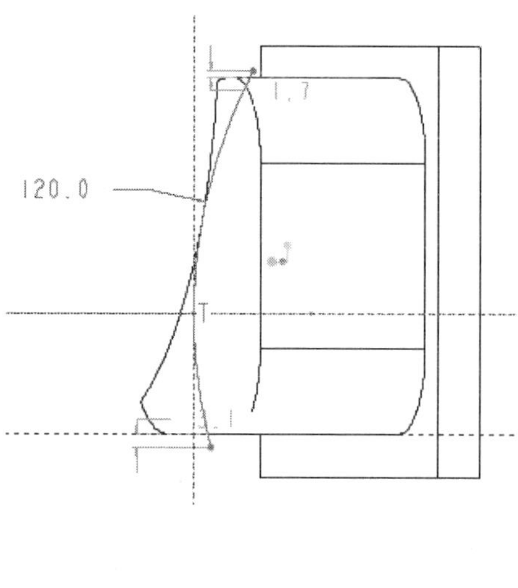

① 속성 '끝 결합' 선택하고 '완료'

② 중심/끝( ) 도구 아이콘 선택

③ 그림과 같이 단면 스케치

④ 스케치 종료(✔)

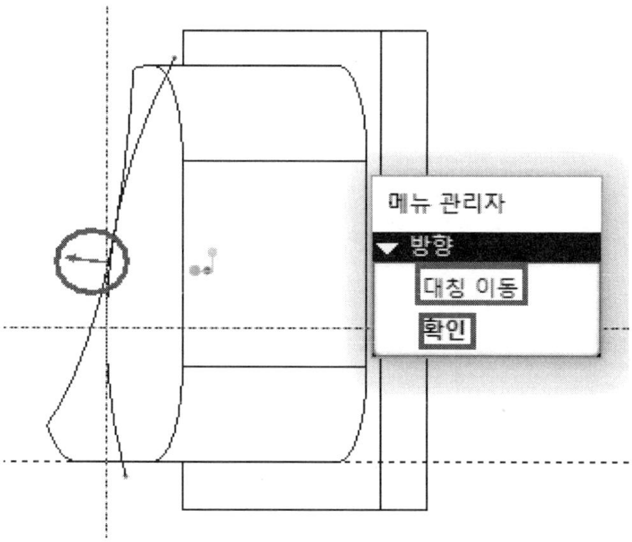

⑤ 메뉴 관리자 '대칭 이동' 선택(재료제거 방향)

⑥ '확인' 선택

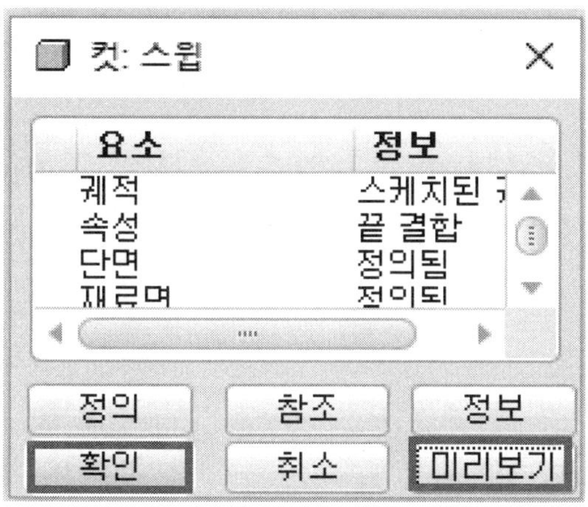

⑦ '미리보기'를 클릭하여 컷 형상이 바르게 되었는지 확인하고 '확인' 클릭하여 피처 생성 완료

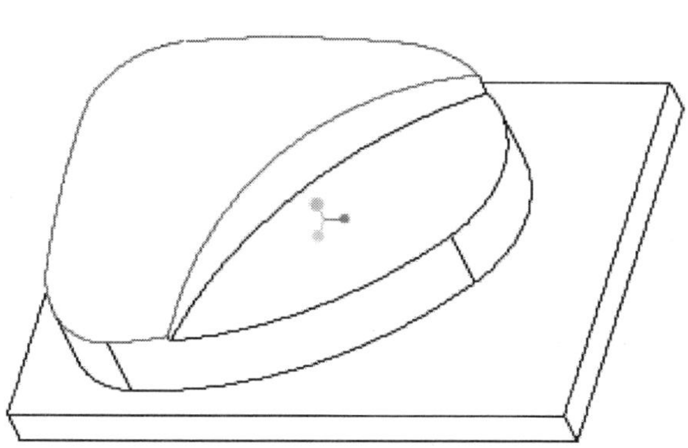

⑧ 스윕 컷 피처 완성

5. 블랜드 컷 피처 생성

5.1 블랜드 피처 시작

① 풀다운 메뉴 '삽입' - '블랜드' - '컷' 선택

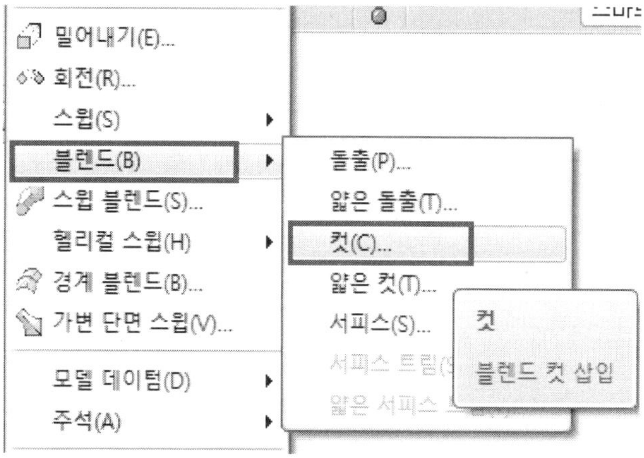

② 메뉴 관리자 기본 값 그대로 '완료' 클릭

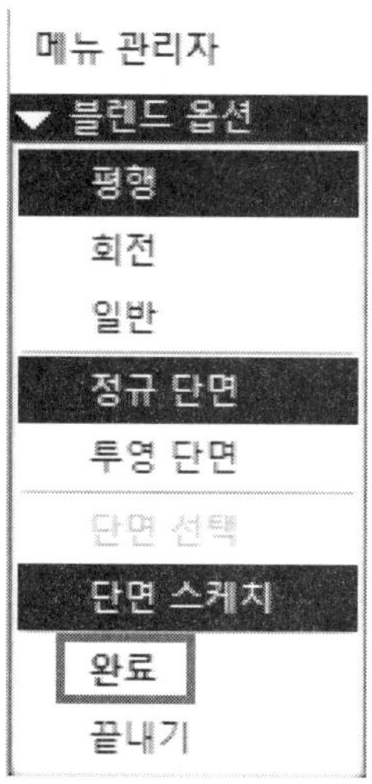

③ 속성 '직선' 선택 상태에서 '완료' 클릭

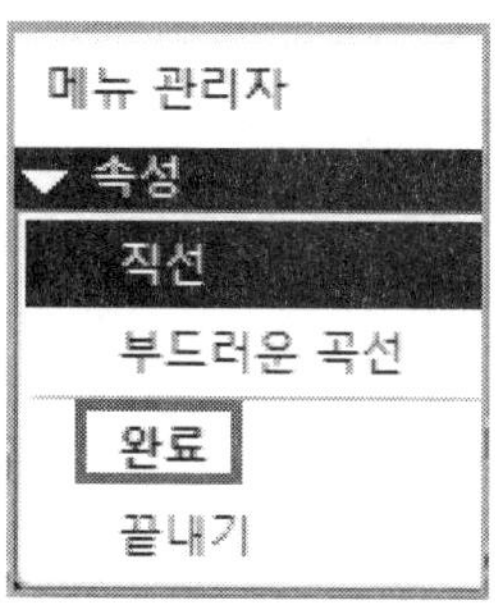

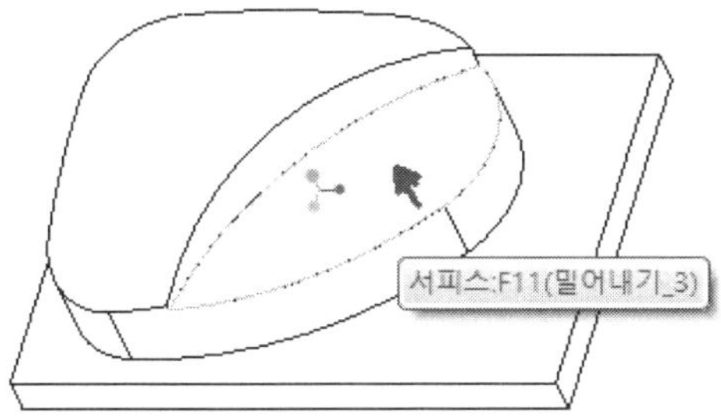

④ 스케치 평면으로 우측의 화살표 지시면 선택

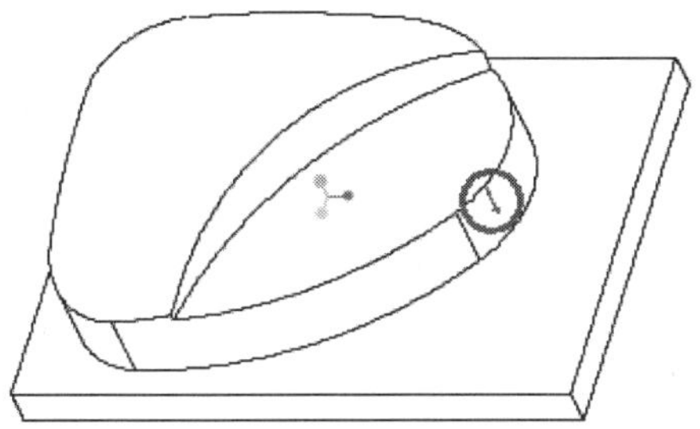

⑤ 블랜드 피처 생성방향 화살표 표시된다

⑥ 아래쪽 방향 확인

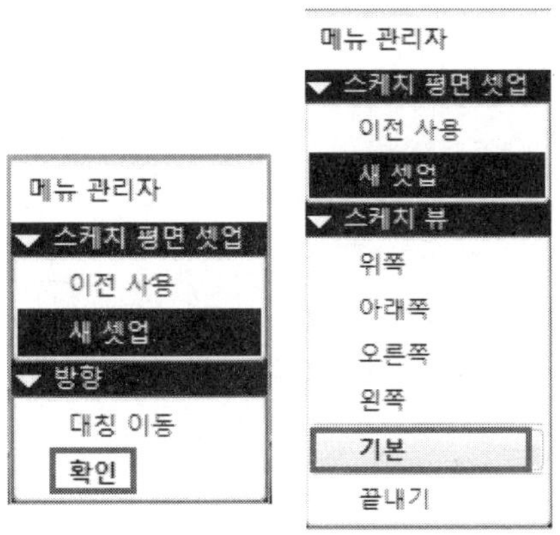

⑦ 메뉴 관리자의 방향 '확인' 클릭

⑧ 스케치 뷰 '기본' 선택

5.2 단면 정의

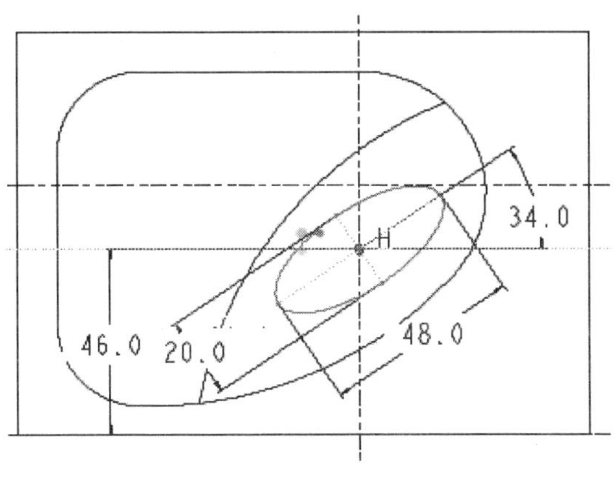

① 중심과 축 타원 도구() 아이콘 선택

② 도면 참고하여 그림과 같이 타원 단면 스케치

③ 마우스 우측 버튼 클릭, '단면 전환' 선택

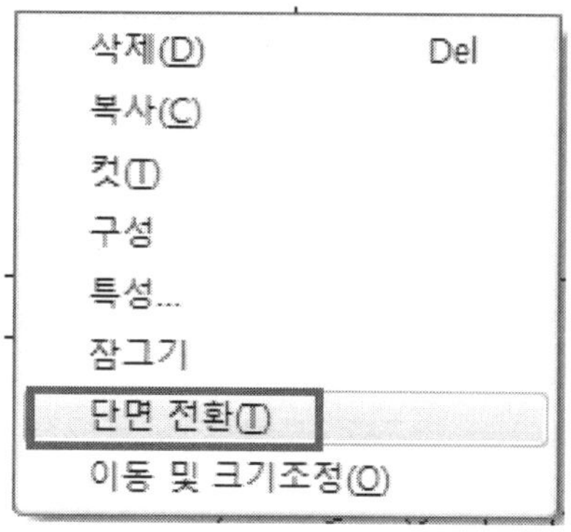

④ 앞에서와 같은 방법으로 그림과 같이 타원 단면(장축 30, 단축 12) 스케치

⑤ 스케치 완료(✔)

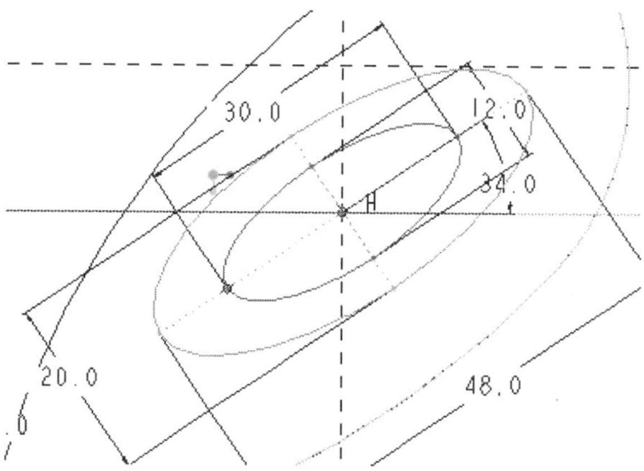

⑥ 메뉴 관리자 방향 '확인' (제거될 재료면 방향, 타원 안쪽)

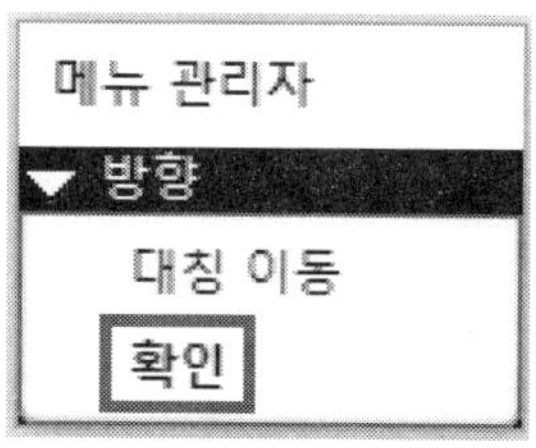

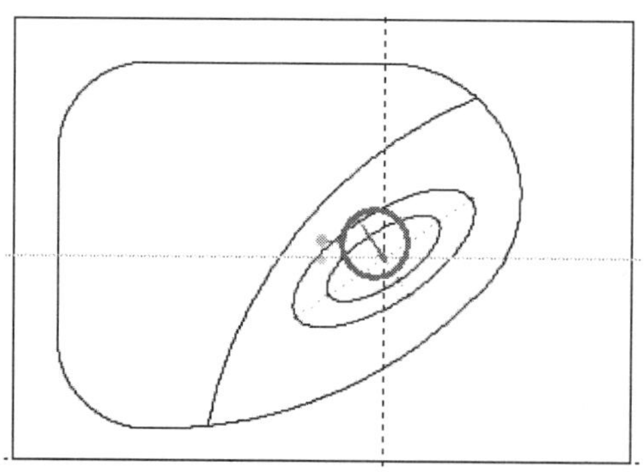

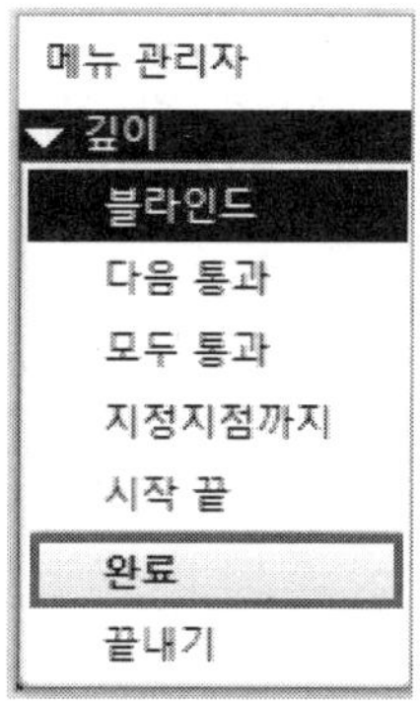

⑦ 메뉴 관리자 '블라인드' - '완료' 클릭

⑧ 단면2의 깊이 값 '5' 입력 후 완료

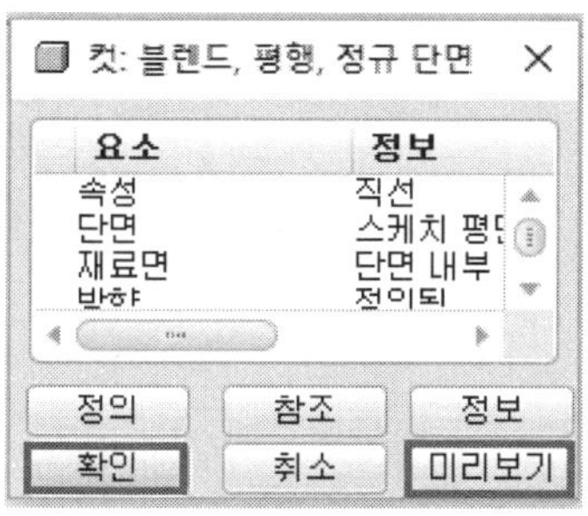

⑨ 미리보기로 피처 형상 확인 후 '확인' 클릭

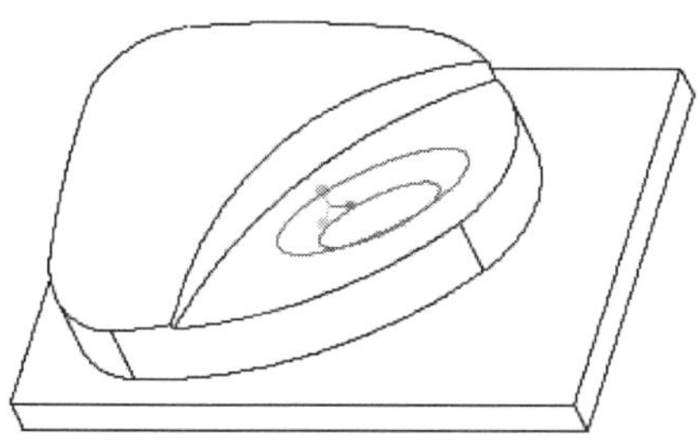

⑩ 블랜드 컷 피처 생성 완료

6. 회전(1) 피처 생성

6.1 단면 스케치

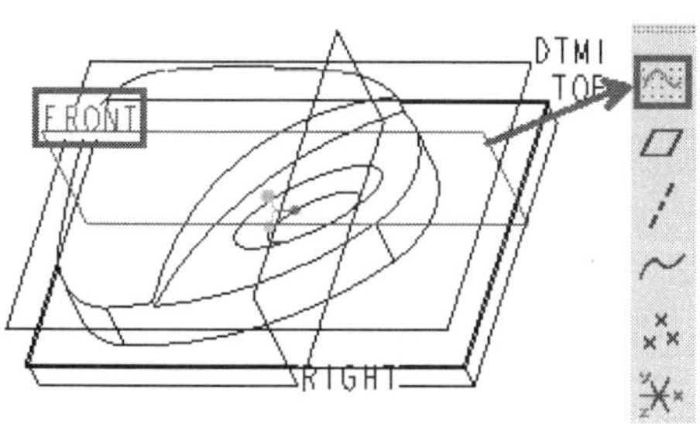

① 스케치 평면으로 'FRONT' 평면 선택

② 스케치( ) 도구 선택

③ '스케치' 탭 클릭

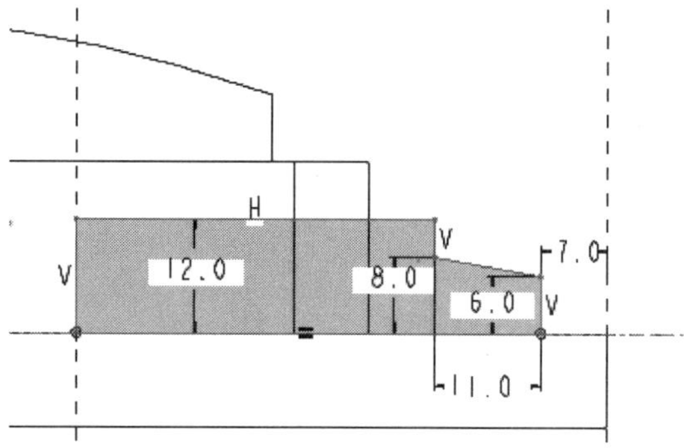

④ 형상중심선( ) 아이콘 선택, 수평 중심선(회전축) 스케치

⑤ 도면 참고하여 그림과 같이 단면(닫힌) 스케치

⑥ 치수 생성/수정

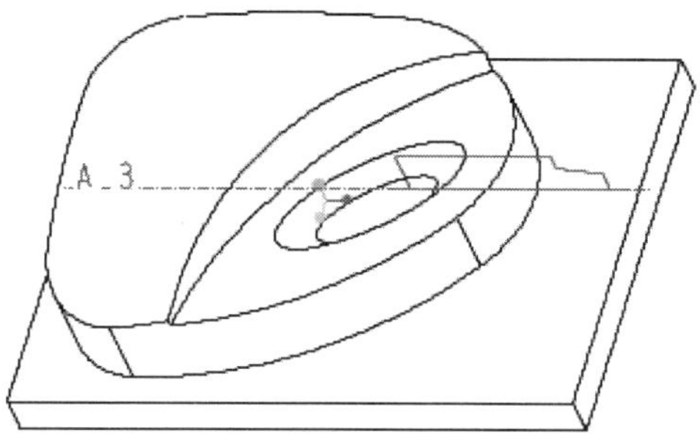

⑦ 스케치 작업 완료( )

6.2 회전 실행

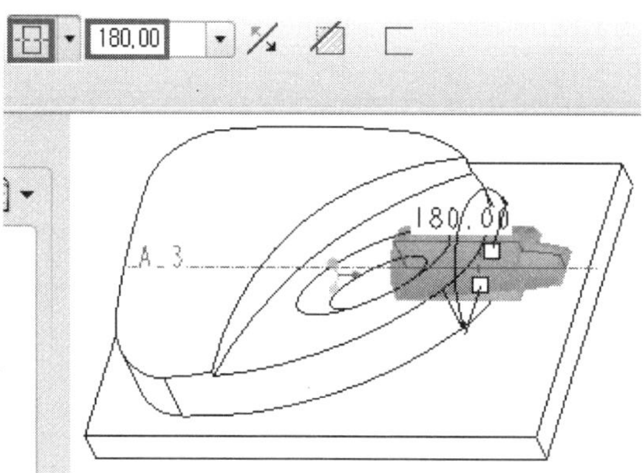

① 회전( )피처 생성 도구 아이콘 선택

② 표준방향(Ctrl + D)으로 전환

③ 깊이 옵션 대칭( ) 선택

④ 회전각도 '180' 수정

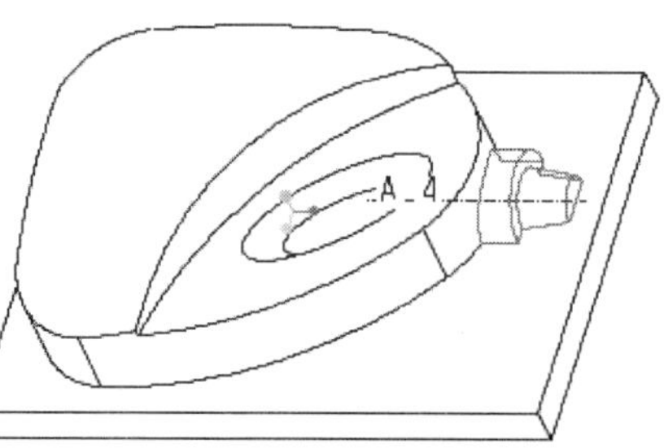

⑤ 피처 생성 완료( )

7. 구배(1) (100°) 피처 생성하기

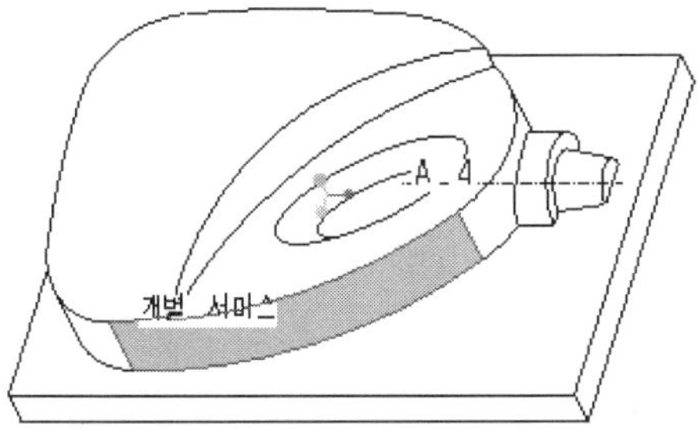

① 구배 도구 아이콘( ) 선택

② 앞쪽 측면 선택

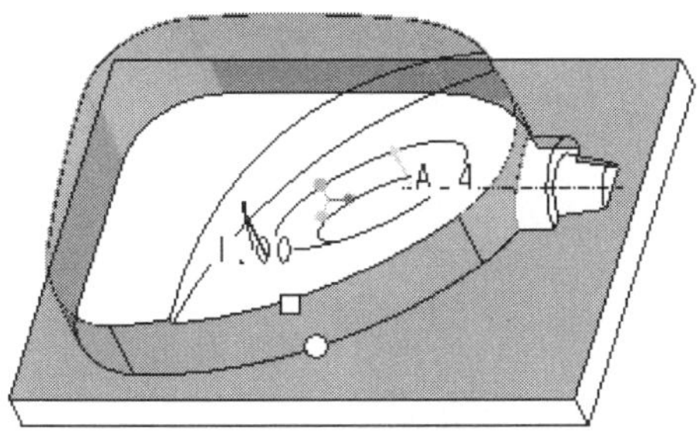

③ 마우스 우측 버튼 클릭

④ '구배 경첩' 선택

⑤ 직육면체의 윗면 선택

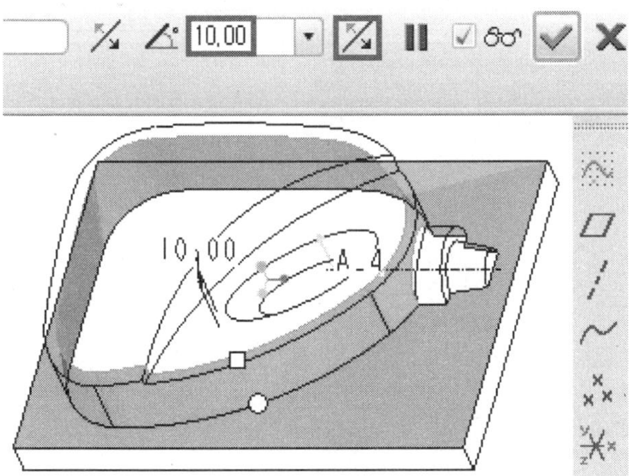

⑥ 구배 각도 '10' 으로 수정

⑦ 재료 추가/제거 방향 전환 ( ) 아이콘 클릭

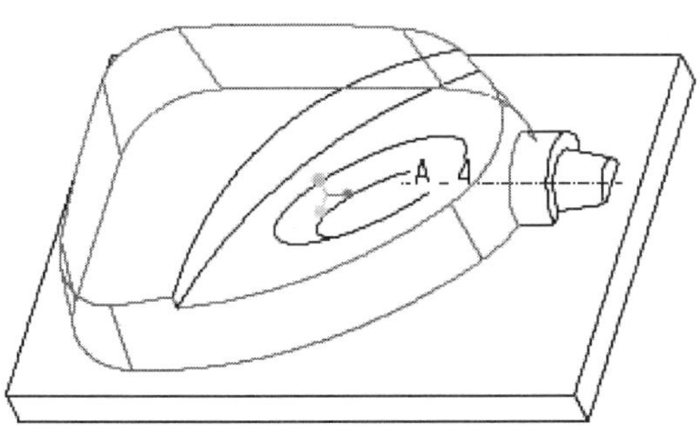

⑧ 피처생성 완료( )

8. 구배(2) (110°) 피처 생성하기

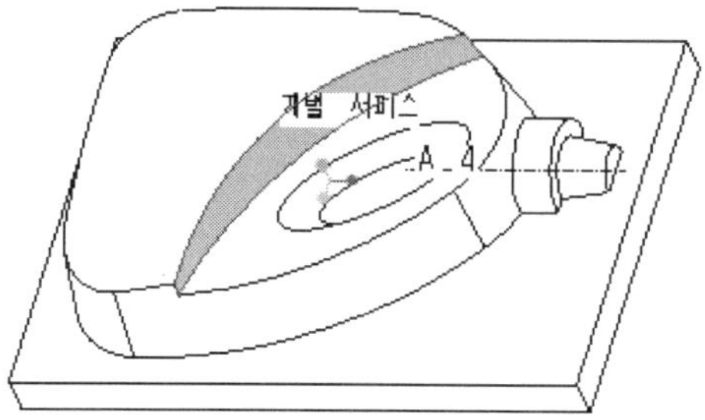

① 구배 도구 아이콘( ) 선택

② 앞쪽 측면 선택

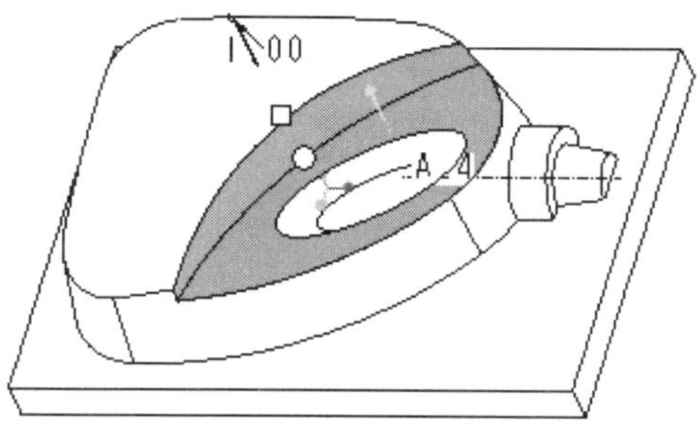

③ 마우스 우측 버튼 클릭

④ '구배 경첩' 선택

⑤ 블랜드 피처 윗면 선택

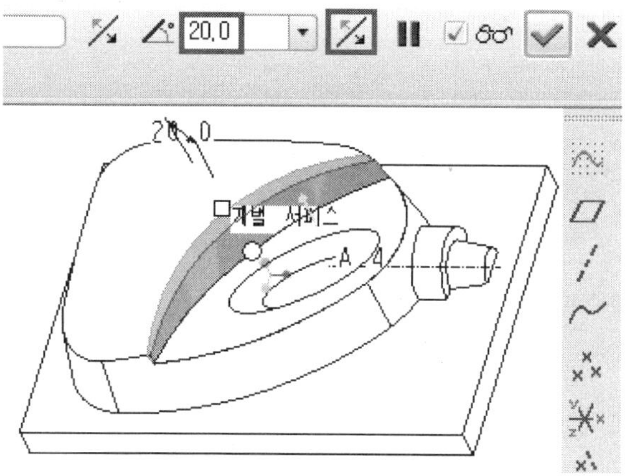

⑥ 구배 각도 '20' 으로 수정

⑦ 재료 추가/제거 방향 전환 ( ) 아이콘 클릭

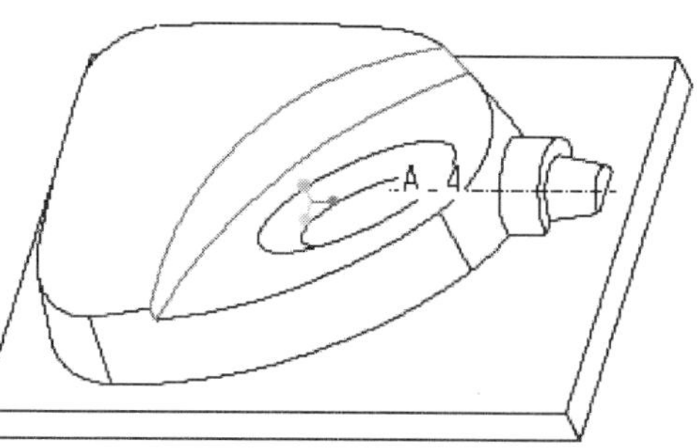

⑧ 피처생성 완료( )

9. 라운드 추가

9.1 라운드 R4 추가

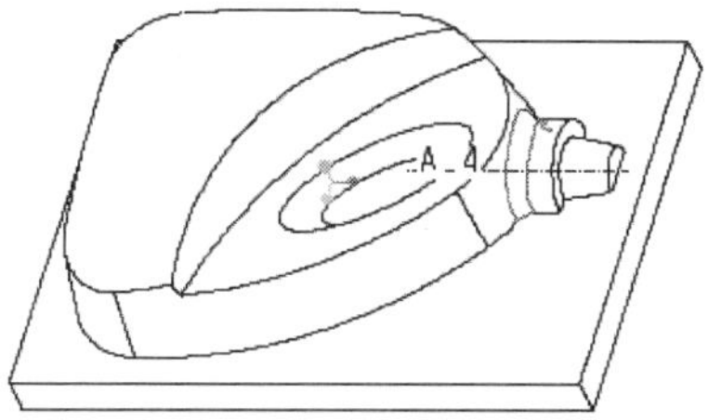

① 라운드( ) 도구 선택

② 대상 모서리를 Ctrl 키 누른 채 선택

③ 라운드 값 ‘4’ 수정

④ 피처 생성 완료( )

9.2 라운드 R1 추가

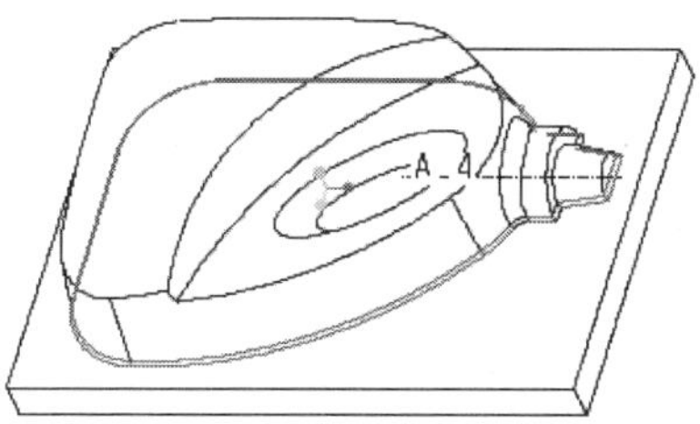

① 라운드( ) 도구 선택

② 대상 모서리를 Ctrl 키 누른 채 선택

③ 라운드 값 ‘1’ 수정

④ 피처 생성 완료( )

9.3 지시 없는 모든 라운드 R2 추가

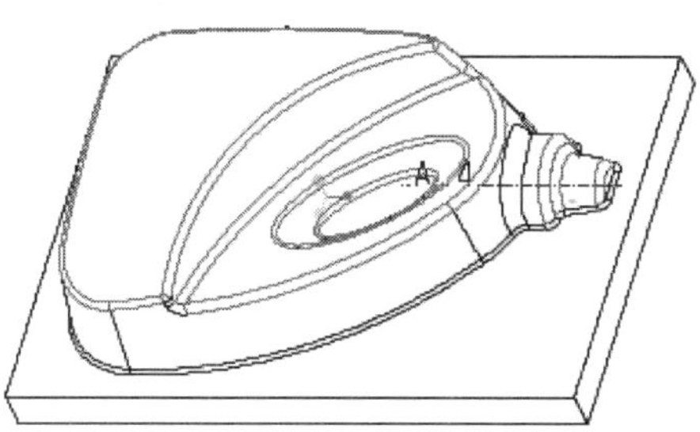

① 라운드( ) 도구 선택

② 대상 모서리를 Ctrl 키 누른 채 선택

③ 라운드 값 ‘2’로 수정

④ 피처 생성 완료( )

10. 완성된 모델링 형상

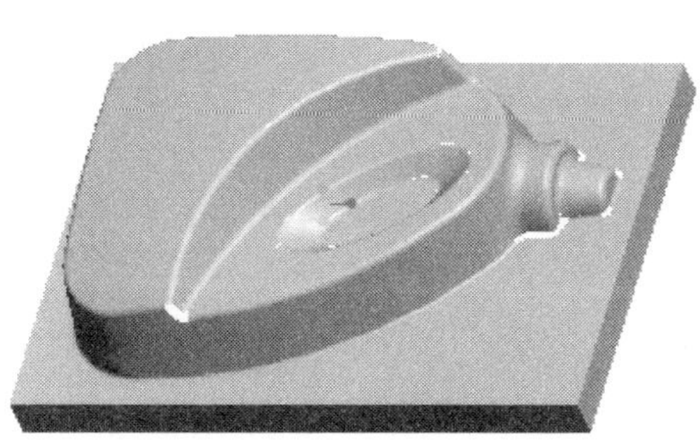

제3편

NC date 생성하기

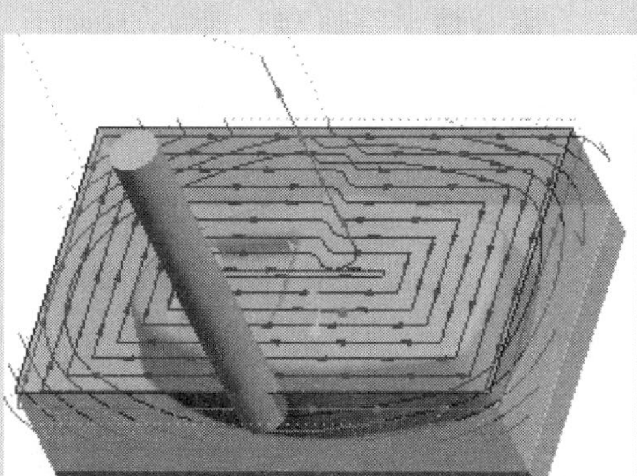

1. 프로그램 원점 좌표계 생성의 경우

자격종목	컴퓨터응용가공 산업기사	작업 1	NC data 작업

1. 시험 시간 : 표준시간 2시간 30분, 연장시간 20분(매 10분마다 3점씩 감점)
2. NC 데이터 절삭 지시서

공구번호	작업내용	공구조건		경로간격 (㎜)	절삭조건				비고
		종류	직경		회전수 (rpm)	이송 (㎜/min)	절입량 (㎜)	잔량 (㎜)	
1	황삭	평E/M	ø12	5	1400	100	6	0.5	
2	정삭	볼E/M	ø4	1	1800	90			
3	잔삭	볼E/M	ø2		3700	80			Pencil

3. 수검자 주의 사항

가. 반드시 도면에 명시된 원점을 기준으로 모델링 및 NC data를 생성하여야 한다.(임의로 원점을 변경하여 작업할 시에는 채점 시 불이익을 받을 수 있다.)

나. NC data 생성 후 T code, M code 등은 절삭 지시서에 맞도록 반드시 수정하여야 한다.

다. NC data 시작부분은 아래와 같이 순서대로 2블록을 삽입하여 시작되도록 편집한다.

G90 G80 G40 G49 G17;

T01 M06; (황삭의 경우) 또는 T02 M06; (정삭의 경우) 또는 T03 M06; (잔삭의 경우)

라. 공작물을 고정하는 베이스(10㎜) 부위는 제외하고 윗부분만 NC data를 생성하여야 한다.

마. 황삭 가공에서 Z 방향의 시작 높이는 공작물의 상면으로부터 10㎜ 높은 곳으로 정한다.

바. 안전 높이는 원점에서 Z 방향으로 50㎜ 높은 곳으로 한다.

사. 소재의 규격은 가로(120㎜) × 세로(801㎜) × 높이(40㎜)로 한다.

아. 시험 종료 시 디스켓의 제출 자료는 다음과 같다.

- 다 음 -
① 황삭 NC data (exam-01-1.nc)
② 정삭 NC data (exam-01-2.nc)
③ 잔삭 NC data (exam-01-3.nc)

※ 수검자 주의사항 및 절삭 데이터 지시서 등은 실제 시험내용과는 다를 수 있으므로 유의한다.

4. 모델링 도면

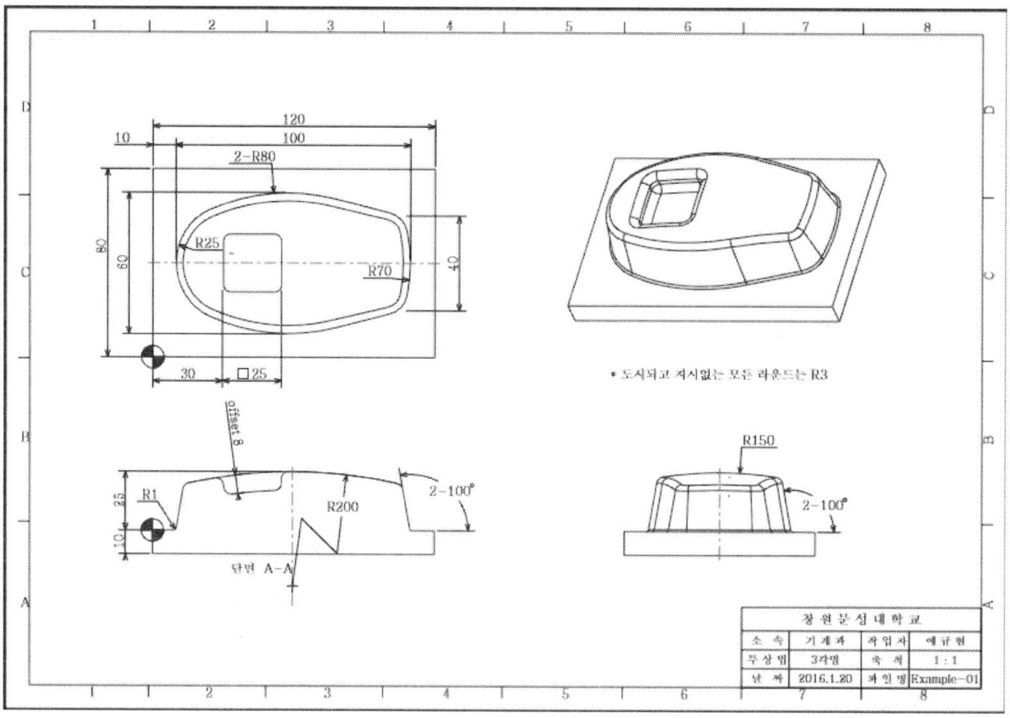

1. 형상 모델링

가공 원점 좌표 위치에 주의하여 도면을 보고 형상을 모델링한다.

2. 제조 파일 시작

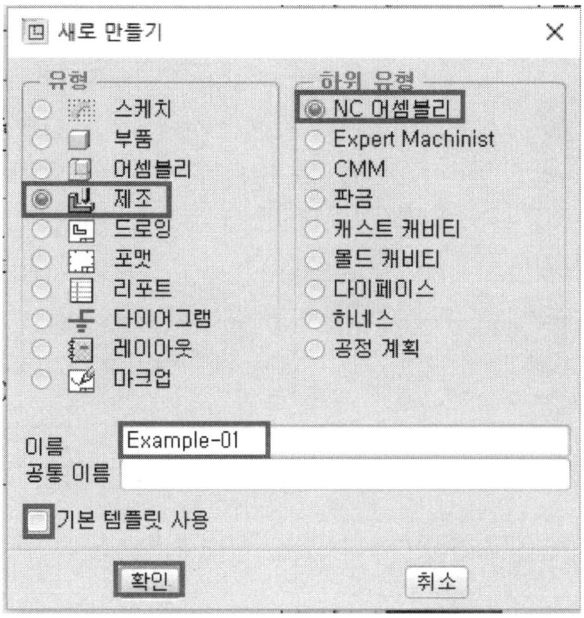

① 파일 유형 '제조', 하위 유형 'NC 어셈블리' 확인

② 파일 이름 'Example-01' 입력

③ 기본 템플릿 사용 앞 ㅁ박스 클릭하여 체크(√) 표시 해제(모델링 파일의 mmNs 단위계와 일치시키기 위함)

④ '확인' 클릭

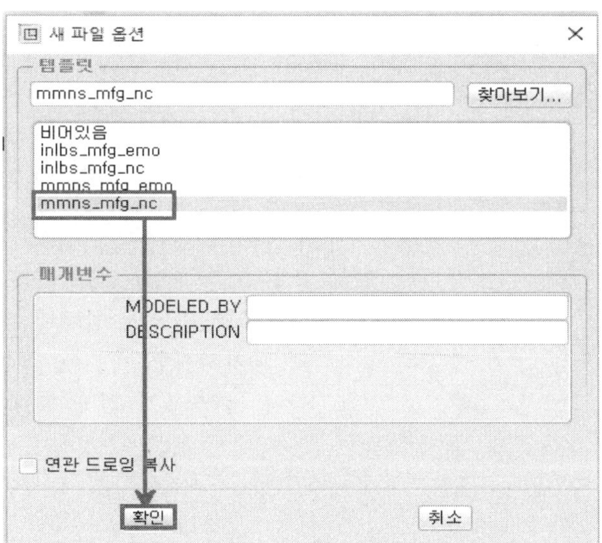

⑤ 새 파일 옵션 창의 템플릿 단위계 'mmns-mfg-nc' 선택 후 '확인' 클릭

3. 참조 모델 배치

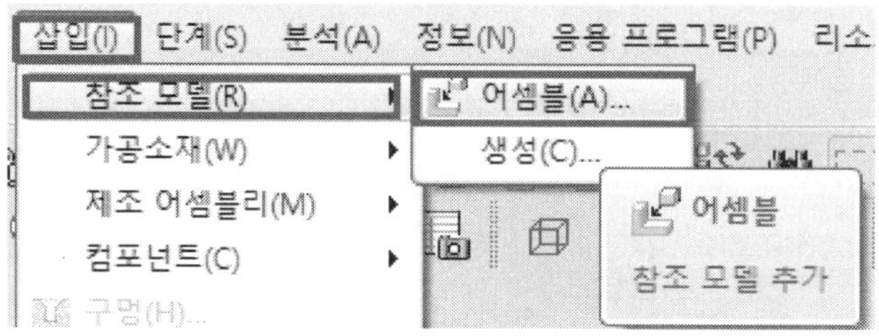

① 풀다운 메뉴 '삽입' – '참조 모델' – '어셈블' 선택

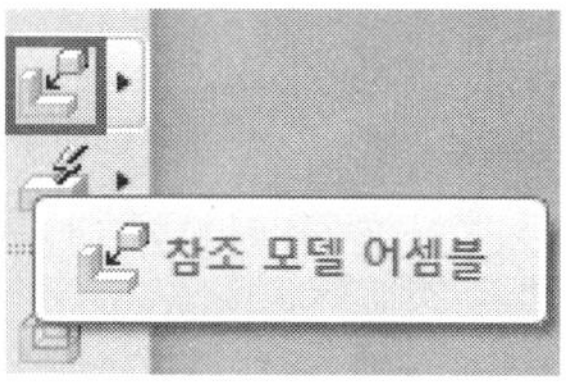

② 또는 오른쪽 도구 아이콘에서 참조 모델 어셈블() 도구 아이콘 클릭

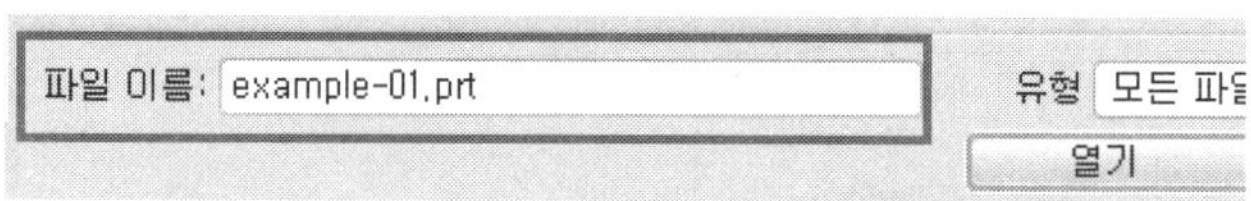

③ 열기 창에서 해당 모델링 파일(example-01.prt)을 불러온다.

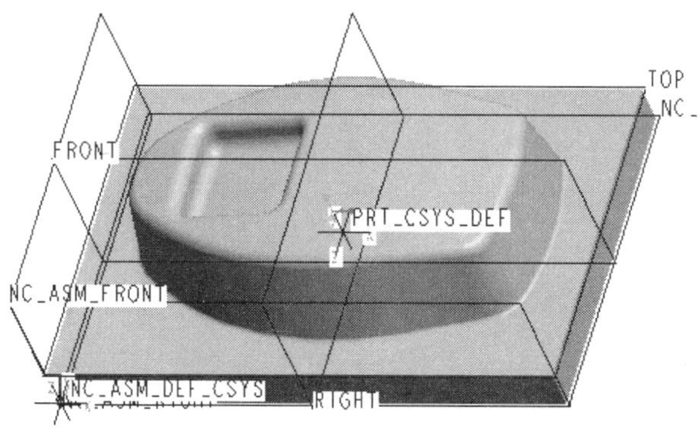

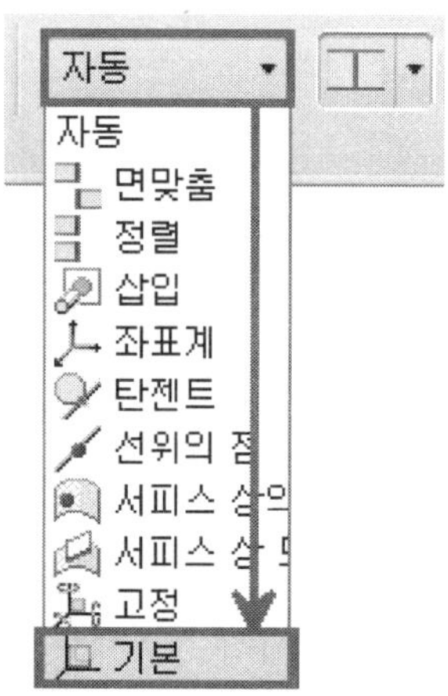

④ 대시보드 창의 배치 유형 '자동' – '기본' 선택

⑤ 또는 NC_ASM_DEF_CSYS 좌표계를 공작물 원점에 맞게 배치시키면 다음에 생성하게 될 좌표계 생략

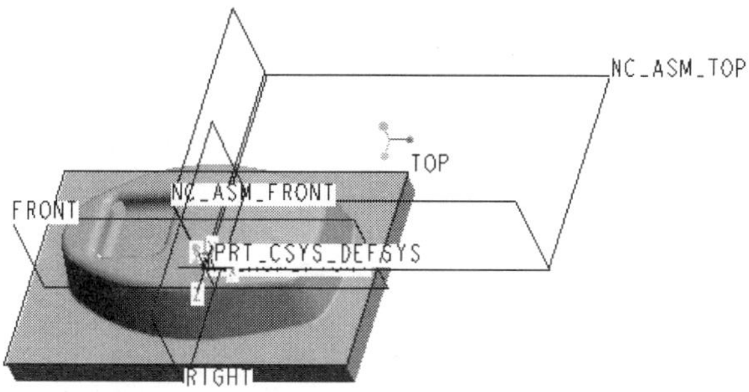

⑥ '기본' 배치 유형은 파트 파일의 기본 좌표계와 어셈블리 파일의 기본 좌표계를 일치 구속

⑦ 배치 상태 '완전 구속' 됨

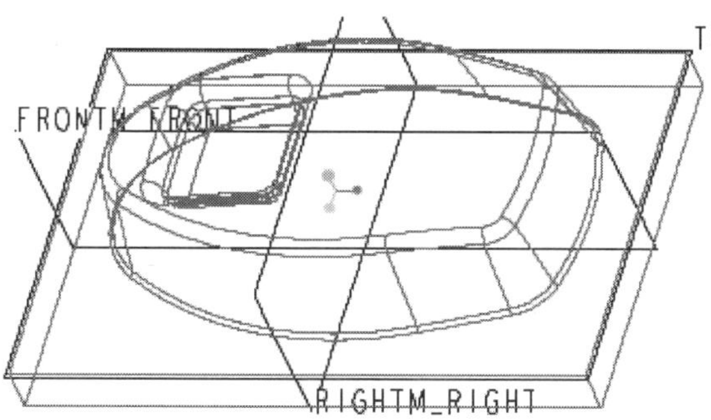

⑧ 대시보드 창을 닫는다.(✔)

4. (공작물)원점 좌표계 생성

① 데이텀 좌표계( ) 도구 선택

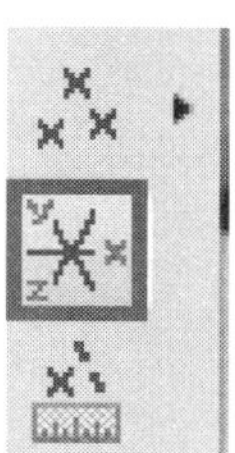

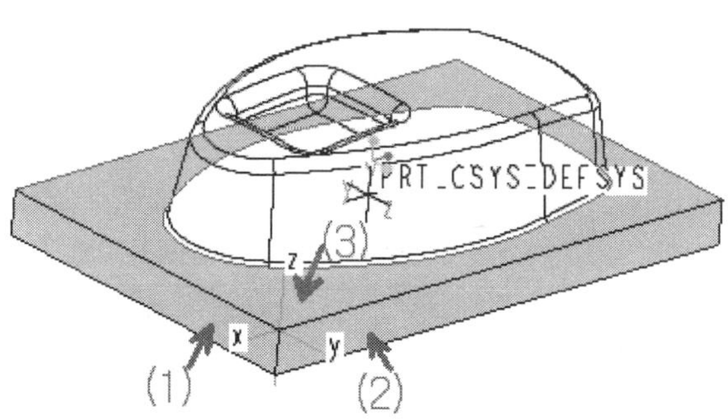

② Ctrl 키 누른 채 x, y, z축과 수직인 평면을 순서대로 선택(선택한 세 평면의 교차점(정점)에 좌표계 생성)

③ 축 이름 텍스트가 붙은 쪽이 양(+)의 방향, 그러나 x, y 축이 실제 기계와 반대 방향임.

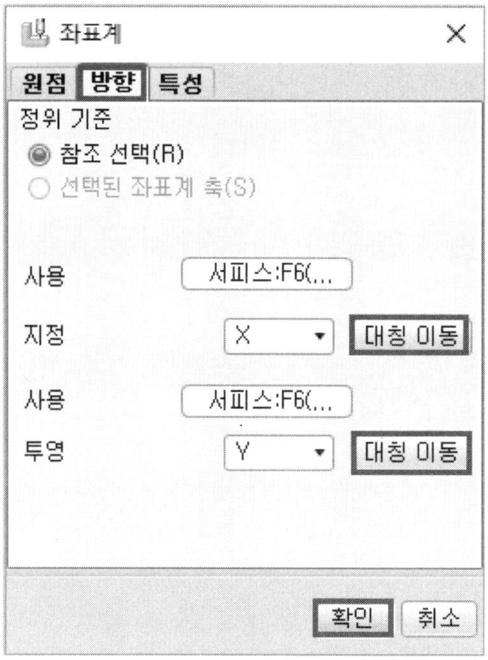

④ 좌표계 창의 '방향' 탭 클릭

⑤ X축 '대칭 이동', Y축 '대칭 이동' 클릭

⑥ '확인' 클릭

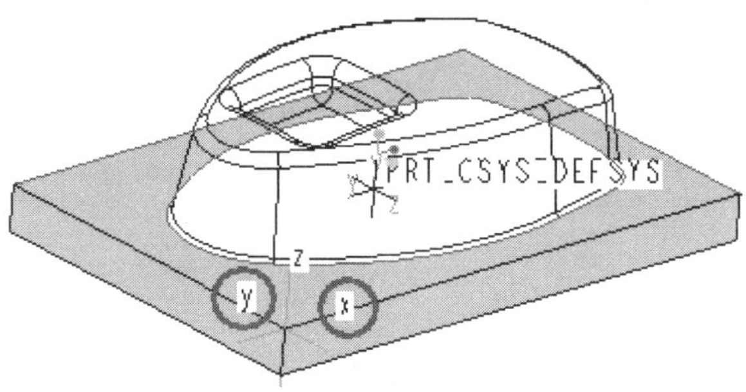

⑦ X축과 Y축 양(+)의 방향 전환

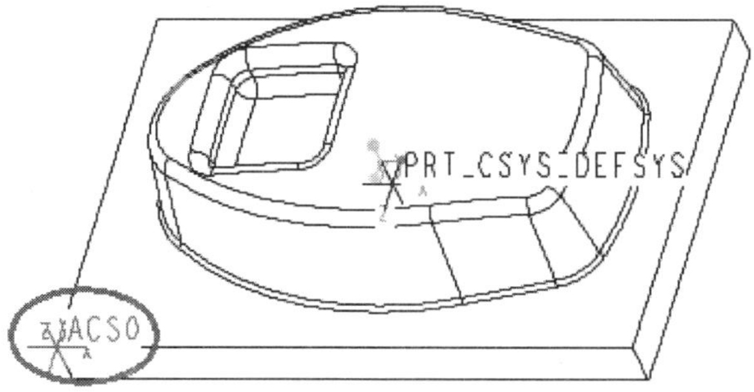

⑧ 프로그램원점 좌표계(ACS0) 생성

5. 가공소재 생성

① 풀다운 메뉴 '삽입' - '가공소재' - '자동 가공소재' 선택

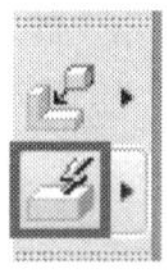

② 또는 우측 도구 바에서 자동 가공소재( ) 도구 클릭

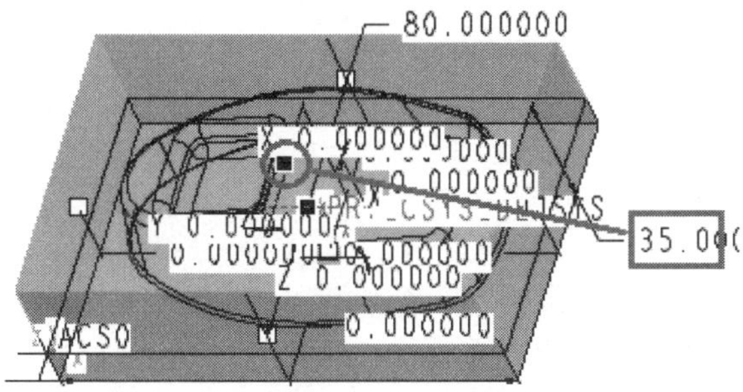

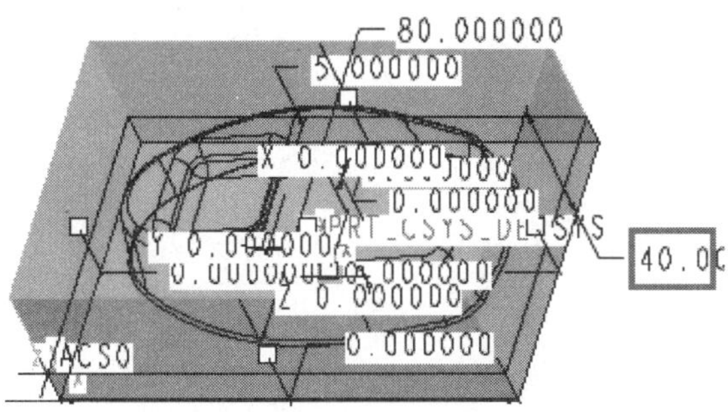

③ 소재의 가로, 세로, 높이 치수가 자동으로 생성

④ 높이 치수 수정을 위해 마우스를 원 표시 부분의 사각 박스 위로 이동

⑤ 검은색으로 변환된 상태에서 클릭하여 위로 드래그(높이 치수 변화)

⑥ 변경된 높이 치수를 더블 클릭하여 '40'으로 수정

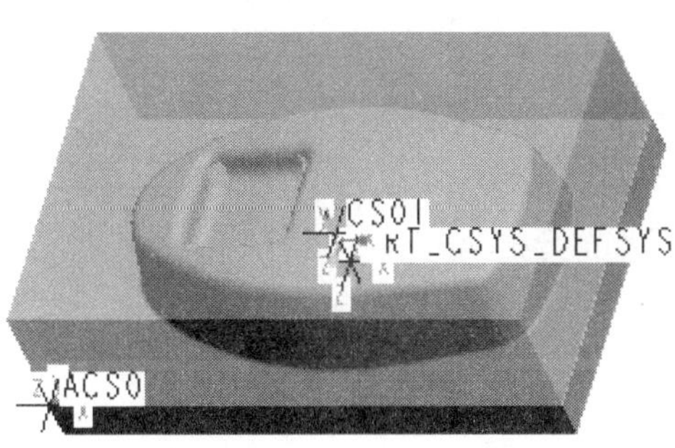

⑦ 대시보드 창을 닫는다.( )

6. 장비 설정

① 풀다운 메뉴 '단계' – '작업' 선택

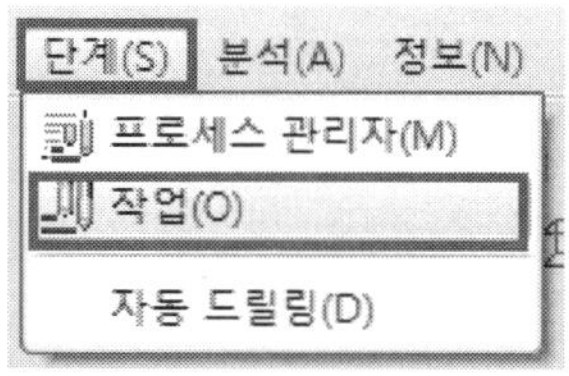

② 작업 셋업 창 'NC 장비' 가공 공구 대화상자 열기 ( ) 아이콘 클릭

③ 가공 공구 셋업 창에 머신 유형 '밀링', 축의 수 '3축' 확인

④ '확인' 탭 클릭 창 닫는다.

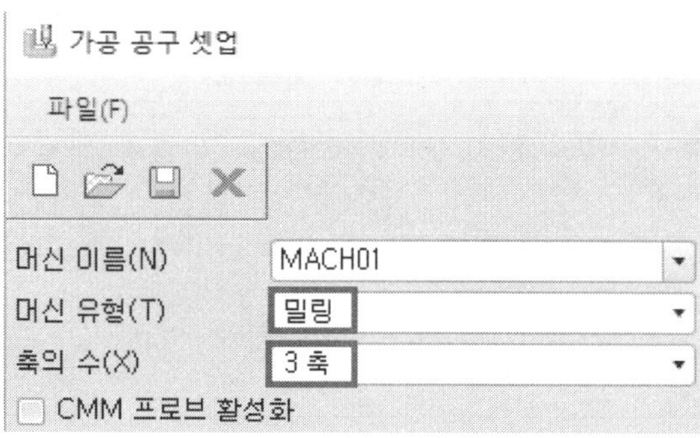

⑤ '머신 제로'의 선택 화살표 클릭

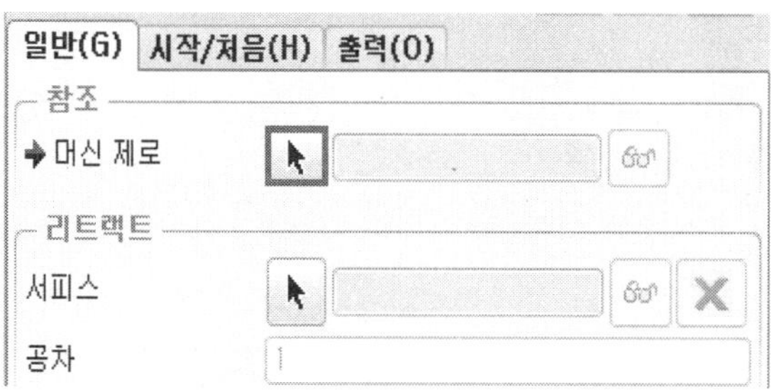

⑥ 프로그램 제로 점으로 좌표계(ACS0) 선택

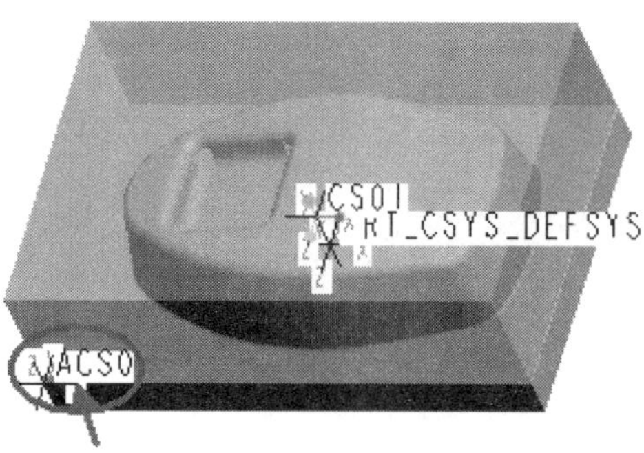

⑦ 리트랙트 서피스 화살표 클릭

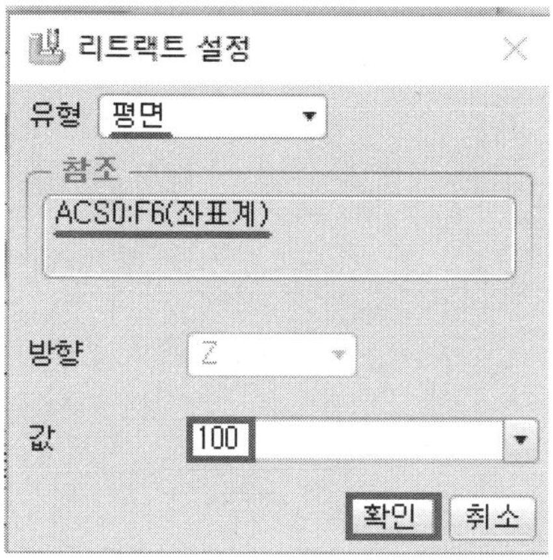

⑧ 유형 '평면', 참조 'ACS0' 좌표계 확인

⑨ 안전 높이 값 '100' 수정 후 '확인'

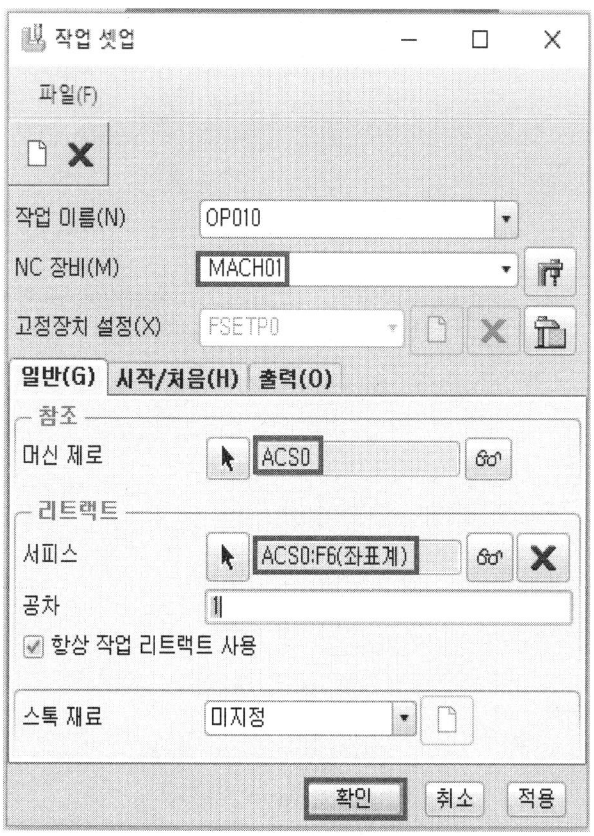

⑩ 작업 셋업 완료, '확인' 클릭

7. 황삭 가공

7.1 시퀀스 셋업 설정

① 풀다운 메뉴 '단계' - '황삭' 선택 또는 황삭( ) 도구 아이콘 클릭

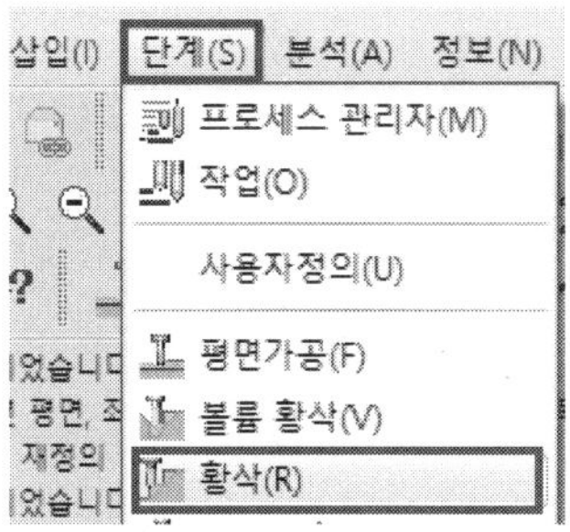

② 시퀀스 셋업 '공구', '매개변수', '창' 선택

③ '완료' 클릭

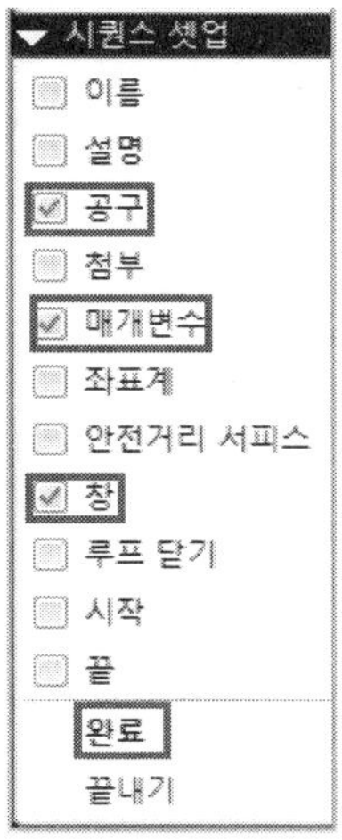

7.2 공구 설정

① 일반 탭 공구 유형 '엔드밀', 공구 직경 '12' 수정

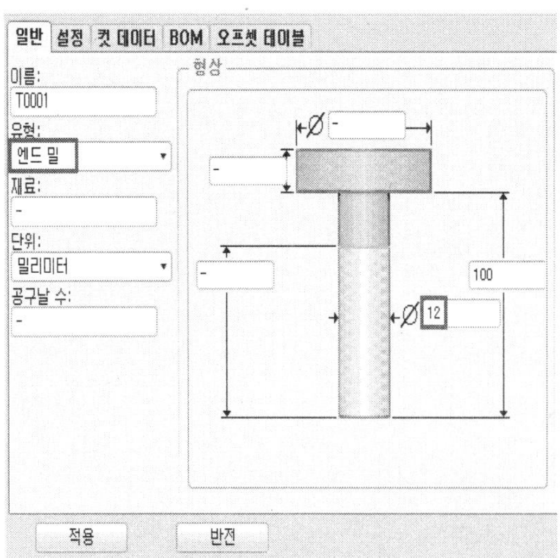

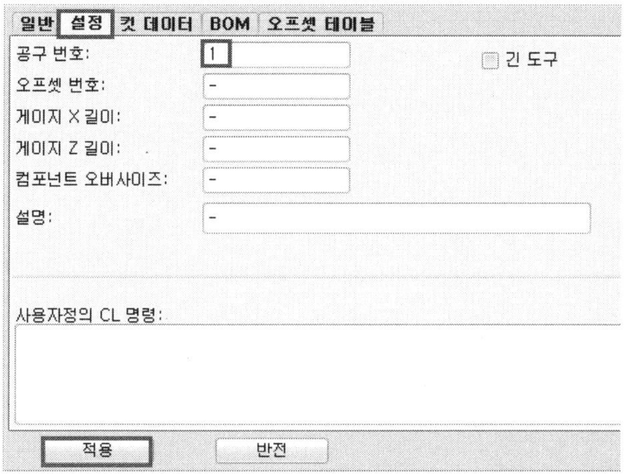

② '설정' 탭 공구 번호 '1' 수정

③ '적용' 탭 클릭

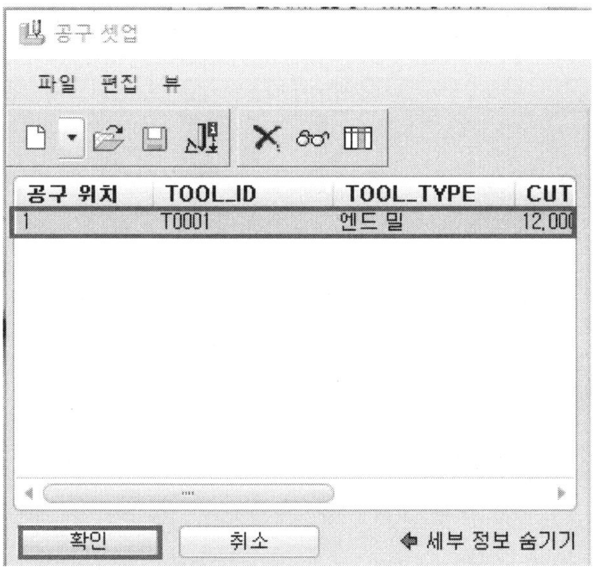

④ 좌측에 공구가 추가 된 것을 확인

⑤ '확인' 탭 클릭, 창 닫는다.

7.3 매개변수(절삭조건) 설정

매개변수 이름	황삭
CUT_FEED	100
STEP_OVER	5
MAX_STEP_DEPTH	6
CLEAR_DIST	0.5
SPINDLE_SPEED	1400

① 매개변수 중 '노란색' 칸만 입력

② CUT_FEED(이송) 100

③ STEP_OVER(경로간격) 5

④ MAX_STEP-DEPTH(절입량)6

⑤ CLEAR_DIST(잔량) 0.5

⑥ SPINDLE_SPEED(회전수) 1,400 입력 후 '확인' 클릭

7.4 밀링 창 정의

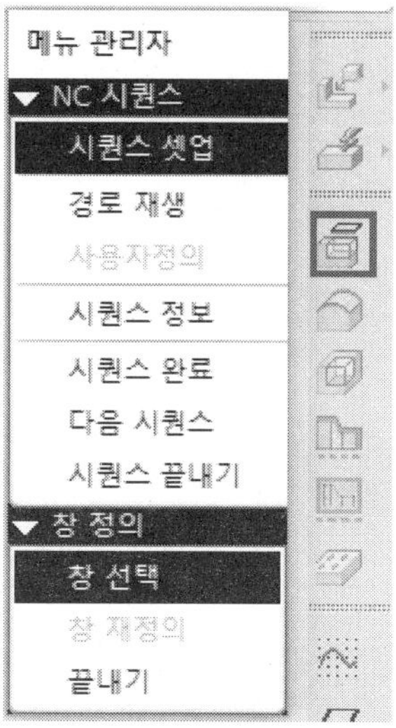

① 창 정의 선택에서 밀링 창 (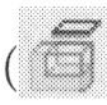) 도구 선택

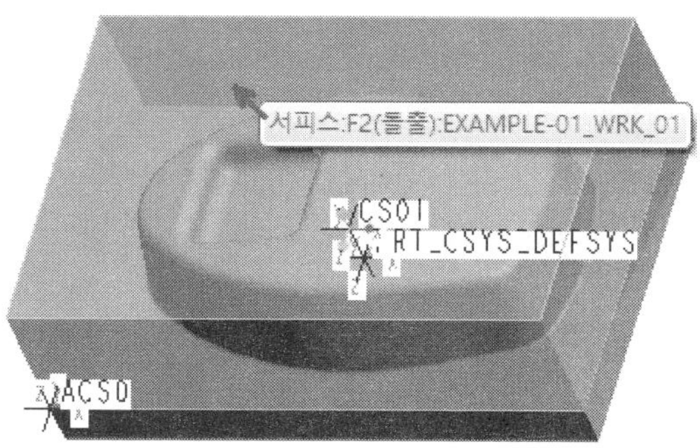

② 소재의 윗면 선택 후

③ 대시보드 창 닫는다.()

7.5 가공 데이터 생성

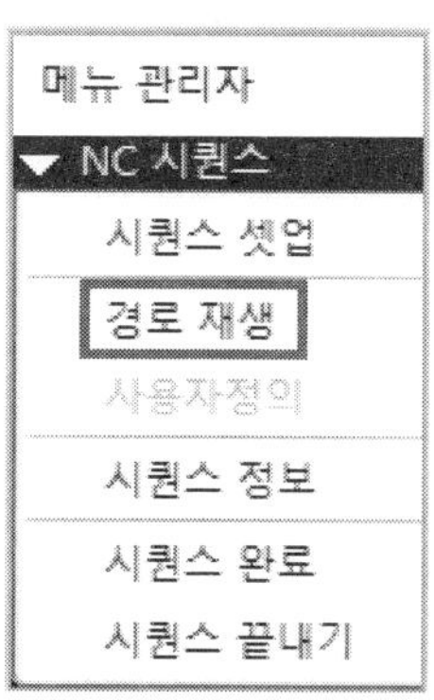

① 메뉴 관리자 '경로 재생' 선택

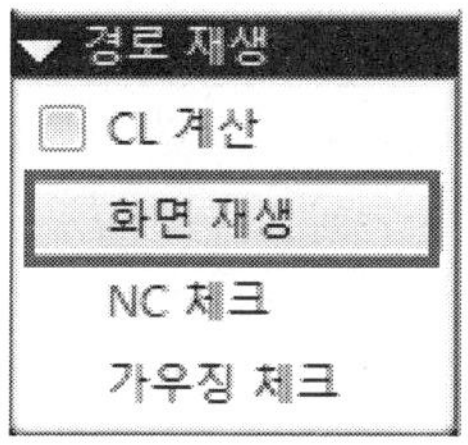

② 경로 재생 '화면 재생' 선택

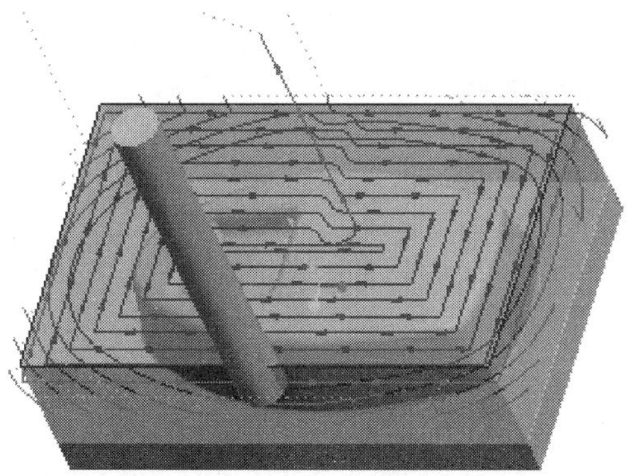

③ 재생 버튼 클릭하면 공구 경로를 디스플레이 해 준다.

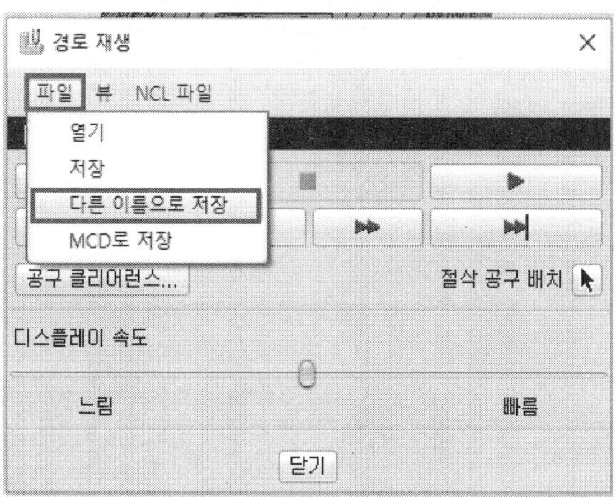

④ 경로 재생 창의 '파일' – '다른 이름으로 저장' 선택

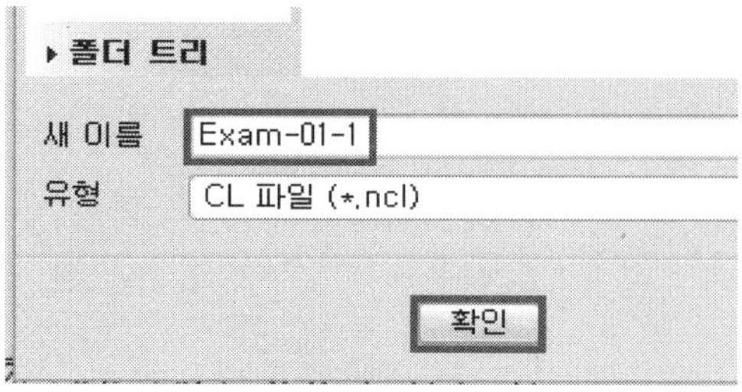

⑤ 파일 이름 'Exam-01-1' 입력 후 '확인' 클릭

⑥ 경로 재생 창 닫기

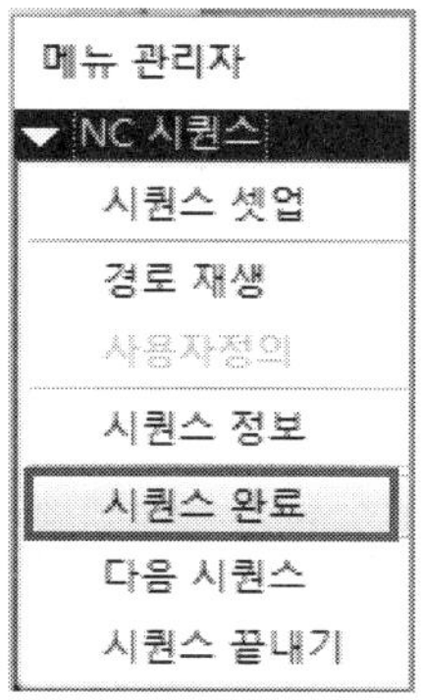

⑦ 메뉴 관리자 '시퀀스 완료' 클릭

7.6 NC 코드(G 코드) 생성

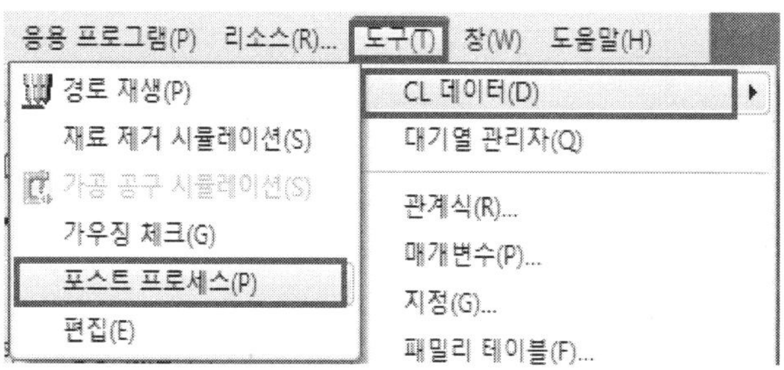

① 풀다운 메뉴 '도구' – 'CL 데이터' – '포스트 프로세스' 선택

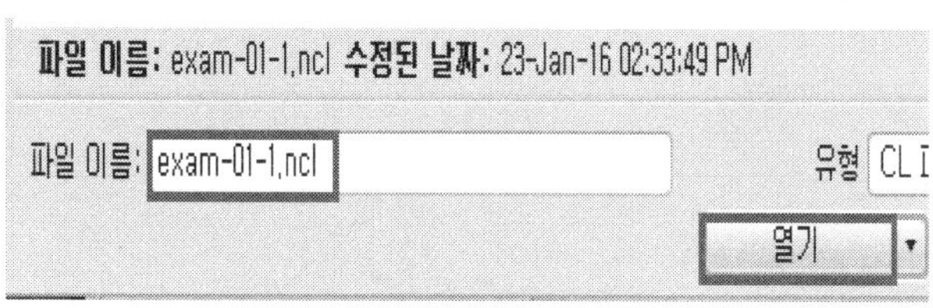

② 경로 재생에서 저장한 파일(Exam-01-1.ncl)을 불러 온다.

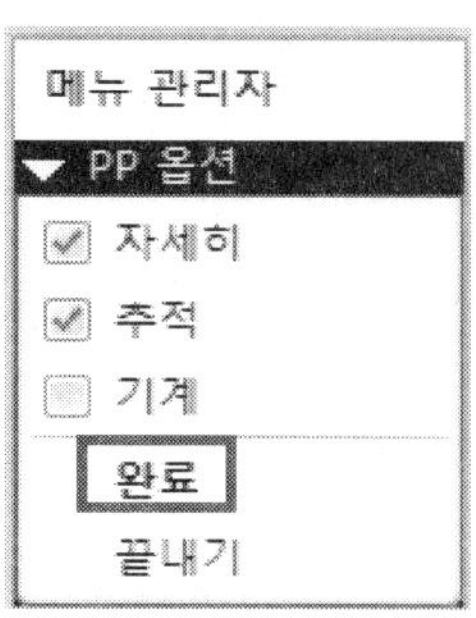

③ PP 옵션 '완료' 클릭

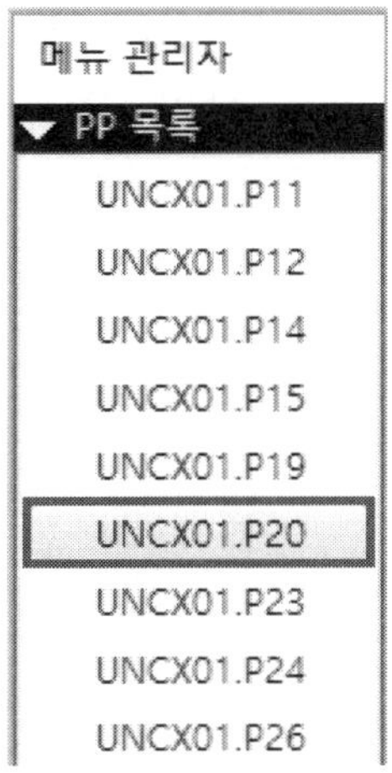

④ PP 목록 'UNCX01.P20' 선택

⑤ 정보 창 닫는다.

⑥ NC 코드 생성, 생성 파일은 Exam-01-1.tab로 저장 됨

7.7 NC 코드 파일명 수정

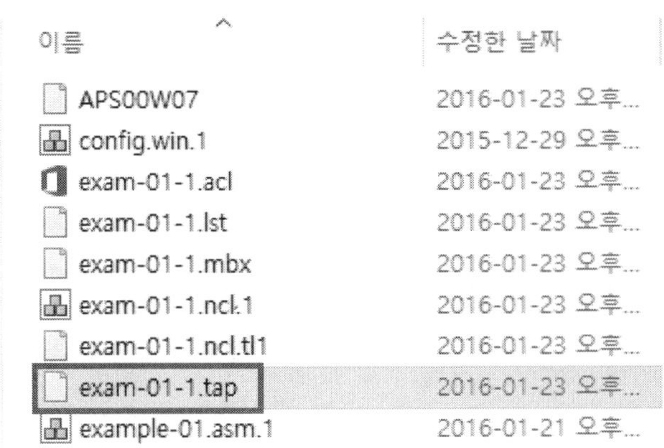

① 작업 디렉토리에 저장된 tab 파일의 확장자 'tab'을 'nc'로 수정하면 된다.

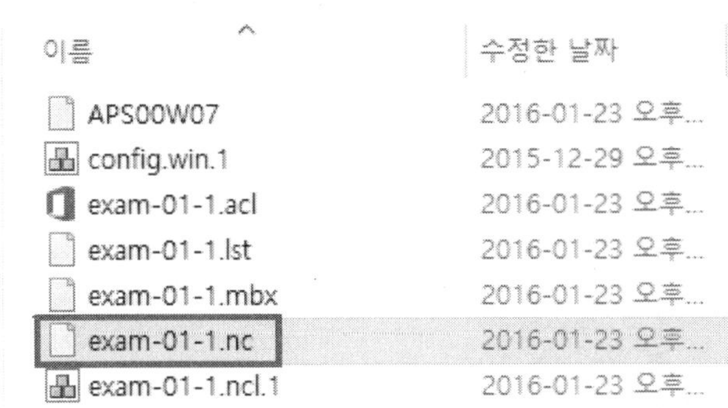

② 수정된 파일을 보여 준다.

③ 이것으로 황삭 작업은 완료됨.

7.8 황삭 NC 코드

exam-01-1.nc - 메모장

파일(F) 편집(E) 서식(O) 보기(V) 도움말(H)

```
%
(Date:01/23/16 Time:14:44:57)
G98G80G90G49G17
( / EXAMPLE-01)
T1M6
S1400M3
G0X55.003Y85.943
G43Z100.H1
Z25.545
G1Z25.045F100.
G3X60.003Y80.943I5.J0.
G1X120.213Y81.001
G2X121.008Y79.983I-.198J-.973
G1X121.002Y79.758
Y.242
X121.016Y-.119
G2X120.204Y-1.002I-1.016J.119
G1X-.211
G2X-1.008Y.017I.196J.974
G1X-1.002Y.242
Y79.758
X-1.016Y80.119
G2X-.207Y81.001I1.016J-.119
G1X60.003Y80.943
G2X63.727Y78.793I0.J-4.3
G1X64.131Y78.094
G3X67.856Y75.944I3.724J2.15
G1X116.002Y75.994
Y3.998
X3.998
Y75.994
```

① 생성된 NC 코드 일부분이 다.

[참고] NC코드 파일 수정 시 확장명 표시 방법

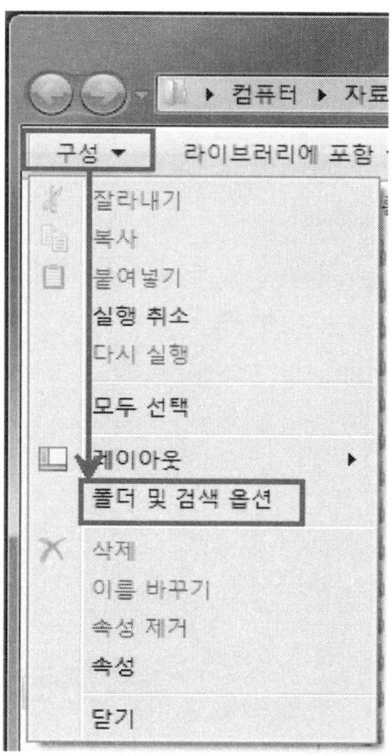

① 폴더 탐색기 창을 연다.

② '구성' 탭을 클릭 후 '폴더 및 검색 옵션' 항목 선택

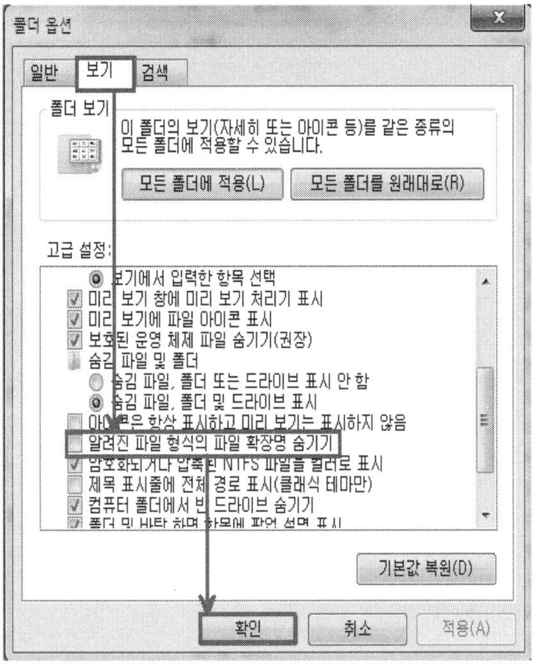

③ 폴더 옵션의 '보기' 탭 클릭

④ 고급 설정 항목에 '알려진 파일 형식의 확장명 숨기기'를 선택하여 체크 표시 해제

⑤ '확인' 탭 클릭하면 된다.

8. 정삭 가공

8.1 시퀀스 셋업 설정

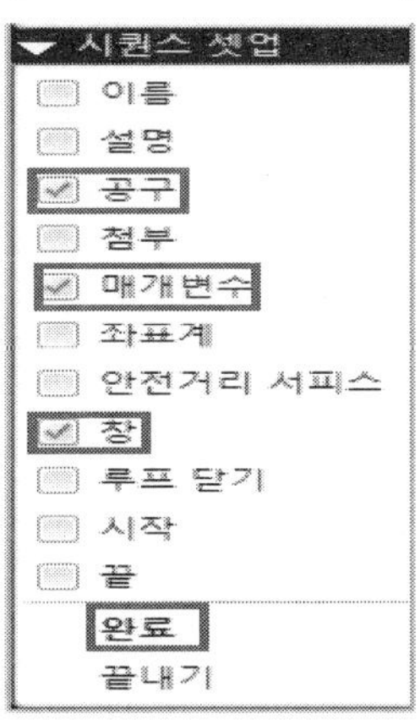

① 풀다운 메뉴 '단계' – '마무리' 선택 또는 마무리 ( ) 도구 아이콘 클릭

② 시퀀스 셋업 '공구', '매개변수', '창' 선택

③ '완료' 클릭

8.2 공구 설정

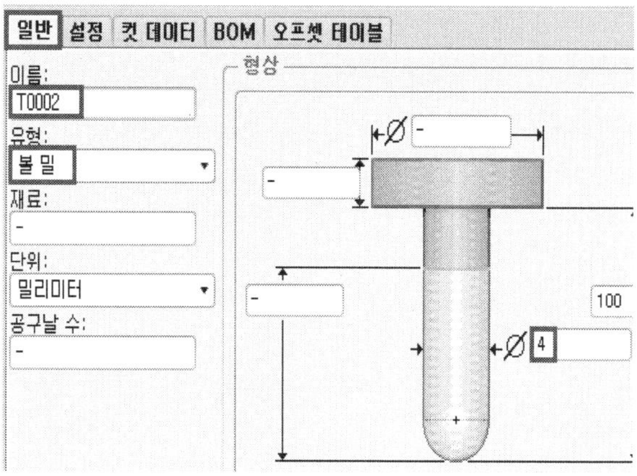

① '일반' 탭 이름 'T0002', 공구 유형 '볼 밀', 공구 직경 '4' 수정

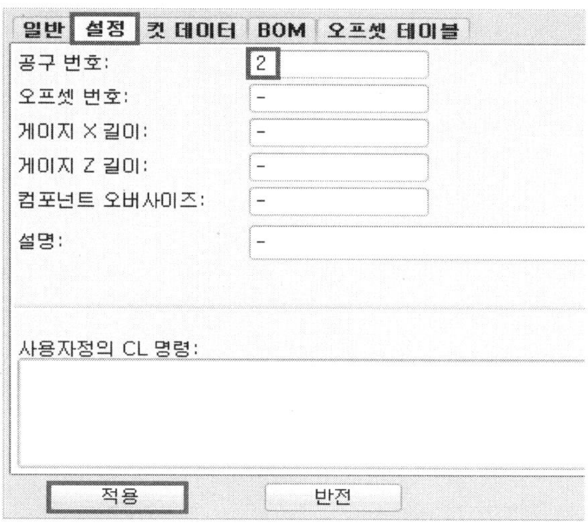

② '설정' 탭 공구 번호 '2' 수정

③ '적용' 탭 클릭

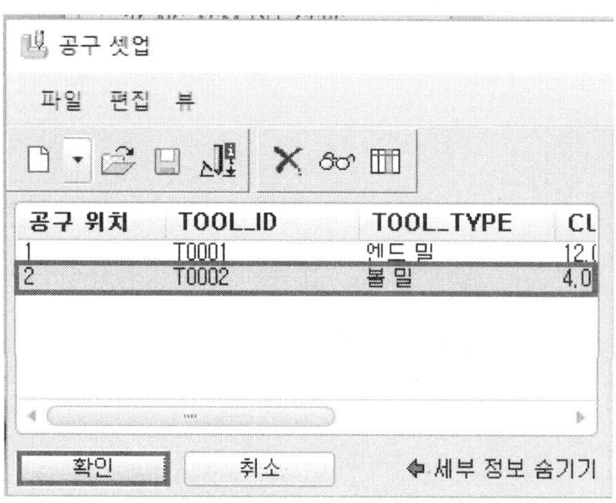

④ 좌측에 공구가 추가 된 것을 확인

⑤ '확인' 탭 클릭, 창 닫는다.

8.3 매개변수(절삭조건) 설정

매개변수 이름	FINISHING
CUT_FEED	90
STEP_OVER	1
CLEAR_DIST	0
SPINDLE_SPEED	1800

① 매개변수 중 '노란색' 칸만 입력

② CUT_FEED(이송) 90

③ STEP_OVER(경로간격) 1

④ CLEAR_DIST(잔량) 0

⑤ SPINDLE_SPEED(회전수) 1800 입력 후 '확인' 클릭

8.4 밀링 창 정의

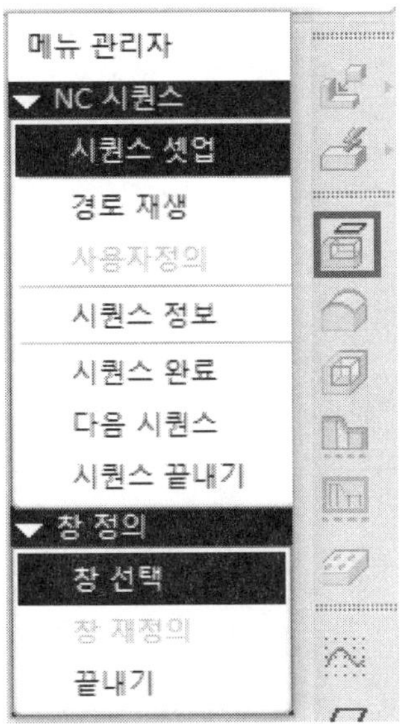

① 창 정의 선택에서 밀링 창 ( ) 도구 선택

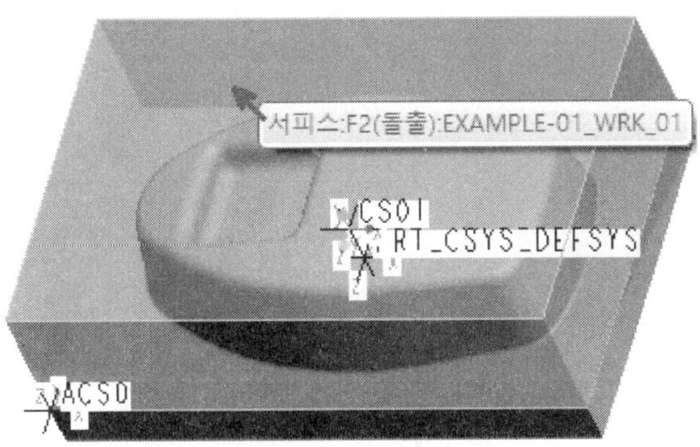

② 소재의 윗면 선택 후

③ 대시보드 창 닫는다.( )

8.5 가공 데이터 생성

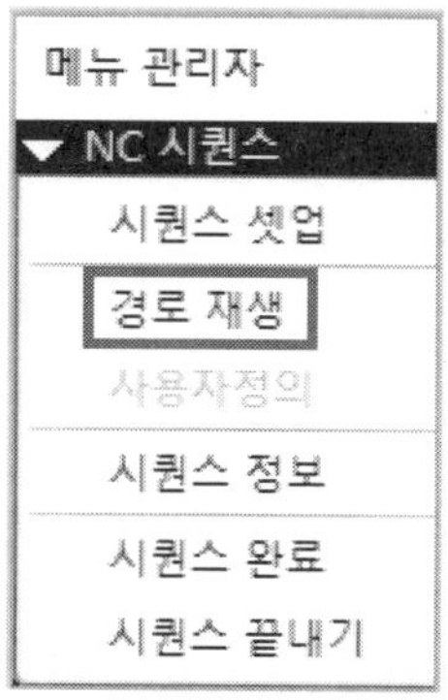

① 메뉴 관리자 '경로 재생' 선택

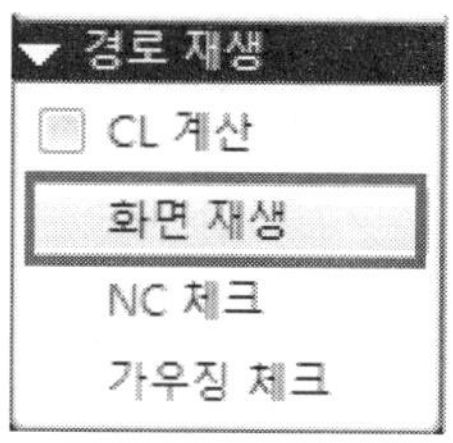

② 경로 재생 '화면 재생' 선택

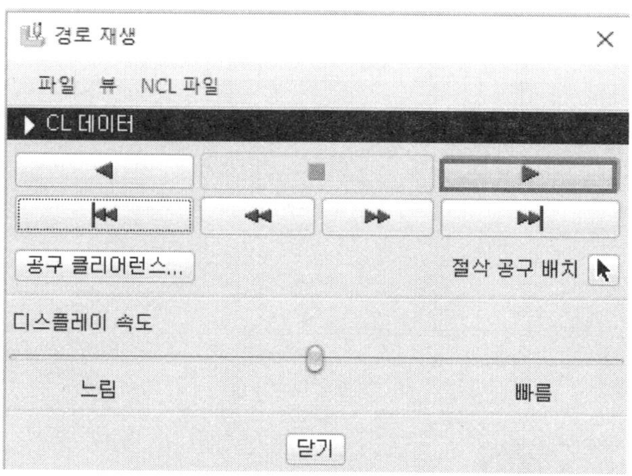

③ 재생 버튼 클릭하면 공구 경로를 디스플레이 해 준다.

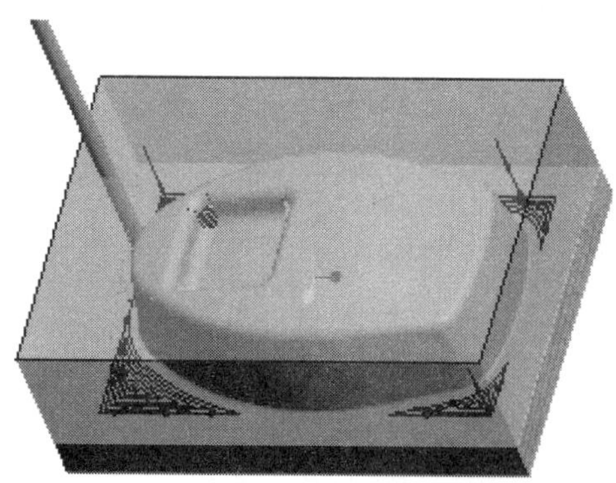

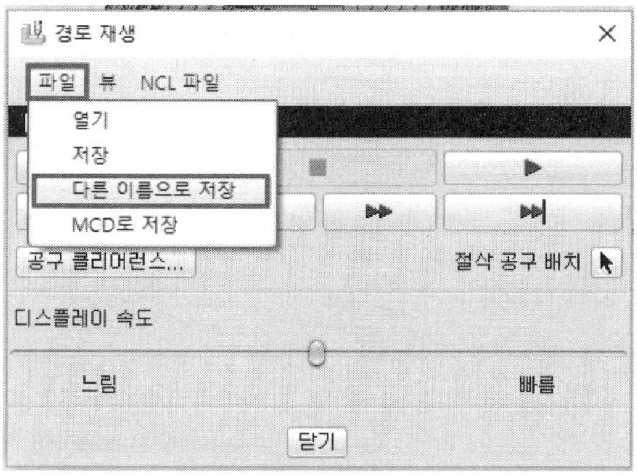

④ 경로 재생창의 '파일' – '다른 이름으로 저장' 선택

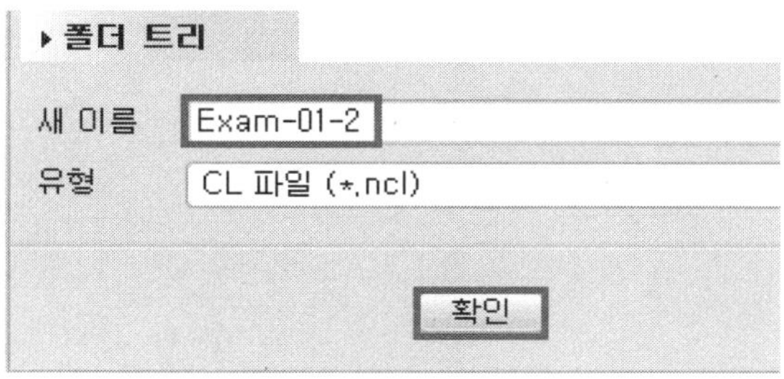

⑤ 파일 이름 'Exam-01-2' 입력 후 '확인' 클릭

⑥ 경로 재생 창 닫기

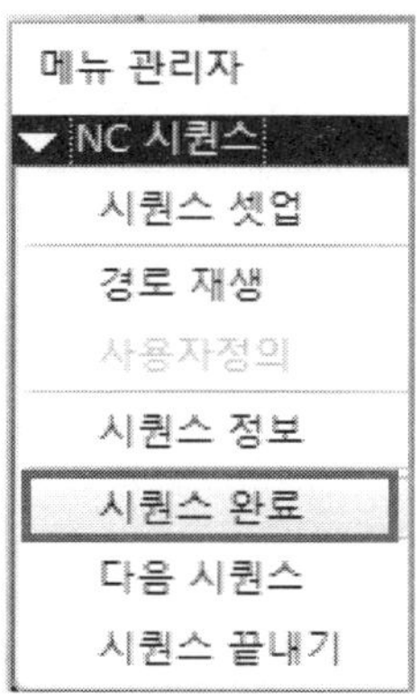

⑦ 메뉴 관리자 '시퀀스 완료' 클릭

8.6 NC 코드(G 코드) 생성

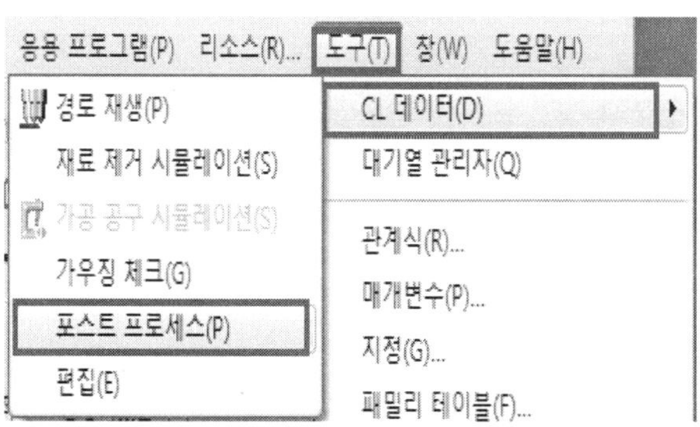

① 풀다운 메뉴 '도구' – 'CL 데이터' – '포스트 프로세스' 선택

② 경로 재생에서 저장한 파일(Exam-01-2.ncl)을 불러 온다.

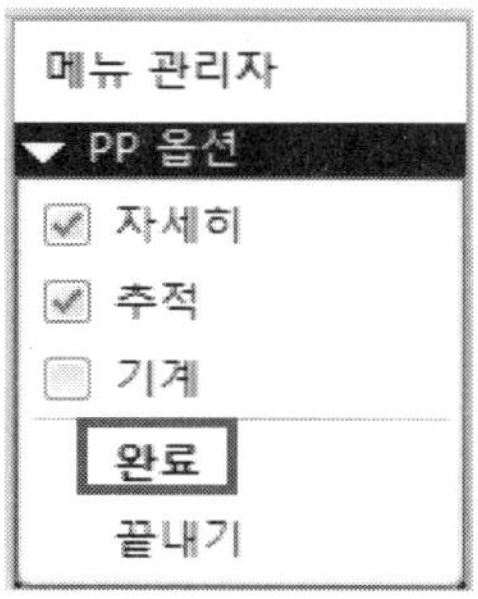

③ PP 옵션 '완료' 클릭

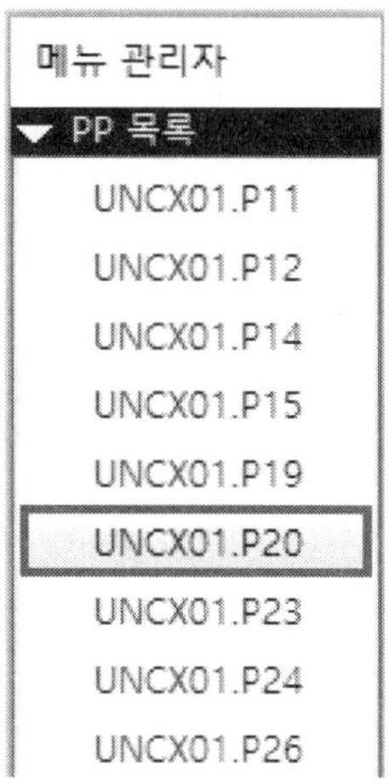

④ PP 목록 'UNCX01.P20' 선택

⑤ 정보 창 닫는다.

⑥ NC 코드 생성, 생성 파일은 Exam-01-2.tab 저장됨

8.7 NC 코드 파일명 수정

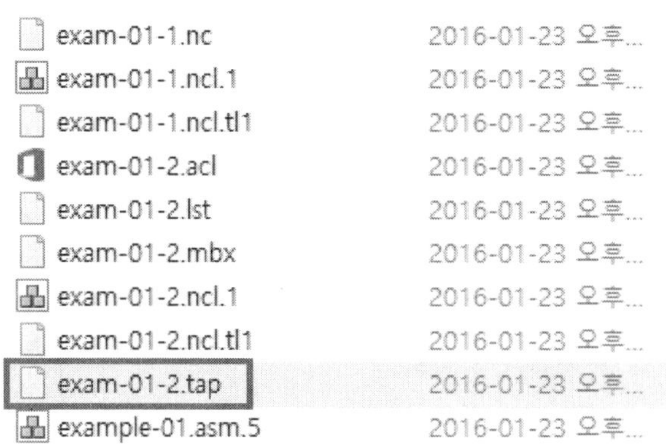

① 작업 디렉토리에 저장된 tab 파일의 확장자 'tab'을 'nc'로 수정하면 된다.

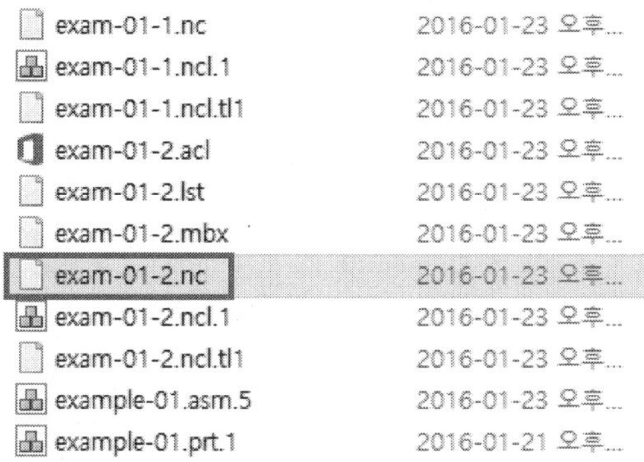

② 수정된 파일을 보여 준다.

③ 이것으로 정삭 작업은 완료됨.

8.8 정삭 NC 코드

① 생성된 NC 코드 일부분이다.

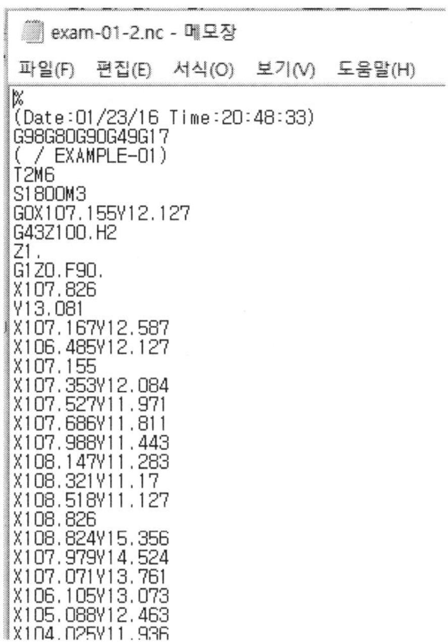
exam-01-2.nc - 메모장

파일(F) 편집(E) 서식(O) 보기(V) 도움말(H)

```
%
(Date:01/23/16 Time:20:48:33)
G98G80G90G49G17
( / EXAMPLE-01)
T2M6
S1800M3
G0X107.155Y12.127
G43Z100.H2
Z1.
G1Z0.F90.
X107.826
Y13.081
X107.167Y12.587
X106.485Y12.127
X107.155
X107.353Y12.084
X107.527Y11.971
X107.686Y11.811
X107.988Y11.443
X108.147Y11.283
X108.321Y11.17
X108.518Y11.127
X108.826
X108.824Y15.356
X107.979Y14.524
X107.071Y13.761
X106.105Y13.073
X105.088Y12.463
X104.025Y11.936
```

9. 잔삭 가공

9.1 시퀀스 셋업 설정

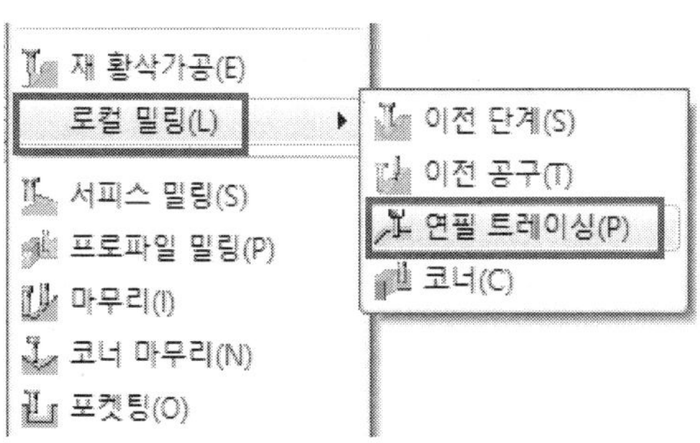

① 풀다운 메뉴 '단계' – '로컬 밀링' – '연필 트레이싱' 선택 또는 연필 트레이싱( ) 도구 아이콘 클릭

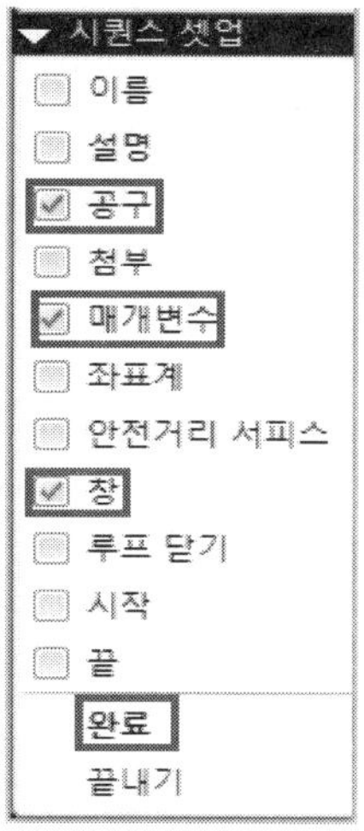

② 시퀀스 셋업 '공구', '매개변수', '창' 선택

③ '완료' 클릭

9.2 공구 설정

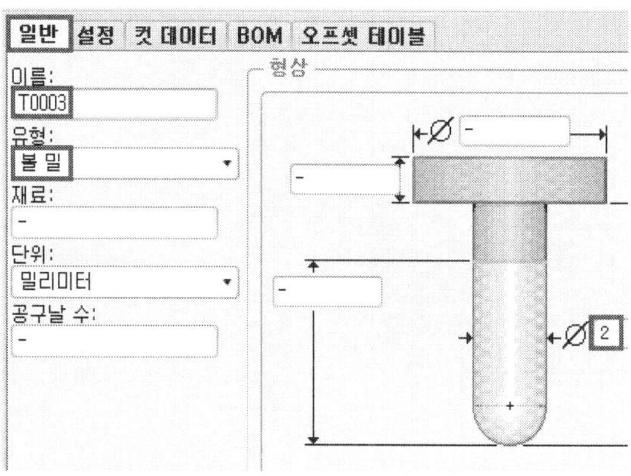

① '일반' 탭 이름 'T0003', 공구 유형 '볼 밀', 공구 직경 '2' 수정

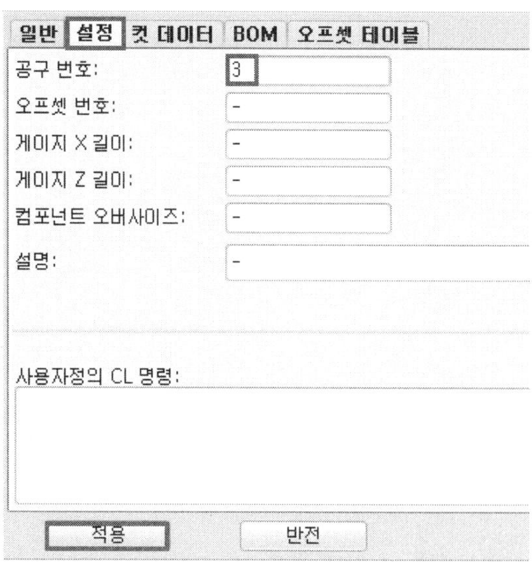

② '설정' 탭 공구 번호 '3' 수정

③ '적용' 탭 클릭

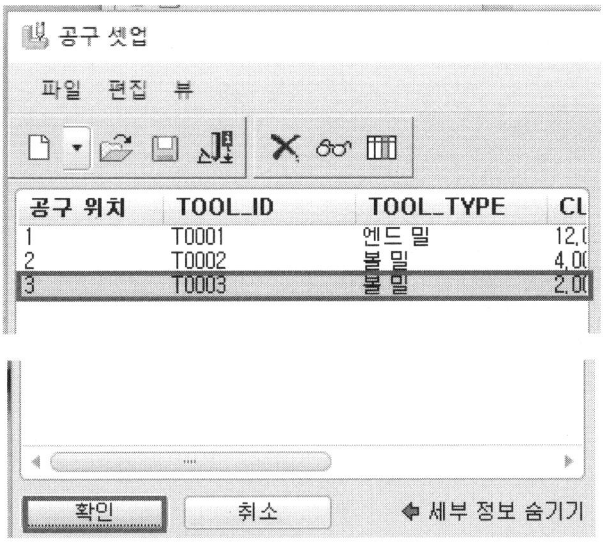

④ 좌측에 공구가 추가 된 것을 확인

⑤ '확인' 탭 클릭, 창 닫는다.

9.3 매개변수(절삭조건) 설정

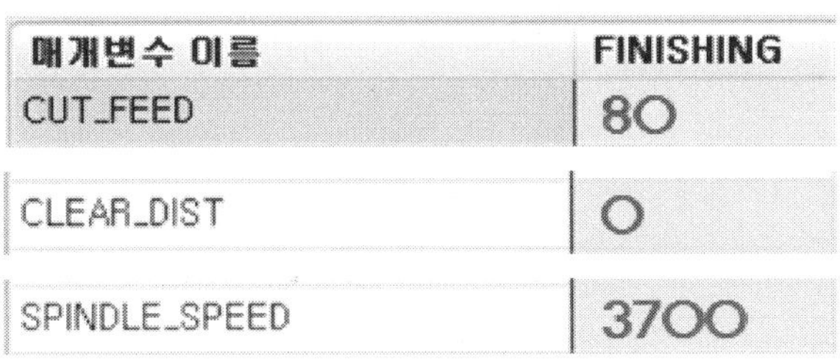

① 매개변수 중 '노란색' 칸만 입력

② CUT_FEED(이송) 80

③ CLEAR_DIST(잔량) 0

④ SPINDLE_SPEED(회전수) 3700 입력 후 '확인' 클릭

9.4 밀링 창 정의

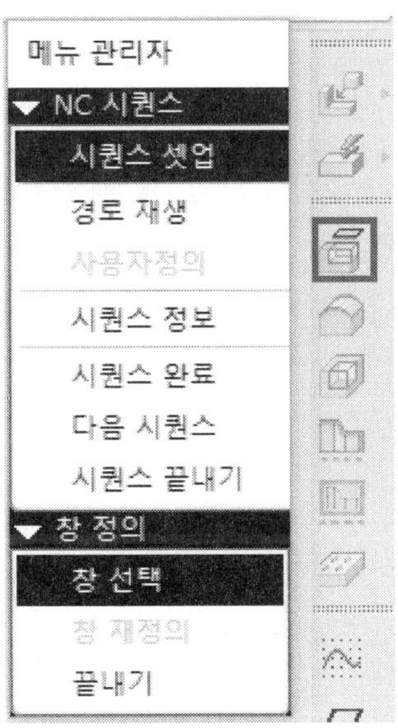

① 창 정의 선택에서 밀링 창( ) 도구 선택

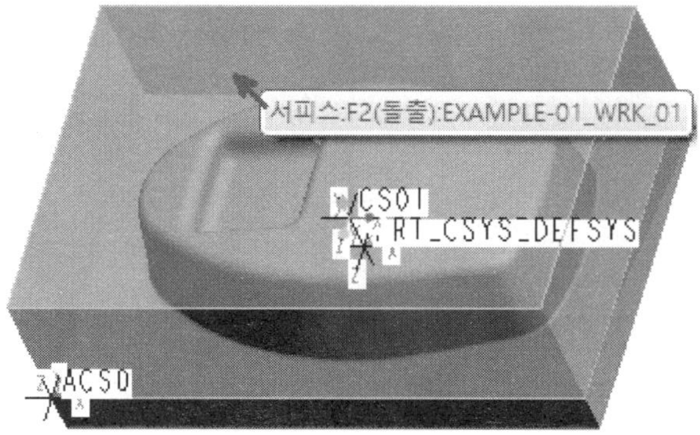

② 소재의 윗면 선택 후

③ 대시보드 창 닫는다.(✔)

9.5 가공 데이터 생성

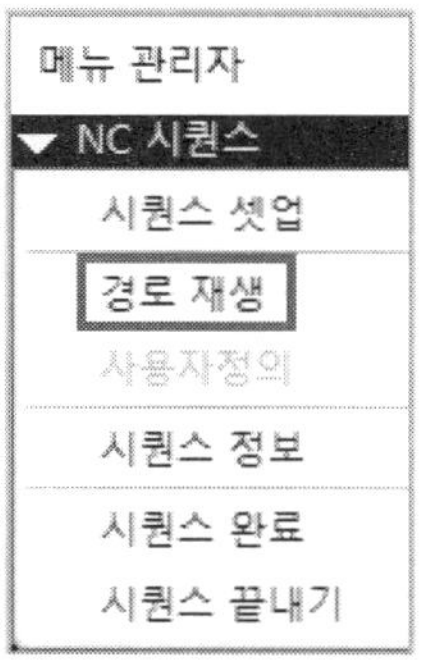

① 메뉴 관리자 ‘경로 재생’ 선택

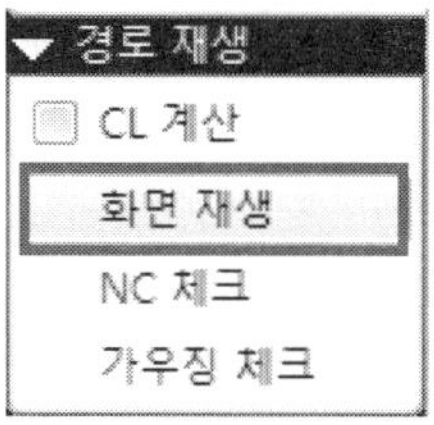

② 경로 재생 ‘화면 재생’ 선택

③ 재생 버튼 클릭하면 공구 경로를 디스플레이 해 준다.

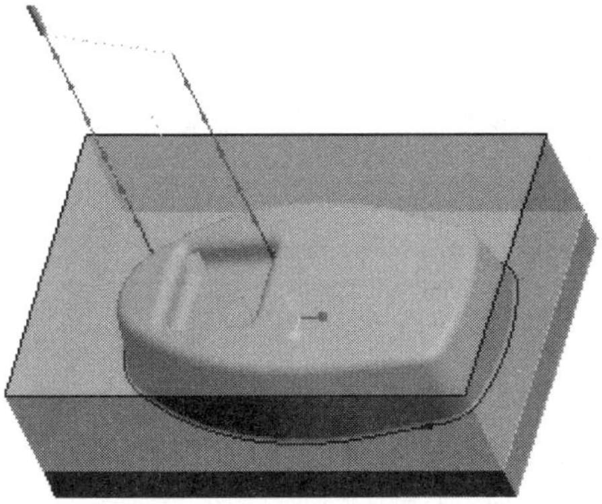

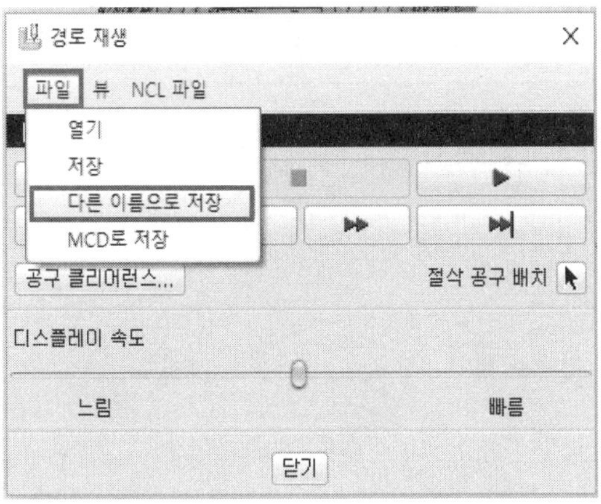

④ 경로 재생창의 '파일' - '다른 이름으로 저장' 선택

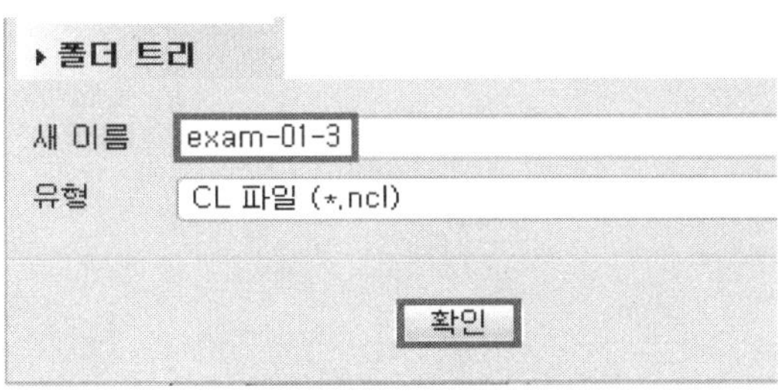

⑤ 파일 이름 'Exam-01-3' 입력 후 ' 확인 ' 클릭

⑥ 경로 재생 창 닫기

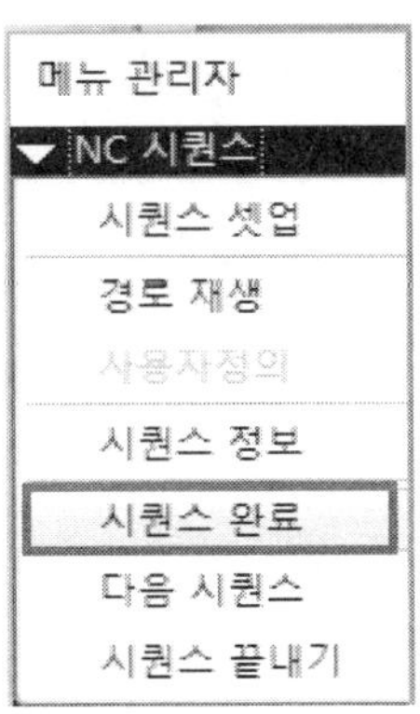

⑦ 메뉴 관리자 '시퀀스 완료' 클릭

9.6 NC 코드(G 코드) 생성

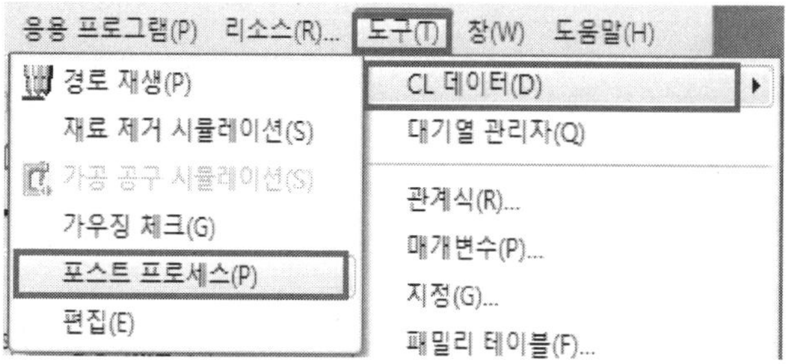

① 풀다운 메뉴 '도구' - 'CL 데이터' - '포스트 프로세스' 선택

② 경로 재생에서 저장한 파일(Exam-01-3.ncl)을 불러 온다.

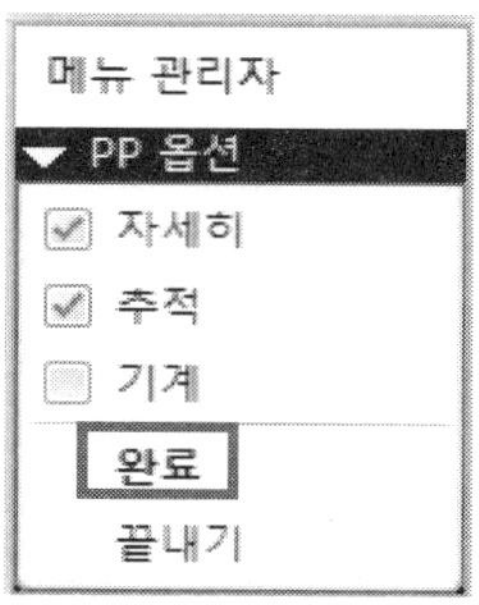

③ PP 옵션 '완료' 클릭

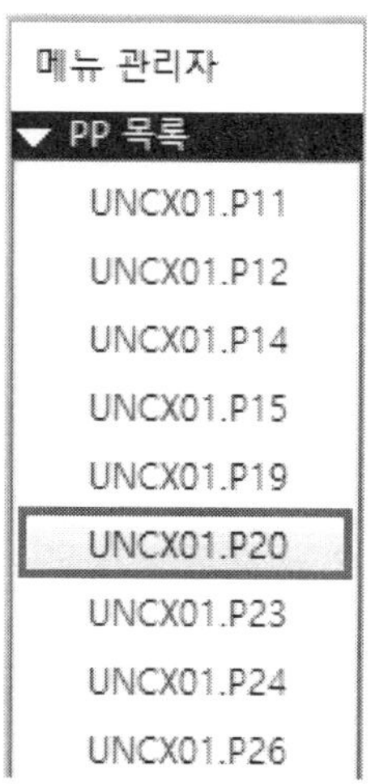

④ PP 목록 'UNCX01.P20' 선택

⑤ 정보 창 닫는다.

⑥ NC 코드 생성, 생성 파일은 Exam-01-3.tab 저장됨

9.7 NC 코드 파일명 수정

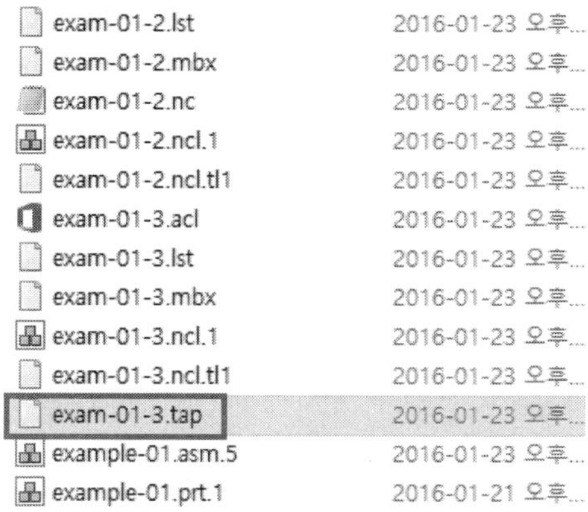

① 작업 디렉토리에 저장된 tab 파일의 확장자 'tab'을 'nc'로 수정하면 된다.

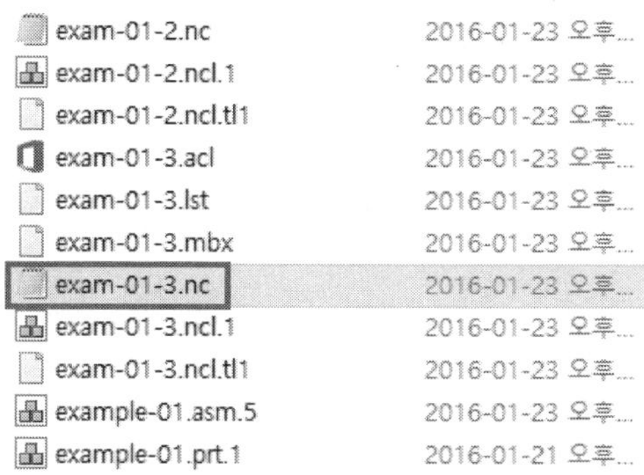

② 수정된 파일을 보여 준다.

③ 이것으로 잔삭 작업은 완료됨.

9.8 잔삭 NC 코드

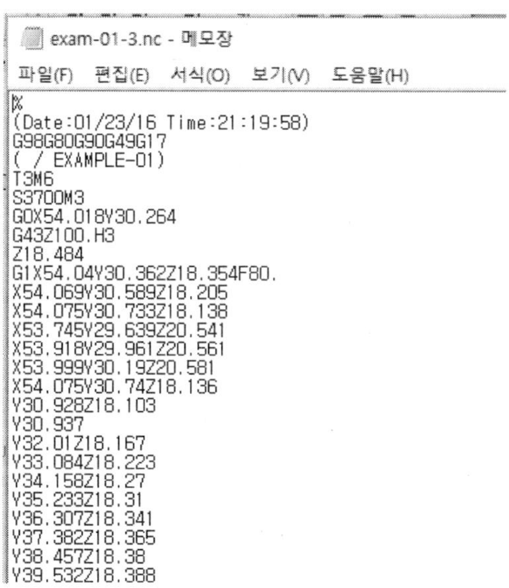


```
%
(Date:01/23/16 Time:21:19:58)
G98G80G90G49G17
( / EXAMPLE-01)
T3M6
S3700M3
G0X54.018Y30.264
G43Z100.H3
Z18.484
G1X54.04Y30.362Z18.354F80.
X54.069Y30.589Z18.205
X54.075Y30.733Z18.138
X53.745Y29.639Z20.541
X53.918Y29.961Z20.561
X53.999Y30.19Z20.581
X54.075Y30.74Z18.136
Y30.928Z18.103
Y30.937
Y32.01Z18.167
Y33.084Z18.223
Y34.158Z18.27
Y35.233Z18.31
Y36.307Z18.341
Y37.382Z18.365
Y38.457Z18.38
Y39.532Z18.388
```

① 생성된 NC 코드 일부분이다.

2. 어셈블리 좌표계를 프로그램 원점으로 활용하는 경우

자격종목	컴퓨터응용가공 산업기사	작업 1	NC data 작업

1. 시험 시간 : 표준시간 2시간 30분, 연장시간 20분(매 10분마다 3점씩 감점)

2. NC 데이터 절삭 지시서

공구번호	작업내용	공구조건		경로간격(mm)	절 삭 조 건				비고
		종류	직경		회전수(rpm)	이송(mm/min)	절입량(mm)	잔량(mm)	
1	황삭	평E/M	ø12	5	1400	100	6	0.5	
2	정삭	볼E/M	ø4	1	1800	90			
3	잔삭	볼E/M	ø2		3700	80			Pencil

3. 수검자 주의 사항

가. 반드시 도면에 명시된 원점을 기준으로 모델링 및 NC data를 생성하여야 한다.(임의로 원점을 변경하여 작업할 시에는 채점 시 불이익을 받을 수 있다.)

나. NC data 생성 후 T code, M code 등은 절삭 지시서에 맞도록 반드시 수정하여야 한다.

다. NC data 시작부분은 아래와 같이 순서대로 2블록을 삽입하여 시작되도록 편집한다.

G90 G80 G40 G49 G17;

T01 M06; (황삭의 경우) 또는 T02 M06; (정삭의 경우) 또는 T03 M06; (잔삭의 경우)

라. 공작물을 고정하는 베이스(10mm) 부위는 제외하고 윗부분만 NC data를 생성하여야 한다.

마. 황삭 가공에서 Z 방향의 시작 높이는 공작물의 상면으로부터 10mm 높은 곳으로 정한다.

바. 안전 높이는 원점에서 Z 방향으로 50mm 높은 곳으로 한다.

사. 소재의 규격은 가로(110mm) × 세로(70mm) × 높이(40mm)로 한다.

아. 시험 종료 시 디스켓의 제출 자료는 다음과 같다.

- 다 음 -

① 황삭 NC data (exam-02-1.nc)
② 정삭 NC data (exam-02-2.nc)
③ 잔삭 NC data (exam-02-3.nc)

※ 수검자 주의사항 및 절삭 데이터 지시서 등은 실제 시험내용과는 다를 수 있으므로 유의한다.

4. 모델링 도면

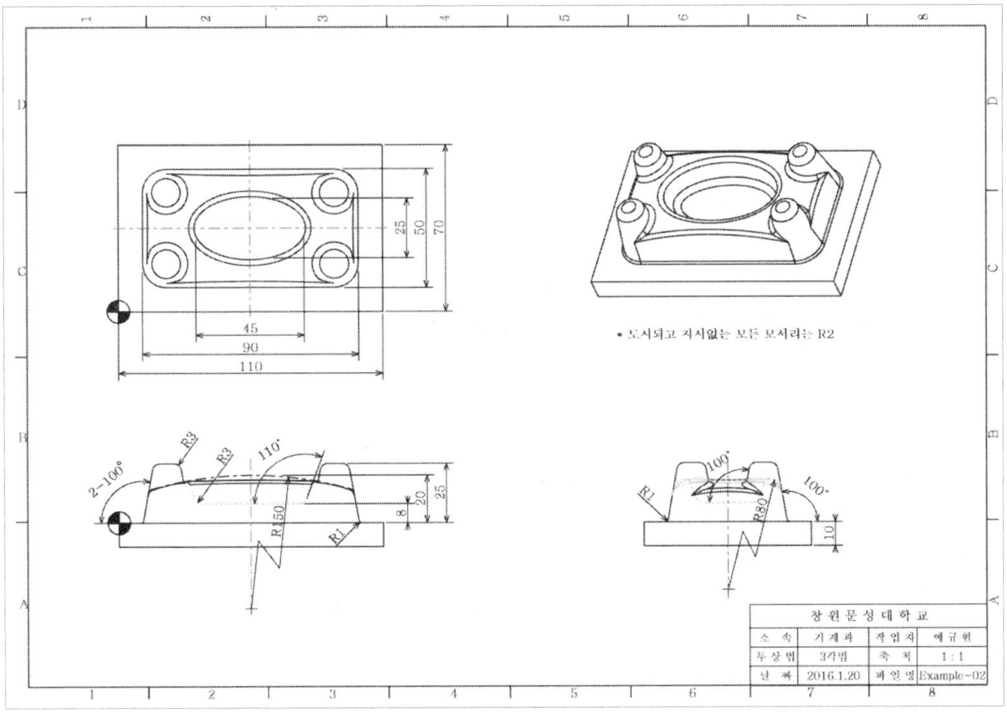

1. 형상 모델링

가공 원점 좌표 위치에 주의하여 도면을 보고 형상을 모델링한다.

2. 제조 파일 시작

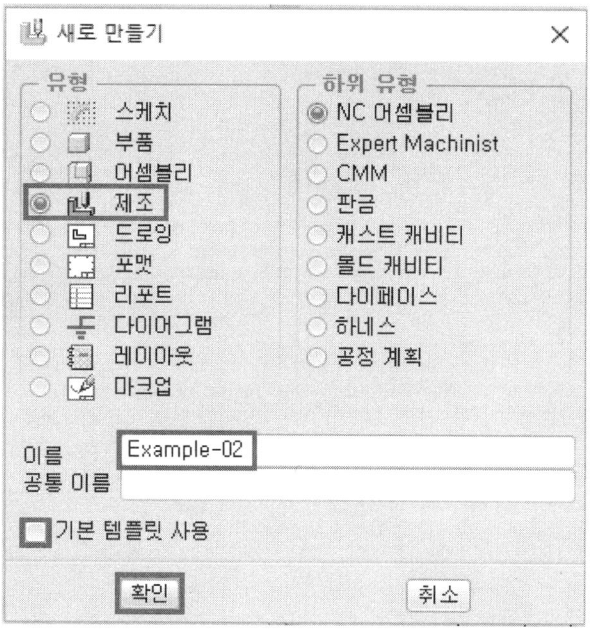

① 파일 유형 '제조', 하위 유형 'NC 어셈블리' 확인

② 파일 이름 'Example-02' 입력

③ 기본 템플릿 사용 체크(√) 클릭하여 해지

④ '확인' 클릭

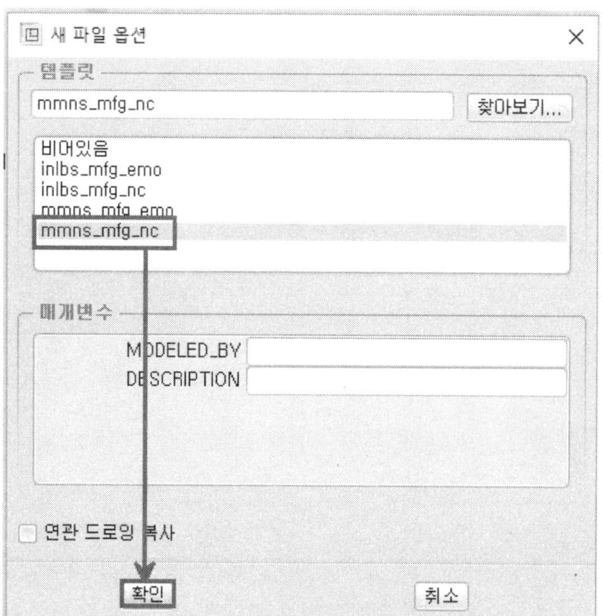

⑤ 새 파일 옵션 창의 템플릿 단위계 'mmns-mfg-nc' 선택 후 '확인' 클릭

3. 참조 모델 배치

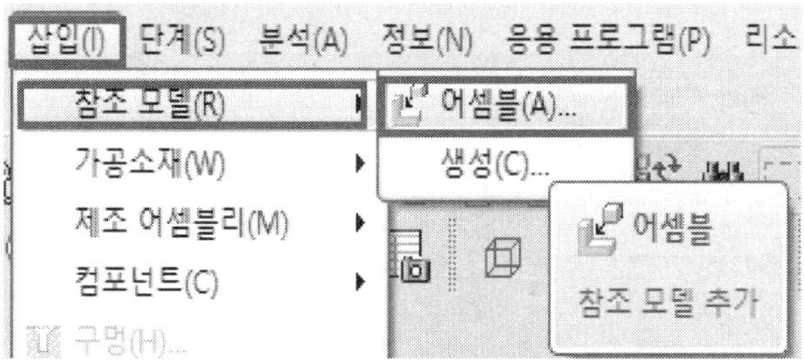

① 풀다운 메뉴 '삽입' – '참조 모델' – '어셈블' 선택

② 또는 오른쪽 도구 아이콘에서 참조 모델 어셈블() 도구 아이콘 클릭

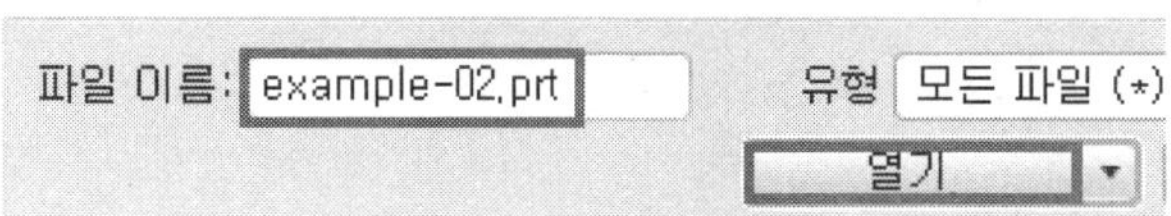

③ 열기 창에서 해당 모델링 파일(example-02.prt)을 불러온다.

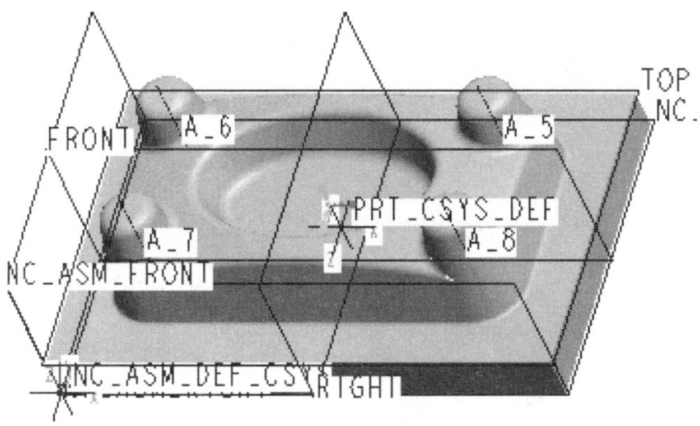

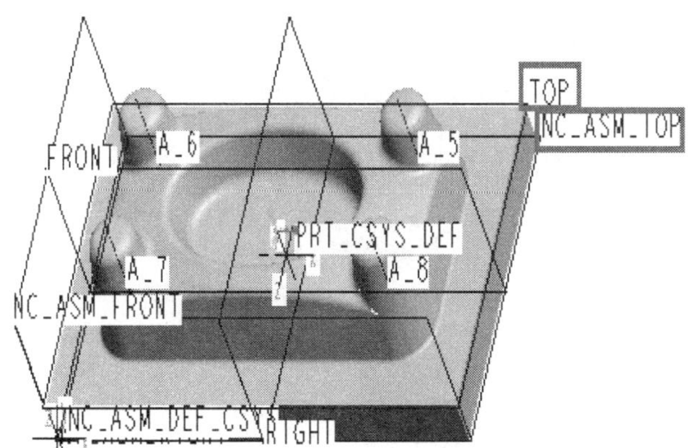

④ 어셈블리 'TOP' 평면과 부품 모델의 'TOP' 평면 선택

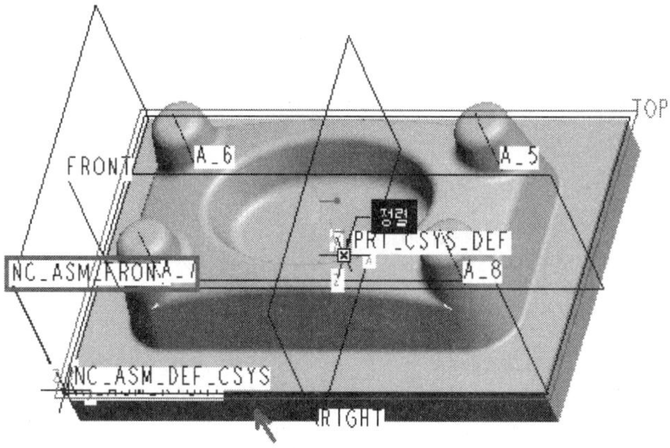

⑤ 어셈블리 'FRONT' 평면과 부품 모델의 앞쪽 측면(화살표 표시) 선택

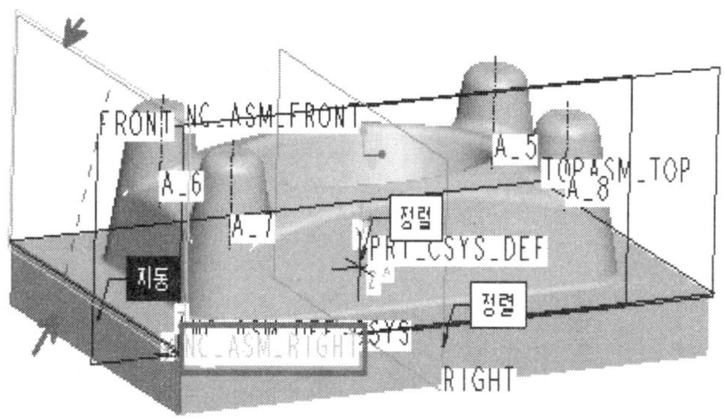

⑥ 어셈블리 'RIGHT' 평면과 부품 모델의 좌측 측면(화살표 표시) 선택

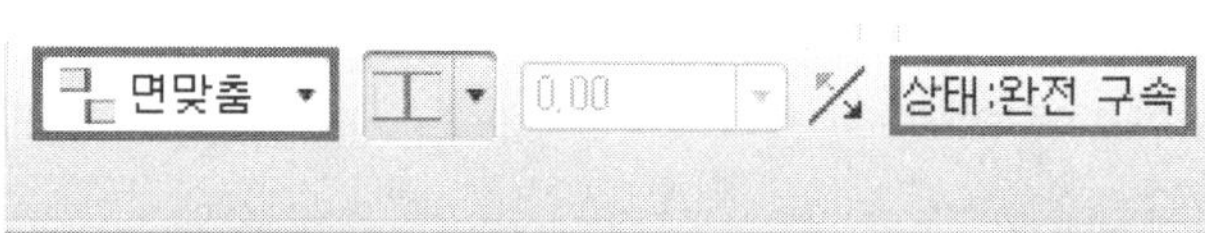

⑦ 배치 상태 '완전 구속' 됨

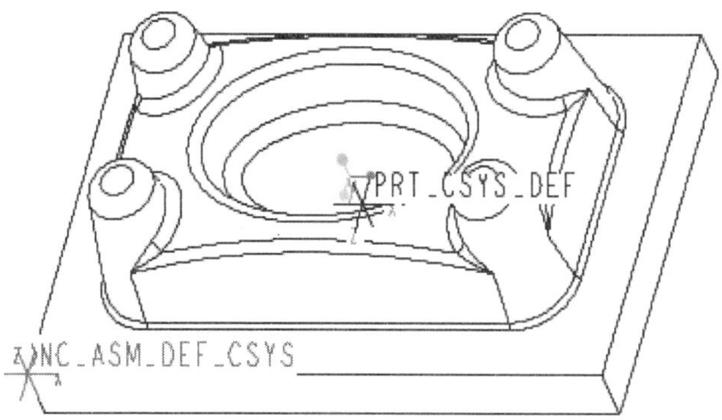

⑧ 대시보드 창을 닫는다.(✔)

⑨ 어셈블리의 기본 좌표계의 위치가 프로그램 원점 위치와 일치

⑩ 기본 좌표계의 경우 축 방향이 공작기계의 축 방향과 동일하여 프로그램 원점을 위한 좌표계 생성 불필요

4. 가공소재 생성

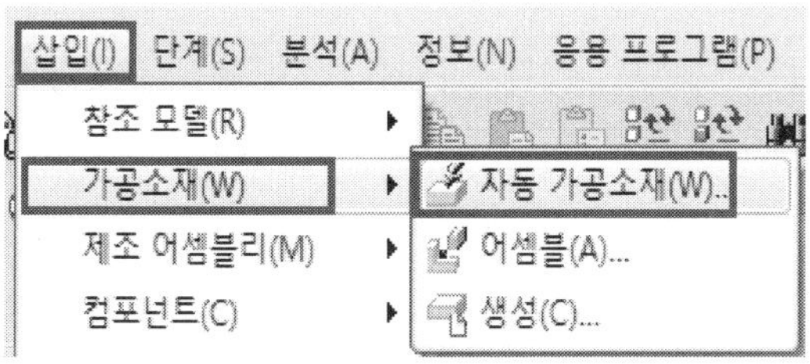

① 풀다운 메뉴 '삽입' – '가공소재' – '자동 가공소재' 선택

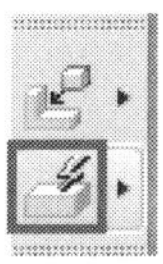

② 또는 우측 도구 바에서 자동 가공소재( ) 도구 클릭

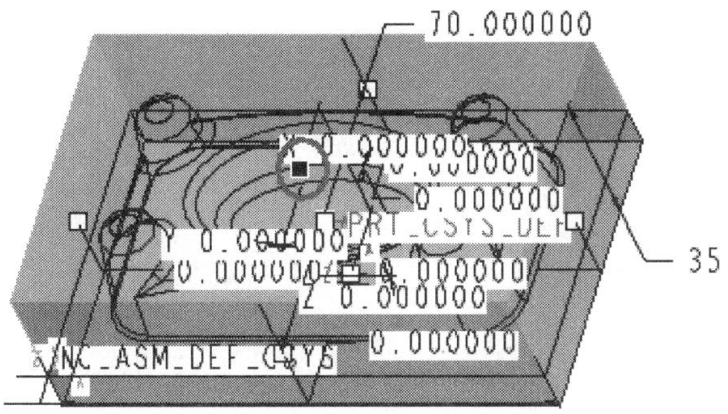

③ 소재의 가로, 세로, 높이 치수가 자동으로 생성

④ 높이 치수 수정을 위해 마우스를 원 표시 부분의 사각 박스 위로 이동

⑤ 검은색으로 변환된 상태에서 클릭하여 위로 드래그(높이 치수 변화)

⑥ 변경된 높이 치수를 더블 클릭하여 '40'으로 수정

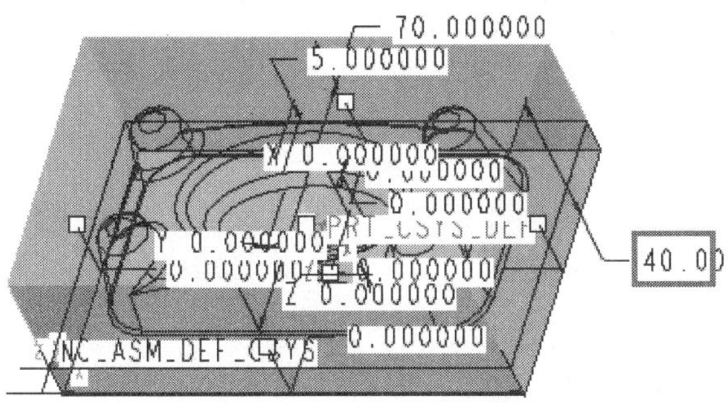

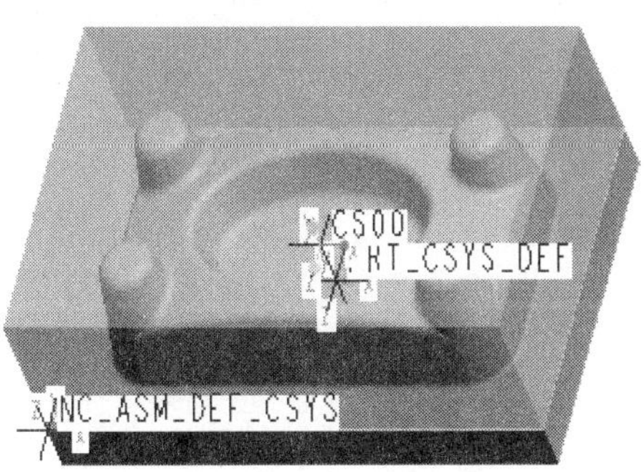

⑦ 대시보드 창을 닫는다.( )

5. 장비 설정

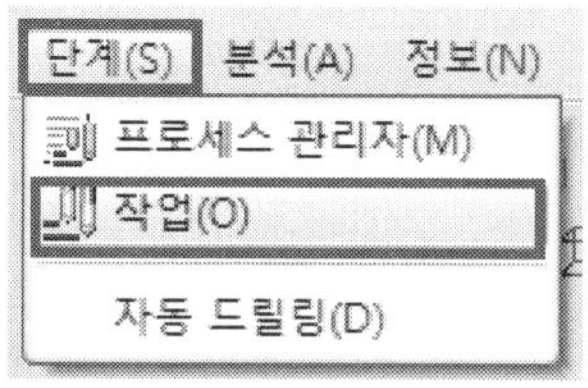

① 풀다운 메뉴 '단계' – '작업' 선택

② 작업 셋업 창 'NC 장비' 가공 공구 대화상자 열기( ) 아이콘 클릭

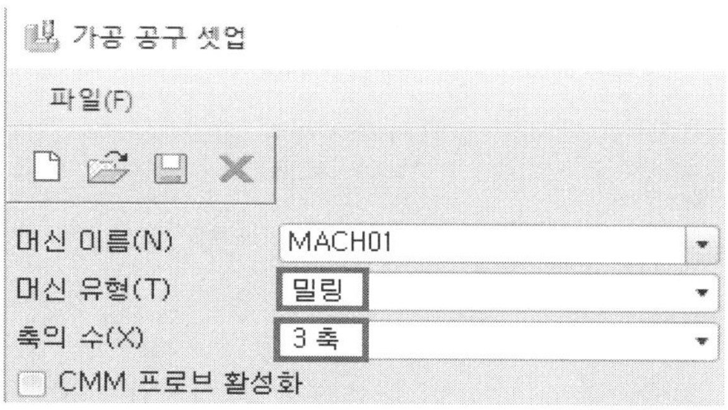

③ 가공 공구 셋업 창에 머신 유형 '밀링', 축의 수 '3축' 확인

④ '확인' 탭 클릭 창 닫는다.

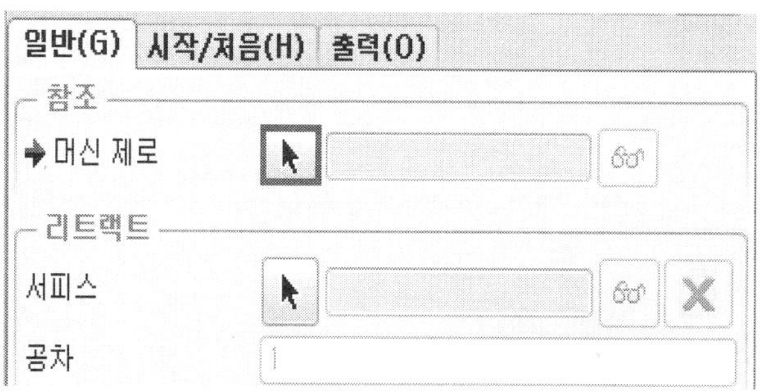

⑤ '머신 제로'의 선택 화살표 클릭

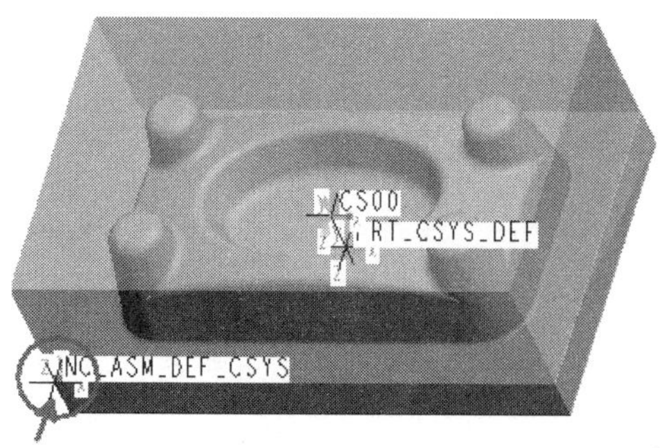

⑥ 어셈블리의 기본 좌표계 선택

⑦ 리트랙트 서피스 화살표 클릭

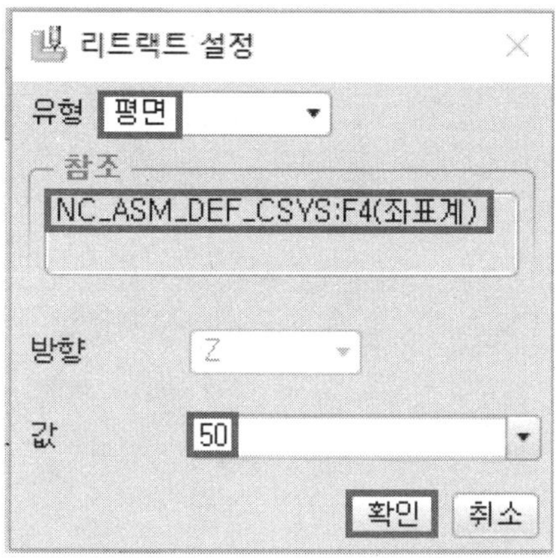

⑧ 안전 높이 값 '50' 수정 후 '확인'

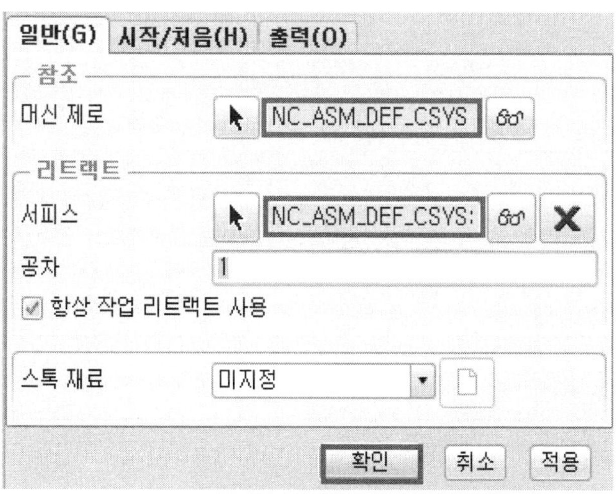

⑨ 작업 셋업 완료, '확인' 클릭

6. 황삭 가공

6.1 시퀀스 셋업 설정

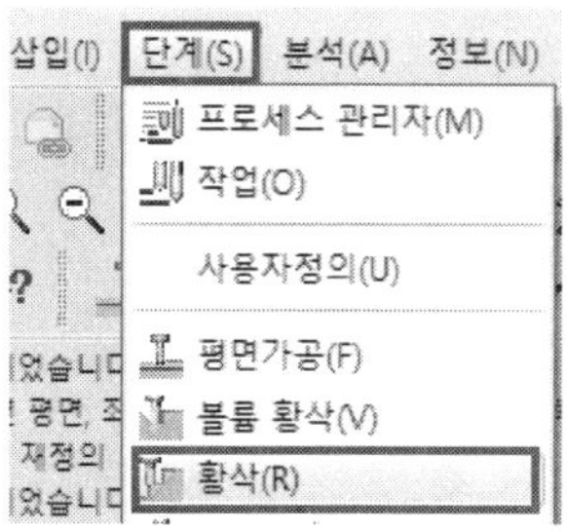

① 풀다운 메뉴 '단계' – '황삭' 선택 또는 황삭( ) 도구 아이콘 클릭

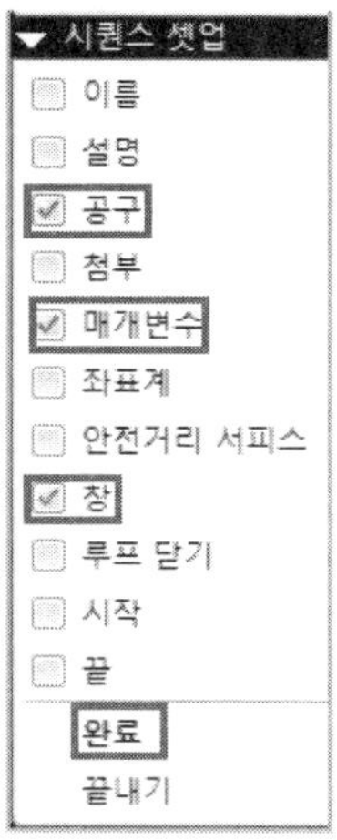

② 시퀀스 셋업 '공구', '매개변수', '창' 선택

③ '완료' 클릭

6.2 공구 설정

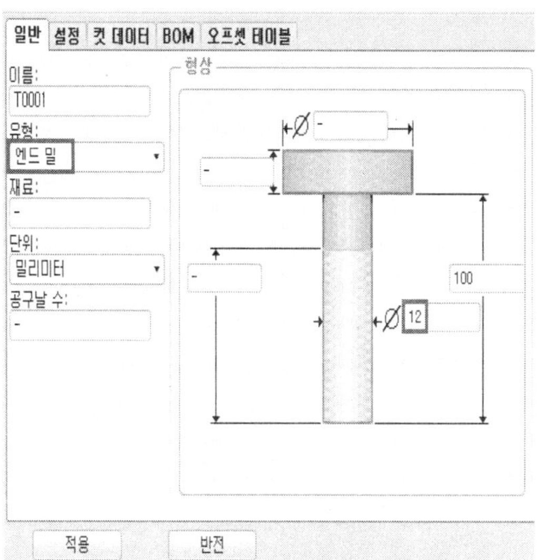

① 일반 탭 공구 유형 '엔드밀', 공구 직경 '12' 수정

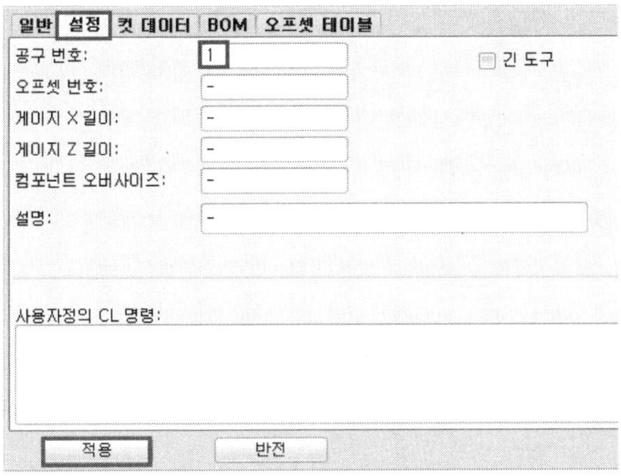

② '설정' 탭 공구 번호 '1' 수정

③ '적용' 탭 클릭

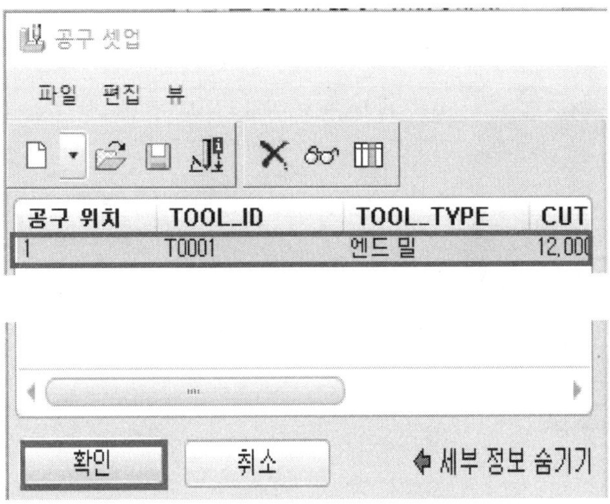

④ 좌측에 공구가 추가 된 것을 확인

⑤ '확인' 탭 클릭, 창 닫는다.

6.3 매개변수(절삭조건) 설정

매개변수 이름	황삭
CUT_FEED	100
STEP_OVER	5
MAX_STEP_DEPTH	6
CLEAR_DIST	0.5
SPINDLE_SPEED	1400

① 매개변수 중 '노란색' 칸만 입력

② CUT_FEED(이송) 100

③ STEP_OVER(경로간격) 5

④ MAX_STEP-DEPTH(절입량) 6

⑤ CLEAR_DIST(잔량) 0.5

⑥ SPINDLE_SPEED(회전수) 1,400 입력 후 '확인' 클릭

6.4 밀링 창 정의

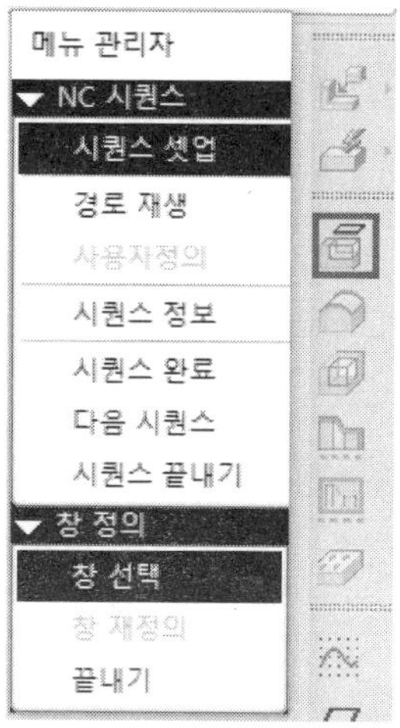

① '창정의' 선택에서 밀링 창 ( ) 도구 선택

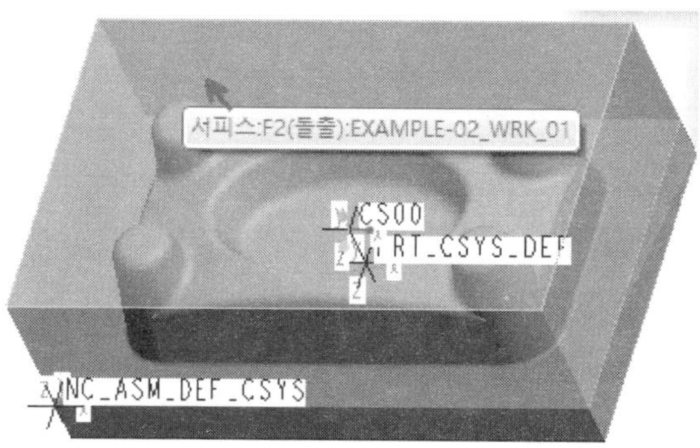

② 소재의 윗면 선택 후

③ 대시보드 창 닫는다.( )

6.5 가공 데이터 생성

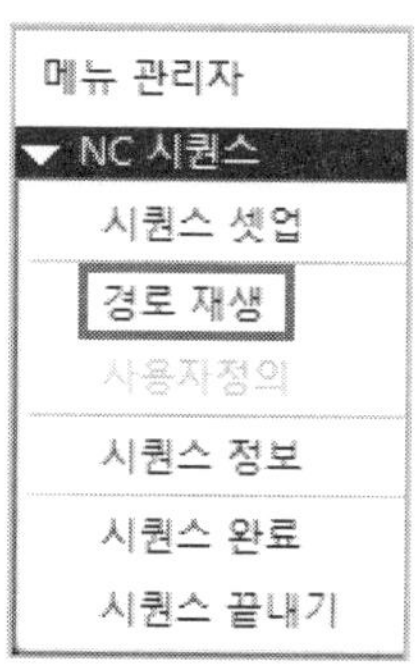

① 메뉴 관리자 '경로 재생' 선택

② 경로 재생 '화면 재생' 선택

③ 재생 버튼 클릭하면 공구 경로를 디스플레이 해 준다.

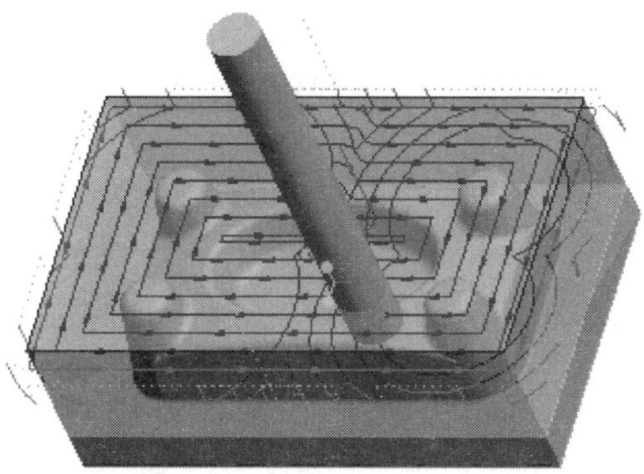

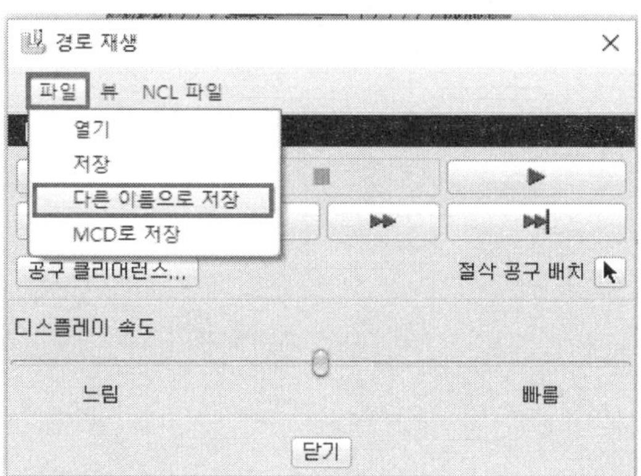

④ 경로 재생 창의 '파일' - '다른 이름으로 저장' 선택

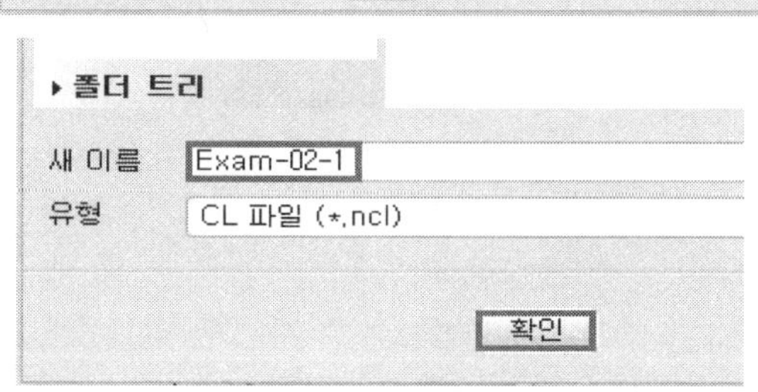

⑤ 파일 이름 'Exam-02-1' 입력 후 '확인' 클릭

⑥ 경로 재생 창 닫기

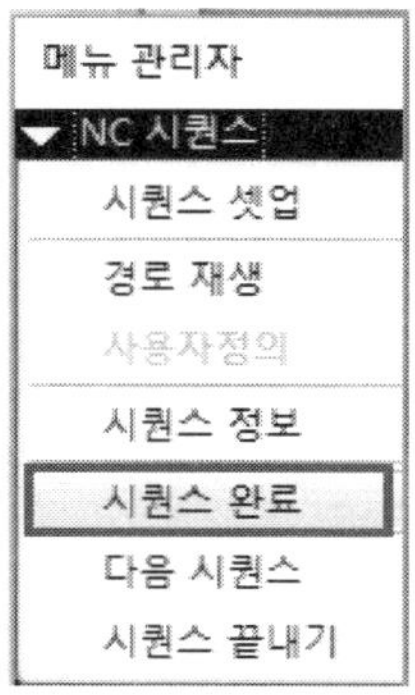

⑦ 메뉴 관리자 '시퀀스 완료' 클릭

6.6 NC 코드(G 코드) 생성

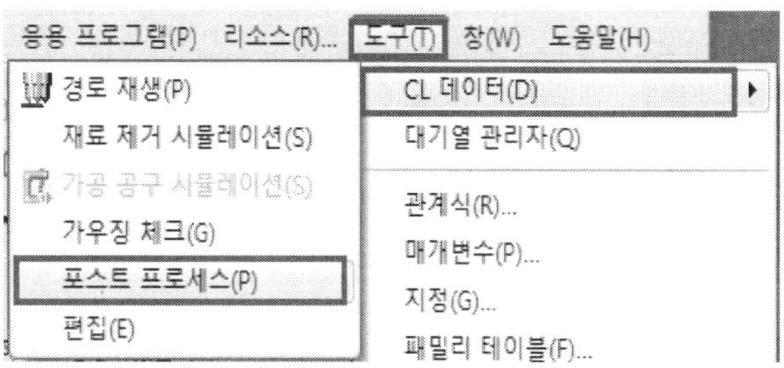

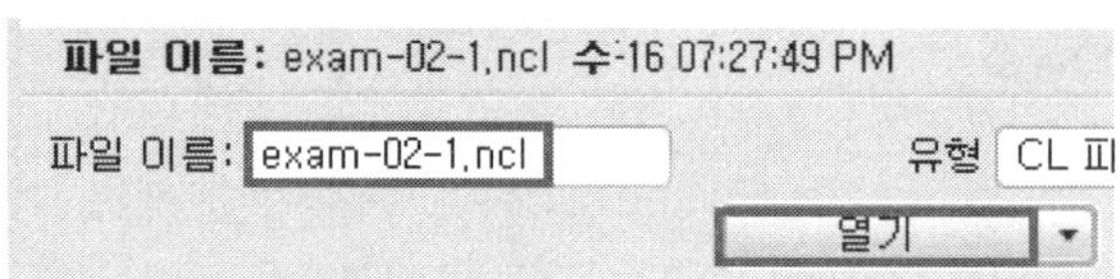

① 풀다운 메뉴 '도구' – 'CL 데이터' – '포스트 프로세스' 선택

② 경로 재생에서 저장한 파일(Exam-02-1.ncl)을 불러 온다.

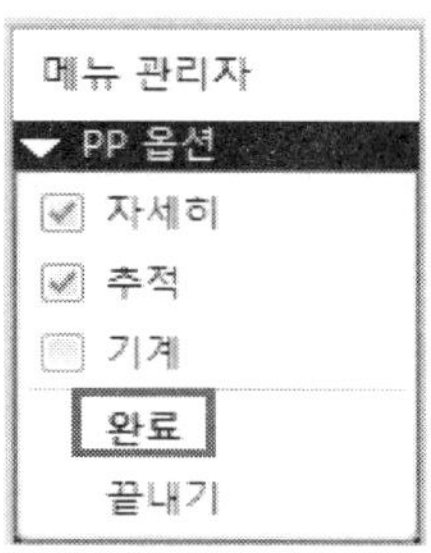

③ PP 옵션 '완료' 클릭

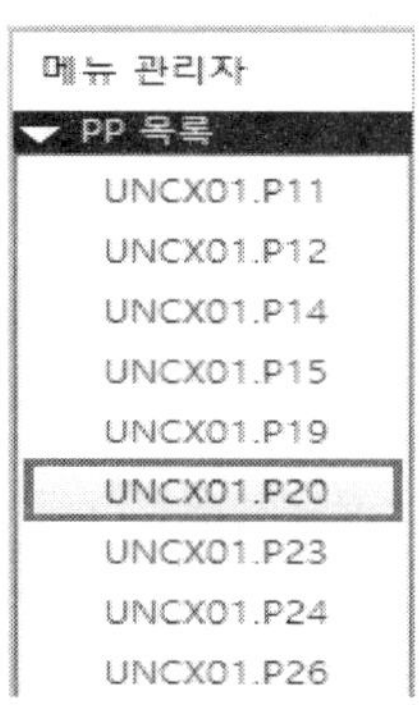

④ PP 목록 'UNCX01.P20' 선택

⑤ 정보 창 닫는다.

⑥ NC 코드 생성, 생성 파일은 Exam-02-1.tab으로 저장 됨

6.7 NC 코드 파일명 수정

① 작업 디렉토리에 저장된 'exam-02-1.tab' 파일의 확장자 'tab'을 'nc'로 수정하면 된다.

7. 정삭 가공

7.1 시퀀스 셋업 설정

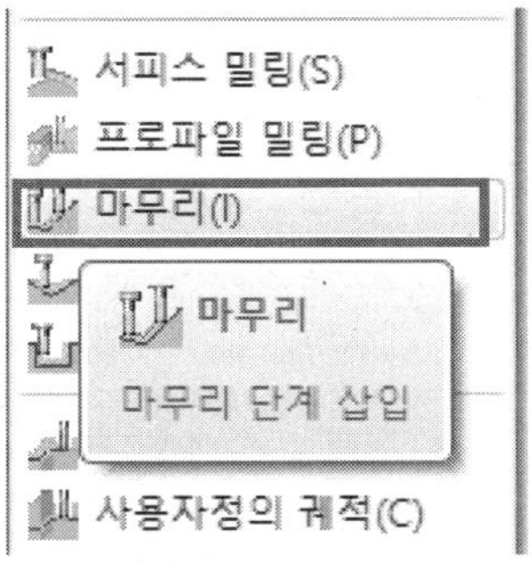

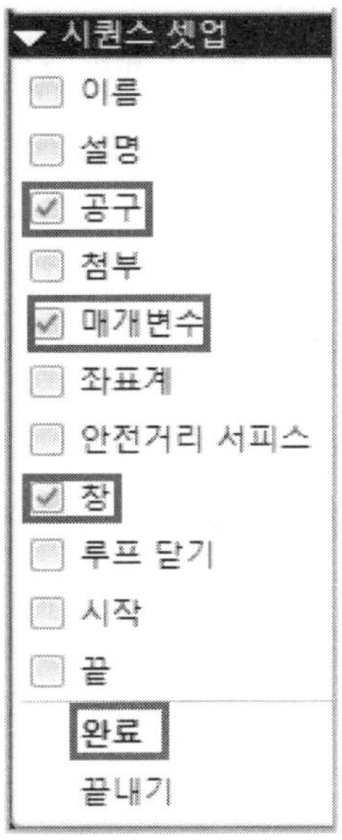

① 풀다운 메뉴 '단계' - '마무리' 선택 또는 마무리 ( ) 도구 아이콘 클릭

② 시퀀스 셋업 '공구', '매개변수', '창' 선택

③ '완료' 클릭

7.2 공구 설정

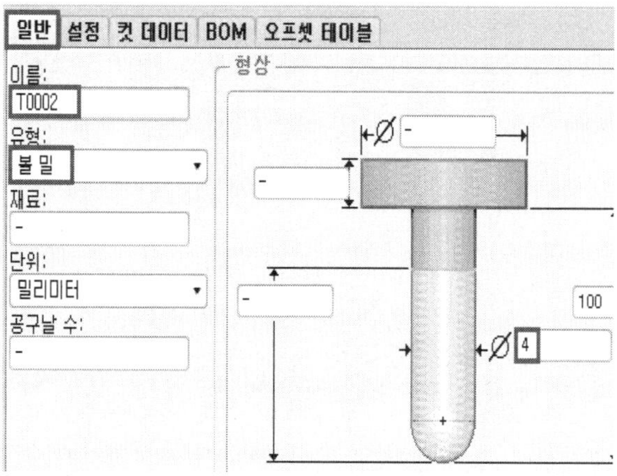

① ‘일반’ 탭 이름 'T0002', 공구 유형 ‘볼 밀’, 공구 직경 ‘4’ 수정

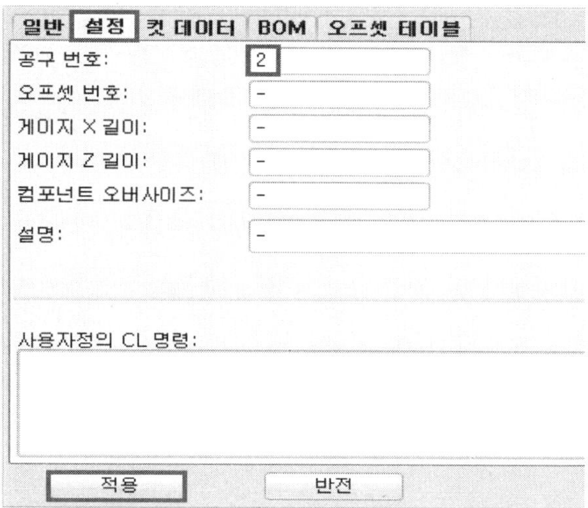

② ‘설정’ 탭 공구 번호 ‘2’ 수정

③ ‘적용’ 탭 클릭

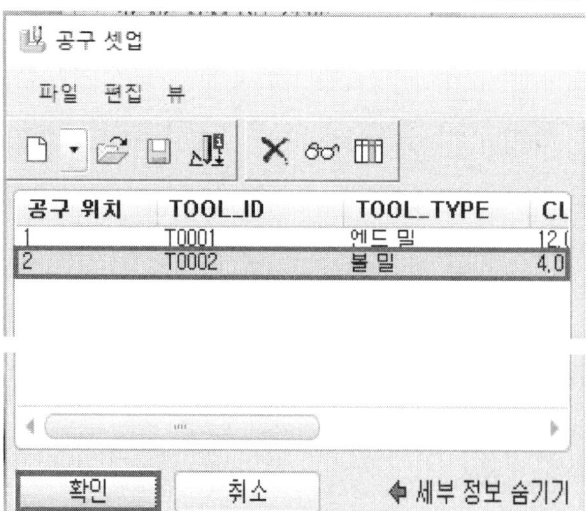

④ 좌측에 공구가 추가 된 것을 확인

⑤ ‘확인’ 탭 클릭, 창 닫는다.

7.3 매개변수(절삭조건) 설정

매개변수 이름	FINISHING
CUT_FEED	90
STEP_OVER	1
CLEAR_DIST	0
SPINDLE_SPEED	1800

① 매개변수 중 ‘노란색’ 칸만 입력
② CUT_FEED(이송) 90
③ STEP_OVER(경로간격) 1
④ CLEAR_DIST(잔량) 0
⑤ SPINDLE_SPEED(회전수) 1800 입력 후 ‘확인’ 클릭

7.4 밀링 창 정의

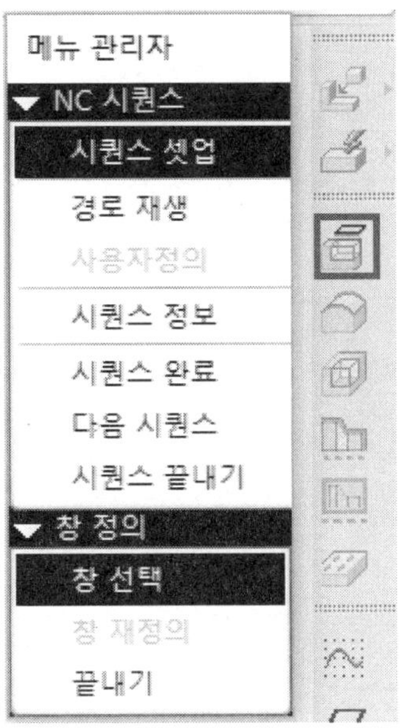

① 창 정의 선택에서 밀링 창 ( ) 도구 선택

② 소재의 윗면 선택 후

③ 대시보드 창 닫는다.( )

7.5 가공 데이터 생성

① 메뉴 관리자 '경로 재생' 선택

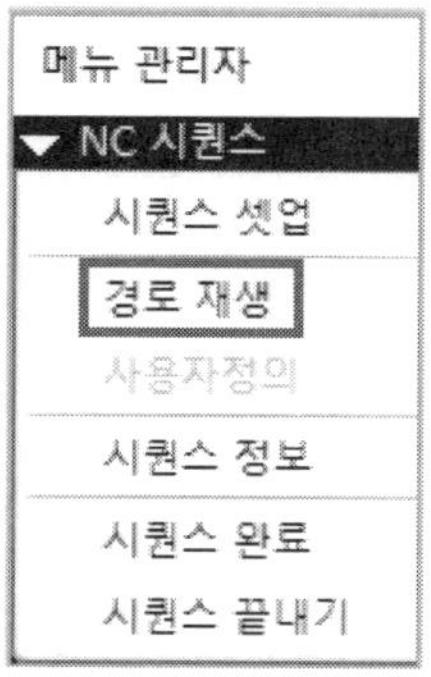

② 경로 재생 '화면 재생' 선택

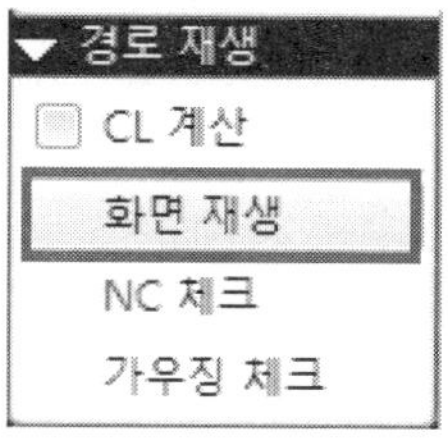

③ 재생 버튼 클릭하면 공구 경로를 디스플레이 해 준다.

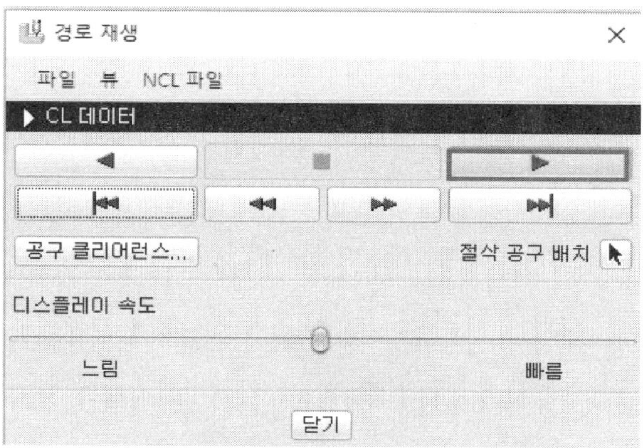

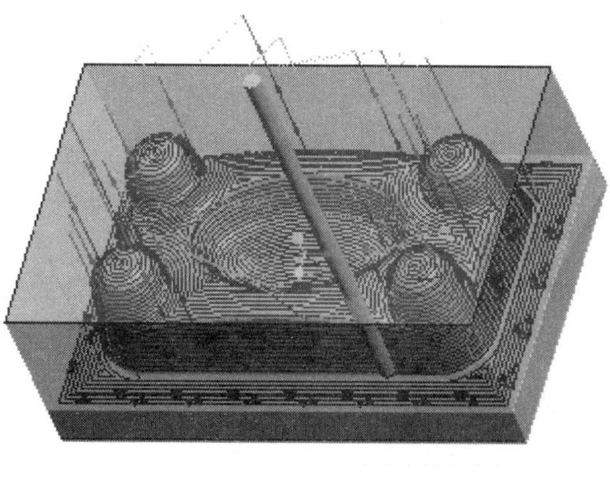

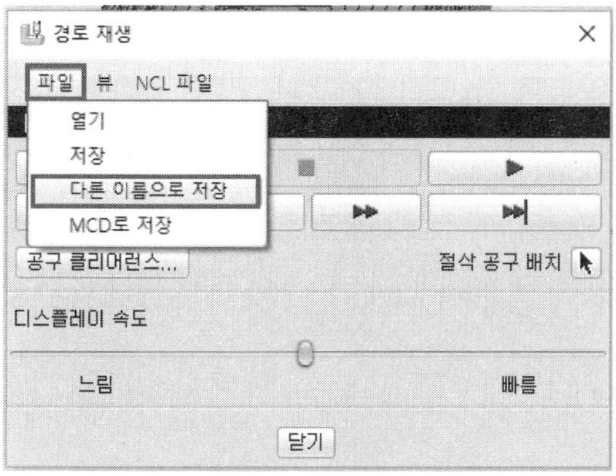

④ 경로 재생창의 '파일' - '다른 이름으로 저장' 선택

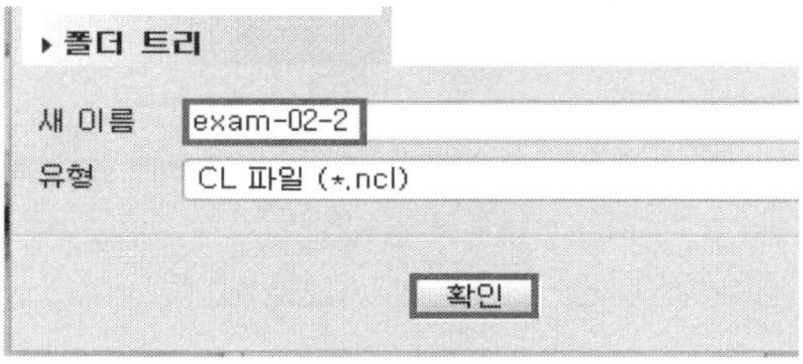

⑤ 파일 이름 'Exam-02-2' 입력 후 ' 확인 ' 클릭

⑥ 경로 재생 창 닫기

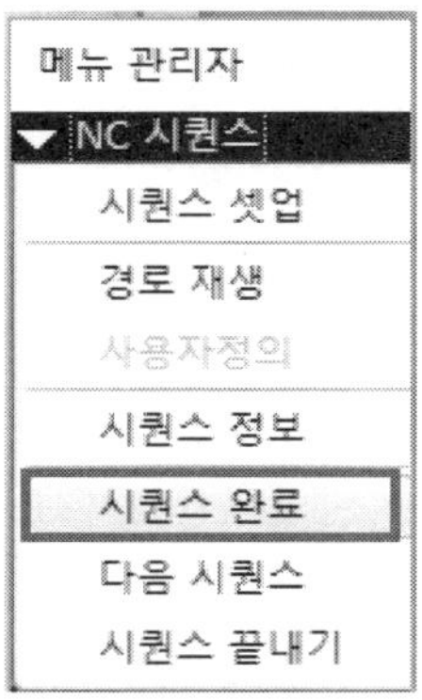

⑦ 메뉴 관리자 '시퀀스 완료' 클릭

7.6 NC 코드(G 코드) 생성

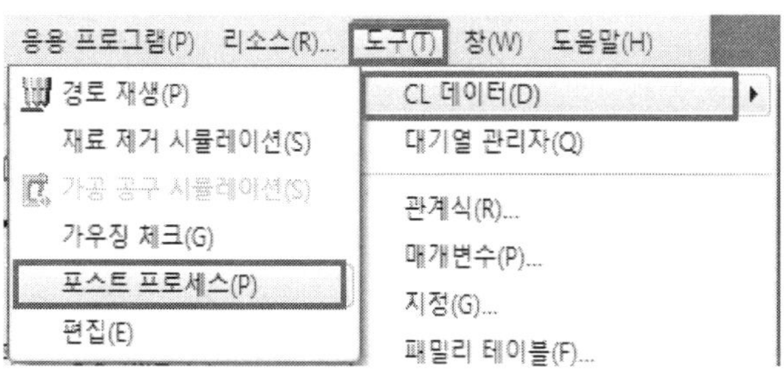

① 풀다운 메뉴 '도구' - 'CL 데이터' - '포스트 프로세스' 선택

② 경로 재생에서 저장한 파일(Exam-02-2.ncl)을 불러 온다.

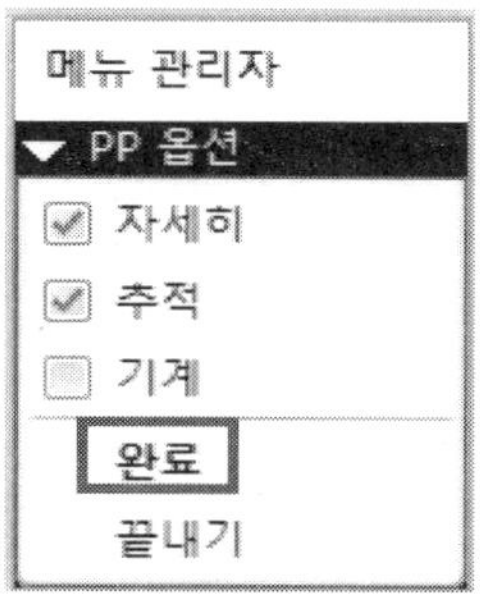

③ PP 옵션 '완료' 클릭

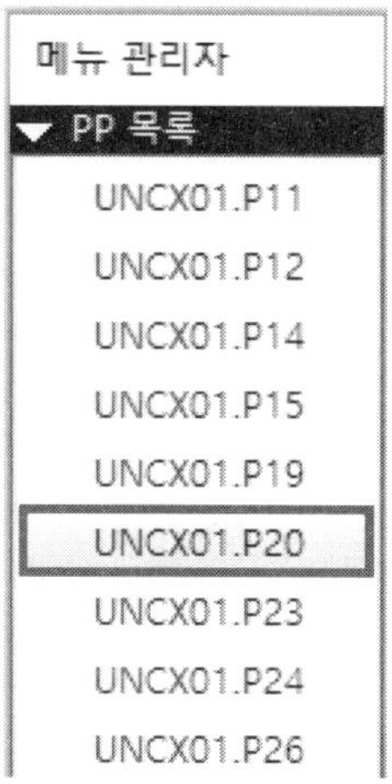

④ PP 목록 'UNCX01.P20' 선택

⑤ 정보 창 닫는다.

⑥ NC 코드 생성, 생성 파일은 Exam-02-2.tab 저장됨

7.7 NC 코드 파일명 수정

① 작업 디렉토리에 저장된 'exam-02-2.tab' 파일의 확장자 'tab'을 'nc'로 수정하면 된다.

8. 잔삭 가공

8.1 시퀀스 셋업 설정

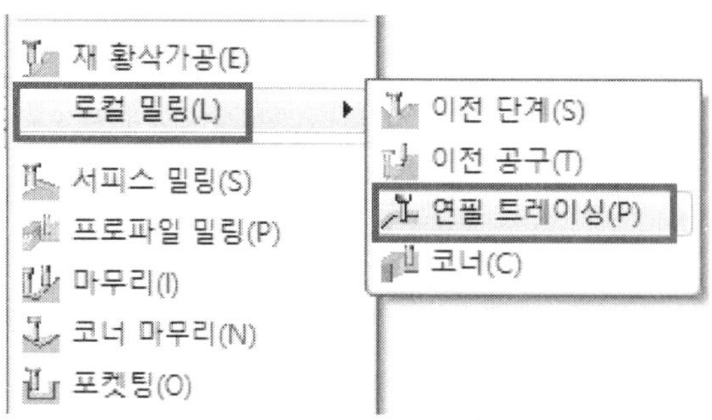

① 풀다운 메뉴 '단계' - '로컬 밀링' - '연필 트레이싱' 선택 또는 연필 트레이싱( ) 도구 아이콘 클릭

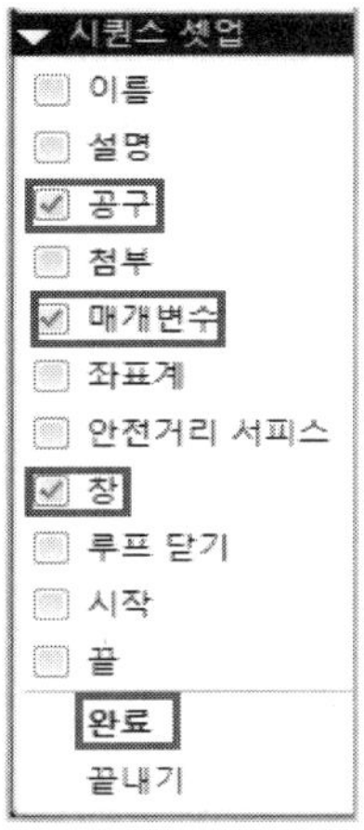

② 시퀀스 셋업 '공구', '매개변수', '창' 선택

③ '완료' 클릭

8.2 공구 설정

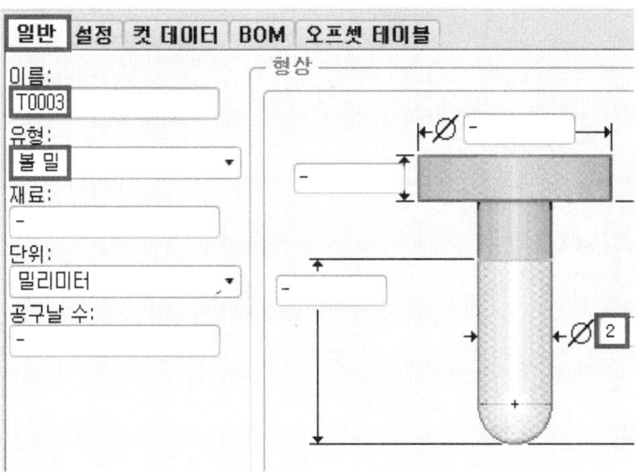

① '일반' 탭 이름 'T0003', 공구 유형 '볼 밀', 공구 직경 '2' 수정

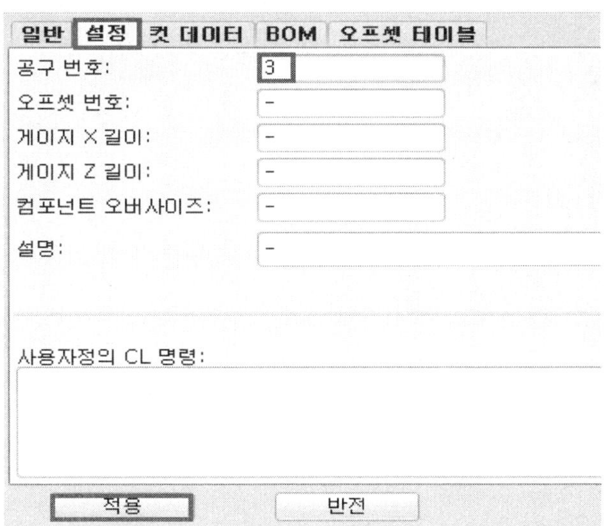

② '설정' 탭 공구 번호 '3' 수정

③ '적용' 탭 클릭

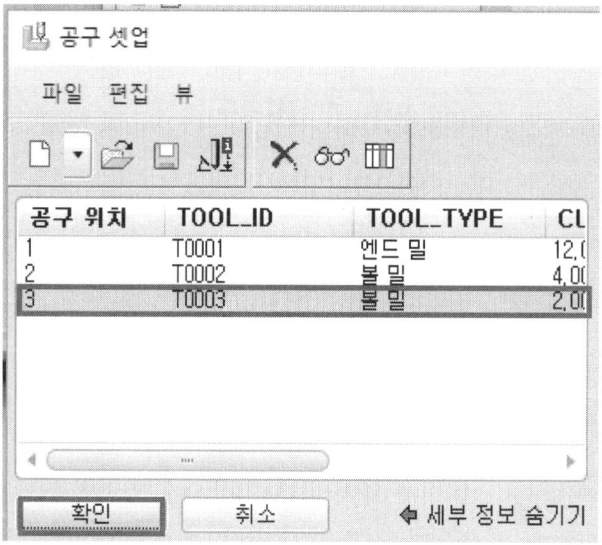

④ 좌측에 공구가 추가 된 것을 확인

⑤ '확인' 탭 클릭, 창 닫는다.

8.3 매개변수(절삭조건) 설정

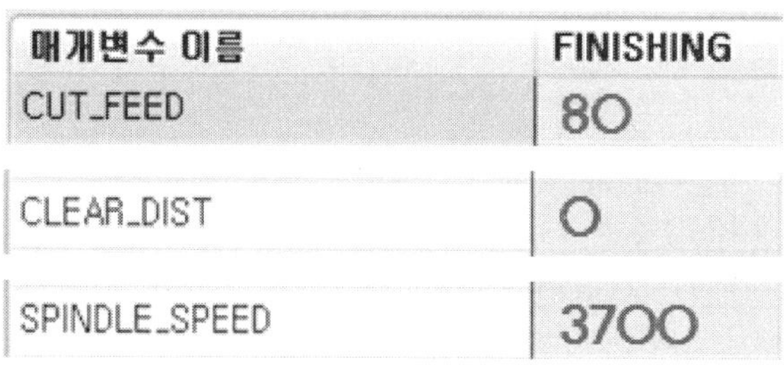

① 매개변수 중 '노란색' 칸만 입력

② CUT_FEED(이송) 80

③ CLEAR_DIST(잔량) 0

④ SPINDLE_SPEED(회전수) 3700 입력 후 '확인' 클릭

8.4 밀링 창 정의

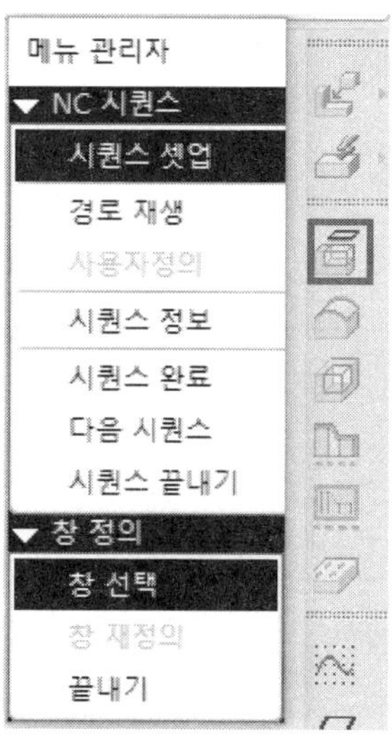

① 창 정의 선택에서 밀링 창 () 도구 선택

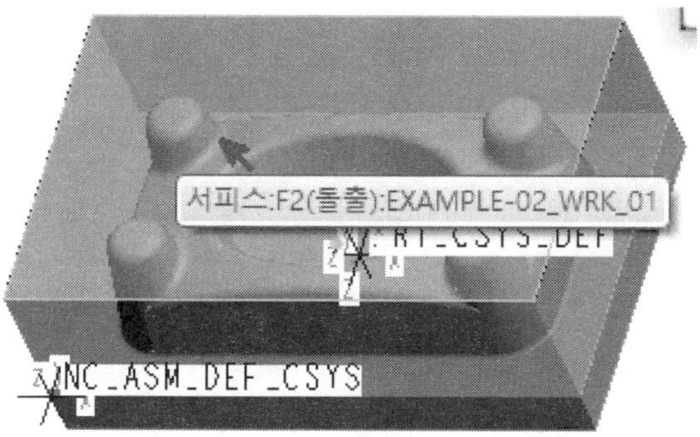

② 소재의 윗면 선택 후

③ 대시보드 창 닫는다.(✔)

8.5 가공 데이터 생성

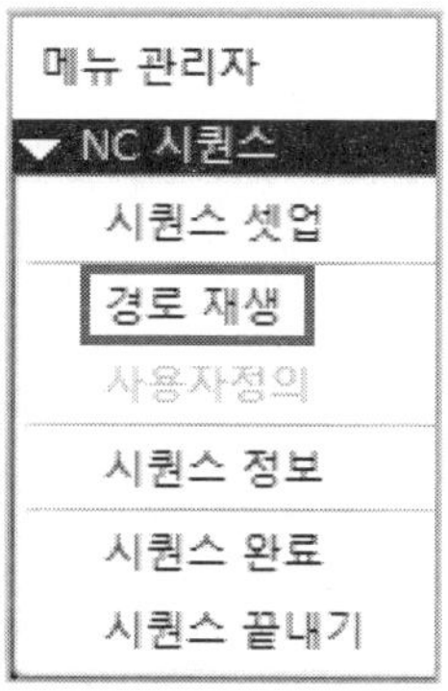

① 메뉴 관리자 '경로 재생' 선택

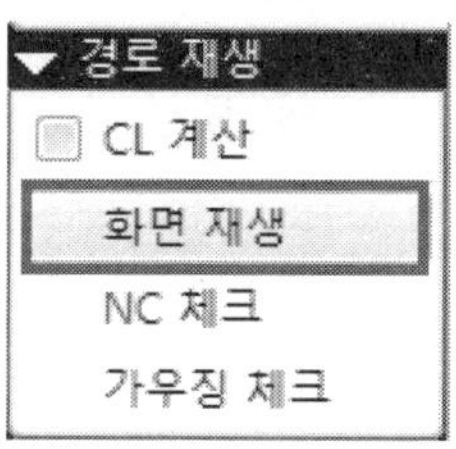

② 경로 재생 '화면 재생' 선택

③ 재생 버튼 클릭하면 공구 경로를 디스플레이 해 준다.

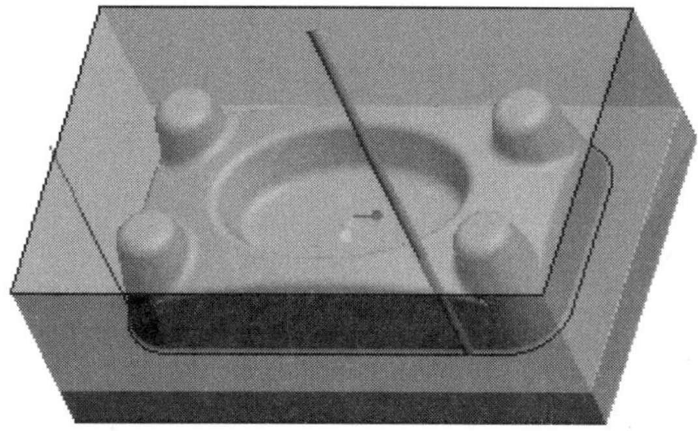

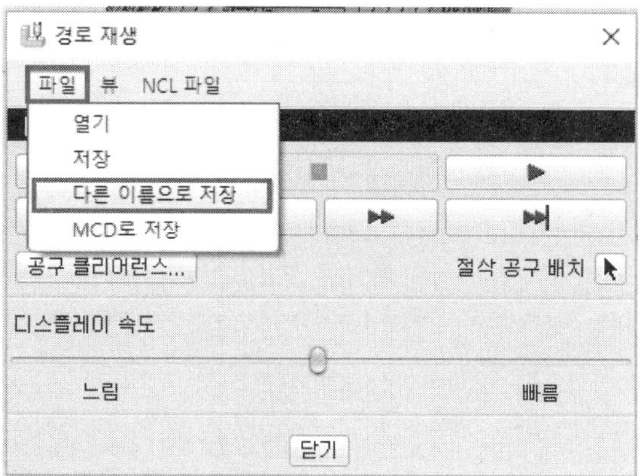

④ 경로 재생창의 '파일' - '다른 이름으로 저장' 선택

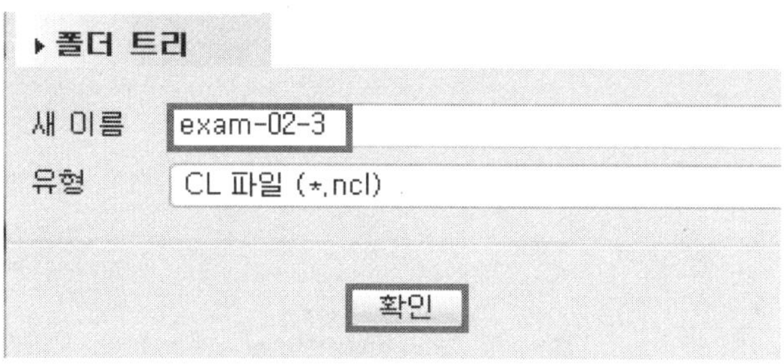

⑤ 파일 이름 'Exam-02-3' 입력 후 ' 확인 ' 클릭

⑥ 경로 재생 창 닫기

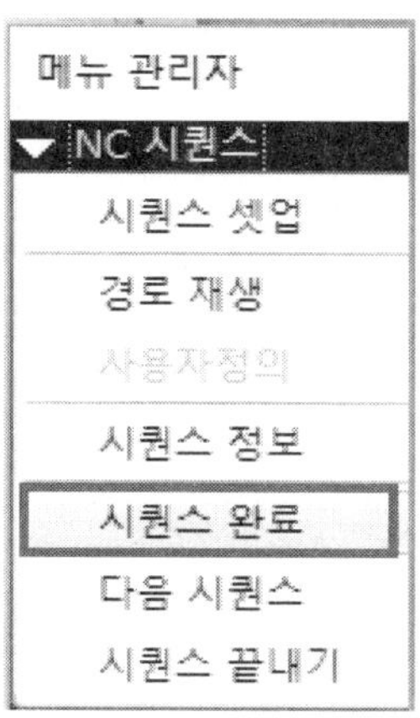

⑦ 메뉴 관리자 '시퀀스 완료' 클릭

8.6 NC 코드(G 코드) 생성

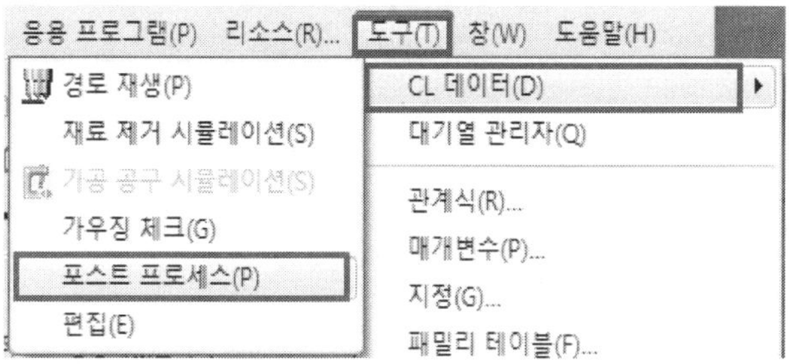

① 풀다운 메뉴 ‘도구’ - ‘CL 데이터’ - ‘포스트 프로세스’ 선택

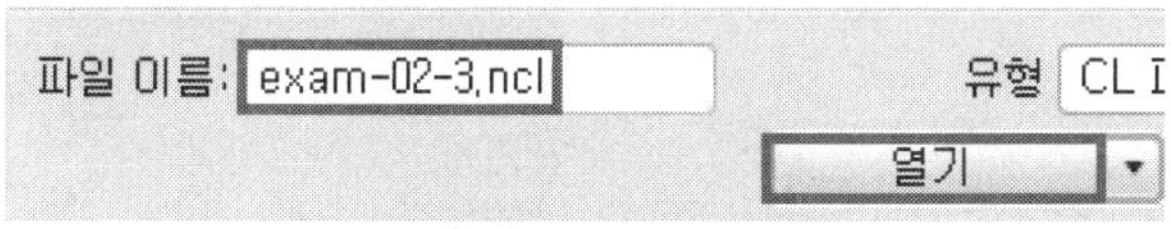

② 경로 재생에서 저장한 파일(Exam-02-3.ncl)을 불러 온다.

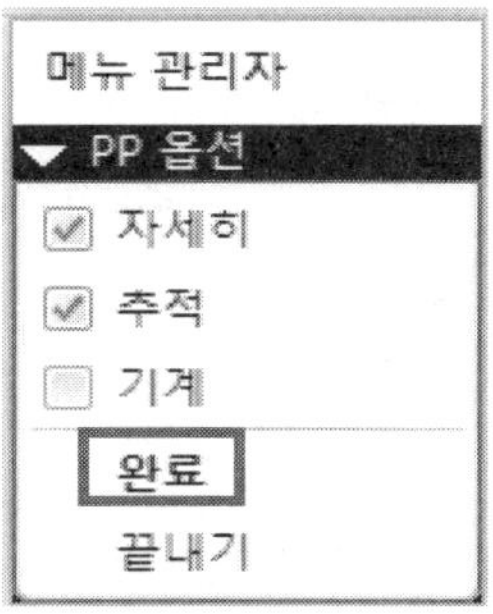

③ PP 옵션 ‘완료’ 클릭

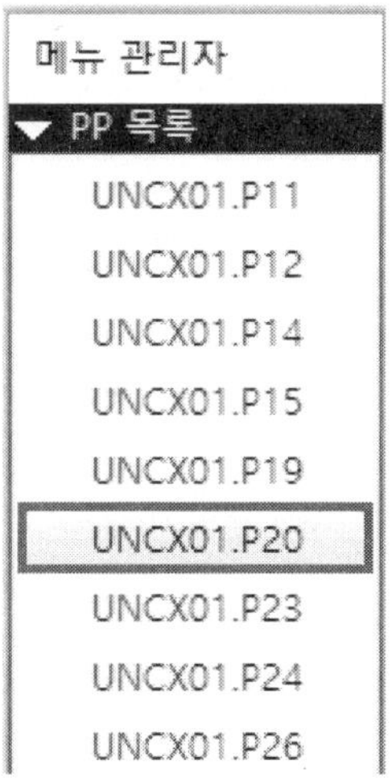

④ PP 목록 'UNCX01.P20' 선택

⑤ 정보 창 닫는다.

⑥ NC 코드 생성, 생성 파일은 Exam-02-3.tab 저장됨

8.7 NC 코드 파일명 수정

① 작업 디렉토리에 저장된 'exam-02-3.tab' 파일의 확장자 ‘tab'을 'nc'로 수정하면 된다.

3. 파트 좌표계를 프로그램 원점으로 하여 모델링한 경우

자격종목	컴퓨터응용가공 산업기사	작업 1	NC data 작업

1. 시험 시간 : 표준시간 2시간 30분, 연장시간 20분(매 10분마다 3점씩 감점)

2. NC 데이터 절삭 지시서

공구번호	작업내용	공구조건		경로간격 (mm)	절삭조건				비고
		종류	직경		회전수 (rpm)	이송 (mm/min)	절입량 (mm)	잔량 (mm)	
1	황삭	평E/M	ø12	5	1400	100	6	0.5	
2	정삭	볼E/M	ø4	1	1800	90			
3	잔삭	볼E/M	ø2		3700	80			Pencil

3. 수검자 주의 사항

가. 반드시 도면에 명시된 원점을 기준으로 모델링 및 NC data를 생성하여야 한다.(임의로 원점을 변경하여 작업할 시에는 채점 시 불이익을 받을 수 있다.)

나. NC data 생성 후 T code, M code 등은 절삭 지시서에 맞도록 반드시 수정하여야 한다.

다. NC data 시작부분은 아래와 같이 순서대로 2블록을 삽입하여 시작되도록 편집한다.

G90 G80 G40 G49 G17;

T01 M06; (황삭의 경우) 또는 T02 M06; (정삭의 경우) 또는 T03 M06; (잔삭의 경우)

라. 공작물을 고정하는 베이스(10mm) 부위는 제외하고 윗부분만 NC data를 생성하여야 한다.

마. 황삭 가공에서 Z 방향의 시작 높이는 공작물의 상면으로부터 10mm 높은 곳으로 정한다.

바. 안전 높이는 원점에서 Z 방향으로 50mm 높은 곳으로 한다.

사. 소재의 규격은 가로(120mm) × 세로(75mm) × 높이(40mm)로 한다.

아. 시험 종료 시 디스켓의 제출 자료는 다음과 같다.

- 다 음 -

① 황삭 NC data (exam-03-1.nc)
② 정삭 NC data (exam-03-2.nc)
③ 잔삭 NC data (exam-03-3.nc)

※ 수검자 주의사항 및 절삭 데이터 지시서 등은 실제 시험내용과는 다를 수 있으므로 유의한다.

4. 모델링 도면

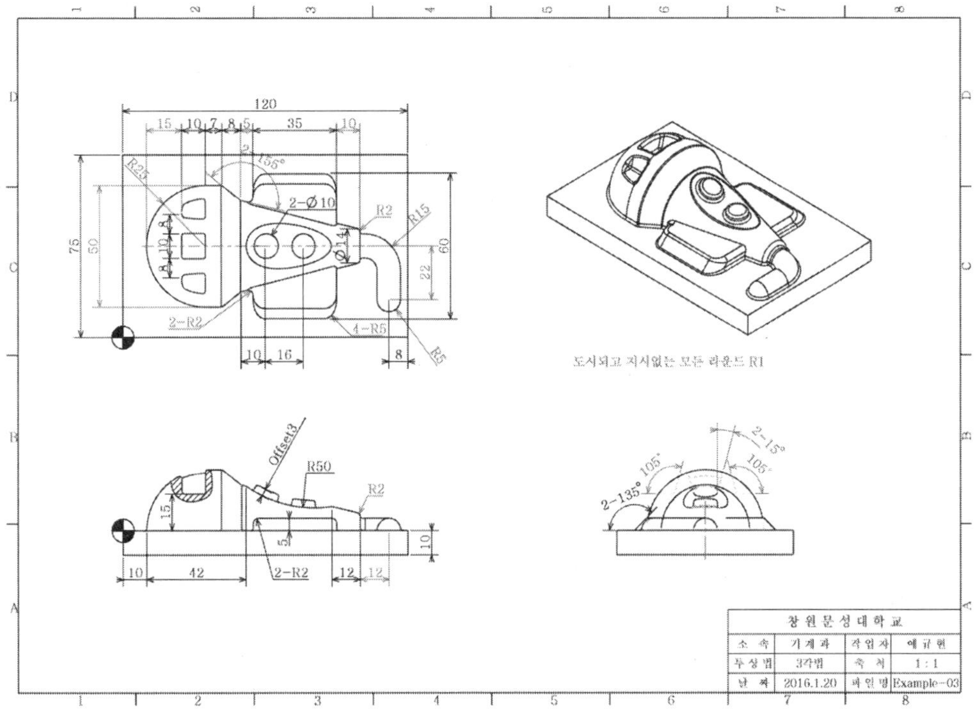

1. 형상 모델링

파트 모델링 기본 좌표계를 프로그램 원점 위치와 동일하게 위치시켜 도면을 보고 형상을 모델링한다.

2. 제조 파일 시작

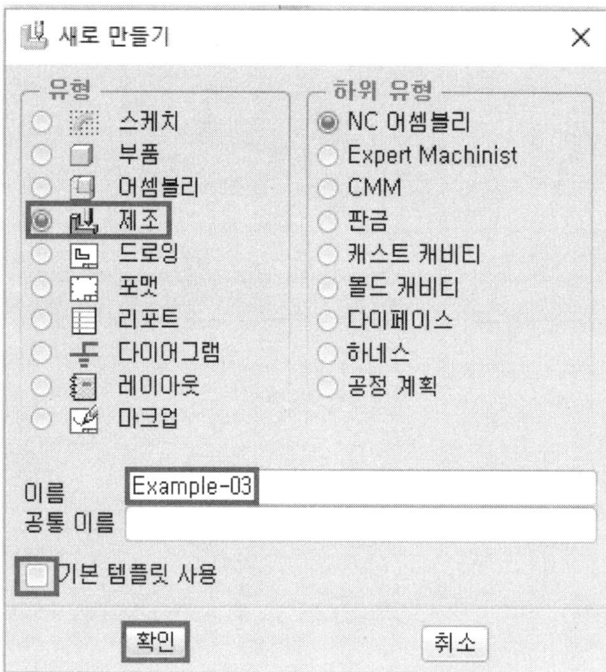

① 파일 유형 '제조', 하위 유형 'NC 어셈블리' 확인

② 파일 이름 'Example-03' 입력

③ 기본 템플릿 사용 체크(√) 클릭하여 해지

④ '확인' 클릭

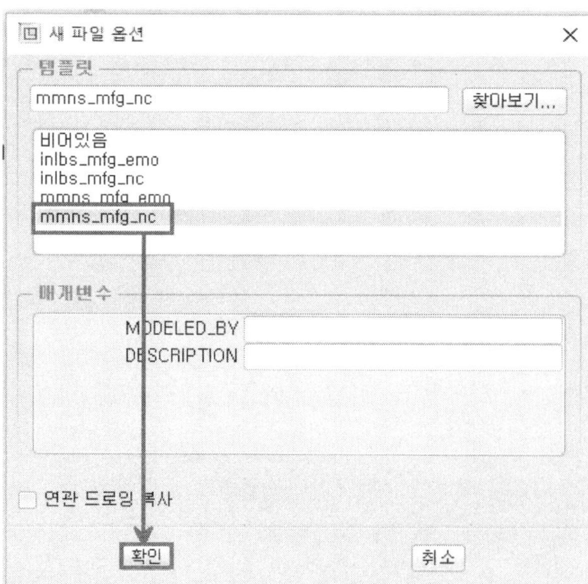

⑤ 새 파일 옵션 창의 템플릿 단위계 'mmns-mfg-nc' 선택 후 '확인' 클릭

3. 참조 모델 배치

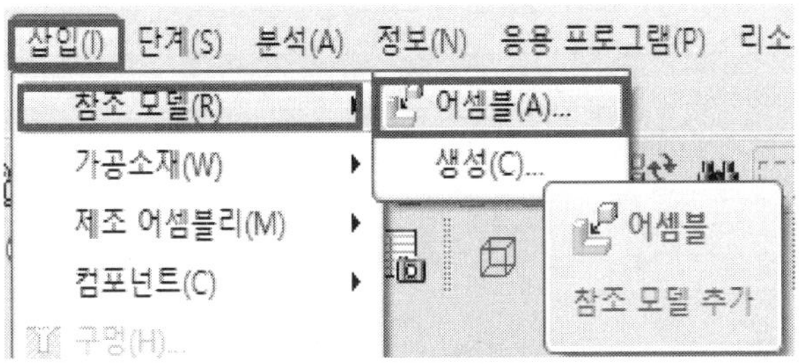

① 풀다운 메뉴 '삽입' - '참조 모델' - '어셈블' 선택

② 또는 오른쪽 도구 아이콘에서 참조 모델 어셈블() 도구 아이콘 클릭

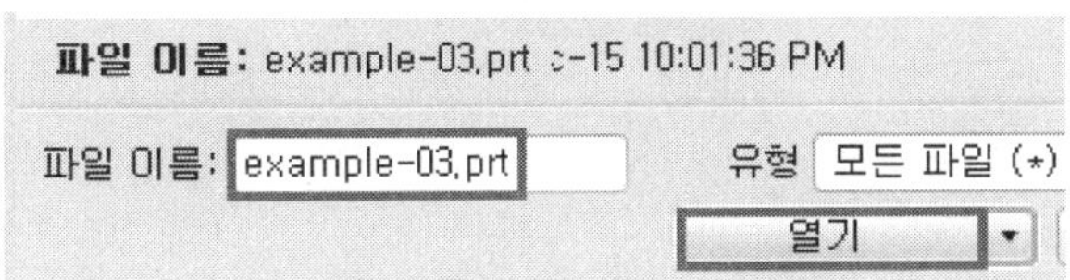

③ 열기 창에서 해당 모델링 파일(example-03.prt)을 불러온다.

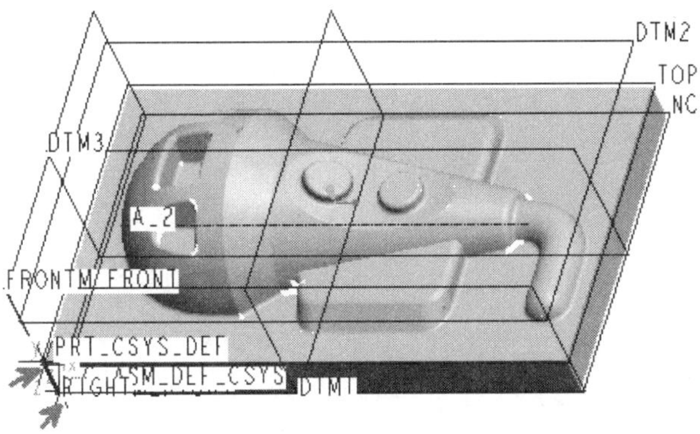

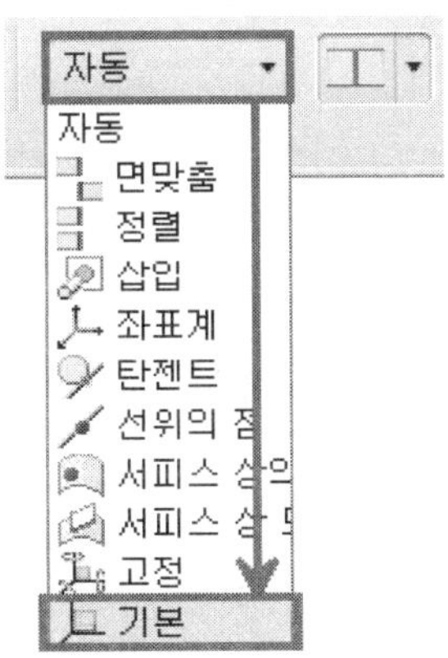

④ <u>대시보드 창의 배치 유형 '자동' - '기본' 선택</u>

⑤ <u>NC ASM DEF CSYS 좌표계가 공작물 원점에 맞게 배치</u>

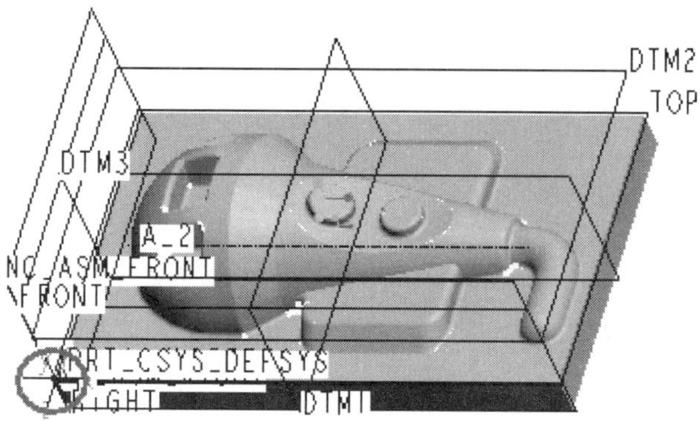

⑥ '기본' 배치 유형은 파트 파일의 기본 좌표계와 어셈블리 파일의 기본 좌표계를 일치 구속

⑦ 배치 상태 '완전 구속' 됨

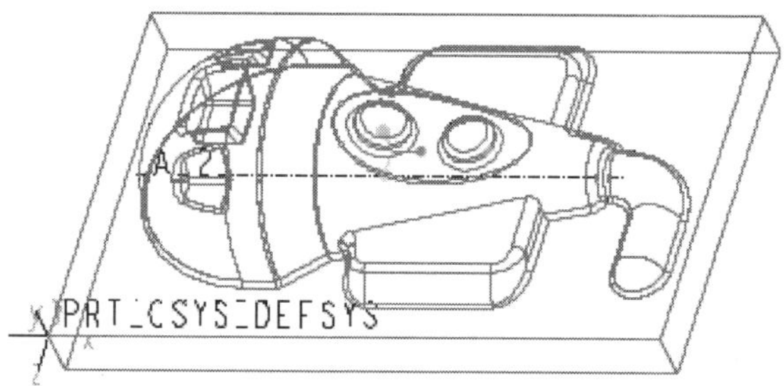

⑧ 대시보드 창을 닫는다.(✔)

⑨ 어셈블리의 기본 좌표계의 위치가 프로그램 원점 위치와 일치

⑩ 기본 좌표계의 경우 축 방향이 공작기계의 축 방향과 동일하여 프로그램 원점을 위한 좌표계 생성 불필요

4. 가공소재 생성

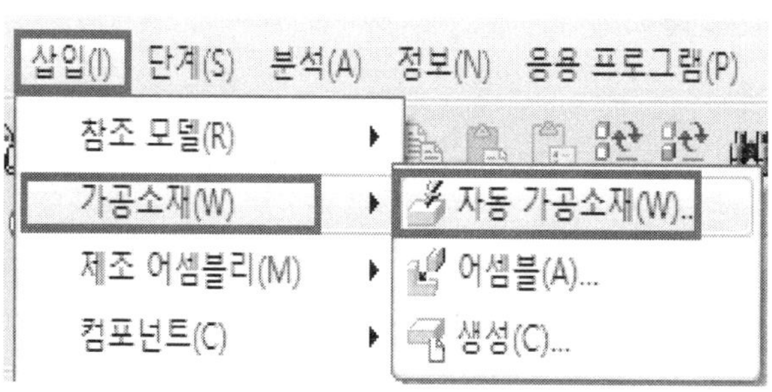

① 풀다운 메뉴 '삽입' - '가공소재' - '자동 가공소재' 선택

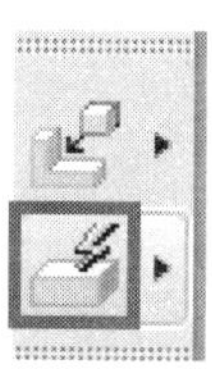

② 또는 우측 도구 바에서 자동 가공소재( ) 도구 클릭

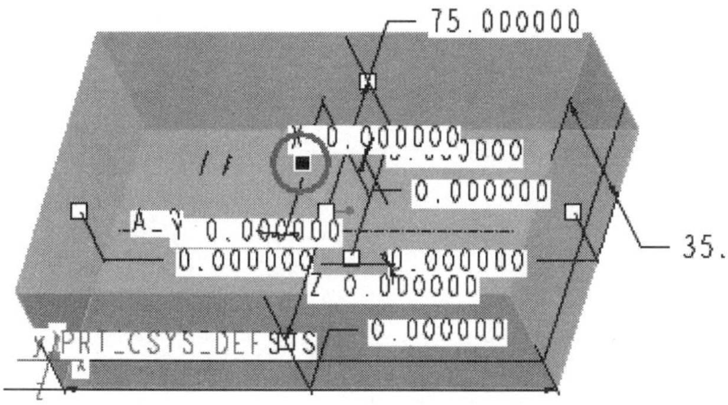

③ 소재의 가로, 세로, 높이 치수가 자동으로 생성

④ 높이 치수 수정을 위해 마우스를 원 표시 부분의 사각 박스 위로 이동

⑤ 검은색으로 변환된 상태에서 클릭하여 위로 드래그(높이 치수 변화)

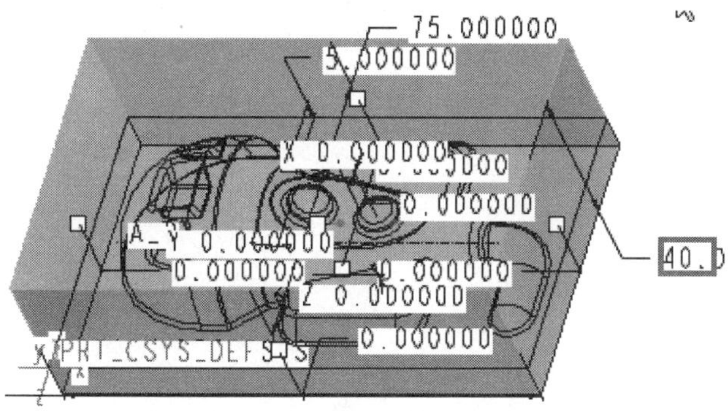

⑥ 변경된 높이 치수를 더블 클릭하여 '40' 으로 수정

⑦ 대시보드 창을 닫는다.()

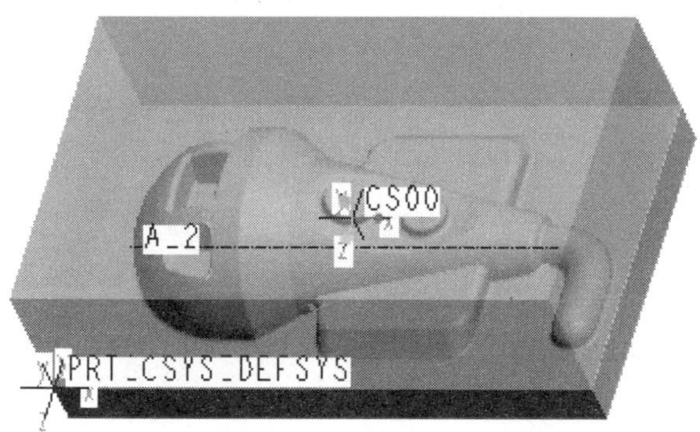

5. 장비 설정

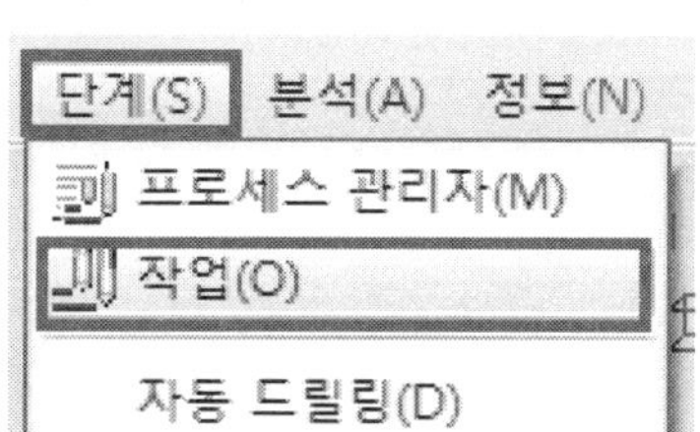

① 풀다운 메뉴 '단계' - '작업' 선택

② 작업 셋업 창 'NC 장비' 가공 공구 대화상자 열기( ) 아이콘 클릭

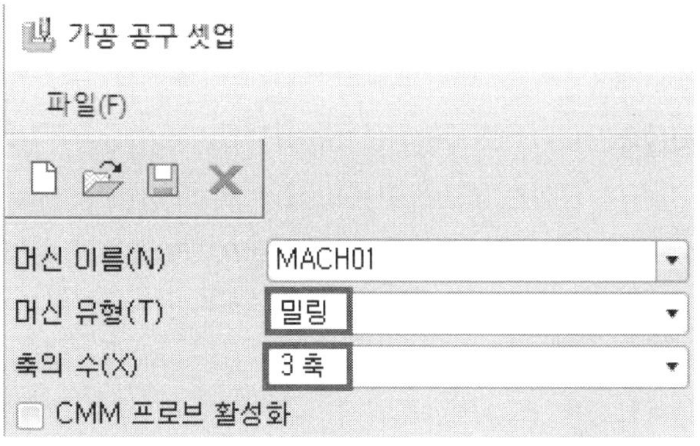

③ 가공 공구 셋업 창에 머신 유형 '밀링', 축의 수 '3축' 확인

④ '확인' 탭 클릭 창 닫는다.

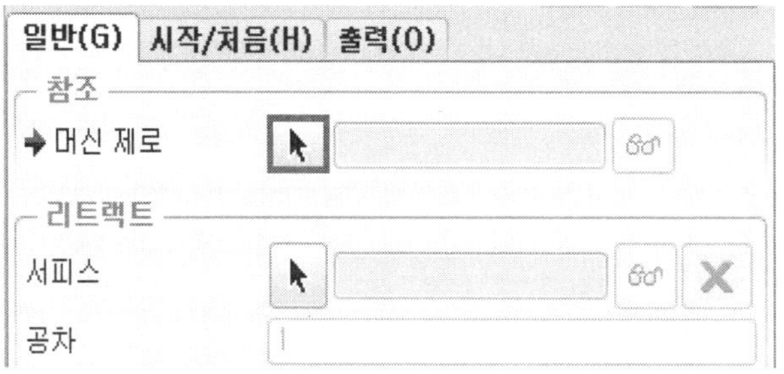

⑤ '머신 제로'의 선택 화살표 클릭

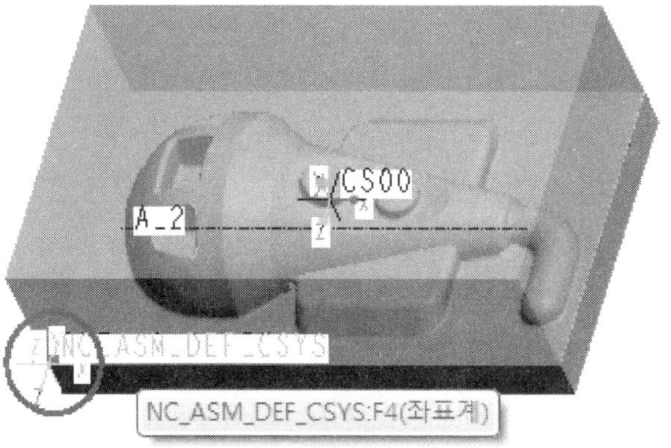

⑥ 어셈블리의 기본 좌표계(NC_ASM_DEF_CSYS) 선택

⑦ 프로그램 원점 설정

⑧ 리트랙트 서피스 화살표 클릭

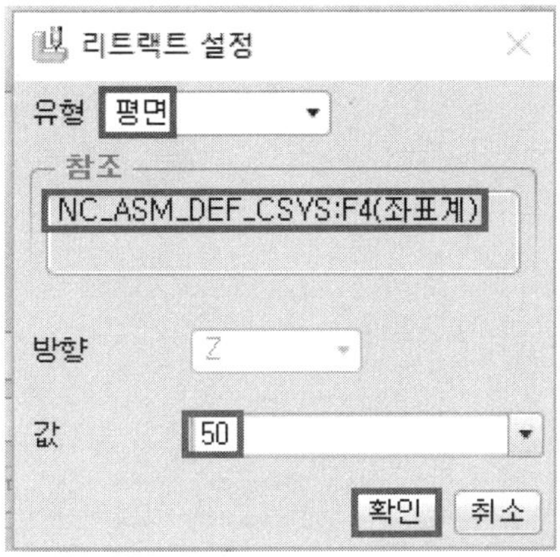

⑨ 안전 높이 값 '50' 수정 후 '확인'

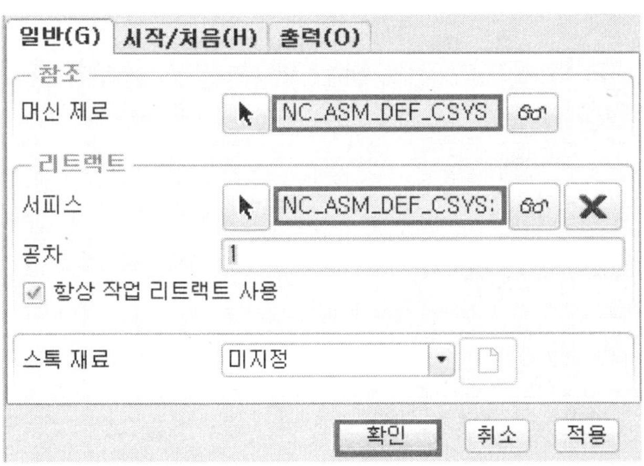

⑩ 작업 셋업 완료, '확인' 클릭

6. 황삭 가공

6.1 시퀀스 셋업 설정

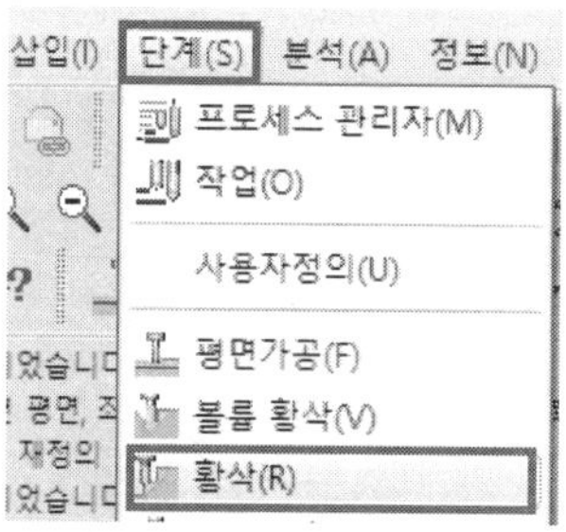

① 풀다운 메뉴 '단계' – '황삭' 선택 또는 황삭( ) 도구 아이콘 클릭

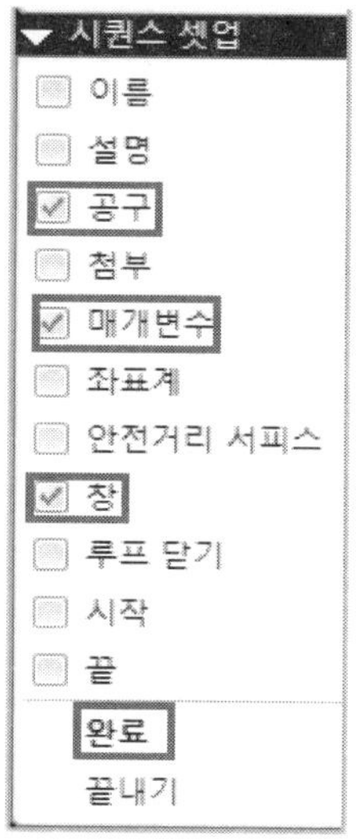

② 시퀀스 셋업 '공구', '매개변수', '창' 선택

③ '완료' 클릭

6.2 공구 설정

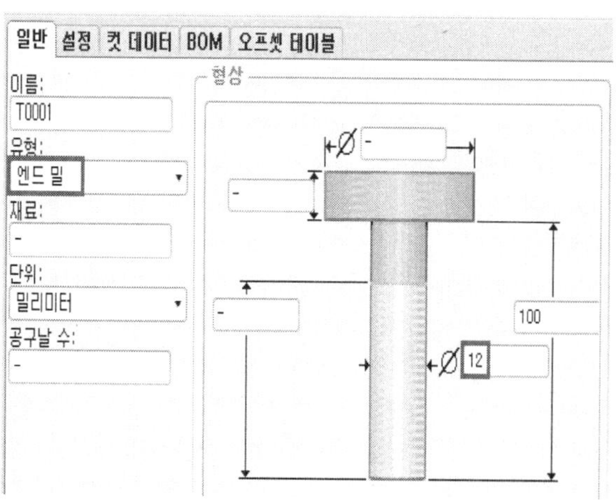

① 일반 탭 공구 유형 '엔드밀', 공구 직경 '12' 수정

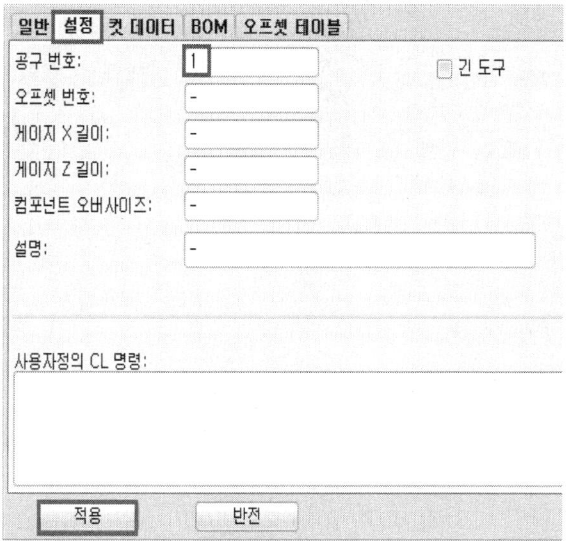

② '설정' 탭 공구 번호 '1' 수정

③ '적용' 탭 클릭

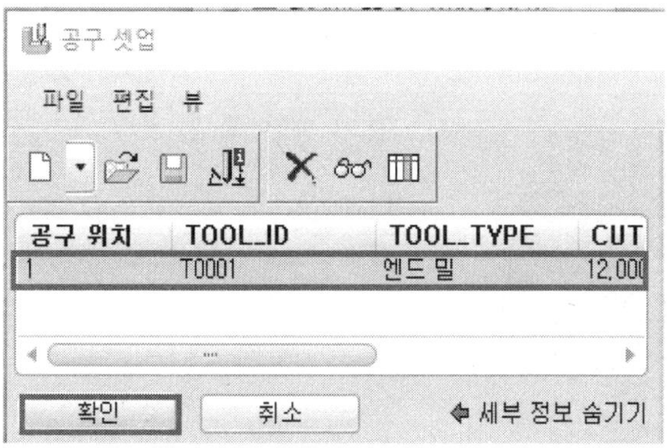

④ 좌측에 공구가 추가 된 것을 확인

⑤ '확인' 탭 클릭

6.3 매개변수(절삭조건) 설정

매개변수 이름	황삭
CUT_FEED	100
STEP_OVER	5
MAX_STEP_DEPTH	6
CLEAR_DIST	0.5
SPINDLE_SPEED	1400

① 매개변수 중 '노란색' 칸만 입력

② CUT_FEED(이송) 100

③ STEP_OVER(경로간격) 5

④ MAX_STEP-DEPTH(절입량) 6

⑤ CLEAR_DIST(잔량) 0.5

⑥ SPINDLE_SPEED(회전수) 1,400 입력 후 '확인' 클릭

6.4 밀링 창 정의

① '창정의' 선택에서 밀링 창 ( ) 도구 선택

② 소재의 윗면 선택 후

③ 대시보드 창 닫는다.( )

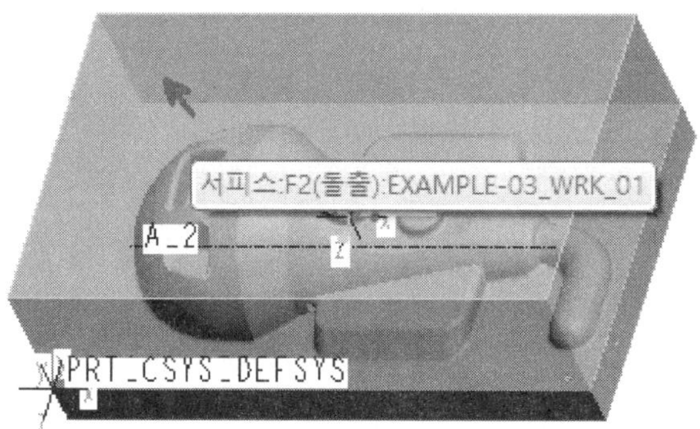

6.5 가공 데이터 생성

① 메뉴 관리자 '경로 재생' 선택

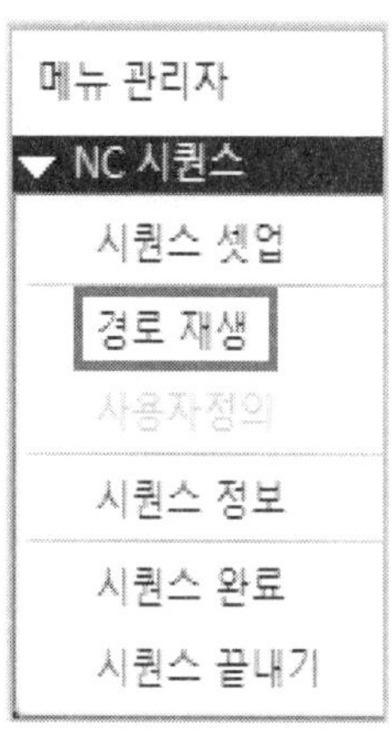

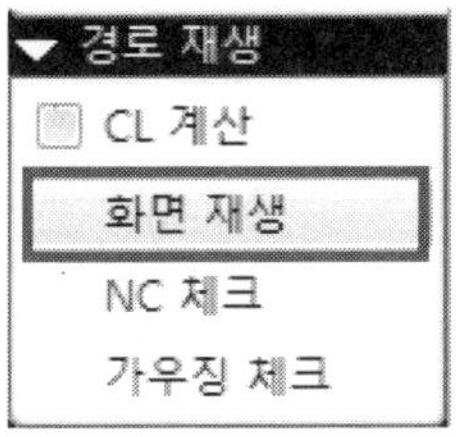

② 경로 재생 '화면 재생' 선택

③ 재생 버튼 클릭하면 공구 경로를 디스플레이 해 준다.

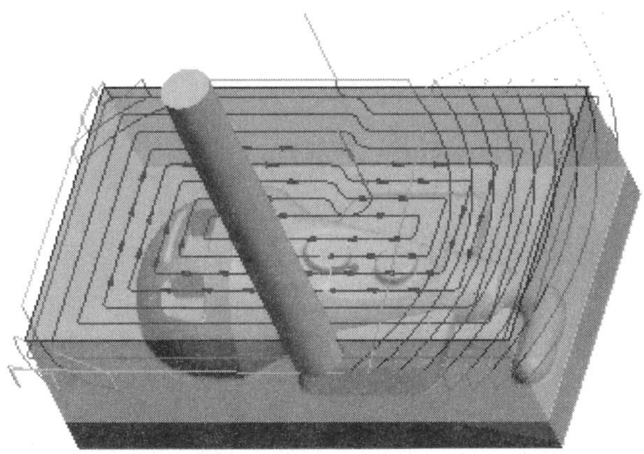

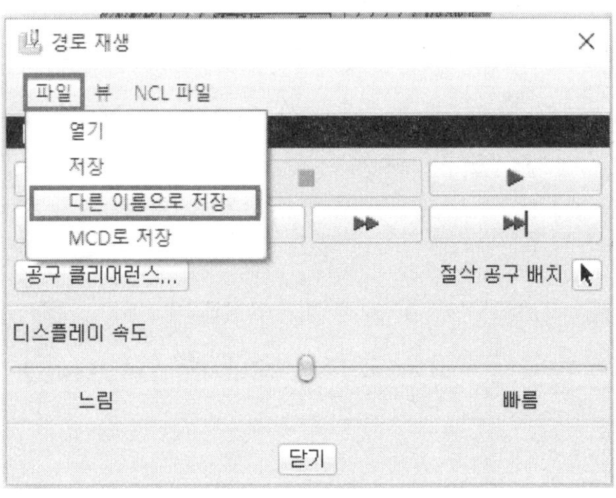

④ 경로 재생창의 '파일' - '다른 이름으로 저장' 선택

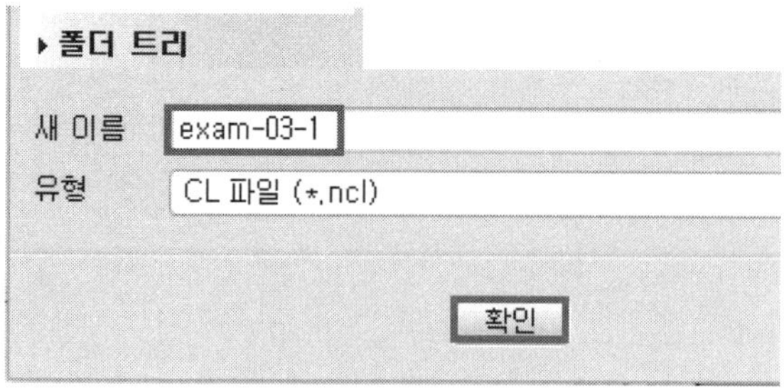

⑤ 파일 이름 'Exam-03-1' 입력 후 ' 확인 ' 클릭

⑥ 경로 재생 창 닫기

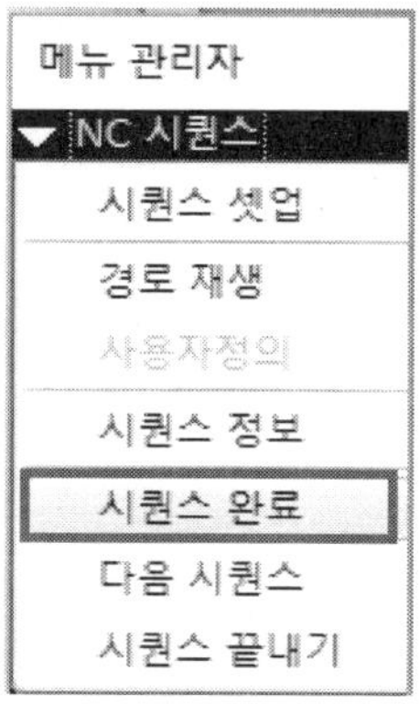

⑦ 메뉴 관리자 '시퀀스 완료' 클릭

6.6 NC 코드(G 코드) 생성

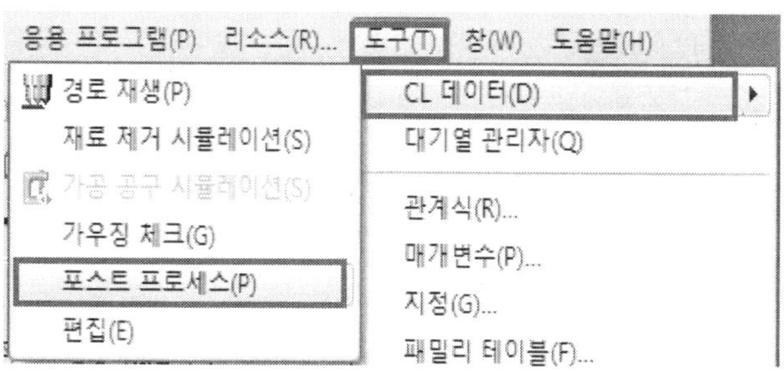

① 풀다운 메뉴 '도구' - 'CL 데이터' - '포스트 프로세스' 선택

② 경로 재생에서 저장한 파일(Exam-03-1.ncl)을 불러 온다.

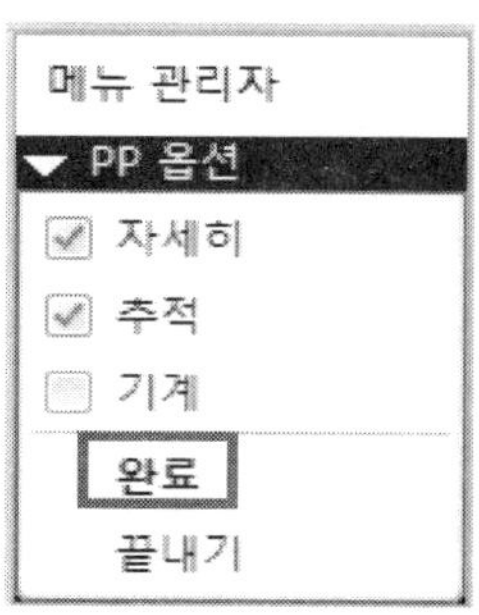

③ PP 옵션 '완료' 클릭

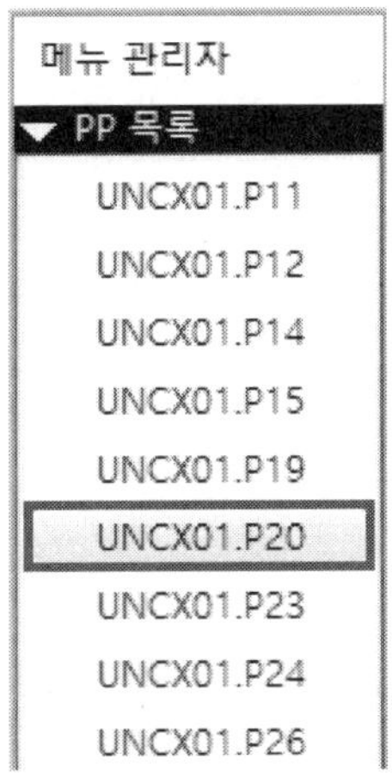

④ PP 목록 'UNCX01.P20' 선택

⑤ 정보 창 닫는다.

⑥ NC 코드 생성, 생성 파일은 Exam-03-1.tab로 저장 됨

6.7 NC 코드 파일명 수정

① 작업 디렉토리에 저장된 'exam-03-1.tab' 파일의 확장자 'tab'을 'nc'로 수정하면 된다.

7. 정삭 가공

7.1 시퀀스 셋업 설정

① 풀다운 메뉴 '단계' - '마무리' 선택 또는 마무리 ( ) 도구 아이콘 클릭

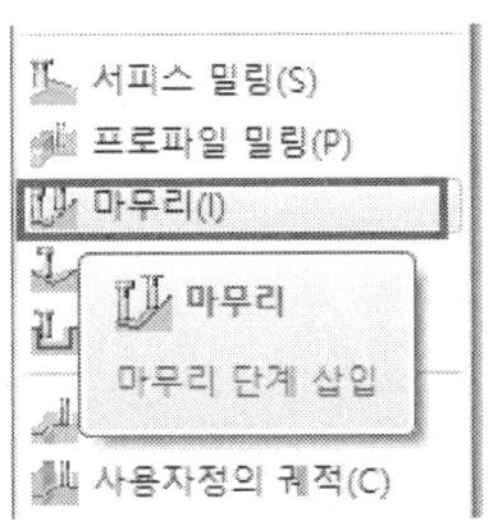

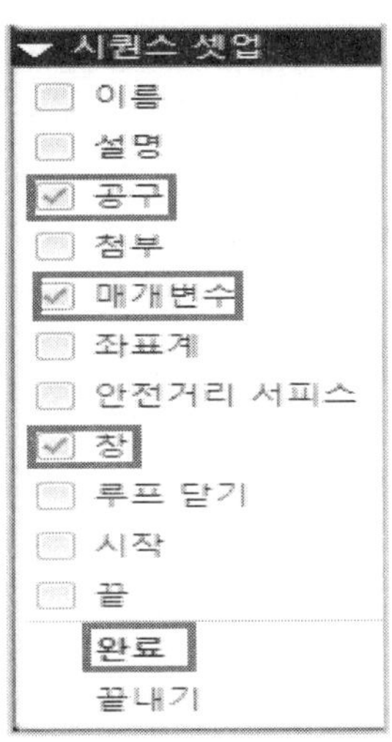

② 시퀀스 셋업 '공구', '매개변수', '창' 선택

③ '완료' 클릭

7.2 공구 설정

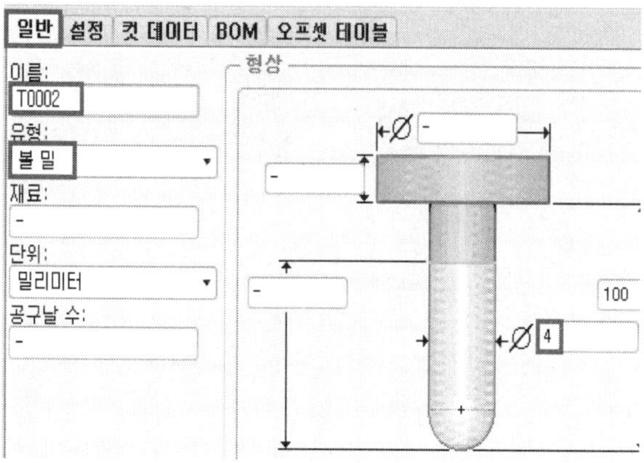

① '일반' 탭 이름 'T0002', 공구 유형 '볼 밀', 공구 직경 '4' 수정

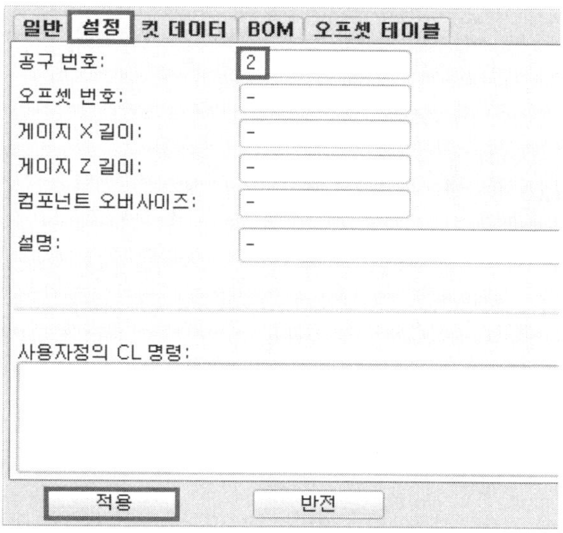

② '설정' 탭 공구 번호 '2' 수정

③ '적용' 탭 클릭

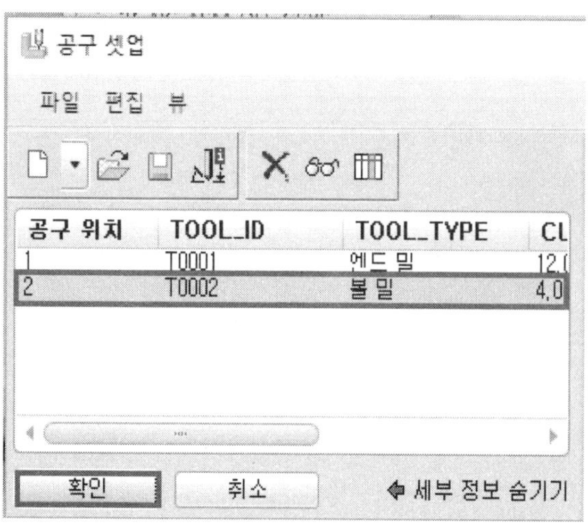

④ 좌측에 공구가 추가 된 것을 확인

⑤ '확인' 탭 클릭, 창 닫는다.

7.3 매개변수(절삭조건) 설정

매개변수 이름	FINISHING
CUT_FEED	90
STEP_OVER	1
CLEAR_DIST	0
SPINDLE_SPEED	1800

① 매개변수 중 ‘노란색’ 칸만 입력

② CUT_FEED(이송) 90

③ STEP_OVER(경로간격) 1

④ CLEAR_DIST(잔량) 0

⑤ SPINDLE_SPEED(회전수) 1800 입력 후 ‘확인’ 클릭

7.4 밀링 창 정의

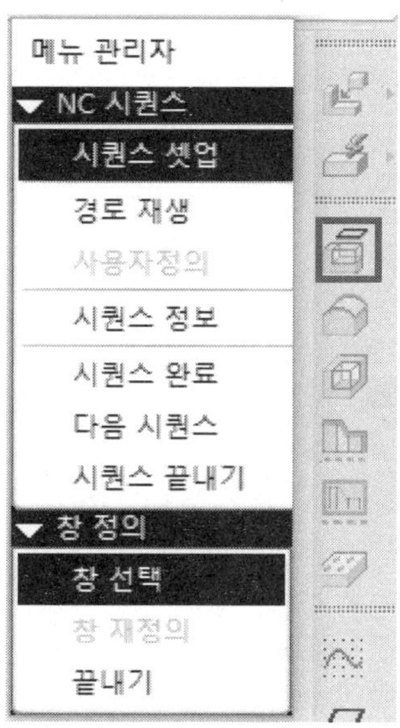

① 창 정의 선택에서 밀링 창 ( ) 도구 선택

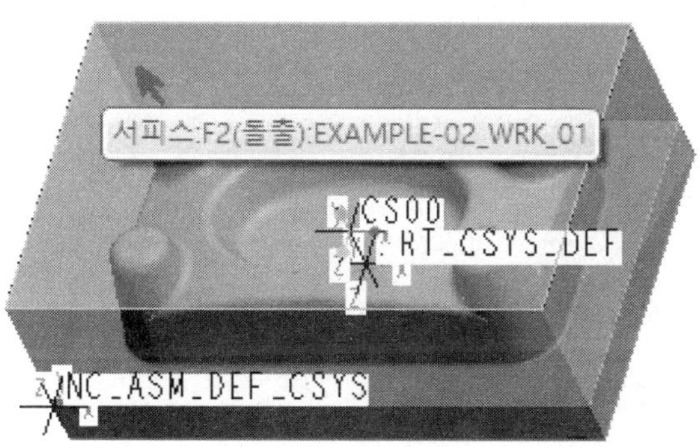

② 소재의 윗면 선택 후

③ 대시보드 창 닫는다.( )

7.5 가공 데이터 생성

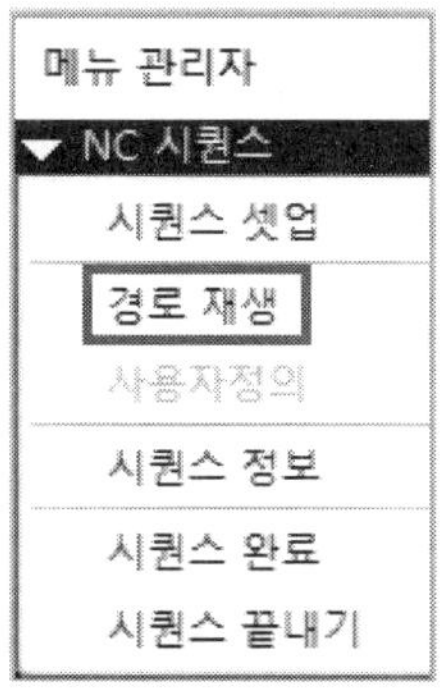

① 메뉴 관리자 '경로 재생' 선택

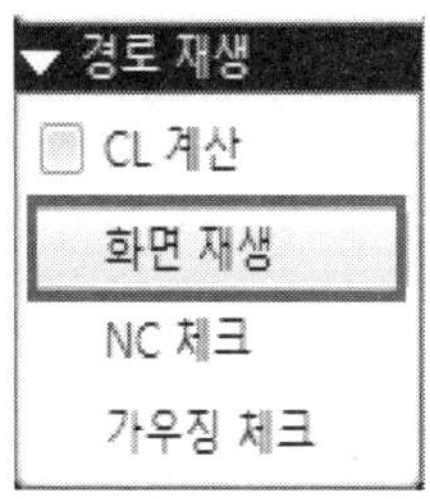

② 경로 재생 '화면 재생' 선택

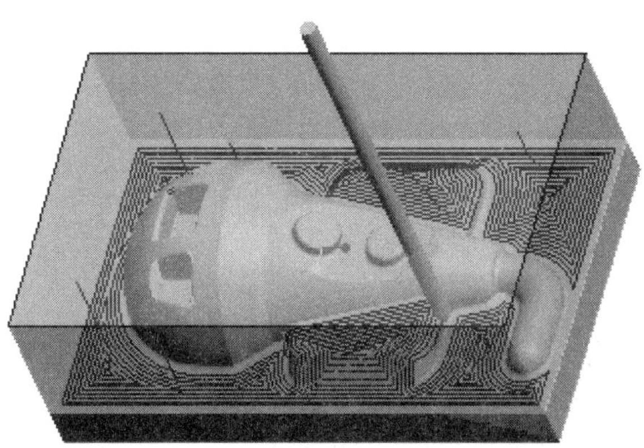

③ 재생 버튼 클릭하면 공구 경로를 디스플레이 해 준다.

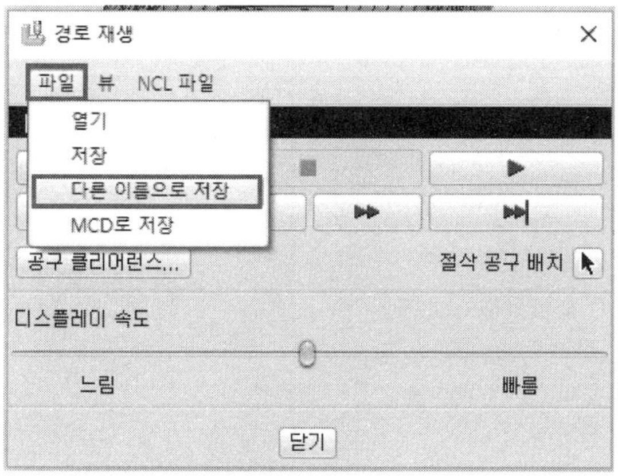

④ 경로 재생창의 '파일' - '다른 이름으로 저장' 선택

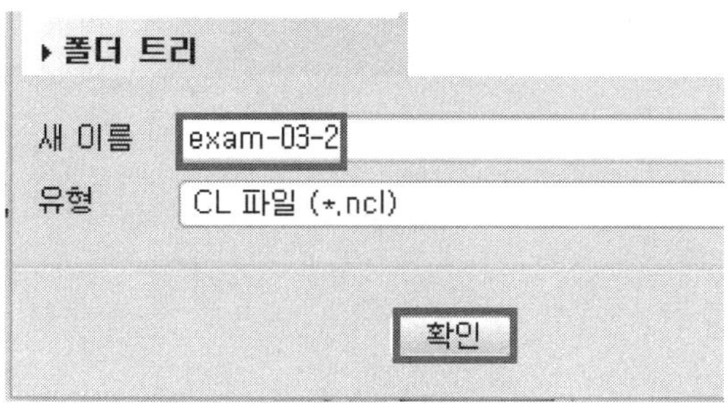

⑤ 파일 이름 'Exam-03-2' 입력 후 '확인' 클릭

⑥ 경로 재생 창 닫기

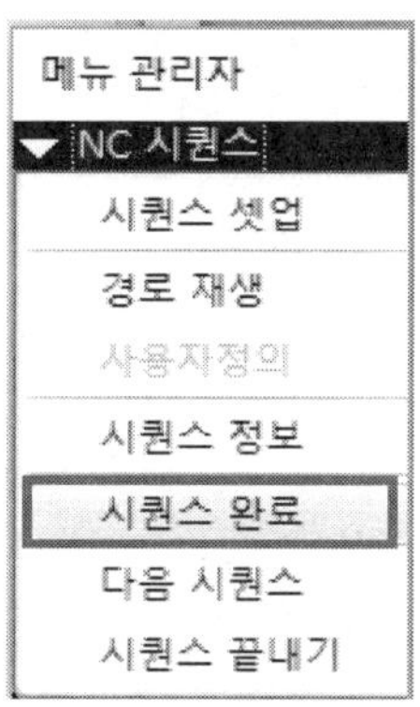

⑦ 메뉴 관리자 '시퀀스 완료' 클릭

7.6 NC 코드(G 코드) 생성

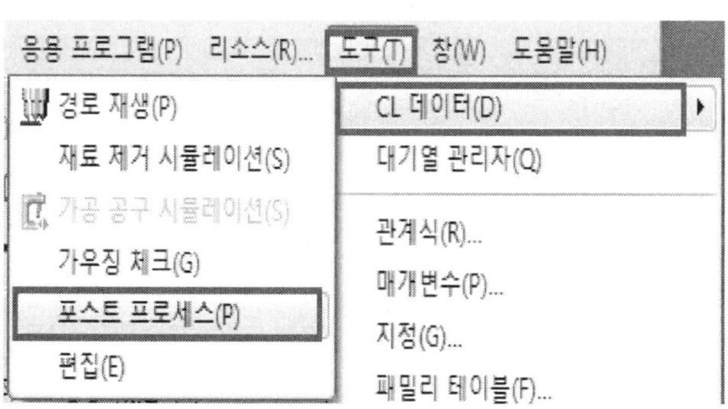

① 풀다운 메뉴 '도구' - 'CL 데이터' - '포스트 프로세스' 선택

② 경로 재생에서 저장한 파일(Exam-03-2.ncl)을 불러 온다.

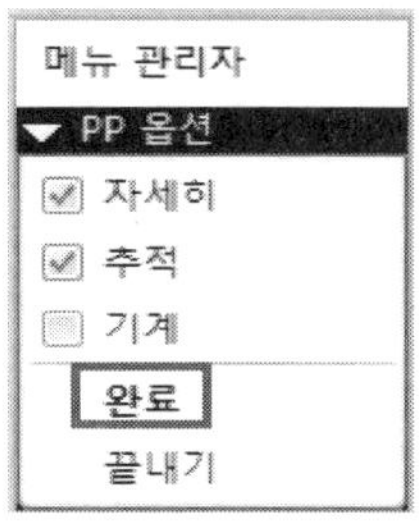

③ PP 옵션 '완료' 클릭

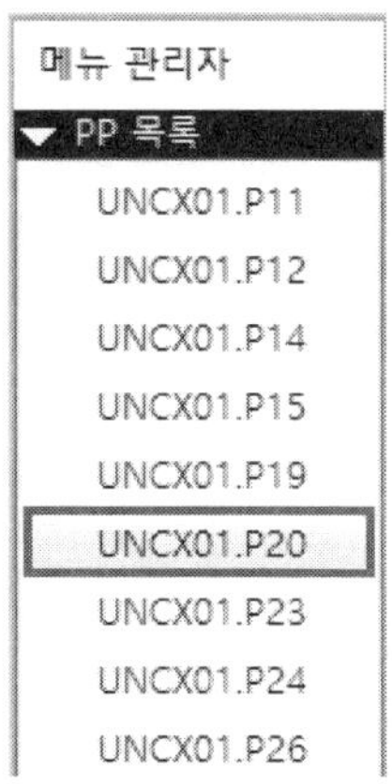

④ PP 목록 'UNCX01.P20' 선택

⑤ 정보 창 닫는다.

⑥ NC 코드 생성, 생성 파일은 Exam-03-2.tab 저장됨

7.7 NC 코드 파일명 수정

① 작업 디렉토리에 저장된 'exam-03-2.tab' 파일의 확장자 'tab'을 'nc'로 수정하면 된다.

8. 잔삭 가공

8.1 시퀀스 셋업 설정

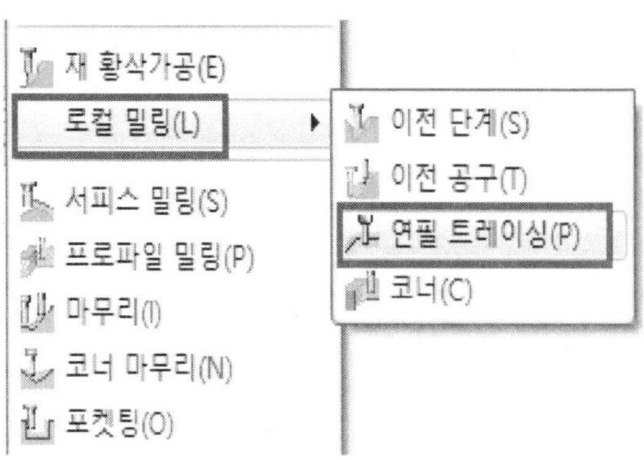

① 풀다운 메뉴 '단계' – '로컬 밀링' – '연필 트레이싱' 선택 또는 연필 트레이싱( ) 도구 아이콘 클릭

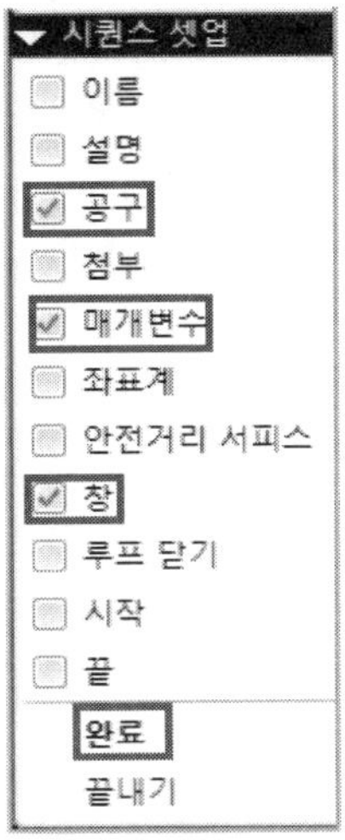

② 시퀀스 셋업 '공구', '매개변수', '창' 선택

③ '완료' 클릭

8.2 공구 설정

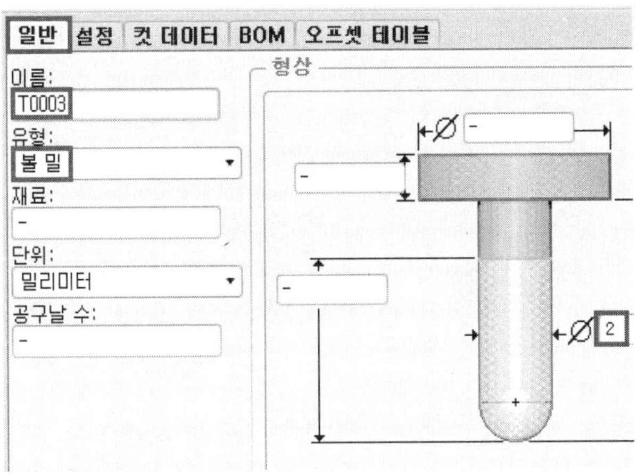

① '일반' 탭 이름 'T0003', 공구 유형 '볼 밀', 공구 직경 '2' 수정

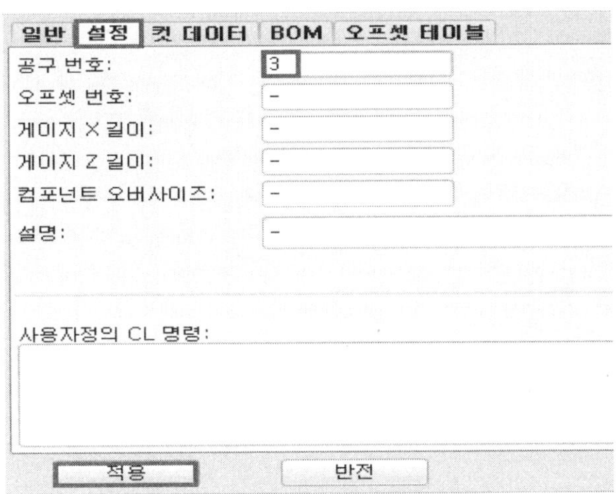

② '설정' 탭 공구 번호 '3' 수정

③ '적용' 탭 클릭

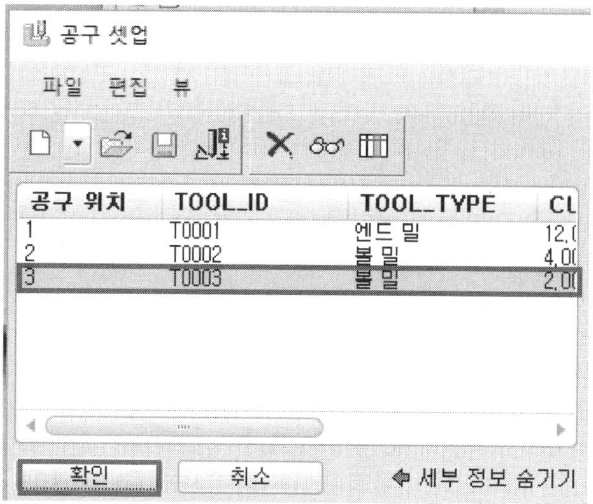

④ 좌측에 공구가 추가 된 것을 확인

⑤ '확인' 탭 클릭, 창 닫는다.

8.3 매개변수(절삭조건) 설정

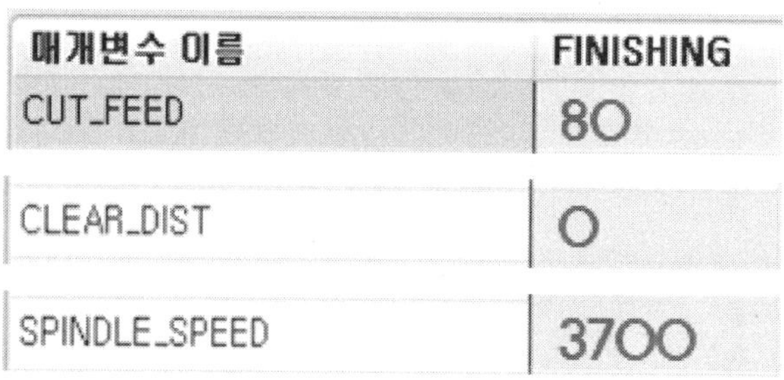

① 매개변수 중 '노란색' 칸만 입력

② CUT_FEED(이송) 80

③ CLEAR_DIST(잔량) 0

④ SPINDLE_SPEED(회전수) 3700 입력 후 '확인' 클릭

8.4 밀링 창 정의

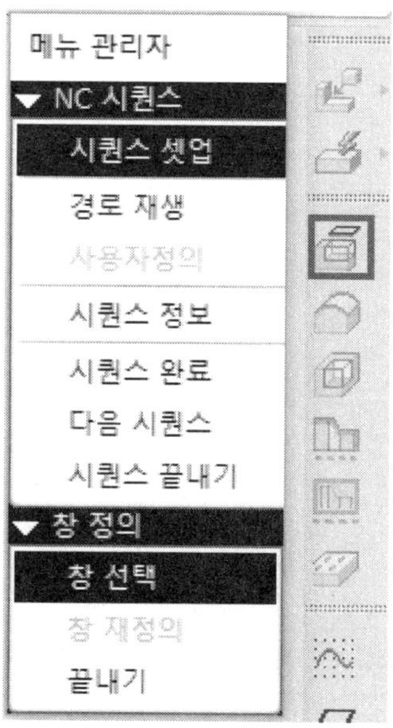

① 창 정의 선택에서 밀링 창 ( ) 도구 선택

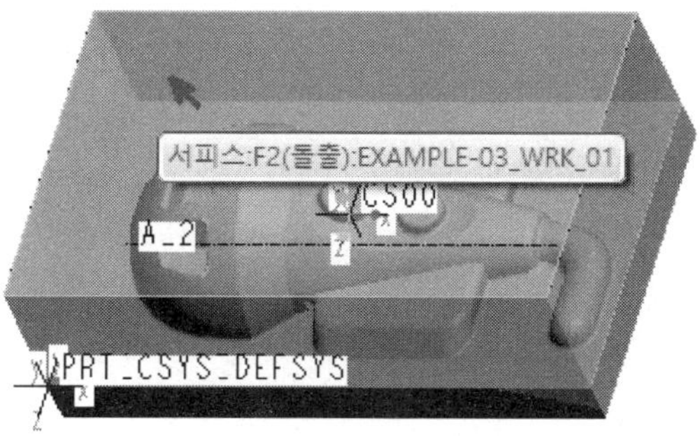

② 소재의 윗면 선택 후

③ 대시보드 창 닫는다.(✔)

8.5 가공 데이터 생성

① 메뉴 관리자 '경로 재생' 선택

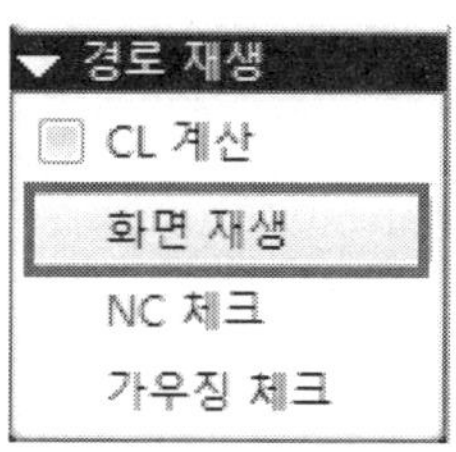

② 경로 재생 '화면 재생' 선택

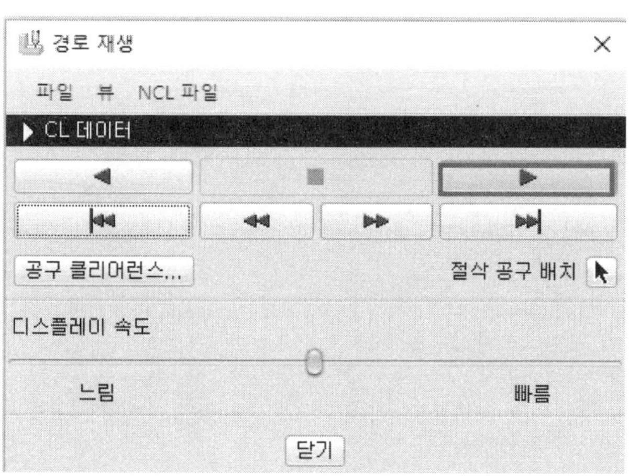

③ 재생 버튼 클릭하면 공구 경로를 디스플레이 해 준다.

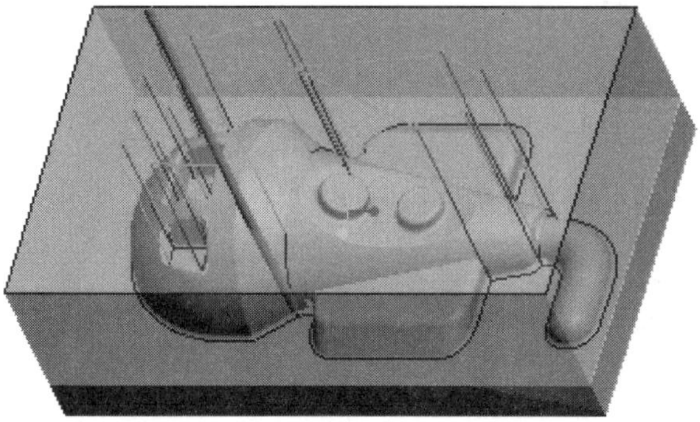

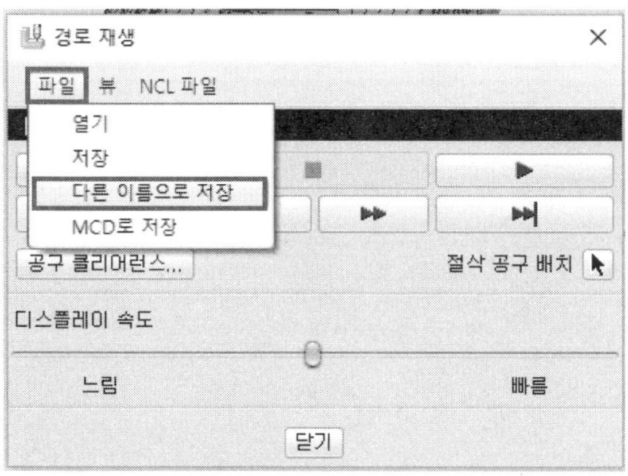

④ 경로 재생창의 '파일' - '다른 이름으로 저장' 선택

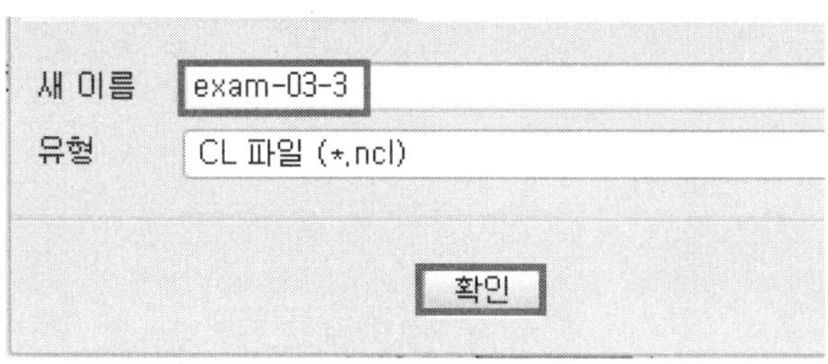

⑤ 파일 이름 'Exam-03-3' 입력 후 '확인' 클릭

⑥ 경로 재생 창 닫기

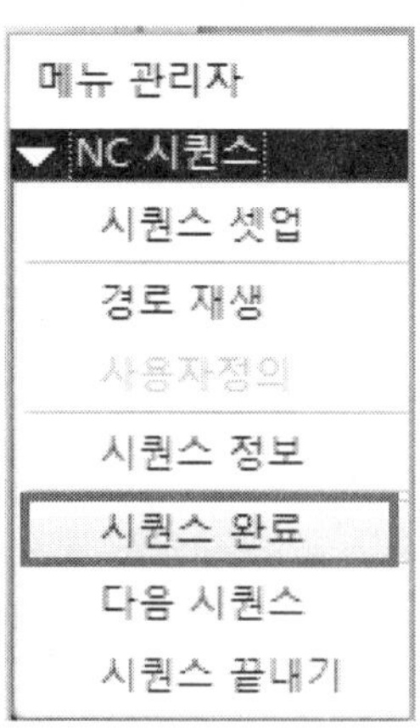

⑦ 메뉴 관리자 '시퀀스 완료' 클릭

8.6 NC 코드(G 코드) 생성

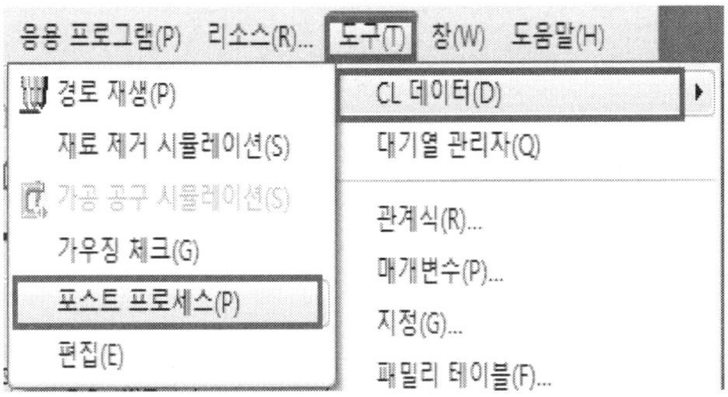

① 풀다운 메뉴 '도구' – 'CL 데이터' – '포스트 프로세스' 선택

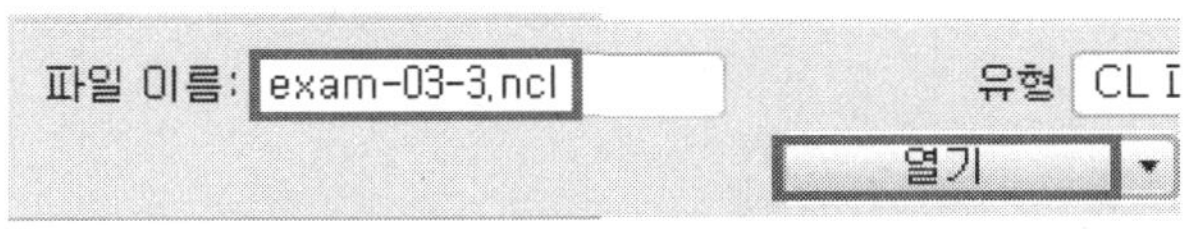

② 경로 재생에서 저장한 파일(Exam-03-3.ncl)을 불러 온다.

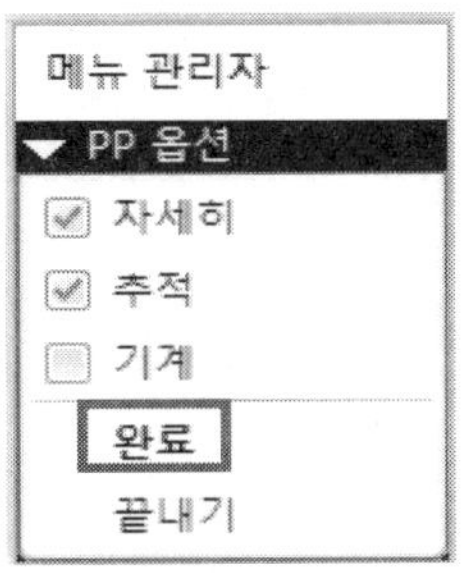

③ PP 옵션 '완료' 클릭

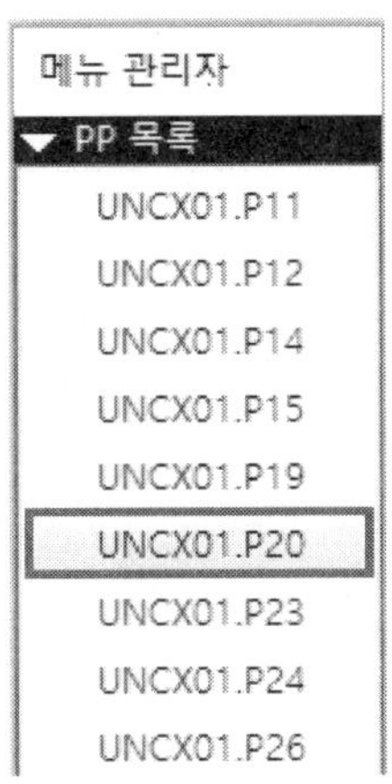

④ PP 목록 'UNCX01.P20' 선택

⑤ 정보 창 닫는다.

⑥ NC 코드 생성, 생성 파일은 Exam-03-3.tab 저장됨

8.7 NC 코드 파일명 수정

① 작업 디렉토리에 저장된 'exam-03-3.tab' 파일의 확장자 'tab'을 'nc'로 수정하면 된다.

제4편 Project 도면

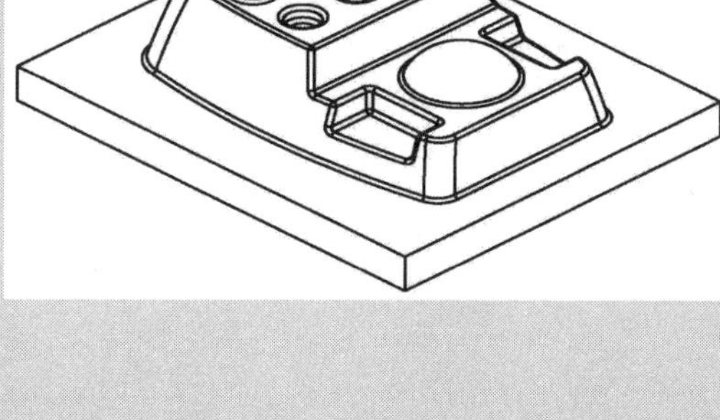

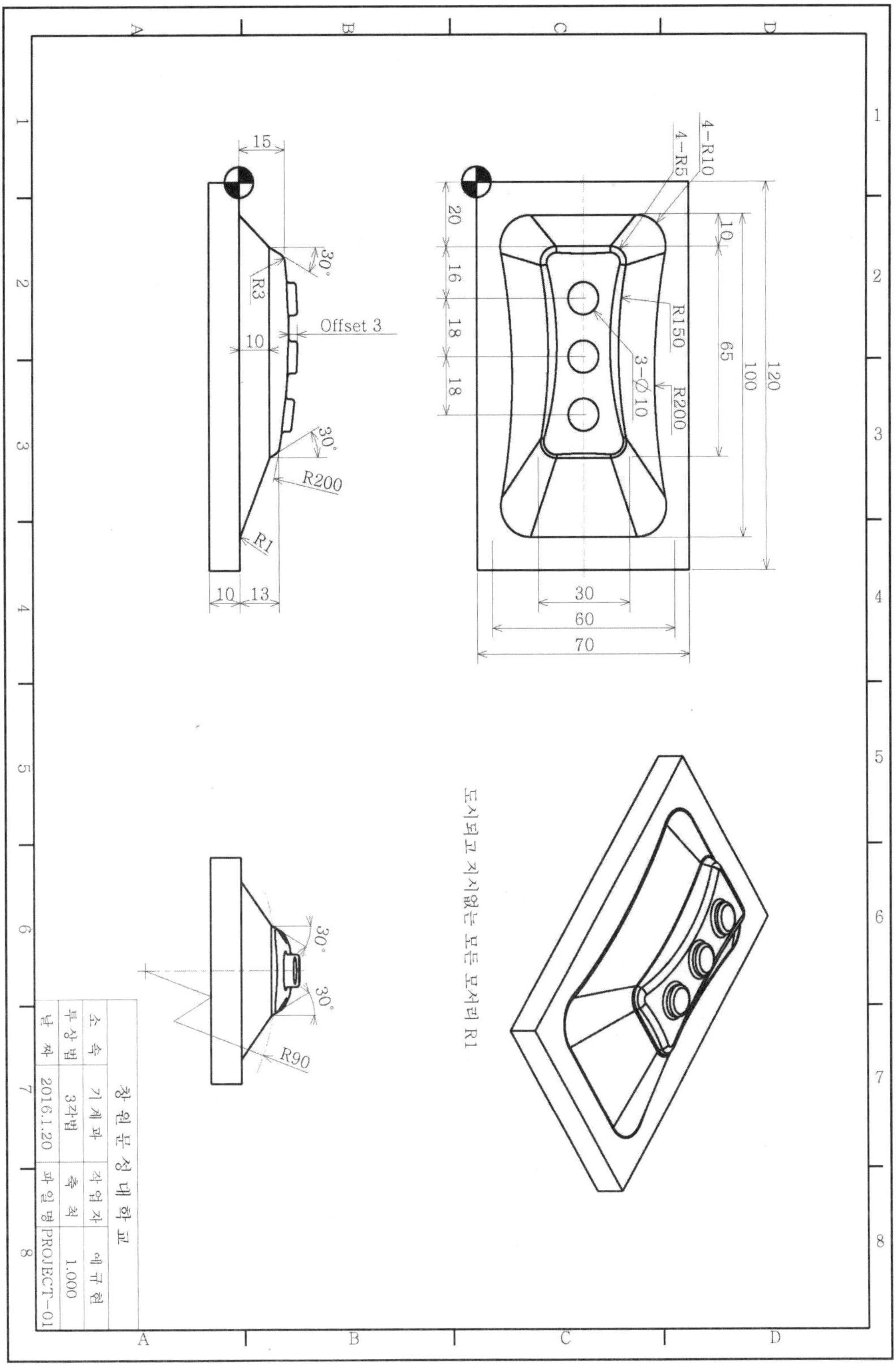
15
4-R10
4-R5
30°
R3
Offset 3
10
20
16
18
18
10
65
100
120
R150
3-∅10
R200
30°
R200
R1
10
13
30
60
70
도시되고 지시없는 모든 모서리 R1
30°
30°
R90
창원문성대학교
소 속
기계과
작업자
예규현
투상법
3각법
축 척
1.000
날 짜
2016.1.20
파일명
PROJECT-01

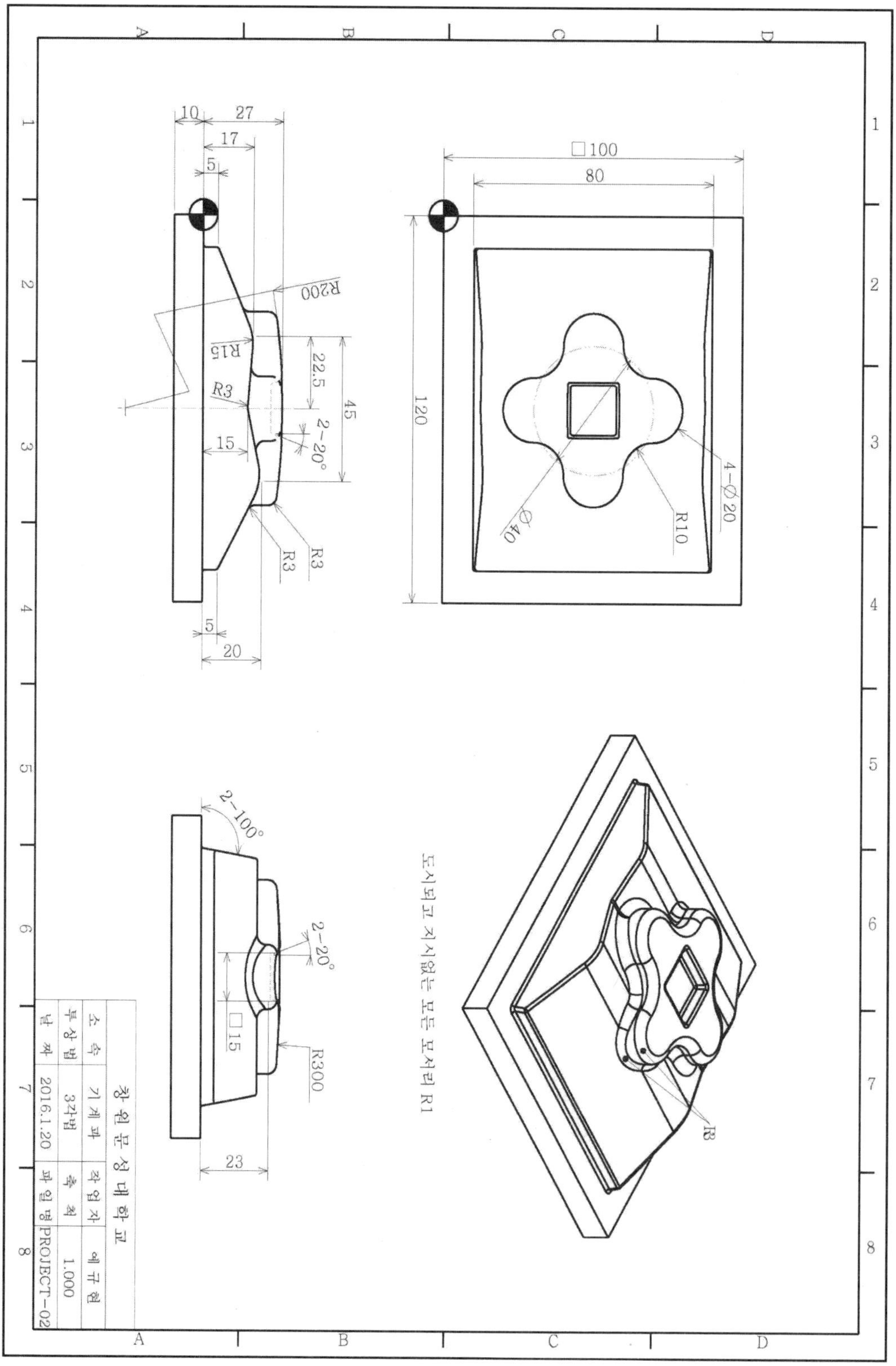
도시되고 지시없는 모든 모서리 R1
창원문성대학교
소 속
기계과
작업자
예규현
부상법
3각법
축 척
1.000
날 짜
2016.1.20
파일명
PROJECT-02

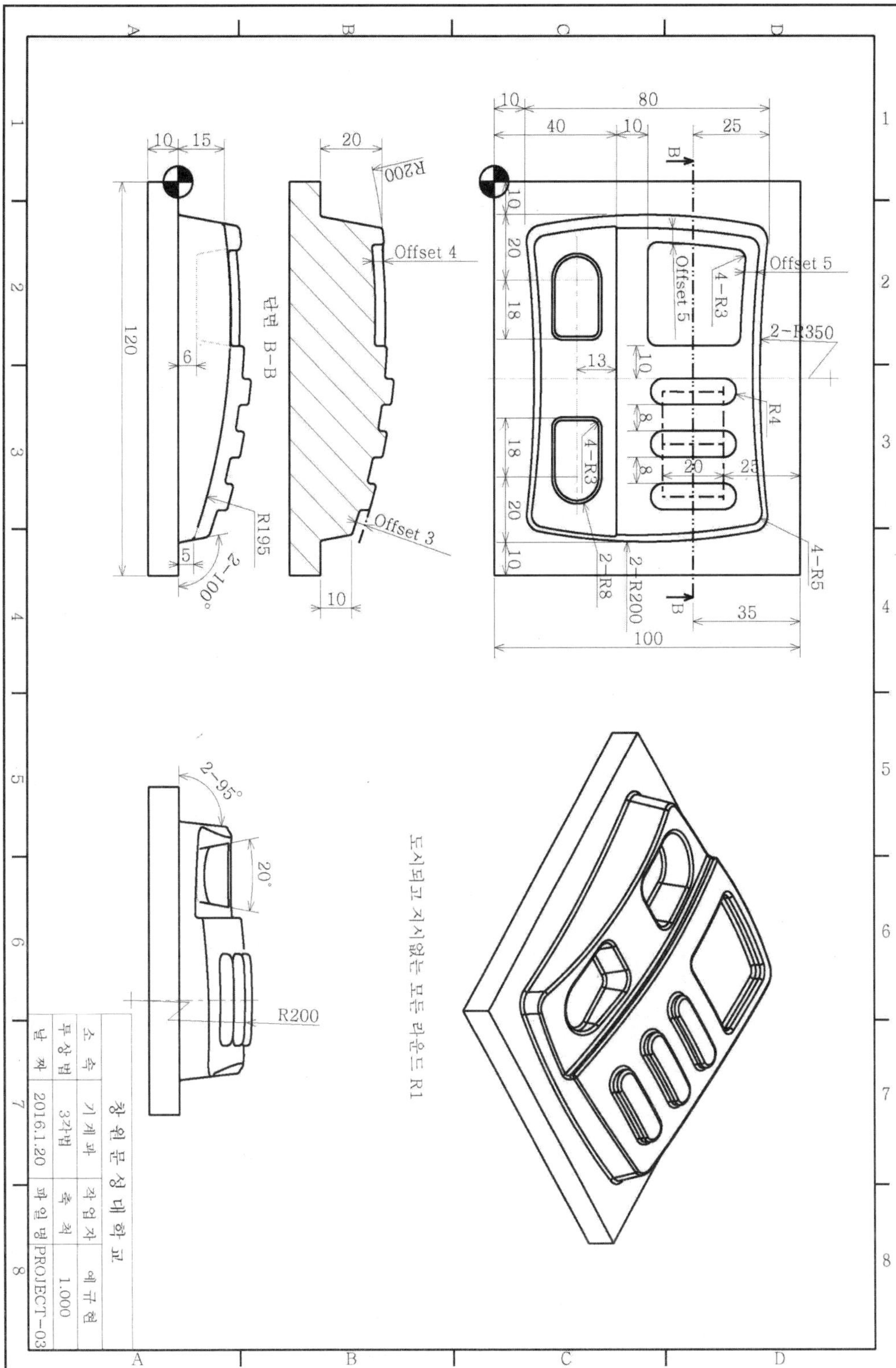

창원문성대학교
소속
기계과
작업자
예규현
투상법
3각법
척도
1.000
날짜
2016.1.20
파일명
PROJECT-03
도시되고 지시없는 모든 라운드 R1
단면 B-B
Offset 3
Offset 4
Offset 5
2-R350
2-R200
2-R8
4-R3
4-R5
R4
R195
R200
2-100°
2-95°
20°

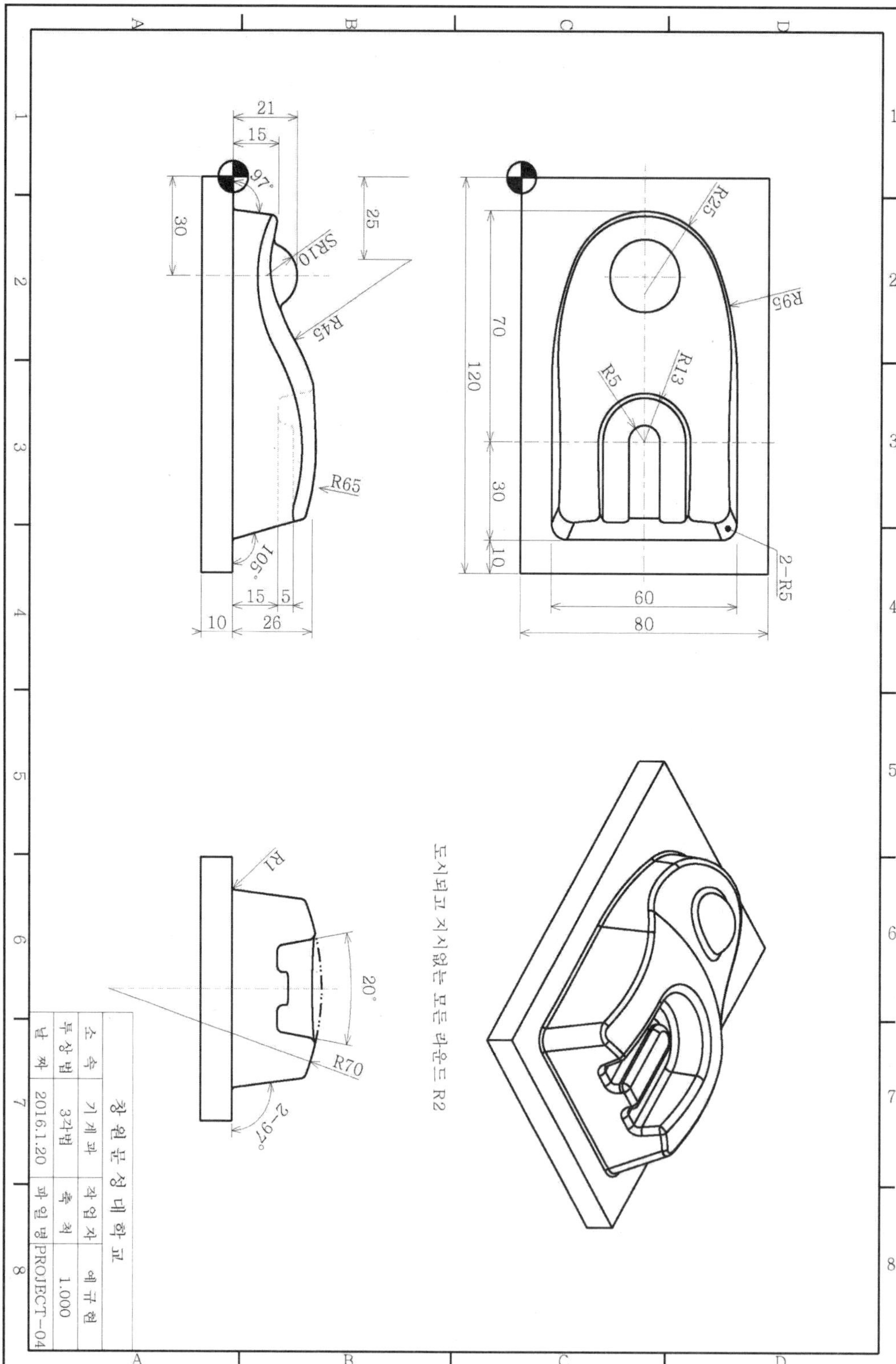
도시되고 지시없는 모든 라운드 R2
창원문성대학교
소속 기계과
작업자 예규현
투상법 3각법
척도 1.000
날짜 2016.1.20
파일명 PROJECT-04

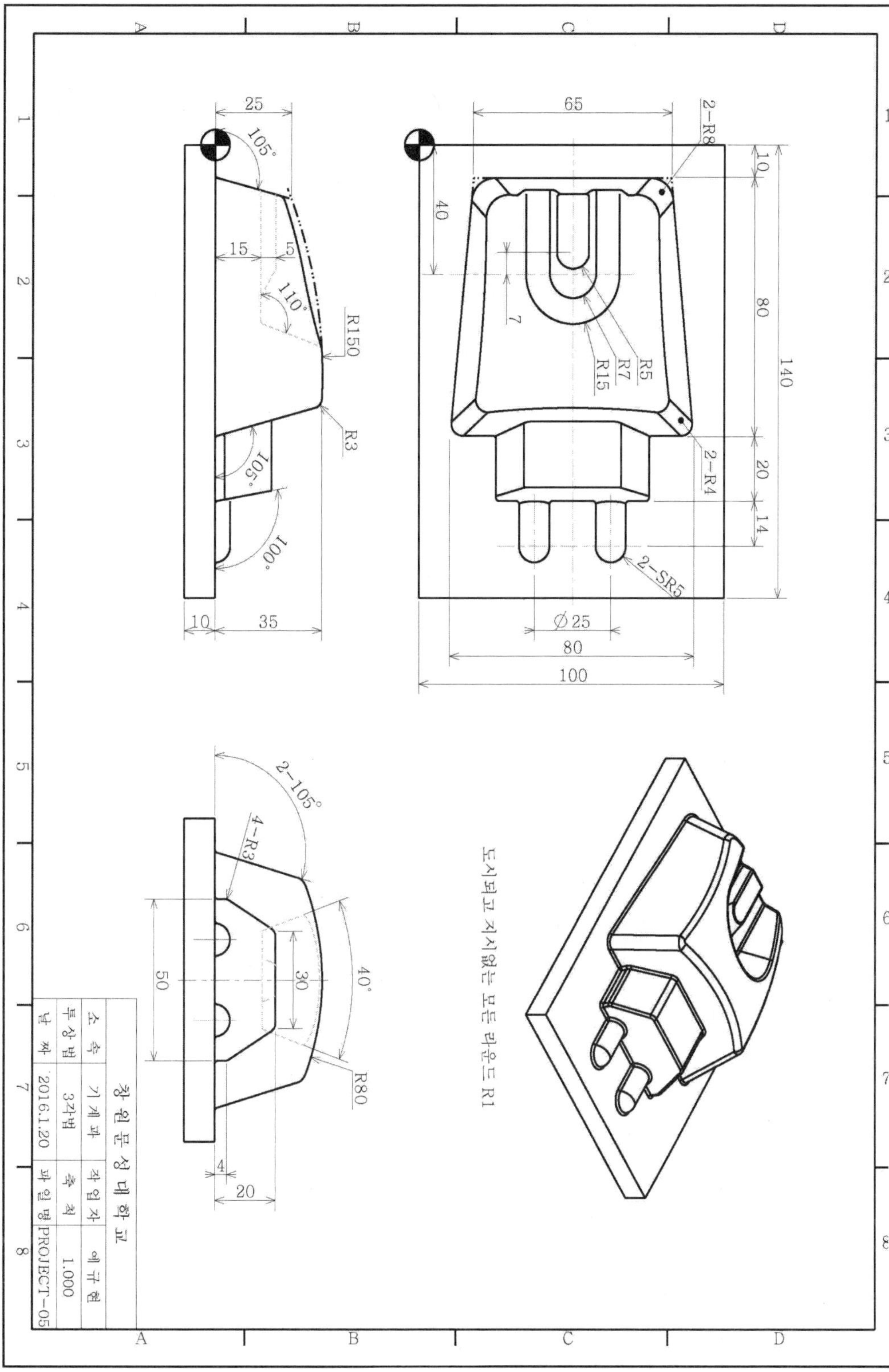
도시되고 지시없는 모든 라운드 R1
창원문성대학교
소 속
기계과
작업자
예규현
투상법
3각법
척 도
1.000
날 짜
2016.1.20
파일명
PROJECT-05

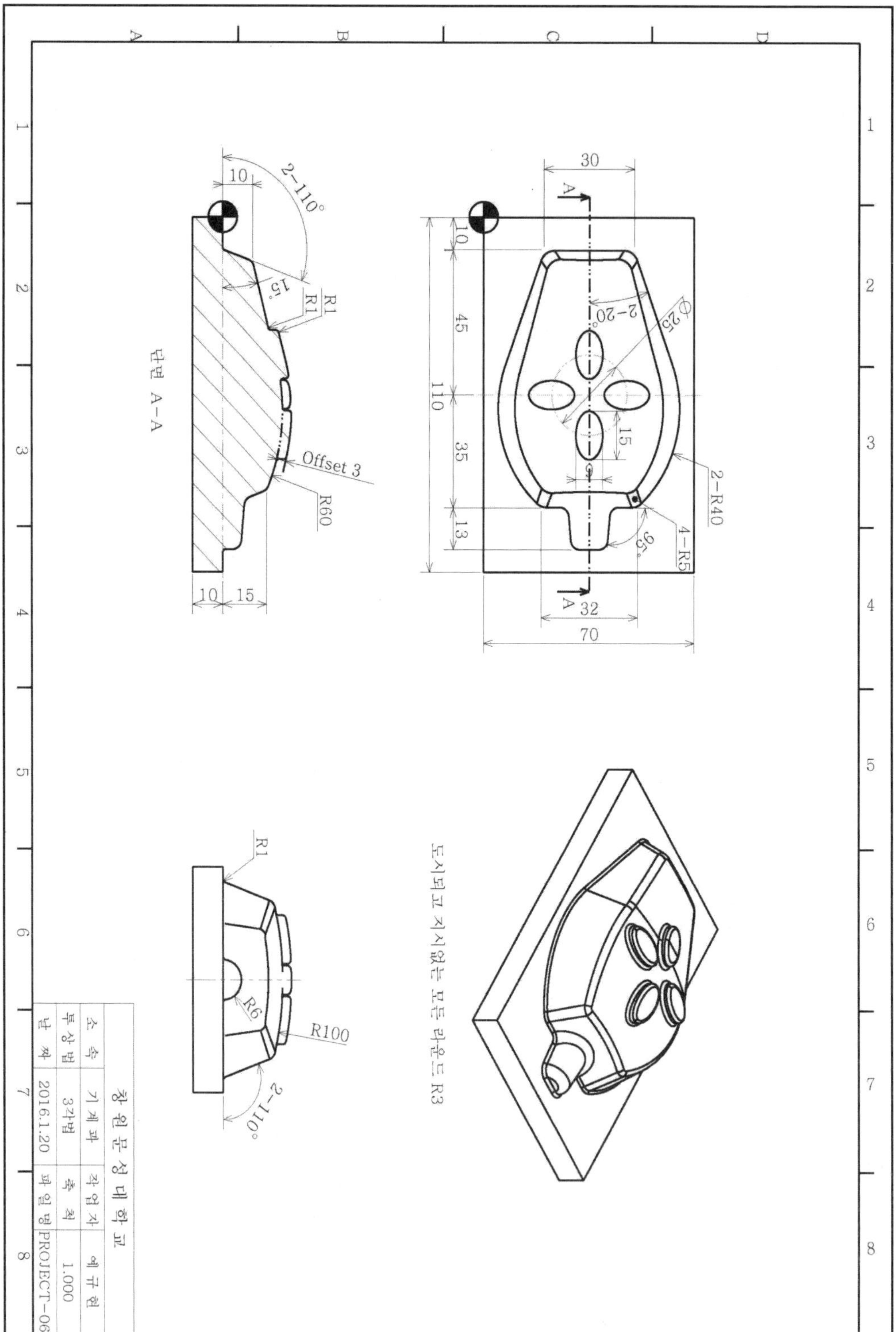
단면 A-A
도시되고 지시없는 모든 라운드 R3
창원문성대학교
소 속
기계과
작업자
예규현
투상법
3각법
척 척
1.000
날 짜
2016.1.20
파일명
PROJECT-06

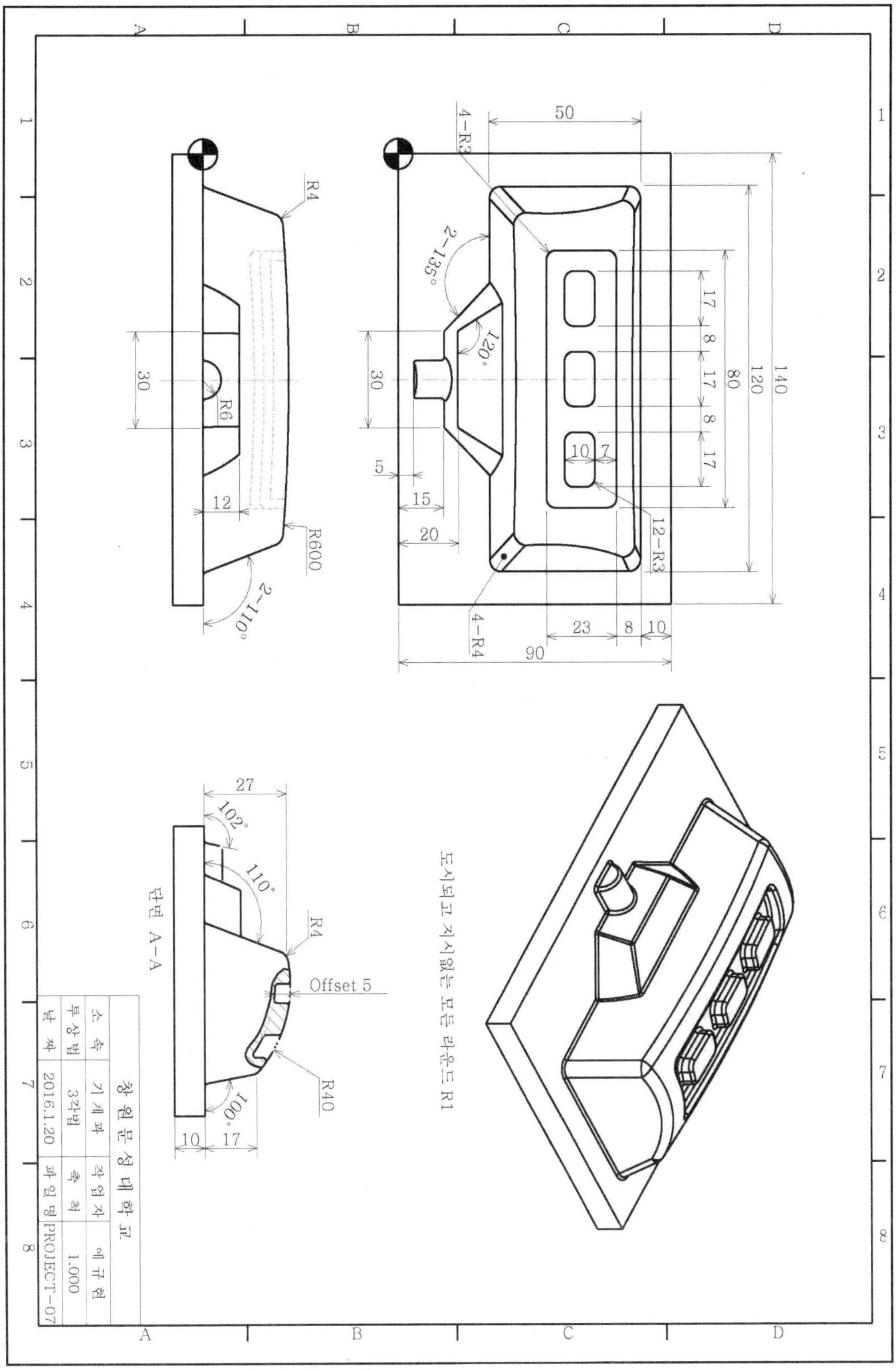
단면 A-A
도시되고 지시없는 모든 라운드 R1
Offset 5
창원문성대학교
소 속 기계과 작업자 예규현
투상법 3각법 척 도 1.000
날 짜 2016.1.20 파일명 PROJECT-07

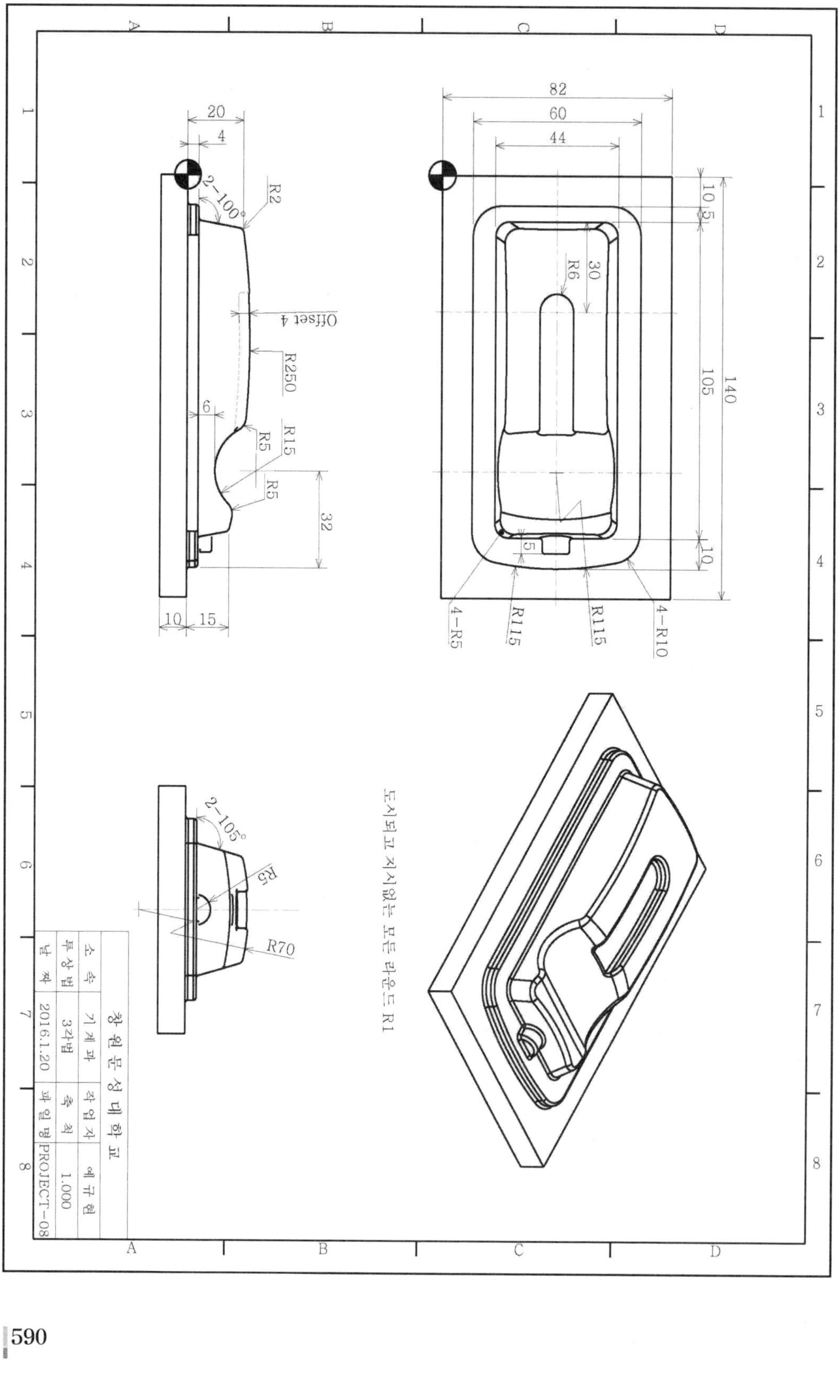
82
60
44
140
105
10
5
30
R6
4-R5
R115
R115
4-R10
20
4
2-100°
R2
Offset 4
R250
6
R15
R5
R5
32
10
15
2-105°
R5
R70
도시되고 지시없는 모든 라운드 R1
창원문성대학교
소 속
기계과
작업자
예규현
투상법
3각법
척 도
1.000
날 짜
2016.1.20
파일명
PROJECT-08

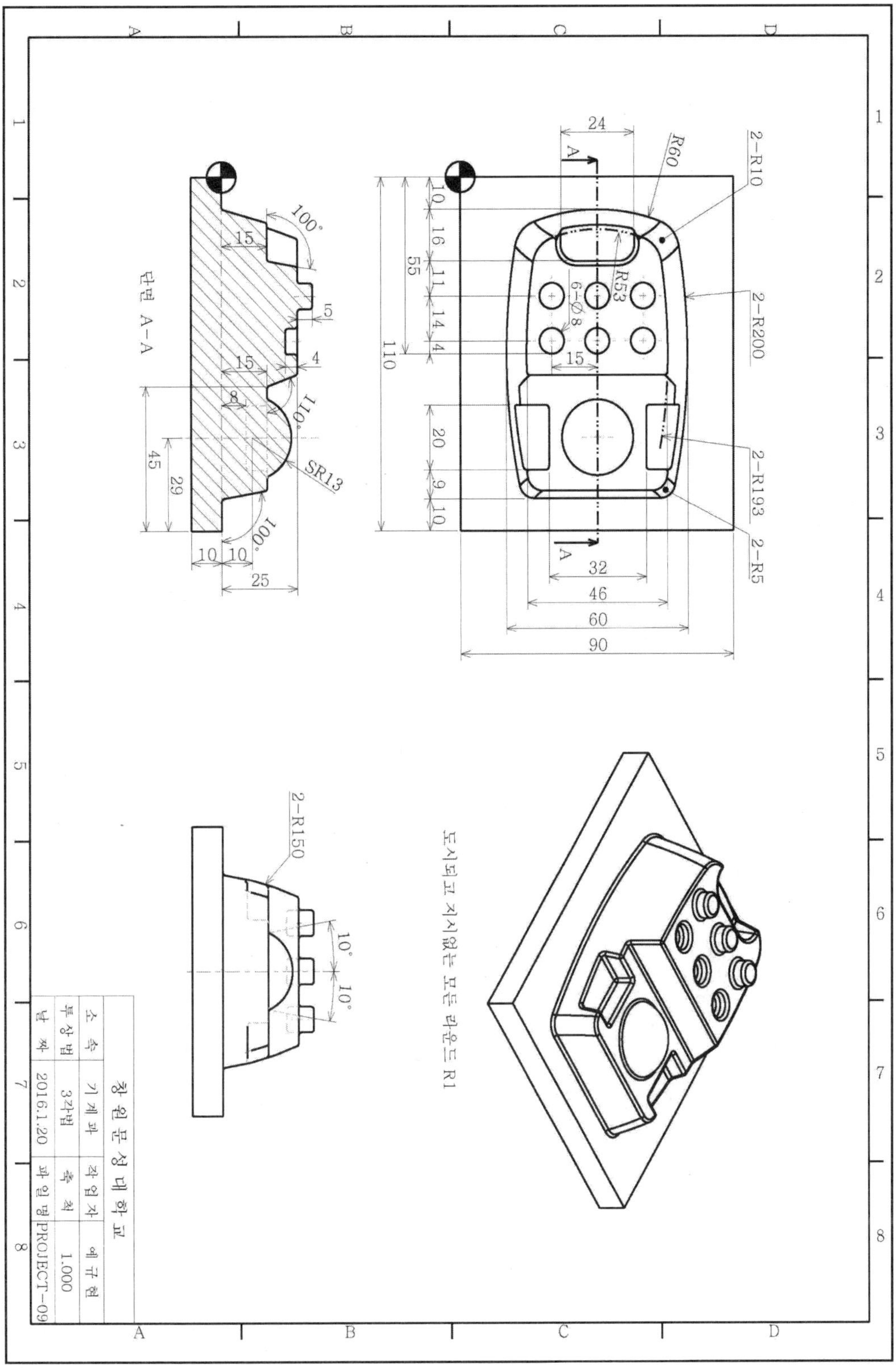
단면 A-A
도시되고 지시없는 모든 라운드 R1
창원문성대학교
소 속
기계과
작업자
예규현
투상법
3각법
축 척
1.000
날 짜
2016.1.20
파일명
PROJECT-09

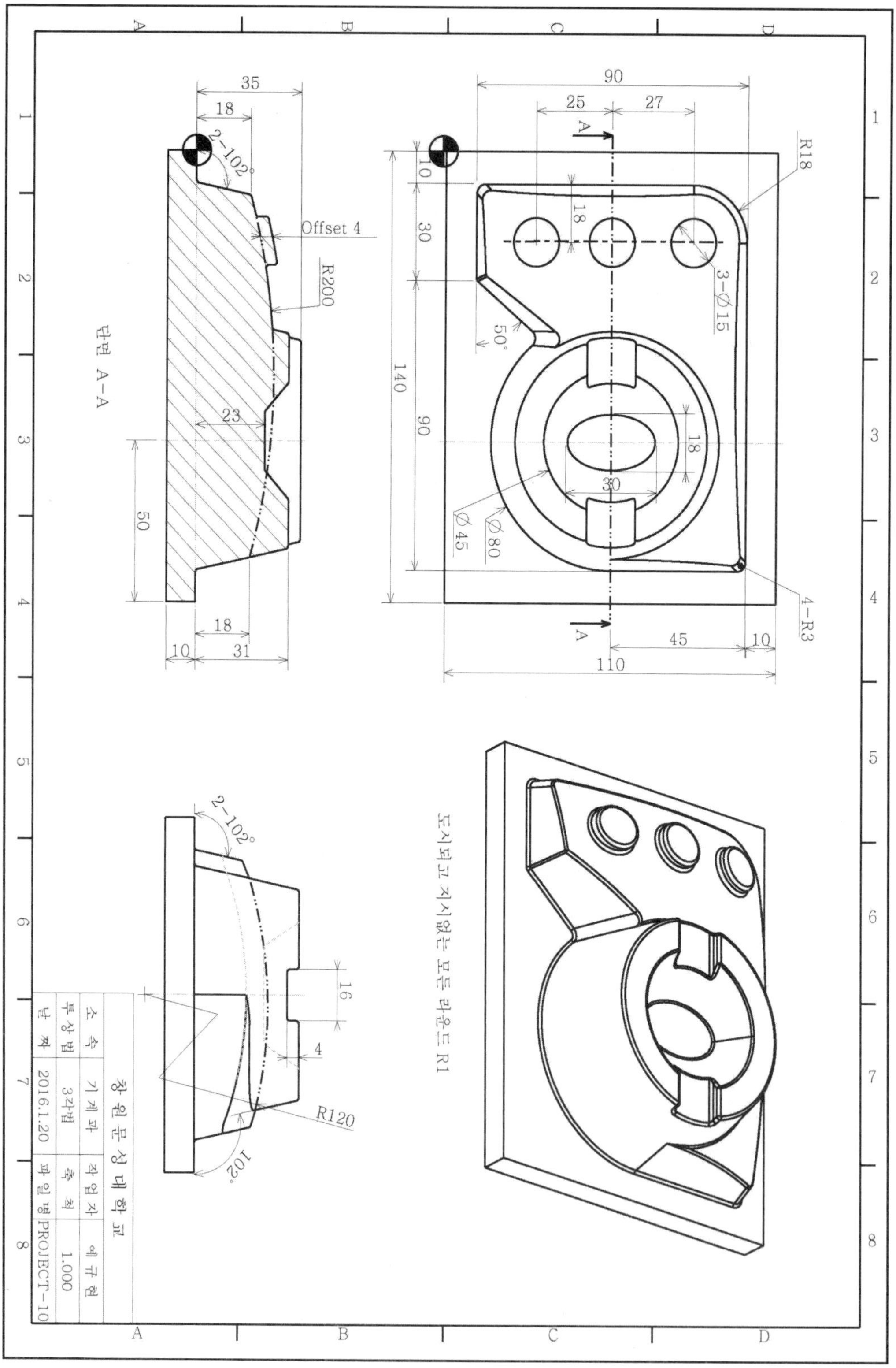
단면 A-A
도시되고 지시없는 모든 라운드 R1
Offset 4
R200
R18
3-Ø15
4-R3
Ø45
Ø80
R120
2-102°
창원문성대학교
소속
기계과
작업자
예규현
투상법
3각법
축척
1.000
날짜
2016.1.20
파일명
PROJECT-10

Pro/ENGINEER 5.0을 이용한

3D CAD/CAM 따라하기

발행 2016년 2월 19일 인쇄 2016년 2월 26일	저 자 / 예 규 현 발행자 / 김순선 발행처 / 오토테크 주 소 / 서울특별시 관안구 신림 본동10-23 등 록 / 제 10-1983 전 화 / 02-877-0809 FAX / 02-877-0730 E-mail / kssooh@naver.com 웹하드 / KSS2011 정 가 / 28.000원

* 낙장 및 파본은 교환해 드립니다.